中国年鉴奖暨全国年鉴编纂质量综合一等奖
中国地方志年鉴奖一等奖
广东省年鉴编纂质量奖特等奖

东莞年鉴

DONGGUAN YEARBOOK

2013（总第13卷）

中共东莞市委员会
东莞市人民政府　主管
东莞年鉴编委会　主办

廣東省出版集團
广东人民出版社
·广州·

图书在版编目（CIP）数据

东莞年鉴.2013/东莞年鉴编委会主办.
—广州：广东人民出版社，2013.9
ISBN 978-7-218-08976-8

Ⅰ. ①东… Ⅱ. ①东… Ⅲ. ①东莞—2013—年鉴
Ⅳ. ①Z526.53

中国版本图书馆CIP数据核字（2013）第203647号

东莞年鉴.2013

中共东莞市委员会 东莞市人民政府 主管
东莞年鉴编委会 主办
地址：广东省东莞市鸿福路99号行政办事中心主楼5楼
邮编：523888
电话：0769-22831396
邮箱：szb@dg.gov.cn
网址：http://history.dg.gov.cn

出 版 人：曾 莹
责任编辑：余小华 钱 丰
封面设计：张德全
责任技编：黎碧霞

出版发行：广东人民出版社
地 址：广州市大沙头四马路10号（邮政编码：510102）
电 话：（020）83798714（总编室）
传 真：（020）83780199
网 址：http://www.gdpph.com

海外发行：香港经济导报社图书业务部
地址Add：香港轩尼诗道342号国华大厦10字楼
电话Tel：852-25738217转图书部
传真Fax：852-25738469
邮箱Email：eiasub@pacific.net.hk
网址http：//www.jdonline.com.hk
HONG KONG，MACAO，TAIWAN & OVERSEA GENERAL DISTRIBUTOR：
ECONOMIC INFORMATION & AGENCY，BOOKS DEPT
10/F，KUO WAH BUILDING，342 HENNESSY ROAD，HONGKONG

排 版：东莞市正本电分制版有限公司
印 刷：深圳市精典印务有限公司
书 号：ISBN 978-7-218-08976-8
开 本：899mm×1194mm 1/16
印 张：47.5 **字 数**：2200千
版 次：2013年9月第1版 2013年9月第1次印刷
印 数：1—3500册

国内定价：人民币260.00元
海外定价：港 币430.00元

编辑说明

一、《东莞年鉴》根据《地方志工作条例》第八条和《广东省地方志工作规定》第八条“以县以上行政区域名称冠名的地方志书、地方综合年鉴，分别由本级人民政府负责地方志工作的机构按照规划组织编纂，其他组织和个人不得编纂”的规定，由东莞市人民政府地方志办公室组织编纂。

二、《东莞年鉴》于2001年创刊，每年出版一卷。2013年卷《东莞年鉴》主要记载2012年东莞市发生的大事、要事及基本情况，全面、系统、翔实地记述全市经济建设、社会建设和各行各业的发展历程，为各级领导、社会各界及广大民众提供地情资源服务，并为编修地方志书奠定基础。

三、《东莞年鉴》2013年卷正文采用分类编辑法，以类目、分目、条目组成主体，条目为基本形式，其标题以黑体字加“【 】”表示。正文设“大事记、特载、东莞之最、总述、中共东莞市委、东莞市人民代表大会、东莞市人民政府、政协东莞市委、纪检·监察、民主党派·社会社体、外事·侨务、莞台合作·莞港合作·莞澳合作、区域合作·扶贫开发、政法、地方军事、城建·环保、交通·邮电、园区经济、对外经济、工业、商业、农业、旅游业·餐饮业、财政·税务、金融业、经济管理、科学技术·社会科学、教育、文化、体育·卫生、社会生活、镇街、人物、经济社会统计资料、文件选录”等类目。

四、本卷年鉴采用全彩色印刷，公共版以“实干东莞”为主题，正文配置丰富多彩的图片，形象生动、鲜明直观地体现东莞风采，以达到图文并茂的效果，增强信息量和观赏性。

五、本卷年鉴的统计数据采用法定计量单位，数据分别由各单位、各部门及各镇街提供。若与统计部门公布的数据不一致，使用时应以统计部门提供的数据为准。

六、本卷年鉴稿件作者署名，除撰稿人员栏目中刊列外，“特载”等类目正文的作者在标题下方标明，其他类目的作者则在条目文末标出；图片在该图片下方标明。

七、本卷年鉴配以双重检索系统。前有目录检索，后有按汉语拼音字母顺序排列的主题索引，方便读者检索。

八、本卷年鉴配置与纸质版相同的电子版年鉴，增设视频欣赏、背景音乐，采用多媒体检索技术。

九、《东莞年鉴》的编纂工作在市委、市政府的领导下，得到全市各单位、各部门及各镇街的支持与配合，并依靠全市撰稿人员共同参与而完成，在此谨致谢意。由于编辑水平有限，书中难免有疏漏或不当之处，敬请批评指正。

《东莞年鉴》编纂委员会（2013年3月15日东委办［2013］16号文）

名誉主任： 徐建华（市委书记、市人大常委会主任）
主　　任： 袁宝成（市委副书记、市政府市长）
副 主 任： 王检养（市委常委、市委秘书长）
喻丽君（市政府副市长）
安连天（市委副秘书长）
金行中（市政府副秘书长）
委　　员： 王建周（市委组织部副部长）
叶泽驹（市委宣传部副部长）
温少生（市委统战部副部长）
陈　波（市委政法委副书记）
冼周恩（市经济和信息化局局长）
吴楚焕（市发展和改革局总经济师）
杨靖波（市教育局局长）
何跃沛（市科学技术局局长）
罗军文（市财政局局长）
朱　川（市住房和城乡建设局局长）
黄贵田（市农业局局长）
陈志伟（市文化广电新闻出版局局长）
梁佳沂（市统计局局长）
潘朝明（市政府地方志办公室主任）

《东莞年鉴》编辑部

主　　编： 喻丽君
执行主编： 潘朝明　刘念宇
编　　辑： 李文蔚　卢　敏　张德全　施雪芬　李俊玉
胡晓静　刘　丹　李缙文　黄文挺　刘惠斌
图片编辑： 张德全
图片征集： 黄文挺　霍向东　贺　平　史学民
编　　务： 李　梅　萧静雯

《东莞年鉴》撰稿人员（按姓氏笔画为序）

丁　涌　万学军　万金旺　马丹涛　尹健清　尹格娟　文明军　方丽荷　方志权　王　宁　王　刚　王　琢
王　琼　王少波　王文青　王吉华　王志平　王学林　王莉萍　王绪君　王雪萍　王景民　王道辉　王锦霞
王聪健　邓嘉渝　邓曦彦　代春丽　冯庆才　卢奇聪　卢润志　卢淑娴　叶凤娟　叶尧斌　叶宗校　叶建荣
叶春华　叶晓苑　叶海峰　叶艳瑶　叶普仁　叶嘉维　叶耀伦　甘　维　田小兵　石文斌　石亚明　石志会
邝铄涵　龙江波　伦美娃　刘　健　刘　晓　刘　琼　刘小敏　刘志勇　刘念宇　刘勋良　刘秋香　刘晓明
刘晓星　刘康全　刘萱清　刘锐华　刘碧峰　刘灏妍　吕永才　孙江峰　朱　宇　朱清荣　朱赢汎　江南梦
祁雪仪　齐红梅　严传彪　何杏炜　何建华　何剑华　何春燕　何洁珊　吴维彬　张长彬　张伟锋　张丽莉
张敬东　张满康　李　珉　李亚军　李伟佳　李红艳　李利平　李俊玉　李勇辉　李思思　李洪才　李胜銮
李敏瑜　李盛武　杜婉宜　杨　茜　杨　荣　杨　莉　杨兴会　杨昌梧　杨维泽　杨瑞莉　肖艾平　肖驰宇
邱　敬　邵　娟　邵旭泉　陈　馨　陈月婷　陈巧倩　陈华茵　陈佩珠　陈思映　陈柳平　陈柳金　陈群弟
陈德斌　麦丽佳　麦惠澎　周　翔　周永坚　周伟焕　庞　博　庞玉超　易　平　林　郁　林　睿　林汉筠
林旭文　林晓文　林晓怡　林晓峰　林淦滔　欧　薇　欧伟豪　罗一鸣　罗旭林　罗建锋　罗俊兰　罗德泉
范星星　范香雪　郑标生　姚飞洋　姚双华　姚庆保　姚进洪　洪　纲　胡晓静　胡德安　赵晓龙　赵景耀
赵毅立　钟　原　钟金伟　饶志旋　凌文通　凌智勇　夏民强　徐　康　徐冠男　徐栋栋　徐嘉汶　聂仲旗
莫庆才　莫志良　莫柳婵　袁凤兰　袁沛霖　袁晓君　袁彩华　袁检文　袁燕玲　郭富春　陶玉清　高国伦
梁　达　梁　馨　梁建仪　梁振锋　梁高鸿　梁锐华　黄　幸　黄　顿　黄文挺　黄玉珍　黄远峰　黄惠谊
黄惠敏　黄椿颖　傅狮虎　喻中胜　程方伟　程玮斌　童仁宏　谢雪玲　谢鸿博　谢联辉　谢毓祯　韩耀东
鲁　宇　赖学林　廖锦洪　熊肖芳　缪群林　蔡子萍　蔡文学　蔡雪梅　蔡瑞芬　谭林峰　樊键忠　潘朝明
黎清华　黎燕嫦　戴晓东　魏云青

目　录

CONTENTS

2012年大事记

CHRONICLE OF MAJOR EVENTS IN 2012

特　载

SPECIAL SECTION

东莞之最

NUMBER ONES OF DONGGUAN

总 述

DONGGUAN PROFILE

中共东莞市委

THE COMMUNIST PARTY OF CHINA, DONGGUAN MUNICIPAL COMMITTEE

东莞市人民代表大会
THE PEOPLE'S CONGRESS OF DONGGUAN

东莞市人民政府
THE PEOPLE' SGOVERNMENT OF DONGGUAN

政协东莞市委员会

THE CHINESE PEOPLE'S POLITICAL CONSULTATIVE CONFERENCE, DONGGUAN COMMITTEE

纪检·监察

DISCIPLINARY INSPECTION AND SUPERVISION

民主党派·社会团体

DEMOCRATIC PARTIES · SOCIAL ORGANIZATIONS

外事 · 侨务

FOREIGN AFFAIRS · OVERSEAS CHINESE AFFAIRS

莞台合作 · 莞港澳合作

TAIWAN—DONGGUAN, HONG KONG—DONGGUAN AND MACAO—DONGGUAN COOPERATION

区域合作 · 扶贫开发

REGIONAL COOPERATION · POVERTY ALLEVIATION AND DEVELOPMENT

政　法

LEGAL SYSTEM

交通 · 邮电

TRANSPORTATION · POSTS AND TELECOMMUNICATIONS

园区经济

ZONE ECONOMY

对外经济

FOREIGN ECONOMY

工　业

INDUSTRY

商　业

COMMERCE

农 业

AGRICULTURE

旅游业 · 餐饮业

TOURISM · CATERING

财政 · 税务

FINANCE · TAXATION

金融业

BANKING

经济管理

ECONOMIC MANAGEMENT

科学技术·社会科学

ECONOMIC MANAGEMENT

教　育
EDUCATION

文　化
CULTURE

体育·卫生

SPORTS·HEALTH

社会生活

SOCIAL LIFE

镇 街
URBAN AND TOWNSHIP

人 物
FIGURES

经济社会统计资料

ECONOMIC AND SOCIAL STATISTICS

文献选录

SELECTION OF DOCUMENTS

索 引

INDEX

图片专辑——实干东莞

SPECIAL SELECTION OF PHOTOS —PRAGMATIC DONGGUAN

亲切关怀

2012年8月25日，中共中央政治局常委、国务院总理温家宝来到东莞市，就经济走势特别是稳定外需、加快外贸转型升级进行调研。温家宝指出：要高度重视进出口贸易中存在的问题和困难，有针对性地采取措施推动出口稳定增长，为实现全年经济社会发展目标提供良好条件。

2012年8月25日，温家宝（中）在东莞三星视界有限公司听取企业负责人介绍情况。（张村城　摄）

2012年8月25日，温家宝（中）到南城宏远社区看望外地来莞务工人员。（张村城　摄）

2012年8月30日，中共中央政治局委员、广东省委书记汪洋出席在东莞市举行的全省加工贸易转型升级现场会。图为汪洋（中）在东莞大麦客商贸有限公司了解企业情况。（郑琳东　摄）

2012年12月26日，中共中央政治局委员、广东省委书记胡春华到东莞市调研。图为胡春华（右二）在东莞市以纯集团有限公司了解企业情况。（张村城　摄）

2012年10月30日，广东省人大常委会主任欧广源到东莞市调研。图为欧广源（中）到石马河流域了解污染整治工作。（贺欢　摄）

2012年8月7日，广东省省长朱小丹到东莞市调研珠三角城际轨道交通建设情况。图为朱小丹（左二）在道滘莞惠项目东莞水道特大桥工地考察。（郑家雄　摄）

2012年11月1日，国家科技部副部长张来武出席2012年东莞科技合作周暨招才引智大会。图为张来武（中）参观展馆。（郑琳东　梁栋　摄）

2012年7月18日，广东省委常委、常务副省长徐少华到东莞市调研港口建设和轨道交通建设。图为徐少华（中）在地铁R2线西平站调研。（郑琳东　摄）

2012年10月2日，广东省委常委、统战部部长林雄到东莞市调研。图为林雄（前排左三）出席第四届中国国际影视动漫版权保护和贸易博览会。（蓝业佐　摄）

2012年12月21日，广东省常务副省长肖志恒到东莞市调研。图为肖志恒（前排右四）在广东宏大工贸集团了解企业情况。（郑琳东　摄）

2012年5月31日，广东省副省长雷于蓝到东莞市儿童活动中心、市机关第二幼儿园、南城篁村儿童友好社区和市残疾人康复中心等地慰问。图为雷于蓝（前排左一）在市机关第二幼儿园。（郑家雄　摄）

2012年2月14日，广东省副省长林木声到东莞市调研。图为林木声（左一）在大朗镇就城市化和国土管理工作进行调研。（蓝业佐　摄）

2012年12月7日，广东省副省长刘志庚到东莞市调研。图为刘志庚在博深高速公路东莞段现场办公。（郑家雄　摄）

2012年2月20日，广东省副省长招玉芳（左二）到东莞市就进口设备补贴政策进行调研。（郑志波　摄）

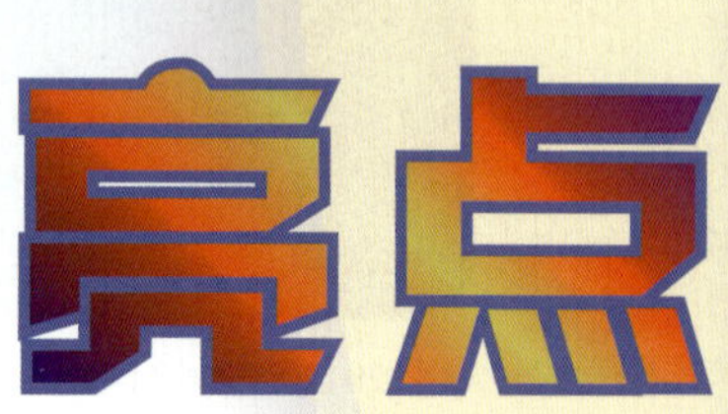

◉ 2012年全市生产总值5010.14亿元。固定电话用户325.11万户，移动电话用户1754.10万户。社会售电量581.18亿千瓦时。城市居民人均住房建筑面积58.44平方米，农村居民人均住房建筑面积50.33平方米。年末城镇登记失业人员1.22万人，城镇登记失业率2.3%。参加基本医疗保险616.86万人，社会养老保险507.92万人，失业保险312.78万人，工伤保险494.14万人。城镇生活污水集中处理率85.2%，城镇生活垃圾无害化处理率85.2%。

◉ **“三重”建设**。2012年，东莞市突出推进“三重”（重大项目、重大产业集聚区和重大科技专项）建设，以产业增量扩张促进存量调整。

◉ **开展重大项目招商**。2012年，东莞市制定实施系列招商引资政策，实行“一站通”快速反应工作机制，引进投资超600亿元的粤海装备技术产业园、123亿元的中粮集团粮油食品加工园区、100亿元的华为终端总部等项目。全年引进重大项目81宗，投资总额1972亿元。

◉ **推进重大平台和重大项目建设**。松山湖启动中以国际科技合作产业园、两岸生物技术产业合作基地的建设，台湾高科技园升格为省级平台。虎门港成功跨入百万标箱港口行列。生态园基础设施建设加快。长安新区用海规划通过国家评审。市属重大项目完成投资278.3亿元，增长18.6%，带动全社会固定资产投资1178亿元，增长9.1%。

◉ **加快产业转型升级步伐**。推进外经贸发展计划，全年新增来料加工转法人企业536家，外资企业新设研发机构220家。外资企业产品内销总额增长15.1%，省级以上名牌名标达580个。主营业务超百亿元企业增至3家。促进信息化和工业化融合，省两化融合“4个100”示范工程标杆企业增至37家。大力发展现代服务业，社会消费品零售总额增长9.2%，服务业增加值占生产总值比重超过50%。

◉ **实施招科引智战略**。2012年，东莞市组团拜访商务部、科技部、教育部等部委及北京大学、中科院等高校院所，达成50多项合作意向。与北京大学共建光电研究院，与华南理工共建协同创新研究院，与中科院共建云计算中心，推进散裂中子源项目建设。全市公共创新平台增至13家。启动松山湖大学创新城规划建设。引进省创新科研团队5个，总数达14家，排名全省第二。科技合作周暨招才引智大会升格为部省共同举办。

◉ **完善激励创新政策体系**。2012年，东莞市制定实施科技金融产业融合政策，完善“科技东莞”政策，引导更多社会资金投入科技创新。全市研发经费支出占生产总值的比重提高到1.58%。先进制造业、高技术制造业增加值分别占规模以上工业增加值的42.7%和32.3%。专利申请量、授权量位居全省第二。

◉ **发挥金融创新引领作用**。2012年，东莞市设立20亿元创业投资引导基金，成功引进深创投、中科招商等企业，风投创投等股权投资类企业增至98家。上市企业增至12家。加快金融商务区规划，推进松山湖科技金融产业融合试点，新设和引进金融机构15家，跨境人民币结算突破1000亿元。成为粤台金融合作试点城市，台湾玉山银行东莞分行正式开业。

帮助企业减负和解决实际问题。2012年，东莞市开展市镇领导走访企业活动。全面取消个体工商户和工商企业治安联防费，减半收取流动人员调配费，为企业年减负3.8亿元。海关、检验检疫等口岸单位主动为企业减免收费近2亿元。进一步规范镇村收费。实施新10亿元融资支持计划。

开展“三打两建”行动。2012年，东莞市大力打击欺行霸市、制假售假和商业贿赂，加快建设社会信用体系和市场监管体系。全年查办相关案件3万多宗，查处保护伞233人，成效受到中央综治办专刊发文肯定。

创新提升政府服务。2012年，东莞市在全国率先推出加工贸易管理服务平台，实现外经贸、海关、检验检疫和企业通过加工贸易管理服务平台共享数据。推进依法行政，开展“市民评机关”活动，对服务窗口进行明察暗访，着力解决推诿扯皮、办事拖拉、效率低下等问题，优化政府服务，提高行政效率。

加快轨道交通等重大基础建设。2012年，东莞市组建东实集团，推进轨道交通融资。地铁R2线工程进展顺利，3个站点完成主体封顶。新火车站等15项重点工程竣工，市民艺术中心等21项重点工程加快推进。新建改造高速路、国省道、镇村联网路147.7公里，建成一批水电气管网和水利防灾减灾工程。

水乡地区统筹发展战略启动。2012年6月18日，东莞市召开水乡地区统筹发展规划工作会议，水乡地区统筹发展概念规划出炉，水乡地区统筹发展战略正式启动。8月31日，《东莞市统筹水乡地区发展实施方案》发布，明确水乡地区位于市内西北部，地处珠三角中心腹地，是东江北干流和南支流流经区域，包括10镇街1港口，面积510平方公里，常住人口158万人。截至2012年，统筹水乡地区发展先期项目启动12项，包括4项道路交通工程、4项水环境综合整治工程和4个幸福导向型产业项目，总投资307亿元。

东莞成国家商事登记改革试点城市。2012年5月，东莞市在大朗镇启动商事登记改革（简称“商改”）试点工作；11月，经国家工商总局同意，成为全国商改4个试点城市（区）之一；12月，在全市铺开商改，是全国率先全面开展商改的地级市。商改后，工商办证窗口实现1个工作日内发出营业执照，最长不超过5个工作日。12月全市新增市场主体1.04万户，同比增长57.8%。

首届世界莞商大会召开。2012年9月16—18日召开，是东莞市首次以莞商名义凝聚全球莞商，由东莞市人民政府主办，市委统战部、市经信局、市工商联承办，以“情系东莞 商通天下”为主题，以“厚德务实 敢为人先”为莞商精神。全国各地及海外莞商代表、莞籍专家学者、在莞经商的企业家代表等727人参加。

首届中国加工贸易产品博览会举办。2012年9月16—19日举行，前身是2009年创办的广东外商投资企业产品（内销）博览会，2012年升格为国家级展会。展览面积7.6万平方米，展位数3468个，吸引全国1325家来自家电电子、家居用品、文体玩具，服装鞋帽、饰品礼品、食品饮品等行业的企业参展，展品基本涵盖生活消费品的各个方面，超过12万人次入场参观采购，达成意向成交金额687.3亿元。

社保卡“诊疗一卡通”在全国率先实现。2012年7月，东莞市统一发放新社保卡。该卡具备身份认证、社保信息查询、社保结算、金融支付、诊疗一卡通、健康档案信息查询等功能，实现社保卡、银行卡、诊疗卡、健康卡的“多卡合一”。

加快“三重”建设

2012年2月14日，东莞市召开2012年“三重”（重大项目、重大产业集聚区和重大科技专项）建设工作会议，动员和部署“三重”建设，并提出“三重”建设是东莞加快转型升级、实现高水平崛起的突破口，以产业增量扩张促进存量调整。

2012年9月11日，东莞市举行全市“三重”建设巡视活动，图为市委书记徐建华（前排左三）、市长袁宝成（前排左二）等考察南城联科国际信息产业园项目。

2012年5月29日，虎门港沙田港区集装箱码头股权重组签约仪式在东莞市会展酒店举行。（郑志波 摄）

2012年5月31日，中以国际科技合作产业园在松山湖奠基。（郑志波 摄）

2012年7月24日，市长袁宝成（前右）代表东莞市与韩国牙山市市长（前左）卜箕旺签订友好城市备忘录。（郑琳东 摄）

2012年9月11日，全市“三重”项目签约仪式暨建设工作推进会召开。

2012年11月28日，东莞中国科学院云计算产业技术创新与育成中心园区奠基仪式在松山湖举行。图为中国科学院纪检组组长李志刚、市委书记徐建华、市长袁宝成等领导为园区奠基培土。（郑家雄　摄）

2012年12月17日，广东粤海装备技术产业园项目签约仪式在广州举行。图为市长袁宝成（前右）代表东莞市政府与粤海控股集团签订相关合作协议。（郑琳东　摄）

虎门港沙田港区一期码头

经济创新

2012年，东莞市实施招科引智战略。组团拜访商务部、科技部、教育部等部委及北京大学、中科院等高校院所，达成50多项合作意向。启动松山湖大学创新城规划建设，引进省创新科研团队5个，总数达14家，排名全省第三。完善激励创新政策体系，制定实施科技金融产业融合政策，完善“科技东莞”政策，引导更多社会资金投入科技创新。全市研发经费支出占生产总值的比重提高到1.58%，先进制造业、高技术制造业增加值分别占规模以上工业增加值的42.7%和32.3%，专利申请量、授权量位居全省第三。发挥金融创新引领作用，设立20亿元创业投资引导基金，成功引进深创投、中科招商等企业，风投创投等股权投资类企业增至98家，上市企业增至12家。加快金融商务区规划，推进松山湖科技金融产业融合试点，新设和引进金融机构15家，跨境人民币结算突破1000亿元。

2012年2月21日，东莞党政代表团赴深圳考察学习。图为在深圳光启高等理工研究院，省委常委、深圳市委书记王荣向徐建华、袁宝成一行介绍情况。（郑琳东　摄）

2012年2月13日，广州·东莞工作交流座谈会暨两市战略合作框架协议签署仪式在广州举行。（郑琳东　摄）

2012年3月7日，东莞市人民政府与中国科学院签订“推进国家教育信息化区域综合试点市”合作协议书。

松山湖

能 力 增 强

2012年7月20日，智慧东莞·物联网产业高峰论坛暨中国电信广东公司信息化巡展在东莞举行。（郑琳东　摄）

2012年10月9日，华南协同创新研究院第一届理事会第一次会议举行，图为市委书记、市人大常委会主任徐建华给理事会成员颁发证书并合影。（郑琳东　摄）

2012年11月3日，东莞市人民政府与清华大学全面合作框架签约仪式在东莞举行。（郑琳东　摄）

2012年11月5日，2012东莞市中小企业金融服务日在东莞举行，图为副市长张科等出席服务日启动仪式。（郑琳东　摄）

2012年12月19日，首届中国（东莞）股权投资高峰会在松山湖举行。（蓝业佐　摄）

水乡地区统筹

2012年6月18日，东莞市召开水乡地区统筹发展规划工作会议，水乡地区统筹发展概念规划出炉，水乡地区统筹发展战略正式启动。8月31日，《东莞市统筹水乡地区发展实施方案》发布，明确水乡地区位于市内西北部，地处珠三角中心腹地，是东江北干流和南支流流经区域，包括10镇街1港口，面积510平方公里，常住人口158万人。方案提出“把水乡地区打造成为广东省幸福导向型产业发展的示范区、粤港澳优质生活圈的特色区域和穗莞合作的重要平台，实现水乡地区高水平崛起”的总体要求，实现“一年良好开局、三年初见成效、五年完善提高”，明确从8方面工作内容：构建统筹发展规划体系、实施环境整治工程、加快基础设施建设、推进水乡环境景观建设、统筹区域产业布局和发展、加强穗莞区域战略合作、构建责任利益协调机制和推进镇村集体经济改革发展。截至2012年，统筹水乡地区发展先期项目启动12项，包括4项道路交通工程、4项水环境综合整治工程和4个幸福导向型产业项目，总投资307亿元。

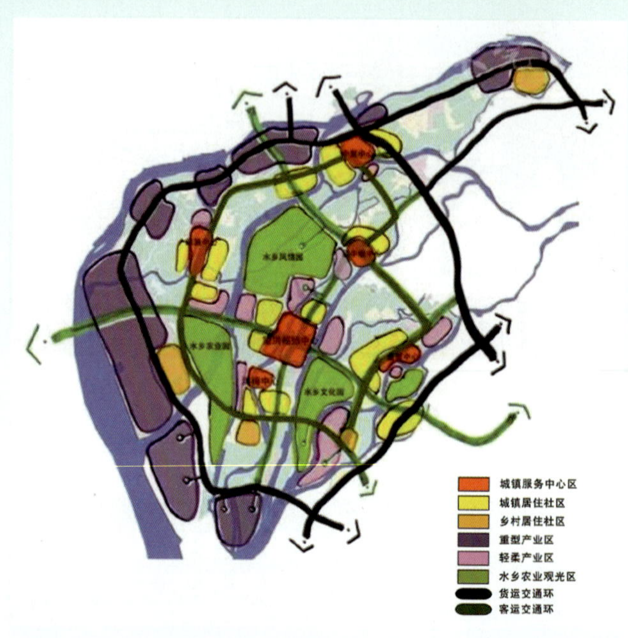

2012年8月31日，东莞市召开全市村级基层组织建设工作会议。

2012年9月18日，莞韶、莞惠产业园商机推介会在东莞召开。

麻涌镇中心区鸟瞰

发展战略启动

2012年12月28日，东莞市统筹水乡地区发展先期项目启动暨水乡大道改造提升工程动工仪式举行。（郑家雄　摄）

望牛墩镇七夕公园

西部干道

中堂镇中心区鸟瞰

营商环境

2012年，东莞市开展市镇领导走访企业活动，全面取消个体工商户和工商企业治安联防费，减半收取流动人员调配费，为企业年减负3.8亿元，海关、检验检疫等口岸单位主动为企业减免收费近2亿元。进一步规范镇村收费，实施新10亿元融资支持计划。开展“三打两建”行动，大力打击欺行霸市、制假售假和商业贿赂，加快建设社会信用体系和市场监管体系。在全国率先推出加工贸易管理服务平台，实现外经贸、海关、检验检疫和企业通过加工贸易管理服务平台共享数据。推进依法行政，开展“市民评机关”活动，对服务窗口进行明察暗访，着力解决推诿扯皮、办事拖拉、效率低下等问题，优化政府服务，提高行政效率。

2012年4月19日，东莞台湾名品博览会在东莞国际会展中心开幕。（郑琳东　摄）

2012年5月17日，“广纳良言、共谋崛起——‘时间问政’网友见面会”在东莞报业大厦举行，市委书记徐建华、市长袁宝成与网友们面对面，共谋崛起良策。图为徐建华向广大网友问好。（郑琳东　郑家雄　摄）

金碧辉煌鸿福路

逐 步 优 化

2012年2月15日，全市外经贸工作会议召开。

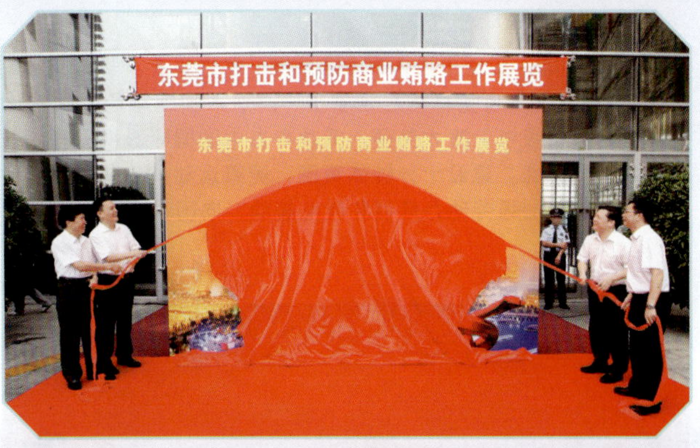

2012年8月28日，东莞市打击和预防商业贿赂工作展览在市图书馆举行。（郑琳东　摄）

2012年9月17—18日，“2012世界莞商大会”在东莞举行。

2012年10月31日，第四届世界鞋业发展论坛在厚街镇举行。（郑志波　摄）

民生事业

2012年，东莞市投入205亿元用于民生事业。基本完成向社会承诺的十件实事。全市高考录取率、每万户籍人口升重点人数等4项主要高考指标均居全省第一。深入实施提升公共文化服务水平工程，健全文化产业、文化精品扶持政策，一批优秀文艺作品获省级以上重大奖项。成功举办中国国际影视动漫版权保护和贸易博览会。出台公立医院改革试点实施方案，全面启用市中医院新院。建设十分钟体育圈，莞籍运动员首获残奥会金牌。发行新社保卡，上调离退休人员基本养老金和居家养老服务补助标准。加强劳动力培训和就业援助，向困难群众发放临时救助金和物价补贴。

2012年3月28日，全市水务工作会议在会议大厦召开，图为袁宝成、吴道闻等为东莞市水务投资集团揭牌。（梁栋　摄）

2012年4月28日，东莞理工学院举行建校二十周年校庆。图为副市长喻丽君代表东莞市人民政府向东莞理工学院递交“学科、硕士点建设专项经费”支票。（曹雪琴　摄）

GDP历程

（单位：亿元）

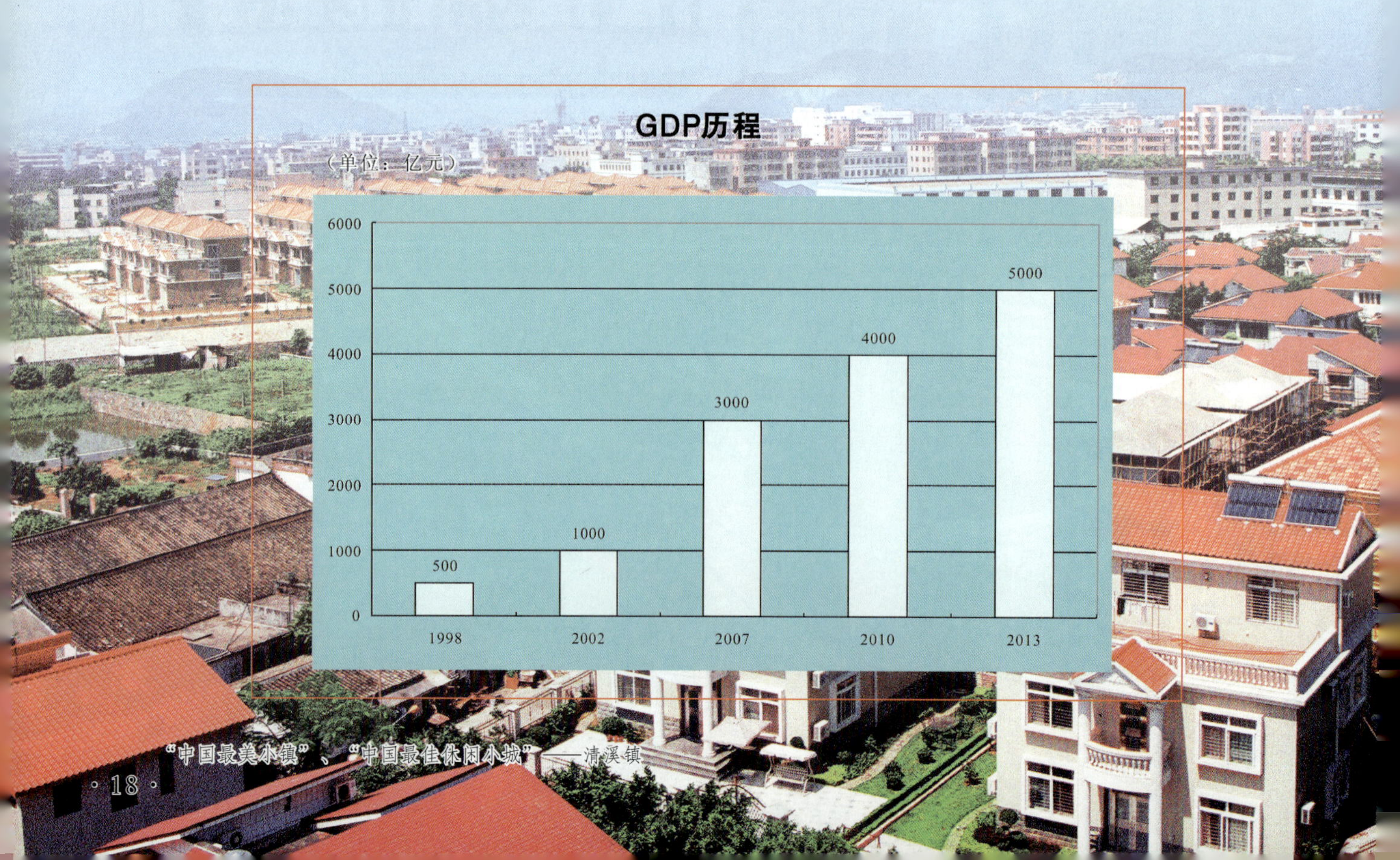

年份	1998	2002	2007	2010	2013
GDP	500	1000	3000	4000	5000

“中国最美小镇”、“中国最佳休闲小城”——清溪镇

持续发展

2012年11月15日，2012中国（东莞）国际沉香文化艺术博览会暨寮步第三届香市文化旅游节在寮步镇举行。

2012年6月20日，东莞市举行打击制假售假酒类产品专项行动销毁假冒伪劣酒品现场会。图为销毁现场挖掘机碾压假冒伪劣酒品。（曹雪琴　摄）

2012年12月8日，黄江镇首届绿道文化节开幕式在黄牛埔森林公园举行。（郑志波　摄）

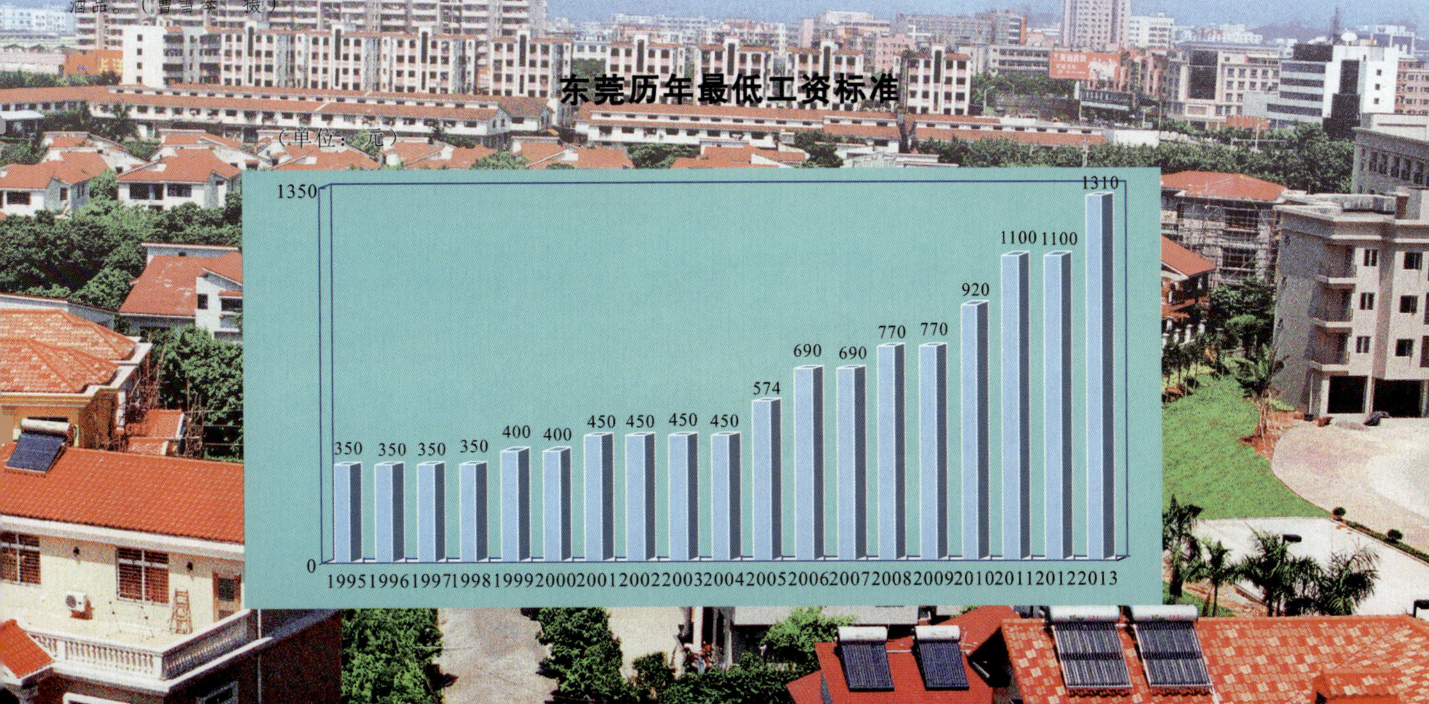

篮球城市风采

2012年8月25日，中共中央政治局常委、国务院总理温家宝（中）在南城宏远社区与外地来莞务工人员一起切磋球艺。

2013年4月8日，东莞市委书记、市人大常委会主任徐建华（左）与宏远队主教练杜峰在庆功宴上分享战果。

2013年4月8日，广东宏远俱乐部东莞银行队第八次勇夺CBA总冠军庆功宴在宏远酒店举行。

2012—2013赛季CBA总决赛宏远男篮第八次夺得总冠军

2003年11月，东莞市篮球协会成立。

2011年5月30日，市篮球联赛总决赛。（大朗队VS南城队）

2010年12月11日，广东东莞银行队VS浙江队。

黄江镇三人篮球赛

东莞市篮球学校

全国篮球城市（张德全　摄）

2010年，大岭山镇第二届运动会篮球赛。

中国男子篮球职业联赛（CBA）历届冠军

赛季	冠军	亚军
1995—1996	八一	广东
1996—1997	八一	辽宁
1997—1998	八一	辽宁
1998—1999	八一	辽宁
1999—2000	八一	上海
2000—2001	八一	上海
2001—2002	上海	八一
2002—2003	八一	广东
2003—2004	广东	八一
2004—2005	广东	江苏
2005—2006	广东	八一
2006—2007	八一	广东
2007—2008	广东	辽宁
2008—2009	广东	新疆
2009—2010	广东	新疆
2010—2011	广东	新疆
2011—2012	北京	广东
2012—2013	广东	山东

CBA往届总决赛赛果

赛制	赛季	赛果
3战2胜	1995—1996	八一2比0广东
	1996—1997	八一2比0辽宁
5战3胜	1997—1998	八一3比0辽宁
	1998—1999	八一3比0辽宁
	1999—2000	八一3比0上海
	2000—2001	八一3比1上海
	2001—2002	上海3比1八一
	2002—2003	八一3比1广东
	2003—2004	广东3比1八一
	2004—2005	广东3比2江苏
7战5胜	2005—2006	广东4比1八一
	2006—2007	八一4比1广东
	2007—2008	广东4比1辽宁
	2008—2009	广东4比1新疆
	2009—2010	广东4比1新疆
	2010—2011	广东4比2新疆
	2011—2012	北京4比1广东
	2012—2013	广东4比0山东

20世纪70年代末常平公社乡村篮球比赛

20世纪70年代大朗公社的群众篮球活动

东莞市虎门港

2012年6月4日，省委副书记、省长朱小丹（前排左二）等视察虎门港港口发展情况，肯定虎门港工作成绩。

2012年7月18日，省委常委、常务副省长徐少华（前排左一）一行到虎门港调研港口开发建设情况。

2013年2月28日，市委书记、市人大常委会主任徐建华（右二）视察东莞保税物流中心，虎门港工委书记、沙田镇委书记邓流文（左二），虎门港管委会主任、沙田镇镇长贾贵斌（右三）陪同视察。

2012年7月11日，东莞虎门港2012上海推介会举行，副市长吴道闻到会致辞。

华电热电冷三联供公用工程岛项目，由华电新能源发展有限公司投资开发，建设先进天然气热电冷联供能源站。

虎门港沙田港区西大坦作业区南方物流科研总部大厦项目，由南方物流有限公司投资，项目集科研、教育培训、商务、金融、信息、会议等功能于一体。

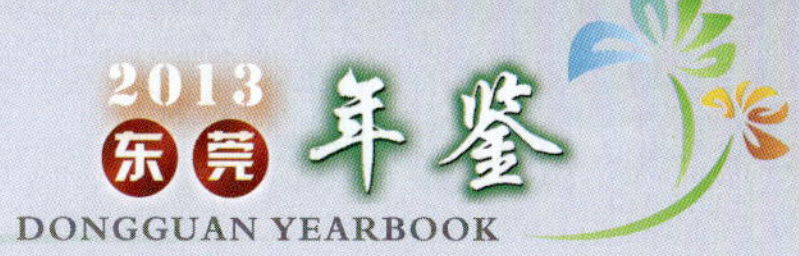

管理委员会

2012年12月27日，虎门港集团公司集装箱年吞吐量首破百万标箱仪式在虎门港沙田港区集装箱码头举行。

2012年以来，虎门港集装箱吞吐量呈井喷式增长。

2012年东莞保税物流中心进出口货物总值达37亿美元，同比上年增长142%。

东莞保税物流中心仓储物流现场

2012年10月15日，东莞虎门港2012深圳推介会举行。

广东东莞生态

2012年9月16日，国家环保部副部长吴晓青（前排右二）到东莞生态产业园区调研。

2012年9月19日，国家发改委科技部副主任赵刚（前排左一）到东莞生态产业园区考察。

2012年3月16日，市委书记、市人大常委会主任徐建华（左三）和市委副书记、市长袁宝成（左二）陪同清远市党政班子视察东莞生态产业园区。

2012年3月29日，市政协主席李毓全（左二）率市政协委员视察东莞生态产业园区建设。

2012年8月29日，市人大常委会常务副主任黄双福（前排左二）率市人大代表视察东莞生态产业园区建设工作。

2012年6月30日，由市政府主办的东莞生态产业园区深圳投资推介会举行，揽资超48亿元。

产业园区管理委员会

2012年4月27日，广东文化产业职业学院正式落户东莞生态产业园区。

2012年12月20日，《广东东莞生态产业园区生态工业园区建设规划》通过国家环保部、商务部等专家论证。

2012年10月，东莞市首栋按国家绿色三星级建筑设计的东莞生态产业园区行政中心投入使用。

东莞生态产业园区风光

世界莞商联合会

① 市委副书记、市长袁宝成主持2012世界莞商大会开幕式。

② 市委书记、市人大常委会主任徐建华在开幕式上致辞。

③ 世界莞商联合会会长莫浩棠发表就职演说。

④ 2012年9月16日，市委副书记、市长袁宝成向常务副会长颁发当选证书（左起卢淦波、梁志斌、袁宝成、王文城、方桂萍、张军民）。

⑤ 市委副书记、市长袁宝成（右）代表市政府向世界莞商联合会赠送牌匾。

⑥ 2012年10月30日，市领导和世界莞商联合会领导与香港金融管理局原总裁任志刚合影（左起梁志斌、莫浩棠、袁宝成、任志刚、徐建华、李小梅、方桂萍、王文城、邓浩全、谭满矶）。

⑦ 世界莞商联合会荣誉会长与市领导合影（左起梁乃鹏、黄锦辉、陈永棋、梁国英、姚康、袁宝成、徐建华、陈浩明、李毓全、李小梅、张科、钟淦泉、张玉其）。

情系东莞 商通天下

世界莞商联合会成立大会
暨2012世界莞商大会预备会议

2012年9月16日，世界莞商联合会成立，大会主席台前排就座的有（左起）卢淦波、王赐豪、李锦生、梁应昌、张玉其、张科、李小梅、梁国英、钟淦泉、叶锦河、莫浩棠、张佛恩、张茵、梁志斌。

◀ 2012年9月16日，市委书记、市人大常委会主任徐建华（右）向世界莞商联合会会长莫浩棠颁发当选证书。

市政府授予33名莞商“杰出莞商”称号

东莞国贸中心暨世界莞商联合会会馆动工典礼

东莞市东江

2013年2月8日，市委书记、市人大常委会主任徐建华（左二），市委常委、常务副市长梁国英（右三），副市长吴道闻（右一）、贺宇（左一）到市第六水厂进行春节慰问。

2012年11月21日，副市长吴道闻（左三），市水务局局长张国平（右三）到市第六水厂参观调研。

2012年5月14日，市国资委主任任洪杰到市第六水厂调研指导工作。

24小时供水客服热线

水务有限公司

2012年3月24日，东江水务有限公司与市水务局、东莞日报社共同组织举办市民记者“走进东江水务”活动。

2012年4月10日，大市区水价听证代表到供水企业了解供水管网改造情况。

2012年12月16日，东江水务有限公司举办首次水厂开放日活动。

2013年1月14日，市机关各局工会领导莅临市第六水厂参观指导。

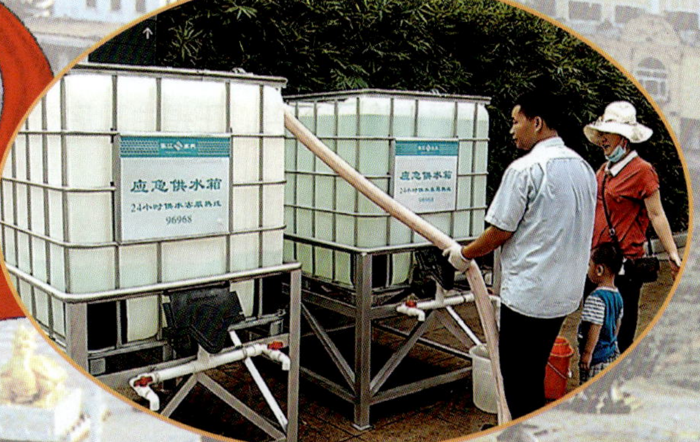

2012年12月8日，东江水务有限公司开展应急供水箱首次送水试用活动。

中国移动通信
CHINA MOBILE
移动信息专家

优势3G，我选移动

引领购机体验 创新CPS服务

HEY,
分享移动互联网的精彩。

专业购机中心：

中国移动购机中心，为每一位前来的客户打造优质的购机体验，销售人员的专业指引与贴心服务，正是中国移动终端的优势所在。

创新售后服务：

CPS终端售后体系，是中国移动为购机客户提供的优质售后保障，服务网点广泛覆盖，以全方位的专业力量为客户创造无微不至的服务。

2013
东莞 年鉴
DONGGUAN YEARBOOK

2013
东莞 年鉴
DONGGUAN YEARBOOK

今年，东莞市政府与广东联通举行了推动“智慧东莞”建设战略合作协议签约仪式。广东联通将在十二五期间投入超过42.5亿元支持“智慧东莞”建设，协助东莞提升公共管理和惠民服务的指挥能力和智慧化水平，并积极推进4G网络建设。在这42.5亿元投资中，有超过27.5亿元将用于加强东莞联通整体基础网络建设，15亿元用于建设中国联通华南（东莞）数据基地。

根据协议，双方将以“智慧东莞”建设为契机，在信息强政、信息惠民、信息兴业等方面开展全面合作，推动东莞经济社会和通信事业共同发展，推进东莞实现“十二五”规划目标。

信息强政：提高政府工作效率

“平安城市”、“移动OA”、“沃对讲”、“移动警务”是广东联通基于联通3G网络，全面助力电子政务建设的重要应用项目。这将为各级政府进一步转变职能、推进政务公开、提高行政效能、降低行政成本、增强执行力和公信力铺就一条光明大道。

■ 市政府领导现场体验“移动OA”应用

具体而言，“平安城市”是根据3G通信技术，在各交通要道、校园、建筑工地等人员密集场所部署的视频监控，这些监控可以提高公安、消防、房建部门在实时监控的监管力度，推进平安城市的发展。

“移动OA”是针对政府对办公网络的需求推出的掌上办公系统，让您随时随地通过智能终端进行内网办公，收发邮件、公文流转。东莞市政府和东莞市经信局已使用该系统。

“沃对讲”是针对政府突发事件的需求推出的综合信息服务，主要适用于政府部门或公共管理机构等，用在自然灾害、社会安全或突发事故等现场指挥调度。广东省武警已经使用此系统，并计划推广到地市。

信息兴业：增强企业竞争力

凭借WCDMA网络优势，广东联通在物联网、交通物流、汽车、电力、金融、传媒、建筑等行业领域树立了“沃·3G”行业应用标杆，助力行业企业提升信息化水平、管理效能及生产效率，推动了产业升级转型，真正做到了“信息兴业”。

“沃定位”和“视频会议”是“息兴业”服务中的两项典型应用。中，“沃定位”是针对企事业单位外人员、车辆的管理而推出的一款集管调度和定位功能于一体的产品。另外广东联通针对企业协同办公的需求推的视频会议系统，通过智能终端和电参与视频会议，帮助企业节约成本，高工作效率和竞争能力。东莞的百分集团、利丰地产、汇景集团、美宜佳九丰能源等企业都在用这些应用。

信息惠民：提高居民幸福指

科技以人为本。在“沃·3G”大模商用的三年多时间里，广东联通针百姓关注的教育、就业、医疗、理财交通出行等热点问题推出了为数众多信息化解决方案。汇景集团、美宜佳九丰能源等企业都在用这些应用。

例如，“智能家居”就是针对广用户对物联网生活的追求而打造的惠方案，利用手机、电脑、固定电话或动面板就通过3G网络就可以控制家的灯光、电器；“智慧医疗”是广东通针对广大用户挂号难、排队难问题出的惠民方案，利用远程智能医疗术，将医院的优质服务辐射到各小区为市民提供便捷的医疗服务。

信息强政·兴业·惠民

广东联通投入超42亿建设“智慧东莞”

“智慧东莞”签约仪式现场

目前广东联通已完成“智慧东莞”上线工作和“平安东莞社会治安监控”、“移动警务”、“智慧医疗”、“移动OA”“沃对讲”等项目的推进，并为东莞市各局委打造建筑工地“无线视频监控”、“公交车视频监控”、“校车监控”、公安旅业“专网数据传输”、“新东莞新阅读”全民掌上阅读等项目，对全力建设“智慧东莞”将起到积极作用。

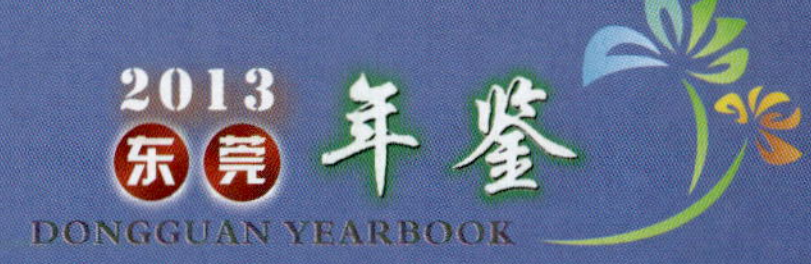
2013
东莞
年鉴
DONGGUAN YEARBOOK

广东生益科技股份有限公司

广东生益科技股份有限公司荣获“广东省政府质量奖”

东莞市委书记、市人大常委会主任徐建华视察广东生益科技股份有限公司

东莞市唯一一家国家认定技术中心挂牌仪式

广东生益科技股份有限公司荣获“2012年中国电子信息百强企业”称号

生益科技松山湖厂区外景图

广东生益科技股份有限公司管理团队

国家电子电路基材工程技术研究中心组建启动仪式举行

广东生益科技股份有限公司在江西、贵州和陕西等地设立扶贫助教学点，长期开展扶贫助教学活动。

中国南方电网 CHINA SOUTHERN POWER GRID 广东电网

2012年9月28日，南方电网公司董事长赵建国莅临东莞供电局调研。

2012年11月15日，市政府副市长张科、副秘书长任新合莅临东莞供电局，调研“十八大”期间保供电情况。

2012年4月24日，南方电网公司副总经理祁达才调研东莞110千伏江城变电站工程建设现场。

2012年5月16日，南方电网2012年社会责任月活动，市政府副秘书长任新合、经信局副局长叶葆华亲临参观指导。

2012年3月31日，东莞供电局作客东莞电台阳光热线栏目。

公司东莞供电局

2012年4月12日，《南方日报》驻点东莞供电局“走基层、转作风、改文风”基层工作联系点揭牌。

2012年9月8日，走进幕后了解供电服务——外国人专场，外国友人亲自体验电的乐趣。

2012年12月17日，东莞供电局走进校园宣传节约用电。

2012年12月9日，东莞供电局现场设置用电宣传摊位，向用户派发宣传单、收集用户信息、解决用户的实际用电问题。

2012年9月16日，东莞供电局落实加博会开幕式保供电工作。

东莞发展控股股份有限公司

DONGGUAN DEVELOPMENT (HOLDINGS) CO.,LTD

东莞发展控股股份有限公司是东莞市属国有控股的上市公司（证券代码000828），主营业务为东莞市高速公路的投资、建设和经营，注册资本10.39亿元，其中控股股东东莞市公路桥梁开发建设总公司占41.54%。截止2012年底，公司总资产50.29亿元，净资产33.82亿元。

公司拥有莞深高速公路（含龙林高速公路支线）收费总里程共计55.7公里，同时分别持有虎门大桥11.11%股权、东莞证券20%股权、东莞信托6%股权、东莞长安村镇银行5%股权、东莞松山湖小额贷款公司20%股权，实现路桥收费与金融投资齐头并进，为公司的长期稳健发展打下坚实基础。

2012年，受高速公路的收费标准下调及中秋、国庆假期重大节假日小客车免费通行影响，公司路桥收费业务受到了严峻的挑战。面对挑战，公司紧紧围绕“资产经营”和“资本运营”两条主线，深化资产经营，挖掘业务增长潜力，开拓资本和资金运营的新思路，提升收益。在行业业绩普遍下降的大环境下，2012年公司实现营业利润4.45亿元、净利润3.55亿元，分别比上年同期增长2.04%、0.07%。莞深高速公路全线实现收费车流量4839.39万辆，比上年同期增长9.75%；通行费收入71608.64万元，比上年同期增长0.92%；对虎门大桥公司、东莞证券、东莞信托及松山湖小额贷款公司的股权投资实现投资收益8518万元。

公司在规范经营发展的同时积极履行社会责任，促进企业和员工的共同发展，共享企业发展成果。2004年—2012年，公司累计分红14.27亿元。2012年度，公司被广东省企业联合会、广东省企业家协会评为“2012广东最受尊敬上市公司10强”和“2012年广东上市公司诚信经营10强”；获省现代服务业联合会授予“2012年度广东省百佳优质服务示范单位”、获省交通运输厅授予“十一五”省公路养护管理工作先进单位、获省总工会授予“省模范职工之家”、获市工会授予“市先进职工之家”等荣誉称号，公司文明创建再结硕果。2012年公司缴纳各项税负1.33亿元，同比增长16.75%，进一步体现企业的责任感和使命感。

作为东莞市国有控股上市公司，依托东莞市政府及控股股东的大力支持，具备外延式发展的先天条件和优势，有助于公司做大做强。东莞发展控股股份有限公司将一如既往地秉承“以服务为中心，向管理要效益”的经营宗旨，做强做实主营业务，做大做活金融业，做大做强，服务东莞经济社会发展。

附：2012年东莞发展控股股份有限公司领导名录

董事长：尹锦容

监事长：郭旭东

总经理：张庆文

东莞控股对外股权投资持股结构图

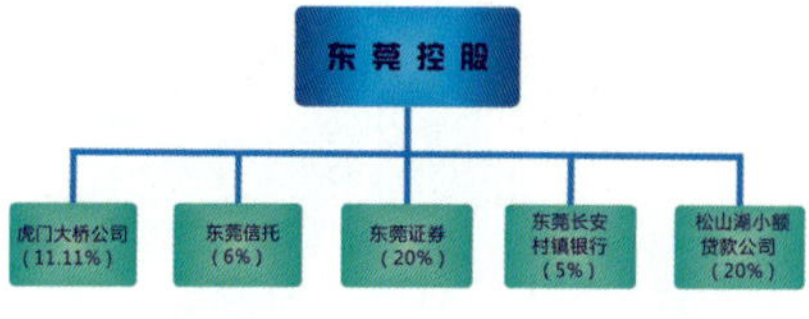

东莞控股历年净资产、总资产走势图

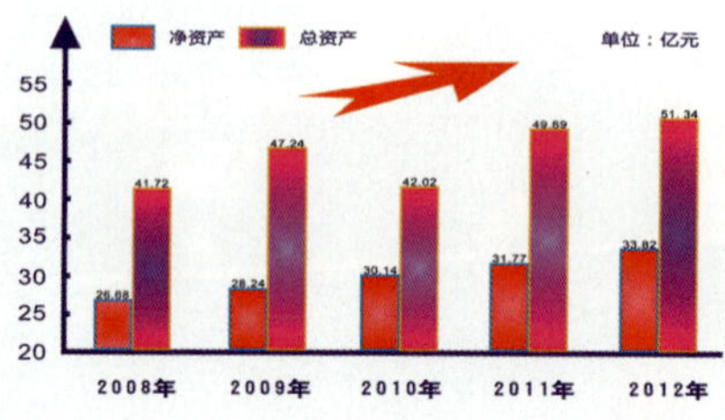

① 2012年10月27日，东莞发展控股股份有限公司董事会、监事会、高管层成员代表参观内幕交易警示教育展。

② 2012年8月23日，东莞发展控股股份有限公司选举出新一届企业年金管委会成员。

③ 2012年9月28日，东莞发展控股股份有限公司举办贺中秋、迎国庆暨莞深高速公路通车12周年联欢晚会。

2013
东莞 年鉴
DONGGUAN YEARBOOK

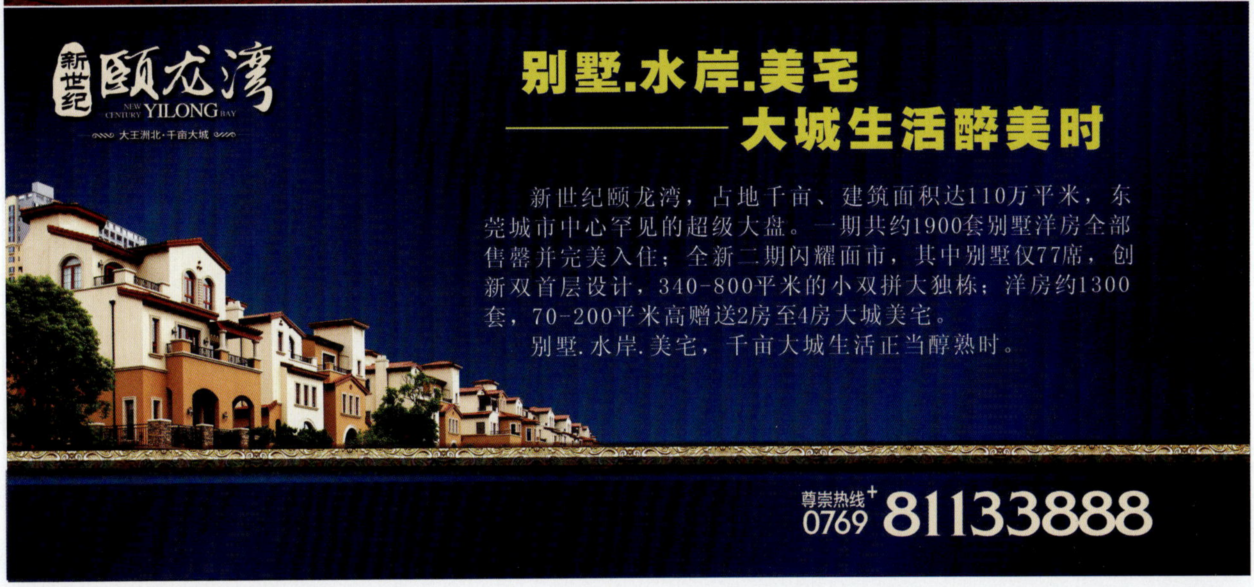

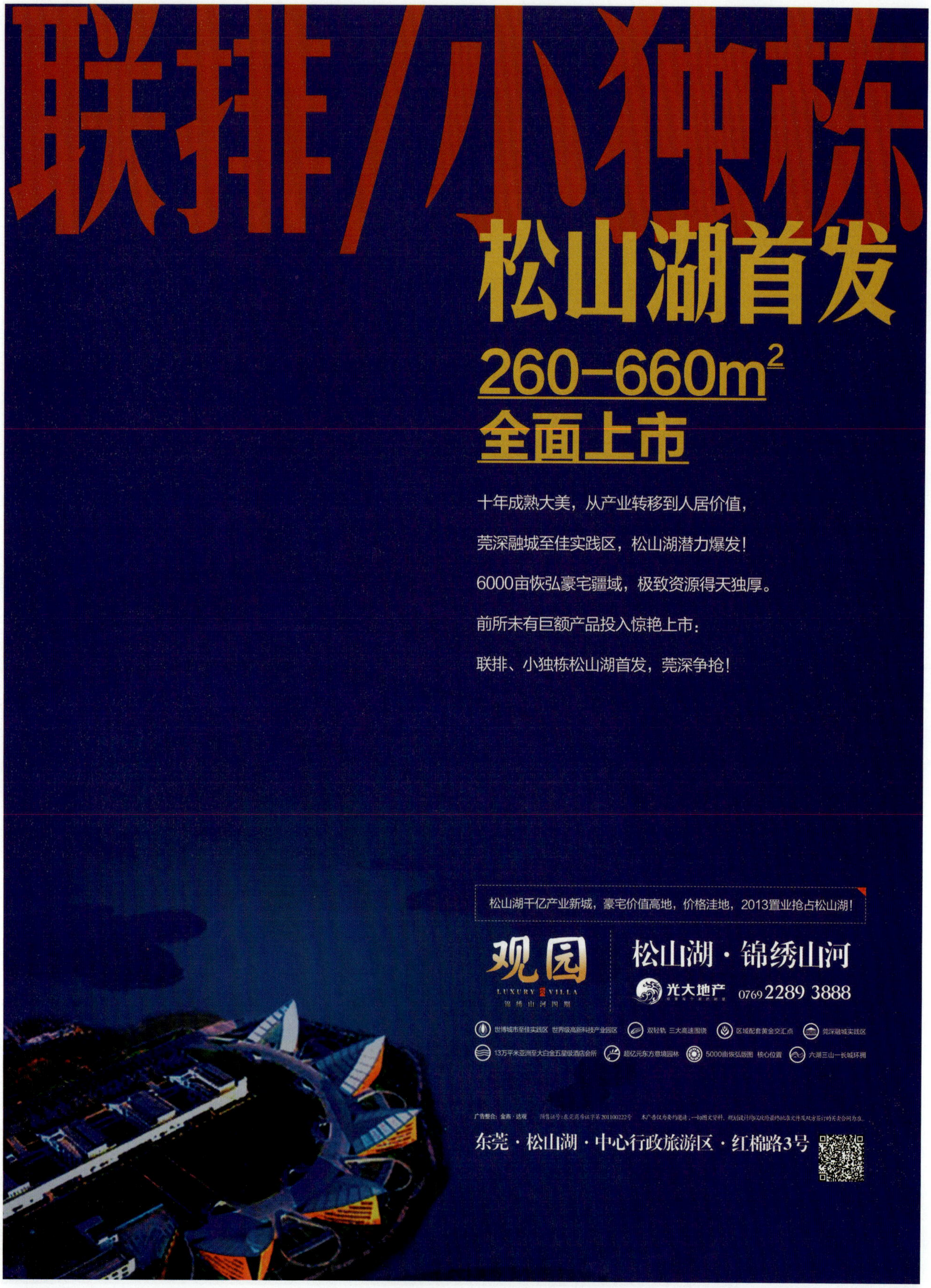

2013
东莞 年鉴
DONGGUAN YEARBOOK

2012年大事记

CHRONICLE OF MAJOR EVENTS IN 2012

新沙港

编辑：黄文挺

1　月

5日　市环保局首次对外通报东莞市PM2.5空气污染因子情况，按照国家最新的空气评价标准——AQI，在2011年7月1日到12月20日的173天监测期间，东莞市有9天PM2.5超标，超标率为5.2%。

6—8日　中国人民政治协商会议东莞市第十二届委员会第一次会议在市会议大厦召开。市政协十二届一次会议应出席委员471名，实到462名。会议听取市政协十一届委员会的工作报告和提案工作情况报告；选举产生第十二届市政协领导班子，李毓全当选市政协主席，何嘉琪、何碧霞、邝明子、朱伍坤、吕兢、钟淦泉、张玉其、莫布兴当选市政协副主席，张月忠当选市政协秘书长。

7—10日　市十五届人大一次会议在市会议大厦召开。该次会议应出席代表441人，实际出席代表438人。会议听取并通过《关于东莞市人民政府工作报告的决议》等6个决议草案和《加强科技创新 推进产业结构调整升级的议案》的决议；选举产生第十五届市国家机关领导人，徐建华当选市人大常委会主任，袁宝成当选市人民政府市长。黄双福、王道平、周楚良、郭水、欧林高、尹景辉当选市人大常委会副主任，陈柏南当选秘书长。梁国英、吴道闻、严小康、成洪波、贺宇、喻丽君当选副市长。会议选举杨宗仁为东莞市中级人民法院院长，黄文艾为东莞市人民检察院检察长。

8日　交通部副部长冯正霖率检查组莅莞视察春运工作，市委常委、市委政法委书记、副市长邓志广陪同。

11日　东莞市2011年度总结表彰大会在市会议大厦举行。徐建华、袁宝成、李毓全、姚康、黄双福等市领导出席大会。市委书记、市人大常委会主任徐建华发表重要讲话，市委副书记、市长袁宝成主持大会，市委副书记姚康宣读市委、市政府关于2011年度先进单位和先进个人的表彰决定。2011年，全市实现生产总值4735亿元，比上年增长8%；地方财政一般预算收入313亿元，增长18.2%。

13日　东莞市在全省2010年度推进基本公共服务均等化工作绩效考评中，均等化系数为0.9926，考评分数为97分，获优等级，排名全省第一。

14日　“幸福东莞·城市暖流行动”常平镇新莞人专列欢送仪式在东莞东站常平停车场举行。

16日　东莞市公安机关在全市范围内开展“粤安12”专项行动第一次集中统一行动，深入摸排违法犯罪线索，加强路面巡查、设卡盘查和治安复杂部位清查整治，着力消除治安隐患。

17日　韶关市委书记、市人大常委会主任郑振涛，市委副书记、市长艾学峰率韶关市党政代表团到东莞开展“双到”帮扶工作答谢拜访活动，市领导徐建华、袁宝成等接待代表团一行。

△　东莞市32个镇（街）同步全面启动“守护平安，干净社区”活动，公布全市32个社会治安重点区域，限期4个月进行重点整治。

20日　市委常委召开会议传达学习中共中央政治局委员、省委书记汪洋在参加省十一届人大五次会议东莞代表团全体会议时的重要讲话精神，研究部署贯彻落实意见。

25日　省委常委、省纪委书记黄先耀在东莞市委书记、市人大常委会主任徐建华等的陪同下，到省纪委东莞办案工作点

看望节日期间执勤的武警官兵和留守值班人员。

2 月

4日　广东省首届花灯文化节暨2012第三届洪梅花灯节开幕。广东省委常委、宣传部部长林雄，副省长雷于蓝等领导出席开幕式。

6日　省委组织部通报2011年度广东省“‘两新’百强”党组织评选结果，东莞有广东唯美陶瓷有限公司党委等五家非公有制经济组织党组织和广东科技学院党委一家社会组织党组织上榜。

7日　市政府下发《东莞市实施〈珠江三角洲环境保护一体化规划（2009—2020年）〉2011—2012年工作计划》，设定2012年全市跨界水体达标率超过80%，城镇污水处理率超过80%，集中式饮用水源水质达标率超过95%的总体目标。

△　市政府十五届第二次常务会议审议通过《东莞市服务业发展“十二五”规划》《东莞市生态景观林带建设实施方案》《关于加快公共租赁住房建设有关问题的通知》《东莞市加工贸易转型升级示范企业认定暂行管理办法》和《东莞市重点用能单位节能管理暂行办法》等。

△　甘肃省白银市政府代表团来莞考察位于松山湖的中科院云计算中心，学习云计算中心建设经验，探讨东莞与白银的区域合作。

8日　市委书记、市人大常委会主任徐建华，市委副书记、市长袁宝成率市党政代表团启程赴佛山、惠州、广州三市，学习考察三市的重大项目、重大发展平台、重大科技专项、“三旧”改造、科技产业园建设等方面的先进经验和做法。

△　在北京召开的第三届“全国未成年人思想道德建设工作视讯会议”上，东莞市被评为“全国未成年人思想道德建设先进城市”，东莞市教育局荣获第二届“全国未成年人思想道德建设工作先进单位”。

13日　省政府新闻办公室发布《2010年建设幸福广东综合评价报告》，东莞市2010年幸福综合指数排名全省第二。这是广东省首次对广东幸福指数进行测算并正式公布。

14日　全市“三重”建设工作会议召开。会议强调，“三重”建设是事关东莞高水平崛起的攻坚工程、发展工程。会议对2012年“三重”建设进行部署，共安排重点建设项目106项，投资242亿元。

△　副省长林木声一行莅莞调研城市化管理和国土管理工作。市领导徐建华、袁宝成等接待林木声一行。

△　在北京人民大会堂举行的2011年度国家科学技术奖励大会上，东莞华中科大制造工程研究院、东莞电子科技大学电子信息工程研究院两家平台获国家科技进步奖。

15日　省委委员、候补委员第三调研组来莞调研，深入了解东莞推进产业转型升级的情况，并就相关话题展开交流和探讨。全国人大华侨委员会副主任委员黄丽满，副省长刘志庚，河源市委书记何忠友等参加调研活动。市领导徐建华、袁宝成等陪同调研。

△　市委书记、市人大常委会主任徐建华会见中粮集团有限公司油脂部总经理曾宪锋一行，中粮集团计划在麻涌镇投资建设中粮广东粮油加工产业园项目，总投资额约120亿元。

△　《关于进一步加强我市医疗机构安全保卫工作的实施意见》下发，这是市政府首次出台医院安保文件，旨在加强医疗机构安全，预防和化解医患矛盾纠纷。

16日　2012年度全市武装工作暨党管武装述职会议召开，传达省委书记汪洋在广东省党管武装工作会议和广东省军区党委十届全体会议上的讲话精神，表彰一批先进单位和个人，对2012年的党管武装工作做全面部署。省军区副司令员李欣剑，市委书记、市人大常委会主任、东莞军分区党委第一书记徐建华等出席会议。

△　福建省委常委、福州市委书记杨岳率福州市党政代表团来莞考察，市领导徐建华、袁宝成等接待代表团一行。

△　厚街医院举行三甲医院挂牌仪式，这是东莞市首家，也是广东省第二家评上的镇级三甲医院。

△　松山湖高新区举行2012年十大项目动工仪式，海洋王照明科技、中食高科研发中心等十大项目同时开工，项目总投资额23.7亿元，计划在2013年下半年建成，项目投入使用后预计年总产值近百亿。市委副书记、市长袁宝成等出席动工仪式。

△　至17日，市委书记、市人大常委会主任徐建华，市委副书记、市长袁宝成率市党政代表团赴香港开展系列考察，拜访外交部驻港特派员公署、驻港部队、中联办以及香港东莞同乡总会，增进莞港交流与合作，助推东莞实现高水平崛起。

17日　人民银行东莞市中心支行牵头召开2011年度货币政策与东莞经济金融联席会议，市委政研室、金融局、银监分局、统计局、经信局、外经贸局、国土局、建设局、房管局等部门负责人，各银行行长及部门负责人，各证券、保险机构主要负责人，小额贷款公司、融资租赁公司负责人参加会议。这是东莞市第一次召开全体金融机构参加的大金融联席会议。

△　至18日，在山西太原召开的全国文化体制改革工作会议上，东莞市被评为全国文化体制改革工作先进地区。

18日　由中国宋庆龄基金会、广东省文化厅、东莞市人民政府和世界华人摄影学会共同主办的“大地情——中国风光摄影百福慈善展”在东莞图书馆开幕，副省长刘志庚、中国宋庆龄基金会副主席杨绍明、省文化厅副厅长杨伟时、副市长喻丽君等领导与来自全国各地的摄影界代表及东莞本土摄影家二百余人参加开幕式。

20日　东莞市十五届人大常委会举行第一次会议，表决任命唐庆涛为副市长（挂职），邓浩全任市政府秘书长，同时表决任命市政府33个职能部门负责人，名单全部获得通过。另外，会议还表决通过市第十五届人大常委会第一号议案——《关于加强法制宣传教育的决议》。

△　副省长招玉芳一行莅莞调研，市委书记、市人大常委会主任徐建华和市委副书记、市长袁宝成接待调研组，袁宝成出席座谈。

△　全国人大台湾省代表、全国政协台联组委员调研团莅莞调研，市委常委、统战部部长李小梅接待调研团一行。

21日　由市委书记、市人大常委会主任徐建华，市委副书记、市长袁宝成率领的东莞市党政代表团来到珠三角学习借鉴之旅的第四站——深圳，进行为期一天的学习考察。代表团受到省委常委、深圳市委书记王荣，市委副书记、市长许勤的接待和陪同考察。

22日　市政府十五届第三次常务会议审议并原则通过《东莞市重大信息基础设施“十二五”规划》《东莞市农业农村发展“十二五”规划》、设立初中教育质量提升帮扶奖励专项资金、市城建档案馆和市环境监测监控中心以及广东文化产业职业学院建设等内容。

△　市政协第十二届委员会第一次常委会议审议通过《2012年市政协常委会工作要点》，以及《2012年政协东莞市

第十二届委员会常务委员会和专门委员会工作计划》，并审议通过相关人事任免决定。

△ 市政府印发《2012年东莞市镇村组清产核资工作实施方案》，要求从次日起开展镇村组清产核资工作。

24日 全市“三打两建”（打击欺行霸市、打击制假售假、打击商业贿赂，建设社会信用体系、建设市场监管体系）工作会议召开。会议部署“三打两建”工作任务，争取用3年时间有步骤推进“两建”工作，力争2015年建成较为完善的社会信用体系。

△ 中国共产党东莞市第十三届纪律检查委员会第二次全体会议召开。市委书记、市人大常委会主任徐建华在会上发表重要讲话，要求各级党委、政府和纪检监察机关要进一步加强党的自身建设，始终保持党的纯洁性，以党的纯洁性保障和推动东莞高水平崛起。袁宝成、李毓全、姚康、黄双福、甄瑞潮、刘卫芳、梁国英、王检养、潘新潮等市领导出席会议。市委常委、市纪委书记崔建主持会议。

△ 东莞台商投资企业协会2012年春茗酒会举行。海峡两岸关系协会会长陈云林与台湾海峡交流基金会董事长江丙坤出席酒会，这是“陈江会”两大主角首次同时莅临东莞。市委书记、市人大常委会主任徐建华出席酒会并讲话。

△ 国内首个以婚庆文化为主题的4A级旅游景区，在凤岗镇龙凤山庄揭牌成立。

26日 国家人口计生委主任王侠一行来莞调研人口计生工作。副省长雷于蓝，省政府副秘书长、省人口计生委主任张枫，市领导徐建华、袁宝成等陪同调研。

27日 在北京举行的全国双拥模范城（县）命名暨双拥模范单位和个人表彰大会上，东莞连续第七次被命名为“全国双拥模范城”。樟木头镇委书记李满堂被授予“全国爱国拥军模范”称号。

△ 至28日，市委市政府召开赴广州、深圳、佛山、惠州学习考察心得交流座谈会，市直部门、园区、镇街代表谈感想、说体会、谋思路。市委书记、市人大常委会主任徐建华表示，希望通过借鉴四市经验，进一步解放思想、明确方向、指导工作，强力推进重大项目、重大产业集聚区、重大科技专项建设。

29日 市政府全体（扩大）会议举行，市委书记、市人大常委会主任徐建华对于新一届政府组成人员提出要牢记党的宗旨、坚持依法行政、认真履行职责、提高执行能力、自觉接受监督、加强廉政建设等六点希望和要求。市委副书记、市长袁宝成主持会议并发表讲话。

△ 市委副书记、市长袁宝成会见瑞士驻穗总领事馆洪立焜总领事一行，共同探讨东莞引入瑞士职业教育培训，并计划通过“瑞士设计在好莱坞”展在莞举办以加强双方在文化艺术领域的合作。

△ 全市公安工作会议召开，为东莞此后五年的公安工作指明方向。会上明确，按照“一年打基础、三年见成效、五年上台阶”的总体思路，以增强群众安全感为核心，通过做到“四个化”和推进“五个警”建设，努力构建治安防控体系，为东莞高水平崛起保驾护航。会议由市委副书记、市长袁宝成主持。

△ “东莞微博发布厅”正式上线，18个单位、3个园区、23个镇街共44个官方微博正式入驻腾讯、新浪微博大厅。“东莞微博发布厅”上线启动暨全市新闻发言人培训班开班仪式同日举行。

3 月

1日 第74期“东莞民营企业家面对面”活动举行，邀请中国中小企业协会会长李子彬为东莞市近300名民营企业家和民营经济工作者作经济形势分析讲座，以帮助企业准确把握国内外经济形势，促进企业健康稳定发展。市委副书记、市长袁宝成等市领导会见李子彬，并交流探讨发展东莞民营经济的看法和意见。

△ 省委常委、政法委书记、省公安厅厅长梁伟发率领省检查组莅临东莞了解“三打两建”工作开展情况。

2日 省“四年大发展”重大项目专项督查组莅临东莞，先后考察江库联网供水工程石排沙角泵站、从莞高速东莞段（石排）、华中科技大学工程研究院、中国散裂中子源科普基地、东莞市轨道交通R2线西平站，并听取汇报。

△ 由河南省委常委、洛阳市委书记毛万春带队的河南省洛阳市党政代表团到莞参观考察。

3日 广东省政府公布第四批共87项省级非物质文化遗产名录，东莞共有9个项目入选，包括茶山公仔、大岭山的莞香制作、横沥牛墟、道滘镇的七夕节、清溪麒麟舞、道滘镇的麒麟引凤、道滘裹蒸粽制作、白沙油鸭制作技艺、厚街腊肠制作技艺。东莞市的省级非物质文化遗产已增至29项。

5日 市委常委会议审议通过《东莞市教育事业发展“十二五”规划》《东莞市城市化发展“十二五”规划》《东莞市生态景观林带建设实施方案》等议题；传达学习全省社会工作会议主要精神。

△ 首届“中国(南方)印刷及设备器材展览会”暨“中国国际网印展暨纺织服装印花技术展览会”在厚街广东现代国际展览中心举行。在持续3天的展会期间，有国内外300多家厂商的主打产品亮相。

6日 为争取国家部委政策支持，促进高校院所重大科技成果在莞产业化，推动中央企业在莞加大投资建设，市委书记、市人大常委会主任徐建华，市委副书记、市长袁宝成率东莞市党政代表团赴京展开到中央国家机关、重点高校院所、中央重点企业的拜访之旅。

7日 市委市政府出台《关于加强镇村集体经济管理问题的通知》，要求从2012年3月1日起，各镇（街道）如向金融机构贷款，须报市政府审批同意后方可实施，此外，在全市建立和完善农村（社区）集体资产交易平台。

△ 副省长、省“三打”工作领导小组副组长刘志庚莅莞检查督导“三打”工作，对东莞取得的初步成效给予肯定。

8日 云南省委常委、昆明市委书记张田欣率昆明市党政代表团莅莞参观考察。

9日 全市消防工作会议暨“清剿火患”战役总结会举行，要求对东城桑园社区等32个火灾隐患重点整治村（社区）进行挂牌督办，东莞的超高型举高消防车从原来的78米提高到101米。

12日 2012年全市政法工作暨维护稳定和社会治安综合治理工作表彰会议召开。市委书记、市人大常委会主任徐建华强调，各级党委、政府和政法机关要增强使命意识，以增强人民群众安全感作为一切工作的出发点和落脚点，努力提升调解人民内部矛盾的业务能力。此外，出台重大民生政策前必须开展广泛调研和宣传，并进行风险评估。市委副书记、市长袁宝成主持会议。

13日 韶关市委副书记林耀明，韶关市人大常委会党组副书记、常务副主任李石保一行20人来莞学习交流工作经验。市委书记、市人大常委会主任徐建华等会见考察团。

△ 至15日 市委书记、市人大常委会主任徐建华率东莞市党政代表团赴安徽、上海拜访高校和上海市教育卫生委员会，以加强与重点高校的联系，深化产学研结合工作，促进高校重大科技成果在莞转化。

14日 市政府十五届第四次常务会议审议并原则通过《东莞市持续改进国家环境保护模范城市工作实施方案》、关于近期水价调整工作安排的报告、修改《东莞市政府质量奖评审管理办法》、建设东莞市住房公积金管理信息系统、建设老年退休生活社区等事项。

△ 广西河池党政代表团到莞考察，并举行东莞·河池对口帮扶工作座谈会。东莞市领导徐建华、袁宝成等出席座谈会并宴请河池客人。

16日 清远市委书记、市人大常委会主任葛长伟，市委副书记、市长江凌率清远党政代表团考察东莞市产业转型升级、城市规划建设等，受到市委书记、市人大常委会主任徐建华，市委副书记、市长袁宝成的接待。双方就产业转型升级、城市建设和管理、工业园区规划等进行交流，表达良好的合作愿望。

△ 第27届国际名家具（东莞）展览会在厚街广东现代国际展览中心开幕。该展会总面积达27万平方米，启用13座展馆，吸引海内外985家企业进场参展，是中国单体面积最大的家具展。

△ 市对外友好协会携手巴西中国经济贸易促进委员会，正式签订友好合作组织关系备忘录，促进东莞与巴西的贸易合作往来。

19—21日 由市委副书记、市长袁宝成率领的东莞市政府代表团一行先后赴武汉、成都两座科教重市，拜访多所高校，这是市委市政府坚定“傍科技大款”、提升产业质量的又一次高效出访。3天内与4所大学总计达成10余项实质性合作意向，与武汉大学签订全面战略框架合作协议，使得东莞市与国内知名院校的合作全面加速。

22日 市委书记、市人大常委会主任徐建华会见雀巢大中华区总裁狄可为率领的高层代表团一行。

△ 市政府十五届第五次常务会议审议并原则通过《东莞市能源保障“十二五”规划》、提高东莞市居家养老服务政府补助标准到18元/小时、确认东莞市2012年住房保障目标责任任务分配方案、修改《东莞市举报介绍、使用童工违法行为奖励试行办法》等事项。

△ 全市残疾人工作会议举行，提出2012年东莞要再建10个镇街康复就业服务中心，同时根据实际全面启动所有镇街的康复就业服务中心建设。全市符合条件的残疾人全部纳入城乡最低生活保障制度，1200户困难残疾人家庭完成无障碍改造。

27日 市政府常务工作会议审议并原则通过《“新东莞·新阅读”东莞书香企业掌上阅读互动工作方案》《东莞市突发气象灾害防御规定》和《东莞市体育事业发展“十二五”规划》等内容。

28日 全市教育工作会议在市行政办事中心举行。会议下发《市委、市政府关于推进教育改革发展加快实现教育现代化的决定》，并正式发布《东莞市教育事业发展“十二五”规划》。市领导徐建华、袁宝成等出席会议。

△ 全市水务工作会议召开，市委副书记、市长袁宝成就违法排污、水价提升、水患考验、工程质量等民生焦点问题作出工作部署。袁宝成还与副市长吴道闻等一起为市水务投资集团有限公司揭牌。会议下发《东莞市加快水务改革发展六大建设实施方案》（征求意见稿）。

29日 市委书记、市人大常委会主任徐建华会见中国商业联合会副会长、广东省商业联合会会长巫开立率领的经贸考察团，并进行座谈。双方就经贸合作等议题进行深入的交流。

△ 全市住房保障工作会议召开，总结和部署东莞市的住房保障工作，副市长吴道闻代表市政府与各镇街签订住房保障工作目标责任书。新建7500套公共租赁住房，做好低收入住房困难家庭的住房保障工作，是东莞市2012年住房保障工作的两项核心任务。

30日 东莞召开庆祝第七次荣获“全国双拥模范城”暨先进表彰大会。会议表彰一批先进单位和个人，部署双拥工作任务。

4 月

9日 文化部党组成员、中纪委驻文化部纪检组组长、督查组组长李洪峰率督查组莅莞检查，并召开创建国家公共文化服务体系示范区（项目）督查工作座谈会，肯定东莞创建国家公共文化服务体系示范区工作。市委副书记、市长袁宝成等参加座谈会。

△ 至10日 9日凌晨4时30分左右，位于中堂镇潢涌村大坦工业区的建晖纸业突发火灾，大火在晚8时左右基本扑灭。火灾面积约3万平方米，大批成品纸烧成灰烬，还有一名员工在火场中失踪。建晖纸业因违规搭建导致火烧连营。10日，东莞市中堂镇“4·9”火灾事故现场会在东莞建晖纸业有限公司举行，市委副书记、市长袁宝成，副市长、市公安局局长严小康出席。袁宝成要求，即日起在全市范围内开展安全生产大检查。

△ 清远市委副书记、市社会工作委员会主任梁志强一行19人到莞调研考察社会建设工作。

△ 市委副书记、市长袁宝成会见由香港工业总会主席钟志平率领的代表团一行。

△ 市城乡规划局召开全市规划工作会议，传达贯彻市委副书记、市长袁宝成调研规划工作会议精神，提出“三旧”改造工业项目用地应不少于50%、“三旧”改造控规编制应于2012年8月底前完成等若干意见。此外，会议还下发《东莞市城乡规划局“三重”工作服务保障制度》。

△ 省经信委发布“关于2010年度广东省民营经济工作考核及扶持民营经济首创政策奖评定结果的公示”，东莞市人民政府被评为“良好”。在9个奖项中，东莞市夺得“东莞市民营企业经营管理者‘111工程’”和“东莞市民营企业新增增值税奖励”，成为全省21个地级市和顺德区22个行政单位中唯一获得两项奖项的单位。

12日 省委组织部举办的“省党代表履职培训示范班”在东莞开班，省委常委、组织部部长李玉妹，东莞市委副书记、市长袁宝成，市委常委、组织部部长甄瑞潮以及来自基层一线的54名省党代表参加开班仪式。

△ 黑龙江省大兴安岭地委书记肖建春率团来东莞学习考察，受到市委副书记、市长袁宝成接待，双方就两地经济交流合作举行座谈。

△ 至13日 全国政协常委、中国煤炭工业协会会长王显政来莞视察。

13日 市政府常务工作会议审议并原则通过《东莞市火灾

隐患举报奖励暂行办法》、南城总部基地一期地下空间统一开发、《东莞市绿道管理工作实施方案》等内容。

△ 虎门港与华润（集团）有限公司旗下的华润水泥投资有限公司正式签订物流总部项目战略合作框架协议，共同合作开发虎门港华润物流总部项目。市委副书记、市长袁宝成等出席签约仪式。

△ 四川省德阳市委书记李向志率党政代表团来莞考察，了解东莞在落实科学发展观，转变经济发展方式上的积极举措和经验。袁宝成等市领导与代表团进行亲切交流。

16日 东莞市召开创建全国文明城市工作表彰暨动员会议，提出争创全国文明城市“三连冠”的工作目标。大会表彰了6个突出贡献单位和镇街、36个先进单位和163个先进个人。

▲ 17日 山西省委书记袁纯清率山西省党政代表团来莞考察发展新兴产业、文化建设和城市建设的经验做法。副省长陈云贤，市领导徐建华等陪同考察。

△ 广东省工会组建暨农民工劳务派遣工人会工作现场会在麻涌召开。

△ 至29日 由市委副书记、市长袁宝成率领的市政府代表团赴日本、台湾地区开展为期13天的“新东莞、新产业、新商机”有针对性的招商推介系列活动，找准和推动一批真正有意增资或投资的重点大项目落户东莞。

18日 市国税局通报称，市公安、国税部门联手侦破一起东莞史上最大的虚开增值税专用发票案件，涉案税款2049.48万元，10名涉案人员被刑拘。

19日 甘肃省委常委、兰州市委书记陆武成率兰州市党政代表团一行莅莞考察，市领导徐建华等接待代表团一行。

△ 至22日 “2012东莞台湾名品博览会”在东莞国际会展中心举行，2万多种台货精品集体亮相东莞。两岸400余家参展商，共设置摊位930个，其中东莞本地台资企业约占六成。该届博览会创造总采购商机约27亿元，其中现场零售7509万元，现场采购订单7.4亿元，一年内采购意向约18.9亿元。超过30万人次进场参观采购，其中专业采购商8634人次，一般民众超过29万人次。省委副书记朱明国，副省长招玉芳，市委书记、市人大常委会主任徐建华等出席开幕式。

△ 湖北省仙桃市委书记、市人大常委会主任刘新池率仙桃市党政代表团来莞考察。

20日 东莞阳光网新闻登载资质揭牌仪式在东莞广播电视中心举行，东莞阳光网喜获国务院新闻办颁发《中华人民共和国互联网新闻信息服务许可证》，成为广东省率先获得该证书的地级市网站，也是省内十大重点新闻网站之一。

△ 东莞市环保包装行业协会在桥头成立，世界包装组织副主席、中国包装联合会会长石万鹏，中国包装联合会党委书记、常务副会长兼秘书长葛江河，副市长成洪波等人参加成立大会。

△ 至25日 市委书记、市人大常委会主任徐建华率东莞党政考察团到新疆考察对口援疆工作。其间，徐建华一行参加由省委副书记、省长、省对口支援新疆工作领导小组组长朱小丹率领的广东省考察团的活动；慰问东莞市援疆干部并与农三师图木舒克市负责人进行座谈。考察团还到喀什经济技术开发区管委会、广州商品城等地参观调研。

26日 省市共建广东文化产业职业学院的签约仪式在东莞举行。省市共建的广东文化产业职业学院为省属公办学院，被列入广东省2012年重点建设项目。省委常委、宣传部部长林雄，市领导徐建华等出席签约仪式。学院选址落户在东莞生态产业园。

△ 2012年中国第五届高校材料院长论坛暨东莞国家863新材料成果孵化园区项目推介活动在塘厦镇开幕，国内新材料行业最权威、最顶尖的专家学者约160人共同研讨“十二五”规划中新材料领域的研究热点、产业发展、人才培养等问题。

27日 副省长刘志庚莅莞督导沿江高速二期建设，要求广深沿江高速二期工程力争年底通车。

28日 市委书记、市人大常委会主任徐建华会见美国建校时间最早的理工科大学伦斯勒理工学院常务副校长兼总教务长柏拉哈特·哈杰拉一行。柏拉哈特·哈杰拉说，伦斯勒理工学院在新兴产业方面有很强的科研实力，而且能很快产业化，希望与东莞加强在这方面的合作。

△ 广东省高清互动电视正式运营暨东莞广电网络升级改造全面启动仪式在莞举行，全国第一个全省统一的高清互动电视平台正式投入运营，观众可享50多个电视频道7天内节目的“回看”和4小时内节目的“时移”以及众多增值服务。

5 月

1—7月20日 首届东莞市原创音乐作品大赛举行，共收到参赛音乐作品124件，评选出60件优秀作品，其中一等奖3件、二等奖6件和三等奖9件。

9日 经过35名会员的一致举手表决，大岭山杨屋村公益互助会正式宣告成立。这是东莞市成立的第一个村级公益慈善类社会团体。杨屋村公益互助会是一个由大岭山杨屋村内各界热心慈善事业的单位和个人组成的社会公益组织，共有15个单位会员和20个个人会员。

16日 国家广电总局副局长田进率检查组莅莞，就东莞市开展迎接“十八大”广播电视安全播出工作进行检查。

△ 副市长贺宇会见匈牙利国会副主席、世界之桥基金会创始人乌伊海伊·伊斯特万一行6人。

17日 由市委市政府主办，东莞日报社承办的广纳良言、共谋崛起——“时间问政”网友见面会在东莞报业大厦举行，市领导徐建华、袁宝成、王检养以及12位局办负责人，与“时间问政”的网友们围坐一起，虚心纳网言，共谋东莞崛起。

20—21日 在上海举行的第四届中国制造业论坛年会上，东莞市获评“2012中国制造业最优投资环境城市”。副市长成洪波代表东莞市出席颁奖典礼并领奖。

21日 中国社会科学院发布《中国城市竞争力报告》，东莞创新环境、社会环境等指标排位居全国前列，东莞企业本体竞争力全国第三。

△ 至22日 中共东莞市委第十三届二次全会召开。会议的主要任务是传达学习省第十一次党代会精神。会议指出，要

营造法治化国际化环境，建设“六个东莞”（平安东莞、法治东莞、信用东莞、效率东莞、活力东莞、开放东莞），以“三重”建设为抓手，实现转型升级新突破。会议还审议通过《中共东莞市委市人民政府关于建设“六个东莞”营造法治化国际化营商环境的意见》。

22日　市政府印发《东莞市举报介绍、使用童工违法行为奖励办法》，自2012年7月1日起生效，规定对举报用人单位非法使用童工者，按查实使用童工的人数每一名奖励举报人500元，最高不超过2000元。

24日　市委书记、市人大常委会主任徐建华，市委副书记、市长袁宝成率市领导与来莞考察交流的中山市委书记、市人大常委会主任薛晓峰，中山市委副书记、市长陈茂辉率领的中山市党政代表团进行座谈。

△　省总工会在虎门镇龙眼社区举行广东工会推进“心灵驿站”建设启动仪式，同时为全省首家“心灵驿站”建设示范点——东莞市虎门镇“幸福虎门·心灵驿站”职工活动中心落成进行挂牌。

△　市政府印发《东莞市火灾隐患举报奖励暂行办法》，自2012年7月1日起生效，规定任何单位或个人对东莞市发生的、符合规定的火灾隐患进行举报，按罚款金额的50%给予举报人奖励。

△　市政府公布《关于落实我市承担的2012年省政府十件民生实事工作任务的通知》，取消流动人口治安联防费。

△　沙田镇东方明珠学校获得“广东省交通安全文明示范学校”荣誉称号并举行挂牌仪式，这是东莞市首家获此称号的学校。

25日　由中国书法家协会、广东省文学艺术界联合会主办，中国南方电网公司、广东省书法家协会协办，广东电网公司东莞供电局、岭南美术馆和东莞市书法家协会承办的“邵秉仁书作展”在岭南美术馆开幕。该次共展出邵秉仁书法作品约70幅，展期至6月8日。中共中央政治局委员、广东省委书记汪洋为该次书法展发来贺电。

△　东莞市“全国科普消防教育基地”在厚街消防大队正式挂牌，东莞市《全民消防宣传教育纲要》宣传周活动亦同时启动。厚街消防科普教育培训基地是全国首个镇级消防科普教育培训基地，此次正式挂牌“全国科普消防教育基地”。

△　全市消防产品质量专项整治工作会议召开，要求喷水灭火、火灾报警、泡沫灭火设备等七大类消防产品必须实施强制性产品认证，2013年1月1日起，无证生产的企业将会被依法查处。

26日　全市616个党代表工作室同时开展“学报告、争先锋”主题活动，宣传省第十一次党代会精神和市委十三届二次全会精神。

27日　国家发改委副主任连维良在省发改委主任李春洪的陪同下莅莞调研，市委副书记、市长袁宝成等陪同调研。

△　市政府出台《东莞市消防安全网格化管理试点工作方案》，要求以塘厦镇为试点进行为期3个月的消防安全网格化管理试点工作，并于8月开始在全市范围内部署推广。

28日　全省景区管理工作会议在东莞举行，来自全省22个地市的旅游局代表参会。

△　《东莞市2012年度地质灾害防治方案》发布，东莞市有347处突变性地质灾害隐患点，比上年增加27处。共威胁人口3073人，威胁财产约9316.5万元。其中，2012年突变性地质灾害重点防治镇为长安、虎门等21个镇79个村（居）委会。

29日　全国政协经济委员会专题调研组莅莞就“加强和改善宏观调控，实现经济发展稳中求进”进行专题调研。

△　虎门港沙田港区集装箱码头股权重组签约仪式暨新闻发布会举行，虎门港集团有限公司分别与PSA国际港务集团、中国外运广东有限公司签订沙田港区一期码头股权增资和二期码头股权重组协议。

30日　市委副书记、市长袁宝成会见世界500强企业——安博公司中国区总裁康斌一行，双方就安博公司在莞投资事宜进行实质性磋商，并达成合作意向。

31日　副省长、省妇儿工委主任雷于蓝，省政协副主席、省妇联主席温兰子，市委副书记、市长袁宝成一行先后慰问市儿童活动中心、市机关第二幼儿园、南城篁村儿童友好社区和市残疾人康复中心等地。

△　“中以国际科技合作产业园”奠基仪式在松山湖举行。作为中国与以色列之间合作建设的首个产业园区，项目拟用地约25公顷，一期投资总额15亿元，主要引进水处理技术应用企业和孵化水处理相关企业，以及开展电动汽车、环保技术及生物医药等战略新兴产业的中以合作项目。副省长许瑞生，市委书记、市人大常委会主任徐建华会见以色列工贸部部长沙龙·辛宏一行。

△　市政府第十次常务工作会议举行，市委副书记、市长袁宝成主持会议。会议传达全省推广应用LED照明产品工作会议精神，要求全市各级各部门认真落实中央和省委、省政府关于发展战略性新兴产业的决策部署，抓住机遇，发展LED产业，用2年时间在所有财政或国有资本投资新建的公共照明领域一律使用LED照明产品，原有的非LED照明产品改造工作，力争在2013年底前率先完成改造。会议审议并原则通过2012年积分入户政策、大市区水价调整等内容。

△　东莞海关缉私分局举行“全国优秀公安局”挂牌仪式，成为全国海关缉私系统唯一获此殊荣的单位。

6　月

1日　广东电台、广东电视台、南方电视台共同参加的《转型升级市县行》联合报道组来莞，就东莞加快转型升级、营商环境建设等情况进行全面采访，对市委书记、市人大常委会主任徐建华进行专访。

2日　东莞动漫城首期正式开业，项目由相关协会、政府、企业三方合作，总投资1亿元，总面积超过4万平方米。

4日　省委副书记、省长朱小丹莅莞视察调研，对东莞坚定转型升级不动摇予以肯定。市委书记、市人大常委会主任徐建华，市委副书记、市长袁宝成等陪同调研。

△　韩国媒体代表团莅临东莞考察，在莞期间代表团参观并采访松山湖高新技术产业开发区和广东易事特电源股份有限公司。该代表团此次莅莞考察，是“韩国马来西亚媒体走进珠三角”活动的环节之一。

5日　省委组织部来莞宣布东莞有关干部任免决定：省委决定，提名张科同志为东莞市副市长人选，成洪波不再担任东莞市副市长职务，任命为东莞理工学院党委书记。

6日　《中共东莞市委市人民政府关于建设“六个东莞”营造法治化国际化营商环境的意见》正式出炉，对东莞法治化、国际化营商环境的建设提出意见。

7日　市委书记、市人大常委会主任徐建华，市委副书记、市长袁宝成会见中山大学党委书记郑德涛，双方就产学研合作等事宜展开探讨。

△　市政府第十一次常务会议审议并原则通过《东莞市促

进中小微企业发展实施办法》等多项减轻企业负担、促进企业发展的政策文件。会议还通过东莞市廉租房租金标准、《东莞市2012年度石马河污染综合整治工作方案》、追加宫颈癌筛查专项经费预算等内容。

8日　广州军区司令员徐粉林中将在省委常委、省军区政委黄善春少将的陪同下，率领广州军区工作组莅莞视察。市领导徐建华、刘卫芳等陪同考察调研。

△　南疆（广东）草湖现代特色休闲农业示范园推介会在东莞市举行，这是自新一轮对口援疆工作开展以来，东莞市推进援疆建设工作的又一个新举措。

△　省三水戒毒康复所与虎门、万江共建戒毒康复基地签约暨揭牌活动在虎门举行，省三水戒毒康复所与虎门、万江签订《共建康复工作站协议书》。这标志着"省地""所地"戒毒康复工作机制正式建立。

9日　商务部国际贸易谈判代表兼副部长高虎城率调研组来莞调研外贸发展形势。市委副书记、市长袁宝成等接待调研组一行。

△　东莞市侨联归国留学人员联谊会正式挂牌成立，成为东莞海内外留学人员"温暖的家"。联谊会官网"www.dgosa.com"同时启用。

10日　东莞市公安局"511"专案组经过1个多月的缜密侦查，成功打掉一个特大武装贩毒团伙，在高埗、中堂、常平、厚街、虎门镇以及广州增城石滩等多个镇区抓获以姚某帮为首的团伙成员18人，缴获冰毒20公斤、氯胺酮5公斤，收缴仿92式手枪1支、子弹16发，扣押毒资人民币125万元、作案车辆9台，彻底摧毁了一个盘踞东莞，横跨广州、惠州、汕尾多市，辐射内蒙古的特大贩毒网络，为东莞历年来一次性缴获冰毒最多的一次。

11日　省委常委、组织部部长李玉妹来莞调研基层党组织建设工作。市委书记、市人大常委会主任徐建华等陪同调研。

12日　东莞市国防动员委员会第十四次全体（扩大）会议召开。会议传达上级有关加强国防动员工作的指示精神；调整市国动委成员，市委书记、市人大常委会主任徐建华任市国动委第一主任，市委副书记、市长袁宝成任主任；会议表彰一批先进单位和先进个人，总结"十一五"时期市国防动员建设工作，部署"十二五"时期市国防动员建设的主要任务。

△　景德镇市委书记邓保生率党政代表团来莞考察，市委书记、市人大常委会主任徐建华等与代表团进行交流。

△　至13日　致公党中央常务副主席王钦敏率调研组莅莞开展"技术创新促进产业转型升级"调研，并召开专题座谈会。

14日　市委十三届第15次常委会议审议并原则通过《东莞市促进中小微企业发展实施办法》《中共东莞市委、东莞市人民政府关于促进科技、金融与产业融合的意见》。

△　由运城市委书记白云，市委副书记、市长王安庞率领的山西省运城党政代表团一行来莞考察交流，市委副书记、市长袁宝成接待代表团一行。

△　市烟草专卖局会同市公安局、质监局、"三打办"和长安镇有关部门，在长安镇查处一个仓储销售假烟团伙，查获假烟窝点4个仓库、两个销售店铺，有"广州双喜""白沙""红金龙"等品牌卷烟748.5万支，车辆4部，初步估算案值超过280万元。这是"三打"以来查处的最大一宗涉假卷烟案。

△　东莞首届网上荔枝节启动。轻点鼠标，东莞荔枝可在24小时内直"飞"全国各地。

15日　市社保局出台《减轻企业负担促进企业发展有关问题的通知》，七大举措如暂缓调整养老保险缴费费率和阶段性降低医疗保险缴费费率等可为东莞企业每年总共"减负"超12亿元。

18日　东莞市创建"广东省创新社会管理引领区"动员大会召开。会议提出，要把东莞建设成为民生福祉显著增加、文明程度显著提高、社会服务更加完善、管理格局更加健全、公平正义更加彰显、社会大局更加和谐的全省创新社会管理引领区。会上，东莞市与省社工委签订共建全省创新社会管理引领区协议书，共同探索东莞加强社会管理、创新社会管理方面的经验和做法，为全省创新社会管理提供有益的启示和借鉴，促进全省社会建设事业又好又快发展。

△　市政府与华南理工大学签署共建华南协同创新研究院协议，标志着华南理工大学首家协同创新研究院正式落户东莞。华南理工大学党委书记杜小明，校长王迎军，东莞市委书记、市人大常委会主任徐建华，市委副书记、市长袁宝成等参加签约仪式。

△　至19日　省人大常委会副主任陈继兴率省人大财经委来莞调研经济运行情况和预算执行情况，市委书记、市人大常委会主任徐建华接待调研组一行。

19日　东莞市举行以"中小微企业政策宣讲"为主题的"第十二次东莞市民营企业排忧解难协调会"。活动简要介绍《东莞市促进中小微企业发展实施办法》出台的背景和历程，从加强财政支持、落实税收优惠、减轻企业负担、加大融资支持、帮助开拓市场、优化行政服务、加强组织领导等7大方面，提出帮扶中小微企业发展的48条政策举措。活动邀请市工商局、市国税局、市地税局相关负责人宣讲最新扶持政策。东莞市近1000名中小微企业的相关负责人、相关镇街及部门负责人出席活动。

△　至20日　全国人力资源和社会保障宣传工作座谈会在莞召开，主要任务是推动人力资源和社会保障宣传文化工作创新发展。人力资源和社会保障部副部长何宪、广东省常务副省长肖志恒、东莞市市长袁宝成列席。东莞市社会保障局作为唯一一个地级市代表在会上作经验介绍。

20日　省委书记汪洋到东莞进行专题调研。他指出，在过去的基础上，东莞的新班子认真贯彻省党代会精神，务实创新、统筹规划，工作谋划上有新设想，工作举措上有新动作，工作成效上有新进展。省委常委、秘书长林木声，副省长刘志庚，市领导徐建华、袁宝成等参加调研活动。

21日　市委副书记、市长袁宝成主持召开市政府第十三次常务工作会议，会议传达全省质量强省工作会议暨2011年度政府质量奖表彰大会精神。会议审议并通过《东莞市推广应用LED照明产品工作方案》、建设松山湖科技金融体系、松山湖大学创新城选址、《东莞市妇女发展规划（2011—2020年）》和《东莞市儿童发展规划（2011—2020年）》、东莞市天然气汽车加气站专项规划修编等内容。

26日　国家电子电路基材工程技术研究中心落户广东生益科技股份有限公司，组建工作正式启动。这是东莞首个国家级工程中心。

28日　东莞市视频信访系统启用仪式举行，市委书记、市人大常委会主任徐建华通过视频接访信访群众，"面对面"为群众排忧解难。东莞在全省地级市中率先进行市委书记视频接访，同时率先实现视频信访系统覆盖到各镇街。

29日　第二届松山湖中国IC创新高峰论坛在松山湖举行，市委常委、常务副市长梁国英出席。该届峰会共吸引行业协会代表、专家学者、IC设计公司代表及珠三角地区系统厂商和方案商代表约100人参加。

7 月

1日 东莞市新社保卡正式启用，率先在全国将社保卡功能扩展到医疗卫生领域。新卡实现社保卡、银行卡、诊疗卡、健康卡的“多卡合一”，集成社保、金融、医疗卫生3项功能。

3日 东莞金融发展咨询交流会在北京举行，来自国家各金融管理部门代表、金融专家围绕金融创新、做强金融产业、更好地发挥金融在构建现代产业中的核心引领作用等三个主题，为东莞创新型城市建设建言谋策。

△ 东莞钜升塑胶电子制品有限公司举行智能化精密模具柔性制造生产线启用仪式暨长安模具高端人才培养政·校·企战略合作签约仪式，由该公司投资近1亿元建设的智能化精密模具柔性制造生产线正式启用，这是全省首条具有国际先进水平的模具制造全自动化流水生产线。

5日 市政府与北京大学正式签订共建“北京大学东莞光电研究院”协议书，开创了北大与地方政府合作组建的唯一一个创新平台。

△ 市政府发布《东莞市水资源保护与水环境治理“十二五”规划》，东莞市在“十二五”期间将集中开展包括饮用水源保护、内河涌治理等5个方面工作，重点实施联网水库水源保护等八大工程。

6日 市直机关“三服务 走在前”主题活动会议召开，会议印发《关于在市直机关党组织和党员中开展“三服务 走在前”主题活动的意见》。

7日 800多名香港广东社团总会代表来莞参观考察。中联办副主任黎桂康、市领导徐建华等出席欢迎宴会。

▲ 8日 东莞市举行市预防腐败局揭牌仪式。省委常委、纪委书记黄先耀，省监察厅厅长、省预防腐败局局长林浩坤，市领导袁宝成等出席揭牌仪式。

△ 至17日 市委书记、市人大常委会主任徐建华率东莞市党政及企业代表团前往以色列和德国进行科技交流与经贸考察，寻求国际科技创新资源，招引与东莞产业结构相适应的国际知名企业，促进科技金融产业融合，助力高水平崛起。

9日 东莞市新社会保障卡首发仪式在南城文化广场举行。东莞的新社保卡应用覆盖社保、金融、医疗卫生三大业务领域，更在全国率先实现社保卡诊疗一卡通。省委组织部副部长、省人力资源和社会保障厅厅长欧真志，国家人力资源和社会保障部信息中心党委书记翟燕立，市领导袁宝成等出席首发仪式。

11日 香港客属社团联合总会来莞参观考察。

△ 东莞市“三打”专项行动领导小组扩大会议召开，全面推动“三打”工作向纵深发展。会议首先传达省委书记汪洋“7·5”重要讲话精神和省委副书记朱明国在省“三打”领导小组第14次成员（扩大）会议上的讲话精神；同时，会议积极部署打击制假售假逮捕数以及查处“保护伞”人数“破零”工作。

△ 副市长贺宇主持召开市第三次在莞韩资企业政企联络会，帮助在莞韩资企业减负、转型等。

12日 市委副书记、市长袁宝成主持市政府第16次常务会议，对全市“三打两建”、安全生产、重大项目建设、全市科技金融工作会议、电子商务等工作进行部署。会议审议并原则通过《东莞市人民政府关于把松山湖高新区建设成为国家创新型科技园区的若干意见》、共建“太阳能光伏公共服务平台”、把产品质量定期监督检验费纳入市财政预算等内容。

16日 市总规委员会2012年第二次会议召开，审议通过松山湖重大总部项目、东莞虎门电子产业园建设项目选址规划研究，虎门镇城市总体规划修编（2010—2020）等13个项目。市委副书记、市长、市总规委员会主任委员袁宝成等参加会议。

17日 市委副书记、市长袁宝成会见吉林省白城市委副书记、市长安桂武一行，双方就农业、产业、旅游及两地台商等方面的合作发展进行交流。

△ 东莞市档案馆新馆举行开馆仪式。

18日 省委常委、常务副省长徐少华来莞调研轨道交通和港口建设，肯定东莞轨道交通建设成绩，并高度评价东莞对全省交通建设大局所作出的贡献。市领导徐建华、袁宝成等陪同调研。

△ 市政府与中国华电集团公司举行清洁能源战略合作协议签字仪式，双方以虎门港立沙岛热电冷三联供公用工程岛项目为基础，进一步扩大在能源和其他领域的合作。省委常委、常务副省长徐少华，市领导徐建华、袁宝成等出席签约仪式。

20日 全市科技创新大会召开，市委书记、市人大常委会主任徐建华提出东莞市科技创新的总体要求、主要目标，并对各项重点任务进行部署。

△ 东莞市团校成立暨全市基层团委书记培训班开班仪式举行。团市委机关干部，镇（街道）团委书记、副书记及委员代表，各厂局和一级学校团委书记及团干部代表近500人参加。

△ 东莞市召开推广应用LED照明产品工作会议，正式下发《东莞市推广应用LED照明产品工作方案》。副市长张科出席会议，并代表市政府与各园区管委会、镇街人民政府代表签署《东莞市推广应用LED照明产品工作责任书》。全市推广应用LED照明产品正式拉开序幕。

△ “智慧东莞·物联网产业高峰论坛暨中国电信广东公司信息化巡展”活动在东莞举行。活动中，东莞市正式宣布启动“智慧东莞年度评选活动”。同时，四大银行通过与东莞市物联网产业促进会签订合作框架协议，多方面力挺东莞物联网企业和产业的发展。

△ 至24日 副市长贺宇会见韩国牙山市市长卜箕旺率领的政企代表团，探讨在经贸、教育、文化、体育等多个领域的合作。市委副书记、市长袁宝成代表东莞与韩国牙山市市长卜箕旺签订友好城市备忘录。东莞理工学院与韩国牙山湖西大学也在签约仪式上签订友好高校备忘录。在同时举办的韩国牙山市优秀企业经贸代表团洽谈会（牙山市产品展销会）上，来自牙山市的多家企业代表与68家东莞内资、韩资企业开展商务洽

谈。

24日 市委副书记、市长袁宝成会见中国电子信息产业集团副总经理聂玉春一行，就加快推进中国电子虎门电子产业园项目展开座谈。

△ 国家人力资源和社会保障部副部长、党组副书记杨志明一行来莞调研企业用工情况。在常务副省长肖志恒、市委副书记、市长袁宝成等陪同下，杨志明一行深入厚街、南城多家企业实地调研。

30日 中国环境保护产业协会在东莞市召开“垃圾渗滤液处理新技术、城市污水深度处理技术及技术验证评估移动工作站”鉴定会。会议围绕“环保技术创新与产业化发展”主题展开。国务院参事王秉忱、中国工程院院士段宁、中国环境科学研究院宋乾武主任及一批技术评审专家、技术研发单位成员与会。

31日 副省长招玉芳一行莅临东莞调研，听取全省加工贸易转型升级工作现场会筹备工作情况，视察全省加工贸易转型升级现场会参观点并巡视会场。市委副书记、市长袁宝成等陪同调研。

8 月

1日 市委书记、市人大常委会主任徐建华主持召开市委常委议军会议。市领导袁宝成等以及东莞军分区司令员李庆文出席会议。徐建华强调努力争创全国双拥模范城“八连冠”和全省双拥模范城“九连冠”，继续当好全省全国双拥工作的排头兵。

△ 全市实施《东莞市食品安全举报奖励办法》，市民举报食品安全违法行为，最高可得到奖励50万元。

3日 市委市政府发出《关于进一步推动加工贸易转型升级的意见》，提出到2015年东莞实现加工贸易产品制造高级化、企业形态高级化、产业高级化，推动加工贸易由规模速度型向质量效益型的根本性转变的发展目标；30日，市委、市政府在全省加工贸易转型升级现场会上又发出《东莞市来料加工企业不停产转为“三资”企业操作办法》等10份具体实施办法，共同形成推动东莞加工贸易转型升级的“1+10”政策体系。这是东莞市首次梳理出推动加工贸易转型升级的全面政策体系。

△ 由中共广东省直属机关工作委员会联合《中直党建》杂志社、《紫光阁》杂志社、广东省直机关党的建设研究会共同举办的党建文化研讨会在莞举行。中央国家机关工委原副书记周敬东，省委组织部副部长、省直机关工委书记、省直机关党建研究会会长罗东凯，市委书记、市人大常委会主任徐建华等出席研讨会。

5—6日 市委书记、市人大常委会主任徐建华率市党政代表团赴广西河池市开展对口帮扶活动，东莞向河池捐赠2012年扶贫资金1000万元和慰问金30万元。

6日 市政府十五届第十八次常务会议审议并原则通过《东莞市校车财政补贴工作方案》《东莞市重金属污染综合防治“十二五”规划》《东莞市生活垃圾处理费征收使用方案》等多个事项。

△ 全市文化市场集中整治工作会议召开。会议印发《东莞市文化市场集中整治行动方案》《关于加强东莞市文化行业协会建设的意见》两份文件，宣布东莞从即日起至12月对文化市场进行整治工作。

△ 市委书记、市人大常委会主任徐建华率队抵达桂林市，受到桂林市委书记、市人大常委会主任刘君等桂林市领导的欢迎，双方就加强产业转移、劳务输出、旅游等多方面合作进行交流探讨。

7日 省委副书记、省长朱小丹率领省有关部门负责人莅莞，实地调研珠三角城际轨道交通建设情况，协调解决轨道交通建设中存在的难题，全力推进珠三角城际轨道交通建设进度。市领导袁宝成等全程陪同调研。

△ 珠三角地区发展创业投资促进转型升级座谈会在东莞召开。副省长陈云贤、市政府党组成员冷晓明等省市领导出席座谈会。

8日 东莞市公安边防支队在虎门镇木棉岛边防码头举行新建巡逻艇交接仪式，由公安部边防管理局、广东省边防总队和东莞市政府联合打造的全国首艘318B型巡逻艇正式从广西移交给东莞市公安边防支队，标志着珠江入海口海域最大最先进的海上执法巡逻艇在东莞服役。

9日 市政府常务会议原则通过编制《东莞市生活垃圾分类收运处置规划》的事项。会议还审议通过关于组建上海高校产学研合作中心、将市地方公路管理总站管养桥梁的检查与评定工作推向市场、确定市政府质量奖获奖名额和奖金额度等事项。

△ 东莞市港资企业生产力提升成果展示会举行，莞港合作搭建的“在莞港资企业转型升级辅导平台”取得阶段性成果，已有226家企业参加辅导平台，港企产值增69%。

12日 广东省数控一代机械产品创新应用示范工程推进大会在东莞召开，会议总结“数控一代”示范工程启动以来的成绩和经验，部署下一阶段的工作。中国工程院院长周济出席会议并作重要讲话。副省长刘志庚，省科技厅厅长李兴华，市委副书记、市长袁宝成等出席会议。省科技厅、东莞市、华中科技大学、广东省机械工程学会和华中数控股份有限公司的代表分别发言。

13日 由省纪委、省文化厅共同主办的第二届广东省廉洁读书月启动仪式在东莞举行。

14日 中国工程院院长周济一行来莞调研战略性新兴产业。

△ 副省长许瑞生率调研组莅莞调研石马河流域污染整治工作。

△ 市委副书记、市长袁宝成会见日本驻穗总领事伊藤康一一行。

△ 市委副书记、市长袁宝成会见华为公司副董事长郭平一行，双方围绕打造龙头企业、加强合作等内容进行磋商。

17日 市政府常务会议同意松山湖管委会按先行先试、依法依规的原则，实施人才安居工程，试点开展公共租赁住房建设工作。同时会议还审议并原则通过《东莞中心区交通改善实施规划》《关于省下达我市2011年度林业渔业成品油价格改革财政补贴资金发放方案》等事项内容。

△ 2012南国书香节暨东莞书展在东城永正书城正式启动。

20日 市政府十五届第二十一次常务会议原则通过《2012年东莞市社区综合服务中心示范点建设经费资助办法》。会议还原则通过省下达东莞市2011年度交通运输行业成品油价格改革财政补贴清算资金发放的方案、《东莞市古树名木保护管理办法》《东莞市民营经济工作评价暂行办法》、建立东莞市供水安全保障系统等事项内容。

△ 江西省副省长姚木根率江西省考察团来莞考察生态建设，市委书记、市人大常委会主任徐建华，市委副书记、市长

袁宝成会见考察团并进行交流，双方希望在生态建设等方面密切交流，促进多方面合作。

21日 由东莞市政府主办、南城街道和东莞市体育局联合协办的庆祝国家羽毛球队奥运凯旋联欢晚会在东莞市南开实验学校举行。晚会上，东莞市政府向国家羽毛球队赠送慰问金100万元，中天集团、广源集团、东莞银行、宏远集团、世纪城集团等5家企业向羽毛球队共赠送770万元奖金。省委副书记、省长朱小丹发来贺信。乒乓球功勋教练李富荣，国家体育总局乒羽管理中心主任刘凤岩，市委书记、市人大常委会主任徐建华，市委副书记、市长袁宝成等出席晚会。

22日 市委市政府召开全市土地管理工作会议，要求重大用地政策出台将集体“把关”、率先对水乡片土地资源进行整合、建立产业用地“黑名单”制度、缩短新增项目用地手续办理时间等。

23日 东莞市举行创建“平安东莞”——全市公安机关警容、装备、训练成果汇报会，省政府党组副书记、省公安厅厅长梁伟发，市委书记、市人大常委会主任徐建华，市委副书记、市长袁宝成等市几套班子领导出席汇报会。

24日 全市农村综合改革暨镇村集体经济发展工作会议召开，正式拉开全市农村经济社会转型发展改革的大幕。会议指出，农村综合改革涉及经济、社会管理和公共服务等领域，是重大的制度创新和社会变革，要在优化经济发展体制等五个方面实现重点突破。

△ 全市非本市户籍职工在莞就读子女参加社会基本医疗保险试点工作动员大会召开。提出从9月1日起，东莞市正式启动非本市户籍职工子女参加社会基本医疗保险试点工作。市社保局、市财政局、市教育局、市新莞人服务管理局、试点学校以及各镇街相关单位负责人参加会议，副市长喻丽君出席会议并讲话。

25日 中共中央政治局常委、国务院总理温家宝到东莞就经济走势特别是稳定外需、加快外贸转型升级进行调研。温家宝指出，要高度重视进出口贸易中存在的问题和困难，有针对性地采取措施推动出口稳定增长，为实现全年经济社会发展目标提供良好条件。

27日 省“加快转型升级 建设幸福广东”检查组第二小组到莞检查工作，听取东莞市关于贯彻落实中央和省重大决策部署及开展监督检查工作情况的汇报。

△ 广州军区副司令员邢书成中将率广州军区工作组到东莞军分区视察指导部队安全稳定工作。省军区副司令员张鲁江少将，市委常委、东莞军分区政委刘卫芳，东莞军分区司令员李庆文等陪同视察。

28日 2012中国加工贸易产品博览会新闻发布会在京召开，宣布该展会为首个国家级加工贸易展会，并将永久落户东莞。商务部副部长蒋耀平，广东省副省长招玉芳，东莞市委副书记、市长袁宝成等出席新闻发布会。

△ 东莞市农村“三资”监管工作会议召开，部署农村集体资金、资产和资源监管工作。会议下发《关于加强农村集体资产监管的工作意见》（征求意见稿）、《关于加强农村“三资”监管的工作方案》（征求意见稿）、《关于加强农村集体土地资源监管的工作意见》（征求意见稿）、《关于加强农村林业资源监管的工作意见》（征求意见稿）等。

△ 市政府发布《东莞市基层加快“腾笼换鸟”扶持办法》，运用一整套政策以引导、调度的方式，把“腾笼换鸟”战略思维摆在基层层面。

30日 全省加工贸易转型升级现场会在东莞召开。中央政治局委员、省委书记汪洋主持会议并作重要讲话，高度评价东莞加工贸易转型升级成果。省长朱小丹传达温家宝总理视察广东重要讲话精神并作讲话。在现场会上，还举行“东莞市加工贸易管理服务平台”四方联网上线仪式，即在全国第一个做到外经贸、海关、检验检疫与企业的“四方联网”（企业联网申报，外经贸联网审批，海关联网备案，检验检疫联网共享数据）。省领导王荣、林木声、李嘉、招玉芳，东莞市领导徐建华、袁宝成和其他兄弟市领导参加现场会系列活动。

△ 由国家工信部主办的“推动中小企业发展全国人大代表座谈会（广东）”在东莞市召开。工业和信息化部和全国人大常委会相关负责人，广东省委统战部副部长、省工商联党组书记杨浩明和部分广东中小企业代表等出席座谈会。

31日 全市村级基层组织建设工作会议召开，贯彻落实全省村级基层组织建设工作会议精神，研究部署全市村级基层组织建设工作。市领导徐建华、袁宝成等出席会议。

△ 武警广东省总队训练基地在东莞揭牌成立。武警广东省总队政治委员程伟少将，市领导徐建华、袁宝成等出席揭牌仪式。

△ 市人民政府地方志办公室编纂的地情丛书——《东莞名片》和《东莞与台湾》正式出版发行。

9 月

1—2日 由广东省法学会、香港城市大学法律学院和澳门大学法学院共同主办，东莞法学院承办的第四届粤港澳法学论坛在东莞举行。来自国务院港澳办、省政府港澳办、香港中联办、澳门中联办，以及粤港澳三地的法学和法律工作者共180多人参加论坛。该论坛收到50多篇论文。

4日 市委市政府发布《东莞市统筹水乡地区发展实施方案》，提出力争5年努力把水乡地区建设成为最具特色、最具特点、最有魅力、最有幸福感的地方之一，为东莞统筹区域经济发展，加快推进主体功能区建设探索新路积累经验。东莞水乡地区统筹发展战略得到省委、省政府认可，同意将东莞“在水乡地区规划建设幸福导向型产业发展示范区”工作纳入到省级战略层面实施。

5日 市政府常务工作会议审议并原则通过《东莞市高技能人才入户城镇工作方案》，明确该市高技能人才入户城镇的对象范围，降低高技能人才入户门槛。

△ 文化部副部长、国家文物局局长励小捷一行来到莞检查、指导文物保护工作。在检查过程中，励小捷充分肯定东莞市在文化事业方面所取得的成绩及在文物保护方面所作的努力。副省长雷于蓝，省文化厅厅长方健宏，市委副书记、市长袁宝成等参加接待。

△ 为期5天的第二十八届国际名家具（东莞）展览会暨名家具机械材料展览会、家居饰品展览会举行，共有来自海内外的889家企业参展。

6日 东莞最新城市形象宣传短片在市政府新闻办官方微博“@莞香花开”上首次公开亮相。此次发布的宣传短片分为人文篇和产业篇，时长均为1分钟。两部短片艺术地再现东莞的自然人文风情和历史文化精髓，体现东莞与众不同的城市特质。

7日 东莞市举行庆祝教师节暨创建省推进教育现代化先进市动员大会，市委书记、市人大常委会主任徐建华，市委副书记、市长袁宝成等出席会议。

10日 副省长招玉芳莅莞视察加博会筹备情况、高峰论坛

场地等并举行座谈会，市委副书记、市长袁宝成等陪同视察。

△ 市委常委、常务副市长梁国英会见新加坡驻广州总领事馆商务领事冯家强及吉宝企业有限公司中国首席代表吴多深一行，双方希望在垃圾焚烧、环境保护方面展开合作。

11日 全市“三重”项目签约仪式暨建设工作推进会召开。签约项目共计72项，其中重大科技专项8项、重大产业集聚区1项、重大项目63项，涉及29个镇街（园区），投资总额达1025亿元人民币。

12日 国家发改委副主任解振华一行莅莞专题调研能耗在线监控系统建设情况。解振华充分肯定东莞能耗在线监测试点工作，并希望东莞市不断完善能耗在线监测，为全国积极探索经验。

△ 市政府常务工作会议审议并原则通过《东莞市餐厨垃圾管理暂行办法（试行）》《东莞水库区和移民安置区“十二五”规划》《东莞市免费孕前优生健康检查项目实施方案》《东莞市文化精品专项资金管理暂行办法》《2012年东莞市创建全国综合减灾示范社区活动方案》等。

14日 市政府常务工作会议审议并原则通过完善城乡免费义务教育政策、加快发展东莞市绿色建筑、集中清理在建违法建筑专项行动方案、东莞市水资源管理体制机制改革试点方案等内容。

16—19日 2012中国加工贸易产品博览会（简称“加博会”）在厚街镇广东现代国际展览中心举行。中共中央政治局委员、省委书记汪洋出席并宣布开幕，商务部部长陈德铭在开幕式上致辞，省委副书记、省长朱小丹发来贺信祝贺加博会开幕。副省长招玉芳主持开幕式。商务部副部长蒋耀平，人力资源和社会保障部副部长信长星，环境保护部副部长吴晓青，海关总署副署长孙毅彪，国家质检总局副局长孙大伟，国家知识产权局副局长甘绍宁，省委常委、秘书长林木声，香港特别行政区政府代表、香港经济和商务发展局局长苏锦樑，澳门特别行政区政府财政司司长谭伯源，以及市领导徐建华、袁宝成等参加活动。首届“加博会”共有1325家企业参展，使用3468个展位；来自世界各地的5000余家采购商到现场与参展企业接洽，意向成交金额达687.3亿元。此外，加博会期间还举办多场高规格论坛，为加工贸易企业转型内销提供智力和信息支持。

17—18日 由东莞市人民政府主办，市委统战部、市经信局、市工商联承办，市直相关单位和各镇街共同协办的“2012世界莞商大会”在东莞举行，这是东莞市首次以“莞商”为主题举办世界性盛会。全国政协副主席、全国工商联主席黄孟复，省委副书记、省长朱小丹分别发来贺信，祝贺世界莞商大会开幕。会议宣读《“杰出莞商”表彰决定》，现场为33位“杰出莞商”颁奖，并举行经贸合作项目签约，总计签约121个项目，投资总额达到435亿元人民币。香港中联办副主任林武、副省长刘志庚、省人大常委会原副主任李近维、省委统战部常务副部长蒋乐仪，省委统战部副部长、省工商联党组书记杨浩明，徐建华、袁宝成等市领导，市直相关部门、各镇街主要负责人、海内外莞商代表、莞籍知名专家学者、在莞经商的企业家代表等约1000人参加大会。大会为世界莞商联合会会馆举行奠基仪式。

△ 江西省抚州市市长张和平率考察代表团来莞考察，市委书记、市人大常委会主任徐建华会见考察团一行。

18日 《东莞年鉴》（2012年卷）由广东人民出版社正式出版发行。

△ 东莞、韶关、惠州三地政府，借助东莞正在举行“世界莞商大会”和“中国加工贸易产品博览会”的契机，联合在莞举行“莞韶、莞惠产业园商机推介会”。在商机推介会现场签约的企业项目达12个，涉及投资额达116.4亿元。东莞市副市长张科、韶关市副市长邹永松、惠州市副市长王胜等三地相关领导和来自省内外相关产业协会、企业代表等600多人参加会议。

20日 穗莞战略合作第一次联席会议在广州召开，交流两市经济社会发展情况，研究落实两市在重点领域和重点项目上的合作。会议通过虎门二桥工程、穗莞深城际线、花莞高速等14个合作项目及《穗莞战略合作机制》方案等。

23—27日 由市委副书记、市长袁宝成率领市政府代表团赴韩国开展为期5天的经贸外事交流活动。24日，市委副书记、市长袁宝成代表东莞与韩国牙山市市长卜箕旺签订友好城市协议，两市从此正式缔结为友好城市。

25日 深莞惠三市文化部门聚首东莞，共商文化合作事宜，并签署《2013年深莞惠文化合作框架协议》。同时，代表深莞惠文化合作最新成果的深莞惠岭南美术名家名作联展在岭南美术馆开幕。

△ 浙江金华市委书记陈一新，金华市委副书记、市长徐加爱率金华党政代表团来莞考察，市委书记、市人大常委会主任徐建华会见金华党政代表团一行。

26日 全省检察机关文化建设工作会议在莞召开，主要就如何加强检察文化建设进行交流与学习。最高人民检察院政治部有关领导、广东省检察院检察长郑红和全省各市检察院检察长等参加会议。市委书记、市人大常委会主任徐建华出席并致欢迎词。由于东莞市检察院检察文化建设成就突出，2012年被最高人民检察院评为全国检察文化建设示范先进单位。与会代表参观了东莞检察院检察文化建设成果。

28日—10月5日 第四届中国国际影视动漫版权保护和贸易博览会（简称“第四届漫博会”）在东莞举行。该届漫博会首次推出“一会两场三展”的办展模式，在漫博会上同期举行品牌授权展、玩具礼品展和动漫游戏展。该届漫博会吸引来自美国、英国、韩国等8个国家和台湾、香港及大陆的382家企业参展，比上届增长38.9%。现场签约金额逾28亿元人民币，入场参观和直接参与的市民和游客超过56万人次。国家广播电影电视总局副局长田进，中纪委驻国家新闻出版总署（国家版权局）党组成员、纪检组长宋明昌，广东省委常委、常务副省长徐少华，广东省委常委、宣传部部长庹震，广东省政协副主席徐尚武，东莞市委书记、市人大常委会主任徐建华，东莞市委副书记、市长袁宝成等出席开幕式。开幕式由广东省人大常委会党组副书记雷于蓝主持。2日，省委常委、统战部部长林雄一行视察第四届漫博会主会场，高度肯定漫博会的办展成果。

▲ 29日 2012年全市流通工作会议暨“广货网上行（东莞）”活动启动仪举行。

10　月

9日　华南协同创新研究院第一届理事会成立暨第一次理事会会议在东莞召开，这标志着国内首个协同创新研究院——华南协同创新研究院建设正式启动。华南理工大学党委书记杜小明、校长王迎军，东莞市委书记、市人大常委会主任徐建华，市委副书记、市长袁宝成等出席会议。

△　华南生物医药产业孵化中心在松山湖奠基动工，该孵化中心由广东融易创投基金投资建设，是东莞首个完全由民营企业投资建设的新兴产业孵化中心。

10日　市政府常务会议审议通过《关于实施对低保五保群众食品、燃气及用水补助的请示》《公交车辆淘汰更新LNG车型和财政补贴方案》等议题，同意从10月开始向东莞市户籍低保、五保群众每人每月发放食品、燃气及用水补助共60元。

13日—11月3日　东莞市首届器乐大赛在市中心广场都市彩虹露天剧场举行，大赛设置西洋乐器组、民族乐器组和小组奏、合奏组。这是东莞首次举办全市性器乐演奏类大型比赛，共有79个节目参赛，参赛人数达200多人。大赛共有13个节目获奖，其中高胡独奏《琴诗》获金奖，合奏《大寨红花遍地开》等10个节目获银奖，二胡独奏《战马奔腾》等2个节目获铜奖，南城文广服务中心等3个单位获组织奖。

17日　省委常委、统战部部长林雄率调研组来莞调研。

22日　市政府发布《东莞市高技术产业发展“十二五”规划》，高端新型电子信息产业、太阳能光伏产业、LED产业、电动汽车产业、生物医药产业、高端装备制造业、高技术服务业成为东莞市重点发展的七大领域。

23日　常务副省长肖志恒来莞调研高技能人才入户和企业养老保险情况。在市委书记、市人大常委会主任徐建华的陪同下，肖志恒先后到徐记食品有限公司和东莞万士达液晶显示器有限公司、海金杜门五金制品有限公司实地考察，并召开座谈会。

△　市政府常务会议审议并通过《东莞市商事登记制度改革实施方案（试行）》《东莞市征收农村集体土地留用地管理实施意见》，重新修订《东莞市价格调节基金管理规定》等内容。

24日　全市行政审批制度改革暨商事登记制度改革动员大会举行，事关东莞改革发展大局、涉及群众切身利益的行政审批、商事登记、电子政务三项改革正式宣布启动，改革的总体目标是：创一流政府服务，造最佳营商环境。

26日　由中国和平统一促进会与广东海外联谊会联合主办，广东省黄埔军校同学会协办的第二届“一国两制”理论与实践研讨会在东莞举行。来自内地和港澳台地区的近40名专家学者和有关方面的代表，围绕“一国两制”提出30年来理论发展与实践等议题进行研讨。

28日　市委书记、市人大常委会主任徐建华，市委副书记、市长袁宝成会见来莞考察的新疆生产建设兵团党委常委、副政委徐伟华，双方就新一轮援疆工作及东莞市对口支援新疆生产建设兵团农三师图木舒克市等情况进行交流，并出席在莞召开的广东省与新疆生产建设兵团对口援疆工作座谈会。

30日　省人大常委会主任欧广源率省人大代表视察组、省环保厅、省国土厅、省水利厅负责人等一行数十人来到深莞惠三市，视察石马河、淡水河流域污染整治工作，并对整治目标任务完成情况进行检查验收。

31日　市委书记、市人大常委会主任徐建华，市委副书记、市长袁宝成会见以色列工贸部总司长沙龙·凯德一行。

△　由中以国际科技合作产业园有限公司主办的“中以水处理技术研讨会”在东莞召开，来自以色列的12家企业代表和有关官员、20多家中以科技产业园合作企业以及东莞企业代表以及市科技、环保、水务、城管等部门和松山湖高新区代表参加技术研讨会。

△　第四届世界鞋业发展论坛在厚街举行，包括联合国工业发展组织、美国零售业协会等在内的全球70多个鞋业会长、秘书长代表会集第四届世界鞋业论坛，共论世界鞋业创新发展之道。博鳌亚洲论坛国际咨询委员会委员、原外经贸部首席谈判代表、副部长龙永图，副市长张科等出席论坛并讲话。

11　月

1日　2012年中国（东莞）国际科技合作周暨招才引智大会举行，该届东莞国际科技合作周升格为国家级的科技合作交流活动。科技部党组成员、副部长张来武，以色列工贸部总司长沙龙·凯德密（Sharon Kedmi），副省长陈云贤，以及来自以色列、德国、芬兰、瑞典、美国、香港、台湾等国家和地区的科技机构代表，国家科技部、广东省政府、省科技厅、省人力资源和社会保障厅、省知识产权局、部分地市科技局和近30所高校院所的领导和嘉宾，东莞市领导班子有关成员，相关部门单位负责人，科技企业代表等共约1300人也参加开幕仪式。

△　至4日，为期四天的汇丰冠军赛——世界高尔夫球锦标赛在东莞塘厦观澜湖会所举行。由于世锦赛从2013年开始永久落户上海，因此这是在东莞上演的第一次，也是唯一一次高尔夫世锦赛。

2日　东莞市首批50辆LNG新能源公交车在大朗镇发车，采用液化天然气作燃料，票价2元。

△　东莞市第四届收藏文化联展暨珠三角收藏精品邀请展在东莞艺展中心开幕。该次活动共展出各类收藏品400余件。广州市文物总店、南方文化产权交易所等单位均组织收藏品参展。

△　全市深化医药卫生体制改革工作会议召开，明确东莞市医改方向并部署下一阶段工作，成立“医管中心”。

▲　2012塘厦高尔夫球博览会在塘厦镇塘龙广场开幕。该届高博会共分9大展区，设置466个展位，吸引海内外130多家企业前来参展。广东省原副省长许德立等出席开幕式。

3日　2012年东莞市科学技术奖励大会暨市引进第二批创

新创业领军人才授牌仪式在会展中心举行。3位企业家、2位技术领军人物、93项科技成果和1家创新企业荣获科学技术奖，奖金达1230万元。市委书记、市人大常委会主任徐建华等出席大会。

△ 第十一届中国（大朗）国际毛织产品交易会在大朗毛织贸易中心举行，市委书记、市人大常委会主任徐建华现场宣布织交会开幕。开幕式上还举行“中国电脑针织横机集散基地”“中国针织区域品牌行业大奖”的授牌仪式。该届展会共吸引美、意、英、俄等20多个国家和地区毛织品牌企业参展。此外，织交会还首设电子商务主题区，吸引风向服饰等多个具有电子商务业务的本土企业集体亮相，促进有形市场与无形市场的有效融合。

△ 第六届东莞模具制造机械展览会暨横沥百年牛墟风情节在横沥汇英国际模具城开幕。这是该镇首次将传统牛墟风情节与现代模具制造业展览会同时举行。该届展会设置标准展位500个，展览面积约15000平方米，分A、B两个展区。其中，A区以机械设备应用软件及研发成果展销为主；B区以配件及原材料展销为主。展会展出内容包括机械、五金、模具制造业、刀具、工量具等，重点突出高端数控精密加工技术的应用。参展的知名企业包括盈拓科技、中野数控、凯恩帝数控、海德汉数控、德国TBT等。

5日 2012东莞市中小企业金融服务日暨广发银行“三送”活动启动仪式举行，市经信局还与广发银行签署战略合作协议。东莞市32个镇街相关负责人和近400家有融资需求的企业负责人参加活动。

△ 东莞海事局船舶交通管理系统（简称“东莞交管中心”或“东莞VTS中心”）开始试运行，承担着管理水上交通流、接受船舶报告等多项职能，对保障港口安全建设发展起到促进作用。

6日 国防部征兵办检查组一行莅莞调研征兵工作，称“东莞征兵经验值得全国借鉴”。

△ 由东莞市政府主办的2012东莞投资环境（深圳）推介会在深圳举行，达成签约合作项目30宗，投资金额187.5亿元，项目涵盖战略性新兴产业、先进制造业和现代服务业等重点产业领域。

7日 山东省副省长夏耕率团来莞考察。考察团一行深入松山湖展览馆和松山湖台资企业参观考察，详细了解松山湖高新区经济发展、招商引资、环境建设等情况。

9日 市政府常务会议审议并原则通过《东莞台湾名品博览会组织实施办法》《东莞市扶持供销社改革发展专项资金管理暂行办法》《东莞市内河航道调整基数等级论证报告》《东莞市社会组织发展扶持专项资金管理暂行办法》《东莞市社会组织孵化基地管理暂行办法》等事项。

12日 市委副书记、市长袁宝成会见由香港民建联副主席刘江华率领的访问团一行。双方会见时就进一步推动香港专业服务中心在莞发展、服务在莞港资企业等事宜进行交流。

14日 市政府常务会议审议并原则通过《东莞市节水型社会试点建设工作方案》《东莞市台资企业转型升级诊断辅导专项资金管理暂行办法》、设立建筑节能专项资金、创建名镇工作实施方案等事项。

△ 第十四届东莞国际模具、金属加工、橡塑胶及包装展在厚街广东现代国际展览中心开幕。该届展会共有4220个展位，1110名参展商，参展商多为国际知名企业。

15—18日 中国（东莞）国际沉香文化艺术博览会暨寮步第三届香市文化旅游节（简称香博会）举行。该届香博会共设展位350个，吸引海内外350家参展商，揽客近50万人次，成交额达3.5亿元。香博会已成为东南亚地区最大的沉香交易展会。

17日 市委副书记、市长袁宝成会见以色列驻华大使马腾·维奈一行，双方就中以国际科技合作产业园建设、莞以合作进行交流。

△ 第十七届中国（虎门）国际服装交易会在虎门龙泉国际大酒店开幕。全国政协港澳台侨委员会副主任、中共广东省委原副书记蔡东士，广东省人民政府副省长刘志庚，东莞市委副书记、市长袁宝成等参加开幕式。

20日 2012凤岗客侨文化节暨首届婚博会，在凤岗龙凤山庄新落成的婚庆会展中心开幕。同时，中国最大婚礼基地、东莞市婚庆行业协会揭牌成立，当晚举行的八省客家山歌邀请赛颁奖晚会上，凤岗还被中国民间文艺家协会授予“中国客家山歌之乡”牌匾，成为全省第一个客家山歌之乡。

△ 160多家家饰品牌在厚街名家具简爱饰品中心联合举行东莞家居饰品采购节，以工厂直销等形式吸引国内设计师、家具企业和经销商代表前来采购，以打通上下游产业链。

△ 省政府党组副书记、省公安厅厅长梁伟发率队，到莞调研检查平安创建工作。市委书记、市人大常委会主任徐建华接待。

21日 由东莞名家具俱乐部牵头，50多家企业发起的国内首个定制家具联盟——东莞名家具俱乐部定制家具委员会正式成立。

△ 教育部正式批复同意东莞文盛企业管理咨询有限公司在东莞南城设立东莞文盛国际学校，这是东莞第一个获得教育部批准以及省教育厅许可的国际学校，也使得东莞市成为广东省内继广州、深圳、珠海之后第4个获得国际学校办学许可的城市。

22—23日 2012广东社会建设创新年会在莞召开，会议主题为“加强社会建设 推进协同善治”。会议通报创建第一批省社会创新试点项目情况，其中，东莞市社会组织孵化基地等12个项目被确定为省社会创新试点项目，东莞市社会建设研究院正式揭牌。省委副书记、政法委书记、省社工委主任朱明国，省政府党组副书记、省公安厅厅长、省社工委副主任梁伟发，副省长、省社工委副主任刘昆，东莞市委书记、市人大常委会主任徐建华，市委副书记姚康，各地级以上市、顺德区社工委主任和专职副主任，省社会创新咨询委委员、有关高等院校和研究机构专家、负责人等150多人参加会议。

△ 至24日 2012年中国图书馆年会在莞举行，主题为“文化强国——图书馆的责任与使命”。文化部副部长杨志今，广东省副省长林少春，国家图书馆馆长、中国图书馆学会名誉理事长周和平，广东省文化厅厅长方健宏，东莞市委副书记、市长袁宝成等共同为2012年中国图书馆年会、中国图书馆学会年会、中国图书馆展览会揭幕。来自全国各省（区、市）文化行政主管部门的负责人、国内外图书馆领域的管理者、专家学者、图书馆工作者及相关企业代表2000余人参加开幕式。东莞是年会首个承办城市，该届年会参展的14家书商展销的书籍种类超过10万，展会专业观众达3000人次，总参观人次近10万，合作意向金额近10亿元。

23日 国家发改委副主任连维良率队来莞调研外向型经济转型和城镇化，听取东莞经济社会发展和推动加工贸易转型升级情况汇报，并与企业座谈。市委书记、市人大常委会主任徐建华，市委副书记、市长袁宝成等陪同调研活动。

△ 国家工商总局原则同意广东扩大商事登记改革试点地区，东莞成为广东开展商事登记改革4个试点城市之一。

25日 为期4天的第十二届中国（长安）国际机械五金模

具展览会在长安镇金铭国际机械模具城举行，共有550家国内外企业参展。中国机械工业联合会会长王瑞祥，副省长刘志庚，东莞市委副书记、市长袁宝成等出席开幕式。

26日　省委常委、省军区政委黄善春少将率省军区工作组莅莞考察，市委书记、市人大常委会主任徐建华，市委副书记、市长袁宝成等陪同考察调研。

△　2012年第十六届国际宜居城市评选决赛中，长安镇以科学规划和宜居发展的长安模式，获国际宜居城市竞赛金奖。

27日　首例"莞产"试管婴儿在东莞市首家具有试管婴儿资质的广济医院顺利诞生，这标志着东莞市辅助生殖技术成功与国际前沿水平接轨。

28日　东莞中国科学院云计算产业技术创新与育成中心园区奠基仪式在松山湖举行。中国科学院纪检组组长李志刚，市委书记、市人大常委会主任徐建华，市委副书记、市长袁宝成等为园区奠基培土。

29日　市委书记、市人大常委会主任徐建华，市委副书记、市长袁宝成会见由江苏省委常委、苏州市委书记蒋宏坤率领的苏州市党政代表团一行。

△　东莞首场"广货网上行（东莞）"制造企业与电子商务平台对接会在塘厦镇举行，10家东莞企业代表和广货商城平台签订入驻协议。

△　横沥镇与上海交通大学等六个单位共同建设的"东莞市横沥模具产业协同创新中心"在该镇西城工业区成立。这是全市首个专业镇"协同创新中心"，投资额达2.08亿元，建设覆盖模具全产业链的九大服务平台和十大子中心。

△　至30日 广东省首届非物质文化遗产麒麟舞大赛暨麒麟头制作技艺展在塘厦体育馆举行，来自全省各地的26支麒麟舞队、6支麒麟头制作队齐聚该镇比拼技艺。

30日　市委书记、市人大常委会主任徐建华会见加拿大加中国际经济文化发展促进委员会主席、加拿大温哥华市前副市长李思远一行。双方就加强温哥华与东莞在教育、科技等领域的合作进行交流，并就在东莞合作创办国际学校进行磋商。

△　由中央党校报刊文化发展部主办、广东省委党校协办、东莞市委党校承办的"新起点　新辉煌——锦泓轩书画艺术展"举行。中央党校原副校长孙庆聚，市领导徐建华等170余人出席书画展开幕仪式。书画展汇聚全国各地50多名画家共124幅作品，展期为期一周。这是中央党校首次在地级市党校举办书画展。

12　月

3日　中央文明委发布对全国127个城市文明程度指数测评结果，东莞市"城市文明程度指数"位列全国地级市第六名，"未成年人思想道德建设工作"位列全国地级市第九名，两项测评同时位列全省地级市第一名。

△　东莞市举行"12·4"全国法制宣传日活动，并揭牌启用该市首个综合性青少年法制教育基地。

△　东莞市开展历年来规模、力度最大的一次清理在建违法建筑专项行动，在虎门龙眼社区依法强制拆除19栋在建违法建筑施工用提升架。

5日　市政府常务会议审议并原则通过《东莞市最低生活保障对象基本医疗救助实施办法》《东莞市最低生活保障实施办法》《东莞市商事登记改革后续市场监管工作方案》《东莞市鼓励专业人才学历进修补助资金管理办法》《东莞市制度化开展绿道主题活动工作方案》《东莞市绿道"兴奋点"建设专项规划》等事项。

△　在"2012政务微博未来创新运营模式研讨会暨年度政务微博颁奖"典礼上，东莞市政府新闻办公室官方微博"莞香花开"在全国45030个机构政务微博中脱颖而出，获得"最佳亲民微博"奖。

△　首批"中国最美小镇"授牌仪式暨首届"网络媒体与政府形象传播"研讨会在清溪镇召开。全国共有11个镇当选为首批"中国最美小镇"，清溪镇成为广东省唯一入选的镇。

6日　广东省政府贯彻十八大精神落实2012年外经贸目标任务（黄埔海关片区）督导工作会议在莞召开。副省长招玉芳，市委副书记、市长袁宝成等参加会议。

△　国内首个协同创新研究院——华南协同创新研究院在东莞松山湖高新区揭牌，重点锁定装备制造、生物医药与器械、高端电子信息、新材料等四个方面在东莞开展协同创新工作。市委书记、市人大常委会主任徐建华，市委副书记、市长袁宝成，两院院士、著名材料科学家、国家最高科学技术奖获得者师昌绪，华南理工大学校长王迎军等出席揭牌仪式。

7日　副省长刘志庚来莞现场督导广深沿江高速公路，市委书记、市人大常委会主任徐建华等一同参加督导工作。

△　2012年东莞市青少年科技创新大赛在市青少年活动中心举行，共有416名选手参加现场角逐。同时，东莞市青少年活动中心全国科普教育基地举行揭牌仪式。

8日　在2012中国休闲发展论坛上，清溪从全国多个城市中脱颖而出，成为"2012中国最佳休闲小城"，这是该届论坛唯一的镇级"最佳休闲小城"。

10日　由浙江省诸暨市委书记钱三雄，市委副书记、市长徐良平率领的党政考察团一行来莞考察，市委副书记、市长袁宝成与考察团一行举行座谈会，就两地城市建设、经济发展经验进行沟通交流。

12日　市政府常务会议审议通过提高城乡低保补贴水平和五保供养标准、《东莞市全民健身实施计划（2012—2015年）》、开通12320公共卫生公益热线电话、对19家获得国家和省级企业技术中心认定企业给予奖励、建设15万亩高标准基本农田等事项。

△　市总规委员会2012年第三次会议审议通过《石排镇总体规划修编（2010—2020）》《松山湖中以国际科技合作产业园选址规划研究》等8个规划项目。

13日　由省"三打"办派出的第六检查考核组莅临东莞市，并举行"东莞市'三打'专项行动汇报会"，徐建华、袁宝成等市领导，市"三打"专项行动领导小组成员、各镇街及部门单位的主要负责人参加会议。

14日　省委常委、常务副省长徐少华来莞调研珠三角城际轨道交通项目建设情况。市委书记、市人大常委会主任徐建华等陪同考察。

△　香港媒体高层访粤团莅莞参观访问，市委书记、市人大常委会主任徐建华会见参观团一行。

15日　广东省委常委林雄莅莞会见海基会董事长林中森一行。海协会副秘书长郑崇阳，全国台企联会长郭山辉，广东省台办副主任李旭政，东莞市委书记、市人大常委会主任徐建华等一同参加会见。

17日　第二次多国在莞投资企业政企联络会议在会展中心举行，副市长唐庆涛，市外经贸局、市环保局等部门领导出席会议。来自新加坡、澳大利亚、加拿大、英国、德国、法国等多国驻穗总领事馆代表以及各国在粤商会负责人，多国在莞投资企业的代表出席会议。

18日 首届中国(东莞)股权投资高峰会在松山湖举行。来自深圳、北京、上海等地的知名股权投资机构负责人，副市长张科，市金融工作局、松山湖和各镇街相关负责人，以及上百家企业代表出席会议。副省长陈云贤发来贺信。

19日 市政府常务会议决定在东莞植物园原简易堆肥区建立东莞市生态循环试验示范点，为东莞市园林废弃物和餐厨垃圾的无害化、减量化和资源化处理提供科研环境和技术支撑，示范点规划建设面积达1800平方米。会议还决定在东莞市及市外从未参保缴费、没有任何养老待遇的东莞户籍老年人员（超过60岁），2013年起纳入每人每月领取250元“养老待遇”的人员范围。

20日 市轨道交通R2线银团贷款签约仪式举行。由8家金融机构组成的银团与东莞市轨道交通公司签约，总计贷款117亿元，这次成功融资为R2线建设提供强有力的保障。

△ 东莞核心城区首批LNG清洁能源公交车投入营运启动仪式在市体育馆举行，标志着东莞市核心城区250辆LNG清洁能源公交车代替原有的部分“黄标车”。

△ 《东莞市商业银行协助人民法院执行工作的若干规定》会签暨“法院查控网”启动仪式在市中院举行，市中院与首批12家金融机构、银行共同签署该工作规定，确认生效施行，同时东莞法院电子化“法院查控网”正式启动，成为法治东莞、信用东莞建设的有力推手。

21日 广东省常务副省长肖志恒来东莞调研构建和谐劳动关系，现场宣讲高技能人才入户政策。市委书记、市人大常委会主任徐建华等陪同调研。

△ 副省长许瑞生到东莞市调研节能减排工作，市委副书记、市长袁宝成等陪同调研。

△ 东莞市虎门镇和大朗镇在北京人民大会堂召开的全国纺织产业集群试点十周年工作会议上获多项殊荣：虎门镇作为首批全国纺织产业集群试点基地获“全国纺织模范产业集群”称号，东莞市人大常委会副主任、虎门镇委书记尹景辉获“全国纺织产业集群发展突出贡献工作者”称号。大朗毛织产业集群获评“首批全国纺织模范产业集群”，镇委书记胡浩举获评“第三批全国纺织产业集群发展突出贡献工作者”，东莞市毛纺织行业协会会长陈锡培和虎门镇经济科技信息局局长谭志强获评“纺织产业集群试点工作十年贡献奖”。

△ 国内首只多重策略对冲基金（也是东莞首只对冲基金）“莞香一号”正式成立。

25日 东莞成功通过国家知识产权示范城市创建市验收。

△ 东莞市印发《东莞市再生资源回收管理办法》，宣布自2013年1月1日起，至2017年12月31日，东莞市的再生资源回收全面向社会开放，违法进行再生资源的经营活动，最高将被罚款100万元。

26日 中央政治局委员、广东省委书记胡春华到东莞调研，深入企业、党员服务中心和公共平台，并召开座谈会，听取东莞市工作情况汇报，强调要认真学习贯彻习近平总书记视察广东重要讲话精神，要求东莞坚定不移推进转型升级、推动发展方式转变，制定转型升级的总体目标和标准，增强紧迫性和推进力度，尤其要在加工贸易转型升级上走出新路，为全国作出示范。

△ 2012年东莞市重大建设项目——安博东莞物流中心在石排动工。该项目由美国上市公司安博投资9000万美元兴建，规划用地25公顷，首期用地13.3公顷，建筑面积达84000平方米，将建成华南地区最大的、集世界500强企业加工配送基地以及高端消费品物流配送中心为一体的电子商务化商贸综合性物流园。

△ 东莞市举办“2012年广货网上行（东莞）企业对接会暨名特优产品展销会”，100多家企业代表参加对接会，活动还邀请东莞优秀电子商务企业分享成功经验，并设立电商平台咨询区和名特优产品展示区。

△ “2012年度东莞市儿童服装行业联盟标准新闻发布会”举行，首次发布三项东莞童装行业联盟标准，包括《机织学生服》《纺织品、儿童睡衣的燃烧性能规范》《儿童服装安全技术规范》，对童装产业链的生产、研发参照欧盟标准予以规范。

△ 《关于做好2013年我市中职学校春季招生工作的通知》正式下发，从2013年开始，东莞市部分中职学校开始春秋两季招生。首次推行春季招生的包括14所公办民办学校，招生计划为3692人，涉及各类专业。非本市户籍的初三应届毕业生和具有初中学历的社会青年可报考春招，免统考，3月份入学，学满三年，1月份毕业。

△ 国家商务部公布“第二批国家外贸转型升级示范基地”名单，大朗镇获“国家外贸转型升级示范基地”称号，成为东莞市首个获此殊荣的镇街。

27日 投资近9000万元、经过3年兴建的东莞市康复医院正式投入使用，市康复医院是市残联直属公益性专科康复医院，主要为“三瘫一截”、听力、言语、视力、精神、智力等六类功能性障碍疾病和工伤患者进行临床治疗及系统康复训练。

△ 东莞市首次树葬活动在东城茶园山公墓举行，32名逝者长眠莞香树下。

28日 全市2012年度总结表彰大会举行，市委书记、市人大常委会主任徐建华出席并发表讲话，市委副书记、市长袁宝成主持大会，市委副书记姚康宣读市委、市政府关于表彰2012年度全市先进单位的决定。

△ 东莞市统筹水乡地区发展先期项目启动暨水乡大道改造提升工程动工仪式举行，12个项目正式启动，这标志着东莞市建设“美丽水乡”的宏大构想就此拉开大幕。市领导以及水乡地区“10镇1港口”的干部群众共约1100人参加仪式。

29日 市委书记、市人大常委会主任徐建华会见香港民建联会务顾问、全国政协委员、香港立法会主席曾钰成带队的访问团一行。双方就更好地服务在莞港资企业、加强莞港交流合作等事宜交换意见。

△ 市政府常务会议审议通过向困难群众拨付2384万元春节慰问金、选取5宗项目列为市“三旧”改造第一批“工改工”试点以及《东莞市全民科学素质行动计划纲要实施办法（2012—2015）》等内容。

△ 由中国作家网、东莞文学艺术界联合会主办的“赖茅杯”第六届“文化名城 幸福东莞”全国征文大赛暨东莞市首届网络文学征文大赛揭晓，李青松的报告文学《芽香街》获得第六届“文化名城 幸福东莞”全国征文大赛的一等奖；袁有江的作品《别问我是谁》和夏阳的小说《站街》获得东莞市首届网络文学征文大赛一等奖。

东莞实现高水平崛起若干问题的思考

东莞市委书记、市人大常委会主任　徐建华

一、关于高水平崛起的背景

作为广东21个地级以上市中的第四大经济体，东莞整体发展水平处于全国前列，在此基础上提出高水平崛起，主要基于以下三个考虑：

一是发展阶段的升级规律　经过前30年年均18%的超常规高速增长后，从2007年开始，东莞的经济增长速度出现放缓，进入平稳增长阶段。2011年，东莞人均GDP超过8000美元，已进入中等富裕地区行列，正处于工业化后期向后工业化早期转化阶段。但与工业化先行国家达到相同GDP时的水平相比，东莞无论是产业层次、技术水平、创新能力等都存在较大差距。尤其是随着支撑高增长的内外环境、要素资源的深刻变化，东莞进入改革攻坚期和矛盾突显期，长期快速发展中积累下来的农村管理体制不适应、镇村债务负担沉重、社会管理明显滞后、区域发展不协调、公共服务非均等化等一些深层次矛盾逐步显现，成为制约发展的瓶颈和障碍。从国际经验来看，经济起飞后的低速增长时期，既是巨大的挑战，更是实现经济转型、社会转轨、制度创新的难得机遇。站在新的历史节点上，东莞经济社会发展要想突破“中等收入陷阱”，必须在前30年“高速度”崛起的基础上，通过高水平崛起，更加注重发展的质量和效益，使经济社会发展进入一个新的稳定发展期。

二是发展方式的转变要求　以外向带动、外延扩张为特点的“东莞模式”，在特定的历史条件下成就了东莞的辉煌，成为广东传统发展模式的典型代表。但随着土地、资源、人口和环境约束进一步趋紧，这种粗放发展方式的动能已基本消耗殆尽。尤其是多年的路径依赖和逐步固化的利益格局，束缚着不少干部群众的观念、眼界和思维，成为东莞推进科学发展的严重桎梏。加之国际金融危机的持续冲击和影响，相对珠三角其他城市，东莞转型升级的任务最重、矛盾最多、难度最大。要想真正突破转变发展方式的深水区，就必须在前30年粗放增长的基础上，通过高水平崛起，突破传统发展模式的束缚，消除结构性、体制性、机制性障碍，转入科学发展、转型发展的新轨道。

三是发展格局的竞争倒逼 东莞过去的发展，一个重要经验是顺应了国家实施沿海地区发展战略、鼓励沿海地区发展外向型经济的要求，凭借区位、劳动力、土地等比较优势，在国际和国内发展格局中找准定位，及时承接国际产业转移，将东莞的发展融入到国家发展战略当中，从而在上世纪80年代中期、90年代中期先后承接了来自港澳、台湾的两波产业转移浪潮，实现了产业升级。但在当前国家扩大内需、鼓励自主创新、培育战略性新兴产业的格局下，东莞过去发展外向型经济形成的优势却逐步弱化，面临着“标兵走远、追兵逼近”的巨大压力。在全球新一轮的资源重新配置和深度调整的区域竞合格局中，东莞如果不能在集聚高端优质资源上取得更大突破，在调结构、转方式上取得更大成效，实现高水平崛起，就会在激烈的区域竞争中逐步陷入边缘化和不断退步的境地。

二、关于高水平崛起的内涵

东莞高水平崛起，既包含在原有较高水平上崛起这一量的要求，更包含新一轮崛起的水平要高这一质的要求，其核心是围绕建设幸福东莞，推动东莞综合经济实力、产业发展水平、自主创新能力大幅提升，城市竞争力、文化软实力和可持续发展能力显著增强，实现在更高层次上跨越发展、强势崛起，使人民生活更加平安、美满和幸福。具体来说：

一是在经济规模扩张基础上的创新崛起 切实改变拼资源、拼汗水、拼硬环境的发展模式，在千方百计稳定经济增长的同时，充分发挥科技第一生产力和人才第一资源的作用，更加注重以技术创新、管理创新、产品创新、体制创新驱动经济发展，加快形成经济内生发展的创新动力，努力成为全省科技与产业融合发展的示范区、创新创业之城。

二是在产业粗放发展基础上的效益崛起 积极实施产业高级化战略，推动东莞从适宜低成本劳动密集型产业发展壮大的区域，向适宜资本密集型、技术密集型、创新型产业茁壮成长的区域转变，努力实现加工贸易由规模速度型向质量效益型转变，产业链从制造向微笑曲线两端延伸，战略性新兴产业从微弱向支柱产业转变，努力成为全省结构调整和转型升级的样板区、现代制造业名城。

三是在社会复杂多元基础上的和谐崛起 加大社会建设重视程度和投入力度，创新社会管理，优化人口结构，增强经济社会发展的均衡性、协调性、可持续性，让全体市民最大限度地共享转型升级成果，实现人均收入更丰、就业机会更多、生活品质更优、社会保障更好、文明程度更高、幸福感更强，努力成为全省创新社会管理的引领区、平安和谐之城。

四是在城市快速扩容基础上的智慧崛起 以建设智慧城市为载体，优化提升城市功能和城市环境，加强城市精细化、科学化管理，坚持“中心带动、组团发展、快速联通、生态隔离”，使城市在满足人的基本生活需要的基础上，更好地满足人的安全需要、感情需要、尊重需要和自我实现的需要，使城市集聚优质资源要素和人才的能力更强。

五是在文化务实包容基础上的素质崛起 树立高度的文化自立、自觉、自信和自强意识，加快培育发展以海纳百川、道德秩序、民主法治、创新创业、绿色低碳为导向的文化，实现城市精神、市民素质、文化产业、文化事业的全面提升，增强文化软实力，使东莞文明程度、社会秩序和人文素养走在全省、全国前列。

六是在环境容量饱和基础上的绿色崛起 树立低碳发展和低碳生活理念，建立节能减排降耗、资源集约利用的长效机制，建设资源节约型、环境友好型社会和绿色生态城市，实现从高资源消耗向低碳环保发展方式转变，降低资源环境压力，努力成为全省生态文明之城。

三、关于高水平崛起的重点

实现高水平崛起是一个涵盖产业、城市、文化、创新、人才、管理、生态等经济社会发展诸多方面的系统工程，必须把握住重点领域和关键环节，以重点工作的推进带动全局。结合当前实际，要切实抓好以下几方面的工作：

（一）以产业为先，坚定不移加快转型升级 坚持把产业结构调整和转型升级作为实现高水平崛起的核心任务，以“三重”建设为龙头，以培育新兴产业为突破，以传统产业转型升级为基础，推动产业层次和效益的双提升。

一是以“三重”建设夯实基础。针对当前东莞“满天星斗、缺乏明月”的产业现状，实施“揽月工程”，全面加快重大项目、重大产业集聚区、重大科技专项“三重”建设，从提升谋划能力、强化产业集聚、加强招商引资、优化资源供给和建设环境等方面着力，依托松山湖、虎门港、生态园、长安新区四大市属园区，着力办好台湾高科技园、中以国际科技合作产业园和华南协同创新研究院，重点引进培育一批在国内外具有综合竞争力的大项目、大产业、大园区，构建产业“星月争辉”的崭新局面，使之成为带动全市传统产业升级、新兴产业发展、自主创新能力提升的龙头和旗帜。

二是以战略性新兴产业优化增量。在巩固提升原有传统产业、电子信息产业优势基础上，加快发展生物技术、高端新型电子信息、半导体照明等战略性新兴产业，努力打造新的千亿元产业群，使之成为具有国际竞争力的新的主导产业。特别是充分利用好松山湖台湾高科技园这一优质平台，集中资源加快推进两岸生物技术产业合作基地建设，整合海峡两岸生物技术资源，重点发展生物医药、基因工程、中药研发、医疗器械、健康产业及生物技术服务业等产业，把东莞建设成国内重要的生物技术产品开发和成果转化基地，力争在十年内使生物技术产业成为新的超千亿元产业。

三是以传统产业转型升级提升存量。充分利用“全国加工贸易转型升级试点城市”先行先试的优势，发挥“外博会”升格为国家级“加博会”的效应，积极推动现有的服装、家具、毛织、制鞋、玩具、造纸、包装印刷等特色产业向品牌化、高端化、时尚化、绿色化转型。大力推广搜于特公司抓“微笑曲线”两端、创科实业公司实施海外品牌收购战略、钜升模具引进设备改造提升、三星视界产品转型升级等成功经验，鼓励传统产业通过引进先进设备、设立研发机构、培育收购品牌等延伸产业链条，提升核心竞争力，创出“东莞制造”的新辉煌。

（二）以创新为要，坚定不移深化改革开放 东莞当前发展中面临的困境，体制机制不适应经济社会发展的要求是重要原因。必须按照继续解放思想、坚持改革开放的要求，以更大的勇气和力度深化改革，加快完善体制机制，争创东莞发展的体制新优势。

一是争取在行政审批改革上有新突破。紧紧抓住国务院批准广东省深化行政审批改革试点方案的机遇，以推进大朗商事登记改革试点、加工贸易管理服务“四方联网”为突破口，进一步减少免除审批前置事项，加快注册审批、网上审批、并联审批等改革，扩大网上审批范围、提高网上审批实效，有效减少审批事项，全面优化审批流程，提升审批效率，激发市场主

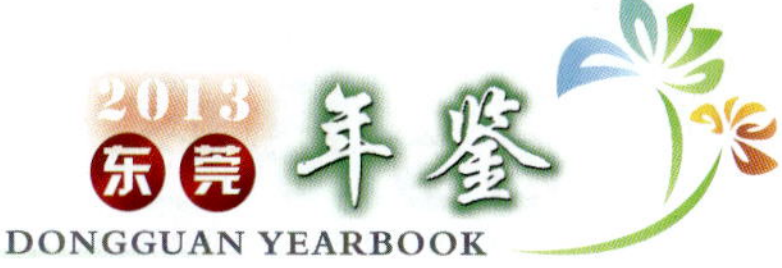

体的生机活力。完善效能问责制度，严格首问首办责任制、限时办结制、政务咨询制和服务承诺制，实行“一窗式受理、一站式办结、一条龙服务”。

二是争取在科技金融与产业融合上有新进展。依托东莞庞大的产业基础和雄厚的民间资本，紧紧围绕打造创新型经济这一主攻方向，突出鼓励支持股权投资基金发展、共建产业科技创新平台、集聚优质金融资源、引进优秀创新人才，打好科技牌、金融牌，促进东莞发展从拼资源、拼汗水向拼科技、拼智慧转变。学习借鉴国内先进地区股权投资基金业发展的经验，积极与专业创投机构共同组建政府创新引导基金，全力支持战略性新兴产业发展和创新成果转化。同时，规划建设产业研究集聚区，引进吸纳重点高校院所科研资源共建科技创新平台，推动更多高校的成果在东莞转化。

三是争取在农村综合改革上有新气象。积极探索农村（社区）管理体制改革，推广莞城街道“一分一合一统筹”的经验，逐步理顺农村党组织、自治组织、经济组织之间的职能和关系，合理划分事权财权，稳步推进行政事务、自治事务和集体经济组织经营事务相分离。全面规范农村集体财务管理、举债行为、集体分配，完善促进集体经济发展的政策体系，加强对村一级公共服务的转移支付力度，稳妥推进农村集体股份制改革和村组经济统筹，促进农村集体经济发展稳中求进。逐步完善法人治理结构，鼓励条件成熟的集体经济组织聘请职业经理人、专业运营团队负责集体资产的经营，提高经营效益，促进集体资产保值增值。

四是争取在社会管理创新上迈出新步伐。落实好与省社工委签署的共建全省创新社会管理引领区协议，按照建设“大社会、好社会”的要求，创新社会治理模式，培育发展社会组织，组建社会建设研究院，制定政府向社会组织放权和购买服务目录，将政府“不该管、放得下”、社会组织“接得住、管得好”的事项转移给社会组织。特别是要围绕服务好、管理好广大异地务工人员的重大课题，进一步优化完善企业员工入户及子女积分入读公办学校等制度设计，探索采用多种途径吸收优秀异地务工人员参与社会管理、行政管理和社区自治，促进异地务工人员实现共享共融。

（三）以环境为重，坚定不移优化城市环境　东莞过去30年的发展主要是依靠独特的区位、政策、成本来赢取比较优势，未来的发展要更多地把精力放在形成综合营商环境的比较优势上来，使东莞在营造法治化、国际化营商环境中走在全省乃至全国的前列。

一是从推进“六个东莞”入手加强市场法治建设。以平安东莞、法治东莞、信用东莞、效率东莞、活力东莞、开放东莞“六个东莞”建设为重点，制订行动计划和实施细则，学习借鉴港澳台等地的做法，促进办事规则与国际通行规则相衔接，形成与国际接轨的管理制度和行事法则，使优惠政策和服务承诺不因领导人的改变而改变，让企业获得平等竞争的机会，逐步改变企业靠人情靠关系而不是靠法治办事的局面。深入推进“三打两建”工作，依法严厉整顿和严格规范市场经济秩序，加快推进以政府信用为表率、企业信用为重点、个人信用为基础的社会信用体系和以宽进严管、信息互通、齐抓共管为特点的市场监管体系建设，使企业开办注册、申领执照、合同执行、完税等更方便更规范，促进企业形成靠依法经营取胜、靠实力取胜的氛围。

二是从完善城市功能入手优化城市综合环境。充分发挥规划对幸福东莞建设的引领作用，高水平推进中央商务区、中央商圈、中央生态休闲区建设，积极培育高端商业区、高端金融区、高端创新区、高端休闲区、高端文化区，加快对行政文化商务中心区周边片区和连接地带的改造、整理和开发，不断增强市区对高端人才、高端消费、高层次产业的承载力和吸引力。进一步提升城市规划建设、社会治安、市政设施、市容市貌、环境卫生、城市交通、供水排水等领域的管理水平，促进管理的科学化、规范化、精细化和人性化。以轨道交通建设为契机，不断优化城市空间结构和布局，加强市区与各镇组团之间在城市功能、产业发展、基础设施等方面的衔接。

三是从营造文化氛围入手提升城市整体品位。增厚城市文化积淀，发挥我市历史文化资源丰富的优势，尤其是要依托可园、岭南画院、文学艺术院等文化片区，保留东莞岭南文化的脉络，打造体现东莞岭南文化特色的历史街区，彰显东莞深厚的文化底蕴。突出城市创意文化，推广万江下坝坊的经验，打造若干集艺术创造、专业设计、创意展示、文化体验于一体的休闲街区和创意产业基地，进一步增强城市的文化魅力。

（四）以统筹为方，坚定不移推进协调发展　坚持把整合资源作为实现高水平崛起的有效途径，以更大的统筹力度，从更高的层面、更大的平台上，将东莞传统区位优势、产业优势、开放优势整合为支撑高水平崛起的新动力。

一是加快推进水乡片区域一体化步伐。以推进水乡地区统筹发展和区域一体化为抓手，探索以经济区域概念加强资源要素整合，积极争取省的支持，加快推进水乡地区基础设施、产业布局、基本公共服务、城乡规划和环境保护等“五个一体化”，努力把水乡片打造成广东幸福导向型产业的示范区、粤港澳优质生活圈的特色区域和穗莞合作的重要平台，为全市统筹发展探索经验、提供示范。引导支持其他五个片区在不突破现行行政架构的情况下，积极探索用一体化的概念加强区域功能定位、产业分工、商贸布局等方面的协调，增强区域竞争力，努力开创统筹发展新局面。

二是加快探索资源统筹利益平衡机制。强化资源统筹使用，探索创新利益平衡机制，建立“市镇主导规划开发、市镇村分享发展成果”的开发模式，加强市对镇街连片土地资源的统筹管控，支持镇街对规模较小、布局分散的土地、工业厂房、工业小区等进行整合盘活，提高投资强度和工业容积率，大力破解土地资源瓶颈，切实为优质企业、优质产业发展提供用地保障。大力推广凤岗等镇街的成功经验，探索建立低效益企业的转移、退出机制，把“双转移”“腾笼换鸟”与产业发展更加有机结合起来，通过腾出、整合、盘活土地资源，以优质项目替代低效项目，提高产业发展质量和效益。

三是加快推进后进地区负重赶超争先进位。充分发挥东莞在世界级城市群中的作用，依托穗深港和广州南沙、深圳前海两个国家级新区，主动接受穗深港的辐射带动和产业、资金、技术、人才转移。特别是要以水乡片一体化发展和谢岗镇装备制造业产业集群的发展为契机，通过强化基础设施建设、加大用地指标支持、加大转移支付力度等办法，推动欠发达镇街实行跨越式发展，尽快跟上全市发展步伐，为东莞高水平崛起作出应有的贡献。

（五）以民生为本，坚定不移提升幸福指数　要把建设幸福东莞作为实现高水平崛起的目的和依归，以人的幸福为导向，完善促进基本公共服务均等化的制度设计，加快提升群众生活幸福感，使高水平崛起的成果更好地转化成人民群众的幸福指数。

一是实现群众生活更富裕。以促进更充分、更高水平的就业为核心，加大户籍困难就业人口技能提升，实施“青年就业见习训练”“青年就业培训计划”，推进“新莞人培训”工程，培养一批适应产业发展和转型升级要求的能工巧匠，使群众获得更高的劳动报酬。推广“村民车间”，开发公益性岗

位，切实帮助困难人员就业。减轻小微企业负担，优化创业环境，不断提高人民群众的经营性收入。创造条件让更多的群众拥有财产性收入。加强对低收入群体的补贴，逐步提高社会保障标准，不断提高人民群众的转移性收入。实施“飞鹰计划”“圆梦计划”，畅通上升渠道，避免社会阶层固化和“代际传递”。

二是实现公共服务更均等。逐步建立完善覆盖城乡、功能完善、分布合理、管理有效的治安、医疗、教育、卫生等基本公共服务体系，推动基本公共服务由城市人口向农村人口延伸，由户籍人口向常住人口延伸，循序渐进地满足广大群众的基本公共服务需求。完善养老保障、医疗保险、社会救助、社会福利、慈善事业相衔接的社会保障体系，构建广覆盖、保基本、可持续的社会保障网。逐步将异地务工人员纳入基本公共服务覆盖范围，逐步健全与积分制相协调的社保、教育、住房、医疗等配套政策，为最终实现“同城同待遇”打下坚实基础。

三是实现文化生活更丰富。幸福不仅需要物质的富足，还要文化的熏陶。要以文化名城建设为统领，以建立幸福文化为核心，深入实施文化惠民工程，推动公共文化服务向基层倾斜、向镇村延伸、向公众开放，率先建成普惠型、全覆盖的公共文化服务体系，加快发展文化产业，使广大人民群众更便捷地享受文化生活。以创建全国文明城市标兵为平台，扎实推进社会主义核心价值体系建设，培育富有人文关怀、文明气息、反映现代公民社会要求的城市文化。大力弘扬“海纳百川、厚德务实”的城市精神，营造共建共享的精神家园。培育倡导理性平和、开放包容、知足常乐的社会心态，引导全社会树立正确的幸福观。

四是实现社会秩序更和谐。突出抓社会治安，始终保持高压态势，通过推进警力下沉、提高街头见警率、整合群防群治力量、加强联网报警和视频监控等手段，切实解决人民群众反映强烈的治安问题。突出抓信访维稳，通过矛盾纠纷排查、领导接访包案和化解信访积案等措施，畅通群众诉求渠道，依法规范群众上访。全面推行工资集体协商和劳动关系协商机制，构建和谐劳动关系。突出抓公共安全，重点抓好道路交通、消防、食品药品、校车、危险化学品、建筑施工、“三小”场所、人员密集场所等行业、领域的专项整治和安全监管，切实维护社会和谐稳定。

四、关于高水平崛起的保障措施

实现高水平崛起，是事关东莞科学发展、转型发展、持续发展的重大战略部署，是一项长期的战略任务，必须进一步统一思想、强化责任、强化落实，构建有利于实现高水平崛起的保障体系。

一是夯实思想基础　深入开展高水平崛起大调研、大讨论、大宣讲系列活动，强化舆论宣传，加强高水平崛起的理论和实践研究，切实增强广大干部群众实现高水平崛起的大局意识、忧患意识、责任意识、实干意识。全市83个部门和32个镇街的主要负责同志，围绕与时俱进破除落后思维定势和思想观念、因地制宜探索具有东莞特色的崛起模式和发展路径等内容，撰写了140多篇高水平崛起的理论和实践文章，为实现高水平崛起奠定了坚实的思想基础。

二是完善考核体系　充分发挥“高水平崛起评价指标体系”和“建设幸福东莞评价指标体系”的“指挥棒”作用，加快建立和完善与加快转型升级、推进“三重”建设、创新社会管理、促进协调发展、增进民生幸福、营造法治化国际化营商环境等重点工作衔接配套的专项考核办法，把实现高水平崛起的目标和要求转化为可量化考核的客观标准，形成正确的评价导向体系，同时进一步建立健全责任倒逼机制、督查督办机制、问责问效机制，让一切有利于高水平崛起的创造得到激发、举措得到落实。

三是强化人才支撑　强化人才是第一资源的理念，深入实施“人才东莞”战略，改革人才培养、引进和使用的体制机制和制度环境，提高人才开发的整体水平，激发各类人才的创造活力，以人才优势赢得创新优势、竞争优势和发展优势。扎实推进学习型党组织建设，开展新一轮大规模干部教育培训工作，大力推进干部知识结构转型升级和素质提升工程，选好用好能承担调结构、转方式重任的干部，引导干部靠实干立身，靠实绩进步，让一大批愿干事、会干事、能干成事的干部脱颖而出，以高水平人才队伍助推东莞高水平崛起。

四是从严管党治党　发挥党总揽全局、协调各方的核心作用，增强党建“主业”意识，坚持从严管党治党，努力加强党的各项建设，特别是把制度建设作为党的建设的一项基础性工作抓实抓好，使制度建设与思想建设、组织建设、作风建设和反腐倡廉建设更加有机地结合起来，突出抓好加强领导班子建设、坚持民主集中制、做好群众工作、改进提升基层党组织、推进廉洁城市建设等重点工作，始终保持党的先进性和纯洁性，切实把党的政治优势和组织优势转化为高水平崛起的坚强保证。

我们坚信，东莞有改革开放积累的雄厚物质基础，有众多经受过国际市场风雨洗礼的优质企业，有一批厚德务实、海纳百川的各级党员干部，只要大家同心同德，齐心协力，就一定能实现高水平崛起的新的辉煌和荣光，就一定能够继续领跑广东30年！

▲中国最具发展潜力的高新技术产业开发区——东莞松山湖高新区

政府工作报告（摘要）

——2013年1月8日在东莞市第十五届人民代表大会第三次会议上

东莞市人民政府市长 袁宝成

2012年工作回顾

刚刚过去的2012年，是东莞承前启后、加快转型的关键一年。一年来，在上级和市委的坚强领导下，全市各级各部门以科学发展观为指导，围绕市第十三次党代会确立的“加快转型升级、建设幸福东莞、实现高水平崛起”的战略目标，按照优化发展、好中求进的方针，从容应对复杂严峻的发展形势，经济增长稳步回升，社会保持和谐稳定，市第十五届人大一次会议确定的年度工作任务基本完成。预计全市实现生产总值5010亿元，同比增长6.1%。人均生产总值6万元，增长4.9%。来源于东莞的财政收入845.6亿元，其中市公共财政预算收入356.3亿元，增长13.8%。进出口总额增长6.8%左右，出口增长8.5%左右。城市居民人均可支配收入42872元，农民人均纯收入24898元，分别增长8.5%和9%。

过去一年，是高水平崛起谋篇开局、凝心聚力的一年　紧紧围绕市委决策部署，提质提效提精神，强力强势抓执行。大力推进“六个东莞”建设，紧盯“三重一大”建设、科技金融产业融合、水乡地区统筹发展、镇村集体经济转型等突破口，出台实施一系列新举措，抓出了工作实效，实现了良好开局。

过去一年，是创新型经济扬帆起步、坚实推进的一年　一批关系城市未来的战略性、创新型产业项目纷纷落户，众多著名高校院所与创新团队竞相进驻，科技孵化和风投创投机构迅速增长，为新一轮产业大发展积蓄了较大后劲。东莞在《福布斯》中文杂志大陆创新能力最强城市的评比中名列第十三位。

过去一年，是城市形象不断提升、工作亮点纷呈的一年　生产总值突破五千亿元大关，工业投资、服务业吸引外资逆势增长，财政收入、利用外资等多项指标位居全省前列。中国加工贸易产品博览会作为我市首次举办的国家级重大展会，为东莞增添了一张亮丽的城市名片。全省加工贸易转型升级现场会、世界莞商大会、中国图书馆年会等重大活动成功举办，“三打两建”、广深高速沿线景观整治等专项行动强力实施，商事登记、行政审批等重大改革锐意推进，全国文明城市、全国双拥模范城市、中国制造业最优投资环境城市、中国十佳宜业城市等荣誉称号的蝉联获取，进一步彰显了东莞创新活力的经济形象、宜居生态的城市形象、安定和谐的社会形象。

一年来，我们主要抓了以下工作：

——突出推进“三重一大”建设，以产业增量扩张促进存量调整　集全市之力开展重大项目招商。制定实施“1+5”政策，实行“一站通”工作机制，开展日韩台招商活动，赴以色列、德国进行经贸考察，到京拜访央企总部，落实土地资源保障，引进了投资超600亿元的粤海装备技术产业园、123亿元的中粮集团粮油食品加工园区、100亿元的华为终端总部等项目。全市共引进重大项目81宗，投资总额达1972亿元，为下一阶段发展注入了新的强大动力。扎实推进重大平台和重大项目建设。松山湖启动中以国际科技合作产业园、两岸生物技术产业合作基地的建设，台湾高科技园升格为省级平台。虎门港成功跨入百万标箱港口行列。生态园基础设施建设加快。长安新区用海规划通过国家评审。市属重大项目完成投资278.3亿元，增长18.6%，带动全社会固定资产投资1178亿元，增长9.1%。切实加快产业转型升级步伐。推进外经贸“十个100”计划，全年新增来料加工转法人企业536家，外资企业新设研发机构220家，总数达到670家。外资企业产品内销总额增长15.1%，省级以上名牌名标达580个。主营业务超百亿元企业增至3家。促进信息化和工业化融合，省两化融合“4个100”示范工程标杆企业增至37家。大力发展现代服务业，社会消费品零售总额增长9.2%，服务业增加值占生产总值比重超过50%。

——力促科技、金融与产业融合，增强经济创新驱动力　积极实施招科引智战略。组团拜访商务部、科技部、教育部等部委及北大、中科院等高校院所，达成50多项合作意向。与北大共建光电研究院，与华南理工共建协同创新研究院，与中科院共建云计算中心，推进散裂中子源项目建设。全市公共创新平台增至13家。启动松山湖大学创新城规划建设。引进省创新科研团队5个，总数达14家，排名全省第三。科技合作周暨招才引智大会升格为部省共同举办。完善激励创新政策体系。制定实施科技金融产业融合“1+4”政策，完善“科技东莞”政策，引导更多社会资金投入科技创新。全市R&D占生产总值的

▲2012年9月11日，东莞市举行全市“三重”建设巡视活动，图为市委书记徐建华、市长袁宝成等考察南城联科国际信息产业园项目。

比重提高到1.58%。先进制造业、高技术制造业增加值分别占规模以上工业增加值的42.7%和32.3%。专利申请量、授权量位居全省第三。发挥金融创新引领作用。设立20亿元创业投资引导基金，成功引进深创投、中科招商等企业，风投创投等股权投资类企业增至98家。上市企业增至12家。加快金融商务区规划，推进松山湖科技金融产业融合试点。新设和引进金融机构15家，跨境人民币结算突破1000亿元。我市成为粤台金融合作试点城市，台湾玉山银行东莞分行正式开业。

——加大水乡统筹与集体经济转型力度，促进区域协调发展　作出统筹水乡地区发展的重大决策。出台实施方案，全面铺开十镇一港规划编制工作，启动了龙湾滨江片区、水乡大道改造提升工程等12个总投资额307亿元的先期项目。水乡发展已被纳入省幸福导向型产业体系行动计划。推进镇村集体经济改革发展。出台了一系列含金量高、操作性强的政策，加大力度破解集体经济发展难题。开展清产核资，建成集体资产交易试点平台，严控一般性支出和超前分配。镇街平均可支配收入8.3亿元；村组两级纯收入增长9.4%，其中欠发达村纯收入增长15%。镇村债务负担有所减轻，收不抵支的村（社区）减少34个。强化深莞惠等区域合作与对接。深莞惠规划衔接、产业融合、交通对接等日益加强，石马河联合整治取得阶段性成效。主动加强穗莞战略合作。加快莞韶、莞惠产业转移园建设。认真抓好援疆援藏工作，圆满完成对韶关、云浮的帮扶开发“双到”任务，对口援助广西河池、重庆巫山工作扎实推进。与韩国牙山市结为友好城市。

——打造法治化国际化营商环境，增创政府服务“加一”和综合成本“减一”优势　力推商事登记和行政审批制度改革。在大朗进行商事登记制度改革试点，企业注册时间平均缩短60%以上，市场主体同比增长79.3%，成为全省发证最快、同期发证最多的试点地区。去年12月份起在全市铺开该项改革，市本级不再保留任何涉及市场准入的前置审批事项。东莞被国家工商总局确定为全国商事登记改革试点城市。大力深化行政审批制度改革，第一批取消和转移行政审批事项296项，减幅41.3%。积极帮助企业减负和解决实际问题。开展市镇领导“访企业、送服务、促转型”大走访。全面取消个体工商户和工商企业治安联防费，减半收取流动人员调配费，为企业年减负3.8亿元。海关、检验检疫等口岸单位主动为企业减免收费近2亿元。进一步规范镇村收费。实施新10亿元融资支持计划。深入开展“三打两建”行动。以罕见力度严查大要案、斩断利益链、深挖保护伞，加快建设社会信用体系和市场监管体系。累计查办欺行霸市、制假售假及商业贿赂案件3万多宗，查处保护伞233人，促进形成风清气正的政务环境、公平诚信的市场秩序。不断创新提升政府服务。在全国率先推出加工贸易管理服务平台，实现了外经贸、海关、检验检疫和企业“四方联网”。推进依法行政，开展“市民评机关”活动，对服务窗口进行明察暗访，着力解决推诿扯皮、办事拖拉、效率低下等问题，优化了政府服务，提高了行政效率。

——深入推进城乡环境整治，提升城市建设管理水平　高效完成广深高速、虎门大桥东莞段景观综合整治。用短短五个月时间，清理广告标牌1333块，清拆违法和临时建筑44.7万平方米，沿线脏乱差的面貌有较大改观。以对城市未来发展高度负责的态度，强力开展在建违法建筑清理专项行动。加快轨道交通等重大基础建设。组建东实集团，推进轨道交通融资。地铁R2线工程进展顺利，3个站点完成主体封顶。新火车站等15项重点工程竣工，市民艺术中心等21项重点工程加快推进。新建改造高速路、国省道、镇村联网路147.7公里，建成一批水电气管网和水利防灾减灾工程。加快“三旧”改造步伐。新增和更新公交车、出租车近千辆。加强环境生态保护。划定27个重点饮用水源保护区，启动水源保护隔离工程。推进生态景观林带和森林公园建设，植树造林2226公顷，新建绿道324公里。城镇生活垃圾无害化处理率达85.2%。深化运河综合整治，落实节能减排任务，加强环境执法和污染企业监管。

——加强社会建设与管理创新，着力保障和改善民生　积极创建全省创新社会管理引领区。成立社会建设研究院。完成社会组织孵化基地建设。出台政府购买服务目录。稳步推进村级体制改革。加强网上信访大厅建设，全省率先实现视频信访系统镇街全覆盖。建立全市统一的劳动关系预警系统。强化综治信访维稳平台建设，做好矛盾隐患排查化解，引导民众理性表达个人意愿与爱国诉求。切实强化社会安全管理。推进“四化五警”建设，开展警务前移、出租屋治安管理等试点，推广执法办案格式化，启动智能综合视频监控系统建设，“两抢一盗”立案下降9.6%，老虎机赌博现象基本绝迹。严格落实安全生产“一岗双责”，推进消防安全网格化管理试点，深入开展校车隐患等专项整治行动，强化食品药品监管，全市未发生重特大安全事故。大力发展以改善民生为重点的社会事业。市财政全年共投入205亿元用于民生事业。基本完成向社会承诺的十件实事。落实幼儿园财政补助，上调镇街中小学公用经费标准。全市高考录取率、每万户籍人口升重点人数等四项主要高考指标均居全省第一。深入实施提升公共文化服务水平工程，健全文化产业、文化精品扶持政策，一批优秀文艺作品获省级以上重大奖项。成功举办漫博会。出台公立医院改革试点实施方案，全面启用市中医院新院。建设十分钟体育圈，莞籍运动员首获残奥会金牌。发行新社保卡，上调离退休人员基本养老金和居家养老服务补助标准。加强劳动力培训和就业援助。向困难群众发放临时救助金和物价补贴。国防人防、统计审计、人口计生、外事侨务、工青妇幼、民族宗教、档案方志、科普法普、气象、打私等工作扎实推进。

与此同时，我们也清醒地看到，东莞还处于转型攻坚期和矛盾凸显期，资源环境瓶颈约束加剧、产业结构不尽合理、自主创新能力不强、体制机制不够完善等深层次问题仍然存在，需要长期不懈努力破解。从当前来看，也有不少困难和问题值得我们高度重视：一是经济企稳回升的基础仍需巩固。尽管全市经济呈现出回暖向好的态势，但由于受国际经济环境影响，生产总值、工业、消费等指标与年度目标任务仍有一定距离。企业生产经营也面临着不少困难。二是重大项目的带动效应尚未真正显现。一大批“三重”项目虽已签约启动，但要真正落地动工、建成投产、发挥效益，还需付出艰辛努力。三是统筹发展的力度有待进一步加大。集体经济转型困难不小，区域发展不够协调，镇村债务负担仍然较重，水乡地区统筹发展等工作仍需深入推进，对土地资源的整合力度亟待加大。四是城市规划建设管理的水平有待进一步提升。城市顶层设计相对缺乏，经营管理需要创新理念，违法建筑等问题不容忽视。五是惠及民生的工作仍待加大力度。十件实事涉及的52项具体工作中，有2项未能完成年度目标。群众对物价上涨、公交出行、人才入户等问题反映依然较多，治安管理、教育公平、医疗改革等任务比较艰巨。六是机关作风建设仍需加强。一些干部的精神状态与高水平崛起的要求仍有一定的差距，办事效率、服务水平和管理能力有待进一步提高。对这些问题，我们必须以强烈的责任感和紧迫感，积极寻求破解之策。

2013年工作安排

今年是全面贯彻落实十八大精神的开局之年，也是东莞加快推动高水平崛起的奋进之年，机遇与挑战并存。世界经济正在经历新一轮的再平衡过程，低速增长态势仍将延续，总需求不足和产能相对过剩的矛盾有所上升，企业经营成本增加和创新能力不足的问题并存，经济发展和资源环境硬约束的矛盾有所加剧。与此同时，党的十八大胜利召开为今后发展指明了方向，跨国公司和大型央企民企酝酿着新一轮生产布局调整，第三次工业革命雏形初现，国内城镇化、工业化、信息化融合步伐不断加快，新兴产业和重大项目进驻东莞势头强劲，为我市经济稳健回暖与产业加速升级提供了良好契机。今年政府工作的总体要求是：认真贯彻落实党的十八大、中央经济工作会议、省委十一届二次全会和市委十三届三次全会精神，以习近平总书记视察广东和胡春华书记莅莞调研重要讲话精神为指导，深入实践科学发展观，坚定不移地推动转型升级，脚踏实地推进改革发展，把握好稳中求进的主基调，以提高经济增长质量和效益为中心，以打造创新型经济为主攻方向，着力优环境、上项目、强统筹、抓改革，为加快转型升级、建设幸福东莞、实现高水平崛起不断开创新局面。

具体来讲，优环境，就是要加大力度降低综合成本，提升政府服务，提高城市承载力，推动东莞成为综合营商环境最优越的城市之一。上项目，就是要坚定不移地抓产业、盯项目，全力谋求重大项目招商与建设的新突破，加快推进经济结构战略性调整。强统筹，就是要按照主体功能定位和产业转型升级的要求，下更大力气推动水乡统筹、土地统筹、招商统筹，以此为突破口优化资源配置，促进协调发展，提升发展层次。抓改革，就是要以自我革命的勇气和决心，大刀阔斧地推进行政体制、社会管理等重点领域改革，坚决破除思想观念和体制机制约束，不断增创新的制度红利。

综合考虑各方面因素，今年全市发展的预期目标是：生产总值增长7%，人均生产总值增长6%，市公共财政预算收入增长10%，固定资产投资总额增长10%，社会消费品零售总额增长10%，出口总额增长7%；服务业增加值占生产总值比重50%，先进制造业、高技术制造业增加值占规模以上工业增加值比重分别达到42.5%和33.8%，发明专利申请量和授权量分别增长15%和60%；城市居民人均可支配收入增长8.5%，农民人均纯收入增长9%，单位生产总值能耗下降4.86%，城镇登记失业率、居民消费价格涨幅分别控制在3%以内和3%左右。

围绕以上目标要求，我们必须坚持加快转型升级、推进发展方式转变不动摇，矢志不渝地把转型升级作为东莞践行科学发展观的核心任务，继续加大产业结构调整力度，以“工作落实年”为主题，切实抓好转型升级各项重大决策的贯彻落实，抓好重大项目的跟踪落实，抓好市委1号文和市政府1号文等政策措施的细化落实。重点做好几方面工作：

一、打造最佳营商环境，进一步提升开放型经济水平

争做综合营商成本最具竞争力的城市　进一步清理和规范涉企收费，全面放开再生资源回收市场，建立统一交易平台，全年为企业减轻行政收费、中介服务收费、中间环节成本35亿元以上。办好一年一度的加博会，发挥台博会、漫博会等平台作用，推广“一达通”、“大麦客”等商业模式，探索规划和申报综合保税区，增加车检场保税物流相关功能，推进省市共建物联网产业基地，大力发展现代流通业，帮助企业降低渠道成本和物流成本。落实领导走访、专人跟进和跨部门服务等机制，开展竞争性高峰电力电量交易试点，帮助企业解决用工、用电、融资等困难以及物业产权等历史遗留问题。巩固“三打两建”成果，加大打击力度，总结石龙镇社会信用体系建设、食品行业市场监管体系建设等试点经验，在全市铺开“两建”工作。

增强城市对优秀人才的吸引力　全面梳理和改革人才入户政策，进一步降低门槛和简化程序。大力引进创新科研团队、领军人才、紧缺人才和高技能人才。妥善解决人才住房问题，出台企业人才子女入学办法，做好家属安置工作，营造有利于吸引和留住人才的软硬环境。推进留学人员创业园、博士后工作站等载体建设。打造大学生入户快速通道。

实施创新驱动发展战略　加快松山湖大学创新城等平台建设，发挥现有平台作用，促进与专业镇和产业集群对接。用好财政引导资金，继续引进风投创投机构，加大金融创新和企业上市培育力度。扶持高端电子、生物技术、新一代互联网、3D打印等战略性新兴产业发展，与省共建云计算应用产业基地。实施高成长型中小企业培育计划，支持中小微企业和民营经济发展。积极创建全国质量强市示范城市。办好科技合作周活动。

大力发展电子商务　出台扶持电子商务发展的政策措施。支持专业镇和专业市场搭建电子商务营销配送网络，带动产业集群整合升级，助推传统产业向价值链高端延伸。深入开展“莞货网上行”等活动。加力引进和培育电子商务企业，对在莞设立总部的电商予以奖励。探索实行“零门槛”的电子商务企业网上注册登记制度，吸引各地电商在莞集聚。

深化加工贸易转型与内外开放合作　用好国家赋予的先行先试政策，鼓励加工贸易企业外包供应链管理，向研发设计、品牌营销、物流配送转型。抓好外贸转型升级示范基地建设，扩大设备及先进技术进口，提高一般贸易占比，促进对外贸易多元平衡发展。推动两岸生物技术产业合作基地建设，用好专项投资基金，铺开基础设施及首期项目。推进粤台金融合作试点。加快台湾高科技园详细性规划编制和招商工作，推进中以国际科技合作产业园建设。落实珠三角规划纲要，加强深莞惠在规划、交通、产业等方面的对接，推进穗莞和莞港澳合作。

二、深入实施“揽月行动”，构建“星月同辉”的产业格局

建立统筹有力的招商机制　认真落实“1+5”招商政策，建立重大项目招商信息共享、布局统筹、选址流转和利益分享机制，将镇街、园区和部门跟踪接洽的重大项目全部纳入统一数据库，避免过度竞争和无序引进。建立项目评估准入、比选和约束机制，制定投资强度、单位产出、产业链配套等项目评价体系，健全企业失信惩戒和享受优惠政策的退出机制，强化对重大项目招商工作的指导。

以高效服务推动粤海等重大项目动工建设　进一步强化与粤海集团的战略合作，尽快完成粤海园区概念性总体规划和产业规划，力争项目于今年动工。加快启动“三纵三横”配套路网一期工程建设。推动华为终端总部项目年内动工。对所有重大项目实行挂钩督导、部门联审、“六个一”包干等制度，提供从立项审批到办证开工“一条龙”服务。

科学从容推进园区开发建设　完善松山湖功能配套，严

▲2012年12月28日，市统筹水乡地区发展先期项目启动暨水乡大道改造提升工程动工仪式举行。

格筛选项目，提升产出效益，争创国家创新型科技园区。加快生态园征地拆迁和土地平整，完善产业规划和招商指引，积极申报国家城市湿地公园。加快长安新区围填海工程与基础设施建设。深化虎门港与沙田镇统筹发展，突出产业链招商，推进集装箱码头和保税物流中心建设，做大增值服务，做旺港口经济。

争创全国城乡土地生态利用制度综合改革试点城市，为产业发展进一步拓展空间　推进土地统筹整合，优化国土空间开发格局，未来三年力争腾挪拼接出1000亩以上地块50块、面积10万亩，强化重大项目用地保障。探索实行土地规划发展权和开发建设权分离，试行闲置土地置换、项目分期供地、土地绩效评估等制度。落实土地未开发收回政策。加快“三旧”改造步伐。创建全国节约集约用地模范市。对新增用地指标实行分类比例控制和差别化管理。

三、强力统筹水乡地区十镇一港发展，打造全省幸福导向型产业发展示范区

建立健全规划体系和统筹开发机制　高标准编制水乡地区统筹发展总体规划和专项规划，一盘棋考虑城乡建设、生态保护和产业布局。加快完善投融资、利益平衡、项目把关等机制，强化统筹发展的制度保障。推动农村管理体制、土地统筹机制等改革在水乡地区先行先试。

完善一体化的水乡交通体系　市财政安排20亿元，加快水乡大道、疏港大道粤晖大桥、望牛墩横海大桥、石龙红海大桥等先期项目建设，迅速启动中洪路、望万路等干线联网工程。统筹推进基础设施和公共服务设施建设。探索道路建设与统筹开发沿线土地相结合的城建投融资新模式。

打造具有水乡特色的标志性片区　提前启动望洪枢纽站周边15平方公里土地统筹和建设，致力打造东莞城市次中心、水乡核心片区。加快建设总投资超百亿元的龙湾滨江片区，促进商住休闲旅游综合开发。加快推进中堂、望牛墩10.5平方公里的水乡风情区规划，实行整体招商，成片开发。加快建设麻涌4平方公里世界农场项目，打造集都市农业、观光旅游、创意休闲等于一体的新型农场。启动挂影洲中心涌沿线片区更新改造，促进污染治理、环境美化与产业发展有机结合。

逐步构建亲水宜居的优质生活圈　通过生物净化、湿地生态改造等手段，积极推进水环境治理，改善水体质量和生态景观。实施城乡环境综合治理行动，不断改善村容村貌，加强土地管理，集约节约利用土地，提高土地利用效率。推进亲水环境建设，打造具有岭南水乡特色的区域景观。

四、力推重点领域综合改革，增创新的制度红利

东莞改革开放30多年来的成功经验，很关键的一条就是以敢为人先的精神和改革创新的锐气，不断推进体制机制上的众多首创改革，从而适应了市场经济发展的要求，破解了瓶颈制约，赢得了发展先机。我们要拿出前几代东莞人破釜沉舟、筚路蓝缕的勇气，向改革要方法、要动力，冲破束缚发展的思想观念和路径依赖，冲破利益固化的藩篱，攻坚克难，在转型升级上杀出一条新的血路，形成各项改革协同推进的正能量。

以商事登记为突破口深化行政体制改革　按照宽进严管原则，完善商事登记改革配套政策，推行网上年检，强化后续监管，优化后续审批，进一步发挥商事登记改革的综合影响力，推动与商事主体改革相关的其他改革向纵深发展。完成行政审批制度改革，落实配套工作，推行并联审批、网上审批和“一站式”服务。今后未经市政府批准一概不许增设审批事项。适时扩大简政强镇改革范围。探索推进大部门体制改革。

推进农村综合改革和转型发展　全面推进农村综合改革各项任务。市镇财政加大投入，逐步统筹承接村一级的治安、环卫和行政管理开支。推进社区政务服务中心建设。完善和落实欠发达镇村扶持政策。通过税收分成、生态补偿、结对帮扶等途径，让基层分享土地统筹、“三重”建设等带来的实惠。引导基层通过集中统租、稳妥投资等方式，实现集体资产保值增值。

推进省市共建全省创新社会管理引领区　深化警务机制改革，在现有基础上再推动公安市局10%、分局20%的警力下沉。整合全市治安联防队伍。加力整治治安重点场所和黄赌毒现象，严打各类犯罪活动。落实安全生产“一岗双责”，抓好危险化学品、消防、交通安全等专项整治，创新食品药品和农产品安全监管模式，推进应急管理综合一期平台建设，落实领导接访下访、信访包案等制度，打造平安东莞。培育和规范社会组织发展，新建10个市级社区综合服务中心示范点。

抓好医疗、公交、水务等领域的改革　按照公益化方向加快公立医院改革步伐，组建市属公立医院管理中心。启动公交公益化改革，提升服务质量和管理水平，整治公交不准点、冒黑烟及车内治安等群众关注的问题。深化水资源管理体制机制改革，推进镇街水务一体化，实现市镇村三级水务分级管理。

五、切实加强经济调节，夯实可持续发展的制度保障

加强财政资金及财政投资项目的绩效管理　全面强化财政专项资金、财政投资重大基建、重大民生支出和政府融资项目的绩效评价，进一步提高财政资金使用效益。建立绩效评价结果反馈与应用机制，实行评价结果与预算安排相结合。加强审计监督。严肃查处非法骗取财政扶持资金的行为。

进一步规范镇村经济管理　建立农村集体资产交易平台和“三资”管理信息监控平台。加强对大额开支和敏感性开支的监控，严控非生产性支出。强化债权债务管理，推进镇村已到期债务清偿。今后凡镇村借债，必须经上一级政府批准。

完善与国有资产规模相适应的监管机制　全面调查摸底和分类梳理，建立健全科学合理的人事、审计、工资、业绩考核等监管机制，强化国资管理部门对市属国有企业的监督管理。做优做强做活国有企业，推动国有资本更多地投向关系经济命脉的行业和领域。摸清财政投资建设的场馆、医院、学校等国

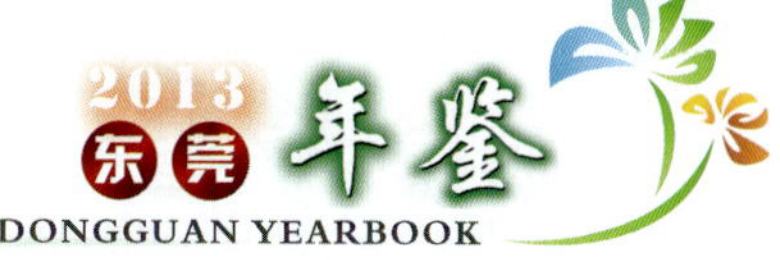

有资产底数，探索构建新型监管模式。

六、提升城市承载力，建设更具生态文明的美丽东莞

优化城市顶层设计 以新一轮总体规划修编为契机，构建疏密有致的城市格局。以轨道交通建设为纽带，加强沿线土地统筹开发，拓展和优化城市空间布局。加快南城国际商务区、中央商圈、生态休闲区和松山湖大道两侧区域的规划建设，提高城市首位度。推进从莞高速东莞段、东江梨川大桥、松山湖大道延长线等建设，完善城市基础网络和配套功能。

加强环境综合治理 推广广深高速景观综合整治经验，切实加强全市公路沿路景观和广告标牌管理。推进四大环保行动计划，加快环保产业基地建设，创建国家生态市。加强东江水保护，深化运河与内河涌整治，加快截污次支管网铺设。加快垃圾处理厂建设，整治垃圾填埋场，推广垃圾分类处理。严格落实节能减排责任，抓好国家级工业能耗在线监测试点工作。逐步淘汰黄标车。大力植树造林，加快森林公园、镇村公园、慢行道等建设，提高绿道使用效益。深入创建宜居社区。

提升城市精细化管理水平 建设“智慧城市”和“数字城管”，在大市区率先推行网格化管理，将绿化环卫、城市照明、户外广告等纳入监管范围。全面清理在建违法建筑，完善长效管理机制。推进“智慧交通”建设，大力整治交通拥堵，加快主要堵塞点的改造和分流。统筹市政地下管线铺设，在新开发区域推广管线集中统一铺设的共同沟建设。加强工程招投标管理，保证市场公平与工程质量。

创新投融资平台建设 发挥好新组建的东莞实业等投融资平台作用，强化建设及监督管理，有效整合多种资源，创新投融资机制，撬动更多社会资本参与城市建设和发展。重点抓好轨道交通融资，探索通过发行市政债券、利用股权信托资金等方式，筹集资金加快建设。

七、在改善民生中加强社会建设，努力让市民过上美好生活

完善保障有力的社保体系 认真办好十件实事。加大就业创业扶持力度，重点解决大学毕业生、困难家庭等群体的就业问题。提高最低生活保障和五保供养标准。扩建市社会福利中心，将居家养老服务扩大至120个社区。发行300万张新社保卡，加大重大疾病和意外伤害医疗保障力度。加强平价商店和价格调节基金运营管理，减少物价上涨对群众的影响。

增强文化整体实力和竞争力 全面推进文化名城建设，继续实施“百千万文化惠民”工程，建好国家公共文化服务体系示范区。加大文化产业和文化精品扶持力度，办好“我们的节日”、读书节等活动，加强非物质遗产和历史文物的保护与开发利用，实施文化人才“三个100”工程。

努力办好群众满意的教育 新建5所公办幼儿园，给予民办学校在校生公用经费和教科书补助。增加新莞人子女积分入学学位。统一全市初中公用经费标准，加强民办学校规范化建设，推进免费中职教育。启用东莞理工学校新校区、技师学院和高技能公共实训中心，开设市外国语学校，扩建市特殊教育学校。加强在莞高校学科建设，提高服务地方发展能力。

全面发展体育卫生人口计生等各项事业 大力发展群众体育和竞技体育，增加社区体育设施，提升篮球、羽毛球等品牌。推进市人民医院分院、儿童医院、台心医院等建设。发挥好社区卫生服务机构的作用，为市民提供优质价廉的医疗服务。探索设立市国医馆，推进中医药进社区。实施优生健康惠民工程和妇女两癌免费筛查。稳步扩大住房公积金制度覆盖面。落实好新疆兵团农三师的对口支援计划，推进支援西藏林芝的项目建设。继续帮扶韶关、云浮、广西河池、重庆巫山等地发展。

八、进一步加强作风建设，塑造高效廉洁的政府形象

落实中央“八项规定”，深入改进工作作风。精简会议和文件，改进会风文风，力戒形式主义、文牍主义。严格控制各类庆典、多重检查、评比及达标创建活动。加强调查研究，推广现场办公。开展明查暗访，落实首问责任、限时办结等制度。加强政府执行力建设，着力治庸治懒治散治奢，整治“吃拿卡要”等行为，推动机关作风进一步好转。

推进“大数据”战略，加快电子政务建设 运用云技术集成企业登记、信用监管、数据统计等功能，构建全市信息共享和内部监管平台。拓展加工贸易“四方联网”，打造地方电子口岸。优化提升网上办事平台，推动90%的行政审批事项、80%的公共服务事项上网，打造全国一流的网上办事大厅。推进数据开放工程，在财政、环保、招投标等领域开展数据公开试点。

强化内外监督，打造为民务实清廉的政府 落实廉洁从政各项规定和廉政责任制，强化政府内部监督，坚决惩治腐败行为。加快法治政府建设，落实重大行政决策程序和政务公开制度，主动接受人大政协及社会监督，重视和发挥网络媒体监督作用，促进形成清廉高效、务实为民的良好政风。

名词注解

*“六个东莞”：*市委市政府制定了《关于建设“六个东莞”营造法治化国际化营商环境的意见》，提出打造平安东莞、法治东莞、信用东莞、效率东莞、活力东莞、开放东莞。

“三重一大”：“三重”指重大项目、重大产业集聚区、重大科技专项；“一大”指重大项目招商。

*风投创投：*即风险投资和创业投资，一种投入到高新技术领域具有巨大潜力和风险的投资方式。

“1+5”招商政策：“1”指《关于加强重大项目招商引资工作的意见》，“5”指东莞市《重大项目招商引资奖励办法》、《招商引资重大项目认定管理办法》、《重大项目招商引资“一站通”工作机制》、《招商引资队伍建设管理办法》、《招商引资产业指导目录》。

*“一站通”工作机制：*指由市重大项目招商引资工作领导小组统筹负责，形成一条从项目信息收集、招商洽谈、拍板签约到后期服务的快速反应通道。

*粤海装备技术产业园：*位于谢岗镇，计划投资超600亿元，为东莞建市以来投资规模最大的项目。重点引进汽车装备制造等高端制造业。

*中粮集团粮油食品加工园区：*位于麻涌镇，总投资123亿元。项目建成投产后，预计年产值达200亿元。

*华为终端总部项目：*位于松山湖，总投资100亿元，主要发展与手机等所有终端关联的研发、销售和增值业务。

*中以国际科技合作产业园：*位于松山湖，被国家科技部授予“国际科技创新园”称号，主要承接和引进以色列及欧美等国家和地区的水处理技术。

*两岸生物技术产业合作基地：*位于松山湖，主要承接两岸

在新药中药研发、医疗器械制造、基因产业和健康产业等方面的合作项目。

外经贸“十个100”计划：即培育百家总部形态企业、壮大百家内销龙头企业、扶持百家自主品牌企业、发展百家高新技术企业、打造百家“升转”示范企业、锻造百名外经贸“专才”、拜访百家目标企业总部、落实百家千万美元项目、引进百家新兴产业项目、帮扶百家民企“走出去”。

信息化与工业化融合“4个100”示范工程：指我省2009年起在生产流程、装备制造数字化改造及节能减排、清洁生产信息技术应用等四方面评选标杆企业各100家，促进“两化”融合。

云计算：一种基于互联网的计算方式，可将大量用网络连接的计算资源统一管理和调度，将共享的软硬件资源和信息，按需提供给终端计算机和其他设备。

科技金融产业融合“1+4”政策：“1”指《关于促进科技、金融与产业融合的意见》，“4”指东莞市《产业升级转型及创业投资引导基金管理暂行办法》、《促进股权投资基金业发展的若干意见》、《金融创新奖评选暂行办法》、《金融招商奖励办法》。

R&D：即研究与开发经费支出。

“十镇一港”：指统筹水乡地区发展涉及范围，包括中堂、望牛墩、麻涌、洪梅、道滘、石龙、万江、石碣、高埗、沙田等10个镇街，以及虎门港。

四方联网：东莞、黄埔海关、广东检验检疫局、省外经贸厅四方共同搭建的加工贸易管理服务平台，在全国第一个做到了企业联网申报、外经贸联网审批、海关联网备案、检验检疫联网共享数据。

“四化五警”：“四化”即治安管理网格化、治安巡逻常态化、治安监控全面化、治安打击精确化；“五警”即科技兴警、人才强警、动态布警、从严治警、从优待警。

“一达通”商业模式：指整合所有企业进出口环节所需银行、海关、物流、税务、保险、外汇等机构或供应商，实现在线业务申报办理。

“大麦客”商业模式：指我市部分台商企业以“大麦客”统一品牌，打造集内销仓储批发为一体的大卖场经营模式。

3D打印：指通过电脑软件对设计出的产品按三维空间分层切片，由3D打印机对粉末状金属或塑料等原材料进行层叠式黏合，直接构造形成零件或成品，多应用于模具制造、工业设计领域。目前正在向规模化生产、生物器官打印等方向发展。

“六个一”包干制度：即“一个重大项目、一名领导挂帅、一个部门牵头、一笔专门经费、一个责任目标、实行一抓到底”的工作制度。

望洪枢纽站：穗莞深城际轨道、莞惠城际轨道、市域轨道R1线的接驳换乘站，规划设在望牛墩镇和洪梅镇交界处。

四大环保行动计划：包括空气清洁、重点流域整治、重金属污染整治和农村环境保护等四项行动。

智慧城市：指用信息通信技术手段，感测、分析、整合城市运行核心系统的各项关键信息，对民生、公共安全、城市服务等各种需求做出智能响应，实现城市智慧式管理和运行。

数字城管：指用信息化和移动通信技术手段来处理、分析和管理整个城市的所有城管部件和城管事件信息。

智慧交通：综合运用先进的资讯、通信、网络、自动控制等技术，改善交通运输状况，提高运输效率和安全性。

我们的节日：是我市开展的系列文化活动，从镇街精选出一批项目进行创新整合，包括东坑卖身节、桥头荷花节等。

文化人才“三个100”工程：即从全市相关企事业单位、社会团体中选拔100名优秀人才充实文化人才队伍，从文化系统中选拔100名优秀干部到先进地区挂职锻炼，在全国范围内公开招聘100名各艺术门类专业优秀人才。

“大数据”战略：大数据是一种对信息爆炸时代产生的海量数据的描述，是对利用云计算等互联网信息技术，对经济、商业、政府管理等进行数据化、电子化变革的统称。

2013年市政府十件实事

一、加强治安管理　创建平安东莞，整合全市村（社区）治安联防队伍，规范村（社区）治安联防组织管理；改革警务运行机制，落实警力下沉，将机关警力最大限度下沉至基层一线岗位，其中市局机关警力下沉10%，分局机关警力下沉20%；加大治安防范和违法犯罪打击力度，实现治安、刑事有效警情及八类主要刑事案件发案数下降3%。

二、强化食品安全监管　投入2402万元，抽检蔬菜、生猪及其肉品、水果、食用菌等食用农产品样本110万份，水产品920批次，生产加工环节食品3500批次，流通环节食品4400批次，餐饮环节食品2000批次。

三、加快教育发展　投入6.25亿元，新建大岭山镇第三幼儿园、南城街道中心幼儿园、莞城街道第二所公办幼儿园、望牛墩镇第二幼儿园、石排镇中心幼儿园共5所公办幼儿园；提供新莞人子女积分入学公办学位19690个，同比增长10%；对义务教育阶段民办学校学生不分户籍实行财政补助，其中小学和初中学生每年每人补助金额分别为650元和930元。

四、提升医疗服务　投入6390万元，免费为8万名适龄妇女实施“两癌”筛查、为2万对夫妇提供孕前优生健康检查服务。

五、改善交通出行　投入2563万元，完成环城路与西南路交叉口改造；实施快速处理交通事故机制，改造环城路莞樟立交路口等3个拥堵路口，改善市区交通拥堵。

六、治理环境污染　投入1.73亿元，加快淘汰更新机动车黄标车，全年淘汰10000辆黄标车，更新500辆LNG清洁能源公交车，减少机动车排气污染；开展水乡地区城乡环境综合整治行动，基本完成非法畜禽养殖场和无证照污染企业的整治，基本实现不符合原地保留条件的电镀企业搬入基地或关闭，基本消除违法搭建、“六乱”现象和环境卫生死角。

七、完善社区服务　投入5893万元，新建10个社区综合服务中心示范点；为1000名符合条件的孤寡老人家庭安装使用“平安铃”，使全市享受“平安铃”服务的老人达2000人；为1500名符合条件的老人提供居家养老服务，使全市享受居家养老服务的老人达5000人。

八、开展扶贫帮困　投入2.8亿元，帮扶欠发达村组两级集体经营性纯收入平均增幅达7%以上或高于全市平均水平5个百分点；实现20%有正常劳动能力的低保户脱贫；提高最低生活保障标准，从每人每月440元提高到每人每月510元；建成10个镇街康复就业服务中心；推动7000名登记失业人员就业，帮扶3000名就业困难人员实现再就业。

九、优化生态环境　投入1.5亿元，完善大岭山、大屏嶂、银瓶山等森林公园配套设施，完成中堂北海仔河涌生态修复工程。

十、实施防灾减灾　投入3亿元，完成茶山中心区排站重建工程、厚街横岗水库排洪道世纪新城段整治工程、万江大汾沙滘排站等30宗防灾减灾工程。

开展“三打两建”营造法治化国际化营商环境

2012年2月24日，东莞市委书记、市人大常委会主任徐建华在全市“三打两建”工作会议上明确提出“想打、敢打、会打、能赢”的总体要求后，东莞市开展了以“打击欺行霸市、打击制假售假、打击商业贿赂”为主要内容的“三打”专项行动。

根据省市决策部署，全市全民动员，深入摸底排查，强化打击整治，严查大案要案，全力斩链挖伞，严格督导考核，广泛宣传发动。通过10个多月的“三打”，东莞市场经济秩序更加规范、社会治安更加良好、社会大局更加稳定、人民群众更加满意。数据显示，2012年全市合同外资增资同比增长85.1%，刑事案件增幅下降5.16%，群众满意率达93.5%。

2012年11月8日，中央综治办专刊发文介绍东莞市“三打”工作开展情况，对所取得的成效表示高度肯定。

中央综治办肯定东莞市“三打”工作及措施

11月8日，由中央综治办主编的《社会管理综合治理动态》（2012年第147期）刊物上，刊登题为《广东省东莞市开展“三打”专项行动取得明显成效》的文章，公开表扬东莞市“三打”工作成绩。

“东莞是我省开展‘三打’以来被中央综治办登摘表扬的唯一的地市级。”省委副书记、省“三打”工作领导小组组长朱明国最新批示提及。

现实证明，经过“三打”专项行动整治后，东莞市场经济秩序更加规范、社会治安更加良好、社会大局更加稳定、人民群众更加满意……数据显示，全市实有各类市场主体531948户，同比增长3.9%；全市增资项目同比增加36宗，合同外资增资25.2亿美元，同比增长85.1%。2012年1-10月与上年同期相比，全市刑事案件增幅下降5.16%，治安案件下降4.02%，“两抢一盗”案件同比下降9.3%，特别是治安较为复杂的部分重点中心镇街警情呈大幅下降趋势。

在全省第三次“三打”集中宣传活动中，向全市群众发放问卷16万份，回收率95.2%，群众满意率达93.5%。各级各部门先后接受锦旗182面、牌匾130面、感谢信142封。

事实上，“三打”作为建设“六个东莞”的重要抓手，在营造法治化国际化营商环境方面也得到很好的体现。东莞市成功查处多宗制售假“crocs（卡洛驰）”鞋案后，美国领事馆专门发来贺信，并高度赞扬：“希望这一案例成为中国切实履行知识产权保护承诺的重要标志。”

市场环境得到有效净化，提振了市场消费信心。全市社会消费品零售总额增长9.6%，市内“海雅”“沃尔玛”“嘉荣”“天虹”等大型商场（超市）销售分别增长12%-20.7%不等。特别是天虹商场通过“三打”对辖区营商环境进一步认同，拟在该市新建最高端的君尚项目，比省内同项目面积扩大近3万到4万平方米。

六大机制53项措施推动“三打”开展

改革开放30多年，东莞经济建设成就有目共睹。然而，欺行霸市、制假售假、商业贿赂扭曲市场机制，破坏公平竞争和正常交易秩序、阻碍市场经济健康发展，已经成为当前影响该市经济发展和社会稳定的“毒瘤”。无论从当前还是长远来看，创造良好的市场经济环境、维护正常的市场秩序，都是一项重要而紧迫的工作。

自2月9日“三打”专项行动开展以来，作为改革开放先行地的东莞，被省列为全省“三打”工作四个重点市和省纪委、省委组织部重点督导的三个市之一。

市委市政府以此为契机，抢抓“三打”这一战略机遇，市委书记、市人大常委会主任徐建华在全市“三打两建”工作会议上明确提出“想打、敢打、会打、能赢”的总体要求。此外，他还要求将“三打”工作作为建设“六个东莞”的重要抓手，作为加快转型升级、建设幸福东莞、实现高水平崛起的重要举措，作为各级各部门的“一把手”工程和中心任务。

很快，全市党政主要领导亲自抓、几套班子主要领导着力推动、市委常委分片包干和副市长分块负责的统筹体系构建起来。同时，迅速组建市“三打”领导小组和市“三打”办、市三个专项办等工作专班，制订“三打”行动方案，研究建立完善协调联动、信息研判、联合整治、集中打击、宣传发动、奖惩激励等六大工作机制，构建立体化的“三打”协调体系。

10个多月里，先后召开12次市委常委会和46次全市工作会议进行专题研究部署，并针对性地制定实施53项贯彻落实工作措施，当中包括“末位倒逼”“限时追赶”“一票否定”“群众直评”等方式的督导考核措施，强力推进“三打”工作开展。

针对工作进度“慢”的情况，全市于第二工作季度部署开展“破零”攻坚战。在10天时间内，32个镇街实现打假批捕数和查处“保护伞”数全面“破零”。

领导滚动包案 确保重大案件取得重大突破

在“三打”开展过程中，中共中央政治局委员、省委书记汪洋指示，要紧紧围绕“老百姓最痛恨什么我们就打什么”的指导思想，抓住群众反映最强烈的问题，打出群众满意、企业受益、社会支持的良好成效。

对此，东莞市将领导滚动包案（即领导包案办结后，再继续包干新的案件）作为确保重大案件取得突破的重要举措，由市主要领导牵头对21宗大要案件和9个重点整治地区落实包案责任，逐案明确责任领导，逐案成立专案组，逐案制定查办措施。

同时，市“三打”领导小组定期召开重点案件协调会，协调市三个专项行动小组强化大要案件督办力度，加强对镇街的协调指导力度。全市落实领导包案共计274人909宗，办结率达

100%；其中：市领导包案30宗，镇街及部门领导包案879宗。通过包干督办迅速提升打击整治工作力度。

结合东莞市特殊的地理位置、行政架构、人口结构和经济发展模式，“三打”工作紧盯电子、服装、粮油等重点产业，紧盯建筑、中介组织、废品回收等重点领域，紧盯农批市场、汽配城、服装城、美食街等重点部位，紧盯城乡结合部、城中村、出租屋等重点区域，集中精力进行彻底整治。

专案组成功在废品回收领域打掉欺行霸市犯罪团伙21个，侦破团伙案件185宗，抓获团伙成员148人；在食品药品领域捣毁制假售假窝点1674个，查办大要案件148宗，挖出“保护伞”26人，清除了在多个领域危害群众、企业利益的犯罪集团，使群众反映最强烈的重点问题得到有效整治。

在工作创新方面，因应东莞市不辖县区直接管理镇街的特殊行政架构，市“三打”办牵头组织办案和预审专家成立“问话团”，对重点案件提前介入；市打击欺行霸市专项行动小组成立“流动法律服务队”，创新办案方式主动指导镇街查破大案要案。

行动中，市打击制假售假专项行动小组成立“联合执法应急分队”，配合镇街开展联合整治行动；市打击商业贿赂行动小组组建纪检、检察、公安跨部门“行动队”，直接指导镇街办理打击涉贿案件；市公、检、法等司法机关积极构建“三打”案件“绿色通道”，进一步整合办案资源，提高办案效率。

此外，东莞市坚持打宣并举，大力营造舆论氛围。市主要领导更是走上街头、走进群众中宣传“三打”，组织全市同步开展5次集中宣传活动，并充分利用手机和微博等“掌上媒体”开展宣传，发送“三打”手机短信1505万多条，发表“三打”微博30070多条。

衔接“三打”“两建”营造法治化国际化营商环境

积极营造法治化国际化营商环境，争创改革开放新优势。这是市委市政府确定的目标，并将“三打”和“两建”一并作为“六个东莞”建设的重要环节，有计划、分阶段、针对性地协同推进，同时将“三打”和“两建”工作的综合成效作为重要的单项指标纳入落实科学发展观年度工作考核和市委决策督查考评体系统一考量。

“8·16”全省第二次“三打两建”工作会议和省“三打”领导小组成员（扩大）会议后，东莞市强化“打建衔接”，市“三打”办和“两建”办积极筹划建立工作联系平台和信息交流平台，并在实际工作中取得实质性进展。在“三打”工作的基础上，确定将农副产品市场作为“两建”工作的试点行业，以大岭山信立农批市场为切入点，在借“三打”平台加大整治力度的同时，及时把“打”的经验转化应用到“建”上，探索建立“四种模式”的农副产品批发市场长效监管机制。

另外，东莞市还确定食品药品领域作为“三打”的关键点和“两建”的先行点。在通过“三打”实施驻点整治、定点清除，有效净化市场环境的同时，市工商局利用自行开发的“信誉通”和“市场通”两套监管系统，同步推进新型市场监督长效机制。

为努力实现打建“双赢”，使“三打”不断向纵深推进，使“两建”不断取得新突破。由市“三打”办牵头先后梳理选定14个课题组织开展调研，通过剖析“三打”过程中暴露出的问题和管理上的薄弱环节，切实为“两建”提出有针对性的意见、建议，有效加快“两建”工作推进的步伐。

市编办也全面启动行政审批制度改革目录制定的初审工作；市卫生局积极筹建东莞食品安全网；市消委会全面铺开消费维权服务站的建设；石龙镇依托国家信息化试点镇特色优势，先后开发运用肉品流通信息化监管系统、药品安全监管系统、企业风险预警系统。大朗通过实施商事登记改革，使该镇市场主体增幅跃居全市第一，得到中共中央政治局委员、省委书记汪洋的高度评价。（市综治办）

实施“三重”建设战略 力筑“星月争辉”局面

经过30多年的改革开放，东莞经济社会得到快速发展，但产业结构总体上仍然是“满天星斗、缺乏明月”。2012年初，市委、市政府审时度势，明确提出实施重大项目、重大产业集聚区、重大科技专项“三重”建设战略，着力向“三重”要增量、要动力、要发展。2月，市委市政府召开全市“三重”建设工作会议，吹响了“三重”建设的集结号。9月，东莞市举行“三重”建设巡视活动、项目集中签约暨工作推进会。全市上下迅速把“三重”建设作为加快转型升级、实现高水平崛起的突破口和“加速器”，通过引进大项目、打造大园区、培养大产业，打造一批百亿元企业、千亿元产业，努力形成“星月争辉”局面，使东莞的产业发展既有龙头带动，又有众多产业集群，实现项目集中布局，产业集聚发展，资源集约利用，从而推动整个产业转型升级，实现高水平崛起。

一、主要工作成效

一年来，全市各级各部门共同努力，推进落实2012年“三重”目标管理责任制实施方案确定的117个重点项目、20个重大产业集聚区和32个重大科技专项，加强创新谋划引进“三重”项目，推动“三重”建设取得阶段性重要成果。主要表现在：

（一）重大项目建设开创近三年最好水平　108个市重大建设项目全年完成年度投资278.3亿元，超额完成年度计划15个百分点，同比增长18.6%。25个省重点项目完成投资238.5亿元，超额完成年度计划13个百分点，高于全省平均水平8.8个百分点。全年推进53个重大项目开工，实现17个项目投产，开工率和投产率有较大提高。特别是松山湖华为工厂二期等57个项目，麻涌镇等14个项目建设单位全面完成或超额完成年度投资计划。在重大项目的带动下，全年工业固定资产投资同比增长

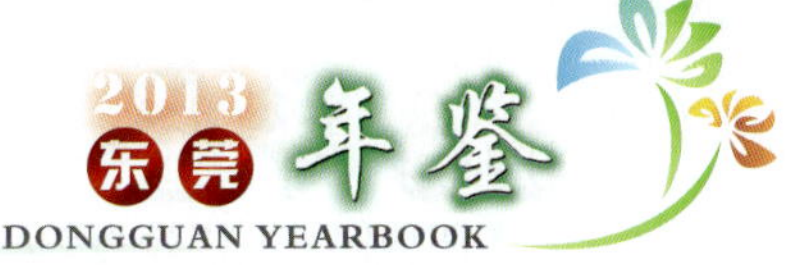

18%，拉动全社会固定资产投资增长近6个百分点，呈现出强劲的发展势头和充足的发展后劲。

（二）重大产业集聚区建设迈出坚实步伐 通过加强规划引导和统筹协调，产业园区基础建设和重大项目招商取得实质性突破，龙头辐射带动作用逐步增强。松山湖启动了中以国际科技合作产业园建设，规划建设两岸生物技术产业基地，台湾高科技园升格为省级重大发展平台并写进省第十一次党代会报告。虎门港与沙田镇实现港镇统筹发展，正积极申报省级开发区，谋划建设珠江口东岸临港现代产业集聚区，并成功签约引进11个重大项目，跨入百万标箱港口行列。生态园加快创建国家级生态示范园区，广东省文化产业职业学院正式落户，投资1.2亿美元的海斯坦普项目动工建设。长安新区用海规划通过国家评审。南城国际商务区规划建设有序推进。各镇街产业集聚区整体发展势头良好，“磁石”效应逐步显现。

（三）重大科技专项建设取得关键突破 突破了一批战略性新兴产业、节能与可再生能源、先进制造及装备等重点技术领域关键技术和核心技术；规划建设松山湖大学创新城，成功引进北京大学东莞光电研究院、华南协同创新研究院、深圳清华大学研究院东莞创新中心、广东华南设计创新园等4个重大科技创新平台，新增引进5个省创新科研团队，获得省财政1.2亿元经费资助，团队数量和资助金额名列全省第三名。获得国家36项创新基金项目及省8个重大科技专项立项、12个工业高新技术企业攻关项目。全市专利申请量、专利授权量均排名全省第三位，新增完成的成果转化项目42项，新增成果转化项目产值2.65亿元，同比分别增长约200%、400%。

（四）谋划引进“三重”项目取得显著成效 高度重视谋划重大发展平台的发展，举全市之力，谋划打造东部的粤海高端装备产业园、中部的松山湖大学创新城、西部的水乡特色发展经济区三个新的增长极。通过发挥增长极的扩散作用，不断增强全市发展的均衡性、协调性和可持续性。出台重大项目招商引资“1+5”系列政策，建立优质重大项目引进落地快速反应机制和绿色通道，成功举办首届世界莞商大会，市委市政府主要领导亲自率团赴日韩台等境内外开展多场招商引资活动，全市上下多次“走出去、请进来”，成功签约一批项目，推动一批已签约项目成功落地。9月“三重”项目签约仪式上共签约引进“三重”项目72个，投资总额达1025亿元。全年全市共引进重大项目81宗，投资总额达1972亿元，特别是引进了投资超600亿元的粤海高端装备技术产业园、123亿元的中粮集团粮油食品加工园区、100亿元的华为终端总部等项目，为可持续发展积蓄了强大后劲。

二、主要工作措施

一年来，全市各级各部门认真落实市委市政府的决策部署，自觉执行“三重”建设目标管理责任制，抢抓机遇，主动作为，创新工作思路，采取有力措施，合力攻坚克难，全力以赴推进“三重”建设工作取得良好开局。

（一）突出领导示范带动 各级各部门把统筹推进“三重”建设工作作为当前的首要任务和“一号工程”，党政主要领导亲自谋划、亲自部署、亲自落实。市领导围绕重大项目引进，实施拜访百家目标企业总部计划，亲自洽谈招商项目。3月，徐建华书记亲自率领市党政代表团到北京、上海、合肥、武汉、成都等城市，拜访科技部、教育部和清华大学、北京大学、中科院等高校科研机构，与14所国内一流高校院所达成50多项合作意向。4月，袁宝成市长率经贸代表团赴日本、台湾地区开展“新东莞、新产业、新商机”招商推介，累计拜访了29家企业（机构）总部高层，签署了4项合作备忘录和合作意向书，8家企业计划设立研发中心或地区总部，协议和意向投资额达20多亿美元，其中超亿美元的项目有7宗。7月，徐建华书记率领党政及企业代表团在以色列进行科技交流与经贸考察。同时，市委市政府分管领导、挂片领导、“三重”项目挂钩领导亲自挂帅，亲力亲为，定期听取汇报、开展督导活动，协调解决“三重”建设过程中存在的各种问题，有力推进“三重”建设。市人大常委会组织专题视察“四大园区”建设，提出积极建议意见。市政协积极发挥人才密集的智库优势和联系广泛的渠道优势，大力组织开展“三重”建设系列助推活动，走访了一批委员企业，为“三重”建设摇鼓助威、建言献策。在市领导的带动下，各镇街、园区和市直有关部门主要领导切实承担“三重”建设“第一责任人”职责，做到一线指挥，靠前落实；同时，纷纷组建“三重”工作领导小组，明确分管领导、明确工作职责，形成了一级带一级，层层抓落实的良好工作格局，为强力推进“三重”建设提供了有效的组织保障。

（二）突出工作机制推动 为加强“三重”建设工作的组织领导和统筹协调，市委市政府制定了“三重”建设目标管理责任制，市政府建立了“三重”建设联席会议制度，设立市“三重”办，建立市领导挂钩督导机制、工作协调机制、督查落实机制、信息报送机制、评估考核机制等制度，明确各部门工作职责，为“三重”建设提供制度保障。在“三重”建设整体制度框架下，市“三重”办切实加强工作协调，做好信息收集，抓好督办落实，有序推进各项工作；市重大办建立完善的工作落实机制，通过召开联审会办会议、实行一月一通报、发督办函等方式，有效加快重大项目进度。市经信、外经贸局牵头制定重大项目引进和落地快速反应机制，明确引进重大项目认定办法和程序。市科技等部门和各镇街、园区也相继建立相应机构，完善工作机制，协调推进工作落实。一年来，通过各级各部门的积极探索，建立完善了一套运转顺畅、科学有效的工作机制，真正把“三重”工作纳入制度化、常规化轨道。

（三）突出督导督查促动 在推进“三重”建设工作过程中，定期开展督导和督查活动，及时督促检查工作落实情况，协调解决存在的突出问题，有效促动加快工作进度。制定《2012年市领导挂钩督导“三重”建设项目方案》，组建13个由市领导任组长的督导组，一年来先后多次开展“三重”建设督导活动，通过听汇报、看现场、开协调会等形式，协调解决“三重”建设项目存在的突出问题。市委督查室、市政府督查室、重大办定期联合开展重大项目督查巡查，全年共现场协调解决问题68个，收集核实存在的问题134个报市领导督导组。市重大办通过实行集中解决突出问题“大会战”、部门联合督查、前期工作联审会办、下发责任告知书、建立重大项目退出机制等强有力的手段，有效促开工、督进度、解难题。各镇街、园区和有关部门积极配合市里开展各项督导活动，制定镇班子挂钩督导重点项目工作安排表，分解细化“三重”建设任务，逐项制定落实措施，召开班子专题会议专题通报和研究重点项目建设情况，形成大干快上抢进度的良好氛围。

（四）突出创新谋划驱动 在加快推进现有“三重”建设项目的基础上，积极谋划引进新优质“三重”建设项目。为加强全市重大项目招商引资工作的统筹，市委市政府成立“市重大项目招商引资工作领导小组”，组建以市级招商队伍为主体，以园区、镇街招商队伍为补充的专职招商队伍，形成招引重大项目的整体合力。出台重大项目招商引资“1+5”系列政策，建立优质重大项目引进落地快速反应机制和绿色通道，成功举办首届世界莞商大会，赴日本、韩国、中国台湾等地开展多场招商引资活动。创新招商方式，在4月赴日本、中国台湾招商活动期间，组织当地主流媒体多角度报道东莞“新形象、新产业、新商机”，同时，加强与知名投资中介的合作，推动优质项目来莞考察等。市、镇、园区联合出击，创新招商模式，以高新技术企业、跨国公司、世界500强、中央和省属国有企业、国内知名民营企业为重点招商对象，形成市镇联动的招商引资热潮。

（市发改局）

凝聚世界莞商力量 助推东莞高水平崛起

——“2012·世界莞商大会”纪事

2012年9月16日至18日，“2012·世界莞商大会”在东莞举行。这是东莞市首次举办世界性的莞商盛会，近千名领导嘉宾和海内外莞商齐聚东莞，畅叙桑梓之情、共谋发展大计。该届大会达到了凝聚莞商力量、建立莞商品牌、促进莞商交流、支持莞商发展的目的，增进了莞商之间的乡情联系和经贸交流，为“加快转型升级、建设幸福东莞、实现高水平崛起”的中心工作提供了新思路、整合了新资源、开辟了新平台。

一、总体情况

“2012·世界莞商大会”由东莞市人民政府主办，市委统战部、市经信局、市工商联承办，19个相关部门和各镇街、园区共同协办。这次大会的主题是“情系东莞、商通天下”，大会所弘扬的莞商精神是“厚德务实、敢为人先”。

该届大会嘉宾云集，香港中联办副主任林武，广东省政府副省长刘志庚，原省人大常委会副主任李近维，全国工商联副主席、用友软件股份有限公司董事长兼总裁王文京，省委统战部常务副部长蒋乐仪，省委统战部副部长、省工商联党组书记杨浩明，香港中联办经济部部长孙湘一，市领导徐建华、袁宝成、李毓全、姚康、黄双福、甄瑞潮、崔建、刘卫芳、李小梅、梁国英、邓志广、王检养、潘新潮、郭水、严小康、张科、贺宇、喻丽君、邝明子、钟淦泉、邓浩全，市各民主党派主要领导等出席大会有关活动。同时，全国各地及海外莞商代表、莞籍专家学者、在莞经商的企业家代表等727人参加大会。其中，莞籍海外经商人员62人，莞籍港澳台经商人员133人，莞籍境内经商人员409人，东莞荣誉市民经商人员32人，莞籍专家学者6人，在莞经商的企业家代表85人。

该届大会为期3天，活动内容丰富，包括世界莞商联合会成立大会暨2012·世界莞商大会预备会议、世界莞商联合会第一届理事会第一次会议、领导会见莞商代表、市政府欢迎晚宴暨世界莞商联合会第一届理事会就职典礼、集体合影、大会开幕式（含“杰出莞商”颁奖，优质项目签约）、东莞国贸中心暨世界莞商联合会会馆动工典礼、莞商大会论坛、参观考察“加博会”、镇街商务考察和恳亲活动等10项议程。通过上述活动，政府与莞商之间、莞商与莞商之间、莞商与当地乡亲之间充分交流和互动，达成了广泛共识，建立了长效机制，开拓了合作平台，创造了发展良机。境内外媒体争相报道，社会各界高度关注，东莞的城市形象和营商环境也得到了很好的宣传和推广。

二、主要成果

“2012·世界莞商大会”是打响莞商品牌、树立莞商形象的盛会，也是凝聚莞商力量、共促合作发展的盛会。该次大会的主要特点：*一是主题新*　大会主题“情系东莞、商通天下”旨在号召广大莞商立足东莞、放眼全球，开拓发展、心系家乡。这是东莞在经济全球化背景下谋求高水平崛起的积极探索，丰富了东莞市建设法治化、国际化营商环境的行动内涵。*二是形式活*　该届大会主要活动议程中，既有莞商自行组织的活动，也有政府牵头举办的内容；既有大会统一安排的主会场活动，也有各镇街根据当地情况设置的分会场内容；既有凝心聚力、共谋发展的思想交流，也有商务考察、洽谈签约的实质合作。*三是规模大*　该届大会由市委、市政府牵头，37个相关部门、32个镇街和3个园区共同组织筹办，活动地点涉及全市各镇街区域。来自全球13个国家和地区、国内17个省和直辖市的莞商参加大会，包括各级领导和特邀嘉宾在内，大会总接待人数超过1500人。*四是层次高*　国家、省有关部门领导和市几套班子主要领导亲自出席大会多项活动；叶檀、左晓蕾、金岩石、王志东等著名专家学者现身大会论坛；同时，大会所邀莞商多为公司董事长或总经理级成功人士，并且在业界具有一定知名度和影响力。*五是影响大*　60多家中央、省、市及境外媒体在大会期间刊发原创性新闻报道300多篇，境内外各大网站转载相关报道超过2000次。该届大会在全国乃至海外引起广泛关注，“莞商”品牌得到进一步弘扬。

该次大会的成果主要体现在以下六个方面：

（一）凝聚莞商力量，密切乡土情谊　该届大会首次以“莞商”名义将遍布世界各地的东莞商人汇聚在一起，以乡情联系为纽带，以共同发展为目标，在“情系东莞、商通天下”的大会主题下将海内外莞商组织团结起来。一方面，政府通过大会平台，积极引导莞商认清发展形势和自身局限，支持莞商以抱团合作的方式应对日趋激烈的市场竞争，争取更多的发展机会和更大的发展空间，不断提升整体竞争力；另一方面，通过各镇街组织的商务考察和恳亲活动，广大莞商、特别是长期在外经商生活的莞商了解了家乡的发展变化和亲商、重商、安商、富商的有关政策，激发了他们关心家乡发展、支持家乡建设的热情。通过该届大会，世界各地的东莞商人对“莞商”群体的认同感和归属感大大加强，莞商的力量正在不断凝聚，并渐渐汇入家乡建设发展的热潮当中。

（二）打响莞商品牌，树立莞商榜样　该届大会力求通过品牌建设支持莞商在现代商业竞争中获得更多主动和先机。为此，东莞市下大力气开展莞商历史沿革研究、文化内涵挖掘和莞商精神提炼，“厚德务实、敢为人先”的莞商精神得到广大莞商的高度认可，并通过媒体宣传迅速被社会各界所熟知。与此同时，积极开展“杰出莞商”评选，在市经信局等有关部门的精心组织下，经过申报（推荐）、初审、审核、公示、评定等程序，最终评选出18名境内杰出莞商和15名境外杰出莞商，

并在大会开幕式上予以通报和表彰，通过树立一批莞商典型，大大提升了莞商形象。大会期间，各级各类媒体对莞商发展情况或典型个案进行了广泛而深入的报道，莞商群体被重新解读和认识，受到社会各界越来越多的关注和肯定，为莞商今后的发展奠定了良好基础。

（三）加强莞商组织，延续大会成果　大会筹备期间，许多莞商提出希望成立一个莞商自己的常态化组织，以延续继承世界莞商大会团结服务莞商的重要使命。大会组委会积极支持，多次召开莞商代表座谈会，支持成立“世界莞商联合会筹备委员会”，审议和修改了联合会章程、财务制度、会务制度、选举办法等一系列制度性文件草案。随着联合会筹备工作的深入开展，莞商入会积极性高涨，在1个多月内已有超过600名莞商提出入会申请。9月16日下午，世界莞商联合会成立大会举行，大会选举产生第一届理事会，广东三正集团董事长莫浩棠当选为首任会长。国家、省、市有关领导会见了世界莞商联合会第一届理事会的全体成员，并出席了他们的就职典礼。市委、市政府对世界莞商联合会寄予很高期望，表示会继续支持世界莞商联合会健康发展，使其更好地承担起“提供服务、反映诉求、利益协调、规范行为”的作用，有效地承接政府转移出来的社会管理职能。这极大地鼓舞了世界莞商联合会全体成员的信心和办会积极性。

（四）促进莞商交流，共谋发展大计　世界莞商大会第一次将海内外大批优秀莞商汇聚一堂，为莞商交流合作提供了非常难得的机会。参会莞商多为公司高层管理者，他们暂时放下繁忙的公司事务，在大会3天时间里全情投入，充分交流，有效增进了莞商之间的感情，同时获得了很多宝贵的商业信息和合作机会，例如旅居马来西亚的莞商黄东成先生发现家乡横沥镇有极具规模和实力的模具厂，与其业务需求非常切合，主动提出建立合作。9月17日下午，一场主题为“莞商的崛起与升华”的高峰论坛精彩上演，王文京、叶檀、左晓蕾、金岩石、王志东等商界精英和专家学者与广大莞商共同探讨转型升级变革中的莞商发展之路。他们通过对当前经济形势的分析和判断、对典型案例的剖析和反思，以及与众多莞商进行现场互动问答，提出很多精彩论断和宝贵建议，对莞商发展具有启发意义，引起莞商广泛共鸣。

（五）成功招商引资，助推转型升级　大会组委会利用世界莞商大会召开的契机，积极宣传东莞良好的营商环境，鼓励广大外地莞商回乡投资兴业，支持家乡建设发展。为此，大会编印了东莞投资环境和项目推介资料，组织莞商参观考察“加博会”和“大麦客”，开展形式多样的镇街商务考察和恳亲等特色活动。市相关部门及各镇街、园区积极开展招商引资工作，大会期间共落实签约项目121个，投资总额约435亿元，其中内资项目69个，投资总额约275亿元；外资签约项目52个，涉及投资、增资金额约160亿元。大会组委会从中遴选出30个优质项目在开幕式上进行签约，很好地宣传了东莞招商引资的政策和推动“三重”建设的力度，对东莞市产业结构调整和转型升级起到重要的示范带动作用。

（六）展示东莞风采，提升城市形象　通过举办世界莞商大会，东莞向海内外莞商和社会各界积极展示了改革开放30多年来的发展成果，展现了良好的城市环境和文化氛围。400多名大学生志愿者的贴心服务让参会莞商倍感亲切和温暖，表现出东莞新一代青年的良好风尚；大会的会务接待和后勤保障工作周密、用心、细致，注重服务创新，得到参会莞商的普遍肯定，许多久居海外的莞商对家乡的发展变化赞不绝口，对家乡人民的热情接待非常感动，表示以后一定会多回来参加家乡的活动。在新闻媒体的广泛宣传和社会各界的高度关注下，东莞展示出无穷的活力和精彩，给许多人留下美好的印象。

三、经验总结

“2012·世界莞商大会”是东莞在加快产业转型升级关键时期召开的一次重要的商界大会，该届大会起到了凝聚人心、鼓舞士气、团结发展的重要作用，受到广大莞商的欢迎和各级领导的肯定，在海内外产生积极影响。大会的成功举办，不仅在于它符合经济发展形势和莞商整体利益，而且与各级领导的关心支持、广大莞商的热情参与和主办方的用心努力密不可分。

（一）领导重视，确保大会成功举办　2012年3月底，大会组委会正式成立，市领导徐建华、袁宝成、姚康、李小梅、王检养、潘新潮、郭水、张科、贺宇、钟淦泉、邓浩全等分别担任组委会相应职务，协调指导大会筹办工作，确保高标准、高水平办会。徐建华书记、袁宝成市长多次与莞商代表座谈，并亲自给部分莞商打电话、写信邀请其参会，甚至专程前往香港进行拜会和邀请。姚康副书记多次指导和协调大会组委会各部门工作，确保大会各项工作协调推进、落实到位。各镇街也相应成立工作机构，镇街主要领导亲自抓，统战委员具体抓，统战办等部门全力以赴，形成了市镇联动的工作格局，有力推动了筹备工作顺利开展。大会期间，全国政协副主席、全国工商联主席黄孟复，广东省政府省长朱小丹分别发来贺信；全国政协常委、香港中联办副主任黎桂康，广东省委常委、省委统战部部长林雄，前香港金融管理局总裁任志刚等为大会题词；林武、刘志庚、李近维、王文京、蒋乐仪、杨浩明、孙湘一等上级部门领导拨冗出席大会多项活动，为广大莞商鼓劲打气；市领导徐建华、袁宝成、李毓全、姚康、黄双福、甄瑞潮、崔建、刘卫芳、李小梅、梁国英、邓志广、潘新潮、郭水、严小康、张科、贺宇、喻丽君、钟淦泉、邓浩全等出席了9月16日下午和17日上午的所有活动，规格之高、参加领导之多、阵容之大、并且全程参与都是少有的，非常难得。各级领导对大会的高度重视和关心支持，是该届大会顺利举办、莞商踊跃参与和取得丰硕成果的重要因素。

（二）组织有力，相关单位积极配合　根据大会总体工作方案和组委会分工安排，9大工作部门协同作战，紧密配合。市委副秘书长谢小薇、曲洪淇、吴小锋、叶锦河，市政府副秘书长任新合、陈志超亲自协调落实组委会各部门工作，相关单位积极配合，保证大会各项筹备工作顺利推进。同时，各镇街和园区积极配合大会工作，镇街主要领导和相关部门负责人亲自参与落实邀商接待、招商引资和镇街活动，例如虎门镇通过主要领导做工作，落实邀请到45名海内外莞商和嘉宾参会，并促成以纯集团与杭州琪奥服饰有限公司签订了2亿元的合作项目书；东坑、清溪和石碣等镇的部分莞商原本因故不准备参会，但是由于镇委书记和镇长亲自出面做工作，这部分莞商最终还是推掉其他工作欣然参会；大朗镇原有较多莞商对参加世界莞商联合会认识不够，参会积极性不高，经镇委书记亲自动员发动后，报名参会莞商踊跃。

（三）积极发动，广大莞商踊跃参与　世界莞商大会的主角是莞商，为使大会更能体现莞商特点、反应莞商心声，大会组委会特别注重与广大莞商的交流沟通。市领导徐建华、袁宝成、李小梅、张科、钟淦泉等多次与莞商代表会谈，听取广大莞商对举办世界莞商大会的意见和建议，并邀请莞商共同参与大会策划和具体筹备。市有关部门领导和镇街领导亲自出面邀请莞商参会，鼓励他们加入世界莞商联合会，甚至全程陪同莞商参加大会活动，鼓舞了莞商的参会热情，市台商协会的部分代表原计划外出考察，因大会安排立即调整了考察时间，按时参会。大会期间，组委会充分考虑莞商需求，尽量给予莞商更多展现自我和发表意见的机会，安排莞商代表与国家、省、市有关领导会见，邀请莞商代表在大会开幕式等重要场合发言，尽量安排莞商代表与主要领导一起就座、一起用餐、一起乘车，体现了大会对莞商群体的充分尊重和信任。

（四）广泛宣传，营造大会热烈氛围　该届大会非常重视宣传工作，力求以大规模、高频率、高水平、多样化的宣传形式营造浓厚热烈的大会氛围，提升大会影响力，打响“莞商”品牌。大会按照预热造势、典型宣传和掀起高潮三大阶段，策划不同的宣传重点和新闻活动，先后召开两次新闻发布会，东莞日报、东莞时报、东莞广播电视台、时间网、阳光网等市内媒体分别推出各具特色的大会专题报道；人民日报、CCTV-4(央视中文国际频道)分别对大会进行重点报道，凤凰卫视中文台、资讯台热门栏目播出大会广告234次。此外，大会制作了会徽、会歌、会刊和《莞商风采》专题片，开通了大会网站。大会期间，人民日报、新华社、经济日报、中央电视台、南方日报、广东卫视、凤凰卫视等60多家中央、省、市及境外媒体积极宣传报道大会盛况，各新闻媒体刊发原创性新闻稿件300多篇，主要网站转载相关报道超过2000次。同时，各镇街利用当地报纸、电视台和网络，对大会情况和重点莞商进行全面、深入报道；莞城、东城、南城、万江、厚街、高埗、塘厦、寮步等镇街积极配合开展户外广告宣传，利用公交站灯箱广告、高速公路T牌广告、中心区LED广告牌、市区主干道两旁灯柱旗、彩旗等形式营造热烈的办会氛围。

（五）注重实效，保证大会成果延续　大会组委会为确保大会成果延续和莞商长远发展，一方面，注重建立长效机制，发动成立了世界莞商联合会，通过这个平台将世界各地的莞商联系起来，加强与政府的沟通互动，承担起团结服务莞商的重任；另一方面，积极开展招商引资，利用大会契机切实引进一批项目、资金和人才，带动了全市相关产业和镇街的发展。大会第3天下午，各镇街分别组织本地籍莞商开展商务考察和恳亲等特色活动，经过深入的互动交流，镇街与许多常年在外的莞商建立起深厚感情和密切联系，为以后进一步合作发展做好了铺垫。

（六）社会支持，广泛吸纳各界资源　该届大会除了有政府部门和镇街、园区的组织推动，许多社会组织也积极加入其中。大会会徽设计、纪念品制作、宣传品制作、会议接待、会场布置等相关工作得到了众多莞商企业、专业设计公司、旅游公司、展览公司和行业协会的积极协助。社会组织参与大会筹办，不仅可以充分利用各方资源优势，节约办会成本，提高办会效率；而且为社会更多领域人士参与大会提供了机会和平台，有助于进一步扩大大会影响。（市工商联）

中国加工贸易产品博览会

为深入贯彻落实国家扩大内需战略，促进加工贸易转型升级，加快转变经济发展方式，由国家商务部、人力资源社会保障部、环境保护部、海关总署、质检总局、知识产权局和广东省人民政府共同主办，广东省外经贸厅和东莞市人民政府具体承办的“2012中国加工贸易产品博览会”（简称2012加博会）于9月16—19日在东莞市广东现代国际展览中心举行。

一、总体情况和主要成效

“2012加博会”展览面积7.6万平方米，来自全国28个省市1325家外资企业和加工贸易企业参展，展位数达3468个，展销七大类过万种时尚、安全、高端、有竞争优势的终端消费品，吸引5083家国内外知名采购企业11047名采购商参展、观展、采购。中共中央政治局委员、广东省委书记汪洋出席开幕式并宣布“2012加博会”开幕，商务部部长陈德铭作开幕致辞，广东省副省长招玉芳主持开幕式。人力资源和社会保障部副部长信长星，环境保护部副部长吴晓青，海关总署副署长孙毅彪，质检总局副局长孙大伟，知识产权局副局长甘绍宁，商务部副部长蒋耀平，广东省委常委、省委秘书长林木声，香港经济与商务发展局局长苏锦樑、澳门财政司司长谭伯源、香港贸易发展局总裁林天福、澳门贸易投资促进局主席张祖荣，以及7家支持单位，28个省、市、自治区，广东省直及中央驻粤有关部门、各市领导，参展商、采购商和媒体代表共1000多人出席开幕式。

展会4天累计超过13万人次入场观展采购，共达成商贸项目（含合同、协议和意向）6794个，总金额达687.3亿元。

（一）充分展示我国加工贸易企业的整体形象和最新成果　该届加博会设置了家电电子、家居用品、文体玩具、服装、鞋帽、饰品礼品、食品饮品等七大行业展区以及加工贸易转型升级成果展区、精品馆、采购洽谈区等三大特色展区，展出产品过万种。大批知名企业，如以纯服装、华宝鞋业、太阳神、德国宝、徐福记、侨运表业、龙昌科技、诺基亚等纷纷参展，许多企业都展示了自身的核心产品，如东莞光阵显示器制品有限公司的自主研发设计的多功能摄像仪；广西钦州宇欣电子科技有限公司的电脑一体机等。展会精品馆集中展示98家企业266件（类）工艺超前、具核心技术的创新产品，如同步云电视，具高显色性的LED无影灯，比苹果手机更薄、功能更齐全的双卡双待智能手机，堪称全球最薄LED台灯，一秒钟完成高速扫描的折叠式精拍仪等，充分展现了当前我国加工贸易的最高技术水平，受到全体与会者的高度关注与称赞。

（二）有力推动加工贸易企业与广大商贸流通企业的交流对接　该届加博会成交活跃，成果显著。按商品成交额大小和比重排序，前三位依次为家电电子类306.5亿元、占总成交额44.6%，服装鞋帽类 157.4亿元、占总成交额22.9%，食品饮品类87.3亿元、占总成交额12.7%，表明这些传统行业的新产品是吸引内销市场的主打商品。广东、湖南、湖北3省的意向合同金额位居前三名，分别占总金额的90%、3.8%和1.7%；签约宗数分别占总数的50%、13%和12%。中国商业联合会、中国百货商业协会、中国超市联合采购交易联席会议四大商协会的意向成交额超过200亿元，仅中国超市联合采购交易联席会议与大麦客的意向成交额就达到7亿元。

（三）加快促进加工贸易企业转型升级　作为直接服务于加工贸易转型升级的唯一国家级展会，“2012加博会”打造了加工贸易转型升级全方位交流平台。除展示展销外，大会举办加工贸易发展高层论坛、全国重点商贸流通企业与加工贸易企业高端对话会、环球资源“内贸直通车，品牌创未来”专题研讨会、采购专场对接会（家居用品专场和家电电子专场）、2012中国百货商业协会行业工作联席会、中信保“加工贸易企业拓展内销市场”讲座、批发市场转型升级电子商务发展论坛、零供对话论坛等9场围绕加工贸易企业产品内销的系列专项活动，邀请中央和广东省政府领导、国家流通行业协会负责人、知名商贸流通企业代表为加工贸易企业宣讲内销政策和措施，传授内销及转型升级的途径和方法，提供商品需求信息及网络技术内销的应用技巧，增强了加工贸易企业进入国内市场的信心。

二、主要做法和体会

从商务部等六部委正式确定与广东省政府共同主办“2012加博会”到展会成功开幕仅2个月的时间，在如此短时间内成功举办这么大规模的全国性展会，离不开商务部等六部委和省委省政府的正确领导，离不开组委会的周密组织，也离不开各支持单位的密切配合。

（一）主办单位的高度重视和积极参与　该届加博会得到商务部、人力资源社会保障部、环境保护部、海关总署、质检总局、知识产权局的高度重视、大力支持和共同参与。作为该届加博会的主办单位，六部委全面指导，和广东省委省政府共同开展筹备工作。商务部陈德铭部长，蒋耀平副部长非常关心加博会筹备工作，多次听取汇报，还专门利用出差的时间与广东省政府领导会商加博会事宜；在组委会会议上，各主办部委领导也提出很多具有可行性和建设性的意见。加博会开幕当天，商务部蒋耀平副部长，人力资源和社会保障部信长星副部长，环境保护部吴晓青副部长，海关总署孙毅彪副署长，质检总局孙大伟副局长，知识产权局甘绍宁副局长出席开幕式并在加工贸易发展论坛上作主题发言，蒋耀平部长还出席全国重点商贸流通与加工贸易企业高端对话会并发言。作为东道主，广东省委省政府主要领导高度关注，亲自指示省政府分管领导做好与六部委共同主办的协调事宜，多向部委领导汇报筹备情况，督促并推进各项筹备工作进度。主办单位的共同指导和参与，提高了加博会的规格和影响力，是加博会成功升格的重要前提。

（二）准确的展会定位和较专业化的运作　该届加博会的定位是“全国外商投资企业和加工贸易企业生产的时尚、高端的终端消费品专业年展”。作为目前我国唯一以促进加工贸易转型升级为主题的全国性展会，加博会的准确定位，既符合我国社会经济发展的核心主题，也符合加工贸易企业发展的实际需求，得到广大参展商和采购商的认可和响应。与此同时，“2012加博会”的各项筹备工作也向专业化迈出坚实的步伐：通过招投标的形式确定现代国际展览公司按市场化和专业化要求全面负责展会运作，并由广州交易会广告有限公司负责展馆设计；由展览公司以及中国商业联合会、中国百货商业协会、中国连锁经营协会、中国超市联合采购交易联席会议等中国四大商会承担采购商组织发动，推动招商工作专业化。

（三）制定多项便利企业措施，不断完善展会服务功能　为使加博会达到“察企业所想、解企业所忧、为企业服务、助企业发展”的效果，省政府对该届加博会进行精心策划、周密组织，采取多项“利企”措施。主要包括：安排专项资金，为参展企业免费提供标准展位，对符合条件的采购商给予交通、住宿等优惠安排；为加工贸易产品提供专利保护、产品认证咨询服务；邀请中国检验认证集团广东公司、SGS通标标准技术服务有限公司等6家境内外检验检疫和质量检测机构到场设展并提供产品质量检测服务；安排采购洽谈专区和3场采购专场对接会，为企业提供更多与沃尔玛、家乐福等大型专业采购商“面对面”“一对一”的洽谈机会。另外，在交通秩序、食品卫生、安全保卫、医疗、展会环境等综合保障方面精心部署，做到安全、有序、各方满意。

（四）精心组织广泛宣传　组委会精心设置新闻议题，制定详细的新闻宣传方案，采用新闻发布会、媒体通气会、集中采访、现场探访等多种方式为媒体提供生动详实的新闻素材；先后组织3场新闻发布会和5个城市的巡回推介；在5种专业杂志、16个全国著名的专业市场投放广告；开通加博会官方微博；邀请60多家境内外重点媒体进行多角度、全方位的新闻宣传报道，在人民日报、新华社、中央电视台、南方日报、广东电视台等中央、省直媒体的重要版面（栏目）刊播，仅展会期间的新闻报道就已达到近百篇，被相关网站转载超500次。展会通过新闻媒体和网络的传播力，吸引更多人关注和参与加博会，营造浓厚氛围，提高加博会知名度，扩大加博会影响力。

（市外经贸局）

▲2012年9月16—18日，2012中国加工贸易产品博览会在厚街现代国际展览中心举行。

东莞市2012年度先进单位名单

一、2012年度东莞市纳税前10名外资企业、纳税前10名民营企业（分别取服务业和制造业前5名）、实际出口前10名外资企业、主营业务收入前10名民营企业（共40个）

（一）2012年度东莞市纳税前10名外资企业

1. 东莞徐记食品有限公司 67722万元
2. 东莞雀巢有限公司 50921万元
3. 广东加多宝饮料食品有限公司 32932万元
4. 广东虎门大桥有限公司 24250万元
5. 罗门哈斯电子材料（东莞）有限公司 20889万元
6. 广东欧珀移动通信有限公司 19229万元
7. 诺基亚通讯有限公司东莞分公司 18919万元
8. 东莞智源彩印有限公司 18907万元
9. 东莞京滨汽车电喷装置有限公司 17902万元
10. 捷荣模具工业（东莞）有限公司 14671万元

（二）2012年度东莞市纳税前5名服务业民营企业

1. 东莞农村商业银行股份有限公司 111300万元
2. 东莞市万科房地产有限公司 46471万元
3. 东莞市中信康华房地产开发有限公司 45646万元
4. 广东光大企业集团有限公司 23622万元
5. 东莞市金叶珠宝有限公司 11758万元

（三）2012年度东莞市纳税前5名制造业民营企业

1. 东莞市以纯集团有限公司 37004万元
2. 华为机器有限公司（聚信科技有限公司） 30799万元
3. 东莞市都市丽人实业有限公司 15974万元
4. 广东步步高电子工业有限公司 15651万元
5. 东莞市搜于特服装股份有限公司 12318万元

（四）2012年度东莞市实际出口前10名外资企业

1. 东莞三星视界有限公司 463154万美元
2. 金宝电子（中国）有限公司 124421万美元
3. 精诚科技电子（东莞）有限公司 115881万美元
4. 东莞船井电机厂 111473万美元
5. 东莞航天电子有限公司 110794万美元
6. 东莞创机电业制品有限公司 104483万美元
7. 京瓷美达办公设备（东莞）有限公司 95168万美元
8. 东莞万士达液晶显示器有限公司 90688万美元
9. 东莞时力科技电子厂 74612万美元
10. 东莞东聚电子电讯制品有限公司 74130万美元

（五）2012年度东莞市主营业务收入前10名民营企业

1. 华为机器有限公司（聚信科技有限公司） 1237079万元
2. 东莞宇龙通信科技有限公司 995429万元
3. 东莞农村商业银行股份有限公司 776348万元
4. 东莞市以纯集团有限公司 608666万元
5. 东莞市富之源饲料蛋白开发有限公司 550109万元
6. 东莞市同舟化工有限公司 542980万元
7. 中域电讯连锁集团股份有限公司 532617万元
8. 东莞市宏川化工有限公司 485244万元
9. 广东步步高电子工业有限公司 446475万元
10. 东莞市金铭电子有限公司 412836万元

二、2012年度市直机关先进单位（综合总分排名前20%，共21个），2012年度中央和省驻莞机关先进单位（按投票结果排名前20%，共10个）

市委组织部、市委办公室、市纪委机关、市委宣传部、市财政局、市政府办公室、市委政策研究室、市编办、市中级人民法院、市委统战部、市教育局、市发展和改革局、市城乡规划局、市人民检察院、市对外贸易经济合作局、市政协机关、市国税局、市工商局、市地税局、广东电网公司东莞供电局、东莞海关、市质量技术监督局、市公安消防局、市武警支队、中国移动通信集团广东有限公司东莞分公司、市安全局、军分区、市国土资源局、市经济和信息化局、市人大机关、市民政局。

三、2012年度镇街领导班子落实科学发展观年度工作考核表彰名单

2012年度镇街领导班子落实科学发展观年度工作考核综合总分一等奖（16个）

东城街道、南城街道、常平镇、长安镇、塘厦镇、厚街镇、莞城街道、大朗镇、虎门镇、大岭山镇、麻涌镇、寮步镇、凤岗镇、黄江镇、清溪镇、石龙镇

加工贸易转型升级单项指标奖和“三重”项目建设单项指标奖（10个）

（一）加工贸易转型升级单项指标奖：长安镇、常平镇、寮步镇、凤岗镇、厚街镇

（二）“三重”项目建设单项指标奖：麻涌镇、虎门镇、大朗镇、常平镇、寮步镇

东莞之最 NUMBER ONES OF DONGGUAN

清溪镇

编辑：潘朝明

经济建设

【全球印刷界最大企业进驻望牛墩镇】 2012年5月29日，东莞市望牛墩镇与日本凸版印刷株式会社签订项目协议书，全球印刷界最大企业落户望牛墩镇。该企业投资1亿美元，占地16.67公顷，预计投产后年纳税额超过2500万元，进出口额达1.5亿美元。这是望牛墩镇紧抓“三重”建设（重大产业集聚区、重大项目、重大科技专项）的显著成果。

【全球使用数控织机数量最多、最集中区域】 《南方都市报》2012年11月5日报道：中国羊毛衫名镇大朗镇，拥有3000多家毛织企业，每年生产羊毛衫超过8亿件套，每年举办的中国（大朗）国际毛织产品交易会遐迩闻名。大朗全镇使用数控织机超过4万台，为全世界使用电脑针织横机数量最多、最集中的区域，也是中国电脑针织横机集散基地、广东省数控一代机械产品创新应用示范工程专业镇。

【全球最大女鞋生产基地】 位于东莞市南城区的东莞华宝鞋业有限公司，是华坚国际（BVI）股份有限公司投资3500万美元设立的外资企业，厂房面积7.2万平方米，员工约8400人，集生产、销售、研发为一体的女鞋制造企业，产品绝大部分外销欧美。2012年，该公司产品出口额17204万美元，女鞋产品占全球市场份额的45%，为全球最大的女鞋生产基地。

【获评“中国制造业最优投资环境城市”】 2012年5月20日至21日，由亚洲制造业协会主办的第四届中国制造业论坛年会在上海举行。东莞市凭借良好的投资环境和规范化服务体系，经协会专家委员会评审通过，获“2012中国制造业最优投资环境城市”。

【跻身中国内地城市竞争力前列】 2012年6月28日，中国科学院发布《全球城市竞争力报告2011—2012》，东莞的城市竞争力跻身中国内地城市排名前列，位居大陆区地级市第1名，全球排名202位。

【入选中国最佳商业城市】 2012年12月12日，《福布斯》中文版在湖南长沙发布2012中国大陆最佳商业城市排行榜，这是《福布斯》连续九年推出中国大陆最佳商业城市排行榜。东莞市在该排行榜名列广东省第4位，全国第27位。

【国内首个协同创新研究院】 2012年10月9日，东莞市政府与华南理工大学召开华南协同创新研究院第一届理事会，标志着国内首个协同创新研究院启动运作。研究院是以推动研究向产业转化为宗旨，以服务国内外高层次人才为方向，以催生和形成科技型小微企业为目标的“前孵化器”。

【国内首个中以产业园】 2012年5月31日，中以国际科技合作产业园在东莞松山湖高新区举行奠基仪式，标志国内首个中以产业园正式落户运作。该项目拟用地25.33公顷，首期投资15亿元，主要引进水处理技术应用企业和孵化水处理相关企业、电动汽车、高端工厂业、半导体照明、太阳能光伏、环保技术和新物医药等新兴产业。以色列工贸部部长沙龙·辛宏在出席奠基时表示，产业园的落户看准松山湖绝佳的投资环境，以技术合作促进产业集聚，使产业园今后发展为广东技术合作的前沿中心。

【首届中国加工贸易产品博览会】

▲2012年5月31，中以国际科技合作产业园在松山湖高新区奠基。

2012年9月16日，由国家商务部、人力资源和社会保障部、环保部、海关总署、质检总局、知识产权局和广东省人民政府共同举办，广东省外经贸厅和东莞市人民政府承办的首届中国加工贸易产品博览会在东莞市厚街镇的广东现代国际展览中心隆重举行。展会规模7万多平方米，展示了家电电子、文体玩具、家具用品、饰品礼品等加工贸易高端、终端消费产品10万余种，包括260多种优质产品。来自全国26个省市的1325家参展企业精彩亮相，沃尔玛、家乐福、苏宁、万达等21家知名采购商和近万名采购商参与洽谈采购。大会同时举办加工贸易发展、产业转型升级等多场高峰论坛。

【首届全国服装产业集群会议】2012年11月18日，由中国纺织工业联合会和中国服装协会共同举办的全国首届服装产业集群工作会议在东莞市虎门镇召开。来自女装名镇的东莞虎门、面料名镇的佛山西樵、童装名镇的湖州织里、羊毛衫名镇的江苏盛泽、休闲服装名城的福建石狮、出口服装名城的浙江平湖等8大纺织服装产业集群代表和全国50个服装产业集群区的政企代表200多人聚集虎门，探讨由纺织大国向纺织强国发展的方向；制定纺织服装产业未来十年的发展目标；发布了产业集群转型升级和协同创新联盟的《虎门宣言》。

【全国最大规模的污泥处理中心】《南方都市报》2012年2月27日报道：占地5500平方米、投资3.9亿元的东莞市污泥处置中心将于3月正式运营。该中心位于黄江镇，设计规模1700吨/日，为全市34家污水处理厂服务，是全国规模最大、技术先进的污泥处置中心。

【全国首个沉香质量检测中心】2012年11月15日在寮步镇举办的2012中国（东莞）国际沉香文化艺术博览会上，寮步镇与中国医学科学院药用植物研究所签署合作协议，在寮步设立沉香研究中心和质量检测中心。该检测中心主要开展沉香品质、规格、等级的鉴定；树种、品种纯度检测；沉香伪劣、产地来源甄别等业务，是全国首个沉香质量检测中心。

【华南地区最大多功能物流园】《东莞时报》2012年5月31日报道：世界500强、全球最大工业地方开发商和运营商的美资安博公司，计划在东莞石排镇投资9000万美元，兴建占地24.75公顷，以电子商务为主、集世界500强企业配送基地、高端消费品配送中心为一体的华南地区最大多功能国际商贸物流园。

【华南地区最大精铜生产基地】《东莞日报》2012年5月26日报道：东莞市政府与正威国际集团达成协议，该集团投资100亿元，使用全球最先进的制造技术，生产铜线杆系列、精密铜系列、精密线缆系列和合金铜系列，并配套华南总部大厦、研发中心、专家公寓等设施，建造华南地区最大的精铜生产基地。

【广东省最大石化产品交易平台】2012年10月15日，东莞虎门港在2012深圳推介会上签下投资额30亿元的华南石化交易中心项目。凭借虎门港位于珠江口，深水港码头拥有10个5万至8万吨深水泊位，港区立沙岛有较多预留用地的优势，该中心将建成集生产、配送、仓储、销售、金融服务为一体的产业链，年营业额可超千亿元，为广东省最大的石化产品交易中心。

▲2012年11月15日，2012中国（东莞）国际沉香文化艺术博览会在寮步镇举办。

社会发展

【全国首创庭审听审制】为推行司法公开更好地促进司法公正，2012年3月16日东莞市中级法院第七审判庭审理一案经济纠纷案，与往常庭审特别不一样的是旁听席上设有“听审团席”单数座位，标志东莞中院正式实施庭审听审制度。

也是全国首创的听审团制度。听审团实行一案一选，从听审团成员库中随机抽取不少于5人的基数。听审团只提意见，不参与案件裁决，有别于人民陪审员制度和西方的陪审员制度。

【国内首个警民互助会】 2012年3月29日，东莞市公安局松山湖分局为加强安全防范、弥补警力不足，借鉴台湾等地的经验做法，吸收其辖区范围的28个企事业单位建立警民互助会，讨论并通过有关章程和互助会选举办法，选举产生7名理事会成员。互助会不配备武器和制服，主要是与警方建立紧密关系、警情快速处置、资料共享。这是国内首个警民互助会。

【非公企业团组织数量居全国地级市第一】 2012年7月31日，团中央发布2010年、2012年非公有制企业团组织建设情况，东莞市等5个广东省的城市受到通报表扬。其中，2012年东莞市非公企业团组织5677个，覆盖113万青年人群，非公企业团组织数量居全国地级市第一。

【清溪镇入选首批“中国最美小镇”】 2012年12月5日，首批“中国最美小镇”授牌仪式暨首届网络媒体与政府形象传播研讨会在东莞市清溪镇举行。从人民网收到的1000多万张选票，历经半年多评选，广东省东莞市清溪镇、江苏省吴江市同里镇、重庆市龚滩古镇等11个乡镇入选首批“中国最美小镇”。这是清溪镇在经济社会各项事业加快发展的同时，充分利用现有的生态环境和资源，努力打造珠三角的“香格里拉”，建设宜工宜居、生态文明城镇的显著成果。

【清溪镇获评“2012中国最佳休闲小城”】 2012年12月8日，由重庆市旅游局、《求是（小康）》杂志社联合举办的2012中国休闲发展论坛，组委会宣布了评选结果：东莞市清溪镇在全国众多城镇中脱颖而出，被评为“2012中国最佳休闲小城”。该镇成为本届论坛唯一一个镇级“最佳休闲小城”。

【凤岗镇打造“中国婚庆第一镇”】 2009年，东莞市凤岗镇嘉利集团投入4000多万元，在该镇成功岭度假村内建成罗浮宫、西西里城堡、罗马教堂等50多处颇具中西特色的婚庆景观，打造国内首个集婚纱摄影、婚庆购物、婚庆酒店、婚庆服务等多项功能的一站式婚庆中心。2012年就有6万多对新人进场，并举办了多场过千人的大型集体婚礼。凤岗镇为此举办首届婚博会，并优先安排20万平方米土地建设婚庆产业项目。2012年婚庆项目产值超5000万元，为名副其实的“中国婚庆第一镇”。

【华南地区首所文化产业高职院】 2012年4月26日，广东省与东莞市共建广东文化产业职业学院签约在东莞举行，标志着华南地区首所以培养文化产业各类应用型和技能型人才的普通高等职业学院正式兴建。学院为省属公办，占地80公顷，规划在校学生2万人，由省市按7:3的出资比例投资，首期投入9.8亿元。

【森林资源保护工作综合考评居全省第一】 2012年11月19日，广东省人民政府对2011年度全省森林资源保护和发展目标责任制考核进行通报，东莞考核评分居全省第一名。这是2010年度东莞森林资源保护工作综合考评居全省第一后再次获此殊荣。东莞林业建设的成果主要体现在资金投入大、森林公园特别是绿道建设好、林权制度改革居先。

【高考录取四项指标居全省第一】 2012年10月28日东莞市教育局公布2012年高考录取情况，高考录取率96.45%、每万户籍人口升重点院校12.87人、每万户籍人口升本科64人、每万户籍人口升大学134人，这四项高考质量指标均居全省地级以上市第一。

【广东首个消防宣传主题公园】 《南方都市报》2012年5月25日报道：广东省首个消防主题公园落户东莞市塘厦镇。由该镇在其塘厦公园内改建增设消防知识园、宣传栏、各种设备陈列等多种元素，让市民在公园游览中学习掌握消防安全知识。

【全省首家“心灵驿站”在莞挂牌】 2012年5月24日，广东省人大常委会、省总工会在东莞市虎门镇举办全省首家“心灵驿站”职工活动中心挂牌仪式。该中心主要为现代产业工人，特别是异地务工人员提供心理服务，以减轻其工作及生活中的各种压力。中心包括接待室、心灵氧吧、心理测评、心灵宣泄室、涂鸦室、音乐放松室等11个功能区域，每天可接纳300多人。

【和谐劳动关系示范点数量居全省第一】 2012年10月18日广东省人社厅在肇庆市召开全省创建和谐劳动关系示范区工程经验交流会上公布，全省已建立288个和谐劳动关系示范点，前三名的城市依次排列为：东莞市62个，广州市35个，深圳市18个。

【省内最大润滑剂制假基地被查处】 2012年5月6日，省、市、镇三级职能部门在东莞市塘厦镇查处一家润滑剂制售企业，查获假冒WD—40国际知名品牌防锈润滑剂产品3.5万瓶、空罐2万多个。这是广东省开展“三打两建”（打击欺行霸市、打击制假售假、打击商业贿赂；建设社会信用体系、建设市场监管体系）以来省内发现最大的润滑剂制假基地。

【全省近年最大的火灾】 2012年4月9日4时31分，东莞建晖纸业有限公司造纸车间和仓库发生火灾，过火面积3万平方米。广东省消防总队调集600多名消防官兵、133辆消防车、2艘消防船参与灭火，146小时后全部扑灭。火灾造成一人死亡，直接经济损失4700多万元。省消防总队称：该起火灾是近年广东省规模最大、扑救难度最大、耗时最长、最为艰辛的一次火灾。

▲凤岗镇皇室古堡集体婚礼

总　　述　DONGGUAN PROFILE

中心广场夜景

编辑：施雪芬

市情综述

【位置·境域】 东莞市位于广东省中南部，珠江口东岸，东江下游的珠江三角洲。因地处广州之东，境内盛产莞草而得名。介于东经113° 31′—114° 15′，北纬22° 39′—23° 09′。最东是清溪镇的银瓶嘴山，与惠州市惠阳区接壤；最北是中堂镇大坦乡，与广州市区和增城市、惠州市博罗县隔江为邻；最西是沙田镇西大坦西北的狮子洋中心航线，与广州市番禺区隔海交界；最南是凤岗镇雁田水库，与深圳市宝安区相连。毗邻港澳，处于广州至深圳经济走廊中间。西北距广州59公里，东南距深圳99公里，距香港140公里。东西长70.45公里，南北宽46.8公里，全市陆地面积2465平方公里，海域面积97平方公里。

【建置】 东莞于东晋咸和六年（公元331年）立县，初名宝安，隶属东官郡。唐至德二年（757年）更名东莞，县治从芜城（今宝安南头）移至到涌（今莞城）。南宋绍兴二十二年（1152年）分东莞的香山镇立香山县（今中山市）；明万历元年（1573年）将东莞守御千户所、编户五十六里立新安县（今深圳市宝安区），东莞地域随之缩小。清沿明制。民国期间，先后隶广东省粤海道、粤中行政区、第一行政区和第四行政区。

1949年10月17日，东莞全境解放。初期属东江行政区管辖。1950年3月，东莞县隶珠江专区。1952年，撤销珠江专区，东莞县隶粤中行政区。1956年2月，撤销粤中行政区，东莞县隶惠阳专区。1958年11月，东莞县曾短期隶广州市。1959年1月，撤销惠阳专区，东莞县划归佛山专区。1963年6月，复置惠阳专区，东莞县又隶惠阳专区。1985年9月，国务院批准撤销东莞县，设立东莞市（县级），仍属惠阳地区管辖。1988年1月7日，国务院批复将东莞市升格为地级市，直属广东省管辖。　　（刘念宇）

【行政区划】 2000—2011年，东莞市行政区划主要变更有：2000年1月，附城区街道办事处更名为东城街道办事处；2001年11月，篁村区街道办事处更名为南城街道办事处；2002年11月，万江区街道办事处更名为万江街道办事处；2002年12月，撤销城区人民政府筹备组，改设莞城街道办事处。

【地质·地貌】 东莞市地质构造上，位于北东东向罗浮山断裂带南部边缘的北东向博罗大断裂南西部、东莞断凹盆地中。地势东南高、西北低。地貌以丘陵台地、冲积平原为主，丘陵台地占44.5%，冲积平原占43.3%，山地占6.2%。东南部多山，尤以东部为最，山体庞大，分割强烈，集中成片，起伏较大，海拔多在200—600米，坡度30°左右，银瓶嘴山主峰高898.2米，是东莞市最高山峰；中南部低山丘陵成片，为丘陵台地区；东北部接近东江河滨，岗地发育，陆地和河谷平原分布其中，海拔30—80米之间，坡度小，地势起伏和缓，为易于积水的埔田区；西北部是东江冲积而成的三角洲平原，是地势低平、水网纵横的围田区；西南部是濒临珠江口的江河冲积平原，地势平坦而低陷，是受潮汐影响较大的沙咸田地区。

东莞市握东江和广州水道出海之咽喉，有海岸线115.94公里（含内航道），主航道岸线53公里，拥有深水良港——虎门港。

2012年东莞市行政区划

镇（街道）	社区、村委会（个）	村委会名称	社区居民委员会（居民委员会）名称
莞城	8		东正 市桥 北隅 西隅 罗沙 博厦 兴塘 创业
石龙	10	西湖 忠维 林屋 蒲溪 新维 王屋洲 黄家山	中山东 中山西 兴龙
虎门	30		虎门寨 东方 则徐 大宁 树田 白沙 沙角 怀德 博涌 镇口 村头 新联 九门寨 居岐 金洲 南面 北栅 小捷滘 北面 陈村 东风 武山沙 黄村 南栅 龙眼 宴岗 赤岗 路东 新湾 民泰
万江	28		万江墟 万江 石美 莫屋 拔蛟窝 黄粘洲 蚬涌 谷涌 小享 滘联 上甲 新村 新谷涌 共联 水蛇涌 大莲塘 牌楼基 严屋 大汾 流涌尾 金泰 曲海 坝头 胜利 官桥滘 简沙洲 新和 新城
东城	23		岗贝 花园新村 东泰 温塘 桑园 周屋 余屋 鳌峙塘 峡口 柏洲边 上桥 下桥 樟村 梨川 堑头 主山 石井 同沙 光明 牛山 立新 火炼树 星城
南城	18		鸿福 宏远 胜和 元美 亨美 三元里 篁村 新基 周溪 袁屋边 白马 石鼓 蛤地 西平 雅园 水濂 新城 宏图
中堂	20	潢涌 三涌 湛翠 凤冲 袁家涌 吴家涌 鹤田 中堂 一村 东向 蕉利 槎滘 下芦 马沥 四乡	中心 斗朗 红锋 东泊 江南
望牛墩	22	李屋 望东 扶涌 赤滘 五涌 下漕 上合 聚龙江 望联 洲湾 洲涡 杜屋 寮厦 芙蓉沙 官桥涌 横沥 福安 石排 官洲 朱平沙 锦涡	望牛墩
麻涌	15	麻一 麻三 麻四 大步 东太 新基 川槎 鸥涌 华阳 南洲 大盛 漳澎 黎滘	麻涌 麻二
石碣	15	石碣 唐洪 黄泗围 西南 单屋 梁家村 沙腰 刘屋 水南 四甲 鹤田厦 涌口 横滘 桔洲	城中
高埗	19	洗沙 卢溪 宝莲 塘厦 草墩 护安围 保安围 三联 横滘头 低涌 朱磡 新联 欧邓 芦村 高埗 凌屋 上江城 下江城	新创
道滘	14	南城 南丫 闸口 大鱼沙 小河 永庆 北永 昌平 厚德 九曲 大罗沙 大岭丫 蔡白	兴隆
沙田	18	中围 和安 大流 泥洲 杨公洲 福禄沙 阇西 民田 先锋 西大坦 穗丰年 大泥 齐沙 稔洲 义沙 西太隆	横流 滨港
厚街	24		竹溪 厚街 珊美 宝屯 三屯 陈屋 赤岭 河田 寮厦 汀山 环冈 大迳 新围 桥头 南五 新塘 涌口 双岗 溪头 沙塘 宝塘 下汴 白濠 湖景
长安	13		长盛 涌头 霄边 咸西 锦厦 新安 乌沙 新民 沙头 上沙 厦岗 厦边 上角
洪梅	10	洪屋涡 新庄 梅沙 氹涌 黎洲角 夏汇 尧均 乌沙 金鳌沙	洪梅
寮步	30	西溪 凫山 石龙坑 石步 良边 富竹山 塘唇 向西 霞边 上屯 下岭贝 竹园 上底 药勒 刘屋巷 浮竹山 陈家埔 井巷 小坑 长坑	寮步 塘边 横坑 岭厦 新旧围 缪边 牛杨 泉塘 坑口 良平
大朗	28	高英 洋乌 洋坑塘 松柏朗 黎贝岭 松木山 犀牛陂 水平 宝陂 石厦 杨涌 沙步 新马莲 佛子凹 蔡边 水口	大朗 佛新 巷头 屏山 竹山 巷尾 求富路 长塘 黄草朗 大井头 圣堂 长富

续上表

镇（街道）	社区、村委会（个）	村委会名称	社区居民委员会（居民委员会）名称
大岭山	24	太公岭 大塘朗 下高田 连平 鸡翅岭 马蹄岗 金桔 大沙 百花洞 大塘 水朗 杨屋 矮岭冚 颜屋 大片美 梅林 元岭 大岭 新塘 旧飞鹅 大环	大岭山 农场 领居
黄 江	7		新市 田美 三新 梅塘 宝山 北岸 长龙
樟木头	10		圩镇 樟罗 百果洞 樟洋 石新 柏地 官仓 裕丰 金河 樟新
清 溪	21	浮岗 上元 清厦 铁松 铁场 谢坑 青皇 大埔 长山头 三中 九乡 三星 渔樑围 厦坭 大利 土桥 重河 松岗 罗马 荔横	清溪
塘 厦	22		塘厦 三局 林村 石潭埔 四村 振兴围 大坪 莆心湖 平山 诸佛岭 桥陇 龙背岭 石鼓 田心 横塘 蛟乙塘 凤凰岗 莲湖 沙湖 石马 清湖头 塘新
凤 岗	12	雁田 官井头 油甘埔 凤德岭 塘沥 黄洞 竹塘 竹尾田 三联 五联 天堂围	凤岗
常 平	33	岗梓 塘角 苏坑 袁山贝 金美 还珠沥 朗贝 桥沥 卢屋 九江水 朗洲 陈屋贝 司马 霞坑 漱旧 漱新 黄泥塘 元江元 横江厦 沙湖口 白石岗 松柏塘 上坑 木棆 下墟 板石 田尾 白花沥 桥梓 麦元 土塘	常平 新民
谢 岗	12	黎村 窑山 南面 大龙 大厚 赵林 稔子园 五星 曹乐 谢岗 谢山	泰园
桥 头	17	田头角 李屋 朗厦 岗头 屋厦 禾坑 邓屋 邵岗头 东江 山和 石水口	莲城 田新 桥头 大洲 迳联 岭头
横 沥	17	石涌 隔坑 半仙山 田头 田坑 横沥 村头 长巷 田饶步 六甲 村尾 水边 新四 山厦 月塘 张坑	恒泉
东 坑	16	东坑 坑美 角社 塔岗 黄麻岭 初坑 凤大 黄屋 寮边头 长安塘 新门楼 井美 彭屋 丁屋	草塘、骏达
企 石	20	铁岗 深巷 湖美 博夏 上洞 江边 旧围 清湖 东平 上截 下截 东山 莫屋 杨屋 新南 南坑 铁炉坑 企石 霞朗	宝石
石 排	19	石排 下沙 福隆 庙边王 沙角 黄家垦 赤坎 向西 水贝 田寮 横山 埔心 谷吓 塘尾 李家坊 田边 中坑 燕窝	太和
茶 山	18	上元 茶山 下朗 横江 增埗 卢边 寒溪水 南社 塘角 博头 冲美 粟边 孙屋 超朗 京山 刘黄	茶山圩 茶溪
松山湖	1		松山湖
虎门港	1		虎门港
合 计	595	350	245

（民政局供稿）

【河流】东莞市主要河流有东江、石马河、寒溪水。境内96%属东江流域，东江干流自东北角惠州市博罗县、惠阳区之间入境后，沿北部边境自东向西行至桥头新开河口，有发源于深圳市宝安区的石马河流入，至企石有企石河流入。至石龙分出南支流后，北干流续流至石滩，与来自广州增城市的支流汇流，经市境的大盛注入狮子洋；南支流斜向西南流经石碣、万江，在峡口接纳来自市境中部的寒溪水，峡口以下有3支较小的支流牛山水、蛤地水和小沙河，自东向西汇入，续流至泗盛注入狮子洋。北干流与南支流之间为东江三角洲河网区。

【渔业资源】东莞市水域总面积34062公顷，其中海域面积10288公顷，江河水域面积13867公顷，海水养殖面积678公顷，淡水养殖面积9229公顷。有鱼类200多种，分别隶属于2纲15目38科。鱼类中包括淡水鱼类110多种，海水鱼类90

多种。另外还有各种淡水观赏鱼，包括金鱼的龙种、文种、蛋种、丹凤等四大系列；日本锦鲤御三家的红白、大正三色、昭和三色等三大系列和热带观赏鱼的脂鲤科、花鳉科、攀鲈科、慈鲷科等系列品种不下150种。

东莞市有3个渔业村，5993户，20498人，渔业从业人员8069人，捕捞渔船618艘，22030总吨位，60576千瓦功率；2012年水产品总产量76707吨，包括捕捞产量12862吨（其中海洋捕捞11664吨、淡水捕捞1198吨）；养殖产量63845吨（其中淡水养殖58194吨、海水养殖5651吨）；水产品加工企业53家，年水产品加工量4112吨；观赏鱼出口到世界20多个国家，年出口值约3000万元。渔业经济总产值280727万元。（叶普仁）

【海洋环境】 东莞市海域面积为97平方公里，海岸线长92.12公里，沿海滩涂负1米以内潮间带2057公顷，负3.5米以内潮间带3697公顷。全市有岛屿3个，海岛岸线长34.58千米，海岛面积24.13平方千米。有海礁6个。

东莞海域有鱼类90多种，贝类18种，甲壳类21种。浮游植物有硅藻、甲藻、蓝藻等3门，共247种，其中硅藻占优势。平均生物数8.32万个/升、生物量0.1742毫克/升。浮游动物有10个种群29属约63种，生物量变幅在0.2032—0.2398毫克/升间，平均0.2225毫克/升。海域潮间带底栖动物有环节动物、软体动物、甲壳动物和鱼类等四大类32种。

东莞市港口资源丰富，狮子洋、伶仃洋的深槽紧靠东莞市的海岸线，麻涌镇新沙，沙田镇鳙沙、坭洲岛、西大坦，虎门镇威远岛、沙角等拥有深水岸线和深槽通过的海域，是建设深水港区的优良港址，而且深水岸线内侧的陆域土地多平坦宽广，又处在东江入海河口区，淡水资源条件好，陆域水、土资源组合优势明显，是良好的港口资源区。

海洋环境质量总体保持稳定，局部有所改善，全海域海水劣于海水水质四类标准，属于严重污染海域。（叶普仁）

【植被】 东莞在历史上是森林茂密的地区，地带性森林植被类型为南亚热带季风常绿阔叶林，组成种类多样而富于热带性，由于人口激增，历代砍伐，使东莞原生性森林大幅减少，主要由壳斗科、樟科、山茶科、大戟科、桃金娘科、杜英科、山矾科、梧桐科等种类组成，其中大多数是热带亚热带分布种，共有野生维管植物1630种，较常见的有樟树、阴香、铁冬青、华润楠、浙江润楠、假柿树、银柴、土蜜树、鸭脚木、蒲桃等。东莞主要植被分为：针阔叶混交林，林下植被主要有野漆、椭圆叶豺皮樟、三桠苦、山乌柏、鬼灯笼和乌毛蕨、芒萁等；典型常绿阔叶林，常见种类红花荷、蕈树、黄樟、黄杞、青冈栎、网脉山龙眼等；季风常绿阔叶林，常见种类鸭脚木、乌榄、樟树等；常绿灌丛，常见种类鸭脚木、银柴、鼠刺、豺皮樟、九节、梅叶冬青、桃金娘等。其中山地、丘陵及未经开垦的岗地现状植被以人工林和次生林群落占优势，林下以灌木、蕨类植物或草本为主，沟谷等较为阴湿的山地多见攀缠植物。现状植被反映出由热带向亚热带过渡而热带性较强的特征，与南亚热带气候特点相适应。（市林业局供稿）

【气候】 东莞市属于亚热带季风气候，长夏无冬，光照充足，热量丰富，气候温暖，温度变幅小，雨量充沛，干湿季明显。2012年，降水与气温接近常年，有1个热带气旋严重影响。年平均气温22.6℃，与常年平均值持平；最冷为1月（月平均气温12.4℃），最热为8月（月平均气温29℃），高温（日最高气温≥35℃）日数10天。年极端最高温36.7℃（出现在7月21日），年极端最低温4.1 ℃（出现在12月31日）。2012年全年总雨量为1838.6毫米，与常年平均值接近，其中汛期（4—9月）总雨量为1455.3毫米，偏少3.7%。年内有3个热带气旋对东莞市有影响，其中“杜苏芮”和“启德”影响较轻，“韦森特”影响

▲莞城风貌

严重。　　　　　　　　（市气象局供稿）

【矿产资源】东莞市内已知矿产有Ⅶ类19种，矿床点66处。其中，金属矿产Ⅲ类8种，矿床点34处：黑色金属矿产10处（铁矿点9处，钛铁矿1处），有色金属矿产23处（铜矿点4处、铅锌矿点4处、钨矿点10处、锡矿点4处、钛矿点1处），贵金属黄金矿化点1处。非金属矿产Ⅵ类11种32处：冶金辅助原料矿产9处（耐火黏土4处、泥炭土4处、石油1处），化工原料矿产14处（黄铁矿点6处、重晶石矿点3处、钾长石矿点4处、石盐矿点1处），建材非金属矿点3处（水泥灰岩2处、水泥黏土1处）。主要分布在东莞中部、南部和东部的山地、丘陵地带。矿产分布分散，无规律。

【动植物资源】东莞市野生动物种类繁多，主要分布于山区和丘陵地带，体型较大的野兽多栖息在东南山区，一般兽类出没于平川、丘陵。主要野生动物有：哺乳类、鸟类、鱼类（134种）、甲壳类和多种贝类、两栖、爬行类、昆虫类等。主要野生植物有：维管束植物1630种，隶属210科，805属，其中蕨类植物125种，37科，66属；裸子植物7种，5科，5属；被子植物1498种，168科，734属（其中双子叶植物143科，556属，1135种；单子叶植物25科，178属，363种）。内陆水域中常见的浮游生物共8门110属。

【旅游资源】东莞市既有滨海秀色、稻海蕉林、荔红荷香、旗峰胜迹等自然风景，又有丰富的人文景观，是广东省历史文化名城、中国近代史开篇地、东江人民抗日根据地、改革开放的先行地。2004年，东莞市评出新八景："松湖烟雨"（松山湖高新技术产业开发区）、"大道朝晖"（东莞大道）、"广场撷萃"（市中心广场）、"古塞飞虹"（虎门大桥）、"虎英叠翠"（虎英郊野公园及御景湾周边景观）、"板岭凝芳"（绿色世界、水濂山森林公园及周边景观）、"莲峰赏鹭"（长安莲花山风景区）、"金沙漾月"（石龙金沙湾）。同年东莞市获评"中国优秀旅游城市"。2011年4月，又被亚太旅游联合会、国际度假联盟组织与中华生态旅游促进会、中国人民对外友好协会、中国国际友好城市联合会授予"中国最具投资价值旅游城市"称号；同年11月，又获评"中国十大特色休闲城市"称号。截至2012年，东莞市境内有鸦片战争博物馆、广东观音山国家森林公园、松山湖景区、新华南MALL·欢笑天地、东莞市科学技术博物馆等5个国家级AAAA旅游景区，有林则徐销烟池、威远炮台、沙角炮台、鸦片战争博物馆、可园等国家级重点文物保护单位、爱国主义教育基地，有村头村遗址、金鳌洲塔等省级文物保护单位。　　　　（刘念宇）

【人口】2012年，东莞市常住人口829.23万人，其中户籍人口187.02万人；城镇常住人口735.28万人，人口城镇化率为88.67%，是广东省第三大人口城市。2012年出生人口2.47万人，出生率为13.3‰；死亡人口9684人，死亡率为5.2‰；人口自然增长率为8.1‰。人口密度为每平方公里3364人，在广东省各市居第一位。

【民族】据2010年第六次全国人口普查统计，东莞市普查人口中，汉族人口781.41万人，占总人口的95.06%；少数民族人口40.61万人，占4.94%。

【少数民族】*人口数量* 截至2012年，东莞常住少数民族总数约为40.6万人，其中户籍人口9000多人，占少数民族总人口比例约2.3%，55个少数民族齐全。常住少数民族人数最多的是壮族，数量将近18万人；其次是苗族，人数6万多人；再次是土家族，人数约4万人；瑶族、侗族和布依族，人数均约2万人。东莞市回族、维吾尔族等10个信奉伊斯兰教的少数民族人数将近9000人。其余少数民族的具体人数情况如下：彝族1万多人；白族、黎族、仡佬族、朝鲜族均为3000多人；仫佬族、满族均为2000多人；傣族、哈尼族、佤族、水族、蒙古族、土族、毛南族、畲族均1000多人；藏族、傈僳族、拉祜族、阿昌族、羌族、景颇族、布朗族均在1000人以下100人以上；纳西族、赫哲族、京族、普米族、怒族、高山族、达斡尔族、鄂温克族、鄂伦春族、独龙族、锡伯族、德昂族均在100人以下；门巴族、俄罗斯族、裕固族、基诺族、珞巴族等少数民族人数最少，均在10人以下。

人口分布 东莞市少数民族主要分布在塘厦、长安、凤岗、虎门、寮步、大岭山等镇。其中塘厦镇少数民族人数最多，有4万多人；其次是长安，有3万多人；而凤岗、虎门、寮步等镇人数均超2万人。其余镇（街）少数民族人数平均在1000人以上，1万人以下。东莞市少数民族人口以外来务工人员为主，人口流动性大，分布广泛。

人口来源 东莞市外来少数民族人员来自全国各地，其中主要来自广西壮族自治区，占比45.3%；其次是贵州省，占比18.7%；再次是湖南省和云南省，占比分别为14%和8%；其余省市共占比约14%。　　　　（民宗局供稿）

【语言】东莞市境内流行粤方言和客方言。粤语区面积、人口均占全市的绝大部分，客方言主要通行在东南部与惠州、深圳相邻的丘陵地带，约占全市面积的18%。在32个镇街中，纯粤语镇街有石龙、长安、沙田、洪梅、道滘、麻涌、万江、中堂、望牛墩、石碣、高埗、大朗、寮步、茶山、企石、石排、常平、横沥、东坑、桥头等20个。兼有2种方言的镇街中，莞城、东城、南城、厚街、虎门、大岭山、塘厦、黄江、谢岗等9个镇街大部分甚至绝大部分讲粤方言；清溪、凤岗2个镇大部分讲客方言。全市仅樟木头是纯客方言镇。

【民俗】东莞市历史源远流长，民俗文化积淀深厚，西部的水乡风情与东部的山区特色构成别具一格的莞邑民俗文化。东莞有着丰富的传统民间艺术活

▲威远炮台

动，譬如：东坑二月初二“卖身节”。“卖身节”是东莞最具乡土特色的民俗活动，起源于明朝万历年间该镇塘唇村出现的“卖身”现象（即出卖劳动力），随着时代的变迁，“卖身节”渐渐失去原有的意义，但人们依然保留这天前往镇上赶集的传统。解放初期，人们又称“卖身节”为“翻身节”，到上世纪九十年代初，“卖身节”演变成“射水节”和“欢乐节”。端午节的赛龙舟和吃粽子。端午的龙舟盛景，是东莞民间相传近300年的习俗。这里每年的农历五月初一至初五(端午节)，水乡各镇在举行传统赛龙舟时，都细选当地的鱼虾、精粮，煮好香甜的“龙船饭”和“端午粽”，相邀周边百乡的人前来闹游龙，万人淋泼吉祥的龙舟水。东莞水乡各镇街连续举行一系列龙舟比赛，持续近1个月，成为东莞一景。其中沙田镇被国家体育总局命名为“龙舟之乡”。七月七风情节。农历七月初七，东莞人称之为“七姐诞”，又称“拜七姐”，其意即思念敬仰牛郎织女坚贞的爱情，通过虔诚拜祭、花车巡游等活动祈祷平安，寄福未来，主要活动地点在望牛墩镇。除此之外，还有大朗荔枝节、桥头荷花艺术节、谢岗登山节等众多现代与传统相融合的民俗文化活动。

（市文广新局供稿）

经济发展

【概况】2012年，东莞市围绕“加快转型升级、建设幸福东莞、实现高水平崛起”的核心任务，加快重大项目、重大产业集聚区、重大科技专项“三重”建设，规划打造粤海高端装备产业园、松山湖大学创新城、水乡特色发展经济区“三个增长极”，推进科技金融产业“三融合”，开展“三打两建”，建设“六个东莞”营造法治化国际化营商环境，创建全省创新社会管理引领区，提升开放型经济水平，实现高水平崛起的良好开局，初步走出一条具有东莞特色的科学发展、转型升级的道路。2012年全市实现生产总值5010亿元，比上年增长6.1%；人均生产总值6万元，增长4.9%；来源于东莞的财政收入845.6亿元，其中市公共财政预算收入356.3亿元，增长13.8%；进出口总额1444.2亿美元，增长6.8%，其中出口850.7亿美元，增长8.6%。城市居民人均可支配收入42872元，农民人均纯收入24898元，分别增长8.5%和9%。

【产业转型升级加快】2012年，东莞市狠抓“三重”建设，实施百亿元企业、千亿元产业培育工程和战略性新兴产业倍增计划，出台“1+5”招商政策，举办世界莞商大会，引进粤海高端装备产业园、中以国际科技合作产业园、两岸生物技术产业合作基地等重大合作平台，2012年新签总投资达1972亿元的重大项目81个。突出存量优化，在全国率先制定出台全面提高开放型经济水平政策体系，抓好加工贸易转型升级，建立外经贸、海关、检验检疫与加工贸易企业“四方联网”的管理服务平台，“外博会”升格为国家级“加博会”，全市六成多的来料加工企业实现形态转变。强化创新驱动，实施科技东莞工程和人才东莞战略，促进科技金融与产业融合，组织市党政代表团拜访有关部委和高校科研机构，引进北京大学光电研究院、华南协同创新研究院等一批重大创新平台，建设松山湖大学创新城，市财政出资1.5亿元与深创投共同组建5亿元的政府创新引导基金，组建总规模20亿元的产业转型升级及创业投资引导基金。截至2012年，全市拥有15个处于国内乃至世界先进水平的省级创新科研团队，拥有15个公共创新平台、12个专业镇技术创新平台和12个行业性技术创新平台，专利申请量、授权量均居全省前三位。

【发展环境优化】2012年，东莞以建设“六个东莞”为抓手，出台“1+6+X”营商环境政策体系，着力营造法治化国际化营商环境。开展“三打两建”行动，加快形成风清气正的政务环境、公平诚信的市场秩序，“三打”工作综合排名位居全省前列，成为全省唯一受到中央综治办表扬的地级市。开展“中小企业服务年”系列活动，组织市镇领导“访企业、送服务、促转型”，制定扶持中小微企业发展“48条”政策，实施新10亿元融资支持计划，出台减轻企业负担“50条”政策，取消减免42项行政事业性收费，推动中介机构降低服务收费，打破垄断增加企业再生资源收益，预计为企业减负40.5亿元。推进依法治市，开展“市民评机关”活动，对服务窗口进行明察暗访，在全省率先实行行政审批绩效电子监察结果向社会公布，着力解决推诿扯皮、办事拖拉、效率低下等问题，增创政府服务“加一”和综合成本“减一”优势。

【改革创新深化】2012年，东莞市加快行政审批制度改革，出台第一批审改目录，压减行政审批事项296项，其中取消239项，减幅达41.3%。遵循“宽进严管”“积极稳妥”的总体思路，在试点的基础上全面铺开商事登记制度改革，改革后基本实现排队取号不超过5分钟，等候不超过1小时，执照一般在1个工作日内发出，最长不超过5个工作日。加快建设网上办事大厅、政务信息资源共享平台，完善行政审批电子监察系统建设，建成全市电子政务云平台，提高行政效率。深化农村综合改革，出台“1+5”系列政策文件，破解部分镇村支出较大、债务较重、转型乏力等难题。推进社会体制改革，制定社会建设“1+7”政策文件，与省社工委共建全省创新社会管理引领区，组建社会建设研究院，建设社会组织孵化基地，出台政府向社会组织放权目录和购买服务目录，推动社会管理创新试点项目，发展行业协会商会、异地务工人员服务组织和枢纽型社会组织，完善异地务工人员融入东莞的制度设计，成功承办省首届社会建设创新年会，社会建设和管理不断加强。

【区域协调发展】2012年，东莞市谋划打造东中西三个新的增长极，增强经济社会发展的均衡性、协调性、可持续性。东部的粤海高端装备产业园占地17平方公里，计划投资600亿元，形成汽车零部件、工程机械、数控装备等关键技术龙头带动、产业集聚、用地集约的示范效应，带动东莞市东部地区发展；中部的松山湖大学创新城通过加强与国内外一流高校的交流合作，集聚一批重大科技创新平台，开展装备制造、生物医药与器械、高端电子信息、新材料等方面的协同创新，增强对全市发展的引领带动作用；西部的水乡特色发展经济区上升为省级战略“经济区”，着力在幸福导向型产业发展、粤港澳优质生活圈建设、穗莞合作、新型城镇化等方面先行先试、探索创新，打造东莞发展新的“兴奋点”。创新利益平衡机制，落实财政超收分成、公共管理支出补助、生态补偿、市内“双到”扶贫等政策措施，推进市镇主导开发、兼顾村组利益的统筹发展模式。探索欠发达镇村以土地、资金等形式入股大型基础设施建设、园区开发、“三旧”改造等，带动后进镇村协调发展。实施《珠三角规划纲要》，推进深莞惠一体化和穗莞战略合作。

（市委政研室供稿）

政治文明建设

【依法治市】2012年，东莞市人大常委会以实施《法治东莞建设五年规划（2011—2015年）》为关键，推动法治东莞工作开展。坚持开展法制宣传教育和人大制度宣传。*举办学法论坛和培训*。11月29日上午，市人大办协助举办第八期“法治东莞讲坛”，邀请中央党校政法部宪法与行政法教研室主任、博士生导师傅思明教授讲授主题为“学习贯彻党的十八大法治精神，依法化解基层矛盾”的法律课。推进依法治市工作人员的培训教育。7月，组织市各镇（街）依法治镇（街）办领导、干部开展培训学习，邀请省办处长文平和兰州大学教授刘光华授课。*继续加强普法宣传教育*。2月，市十五届人大常委会第一次会议听取和审议市政府关于东莞市“五五”普法情况和“六五”普法规划的报告，作出《东莞市人民代表大会常务委员会关于加强法制宣传教育的决议》，强调要进一步增强人民群众的法律意识和法律素质。*加大人大制度宣传的力度*。常委会通过媒体播报、参加理论研讨、组织“人大新闻奖”评选活动等形式加强人大制度与人大工作的宣传，2012年，共有1篇被《中国人大》、3篇被《人民之声》、3篇被《广东人大信息》采用刊发，其中《跟踪监督促转型》被《中国人大》2012年11期刊发。*推动法治东莞的建设*。为贯彻实施市委市政府《关于建设“六个东莞”营造法治化国际化营商环境的意见》，协助制订《关于建设“法治东莞”营造公平正义法治环境的行动计划》，该行动计划明确东莞市法治建设的方向和重点，是“十二五”时期全面推进依法治市，加快法治东莞建设的纲领性文件。8月，市人大常委会根据市委的工作部署，组成6个视察小组，由6位副主任带领分赴中堂、黄江、塘厦、莞城、桥头、长安进行视察，实地察看各镇（街）“三打”工作的开展情况，听取镇（街）主要领导关于“三打”工作情况的汇报及三个专项小组的专题汇报，形成市人大常委会“三打”专题视察工作报告，推动全市“三打”工作开展。（市人大办供稿）

【审批制度改革】2012年，东莞市推进重点领域行政审批改革。市行政服务办将企业注册登记、工程建设项目和民办非企业设立三大领域的审批改革，作为2012年推进行政审批制度改革工作的重点。协助市工商局推进商事登记制度改革试点和市民间组织管理局推进社会组织登记改革工作。起草《东莞市工程建设项目行政审批优化方案（征求意见稿）》。9月，成立东莞市转变政府职能决策咨询委员会，将原由市行政服务办承担的行政审批制度改革工作全部移交至市转变政府职能决策咨询委员会及其办公室。（市行政服务办供稿）

【民主党派和党外知识分子工作】*推进党外代表人士的安排* 2012年，东莞市委统战部做好优秀党外干部培养任用，做好党外代表人士政治安排。推荐12名党外干部参与市党政后备干部“丰羽强翅”计划并有4人入选挂职名单；推荐民革东莞市委会主委为市人民医院副院长；推荐民进东莞市委会主委为市统计局局长，实现东莞市政府职能部门配备正职党外干部“零突破”。市委统战部做好党外代表人士在人大、政协的政治安排，调动党外人士参政议政积极性，促进东莞市社会主义民主政治发展。

加强民主党派自身建设 在思想建设方面，坚持与各民主党派领导班子成员开展经常性思想交流，多次组织民主党派负责人和成员学习教育活动，举行贯彻中国共产党十八大精神学习活动、民主党派专职干部培训班和民主党派新成员培训班等，提高民主党派成员思想素质。在组织建设方面，按照稳步发展与巩固基础相结合的方针，积极稳妥引导民主党派开展组织发展工作，壮大民主党派力量，建立科学的梯队形民主党派干部队伍。全年各民主党派发展新成员60多名。引导开展形式多样的组织活动，增强民主党派凝聚力和活力。在班子建设方面，开展民主党派领导班子素质建设，提高其政治把握能力、组织领导能力、参政议政能力、合作共事能力。如定期组织各民主党派领导班子成员开展理论学习活动，组织民主党派主委开展“同心同行”学习考察活动等，促进民主党派与中国共产党在思想上同心、目标上同向、行动上同行。在制度建设方面，协助民主党派健全和完善参政议政工作制度、财务管理制度、工作会议制度、组织生活及学习制度等，促进民主党派制度建设规范化、制度化。（市委统战部供稿）

【厂务公开】2012年，东莞市有近2万家企业推行厂务公开民主管理，依法落实职工知情权和参与权。推广谢岗创富公司开展工资集体协商经验，发挥工资集体协商指导员作用，推动企业建立工资共决机制。全市18256家企业建立工资集体协商制度，占已建工会企业数的70%。（市总工会供稿）

【基层政权建设】*基层体制机制创新* 从2009年起，东莞市共投入3500多万元开展村级体制改革试点工作，截至2012年，莞城、黄江、厚街、石龙、中堂、长安、高埗、洪梅等8个镇街全面完成村级体制改革试点工作。*村（居）民自治工作*。开展以“民主选举、民主决策、民主管理、民主监督”为主要内容的居民自治活动，社区居民自我管理、自我教育、自我服务的意识增强。组织各镇街开展村（居）务公开民主管理示范村（社区）创建活动，全市有57个村、49个社区获“广东省村（居）务公开民主管理示范村（社区）”称号，约占全市村、社区总数的20%。完善农村党风廉政信息平台建设。规范平台各类信息报表，实现平台与社区信息管理系统相互对接，让广大市民通过互联网、有线电视政务信息视频点播系统、语音服务、手机短信等方式查询本村（社区）信息，实现村务公开信息化、网络化和规范化发展，保障村（居）民的知情权和监督权。（市民政局供稿）

精神文明建设

【全国文明城市“三连冠”争创】*加大深入“创文”力度* 2012年，市文明委召开东莞市创建全国文明城市表彰暨动员会议，市委书记、市文明委主任徐建华亲自动员、亲自部署争创全国文明城市“三连冠”工作。召开迎接2012年全国城市文明程度指数测评工作会议，成立共80人的7个督导小组，统筹落实迎检工作。中央文明办对东莞市“城市文明程度指数”“未成年人思想道德建设工作”的测评结果分列全国地级市第六名、第九名，同时位列全省地级市第一名。

开展市内文明指数测评 2012年，市文明委着重围绕公共场所道德、公共设施维护等重点部位和工作，按照“镇街回避、交叉测评”的原则，每半年面向32个镇街开展文明程度指数测评，推动城乡一体创建水平提高。

拓展基层文明创建活动 2012年，市文明委组织举行精神文明创建先进单位挂牌仪式，推进“文明镇（街）”“文明社区（村）”“文明单

位”评选表彰工作，推进特色创建、综合创建、常态创建。

【“迎接十八大、讲文明树新风”活动开展】 *爱国歌曲大家唱群众歌咏活动* 2012年，市文明委重点组织好“东莞市合唱节”活动，打造市级合唱比赛活动品牌，向党的生日献礼。全市组织各级各类爱国歌曲大家唱活动达80多场。

“做文明有礼的东莞人”主题活动 2012年，市文明委通过组织网上签名寄语、“红段子”文明短信传递、公益广告展播等形式，引导人们的言谈举止，树立文明中国、礼仪之邦的良好形象。

“文明交通行动” 2012年，市文明委开展交通安全公益大巡讲活动200多场，常态开展文明交通志愿服务、重点驾驶人文明交通“五个一”主题教育等系列创建活动，推动交通安全宣传教育设施规范化。

“文明大行动” 2012年，市文明办发出参与“文明大行动”倡议书，组织实施“社会公德养成行动”“文明礼仪普及行动”“清洁环境行动”“秩序维护行动”“文明旅游行动”“文明餐桌行动”“诚信形象示范行动”“慈善关爱行动”。

全民阅读活动 2012年，市文明委重点开展“4·23”世界读书日系列活动、阅读书目推荐导读活动、“新东莞·新阅读”全民掌上阅读活动等22项活动，掀起全民阅读活动热潮。其中，“新东莞·新阅读”全民掌上阅读活动纳入中国图书馆年会重点推介展示项目。

【东莞“道德讲堂”建设】 2012年，东莞市出台《东莞市“道德讲堂”建设工作方案》，推动镇街、单位、企业、社区（村）设立东莞道德讲堂，以“身边人讲身边事、身边人讲自己事、身边事教身边人”为主要形式，以“六个一”为基本流程，搭建思想道德建设新平台，引导人们省身修德、自我提升。截至2012年，全市设立镇街、村（社区）、机关、企事业单位“道德讲堂”900个，每月正常开展活动，面向2000多名“道德讲堂”主持人举办三期市级培训班。

【公民道德宣传示范阵地创建】 2012年，市文明委推动镇街、社区（村）、企业、学校开发、整合、利用公交站亭灯箱和横标、道路隔离带横标、灯柱旗等固定宣传阵地创建公民道德宣传示范单位，发布以“八荣八耻”荣辱观、社会公德、东莞城市精神等为重点的宣传内容，推进道德宣传常态化。截至2012年，全市实现道德宣传全覆盖。

【学雷锋活动开展】 *道德模范学习宣传* 2012年，市文明委开展道德模范基层巡讲、道德评议会、“东莞好人”评选等活动，使道德模范的先进事迹和崇高精神广为弘扬。组织130多场道德模范基层宣讲活动，评选公布230名“东莞好人”，举办“好人就在身边——2012年‘东莞好人’表彰典礼”。

志愿服务工作 2012年，市文明委依托市发展志愿服务事业指导委员会，建立健全志愿服务组织协调机制。截至2012年，全市有36个志愿服务中心、2500多支服务队（站），初步构建起三级志愿服务组织网络，登记注册志愿者人数达到67万人。常态开展“青春暖流”、志愿服务统一行动月等品牌志愿服务活动，公开征集289个以“关爱他人、关爱社会、关爱自然”为主题的优秀志愿服务项目。

【未成年人思想道德建设加强和改进】 *加强未成年人思想道德建设规划部署* 2012年，市文明委建立未成年人思想道德建设（校外教育）工作联席会议制度，加强指导、统筹和协调。召开全市未成年人思想道德建设工作会议，总结部署全市未成年人思想道德建设工作。

开展“做一个有道德的人”主题活动 2012年，市文明委在全市中小学校开展美德少年星级评选活动、“日行一善”道德实践等系列活动。截至2012年，学校开展“做一个有道德的人”主题活动覆盖面达100%，学生参与面达到90%以上。

开展中华经典诵读活动 2012年，市文明委把经典诵读融入学校日常教学活动中，分层实施，循序渐进，促进诵读活动深入开展。截至2012年，学校开展“中华诵·经典诵读行动”主题活动覆盖面达100%，学生参与面达到95%以上。

推进未成年人思想道德建设示范基地创建 2012年，市文明委围绕“抓试点、重示范、出经验”的工作思路，在全市有较好基础的中小学校设立未成年人思想道德建设示范基地。

【道德领域突出问题专项教育和治理活动开展】 2012年，市文明委贯彻落实全国道德领域突出问题专项教育和治理活动视讯会议精神，把专项教育和治理活动作为一项重大而紧迫的政治任务。*注重统筹协调* 市委书记、文明委主任徐建华亲自部署专项教育和治理活动，亲自审定签发东莞的工作方案。*加强道德教育* 牵头组织开展集中宣讲活动6次，各镇（街）、各部门集中开展多层次道德讲座、道德诚信“大讨论”等宣讲教育活动150多场次。*开展“两查两评”* 实现食品生产加工企业、餐饮服务单位、各类窗口单位等自查自纠“全覆盖”，梳理出有关问题100多条，整改率达到90%以上。*推进重点整治* 对诚信缺失、道德失范等问题进行重点整治。全市“三打”立案查处制假售假案12607宗，查办大要案780宗，捣毁窝点2702个。*选树典型* 挖掘选树全市诚实守信、讲究公德的先进单位68个、先进个人465个。2012年1—8月，市涌现出81宗见义勇为行为，整个社会形成崇德向善的良好氛围。

【健康的幸福文化倡导】 *打造“我们的节日”活动品牌* 2012年，市文明委围绕“弘扬传统文化、唱响革命文化、做大本土文化”主旨，在提高运作水平、规格档次、品牌效应上下工夫，推动“我们的节日”主题活动持续蓬勃开展。2012年以来，参与“我们的节日”主题活动群众超过1000万人次，依托传统节日举办活动超过200场。

“东莞城市暖流行动” 2012年，市文明委开展以“关爱互助、权益保护、素质提升、和谐共融”为主要内容的“东莞城市暖流行动”，营造共建共享的良好氛围，掀起“人人传递温暖、人人共享和谐”的热潮。2012年各镇街、各单位组织活动达250多场。

【新时期“广东精神”宣传教育实践活动开展】 2012年，市文明委广泛开展“厚于德、诚于信、敏于行”新时期“广东精神”宣传实践活动，采取新闻宣传报道、发布各类公益广告、刊播重要言论和理论文章、运用知名专栏节目等形式，运用标语横幅、大型广告牌、手机短信、微博等载体，结合党委（党组）中心组学习、学习论坛、形势政策宣讲等活动，开展“广东精神”理论宣传、媒体宣传、社会宣传和主题教育实践活动。全市各级各类媒体共发布有关新闻报道48次。开展宣传40余场，直接听众达3.2万人次。（孙江峰）

附：2012年东莞市精神文明建设委员会办公室领导名录

主　任：王培琦
副主任：梁　杰

社会建设

【全省创新社会管理引领区创建】2012年6月18日，广东省委副书记、省委政法委书记、省社工委主任朱明国与东莞市委书记、市人大常委会主任徐建华分别代表省社工委与东莞市委签订《共建全省创新社会管理引领区协议书》，从建设社会建设研究院、创新异地务工人员服务管理、构建枢纽型社会组织工作体系、培育发展社会组织、创新农村基层社会管理等5个方面推进引领区建设。东莞成为全省唯一与省社工委共建创新社会管理引领区的城市。是日，市委市政府召开动员大会，徐建华要求全市上下切实增强创建全省创新社会管理引领区的责任感和紧迫感，着力做好健全社会管理机制、夯实基层管理基础、激发社会主体活力、加强民生权益保障、强化社会安全管理等五方面工作。

【东莞社会建设政策框架构建】2012年，东莞市出台社会建设“1+7”、农村综合改革“1+5”、商事登记制度改革“1+X+Y”、社会组织“1+N”等系列政策文件，为加强社会建设提供有力的制度支撑。在《南方日报》发布的珠三角竞争力2012年度报告中，东莞在社会治理方面名列第一。

【行政审批制度改革】2012年，东莞推进商事登记制度改革，全市新增市场主体2.09万家，比上年增长42.05%，成为全省发证最快、同期发证最多的地区。推进新一轮行政审批制度改革，取消和转移事项296项，减幅达41.3%。取消社会组织登记注册前置审批83项，率先实行异地商会等直接登记制度，新登记社会组织252家，社会组织总数达2200多家，位居全省地级市前列。发布首批市级政府向社会组织购买服务目录，购买266项服务，推动政府职能向创造良好发展环境、提供优质公共服务转变。

【基层社会管理体制创新】2012年，东莞市级部门向13个中心镇和3个市属园区下放500多项事权，增强基层政府社会管理和公共服务职能。根据服务地域半径或人口等指标，建立村（社区）政务服务中心，探索政府购买村（社区）工作服务制度，兜底落实政府部门在村（社区）的行政工作和公共管理任务，提升村（社区）公共服务和社会管理能力。截至2012年，全市建成36个社区政务服务中心，建成45个市级社区综合服务中心示范点，成为居民参与社区自治基础平台。

东莞市社会工作委员会

① 2012年6月18日，东莞市召开创建全省创新社会管理引领区动员大会。

② 2012年11月22日，在东莞市召开广东社会建设创新年会。

① 2012年9月29日，东莞南粤幸福活动周启动仪式。

② 2012年11月22日，东莞社会建设研究院揭牌。

③ 2012年11月23日，省市领导参观广东名家具协会。

① 2013年2月26日，外省市有关部门参观东莞市枢纽型社会组织。

② 2012年6月8日，镇（街道）社会工作委员会成立。

③ 2012年7月13日，东莞市社会工作咨询委员会成立。

④ 2012年7月16日，与异地商会负责人座谈交流组建异地务工人员服务组织。

【社会组织管理制度完善】2012年，东莞建立社会组织联合监管机制，全年注销和撤销社会组织72家。建立社会组织评估中心，引入第三方社会组织评估机构，对首批82家社会组织进行评估，评出3A等级以上社会组织42家。推进社会组织党建工作全覆盖，90.3%的社会组织建立党组织。

【镇街社工委工作机构成立】2012年6月，全市32个镇街全部成立社会工作委员会工作机构，成为全省首个在镇街一级成立社会工作机构的地级市，部分镇街还在村（社区）一级设立社会建设指导员，逐步在全市范围内搭建起横向到边、纵向到底的社会工作组织体系。

【社会工作咨询委员会成立】2012年7月13日，东莞市社会工作咨询委员（简称市社咨委）正式成立并召开第一次全体委员会议。首届市社咨委聘请咨询委员28名，主要来源于社会建设研究领域的专家、学者以及人大代表、政协委员、异地务工人员代表等社会各界人士。经民主程序，华东理工大学社会与公共管理学院院长、教授徐永祥当选为会长，省社科院副院长、研究员刘小敏，深圳大学社会学系主任、教授易松国当选为副会长，市委党校社科理论教研室主任、教授孙霄汉被推选为秘书长。市社咨委是市社工委的决策咨询机构，主要职责是参与市社工委开展的调研和决策咨询活动，对事关东莞社会发展的重大问题、课题提出意见和建议，参与培训社会工作人员，参与市社会管理创新观察项目和评审。在东莞加强社会建设、创建全省创新社会管理引领区的实践过程中，市社咨委将发挥重要的“思想库”“智囊团”和“参谋部”作用。

【2012广东社会建设创新年会在莞举行】2012年11月22—23日，2012广东社会建设创新年会在东莞隆重举行。会议由省政府党组副书记、省公安厅厅长、省社工委副主任梁伟发主持，省委副书记、政法委书记、省社工委主任朱明国致辞，副省长、省社工委副主任刘昆出席会议，各地级以上市、顺德区社工委主任和专职副主任，省社会创新咨询委委员、有关高等院校和研究机构专家、负责人等150多人参加会议。

是次年会的主题是“加强社会建设，推进协同善治”。年会上公布12个上升为省社会创新试点项目名单，介绍省社工委成立1年以来的主要工作，市委副书记姚康代表东莞在年会上进行经验介绍，并实地考察东莞市社会组织孵化基地等项目，年会还邀请新加坡国立大学教授郑永年、清华大学教授孙立平和中山大学教授蔡禾授课，从理论和实践层面推动广东社会建设创新。

【“南粤幸福活动周”举办】2012年9月29日，东莞市在莞城文化广场举行“南粤幸福活动周”启动仪式。“南粤幸福活动周”以“和谐、文化、健康、幸福”为主题，以“幸福活动周应该办到基层去”为活动主旨，在全市开展“幸福我来秀”“幸福我健身”“幸福手拉手”“幸福大集市”和“幸福大家谈”等五大板块30项内容丰富、形式多样的群众文化体育活动。并把活动延伸到社区，在城市社区中“破除邻里篱笆”、在农村社区中“重构农村文化”，提升群众幸福感。

【社会组织孵化基地】2012年，东莞市社会组织孵化基地引入专业团队，坚持“基地内孵化”和“基地外孵化”相结合，吸纳30多家社会组织在孵化基地孵化。基地内相关社会组织开展活动600多次，服务群众45万人次。2012年11月，市社会组织孵化基地提升为广东省社会创新试点项目。

【工青妇枢纽型组织】2012年，在坚持以社会需求为导向，建立志愿服务岗位化、专业化机制，聚集更多社会组织为需求对象随时提供“或有”服务的指导思想下，市总工会成立职工服务类社会组织联合会，带动市律师协会、心理卫生协会等10多家社会组织从事职工心理健康服务。团市委以莞香花青少年服务中心为载体，聚集100多家社会组织从事重点青少年服务。市妇联依托白玉兰家庭服务中心等，吸纳70多家社会组织从事妇女儿童和婚姻家庭服务。全市逐步形成工会“心灵驿站”、共青团“莞香花”、妇联“白玉兰”等服务品牌。

【异地务工人员服务组织】2012年8月，东莞市率先在全省开展在异地商会内部建立异地务工人员服务组织试点，利用异地商会资源，协助党委政府服务管理异地务工人员。截至2012年，有东莞市湖南娄底商会等5家异地商会建立异地务工人员服务组织，累计为5000多人次提供就业援助、心理疏导和矛盾调处等服务，在维护社会和谐稳定、创新社会治理模式方面发挥积极作用。

【一业多会】2012年，为发挥行业协会商会自律作用，东莞加快推进行业协会“去垄断化”，推动家具、电子等10多个行业商会、协会实现“一业多会”，培育出东莞名家具俱乐部等全国先进社会组织，在强化行业自律、助推产业转型升级方面发挥重要作用。（梁　达）

附：2012年东莞市社会工会委员会领导名录

主　任：姚　康
副主任：邓志广　王检养　张　科
专职副主任：卢寿维

2012年8月6日，东莞市首个异地务工人员服务组织揭牌成立。

生态文明建设

【生态工程建设】2012年，东莞市城建局全力加快污水处理厂及截污管网三期、东江与水库联网供水水源一期、运河综合整治东引运河(寒溪水)堤路结合达标（B段）工程等3项生态工程建设，总投资431598.02万元。

污水处理厂及截污管网三期工程于12月基本完工，处理后的出水达到国家《城镇污水处理厂污染物排放标准》GB18918-2002一级B标准和广东省地方标准DB44/26-2001第二时段一级标准，处理能力20万吨/日，截污管网三期铺设管线长180多公里，服务面积达92.83平方公里。

东江与水库联网供水水源工程由水源调配、水源保护、水源利用三部分组成，目前实施的是水源调配一期工程，工程从沙角东江取水口—松木山水库—芦花坑水库，长39公里，联网松木山水库、莲花山水库、马尾水库、五点梅水库、芦花坑水库5大水库。工程自2007年3月开工，截至2012年完成铺设输水线路36.85公里，约占总线路的97%。建成投入使用后可解决长安、虎门、大岭山、大朗、东坑、横沥、松木山等7个镇街的供水问题，提高全市供水保障水平和应急能力。

东引运河堤路结合达标B段工程是运河综合整治工程的一部分，工程范围从峡口水闸到东坑神山桥，途径东城、茶山、东坑、寮步、生态园等5个镇街，两岸总长约42公里。按“沿河有路、沿路有景、沿线一体”的要求，工程规划建设着力体现景观性、实用性和连贯性。工程自2009年10月开工，截至2012年，完成总工程量的91.6%。建成后将提升运河的防洪能力，改善运河沿线的景观和交通。（市城建工程管理局供稿）

【城市绿化】2012年，东莞市全部工程累计完成绿化总面积90多万平方米。已完工的黄旗山城市公园，成为调节市区生态环境，展示莞邑人文风情，体现东莞城市精神的城市公园群落。龙湾湿地公园顺利开工，绿化总面积约33.5万平方米，该项目建成后，将进一步满足市民假日休闲活动的需求，成为东莞市集科普教育、湿地研究、生态旅游于一体的生态休闲示范地。

（市城建工程管理局供稿）

【生态景观林带建设】2012年，东莞市完成生态景观林带1号线（广深高速段）和20号线（东江段）种植工作，完成总长度为100.75公里，总面积1477.92公顷。广深2号线（沿江高速东莞段）和17号线（京九铁路东莞段）生态景观林带建设项目完成设计工作。

（市林业局供稿）

【森林碳汇重点生态工程】2012年，东莞市共完成水源涵养林改造1551公顷，幼林抚育2386公顷，营建农田林网178.27公顷，封山育林面积5391.3公顷。营造生物防火林带28公顷，抚育生物防火林带324.8公顷。黄旗山城市公园林相改造顺利进行，完成黄旗山城市公园第三期新造林65公顷，种植乔灌花草77个品种8.5万株，完成一期、二期、三期林相改造工程幼林补植和幼林抚育143.63公顷。石马河流域绿化整治工作全面完成，完成石马河流域纯林相改造454公顷，完成石马河流域见缝插绿面积103.33公顷，对石马河流域实施封山育林工作及薇甘菊防治，封育面积为5391.3公顷，薇甘菊防治面积为1400公顷。（市林业局供稿）

【森林公园建设】2012年，东莞市推进镇村森林公园建设，新建黄江镇黄牛埔森林公园、凤岗镇碧湖森林公园两大森林公园。完善其他森林公园配套设施，银瓶山森林公园（清溪片）黄茅田水库（第一期）工程年底全面完工，大屏嶂森林公园林场片区游客服务中心基本完工，大岭山森林公园新增森林浴步道和灯芯塘步道。推进绿道建设，大岭山森林公园建成绿道7.8公里，完成环湖自行车道延长线停车场等配套设施，大屏嶂森林公园翠顶山环山绿道全面完成路面铺设。（东莞市林业局供稿）

【森林资源保护管理】2012年，东莞市林业局科学管护古树名木，对58株濒危古树实施打孔透气复壮。打击破坏森林资源违法行为，收缴国家Ⅱ级重点保护野生动物175只（条），省重点及国家“三有”保护野生动物784只（条）。加强林业有害生物防治，防治薇甘菊、松材线虫等主要有害生物面积2220公顷。

（东莞市林业局供稿）

【生态创建】2012年，东莞市横沥镇创建为国家级生态镇，黄江、厚街、桥头等3个镇创建为省级生态镇，163个村（社区）创建为市级生态村（社区），32所学校创建为省绿色学校、26所创建为市绿色学校；6个社区创建为省绿色社区、17个创建为市绿色社区。15家企业创建为第五批环境友好企业。

（市环保局供稿）

产业转型升级

【政策引领】2012年，东莞市继续实施“科技东莞”工程，专项资金额度由每年10个亿提升到20个亿，为此市委市政府出台《关于调整完善“科技东莞”工程专项资金政策的意见》，围绕该文件精神，东莞市设立八大专项总24个专项资金，统筹财政资源，提高资金效益。

【扶优招强】*抓大企业、大项目培育和引进* 2012年，东莞市构建重大项目招商引资“1+5”政策体系，从项目认定、项目奖励、“一站通”工作机制、招商队伍建设、产业指导目录等方面优化招商环境和机制。选取80家主营业务收入超10亿元企业建立大企业储备库。落实大企业培育扶持政策，完成省下达的实现主营业务收入超百亿元企业3家的目标。落实总部企业培育扶持政策，新认定东莞市宏川化工供应链有限公司、广东大东汽车集团有限公司、东莞市都市丽人实业有限公司等3家企业为东莞市总部企业。推进广东粤海装备技术产业园项目建设，协调做好园区规划调研、产业定位、项目准入和招商引资等相关工作。推动东莞晨真1500MW（兆瓦）薄膜太阳能电池项目完成年度建设任务。继续推动实施“1+N”招商推介办会模式，在深圳举办投资环境推介会，现场签订合作项目30宗，投资金额187.5亿元。全年共引进6亿元以上的内资项目22宗，协议投资总额383.11亿元，实际投资总额54.47亿元，其中包括华为终端总部、大唐华银东莞三联热电等一批大项目。

扶持民营、中小企业发展 2012

年，东莞市出台中小微企业“48条”，形成与民营经济“48条”交相辉映的格局。在全省率先启动“中小企业服务年”系列活动，市镇两级举办近300场。组织662家企业进入10亿元融资新政数据库，帮助642家次库内企业获贴息4805万元。举办民营企业排忧解难协调会和金融服务日系列活动，完善“中小企业在线”的“金融超市”平台。实施“686”民营企业上市梯度培育工程，即保持市一级上市民营企业后备资源库有60家以上的储备，每年推动其中8家企业进入上市辅导程序，6家企业进入发行申报程序或实现上市（含境外上市）；培育14家企业成为上市后备企业。实施“323”高成长型中小企业培育计划，库内21家企业获各级财政扶持635万元。实施民营企业家素质提升“111”工程，全年共举办14期民营企业家课堂培训及8期民营企业家面对面活动。编印《莞商风采·第一卷》，协助筹办“世界莞商大会”，评选出33名“杰出莞商”。支持企业自主创新，推荐111家次企业获各级专项资金扶持8465万元。推荐东莞名家具设计院获2012年国家中小企业服务体系发展专项扶持，历年累计培育1家国家级、15家省级、75家市级示范平台。在全省地级市首创开展民营中小企业成长评估体系调研。2011年全省民营经济考评东莞市获评优秀，10亿元融资支持计划获“2011年度扶持民营经济首创政策奖”。

【产业集聚】 *抓增量优化* 2012年，东莞市重点扶持一批战略性新兴产业项目。省财政6174万元对19个战略性新兴产业项目给予资助或贷款贴息。8个市级高端新型电子信息及太阳能光伏产业基地建设，云计算应用产业入选省市共建战略性新兴产业基地。筹建国家软件与集成电路公共服务平台东莞分平台。认定石龙现代信息服务园区为市级创意产业园区。

抓存量提升 2012年，东莞市出台五大优势传统产业转型升级实施方案。11个技术进步项目获国家、省专项资金扶持共7644万元。全市经核准、备案的企业技术改造投资项目140个，备案项目数量位居全省第三，预算总投资33亿元。全市拥有国家、省、市级企业技术中心分别达1个、56个和70个。修订创建名牌奖励办法，2家企业成为全国工业企业品牌培育试点企业。新增各类名牌名标93个，拥有省级以上名牌名标588个。大力发展工业设计服务，组织参加省市工业设计大赛，获奖数量和级别创历年新高。

抓重大产业集聚区发展 2012年，东莞市制定《关于明确东莞市重大产业集聚区（产业集群）目标管理责任制的意见》《关于进一步推进12个重大产业集聚区建设的工作意见》，提出两化融合、融资解难、自主创新、品牌战略、市场提升、关爱企业、大企业培育、节能降耗等八大行动计划。2012年9月，东莞市举行“三重”项目签约仪式暨建设工作推进会，共签约项目72个，投资总额1025亿元，涉及29个镇街（园区）。

抓水乡建设 2012年，东莞市出台并落实市经信局统筹水乡地区发展工作方案，开展培育幸福导向型产业、淘汰落后产能、推动节能降耗、联合招商、发展特色产业集群和电子商务等工作。水乡特色发展经济区规划建设幸福导向型产业示范区被纳入省培育幸福导向型产业体系行动计划。

【信息化提升】 *加快电子商务发展* 2012年，东莞市制定《东莞市电子商务发展规划》、《关于加快推动我市电子商务发展的实施意见》。企业应用电子商务转型升级的势头突显，涌现一批本土电子商务网站，涵盖B2C（即企业通过互联网为消费者提供一个新型的购物环境——网上商店）、B2B（Business To Business，简写为B2B）、C2C（即消费者间，是个人与个人之间的电子商务）、O2O（即Online To Offline，也即将线下商务的机会与互联网结合在一起，让互联网成为线下交易的前台）等多种电子商务模式。以虎门、厚街、大朗、樟木头等镇为代表的区域特色行业电子商务初具规模。

推进两化融合 2012年，东莞市出台《关于加强我市社会建设信息化的实施意见》《东莞市信息化与工业化融合牵手工程实施方案》。13个项目入选2011年省两化融合“4个100”示范工程。举办“东莞市云计算科普展”。评定23家2012年“两化融合”标杆企业。

建设“智慧东莞” 2012年，东莞市出台《东莞市重大信息基础设施“十二五”规划》。开展试点示范，重点推动“智慧环保”建设。评选出“智慧东莞”年度10家优秀物联网企业和10个示范案例。

信息服务业提升 2012年，东莞市出台《促进我市软件和现代信息服务业加快发展行动方案》。全年软件产业业务累计收入37.07亿元，比上年增长35.53%。新增14家企业认定为双软企业。1家企业入选2012年度省软件和集成电路设计产业100强培育计划，6家企业获省现代信息服务业发展专项资金扶持1250万元，7个项目获省战略性新兴产业发展专项资金扶持4600万元。

【扩内销促消费】 2012年，东莞市经信局组织召开全市流通工作会议，贯彻落实全省流通工作会议精神。上报市政府《东莞市关于加快现代流通业发展的实施意见》，抓好城市商业网点规划修编，推荐10个项目获国家、省专项资金扶持共1160万元。协助东莞市各大品牌展会及潜力展会做好筹备工作。推进“广货网上行（东莞）”活动，4个平台、3个商城、25家网店和302家莞货企业入选2012年“广货网上行”活动名单。提请设立“东莞市建设珠三角新兴物流城市工作联席会议”。指导协助厚街家具获认定为省首批国际采购中心，虎门服装和长安五金模具被认定为重点培育对象。举办“莞货全国行”之青岛国际机床模具展和中国食品博览会暨交易会东莞专场活动。推进“万村千乡市场工程”，开展“家电下乡”、消费促进月等活动。推广食品安全样板市场创建经验，近年来累计完成升级改造农贸市场超过150个。

【营商环境优化】 *抓好市场监管* 2012年，东莞市开展“三打两建”，铺开打击制假售假酒类产品专项行动，全市经信系统出动执法人员4万人（次），检查各类酒类经营场所2万多家，捣毁制假售假窝点45个，价值合计277万元。开展清理整顿大型零售企业向供应商违规收费专项工作。抓好生猪屠宰、典当、拍卖、二手车、再生资源回收特种行业管理。

推进商事登记改革 2012年，经信局履行全市商事登记制度改革市场监管专责小组牵头单位职责，牵头制定后续市场监管工作方案，督促各相关职能部门制定监管实施细则。履行部门自身的监管职责，制定市经信局后续市场监管实施办法，为做好经信局职权范围内的商事登记改革提供制度保障。

（市经信局供稿）

中共东莞市委

THE COMMUNIST PARTY OF CHINA, DONGGUAN MUNICIPAL COMMITTEE

广场秀色

编辑：李文蔚

市委重要会议

【中共东莞市委十三届二次全会】2012年5月21—22日在市行政办事中心北楼一楼会议厅召开。会议主要任务是传达学习省第十一次党代会精神，部署贯彻落实意见，动员全市上下以省党代会精神为动力，坚持求真务实，奋力干事创业，努力实现高水平崛起的良好开局。会议审议并原则通过《中共东莞市委东莞市人民政府关于建设"六个东莞"营造法治化国际化营商环境的意见》。市委书记、市人大常委会主任徐建华主持会议并代表市委常委会作报告。市委副书记、市长袁宝成传达省第十一次党代会精神，作关于经济工作的讲话。市委副书记姚康作《中共东莞市委东莞市人民政府关于实施"六个东莞"建设法治化国际化营商环境的意见》稿起草说明。全会强调，要深刻领会省第十一次党代会精神实质，统一对报告主题、发展形势、目标任务、重点工作和东莞要求的认识，切实把思想和行动统一到省委决策部署上来。要坚持以省第十一次党代会精神为指导，营造法治化国际化营商环境，争创改革开放的新优势；以"三重"建设为抓手，实现转型升级的新突破；创新社会治理模式，开创社会建设的新局面；切实增进民生幸福，开辟幸福东莞建设的新境界；提升管党治党水平，提供坚强组织保障，努力加快转型升级，建设幸福东莞，实现高水平崛起。要迅速掀起学习贯彻省第十一次党代会精神的热潮，认真抓好学习，精心组织宣传，切实抓好对接，推进当前工作，确保各项任务落到实处。全会专门对营造法治化国际化营商环境工作作了部署，提出要着力建设"平安东莞"，营造安全和谐的社会

2012年中共东莞市委机构设置

（2012年12月）

市直机关	正处级	纪律检查委员会机关（监察局）、市委办公室、组织部、宣传部、统一战线工作部、政法委员会、政策研究室、台湾工作办公室（人民政府台湾事务局）、直属机关工作委员会、老干部局、机构编制委员会办公室、社会工作委员会（不定级）
	副处级	企业工作委员会、企业纪律检查工作委员会（不定级）、社会组织工作委员会、社会组织纪律检查工作委员会、市委督查室（不定级）
事业单位	正处级	市委党校（行政学院）、东莞日报社、广播电视台、党史研究室、接待办公室、粤桥山庄管理处
	副处级	电子政务办公室

环境；建设“法治东莞”，营造公平公正的法治环境；建设“信用东莞”，营造诚实守信的信用环境；建设“效率东莞”，营造高效透明的服务环境；建设“活力东莞”，营造生机勃发的体制环境；建设“开放东莞”，营造宽松有序的市场环境，加快形成营商环境“加一”、综合成本“减一”的优势。全会还研究部署全市经济工作，强调既要清醒对待当前严峻的经济形势，又要看到各种有利条件，坚定做好经济工作的信心，坚持质量优先、长短结合、政企联动的原则，扎实做好下一阶段经济工作。

【召开市委常委会传达省委书记汪洋“两会”讲话精神】2012年1月14日，中共中央政治局委员、省委书记汪洋出席广东省十一届人大五次会议东莞代表团分组讨论并作重要讲话。汪洋指出，东莞的转型升级克服了重重困难，取得积极成果。但转型升级工作仍面临很多困难，尚未出现高水平崛起的拐点，需要继续努力，并对东莞的转型升级工作提出五点意见。1月20日，东莞市召开市委十三届第3次常委会议，传达贯彻汪洋书记重要讲话精神。市委书记、市人大常委会主任徐建华主持会议并作重要讲话。会议要求全市各级各部门认真学习好、领会好、宣传好、贯彻好汪洋的重要讲话精神，自觉地用以指导实践、推动工作，坚定信心决心，加快转型升级，力创高水平崛起的良好开局。一要把思想统一到汪洋重要讲话精神上来，进一步坚定加快转型升级、实现高水平崛起的信心和决心。二要以贯彻汪洋重要讲话精神为动力，努力开创东莞转型升级新局面，做到思想认识上要有新境界，推动落实上要有新举措，重点突破上要有新成效。要坚持增量存量两手抓、两手都硬；要提高广大干部和企业管理者的知识水平和国际视野；要创新平衡利益关系的模式；要充分调动市场主体转型升级的积极性。三要以汪洋重要讲话精神为指导，扎实推进各项工作落实。要认真学习，突出重点，真抓实干。

【召开市委常委会传达省党代会精神】2012年5月14日上午，东莞市召开市委十三届第11次常委会议，传达贯彻省第十一次党代会精神。市委书记、市人大常委会主任徐建华主持会议并作重要讲话。会议要求，全市上下要把学习贯彻省第十一次党代会精神作为一项重要政治任务，认真学习，深刻领会，结合实际，抓好落实。一要迅速传达学习省党代会的主要内容。二要深刻领会省党代会的丰富内涵。要深刻领会省党代会的主题，坚定不移地坚持社会主义市场经济的改革方向；要深刻领会五年来全省改革发展取得的显著成就和宝贵经验，坚定加快转型升级、建设幸福广东的信心；要深刻领会今后五年全省经济社会发展的战略部署，扎实推动经济社会更好更快更大发展；要深刻领会提高管党治党水平的总体要求，不断推进党的建设科学化。三要准确把握省主要领导同志对东莞的最新要求。特别是要准确把握省委书记汪洋看望东莞代表团的讲话精神、党代会报告对东莞发展提出的明确要求和省长朱小丹参加东莞团讨论时的重要讲话精神，进一步增强责任感和使命感，切实把省委、省政府主要领导对东莞的关怀关爱转化为全市上下干事创业的强大动力，转化为东莞高水平崛起的自觉行动，努力把东莞的工作做好。四要尽快兴起宣传省党代会精神的热潮。五要围绕省党代会的目标任务狠抓落实。坚定不移地坚持改革开放；坚定不移地加快转型升级；坚定不移地建设幸福东莞；坚定不移地优化营商环境；坚定不移地加强党的建设。5月14日下午，东莞市召开市委常委扩大会议，进一步传达学习省党代会精神。

【召开市委常委会贯彻汪洋调研精神】2012年6月20日，中共中央政治局委员、省委书记汪洋来东莞进行专题调研，先后深入大朗镇工商分局、松山湖、莞城街道罗沙社区，实地视察东莞市“三打两建”、商事登记改革、产业发展和农村基层管理体制改革工作；主持召开座谈会，听取东莞市经济社会发展情况和重大项目、重大产业集聚区、重大科技专项工作以及“三打”工作、社会管理创新工作等进展情况汇报。汪洋指出，东莞是广东转型升级的缩影，在当前经济下行压力加大情况下，要坚定不移调整结构，坚定不移开展“三打两建”，坚定不移坚持改革开放。6月21日，东莞市召开市委十三届第16次常委会议，传达学习汪洋来莞调研重要讲话精神，研究部署贯彻落实意见。市委书记、市人大常委会主任徐建华主持会议并作重要讲话。会议要求，全市上下要把学习贯彻落实汪洋来莞调研的重要讲话精神作为当前一项重要工作抓紧抓好，切实增强责任感和使命感，进一步推动各项工作，努力加快转型升级、建设幸福东莞、实现高水平崛起，决不辜负省委和省委书记汪洋对东莞的期望与重托。一要坚定不移加快调整结构。二要坚定不移狠抓“三打两建”。三要坚定不移推进各项改革。四要坚定不移扩大对外开放。

【全市传达贯彻党的十八大精神大会】2012年11月19日，东莞市召开传达贯彻党的十八大精神大会。党的十八大代表、市委书记、市人大常委会主任徐建华出席会议并作重要讲话。会议要求，全市各级各部门要站在政治和全局的高度，深刻认识十八大的重大意义，进一步增强贯彻落实十八大精神的自觉性和坚定性。要深刻领会十八大精神，紧密联系东莞实际，把十八大精神转化为加快转型升级、建设幸福东莞的强大动力，转化为做好各项工作的自觉行动，转化为人民群众的幸福指数，在推动科学发展、深化改革开放、实现高水平崛起等方面不断开创新局面，具体要在转变发展方式、深化体制改革、民主法治建设、打造文化名城、改善民生福祉、创新社会管理、建设生态文明、从严管党治党上下工夫。要把学习贯彻十八大精神与做好当前各项工作紧密结合起来，树立强烈的时效意识和落实意识，鼓足干劲，攻坚克难，扎实工作，狠抓“三重”建设、招大引强、科技金融与产业融合、社会建设与管理创新、改善民生、转变机关作风等稳增长促转型的各项工作，在全面盘点的基础上，集中精力抓重点，盯紧目标保进度，做到强项抓提高，弱项抓达标，难项抓突破，尽最大的努力争取最好的结果，不断提升工作质量和工作实效，努力完成全年目标任务。

【召开市委常委会贯彻落实胡春华调研精神】2012年12月26日，中共中央政治局委员、广东省委书记胡春华到广东履职后首次到东莞调研。东莞是胡春华调研的第一个地级市。胡春华考察了以纯集团、三星视界、创科实业、天安数码城、松山湖“阳光雨”党员服务中心、华南协同创新研究院、松山湖展览馆，深入了解东莞加快转型升级、实施科技创新驱动和开展特色党建等工作情况，并主持召开座谈会，听取东莞经济社会发展情况汇报，作了重要讲话。胡春华强调，要认真学习贯彻习近平总书记视察广东重要讲话精神，坚定不移推进转型升级、推动发展方式转变，全力以赴谋划好明年各项工作。12月29日，市委书记、市人大常委会主任徐建华主持召开市委十三届第30次常委会议，学习贯彻胡春华调研讲话精神。会议强调：一

是要以胡春华到东莞调研为强大动力，进一步增强做好东莞工作的信心。二是要以胡春华来莞调研讲话为指导，进一步做好转变发展方式各项工作，力争取得更大成效。三是要进一步加强作风建设。深入贯彻中央“八项规定”，以务实的作风和实干的精神落实好胡春华对东莞工作的各项要求。

【全市镇（街道）工作年中点评现场会】 2012年7月，市委、市政府分6个片召开镇（街道）工作年中点评现场会，市委书记、市人大常委会主任徐建华率市几套班子领导对各镇街贯彻落实市委、市政府决策部署和经济社会发展情况进行点评，评价工作成绩，分析存在问题和不足，提出改进方法和意见，推动各镇街创新发展理念和转变发展方式，确保实现有质量的稳定增长和可持续的全面发展。

2012年7月23日，城镇片工作年中点评现场会在石龙镇召开。会前考察天安数码城、中电新能源热电有限公司、莞城科技园和石龙镇现代信息服务园。会议要求城镇片各镇街在推进产业高级化、提升城市集聚能力、狠抓“三重”建设、优化营商环境等方面走在全市前列。

7月24日，水乡片工作年中点评现场会在石碣镇召开。会前考察东莞市养生源蜂业有限公司、广东中远船务有限公司、潢涌村、华宏增资扩产项目、台达电子公司。会议要求水乡片各镇街抓紧推进一体化规划落实、调整产业结构、整治生态环境和提升民生幸福，努力将水乡片打造成广东幸福导向型产业的集聚区、粤港澳优质生活圈的特色区域、穗莞合作的重要平台。

7月25日，沿海片工作年中点评现场会在长安镇召开。会前考察搜于特服装股份有限公司、琪胜鞋业有限公司、金叶珠宝有限公司、步步高电子工业有限公司、东阳光药业研究院。会议要求沿海片各镇充分发挥沿海优势，从推进珠三角一体化的高度，在更高的层次谋划片区发展，主动加强与周边的虎门港、长安新区、深圳前海、宝安沿江新城、航空城的对接，率先推动转型升级，着力提升城市品位，全面优化营商环境。

7月26日，丘陵片工作年中点评现场会在大朗镇召开。会前考察高伟光学电子有限公司、寮步社工服务中心、金铭电子有限公司、恩智浦半导体广东有限公司、大朗商事登记改革。会议要求丘陵片各镇围绕、服务和配套好大市区、大园区，在借势发展上做文章，依托城区一体化求发展，依托“三重”建设求发展，依托体制机制创新求发展，依托营商环境优化求发展，依托生态优势发挥求发展。

7月27日，山区片工作年中点评现场会在凤岗镇召开。会前考察广东志成冠军集团有限公司、小猪班纳服饰有限公司、快意电梯有限公司、都市丽人实业有限公司。会议要求山区片各镇抓住深莞惠一体化的有利契机，进一步加大对接力度，加强企业对接、产业对接、基础设施，当好东莞接受深圳辐射的桥头堡。

7月30日，埔田片工作年中点评现场会在常平镇召开。会前考察富强电子有限公司、铭普实业有限公司、中镓半导体科技有限公司、勤上光电股份有限公司、常平镇科技创新中心。会议要求埔田片各镇按照“振奋精神、强化责任、负重赶超”的要求，坚定地走集中集聚集约发展的道路，走生产先进、生态良好、生活富裕文明发展的道路，坚定地走高起点规划、高标准建设的道路，坚定地走区域融合、统筹协调发展的道路，着力破解困境，努力后发先至，实现加速腾飞，切实走出一条后发地区科学发展的新路子。

8月2日，全市年中点评总结会议在市行政办事中心召开。会议总结各镇街落实市委、市政府重点工作的情况，通报上半年经济运行情况，并部署下半年工作。市委书记、市人大常委会主任徐建华作总结讲话。会议提出，要全力稳定经济增长，全力推进转型升级，全力加快改革创新，全力优化营商环境，全力提升民生幸福，全力从严管党治党，全力以赴争取完成全年预期的目标任务。

【全省加工贸易转型升级现场会】 2012年8月30日，全省加工贸易转型升级现场会在东莞市召开。省委书记汪洋主持会议并作重要讲话，省长朱小丹传达温家宝总理最近视察广东重要讲话精神并作讲话，副省长招玉芳通报全省加工贸易转型升级情况。会上东莞市、省外经贸厅、海关总署广东分署、广东出入境检验检疫局、深圳市电子行业协会、东莞光阵显示器公司、广东豪美铝业公司等单位和企业负责人分别发言。会议期间，举行“东莞市加工贸易管理服务平台”上线启动仪式，与会代表到东莞厚街镇创科集团、寮步镇东莞高伟光学电子有限公司实地考察加工贸易转型升级情况，到东城大麦客商贸有限公司考察东莞市加工贸易转型升级情况及案例展示，并参观全省加工贸易转型升级工作成效展。

【2012世界莞商大会】 2012年9月16日，世界莞商联合会成立大会暨2012世界莞商大会预备会议召开。会议审议并一致通过《世界莞商联合会章程》，世界莞商联合会会徽、会旗、会歌，《莞商宣言》等，选举广东三正集团有限公司董事长莫浩棠为世界莞商联合会首届会长。9月17日，2012世界莞商大会隆重开幕。全国政协副主席、全国工商联主席黄孟复，省委副书记、省长朱小丹分别发来贺信。香港中联办副主任林武、副省长刘志庚、省人大常委会原副主任李近维、省委统战部常务副部长蒋乐仪，省委统战部副部长、省工商联党组书记杨浩明，徐建华、袁宝成、李毓全、姚康、黄双福等市几套班子领导，市直相关部门、各镇街主要负责人、海内外莞商代表、莞籍知名专家学者、在莞经商的企业家代表等约1000人参加大

▲2012年9月17—18日，“2012世界莞商大会”举行。

会。会议为33位“杰出莞商”颁奖，并举行经贸合作项目签约，总计签约121个项目，投资总额435亿元人民币。副省长刘志庚发表重要讲话，指出2012世界莞商大会为广大莞商的交流与合作搭建了一个极好的平台，必将对凝聚莞商力量、打造莞商品牌、推介东莞营商环境起到重要作用，必将对东莞乃至全省进一步扩大对外交往与合作、推进科学发展产生积极而深远的影响。市委书记、市人大常委会主任、世界莞商大会荣誉主任徐建华在致辞中表示，市委市政府将以更大转型力度吸纳国内外创新资源，加快推进调整升级步伐，为莞商发展壮大提供广阔空间。

【2012广东社会建设创新年会】 2012年11月22日，2012广东社会建设创新年会在东莞召开。会议围绕“加强社会建设，推进协同善治”的主题，交流探讨社会建设的经验做法。省委副书记、政法委书记、省社工委主任朱明国，省政府党组副书记、省公安厅厅长、省社工委副主任梁伟发，副省长、省社工委副主任刘昆，东莞市委书记、市人大常委会主任徐建华，市委副书记、市社工委主任姚康，各地级以上市、顺德区社工委主任和专职副主任，省社会创新咨询委委员、有关高等院校和研究机构专家、负责人等150多人参加会议。年会的主题是“加强社会建设，推进协同善治”。会议通报创建第一批省社会创新试点项目情况，其中，东莞市社会组织孵化基地等12个项目被确定为省社会创新试点项目。朱明国、徐建华等省市领导共同为东莞市社会建设研究院揭牌，姚康介绍东莞积极创建全省创新社会管理引领区的经验。朱明国高度评价东莞社会建设成果，指出近年来，东莞成立社会建设研究院，在培育扶持社会组织发展，加快建设枢纽型社会组织体系，率先在异地商会内部建立异地务工人员组织等方面开展卓有成效的探索，希望全省各地市相互借鉴经验，共同把社会建设推向新的台阶。与会人员还实地考察东莞市名家具俱乐部、共青团东莞市委“莞香花”青少年服务中心和东莞市社会组织孵化基地等。

【深莞惠三市第六次联席会议】 2012年5月16日，深莞惠三市第六次党政联席会议在惠州市召开。会议审议通过莞惠合作共建产业转移“园中园”、共同推广新能源汽车、建立深莞惠三市劳动监察执法合作机制、加快推进茅洲河界河段综合整治、建立跨界河流防洪、治污联防联治机制等近期共同推进的九项重点工作，并签署《深圳市东莞市惠州市加快推进交通运输一体化补充协议四》《深圳市东莞市惠州市共建深莞惠区域创新体系合作协议》《深圳市东莞市惠州市农产品质量安全合作协议》《深圳市东莞市惠州市三地文化联动合作协议》等4个合作协议。省委常委、深圳市委书记王荣，深圳市委副书记、市长许勤，东莞市委书记、市人大常委会主任徐建华，东莞市委副书记、市长袁宝成，惠州市委书记、市人大常委会主任黄业斌，惠州市委副书记、市长陈奕威，以及梁国英、王检养、吴道闻、喻丽君等东莞市领导出席会议。

【穗莞战略合作第一次联席会议】 2012年9月20日，穗莞战略合作第一次联席会议在广州市召开，相互交流今年以来经济社会发展情况，进一步研究落实两市在重点领域和重点项目上的合作。会议通过2012年两市共同推进虎门二桥工程、穗莞深城际线项目、花莞高速公路等14个合作项目及《穗莞战略合作机制》，并计划推进穗莞水乡地区合作平台等11个项目。省委常委、广州市委书记万庆良，广州市委副书记、市长陈建华，东莞市委书记、市人大常委会主任徐建华，东莞市委副书记、市长袁宝成，以及东莞市领导姚康、梁国英、张科、吴道闻、贺宇等参加会议。

【全市2011年度总结表彰大会】 2012年1月11日，东莞市2011年度总结表彰大会举行。徐建华、袁宝成、李毓全、姚康、黄双福等市几套班子领导出席大会。市委书记、市人大常委会主任徐建华发表重要讲话，市委副书记、市长袁宝成主持大会，市委副书记姚康宣读市委、市政府关于2011年度先进单位和先进个人的表彰决定。徐建华对过去一年工作进行总结，并要求新的一年坚定攻坚克难信心，突出培大育强导向，保持改革创新激情，牢记执政为民宗旨，弘扬真抓实干作风，努力实现高水平崛起的良好开局。

【全市2012年度总结表彰大会】 2012年12月28日，东莞市2012年度总结表彰大会举行。徐建华、袁宝成、李毓全、姚康、黄双福等市几套班子领导出席大会。市委书记、市人大常委会主任徐建华发表重要讲话，市委副书记、市长袁宝成主持大会，市委副书记姚康宣读市委、市政府关于表彰2012年度全市先进单位的决定。徐建华在讲话中强调，2013年要全面贯彻落实党的十八大精神、习近平总书记考察广东重要讲话精神和省委书记胡春华莅莞调研讲话精神，坚持解放思想，推进改革创新，坚持主题主线，加快转型升级，坚持以人为本，改善民生福祉，坚持生态优先，实现永续发展，坚持凝聚力量，共担崛起重任，加速推进高水平崛起。

市委重要工作

【“三重”建设】 在2012年1月5日召开的市委十三届第2次常委（扩大）会议上，市委、市政府明确提出要加快推进重大产业集聚区、重大项目、重大科技专项“三重”建设。2月14日，市委、市政府召开全市“三重”建设工作会议，总结2011年全市重点项目建设情况，部署2012年“三重”建设工作任务。市委书记、市人大常委会主任徐建华在会议上提出要从提升谋划能力、强化产业聚集、加快项目进度、狠抓招商选资、加强资源供给、优化建设环境等六个方面入手，真抓实干，努力实现“三重”建设的有效突破。会议明确，2012年东莞共安排重点建设项目106个，年度计划投资242亿元；确定重大科技专项32项；明确松山湖、虎门港、生态园、长安新区、南城国际商务区等重大产业集聚区的目标任务，以及电子信息及先进装备等四大产业15个产业集聚区的建设计划。9月11日，东莞举行“三重”项目签约仪式暨建设工作推进会，一次签约72个项目，投资总额达1025亿元。通过全市上下真抓实干，2012年全市“三重”建设取得阶段性重要成果。重大项目建设方面，108个市重大建设项目完成年度投资278.3亿元；25个省重点项目完成投资238.5亿元，超额完成年度计划13个百分点，高于全省平均水平8.8个百分点；在重大项目的带动下，全年工业固定资产投资同比增长18%，拉动全社会固定资产投资增长近6个百分点。重大产业集聚区建设方面，初步构建起四大市属园区、南城国际商务区和15个专业镇集聚区“5+15”格局。重大科技专项建设方面，成功引进4个重大科技创新平台，5个省级科技创新团队，获得国家36项创新基金项目及省8个重大科技专项立项，新增完成的成果转化项目42项，新增成果转化项目产值2.65亿元，同比分别增长约200%、400%。

【水乡地区统筹发展】 为深入贯彻落

实珠三角《规划纲要》和省委书记汪洋关于大力发展幸福导向型产业的重要指示精神，2012年6月，东莞市委、市政府作出实施统筹水乡地区（位于市域西北部，包括麻涌、中堂、道滘、洪梅、望牛墩、万江、石龙、石碣、高埗、沙田等10个镇街和虎门港，总面积519平方公里）发展的战略决策。通过统筹区域内城镇体系规划和重大基础设施布局，推进区域内生态环境的综合治理和优化美化，推动区域内幸福导向型产业发展培育，创新区域统筹联动发展的体制机制，有效实现区域内环境、资源的整合和共享，全面增强水乡地区协调发展的内生动力、体制活力和发展能力，努力把东莞水乡地区打造成广东省幸福导向型产业的示范区、粤港澳优质生活圈的特色区域和穗莞战略合作的重要平台。8月31日，市委办、市府办印发《东莞市统筹水乡地区发展实施方案》，明确做好九个方面的工作，加快统筹发展步伐：一是构建统筹发展政策体系；二是构建统筹发展规划体系；三是实施环境整治工程；四是加快基础设施建设；五是推进水乡环境景观建设；六是统筹区域产业布局发展；七是加强穗莞区域战略合作；八是构建责任利益协调机制；九是推进镇村集体经济改革发展。东莞统筹发展水乡片区的决策得到省委、省政府的认可。中共中央政治局委员、省委书记汪洋，省委副书记、省长朱小丹在《关于在东莞市水乡地区规划建设幸福导向型产业示范区的请示》上作重要批示。汪洋批示：我原则上赞成这个考虑，东莞需要有新的"兴奋点"。朱小丹批示要求常务副省长徐少华牵头研究。12月28日，市委、市政府举行市统筹水乡地区发展先期项目启动暨水乡大道改造提升工程动工仪式。

【建设"六个东莞"营造法治化国际化营商环境】 2012年5月，在广东省第十一次党代会上，中共中央政治局委员、省委书记汪洋在省党代会报告中提出"力争通过五年努力，基本形成法治化、国际化营商环境的制度框架"。5月21—22日，在中共东莞市委十三届二次全会上，东莞提出从平安东莞、法治东莞、信用东莞、效率东莞、活力东莞和开放东莞六个方面，具体部署法治化、国际化营商环境的建设。6月5日，中共东莞市委、东莞市政府印发《关于建设"六个东莞"营造法治化国际化营商环境的意见》，对建设"六个东莞"作出全面部署。11月2日，中共东莞市委办公室、东莞市人民政府办公室印发《关于建设"平安东莞"营造安全和谐社会环境的行动计划》《关于建设"法治东莞"营造公平正义法治环境的行动计划》《关于建设"信用东莞"营造诚实守信信用环境的行动计划》《关于建设"效率东莞"营造高效透明服务环境的行动计划》《关于建设"活力东莞"营造生机勃发体制环境的行动计划》和《关于建设"开放东莞"营造宽松有序市场环境的行动计划》等建设"六个东莞"行动计划，标志着东莞"1+6+X"营商环境政策体系初步形成。

【农村综合改革】 改革开放以来，东莞推动镇村集体经济实现跨越式发展。但随着经济社会发展，东莞镇村集体经济原有的发展模式逐渐难以为继。2012年3月7日，全国人大代表、中共中央政治局委员、省委书记汪洋参加广东代表团分组审议时提出："一些村民的心态没有得到调整，不愿意承认现实，不愿意忍受转型的阵痛，不下决心转型，处理得不好，有些村可能会变成东莞的'希腊'"。东莞市委、市政府对此高度重视，迅速组织有关部门开展清产核资、政策调研与方案设计。8月24日，市委、市政府召开全市农村综合改革暨镇村集体经济发展工作会议，全面部署推进农村综合改革、推进集体经济转型升级的工作。市委、市政府相继出台实施《关于深化农村综合改革推进城乡统筹发展的意见》《关于推动镇村集体经济转型升级加快发展的若干意见》《关于进一步加强镇村集体经济管理的若干意见》《关于进一步深化农村管理体制改革的若干意见》《东莞市农村（社区）集体资产管理实施办法》《加快推进"三旧"改造促进产业转型升级的若干意见》《东莞市农村（社区）集体经济统筹管理实施办法》等系列政策文件，在创新发展模式、规范资产管理、减轻镇村负担、推进协调发展、改善群众生活等方面采取一系列具体措施。9月3日，市委、市政府向省委、省政府提交《关于我市推进农村综合改革、促进集体经济转型升级的情况报告》，提出下来深入推进农村综合改革将力争在深化农村经济管理体制改革、社会管理体制改革、财政体制改革、推动农村公共服务均等化、推动主体功能区规划建设等方面实现五个突破；全面落实腾笼换鸟、激活资源、承接产业、统筹联动、集约管理等五大举措，加快集体经济转型升级。

【转型升级加快】 *承办首届中国加工贸易产品博览会* 2012年9月16日，首届中国加工贸易产品博览会在东莞厚街广东现代国际展览中心开幕。中共中央政治局委员、省委书记汪洋出席并宣布开幕，商务部部长陈德铭在开幕式上致辞，省委副书记、省长朱小丹发来贺信。本届"加博会"吸引来自全国28个省、市（自治区）的1325家企业参展，展位总数达到3468个；邀请各类采购企业近5000家。中国加工贸易产品博览会的前身是广东外商投资企业产品内销博览会，自2009年以来已成功连续举办三届。经批准，2012年"外博会"正式升格为"中国加工贸易产品博览会"，由商务部、人力资源和社会保障部、环境保护部、海关总署、质检总局、国家知识产权局和广东省人民政府共同主办，并作为直接服务于内外贸市场的全国性展会，也是中国唯一直接服务于加工贸易转型升级的国家级博览会。大会16—18日为专业采购日，19日为公众开放日，4天内共吸引超12万人次进场观展，近5000家商贸流通企业赴加博会采购洽谈，意向成交金额687.3亿元。加博会期间还举办多场高规格论坛，为加工贸易企业转型内销提供智力和信息支持。

"中以国际科技合作产业园"奠基 2012年5月31日，"中以国际科技合作产业园"奠基仪式在松山湖举行。副省长许瑞生，市委书记、市人大常委会主任徐建华出席奠基仪式。"中以产业园"是中国与以色列合作建设的首个产业园区，拟用地约380亩，其中一期用地190亩、投资约人民币15亿元，主要引进水处理技术应用企业和孵化水处理相关企业，以及开展电动汽车、高端IT业、半导体照明、太阳能光伏、环保技术和生物医药等新兴战略产业的中以合作项目。其中引进的先进水处理技术，将结合东莞的产业化能力，针对广东乃至全国日益严峻的水处理环境问题展开协同创新，共同打造国际先进、国内领先的水处理专业产业园区。

东莞与粤海集团签约共建产业园 2012年12月17日，广东粤海装备技术产业园项目签约仪式在广州举行。省委副书记、省长朱小丹，省委常委、常务副省长徐少华，副省长招玉芳，东莞市委书记、市人大常委会主任徐建华，市委副书记、市长袁宝成，副市长贺宇，粤海集团董事长黄小峰等出席仪式。广东粤海装备技术产业园项目位于谢岗镇，计划用地17平方公里，计划投资600亿元，集聚汽车零部件、工程装备、数控装备等关键技术和核心零部件的生产研发，预计2013年动工，分3期共10年开发

建设。此项目是东莞建市以来最大单体投资项目。

全面取消治安联防费　8月3日，东莞市委十三届第20次常委会议决定，在落实广东省从8月1日取消流动人员治安联防费的基础上，同时取消东莞市常住人口的治安联防费。加上东莞市从7月1日起已停止对个体工商户和工商企业征收治安联防费，至此，东莞市全面取消治安联防费，每年为企业和群众减负1.75亿元，有效形成营商环境“加一”，综合成本“减一”的新优势。

【全省创新社会管理引领区建设】 为贯彻落实《中共广东省委、广东省人民政府关于加强社会建设的决定》和7个配套文件，以及省委书记汪洋、省长朱小丹、省委副书记朱明国对社会建设工作的重要指示，在市第十三次党代会上，东莞提出“建设全省创新社会管理引领区”的目标。2012年6月18日，东莞市召开创建全省创新社会管理引领区动员大会，省社工委专职副主任刘润华代表省委副书记、省委政法委书记、省社工委主任朱明国与市委书记、市人大常委会主任徐建华交换已签订的共建全省创新社会管理引领区协议书。会议要求从着力健全社会管理机制、着力夯实基层管理基础、着力激发社会主体活力、着力加强民生权益保障、着力强化社会安全管理等五个方面抓住关键，突出重点，切实提高创建全省创新社会管理引领区的科学性和实效性，全面开创东莞社会建设新局面。

【商事登记制度改革】 2012年3月28日，省委书记汪洋对南方日报《一家外企注册一年未成功》《香港：注册新公司最快一小时》2篇报道作出批示。东莞市委、市政府高度重视，迅速行动，按照汪洋指示精神，启动企业注册登记行政审批试点改革。4月6日召开市委常委会，研究通过《东莞市企业登记注册行政审批试点改革方案》，确定大朗镇作为试点，按照“解放思想、宽进严管、总体设计、先行先试、稳步推进”的原则铺开试点工作，形成经验后再向全市推广。6月20日，汪洋到大朗视察东莞商事登记制度改革试点情况，肯定“大朗商事登记改革开了一个好头”。10月24日，东莞市召开行政审批制度改革暨商事登记制度改革动员大会，市委书记、市人大常委会主任徐建华作重要讲话。会议印发《东莞市商事登记制度改革实施方案》，全面铺开商事登记制度改革。11月23日，国家工商总局原则同意广东扩大商事登记改革试点地区，在深圳、珠海、东莞、佛山顺德区开展商事登记改革试点。12月4日，徐建华、袁宝成率市几套班子领导分别现场检查全市工商系统窗口改造，给予高度评价，认为“开局良好”。截至2012年，商事登记改革取得初步成效，经济活力有效激发，登记效率大幅提升，信息平台初步建立，监管体系初步形成，审改步伐不断加快。

【“三打两建”专项行动】 2012年2月9日，省委、省政府召开“三打两建”工作电视电话会议，在全省部署开展打击欺行霸市、打击制假售假、打击商业贿赂，建设社会信用体系、建设市场监管体系的“三打两建”行动。在东莞分会场，市委书记、市人大常委会主任徐建华要求东莞“三打两建”工作的开展要走在全省前列。2月24日，东莞市委、市政府召开“三打两建”工作会议，徐建华强调，深入推进“三打”工作要“想打、敢打、会打、能赢”。市委副书记、市“三打”领导小组组长姚康作工作部署。会议印发《东莞市“三打”专项行动方案》。6月20日，中共中央政治局委员、广东省委书记汪洋到东莞进行专题调研，听取东莞“三打”部分大要案例现场汇报，充分肯定东莞“三打两建”工作和取得成绩。8月16日，省召开“三打两建”工作电视电话会议，会后东莞立即召开市“三打两建”工作会议，总结全市“三打”阶段性成果，推进“三打”工作向纵深发展，全面部署“两建”工作。在“三打”专项行动中，全市共受理各类线索24867条，核实查处线索22126条；立案查处欺行霸市案18194宗，打掉团伙453个；立案查处制假售假案12607宗，查办大要案780宗，捣毁窝点2702个，涉案货值8.23亿多元；查办商业贿赂案738宗，查结660宗；涉及国家工作人员494人，涉“保护伞”人员271人，其中县处级干部18人、科级干部73人。得到中央综治办和汪洋等省领导的充分肯定。

【市委工作制度完善】 2012年，市委进一步加强工作制度建设，规范议事决策、分工负责、协调沟通和制约监督机制，修订、完善、新建20多项法规制度和与之相配套的工作程序：制定出台新的《市委常委会议议事规则》，并健全完善常委分工、联系片工作、市领导干部外出请示报告等制度；对市委常委驻党代表工作室联系群众等部分长期适用的工作制度，做好配套衔接；围绕落实中心组学习制度，配套建立学习论坛、闭门读书等制度；根据省委加强领导班子建设的决定，分别制定市直单位、镇街、村（社区）、“两新”组织班子建设四个具体实施意见；结合群众反映强烈的社会治安、医疗卫生、食品安全等问题，制定一系列制度举措等。在2012年“全国市县党委领导班子内部制度建设交流推进现场会”和“全省市县‘五好’领导班子创建活动推进会”上，获得中组部和省委组织部的肯定。

【领导班子建设】 2012年2月23日，市委出台《关于加强市直单位领导班子建设的实施意见》《关于加强镇街领导班子建设的实施意见》《关于加强村（社区）“两委”领导班子建设的实施意见》，通过增强责任意识、坚持用人导向、注重培养选拔、强化班子配备、坚持党内民主、健全工作制度、强化激励考评、深入联系群众、抓好学习培训、严格廉政纪律、加强组织领导等一系列措施，进一步加强各级领导班子建设，提高领导水平和执政能力。

【学习考察活动】 市党政代表团赴广深佛惠四市学习考察　2012年2月8日起，市委书记、市人大常委会主任徐建华，市委副书记、市长袁宝成率市党政代表团赴佛山、惠州、广州、深圳四市，学习考察四市“三重”建设、“三旧”改造、科技产业园建设等方面的先进经验和做法。2月8日在佛山，代表团考察了美的集团、中国陶瓷产业总部基地、广东金融高新技术服务区、佛山南海高新技术产业开发区、广东平板显示产业技术研究院、广东工业设计培训学院等。2月10日在惠州，代表团考察了大亚湾经济技术开发区比亚迪汽车发动机项目、中海油惠州炼油项目、巽寮滨海旅游度假区、东莞凤岗（惠东）产业转移工业园、TCL液晶产业园等。2月13日在广州，代表团参观了中新广州知识城、番禺天安节能科技园、花城广场、猎德村改造、国际服装创意园等园区和项目。2月20日在深圳，代表团参观了华星光电、深圳华为、深圳市服装基地、光启高等理工研究院、华强文化科技集团、深圳创新投资集团等企业和项目。考察期间，与四市均召开工作交流座谈会，其中与广州市签署《广州市·东莞市战略合作框架协议》，重点加强规划对接、产业合作、交通运输、协作创新、城市管理、环境生态、水资源及水务合作、信息网络、社会管理、海洋资源及海事等多个领域合作。2月27—28日，市

委、市政府召开赴广州、深圳、佛山、惠州学习考察心得交流座谈会。徐建华指出，要结合东莞实际积极把思想成果转化为行动举措，更好地谋划和推动今后的发展，促进转型升级的“拐点”早日出现，努力实现东莞高水平崛起。

市党政代表团赴京沪皖鄂蓉等地拜访国家部委、高校院所和企业　2012年3月5—23日，市委书记、市人大常委会主任徐建华，市委副书记、市长袁宝成分别率市党政代表团先后赴北京、上海、合肥、武汉、成都等地，专程拜访国家有关部委、著名高校院所和大型央企民企，积极争取上级部门指导支持，全面加强与高校院所“政产学研”的合作对接，主动寻求与大型企业深层合作。代表团共拜访了科技部、教育部，中国科学院、清华大学、北京大学、同济大学、复旦大学、上海交通大学、中国科技大学、武汉大学、四川大学等14家著名高校院所，以及中国电子信息产业集团、中国华电集团、中外运长航集团、中国联通、万达集团等5家大型央企民企，就政策支持、科技创新、重大投资及其它相关合作事项达成一系列共识，形成60多项合作事项。是次拜访活动是东莞市改革开放以来首次由市委书记、市长挂帅带队拜访国家部委、高校院所和大型央企民企的活动。

市党政代表团赴香港开展拜访活动　2月16—17日，市委书记、市人大常委会主任徐建华，市委副书记、市长袁宝成率市党政代表团赴香港开展系列拜访活动，拜访了外交部驻港特派员公署、驻港部队、中联办以及香港东莞同乡总会，进一步增进莞港交流与合作，助推东莞实现高水平崛起。

市党政及企业代表团赴以色列、德国进行科技交流与经贸考察　7月8—17日，市委书记、市人大常委会主任徐建华率领东莞市党政及企业代表团赴以色列、德国进行科技交流与经贸考察，寻求国际科技创新资源，招引与东莞产业结构相适应的国际知名企业，促进科技金融产业融合，助力高水平崛起。在以色列，代表团拜访了Better Place电动汽车公司、伊斯卡金属切削集团、曼腾（Matam）高科技园，考察了Treatec21工业水处理公司和欧法拉水处理公司的环保示范项目；会见了以色列工业经贸和劳动部沙龙辛宏部长，双方就全面推动中以科技园项目达成共识，并就双方在新能源、生物医药、电动汽车、高端生产制造等领域的项目达成合作意向，通过利用以色列科技创新的能力，带动东莞企业转型升级。在德国，代表团拜访了德国弗劳恩霍夫（Fraunhofer）应用研究促进协会和斯宾纳（SPINNER）机床制造有限公司，会见了德国费迪南德-布朗恩研究所（Ferdinand-Braun-Institute）所长、东莞市市长经济顾问肯特·坦科勒（Gunther Trankle）教授，并参加“东莞—乌泊塔尔2012投资对话项目合作大会”，成功签署五项合作协议，拓展东莞与德国科技交流合作渠道，为两市全面合作打下坚实基础。

【书记、市长“时间问政”网友见面会】2012年5月17日，“广纳良言、共谋崛起——‘时间问政’网友见面会”在东莞报业大厦举行，市领导徐建华、袁宝成、王检养以及12位局办负责人，与《东莞日报》、东莞时间网“时间问政”栏目的22位网友参加。徐建华、袁宝成认真倾听网友意见建议，回答网友提问，并作了发言。徐建华感谢广大网友对东莞的高度关注和大力支持，希望以是次见面为契机，全市各级党委政府与广大网民同心合力，共同把网络民主平台的作用发挥好，让全市人民共享网络社会健康发展的成果。

【市委书记接受采访】2012年1月5日，市委书记、市人大常委会主任徐建华接受《南方》杂志采访，就履新感受、转型升级、新年展望、“十二五”时期东莞发展蓝图等发表看法。4月27日，徐建华接受《羊城晚报》关于东莞转型升级的采访。5月9日，徐建华接受广东电视台专访，就东莞一季度经济增速、传统产业转型升级、如何扶持小微企业、建设幸福东莞等问题进行深入阐述。5月17日，《南方周末》刊发《东莞，不做中国的“希腊”——访东莞市委书记徐建华》一文，徐建华在采访中就东莞GDP增速减缓、行政区划调整、城市形象争议以及转型升级拐点等问题进行解答。5月23日，徐建华接受《中国经济周刊》采访，阐释高水平崛起、“六个东莞”建设具体内容。6月1日，徐建华接受南方广播影视传媒集团《转型升级市县行》采访。6月29日，徐建华就“三重”建设、营商环境、科技金融与产业融合、村组债务、改革创新等问题接受南方报业传媒集团总编辑、《南方日报》总编辑张东明的专访。7月24日，徐建华接受广东电视台关于产业转移和转型升级的采访。8月22日，《南方日报》刊发《转型东莞》特刊，徐建华谈加工贸易转型升级的背景和意义。9月20日，《经济日报》刊发徐建华的署名文章《加快产业转型升级 探索东莞科学发展新路径》。10月16日，徐建华接受新华社“抓住用好战略机遇期”调研小分队采访。10月19日，中国经济新闻网刊登对徐建华题为《东莞：以创新实现从制造向创造跨越》的专访。10月24日，由《南方日报》、南方电视台等组成的省媒体采访组就东莞网上信访大厅及视频信访系统运作情况进行专题采访，徐建华接受省媒体采访组专访。11月5日，徐建华接受中央电视台《经济半小时》关于转型升级的采访。11月党的十八大召开期间，徐建华接受《人民日报》、《中国经济周刊》、《经济日报》、《南方日报》等多个媒体采访。12月5日，徐建华接受《广州日报》采访，谈学习贯彻落实十八大精神。12月29日，徐建华接受广东卫视关于“学习贯彻十八大精神和习近平总书记视察广东重要讲话精神”专题采访。

【市委中心组学习讨论会】2012年组织召开20期市委中心组学习讨论会。其中5期为东莞学习论坛，其他15期分别是：1月5日，集中学习省委十届十一次全会精神；1月20日，学习中共中央政治局委员、广东省委书记汪洋在参加省十一届人大五次会议东莞代表团全体会议时的重要讲话精神；2月27—28日，市委中心组成员集中交流赴广州、深圳、佛山、惠州学习考察心得体会；3月20日，学习全国“两会”精神；3月21日，邀请商务部原副部长张祥作“从中国制造到中国服务的突围——全球视野下的中国服务经济”辅导报告；5月14日，传达学习省第十一次党代会精神；6月8日，传达学习省长朱小丹来莞视察重要精神；6月15日，邀请中国科学技术发展战略研究院院务委员研究员高志前作“东莞产业转型与创新发展”辅导报告；6月21日，传达学习中共中央政治局委员、广东省委书记汪洋在莞调研时的重要讲话精神；8月3日，专题学习胡锦涛总书记7·23重要讲话精神；8月31日，专题学习温家宝总理视察广东重要讲话精神和全省加工贸易转型升级现场会精神；10月30—31日，举办市领导班子专题读书学习会，闭门学习胡锦涛7·23重要讲话精神，以及市委书记、市人大常委会主任徐建华推荐阅读的学习书目；11月16日，传达学习党的十八大精神；12月14日，传达学习习近平总书记考察广东的重要讲话精神；12月29日，传达学习中共中央政治局委员、广东省委书记胡春华在东莞调研时的重要讲话精神。

【东莞学习论坛】 2012年举办5期（第38期—42期）。2月16日，邀请著名经济学家樊纲作“打造金融强市，推动高水平崛起”辅导报告。4月24日，邀请国家行政学院决策咨询部副主任、教授丁元竹作“努力提高社会管理科学化水平”辅导报告。5月28日，邀请省政府发展研究中心主任汪一洋，宣讲省第十一次党代会精神。7月13日，邀请武汉大学质量发展战略研究院院长程虹作“质量强市和经济转型升级”专题报告。10月26日，邀请深圳华大基因研究院院长汪建作“基因引领未来：生物经济大目标、大科学、大产业”专题报告。12月6日，省政府发展研究中心副主任李鲁云来莞宣讲党的十八大精神。

【市委常委会议】 2012年召开29次市委常委会议，学习贯彻中央、省的有关指示精神，审定重要政策性文件和重大工作部署的文件、市委有关报告，定期组织市委学习中心组的学习，召开民主生活会，听取有关工作汇报，就需市委决定的问题进行决策等。　　（何剑华　黄惠敏）

附：2012年中共东莞市委书记、副书记、常委、秘书长、副秘书长名录

市委书记：徐建华
市委副书记：袁宝成　姚　康
市委常委：徐建华　袁宝成　姚　康
甄瑞潮　崔　建　刘卫芳
李小梅　梁国英　邓志广
王检荞　潘新潮
市委秘书长：王检荞（兼）
市委副秘书长：谢小薇　曲洪淇
黎桥根　吴小峰
叶锦河　蔡家华
吴世文（2月到任）
黄伟青（11月到任）
黎雪琴（11月到任）
温淦荣（任至2月）
谢国文（任至11月）

市委办工作

【办文工作】 2012年，东莞市委办公室秘书科在公文办理上，掌握详细背景资料，征求各方意见，提出拟办意见，为领导决策提供详细、准确依据；在公文制发上，严把政策关、规则关、程序关、时效关、格式关、文字关，提高公文质量和效用，维护市委文件的严肃性和权威性。全年办理各类文电2700余份；审核印发各类文件近500份；处理市领导批示件3415份；编撰市委工作大事记12期；完成29次市委常委会议的会议材料准备、会务组织、纪要撰写和向新闻媒体开放等工作，下发市委常委会议决定事项通知53份。重新修订《市领导干部外出请示报告制度》《关于进一步规范向市委报送公文的意见》《市委常委会议议事规则》《市委工作大事记编写工作规范》等规章制度。

【会务工作】 2012年，东莞市委办公室会务科组织完成50场次大中型会议活动，协助办理123场次大中型会议活动，参与接待中央、省领导8次，整理《2012年以市委或市委、市政府名义召开的全市性会议计划》《2012年全市重要政务活动安排》等文件；编印44期市领导公务活动预报表、12期月度主要会议、重大活动安排表，办理并落实会议会务活动来文390件；编制2012年度东莞市内部电话簿。印刷市委办、市政府办文件材料1170份，密件68份。

【文稿工作】 2012年，东莞市委办公室综合一科、综合二科发挥参谋作用，围绕市委工作大局、领导决策思路和经济社会发展中的重点问题出主意、出思路、出策略，高标准、高质量、高效率撰写市委全会报告、全市年中点评总结会讲话、全市“三重”建设工作会议讲话等一批重要文稿。全年起草市委主要领导文稿500多篇，其中呈送省委和省委主要领导22篇，获省委书记批示7篇次。

【信息工作】 2012年，东莞市委办公室信息科主动出题目、定方向、提要求，积极向部门、镇街约稿和加强调查研究，做好专题性综合信息、经验做法总结推广等工作，全年编发《工作交流》48期、《领导信息专报》19期。紧跟省委、省政府工作部署和节奏，做好选题研判，对重点题材做到多报、快报，既反映工作成绩和亮点，也反映推进基层工作的政策建议，分别向省委办和省府办上报信息310篇和83篇，采用总分继续居全省前列。承担《东莞年鉴》中“市委工作”部分的组稿和《东莞市情手册》2012年卷的编印工作。
（何剑华　黄慧敏）

附：2012年中共东莞市委办主任、副主任名录

市委办主任：谢小薇（兼，2月到任）
市委办副主任：安连天　黄荣峰
叶建华（2月到任）

【督查工作】 2012年，市委督查室全力推动市委中心工作贯彻落实，对市委75项重要工作进行任务分解，定期反馈工作进展；完成19项市委重大决策工作任务督查考评；承办中央、省、市领导批示120件；督办《广电舆情》38期，涉及事项207宗；撰写报省《督查专报》22期，被省采用5期，获省领导批示3期；编撰《工作落实动态》36期。

决策督查　一是突出中心。年初，市委督查室根据市委第十三次党代会报告和《2012年市委常委会工作要点》，梳理出10大类55项重点督查事项进行任务分解，明确工作目标、完成时限和责任单位，督促责任单位及时制定工作措施，落实倒逼机制，会同相关部门及时协调解决工作中困难和问题，工作完成情况于5月和11月2次进行综合反馈。二是抓住主线。围绕省十一次党代会重点工作开展督查反馈，对产业结构调整、加工贸易转型升级、“双转移”、民生等重要决策事项持续跟踪工作进展，向省报送《督查专报》22篇。三是突出要事。督办落实省长朱小丹来莞督导城际轨道交通指示精神，以及省纲要办、省委督查室关于“四年大发展”、乡贤反哺工程等工作要求，通过巡查、协调、汇报等方式，确保工作按期保质完成；积极推动“六个东莞”建设，协调相关部门细化工作任务，出台行动计划；梳理全市年中工作分片点评会和市领导赴德国以色列科技经贸考察中需部门落实的问题20个，会同职能部门开展督查调研，推进相关问题解决。

督查考评　为推进市委重大决策落实，根据市委要求，市委督查室首次探索通过决策督查考评机制推动工作落实。年初，根据党代会和常委会工作要点，筛选出19宗重大决策事项作为年度督查考评内容，制定出台《市委2012年决策督办工作要点》和《督查考评方案》，将“工作进度、统筹协调、绩效奖惩”等方面工作要求细化为80多项考评标准，其中90%以上为量化指标；考评分2次进行，上半年主要检查目标计划制定情况，下半年主要考评工作绩效情况；考评结果作为各部门、镇街年终绩效考评重要组成部分，保证督查考评的严谨和权威。全年共组织部门督评会8次、常委挂片督评会6次，参与督评协调活动13次，解决各类问题200多宗。

舆情督查　根据市委书记徐建华关于“要求每期舆情涉及的镇（街）和市直部门就相关问题的调查处理情况两周之内向市委办汇报”的指示精神，市委督查室将《广电舆情》反映的群众投

诉事项列入督查范围，制定《〈广电舆情〉事项办理工作流程》，建立事项筛选、交办整改、情况反馈、回访复核、情况通报等工作制度。全年共筛选督查事项207宗，涉及民生各个领域，激发广大群众参与的积极性。徐建华在接受省级媒体采访时，对是项工作给予充分肯定，称为“媒体信访”。

批示办理　2012年共办理中央、省、市领导批示120件，开展现场督导10次、召开督导协调会5次。一是创新反馈方式。从4月份起，除省领导批示和重大事项批示仍采用专报外，其余采取月报方式向批示领导反馈办理情况，减少办理时间和领导阅批时间，提高工作效率。二是重视舆情批示办理。全年共承办涉舆类领导批示71件，涉及中央、省、市领导批示83次，占批示总量60%。市委督查室采取即收即办、快速协调、限时催报、牵头督办等办法，在最短时间内对上、对外通报情况，澄清事实，降低突发敏感事件负面影响。如，4月28日“大岭山台升家具厂怠工事件”发生后，先后有中央、省、市6位领导10多次批示，市委督查室迅速牵头，协调宣传、公安、人力资源等部门及大岭山镇启动应急预案，狠抓各项化解措施，促使问题妥善解决，工厂于5月4日恢复生产。

专项工作　做好市委书记督办政协提案服务工作，针对九三学社提出《关于进一步促进科技和金融结合，加快建设科技与产业融合示范区的建议》，研究提案内容，协调制定办理方案，参与相关调研活动，组织召开重点提案专题调研座谈会，通报办理情况，听取意见建议，督促承办单位如期书面答复提案人，高质高效完成提案办理工作。

（聂仲旗）

附：2012年中共东莞市委督查室领导名录

主　任：彭碧玲

副主任：黎汝庆　蔡国威

【信访工作】2012年，东莞市信访局受理群众来信、来访、来电、网上信访，总量同比下降2.94%。全市信访工作形势总体平稳，信访渠道进一步拓宽，群众诉求得到及时妥善解决，重大政治活动期间没有发生影响社会稳定的群众上访。

坚持市领导定点接访日制度　东莞市实施市领导定点接访日制度29年以来从未间断，每月15日市委常委、副市长轮流在市人民来访接待厅接待来访群众。2012年市领导在定点接访日接访群众共420批1382人次。

充实信访督查工作力量　11月3日，市机编委批复同意市信访局增设3名副处级专职信访督查专员。11月28日，市委办、市府办印发《镇（街道）领导到市信访局担任市信访督查专员工作制度》。加上已实施10年的《市直机关单位新任副处级领导干部担任市信访督查专员制度》，东莞市形成三管齐下的信访督查工作力量。

全国信访局长电视电话会议　1月17日，全国信访局长电视电话会议召开，东莞市设分会场，市委副书记姚康，市委常委、秘书长王检养到会并讲话，副市长喻丽君参加会议。

中央、省来莞调研督导信访工作　2月23日，国家信访局办信二司副司长孙宽平率队，到东莞市督查调研办信工作情况和信访积案化解情况，喻丽君副市长会见督查组。6月14日，中央联席会议办公室副主任、国家信访局副局长、国家投诉受理办公室主任王耀东一行，来莞调研信访工作情况，了解网上信访工作运作，市领导徐建华、袁宝成、王检养、唐庆涛会见调研组。6月28日，省委副秘书长、省信访局局长林耀明一行来莞调研信访工作，市领导徐建华、袁宝成、姚康、王检养、贺宇、何嘉琪、吴镇成会见调研组。7月20日，国家信访局副局长徐业安一行到莞调研2011年以来环保类问题的群众联名信情况，了解贯彻第七次全国信访工作会议情况，副市长喻丽君会见调研组。8月14日、10月9日，中央信访工作督导组第19组第二小组组长、最高人民检察院公诉厅抗诉处副厅级检察员李健一行，先后2次到莞督导检查信访工作，督办重点信访事项，市领导徐建华、姚康、邓志广、王检养、喻丽君会见中央督导组。

全市信访工作会议　2月29日，全市信访工作会议召开，贯彻落实全省信访工作会议精神，总结去年信访工作，动员部署2012年信访工作。姚康、王检养分别讲话，市委副秘书长、市信访局局长谢国文传达全省信访工作会议精神。

重点时期信访工作　3月1—14日全国“两会”、5月6—13日省第十一次党代会、10月24日至11月17日党的“十八大”等重要会议期间，东莞市分别成立信访维稳工作临时领导小组，在全市开展矛盾纠纷排查化解活动，全力维护东莞市的稳定大局和良好形象，获得省充分肯定。

信访工作专题调研　3月中旬，东莞市信访局组织开展全市废品回收行业管理工作专题调研并形成相关调研报告，市领导徐建华、袁宝成、姚康、王检养对调研报告作重要批示，对加强全市废品回收行业管理起到积极作用。5月17日，省信访局牵头组织省总工会、省职业病防治院、省安全生产监督管理局等部门，来莞开展职业病防治专题调研工作。5月22—24日，市信访局组织各镇街道信访办、市有关单位召开信访专题调研座谈会，就群众信访热点难点问题进行调研座谈。

全省信访业务培训班　3月19—30日，全省信访业务培训班（共2期）举行，讲授信访工作业务、政策法规应用等内容，东莞市信访局、各镇街信访办参加培训。6月14日，全省网上信访暨全国信访信息系统应用专项工作会议召开，东莞市信访局、各镇街信访办参加会议。

全市领导干部大接访活动　5月4日、7月31日、9月24日，市委书记徐建华、市长袁宝成率市委、市人大、市政府、市政协四套领导班子成员，深入各镇街统一开展全市领导干部大接访活动，通过带案下访、上门探访、重点约访、分类接访等多种形式，亲自接待群众来访，动手解决信访问题，督导包案案件，把矛盾纠纷解决在基层、化解在萌芽状态。各镇街党委书记或镇长（办事处主任）参加当地接访下访活动。

汪洋书记视频接访东莞市群众　5月24日，省委书记汪洋远程连线东莞市等5个试点市，通过网上视频接访樟木头镇残疾群众，为群众解决实际困难。

信访工作约谈会　6月21日，信访工作约谈会召开，传达贯彻徐建华重要批示精神，深入剖析信访形势，就扭转信访工作被动局面研究措施。姚康作重要部署，王检养主持会议，谢国文通报信访工作形势，虎门、东城、万江、南城、沙田、寮步、常平、横沥等8个镇（街）党委书记或镇长发言。

东莞市视频信访系统启用　6月28日，省委副秘书长、省信访局局长林耀明，市领导徐建华、姚康、王检养等出席东莞市视频信访系统启用仪式，视频

接访长安、麻涌、高埗等镇信访群众。林耀明、徐建华分别讲话，王检养主持仪式。

市领导包案解决信访案件　7月12日，市委成立专项工作小组，对2012年以来到省进京上访重点案件，逐一落实市委常委、副市长包案，集中力量限时妥善解决。

全市信访维稳工作会议　9月12日、28日，全市信访维稳工作会议、全市信访维稳工作现场会议分别召开，会议传达贯彻省有关信访维稳工作会议精神，部署党的“十八大”期间全市信访维稳工作，市领导姚康、邓志广、王检养出席会议并讲话。

省媒体采访东莞市网上信访工作　10月24日，徐建华在莞接受《南方日报》、《羊城晚报》、《广州日报》、广东电视台、南方电视台、南方新闻网等媒体采访，介绍东莞市网上信访工作亮点。

信访维稳工作研判会　11月1日、2日、5日、6日，城镇片、沿海片、水乡片、埔田片、丘陵片信访维稳工作研判会分别召开，市领导姚康、甄瑞潮、崔建、李小梅、梁国英、潘新潮、张科、吴道闻、唐庆涛、喻丽君出席相应片区会议，各片区的镇（街）党委书记或镇长（办事处主任）、分管领导、信访办主任以及市有关部门负责人参加会议。

（廖锦洪）

附：2012年东莞市信访局领导名录

局　长：谢国文（任至11月）
　　　　黎雪琴（11月到任）
副局长：袁润标（任至3月）　陈伟贤

【保密工作】2012年，全市保密工作以深入落实《保密法》为主线，以全面实施《“十二五”时期东莞市保密事业发展规划》为重点，切实加强保密系统、行政管理、综合预防、技术防护、宣传教育等方面的建设，较好地发挥保密工作保障作用。

保密工作会议　2月22日，东莞市召开市委保密委员会全体成员会议。市委副书记、市委保密委主任姚康对做好全年保密工作提出3点意见：一是注重科学研判，切实增强保密责任意识；二是注重改革创新，切实提高依法治密能力；三是注重强化领导，切实提高组织保障水平。

3月2日，东莞市召开全市保密工作会议，省委办副巡视员刘建中，市委常委、秘书长、市委保密委副主任王检养，以及全市各镇街、各单位保密领导小组组长、保密员约400人参加会议。王检养同志在会上提出，2012年全市保密工作要做到“保密组织领导要继续强化、保密管理要依法推进、技术防护要全面提升、宣传教育要进心入脑”4点要求。

保密系统建设　统一保密组织规格，全市27个镇街保密委员会主任（保密领导小组组长）由党委专职副书记兼任，各单位保密组织负责人由本单位主要领导或副职兼任，并向市国家保密局报备。

专项保密检查　2012年，市国家保密局组织开展政府系统保密检查，政法、信访、统战专项保密督查，4部门信息安全保密联合检查，党政“一把手”信息安全保密抽查等4轮保密检查，共抽查32个镇街和62个单位，合计检查计算机2336台，密级文件1432份，保密要害部门部位163个。

保密工作量化考核　2012年，市国家保密局制定保密工作量化考核办法，明确考核内容及评分标准，考核内容共分3大类28项。如发生泄密情况，总分为0，并追究责任人责任。按照考评标准，评选出寮步镇党政人大办公室等71个保密工作先进单位和钟琼香等72名保密先进工作者。

国家统一考试保密管理　市国家保密局加强与教育、公安、卫生、人力资源、司法等部门协调配合，做好高考、中考、医考、公务员招考、司法考试、研究生考试的试卷运送、保管、交接等环节保密管理和试卷保密室检查验收工作，确保国家统一考试安全和保密。

保密宣传教育活动　市委保密委员会与市纪委联合印发《转发省纪委、省委保密委关于在“纪律教育学习月”活动中开展保密法纪宣传教育的通知》，在7-9月结合“纪律教育学习月”活动，开展主题为“增强保密意识、严明保密纪律、落实保密责任、养成保密习惯”的“保密宣传教育月”活动。活动期间，市国家保密局在樟木头镇、口岸局等10多个机关单位举办保密技术知识宣讲；与司法局、电子政务办合作，通过东莞普法微博、公职人员学法考试、东莞市行政办公系统宣传《保密法》；组织《保密知识简明读本》征订，实现全市各级领导干部和涉密人员人手一册；制作印有保密警示语句的办公用品，免费派送到全市涉密人员；给全市各镇街、各单位班子成员及办公室系统人员发送保密宣传彩信1.4万条。

8月16日，在市委、市政府两套班子中开展保密教育活动。一是市委、市政府领导重新签订《保密承诺书》，对市领导进行保密提醒；二是对市领导办公室进行保密检测，并对市领导秘书（联络员）提保密要求。

9月25日，市国家保密局组织举办保密知识管理业务学习班，专题学习涉密文件资料、办公网络、智能手机、电子邮箱保密管理和防范业务知识，各镇街、各单位保密员和密码管理员约250人参加学习。

（魏云青）

附：2012年东莞市国家保密局领导名录

局　长：袁鸣春（5月到任）
副局长：梁瑞芬（10月到任）

组织建设

【概况】截至2012年，东莞市共有党的基层组织7333个（含“两新”组织党组织3206个），其中党委195个，总支部350个，支部6788个。全市共有党员148696名，其中“两新”组织党员39073人（含流动党员22893人），女党员42552人，占28.62%；35岁及以下党员69640人，占48.83%；36岁至45岁党员29608人，46岁至54岁党员15662人，55岁至59岁党员7529人，60岁及以上党员26257人。大专以上学历89459人，占60.1%，其中研究生以上学历4713人；中专及以下党员59237人。农村党员94522人，占全市党员总数的63.58%。

【服务中心大局】2012年，市委组织部围绕“三打两建”、“三重”建设、“六个东莞”建设等中心工作，履行组织部门职能，为推动高水平崛起提供组织保证。做好换届选举各项工作　协助省委组织部做好市人大、市政府和市政协领导班子的换届选举工作，协助市委做好全国党代表、省党代表和省人大代表的选举工作，东莞市被评为全省“换届风气先进市”。强化“三打”工作组织考核　对全市32个镇街和12个市直单位查办的82宗大要案实施跟案考核。推动干部知识结构转型　围绕市委、市政府中心工作，推进领导干部素质提升，完成党校主体班20期822人次的培训，安排111名镇街和市直部门正职领导干部赴上海等地培训。

【“五好五有”班子创建活动】2012年，为贯彻落实省委《关于加强市、县领导班子建设若干问题的决定》，市委制定下发加强“镇街”“市直单位”“村（社区）”和“‘两新’组织”领导班子建设4个实施意见。完善干部选任监督工作机制，突出“抓坚持、构体系、立新规、严落实”四个环节，修订完善20多项法规制度和工作程序，在“全国市县党委领导班子内部制度建设交流推进现场会”和“全省市县‘五好’领导班子创建活动推进会”上，获得中组部和省委组织部肯定。完善干部初始提名方式，召开市委全委（扩大）会议，对市政府秘书长、市政府工作部门正职、镇街党政正职人选进行提名推荐。加大竞争性选拔干部力度，面向全国、全市公开选拔松山湖管委会副主任、团市委书记等5个处级领导职位。2012年，东莞被评为“全省提高选人用人公信度示范创建活动先进单位”。加强年轻后备干部的选拔培养，对全市市管后备干部进行集中调整，启动“丰羽强翅”行动，确定首批66名后备干部双向挂职锻炼，并深入做好挂职干部管理、跟踪和服务工作。

【“人才东莞”战略实施】2012年，市委组织部牵头制定《加强党管人才工作实施意见》，市委书记徐建华担任市人才工作领导小组组长。邀请中组部专家莅莞把脉东莞人才发展，组织部分成员单位到江西新余等地进行学习调研。提出打造“人才型城市”，作为实施“人才东莞”战略的重要抓手。制定《特色人才特殊政策暂行办法》和《加强“人才东莞”专项资金管理意见》，设立“莞邑人才功勋奖”等奖项，落实高层次人才代表列席市重要会议、市领导联系高层次人才等专项制度。5个创新团队入选省引进创新科研团队，总数14个位列全省第三。

【创先争优活动】2012年，市委号召全市各级党组织结合创先争优主题，在全市开展“学标准当先锋·献礼十八大”南粤先锋系列活动。七一前夕，召开全市创先争优活动总结表彰暨先进事迹报告会，表彰100个创先争优先进基层党组织、100名优秀共产党员，其中大朗镇党委被评为全国先进基层党组织；东城街道党委等5个党组织被评为全省先进基层党组织。命名表彰58个特色党建示范区和60个党员承诺示范岗，104个“机关党建百佳”和100名“机关党员百优标兵”，144个“五星级”党组织和60名“党员之星”。

【党代表工作室】2012年，市委举办6次大型主题实践活动，2万多人次参与、收集意见建议3万多条。承办全省党代表履职培训示范班，举办市、镇党代表履职培训示范班，不断提高党代表履职水平。实施“领导牵头、团队运作”工作模式，不断加强党代表、联络员、志愿者等“3支队伍”建设，建立健全定期开放、轮流接见、走访调研、远程受理等工作制度。东莞党代表工作室继成为全省首届组织工作“十大品牌”后，2012年先后被中组部总结为全国基层党建创新工作五种模式之一，称为东莞模式；被评为第二届全国基层党建创新30个最佳案例之一。

【“书记项目”推进】2012年，市委组织部做好“书记项目”立项、遴选工作，落实“书记项目”实施工作责任制，制订工作方案，建立管理台账。全市38个书记项目有序推进，其中徐建华书记项目——“东莞构建园区服务型党组织模式”，以“阳光雨”党员服务中心为载体，发挥组织管理、交流平台、党内关爱、先锋阵地四大功能，省委书记胡春华视察时认为对管理流动党员、服务党员群众非常好，有创意，《中国组织人事报》对是项目进行专题报道。

【村级基层组织运行机制】2012年，市委召开高规格的全市村级基层组织建设工作会议，印发《东莞市贯彻〈加强村级基层组织建设五年行动计划〉实施细则》，全面部署“一核心、两联席、三统筹、四公开”的村级组织工作机制。按“一定三有”要求，延续入编事业单位政策，出台《优秀基层党组织书记评选表彰办法》、实施《村社区党组织书记退岗离岗补助制度》，健全完善村级党组织书记激励保障机制。

【后进村晋位升级】2012年，市委深入落实问题突出村和后进村（社区）的整治任务，通过补足班子短板、发展短板和纪律短板，加紧推进整顿转化工作。市财政安排5000多万元专项资金补贴后进村基础设施建设。寮步镇向西村被评为“全省农村、社区‘回头看’活动示范村”。开展农村“两委”干部能力轮训、“两委”干部网络全员培训、学历提升班三项基层干部素质提升工作。组织77名新任村（社区）党组织书记赴韶山市委党校进行学习培训；做好新一轮村（社区）党组织书记后备干部选拔培养工作，确定209个市重点培养对象，百名村（社区）党组织书记培养工程被评为“全省组织系统2012年度特色工作”。

【基层党建“五对接”活动】2012年，市委组织部利用扶贫“双到”平台，与韶关等地开展村（社区）党组织书记、经济能人、大学生村官、新发展党员、后备干部“五对接”活动，得到省委常委李玉妹专门批示。全年开展128次对接交流活动，参加对接活动1686人次，帮助解决实际问题765宗，办好事实事1144件。

【“两新”组织党建】2012年，市委组织部把“百日攻坚”行动作为“两新”组织党建的有力抓手，企业和社会组织党组织覆盖率分别达到79.9%和90.3%。安排74名流动党员担任省市两级党代会代表、市人大代表和市政协委员。市财政每年安排近2000万元，解决“两新”组织党员活动经费、党组织书记和党建指导员岗位津贴等。

【组工干部队伍素质提高】2012年，市委组织部深入开展“一迎双争”、“双迎双创”主题活动，把党性教育作为活动重要内容，开展党性标准讨论活动，组织50名组工干部赴井冈山干部学院举行党性培训教育。提出组织部“公道、亲切、创新、自律”的八字部风部训。强化组织部门“三纪”教育，带头贯彻执行中央“八项规定”，带头到镇村开展“走千家、入万户、听民意、聚党心”主题活动，全市千名组工干部参与走访帮扶活动。8月，市委组织部被授予“全国组织系统先进集体”荣誉称号，10月，东莞市组织工作满意度在全国民调中排名全省第2。（张伟锋）

附：2012年中共东莞市委组织领导名录

部　长：甄瑞潮
副部长：游其晃　欧阳贵有　王建周
　　　　陈荣武（2月到任）
　　　　黄程垵（6月到任）
　　　　司　琪（8月到任）

老干部工作

【概况】2012年，东莞市共有市属离休干部365人，易地安置离休干部33人，省属单位离休干部41人，转制企业副处级以上退休干部105人，建国前参加革命工作的老工人46人。

【老干部政治待遇落实】做好工作通报和意见征求工作。2012年，市领导徐建华、袁宝成、姚康、甄瑞潮、崔建、王检养等在春节和中秋节前亲自参加老领导、老同志茶话会，和老干部亲切座谈，通报全市经济社会发展情况。开设老干部“学习论坛”。邀请党校教授为老干部深入解读党的十八大、省第十一次党代会和市第十三次党代会精神，全年有1105人次老干部听课。抓好离退休党支部建设。全市各级组织人事部门坚持落实好离退休干部党支部活动经费，每月定期召集支委开会，听取意见，通报工作，解释政策，离退休党员组织生活正常。4月24—26日，老干部局举办全市离退休干部党支部书记学习培训班，114名离退休党支部书记和支委参加培训。抓好老干部参加重要会议和外出学习参观工作。3月27日，老干部局组织282名离退休干部开展“一日游”活动，游览企石黄大仙公园、千年古枫和广深港虎门高铁站；11月27—29日，老干部局组织厅级老领导参观东莞（韶关）产业转移工业园、北伐战争纪念馆和中共广东省委粤北省委五里亭旧址。抓好报刊订阅工作。2012年，全市为离退休干部订阅《南方》《东莞日报》等党建、时政报刊，订阅《秋光》、《老人报》等老年专业报刊。

【老干部生活待遇落实】做好离休费跟踪落实和医疗费报销工作。2012年，全市离休干部离休费按规定发放不拖欠，离休干部医疗费按规定实报实销。做好老年保健工作。3月，组织全市厅级老领导到市人民医院进行体检；8月，组织副处以上离休干部开展短期疗养。做好生日祝寿工作。一是为年满70周岁，80周岁，90周岁以上厅级老领导上门祝寿。二是在“七一”期间为376多名80岁以上离休干部举办集体生日祝寿。开展“进百家门，问百家事”基层老干部走访活动。7月，老干部局领导分组登门走访75名居住在莞城，因长期患病、行动不便等原因不能出来参加活动的离休干部。做好探病慰问和困难慰问工作。

【老干部文娱活动】组织老干部参加喜迎十八大系列活动。2012年2—4月，老干部局组织老干部参加省委组织部、省委老干部局举办的广东省老干部纪念干部离退休制度建立三十周年书画摄影大赛，有14名老干部获奖，其中何炽佳、朱瑛的作品荣获绘画比赛金奖。5—7月，组织老干部参加中组部老干部局举办的全国离退休干部“诗书画影抒情怀、喜迎党的十八大”主题活动，有6名老干部获奖，其中吉新成的作品荣获书法特等奖。组织老干部参加省部级老年文体比赛。6月，组织老干部参加由省委组织部等6部门举办的第四届省老年文化艺术节，荣获2金2银。10月22—26日，组织老干部赴福建福州参加由文化部举办的“永远的辉煌”—第十四届中国老

真诚关爱　全心全意服务老干部

2012年11月27—29日，市委老干部局组织厅级老领导到韶关市参观学习，图为参观韶关（东莞）产业转移工业园。

年合唱节，荣获"海峡杯"金奖。10月26—29日，组织老干部赴安徽池州参加由国家体育总局主办的健身秧歌及健身腰鼓大赛，荣获秧歌一等奖和二等奖。认真办好老干部大学。市老干部大学在教学管理、招生管理和课程内容上不断创新，新增古筝、葫芦丝、瑜伽、诗词等课程，共开设23门课程，在校学员1061人。

【关工委工作】 2012年3月，东莞市举办全市关工委主任培训班，省关工委主任张帼英，市委书记、市人大常委会主任徐建华出席会议并讲话。5月，中国关工委主任顾秀莲来莞视察，市委常委、组织部部长甄瑞潮陪同参观视察。10月，东莞市召开市第三次关心下一代工作表彰大会，省关工委副主任陈坚、市委副书记姚康出席会议并讲话。12月，全省关心下一代工作先进集体和先进个人表彰大会在广州召开，东莞市有9个关工组织荣获广东省关心下一代工作先进集体，有13名老干部荣获广东省关心下一代工作先进工作者，时任市关工委主任李汉松荣获广东省关心下一代工作突出贡献奖。 （洪　纲）

附：2012年中共东莞市委老干部局主要领导名录

局　长：黄程垓

副局长：叶小林　袁植权（5月到任）

① 2012年3月27日，市委老干部局组织市直、转制企业、党群和易地的离退休干部282人开展城市新貌一日游活动，图为参观虎门高铁站。

② 2012年4月24—26日，市委老干部局举办东莞市离退休干部党支部书记培训班，邀请广东省政府研究中心副主任李惠武教授授课。

③ 2012年10月22—26日，市老干部合唱团到福建省福州市参加由文化部举办的"永远的辉煌"——第十四届中国老年合唱节，获"海峡杯"金奖。

宣传教育

【队伍阵地开拓奋进】 学习培训广泛开展 2012年，东莞市委宣传部举办全市宣传文化系统基层领导干部、新闻发言人、广电系统业务骨干、政务微博运营管理、道德讲堂主持人和宣讲员等6个主题25期培训班，培训9000多人次。业务指导规范到位 2012年，东莞市委宣传部编写出版10本业务书，包括《东莞市新闻发言人工作手册》，《东莞市政务微博工作手册》等，及时提供针对性强的业务指导。“四个全覆盖”强力推进 2012年，东莞市设立新闻发言人的单位从2011年底的87个扩大到162个、新闻发言人从181人增到365人；设立官方微博从8个增到76个；建立舆情智能监测平台从8个增到25个；网络志愿评论员从80人扩大到400多人，形成“全市大宣传”格局。“四个全覆盖”被市委列入社会管理创新观察项目。理论武装切实加强 2012年，东莞市成立十八大精神市委宣讲团，市领导带头宣讲，举办报告会103场，直接听众8万人次。举办省第十一次党代会精神宣讲会54场、市第十三次党代会精神学习（报告）会800多场。制定党委中心组学习考核办法，建立学习型党组织联系点20个，开展十大学习品牌创建评选活动。组织各级领导干部撰写理论学习体会140多篇，组织理论社科界推出东莞高水平崛起“1+8”系列决策咨政、幸福东莞评价指标体系等研讨会。出版《中国共产党东莞历史大事记（1919—2011）》等专著。

【管理服务与时俱进】 舆论引导更为主动 2012年，东莞市委宣传部做好十八大、省市党代会、新时期广东精神、“六个东莞”、“三打两建”、世界莞商大会等重要主题和活动宣传，多项宣传策划得到省市领导批示肯定。做好重大舆情信息的监测处置，全年编印《舆情信息专报》103期、《互联网舆情周报》48期、《舆情信息通报》8期，并首创以手机短信随时向市领导报告重要新闻和舆情，省市领导批示103条。媒地关系更为和谐 2012年，东莞市委宣传部深入21家媒体调研，走访省直三大媒体高层，倡导媒地“友好互动、和谐共建、幸福共享”，建立定期沟通交流机制，组织16次媒地沟通交流活动；建立高效服务机制，做好近200批次国内外重点媒体来莞采访、269场次全市集中采访服务；建立定量分析机制，定期评估涉莞报道情况。全年中央10家重点媒体刊发涉莞报道1276篇，比上年增长11%；省直及驻莞15家媒体刊发涉莞报道4906篇，增长17.7%；报道体现正面宣传为主的基调。体制改革持续深入 2012年，东莞市4家市属经营性文化事业单位转企改制突破5年困局，基本完成3家改制。推进市新华书店加入省发行集团，成为全省新华书店改革重组工作先进地区。东莞歌舞剧团成功重组。市荣获“全国文化体制改革先进市”称号。开拓创新更上层楼 2012年，东莞市宣传文化系统探索出一些好做法，得到中央、省、市推介。在全国层面上有3项：中宣部常务副部长雒树刚批示肯定东莞市开展道德领域突出问题专项教育和治理活动工作，市长袁宝成在全国工作会议上作相关专题交流发言；中央文明办推广东莞市大力弘扬见义勇为的经验；中央学习办推介东莞市学习型党组织建设的做法。在全省层面上有11项，在全市层面上推广9项。

【文明创建保持先进】 文明创建全国领先 2012年，东莞市高规格召开创建全国文明城市表彰暨动员会议，出台11份创建文件，成立7个督导组巡查督导，每半年对镇街开展一次文明程度指数测评。市“城市文明程度指数”、“未成年人思想道德建设工作”测评结果分别位列全国地级市第六名、第九名，同时位列全省地级市第一名。公民教育扎实有效 2012年，东莞市弘扬见义勇为精神，全市见义勇为现象呈现“井喷”之势。开展“迎接十八大、讲文明、树新风”等100多项主题活动，开展“城市暖流行动”1000多场次，建立1000多个“道德讲堂”并正常开展活动，评选公布230名“东莞好人”并举办表彰典礼。开展“三关爱”志愿服务活动300多场，公开征集289个优秀志愿服务项目，注册志愿者人数达到67万。文明氛围更趋浓厚 2012年，东莞市建立36条公民道德宣传“示范街区”、32个“示范社区（村）”、35个“示范校区”和64个“示范厂区”，新开辟一批公益宣传阵地，广泛开展公益宣传。

【名城建设稳步前进】 支持政策更为完善 2012年，东莞市出台东莞市文化产业发展专项资金管理、文化精品专项资金管理等7份政策文件。重大活动更有影响 2012年，东莞市举办第四届漫博会，吸引382家企业参展，比上届增长38.9%；现场签约28亿元；成功举办2012中国图书馆年会。首次以政府组团形式参加深圳文博会。举办第八届读书节，参与市民超360万人次。创新开展“新东莞·新阅读”全民掌上阅读活动，惠及市民40多万人次。超额完成“百场培训、千场演出、万场电影”进村企任务，参与群众超250万人次。举办

▲2012年1月12日，第六届“幸福东莞·城市暖流行动”暨2011东莞市文化惠民工程成果汇报演出举行。

东莞合唱节等品牌文化活动30多个，举办各类文体和纪念活动超过200场。文化周末、越唱越红、都市彩虹等文化品牌影响力大幅增强。文化覆盖更加到位　2012年，东莞市558个村（社区）建立公共文化管理服务队伍，实现市镇村三级公共电子阅览室全覆盖，建立完善东莞文化网、东莞学习中心网络平台，公共图书馆新增图书56.57万册，顺利通过国家公共文化服务体系示范区创建工作中期督导。文艺创作更加丰收　2012年，东莞市涌现出大批原创作品，音乐剧《三毛流浪记》《爱上邓丽君》以及动画片《开心宝贝》、歌曲《故乡啊故乡》等4部作品获省“五个一工程”奖，创历届最好成绩；25件作品获全省群众文艺作品评选奖项，名列全省各市第一位；《驯虎》等多部作品荣获境内外多个重要文学奖项。中堂、沙田、凤岗等镇荣获国家级特色文化称号，虎门、常平、大朗等镇荣获省级文化称号。文化产业持续壮大　2012年，东莞市新增印刷企业110家，总数达到3092家。全市新增7家影视制作公司，总数达到25家，3部莞产影视剧亮相央视。松山湖粤港澳文化产业园区引进25家文化企业，下坝坊文化创意街区新增企业30家，南城艺展中心新增企业35家。协助东莞（塘厦）音乐剧创作生产基地取得省200万元专项资金扶持。音乐剧《钢的琴》全国巡演60场，票房已达720万元。市属媒体继续做强　2012年，东莞报业传媒集团综合实力和对外影响力继续提升，《东莞日报》《东莞时报》荣获首届中国传媒设计大奖赛五项大奖，《看东莞》杂志荣获“首届广东省优秀侨刊乡讯奖”。东莞广播电视台两个电视频道黄金时段收视率和市场份额排名东莞地区第一位，两个广播频率以近70%份额继续稳占东莞地区收听市场首位，东莞阳光网获得国务院新闻办颁发《互联网新闻信息服务许可证》，成为广东省率先获得该资质的地级市网站，日最高浏览量突破781万次。“阳光问政”、“时间问政”影响扩大。城市形象绽放精彩　2012年，东莞市推出全省首个城市形象网站“Hello，Dongguan!”，组织“今日东莞”英文网全面改版。发布与探索频道合拍的城市形象宣传短片，展示“活力东莞”新形象。与香港《凤凰周刊》合作推出“城市印记·东莞”以及《东莞进行时》，在凤凰卫视《文化大观园》栏目推介可园和莞香。开展“发现精彩·东莞印象”微摄影大赛、“发现精彩·东莞故事”原创DV大赛、第四届英语口语大赛、“活力东莞·篮球城市”等10多项主题外宣活动。

（孙江峰）

附：2012年东莞市委宣传部领导名录

宣传部长：潘新潮

副部长：叶泽駒　李翠青　梁轼文

统一战线

【概况】 2012年，全市统一战线紧紧围绕市委、市政府的中心任务，真抓实干、锐意进取，圆满完成全年各项目标任务，获得2012年度中央统战部《中国统一战线》宣传先进单位、全省统战理论政策研究创新成果二等奖、市直机关先进单位、市直机关党建工作量化考评先进单位等荣誉。

【东莞首份党外代表人士工作纲领性文件】 2012年，市委统战部按照中央和省文件精神及市委部署，开展党外人士工作专题调研，听取社会各界意见建议，草拟《中共东莞市委关于进一步加强新形势下党外代表人士队伍建设的实施意见》，并经市委常委会议审议通过，于11月22日以东委发〔2012〕32号文件下发至各镇（街）及市直部门。是东莞市首份党外代表人士工作的纲领性文件，对做好党外代表人士工作具有里程碑意义。

【2012·世界莞商大会】 2012年，市委统战部把筹办世界莞商大会列为三大重点统战工作之一，抓好落实，为非公经济发展创新工作平台。9月16—18日，2012·世界莞商大会在市会议大厦成功召开，世界各地725名莞商代表参会，是东莞首次以莞商名义凝聚全球莞商，组织规模最大、发动层面最广的一次盛会。大会签约项目共121个，投资总额约435亿元人民币，其中，内资项目69个，投资总额约275亿元人民币；外资签约项目52个，投资、增资金额25.4亿美元（约160亿元人民币）。大会期间举办东莞“杰出莞商”评选表彰活动，王志东等18名境内企业家和王玉成等15名境外企业家被授予东莞市“杰出莞商”称号。成立世界莞商联合会，会员有近600名，分布在世界各地。

【民主党派和党外知识分子工作】 开展“同心”思想教育　2012年，东莞市统一战线开展“同心·共识教育”活动30多次5000多人次；开展“同心·建言谋策”活动近20次，形成一批高质量调研报告；开展“同心·助推转型”活动10多次，协助民营企业开拓商机20多亿元；开展“同心·扶贫济困”活动40多次，发动统战成员捐款1200多万元。4月，市委统战部组织各民主党派主委、市知联会负责人开展“同心同行”活动，赴南京等地考察统一战线学习教育基地、党外代表人士实践基地等，拓宽市党外人士工作视野。推进党外代表人士的安排　做好优秀党外干部培养任用，做好党外代表人士政治安排。2012年，推荐12名党外干部参与市党政后备干部“丰羽强翅”计划并有4人入选挂职名单；推荐民革东莞市委会主委为市人民医院副院长；推荐民进东莞市委会主委为市统计局局长，实现东莞市政府职能部门配备正职党外干部“零突破”。市委统战部做好党外代表人士在人大、政协的政治安排，调动党外人士参政议政积极性，促进东莞市社会主义民主政治发展。加强民主党派自身建设　在思想建设方面，坚持与各民主党派领导班子成员开展经常性思想交流，多次组织民主党派负责人和成员学习教育活动，如举行贯彻中国共产党十八大精神学习活动、民主党派专职干部培训班和民主党派新成员培训班等，提高民主党派成员思想素质。在组织建设方面，按照稳步发展与巩固基础相结合的方针，积极稳妥引导民主党派开展组织发展工作，不断壮大民主党派力量，建立科学的梯队形民主党派干部队伍。全年各民主党派发展新成员60多名。积极引导开展形式多样的组织活动，增强民主党派凝聚力和活力。在班子建设方面，开展民主党派领导班子素质建设，提高其政治把握能力、组织领导能力、参政议政能力、合作共事能力。如定期组织各民主党派领导班子成员开展理论学习活动，组织民主党派主委开展“同心同行”学习考察活动等，促进民主党派与中国共产党在思想上同心、目标上同向、行动上同行。在制度建设方面，协助民主党派健全和完善参政议政工作制度、财务管理制度、工作会议制度、组织生活及学习制度等，促进民主党派制度建设规范化、制度化。

【非公有制经济统战工作】 加强教育引导，坚定发展思想　2012年，市委统战部坚持不懈开展“团结、教育、引导、帮助”工作，召开学习贯彻党的十八大精神和省、市重要会议精神的学习活动，举办首届市中国特色社会主义事业优秀建设者评选表彰活动，推进非

公有制经济代表人士综合评价工作，提高非公经济人士思想政治素质和社会责任感。联合有关部门开展“东莞非公家园”主题系列活动，组织市工商联直属会员、18个异地商会、2个行业协会等100多人展开联谊交流。引导支持民营企业家参与光彩事业和扶贫济困工作，为“广东扶贫济困日”捐款1000多万元，取得较好社会影响和社会效益。*落实中央16号文精神，加强工商联工作* 贯彻落实中发〔2010〕16号和粤发〔2011〕15号文件关于加强和改进新形势下工商联工作的精神，草拟东莞市加强和改进新形势下工商联工作的实施意见。多次召开镇街商会工作会议，健全商会工作各项制度，推动镇街商会规范发展；积极探索在镇街建立基层工商联工作机构，拓展工商联基层工作平台，推动工商联工作科学发展；开展参政议政工作，市工商联和各镇街商会的人大代表、政协委员提出的议案、提案100多份，向各级党政部门提出的建议有60多份，被采纳或引起重视的有45份。

【港澳台海外统战工作】 *健全工作载体* 2012年，市委统战部推动镇街香港乡亲同乡社团建设，指导和协助镇街开展筹建工作，截至6月，实现全市32个镇街香港乡亲社团全覆盖。扩大镇街同乡会规模与影响力，会员人数突破1.4万人，可联系乡亲约12万人。*丰富联谊交流* 通过“请进来”方式，接待港澳乡亲来访社团300多批3万多人次；通过“走出去”方式组织人员258批约1200人次赴港澳地区参加各项庆典活动，拜访各乡亲社团首长和港澳代表人士。6月，召开港澳政协委员、海联会理事以及社团首长等代表人士座谈会，探讨新时期港澳统战工作的方向和目标，为加快东莞转型升级，建设幸福东莞，实现高水平崛起建言献策。7月，分别与东莞同乡总会、香港广东社团总会共同举办庆祝香港回归15周年大型联谊活动，组织近3000乡亲回莞观光考察，加强香港同胞对祖国和家乡的认同感与爱国爱乡情怀。年底，举办以“同向同行，凝心聚力”为主题的海联会九届二次会员大会，港澳台同胞、海外各界朋友齐聚一堂，谋划发展，推动东莞海外联谊事业实现新发展、再上新台阶。*提升莞台交流* 市领导徐建华、袁宝成、姚康、李小梅等多次接见台湾政商要人，深入岛内开展交流，增进两地互信。11月，首次组织镇街统战委员赴台与国民党桃园党部、苗栗县议会等开展交流。

【自身建设】 *完善工作体制机制* 2012年2月起，市委常委兼任统战部部长，统战工作有突破性进展。深入落实东委发〔2011〕13号文件关于镇街配备统战委员的精神，明确落实镇街领导班子配备统战委员，在全省乃至全国首先实现镇街统战委员全覆盖。3月，市编委下发《关于设立镇（街道）统一战线工作机构的通知》，成为全省乃至全国首个在镇街设立专门统战机构的市。不断健全市委统战工作联席会议制度，调整完善市委领导与党外代表人士结对交友制度，健全城市民族工作联席会议制度、宗教界代表人士定期座谈会制度、非公经济代表人士定期联络制度等，形成市委统战部统一领导，各镇街统战办、各部门分工协作的纵向、横向统战工作网络。*加强信息调研宣传工作* 发挥各民主党派力量，建立联合调研机制，围绕全市中心工作开展调研活动近20次。各镇街统战办全年上报信息389条，统战系统各单位全年上报上级部门信息200多条，得到上级部门充分肯定。创办《东莞统一战线》刊物，完善东莞统战网站，形成网络、报刊、电视、电台等多途径统战宣传形式。*抓好统一战线队伍培训* 4月22—28日，在中央社会主义学院举办全市镇街统战委员理论培训班，全市镇街统战委员、市委统战部科级以上干部等40多人参加培训。是市委统战部组织举办的一次重要集中学习活动，也是东莞市首次组织镇街统战委员赴北京学习培训。期间，李小梅常委专门带领培训班全体人员拜访中央统战部。

（姚进洪　杜婉宜）

附：2012年中共东莞市委统战部领导名录

部　长：钟淦泉（任至2月）

　　　　李小梅（2月到任）

副部长：梁应昌　胡荏光　许守干

　　　　温少生　张跃标（3月到任，挂职）

　　　　叶效怀（9月到任）

政策研究

【概况】 2012年，市委政研室围绕“加快转型升级、建设幸福东莞、实现高水平崛起”核心任务，开展调查研究，提升以文辅政水平，完成市委、市政府交给的各项任务。全年起草各类调研报告14份，工作意见6份，经验总结材料和领导讲话稿20多份，获得省领导批示1次、市领导批示68次。在“市直单位落实科学发展观2012年度工作考核”中，市委政研室取得全市第七名的优秀成绩。

【调研辅政】 2012年，市委政研室牵头开展高水平崛起大调研活动，并将市领导、各部门及镇街撰写的150余篇调研报告结集为《崛起智汇录》出版。开展调查研究，先后开展并完成《关于我市与广、深、佛、惠等珠三角城市的经济发展比较研究》《东莞实现高水平崛起若干问题的思考》等调研报告14篇；总结全市加工贸易转型升级的阶段性经验，以及凤岗镇腾笼换鸟、麻涌镇加强集体经济管理、莞城街道“一分一合一统筹”、常平镇晶苑毛织转型升级的经验；牵头起草《关于建设“六个东莞”营造法治化国际化营商环境的意见》《关于促进科技、金融与产业融合的意见》等6份市委、市政府的工作意见，调研报告、典型材料和工作意见，大部分都直接转化为市委、市政府的决策。

【文稿服务职能拓展】 2012年，市委政研室参与完成一批市委、市政府重要会议的报告和讲话。如承担市党政代表团赴广深佛惠学习考察心得交流会的讲话稿、2012世界莞商大会12份讲话稿及贺信以及全市信访工作会议、市领导“访企业、送服务、促转型”走访活动、全市工作年中点评现场会等领导讲话稿的写作任务，完成市党政代表团赴北京、上海等地拜访国家部委、高校的情况汇报及合作事项任务分工的起草工作，得到领导充分肯定。

【大型会议组织】 2012年，市委政研室分工负责世界莞商大会所需的莞商文化研究、大会主题和莞商精神提炼，策划承办以“莞商的崛起与升华”为主题的莞商大会高峰论坛等工作；参与全省加工贸易现场会有关工作的筹备；组织东莞市高水平崛起评价指标体系研讨会等重大会议活动，得到社会各界广泛好评。做好各项调研接待工作，承办深莞惠三地市委政研室研讨交流会，配合中国国际经济交流中心、省发展研究中心等课题组做好相关调研工作。

【工作机制完善】 2012年，市委政研室优化人力资源配置，按人员专长和知识结构，对科室人员进行整合重组，改造业务流程，提高政研室整体战斗力和工作效率。抓好年轻干部、新进人员培养，通过传、帮、带和承担具体文稿起草工作，加快其成长步伐。建立文件传阅、文稿评讲、重大会议听会、定期赴村及企业一线调研、内部培训等制度，完善思考、讨论、撰文、实践多位结合的学习提升机制，健全重大文稿起草、重大会议承办的组织协调机制。增办《政研室内部学习参阅》刊物，完善“政研室公共资料平台”，实现主要业务资料共享互通、便捷获取。

（王　宁）

附：2012年市委政研室领导名录

主　任：温淦荣（任至2月）
　　　　曲洪淇（2月到任）
副主任：卢汉彪　刘锦明（任至2月）
　　　　陈文东（5月到任）

机构编制

【简政强镇事权改革】2012年，东莞市简政强镇工作领导小组在13个中心镇和3个市属园区，继续深入开展简政强镇事权改革实践。督促落实机构改革　根据“三定”方案关于机构设置有关规定，通过实地检查、会议协调、发文督促，落实13个中心镇机构设置调整和人员配备工作，其中党政机构一般设“3办7局”，事业单位一般整合为6个。支持试点镇机构改革实施，调整和优化石龙镇机构设置。开展事权行使实践　继续推进500多项事权下放给13个中心镇和3个园区，开展用权实践，建立健全下放事权有效行使工作机制，解决事权行使过程中存在问题，提高下放事权使用率。开展事权梳理工作　根据《广东省县镇事权改革若干规定（试行）》（省人民政府令第158号）精神，对下放575项事权行使情况，进行系统总结和梳理，并结合行政审批制度改革工作，提出调整放权初步意见。

【事业单位分类改革】2012年，市机构编制委员会办公室继续推进全市1237个事业单位实施分类改革，共精简事业单位137个，印发1100个事业单位机构编制方案，完成率达100%。科学划分类别　经报省编办批复，认定东莞市4个事业单位为行政类事业单位；将1079个事业单位划为公益类事业单位，其中公益一类985个、公益二类72个、公益三类22个；将17个事业单位划为经营服务类事业单位。合理调整任务　按照政事分开、事企分开要求，合理界定和调整事业单位工作任务，其中强化公益服务工作任务36项，涉及92个事业单位；划归机关行使行政职能9项，涉及6个事业单位；移交社会或取消经营服务工作任务11项，涉及14个事业单位。优化机构设置　按照精简效能原则，共精简事业单位137个，其中经改革将20个事业单位整合为9个，撤销事业单位31个，通过合署精简事业单位有104个。从严核定编制　通过收回撤销机构编制、核减闲置盈余编制等办法，重新核定全市1100个事业单位的事业编制，总量比改革前减少669名。

【机构编制核查】2012年，市机构编制核查工作领导小组书面核查与实地核查相结合办法，开展全市机关事业单位机构编制核查工作，其中书面核查1715个单位，核查比例达100%；实地核查535个单位，发放调查问卷2538份，核对人事档案2152份，市一级实地核查率达到32%，镇一级实地核查率均达到30%。核查内容包括机构编制和实有人员情况、领导职数和非领导职数配备情况、编外用人情况、机构编制违纪违规情况等。

【行政审批制度改革】2012年9月，东莞市成立东莞市转变政府职能决策咨询委员会，制定《东莞市加快转变政府职能深化行政审批制度改革实施方案》，推进深化行政审批制度改革工作。落实上级有关决定　根据《国务院关于第六批取消和调整行政审批项目的决定 》（国发〔2012〕52号）、《国务院关于同意广东省“十二五”时期深化行政审批制度改革先行先试的批复》（国函〔2012〕177号）和省人民政府第169、172号令，对国务院、省政府决定取消的事项，东莞市对应事项予以取消；对国务院、省政府决定转移的事项，推进市相应事项转移；对下放给东莞市行使的事项，抓好承接工作，纳入东莞市事项清理范畴。全面开展事项梳理　对全市行政机关、事业单位、群团组织、驻莞单位共75个部门的行政审批事项和日常管理事项进行清理，初步清理出各类事项1236项，其中行政审批事项716项，日常管理事项520项。出台第一批审改目录　对清理出的行政审批事项和日常管理事项，经反复协调和征求意见，提出改革意见。其中，可由市政府决定调整实施的事项，形成并出台东莞市第一批行政审批制度改革事项目录，决定取消239项行政审批事项、55项日常管理事项，决定转移57项行政审批事项、22项日常管理事项，决定委托管理170项行政审批事项，其中压减行政审批事项296项，减幅达41.3%。

【公共资源交易平台建设】2012年，市机构编制委员会办公室联合市监察局出台《关于贯彻落实2012年党风廉政建设和反腐败工作探索建设统一规范的公共资源交易市场的工作意见》，推进公共资源交易平台建设。搭建交易平台　在现有政务公开平台基础上，组织搭建东莞市公共资源网上交易平台，作为财政、住建、国土等多个部门公共资源交易网络载体，推动公共资源交易行为规范化、公开化、透明化。明确职责分工　平台建设后，明确职责分工，由市行政服务办结合政务公开工作具体指导和监管，市电子政务办主要负责平台技术支持，市有关部门主要负责具体公共资源交易信息发布和具体实施。健全工作机制　规范交易流程，推进实行限时办结制、一次告知制、并联审批制等制度，完善公共资源交易运行机制，提升工作效能。加强过程监督　通过多种方式全面公布办理主体、办理依据、办理条件、办理程序、办理时限、办理结果、收费依据、收费标准等信息，设置意见簿、评议卡、电子评议装置、群众意见箱等，接受群众监督。安装图像采集系统，使用效能监察软件等，对公共资源交易情况进行现场监控和全程监控。

【机构编制管理】2012年，市机构编制委员会办公室从严从紧开展机构编制管理工作，基本实现机构编制总量不增总体目标，有效减轻财政负担。优化管理体制　理顺基层粮所管理体制，将基层粮所调整为独立设置，其中13个中心镇粮所由镇政府管理，19个非中心镇粮所由市粮食储备中心管理。启动开展事业单位法人治理结构建设试点工作和事业单位信用体系建设，优化事业单位管理体制和运行机制。理顺职责关系　根据实际工作需要，着力理顺机关事业单位职责关系，重点加强公共服务和市场监管职能任务，促使工作有效开展。如针对食品安全管理问题，先后发文明确食品安全监管职责分工、“瘦肉精”

监管的职责分工等，理顺关系、加强管理。调整机构设置　通过增设、撤销、整合、调整等手段，优化机构设置。如整合东莞市东江引水工程管理处、东莞市石马河流域管理处和东莞市挂影洲围管理所组建东莞市运河治理中心，在32个镇街增设社会工作机构等。2012年，东莞市行政机关总量保持不变，事业单位减少38个。严控人员编制　按照“控制总量、盘活存量、优化结构、有增有减”原则，抓好人员编制和领导职数配置工作。2012年，东莞市核减事业编制116名。（刘康全）

附：2012年东莞市机构编制委员会办公室领导名录

主　任：祁达洪

副主任：莫达兴　王子健

事业单位登记管理局负责人：王子健

直属机关党的工作

【概况】2012年，中共东莞市直属机关工作委员会内设办公室、组织科、宣教科、群团科4个职能科室和市直机关武装部及市直纪工委。共管理党委66个，党总支73个，党支部959个，党员23765名。

【“高水平崛起机关行”活动】2012年，市直工委围绕市十三次党代会精神，组织开展“高水平崛起机关行”活动，100多个直管党组织近2万名党员参与讨论活动，共报送征文335篇，通过以学领行、以思辨行、以文促行，着力营造“思崛起、讲崛起、促崛起”良好氛围。

【“三服务 走在前”主题活动】2012年，市直工委在全市机关党组织和党员中开展以服务“三打两建”“三重”和“六个东莞”建设为主要内容的“三服务 走在前”主题实践活动。7月6日召开动员会议，市委常委、市委组织部部长甄瑞潮出席会议并作动员部署，11个单位进行主题交流。各机关党组织结合工作实际，创新活动载体、手段和机制，鼓励党员在服务中心工作中走在前；攻坚克难，实施重点突破，发挥机关党组织和党员堡垒先锋作用，保障全市“三打两建”“三重”和“六个东莞”建设。

【“机关大学堂”品牌影响力提升】2012年，市直工委完善提升集讲座、培训和日常学习三位一体的“机关大学堂”品牌。“高端讲堂”采取莞人讲莞事方法，邀请王志东、何镜堂等分别作4期讲座。创新开展“党员高科技体验日”主题实践活动，组织机关新党员参观高科技企业，开阔党员视野。开展学习型党组织特色案例征评活动，全年共征集64个特色案例，精选20个经典案例在机关党建频道集中展示。有80多个党组织创建200余个学习品牌。

【党建“百佳品牌”“回头看”活动】2012年，围绕党建“百佳品牌”使用、维护、创新、提升，市直工委开展品牌“回头看”活动，检查品牌104个，评选8个市直机关“党建‘百佳’精品”。对12个作用发挥不明显的党建品牌提出警告，要求2013年整改到位，以严格检查确保品牌常用常新。

【党建文化研讨会成功举办】2012年8月3—4日，市直工委联合省直工委及《党建研究》《中直党建》《紫光阁》杂志社在东莞召开“党建文化研讨会”，邀请中央、省、市领导近100人出席，是市直机关首次高规格、大规模党建工作研讨会议。市直工委撰写研讨文章，编印反映东莞市机关党建文化发展的《精神力量》宣传画册。市委书记、市人大常委会主任徐建华作主题报告，得到各级领导和与会代表的一致好评，先后在《中直党建》《紫光阁》和《跨越》等中央、省级杂志发表。

【群团工作】2012年，市直工委推动党建带群建，促进机关工、青、妇等群团组织各项工作走上规范化轨道。指导市直机关全部建立关工组织；顺利完成市直机关工会联合会换届选举，成功举办工联会工建业务培训班；举办大型摄影知识培训2次，书法现场交流3次，健康知识交流2次，提升机关党员志愿服务专业水平。组织开展“市直机关‘服务六个东莞’志愿活动日”“清风荷韵”廉政文化摄影采风等主题志愿服务活动。全年共开展各类志愿服务32次，服务群众上万人次。

【主题式党组织生活】2012年市直机关党组织推进主题式党组织生活创新，共上报230个主题式组织生活案例，市直工委从中评选出“十大主题式组织生活”进行表彰，通过主题党会、党课和党日创新，提高组织生活的参与性、互动性和实效性，达到党员受教育、组织增活力的良好效果。

【市直机关武装部获全国民兵报废弹药处理工作现场观摩会实战演示嘉奖】2012年，市直机关武装部组织民兵装备技术保障大队200多名民兵，连续进行2个多月实战训练，完成在东莞召开的全国民兵报废弹药处理工作现场观摩会实战演示任务，得到总参和广州军区表扬，市直机关武装部和多名民兵获省军区、东莞军分区嘉奖。

【机关党代表工作室获省市表彰】2012年，市直机关党代表工作室配齐办公桌椅、电脑、打印机、档案柜等办公设施，聘请1名专职联络员负责群众接待、联系、讲解和日常管理，建立完善《东莞市党代表网络工作室管理规定》《党代表接见走访党员群众制度》《党代表工作室工作制度》等规章制度。共开放114期，接待党员群众483人次，问题办结回复率高达99%。接待上级部门和领导及外地学习考察人员24批340多人次。2012年被评为全省“五好党代表工作室”和全市“红旗党代表工作室”。

【机关党组织专职副书记专题培训举办】2012年11月27—30日，市直工委组织100多位机关党组织专职副书记赴韶关市委党校进行半封闭式学习，由韶关市委党校教授、韶关市直工委和市直工委领导主讲，编印《机关党务工作汇编》辅助学习，在较短时间内有效提高专职副书记理论素养和业务知识水平。（缪群林）

附：2012年中共东莞市直属机关工作委员会领导名录

书　记：欧阳贵有

副书记：邵宏武　殷炯棠　邓晓虹

纪工委书记：丁浩泉

专职委员：吴宗耀（5月到任）

调研员：李　砺

副调研员：吴学良

接待工作

【概况】2012年，东莞市接待办接待内宾、重要港澳台侨客人614批43513人次，同比增长13.3%。其中，中央领导15批，省部级领导269批344人，部队领导64批，地、县级领导330批29410人次。来莞的党和国家领导人有：中央政治局常委、国务院总理温家宝；中央政治局委员、时任广东省委书记汪洋（来莞7次），中央政治局委员、广东省委书记胡春华，全国人大常委会原副委员长李铁映、田纪云、顾秀莲，香港特区原行政长官曾荫权；全国政协副主席王志珍，中央军委委员、解放军总政治部原主任于永波。

2012年，东莞市接待办被评为"2012·世界莞商大会"先进单位、东莞市创建国家环境保护模范城市先进单位和东莞市"三打"专项行动先进集体。吴小峰、张庆祥获得"2012·世界莞商大会"突出贡献奖；张承猛、钟海波、莫伟成获得"2012·世界莞商大会"优秀个人奖；杨广伦、孙玉杰被评为东莞市创建国家环境保护模范城市先进个人。

【外出考察活动和各级党政考察团接待工作】2012年，东莞市接待办随市领导及党政代表团赴省内外考察14次，主要有：1月，市委书记徐建华带队赴广州、香港考察；2月，市党政代表团赴广州、佛山、惠州、深圳4市考察；2月底，市委书记徐建华带队赴上海、合肥拜访高校，3月，市长袁宝成带队赴成都、武汉拜访高校。省内外各级党政代表团前来拜访考察的接待任务增幅显著，如韶关、云浮、清远、中山、洛阳、福州、成都等市党政代表团纷纷前来拜访考察。全年接待各地、县、区党政考察团79批。

【大型活动接待服务】2012年，东莞市接待办牵头组织及参与协助的大型会务活动13批。重点做好全省加工贸易转型升级现场会、首届全国加工贸易产品博览会、2012·世界莞商大会、第四届中国（东莞）动漫博览会、中国图书馆年会、中国（东莞）科技合作周、广东省社会创新工作现场会等重大活动接待工作的组织协调和主要领导、贵宾接待服务。

【"三重建设"项目接待工作】2012年，东莞市接待办配合做好党政领导到京拜访企业总部、三重项目签约仪式暨建设工作推进会、统筹水乡地区发展先期项目启动仪式等大型活动，接待省政府办公厅、省发改委、国土资源厅、省建设厅等省直部门领导来莞调研"三重建设"和水乡地区统筹23批，接待粤海集团、中粮集团、华为公司、大连万达公司等公司高层来莞洽谈合作18批。

【业务交流】2012年，东莞市接待办加强与省委接待办、省政府接待办、韶关、江门、惠州、肇庆、揭阳等市接待办同行举行学习交流活动，加强合作。对《东莞市参观点汇编》进行修编，到石碣等镇举行业务交流座谈会，办领导首次面向全市办公室系统、市委办系统举办《接待工作流程与规范》业务讲座，加强对全市各部门、镇街接待工作的指导。

【东莞迎宾馆相关建设项目完成】2012年，东莞市接待办落实上级要求，按法律法规完成各项招投标工作，加强工程管理，确保工程质量。4月，市编办批准同意成立东莞迎宾馆服务中心，为市接待办直接管理的公益一类正科级事业单位。10月，根据市委十三届第21次常委会议精神，将东莞迎宾馆资产及管理移交东莞实业集团有限公司负责。

（袁检文）

附：2012年东莞市委、市政府接待办领导名录

主　任：吴小峰

副主任：刘庆佐　李　刚　毕瑞江

党史工作

【贯彻会议精神】2012年，市委党史研究室组织全体干部职工认真学习全国、全省党史研究室主任会议精神，结合全市党史工作实际，提出党史工作要做到四个"进一步"：进一步抓好党史研究；进一步抓好党史宣传教育和党史资料征编；进一步发挥党史资政育人的作用，进一步加强东莞市党史工作队伍建设，使全市党史工作再上一个新台阶。党的十八大召开后，党史研究室把认真学习宣传和全面贯彻落实党的十八大精神作为当前和今后一个时期全室干部职工的首要政治任务。制定《市委党史研究室关于学习贯彻党的十八大精神的意见》，要求全室干部职工创造性地推动党史研究、党史资料征编、党史宣传教育、构建"大党史"格局、党史干部队伍建设等五项工作，发挥党史工作在市委市政府工作大局中的重要作用，在新的历史起点上推动东莞党史事业科学发展。

【深化党史研究】2012年，市委党史研究室抓紧对地方党史基本著作编写。编写《中国共产党东莞历史大事记（1919—2011）》，共58万字，于2012年7月公开出版，是东莞市权威性的地方党史著作。开展党史基础研究，编写《中国共产党东莞历史》第二卷，完成最后定稿。编辑出版党史研究成果，公开出版《长河撷浪集——党史研究拾零》《东莞党史知识读本》（修订本）、《革命摇篮——洪梅在东莞党史上的五个第一》共62万字。完成《中国共产党东莞简史》《广东省革命遗址通览（东莞市）》2本书共42万字书稿编辑、校对和审稿工作。

【党史研究成果】2012年，市委党史研究室党史研究取得显著研究成果。2009年至2012年度，有10项研究成果获得全省党史部门党史优秀成果奖。其中一等奖2项，二等奖2项，三等奖6项。撰写的《中国共产党东莞历史》第一卷（1919—1949）《东莞改革开放的历史地位和作用》分别获著作类、论文类一等奖；《袁振英传》《红色印记》分别获著作类、影视音像制品类二等奖；《中国共产党东莞历史大事记》（1919—2011）获著作类三等奖，《东莞社队的发展及其历史作用》《东莞第一个中共支部成立的特点》《东莞党组织在华南敌后抗战的作用》《广东解放初期叶剑英对党建工作的贡献》《勇立改革开放潮头的东莞党组织》5篇论文获论文类三等奖。东莞市委党史研究室获得表彰的成果总数和质量位居全省地级以上市党史部门前三名。　（蔡瑞芬）

附：2012年中共东莞市委党史研究室领导名录

主　任：李翠青

调研员：陈立平（任至11月）

副主任：林俊强

党校工作

【干部培训轮训】2012年，中共东莞市委党校（东莞市行政学院、东莞市社会主义学院）完成计划内主体班74期3978人次。包括：市直处级领导干部335人次，镇街领导干部251人次，科级干部1142人次，一般干部2250人次。其中：市委党校主体班次30期1366人次。包括：市直、镇街正职领导干部培训班2期72人次、市直单位处级领导干部能力建设培训班5期182人次、镇街领导干部能力建设培训班4期208人次、科级干部轮训班2期80人次、市直机关中青年干部培训班1期43人次、镇街中青年干部培训班1期30人次、新技术新产业专题研讨班2期62人次、社会建设专题研讨班2期75人次、市重点培养村（社区）党组织书记后备干部培训班1期176人次、新疆农三师副处以上党政领导干部培训班1期26人次、新疆农三师图木舒克市人力资源干部专题培训班1期19人次、新疆兵团农三师团场连队负责人专题培训班6期299人次、新疆农三师少数民族干部培训班2期94人次。行政学院完成公务员培训班41期2509人次。包括：正科级公务员任职培训班4期118人次、副科级公务员任职培训班4期132人次、军转干部岗前培训班1期98人次、公务员初任培训班2期225人次、人力资源管理专题研讨班2期119人次、公共应急管理专题研讨班2期65人次、依法行政专题研讨班2期65人次、公共管理专题研讨班2期56人次、文化与职业道德建设专题研讨班2期58人次、韶关乡镇对口培训班6期228人次、技术创新专业镇升级与产业集群优化培训班2期181人次、乡镇公务员和职员岗前培训班1期70人次、人力资源局公文写作培训班1期100人次、人力资源干部能力提升专题研讨班3期105人次、警校新警培训班2期204人次。全年共举办1天1期的主体班次5期685人次，其中社会管理创新专题培训班1期175人次、人力资源局窗口服务礼仪培训班2期340人次、公务员法培训班2期170人次。社会主义学院完成培训班3期103人次。包括：民主党派新成员培训班1期43人次，民主党派负责人暑期座谈会1期20人次，党外干部培训班1

中共东莞市委党校

① 2012年10月25日，市委书记、市人大常委会主任徐建华（右四）等领导到党校视察指导工作。

② 2012年11月22日，省、市领导为东莞社会建设研究院揭牌。

2012年2月27日，“一校两院”举行2012年开学典礼。

期40人次。

【教学改革】2012年，市委党校围绕干部能力素质提升，不断改进和创新教学内容与方法，培训质量和效果显著提升。把学习贯彻党的十八大、省十一次党代会和市十三次党代会精神，以及东莞创建“全省创新社会管理引领区”、“三重建设”、“三打两建”、“六个东莞”和“文化名城建设”等重大战略任务纳入课程体系，全年主体班在校内教学环节开设专题（含网络课程）169个，其中包括新专题56个，新课率达33%。为进一步增强干部教育培训针对性和实效性，提升干部能力素质，市委党校在2012年大力推进现场教学基地建设，与市直部门、镇街和有关单位签订合作协议，挂牌成立8个现场教学基地，作为学员学习经验、研究问题、探索规律、深化理论学习的实践课堂。全年在教学活动中组织网络课程和答疑达42次，现代产业知识上机考试11次，组织论坛20次，研讨18次，交流讨论15次，综合答疑6次，辩论会2次，读书交流会2次，党性剖析2次，调查研究汇报会1次；开设56个现场教学或参观点，组织现场教学和参观考察活动175次。坚持开放式办学，拓展学员知识视野。在“请进来”方面，全年邀请了甄瑞潮、尹景辉、欧阳贵有、陈荣武、冼周恩等市领导或相关部门领导，以及孙立平、马星光、文小勇、佟铁林等知名学者133人次为学员授课。在“走出去”方面，新开发出中国浦东干部学院、复旦大学、上海党校、苏州大学4个联合办学点，全年共组织主体班34期1275人次外出高校学习。外出培训班次共开设课程69个，讲授172次，开设考察点73个，参观185次。网络学院干部在线学习培训服务范围进一步延伸，相继协助开通东莞市干部培训网络学院农三师干部在线学习平台和市统计局开通统计调查网络培训平台，全年网络学院学员在线学习登录数量突破6万人次大关。

【理论研究】2012年，市委党校共取得科研成果120项，具体为：出版专著7部，完成课题24项，发表论文89篇。其中，国家级成果15项，省级成果17项，在国家级、省级核心期刊发表论文11篇，组织编印《东莞市第十三次党代会报告学习辅导读本》、《周日党课讲稿汇编》和编写出版《处级公务员任职培训教程》、《东莞社会管理创新研究》等著作。市委党校通过组织多种形式的理论研讨和市情调研，及时把科研成果推介到推动高水平崛起的实践中去，较好地发挥“思想库”和“智慧库”的作用。一是完成的课题研究数量有所增加，级别有所提升。有5位老师申报《广东省哲学社会科学“十二五”规划2012年度项目》，3位老师申报广东省党校（行政学院）系统科研规划项目，3位老师撰文参加2012年广东省社会科学学术年会东莞专场。2012年确定的“东莞社会管理创新研究”和“加快推进‘三重’建设的战略思考”两项校级重点课题研究成果在年内顺利结项，获得市领导高度肯定；二是教师受邀参加各个专业领域学术会议层次与规格明显提高。1位教师在香港举办的国际学术会议上作交流发言，并获优秀论文奖；三是组织教师参加广东省2010-2011年度哲学社会科学优秀成果评奖。经校内初审，确定推荐3项成果参与评奖。2012年适逢党的十八大胜利召开，市委党校提前谋划，专门召开十八大精神理论研讨会，组织一批骨干科研人员撰写论文，经过校学术委员会严格评选，从中推选3篇优秀论文，全部成功入选并有1位教师代表获邀参加广东省委党校组织的十八大理论研讨会。根据广东省社工委与中共东莞市委共建全省创新社会管理引领区协议精神，市委党校率先发起成立东莞社会建设研究院，旨在利用党校的资源优势，重点围绕东莞社会建设各方面情况开展综合性、理论性和对策性的研究，充分发挥好智囊参谋作用。

【理论宣讲】2012年，市委党校服务东莞经济社会发展，基层理论宣讲工作深入推进，成效明显。一是完成重要会议精神的宣讲工作。根据市委有关部门要求，抽调骨干力量参与市委宣讲团，全年共面向市直部门、镇街和基层单位开展市十三次党代会精神宣讲15次、省十一次党代会精神宣讲24次、党的十八大精神宣讲35次。二是依托“周日党课”和廉政教育基地两大平台，扎实开展基层宣教。全年共设讲座、讲解58期次，参加培训学员近9000人次。重点致力于提高基层党员干部的党性修养和法律素养，及时为基层党员和入党积极分子讲授党的政治思想理论以及反腐倡廉等方面知识。三是专门安排一批教师代表接受有关单位和新闻媒体采访，为广大市民解读重要会议精神、重大理论和现实热点问题，积极宣传贯彻中央和省市委的路线方针政策，全年共计44人次。 （刘　晓）

附：2012年中共东莞市委党校领导名录

校　长：甄瑞潮

常务副校长：陈健秋

副校长：赵卫华（任至5月）
杨石光　张小聪（9月到任）

校务委员：达蕃钦（任至11月）
张小聪（任至9月）　冯　洁
祁建民（11月到任）

调研员：赵卫华（5月到任）
达蕃钦（11月到任）

副调研员：何合发

东莞市人民代表大会

THE PEOPLE'S CONGRESS OF DONGGUAN

市会议大厦

人大重要会议

【市人民代表大会】2012年1月7—10日，东莞市十五届人大一次会议在城区市会议大厦举行。会议听取和审议东莞市人民政府工作报告；审查批准关于东莞市2011年国民经济和社会发展计划执行情况与2012年计划草案的报告、东莞市2012年国民经济和社会发展计划，关于东莞市2011年预算执行情况和2012年预算草案的报告、东莞市2012年市级预算；听取和审议东莞市人民代表大会常务委员会工作报告、东莞市中级人民法院工作报告和东莞市人民检察院工作报告。会议选举徐建华为市第十五届人大常委会主任，黄双福、王道平、周楚良、郭水、欧林高、尹景辉为市第十五届人大常委会副主任，陈柏南为市第十五届人大常委会秘书长，卢英等27名同志为市第十五届人大常委会委员；选举袁宝成为市人民政府市长，梁国英、吴道闻、严小康、成洪波、喻丽君、贺宇为市人民政府副市长；选举杨宗仁为东莞市中级人民法院院长；选举黄文艾为东莞市人民检察院检察长。

11月21—23日，东莞市十五届人大二次会议在城区市会议大厦举行。会议选举林雄、刘志庚、房庆方、张华、徐建华、袁宝成、黄双福、李锦生、周广荣、许智、阮雪玲、张国衡、余雪琴、黎锡康、李雪薇、罗沛强、袁世豪、李粤梅18位同志为东莞市出席广东省第十二届人民代表大会代表。

人大重要工作

【依法治市工作推进】2012年，东莞市人大常委会坚持发挥在依法治工作中的主导作用，实施以人为本、以法为纲、良法善治的原则，以实施《法治东莞建设五年规划（2011—2015年）》为关键，推动法治东莞工作的开展。指导市依法治市工作领导小组办公室做好日常工作　协助市委召开市依法治市工作领导小组会议，会议明确2012年依法治市主要工作，审议通过《东莞市2012年依法治市工作要点》。协助市委全面总结十七大以来东莞市依法执政工作成效和经验，拟写《依法执政谋发展 法治惠民促和谐》的经验文章，并被省依法治省办收编进其编辑出版的《党的十七大以来广东各级党委依法执政经验汇编》。坚持开展法制宣传教育和人大制度宣传　一是举办学法论坛和培训。11月29日上午，协助举办第八期“法治东莞讲坛”，邀请中央党校政法部宪法与行政法教研室主任、博士生导师教授傅思明讲授主题为“学习贯彻党的十八大法治精神，依法化解基层矛盾”的法律课。推进依法治市工作人员培训教育。7月，组织各镇（街）依法治镇（街）办领导、干部开展培训学习，邀请省办处长文平和兰州大学教授刘光华授课。二是继续加强普法宣传教育。2月，市十五届人大常委会第一次会议听取和审议市政府关于东莞市“五五”普法情况和“六五”普法规划的报告，作出《东莞市人民代表大会常务委员会关于加强法制宣传教育的决议》，强调要进一步增强人民群众的法律意识和法律素质。三是加大人大制度宣传的力度。常委会通过媒体播报、参加理论研讨、组织“人大新闻奖”评选活动等形式加强人大制度与人大工作的宣传，2012年，有1篇被《中国人大》、3篇被《人民之声》、3篇被《广东人大信息》采用刊发，其中《跟踪监督促转型》被《中国人大》2012年11期刊发。推动法治东莞的建设　为贯彻实施市委市政府《关于建设

“六个东莞”营造法治化国际化营商环境的意见》，协助制订《关于建设“法治东莞”营造公平正义法治环境的行动计划》，明确东莞市法治建设方向和重点，是“十二五”时期全面推进依法治市，加快法治东莞建设的纲领性文件。8月，市人大常委会根据市委工作部署，组成6个视察小组，由6位副主任带领分赴中堂、黄江、塘厦、莞城、桥头、长安进行视察，实地察看各镇（街）“三打”工作开展情况，听取镇（街）主要领导关于“三打”工作情况汇报及三个专项小组专题汇报，形成市人大常委会“三打”专题视察工作报告，推动全市“三打”工作开展。

【监督工作】 2012年，东莞市人大常委会听取和审议7项工作报告，组织专题调研5项，视察检查4次。**做好审议专项工作报告工作** 常委会按照法律法规规定，加强公共财政监督力度，听取和审议市政府关于市2011年决算草案和2012年上半年预算执行情况的报告、市2011年度本级预算执行和其他财政收支情况的审计工作报告、市2011年社会保险基金预决算情况的报告；强化代表议案建议督办力度，听取和审议《加强科技创新 推进产业结构调整升级的议案》办理方案和办理情况的报告及市政府关于办理代表建议的情况报告；听取和审议市创建名村工作报告。**做好视察检查工作** 4月16日，视察市加工贸易转型升级工作情况，实地视察凤岗镇东莞美驰图实业有限公司、清溪镇东莞光阵显示器制品有限公司，在清溪镇政府召开视察工作座谈会。4月27日，市人大常委会教科工委视察体育场馆建设情况，实地察看市篮球中心、市体育中心并召开座谈会。5月30日，视察东江与水库联网供水工程建设情况，先后前往石排镇、大岭山镇、长安镇，实地视察沙角取水泵站、松木山水库金多港排污口、莲花山水库排洪渠实地视察，在长安镇政府召开座谈会，听取市政府关于江库联网工程建设情况报告，与会人员就如何加快推动江库联网供水工程建设交换意见。8月29日，视察市“四个园区”建设情况，分别到长安新区、虎门港、生态园、松山湖实地视察，在松山湖召开座谈会，分别听取四个园区汇报。10月30日，市人大常委会法制工委视察市公安局基层警务运行机制改革情况，实地视察南城西平派出所，在南城分局召开座谈会，听取市公安局关于市基层警务运行机制改革情况汇报。**做好调查研究工作** 对东莞市农村集体经济、机动车排气整治工作、镇街政府性债务管理等情况进行专题调研，其中市人大常委会结合市委清产核资工作部署，及时介入，深入一线，分6个调研小组深入18个镇村，对东莞农村集体经济发展情况进行调研，形成《关于我市农村集体经济发展情况的调研报告》，得到市委肯定。**做好跟踪监督工作** 跟踪督办石马河流域污染整治工作顺利通过检验，得到省人大高度肯定。石马河流域污染整治工作是常委会几年来持续进行跟踪监督的重要工作，多次会同市环保局、水务局、农业局、城市综合管理局等部门，前往石马河流域的相关镇，对石马河流域污染及防治情况进行实地调研，并组织市四级人大代表对石马河流域污染整治情况进行视察，督促市政府及相关部门和沿河各镇，加大力度整治力度，2012年顺利通过省人大检查验收。跟踪督办“四院一中心一卫校”建设情况，成效明显。2012年5月，常委会组织召开督办“四院一中心一卫校”建设情况座谈会。经过6年跟踪监督，在市政府和有关部门共同努力下，“四院一中心一卫校”已全部建成并投入使用。跟踪监督市高中阶段学校布局调整，达到预期目标。常委会连续4年对高中阶段学校布局调整工作开展跟踪监督，截至2012年，由市教育局负责新建扩建的16所学校全部按计划建成并投入使用，市高中阶段布局调整圆满完成，高中阶段教育资源得到有效优化。**做好信访工作** 常委会通过领导下基层接访、加强与“一府两院”的沟通、妥善安抚重点人员等工作机制，强化人大信访工作，纾缓社会矛盾，维护社会稳定与和谐。按照市委统一部署，常委会领导分别到厚街、石碣、中堂、横沥、虎门等镇开展接访活动，面对面地倾听群众心声，了解人民群众的困难与诉求，加强与群众的联系，切实帮助群众解决具体问题。2012年，常委会信访电总量为1214件次，办结1209件，办结率为99.6%。

【重大事项讨论决定】 2012年，东莞市人大常委会结合东莞实际，依法行使宪法和法律赋予的职权，及时讨论决定政治、社会管理等方面重大事项。依法作出关于召开市人代会，补选市人大代表，加强法制宣传教育，同意东莞市人民政府《关于提请审议将东财公司回购信托受益权资金纳入市财政预算安排的议案》，表彰优秀代表议案、建议和先进承办单位，接受严继宗、梁佳沂等同志辞去市第十五届人大常委会组成人员职务的请求等12项决定、决议。

【人事任免】 2012年，东莞市人大常委会始终坚持党管干部和人大依法任免原则，坚持和完善拟任人员见面、颁发任命书等制度。2012年，市人大常委会任命干部236名，其中：人大系列98名，政府系列41名，法院系列59名，检察院系列38名；免职干部49名，其中：人大系列5名，政府系列6名，法院系列35名，检察院系列3名。

【代表工作】 2012年是十五届人大代表履职的开局之年，东莞市人大常委会把代表培训、支持代表履职等工作作为代表工作的重点来抓，发挥代表作用。**做好代表轮训工作** 常委会高度重视代表培训工作，制定新一届代表培训方案，精心安排课程，在6月、9月分别举办第一期和第二期市人大代表培训班，组织130多名市人大代表参加培训。超过三分之一市人大代表参加培训，掌握人民代表大会制度基本理论、代表工作知识和人大工作程序、工作方法，增强履职意识，提高履职能力。**开展代表活动** 开展“市镇人大代表活动日”活动。10月18日，常委会指导各镇街人大根据统一部署，围绕“三重建设”，市属、镇街重点项目建设，“十二五”规划纲要的实施情况以及人民群众关心的热点、难点问题，组织市镇人大代表开展集中学习、视察、调研、听汇报、座谈、代表自由走访等多种形式活动，就经济社会发展方方面面提出意见和建议。组织在东莞的全国人大代表和省人大代表开展活动，6月28日，组织市全国和省人大代表集中视察石马河流域内的桥头镇内河涌整治、污水处理设施建设、非法养殖场清理整治情况以及石马河橡胶坝调污工程，力促市石马河流域污染整治工作纵深推进。6月下旬，组织省人大代表走进桥头镇莲城社区，了解社区情况，听取群众意见，就当前有关热点问题进行讨论交流。**支持代表参政议政** 常委会为代表参政议政创造条件，邀请或安排部分履职能力较强、有相关专业知识或者来自不同层面的代表参加有关活动。参加常委会组织的调研、视察，法院、检察院组织的有关活动，市长约请市人大代表座谈会，承办单位办理建议座谈会，参与上级人大的立法调研活动，政

风行风评议、担任执法部门特邀监督员等等，较好地发挥人大代表作用。

【代表议案和建议督办】2012年，东莞市人大常委会始终把对代表议案督办和建议办理工作作为支持代表履职的首要工作来抓。督办议案突出实效 市十五届人大一次会议通过关于《加强科技创新，推进产业结构调整升级的议案》，是议案既是代表们对东莞发展未来的关切与支持，也是市委在能否5年内实现东莞高水平崛起的关键。市人大常委会创新督办方式，为切实做好《加强科技创新，推进产业结构调整升级的议案》督办和初审工作，提高议案办理实效，注重发挥对口工委优势，确定由教科工委负责督办。东莞市第十五届人大常委会第二次会议听取和审议市政府关于《加强科技创新 推进产业结构调整升级的议案》办理方案报告，第九次会议听取和审议市政府关于《加强科技创新 推进产业结构调整升级的议案》办理情况报告，提出继续狠抓议案落实，优化科技专项资金配置、加强战略新兴产业引育、强化企业自主创新能力、促进科技金融有机结合等建议和要求。不断提高代表建议办理的满意度 在市十五届人大一次会议期间，大会共收到代表提出建议154件。会后，市人大常委会及时转交市政府办理。市人大常委会不断强化对代表建议办理工作的督促落实。市十五届人大常委会第4次主任会议专门研究分工督办代表建议问题，确定关于加强机动车尾气污染治理工作、加大食品安全整治力度等5件重点督办代表建议。完善代表建议动态管理系统，加强与市政府联系沟通，及时掌握办理情况；征询各镇（街）人大对代表建议办理工作意见和建议；评选出优秀代表议案建议和先进承办单位。代表建议办结率和满意率均为100%。

【基层人大工作指导】2012年，东莞市人大常委会重视与基层人大联系沟通，推动基层人大工作开展。指导基层人大依法开好镇人代会 加强对各镇人代会召开的业务指导，规范会议程序，绝大多数镇人代会在第一季度内依法依规召开，部分镇人大对行政区域内的重大事项依法行使决定权，部分镇人大根据市委意图依法、顺利补选部分地方国家机关领导人员，发挥地方国家权力机关作用。举办全市基层人大干部培训班 2012年是东莞市市镇人大换届后的第一年，为提高全市镇街人大干部综合素质和业务水平，5月8—16日，市人大常委会副主任郭水带领常委会机关22名干部及镇街62名镇街人大干部先前往北京全国人大会议中心进行为期3天培训；培训后，分两组赴辽宁、黑龙江学习考察，分别与辽阳市人大、齐齐哈尔市人大进行交流，建立联系。指导基层人大继续坚持开展分片互访交流活动。基层人大分片互访交流活动继续不定期、不定形式开展，镇街与镇街之间互通工作信息，交流工作经验，加强联系沟通，互相学习提高。（李胜銮）

附：2012年东莞市人大常委会及其机关领导名录

市人大常委会主任：徐建华
市人大常委会常务副主任：黄双福
市人大常委会副主任：王道平
周楚良　郭水　欧林高（任至11月）
尹景辉
市人大常委会秘书长：陈柏南
市人大常委会办公室主任：温淦荣
市人大常委会副秘书长：温淦荣
刘智勇　林儒森　王业宽（11月到任）
市人大常委会办公室副主任：梁　燕

附：2012年市人大常委会各工作委员会主任、副主任名录

法制工作委员会主任：严继宗（任至4月）
陈俊荣（8月到任）
财政经济工作委员会主任：叶绍波
城建环境与资源保护工作委员会主任：
李光霞
教科文卫华侨外事工作委员会主任：
林　岳
选举联络人事任免工作委员会主任：
欧阳贵有（任至8月）
孙爱平（8月到任）
农村农业工作委员会主任：李雄华
法制工作委员会副主任：殷国群　江　流
财政经济工作委员会副主任：何伟光
卢晓航
城建环境与资源保护工作委员会副主任：
叶国志　王业宽（任至11月）
教科文卫华侨外事工作委员会副主任：
刘学高
选举联络人事任免工作委员会副主任：
伍志鸿
农村农业工作委员会副主任：叶玉培
杨　敏
市依法治市办公室主任：廖志文
市依法治市办公室副主任：
陈俊荣（任至8月）

▲中心广场夜景

东莞市人民政府 THE PEOPLE' SGOVERNMENT OF DONGGUAN

东莞市行政办事中心

市政府重要会议

【市政府全体（扩大）会议】 2012年2月29日，东莞市政府全体（扩大）会议召开，贯彻落实市第十三次党代会和市第十五届人大一次会议精神，动员全市政府系统提质提效提精神，强力强势抓执行，为推动东莞高水平崛起而努力。

【市政府常务会议】 2012年，东莞市政府召开市政府常务会议35次，讨论有关事项676项，主要包括：审议《东莞市人民政府工作规则》；审议“十二五”各项规划；审议《东莞市加工贸易转型升级示范企业认定管理办法》；审议《东莞市生态景观林带建设实施方案》；研究设立东莞市社会组织发展扶持专项资金问题；审议《关于推进我市农村集体经济多元化经营的指导意见》；审议《关于推进教育改革发展加快实现教育现代化的决定》；审议《东莞市持续改进国家环境保护模范城市工作实施方案》；审议《东莞市政府质量奖评审管理办法》；研究中以国际科技合作产业园项目有关问题；研究提高东莞市居家养老服务政府补助标准问题；审议《2012年东莞市“提升公共文化服务水平”工程实施方案》；审议《关于提高我市镇街公办中小学公用经费供给标准的通知》；审议《东莞市困难家庭临时救助暂行办法》；审议《穗莞战略合作机制》；审议《东莞市饮用水源地环境保护基础工作实施方案》；审议《东莞市新莞人子女接受义务教育实施办法》；研究实施2012年积分制入户政策；研究减轻企业负担促进企业发展有关问题；审议《东莞市促进中小微企业发展实施办法》；研究讨论《关于促进科技金融与产业融合的意见》；审议《东莞市食品安全举报奖励办法》；审议《东莞市黄标车淘汰更新实施方案》；审议《东莞市农村（社区）集体资产管理实施办法》；审议《东莞市生活垃圾处理费征收使用方案》；研究校车财政补贴问题；审议《关于保留、废止、宣告失效、修订部分市政府规范性文件的决定》；研究建立东莞市供水安全保障体系问题；审议《东莞市中职教育资源整合实施方案》；审议《东莞市清理在建违法建筑专项行动方案》；审议《东莞市水资源管理体制机制改革试点方案》；研究讨论《关于全面加强我市计生工作、促进人口长期均衡发展的实施意见》；审议《东莞市商事登记制度改革实施方案》；审议《东莞市社会信用体系建设工作方案》；审议《东莞市市场监管体系建设工作方案》；审议《东莞市社会组织孵化基地管理暂行办法》；审议《东莞市台资企业转型升级诊断辅导专项资金管理暂行办法》；审议《东莞市最低生活保障实施办法（修订稿）》；审议《东莞市高标准基本农田建设的实施方案》。

【全市性重要专项会议】 2012年，东莞市政府召开全市性重要专项会议70次，主要包括：全市农业农村工作会议；全市“三重”建设工作会议；全市外经贸工作会议；全市“三打两建”工作会议；全市经济和信息化工作大会；全市公安工作会议；全市环保工作会议；全市扶贫开发工作会议；东莞市土地卫片执法检查工作会议；全市水务工作会议；全市三防工作会议；全市教育工作会议；全市招商引资工作会议；水乡片统筹发展规划工作会议；市重点项目招商引资工作领导小组会议；镇（街道）工作年中点评现场会；全市年中点评总结会议；全市妇女儿童工作会议；首届“加博会”筹备动员会议；全市土地管理工作会议；商事登记制度改革工作协调会；东莞市统筹水乡地区发展工作领导小组（扩大）会议；广深高速和虎门大桥东莞段景观综合整治工作现场

东莞市人民政府副处级以上行政事业单位（含高配）

2012年10月

市直机关		事业单位	
正处级	副处级	正厅级，正处级	副处级
人民政府办公室（金融工作局）、发展和改革局、经济和信息化局、教育局、科学技术局、公安局、民政局、司法局、财政局、人力资源局、社会保障局、国土资源局、住房和城乡建设局、交通运输局、水务局、农业局、对外贸易经济合作局、卫生局、人口和计生局、审计局、环境保护局、体育局、统计局、物价局、林业局、海洋与渔业局、外事局（港澳事务局、侨务局）、口岸局、城乡规划局、民族宗教事务局、人民防空办公室、城市综合管理局、法制局、食品药品监督管理局、新莞人服务管理局、文化广电新闻出版局、国有资产监督管理委员会、安全生产监督管理局、城市管理综合执法局、驻北京联络处、驻广州办事处、松山湖高新技术产业开发区管委会、生态产业园区管委会、打私办（不定级）	渔政总队东莞支队、文化市场综合执法大队、应急管理办、中小企业局（民营经济发展服务局）、市看守所、市第二看守所、市公安局收容教育所	理工学院（正厅）、旅游局、供销合作联社、公路管理局、公路桥梁开发建设总公司、东莞中学、虎门港管理委员会、城建工程管理局、广播电视大学、房产管理局、人民医院、中医院、人民政府经济协作办公室、产业合作办公室、档案局（档案馆）、机关事务管理局长安新区管理委员会（未定级别）、社会科学院（未定级别）、职业技术学院（未定级别）、高技能公共实训中心（不定级）	人才管理办公室、港航管理局、道路运输管理局、农村集体资产管理办公室、农业科学研究中心、农业技术推广管理办公室、地震局、外商投资促进中心、国库支付中心、就业管理办公室、社会组织管理局、卫生监督所、疾病预防控制中心、社会保险基金管理中心、松山湖高新技术产业开发区经济贸易发展局、松山湖高新技术产业开发区科技教育局、松山湖高新技术产业开发区政策研究室、土地储备中心、虎门港经济发展促进中心、地理信息与规划编制研究中心、住房公积金管理中心、环保产业促进中心、行政服务管理办公室、地方志办公室、大堤管理处、文化馆、东莞图书馆、科学技术博物馆、教育发展研究与评估中心、动物卫生监督所、动物疫病预防控制中心 、生态园企业投资服务中心（未定级别）、水政监察支队、社会福利中心、军用供应站、内资经济促进中心、口岸车检场服务中心、水务工程建设运营中心（不定级）、运河治理中心（不定级）、环境监测中心站（不定级）、

会；全市深化医药卫生体制改革工作会议；全市清理在建违法建筑专项行动动员会议；全市农村“三资”监管工作会议。

【市政府工作会议】 2012年，东莞市政府召开并形成会议纪要的工作会议共239次，研究部署主要事项包括：研究职教城建设问题；研究R2线及轨道交通建设问题；研究绿道建设工作；研究组建东莞公交一卡通公司；研究财政投资重点项目工程建设；研究民间借贷风险排查工作；研究东莞市大型城建项目筹融资工作；研究农村集体经济管理工作；研究《珠三角规划纲要》“四年大发展”工作；研究土地卫片执法检查工作；研究华为终端总部项目有关问题；研究保障电力调峰认购问题；研究推进商事登记制度改革工作；研究穗莞深城际轨道交通项目建设；研究全市新兴产业和优势产业项目建设；研究东莞雀巢有限公司美极分厂增资扩产项目；研究市区交通拥堵点整治工作；研究新莞人基本公共服务政策；研究松山湖大学创新城建设及新日能项目；研究中国电子东莞产业园建设项目有关问题；研究严厉打击非法行医行为；研究虎门港保税港区申报；研究散裂中子源项目；研究残疾人工作；研究公路建设资金问题；研究全市供水安全保障工作；研究石马河污染整治；研究援建喀什经济开发区兵团分区问题；研究东莞火车站规划建设工作；研究小海河水体修复试点工程；研究从莞高速东莞段工程建设工作；研究沙田车检场建设有关问题；研究雅园新村建设问题；研究违法建设商品房项目处理工作；研究虎门白沙火车站片区排涝工程；研究华南协同创新研究院建设；研究全市污水处理工程；研究台商子弟学校建设工作；研究塘厦、虎门、樟木头垃圾填埋场建设；研究市方志馆场地问题；研究广深高速和虎门大桥东莞段沿线景观综合整治工作；研究市农村集体土地确权登记发证工作；研究东莞市镇村涉企收费问题；研究都市丽人上市有关问题；研究水乡风情区规划建设工作；研究东莞实业投资控股集团有限公司筹建工作；研究两岸生物技术产业合作基地建设；研究市人民医院红楼分院规划建设；研究粤海集团装备技术产业园项目；研究建设LNG加注站问题；研究推进电子商务发展；研究处置融资担保行业风险；研究开展免费孕前优生健康检查工作；研究社区卫生服务机构建设；研究广东酒店管理职业技术学院建设；研究东莞天安数码城项目；研究公交体制改革工作；研究全市截污管网工程；研究中心涌综合整治工作；研究宏威（晨真）薄膜太阳能电池项目有关问题；研究土地审批工作；研究森林公园建设工作；研究外贸进出口工作；研究龙湾湿地公园及周边地区规划建设问题；研究统筹水乡地区发展先期启动项目问题；研究南城金融商务区建设；研究“四方联网”加工贸易服务管理平台工作；研究共建东莞暨南大学研究院；研究麻涌香飘四季世界农场项目；研究松山湖大学创新城及清华大学创新平台建设；研究工程招标投标有关问题；研究公立医院改革工作。

重要政务

【重要决策】 “三重一大”建设 2012年1月，东莞市政府印发《东莞市财政投资建设项目支出预算管理暂行办法》；市府办印发《关于下达东莞市2012年重点建设项目和重点预备项目计划的通知》《东莞市战略性新兴产业发展“十二五”规划》。2月，市政府印发《关于落实东莞市国民经济和社会发展第十二个五年规划纲要主要目标和任务工作分工的通知》《东莞市进一步加大节能工作力度确保完成“十二五”节能任务的实施意见》《东莞市重点用能单位节能管理办法》。3月，市府办印发

《关于建立东莞市“三重”建设工作联席会议制度的通知》。4月，市政府印发《东莞市2012年国民经济和社会发展计划》。5月，市府办印发《东莞市能源保障“十二五”规划》《东莞市重大项目招商引资“一站通”工作机制》《东莞市重大项目招商引资奖励办法》《东莞招商引资市重大项目认定管理办法》。

科技金融与产业融合　2012年1月，东莞市政府印发《关于认定东莞市第五批上市后备企业的通知》。3月，市府办印发《东莞市工业企业贷款支持计划操作规程》《东莞市区域集优直接债务融资支持计划操作规程》。6月，市政府印发《关于认定东莞市第六批上市后备企业的通知》。7月，市府办印发《东莞市产业升级转型及创业投资引导基金管理暂行办法》《东莞市促进股权投资基金业发展的若干意见》《东莞市金融创新奖评选暂行办法》《东莞市金融招商奖励办法》。8月，市府办印发《东莞市加工贸易转型升级绩效评价及工作考核办法》《东莞市加工贸易转型升级“1+X”政策体系文件》。9月，市府办印发《东莞市政府质量奖评审管理办法》《东莞市高技术产业发展“十二五”规划》。11月，市府办印发《东莞市台资企业转型升级诊断辅导专项资金管理暂行办法》《东莞市推进标准化工程实施办法》。

水乡统筹与集体经济转型　2012年2月，东莞市人民政府办公室印发《2012年东莞市镇村组清产核资工作实施方案》。3月，市政府印发《东莞市农业农村发展“十二五”规划》。8月，市政府印发《东莞市农村（社区）集体资产管理实施办法》；市府办印发《东莞市农村（社区）集体经济统筹管理实施办法》《加快推进“三旧”改造促进产业转型升级的若干意见》《东莞市统筹水乡地区发展实施方案工作任务分解表》。11月，市府办印发《东莞市创建名镇工作实施方案》。

法治化国际化营商环境建设。2012年1月，东莞市人民政府办公室印发《东莞市优秀民营企业家评选暂行办法》。3月，市府办印发《东莞市服务业发展“十二五”规划》。6月，市政府印发《东莞市促进中小微企业发展实施办法》，市府办印发《东莞市城市商业网点规划修编（2011—2015年）》。8月，市府办印发《东莞市重大信息基础设施“十二五”规划》。10月，市府办印发《东莞市规范镇村涉企收费试点工作实施方案》。11月，市政府印发《关于进一步深化商事登记制度改革完善市场监管体系的若干规定》。12月，市政府印发《东莞市再生资源回收管理办法》。

城乡环境整治　2012年1月，东莞市人民政府办公室印发《东莞市进一步加强淘汰落后产能工作实施方案》。3月，市府办印发《东莞市“十二五”主要污染物总量减排工作方案》《东莞市生态景观林带建设实施方案》。4月，市府办印发《东莞市城市化发展“十二五”规划》。7月，市政府印发《东莞市生活垃圾处理厂运营监督管理暂行办法》；市府办印发《东莞市水资源保护与水环境治理“十二五”规划》《东莞市水利防灾减灾“十二五”规划》，《东莞市“大清洁，乡村美”城乡清洁工程专项活动方案》《东莞市黄标车淘汰更新实施方案》。10月，市府办印发《加快发展我市绿色建筑的通知》《东莞市清理在建违法建筑专项行动方案》。11月，市府办印发《东莞市国有建设用地使用权预出让试行办法》。12月，市府办印发《东莞市节水型社会试点建设工作方案》《全市截污次支管网工程建设实施方案》。

社会管理创新　2012年1月，东莞市人民政府办公室印发《东莞市综合交通运输体系发展“十二五”规划》。4月，市府办印发《东莞市市区交通拥堵点整治工作实施方案》。5月，市政府印发《东莞市火灾隐患举报奖励暂行办法》；市府办印发《东莞市消防工作“十二五”规划》。6月，市政府印发《东莞市重大危险源安全监督管理办法》。9月，市政府印发《东莞市餐厨垃圾管理暂行办法》。11月，市府办印发《东莞市社会组织孵化基地管理暂行办法》《东莞市社会组织发展扶持专项资金管理暂行办法》。12月，市府办印发《东莞市社会组织登记注册行政审批改革方案》。

改善民生民计　2012年1月，东莞市政府印发《东莞市廉租住房保障办法》《东莞市经济适用住房管理办法》；市府办印发《东莞市社会保障事业“十二五”规划》。5月，市政府印发《东莞市困难家庭临时救助暂行办法》《东莞市新莞人子女接受义务教育实施办法》。6月，市政府印发《东莞市住房保障制度改革创新实施方案》；市府办印发《东莞市社会保障事业“十二五”规划》。7月，市府办印发《东莞市职业技术教育改革发展“十二五”规划》。8月，市政府印发《东莞市妇女发展规划（2011—2020年）》《东莞市儿童发展规划（2011—2020年）》。10月，市政府印发《东莞市公立医院改革试点实施意见》；市府办印发《东莞市文化精品专项资金管理暂行办法》《关于加快文化产业发展的若干意见》《东莞市文化产业发展专项资金管理暂行办法》。11月，市府办印发《东莞市实施〈广东省城镇居民社会养老保险试点实施办法〉细则》。12月，市政府印发《东莞市全民健身实施计划（2012—2015年）》；市府办印发《东莞市最低生活保障对象基本医疗救助实施办法》《东莞市最低生活保障实施办法》。

其他方面　2012年1月，东莞市人民政府办公室印发《关于贯彻落实〈广东省实施珠江三角洲地区改革发展规划纲要保障条例〉的通知》。2月，市府办印发《东莞市镇街依法行政工作考核方案》、东莞市实施《珠江三角洲环境保护一体化规划（2009—2020年）》规划指标表、规划主要工作任务表规划重点工程表和2011—2012年工作计划。5月，市府办印发《违法建设商品房处理程序》。9月，市府办印发《关于东莞市重大节假日高速公路免收小型客车通行费实施方案》。11月，市政府印发《东莞市举报违法犯罪奖励办法》《东莞市2013—2015年政策性农业保险实施方案》。

【重要政事活动】2012年，东莞市政府举行的重要政事活动主要有：拜访中央部委、重点高校院所、中央重点企业；拜访华中科技大学、武汉大学、电子科技大学、四川大学；东莞市中小企业服务年活动；东莞市台湾名品博览会；虎门港华润水泥物流总部项目战略合作框架协议签约仪式；虎门港沙田港区集装箱码头股权重组签约仪式；韩国牙山市政企代表团访莞系列活动；从莞高速集合资金信托计划正式发行启动仪式；东莞市政府、黄埔海关、广东省检验检疫局“共同促进加工贸易转型升级协作协议”签约仪式；全省加工贸易转型升级工作现场会；“广货网上行（东莞）”活动；第四届中国国际影视动漫版权保护和贸易博览会；首届中国加工贸易产品博览会；世界莞商大会；全市“三重”建设亮点巡视活动；穗莞战略合作第一次联席会议；中国（东莞）国际科技合作周暨招才引智大会；中国图书馆学会年会、中国图书馆展览会；“黄埔海关、东莞市人民政府在打击走私工作中建立更加紧密联系配合机制的合作备忘录”签署仪式；东莞中国科学院云计算产业技术创新与育成中心奠基典礼；东莞市人民政府——清华大学全面合作框架协议签约仪式；广东粤海装备技术产业园项目签约仪式；市轨道交通R2线银团贷款签约仪式；统筹水乡地区发展先期项目启动暨水乡大道改造提升工程动工仪式。

【十件实事】2012年，东莞市政府为市民办好十件实事。十件实事涉及具体

52项工作中，7项超额完成，41项圆满完成，2项基本完成，2项未完成。改善社会治安方面　全市已有专职巡逻民警1539人、巡逻治安员11125人，完成20%警力下沉到路面和社区的目标；全市接路面违法犯罪警情19271条，同比下降12.8%，共立路面违法犯罪案件3386起，同比下降2.2%，破案2482起，同比上升8.9%，抓获犯罪嫌疑人1412名，同比下降7.8%。强化食品安全监管方面　全市蔬菜农药残留、生猪"瘦肉精"残留检测合格率分别达99.1%和99.99%；累计抽检水产品1002批次，总体合格率为98.2%，超额完成年度目标任务；累计抽检生产环节3374批次，抽检各类食品6093批次；制定实施《东莞市食品安全举报奖励办法》，并向社会发布通告；全市共立案侦办"四黑四害"制假售假刑事案件958宗，刑事拘留1432人；全市32个镇街全部建成监控系统并与市级监控中心联网。加快教育发展方面　新增15所公办幼儿园项目建设进展顺利，均完成年度目标；全市对849所幼儿园补助7873.07万元；提供新莞人子女积分制入学的公办学位20221个；东莞职教城二期完成上网招标前期工作，市政配套设施工程完成投资约1.88亿元，防洪排涝工程完成投资约1.45亿元；东莞理工学校新校区已制定开办计划，落实开办费，完成设备设施采购招标工作；市技师学院完成首次师资招聘工作；东莞市高技能公共实训中心完成一期设备进驻工作和实训项目开发方案，公开招聘5名工作人员。实施扶贫帮困方面　帮扶的89个欠发达村村组两级经营性纯收入约2.49亿元，63个欠发达村纯收入超150万元，15个欠发达村纯收入增长10%以上；全市共帮扶3780户贫困家庭脱贫，占已结对帮扶的有正常劳动能力低保户总数的93%，超额完成年度目标；推动10450名登记失业人员就业，帮扶7442名就业困难人员实现就业；2012年东莞生源困难家庭高校毕业生就业率为100%；寮步等10个镇街的康复就业服务中心建成并投入使用。完善社会服务方面　全市共有7个市级名村和22个镇级名村基本完成各项工程项目建设，并完成市考核验收；全年共完成20个社区综合服务中心示范点的建设任务，已确定11家运营社区综合服务中心示范点的社会组织；共为1003名符合政府补助条件的老人免费安装"平安铃"服务，为3418名符合政府补助条件的老人提供居家养老服务，超额完成年度目标。加强社会保障方面　全年完成妇女"两癌"筛查项目150608例，为117192名70周岁以上老年人发放高龄津贴9980.92万元，其中为74418名70至79周岁老年人发放4435.365万元。实施防灾减灾方面　全年完成寮步美人潭排涝站（第二站）和虎门东引运河虎门城区段堤岸加固工程等10宗防灾减灾工程；市区内涝整治应急三期北侧分流工程完成总工程量的30%，未能按期完成年度目标任务。提升公共文化服务水平方面　全市32个镇街558名文化管理员及每个村（社区）配置的2名文化志愿者全部上岗服务；纳入建设范围的26个镇（街）以及366个村（社区）完成新型公共电子阅览室建设；完成东莞文化网建设及东莞学习平台功能的完善升级；全市全年共新增图书56.57万册，实现全市人均藏书达到1册以上；全年完成培训104场，受训学员8827人，完成演出1000场，受惠人数约100万人，放映电影10549场，受惠群众397.8万人次。整治环境污染方面　桥头小海河整治和生态修复工程完成总工程量的90%，同沙水库截污管网工程和尾水排放工程完成总工程量的95%，基本达到年度目标；全市完成淘汰或改造小功率工业燃煤锅炉200台。提升宜居环境方面　全年建成绿道323.54公里，累计建成绿道923.54公里；基本完成黄牛埔森林公园、碧湖森林公园建设并如期向游客开放；顺利完成市区10个交通拥堵点整治。（市府办供稿）

附：2012年东莞市人民政府市长、副市长、秘书长、副秘书长名录

市　长：袁宝成

副市长：梁国英　张　科（6月到任）
吴道闻　严小康　成洪波（任至6月）
唐庆涛（2月到任）　贺　宇
喻丽君（1月到任）

市政府党组成员：冷晓明

副厅级干部：殷焕明

市长助理：仓　峰（7月到任）

市政府秘书长：邓浩全（2月到任）

市政府副秘书长：陈建枝（任至11月）
任新合　刘　宁　莫淦泉（任至8月）
刘学聪　冼冠华　全行中　邹　联
黎达潮　朱斌华（任至3月）
张永忠　黄福泉　陈志超
罗　斌（2月到任）　张俊阳（3月到任）
黄天云（3月到任）　王炜东（6月到任）
谢锦波（8月到任）　朱默河（9月到任）

附：2012年东莞市人民政府办公室主任、副主任名录

主　任：邓浩全（2月到任）

副主任：邓　涛　朱默河（任至9月）
叶冠强　黄晨光（9月到任）

督查工作

【政务督查】2012年，东莞市政府督查室围绕"为领导服务、为基层服务、为群众服务"的宗旨做好督查工作。一是落实市政府主要目标任务。年初对《政府工作报告》内容进行分解，细化为94大项、210项具体工作，明确年度目标、进度安排等工作要求，以市府办文件形式印发施行。每季度跟踪进展情况，上报市领导审定后向社会公开通报，对进展较慢的事项采取电话询问、座谈调研、现场督查等多种方式进行督办。全年完成200项工作，完成率为95.2%。二是落实市政府常务会议决定事项。每季度跟进决定事项的落实情况，向市领导进行通报。2012年市政府召开34次常务会议，形成需跟踪决定事项617大项、737小项。经督办，全年共完成695项，占94.3%。三是落实市领导交办的其他事项。定期跟进外经贸稳增长调结构促平衡二十八条措施、东莞市赴日韩台招商期间企业反映问题及意向投资项目、东莞市与国家部委高校院所及企业合作事项等经济发展事项，配合做好广深高速和虎门大桥沿线景观整治、穗莞深和莞惠城际轨道交通沿线征地拆迁等工作，首次采用约谈镇领导和联合下发督办函方式，对后进镇街开展督查。四是落实年度政务督查考评工作。市委市政府首次将政务督查考评纳入落实科学发展观年度工作考核。市政府督查室经多方征求意见，制订考评方案，将市政府主要目标任务、十件实事、市政府常务会议决定事项等工作纳入考评范围，完成考评任务。

【民生实事跟进】2012年，东莞市政府督查室一是跟进市政府十件实事。每月向市领导通报十件实事进展情况，每季度通过媒体报纸、政府网站等向社会公开通报。推出"十件实事月月看"等平台，及时曝光进展较慢事项。2012年市政府十件实事涉及52项具体工作，全年实现7项超额完成年度目标，41项顺利完成年度目标，2项基本完成年度目标。二是落实省政府十件民生实事。按照省府办要求，制定印发《关于落实我市承担的省政府十件民生实事工作任务的通知》，对工作进展情况实行每季度通报并报省府办。2012年东莞市承担的省政府十件民生实事部分的9项具体工作进展顺利。三是做好2013年市政府十件实事征集。从8月份开始，市政府督查室启动2013年市政府十件实事征集工作，并首次增加征询民意环节。经过公开征集、内部征集、走访座谈、征求意见、征询民意、市政府常务会议讨论、市委常委会讨论等多个环节，最终确定2013年市政府十件实事。

【人大政协建议提案办理】2012年，东莞市政府督查室办理人大议案、建议提案和座谈会建议552件，实现沟通率、办结率和满意率三个100%。一是健全完善建议提案办理制度。起草《东莞市党政领导班子督办重点提案办理工作实施细则》，以市委办文件印发。会同市人大办、市政协办制订“网上公开答复建议提案办理工作制度”、“建议提案会商审查工作细则”和“市人大代表建议和政协提案办理工作细则”。二是完善建议提案网上办理平台。完善网上分办、双向沟通、回头督办等工作流程，建成“东莞市建议提案在线”网站，逐步拓宽建议提案及答复的网上公布范围。三是突出重点建议提案办理。牵头协调市长督办重点提案，组织开展“2012年市长督市政协重点提案座谈会”，落实市政府分管领导领办重点建议提案，并协调组织开展多场专题调研会。（方志权）

附：2013年东莞市政府督查室领导名录

主　任：曾　鸣

副主任：王燕云　张旭健

应急管理

【市应急委成员调整】2012年，东莞市根据市、镇街换届工作安排，参照省的做法，及时调整市突发事件应急委员会成员，应急委主任为市长袁宝成，副主任为市委副书记姚康，市委常委、常务副市长梁国英，市委常委邓志广和副市长严小康，各应急委成员由成员单位主要领导担任。

【应急办事机构建设】2012年，东莞市继续加强镇街、部门应急管理办事机构建设。市政府应急办于年中在全市范围内开展应急管理工作调研，对镇街应急管理机构建设问题提出指导性意见。截至2012年，全市大部分镇街专职或兼职人员配备均有一定增加，市应急委各成员单位，尤其是公安、民政、卫生、建设、交通、环保、安监、消防等部门，应急管理领导机构、办事机构建设得到强化，系统内应急管理运转枢纽作用加强。

【突发事件风险隐患排查】2012年4月，市政府下发《印发〈关于开展全市突发事件风险隐患排查和整改工作方案〉的通知》，按照“谁主管、谁负责”原则，建立和完善政府统筹，部门负责，全民参与的隐患排查工作机制。在全市安全专项检查中，共清查各类工程合计3500多项，发现有近200项存在不同程度的质量和消防安全隐患；在道路水路运输安全检查中检查1984辆营运车辆，发现存在问题车辆349辆次。对存在的安全隐患，各镇街均建立台帐，指定专人负责跟踪，及时进行落实整改。

【应急平台体系建设】2012年9月14日，市政府常务会议审核同意市政府应急办应急平台第一期工程项目，落实建设经费1012.7万元，列入市政府办公室（市政府应急办）2013年预算安排，东莞市市级应急平台建设正式启动，系统软件开发等相关工作按计划有序推进。由市政府确定的12个市级应急平台建设试点单位全面铺开建设，部分单位在原有应急平台基础上进行升级或扩充。

【“百人百场”应急知识宣讲活动】2012年市政府应急办在常平、大朗镇举办以“弘扬应急文化 普及应急知识”为主题的“百人百场”应急知识宣讲活动，重点加强对青少年及外来务工人员宣传以自然灾害为主的应急知识。启动“应急知识送万家”活动，通过邮政渠道，对全市共15万个家庭信报箱逐个投递“致全市人民的一封信”折叠型信封，推动应急知识进机关、进社区、进农村、进企业、进学校、进家庭。宣讲活动得到省政府通报表扬，东莞宣讲队被评为优秀宣讲队、常平镇塘角社区宣讲点被评为先进宣讲点。

【突发事件处置】2012年，市政府应急办协助市委、市政府和有关部门、镇街妥善处置广深高速“1·11”致6人死亡交通事故、中堂“4·9”建晖纸业大火、樟木头“8·11”致3人死亡交通事故、莞佛高速虎门威远“10·26”致5人死亡交通事故等多起较大以上火灾和交通事故，快速调处横沥镇村头村部分村民拦路上访事件、樟木头镇西气东输观音山路段施工受阻事件、大岭山镇台升家具员工停工事件、“9·18”涉日游行、桥头镇中星电器厂员工怠工事件、南城诺基亚员工罢工事件等群体性事件。（文明军）

附：2012年东莞市政府应急管理办公室领导名录

主　任：张勇军

副主任：方卫东　钟仲贤

打击走私综合治理

【概况】2012年，东莞市查获各类涉嫌走私案件278宗，案值37.8亿元。查获涉嫌走私主要物品有：水貂皮485万张、成品油379.7吨、塑胶2917.52吨、钢材9066.8吨、汽车109辆等。

【打击走私联合行动和专项斗争】2012年1—2月，东莞市开展元旦春节期间打击走私联合行动，查获涉嫌走私成品油62.3吨、化工品45吨、机械设备和塑胶粒各一批等。9月17日至10月17日，开展中秋国庆期间打击走私联合行动，查获洋酒18000多瓶、成品油6吨、废机油5.73吨和电子零件一批等。6月15日至12月31日，开展打击走私汽车专项行动，市打私办组织有关镇街、部门查获涉嫌走私汽车72辆，海关缉私部门海上查获涉嫌走私汽车37辆。

【专业市场反走私监管】2012年，市打私办清查大岭山信立农批市场、中堂江南农批市场、虎门沿江新富民冻肉批发市场等市内大型农批市场和冻品仓库，查扣191吨无合法来源证明涉私冷冻品，督促市场管理方、商户落实索票索证和进出台账管理制度。清查石龙广东国际轮胎市场，关闭21家未建立台账、未能提供进出单据的旧轮胎经营商户，清理旧轮胎63000多条，堵塞涉私轮胎进入市场渠道。开展塑胶专业市场反走私调研，协调各部门加强打击塑胶等原材料走私活动。

【反走私工作合力提升】2012年3月7日，在全市打击走私工作会议上，东莞市政府分别与32个镇街签订《打击走私综合治理工作责任书》，明确镇街反走私工作责任，形成全市合力。5月，市打私办举办全市打击走私工作业务培训班，对全市各镇街分管打私工作的领导、外经贸局（办）局长（主任）以及打私干部进行业务培训，提高各镇街打私工作能力和水平。9月12日，市政府与黄埔海关签署《在打击走私工作中建立更加紧密联系配合机制的合作备忘录》，强化地方政府与海关沟通合作，提升打击走私整体合力。

【反走私宣传教育】2012年，市打私办通过有关媒体播报反走私综合治理信

息数十条；在海防和反走私重点区域、主要路段、专业市场、沿海（河）易上岸点等悬挂反走私宣传标语1000多条，设置多个反走私举报牌；走进社区、走进企业、走进渔村派发《东莞市反走私案例宣传手册》、《东莞市渔民国防与反走私宣传资料》等1万多册，增强群众海防和反走私意识。分别在黄江、常平、大朗、寮步镇举办打击走私汽车大型专场宣讲活动，对2000多名村委会和村民小组干部、治安联防队员以及出租屋、车行、汽配城、修理厂、二手汽车交易市场的业主等进行反走私法律法规教育。联合东莞海关缉私分局先后举办7场反走私政策宣讲会，组织加工贸易企业、商户参加，主要讲解《刑法》、《海关法》对不同走私活动的具体处罚，加工贸易企业走私的成因和危害等，引导企业、商户诚信守法经营，共同维护公平贸易秩序。

【海边防工作】 2012年，东莞市抓好海边防工作：一是开展海防设施情况调研。市打私办收集海（河）基础数据，客观记录已建海防和反走私设施运行状态、损坏情况等，列出迫切需要解决的问题，对海防设施综合利用提出建议，形成调研报告。二是推进海边防基础设施建设。筹备建设麻涌水上边防派出所。10月12日，项目奠基。三是打击珠江口水域走私活动。6—12月开展珠江口水域打击走私综合治理专项行动。加强珠江口东莞水域巡逻，完善视频监控，关注岸线动态，整治码头和私货易上岸点，严厉打击沿岸走私行为。（赵景耀）

附：2012年东莞市人民政府打击走私综合治理办公室领导名录

主　任：陈志超

副主任：邱　崧　尹雪瑛

行政服务管理

【政务信息公开】 制定《2012年全市政务信息公开工作计划》，编制《2011年政府信息公开年度报告》。2012年2月，市行政服务管理办公室印发《2012年全市政务信息公开工作计划》，明确2012全市政务信息公开工作目标思路和主要工作任务。总结2011年全市政府信息公开工作，撰写《2011年东莞市政府信息公开工作年度报告》，3月9日在市政府信息公开门户网站公布。各镇街、各有关单位按要求在3月31日前完成公开工作。抓好政务信息公开载体建设。2012年，《东莞日报》政务公布版刊登143期。选取时政热点，刊登4期政务专题。自3月5日起，每周在《东莞日报》政务公布版刊登“政务微博精选”。截至2012年12月31日，《东莞日报》政务公布版刊登1914期。抓好《东莞市人民政府公报》（以下简称《公报》）赠阅发行管理，提高在基层单位的覆盖面和利用率，及时更新《公报》网络版，2012年发行《公报》12期。继续优化市政府信息公开门户网站栏目建设，增加《东莞日报》政务公布版栏目。协助各镇街、各有关单位做好政府信息公开门户网站维护工作，2012年市政府信息公开门户网站公开信息3088条。做好政府信息依申请公开工作。2012年，市政府办公室受理政府信息依申请公开94宗，其中网上申请91宗、信函3宗，回复率100%。主要涉及城乡规划、教育、财政、卫生、环保等内容。实施政务信息公开电子监察绩效测评。加强对政务信息公开的监督，2012年，对全市32个镇街、57个单位网上信息公开实施电子监察，监察结果每季度在《东莞日报》政务公布版向社会公布。推进政府预算信息和“三公”经费公开。7月，市行政服务管理办公室联合市财政局印发《关于做好2012年政府预算信息公开工作的通知》。9月，组织召开“三公”经费工作座谈会，做好“三公”经费公开准备工作。2012年，全市有60个单位公开部门预算信息。协调指导大朗镇做好全国依托电子政务平台加强县级政府政务公开和政务服务试点工作。由市行政服务管理办公室负责牵头，指导大朗镇开展全国依托电子政务平台加强县级政府政务公开和政务服务试点工作。9月，市行政服务管理办公室联合市监察局、市法制局、市电子政务办成立初评小组，对大朗镇试点工作进行初评验收。协助做好“行政三公开”工作。协助市纪委、市监察局制定《关于在市有关部门继续开展行政“三公开”试点工作的实施方案》和《关于进一步深化行政“三公开”工作的通知》。2012年，在市教育局等10个市直单位开展行政“三公开”活动。6月10日，对行政“三公开”第二批试点单位开展调研。深化公共事业单位办事公开。7月，以市府办名义印发《关于深入开展公共企事业单位办事公开工作的方案》，10月25日，市行政服务管理办公室组织16个行业主管部门在城区供电分局召开全市公共企事业单位办事公开工作现场会，部署下一阶段公共企事业单位办事公开工作。开展全市政务信息公开考核。11—12月，对32个镇街、58个部门进行政务信息公开考核。考核采取自评，结合分片区考核汇报会、综合评定等方式。经考核评定，东城街道办事处等12个镇街、市发展和改革局等21个单位为优秀。

【网上办事大厅建设】 2012年7月，市行政服务管理办公室联合市电子政务办下发通知要求各部门全面梳理政务服务网上办理事项，完善办事指南、表格下载等内容，对尚未实现网上办理的事项，制订网上办理计划目标。9月，形成《政务服务事项网上办理情况及目标计划梳理表》，报省经信委。做好与省网上办事大厅对接工作。下发通知要求各部门按照省的规范和要求，对网上办事事项进行核对，补充新增内容。对网上办事大厅进行统一风格改版，并接入省网上办事大厅。10月19日，广东省网上办事大厅正式开通运行，东莞市网上办事大厅作为分厅，同时开通运行。

【审批制度改革】 2012年，市行政服务管理办公室赴市工商局、市经信局、市外经贸局等部门进行调研座谈，听取部门对优化审批流程、精简审批环节的意见和建议，分析影响审批进度的主要原因。约见10家企业座谈，听取对市职能审批部门和审批流程的意见和建议。推进重点领域行政审批改革。将企业注册登记、工程建设项目和民办非企业设立三大领域审批改革，作为2012年推进行政审批制度改革工作重点。协助市工商局推进商事登记制度改革试点和市民间组织管理局推进社会组织登记改革工作。起草《东莞市工程建设项目行政审批优化方案（征求意见稿）》。做好审批制度改革工作移交。9月，东莞市转变政府职能决策咨询委员会成立。原行政服务管理办公室承担的行政审批制度改革工作全部移交至市转变政府职能决策咨询委员会及其办公室。

同时，市行政服务管理办公室参与商事登记制度改革工作调研，配合做好改革方案修改完善；配合做好市场监管体系建设工作，负责实施行政审批公共服务平台建设，推动行政许可项目上网审批。完成“效率东莞”行动计划起草工作。深入贯彻《中共东莞市委、东莞市人民政府关于建设“六个东莞”营造法治化国际化营商环境的意见》，落实好“效率东莞”建设工作部署和要求，起草《关于建设“效率东莞”营造高效透明的服务环境的行动计划》。（刘灏妍）

附：2012年东莞市行政服务管理办公室领导名录

主　任：刘汉森

地方金融管理

【概况】2012年，围绕市委、市政府中心工作，东莞金融努力发挥支持经济的核心作用，为推动东莞市产业结构调整和转型升级提供全方位服务，促进地方经济稳步发展。2012年，全市金融总量和质量效益不断提高，金融总量保持全省第四位。全市各项存款、贷款余额分别突破6700亿元和3800亿元，其中中小微企业贷款余额占比达76.97%，不良贷款率降至1%以下，拨备前利润超过150亿元；全市股票成交量累计7857亿元；全市实现保费收入超过177亿元，位居全省地级市首位。东莞市成为广东省继深圳、广州之后当年跨境人民币结算量突破1000亿元的城市。在全省金融工作会议暨表彰大会上，东莞市获奖机构数量位居地级市第一。

【科技、金融和产业融合发展】2012年5月和7月，东莞市委、市政府在省内和北京召开2场高规格的金融发展咨询会交流会，邀请省内、北京两地政、商、学三界专家为东莞金融发展工作把脉施方、建言谋策、借智借力。7月，市政府出台《中共东莞市委、东莞市人民政府关于促进科技、金融与产业融合的意见》等“1+4”政策文件，要求把推动科技、金融与产业融合发展的有关政策成果落实到具体工作中。推动东莞银行松山湖科技支行获批成立，加快推进科技保险发展，提升科技企业金融服务，满足科技企业发展需要。

【支持中小企业融资】2012年，东莞市贯彻落实新10亿元融资支持计划，出台《东莞市工业企业贷款支持计划操作规程》、《东莞市区域集优直接债务融资支持计划操作规程》以及《东莞市金融创新奖评选暂行办法》。推进中小企业集合票据、中小企业集合债等产品发行，为中小企业融资提供一个新渠道。2012年1—10月，金融机构累计发放中小微型企业贷款2148.4亿元，占全部企业贷款发放额的73.02%，中小微企业贷款支持力度加大。协调金融机构，为市“三重”项目融资出谋划策。

【加快资本市场发展】2012年，东莞市金融工作局推动东莞宜安科技股份有限公司成功上市，东莞市上市企业数量增至12家，上市企业数量居全省前五位。推动岭南园林、易事特顺利过会，等候挂牌。推动8家企业上市材料报送至证监会。市政府评审认定第六批上市后备企业，东莞市上市后备企业累计增至74家。出台《东莞市产业升级转型及创业投资引导基金管理暂行办法》和《东莞市促进股权投资基金业发展的若干规

① 2012年6月26日，市长袁宝成参加全省金融工作会议和首届中国（广州）国际金融交易·博览会。

② 2012年5月30日，由东莞市委、市政府主办的东莞金融发展咨询座谈会在莞召开。

定》，引导更多社会资金进入股权投资领域。东莞市启动和广东中科招商创业投资管理公司、深圳创新投资集团等单位进行合作设立股权投资基金，并都已召开创立大会。市政府于12月18日在松山湖举办首届中国（东莞）股权投资高峰会，推介东莞股权投资优惠政策，实现资本与事业的高层对接。

【推动新型经济金融组织发展】2012年，东莞市金融工作局推动厚街华业村镇银行和大朗东盈村镇银行成功开业，东莞市村镇银行增至3家，总量居全省前列。推动2家融资性担保公司和1家小额贷款公司获得设立资格，东莞市融资性担保公司法人机构和小额贷款公司分别增至44家和17家，融资性担保公司和小额贷款公司数量均位居全省地级市第一。

【扩大金融对外开放】2012年7月，东莞市政府出台《东莞市金融招商奖励办法（试行）》，加大金融招商力度。年内引入渤海银行东莞分行、南洋商业银行东莞支行、联讯证券东莞莞太路营业部、锦泰期货东莞营业部、众诚汽车保险东莞中心支公司、光大永明人寿东莞中心支公司等15家金融机构新设或进驻东莞，推动省内地级市首家台资银行——玉山银行东莞分行正式开业。截至2012年，东莞市金融机构已达105家，其中银行机构31家，证券期货28家，保险机构46家（不含保险中介机构）。

【金融综合竞争力提升】2012年，东莞银行、东莞农商行、东莞证券和东莞信托等地方金融机构都取得较快发展。东莞银行一直在不断创新和拓展，已成立广州、深圳、惠州、佛山、长沙、合肥等6家分行以及发起设立6家村镇银行，2012年12月末总资产达1235.76亿元。东莞农商行发起设立4家村镇银行，2012年12月末总资产达到1702.04亿元。东莞证券立足东莞，并在深圳、上海、北京等地设立49个分支机构及办事处。东莞信托2012年末资产总额10.85亿元，实现净利润2.41亿元。华联期货拓展业务，在市内外设立5个营业网点，业务范围扩展至珠三角。截至2012年12月，长安村镇银行、厚街华业村镇银行、大朗东盈村镇银行等三家银行存贷款余额合计分别达13.07亿元和9.84亿元，实现净利润1882万元。（赵毅立）

附：2012年东莞市金融工作局领导名录

局　长：叶浩鹏

副局长：刘凯文

①

②

③

① 2012年7月3日，由东莞市委、市政府主办的东莞金融发展咨询交流会在北京召开。

② 2012年12月18日，由东莞市人民政府主办的首届中国（东莞）股权投资高峰会在松山湖举行。

③ 2012年8月7日，珠三角地区发展创业投资促进转型升级座谈会在莞召开。

机关事务管理

【概况】2012年，市机关事务管理局坚持廉洁、服务、节俭原则，强化管理方式、创新服务模式、拓展服务外延，履行管理、保障、服务职能，圆满完成各项工作任务，为市级机关高效运转提供坚实保障。

【财务管理】2012年，市机关事务管理局履行财务代管职能，做好市援疆工作队经费和市事业单位登记管理局财务管理，财务代管单位增至44个。规范经费支出，推动公务卡结算试点，协助完成团市委主要领导离任审计。盘活单位固定资产，全面清查、整理和统筹配置市级机关办公家具，有效防止闲置和浪费。市政府采购中心健全制度监督，整改信息发布、服务收费存在问题，完成市直单位政府采购462次，实际采购金额44612.6万元，较预算采购金额节约6.6%。2012年，市机关事务管理局获得全市“小金库”专项治理工作先进单位、2011年度东莞市行政事业单位经营性资产管理先进单位等荣誉称号。

【后勤服务】2012年，市机关事务管理局加强基建维修力度，做好市级机关会场改造和办公室改建装修。完善配套设施，优化办公环境。加强重大节日和特殊敏感时期安全保卫、供电设备反事故演练、消防系统联动测试等工作，确保“十八大”期间以及涉日游行活动中市级机关安全、稳定。优化市级机关饭堂餐饮服务水平，强化技能培训。市机关幼儿园筑建家园互动合作平台，举办同

东莞市机关事务管理局

① 2012年11月22日，市委常委、市委秘书长王检养（右五）指导机关办公场所基建工作。

② 机关事务管理局组织开展志愿服务活动

乐日、运动会，促进家长、老师和幼儿的沟通，形成幼儿健康成长合力。

【重点保障】2012年，市机关事务管理局配合有关单位和镇街完成全国加工贸易转型升级现场会、首届莞商大会、首届国家加工贸易博览会、第四届中国动漫博览会等重大活动的后勤保障工作。坚持以人为本，加强市级机关办公用房调配、使用和管理工作。根据市政府常务会议要求，开展市级机关办公场所租用工作，并高效、优质推动汇峰中心H座室内改造装修、饭堂建设、办公家具采购等工程，完成市民政局等7个局办公场所搬迁工作，增加市级机关办公用房供给。开展市直单位办公场所及相关政府物业问题调研，会同市监察和财政等部门加强机关单位办公标准监督管理。

【节能降耗】2012年，市机关事务管理工作完善管理措施，推动节约型机关建设。宣传和推动市机关干部住宅小区垃圾分类试点工作，免费向业主发放垃圾收集桶2200个。推进公共机构节能工作，开展能源资源消耗统计，强化统计质量监控；加强节能监察力度，规范考核管理；开展“珍惜生命之源、人人节水护水”主题活动，扩大宣传范围，征集市级公共机构节水典型事例；推动市级公共机构LED室内照明产品安装改造工作落实，开展57个市直单位及其下属单位共224个建筑场所照明使用现状调查摸底，成立工作机构，全面部署和科学谋划，制定和印发《东莞市公共机构LED室内照明产品安装和改造工作计划》。（卢奇聪）

附：2012年东莞市机关事务管理局领导名录

局　长：黄伟青

副局长：卢福华　张树林　蒋共超

① 2012年5月10日，副市长严小康（右）到机关事务管理局指导工作。

② 努力提高机关餐饮服务水平

③ 切实加强重大节日和敏感时期行政办事中心安保工作

④ 积极推动机关干部住宅小区垃圾分类试点工作

档案管理

【档案馆事业】 市档案馆新馆开馆 2012年3—5月，东莞市档案馆完成新馆搬迁工作，20多万卷档案全部安全运抵新馆，实现档案零污损、零丢失、零泄密目标。7月17日，市档案馆新馆揭牌开馆，标志着东莞市档案馆事业迈向新里程。“公众开放日”活动启动 2012年8月7日，东莞市档案馆以“揭开档案馆神秘的面纱”为主题，启动首个“公众开放日”活动，吸引大批市民走进市档案馆，近距离认识档案和了解档案。从9月开始，市档案馆把每个月的第二个星期五定为“公众开放日”活动，以不同主题，让广大市民切身感受档案开放利用服务。2012年，市档案馆开展4次 “公众开放日”活动，不断增强社会的档案意识，受到社会各界、市民、媒体的好评和欢迎。档案资源建设 东莞市档案馆以新馆开馆为契机，拓宽档案收集渠道，积累丰富馆藏。开展第二批名人档案的征集和认定工作，截至2012年8月，共收到《东莞市档案馆名人档案库认定表》113份。9月20日，市档案馆组织召开名人档案库认定专家组第二次会议，共有97人符合入库条件。年底，市政府批复同意第二批名人加入东莞市名人档案库。接收东莞市公证处专门档案25500多件；接收整理援建映秀基建档案119卷，实物档案、图书资料一大批。档案利用服务 东莞市档案局（馆）继续把档案利用服务作为重要工作任务来抓，创新服务方式，提高服务效率。首创全国首家政府信息公开自助服务厅，为广大群众查阅政府公开信息提供高效便捷服务。截至2012年，政府信息公开自助服务厅电脑系统提供现行文件电子全文3万多份，开放档案1万3千多份，图书资料641册。全年，市档案馆提供利用档案复印4800多页。已公开现行文件网上查阅利用点击量达95000多人次。自手机查阅利用文件服务开展以来，点击查看超过170万次。档案安全体系建设 2012年，东莞市档案局（馆）一是按照国家、省档案局的要求，完成民国档案抢救第五期项目招投标工作，抢救整理民国档案146卷1万多页。二是在9月份，根据国家、省档案上级部门要求，与市保密局联合对东莞市部分单位和镇街档案服务外包管理保密工作进行专项检查，并对检查情况进行通报，加强档案服务外包管理，杜绝档案管理过程中失泄密隐患。档案数字化工作 2012年，东莞市档案局（馆）完成第七期20多万页馆藏档案数字化处理工作，继续开展第八期馆藏档案数字化工作。档案信息化建设 2012年，东莞市档案局（馆）完成“东莞市数字档案馆”第一、二期建设和验收工作，第三期建设正在开展中。智能化档案馆建设正在顺利开展，成功把RFID技术用于档案管理，提高档案管理效率。2012年6月，“深莞惠政府公开信息查阅中心”开通仪式在东莞举行，率先在全省实现三市政府公开信息的集中查询利用和异地互查互通，方便三地市民就地查阅利用跨市政府公开信息，并方便市民对三地政策进行对比。截至2012年，中心有三市公开文件41100多份可供市民查阅利用，点击近20000人次。更新、充实公众网站内容，全年公众网站点击量达36000多人次。档案科研工作 2012年，东莞市档案局（馆）完成省档案局科技项目《基于人工智能的档案监督指导支撑平台》的结题工作；开展省档案局科技项目《基于云计算的重点工程档案智能管理平台》的研发工作。

【档案行政管理】 档案基础业务建设。2012年，东莞市档案局（馆）一是继续推动档案目标管理认定工作，全年有75个单位实现省级档案综合管理，截至2012年，全市有533个单位实现省级档案综合管理，100%村（社区）实现省级档案工作目标管理认定。二是长安、东城、南城、常平、虎门等镇街开始规划镇级档案馆建设。三是经市政府同意，继续以年终执法检查为抓手，在全市开展档案工作年终检查活动，提高全市档案工作管理水平。四是档案中介机构审查备案工作有新进展，2012年完成对6家档案中介机构的审查备案登记。重点工程项目档案工作 2012年，东莞市档案局（馆）完成常虎高速虎门港支线和虎门港海湾石油化工码头等工程档案专项验收工作。档案培训工作 2012年，东莞市档案局（馆）与省档案局联合举办4期档案人员岗位培训班，培训档案工作人员830多人。10月，举办2期《各级各类档案馆收集档案范围的规定》（国家档案局第9号令）宣贯班，全市有档案工作人员250多人参加。举行5期档案业务短期培训班，培训档案工作人员350人多人。民生档案工作 2012年，在“建立民生幸福档案 促进幸福东莞建设”主题实践活动中，东莞市档案局（馆）深入各行业和部门，狠抓各项民生档案工作。由于东莞市民生档案工作成效显著，9月28日，总第2364期《中国档案报》头版头条刊登东莞市民生档案工作探访文章——《建立民生幸福档案 促进幸福东莞建设》。档案调研 2012年，东莞市档案局对档案工作中存在的问题开展调研，并对市“三重”项目建设档案管理、企业“诚信”档案管理、“援疆援藏”档案处置工作、水利普查档案管理等开展深入调研。

【档案人才队伍建设】 2012年，东莞市档案学会与市档案局联合举行东莞市“万维博通杯”档案业务技能竞赛活动和镇街档案工作研讨班，受到会员欢迎和好评。 （梁锐华）

附：2012年东莞市档案局领导名录

局（馆）长：成洪生

副局（馆）长：陈美婵 夏闻生

地方志管理

【概况】 2012年，东莞市落实中共中央政治局委员、广东省委书记汪洋对地方志工作的重要论述，推进读志用志工作，加强信息化建设和方志馆建设。12月，东莞市人民政府地方志办公室被省人力资源社会保障厅和省政府地方志办公室联合评为“全省地方志工作先进集体”；业务科科长刘念宇被评为“全省地方志工作先进个人”。

【贯彻论述落实批示】 2012年，东莞市掀起学习中共中央政治局委员、广东省委书记汪洋对地方志工作重要论述的热潮。2月6日，市委书记、市人大常委会主任徐建华批示要求市领导班子成员和镇街、市直部门主要领导高度重视地方志工作、带头读志用志、加强地方志资源的开发利用。9日，市政府地方志办公室把《关于认真学习贯彻汪洋书记对地方志工作的重要论述的通知》和市委书记、市人大常委会主任徐建华的批示内容呈送市委、市政府领导班子成员，并转发至各镇街、各部门主要领导认真学习。14日，市政府办公室召开座谈会集中学习，市政府副秘书长金行中出席并讲话，要求市政府地方志办公室全体同志和全市地方志工作者要以汪洋的重要论述和徐建华的批示为指针，把地方志工作推上更高层次、更高水平。

【全市地方志工作会议召开】 2012年2月29日，东莞市政府在行政办事中心

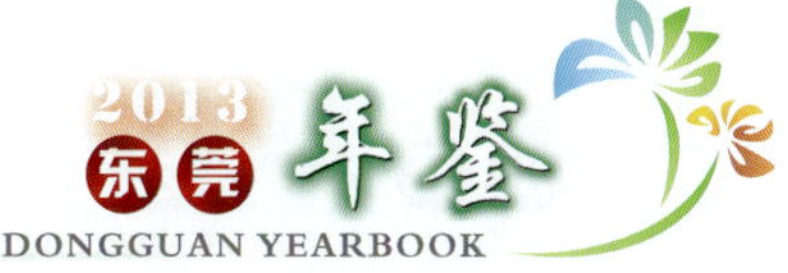

召开广东省地方志工作电视电话会议暨2012年全市地方志工作会议，市政府副秘书长金行中，市政府地方志办公室，各镇街、各单位共200多人在东莞分会场参会。会上，金行中指出：东莞市二轮修志累计出版100多种地方志，出书数量和编纂质量均居全省各地级市前列；全市各镇街、各单位要认真学习和全面贯彻省市主要领导对地方志工作的重要论述和批示；高质量、高效率完成市志办布置的各项工作任务；市政府将大力推动东莞市方志馆建设；市志办要进一步完善东莞市地情资源网络建设。

【读志用志工作推进】 *举办地方志进院校及重点单位活动* 2012年3月9—15日，东莞市举办8场地方志赠送仪式，把11种地方志送进市委党校、东莞理工学院、东莞职业技术学院、南城中学、南城中心小学、东莞监狱、东莞看守所、三协精机公司等一批重点单位。

支持举办志书首发式 2012年，东莞市支持出版志书的镇街举办志书首发式。其中，《东莞市麻涌镇志》首发式于7月12日举行；《东莞市东城区志》首发式于10月30日举行，副市长喻丽君出席并讲话，充分肯定东城的地方志工作，要求全市重视地方志发行，编以致用。

赠送交流地方志 2012年，东莞市人民政府地方志办公室在编纂出版地方志后，均及时向各有关领导干部呈送地方志。全年向市领导及市委办、市府办有关科室，镇街及市直有关部门主要领导赠送《东莞年鉴（2012年卷）》800多本，用于地方志交流500多本；向“2012·世界莞商大会”组委会赠送《东莞名片》1500本，作为会议宣传资料；向曾到台湾学习交流的地方志代表团成员赠送《东莞与台湾》约70本。

【《东莞市地方志事业“十二五”发展规划》发布】 2012年2月，《东莞市地方志事业“十二五”发展规划》发布。规划明确全市地方志工作在2011-2015年的发展基础、目标、任务和保障措施。其中发展任务包括全面完成第二轮修志任务、进一步开展专业志编修、稳步提升《东莞年鉴》质量、健全落实地方志资料年报制度、建成东莞市地方志馆、推进村志编修、提高地方志信息网络化水平、普遍开展读志用志工作、深入开发利用地情资源、加强地方志理论研究等10项。

【东莞市地方志管理系统投入运行】 2012年2月，东莞市地方志管理系统投入运行。系统具备在线报送年鉴、年报资料，后台自动分配稿件到相关责任编辑，实时统计交稿、审稿等情况，并可通过短信通知催稿等功能。9月，系统二期建设工程启动，扩展全文检索管理、在线编辑管理、书籍出版管理、图片浏览管理、地情信息资源统计分析管理、历史地情信息资源管理等功能。

【东莞市方志馆建设】 2012年，东莞市方志馆建设取得初步成果。3月15日，东莞市政府十五届4次常务会议同意设立市方志馆，要求由市政府地方志办公室牵头，根据实际需求提出合理方案；7月3日，市政府办公室召开市方志馆场地问题协调会，提出“先临时，后永久”的建馆思路，拟调剂市体育中心旧射击馆部分地方设立临时方志馆；7月12日，市政府十五届16次常务会议同意市方志馆纳入博物馆新馆统一建设的可行性论证；9月6日，市政府地方志办公室与市体育中心签订市临时方志馆场地借用协议，正式确定市临时方志馆借用市体育中心射击馆西楼一、二、三层部分场地及西楼一侧公共场地，其中楼层建筑面积1830平方米、公共场地2013平方米。截至2012年，市临时方志馆筹备工作进展顺利，市方志馆建设在论证阶段。

（李俊玉）

附：2012年东莞市人民政府地方志办公室领导名录

主　任：潘朝明

副主任：李文蔚

① 2012年3月8日，地方志书赠送仪在南城阳光中心小学举行。

② 2012年2月29日，东莞市政府在行政办事中心召开广东省地方志工作电视电话会议暨2012年全市地方志工作会议。

经济协作

【概况】2012年，东莞市人民政府经济协作办公室（以下简称市经协办）加快推动东莞市对外扶贫和区域协作工作，重点推进省赋予东莞市对韶关、云浮两市的扶贫开发“规划到户责任到人”工作，完成省安排给东莞市的省外对口帮扶工作任务，促进省内外区域间协作发展，切实为推动“六个东莞”发挥效用。

【对口帮扶、支援】扶贫开发“规划到户责任到人”工作　2012年，东莞市承担的扶贫开发“规划到户责任到人”工作（以下称扶贫开发“双到”工作）列入市委、市政府重点工作内容，市经协办作为负责此项工作的职能部门，通过多管齐下抓好重点工作、抓好社会发动、抓好督查督办、抓好协调服务，全力推进扶贫开发“双到”工作，实现“三年任务两年完成”的承诺目标。截至2012年，统筹东莞市投入帮扶韶关、云浮两市120条贫困村资金71461.75万元（其中2012年投入10019.01万元），平均每村投入595.51万元，16115户贫困户年人均纯收入达2500元以上，占有劳动能力的100%。抓好组织领导，确保责任落实。一是市经协办及时请示市委、市政府，落实调整市扶贫工作领导小组和市领导挂钩联系贫困村的安排，由市委常委、常务副市长担任市扶贫工作领导小组组长，14名市委常委和分管扶贫济困的副市长挂钩联系7个县（市）、12条贫困村工作；二是联合市农业局，请示市委、市政府并召开全市扶贫开发工作会议，明确全年工作目标和思路。三是继续实施领导干部分片挂村联系责任制。配合市领导挂点，市经协办17名同志分7个小组分别挂钩联系12条贫困村，以责任到人方式落实各项工作任务。全年，共到镇、到村联系指导工作48人次，配合市领导到村开展督导慰问活动13次。抓好重点工作，确保稳定脱贫。市经协办按照省市扶贫“双到”稳定脱贫的要求，一是统筹各镇街加大力度推进产业帮扶，巩固脱贫成果。全年全市在扶持集体经济项目方面投入901.71万元，新增项目73个；培育120条贫困村主导产业139个，产业化经营贫困户参与率96.92%；3个省级农业产业示范园（村）共投入资金941.59万元，年产量达15823吨；实现120个贫困村村集体经济收入达10.89万元，贫困户年人均纯收入8221.87元，脱贫率达100%。二是重视基础建设，通过切实加强与当地的沟通协调配合，切实加快危房改造、基础

东莞市人民政府经济协作办公室

① 2012年9月20日，市委书记、市人大常委会主任徐建华、市长袁宝成、市委副书记姚康、常务副市长梁国英、副市长张科、吴道闻、贺宇及有关部门和镇街领导赴广州参加穗莞战略合作第一次联席会议，与广州党政代表团就推进落实两市合作框架协议的有关内容，交流经济社会发展情况，研究落实两市合作机制和合作项目等重要事项。

② 2012年6月28日，市委书记徐建华（前排中间）、市长袁宝成（前排左一）、市人大常委会常务副主任黄双福（前排右一）共同启动东莞“广东扶贫济困日”活动。

设施等民生项目。全市在“两项工程”中共统筹落实帮扶资金924.91万元，完成6339户低收入困难户住房改造，27个“两不具备”村庄搬迁，切实解决贫困户“住房难”问题。在贫困村共铺设硬底化道路530公里，完成小型农田水利项目205个，农田水利受益面积72477亩，解决饮水安全66014户，帮助建设文化卫生设施739宗，开展各种免费劳动技能培训67104人次，劳务输出30645人，新农合参保率、60岁以上贫困户新农保参保率、低保五保纳保率均达100%，贫困户子女义务教育毛入学率99.85%，有效巩固“双到”成果。抓好关键工作，确保考评优秀。一是针对年初举行的2011年全省“双到”考评工作，按照考评办法狠抓考前查漏补缺。市成立由分管领导任组长的市镇两级迎检协调小组，市经协办领导分赴韶关云浮两市蹲点协调，使市顺利通过全省考评，取得全省地级以上市及顺德区考评排名第6的好成绩。二是配合市委组织部加强驻村干部管理，结合日常督查发现的问题，市经协办联合市委组织部下发《关于进一步加强驻村干部管理工作的通知》，加强驻村干部的管理和重视力度，确保考评工作人员稳定。三是加强业务培训指导，针对2012年考评，市经协办按照“保六争三”的工作目标，先后召开挂职副县（市）长考评工作座谈会明晰思路，按县分片培训针对性解决问题，邀请省扶贫办、省统计局领导来莞培训讲课，以面对面答疑方式有效排除考评疑点问题。抓好基础建设，确保队伍稳定。市经协办加强工作调研，联合有关部门探索长效机制，加强队伍建设。会同市委组织部牵头召开扶贫开发“双到”工作挂职副县（市）长、驻村干部代表座谈会，督促各镇街落实扶贫干部待遇。扶贫开发“双到”工作开展以来，有20多个镇街对30多名驻村干部进行提拔使用。会同旅游局等部门组织开展全市驻村干部家属探望驻村干部活动，共16批驻村干部家属220人赴贫困村，有效激励驻村干部工作积极性、自觉性和主动性。抓好宣传动员，确保各方支持。市经协办办坚持“政府主导，社会参与”的原则，加大“双到”工作宣传力度，调动社会资源参与扶贫开发。一是协调筹办“广东扶贫济困日”活动，通过召开行业动员会、座谈会，各大媒体发布倡议书和播放公益广告等方式，动员社会各界参与。二是通过召开新闻发布会、编印工作动态、网络发布帮扶资金使用数据等方式，公开向社会介绍宣传扶贫开发“双到”工作有关政策和成效。三是通过创作歌曲，制作画册、图片等形式进行宣传，营造扶贫济困的良好风尚，亮点不少，上报的扶贫图片有22张被编入《奔向幸福　广东扶贫“双

① 2012年8月6日，市委书记、市人大常委会主任徐建华（左二）率东莞市党政代表团赴广西河池市开展扶贫活动。图为河池市市委书记黄世勇（左三）、河池市市长何辛幸（左一）陪同市委书记徐建华考察河池市金城江区侧岭乡洞情屯东莞帮扶的示范村建设点。

② 2012年12月27至29日，市政府副秘书长刘学聪率市经协办、市旅游局、常平镇、塘厦镇、樟木头镇分管领导组成的代表团，赴安徽省亳州市参加大京九经济协作带第十四届市长联席会议。

③ 2012年10月29日，市政府副市长唐庆涛（左三）率市政府副秘书长刘学聪（右一）、市府办和市经协办等有关领导赴重庆巫山县考察对口支援工作，并代表市委、市政府向巫山县捐赠2012年对口支援资金200万元。图为唐庆涛考察东莞市援建的巫山中学龙门校区。

④ 2012年12月24日，市长袁宝成（左二）赴韶关市调研指导扶贫开发“双到”工作，考察帮扶项目，走访慰问贫困户。图为袁宝成在大桥镇大坪村参加“塘洞·长安新村”落成揭幕仪式。

到”纪实》；编印的工作动态被省扶贫信息网采用17篇。

【穗莞战略合作】2012年，市经协办贯彻《珠江三角洲地区发展改革规划纲要》，推进穗莞战略合作，履行区域协作职责，圆满完成穗莞战略合作各项任务。全年参与组织协调穗莞合作会议共13场，重大活动1次，编印工作简报4期，报请市政府下发文件2份，参与达成穗莞重点合作项目14个，协商研究项目11个。

敢于开拓，迅速完成穗莞合作框架协议起草修订　根据市政府分工，市经协办牵头负责协议起草和工作对接，完成《广州市东莞市战略合作框架协议（征求意见稿）》，受到市领导批示肯定。在两市“广州·东莞工作交流座谈会暨两市战略合作框架协议签署仪式”上由广州市市长陈建华与东莞市市长袁宝成共同签订，掀开穗莞战略合作序幕。

主动牵头，高效落实两市合作机制与合作项目　市经协办围绕召开穗莞战略合作第一次联席会议内容，以建立合作机制为保障，以项目带动合作，以合作推动项目。经过上报《关于审定穗莞战略合作机制的请示》，形成《穗莞战略合作机制》。针对穗莞两市提出和储备的25个合作项目，会同市发改局、驻穗办、交通局与广州市协作办等相关部门进行十多次协商，广泛征求相关单位意见，经市委常委会和市政府十五届第十三次常务会议研究，原则通过虎门二桥工程等14项2012年穗莞重点推进合作项目以及新派高速与东莞北环路连接方案研究等11项2012年穗莞合作需两市协商研究项目。

积极筹备，圆满举办穗莞战略合作第一次联席会议　市经协办协助市发改、规划、交通、轨道等相关部门，对需两市共同研究推进项目等工作的文字材料和PPT进行制作、审核，并在联席会议现场操作演示。同时配合市委市政府做好会务工作，制定东莞市代表团参会方案，配合市委会务科等部门做好各项协调服务，确保穗莞战略合作第一次联席会议顺利进行。会议通过2012年两市共同推进虎门二桥工程、穗莞深城际线项目、花莞高速公路等14个合作项目及《穗莞战略合作机制》，并计划协商研究推进穗莞水乡地区合作平台等11个项目。

【驻莞机构服务】2012年，市经协办主动服务驻莞办事机构，引导驻莞办事机构参与东莞市维稳及引进人才工作，共审核设立驻莞办事机构2家，撤销驻莞办事机构2家，办理驻莞办事机构年检29家，为21名驻莞办事机构在编工作人员办理2012年度《东莞市工作居住证》。通过走访鞍山市、穆棱市、天柱县、东安县、湖南计生管理站及重庆劳务办等驻莞办，实地了解驻莞办工作情况和生活问题，加强沟通联系。通过组织召开“道滘镇与各地政府驻莞办事机构交流座谈会”和驻莞办事机构2012年中秋联谊活动，不断加强与驻莞办的沟通联系，推动驻莞办事机构参与市“平安东莞”建设和人才引进等工作。2012年，30家各地政府（部门）驻莞办事机构协调当地劳工来莞务工共212批4350人次；协助市有关镇街和部门处理了各类纠纷共8宗31人次。（尹健清）

附：2012年东莞市人民政府经济协作办公室领导名录

主　任：叶松柏

副主任：陈　俊　丁志辉

2012年3月1日，市委、市政府召开全市扶贫开发工作会议。市几套班子有关领导、市直有关单位、镇街、行政村负责人和挂职干部、驻村干部共500多人参加会议。市长袁宝成主持会议。市委书记徐建华总结2011年工作取得的成绩和经验，研究部署2012年工作，副市长贺宇传达省扶贫开发工作会议精神，副市长吴道闻宣读市委、市政府关于表彰2011年度市内扶贫工作先进单位和先进个人的决定。

驻京联络

【公务接待】2012年，东莞市驻京联络处创新服务理念，完善接待制度，确保市委、市政府各时期在京活动等重要接待到位、规范。全国两会；3月，市委书记徐建华、市长袁宝成率东莞市党政代表团拜访国家部委、重点院校、著名央企、民企；4月及6月，副市长唐庆涛在京组织“北京有关部委与东莞市驻京联络处座谈会”及“东莞金融沙龙”；7月5日，市委、市政府在京召开金融发展咨询交流会，市驻京联络处作为协办单位全程跟进，为各项公务活动顺利开展提供后勤保障，受到市委、市政府肯定。

【信息工作】2012年，东莞市驻京联络处探索创新工作机制，加强信息工作制度化、规范化。上半年，市驻京联络处捕捉大项目信息，编辑“新天域资本有意与我市共建创新产业发展基金”、“正威国际集团50万吨铜杆及精加工项目有意在华南地区选点投资”、“值得重视的莞香文化产业”、“我市可申请建立中美联合创新示范区”等6期《驻京信息》专报，引起市领导重视；下半年，市驻京联络处拓宽信息广度，从单纯提供招商信息，扩展为报送北京动态、部委政策、央企动向、周边城市发展动态等分类信息，通过改版，将不定期编发的《驻京信息》改为每周1期，提升信息报送频率和效率。

【招商引资】2012年，东莞市驻京联络处多措并举开展招商引资工作，形成“领导带头抓，分工不分家”全处大招商格局，协调推进的几个项目取得显著成效，实现“从信息到项目”顺利转变。9月11日，东莞市举行“三重”项目签约仪式暨建设工作推进会，签约总投资达1025亿元，市驻京联络处参与协调的招商签约项目有3个，意向投资总额达

东莞市人民政府驻北京联络处

① 中共十八大期间，市委书记、市人大常委会主任徐建华在驻京联络处接受媒体采访。

② 2012年11月5日，市委副书记、市长袁宝成在京参加活动。

③ 2012年4月4日，市委常委、市委组织部部长甄瑞潮（左）与副市长唐庆涛（右）在驻京联络处亲切会谈。

118亿元，约占此次签约投资总额十分之一。其中，“正威国际集团总部经济及50万吨铜杆精加工”项目投资总额共计112亿元，“东莞市广发生物制药健康产业园”投资6亿元。

【信访维稳】 2012年，东莞市驻京联络处依法依规开展日常及全国两会、“十八大”及法定节假日等重点防护期间信访工作，形成“信息联通，力量联合”的维稳工作机制。一是加强关系协作，夯实驻京信访工作基础。市驻京联络处坚持做好省驻京信访工作组和市信访局的联系站，上传下达，互通信息，实现维稳方面工作联动，做到早发现、早控制，早劝离。二是全力以赴，及时安全劝返非访人员，做好东莞市群众越级进京上访的疏导及安全、平稳劝返工作，维护首都正常工作秩序和社会稳定。

【公共服务】 2012年，根据国家有关部门关于驻京机构要“突出向公共服务和社会管理的职能转变”的新要求，东莞市驻京联络处加强社会管理。在联络莞籍乡亲方面，市驻京联络处继续参与和支持东莞（东莞）建设研究会、北京广东商会东莞分会开展日常工作和各项活动。10月28日，受东莞中学和在京校友委托，市驻京联络处组织筹办“庆贺东莞中学建校110周年暨东莞中学校友会北京分会成立大会”。校友分会的成立为市驻京联络处开展关爱在京学生工作搭建一个新平台。

【《东莞市人民政府驻北京办事机构管理办法》出台】 2012年，根据国务院办公厅、机关事务局，广东省的要求，结合东莞市驻京工作实际，在多次征求市委、市政府相关职能部门意见基础上，市驻京联络处代市委、市政府拟出《东莞市人民政府驻北京办事机构管理办法》。该办法规定市驻京机构工作职责、工作要求及监管问题，经市政府十五届27次常务会议讨论通过，于11月9日以市委办、市府办名义下发。东莞市因此成为全省第一个出台驻京机构管理规范性文件的地级市。　　（梁　馨）

附：2012年东莞市人民政府驻北京联络处领导名录

主　任：刘学聪

副主任：蔡俊文

　　　　殷　云（任至9月）

① 2012年10月28日，驻京联络处应东莞中学之托，组织召开“庆贺东莞中学建校110周年暨东莞中学校友会北京分会成立大会”。

② 2012年6月6日，驻京联络处组织全体党员、干部到延安开展“重返红色土地，重拾延安精神”主题党建学习活动。

③ 2012年6月4日，驻京联络处落实市委组织部“科学发展主题培训行动计划”，组织全体干部职工到清华大学参加“新时期管理创新研讨班”学习。

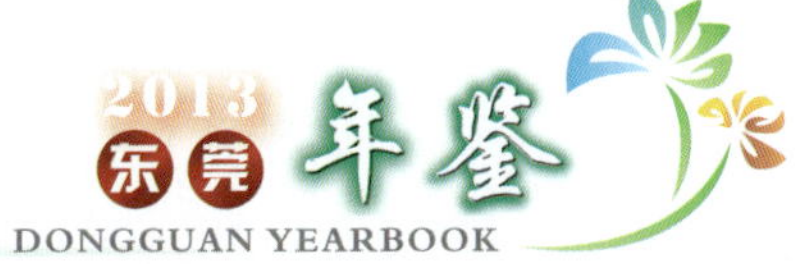

驻穗联络

【概况】 东莞市人民政府驻广州办事处是东莞市政府派驻广州的办事机构，主要职能是：承办东莞市在广州的各项工作任务；负责与省直机关及驻穗机构的联系；收集、交流、提供信息；开展引联和经济活动；联络团结发动莞籍旅穗人士为家乡服务，协助承办“东莞社会经济发展研究会”事务；协助省有关部门对东莞越级到省上访群众的接待、疏导、劝返工作；协助东莞越级到京上访群众的接送工作；负责东莞市、镇党政机关有关单位来穗公务、中转等业务的联系、联络、服务工作；承办市委、市政府交办的其他事项。

【信访工作】 2012年，东莞市人民政府驻广州办事处承担日常及省委全会、省“两会”、全国“两会”等重要时期在穗专项信访任务，及时疏导、劝返东莞市越级到省上访群众，确保重大信访事故零发生。省人大常委会办公厅专门向东莞市人民政府驻广州办事处致表扬信，指出东莞市人民政府驻广州办事处“对省人大的信访工作给予积极配合和大力支持，对维护我省社会稳定、创建和谐幸福广东做出积极贡献”。

【政务活动】 2012年，东莞市委、市政府主要领导率队到穗拜访省委政法委员会、省发展和改革委员会、省国家税务局、省科学技术厅、省经济和信息化委员会、省国土资源厅、省人民政府外事办公室、省环境保护厅、羊城晚报报业集团和广东南方广播影视传媒集团等省有关部门，东莞市人民政府驻广州办事处协助承办拜访活动的有关事宜；协助东莞市在省委全会、省“两会”和省党代会期间会务后勤服务工作；代表市委、市政府慰问曾在东莞工作过的老同志、老专家；为东莞市来穗公务、中转人员提供服务。

【信息工作】 2012年，东莞市人民政府驻广州办事处向市报送《广州信息》21期49条，市委办《工作交流》刊发9条，向市报送《驻穗简报》8期107条；在穗宣传东莞市发展成就，向广州协作办、全国各地驻穗机构信息协会报送《东莞信息》98期750条。

【引联工作】 2012年，东莞市人民政府驻广州办事处作为穗莞两地战略合作联席会议成员单位，利用在穗优势，积极开展有关协调工作；参与广州市政府举办的广州(中国)农民工博物馆展馆筹备工作；参与2012·世界莞商大会的筹办工作。

【服务家乡】 2012年，东莞市人民政府驻广州办事处广泛联系、组织在穗莞藉专家学者，为家乡提供医疗、城建、工业、农业、教育、经贸、科技、文化以及人才、产业等方面的咨询和服务；推荐东纵老同志及东莞社会经济发展研究会会员共35人申报加入东莞市名人档案库；组织各会员向东莞市图书馆、东莞中学、东莞理工学院等捐赠著书近150本；研究会文教组会员李吉劭编写的《东莞音字典》正式由广东人民出版社出版发行；协助举办2011研究会年会，省市有关领导及研究会会员逾350人参加年会，沟通乡情，促进联谊。

（东莞驻广州办事处）

附：2012年东莞市人民政府驻广州办事处领导名录

主任、党组书记：曾庆云

▲中心广场

政协东莞市委员会

THE CHINESE PEOPLE'S POLITICAL CONSULTATIVE CONFERENCE, DONGGUAN COMMITTEE

东莞市人民公园

政协重要会议

【政协东莞市第十二届委员会第一次全体会议】于2012年1月5—8日在市会议大厦召开。市委、市人大、市政府、市纪委领导，十一届市政协副主席、历届政协主席、市有关单位主要领导，以及市政协十二届一次会议主席团成员出席会议。市政协特聘委员、驻莞省政协委员、市高层次人才代表列席会议。会议还邀请市各民主党派、有关人民团体等社会各界代表参加大会旁听。市政协党组书记、大会主席团常务主席李毓全主持开幕大会。钟淦泉作政协东莞市第十一届委员会常务委员会工作报告，莫布兴作政协东莞市第十一届委员会常务委员会关于提案工作情况的报告。大会表彰2011年度市政协21件优秀提案、22件表扬提案和18个办理提案先进单位。全体市政协委员、特聘委员列席市人大十五届一次会议开幕大会，听取市政府工作报告和有关报告。

会议审议通过市政协十二届委员会主席、副主席、秘书长和常务委员候选人建议名单，通过会议选举办法、监票人名单、提案审查报告、会议决议等。选举李毓全为政协东莞市第十二届委员会主席，选举何嘉琪、何碧霞、邝明子、朱伍坤、吕兢、钟淦泉、张玉其、莫布兴为政协东莞市第十二届委员会副主席，选举张月忠为政协东莞市第十二届委员会秘书长，选举王玉成等75人为政协东莞市第十二届委员会常务委员。市委书记徐建华为新当选的市政协主席李毓全颁发当选证书。李毓全作闭幕讲话。

【市政协常务委员会会议】市政协十二届一次常委会议　于2012年2月22日召开。李毓全主持会议。会议审议通过《政协东莞市第十二届委员会常务委员会关于设置专门委员会的决定》、《2012年市政协常委会工作要点》和《2012年政协东莞市第十二届委员会常务委员会和专门委员会工作计划》。会议决定任命黄桥法、吴润玲、赖少瑜为市政协副秘书长。任命吕小华为提案委员会主任、莫淑华为经济委员会主任、李炳球为教科文卫体和文史委员会主任、卢沛超为社会法制和人口资源环境委员会主任、刘树勋为港澳台侨外事委员会主任。同时，任命各专门委员会副主任，通过各专门委员会组成人员名单。李毓全就如何做好新一届政协工作作总结讲话。

市政协十二届二次常委会议　于7月10日召开，组织视察市食品安全监管情况。何嘉琪主持会议。副市长张科应邀到会通报情况。会后，常委会成员分成5个视察组，分赴茶山、道滘、东城、南城、寮步等镇街，视察农贸市场、食品生产企业、超级市场、餐饮单位等场所，召开座谈会提出意见和建议。会后形成视察报告提出“增强食品安全监管工作合力、健全食品安全监管长效机制、提升食品安全监管工作实效、加大食品安全违法打击力度、不断优化食品安全社会环境”等5条建议。

市政协十二届三次常委会议　7—8月，市政协常委会以专委会为基础分成5个小组，先后前往6个片区的镇街进行调研，了解镇街经济运行情况、经验做法和存在困难。9月26日，市政协常委会围绕“加强镇街经济建设，促进城乡协调发展”召开专题议政会。李毓全主持会议。市委常委、常务副市长梁国英到会通报市相关工作情况。5个专委会调研组和委员代表分别发言，提出意见建议。相关职能部门应邀到会听取情况。李毓全作总结讲话。会议还协商通过叶沛森

▲2012年1月6—8日，中国人民政治协商会议东莞市第十二届委员会第一次会议在市会议大厦举行。

辞去市政协委员职务，增补黄子欣、卢淑贤为市政协十二届委员会委员。

市政协十二届四次常委会议　于12月26日召开。李毓全主持会议。市中级人民法院院长杨宗仁通报市中级人民法院2012年工作情况。市政府秘书长邓浩全就《政府工作报告》作起草说明，市委常委、常务副市长梁国英应邀出席会议并听取情况。张月忠就市政协常委会工作报告和常委会关于十二届一次会议以来提案工作情况的报告作起草说明。会议讨论通过两个报告（草案）并确定报告人。会议审议通过关于召开政协东莞市委员会十二届二次会议的决定、会议议程（草案）、日程（草案）以及市政协十二届二次会议的相关文件。会议决定撤销袁绍东政协东莞市第十二届委员会委员资格，审议通过《市历届政协委员联谊会章程（修订稿）》。

政协重要工作

【专门委员会工作】　提案委员会　2012年，提案委员会丰富提案工作方式方法，提升提案工作水平，做好提案征集、审查、交办等各项工作。全年征集提案394件，立案381件，已解决215件，作为解释和参考18件。增强提案质量意识，学习贯彻《中共中央关于加强人民政协工作的意见》和全省政协提高提案质量工作研讨会精神，邀请全国政协提案委领导为委员作专题辅导报告。创新提案工作方式，走访民主党派机关传达《意见》精神，听取工作意见建议；在“东莞市建议提案在线”网站公开部分提案及办理答复，展示工作成效，接受网民监督。提高服务质量，走访市委、市政府督查室，密切工作联系；介入重点提案办理方案的制订，以重点提案的办理推动提案工作开展；改进提案动态管理系统，提高工作科学化信息化水平；加强提案者与承办单位之间沟通，使提办双方统一思想、达成共识。

经济委员会　2012年，经济委员会牵头召开“主城区水文章”专题座谈会，提出“注重规划引领、加强组织领导、突出交通先行、明确有序建设、完善投入机制、加大宣传力度”等6条建议，得到市委主要领导的重要批示，推动水乡地区统筹发展的规划和实施。针对中小微企业融资难问题，组织部分政协委员、8个职能部门和4家金融机构，召开中小微企业融资专题座谈会，就如何加强扶持力度、理顺服务机制、拓宽融资渠道提出意见和建议，为市政府出台《东莞市促进中小微企业发展实施办法》提供参考依据。为委员履职搭建平台，召开城建交通、商贸、农业等3个小组座谈交流会，分别到茶山供销社、市农业科学研究中心等地视察，向委员通报委员会工作情况，鼓励委员踊跃开展界别活动。整合人脉资源、提高调研成效，联合九三学社市委会开展农村综合改革调研，为推进相关工作出谋划策。组织视察公交工作、“三打两建”工作等情况。

教科文卫体和文史委员会　2012年，教科文卫体和文史委员会结合全国政协、省政协和兄弟市政协来莞考察课题，开展“医药卫生体制改革情况”、“民营医院建设与发展”等调研，与市卫生局、市财政局等职能部门召开座谈会，视察基层医院和民营医院，为推动东莞市医疗卫生事业发展建言献策。组织医卫界、教育界委员分别前往市人民医院、东莞理工学院城市学院参观学习，围绕市医药卫生和高等教育事业的发展交流讨论。围绕市电子商务发展情况，联合民盟市委会走访市经信局以及相关委员企业，形成社情民意专报，得到市府领导重视和批示。深入发掘东莞历史文化资源，为莞籍知名书画艺术家举办作品展览，联合民盟市委会推广莞香文化，做好《东莞名家文库》丛书的征集和编辑工作，出版东莞历史文化专辑《从塘头厦到燕南园》等。积极开展对外交流和联谊工作，组织委员到外地学习考察，为委员履职提供新思路。

社会法制和人口资源环境委员会　2012年，社会法制和人口资源环境委员会联合市妇儿工委开展“实施出生缺陷干预工程，提高我市出生人口素质”专题调研，前往广州、深圳等地学习考察，多次走访有关部门交换意见，研讨改进措施，提出的建议得到市政府充分肯定。组织视察资福寺重建情况，以及市警务运行机制改革试点工作，为推进相关工作集智献计。丰富民主监督形式，加强与法院系统联系，组织委员担任人民法院、公安局、食药监局等部门特约监督员，积极参与政府公开评议、法院公开庭审等活动。全年组织7个调研视察或议政活动，组织委员参加各类知情问政和监督评议活动共627人次。

港澳台侨外事委员会　2012年，港澳台侨外事委员会组织开展“城市慢行系统规划建设与管理情况”专题视察，组织港澳委员对东莞市城市规划建设情况提出意见建议，助推城市中心区的人行天桥从4座增至8座，自行车绿道不断延伸并形成网络。拓宽对外交流渠道，参加莞籍社团、商会、协会的各类庆典、公益和联谊活动。积极推进市政协与香港东莞同乡总会沟通和交流，建立互访交流沟通合作机制，促成双方签署《东莞市政协与香港东莞同乡总会关于共建联系沟通机制的协议》。配合有关部门开展统战工作，获“2012世界莞商大会”筹备工作优秀单位奖。

【座谈访谈及其他会议活动】　市政协春节茶话会　2012年1月6日，市政协春节茶话会在东莞会展国际大酒店举行。李毓全主持茶话会。市委副书记姚康出席

并代表市委、市政府对市政协老领导、老委员在东莞经济社会发展中作出的贡献表示感谢，勉励新一届委员为市第十三次党代会提出的奋斗目标发挥应有作用。副市长严小康，市纪委副书记杨晓棠，市政协十二届一次会议主席团常务主席、大会秘书长，市十一届、十二届政协全体委员以及特聘委员，历届政协正副主席、正副秘书长、专职常委，历届政协委员联谊会理事，驻莞省政协委员等出席茶话会。

市历届政协委员联谊会迎春茶话会　于1月16日在东莞会展国际大酒店举行。联谊会会长黎锦辉主持茶话会。钟淦泉通报2011年市经济社会发展和政协工作开展情况。市政协领导，市政协部分历届正副主席，联谊会全体会员，市政协文史通讯员和书画艺术交流促进会会员等参加。

港澳委员新春座谈会　于2月3日在香港举行。钟淦泉主持座谈会。李毓全通报2011年东莞经济社会发展情况，感谢港澳委员为推动东莞经济社会发展作出的重要贡献，希望港澳委员认真履职，进一步推动东莞经济社会和政协事业发展。全国政协常委、中联办副主任黎桂康，市政协部分副主席，正副秘书长，市政协部分老领导及历届港澳委员出席座谈会。

“贺中秋、迎国庆”茶话会　于9月25日在东莞会展国际大酒店举行。市委常委、市委统战部部长李小梅主持。市几套班子部分领导，市各民主党派正副主委，市工商联正副主席，市政协全体委员、特聘委员，驻莞省政协委员，市历届政协委员联谊会会员，市政协历届主席、机关离退休老同志，市政协文史通讯员，市政协书画艺术交流促进会会员，以及部分应邀社会知名人士出席茶话会。李毓全在会上致辞。姚康代表市委、市政府通报东莞2012年以来经济社会发展情况。

市第七届历届政协委员联谊会全体会员会议　于9月25日在东莞会展国际大酒店举行。市政协原副主席袁德和主持会议。会议听取第六届联谊会会长黎锦辉所作工作报告。市政协原主席刘树基当选为会长；市政协原副主席林明枢、刘发枝、游敏达、袁德和，原秘书长黎锦辉当选为副会长，黎锦辉兼任秘书长。会议还推选出副秘书长和理事。李毓全向新一届联谊会会长、副会长颁发证书并讲话，对新一届联谊会提出希望。市政协原主席郑锦滔、李汉松、袁李松，市政协副主席何嘉琪、何碧霞、朱伍坤、钟淦泉，历届政协部分副主席，秘书长张月忠，历届政协委员联谊会会员出席会议。

市长约请市人大代表和政协委员座谈会　于11月26日在市行政办事中心主楼会议厅召开。副市长吴道闻主持会议。市委副书记、市长袁宝成，市政协主席李毓全，市人大常委会常务副主任黄双福，副市长喻丽君，市政府秘书长邓浩全，市政协秘书长张月忠，市直有关部门主要负责人，部分市人大代表、市政协委员，市各民主党派及有关人民团体主要负责人出席。与会人大代表和政协委员围绕东莞市经济社会发展热点问题提出意见和建议，市直有关部门负责人现场作出回应。

加强莞港合作交流座谈会　7月15日，市政协邀请香港莞籍同乡社团首长及代表人士回莞，在银城酒店召开市政协香港东莞同乡总会座谈会。香港东莞同乡总会主席王赐豪介绍同乡总会的有关工作，与会人员围绕如何推动双方联系沟通、共同促进莞港两地经济社会繁荣发展交流意见。李毓全作总结讲话。11月28日，李毓全率队回访香港东莞同乡总会，双方签署《东莞市政协与香港东莞同乡总会关于共建联系沟通机制的协议》。市政协副主席何嘉琪、邝明子、朱伍坤、钟淦泉、莫布兴，秘书长张月忠，党组成员梁近东，以及办公室、专委会部分领导出席会议。

政协机关党员大会　于12月18日在市政协一楼会议厅召开。会议听取并审议张月忠代表市政协机关第一届委员会所作报告，选举产生新一届中共东莞市政协机关委员会班子。张月忠、黄桥法、莫淑华、吕小华、吴润玲、张莉明当选为中共东莞市政协机关新一届委员会委员，其中张月忠当选为书记，黄桥法当选为副书记。市政协副主席何嘉琪、何碧霞、钟淦泉、莫布兴，党组成员梁近东，以及离退休老党员、机关全体党员出席。市直工委副书记殷炯棠应邀参加会议。

“政协议政厅”节目　2012年，市政协先后围绕“关于加强社会治安管理”“加快我市行业商会组织建设”“统筹化解欠发达村债务负担”等内容播出41期节目，邀请职能部门有关负责人以及政协委员、民主党派成员100多人次参加访谈，就系列热点问题进行分析和解读。

【政协学习培训】市政协新晋委员、特聘委员“提高履职能力”培训班　于2012年3月16日在市委党校举行。李毓全在开班仪式上讲话。全国政协文史和学习委员会副主任卞晋平、广州市社会主义学院副教授安康捷、市委党校社科理论教研室主任孙霄汉应邀授课。市政协副主席何嘉琪、何碧霞、邝明子、朱伍坤、钟淦泉、张玉其、莫布兴，秘书长张月忠，党组成员，以及十二届市政协新晋委员、特聘委员参加学习。

政协东莞市第十二届委员会第一期委员培训班　于7月31日至8月6日在全国政协干部培训中心青岛基地举办。组织委员学习《我国目前的宏观经济形势与任务》《中国国防现代化建设与周边安全环境》《借鉴传统资源，推进文化建设》《加强理论研究，准确理解人民政协的性质和职能》《人民政协的专委会工作》等课程，参观考察海尔工业园、青岛前湾港、青岛北海船舶重工有限公司、2008奥帆中心等。市政协主席李毓全，副主席何嘉琪、何碧霞、朱伍坤、吕兢、钟淦泉，秘书长张月忠，133名市政协委员、特聘委员参加培训。

市政协提案知识学习培训班　于11月21日在市委党校举行。全国政协提案委办公室主任袁亚彬应邀授课，讲解人民政协成立以来提案工作的开展及其在国家工作中的重要性，围绕如何撰写好提案、提高提案质量等内容进行详细阐述。市政协副主席何嘉琪、何碧霞、朱伍坤、吕兢、钟淦泉、莫布兴，秘书长张月忠，全体政协委员、特聘委员，市各民主党派有关成员，市政协机关及市各民主党派机关干部参加培训学习。

【助推“三重”建设系列活动】视察产业园区　2012年3月29日，市政协组织企业界、经济界委员视察松山湖、虎门港、生态园、长安新区等四大产业园区，并在松山湖管委会召开座谈会。李毓全对政协委员如何参与东莞市“三重”建设提出具体要求。市政协副主席何嘉琪、何碧霞、邝明子、朱伍坤、吕兢、钟淦泉、张玉其、莫布兴，秘书长张月忠及有关委员参加视察。

东莞市产业发展情况专题讲座　于4月23日在市会议大厦二楼报告厅举行。张月忠主持会议。市经信局领导应邀到会作报告，详细介绍东莞市产业发展情况、未来5年产业布局规划，以及市委、市政府关于“三重”建设和产业规划的相关政策和措施等情况。市政协副主席何嘉琪、邝明子、朱伍坤、吕兢、张玉其、莫布兴，秘书长张月忠，党组成员，全体委员、特聘委员，机关全体同志出席。

登门走访委员企业　5月下旬至6月上旬，市政协正副主席、党组成员、

正副秘书长、专委会正副主任，先后走访易事特、高田房地产、都市丽人、信义玻璃、迈科科技、唯美陶瓷、泛亚太生物科技等20多家委员企业。了解企业生产经营状况，帮助协调解决企业发展存在问题，动员委员调动一切积极因素，为东莞市重大项目招商引资工作提供线索。

“三重”建设讨论会　于6月20日在市会议大厦二楼报告厅举行。钟淦泉主持会议。与会委员围绕引进和培育大企业大集团、提升政府服务、引进和培育人才等方面开展讨论，为推动东莞市“三重”建设建言献策。副市长吴道闻应邀到会听取意见和建议，并通报东莞市“三重”建设进展情况。李毓全作总结讲话。市政协副主席何嘉琪、邝明子、吕兢、张玉其、莫布兴，以及市政协委员、特聘委员出席会议。市发改局、市经信局、市科技局、市外经贸局、市财政局等部门相关负责同志应邀到会听取意见和建议。

【专题调研视察】主城区“水文章”专题座谈会　于2012年4月17日在万江街道召开。与会人员会前乘船考察万江沿岸的滨水资源和亲水环境，参观坝头社区下坝坊文化创意街区，详细了解相关情况。何嘉琪主持座谈会。万江街道相关负责人介绍当地关于做好主城区“水文章”总体规划和发展思路。与会委员就建设“水乡都市”，做好主城区“水文章”等方面提出意见和建议。李毓全作总结讲话。市政协副主席吕兢，办公室、经济专委会部分领导，部分委员，相关职能部门负责同志出席座谈会。

视察推进产业结构调整情况　4月25日，市政协常委会视察市推进产业结构调整情况。听取副市长成洪波通报全市相关工作后，市政协正副主席、秘书长率5个小组分赴虎门、厚街、长安、大朗、石龙等镇视察推进产业结构调整情况，并针对存在的主要问题和困难，提出“同心协力推进结构调整、构建低成本市场大环境、致力推动‘三重’建设项目、统筹兼顾推进转型升级、广泛宣传产业调整成效”等5条建议。

视察“三打两建”工作情况　9月13日，市政协正副主席、秘书长带队，分别前往常平、塘厦、大朗、望牛墩、沙田等镇视察市“三打两建”工作。视察组参观各镇“三打”成果展，召开座谈会听取介绍，为助推东莞市“三打两建”工作扎实推进出谋划策。（莫庆才）

附：2012年政协东莞市第十二届委员会主席、副主席、秘书长、副秘书长名录

主　席：李毓全（1月到任）
副主席：何嘉琪（1月到任）
何碧霞（1月到任）　邝明子　朱伍坤
吕　兢（1月到任）　钟淦泉　张玉其
莫布兴
秘书长：张月忠
副秘书长：黄桥法（1月到任）
吴润玲（1月到任）　赖少瑜（2月到任）

附：市政协常委会各专门委员会主任、副主任名录

提案委员会主任：吕小华
提案委员会副主任：赫喜华　余　毅
王建周　许守干　何思模　何镜清
麻文奇　陈锐康　曲洪淇　任新合
任洪杰　张晓程　谢惠仪　贺定修
经济委员会主任：莫淑华
经济委员会副主任：何锦成　李锦生
林甘棠　刘伟全　袁志强　欧阳南江
叶浩鹏　梁应昌　梁经昌　胡炽海
彭日东　马彦泽　黄　怡
教科文卫体和文史委员会主任：李炳球
教科文卫体和文史委员会副主任：张莉明
蔡一平　黄永贵　程发良　牛　熠
彭启尧　陆世强　杨靖波　李镜波
蔡建勋　梁凤鸣　李国全　宋　媛
社会法制和人口资源环境委员会主任：卢沛超
社会法制和人口资源环境委员会副主任：
刘　虹　叶　春　陈树良　卢寿维
冉红宇　胡荏光　蔡家华　潘树林
邹　联　陈　波　袁绍东（任至12月）
王思煜　李泽林　郭瑞华
港澳台侨外事委员会主任：刘树勋
港澳台侨外事委员会副主任：何淦洪
蒋小莺　曾民盛　游匡正　王庆华
温少生　王惠棋　王赐豪　钟汉强
谭少波　李文峰　莫国源　梁浩祺
（以上人员均为1月到任）

▲市中心广场雕塑——纽带

纪检·监察 DISCIPLINARY INSPECTION AND SUPERVISION

东莞市旗峰公园

编辑：李文蔚

纪检监察重要会议

【概况】2012年2月24日，中国共产党东莞市第十三届纪律检查委员会第二次全体会议召开，传达贯彻十七届中央纪委七次全会、省委十届十一次全会、省纪委十届六次全会和市第十三次党代会精神，总结全市2011年反腐倡廉工作情况，研究部署2012年工作任务。3月13日，市纪委召开全市纪检监察信息工作座谈会。3月14日，全市落实2012年党风廉政建设和反腐败工作部署分工暨纠风工作会议召开。5月8日，市打击商业贿赂专项行动小组召开阶段工作会议，学习传达省、市有关会议精神，部署下一阶段工作任务。5月10日，市纪委监察局召开打击商业贿赂专项行动小组工作会议。5月11日，市打击商业贿赂专项行动小组召开包案领导工作会议。5月14日，市纪委监察局召开打击商业贿赂办案工作协调会。5月18日，市打击商业贿赂专项行动小组召开会议，学习传达市委常委会议精神，研究贯彻落实意见。6月6日，市纪委、监察局召开部分镇街商业贿赂案件查办工作座谈会。6月7日，市打击商业贿赂专项行动小组召开成员单位会议，研究部署下一阶段打贿办案工作。6月11—12日，市纪委监察局打击商业贿赂专项行动工作会议召开，传达学习省、市领导近期关于“三打”工作的重要讲话精神，研究部署下一阶段打贿办案工作。6月27日，市打贿专项行动小组召开跨部门办案组工作会议，研究部署“挖伞”工作。7月8日，举行市预防腐败局成立揭牌仪式，省委常委、省纪委书记黄先耀及市委副书记、市长袁宝成为东莞市预防腐败局揭牌。8月10日，第二届全省“廉洁读书月”活动启动仪式在市图书馆举行。8月24日，市打击商业贿赂专项行动小组召开全市打击商业贿赂工作会议。8月28日，全市农村“三资”监管工作会议召开，市委常委、市纪委书记崔建，市委常委、市政府常务副市长梁国英出席会议并讲话。9月20—21日，全市第十期领导干部党纪政纪法纪教育培训班在会议大厦举行。10月24日，2012年“市民评机关”活动工作会议召开。10月26日，全市推进廉洁城市建设暨预防腐败工作会议召开。11月15日，市监察局第五届特邀监察员聘任大会召开。11月20日，市纪委、市监察局、市预防腐败局理论中心组召开专题学习会议传达贯彻党的十八大精神。12月11日，反腐倡廉宣传教育珠三角片专题调研座谈会在东莞召开。12月26日，举行东莞市干部培训机关作风教学基地挂牌仪式。

2012年中共东莞市纪委和东莞市监察局、预防腐败局机构设置

机关内设职能室	办公室（下设秘书科、综合信息科）、监察综合室、预防腐败室、党风廉政建设室、纠正部门和行业不正之风室、执法监察室、效能监察室、第一纪检监察室、第二纪检监察室、案件管理室、案件审理室、信访室（举报中心）、宣教研究室、干部室
事业单位	东莞市粤桥山庄管理处（正处级）

纪检监察重要工作

【监督检查职能履行】2012年，东莞市纪检监察机关加强对重要政策、重点项目、重大资金等落实情况的监督检查，东莞市顺利通过省开展的“加快转型升级建设幸福广东”工作综合性检查。加强对全市重点工作落实情况的监督检查，出台《工作落实问责办法》，量化细分问责标准，对未达到预定工作目标的相关责任人进行诫勉谈话。开展市级综合检查3次，专项检查122次，发现问题112个，已落实整改92个。认真开展责任事故查处，对中堂镇“4.9”火灾等安全生产事故进行立案查处和责任追究，对7人给予党纪政纪处分。加强电子监察系统的建设和管理，对全市审批业务、政府采购、信息公开等进行全方位实时监控。加强对援藏、援疆以及救灾项目建设和款物使用情况的监督检查，确保项目建设和资金使用管理严格规范。

【违纪违法案件查处】2012年，东莞市纪检监察机关配合“三打两建”深挖“保护伞”，严肃查处商业贿赂等大案要案。全年受理群众举报1329宗；立案查处违纪违法案件132宗，要案9宗，结案102宗，处分党员干部119人；为国家和集体挽回经济损失1.2亿多元。查办商业贿赂案件738宗，涉案金额1.16亿元，涉贿国家工作人员454人，其中县处级干部16人，科级干部67人，查处“保护伞”233人，案件消化率100%，在全省打贿工作绩效考评中排名前列。加强和改进信访举报工作，信访约谈、函询领导干部70人次，为153名党员干部澄清了是非，为302名党员干部提供廉政情况。坚持依纪依法、安全文明办案，执行“两规”措施的实施办法和办案工作管理制度，加强案件审理、申诉复查和监督管理工作，保持办案安全“零事故”。发挥办案的治本功能，深度剖析一批典型案件，指导有关单位完善制度，堵塞漏洞。做好粤桥山庄服务管理和扩建工作，为中央纪委和省纪委查办案件作出贡献。

【教育监督强化】2012年，东莞市纪委、市监察局大规模、高规格开展纪律教育学习月活动，举办第十期全市领导干部“三纪”教育培训班，通过开展专题辅导报告、前往监狱接受警示教育、组织学习剖析材料等多种形式，增强教育感染力和警示力。执行“三谈两述”制度，进行领导干部述职述廉3215人次，诫勉谈话209人次。深化廉政文化“一镇街一品牌”活动，创建一批东莞市廉政文化主题园区、创作基地和示范点。举办第二届全省廉洁读书月活动启动仪式、东莞市打击和预防商业贿赂工作展，参观人数超过19万人次。加强节日期间廉洁自律工作，开展收送“红包”问题专项治理，设立东莞市廉政账户，党员干部主动上缴“红包”礼金578万元。开展清理“车随人走”问题专项工作，开展领导干部假身份证、假年龄、假计划生育证明专项治理，调查处理10名存在双重身份问题的党员干部。落实党政机关厉行节约有关要求，建立健全饭堂接待制度和定点接待酒店制度。推进公务接待消费改革，推行公务卡结算制度，办理公务卡6411张。

【腐败源头防治】2012年，东莞市纪检监察机关坚持把预防腐败工作融入经济社会发展各项政策措施的制定和落实之中，建立健全反腐倡廉教育制度、监督制度、预防制度、惩治制度，提高从源头上预防腐败的能力和水平。落实党风廉政建设责任制，将党风廉政建设全年工作任务量化成7大项、70小项，组织领导正职书面报告落实责任制情况，对因失职、渎职负主要责任的13名党员干部进行立案查处。加快行政审批制度改革，取消和精简一批行政审批事项。推进商事登记改革，东莞市被国家工商总局列为全国商事登记改革试点城市之一。推进工程建设领域项目信息和诚信体系建设工作，规范招投标市场行为。重点在房建、交通、水利等领域开展资质问题专项清理工作，排查工程项目121个，排查企业345个。加强岗位廉政风险防控体系建设，组织开展“一岗一预防”活动。推进廉洁城市建设，将廉洁城市建设工作分解为5大项、58小项任务，作出具体部署。召开全市农村“三资”监管工作会议，完善农村“三资”管理制度，纠正农村集体资产管理违规行为235宗。

【不正之风纠正】2012年，东莞市纪检监察机关推进“效率东莞”建设，深入推进政风行风评议工作，制作发放暗访专题片，加强警示教育。推进“东莞市干部培训机关作风教学基地”建设。规范行政审批电子监察系统运行管理，全市审批业务提前办结率达99%以上。市机关效能投诉中心受理投诉171件，办结反馈率达100%。抓好“阳光热线”，组织34个部门负责人到电台直播室与群众进行沟通交流；“阳光热线”网络专栏处理回复群众来信6470件，回复率为91.2%。利用行政服务满意度评价系统，收集评价17万多条，总体满意率达88%以上。完善农村党风廉政信息公开平台，加强涉农负担的监督检查，确保3258万元市级强农惠农资金全部发放到位，清理化解农村义务教育债务121万元，查处制售假劣农资坑农害农案件246宗。全市公立医疗机构阳光采购药品总金额达21.3亿元，纳入阳光用药电子监察系统的公立医院有38家，系统发出预警信息3.8万多条，纠正不合理或违规用药行为478次。确保各项教育惠民政策落到实处，清退违规教育收费60.3万元。（赵晓龙）

附：2012年市纪委书记、副书记、常委名录

市纪委书记：崔　建

市纪委副书记：陈锦洪　吴才华　杨晓棠（任至4月）　叶柏茂　袁丽群（4月到任）

市纪委常委：崔　建　陈锦洪　吴才华　杨晓棠（任至4月）　叶柏茂　袁丽群　何植尧　卢淑贤　罗暖培　夏显辉　邓炳华　黄　键（8月到任）

市监察局局长：吴才华

市预防腐败局局长：吴才华（8月到任）

市监察局副局长：何植尧（8月到任）　黄　键（任至8月）　叶沛森（任至6月）　朱伟强（8月到任）　叶鑑波（8月到任）

市预防腐败局副局长：何植尧（8月到任）　张卫红（8月到任）

▲2012年2月24日，中共东莞市第十三届纪律检查委员会第二次全体会议召开。

民主党派·社会社团 DEMOCRATIC PARTIES · SOCIAL ORGANIZATIONS

厚街镇

编辑：李文蔚 卢 敏 黄文挺

民主党派

民革东莞市委会

【概况】2012年，中国国民党革命委员会东莞市委会（简称民革东莞市委会）有5个支部一个小组，包括人民医院支部、城区综合一支部、城区综合二支部、虎门支部、理工学院支部、常平小组。有党员103人，比2011年增加12人，其中新发展党员11人，转入党员1人。党员主要分布医卫届、教育界、文艺界、司法界，具有中高级职称的党员占91.8%。

【参政议政】2012年，民革东莞市委会向市政协十二届二次会议提交集体提案18篇，内容涵盖经济建设、教科文卫、城市建设与管理、政法及社会保障等领域。在市政协十二届二次会议表彰大会上提交的《关于打造我市战略性稀土产业链，实现新兴产业高水平崛起的建议》获市政协优秀提案奖，《关于东莞加强卫生资源合理配置的建议》获市政协表扬提案奖。在借助提案形式参政议政的同时，借助市长会见政协委员、“周末访谈”、调研座谈、协商会等参政议政渠道建诤言献良策。在2012年市长会见政协委员座谈会上提交大会发言1篇，被选为市长会见政协委员座谈会现场发言的8篇材料之一；市委委员、市政协委员蓝光明、韩远颂参与“周末访谈”4期。

【自身建设】2012年，民革东莞市委会加强自身建设，提高参政议政能力和水平。9月，民革市委会组织骨干党员前往四川、重庆开展“同心”学习教育活动，参观建川博物馆和民主党派博物馆、红岩村等具有历史教育意义的景点，并与民革泸州市委会进行座谈。12月21日，召开民革广东省委会组织工作调研座谈，省政协副主席、民革广东省委会主委周天鸿，全国政协委员、民革广东省委会副主委、省侨联专职副主席李崴等领导出席会议。8月，人民医院支部或横向联合民革组织，或借助志愿者、社区的力量走近民众开展“送医下乡”医疗义诊活动，分别在人民公园、村（社）区举办医疗义诊服务。12月，民革中山医支部与民革东莞市人民医院支部联合举办医疗义诊活动。（罗一鸣）

附：2012年民革东莞市委会领导名录

主　委：余　毅

副主委：何环珠　徐　波

民盟东莞市委会

【概况】中国民主同盟东莞市委员会成立于1991年7月5日。截至2012年12月，中国民主同盟东莞市委员会有盟员225人，比2011年增长14人，增长率6.64%。其中新发展盟员16人，转入盟员2人，去世4人。在新发展的16名盟员中，高级职称7人，中级职称6人，其中40岁以下13人，40岁至50岁3人，新发展盟员的平均年龄35岁。盟员中教育界140人，占总数的62.22%；医卫界21人，占总数的9.33%，其它界别占28.45%。盟员中90.67%以上具有高、中级职称，其中正高职称6人，副高职称108人，中级职称90人。现任市政协副主席1人，市政协常委2人，政协委员7人，市人大常委1人，市特约人员10人次。

民盟东莞市委有支部12个，包括：学院支部、莞中支部、东城支部、莞城支部、科技支部、医卫支部、文艺支部、石龙支部、虎门支部、镇区一支部、城建环保支部、东职院支部。并设有“社会法制与农村工作委员会”、“教科文卫委员

会”、“经济与资源环境委员会”和“文艺与体育委员会”四个专委会。

【参政议政】2012年，民盟东莞市委向政协十二届一次会议提交集体提案15篇，委员个人提案41篇，内容涵盖经济建设、教科文卫、城市建设与管理、政法及社会保障等多个领域。在市政协十二届一次会议表彰大会上，盟市委向市政协十一届五次会议提交的《关于加大民生投入，构建幸福东莞的建议》获市政协优秀提案奖；《关于进一步加大水源保护力度，确保我市供水安全的建议》获市政协表扬提案奖。在市长会见政协委员座谈会上，盟市委提交《关于加快推进电子商务发展，助推我市产业转型升级的建议》作为大会发言材料，对东莞市推进电子商务发展做有益探讨。盟市委继续拓宽参政议政渠道，全年向市委统战部、市政协、民盟广东省委报送《东莞民盟信息》28期，内容涵盖东莞市教育、经济、文化、企业等各个方面的社情民意。全年参加电台节目8次，其中“周末访谈—政协议政厅”6次，社会反响良好。

【自身建设】2012年，民盟东莞市委推进思想、组织、宣传等三方面建设。在思想建设方面，以多种形式开展各类学习教育活动，如创新性举办有121名在职盟员参加的“民盟东莞市委员会盟员综合能力测试活动”和组织派遣10名新盟员赴市社会主义学院参加市民主党派新成员培训班的学习等，活跃盟组织学习气氛。在组织建设方面，加快组织发展速度，全年发展新盟员16名，转入盟员2名；增强组织力量，于3月正式成立第12个基层组织“东莞职业技术学院支部”；组织生活焕发新活力，如成功举办了2012年东莞民盟运动会等活动。在宣传建设方面，继续加强《东莞盟讯》主阵地作用，刊行总第28期《东莞盟讯》；利用短信平台、QQ群等网络通信工具，开辟信息发布的渠道，给盟员沟通交流的空间；于7月正式运行“东莞民盟”官方网站，畅通全盟学习交流和资源流通渠道。

【社会服务】2012年，民盟东莞市委组织盟员发挥自身优势，服务社会，回馈民众。3月，全盟为“我为张澜故里植棵树”活动捐款10550元。6月，盟市委组织盟员参加东莞市“广东扶贫济困日”启动仪式。10月，盟市委承办的盟中央“农村教育烛光行动”第二期教师培训班在东莞中学初中部开班，为来自云南怒江州的6位教师安排培训活动，为推进教育均衡发展贡献力量。

（王雪萍　蔡子萍　肖驰宇）

附：2012年市民盟东莞市委会领导名录

主　委：朱伍坤

副主委：李奎山　程发良　汤瑞刚

民建东莞市委会

【概况】截至2012年12月，中国民主建国会东莞市委员会（简称市民建）有成员88人、平均年龄50岁，有4个基层支部，2个工作委员会，会员主要分布在经济界、教育界和公务员队伍，大学以上学历占93%，其中博士8人、硕士14人；具有中、高级技术职称会员占84%。会员中有民建广东省委会常委1人、委员2人，有市人大常委会副主任1人、市政协常委1人、委员5人，市“特约四员”13人次。

【参政议政】2012年，市民建以加快广东省、东莞市经济社会转型步伐、建设幸福东莞的工作重点为切入点，开展相关参政议政工作。向市政协十二届一次会议提交10件集体提案、11件委员提案，其中“关于大力发展屋顶光伏发电站，将松山湖打造成科研创新示范区与光伏集中应用示范区的建议”被列为主席督办重点提案之一。上年提交的“关于发展绿色包装产业、提升东莞制造竞争力的思考与建议”、“关于全力引进行业高端人才，快速提升人才综合竞争力的建议”等4件提案被评为优秀提案，数量占市政协全部优秀提案的近五分之一。参加民建省委会课题招标工作，课题《加工贸易转型升级环境下珠三角农村集体经济的困境与出路》中标。这是市委会连续四年中标省委课题，占全省中标课题的六分之一。有7人次主持5期东莞电台周末访谈议政节目，就文化产业、社会治安、行业组织建设等方面提出意见。

【自身建设】2012年，市民建会员通过各种形式学习活动，学习贯彻中共十八大、民建十大、广东省十一届党代会、民建广东省委会八大、东莞市十三届党代会等会议精神，开展树立和践行社会主义核心价值体系活动，领会胡锦涛同志提出的“同心”思想内涵，不断增进对中国特色社会主义的政治认同和思想认同，教育广大会员传承老一辈优良传统，坚定走中国特色社会主义政治发展道路的信念，自觉地以社会主义核心价值观规范自己的行为，做到与中国共产党思想上同心同德、目标上同心同向、行动上同心同行，共同推进中国特色社会主义伟大事业。会员积极参加各类培训活动，立足本职，参与民建工作，东莞民建的集体个人在会内会外获得省级集体荣誉3项、个人省级荣誉9项、个人市级或本单位荣誉10项。

【社会服务】2012年3月，市民建赴松山湖进行义务植树活动；7月，会员企业家向“张培刚发展经济学研究基金会”捐资200万人民币；10月，组织会员企业易事特公司到韶关第二高级技师学院开展助学活动，捐助10万元助学金；11月，东莞理工学院支部到郁南县建城镇中心小学捐资助学，资助当地贫困学生及捐赠电脑、书本等学习用品一批；12月，经济一支部会员为甘肃贫困地区捐衣赠物。据不完全统计，今年会员以及会员企业捐款赠物达230多万元。

（罗建锋　叶尧斌）

附：2012年民建东莞市委会领导名录

主　委：周楚良

副主委：何思模　魏宇翔

民进东莞市委会

【概况】截至2012年底，中国民主促进会东莞市委员会（简称东莞民进）设7个支部，分别为松山湖支部、莞城支部、东城支部、南城支部、万江支部、石龙支部及虎门支部，有会员107人，其中教育界76人，其他界别31人。会员中大学以上学历占97%，其中有博士6名，硕士9名，具有中、高级职会员占80.4%。会员中有市政协委员8名，其中市政协常委1名，省人大代表1名，市人大代表1名，市政协特聘委员1名。

【参政议政】2012年，民进东莞市委会向市政协十二届一次会议提交39篇提案，其中25篇集体提案，14篇个人提案，在数量上有一定的突破。大会期间，民进东莞市委会在十一届五次会议提交的两篇提案受到表彰，其中集体提案《关于推进行政审批改革，营造更好的商业环境的建议》被评为优秀提案；另一篇集体提案《关于借助信息服务业加快我市经济方式转变的建议》被市政协评为“表扬提案”。民进东莞市委会向民进广东省委申报的课题《珠江三角洲中职教育与经济发展适应性的实证研究》，被确定为2012年度民进广东省委一般议政调研立项资助课题。参加7期《周末访谈》节目，主题分别为《关于加强中小学饭堂卫生管理》《关于改善我市公交沿线公厕的建议》等。6月，民进东莞市委会副主委牛熠、委员魏龙参加市政协“三重建设”讨论会。8月，主委梁佳沂，副主委梁聚峰参加东莞市民主党派暑期座谈会，现场向市领导建言谋策。10月，主委梁佳沂、副主委牛熠参加民进省委参政议政工作会议，就民进东莞市委会近年参政议政工作情况向省委会进行汇报，并与兄弟市委会进行经验交流。11月，主委梁佳沂参加市政协组织的东莞市各民主党派主委与江门市政协联系活动，与兄弟党派和江门市政协进行交流。民进东莞市委会14名会员参加市政协在市行政学院开展的提案知识培训班。

【自身建设】 2012年，民进东莞市委会发展6名新会员，其中教育界3人，新阶层人士2人，医卫界1人；其中博士2人，硕士1人。会员陈丽敏、王晓蔚、沈凌3人在民进省委参政议政工作会议上宣布被评为“民进广东省委参政议政先进个人”，会员王晓蔚被民进中央评为“学习践行社会主义核心价值体系先进个人”。

【社会服务】 2012年4月份，民进东莞市委副主委梁聚峰带队一行15人到郁南支教，支教内容主要为语文教学、读书活动。4月下旬，郁南教育局来莞进行交流，民进东莞接待郁南教育局一行，并组织参加郁南教育局与石龙文教局的交流活动。 （黎清华）

附：2012年民进东莞市委会领导名录

主　委：梁佳沂

副主委：牛　熠　梁聚峰

农工党东莞市委会

【概况】 2012年，中国农工民主党东莞市委员会（简称市农工党）有党员157人，其中医卫界92人，占59%；文教界34人，占22%；科技界6人，占4%；其他界别25人（其中机关单位14人、新社会阶层10人、公有制经济1人），占16%。高级职称93人，占59%；中级职称45人，占29%。博士10人，硕士29人，本科100人。党员平均年龄53岁。有农工党省委常委1人，省政协委员1人，市人大代表4人（常委1人），市政协委员11人（常委2人），市特约人员7人。2012年新发展党员15名，其中医卫界4名、文教界3名，机关单位4人，新社会阶层人士4人；硕士3名，本科12名；新发展党员平均年龄38.6岁。

【参政议政】 2012年，中国农工民主党东莞市委员会向市政协十二届一次会议提交改善松山湖大道沿线交通环境、探索建立政策评估机制、推广使用新能源公交车、加大对社区（村）民生事业财政扶持力度、加强小型经营者食品安全监管、开发麻涌镇漳澎管理区旅游资源、发展酒店服务文化输出酒店服务、合理确定领军人才类别比例、加大东莞文物古迹保护力度等9件集体提案，党员政协委员提交有关建立东莞市预约诊疗服务平台、设立城市管理综合服务平台、建立东莞市口腔健康教育基地等提案3件。向市政协十一届五次会议提交的《关于切实加强中小学生心理健康教育的建议》获市政协优秀提案奖，《加强处方药的管理，保证群众安全合理用药》获市政协表扬提案奖。在市民主党派负责人暑期座谈会，李光霞主委代表市委会发言，建议“加快推进重大产业集聚区建设”。在市政协推动“三重”建设大讨论座谈会，彭晓云代表市委会作有关完善营商环境的发言。6次组织党员参加东莞电台议政节目“周末访谈”，呼吁加强食品安全监管，改善松山湖大道周边交通环境，建立预约诊疗平台。

【自身建设】 2012年，中国农工民主党东莞市委员会在全体党员中组织开展“同心”系列行动，学习贯彻中共十八大精神，坚持与中国共产党在思想上同心同德、目标上同心同向、行动上同心同行；举办学习中共东莞市第十三次党代会精神专题报告会，把党员的思想和行动统一到中共市委对形势的判断和决策部署上；组织参观惠州邓演达纪念园，感怀邓演达爱国为民的事迹和精神，增强继承优良传统、切实履职的责任感、使命感。加大力度推进领导班子建设、组织发展、后备干部培养和基层组织建设；在农工党广东省第十二次党代会上李光霞主委当选为新一届农工党广东省委常委；做好政协委员推荐工作，有9名政协委员从党派推荐，其中市委委员6名、机关专干1名、支部主任1名、普通党员1名；根据中共东莞市委组织部、统战部的安排部署，推荐选派市委委员陈剑到市体育局挂职局长助理；在市委会2012年度总结表彰大会上，表彰先进支部、和谐支部等先进集体3个，参政议政积极分子、社会服务积极分子等先进个人共32人次。言小明获国家自然科学基金青年基金资助。朱忠华参加广东省第十届中学生运动会（第二届中小学）体育教师技能大赛，荣获团体第一名及个人第一名。陈健华、伦丽芳、高学忠、郑晓琳等4名党员获东莞市科技进步奖。刘大勇被评为东莞市2012年度优秀教师。邓杰获2012年度市司法局律师工作先进个人。

【社会服务】 2012年，中国农工民主党东莞市委员会在洪梅医院举行“同心助医”启动仪式暨第二十四届中国“国际科学与和平周”义诊活动，“中国农工民主党东莞市委员会定点帮扶医院”在洪梅医院揭牌。启动仪式后，组织各科医疗专家为洪梅镇居民义诊，诊治病人400多人次，100多人次接受健康咨询，派发200多份健康教育宣传资料，开展肛肠科手术指导、放射科阅片指导、护理技术培训。长安支部在长安敬老院开展敬老义诊，在长安图书馆举办“迎新年·王廷昱书画展”，展出的70件作品全部捐赠给长安图书馆。樟木头支部继续开展“八一”拥军义诊，为樟木头镇消防大队官兵送医送药。 （杨　莉）

附：2012年中国农工民主党东莞市委员会领导名录

主　委：李光霞

副主委：赫喜华　袁明杰

致公党东莞市委会

【概况】 2012年，中国致公党东莞市委员会有成员89人，其中归侨8人，侨眷侨属12人，港澳台属7人，少数民族3人，其他有海外关系40人，具有中高级职称72人，平均年龄46.7岁，大部分成员分布于科教文卫界。成员中，大学本科以上80人，大专8人；正处级干部1人、副处级干部1人、科级干部7人；本届有省人大代表1人、市人大常委1人；市政协常委2人，市政协委员4人。省侨联委员1人、市人民监督员1人、市特约检察员1人、市侨联委员会顾问1人、市政府采购监督员2人、市食品药品执法廉政监督员1人、市公安局局警务廉政监督员1人、市法院司法监督员1人、市干部监督员1人、市监察局特约监察员1人。

【参政议政】 2012年，中国致公党东莞市委员会坚持立足社情民意，开展形式多样的民主监督和建言献策活动，发挥参政党作用。在东莞市政协十二届一次会议上，市委会提交《关于改善我市公交营运管理格局，提升我市公交营运水平的建议》《关于加大力度扶持我市社会养老机构的建议》等17件提案，其

中团体提案6件，党员政协委员个人提案11件。所提提案得到相关部门重视，其中市委会提案《关于改善我市公交营运管理格局，提升我市公交营运水平的建议》被评为2012年度重点督办提案和政协优秀提案，市委会提案《关于规范我市医院护工管理，促进社会和谐的建议》和《关于加强我市饮用水源保护，确保经济与社会可持续发展的建议》被评为2012年度政协表扬提案。

市委会利用东莞电台“周末访谈”节目，就社会民生热点问题开展民主监督，引起相关部门重视，扩大市委会社会影响力。1月7日妮娜、方学文、宋光三位同志就“社会养老问题”主题，4月28日王晓春、赖道波两位同志就“关于加大财政对公共交通的投入”主题在东莞电台“周末访谈”节目进行探讨。10月，黄蔚然同志就市委会提案《关于改善我市公交营运管理格局，提升我市公交营运水平的建议》接受东莞电视台“百姓关注”栏目组采访。该提案受到市交通局高度关注，对该提案所提出问题开展大量工作，市交通局对该提案的回复更刊登在《东莞日报》上。

6月13日，由致公党中央常务副主席王钦敏带队的致公党中央“技术创新促进产业转型升级”调研组调研组到东莞市开展调研，在省市相关领导及市委会相关主委陪同下到东莞市松山湖科技工业园、广东电子工业研究院、广东雨林木风计算机科技有限公司等进行参观考察。

8月18日，致公党中央“民营医院发展状况”调研组到东莞市开展调研，在市委会协同下与市卫生局、东莞市十所民营医院就调研课题进行座谈，到东华医院、康华医院两所综合性民营医院进行现场调研。

【自身建设】 2012年，中国致公党东莞市委员会新发展12位新党员。广大党员在各自岗位上尽责尽力，为东莞市的现代化建设事业作出应有贡献，取得显著成绩。包括有：阮雪玲同志被评为中山大学2012年度优秀临床教学管理人员；曾明同志所创作长篇小说《天下红薯》被广东省宣传部选为重点文学创作，该作品更被广东省选为重点题材创作；吴志滔同志荣获广东省音乐家协会“优秀音乐家”称号，并当选东莞市非遗保护工作专家委员会委员；郝东同志在代表东莞市妇联家庭教育讲师团参加广东省妇联家庭教育讲师团比赛中获得金奖，并荣获“广东省家庭教育金牌讲师”的称号；谭卓鹏同志被评为2012年东莞市创新领军人才。

【社会服务】 2012年，中国致公党东莞市委员会积极开展社会服务工作。3月4日，市委会开展“三八”活动，组织各支部探访东莞市未入户华人自梳女。为进一步解决东莞市未入户华人自梳女生活问题，市委会积极联系东莞电视台“百姓关注”栏目组，使东莞市未入户华人自梳女的生活问题得到更广泛关注。截至2012年，东莞市已解决大部分未入户华人自梳女的户籍问题，未入户华人自梳女的人数已减少到4人，且这4名华人自梳女的生活条件和就医问题也得到较好的改善，基本能够享受本市医保。市委会对华人自梳女的对口帮扶工作得到省委会较高的评价，该项目被评选为社会服务工作优秀成果。

市委会继续组织党员参与在毕节地区开展的“联系贫困学生、结对帮扶送温暖”活动，2012年通过省委会汇给受资助的42名贫困学生学费共12600元。在“广东扶贫济困日”捐款活动中，市委会积极动员全体党员踊跃参加捐款活动，共捐款9450元。

【联谊工作】 2012年，中国致公党东莞市委员会继续做好联谊工作，联系、团结广大归侨侨眷、海外侨胞和留学人员。

3月20日，由原致公党省委会主委唐国俊、原致公党省委会副主委谢慈庭领队的致公党广东省委会老领导一行共16人到东莞市拜访市委会。市委会戴松林主委、黎平副主委、原办公室主任郑燕娟和老党员孙业信等接待省委会老领导一行。省委会老领导到企石镇拜访新任副镇长的原办公室主任郑燕娟，参观企石镇镇容镇貌。老领导一行还到同济光华医院参观黎平副主委出资成立的爱心血透中心，当场为一位刚为人母的尿毒症患者进行捐赠。

5月31日，原致公党省委会副主委谢慈庭陪同三藩市五州致公总堂主余张剑飞拜访市委会，市委会黎平副主委、黄蔚然委员等接待客人。 （王文青）

附：2012年致公党东莞市委员会领导名录

主任委员：戴松林

副主任委员：陈树良　黎　平

九三学社东莞市委会

【概况】 2012年，九三学社东莞市委员会下设有5个支社，分别为综合一、二、三支社，医疗卫生支社，理工学院支社；新发展社员11人，成员总数111人，平均年龄53.1岁，75.7%的社员有高级以上职称；优化社员界别、年龄、知识结构，其中科技界26人，高等教育届23人，医疗卫生界37人，其他界别25人；具有高级专业技术职称的84人，中级24人；成员中有省政协委员1人，市政协委员8人，其中常委3人，担任市政协副主席1人；4人担任市各单位特约监督员。

【参政议政】 2012年，九三学社东莞市委员会注重调查研究，联合市政协经济委员会成立专题调研小组赴市委农办、市民政局等单位及厚街镇、黄江镇调研农村综合改革工作情况。市委会向市政协十一届五次会议提交的《关于加大统筹力度，实施“强心”战略，进一步提升我市城市化水平的建议》被评为“优秀提案”，《关于加快探索发展工业地产发展模式，破解工业用地瓶颈制约、提高土地利用效率的建议》被评为“表扬提案”。市委会向市政协十二届一次会议提交提案9件，委员个人提交提案10件，其中，市委会提交的《关于政府关于进一步促进科技和金融结合，加快建设科技与产业融合示范区的建议》被列为市委书记重点督办提案，11名社员参与政协全会开幕式旁听。跟进提案办理，多名提案撰稿人代表市委会与提案办理单位座谈沟通。按照《关于市委书记督办市政协〈关于进一步促进科技和金融结合，加快建设科技与产业融合示范区的建议〉重点提案的工作方案》安排，市委会领导参加科技局牵头的“促进科技金融结合、科技金融与产业融合的推进策略”专题调研及市政协推动“三重”建设讨论会。3名社员参加两期“周末访谈”和“政协议政厅”节目。1名社员参与东莞市劳动局培训（示范）基地审核。1名社员担任人民陪审员。1名社员参与市中院庭审听审活动。

【自身建设】 2012年，九三学社东莞市委员会主要领导多次参加中共东莞市委、市政府和市政协学习、传达、解读中共十八大报告和精神的活动。社内分市委会班子成员、骨干社员、全体社员三个层面开展中共十八大及社中央十大专题学习，印发相关学习资料。把贯彻学习十八大及社第十次全国代表大会精神与社务工作紧密结合。组织活动多元化，组织全体活动2次，骨干社员活动1次，老社员每月活动1次，三八妇女节女社员活动1次，退休社员重阳节活动1次，每个支社组织支社活动1次以上。

【社会服务】 2012年，九三学社东莞市委员会组织医卫支社5名成员参加市残疾人康复义诊活动。科技创新委员会积极走进镇街企业，筹备在企业建立“特聘员工作站”，参与企业科技创新活动，以实际行动服务企业转型升级。支持协助社员申报科技项目，联合社员所在单位申报科技攻关项目。多名社员资助贫困儿童。（鲁　宇）

附：2012年九三学社东莞市委会领导名录

主　委：吕　兢

副主委：何镜清　王旭珍　周爱军

社会团体

市总工会

【建功立业活动】 2012年，东莞市总工会围绕加快转型升级开展形式多样的劳动竞赛活动，全市5000多家企事业70多万职工参加，提出合理化建议7万多条，有力助推企业经济发展。轨道交通等行业劳动竞赛项目针对性强，成效良好。

【职工队伍素质提升】 2012年，东莞市总工会选树“东莞市职工技术标兵”64名，培训职工和工会干部4万多人次。深化“创建学习型组织、争做知识型职工”活动，全市80%企业工会开展职工读书活动，建立500多家“职工书屋”示范点。

【劳模精神弘扬】 2012年，东莞市总工会在五一前夕表彰了全国“五一劳动奖章”3名、全国“工人先锋号”3个，省劳动模范11名、省先进集体4个、省“工人先锋号”7个，市“五一劳动奖章”8名、市“工人先锋号”7个。开展劳模风采宣传活动，加大对劳模先进的宣传力度，营造崇尚劳模、学习劳模的社会氛围。

【枢纽型组织服务平台搭建】 2012年，东莞市总工会成立职工服务类社会组织联合会，发展第一批12家团体会员，与会员单位签订服务项目合作协议，承接工会服务职工项目。成立工会社工站，引进26名社工，为困难职工和工伤职工提供情绪疏导、家庭辅导和工伤探视等服务。成立工会职工志愿服务总队，建立“工会工作者+社工+志愿者”的服务职工模式。

【工会法律服务】 2012年，东莞市总工会选聘51名律师志愿者组成市工会法律服务律师团，安排律师到市职工服务中心值班，组织律师团到各镇街开展流动法律宣讲，为493名职工提供法律咨询和法律援助，为2万多名企业员工提供普法宣传教育。

【职工心理关爱服务项目推进】 2012年，东莞市总工会与省总工会心理专家团、市心理卫生协会合作，组成工会心理关爱志愿服务团，接听“12351”服务热线，到企业开办心理健康讲座，为近3万名企业员工进行心理评测，为100多名有心理障碍的员工提供心理疏导和治疗。建立“心灵驿站”职工活动中心，得到省总工会和省、市社工委的肯定，被列为省社会创新管理项目和全省工会“心灵驿站”建设示范点。

【工伤探视活动】 2012年，东莞市总工会组织社工定期到虎门、桥头工伤康复中心和市职业病防治院，探视住院职工1315人，发放慰问金40多万元，使212名工伤职工待遇得到落实。开展权益维护、关心关爱、就业康复等200多场次专业社工活动，帮助工伤职工重拾生活信心。

【源头维护机制建设】 2012年，东莞市总工会推广谢岗创富公司开展工资集体协商经验，发挥工资集体协商指导员作用，推动企业建立工资共决机制。全市18256家企业建立工资集体协商制度，占已建工会企业数的70%。近2万家企业推行厂务公开民主管理，依法落实职工知情权和参与权。开展“员工满意企业”评选活动，7793家企业被评为“员工满意企业”。开展“安康杯”竞赛活动的企业2000多家，提升职工的安全生产意识和技能。

【劳动关系协调】 2012年，东莞市总工会利用“12351”职工维权热线和各级工会信访窗口，全年受理职工咨询投诉2714宗，办结率达100%。建立“主席接访日”制度，每月15日市总工会领导到市职工服务中心现场接访职工。做好职工维稳工作，协助调处大岭山台升家具厂停工事件等一批重大职工群体性事件。

【人文关怀活动】 2012年，东莞市总工会共慰问帮扶困难职工1073人，发放慰问金127万元；向32名患重大疾病职工发放救助金近10万元；开展“金秋助学”活动，为437名困难职工子女提供助学资金54.5万元；开展女职工健康援助行动，为3288名女职工提供免费体检；走访慰问企业，送去近100万元的体育器材和书籍。把市困难职工帮扶中心升格为市职工服务中心，从对困难职工的帮扶变为对广大职工的全面帮扶，服务工作向技能培训、维权咨询、医疗救济、工伤探视、助学帮扶、心理辅导、人文关怀等领域延伸。

【工会组织建设】 2012年，东莞市总工会对32个镇（街）总工会和15个局（总公司）工联会进行换届，配备落实工会干部，提升镇（街）、局（总公司）工会干部履职能力。抓好村（社区）联合基层工会和行业工会联合会建设，组建全省第一个市级家政行业工会联合会，扩大工会组织覆盖面。全市新组建工会组织9961家，发展会员29万多人。

【工会干部培训】 2012年，东莞市总工会举办四期全市工会干部培训班，对镇（街）、局（总公司）、市属、省属工会主席进行系统培训。举办工资集体协商、安全生产、女职工工作、心理援助、厂务公开等专项业务培训班20多期，培训基层工会干部5000多人次，促进工会工作水平提升。

【工会规范化建设】 2012年，东莞市总工会以开展“会员评议职工之家”和“工会组织亮牌子、工会主席亮身份”活动为抓手，推进基层工会组织规范化建设，11943个基层工会评为“东莞市合格职工之家”，20个基层工会评为“全国模范职工之家”，17个工会小组评为“全国模范职工小家”，激发基层工会活力。

【工会其它工作】 2012年，东莞市总工会开展“面对面、心贴心、实打实服务职工在基层”活动，市总领导班子带头深入基层调研，使“下基层、转作风、办实事”成为工会的常态化工作。加强与各类媒体沟通合作，办好工会网站、微博，为工会工作开展营造良好社会氛围。得到市委市政府的重视支持，市工人文化宫正式动工。召开市女职工委员扩大会议，充实女职委组成人员。依法收缴工会经费，实现持续稳定增长。工会经审工作得到加强，市总经审委员会被评为全国工会经审工作先进集体。落实香港工联会东莞咨询服务中心新办公场地，配合服务中心开展工作。

（郭富春）

附：2012年东莞市总工会领导名录

主　席：郭　水

常务副主席：马凤彪

副主席：黎卓荣　何志雄

谢苑华（5月任职）

团市委

【概况】2012年，东莞市有共青团员289788人，占全市14—28周岁青年总数的33.2%；有基层团委224个，其中一级团委86个（镇街团委32个，厂局团委34个，市属一级学校团委20个），二级团委138个（学校团委85个，“两新”组织团组织29个，村、社区团委20个，机关事业单位团委4个）；基层团总支1153个，团支部8821个；推优7392人，推优入党2883人。

2012年，东莞市共青团工作在团省委重点工作评价考核中仅次于广州、深圳，位居全省第三。全市获团中央、团省委表彰的先进集体有101个，先进个人66个。其中，东莞市东城职业技术学校团委书记李勇战被团中央评为2011年度全国优秀共青团干部，援塞志愿者黄翔被团中央评为2011年度全国优秀共青团员，东莞市中镓半导体科技有限公司董事长陈健民获得团省委第十四届“广东青年五四奖章”个人奖。

【青年思想教育】2012年，东莞市抓住党的十八大召开、建团90周年等有利契机，以学习贯彻落实党的十八大、市十三次党代会精神为核心，开展纪念建团90周年暨五四青年月系列活动，召开东莞市纪念建团90周年大会，举办“上党课，学党史”专题报告会、开展“我与祖国共奋进”形势政策教育等爱国爱党主题教育活动。举办“重走东纵路”红色夏令营、第三届东莞市中学生校际辩论赛，以实践体验的方式对不同的青少年群体开展分类引导。创新运用微博、微信等新媒体扩大共青团工作覆盖面和影响力，建立各基层团委的微博群、微信群，官方微博“东莞共青团”在2012年度东莞市政务微博综合排名中位列第五，微博粉丝近1.1万个。

【社会管理创新参与】2012年，团东莞市委主动承接团省委“构建枢纽型社会组织创新实验区”试点工作，重点打造市镇两级莞香花青少年服务中心、市爱心家园青年社会组织服务中心和市志愿者协会三大品牌枢纽型组织，培育重点青少年群体成长促进计划、志愿者周末学堂、青年社会组织领袖沙龙等一批枢纽型组织品牌项目，聚合引领和集约服务各类社会组织，让各类青年社团组织参与社会建设的活力竞相迸发。其中，市“莞香花”被选为2012广东社会建设创新年会的三个实地考察点之一，得到《中国青年报》、民主与法制社等媒体的专题报道，有效提升东莞共青团转型

共青团东莞市委员会

①② 2012年5月4日，东莞市纪念中国共产主义青年团成立90周年大会召开，市几套班子领导出席。

发展的影响力。推进重点青少年服务管理和预防犯罪全国试点工作，加强定向排查和动态监测，创新开展社工驻所、社工联校、阳光护航进园区等项目，引入社会化和组织化专业力量，吸引广大志愿者及30多个社会组织提供关爱和帮教服务，实现对工作对象联系帮教全覆盖，有效减少和预防青少年违法犯罪，得到中央综治委预防青少年违法犯罪专项工作考核组充分肯定。

【志愿服务】 2012年，团东莞市委营造志愿服务浓厚氛围，购置志愿服务车，利用新媒体宣传志愿文化，全市注册志愿者达67万余人，在全市巡回举办志愿者周末学堂34期，为5000多名志愿者骨干提供培训和指导。探索志愿服务岗位化、专业化，创新建立以市“莞香花”为中枢、镇街“莞香花”为基点的新载体，建立志愿者招募、管理、考核、表彰激励等新机制，集约优质志愿服务资源，为1200多名重点青少年提供“常有”及“或有”的岗位化、专业化志愿服务。培育基层项目，联合市文明办向全市公开征集“三关爱”优秀志愿服务项目，筹资近100万元对300个基层优秀项目进行资助。做好重大活动志愿服务，组织志愿者5万多人次参与“三打两建”、“三重”建设、“扶贫双到”等市党政中心工作，承接世界莞商大会、加工贸易博览会等市一级大型活动志愿服务工作30多项，招募培训5000多名志愿者提供10万小时优质服务。

① 2012年5月4日，市委书记、市人大常委会主任徐建华为优秀青年获奖代表颁奖。

② 2012年3月12日，市委副书记姚康在市青企协第五届理事会就职典礼上为市青企协志愿服务队授旗。

③ 2012年8月2日，市委常委、市委组织部部长甄瑞潮出席全市党建带团建工作会议。

④ 2012年7月20日，市政府副市长喻丽君为市团校揭牌。

【青年成长成才服务】2012年，团东莞市委组织近2万名大学生参加大学生社会实践行动，新建青年就业创业见习基地68个，组织1153名青年上岗见习，推动发放青年创业小额贷款1214万元，扶持青年创业项目130多个，超额完成团省委指标任务。继续实施“圆梦计划”，改进办学模式，简化审批流程，加大宣传力度，市镇两级财政拨付300万元再资助2000名新生代产业工人圆大学梦。开展以“牵手东莞，幸福花开”为主题的玫瑰梦活动近50场，吸引近2万名异地务工青年参与。深化“共青团与人大代表、政协委员面对面”活动，探索12355青少年服务平台维护青少年权益的有效途径，服务青少年1.2万人次。开展希望工程南粤会亲活动和6期“朝阳快乐营”，举办“七彩梦·飞起来”留守少年儿童福彩夏令营和福彩共青团育苗班，为1200多名困难青少年提供帮助。

【自身建设】2012年，团东莞市委与市委组织部联合召开全市“党建带团建”工作会议，印发实施《关于加强新形势下全市党建带团建工作的实施意见》，形成加强“党建带团建”工作良好态势。完成镇街、村（社区）两级团组织集中换届，推动镇街团的组织格局创新，铺开村、社区团组织无候选人直接选举，吸收190名体制外优秀青年进入镇街团委班子，新一届镇街团委书记班子的平均年龄为27.7岁，比换届前下降3.3岁。成立东莞市团校，开展针对各级团队干部、青年社会组织骨干、志愿者、团员青年等不同青年群体的培训班33期，培训6000多人次。加强“两新”团建工作，截至2012年底全市建立“两新”团组织6027家，其中非公企业团组织5138家，在全国地市排名第一，覆盖“两新”组织青年115万多人。推动乡镇实体化“大团委”建设，新建直属团组织1274个，开展“亮旗行动”、“送美丽”等丰富多彩的活动，覆盖团员4万多名，联系青年约19万人。（卢淑娴）

附：2012年共青团东莞市委领导名录

书　记：李　纲（2012年10月离任）
　　　　张永艳（2012年12月到任）
副书记：何学文（2012年9月离任）
　　　　何俊聪（2012年2月到任）
　　　　张燕华（2012年2月到任）

① 世界莞商大会志愿者举行誓师仪式
② 志愿服务新阵地——志愿者车在世界莞商大会上亮相
③ 探索志愿服务岗位化、专业化的新载体——莞香花青少年服务中心
④ 在希望工程南粤会亲——东莞会亲活动中，受助学生与爱心家庭一起做游戏。
⑤ “七彩梦·飞起来”留守少年儿童福彩夏令营——东莞圆梦活动举行

市妇联

【女性素质工程】2012年，东莞市妇联推进“妇女之家”建设。召开“妇女之家”建设工作推进会，创建省级示范点3个，以点带面，推动“妇女之家”发展。按照“有场所、有设备、有制度、有活动”的“四有”标准，全市建立“妇女之家”607家，实现村（社区）全覆盖并延伸至“两新”组织。新建“东莞妇女书屋”16所，赠送价值16万元的图书。开展科技文化、卫生保健、家庭教育、安全急救等各类培训班3500多期，发放宣传资料30多万份，培训妇女56万人次。

【妇女就业创业】2012年，东莞市妇联配合有关部门，举办美容、面点、家政服务等就业技能培训班500多期，培训妇女4万人次。创办“村民车间”、家庭作坊等就业场所980多个，帮助2.5万名本地妇女实现就业。继续推进妇女创业小额贷款工作，印发宣传品10万份，为248名妇女提供小额贷款，贷款金额达1273万元。

【“巾帼建功”活动】2012年，东莞市妇联完善“巾帼文明岗”管理办法，召开创建工作现场会，开展检查督导，促进创建活动规范化、科学化、品牌化。全市创建省级“巾帼文明岗”47个。评选表彰第五届“巾帼十杰”和一批“巾帼建功”先进集体、先进个人。

【妇女维权社会化】2012年，东莞市妇联加大普法宣传力度。联合综治、司法等部门，举办普法学习班、法律咨询等活动750多场次，派发宣传资料近30万份。开展“三八”维权周和妇联主席热线接听日活动，制作反对家庭暴力电视专题节目，开展《婚姻法司法解释三》实施情况专题调研，营造“尊重妇女、关爱儿童”的良好社会氛围。创新维权工作手段。健全妇联信访工作制度，通过妇女维权与信息服务站、12338妇女维权热线等服务窗口，调处妇女信访案件1360宗。联合有关部门，召开民生座谈会，开展预防安全事故、反对拐卖宣传教育活动和失足妇女帮教活动，举办禁毒流动课堂，开展家事纠纷诉前调解和家事案件回访工作。

【家庭文化建设】2012年，东莞市妇联开展家庭读书系列活动，评选表彰东莞“学习之家”75户。开展“优秀成功女性进高校”和“好婆婆、好媳妇”评选活动。培育各类妇女文体队伍近1000支，开展广场文化活动7600多场，带动50多万城乡妇女参与文娱健身活动。组织380多个村（社区）参与“南粤幸福活动周”活动。

【家庭教育工作】2012年，东莞市妇联制定《东莞市指导推进家庭教育五年规划（2011—2015年）》。开展“千场家庭教育大讲堂进社区（乡村）”活动，举办家教讲座1590多场，受益家长达30万人次。创建儿童友好社区75个。市妇联荣获广东省家庭教育大讲堂进社区（乡村）民生项目工作卓越奖。

【公共服务新品牌打造】2012年，东莞市妇联培育发展一批社会组织。与70家妇女儿童家庭类、公益慈善类社会组织建立联系关系，组织20多家社会组织参与省“集思公益·幸福广东”支持妇女计划项目竞投，团结凝聚巾帼健身队、秧歌队、腰鼓队等草根组织480多家。指导白玉兰家庭服务中心和妇女维权与信息服务站注册为社会组织，指导市女企业家协会、市家庭教育促进会等系统内社会组织强化内部管理，提升服务能力。打造“白玉兰”工作品牌。新建白玉兰家庭服务中心10家、白玉兰家庭服务室25个，实现32个镇街全覆盖，全市白玉兰家庭服务中心总数达到22家，白玉兰家庭服务室45个。在开展各类家庭服务的同时，承接市公益创投项目。寮步、桥头等镇实施企业女工关怀计划，为企业女工建造“幸福驿站”。白玉兰品牌创建水平和知名度不断提升，白玉兰家庭服务中心被列为省创新社会管理观察项目，荣获全国首届优秀专业社会工作服务项目三等奖和第二届广东省妇联工作创新奖。建立枢纽型组织工作机制。成立枢纽型组织建设领导机构和工作机构，制定具体行动方案，有序推进枢纽型组织建设。成立东莞市关爱妇女儿童社会组织服务中心，开通枢纽型组织建设工作网页，举办网络论坛，录制电台专题节目，搭建妇联与社会组织广泛交流和合作的平台。

【妇儿规划实施】2012年，东莞市妇联推动新规划颁布实施。组织专家学者反复征询、论证、修改，完成2011—2020年东莞市妇女儿童发展规划编制工作。推动新规划由市政府颁布实施，成为指导东莞市未来10年妇女儿童事业持续健康发展的纲领性文件。举办镇街妇儿规划编制工作培训班、召开工作座谈会，指导各镇街完成新规划编制工作。推动重点难点工作落实。推动把妇女两癌免费筛查纳入市政府2012年十件民生实事。联合卫生、财政部门推进各项工作，为15万名妇女提供免费筛查服务，完成市政府下达的工作任务。把免费婚检工作纳入镇街领导班子年度考核体系，提高婚检率，2012年全市婚检率达37.2%，比2011年提高10个百分点。为实施新规划创造条件。调整市妇儿工委主任，增补市城管局和市水务局为妇儿工委新成员。召开全市妇女儿童工作会议，制作《十年繁花锦绣路 万朵蓓蕾绽幸福》专题片，印发海报、小册子等宣传品56万份，营造实施新规划的良好社会氛围。开展监测统计工作培训，开发建设妇儿规划数据库。联合市政协开展出生缺陷干预工程调研。2012年，东莞市妇联、塘厦镇妇联荣获广东省实施妇女儿童发展规划先进集体，东莞市荣获广东省地级以上市妇女儿童发展规划终期监测评估报告特等奖。

【扶贫助困和志愿服务】2012年，东莞市妇联出台《关于深入开展巾帼志愿服务工作的意见》，发展巾帼志愿队伍453支、1万多人，其中道滘镇招募巾帼志愿者25个分队、800多人，广泛开展爱心帮扶、家庭教育、法律维权、护绿环保等志愿服务活动。开展单亲特困母亲帮扶和“爱心父母大联盟”行动，慰问单亲特困母亲家庭3800多户，与4448名困境儿童结对助困、助教、助学，帮扶资金达642万元。一批爱心团队和爱心人士荣获广东省“爱心父母大联盟”荣誉奖章。

【新莞人妇女儿童关爱活动】2012年，东莞市妇联出台《新莞人妇女学校管理办法》，举办校长培训班。举办企业女工法律知识及“四自”精神讲座600多场，开展“阳光女工·轻松解压”和关爱女工迎春联欢活动。黄江镇开展“三美”女工关爱行动，引导广大女工做美丽女性、建美好家庭、创美满人生。开展关爱留守流动儿童系列活动，组织近3000名新莞人儿童参观市科技馆。东城街道承接全国流动儿童关爱服务体系试点，实施“未来之星·与你同行”计划。

【“三八”妇女节102周年纪念活动】2012年，东莞市各级妇联围绕“凝聚女性力量，共建幸福东莞”的主题，组

织开展形式多样、内容丰富的纪念活动，隆重庆祝“三八”国际劳动妇女节102周年。活动包括举行东莞市各界妇女纪念“三八”国际妇女节102周年茶话会暨《莞邑妇女网》改版启动仪式；各界妇女“幸福东莞行”活动；白玉兰家“圆”行动——东莞市反家暴社工援助计划项目启动仪式；东莞市第五届“巾帼十杰”评选表彰活动；东莞市“三八”维权周暨市妇联“六五”普法规划启动仪式；妇联主席热线接听日活动；东莞市厅处级女干部联谊活动。同时，32个镇街妇联也在“三八”活动期间举办一系列丰富多彩、各具特色的庆祝活动。

【妇联组织和干部队伍建设】 2012年，东莞市强化妇联干部教育培训。举办基层妇联干部培训班和妇女维权工作培训班。召开枢纽型组织建设专家研讨会，组织全市妇联干部到中山、珠海、佛山、顺德参观学习。继续抽调镇街妇联干部到市妇联挂职学习。加强妇联宣传阵地建设。改版升级《东莞女性网》，开通市妇联微博，建立完善妇联、妇委会、妇女之家等QQ群，出版《东莞女性》《东莞妇讯》。与东莞阳光网合作，开辟妇女维权、家庭教育、妇儿规划等专题网页，为宣传男女平等基本国策和先进性别文化发挥重要作用。

【联谊交流】 2012年，惠州市妇联和江阴市妇联分别于4月18日和6月15日来莞参观市妇联白玉兰家庭服务中心（东城东泰社区），宾主双方就妇联建设枢纽型组织进行交流探讨。6月17日，应香港各界妇女联合协进会主席林贝聿嘉邀请，市妇联主席黄慧红、副主席卢英赴香港参加在铜锣湾维多利亚公园举行的“香港各界妇女庆回归十五周年之喜迎回归十五载 社区共融爱香港”启动礼。

（龙江波）

附：2012年东莞市妇联领导名录

主　席：黄慧红

副主席：叶丽云　卢　英　安玉红

兼职副主席：黄伟青　林辉芳

工商联

【概况】 截至2012年，东莞市工商联（总商会）共有镇（街）商会32个，行业商会2个、异地商会6个，会员6000余名，有12个基层商会建立党支部，251个会员企业建立党组织。市工商联会员中，有全国人大代表1人；省人大代表3人，省政协委员11人，省政协常委1人；省工商联常委12人，执委8人；市人大代表56人，市人大常委1人；市政协委员90人，市政协常委23人，市政协副主席1人。100多家企业受到市以上表彰。会员企业中有中国名牌产品13个，中国驰名商标9个， 国家免检产品34个，广东省名牌产品、著名商标160个。市50强民营企业中会员企业占32家，市50家优秀民营企业会员企业占41家。东莞市9家登上广东省企业百强榜的企业中有8家是工商联的会员企业。

【世界莞商大会】 2012年9月16—18日，“2012·世界莞商大会”隆重召开。本届大会由东莞市人民政府主办，市委统战部、市经信局、市工商联承办，19个相关部门和各镇街、园区共同协办。大会以“情系东莞、商通天下”为主题，弘扬“厚德务实、敢为人先”的莞商精神。大会为期3天，包括世界莞商联合会成立大会暨2012·世界莞商大会预备会议、市政府欢迎晚宴暨世界莞商联合会第一届理事会就职典礼、大会开幕式（含“杰出莞商”颁奖，优质项目签约）、东莞国贸中心暨世界莞商联合会会馆动工典礼、莞商大会论坛等10项议程大会期间，共落实签约项目121个，投资总额435亿元。近千名海内外莞商和领导嘉宾齐聚东莞，畅叙桑梓之情、共谋发展大计。

【参政议政】 2012年，东莞市工商联（总商会）的人大代表、政协委员分别向各级人大、政协提出议案、提案超过100余份；市工商联及各基层商会向各级党政部门提出建议60余份，其中被采纳或引起重视的有45份，报送情况反映、专题信息130余份，较好地履行参政议政的职能。

【会员服务】 2012年，东莞市工商联（总商会）运用商联企业服务部、东莞商会网、政联学校等服务体系为会员解决融资、办证、宣传、培训等一系列问题，为会员企业发展做好后勤工作。年内市工商联与基层商会联合举办培训班60个，参加人数达1856人次，举办学习会、座谈会98次，参加人数2512人次，举办讲座、研讨会45次，参加人数1039人次。市工商联还通过《东莞民企》《情况简报》和“东莞商会网”，及时向市委、市政府和会员企业反映工作情况，提供经济信息，推介企业发展经验。年内维护会员合法权益68起；为会员企业办理出国出境证照172人次；协助申报民营科技企业56个、科技项目53个；协助6家企业申请自营进出口权。主动配合市人力资源局、社保局、总工会等相关部门做好构建和谐劳动关系各项相关工作，连续五年开展和谐企业评选活动。

【光彩事业】 2012年，东莞市工商联（总商会）加大对企石村帮扶力度，向企石村新增投放50万元帮扶资金，用于支援该村厂房建设。市工商联发动基层商会、会员参与光彩事业，参与“广东扶贫济困日”“东莞慈善日”活动，参与社会教育基金、文化体育、拥军等各项社会公益活动，据不完全统计，年内发动数百家会员企业捐赠金额超过1000万元。

【对外交流】 2012年，东莞市工商联（总商会）加强与国内外工商界联系，广泛开展交流活动，组织和协调基层商会到俄罗斯、陕西、天津、阳江、惠州、湛江等地区参观考察，拓展商机。先后接待广东省和平县商会、辽宁阜新商会等数十家商会来访，组织企业家参加各类产品推介会、展销会，为各地民营企业搭建交流联谊投资平台。

【商会大厦功能拓展】 2012年，东莞市工商联（总商会）拓展整合商会大厦作为商会和会员企业交流联谊、开展各项活动场所的功能，改善工商联办公环境。向市政府争取到商会大厦附近的东莞中学农厂厂房作办公楼和停车场，着手商会大厦的装修工作，创造功能更完善，更加宽敞、整洁、有序的办公环境。 （李红艳）

附：2012年市工商联领导名录

主　席：李锦生

党组书记：梁应昌

副主席：梁德堂　张军民

副调研员：李凤莲

市科协

【概况】东莞市科学技术协会（以下简称东莞市科协）是东莞市广大科技工作者的群众组织，是中国共产党领导下的人民团体，是市委市政府联系广大科技工作者的桥梁和纽带，下辖东莞科学馆、东莞科技进修学院、东莞市科技咨询服务中心(东莞市科普中心)、东莞市翻译服务中心（东莞市对外科技交流中心）4个事业单位。至2012年底，东莞市科协所属组织包括52个市直学会（协会、研究会）、32个镇（街）科协、1个松山湖园区科协、600多家企业科协。

【第八次全市代表大会】2012年12月21日，东莞市科协第八次全市代表大会召开，市委书记、市人大常委会主任徐建华，市委副书记、市长袁宝成，省科协党组书记、副主席梁明，市政协主席李毓全，市委副书记姚康，市人大常务副主任黄双福，市委常委、市委统战部部长李小梅，冷晓明、邝明子、吕兢等市领导出席会议，各镇（街道）党委书记或镇长（办事处主任），市直副处以上单位、中央和省驻莞有关单位主要负责同志，全市科技工作者代表等共计700多人参加开幕式。开幕式上，姚康副书记代表市委、市政府作重要讲话。会议审议通过市科协七届委员会主席冷晓明所作《开拓进取勇作为，凝心聚力促发展，努力为实现东莞高水平崛起贡献力量》的工作报告，会议选举产生以连希波为主席的市科协八届委员会。

【企业科技服务】2012年，东莞市科协资助企业开展33项新技术项目的评估论证、交流研讨和人才培训。邀请著名品牌战略专家李光斗为800余名企业主举办品牌战略与营销创新讲座。深入23家台资企业开展知识产权的诊断和辅导，帮助6家企业制定知识产权战略体系及知识产权管理制度，帮助企业申请专利43项，商业机密2项，商标注册14件，解决1项专利诉讼。

【科技引智】2012年，东莞市科协邀请4位生物医药专业领域的院士及其团队来莞开展“院士专家企业行”活动，并举办“东莞市生物医药产业发展高峰论坛暨院士专家项目对接会”，促成其中2位院士与东莞企业签署合作意向。协助东莞劲胜科技股份有限公司等2家企业成功申报“广东省院士专家企业工作站”。依托省腐蚀防护与表面工程学会等资源，建成4家省级学会科技服务站。邀请旅美科协会员来莞举办企业对接洽谈会，在松山湖高新产业园区筹建“中国科协海智计划东莞工作基地”。

【科技东莞工程评审专家库建设】2012年，东莞市科协在继续做好科技东莞工程科普专项工作的基础上，新承接“科技东莞”工程专家评审任务，制定“科技东莞”工程项目评审专家库和征集专家的工作方案，形成项目评审办法送审

东莞市科学技术协会

① 2012年12月21日，市科协第八次全市代表大会在会议大厦举行，市领导徐建华、袁宝成、李毓全、姚康、黄双福、李小梅、冷晓明、邝明子、吕兢，和省科协领导梁明出席大会开幕式。

② 2012年6月1日，市委常委、市委统战部部长李小梅（二排右四）出席生物医药领域的院士与东莞市企业项目对接仪式。

稿，组建专家信息登记平台，向省内科研院所征集高层次专家，为开展项目评审工作做好前期准备。

【学术交流】 2012年，东莞市科协围绕产业转型升级及新技术的应用与发展，策划举办22场“东莞创新论坛”，6场专题学术沙龙，20场学术年会等活动，其中由市土木建筑学会承办的推行绿色建筑主题的创新论坛，邀请中国科学院院士吴硕贤教授作主讲专家；市质量协会承办的莞港质量创新论坛，邀请莞港两地的企业家和专家探讨、推广质量管理工具和创新理念。市工程师协会邀请中国工程院院士刘人怀为东莞100多名工程师举办“前沿科技发展趋势”专题讲座。

【科技工作者继续教育】 2012年，东莞市科协举办25期专业技术人员继续教育公需课培训，培训科技人员9300人次，深入镇街、企业举办9期创新方法普及班、提高班及解题班，培训科技人员达2000人次。组织市直学会举办各类培训200多场，培训科技人员达5.5万多人次。联合中南大学等高等院校开展科技工作者成人学历提升教育。

【科技工作者服务】 2012年，东莞市科协开展第二次全市科技工作者状况调查，通过问卷调查及举办座谈会的方式，多方征求一线科技人员的想法和意见，形成东莞市科技工作者状况调查报告。继续地对全市45岁以下的青年科技工作者成长进行资助，资助250名青年科技工作者晋升高级专业技术职称，资助3名科技人员参加国内外高层次学术交流。继续资助符合条件的1650名科技人员免费体检。开展科技工作者职称晋升服务，联合市人力资源局举办职称政策宣讲活动，深入企业举办政策辅导讲座，举办全国职称外语水平考试考前辅导，指导14个市直学会开展科技工作者职称申报服务，服务科技人员1300多人次。慰问莞籍及在莞工作的12位院士。通过科技工作者法律服务中心做好免费公益法律咨询等服务。推选4名科技工作者代表担任科协界别的市政协委员，推选优秀科技工作者担任省科协第八次代表大会代表和市科协八大代表，推荐3名成绩突出的科技工作者入编《广东科技人物》。

【第五届“东莞市优秀科技工作者”评审】 2012年，东莞市科协组织第五届东莞市优秀科技工作者的推荐和评选工作。该届评选收到推荐材料80份，通过组织专家对候选人在科技创新、科技管理、科技与经济结合、科学普及、教育工作、公共卫生和特殊贡献七个方面的业绩进行综合评议，评出23名初步人选，经发函征求市纪检、计生部门意见及实地考察后，按得分高低排序选取王永等20名同志作为第五届东莞市优秀科技工作者拟奖人报市政府最后审核确定。

【组织建设】 2012年，东莞市科协新培育成立市工程师协会和市科普志愿服务协会2个科技社团，指导9个学会完成换届。根据科技社团综合能力评价体系，组织开展2012年科协所属学会评级工作，评出一级二级学会27个，作为评先、申报重大科普活动项目资格。组织21家学会参与首次东莞市社会组织评估。制定科学道德和学风建设试点工作指引，首期组织市医学会等15个学会开展试点工作，在本学科领域内切实加强科学道德和学风建设。东莞市药学会自主发展能力明显增强，全额出资新成立民办非企业东莞市健业食品产业促进中心。（黄　顿）

附：2012年市科协主要领导名录

主　席：冷晓明（12月离任）
　　　　连希波（12月到任）
专职副主席：连希波（12月离任）
　　　　　　李小兵

① 2012年6月20日，市科协邀请知名专家李光斗为中小科技企业传授品牌战略与营销创新知识。

② 流动科普展教活动“科普大篷车”全年在学校、社区巡展20场，参与市民和师生超过2.5万人次。

③ 市科普志愿服务协会组织志愿者为市民讲解科学知识

市侨联

【组织建设】 2012年，东莞市各级侨联结合东莞侨情实际，加强组织建设。加强党风廉政教育，落实《东莞市侨联廉洁自律工作守则》及党务公开相关规定，专门组织侨联机关干部参观东莞市打击和预防商业贿赂工作展览等。抓好基层侨联组织建设，于10月份开始启动推进镇街侨联换届选举工作，其中高埗镇侨联和石龙镇侨联完成换届选举工作。开展侨联干部业务培训，市侨联于11月1日在市委党校举办包括市镇村（居）三级侨联干部在内共500人的大型全市侨联干部培训班，市委常委李小梅为培训班作动员讲话，省侨联领导为大家作关于海内外侨情形势的分析报告，市侨联主席曾民盛作基层侨联工作基本知识辅导。

【新侨工作】 2012年，东莞市侨联推进新侨工作开展。6月9日，举行“东莞市侨联归国留学人员联谊会”（以下简称侨留会）成立大会并挂牌，中国侨联副主席王永乐、省侨联副主席华清文和市委副书记姚康、市委常委李小梅及市人大、市政协等领导出席，王耀辉博士任首届会长，联谊会官网“www.dgosa.com”同日启用。8月10日，在北京人民大会堂举办的中国侨联“第四届新侨创新成果交流会”上，由市侨联和松山湖留学人员创业园联合推荐的两位市侨留会副会长谭文博士、陈友斌博士荣获第四届中国侨界贡献奖（创新人才）。

【经济建设服务】 2012年，东莞市侨联抓住加快转变经济发展方式的主线，配合各级政府做好为经济建设服务各项工作。为东莞市开展“三重”建设作贡献：8月10日，由龙昌数码科技有限公司主席、市侨联副主席梁麟先生所办的东莞龙昌智能技术研究院在龙昌数码科技有限公司工业园揭牌成立，该研究院是由市科技局批准建设并主管的行业创新技术平台，是东莞创新实践产业模式“政、产、学、研”相结合在科技领域的又一结晶；11月份，市侨联促成加拿大华人高向阳博士与南城联科国际信息产业园达成物联网技术合作意向共识，确定将进驻该园。配合做好“2012.世界莞商大会”各项工作，全市各级侨联根据莞商大会组委会统一部署，在协助筹划、提供建言献策，在推荐、邀请、服务海外莞商、宣传营造大会氛围等各方面做好工作，获得海内外莞商和嘉宾们的好评，受到世界莞商组委会表彰，市侨联被评为先进单位，主席曾民盛被评为“突出贡献奖”。配合上级侨联做好有关调研活动：4月25日，全国政协常委、广东省侨联副主席李崴带领省侨联调研组一行7人到东莞市考察凤岗镇侨界文化交流基地开展活动情况，及调研东莞侨联文化宣传工作和文化交流活动情况；7月5日至6日，中国侨联副主席、中国华侨公益基金会理事长乔卫在广东省侨联副巡视员何宏兴等人陪同下到东莞调研工作；11月1至2日，全国政协常委、中国侨联副主席李卓彬带领中国侨联调研组一行4人在广东省侨联副主席华清文等陪同下，莅临东莞，就“新时期珠三角地区产业调整与升级过程中侨资企业的作用与发展趋势”开展调研。市侨联与各调研组一同拜访相关侨资企业、留学人员创业园等，配合参与相关调研活动。帮助扶贫村发展经济，市侨联继续对口帮扶麻涌镇大步村，市侨联党组于2月22日和10月30日分别参加大步村党代表工作室开放日座谈，听取大步村党员群众代表所提建议，市侨联党组书记曾民盛表示力争为村民解决力所能及的民生问题。

【参政议政和为侨服务】 2012年，东莞市侨联做好依法维侨工作，全市侨联系统处理来信200多件、接待来访300多人次，涉及寻亲、侨房、三侨生入学、就业、土地等方面。参政议政，市侨联继续开展侨界政协委员、人大代表联系走访工作，发挥好侨联的侨界参政议政的牵头引导作用，下半年，为东莞市部分华人加入或恢复中国国籍提供协助，同时搜集相关资料数据，形成政协提案，将归侨子女回国读书签证难问题上报省侨联争取解决。市侨联于9月24日召集对我市侨联工作作出多年贡献的23名镇街侨联老干部，在东坑镇政府会议室召开主题为“庆中秋·迎国庆，共建侨联事业”的中秋座谈会，共庆佳节，共聚友情，共商发展。开展献爱心服务实践活动，全市各级侨联持续开展“献爱心、送温暖”、“侨心助学”、“动员侨界参与慈善活动捐款捐物献爱心”等为侨服务活动，参与做好省、市扶贫济困慈善工作，配合有关单位发动侨界人士捐款超过1000万元；7月份，市侨联根据省侨联的通知要求，向各镇街侨联下发《关于建立贫困归侨信息档案的通知》（东侨联[2012]15号），要求各镇街侨联认真做好贫困归侨的普查和登记归档工作。

【宣传联络】 2012年，东莞市侨联做好文化交流工作，3月份和石龙镇侨联共同促进石龙镇与香港童军合作，成立国内首个少骏少年健康成长促进中心（少骏会），并在5月中旬协助石龙少骏会与加拿大童军交流团进行交流学习；8月份组织多名来自台湾的中学生参加以“爱我中华”为主题第二届粤港澳台两岸四地侨界青少年夏令营活动；9月份转发省侨联办公室《第十四届世界华人学生作文大赛征稿通知》，要求各镇街侨联认真做好宣传发动工作；12月份承办新西兰著名画家区本先生庆祝中新建交四十周年《艺术回归祖国》书画展。做好各项接待工作，分别接待英国东莞同乡会、澳洲东莞同乡会公义堂、法属圭亚那（皆因）东莞同乡会、美国东莞同乡会、牙买加东莞同乡会、斐济东莞同乡会、斐济和平统一促进会以及秘鲁、马来西亚、新加坡及澳大利亚等海外社团侨领侨胞，以及中国侨联及相关省市侨联的来访和各类考察团等超过1500人次。做好海外联谊工作，7月份组团前往美国和牙买加，分别拜访当地东莞同乡会；12月份由市委常委李小梅带队组团前往印度和缅甸，分别拜访印度加尔各答华人联合会和缅甸广东工商总会。做好镇街香港同乡会成立的指导工作，市侨联领导分别到谢岗、望牛墩、东城、万江、石碣等镇街侨联指导同乡会成立工作，协助以上镇街同乡会筹组工作顺利进行和成立典礼成功举行，推动镇街侨联港澳工作开展。（潘伟强）

附：2012年东莞市侨联领导名录

主　席：曾民盛

副主席：梁佳沂（兼）　梁　麟（兼）
　　　　程超辉（兼）

秘书长：邓林基

市文联

【文艺精品创作】 2012年，东莞市文联按照出精品、出人才的工作思路，加大力度，文艺精品创作取得大面积丰收，一大批文艺工作者获得全国、省级荣誉称号和表彰。

艺术创作方面　东莞原创相声《猫的烦恼》获得“南开杯”第二届全国（天津）相声新作品大赛“优秀作品”、“优秀表演”双项大奖，这是东莞原创相声首次摘取全国专业大赛的奖项。东莞市选手韦嘉宜获全国少儿曲艺大赛总决赛少儿组二等奖。市音协选送的歌曲《花语》获第九届广东省鲁迅文学艺术奖（艺术类）。由广东省宣传部、广东省文联主办的“百姓艺术健康舞”汇演评选活动中，市舞协选送的节目获得2个最佳编创奖、3个优秀编创奖、2个集体表演奖、3个最佳风采奖，市委宣传部、市文联、市舞协均获得组织奖。市音协会员吴妮创作的音乐作品《感动中国》获2011年度全省群众文艺作品评选音乐类一等奖，会员刘雅演唱的歌曲《故乡啊故乡》获第八届广东省“五个一工程奖”。市音协还在2012（广州）国际管乐艺术节上，世纪城管乐队获得A组金奖第一名，音乐作品《幸福放歌》获“2012音乐·中国杯”原创歌曲金奖，《莞邑颂》获第二届中国“民族之声”原创歌曲金奖。市舞协选送的舞蹈《墨韵》获第九届广东省鲁迅文学艺术奖（艺术类）。在广东省第三届岭南舞蹈大赛群舞比赛中，东莞代表队表演的《木屐声声》获得非专业组表演银奖，编导银奖，作品银奖；《墨韵》获得非专业组表演金奖、编导金奖、作品金奖。国标舞协会组织36人参加第17届广东省青少年国标舞锦标赛，获得26个奖项的优异成绩。姚佩婵等5人被广东省舞蹈家协会授予“2010—2011年广东省优秀舞蹈家”荣誉称号。另外，东莞市选手谢敏如、冯嘉敏、黎颖琳获广东省少儿戏曲小梅花“金花”奖。陈海清编导的麒麟舞获得广东省文化厅主办的广东省首届非物质文化遗产麒麟舞大赛金奖。在广东省第五届民间文艺学术著作评奖中，东莞市《凤岗客家山歌欣赏》获三等奖，《中堂龙舟景》获优秀奖。市民协在首届广东省剪纸艺术展中共报送41件剪纸作品参加，有38件作品入展，其中《学艺》获银奖。市书协全年共有13件作品入展全国性书展，70件作品获奖和入展全省性书展。市书协有6人获批加入中国书协，国家级会员达61人，省级会员290人。吴智勇获全国第三届青年书法展优秀作品奖，金熙俊获全国第二届中青年硬笔书法家作品展览三等奖。市影协全年展览累计参赛作者500多人次，参赛作品1万多幅，获奖和展览作品1000多幅。在“2012广东青年美术大展”中，市美协送稿作品101件，入选6件。

文学创作方面　2012年，在提升东莞文学整体创作水平的活动中，市文联加强联系和培训，得到中国作协、省作协的重视、支持和帮助，东莞文学创作的环境和氛围与以前相比得到加强。文学新人吴纯的短篇小说《驯虎》获得第三十四届联合报文学奖短篇小说组评审奖，是首个获得台湾联合报文学奖的东莞作家。市文联举办首届东莞文学创作高端研讨会暨首届《东莞文艺》改稿会，举办陈启文长篇小说《江洲义门》北京研讨会和“中国作家第一村”两周年文化论坛。《东莞文艺》举办“文化名城，幸福东莞”征文和“首届东莞网络征文比赛”。通过比赛评出一批优秀文学作品。《南飞燕》杂志举办十周年庆典活动并举办打工文学高峰论坛，出版《东莞打工文学精品选》《中国打工文学研究》。市文联推进打工文学创作，开展“我们的节日”征文，鼓励新莞人作家了解东莞节日文化，增强新莞人作家对东莞的认同感和归宿感，还举行“幸福东莞·新莞人第二故乡行”采风活动，组织30多位新莞人作家分两次深入寮步香市、茶山南社、茶园公仔创作基地、超朗古村落、凤岗客侨文化、婚纱婚宴公园等景点参观，让新莞人作家深入地了解生活工作的第二故乡，为创作积累素材。

【镇街文联组织建设】2012年，在镇街文联全覆盖的基础上，东莞市文联强化镇街文联组织建设。5月，市文联召开全市文联基层建设工作会议，总结交流文联基层建设工作经验，分析文联基层建设工作面临的新形势和新任务，对加强镇级文联工作提出七个方面的要求。会后，市文联又到相关镇街开展调查研究，10月底又召开全市镇级文联建设工作座谈会，听取加强镇街文联工作的意见。在市镇两级的努力下，镇级文联工作取得较好发展，镇级文联的作用开始彰显，影响力在提升。2012年，长安、莞城、南城、东城、塘厦、麻涌等镇街的文联工作取得较好成绩，受到市文联和当地镇委镇政府的充分表扬和肯定。

【地方特色文艺建设】2012年，东莞市文联配合中国文联、省文联，立足地方特色，挖掘本土文化精品，建设特色文化品牌取得成效。在市文联和镇街文化部门的努力下，中堂镇获得“中国曲艺之乡”称号，沙田镇获得“中国水上民歌（咸水歌）艺术之乡”称号，凤岗镇获“中国客家山歌之乡”称号，大朗镇成功申报“广东省毛织文化艺术之乡”，常平镇获得“广东省诗词之乡”称号；凤岗镇田心村、塘厦镇龙背岭村、桥头镇邓屋村、石排镇塘尾村、茶山镇牛过蓢村等5个村被评为“广东省古村落”。

【协会活动】2012年，东莞市文联和各协会借助中国文联、省文联的力量，联合各镇街，利用社会资源，主动谋划，积极开拓，为东莞市文艺发展做了大量的工作。市书协协助省文联在长安举办“广东省第四届书法南雅奖”展览；市美协举办多场次的全国名家画展；市曲协协助国家曲协、省曲协在中堂镇举办第七届中国曲艺牡丹奖全国曲艺大赛和协助省举办第九届“四洲杯”粤港澳粤曲演唱大赛，还协助中国文联、省文联在麻涌举办两场“送欢乐下基层”演出活动；市民协协助中国文联、省文联在沙田镇举办全国首届水上民歌（咸水歌）大赛；市影协协助中国摄影家协会举办“文化关爱·情暖东莞”第五届中国女摄影家协会会员作品展和协助中国艺术研究院艺术研究所、《中国摄影家》杂志在长安镇举办中外摄影家大PK活动，还协助举办“虎门杯”广东省第24届摄影展览，筹建虎门影像书画艺术中心和“影像虎门”专业网站；市国标舞协会协助举办广东省第19届国标舞锦标赛暨东莞市第四届国标舞锦标赛。市作协与《东莞时报》联合主办东莞文学传媒大奖活动；市舞协举办市第三届个人风采舞蹈大赛、“2012年东莞市百姓艺术健康舞展演”等多项活动；市硬笔书法协会推动“硬笔书法进校园”活动，在多个学校设立教学点。

（蔡文学）

附：2012年东莞市文联领导名录

主　席：刘锦明

专职副主席：宋　媛

市残联

【概况】2012年，东莞市各级残联组织贯彻落实《东莞市残疾人事业“十二五”发展规划》和《东莞市扶助残疾人办法》，兴建残疾人基础服务设施，推进残疾人社会组织服务与管理创新，完善残疾人社会保障和服务体系建设，残疾人各项工作扎实推进，残疾人民生保障走在全省前列。

2012年，市残联被中国残联、国家体育总局等部门联合评为“2007—2010年全国残疾人体育先进单位”，市残疾人托养中心被中国残联授予首批全国“阳光家园”示范机构；市残联副理事长黄志良获评“2007—2010年全国残疾人体育先进个人”，市残联扶贫干部王冬被中国残联、国务院扶贫办等部门联合评为“2001—2010年农村残疾人扶贫开发工作先进个人”。

【残疾人康复】2012年，通过实施精神病综合防治、抢救性康复训练等一批重点康复工程，全市投入756.51万元为10513名精神病患者提供免费服药、辅助检查、送院治疗、跟踪随访等服务，为1985名白内障适应症患者免费施行复明手术，为残疾人适配和发放各类辅助器具1582件，联合卫生、公安等部门完成首报残疾儿童215例；以规范化建设带动提升服务水平，全年为275名0—6岁各类残疾儿童提供专业抢救性康复服务，为450名14周岁以上的精神、智力障碍和重度残疾人提供日间照料、职业康复、中途宿舍等综合托养服务，起到“托养一人、解放一家、安定一方”的良好社会效果。

【残疾人教育】2012年，东莞市开展扶残助学活动，全年投入90万元帮助困难残疾残疾人解决上学难问题；提升专业水平，为365名7—14岁残疾儿童少年提供“康教一体”特殊教育服务；通过调查问卷、实地走访、电话回访等形式，完成826例6—15适龄残疾儿童少年调查摸底工作，为市康复实验学校筹建奠定基础；帮助4名残疾学生成功报读广东省培英职业技术学校，获评全省特教“2011年招生工作先进单位”。

【残疾人培训与就业】2012年，结合残疾人特点和市场需求，东莞市残联开办盲人保健按摩、烹饪面点制作、酒店服务、网上创业等9大类22个残疾人职业技能培训班，免费培训残疾人663人次；加强盲人医疗按摩行业管理，组织有关人员参加中国残联培训和全国盲人医疗按摩人员考试；开展残疾人就业援助系列活动，举办9场残疾人专场招聘会，为残疾人提供就业岗位450个；实施分散按比例安排残疾人就业，全年办理安排残疾人就业用人单位申报2107家，审核按比例安排残疾人就业4399人；完成全市残疾人个体工商户参加社会保险的普查工作，鼓励残疾人自主创业；组织残疾人参加全省残疾人创新创业成果展，广泛

东莞市残疾人联合会

① 2012年5月31日，副省长、省妇儿工委主任雷于蓝，省政协副主席、省妇联主席温兰子在市长袁宝成陪同下慰问市残疾人康复中心在训儿童。

② 2012年12月12日，中国残联党组成员、中国残联副主席吕世明调研东莞市残疾人工作。

征集代表性作品169件，集中展现东莞市残疾人创新创业的新成就，东莞市残疾人刘智聪被广东省政府残工委评为“广东省十大残疾人创业之星”。

【残疾人宣传文化】 2012年，东莞市围绕残疾人重要节日，开展形式多样的宣传文化活动，充分展示残疾人特殊才能，极大丰富残疾人精神文化生活。组织残疾人免费观看《我的少女时代》等无障碍励志电影，推动“无障碍电影进社区”；组织残疾人参加“全省残疾人舞蹈、戏剧小品单项文艺汇演”等各类文艺活动，获得2个二等奖、1个三等奖、1个创作奖；联合市图书馆成功举办“残健同行 建设和谐幸福新东莞——东莞市‘十一五’以来残疾人事业的回顾与展望”大型图片展和残疾人作品义卖展览；成功举办“阳光伴我行——第三届东莞市残疾人风采大赛”，吸引200多名残疾人参加比赛，残疾人艺术创作水平获得业内专家高度肯定。

【残疾人体育活动】 2012年，东莞市加强残疾人体育工作规范化建设，配合全省残疾人运动员选拔工作并为省输送5名优秀运动员苗子；开展青少年残疾人运动人才摸底调查工作，并为7名田径运动员、8名游泳运动员和8名乒乓球运动员进行注册登记，逐步健全全市残疾人体育人才数据库，全年在各项体育赛事中获得奖牌大丰收。在克罗地亚2012年残疾人田径公开赛上，收获3枚金牌；在韩国举行的第七届亚太聋人运动会上，取得2枚银牌、1枚铜牌和一个第四名的好成绩；在伦敦举办的第14届残疾人奥林匹克运动会上，东莞市盲人运动员周国华和领跑员李杰获得田径女子T12级100米项目比赛金牌和田径女子T12级200米项目比赛银牌并打破世界纪录，为东莞实现残奥会金牌零的突破。

【残疾人权益维护】 2012年，东莞市贯彻落实《广东省实施〈中华人民共和国残疾人保障法〉办法》，做好残疾人权益维护和信访工作，全年共接待残疾人来信来电900多人次，来访316人次，妥善处理治摩信访群体性事件5起，对促进社会稳定和谐发挥积极作用；新办、补办残疾人爱心乘车卡818张；协调做好残疾人驾驶汽车工作，帮助120名残疾人考取机动车驾驶证，并及时发放机动轮椅车燃油补贴24.5万元，保障残疾人驾驶汽车权益。

【学习交流活动】 2012年，东莞市残联

① 2012年9月17日，市委副书记、市长袁宝成，市委副书记姚康，副市长喻丽君等市领导亲切接见残奥会冠军周国华等人。

② 2012年5月18日，市委常委、市委秘书长王检养视察市残疾人工作。

③ 2012年12月19日，市残疾人福利基金会举办“关爱残疾儿童——蓓蕾行动慈善晚会”。

① 2012年12月27日，市康复医院举行启用仪式。

② 2012年5月20日，市残联在市残疾人托养中心大院组织开展丰富多彩的助残日活动。

③ 2012年9月3日，东莞市盲人运动员周国华与领跑员李杰在伦敦残奥会上夺金。

④ 2012年10月29日，"阳光伴我行——东莞市第三届残疾人艺术风采大赛"在莞城区文化周末剧场举行。

推进各级残疾人工作者教育培训工作，先后面向391名社区残疾人工作者开展社区残疾人专职委员岗前培训，面向32个镇（街）残疾人工作者举办重度残疾人居家照料护理津贴发放评估、残疾人人口调查等专题培训；坚持"引进来"与"走出去"相结合，引进康复治疗、特殊教育、临床医学、社会工作等各类专业人才64名，副市长张科带领市政府残工委部分委员赴北京拜访中国残联，东莞残疾人工作受到中国残联党组书记、理事长王新宪高度肯定；先后组织市残联业务骨干、镇（街）残联理事长赴新加坡、香港、北京、成都等先进地区考察学习先进经验。

【残疾人社会组织】 2012年是东莞市残疾人社会组织规范发展的起步之年。东莞市加大对残疾人社会组织的政策扶持力度，制定出台《东莞市民办残疾人服务机构评审方案》《东莞市0—6岁户籍残疾儿童申领抢救性康复补助方案》等政策文件，对符合条件的11家民办残疾人康复教育机构发放场地、设备及无障碍改造补助60万元，对在民办机构接受康复服务的77名0—6岁户籍残疾儿童发放抢救性康复补助149万元；联合市公安消防局、民间组织管理局实地调研和召开协调会，帮助13家民办残疾人机构完成民非企登记注册，解决长期困扰的合法身份难题，有效调动民办残疾人服务机构积极性，全年培育发展残疾人社会组织达38家。

【基础设施和组织建设】 2012年，东莞市注重科学规划，坚持立足残疾人需求打造精品民生工程，逐步打造从残疾儿童康复教育到老年托养的完整服务链。2012年，完成市残疾人康复实验学校和残疾人体育训练中心项目一期工程建设；推进困难残疾人家庭无障碍改造工程，完成1200户家庭无障碍改造工作；市康复医院经过3年筹建正式投入使用；推动镇（街）康复就业服务中心建设，茶山、寮步、石碣等10个镇康复就业服务中心如期建成并投入使用，提升镇（街）为残疾人服务的能力。（王　刚）

附：2012年东莞市残联领导名录

理事长：冉红宇

副理事长：陈志忠　黄志良

市社科联

【概况】2012年，东莞市社科部门在课题研究、建言献策、研讨交流、社科普及等方面取得成绩。市社科部门在各类理论学术刊物上发表社科论文达416篇，其中在全国核心刊物上发表论文有251篇。全市社科界有3项社科课题获得国家社科基金项目立项，有3项获得省社科规划立项，有1项获得省社科规划地方特色文化课题立项。东莞理工学院被评为省优秀人文社科普及基地，市社科联王思煜的《东莞转型升级研究》一书获省优秀社科普及作品奖，市社科院邓春玉被评为省优秀社会科学普及专家，市检察官协会刘天响和石龙镇王敬波被评为省优秀社科普及工作者。东莞市获“2012广东社会科学学术年会”论文一等奖1篇，二等奖2篇，三等奖2篇。市社科联获2012世界莞商大会筹办工作先进单位和东莞市第八届“读书节”优秀组织奖；编撰出版的《广东精神在东莞》等书籍和系列刊物获得社会各界的好评。

【重大决策论证调研】2012年，东莞市社科部门履行自身职责，开展重大决策论证调研，提升服务市委市政府中心工作的能力和水平。承担市政府交办的《幸福东莞评价指标体系编制》工作，完成《建设幸福东莞评价指标体系》《东莞居民幸福感测评指标体系》《建设幸福东莞指标体系评价方法》《幸福东莞评价指标体系指标解释》和《建设幸福东莞评价指标体系试测算情况》的编制起草工作，并在市委十三届第16次常委会议上获一致通过。承担市政府常务会议交办的《东莞市公交体制改革方案》论证评估及优化工作，组织研究人员赴香港、珠三角的广州、深圳、佛山和长三角的上海闵行区、无锡、常州、江阴和昆山等先进城市学习考察，以及到市相关部门、公交公司和镇街调研，撰写《东莞市公交改革发展总体方案构想及实施建议》以及系列专题调研报告。市社科部门参与市委组织部和市人才办牵头的东莞市进一步优化人才政策专题调研工作，并撰写高质量调研报告等。

【建言献策和理论研讨活动】2012年，东莞市社科部门组织召开多场座谈研讨会，为党委政府建言献策。如，市第十三次党代会闭幕后，于2月召开市社科界“东莞实现高水平崛起”座谈会，

东莞市社会科学界联合会

① 2012年8月7日，市社科联协助省委宣传部、省社科联在莞召开《广东省社科普及条例》调研座谈会。

② 2012年9月25日，市统筹办、市社科联、市社科院联合举办东莞市统筹水乡地区发展战略研讨会。

市直有关部门领导和高校等社科界30多名专家和学者就东莞实施“加快转型升级、建设幸福东莞，实现高水平崛起”战略目标建言献策。6月初，召开市社科界“东莞营造法治化国际化营商环境”研讨会，就行政审批制度改革、中小企业融资、招揽人才、企业创新、营造法治化国际化营商环境等内容展开讨论、献策。7月中旬，召开东莞市弘扬践行“广东精神”座谈会，会后编印出版《广东精神在东莞》一书，获得社会各界的高度评价。9月下旬，举办“东莞市统筹水乡地区发展战略研讨会”，邀请省发改委等7个省直有关单位领导和深圳综合开发研究院等高校和研究机构的专家座谈，围绕东莞水乡地区统筹发展的战略意义、目标定位、优势条件、关键问题、机制保障等进行研讨，提出许多很好的观点和建议。在省、市“三打两建”工作会议和全市“两建”工作会议召开后，10月下旬，举办东莞市“三打两建”之“两建”工作研讨会，主要就深入研究“两建”工作、持久宣传“两建”工作、大力选树“两建”典型、广泛开展教育实践活动等内容进行探讨和提出对策建议。党的十八大闭幕后，11月下旬，举办“东莞市社科理论界学习贯彻党的十八大精神座谈会”，来自市直有关部门和社科界的代表围绕党的十八大报告精神，结合部门工作实际，对十八大报告所提出的重大理论观点、重大战略方针政策和重大工作部署进行研讨。

【**思想交流平台搭建**】2012年，东莞市社科部门在继续办好《东莞社科论坛》《东莞社科资讯》的基础上，创办出版《东莞咨政内参》10期，及时策划组织事关东莞经济社会发展宏观性、战略性、综合性、前瞻性、政策性和关联性问题研究，为市委市政府科学决策提供高水平咨政服务。举办“道德讲堂”6期，邀请市文明办领导、东莞道德模范讲身边的人和事，不断加强思想道德建设。在东莞理工学院、东莞理工学院城市学院、东莞职业技术学院、广东医学院、广东科技学院五所高校中挂牌成立市社科联高校分会，推进枢纽型社会组织建设。举办“东莞社科俱乐部”12期，邀请专家学者不定期组织思想碰撞和头脑风暴。广泛收集有关国际国内先进城市经济社会和城市发展动态及经验等研究性材料，构建中外先进城市专题图书资料库。收集和购买国内外先进城市和东莞市经济社会发展情况的网络电子材料，分专题和领域建立电子版研究资料库，为社科研究提供良好平台。同时，举办2012年东莞市社科普及周活动、东莞市第八届读书节之十大阅读经典状元比赛、东莞市社科社团培育枢纽型社会组织研讨班等，打造社科界良好的思想交流平台。（刘晓星）

附：2012年东莞市社会科学界联合会领导名录

主　席：王思煜

副主席：龙家玘

2012年东莞市社会科学院领导名录

负责人：王思煜

① 2012年10月20日，市社科联举办东莞十大阅读经典状元演讲比赛。

② 2012年10月31日，市“两建”工作宣传教育专责小组、市社科联联合举办东莞市“三打两建”之“两建”工作研讨会。

③ 2012年11月21日，市社科联举办东莞市社科理论界学习贯彻党的十八大精神座谈会。

红十字会

【概况】东莞市红十字于2009年初正式开展工作，截至2012年底共收到各类捐款52155837.89元及价值4346106.80元的物资，完成应急救护规范化培训66648人，发放各类红十字宣传资料10万份，发展红十字志愿者超过5000人。

【红十字知识宣传】2012年，东莞市红十字会以“世界红十字日”、“防灾减灾日”、“世界急救日”、“安全生产月宣传服务咨询日”等活动为契机，通过解答疑问、派发资料、现场演示等方式进行宣传；派发应急救护培训指南、志愿服务折页、赈济救助指南、遗体及器官捐献指南、造血干细胞捐献折页等各类宣传资料共4万份。

【基础设施建设】2012年，东莞市红十字会完成对市红十字会门户网站的升级改造。升级后的公益捐助及业务管理信息平台发挥着两大功能：红十字会政策法规、公益慈善募捐、人道救助、应急救护科普教育及规范化培训、自愿无偿献血、造血干细胞及遗体器官捐献、志愿服务报名、服务工时查询等业务宣教功能；红十字会公益募捐款（物）接收、存储、分配、使用，规范操作全过程的相关信息公开查询功能。

【应急救护培训】2012年，东莞市红十字会举办应急救护培训班400多期，累计完成17241人次的规范化培训。重点对意外伤害事故易发的工矿企业、交通运输、警务保安、电力通信、建筑工程、酒店旅游等高危行业的从业人员进行培训；并对5000多名志愿者、在校学生、社区居民进行免费防灾避险、自救互救知识宣传教育。

【红十字志愿服务】截至2012年，东莞市红十字会志愿者队伍已发展超过5000人，注册志愿者2315人。2012年，东莞市红十字会募捐箱管理服务队在全市设置近200个募捐箱点，每月坚持巡箱收款，收集募捐箱善款62911.46元。东部片区的红十字志愿者协助常平镇政府协调2012年春运新莞人专列，在节假日等客运高峰时帮扶过往乘客，服务旅客过百万人次；西部片区志愿者连续第3年举办“迎春花市义卖活动”，所筹善款用于帮扶贫困家庭儿童及贫困大学生；南部片区红十字志愿者定期探访老人院、社区空巢老人并为60名老人建立健康档案，该队还定期在广场、公园等地宣传救护培训知识和红十字知识；救护培训服务队先后在广东医学院、市经贸学校、理工学校等市内多所学校和社区累计培训学生和市民近两万人次；“少年强”——在农民工子弟学校开展逃生避险、自救互救知识普及项目，入选中国红十字总会志愿服务二类试点项目，成为全省红会系统唯一的入选项目。项目开展至2012年，共举办6期宣教人员培训班（每期8小时），共培训宣教老师153人；开展宣教课程96节，接受宣教学生14241人次，媒体采访报道8次，在全市30多所学校免费培训学生两万余名，产生良好社会效应。市红十字救护培训志愿者服务队广东医学院第二临床医学院分队、市红十字志愿服务南部片区队获得由广东省红十字会颁发的“广东省红十字志愿服务先进集体”奖章、席红科等五名红十字志愿者被评为“广东省红十字志愿服务先进先进个人”。

【筹资募捐】2012年，东莞市红十字会收到各类捐款301195.64元及价值217.67万元物资，包括：一般捐款133374.4元、扶助孤老12500元、云南地震募集捐款12740元、助医助学分别为19880元及23550元等。所有善款（物资）按照捐款者的意愿和上级指令，用于灾区紧急救援、灾后重建和红十字事业的发展，经省红十字会、市审计局和市会计师事务所的第三方审查验收均符合相关规定。

【人道救助】2012年，东莞市红十字会在做好赈济募捐工作的同时，开展人道救助工作。全年接待困难群众求助50例，现场资助26例，挂网信息33例；为三位求助者提供每人5000元的重大疾病救助；为三例白血病患儿申请小天使基金，使小患者们能继续接受治疗。8月，为白血病患者吴夏平送去救助金，帮助其进行骨髓移植手术。为先天性心脏病患者熊琳送去爱心善款，使其继续接受治疗。此外，该会还搭建各类爱心平台，将爱心企业捐赠的价值11304.5元的大米通过志愿活动派送到贫困家庭中。

【器官及造血干细胞捐献】2012年，东莞市红十字会依法开展和推动造血干细胞、遗体、器官捐献工作，普及器官移植知识及相关政策。2012年，全市完成多器官捐献7例，签订遗体捐赠协议书50份；举行25场造血干细胞知识宣传、培训活动，为中国造血干细胞捐献者资料库提供403份资料。年内完成三例造血干细胞捐献，是全省红十字系统造血干细胞库容使用率最高的地级红十字会，其做法得到省红十字会肯定，该会被评为广东省造血干细胞捐献工作先进集体，吴雪莹、唐建华、张义坡和王小敏等四名捐献者获得由广东省红十字会颁发的无偿捐献造血干细胞博爱奖章。

（钟　原）

附：2012年东莞市红十字会领导名录

专职副会长：张　鼎（5月离任）
梁文帅（5月任职）

秘书长：叶伟坤

▲在高埗小学开展“少年强——中小学生逃生避险、自救互救宣教”活动。

世界莞商联合会

【2012世界莞商大会】 于2012年9月16—18日召开，由东莞市人民政府主办，市委统战部、市经信局、市工商联承办，以“情系东莞 商通天下”为主题，以“厚德务实 敢为人先”为莞商精神。总接待人数超过1500人，包括各级领导、特邀嘉宾及来自全国各地及海外莞商代表、莞籍专家学者、在莞经商的企业家代表等727名。其间，东莞世界莞商联合会成立，审议通过《东莞世界莞商联合会章程》《莞商宣言》，选举广东三正集团有限公司董事长莫浩棠为首届会长，王文城等7人为常务副会长，尹锐勋等17人为副会长，首批入会会员600多人。王志东等18名境内企业家、王玉成等15位境外企业家获得东莞市“杰出莞商”称号。举行以“莞商的崛起与升华”为主题的高峰论坛，王文京、叶檀等商界精英和专家学者通过分析经济形势、剖析典型案例以及现场互动问答，与莞商共同探讨转型升级的发展问题。与会人员还参观考察首届中国加工贸易产品博览会和东城大麦客商场，参与镇街商务考察和特色恳亲活动等。首届世界莞商大会落实签约项目121个，投资总额435亿元，其中内资项目69个，投资总额275亿元；外资项目52个，涉及投资、增资金额160亿元。《人民日报》、新华社等60多家中央、省、市及境外媒体刊发报道300多篇，引起海内外广泛关注。

【东莞世界莞商联合会成立】 9月16日，东莞世界莞商联合会成立大会暨2012世界莞商大会预备会议在市会议大厦召开。市领导李小梅、梁国英、张科、钟淦泉、张玉其等出席大会，来自海内外700多名莞商、30多名莞藉知名学者、90多名在莞经商特邀嘉宾参加会议。会议审议通过《东莞世界莞商联合会章程》《莞商宣言》、东莞世界莞商联合会会徽、会旗、会歌、《东莞世界莞商联合会会员会费交纳及管理办法》等。会议一致同意成立东莞世界莞商联合会，并选举莫浩棠为东莞世界莞商联合会首任会长，选举王文城等7人为常务副会长，尹锐勋等17人为副会长。

东莞世界莞商联合会

① 2012年9月16日，驻港联络办副主任林武（中）在徐建华、袁宝成陪同下会见莫浩棠、李锦生、张茵等。

② 2012年10月30日，市委书记、市人大常委会主任徐建华（右）向世界莞商联合会荣誉会长任志刚（左）颁发首席顾问证书。

① 市委副书记、市长袁宝成在世界莞商联合会第一届理事会就职典礼上致辞。

② 2012年9月16日，市委常委、统战部部长李小梅作东莞世界莞商联合会筹备工作报告。

③ 2012年9月16日，市委常委、常务副市长梁国英在东莞世界莞商联合会成立大会上致辞。

④ 2012年11月7日，市委副书记姚康等领导在东莞世界莞商联合会调研（左起叶锦河、姚康、李小梅、卢寿维）。

【东莞国贸中心暨东莞世界莞商联合会会馆动工】 2012年9月17日，东莞国贸中心暨东莞世界莞商联合会会馆举行奠基仪式。中央驻香港联络办副主任林武，广东省副省长刘志庚，原广东省人大常委会副主任李近维，省委统战部常务副部长蒋乐仪，省工商联党组书记杨浩明，以及徐建华、袁宝成、李毓全、姚康、黄双福等市领导出席动工典礼。东莞国贸中心由东莞民盈集团股份有限公司投资开发，总投资额超过113亿元，位于东莞大道与鸿福路交汇处，占地面积104871平方米，总建筑面积108万平方米，项目包括五栋塔楼和一个大型商业裙楼。东莞国贸中心动工对于集聚海内外优势发展资源，引导更多民营企业扎根东莞，实现民营经济发展壮大，培育发展总部经济，进一步加快东莞转型升级、实现高水平崛起，具有重要战略意义。

【东莞市授予33名莞商“杰出莞商”称号】 为更好地宣传莞商成就，彰显莞商精神，树立莞商形象，东莞市人民政府授予：王志东、叶志坚、陈林、陈润光、李旭亮、李锦生、张中能、张玉其、张佛恩、张绍日、林志伟、林海川、郭东林、莫浩棠、梁志斌、梁耀辉、黄建平18名境内企业家和王玉成（香港）、王国强（香港）、王赐豪（香港）、王耀辉（澳大利亚）、方润华（香港）、叶焕荣（英国）、朱李月华（香港）、陈润球（香港）、张细（香港）、张茵（香港）、何启林（澳门）、麦照容（加拿大）、郭山辉（台湾）、温惠仁（法国）、潘彬泽（香港）15位境外企业家为东莞市“杰出莞商”。（莫柳婵）

附：东莞世界莞商联合会领导名录：

会　长：莫浩棠

常务副会长：王文城　方桂萍　卢淦波　张军民　麦照平　梁志斌　谭金荣

秘书长：谭满矾

① 2012年9月17日，2012世界莞商大会举行高峰论坛（左起叶檀、金岩石、左小蕾、王志东）。

② 2012年9月18日，市委常委、统战部部长李小梅（左七）会见海外莞商。

外事·侨务 FOREIGN AFFAIRS · OVERSEAS CHINESE AFFAIRS

鸿福路夜景

编辑：李文蔚

外　　事

【外事管理】签证审批。2012年，东莞市加强对因公出访管理和服务，全年因公出国（境）团组和人数实现“零增长”。优化东莞市外事业务网上审批管理系统，对偏远镇街新增邮寄办证业务，提高全市因公签证业务管理能力。争取上级支持，为东莞市符合条件企业开设外国人来华审批“绿色通道”。举办多场APEC商务旅行卡推介会，2012年全市APEC商务旅行卡办理数量62批107人，有效推动东莞市企业实施“走出去”战略。在涉外安全管理方面，市外事局联合外交部、省外办在莞举办“2012广东海外安全文明宣传周”活动，加强对中国境外人员和机构安全保护工作，增强中国公民和企业在境外风险防范意识。加强对在莞外国人基础信息数据收集、整合和应用，实现与市有关部门之间涉外管理信息共享。

【礼宾接待】2012年，东莞市外事局累计接待海内外宾客405批8995人次，圆满接待9批部级以上党政要员，其中包括匈牙利国会副主席乌伊海伊·伊斯特万、以色列工贸部部长沙龙·辛宏、赞比亚酋长与传统事务部部长卡班施、中阿新闻合作论坛代表团、澳大利亚维多利亚州贸易代表团、韩国牙山市市长卜箕旺、美国能源部化石燃料署署长塞缪尔·泰姆以及三菱东京日联银行、雀巢（中国）有限公司、华特迪士尼公司等世界500强企业。

【友城友协】2012年9月，东莞与韩国牙山正式缔结为友好城市，促成东莞理工学院与韩国湖西大学缔结友好高校，提升东莞对外交流层次和水平。初步建立与德国乌泊塔尔市、捷克比尔森市和巴西康宾纳斯市联系，并将其作为友城结好对象。拓展与巴西中国经济贸易促进会、日中企业投资联合会、日本东京都日中友好协会、印度世界合作与文化关系协会、牙买加中国友好协会、法中友协联合会等组织的关系。组织东莞选手参加中日友好交流城市初中生乒乓球友谊比赛。顺利与巴西中国经济贸易促进会在3月签署《友好合作组织关系备忘录》。

【城市外宣】2012年，东莞将传统外事活动与镇街品牌活动结合起来，宣传东莞镇街乃至全市社会文化和投资环境。结合“三重”工作以及东莞产业发展实际，邀请与东莞经贸往来较为紧密的日、韩、东盟等国驻穗领事官员以及有关企业来莞参观考察，先后举办2012东莞“外事杯”高尔夫邀请赛，2012驻穗领馆官员来莞啖荔活动以及2012年外商投资企业代表新春酒会等大型活动，加强与各国驻穗领事馆沟通联系。邀请海外主流华文媒体来莞采风，引导外国媒体对东莞产业环境和发展商机进行深度报道，使海外高端人群特别是大企业高层更加深入地认识东莞。（徐嘉汶）

附：2012年东莞市外事局（市侨务局、市港澳事务局）领导名录

局长：蒋小莺

副局长：谢玉华　陈国良　张福应

纪检组组长：何妙娟

侨　　务

【侨务活动】2012年，东莞市举办2012海外青年才俊聚东莞系列活动，其中创新举办“智汇东莞，梦想启航”城市推介会，并邀请凤凰网面向全球直播；举

▲2012年9月，东莞与韩国牙山正式缔结为友好城市。

办2012海外华裔青少年夏（冬）令营，与天安数码城合作打造“海外华裔青少年科技创业基地”，建立“天使梦想基金”、“创业梦工厂”、“未来信箱”三大服务平台，为华裔青少年来莞创业发展提供帮助；协办“2012世界莞商大会”，首次以莞商名义凝聚全球莞商，成立世界莞商联合会，吸引海内外500多名参会莞商入会，建立起“情系东莞，商通天下”长效机制。

【侨务资源涵养】2012年，东莞市以设立东莞（松山湖高新区）海外人才工作站为契机，与海外有实力、有声誉、有良好业绩的中介机构和人才机构合作，吸引包括加拿大洁云环境科技汤友志等海外优秀领军人才和团队来莞发展；结合东莞天安数码城推动东莞市中小微型科技企业集聚与发展功能特点，吸引更多有意来莞创业的海外专业人才和海归创业人才到天安数码城参观考察；根据各镇街发展特色和产业分工特点，结合海外侨商和专业人才优势，安排相关镇街对接，促成新加坡莞籍侨胞刘伟燊与茶山镇合作、澳大利亚莞籍侨胞陈日坤与常平镇合作等。

【海外莞籍社团功能拓展】2012年，东莞市政府在支持美国新美东华人妇女会和斐济东莞同乡会等传统社团基础上，推动澳大利亚和新加坡成立东莞商会，支持海外莞籍社团在莞设立经贸联络处，指导各镇街成立香港同乡会等社团组织，拓展机构功能，使各社团组织集对外联络、招商、推介、引才于一体，促进经济文化交流。

【侨务信息】2012年，侨刊《看东莞》获得首届广东省优秀侨刊乡讯奖、首届中国传媒设计大奖—中国最美书刊铜奖等荣誉；东莞市建立全市侨务信息发布制度，在全省侨务信息工作评比中获得第二名，扩大东莞市外事侨务港澳工作信息传递范围和影响力。

【侨界民生改善】2012年，东莞市推动“归侨侨眷关爱工程”深入开展，慰问全市17个镇街51名困难归侨，成立慰问小组赴各镇街，向困难归侨送上节日慰问金和慰问品；通过发动港澳同胞、企业家资源前后共捐助40万港元助下高田坊发展经济，成功助其于2012年10脱贫。（徐嘉汶）

▲东江大堤

莞台合作 · 莞港澳合作

TAIWAN—DONGGUAN, HONGKONG—DONGGUAN AND MACAO—DONGGUAN COOPERATION

莞台合作

莞台经贸

【台资概况】2012年，东莞市通过设立推动台资企业转型升级专项资金等政策措施帮助台资企业在莞扎根发展。全年台资经济稳中有升，大企业增资扩产势头强劲，台博会、大麦客、玉山银行、中国信保等内销、融资平台协助推动在莞台资企业转型升级。全年新签台资项目152宗，增资265宗，其中纳入市“三重”项目6宗。当年合同利用台资10.20亿美元，比上年增长13.08%；实际利用台资8.27亿美元，与上年基本持平。台资企业进出口额498.0亿美元，比上年增长6.75%。台资企业实现内销约占全市内外销总额的30%。截至2012年，全市正在经营的台资企业3616家，累计合同利用台资180.60亿美元，实际利用台资157.45亿美元。徐记食品是全市纳税最多的外资企业；铨讯电子、金宝电子、精成科技电子、东聚电子电讯制品等台资企业是全市外资企业实际出口前10强。其中东聚电子电讯制品及金宝电子蝉联广东最大100家工业企业。徐记食品、东旭金属表面处理公司及台达电子获得“东莞市环境友好示范企业”称号。劲胜精密组件获得“东莞市政府质量奖”及市科技进步二等奖。台升家具获得市科技进步一等奖。全国台企联会长、东莞台升家具有限公司董事长郭山辉获得“杰出莞商”称号。

【温家宝视察在莞台资企业】2012年8月25日，中共中央政治局常委、国务院总理温家宝在中共中央政治局委员、广东省委书记汪洋陪同下走访台资企业东莞绿洲鞋业有限公司等多家企业，调研经济走势，特别是稳定外需、加快外贸转型升级情况。

【汪洋调研东莞台湾高科技园情况】2012年6月19日，中共中央政治局委员、广东省委书记汪洋率省委调研组到东莞台湾高科技园调研，会见台湾、美国加州生物技术考察团。汪洋希望考察团成员把科技研发优势与广东市场、产业、体制和观念优势结合，把更多优质资源和项目投放到东莞市、广东省。

【袁宝成率团赴台开展经贸交流】2012年4月23—29日，东莞市委副书记、市长袁宝成率市经贸代表团赴台开展“新东莞、新产业、新商机”招商推介和“送服务上门”系列活动，拜访和会见企业（机构）总部高层，宣传推介东莞新商机，传递新一届市委市政府施政理念。推动一批优质项目落户东莞，包括正崴集团设立研发及营运中心，富乔集团设立玻纤公司，台达集团LED节能灯项目，华新丽华集团、金仁宝集团、胜华科技、明门集团和光宝集团等企业增资扩产。

【台资企业转型升级诊断辅导】2012年，东莞市14家台湾产业服务机构诊断台资企业160家、深入辅导136家。接受诊断辅导的企业平均生产成本降低10%，库存减少10%，用工减少7%。《东莞市台资企业转型升级诊断辅导专项资金管理暂行办法》发布，完善诊断辅导专项资金管理，并明确适用期限至2015年底。

【2012东莞台湾名品博览会举办】2012年4月19—22日，2012东莞台湾名品博览会在东莞国际会展中心举行。

此次博览会有近400家两岸台资企业参展，设置展位约930个，集中展示超过2万种台资企业及台湾岛内优质产品及服务。吸引35.8万人次入场参观采购，其中专业采购商8634人次；创造总商机达27.1亿元，其中现场采购订单8.2亿元，现场零售8509万元，一年内采购意向18亿元。

【“科技东莞”工程设立台资企业转型升级专项资金】2012年6月26日，东莞市印发《关于调整完善“科技东莞”工程专项资金政策的意见》，“科技东莞”工程专项资金增加到每年20亿元。其中“台资企业转型升级专项资金”由市政府台湾事务局负责实施，重点支持在莞台资企业拓展内销市场、增设研发机构、创建品牌、参与生产力提升辅导等。

【大麦客平台获肯定推广】2012年8月30日，广东省加工贸易转型升级现场会在东莞市召开，中共中央政治局委员、广东省委书记汪洋，省长朱小丹，商务部部长陈德铭等到莞考察加工贸易转型升级示范企业，并到大麦客商贸公司参观东莞市加工贸易转型升级成果展。成果展展出东莞支持加工贸易企业提高技术研发能力、自创品牌、拓展内销成效，得到汪洋、朱小丹及陈德铭肯定，认为大麦客模式“值得推广”，是“外销转内销的崭新舞台”。

【“两岸中小企业论坛”推广东莞转型升级经验】2012年12月2—3日，东莞市受邀参加国务院台湾事务办公室在武汉市举办的两岸中小企业论坛，并举办主题为“整合两岸资源、服务台企发展——东莞台资企业转型升级经验分享”的分论坛，介绍东莞市支持台资企业转型升级经验和成果，“台商张老师”等3家产业辅导机构及1家接受辅导的台资企业在论坛上介绍情况。

【东莞台湾高科技园列为省重大合作平台】2012年，在广东省第十一次党代会报告中，东莞台湾高科技园被列为省重大合作平台。东莞市委十三届二次全会报告提出，要高水平打造东莞台湾高科技园等重大合作平台，加快形成高端电子信息、生物科技、现代物流产业集聚区。截至2012年，园区建设招商进展良好，重大项目联胜科技试运营并陆续投入使用。

【两岸生物技术产业合作基地设立】2012年，东莞市开展建设两岸生物技术产业合作基地工作。该基地由中共中央政治局委员、广东省委书记汪洋倡导设立，以松山湖国家级高新区为核心区、生物医药产业为主体，加快发展新药及医疗器械、基因产业、中药研发和健康产业等生物技术产业。由东莞市投入95亿元，出让土地433.33万平方米进行规划建设，省、市分别成立领导小组支持基地建设。12月，东莞市成立国有独资的市生物技术产业发展有限公司，主导基地的开发建设和运营管理，截至2012年，招引10多个台湾生物技术项目入园。

【玉山银行东莞分行开业】2012年9月21日，玉山银行东莞分行正式开业，成为首家在莞设立分行的台资银行。该行主要为公司和企业客户服务，并与内地金融机构合作推出新业务，便利两岸经济贸易往来。截至2012年，建立“大陆直达车”业务，从台湾汇款到大陆，1小时可以到达客户指定的中国银行及交通银行账户。

【“推进保税物流、加速转型升级”推介会召开】2012年11月15日，东莞市台商协会和市外商协会共同主办“推进保税物流，加速转型升级”推介会。国台办经济局副局长于红，省台办副主任陈林佐，黄埔海关副关长欧阳晨，东莞市副市长唐庆涛，全国台企联会长郭山辉，台湾高雄关税局副局长廖超祥等出席，东莞外资企业和进出口A类企业负责人等约400人参加会议。推介会宣讲港口贸易政策，并介绍虎门港保税物流中心基本情况和服务功能，引导在莞企业开展外向型港口贸易。

【莞台职业技术教育合作】2012年，东莞职业技术学院被广东省教育厅确定为省引进台湾职教资源的师资培训基地。3月29日，东莞·台湾职业技术教育合作交流会举行，东莞市副市长喻丽君及28所台湾高校校长参与。会上，双方探讨师资培训基地合作方式。截至2012年，市台商协会与台北科技大学开展对接合作，拟借助东莞职业技术学院的硬件设备以及师资，由台北科技大学派遣一定比例职业技术指导人才，辅以台湾进口的教辅设备，开展职业技术人才培训教育。

莞台交流

【概况】2012年，东莞市简化赴台手续，从下半年开始，免去受邀赴台交流及商务活动的立项及政审程序，改为备案，使办理时间缩减三分之一。东莞市领导徐建华、袁宝成、姚康、梁国英、李小梅、张科、贺宇等多次会见台湾政商要人，参与重要涉台活动，赴台开展招商推介，深化莞台经贸交流。全年办理赴台交流团组42批498人次，企业赴台培训、商务交流182批349人次，赴台探亲433人次。接待台湾来莞交流团组16批325人次；办理照顾入学台湾籍学生367人次，比上年增长56.8%，其中初中、小学入学259人次，增长17.7%，台商后代扎根大陆、融入东莞趋势增强。莞台党际交流深入，东莞市委与中国国民党桃园县党部交流更进一步。莞台农业交流互访热络，金开喜台湾农业园及东坑镇农业园合作项目有序推进。文化交流创新形式，莞台合作举办岭南画展、摄影展、“识壶·论茶”展等活动。两地青年、妇女、体育、教育等交流蓬勃发展。

【海协会与海基会高层在莞会面】2012年2月24日，海协会会长陈云林和海基会董事长江丙坤首次同时到莞，出席市台商协会2012年春茗酒会，为台商加油鼓劲。东莞市委书记徐建华分别与陈云林、江丙坤座谈，省台办主任陈国兴以及市领导李小梅、贺宇、钟淦泉等出席酒会。

【梁国扬率团到莞调研】2012年2月16—23日，全国人大常委、全国台联会长梁国扬率台湾省全国人大代表、全国政协台联组委员赴粤调研团到莞，专题调研莞台两地经贸文化交流、台商在莞投资及台资企业发展等情况。东莞市领导李小梅、周楚良和钟淦泉会见调研团。梁国扬肯定东莞对台工作，并希望东莞创造更多、更好的经验，开创莞台合作新辉煌，为两岸关系和平稳定发展作出积极贡献。

【王在希参观东莞台商子弟学校】2012年3月7日，海峡两岸关系协会副会长王在希到东莞台商子弟学校参观访问，了解学校办学情况，关心学校发

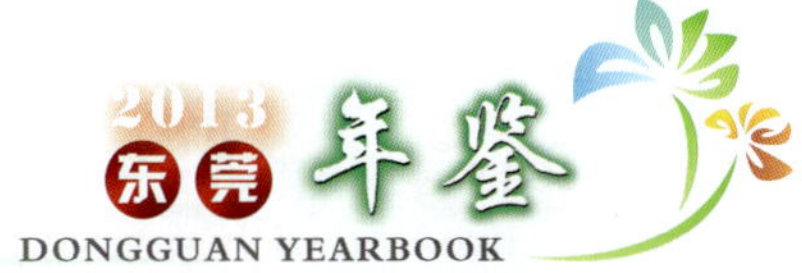

展。王在希肯定学校成绩，称其解决了广大台商子女教育问题，为台商在东莞打拼解除后顾之忧。

【林雄在莞会见林中森】 2012年12月14—15日，台湾海基会董事长林中森率教育经贸团到莞参访，这是林中森接任海基会董事长后首次到莞参访。广东省委常委、统战部部长林雄到莞会见参访团，东莞市领导徐建华、姚康、李小梅等陪同。

【国台办及国家工商总局到莞调研台胞商标权益保护工作】 2012年6月1日，国台办投诉协调局与国家工商行政管理总局商评委组成联合调研组到莞调研台胞商标权益保护工作，并与东莞市工商局、市台湾事务局、市台商协会负责人及台资企业代表座谈。调研组对企业提出的假冒商标惩罚力度不够、维权难等问题作出回应。东莞市汇报涉台商标、专利注册等情况。调研组参观台资企业东莞徐记食品有限公司。

【莞台党际交流】 2012年，东莞市委书记徐建华在莞会见台湾海基会董事长江丙坤。市长袁宝成、副市长贺宇率团赴台，与中国国民党桃园县党部主委许福明、议会议长邱奕胜、县政府及有关部门负责人等交流，并就进一步深化扩大交流合作达成共识。市委常委李小梅率团赴台与中国国民党桃园县党部交流，深化两地党组织友谊。桃园县党部青年交流团到莞参访，与东莞市青年组织交流对接。

【莞台基层交流互动频繁】 2012年，东莞市委常委李小梅率团赴台，与苗栗县议会交流对接。“东莞台湾名品博览会”期间，苗栗县代表受邀出席开幕式，苗栗县议员徐钦鸿率大湖乡部分村长与东莞市东城街道对接，推进两地农业合作项目。苗栗县议会议长游忠钿及议员代表、中华中兴菁英发展协会秘书长鲜正华、国民党副主席林丰正、台南市议员林美燕等分别到莞参访交流。台北市东莞同乡会永远理事长谢国枢一行回莞参访，到万江谢屋村祠堂祭祖，并参观东莞台商子弟学校和东莞中学。

【莞台文化体育交流】 2012年3月6日，“岭南风——莞台水墨画交流展”在东莞市岭南美术馆开幕。画展展出莞台两地50位知名画家的100幅作品，是莞台两地首次合作举办的一次高层次、高规格的画展。画展随后分别在东城文化馆、东莞台商子弟学校展出。4月10日，东莞市举办“识壶·论茶”文化展，促进莞台茶文化、紫砂文化交流。长安镇赴台举办“发现长安”台湾影像展，展示长安镇从农业镇到工业化、城市化的蜕变历程。东莞市宏远篮球队首次赴台参加“亚俱杯”篮球赛并获得季军。

【莞台合制少儿节目《向日葵园地》开播】 2012年，莞台合制少儿节目《向日葵园地》。该节目反映台商子弟在大陆的校园生活，由东莞台商子弟学校小学部学生及老师组成播报团队，从5月7日起于中央人民广播电台“神州之声”——《客家天地》节目定期播出，为台湾听众了解台商子弟在大陆的成长生活提供新平台。

涉台机构

【大麦客商贸公司】 由东莞市台商协会集资3亿元建设，以“大麦客”集体品牌和质量标准销售台资企业产品，计划建成全市加工贸易企业创品牌促内销公共平台。首家会员店于2011年5月开业，占地面积近6万平方米，建筑面积4.6万平方米，营业面积3万平方米，可供5000人同时进场参观采购。在三楼设立近9000平方米的加工贸易产品采购中心，定期举办东莞品牌产品专题展览，计划建成常态平台，容纳130个展位，打造“永不落幕的台博会”。在社区设立5家小麦客，销售日常生活用品。有自创品牌208个，联合品牌84个，会员4万多名。截至2012年，有1086家台资企业入场销售，其中东莞台资企业360家、商品2280种。

【台湾产业服务机构】 2008—2009年，东莞市领导刘志庚、李毓全、黄双福、江凌等多次赴台交流，邀请岛内服务机构来莞设点经营，协助台资企业转型升级。2008年8月12日，台湾电电公会东莞联络处在松山湖管委会办公楼挂牌成立，成为在珠三角地区设立的第一家常驻性服务机构。2009年11月27日，东莞市台商协会成立台资企业转型升级联合服务处，台湾10大产业服务机构进驻东莞开展联合办公。截至2012年，为在莞台资企业提供转型升级诊断辅导服务的产业服务机构有14家，提供创新研发、外销转内销、人才培育等服务。

【东莞台商子弟学校扩建】 2012年，东莞台商子弟学校学生规模2232人，为历年最多。东莞市支持学校扩建项目，市长袁宝成、副市长贺宇会见学校董事长叶宏灯，协调学校提出的问题，将项目纳入绿色通道，简化手续，加快审批。6月28日，学校扩建工程项目教学综合大楼奠基。

【台商大厦】 由东莞台商募集资金逾10亿元投资兴建，2005年奠基，2010年封顶。地下4层、地上68层，总高度289米。位于市中心区东莞大道东侧火炼树区位，占地约2.7万平方米，工程建筑面积28万平方米。建筑设计突显台湾文化，低层部分拟设“台湾特色”大型商场，以台商经营台湾货品为主；中层部分拟为台商在东莞投资企业经营总部，或台湾企业派驻东莞的事务机构，也是台商聚会及与东莞民间经贸和文化交流合作的活动场所；高层部分是东莞台商和从台湾到东莞商务考察人员的居住公寓。工程质量按照“鲁班奖”及美国“LEED”认证标准执行，获得“东莞市优秀设计一等奖”“东莞市优秀地质勘察一等奖”“2008年度东莞市公共建筑节能示范项目”以及由深圳市照明协会颁发的“金照奖”等奖项。截至2012年，主楼及裙、副楼等进入装修收尾阶段。

【东莞台心医院】 由东莞市台商自发募集资金、经国家卫生部批准设立的广东首家大型三甲级综合性台资医院。位于东城区牛山村，占地面积15.24万平方米，建筑面积约34.5万平方米，总体规划1200张病床。以大陆地区三甲级医院及台湾地区医学中心建设标准规划设计，分三期建设：首期规模设600张病床，满足急诊、门诊、住院及健康检查业务需求；第二期增建600张病床，用于扩充第一期门诊、医技单位及病房空间；第三期拟用于开展长期照护、安宁医疗及老人安养服务。主体大楼于2011年3月封顶。截至2012年，医疗综合楼进入装修收尾阶段。

【东莞台商投资企业协会】 1993年9月成立。2012年，有3100多家会员企业和32个镇街分会，下设妇女联谊会、青年委员会，以及产业升级、海关咨询、旅游考察、公益事业等13个功能委员会和“马上办”中心等，会长为谢庆源。是大陆会员最多、组织最庞大、结构最严密的台商协会。先后推动创办东莞台商子弟学校、台商大厦、台心医院、转型升级联合服务处和大麦客等台商集体项目以及引进富邦银行、玉山银行等台湾金融机构。被国台办主任王毅称为“天下第一台协”。热心公益，截至2012年，向社会捐赠财物逾2.3亿元。

【东莞市台胞台属联谊会】1987年成立。2012年，有会员近300名，下设“台联俪雅会”和“经济委员会”，会长为李舜超。先后赴台北拜访台北市东莞同乡会，赴京拜访中华全国台湾同胞联谊会，推动莞台台胞台属交流交往。

（范星星）

附：2012年中共东莞市委台湾工作办公室、东莞市人民政府台湾事务局领导名录

主　任（局　长）：游匡正

副主任（副局长）：陈锡辉　胡国勇

莞港澳合作

港澳事务

【莞港澳合作概况】2012年，莞港澳经贸合作持续开展，跨境贸易人民币结算量1113.13亿元，比上年增长384.17%，成为继深圳市和广州市之后当年跨境人民币结算量突破1000亿元的城市。CEPA合作深化。重点领域合作加强，初步形成以银行、保险、信托、证券为支柱，以其他非银行金融业为补充的现代金融服务体系。三地交往日益密切，全年东莞市接待港澳地区来访团组50多批1200多人次，组织赴港澳地区交流学习2635批4531人次。完善合作机制，建成“市加强港澳合作协调领导小组成员单位联席会”和“领导小组成员单位联络员会”等会议制度，与香港特区政府驻粤办、香港四大商会、香港贸易发展局、香港生产力促进局和东莞外商协会建立莞港推动转型升级的合作机制。

【莞港澳高层互访】2012年，东莞市接待澳门经济财政司司长谭伯源，香港特区政府驻粤办主任朱经文、香港屯门区议会副主席梁健文一行，香港艺术推广协会会长刘若仪一行，全国政协委员、香港广东社团总会主席、香港专业人士协会首席会长王国强一行等访莞考察交流。市委书记、市人大常委会主任徐建华率市党政代表团赴港学习考察。开展莞港澳官方、半官方交流，举办“岭南印象·莞港同芳”庆祝香港回归15周年莞港两地书画展。

【服务业对港澳扩大开放在广东政策先行先试】2012年，东莞市落实先行先试政策和CEPA，对CEPA涉及的一些重要领域，与港澳地区在营造法治化国际化营商环境、金融、专业认证、法律、社会管理、物业管理、人才培训、质量检测、城市营销、体育、文化等10多个方面进行沟通交流。

【莞港澳工作平台夯实】2012年，东莞市支持香港专业服务中心、香港工联会东莞咨询服务中心和生产力（东莞）咨询有限公司发展。香港专业服务中心吸引9家香港专业服务机构入驻，为企业和个人提供各类咨询、推广服务98批（次），树立高端、高质、高效的港式服务品牌。香港工联会东莞咨询中心为在莞港人提供工作、生活、投资等方面的援助和服务，在反映民意、维护权益方面加强莞港两地沟通。生产力（东莞）咨询有限公司与各镇街、园区外经部门建立联系，为在莞港资企业在转型升级方面遇到的困惑和难题提供专家诊断、专业辅导和专门方案，截至2012年，共为292家企业提供技术管理类援助。

（徐嘉汶）

莞港经贸

【概况】东莞与香港历史同源、地缘相近、人文互通，两地经贸合作源远流长，关系密切。1978年，东莞与港商合作开办全国第一宗来料加工项目——太平手袋厂。港资企业在东莞主要从事电子通信设备制造、纺织服装、塑料制品、玩具、金属制品等行业。截至2012年，东莞有港资企业6529家，占全市外商投资项目的57%；合同吸收港资421亿美元，占全市合同利用外资总额的59%；实际利用港资305亿美元，占全市实际利用外资总额的54%。其中，投资总额超1000万美元的港资企业有483家，总投资177.3亿美元；投资总额超亿美元的有26家，包括广东理文造纸有限公司、米亚精密金属科技（东莞）有限公司、东莞德永佳纺织制衣有限公司、广东生益科技股份有限公司等。

【莞港经贸往来】2012年，东莞市新签港资项目420宗，比上年减少413宗，占全市外商投资项目的60.9%；合同吸收港资19.5亿美元，减少1.3%，占全市合同利用外资总额的51.2%；实际利用港资18亿美元，增长7.2%，占全市实际利用外资总额的53.4%。其中，新签或增资超过1000万美元的港资企业有34家，投资总额14.2亿美元，占全市新增投资总额的35.6%。新签港资服务业项目92宗，合同利用港资3.2亿美元。全年东莞与香港外贸进出口总额229亿美元，比上年减少5.3%，占全市进出口总额的15.9%。其中，对香港出口225.2亿美元，减少3.3%，占全市出口总额的26.5%。东莞出口300强企业中，港资企业有102家，出口总额109.7亿美元，占出口300强企业出口总额的23.2%。

【莞港服务业合作】截至2012年，东莞市设立23宗港资CEPA项目，累计投资额8722.82万美元，注册资本4410.78万美元，主要涉及物流、分销、管理咨询、广告、印刷等行业。引进港资服务业企业485家，累计合同利用外资16.46亿美元，行业涵盖批发和零售、管理咨询、房地产开发、物业管理、餐饮服务、仓储等领域，为东莞市企业转型升级提供产业支援服务。

【在莞港资企业转型升级联席会议】2012年6月6日，年度第一次会议在香港举行，东莞市副市长贺宇，市外商投资企业协会、市外经贸局、市外事局、市经信局和市人力资源局等部门负责人参加。会上，各机构代表就东莞如何营造国际化营商环境提出建议和意见，并针对港商转型升级过程中遇到的经营问题和困难进行提问。市外经贸局报告东莞市打造法治化国际化营商环境的举措。

12月4日，年度第二次会议在香港举行，东莞市副市长贺宇、市政府副秘书长陈志超，市外经贸局、市外事局、市人力资源局和市环保局等部门负责人参加。会议分析研判2013年经济形势。市外经贸局在会上介绍东莞市减轻企业负担、营造良好政务环境政策及加工贸易转型升级专项资金扶持政策；市人力资源局介绍东莞市人才培训和招聘情况；市环保局介绍东莞市环保工作政策。

【莞港合作开拓国际市场】2012年，东莞市与香港贸易发展局合作组织东莞企业参加36场国内外展览会，其中香港31场、大陆3场、国外2场；在重要展览会上设立东莞品牌产品专区，提高企业产品知名度。1月6—10日，香港贸易发展局与中国国际贸易促进委员会广州市委员会联合举办“时尚香港@广州”展览会。东莞市外经贸局应邀作为支持单

位参加活动。东莞市组织伟易达、圣诺盟等大型在莞港资企业参加。

【莞港联合提升企业生产力】截至2012年，香港生产力促进局累计为289家在莞港资企业提供转型升级专项评估和辅导。

2012年2月6日，东莞市外经贸局、市外事局赴港拜访香港生产力促进局。双方通报高层会议决定事项推进情况，并对新一年合作提出具体要求。截至2012年，双方举办研讨会、政策宣讲会等活动超过60场，推动超过190家企业参加转型升级辅导服务。

6月28日，东莞市外经贸局联合香港贸易发展局、东莞市质监局、市工商局、大朗镇人民政府共同举办“香港·创意·品牌”研讨会。研讨会邀请香港星级设计师、品牌管理专家围绕“善用品牌、设计、品牌策略提升竞争力”与企业代表分享经验，引导企业打破传统思维，推动企业品牌宣传、产品定位转型升级。

8月9日，东莞市外经贸局联合香港生产力促进局在东莞市联合举办“东莞市港资企业生产力提升成果展示会”。东莞市副市长贺宇、市外经贸局局长黄冠球、香港生产力促进局主席陈镇仁出席。会议总结东莞市与香港生产力辅导相关机构合作的经验做法，展示生产力提升辅导成效。市外经贸局介绍东莞市政府推动企业转型升级的政策措施；香港生产力促进局介绍为企业免费提供自我评估的iTURN系统。

【莞港经贸交流活动】2012年2月29日，香港贸易发展局总裁林天福率香港经贸代表团到莞访问。东莞市市委副书记、市长袁宝成，副市长贺宇，市政府秘书长邓浩全、副秘书长陈志超，市外经贸局局长黄冠球、副局长周伟森接待。

3月29日，东莞市外经贸局与香港政府投资推广署共同举办“立足香港·迈向国际”——东莞企业交流会，东莞市外经贸局副局长叶国柱，香港政府投资推广署署长贾沛年，香港政府投资推广署广州推广总监杨翠萍等参加。

4月10日，东莞市市委副书记、市长袁宝成会见香港工业总会代表团，双方就港资企业在东莞发展情况进行交流。副市长贺宇，市政府秘书长邓浩全、副秘书长陈志超，市外经贸局局长黄冠球以及市金融工作局、市港澳事务局、市人力资源局等部门负责人参加。

6月27日，中国香港（地区）商会——广东分会会长林卫智率商会会员30余人组成的考察团到东莞市外经贸局交流。市外经贸局副局长方见波、市外商协会会长朱国基等会见。本次活动主要目的是考察东莞营商环境，寻找投资商机，加强双方经贸往来和投资合作。

（杨　荣　庞玉超　刘晓明）

2012年东莞市投资总额前30名港资企业

序号	企业名称	行业名称	投资总额（万美元）	经营范围
1	广东理文造纸有限公司	机制纸及纸板制造	82960	生产和销售高档纸及纸板（新闻纸除外）。
2	东莞海龙纸业有限公司	其他纸制品制造	57890	生产和销售高档纸及纸板（新闻纸除外），在境内组织收购生产所需废纸作原料自用。
3	米亚精密金属科技（东莞）有限公司	模具制造	57360	开发、生产和销售精冲模、精密型腔模、高档五金件、硬质合金、新型合金材料、刀具。
4	东莞天龙纸业有限公司	其他纸制品制造	56345	生产和销售高档纸及纸板（新闻纸除外）。
5	东莞玖龙纸业有限公司	机制纸及纸板制造	53013	生产和销售高档纸和纸板（新闻纸除外），在境内组织收购生产所需废纸作原料自用。
6	东莞德永佳纺织制衣有限公司	棉、化纤纺织加工	44450	生产和销售高档织物面料的织染及后整理加工（含高档染整布、高档色布、高档针织胚布、高档染整色纱等产品和织前生产工序）。设立研发中心，从事针织布、色纱的研究和开发。从事道路普通货运（凭许可证经营），经营规模：厢式货车17辆。
7	东莞地龙纸业有限公司	机制纸及纸板制造	42080	生产和销售高档纸及纸板（新闻纸除外）。
8	东莞建晖纸业有限公司	机制纸及纸板制造	25910	生产和销售高档纸（新闻纸除外），废纸收购（限公司自用）。
9	东莞生益电子有限公司	电子元件及组件制造	24138	生产和销售新型电子元器件（新型机电元件：多层印刷电路板），从事非配额许可证、非专营商品的收购及出口业务。道路普通货运（凭许可证经营）。
10	广东生益科技股份有限公司	电子元件及组件制造	22519	生产销售覆铜板和粘结片、印制线路板、陶瓷电子元件、液晶产品、电子级玻璃布、环氧树脂、铜箔、电子用挠性材料、显示材料、封装材料、绝缘材料，自有房屋出租。从事非配额许可证管理、非专营商品的收购出口业务。提供产品服务、技术服务、咨询服务、加工服务和佣金代理。
11	东莞美维电路有限公司	电子元件及组件制造	22000	生产和销售新型电子元器件（新型机电元件：多层印刷电路板，高密度互连积层板：多层、高密度印刷电路板）。
12	东莞南玻光伏科技有限公司	电池制造	20750	生产和销售高技术绿色电池产品（太阳能电池：晶体硅太阳能电池、薄膜太阳能电池及其组件），并提供相关的技术咨询与服务。

续上表

序号	企业名称	行业名称	投资总额（万美元）	经营范围
13	东莞雷风科技有限公司	有色金属合金制造	16560	生产和销售高新技术有色金属材料（镁合金铸件、镁合金及其应用产品），精度高于0.02毫米（含0.02毫米），精密冲压模具，精度高于0.05毫米（含0.05毫米）精密型腔模具，模具标准件。
14	东莞理文造纸厂有限公司	其他纸制品制造	15648	生产和销售纸及纸制品（不含卫生纸，生产所需原材料的废纸在国内采购）。
15	东莞观澜湖高尔夫球会有限公司	室内娱乐活动	15582	从事高尔夫球场及其练习场、会所、球包室、更衣室、中西餐厅、美容美发、水疗、附属商店、多功能商务厅等配套设施的建设和经营。
16	东莞创纪房地产开发有限公司	房地产开发经营	14981	在东莞市石龙镇方正东路东南侧地块从事“石龙奕翠园商住区”的开发、兴建、销售、出租及其物业管理（涉限项目除外）。
17	东莞南玻太阳能玻璃有限公司	技术玻璃制品制造	14955	开发、生产和销售无机非金属材料及制品（特种玻璃：太阳能超白电子玻璃、优质超白压花玻璃、优质压花玻璃、优质着色压花玻璃、钢化安全玻璃、夹层安全玻璃、中空安全玻璃及其深加工产品），并提供有关特种玻璃和深加工玻璃的工程技术、生产技术及设备技术的咨询与服务。
18	广东中远船务工程有限公司	船舶修理及拆船	14938	特种船、高性能船舶的制造、改装、修理、销售及提供相关服务；海洋工程装备的建造、改装、修理、销售及提供相关服务；陆用、船用金属结构件及船舶配件的生产销售。
19	东莞宏威数码机械有限公司	其他金属加工机械制造	14600	生产和销售电子专用设备（含旋涂机、粘合机、分级机、刻码机、清洗机、真空溅镀机、有机发光显示器件的蒸镀设备、化学沉积设备、工业机器人、封装设备、基板清洗设备）、电子专用测试仪器（含电信号、光学密度、粗糙度、强硬度测试仪器）、电子工模具，提供相关产品的配套服务。
20	东莞厚街爱高电子总厂	其他电子设备制造	13182	电子制品、电动自行车、自行车。
21	东莞发展控股股份有限公司	电子元件及组件制造	12527	东莞高速公路的投资、建设、经营。
22	东莞超盈纺织有限公司	其他纺织制成品制造	10910	高档织物面料的织造及后整理加工（含经编高档织物面料，配套漂染、洗水工序）。设立研发中心，从事高档服装面料的研究和开发。
23	东莞中电新能源热电有限公司	电力供应	10858	天然气发电站的建设、经营。
24	东莞虎门电厂	火力发电	10820	生产和销售电能。从事燃料油、燃料调和油、沥青的批发及零售业务（不设店铺，不涉及国营贸易管理商品，涉及配额、许可证管理商品的，按国家有关规定办理）。
25	东莞市德津实业有限公司	皮箱、包(袋)制造	10444	皮革制品、服饰、鞋类制品的生产和销售（涉及行业许可管理的按国家有关规定办理申请）。设立研发中心，从事皮革制品、服饰、鞋类制品的研究和开发。
26	东莞冠亚环岗湖商住区建造有限公司	房屋工程建筑	10343	兴建环岗湖商住区、商品零售。
27	东莞广裕房地产开发有限公司	房地产开发经营	9910	在东莞市石龙莞龙路北侧地块从事慧芝湖花园房地产项目的开发和建设。
28	东莞创机电业制品有限公司	风动和电动工具制造	9900	生产和销售电动装修及建筑工具、地板及地毯电动清洁工具、户外电动及内燃推动的园艺工具、园林机械、太阳能户外灯、刀具、手提电筒、电池组合、电子测量仪器、小家电、搅拌机、吸尘机、碎纸机及以上产品配件，并提供产品售后服务及为关联企业提供管理服务（涉限除外）。
29	东莞深赤湾港务有限公司	其他仓储	9779	公用码头的建设、经营、货物仓储（不含危险品）及配套服务。
30	东莞晶格世纪半导体有限公司	其他机械设备及电子产品批发	9729	从事半导体产品、集成电路等电子元器件的研发、批发及进出口业务，并提供产品的技术咨询服务（不设店铺，涉及配额许可证管理、专项规定管理的商品按国家有关规定办理）。生产及销售TFT-LCD、OLED平板显示屏（TFT AM OLED显示屏、OLED柔性显示屏、3D及透明显示屏、触摸屏）。

区域合作·扶贫开发 REGIONAL COOPERATION · POVERTY ALLEVIATION AND DEVELOPMENT

谢岗镇银湖工业园

《珠江三角洲地区改革发展规划纲要》实施

联席共商

【深圳、东莞、惠州三市第六次党政联席会议】 于2012年5月16日在惠州召开。会议审议了三市合作的九项重点工作，包括：协调解决中石油深圳LNG应急调峰站项目建设问题；加快推进茅洲河界河段综合整治、尽快确定河口制导线并强化流域环境监管执法；建立跨界河流防洪、治污联防联治机制；共同开展深圳地铁延至惠州前期研究工作；构建环大亚湾滨海旅游经济区；莞惠合作共建产业转移"园中园"；加快推进坪山—惠阳（秀山）经济合作区开发建设；共同推广新能源汽车；建立深莞惠三市劳动监察执法合作机制。签署了《深圳市东莞市惠州市加快推进交通运输一体化补充协议四》《深圳市东莞市惠州市共建深莞惠区域创新体系合作协议》《深圳市东莞市惠州市农产品质量安全合作协议》《深圳市东莞市惠州市三地文化联动合作协议》等四个合作协议。

【深莞惠汽车产业布局一体化工作第一次协调会】 2012年3月13日上午，省经济和信息化委装备工业处在东莞市组织召开深莞惠经济圈汽车产业布局一体化工作第一次协调会。会议传达省实施《珠江三角洲地区改革发展规划纲要（2008—2020年）》领导小组会议纪要（省政府工作会议纪要〔2012〕27号）精神，总结深莞惠经济圈汽车产业布局一体化的前期筹备工作，讨论《深莞惠共建汽车零部件产业协议》（提纲）、《深莞惠汽车零部件产业聚集发展规划》（提纲），并就成立深莞惠汽车产业布局一体化布局合作机制以及争取省政府对汽车产业布局一体化专项资金支持等事宜进行初步磋商。

【第三次深莞惠文化合作联席会议】 于2012年9月25日在东莞召开。会上，深莞惠三市文化部门领导签署《2013年深莞惠文化合作框架协议》。按照框架协议安排，2013年深莞惠三市将在文化活动、文艺创作、艺术展览、非遗保护、文化执法、志愿服务、图书文献等七个方面加强对接，力争通过三方的共同努力，推动深莞惠区域文化一体化建设再上新台阶。

【深莞惠三市环保合作第三次会议】 于2012年9月3日在惠州召开。会上，三市分别对环保第二次会议以来三市在合作机制、联防联治等环保合作上的工作进展进行通报，并就饮用水源与跨界河流水质监测工作一体化，共同推进谢岗涌污染治理，深莞惠环境应急管理合作，加快惠州沙河、深圳平湖镇石马河支流等跨界河流整治，三市联动清理整治非法畜禽养殖场等五项议题进行研究和交流讨论，在推进界河整治、跨界非法养殖场联合治理等议题上达成进一步合作共识，就已出现问题提出解决方案，明确各自的职能分工。会议上，三市环保部门代表共同签署《深圳市东莞市惠州市区域突发环境事件应急联动工作框架协议》《深圳市东莞市惠州市饮用水源与跨界河流水质监测工作一体化协议》两项协议，深化合作层面，细化工作原则和主要任务。

【穗莞战略合作第一次联席会议】于2012年9月20日在广州召开。会议通报穗莞战略合作主要工作情况及2012年穗莞战略合作重点推进项目情况。会议审议确定2012年两市共同推进虎门二桥工程、穗莞深城际线项目、花莞高速公路等14个合作项目，计划推进穗莞水乡地区合作平台等11个项目，并确立穗莞战略合作机制。

【2012年深莞惠区域旅游合作联席会议】于2012年4月20日在惠州召开。会上，深莞惠达成2012年六项合作，一是利用武广高铁开通之便捷，针对武广沿线重点城市进行推介。二是以“5·19”中国旅游日为契机联袂宣传。三是进一步推进深莞惠旅游大联盟的深入发展。四是力争开辟联系惠州巽寮湾—深圳大鹏湾的海上旅游航线。五是联合旅游宣传推介。六是共同编制旅游宣传资料。

【深莞惠药品安全监管工作第四次联席会议】于2012年8月8日—9日在深圳召开。会议回顾前三届深莞惠药品安全监管工作联席会议的成果以及议定事项的实施情况。三市先后介绍2012年上半年辖区食品药品“三打两建”开展情况、存在问题及下一阶段工作重点。三市参会人员对2012年上半年发生的铬超标药用胶囊等突发事件，以及中药材及中药饮片、植入性医疗器械、网络制假售假等监管中存在的薄弱环节进行探讨，并从形势研判、监管模式反思、风险预测、风险管理等多方面展开讨论。三地安监、器械、稽查等部门与会人员对中药饮片及中药提取源头治理、医疗器械终端监管、假药刑事案件移送尺度的把握等进行交流。会议强调，下一步三市药品监管部门要充分利用“三打两建”的平台和机遇，加强合作交流，推进各项工作，合力解决一些热点难点问题。

【2012年第二次深莞惠旅游合作联席会议】于2012年12月7日在惠州召开。会议对2012年区域旅游合作工作进行总结，并研究2013年旅游合作安排。会议确定，2013年三市将协同推进以下几项重点工作：一是三市在“5·19”中国旅游日同时举办一场主题活动，加强深莞惠旅游合作的宣传报道；二是做好深莞惠旅游总体规划的衔接，按照十八大精神，细化目标，突出低碳旅游和生态旅游；三是收集三市的旅游投资信息，制作一本旅游投资信息小册子，加强三市的旅游投资互通；四是进一步加大旅游宣传推广力度，大力开拓省外客源市场，力争在国外联合宣传推广上有新的突破；五是做好三市旅游联合宣传推广经费的预算安排；六是突出深莞惠旅游总体形象，设计深莞惠旅游形象LOGO；七是互相交换并免费派发三地旅游咨询中心的宣传资料。

合作协议

【深圳市东莞市惠州市三地文化联动合作协议】于2012年5月16日在惠州签订。协议提出，深莞惠三市将以互利共赢、资源共享、便民利民为原则，在开展公共文化服务合作，促进文化节庆、文化品牌合作，加强广播电视资源合作开发，开展文化遗产保护合作，推进文化市场执法联动，深化三地文化产业合作，建立文化人才培训合作机制等七方面，强化合作，推动交流，促进共同发展。协议同时明确三地开展文化联动合作的工作机制，即建立三地文化合作联席会议制度、成立文化联动工作小组、实行属地负责制、建立信息通报机制。

【深圳市东莞市惠州市农产品质量安全监管合作协议】于2012年5月16日在惠州签订。根据协议，三地将以建立完善“四项制度”为重点，健全三市农产品质量安全监管协作机制。一是建立农产品质量安全监督监测互认制度，三市均建立全面的监测制度，必要时可联合开展检测行动。三市内凡具法定监测资质的农产品质量安全监测机构出具的监测报告，三市间互相认可。二是建立市场准入制度。凡具有无公害产品、绿色食品、有机食品等认证的农产品，或经具法定监测资质的农产品质量安全监测机构检测合格的农产品，可优先进入三市内任何农产品销售市场进行销售，当地监管部门可进行不定期抽检。引导和鼓励三市的龙头企业、农民专业合作经济组织与农产品批发市场、超市签订销售合同，跨地区开展“农超对接”“场场挂钩”等形式的产销合作；创建跨地区无公害农产品、绿色食品、有机食品等优质农产品营销网络。三是建立农产品源头追溯和农产品标识管理制度。三地加快推进食用农产品标识管理，对三地的生产基地、农批市场进行全面的摸底。三市原产地农产品导致的质量安全事故，由事故发生地的农业部门及时查明农产品品种等基本情况，作出事故初步评估，并在10个工作日内反馈溯源结果。四是建立信息共享和通报制度，每季度相互通报本地农产品质量安全检测总体情况。协议还提出，建立三市农产品质量安全监管领导小组联席会议制度，定期召开会议研究制定加强三市农产品质量安全监管的相关制度、协作规划和联合行动计划等，加强联系，密切合作，形成共同强化农产品质量安全监管工作的长效机制。

【深圳市东莞市惠州市共建深莞惠区域创新体系合作协议】于2012年5月16日在惠州签订。深莞惠将主要从六个方面力推区域创新体系合作。一是推动创新平台共享共建，包括共享共性技术研发设计平台、开展产学研合作，共建产学研联盟；二是推动创新资源开发共享，包括科技数据库共享、科技管理业务对接和科技检测平台共享；三是推动创新成果相互转化，包括在知识产权、专利保护上的合作；四是推动创新人才联合培养，包括联合招才引智和人才、人事信息共享；五是推动创新服务对接，包括融资服务合作、科技中介服务体系共享、创业孵化基地合作；六是推动创新政策协调落实，包括制定发展总体规划、深化科技体制改革。协议提出三项保障措施：一是成立共建区域创新体系领导机构；二是健全共建区域创新体系沟通协调机制；三是健全共建区域创新体系工作督查机制。

【深圳市东莞市惠州市加快推进交通运输一体化补充协议】于2012年5月16日在惠州签订。协议旨在推动三地深化边界路网对接、加强跨市公交发展。在深化边界路网对接方面，协议提出，深圳和东莞要共同加快推进深圳丹平快速路二期——东莞东深东路项目，力争项目早日动工；要加大协调工作力度，加快深圳外环高速公路的立项核准。东莞要积极配合惠州做好拆除、重建龙溪东江大桥的道路对接和车辆管制工作。深圳、东莞、惠州要尽快确定深圳6号、11号线和东莞R1、R3号线的具体接驳方案、建设主体、投资主体和建设模式等，以及轨道16号线穿东莞凤岗段的建设主体、投资主体和建设模式等；要启动深莞惠城际轨道交通项目规划设计、建设投资方式研究等工作；适时启动深圳与惠州两市轨道交通规划衔接研究工作。在加快跨市公交发展方面，深圳和惠州要启动两市跨市公交线路燃油补贴，增开西南大道——兰竹东路和石化大道——锦绣东路跨市公交化运营班

线；深圳、东莞和惠州要加强深莞惠交界出租车营运市场管理。

【广州市、东莞市战略合作框架协议】于2012年2月13日在广州签订。框架协议明确广州和东莞两市合作的机制问题，即建立两市党政主要领导联席会议制度、建立两市政府工作协调机制、建立专责小组协调推进机制。根据框架协议，两市将在发展规划、产业发展、区域创新、交通运输、能源保障、水资源及城市防洪、信息网络、环境生态、社会公共事务、园区开发、海洋资源及海事合作等十一个领域加强合作。

【深圳、东莞、惠州三市劳动保障监察合作机制协议】 于2012年9月28日签订。协议提出，建立三市劳动保障监察工作联系会议制度，联席会议每年召开1—2次，也可根据工作需要不定期召开；实施信息通报和查询，包括对用人单位异地用工情况进行通报、对用人单位重大劳动保障违法信息进行通报、对恶意欠薪或欠薪逃匿信息进行通报、对劳动保障监察业务软件开放部分查询；实施劳动者权益异地救济保护；开展案件快速协查；开展劳动保障监察人员互访交流。

【深圳市、东莞市、惠州市饮用水源与跨界河流水质监测工作一体化协议】 于2012年9月3日在惠州签订。协议旨在深化和推动三市环境监测合作，实现饮用水源和跨界河流水质等环境监测信息和资源共享，共同推进东江干流水质深度分析和水质监测数据信息化，为环境管理提供重要依据。协议将位于东江干流的集中式饮用水源、深莞跨界河流“观澜河—石马河”、深莞界河“茅洲河”、莞惠跨界河流“东江干流和东江北干流”、莞惠跨界河流“沙河”，莞惠跨界河流“潼湖水（谢岗涌和东岸涌）”纳入一体化监测；建立水质监测数据共享和水质状况会商机制，建立深莞惠三市饮用水源及跨界河流水质基础信息及监测数据库，开发统一数据应用及管理平台，及时对饮用水源及跨界河流水质状况进行分析，预测预警水环境隐患。

【深莞惠突发环境事件应急联动工作框架协议】 于2012年9月3日在惠州签订。协议旨在通过建立三市突发环境事件应急联动机制，突破行政区域局限，深化交流合作，实现信息互通、资源共享、应急联动、优势互补，共同做好环境应急工作，确保区域环境安全。协议内容包括协同处置突发环境事件、跨界河流污染联动预警、联合执法监督联合检测、环境应急信息互通共享等，并明确从建立应急联动工作机构、建立应急联系会议制度入手强化保障。

【2013年深莞惠文化合作框架协议】于2012年9月25日在东莞签订。根据框架协议，2013年深莞惠三市将在文化活动、文艺创作、艺术展览、非遗保护、文化执法、志愿服务、图书文献等七个方面加强对接。

项目实施

【东莞推进水乡特色经济区建设】 统筹水乡地区发展被纳入广东省幸福导向型产业体系行动计划。2012年，东莞大力推进水乡特色经济区（位于市域西北部，包括10个镇街和虎门港，总面积519平方公里）建设。统筹布局区域内城镇体系规划和重大基础设施，推进生态环境的综合治理和优化美化，推动区域内幸福导向型产业发展培育，创新区域统筹联动发展的体制机制，有效实现区域内环境、资源的整合和共享，增强水乡地区协调发展的内生动力、体制活力和发展能力，努力把水乡特色经济区打造成广东省幸福导向型产业的示范区、粤港澳优质生活圈的特色区域和穗莞战略合作的重要平台。出台实施方案，全面铺开十镇一港规划编制工作，启动了龙湾滨江片区、水乡大道改造提升工程等12个总投资额307亿元的先期项目。

【东莞全面发展交通一体化】 2012年，东莞与广州、深圳、惠州三市共开通8条跨界公交线路，并根据现行毗邻市之间道路开通和完善情况，规划开通和优化跨市公交组织，5月完成对石排车站至博罗园洲车站的优化调整工作。

【广深沿江高速广州至威远段建成通车】 2012年1月18日，广深沿江高速广州至威远段建成通车，建成高速公路42.92公里。起点位于黄埔官田，连接东二环和黄埔大桥，终点至东莞威远并与虎门大桥相连接。沿线设有官田、夏港、南岗、麻涌、洪梅、沙田、威远七个互通立交。

【东莞参与组建全省统一汽车维修救援服务信息平台】 按照省交通运输厅的《关于构建广东省汽车维修求援网的通知》的要求组建汽车维修救援网，2012年全市共有88家优秀汽车维修企业加入“广东省汽车维修救援网”，同时，主动加强与省交通运输、电信等部门的沟通协调，加强行业整改，提高汽车维修救援服务质量。

【东莞（惠州）产业转移工业园】 2012年累计引进项目27个，总投资额近20亿元，工业总产值完成42亿元，同比增长45.4%；工业增加值11.4亿元，增长40.7%；东莞大岭山（南雄）、东莞凤岗（惠东）产业转移工业园入选全省专业性产业转移工业园；9个共建转移园共获得省财政专项扶持资金12.3亿元。

交流活动

【深莞惠岭南美术名家名作联展】 于2012年9月25日在东莞市岭南美术馆开幕。深圳、东莞、惠州三市各自精选出30幅共90幅参展作品，类型包括中国画和油画。其中，深圳参展作品中以反映深圳市重大历史题材创作作品为主，东莞参展作品则是该市近年来在本土美术大展中的部分获奖作品以及岭南画院画家的创作精品，惠州的参展作品由当地美协会员以及惠州画院画家创作。参展作品体现改革开放以来珠三角地区的风土人情、自然风貌以及社会发展成就。

【深莞惠流动大舞台】 为贯彻落实省委省政府《珠江三角洲地区改革发展规划纲要》和“文化强省”战略规划要求，大力落实《深莞惠三地文化合作协议》和《深莞惠文化合作备忘录》，深莞惠三地联合开展“情系深莞惠幸福广东人”2012年深莞惠流动大舞台三地巡回演出。活动于2012年6月28日在深圳启动、7月1日在惠州巡演、7月6日在东莞巡演。

【广深莞惠跨区道路运输市场联合整治统一行动】 为规范广州、深圳、东莞、惠州四市交界处道路运输市场秩序，四市先后于2012年4月25日和5月31日开展两次广深莞惠跨区道路运输市场联合整治统一行动。两次联合整治行动的执法区域主要在广州、深圳、东莞、惠州四市国道、省道等主要干道进行，行动重点整治长期在四市边界从事“长线短路”的客车，查处不按规定站点停靠、不按规定线路行驶、甩客、卖客等违法行为，非法营运、假出租车、异地营运出租车等违法行为，查处其他各类道路运输违法违规行为。

【“缤纷深莞惠、幸福绿道游”活动】于2012年5月19日在三市同时启动。本次活动中，三市旅游部门精心设计五条短线绿道游线路和三条相联的绿道游线路。五条短线绿道游线路分别是：文化休闲、购物休闲、运动休闲、乡村休闲、浪漫休闲，三条长线旅游线路分别是：海之韵（惠州巽寮湾——深圳）、山之灵（惠州罗浮山——东莞）、江之美（惠州——东莞——深圳）。

对外开放

【中以国际科技合作产业园】2012年5月31日，以色列在中国的首家科技合作产业园——“中以国际科技合作产业园”在东莞松山湖奠基。园区将采用“官助民办”“三资融合”“国际合作”的创新体制，建立政府引导、企业运作的运营模式，整合地产资本、科技资本和金融资本，包括引入国际科技资源和金融资本，建立产业发展引导基金，通过创新要素集聚打造可持续发展及多方共赢的产业园商业模式。

“中以产业园”项目一期投资总额约人民币15亿元，拟用地约25.33公顷（其中一期用地12.67公顷），主要引进水处理技术应用企业和孵化水处理相关企业，以及开展电动汽车、高端IT业、半导体照明、太阳能光伏、环保技术及生物医药等新兴战略产业的中以合作项目。

【台湾玉山银行东莞分行正式开业】玉山银行东莞分行于2012年9月4日正式开业。这是首个在东莞设立大陆地区总行的外资银行，将可在莞开展存款业务、融资业务、信用状业务、汇款业务、金融商品自营投资等多项业务。

（潘朝明 刘念宇 胡晓静）

对口帮扶和支援

【市外扶贫】扶贫开发“规划到户责任到人”工作。东莞市承担的扶贫开发“规划到户责任到人”工作（以下称扶贫开发“双到”工作）已列入市委、市政府重点工作内容，市经协办作为负责此项工作的职能部门，通过多管齐下抓好重点工作、抓好社会发动、抓好督查督办、抓好协调服务，全力推进扶贫开发“双到”工作，实现“三年任务两年完成”的承诺目标。截至2012年，统筹东莞市投入帮扶韶关、云浮两市120条贫困村资金71461.75万元（其中2012年投入10019.01万元），平均每村投入595.51万元，16115户贫困户年人均纯收入达2500元以上，占有劳动能力的100%。市经协办按照省市扶贫“双到”稳定脱贫的要求，统筹各镇街加大力度推进产业帮扶，巩固脱贫成果。2012年全市在扶持集体经济项目方面投入901.71万元，新增项目73个；培育120条贫困村的主导产业139个，产业化经营贫困户参与率96.92%；3个省级农业产业示范园（村）共投入资金941.59万元，年产量达15823吨；实现120个贫困村村集体经济收入达10.89万元，贫困户年人均纯收入8221.87元，脱贫率达100%。重视基础建设，通过加强与当地的沟通协调配合，加快危房改造、基础设施等民生项目。全市在“两项工程”中统筹落实帮扶资金924.91万元，完成6339户低收入困难户住房改造，27个“两不具备”村庄搬迁，解决贫困户“住房难”问题。在贫困村铺设硬底化道路530公里，完成小型农田水利项目205个，农田水利受益面积483.18公顷，解决饮水安全66014户，帮助建设文化卫生设施739宗，开展各种免费劳动技能培训67104人次，劳务输出30645人，新农合参保率、60岁以上贫困户新农保参保率、低保五保纳保率均达100%，贫困户子女义务教育毛入学率99.85%。

对口帮扶广西河池 2012年，市经协办协调市领导交流互访，逐项落实援助项目，积极协调帮扶资金，较好地完成省交予的东西扶贫协作工作任务。一是协调互访交流。协调落实好市委书记徐建华率党政代表团赴广西河池市开展扶贫活动以及广西河池党政代表团来访接待工作，双方明确援助资金项目安排，并签订广东省东莞市与广西壮族自治区河池市对口帮扶扶贫开发项目合作协议书》。二是落实帮扶资金。协调落实援助广西河池市1567.46万元，其中市财政1030万元。三是抓好项目落实。以“整村推进、产业化扶持、劳动力转移培训”为工作重点，抓好项目实施，2012年东莞市财政帮扶广西河池的1000万元资金主要用于“十二五”时期11个“整村推进”示范村建设，覆盖农户1207户5371人；计划新建、扩建、维修村屯道路14条8.38公里；新建人饮工程2处等，项目建设开始启动，启动个数占整个项目个数的18.5%，所有项目计划于2013年6月底前竣工。四是经贸及劳务帮扶。承接干部挂职。市政府接收广西河池市都安瑶族自治县县委副书记、县长蓝启章到松山湖管委会挂职副主任，促进东莞市2家企业到东莞·河池合作工业园投资办厂，密切两市经贸关系。开展劳务扶贫。东莞市经协办·河池市扶贫办共建就业扶贫基地正式投入运营，第一批300名的电工、焊工等技术型人才已经完成输出就业。

对口支援重庆巫山 2012年，市经协办协调市政府副市长唐庆涛带队赴重庆市巫山县开展考察援助活动，落实市财政划拨对口支援资金400万元，其中2011年对口支援重庆市巫山县资金200万元，用于支持巫山县第二高级中学1#学生公寓楼建设项目，预计2012年建成，将解决1000多名学生的住宿需求；2012年对口支援资金200万元，则用于巫山中学龙门校区1#学生公寓楼建设续建项目和巫山县公路防护栏安装工程项目。

（市经协办供稿）

【市内扶贫】2012年，东莞市继续落实市内扶贫帮困“责任到单位责任到人”工作，安排90个市直（中央、省属）单位、90个发达村和8554名干部，对口帮扶89个（2011年长安长盛社区退出欠发达村）欠发达村和4078户有正常劳动能力低保户。全年市财政共发放欠发达镇贴息贷款1.55亿元，欠发达村免息借款0.24亿元，安排定点帮扶专项资金0.27亿元，为52个欠发达村（社区）下拨优质项目补助资金1.95亿元，为59个欠发达村（社区）安排2012年度基础设施建设项目补助资金0.58亿元，为22个问题突出村和后进村（社区）下拨帮扶资金0.21亿元，为综合实力排名靠后的285个村发放公共管理补助资金2.4亿元，为承担农田和非经济林地保护任务的460个村发放生态补偿资金1.74亿元，为5000多名困难群众发放低保就业激励补助资金0.17亿元。建立市领导挂钩联系镇街制度，5月组织开展市几套班子领导集中督导镇街市内扶贫工作活动；建立领导挂点、干部驻村制度，市镇两级共落实挂点领导181名，累计到欠发达村协调指导工作2400多人次，选派驻村干部185名，人均驻村86天；建立“每月一报送”“每月一督查”“每季一通报”制度，及时掌握和定期公布工作进展。

2012年，各镇街、有帮扶任务的发达村、单位和干部，共向帮扶对象捐资捐物3400多万元。2012年全市89个欠发达村村组两级经营性纯收入2.7亿元，比上年增长24.5%，其中有87个欠发达村村组两级经营性纯收入超150万元或增长10%以上，占欠发达村总数的97%；帮助5000多名贫困劳动力实现稳定就业，有3825户已结对帮扶的有劳动能力低保户达到脱贫标准，脱贫率为93%，超额完成“两个80%”目标任务。9个欠发达镇生产总值共503亿元，各项税收总额77亿元，可支配财政收入43.7亿元。

（市农业局供稿）

【对口援藏】2012年，东莞市按照省委、省政府新一轮援藏工作的部署和要求，以推进援建项目建设、产业发展、智力支援为重点，开展对口支援林芝县各项工作，努力将林芝打造成国际旅游目的地。编制实施2012年对口援藏项目投资计划，3个援建项目如期完成年度投资计划，投入援藏资金6100万元，5个小康示范村按时竣工，2个主体工程基本完成。鲁朗国际旅游小镇项目总体规划编制工作基本完成，通过专家评审，奠基动工。配合林芝县举办第十届林芝桃花文化旅游节，组织保利集团、恒大集团、珠江投资、广东中旅等多家企业赴林芝考察，促成广东中旅与林芝县签署10亿元旅游合作意向书，恒大集团、保利集团分别在林芝设立分公司，推动东莞粮作花卉研究所与林芝县农牧局共同建立鲜切花孵化基地，安排67名当地干部、人才到莞考察学习，招募23名优秀支教老师到林芝县各中小学开展支教工作，全面推动开展产业、智力援建。动员社会各界捐赠约118万元支持当地经济发展。（市发改局供稿）

【对口援疆】2012年，东莞市按照省援疆工作部署，推进项目援建、产业援建、智力援建、兵团分区援建和团场结对等工作，取得阶段性显著成效，得到国家、兵团、省和第三师等各级领导的充分肯定。组织召开2012年东莞市对口援疆工作会议、产业援疆推介会、兵团分区援建专题座谈会和汇报会。编制实施2012年对口援疆项目投资计划，33个援建项目如期完工，投入援疆资金4.32亿元，建成2200套安居房和一批基础设施、公共服务设施，50团城镇化项目实现整体移交，第三师城镇化率实现52.6%。开展产业援疆国企、民企、港企、台企行动，组团参加喀交会、亚欧博览会、中博会、广博会、粤港经济技术合作交流会、南疆（广东）草湖现代休闲农业示范园项目推介会等展会，引进13个产业项目，合同投资总额69亿元。成立市喀什经济开发区兵团分区援建工作领导小组，出台《东莞市援建喀什经济开发区兵团分区工作方案》，完成兵团分区的优惠政策汇编、城市规划编制、产业规划编制和开发模式的研究，筹集4.35亿元注册喀什综合保税区投资控股有限公司，建成17公里综合保税区市政道路，促成兵团分区与各行业协会达成多项合作协议，促成广东名远投资公司落户投资，引进广州天恒机车摩托车项目、顺诚国际公共保税仓项目等7个重大产业项目，合同金额超过5.5亿多元。完成支医支教轮换工作。安排500万元专项资金，累计培养第三师干部、人才575人次，组织全省705人次开展技术帮扶和指导工作。东莞市13个镇街赴新疆开展团场结对交流，9个团场开展回访活动。东莞市安排62名第三师团场干部到东莞市结对镇街开展挂职锻炼，社会各界为第三师捐赠物资达760多万元。协助兵团在莞举办大型慰问演出《兵团人不会忘记》，做好首批“兵团老战士南粤行”代表团在莞参观考察活动。编印援疆简报92期，兵团分区工作动态11期，2012年援疆工作大事记。

（市发改局供稿）

【东莞市共建产业转移工业园简介】截至2012年，全省经省政府认定的省产业转移工业园共36个，其中东莞市参与合作共建的园区共9个，包括东莞（韶关）、东莞（惠州）等2个由市政府参与合作共建的省产业转移园和东莞石龙（始兴）、东莞石碣（兴宁）、东莞东坑（乐昌）、东莞大朗（信宜）、东莞凤岗（惠东）、东莞长安（阳春）、东莞大岭山（南雄）等7个由镇政府参与合作共建的省产业转移园。截至2012年，东莞市参与共建的9个产业转移园经省认定的面积为5862.35公顷，已开发面积2635.07公顷；园内已投入开发资金119.01亿元，其中东莞市市、镇两级财政投入共建园区的资金共计5.24亿元；已入园在建及建成项目502个，投资额416.35亿元，其中已建成项目357个，投资额292.22亿元，解决就业人数90753人，其中本地就业人数62722人。

市政府参与共建产业转移园情况

东莞（韶关）产业转移工业园。园区位于韶关市区北郊和西南边，认定面积14070亩，由沐溪阳山、浈江、武江、曲江四个片区组成。主导产业为机械、玩具、电子信息、生物医药等。截至2012年，园区在建及建成项目203家，投资额147.16万元。2012年工业增加值27.52亿元，比上年增长17.8%。已入选省示范性产业转移工业园、专业性产业转移园和省十大重点园区。

东莞（惠州）产业转移工业园。园区位于惠州市龙门县，认定面积10950亩，主导产业为电子信息、服装加工、新型建材。园区在建及建成项目33个，总投资额近44.56亿元，2012年1—12月工业总产值45.62亿元，比上年增长44.5%；工业增加值12.28亿元，增长39%。

镇政府参与共建产业转移园选介

东莞凤岗（惠东）产业转移工业园。园区位于惠州市惠东县，2006年10月认定，认定面积427公顷，已向省政府申请扩园至746.6公顷。园区主导产业为机械制造、钟表制造、鞋业。2010年以纺织服装（鞋业）专业入选专业性产业转移园并获得省财政1亿元资金扶持。截至2012年，该园区园内开发资金及外部基础设施资金投入累计达13.54亿元，在建及建成项目43个，其中投产项目40个。

东莞大岭山（南雄）产业转移工业园。园区位于韶关南雄市，2010年3月认定，面积404.73公顷，以精细化工为主导产业。截至2012年，园内已投入开发资金8.59亿元，在建及建成项目100个，其中投产项目58个，投资总额40.57亿元。该园区2010年以化工材料专业入选专业性产业转移园并获得省财政1亿元资金扶持，2010年度、2011年度连续两年产业转移考评获得优秀等次。

（市经信局供稿）

产业合作与转移

【产业园共建机制】2012年，东莞市产业合作办公室充分发挥莞韶、莞惠产业转移工业园（简称“莞韶产业园”“莞惠产业园”）建设领导小组和联席会议的作用，沟通协调三地关系，及时回应和研究解决两个园区发展的有关问题，履行东莞市共建责任。莞韶产业园和莞惠产业园共建工作联席会议均召开两次，共建双方的分管市领导和有关部门共同研究园区开发建设、招商引资等具体问题的解决思路与办法。东莞市产业合作办继续派出工作人员常驻莞韶、莞惠产业园，参与园区管委会日常工作，了解园区企业发展动态，分析存在问题，提出对策建议，巩固和深化共建园区与松山湖、虎门港战略合作伙伴关系，加快筹备组建韶关市东莞商会。

【产业园经济发展】2012年，莞韶产业园累计完成工业总产值120.19亿元，比上年增长10.54%；完成工业增加值27.52亿元，增长17.6%；税收收入4.1亿元，增长30.16%。园区连续两年获得省产业转移目标责任考核优秀等级，成功竞得5亿元竞争性扶持和1亿元专业性扶持资金，被列为省十大重点园区之一，所辖韶关工业园被认定为省级高新区，园区管委会被评为省重点项目建设先进

东莞市产业合作办公室

① 2012年6月5日，副省长刘志庚(右二）一行在莞韶产业园产品展示厅听取介绍。
② 2012年11月22日，莞韶华南钢铁深加工科技产业园启动，市政府副秘书长、产业合作办主任罗斌（左四）及市经信局负责人参加韶关市曲江区人民政府举办的产业园启动暨曲江经贸洽谈会。
③ 2012年2月，副市长成洪波（左二）及市产业合作办等相关部门赴莞惠产业园考察并与相关部门负责人召开莞惠产业园联席会议。
④ 2012年3月2日，副市长成洪波（前排左二）及市产业合作办等相关部门一行赴韶关参加莞韶产业园联席会议。
⑤ 2012年3月2日，副市长成洪波及市产业合作办等相关部门一行赴韶关参加莞韶产业园招商引资推介会。

集体。2012年，莞惠产业园累计完成工业总产值45.6亿元，比上年增长44.5%；工业增加值12.3亿元，增长44.4%；税收2.9亿元，增长30.2%。

【产业园基础建设】2012年，莞韶产业园基础设施建设顺利推进，创业服务中心配套不断完善。比亚迪、汉鸿木业两个大型项目的配套市政工程基本完成。新国道323线完成路基工程70%以上。污水处理厂基本建成。白土污水处理厂首期工程建成投入试运营，甘棠污水处理厂完成主体建筑物，构筑物、主要设备安装和污水管网在施工中。启动“绿色升级示范工业园区”创建工作，并取得阶段性成果；总部核心区加若干员工社区中心的“1+N”工程，完成初步规划并对外招商；“数据园区”工程的云计算项目，完成设计和首期工程招标，在组织施工。莞惠产业园园区首期场地平整完成，基本实现贯通全部市政道路；二期工程中，县城东出口拓宽改造完成高压线迁改立项，标准化厂房完成整个项目的地基强夯施工，二期场地平整完成100%；水质净化中心外排管道及中回用管道工程完成建设。莞惠大道、莞惠大桥在进行前期施工图纸设计。

【产业园宣传推介】2012年，东莞市产业合作办加大宣传推介力度，在莞深高速、广深高速设立T型广告牌，市内投放公交车候车亭灯箱、公交车车身广告，在《东莞日报》《广东工业园》等报刊策划莞韶产业园专题报道，通过制作宣传册、印发简报、网站改版升级等方式推动园区宣传。3月16日，市产业合作办联合市“双转移”办召开莞韶、莞惠产业园开发建设情况发布会。邀请市“双转移”领导小组成员单位，部分镇街经信部门领导，及东莞市纺织、电子、五金模具、机械等21个协会、企业60多人参会，近20家媒体采访报道。会上，莞韶、莞惠产业园通报园区建设进展情况和2012年发展计划，明确“突出园区特色，形成产业集聚”的工作重点，继续加快推进园区基础设施建设和招商引资工作。此外，市产业合作办主要负责人于3月和12月两次接受市内及中央、省驻莞媒体集中采访，通报园区建设情况，推介园区投资环境。

【产业园招商引资】2012年，东莞市产业合作办与莞韶、莞惠产业园管委会沟通，明确两个园区管委会的园区招商产业目录及企业入园标准，以便有目的、有计划地推荐企业前往园区实地考察和洽谈，加强协助招商选资的指导性、针对性与实效性。截至2012年，莞韶产业园全年招商引资合同及协议项目25个，其中亿元以上项目8个，正式合同19个，协议金额超过200亿元，全年合同利用资金32.19亿元，实际到位资金29.65亿元。莞惠产业园累计签订投资意向项目数48个，意向投资额249.55亿元。

2012年，市产业合作办制定《关于加强与我市重点镇街、重点园区、重点协会、重点企业沟通联系的工作方案》，将加强四个重点沟通联系作为招商引资的重点，坚持走出去与请进来相结合，及时把握全市经济、行业及企业动态，协助园区拓宽招商渠道，有针对性地建立企业信息资料库，形成招商资源平台。协助莞韶、莞惠产业园招商引资，牵头组织多次招商活动，全年共组织160多人次企业家前往两园区考察，同时先后单独组织广东中亚机械股份有限公司等10多家企业前往园区考察洽谈。

2012年9月18日，借助东莞市举行世界莞商大会、“加博会”契机，由市产业合作办牵头，以东莞、韶关、惠州三市政府名义举行莞韶、莞惠产业园商机推介会，省市有关部门领导和省内外相关产业协会、企业代表等600多人参会，推介会现场签约企业项目12个，涉及投资额116.4亿元。11月7—9日，由韶关、东莞市政府主办的第二届广东装备制造业国际高峰论坛暨中国机械博士大会在韶关举行，在市产业合作办协调组织下，由市政府副市长张科带队，市委组织部、市发改局、市经济局等部门主要领导及多个镇街、园区分管经信工作领导组成30多人的东莞市政府代表团及120多人的企业代表团赴韶关参会。此次论坛共邀请到国内外机械专业博士100名，国内外知名装备企业家400多名及政府领导、专家学者、媒体记者等约600人。论坛现场达成4个投资意向项目、33个产学研合作项目，有22组博士与企业开展项目对接。（邝铄涵）

附：2012年东莞市产业合作办公室领导名录

主　任：罗　斌（市政府副秘书长）

① 2012年11月，广东装备论坛举行前夕，副市长张科（前排左）率市产业合作办等相关部门到莞韶产业园调研。
② 2012年3月16日，2012年度莞韶、莞惠产业园开发建设情况发布会在东莞市会议大厦召开。
③ 2012年9月18日，莞韶、莞惠产业园商机推介会在东莞南城会展国际大酒店举行，现场签约的企业项目12个，涉及投资额预计达116.4亿元。
④ 2012年11月8日，第二届广东装备制造业国际高峰论坛暨中国机械博士大会在韶关举行，共100多名来自海内外的机械专业博士与500多名广东机械装备制造行业企业家与会。

政　法 LEGAL SYSTEM

同沙生态公园环湖路

编辑：刘　丹

政法综述

【概况】2012年，东莞市政法系统把加强社会建设、创新社会管理放在突出位置，围绕深入推进“三打两建”（打击欺行霸市、打击制假售假、打击商业贿赂、建设社会信用体系、建设市场监管体系）专项行动、全力维护社会稳定、积极建设平安东莞、全面加强队伍建设，积极探索实践，力争在建立具有东莞特点、适应社会主义市场经济要求的社会管理体系上走在全省前列，助力东莞市高水平崛起。

【“三打两建”】2012年，东莞市“两抢一盗”案件比上年下降9.6%，群众安全感明显增强；全市社会消费品零售总额增长9.2%，消费者对市场秩序的信心显著增强；全市共引进重大项目81宗，投资总额达1972亿元，投资环境持续好转。

强化统筹部署，推动专项行动　严格贯彻落实省“三打”部署，召开46次全市工作会议专题研究，制定实施53项贯彻落实措施。建立完善协调联动、信息研判、联合整治、集中打击、宣传发动、奖惩激励等六大工作机制，构建立体化“三打”协调体系；实施“领导包案”“末位倒逼”“一票肯定”“群众直评”等机制，推进“三打”工作。全年受理各类线索24867条，分别立案查处欺行霸市案、制假售假案、商业贿赂案18194宗、12607宗、738宗。

突破大案要案，整治重点问题　盯紧重点产业、重点领域、重点部位和区域，成功打掉废品回收领域欺行霸市犯罪团伙21个，捣毁食品药品领域制假售假窝点1674个，清除多个危害群众、企业利益的犯罪集团，使群众反映最强烈的重点问题得到有效整治。同时，发挥市委政法委协调指导作用，开辟公安、检察、法院“绿色通道”，深挖“线中线”、突破“案中案”，深化斩链挖伞，提升打击实效。

坚持打宣并举，营造舆论氛围　发挥主流媒体宣传引导优势，新华社、《人民日报》，中央综治办《社会管理综合治理动态》、中央政法委《长安》杂志等先后刊文报道东莞市开展“三打”的主要做法和典型成效。创新宣传方式，发送“三打”短信1505万多条，发布微博30070条，有效提升群众参与“三打”的积极性和主动性。

【维护稳定】2012年，东莞市政法系统突出维稳工作重点，狠抓机制建设，确保全市政治社会大局稳定。

维护安全稳定，确保国家安全　坚持防范境内外敌对势力渗透不放松，加强信息搜集研判、重点人员管控、重点部位巡查和网络舆情管控，防范和处置邪教工作连续实现既定目标。

确保常态维稳　以省第十一次党代会和党的十八大维稳安保工作为核心，对敏感节点及相关敏感事件，通过制定工作方案、召开全市会议研判、开展分片督导，排查出的重大不稳定问题全部落实包案；坚持定期排查与专项排查相结合，以镇街综治信访维稳中心（站、室）为依托，成功调处群众诉求14179宗，调解成功率达96.05%；全市各类人民调解组织成功调解矛盾纠纷16022宗，调解成功率为98.1%。

确保机制健全　健全社会稳定风险评估工作机制，全年评估重大事项27项；加强应急机制建设，及时妥善处理多宗群体性事件，多项维稳工作做法得到上级部门充分肯定。

打击违法犯罪　2012年，公安机关始终保持严打高压态势，持续开展专项行动，重拳打击“两抢一盗”、命案、涉枪、拐卖、诈骗等突出的违法犯罪活动，提升群众安全感：全年破获刑事案件21436宗，比上年上升5.2%；受理治安案件50321宗，下降1%。检察机关共批准逮捕8103件12935人，分别比上年上升16.72%和20.76%；提起公诉7915件12755人，分别上升21.75%和22.51%。审结刑事案件8617件，比上年增长23.58%。

维护公平正义　2012年，全市法院审结民商事案件65657件，解决诉讼标的金额117.52亿元，执结案件26349件32.65亿元，“定纷止争”功能凸显；检察机关加强诉讼监督工作，追捕漏犯213人，追诉漏犯23人；司法行政机关完善劳资纠纷“绿色通道”，发放“法律援助卡”，全年受理法律援助案件3920宗，比上年增长18%，为困难群众节省律师费用1176万元，避免和挽回经济损失4950.4万元；市委政法委机关全年办理各类群众信访案件214宗，办理中央政法委交办案件43宗，息诉化解42宗，息诉率97.67%。受理司法救助案件182宗342人，发放救助金473.17万元。政法系统一系列利民惠民措施有效维护了社会公平正义。

【平安创建】2012年，东莞市政法系统紧密围绕省委省政府建设平安广东和市委市政府建设平安东莞的总体目标，将平安东莞建设推向深入。

平安建设赢得好开局　全市政法系统加强组织领导，促进协调联动，发动群众参与，营造浓厚氛围，建立考核制度，落实建设平安东莞各项举措。平安建设开展伊始，多次组织座谈和实地调研，在全省率先出台平安建设《行动计划》，并在全省创建工作会议召开当天在《南方日报》整版刊登东莞市平安建设工作情况；率先召开全市动员大会，出台《关于全面建设平安东莞的意见》，全面动员部署开展。

社会管理迎来创新潮　市委政法委主要领导带头下基层调研，全市政法系统大兴探索实践之风，各地特色涌现、亮点纷呈：如南城街道的基层警务机制改革模式；石龙镇企业风险预警应急系统及“天网”工程；厚街镇出租屋和新莞人的管理模式；望牛墩镇“平安小社区”建设；凤岗镇雁田村出租屋网格化管理；塘厦镇创新流动人口服务管理模式。政法各部门大胆创新：法院推进诉前联调机制建设，全市诉前联调工作室受理案件3827宗，调结3801宗；禁毒部门牵头成立省三水康福苑虎门、万江工作站，开展公益募捐，开通“东莞禁毒网”；相关责任部门通过一系列创新举措，交通、火灾事故分别下降5.4%、36.2%；着力推进流动人口、出租屋服务管理信息化水平，制发居住证560.5万张。

重点整治持续显成效　全市政法部门细化治安重点地区和突出问题排查整治工作，建立情况数据每月汇总分析、每季度检查评比、每半年督查通报制度，定期组织明察暗访，研究制定整治方案。2012年，由镇街党委政法办牵头成功整治集贸市场51个、城乡结合部49个，治安重点地区67个和突出治安问题127个，重点地区治安面貌明显好转。深化全市铁路护路联防工作，组织排查并化解涉路矛盾纠纷23宗，整治铁路沿线治安安全隐患31处。

【为民服务】2012年，东莞市政法系统强化政法队伍全心全意为人民服务的宗旨意识，推进务实为民，持续高效为百姓谋福利，让群众得便利。

树立政法机关阳光公正形象　公安机关在东莞电视台开设“平安东莞”栏目，在《东莞日报》《东莞时报》推出“莞邑卫士”专栏，全方位报道公安机关打击成果、先进典型、防范措施。审判机关积极推进“阳光工程”，成立全省首个司法公开办公室，提升整体工作效能；探索司法吸纳民意新途径，公开邀请社会公众听审评议案件；建立“党代表、人大代表直通车”制度，主动征求对法院工作的意见；在法院官网开通专栏，及时公布工作信息；开展“走进法院、了解法官”活动7次254人到法院体验法官工作生活。

强化政法队伍能力水平建设　公安机关开展“四化五警”（“四化”：治安管理网格化、治安巡逻常态化、治安监控全面化、治安打击精准化；“五警”：科技兴警、人才强警、动态布警、从严治警、从优待警）试点建设，全力推动公安工作改革创新；设重点企业警务室、警民联络点，开展厂区、商铺、志愿者联防；建设350兆数字集群通讯、路灯杆编码定位系统、电缆线防盗报警系统，配置现场执法仪、行车记录仪等科技装备，推行巡逻指纹、电子签到；强化110指挥中心、视频监控中心与路面警力协调配合，实现交警、巡警“一警多能”。检察机关以文化建设引领队伍建设，提升整体服务能力，2012年，市人民检察院被最高人民检察院评为“全国检察文化建设示范院”，市人民检察院公诉一科被最高人民检察院评为“全国优秀公诉团队”。审判机关坚持“以党建带队建促审判”的工作思路，继续推进“学习型法院”建设，建立具体的学习、培训、激励、考核四大机制，提升服务群众的能力和维护社会公平正义的水平。

大力弘扬正义正气感召社会　建立健全见义勇为人员奖励和保障机制，弘扬见义勇为精神，宣传全市政法系统李结华、罗建军等先进典型，营造见义勇为良好氛围，全市涌现出见义勇为行为113宗203人，宗数和人数均比上年大幅增加。　（丁　涌　陶玉清）

附:2012年东莞市委政法委领导名录

市委常委、政法委书记：邓志广

政法委副书记：陈　波　杨天泰　杜淦洪　苏云太

▲广场秀色

公　安

【概况】2012年，东莞市公安机关严厉打击刑事犯罪，维护社会治安稳定，全市共立“两抢一盗”案件26245宗，比上年下降9.6%；破获刑事案件21448宗，上升5.3%，刑事拘留15244人，上升11.6%，逮捕12584人，上升16.2%。全市受理治安案件50321宗，比上年下降1%；行政拘留21552人，上升6.9%，“老虎机”赌博机得到根本遏制；发生伤亡交通事故4715起、死亡913人、受伤4949人，分别比上年下降6%、9%、3%；发生火灾事故1582起、死亡11人、受伤4人，分别下降36.2%、21.4%、63.6%；实现62项公安业务网上受理、审批或查询，网上审批量占业务总审批量的90%以上。

【“四化五警”建设】2012年，东莞市公安机关按照“四化五警”建设（“四化”：治安管理网格化、治安巡逻常态化、治安监控全面化、治安打击精准化；“五警”：科技兴警、人才强警、动态布警、从严治警、从优待警）工作目标及“一年打基础、三年见成效、五年上台阶”的工作思路，推进相关工作，取得显著成效。

实施网格化管理　年初，长安、松山湖公安分局对“四化五警”工作进行试点建设，通过科学划分并创新设立重点企业警务室、警民联络点、智能警务网格，开展厂区、商铺及志愿者联防等手段，提高辖区治安管理水平。7月，市公安局在长安镇召开现场会全市推广。

开展“执法办案格式化”　4月17日，市公安局在万江公安分局进行试点，将刑事、治安和交通等日常案件的情形、法学理论、法律法规条文等要素有机整合，创立接处警指引、执法办案、范例展示三个模块，形成电子化执法办案网上辅助学习平台，帮助民警在短时间内掌握相关业务技能，实现“一警多能”，提高执法办案质量和效率，得到省公安厅的充分肯定。6月24日，在万江街道召开现场会全市推广。

推进警务运行机制改革　以“做精市局机关、做强基层分局、做专相关警种、做实警务区”为目标，最大限度释放警力充实基层实战部门、强化社区警务工作。6月，在南城公安分局开展试点

莞邑卫士　忠诚为民

① 2012年3月1日，广东省公安厅厅长梁伟发莅莞检查指导“三打两建”工作。

② 2012年11月6日，在全市出租屋治安管理现场推广会上，副市长严小康与群众交流。

工作。同时，将麻涌镇治安最复杂的大盛村作为警务前移试点，把治安管理、治安防范、服务群众、信息采集等7大方面警务项目前移到大盛警务区，下沉6名民警、60多名治安队员到警务区工作，贴身服务群众。

深化治安视频监控系统建设 新建一类视频监控点1139个，制定《东莞高清治安视频监控建设指引》，在石龙镇试行"天网"智能综合视频监控系统建设，采用全高清200万像素监控探头，以及夜间补光、目标特征自动提取等全新技术设备，实现人员、车辆轨迹布控查询，提升打击防范效能。12月，在石龙镇召开现场会全市推广，并提出各镇街自行建设，达到两年内全市新建6000个一类视频监控点的目标。

普及警犬进社区参与日常巡逻 年初，在东坑镇召开现场会，推广该镇新门楼村利用警犬参与治安巡逻23年的经验，组织全市警犬驯导员在东莞市和公安部昆明基地开展专业培训，建成市警犬训练繁殖基地，统筹全市警犬训练繁殖医疗保障工作，全市共完成626名驯导员及626条警犬的培训工作，并上路巡逻。

建设公安监管医疗区 1月，东莞市公安局与市人民医院合作，将该院旧址改建为公安监管医疗区，提出医疗区运作模式，并经东莞市政府十五届第4次常务会议讨论通过：由市人民医院负责医疗服务管理，公安机关负责押送患病嫌疑人及羁押病房的安全管理，市财政局全额负担医疗区日常产生的费用。医疗区受到公安部、省公安厅等领导的高度重视。12月底，公安监管医疗区建成运作，该院区总占地面积5200平方米，规划医务楼和保障楼各1栋，建筑总面积10493平方米。设内、外、传染、检验等4个科室，共200余张床位，解决了有传染病、重大疾病违法犯罪嫌疑人的收押难难题。

强化舆论宣传引导 推出"平安东莞"电视专栏和"莞邑卫士"报刊专栏，全方位报道公安机关打击成果、先进典型、防范措施，全年共播出260期电视专栏、刊登59期专刊。

加强队伍正规化建设 通过完善"工作执法一网考"绩效考核体系、狠抓班子勤政廉政建设、提高领导履职能力、公开提拔任用、严格问责制度、活跃警营文化等工作，全方位推进队伍正规化建设。

【"欺行霸市"违法犯罪打击】 2012年，东莞市公安机关按照省、市开展"三打两建"工作统一部署，发挥主力军作用，重点组织打击"欺行霸市"违法犯罪专项行动，破获欺行霸市刑事案件3798起，依法刑事拘留3133人、逮捕2630人、移送起诉2630人、审判1407人，侦破团伙案件3191起、打掉团伙450个、抓获团伙成员2669人，取得全省综合排名第6的优良成绩。摸排线索案源，实施精准打击。通过建立有奖举报机制，走访社会关系，研判重点案件、

① 石龙镇"治安视频监控全面化"建设推广会现场
② 2012年1月17日，东莞警方启动"守护平安·干净社区"大型主题活动。
③ 2012年6月27日，市公安局针对开展"三打两建"情况召开新闻发布会，及时通报有关情况。
④ 2012年2月29日，召开全市公安工作会议。

① 2012年4月18日，东莞公安大讲坛正式启动。
② 2012年4月23日，市公安局召开表彰先进大会。
③ 东莞警察摄影协会举行获奖作品颁奖仪式
④ 办理加载居住证功能
⑤ 2012年6月29日，警官合唱团参加“永远跟党走”第二届东莞市合唱节比赛获得金奖。
⑥ 举办首届感动东莞·社会治安十佳评选活动
⑦ 东莞市举行创建“平安东莞”——全市公安机关警容、装备、训练成果展，特警演练。
⑧ 进社区参与日常巡逻

接报警情，成立线索组进驻监管场所等手段，收集摸排涉欺及核查省市转、交办线索，按照"一案一专班、专案专办"的要求，联合有关职能部门，加强联动，对"打欺"案件实行快速反应、同步上案，快侦快破。集中整治问题突出行业，针对废品回收、交通运输、商品批发等问题较为突出的行业，制定方案，落实整治责任单位，进行集中整治。扩宽宣传渠道、强化宣传力度，把握宣传原则，理清宣传思路，采取多种方式，面向全社会和广大群众开展宣传攻势，提高宣传广度、密度和深度。强化部门协同执法力度，市公安局采取登门拜访、召开联席会议、案件研讨会等方式，加强与检察院、法院等成员单位的沟通协调，建立办理打欺案件"绿色通道"，实现案件快捕、快诉、快审、快判，有效提高打击效率。探索建立长效机制，打建衔接，总结打击"欺行霸市"工作的经验做法，探索建立长效打击机制，研究总结有关行业存在的法律缺失、管理滞后等问题，并形成调研报告，为"两建"工作做准备。

【"粤安12"专项行动】 2011年12月26日至2012年3月25日，东莞市公安机关组织开展"粤安12"专项行动，确保"两节"和"两会"期间全市社会治安大局稳定。开展矛盾纠纷大排查，借助镇街综治信访维稳中心平台，配合有关部门做好矛盾纠纷化解工作。强化巡逻防控工作，综合运用步巡、车巡、设卡、岗亭相结合的方式，加强对人员密集、情况复杂、案件多发的地区和部位巡逻防控及可疑人员和车辆的盘查力度，严打路面违法犯罪行为。重拳打击团伙犯罪、八类暴力犯罪和"两抢一盗"等多发性侵财犯罪，打掉犯罪团伙67个，侦破八类严重暴力犯罪案件815宗、"两抢一盗"案件2659宗；强力开展"打黑除恶"、"打四黑除四害"专项行动，侦破涉黑涉恶犯罪案件50宗、"四黑四恶"刑事案件41宗，打掉黑恶势力犯罪团伙10个、捣毁"四黑"窝点35个。强化重点地区、重点部位及各类安全隐患整治，清查整治出租屋23万间、各类重点行业场所部位2.2万间，端掉违法犯罪窝点（场所）770个。强化交通安全治理，全市交警部门在春节期间投入警力75967人次，检查客车92134辆次，查处交通违法行为68827宗（其中超速41806宗、客车超员237宗、酒后驾驶58宗），查扣各类违法车辆5806辆、赃车40辆。

【"南粤亮剑012战役"专项行动】 2012年6月26日至11月25日，东莞市公安机关开展"南粤亮剑012战役"专项行动，重点打击爆炸、放火、劫持、杀人、绑架、强奸、伤害、抢劫八类严重犯罪及制贩枪支、拐卖人口、电信诈骗等11类突出刑事犯罪，破案2790起，比上年上升61.93%，其中破杀人案12起，破强奸案130起，破伤害案734起，破抢劫案1783起；逮捕犯罪嫌疑人2472名，上升32.55%；打掉犯罪团伙356个，上升135.76%，总成绩在广东省内排名第三，成效显著。开展打击"碰瓷"犯罪活动。全市"碰瓷"案破案率100%，打掉犯罪团伙5个，抓获犯罪嫌疑人21名，解救未成年人17名。开展打击拉人上车抢劫、撞车尾抢劫和抢劫汽车专项行动。7月15日至8月14日，市公安局组织开展打击拉人上车抢劫、撞车尾抢劫和抢劫汽车专项行动，打掉犯罪团伙4个，破案20起，成功侦破省市领导批示督办的寮步"10·20"拉人上车抢劫案、黄江系列拉人上车抢劫强奸案和长安"9·2"特大系列拉人上车抢劫案。开展专项追逃行动。8月初，全市公安机关组成5个追逃小组赴湖南、广西、河南、贵州及广东省开展为期一个月的集中统一追逃行动，共抓获逃犯103名，其中命案逃犯2名、"大情报"红色报警逃犯17名。开展集中清查整治行动。10月22日至24日、11月2日至3日，全市公安机关在集中清查整治行动中打掉抢劫等犯罪团伙24个，侦破严重犯罪案件205起，成功摧毁1个特大盗抢车内财物犯罪集团。

【"抓一化促八率"工作】 2012年，东莞市公安机关按照省公安厅部署，全力推进"抓一化促八率"（"一化"：公安信息化建设；"八率"：突发群体性事件下降率、有效警情下降率、交通火灾事故死伤人数下降率、涉警信访下降率、民警违法违纪案件下降率、刑事治安案件侦破查处提升率、公安业务网上办理提升率、群众对公安工作满意度提升率）工作。开展新情报指挥中心建设。11月，市公安局开始筹建新情报指挥中心，并赴长沙、苏州等市公安局实地考察，与相关公司进行系统技术交流，组织公安内部专家评审，完成项目建议书和项目可行性研究报告编制工作。启动警用地理信息系统（PGIS）建设。3月，市公安局出台实施方案，与国土局签订《共建共享合作协议书》，获得PGIS建设的基础信息数据，并由市政府分期划拨1400多万元建设经费，已完成21%面积的信息采集，采集房屋建筑地址信息29.4万余条、警用地理信息39.2万余个信息点。通过前期的筹备，系统建设已进入招标阶段。完善"大情报"系统。整合7类重点人员及流动人口、国内旅客、治安卡口等信息，部署重点对象动态管控子系统、情报门户及研判子平台等信息系统，加强重点人员管控，情报信息搜集、研判及应用工作，全年共签收、处置、反馈预警信息11万余条，协助抓获在逃人员786人。推进"大考核"工作。开展"工作执法一网考"的"自动考""全程考""全面考"及试点"单位考"工作，将"三打两建""四化五警"等重点工作纳入考核，调动民警积极性，推动公安工作深入发展。

【警卫勤务】 2012年，东莞市公安局完成胡锦涛、温家宝等党和国家领导人及重要外宾安全警卫任务190批次，任务总里程21386公里，出动警力15768人次；完成环莞快速路、常虎高速新联支线等道路电子地图校对验收工作；完成东莞迎宾馆、莞城城楼附近道路及广深沿江高速等道路电子地图制作32公里，广深港高铁等铁路电子地图制作27公里；完成警卫工作多媒体资料6套，警卫任务方案图形化13套。

【打击刑事犯罪】 2012年，东莞市公安机关发挥破案主力军作用，打击刑事犯罪。全市抓获刑事案件作案成员16083人，比上年上升11.41%；移送起诉13494人，上升25.97%。重拳打击命案等严重暴力犯罪，全市破命案230起，比上年上升16.8%，破案率95.4%。推进打黑除恶工作。全年移送起诉4个黑社会性质组织，依法判决75个恶势力犯罪团伙。推进打拐斗争。全年立拐卖儿童案件12起，破获12起，解救被拐儿童12名；立拐卖妇女案1起，破获1起，解救被拐妇女1名；为报警群众找回走失儿童300多名。快侦快破造成社会恶劣影响案件。先后快速侦破松山湖"3·5"绑架勒索案、麻涌非法组织贩卖人体器官案、常平"霸王餐"致人死亡案等有广泛社会影响的案件。打击多发性侵财犯罪活动。2012年3月至12月底，全市公安机关侦破侵财案件15644起、逮捕犯罪嫌疑人5239人，考核成绩居全省第二。其中追缴赃车158辆，占全省追缴总量的一半；立电信诈骗案件398起，比上年下降5.7%，破案200起，上升38.9%，打掉电信诈骗团伙14个，抓获犯罪嫌疑人126名。5月，联合泰国警方侦破公安部督办的泰国皇室成员被电信诈骗案，抓获泰国籍犯罪嫌疑人11人；破入室盗窃案件3630起；破入室抢劫案件102起，打掉入室盗窃（抢劫）犯罪团伙101个；破获飞车抢夺案件1203起，打掉23个飞车抢夺团伙；破获拦路抢劫案件1279起，打掉156个拦路抢劫团伙；立盗窃汽车案件2387起，比上年下降32.1%，破509起，下降45.4%，打掉犯罪团伙16个。

【“破案会战”专项行动】 2012年3月1日至8月31日，东莞市公安机关组织开展打击经济犯罪“破案会战”行动。共破经济犯罪案件828起，为上年破案数的1.13倍；移送起诉犯罪嫌疑人2144人，打击处理率为上年的2.47倍；发动全国集群战役3次，破获中央领导批示案件1起、公安部督办案件7起，自侦大要案件31起，在全省公安机关综合战果位列第一档次，受到公安部、省公安厅表彰。

【大巡警建设】 2012年，东莞市公安机关以市政府“为民办十件实事”中实现路面“双抢”案件下降10%为目标，通过警务改革、完善大巡警体系及巡逻勤务机制等措施，最大限度提高见警率、管事率、盘查率。*发掘、整合社会防控资源* 建立统一的巡逻勤务模式，形成公安分局、警务区二级巡逻防控体系：公安分局巡警大队主要负责镇（街）辖区重点路段、重点部位的治安巡逻防范、便衣伏击、各类突发事件的处置及统筹协调各派出所、警务区的巡防工作；警务区在各社区（村）治安联防组织基础上，整合治安联防队员，并通过统一招录、管理、工资待遇、培训、考核等方式实现社区（村）巡逻防控工作组织由社区民警统一指挥，开展社区（村）的巡逻防控勤务工作，实行“社巡合一”。*科学配备人员* 落实各公安分局巡逻民警总数不低于分局总警力的20%指标，并保障巡逻民警专职巡逻执勤；派出所、巡警队按治安队员与民警5:1的比例配备治安队员用于辅助执行日常巡逻防控任务；配备社区（村）民警。*增大技防投入* 建立辖区地理编号系统，各公安分局利用标志性建筑物及路灯等永久性设施，制定地理编号系统，实现案发地点定位，方便群众报警后及时调动警力处置；在巡警队、派出所内建立指挥调度室，将视频监控应用纳入巡警队和派出所日常巡逻防控工作范畴，与分局共享视频监控成效，加强视频监控实际应用。

【治安管理】 2012年，东莞市公安机关围绕重点人员管控、矛盾纠纷排查调处、群体性事件处置3大工作，深入基层研究、落实工作措施，维护社会大局稳定。全年排查管控高危重点上访人员20名、列管刑释解教不满5年人员1226人，排查化解劳资纠纷、征地拆迁、涉法涉诉等重点领域引发的不稳定因素235起，取得全市影响社会安定的大规模群体性事件零发生及群死群伤重大治安灾害零事故的显著成效；推动警力下沉和警务前移，将“治安管理、治安防范、服务群众、矛盾化解、信息采集、交通秩序维护”等方面警务项目前移，做实警务区。

【户政管理】 2012年，东莞市户籍人口544079户，1870159人，其中农业人口911125人，非农业人口959634人。公安机关共办理户口迁移34064人，其中市外迁入20698人，迁出市外8326人，市内迁移5040人；全年签发居民身份证20.7万张，签发临时身份证2.7万张；为其他社会团体和群众等提供有关人口信息查询服务8416人次；深化户政行政审批改革，将“镇内购房入户”、部分“小孩出生入户”业务审批权下放至各公安分局，审批时间缩减10个工作日；做好积分制入户、入学服务，累计办理积分制入户手续5046人；推进户政管理警务前移工作，指导南城、麻涌公安分局将本地户籍人口及重点人口管理、采集本地部分户籍人口信息、采集重点人口信息、户政警务公开、入户受理申请、受理户口迁移申请、为新生儿取名提供重名查询服务等8个事项前移至警务区办理；完成持一代证未领二代证人员换发二代证工作任务，为2013年停用一代证和启用居民身份证登记指纹信息做好准备工作，并实现20分钟快速办理临时身份证举措；按时保质完成一年一度的人口统计年报工作，及时纠正户口登记中重登、漏登及差错等问题，为党和国家制定国民经济、社会发展计划的提供准确人口数字依据。

【流动人口管理】 截至2012年6月30日24时，东莞市共有暂住人口4167396人，比上年略有增加。按暂住人口来源地分析，广东（除本市外）、湖南、广西、四川、湖北、河南、江西等7个省（区）在东莞市暂住人口占总人数77.8%；按从事行业种类分析，务工、务农、经商、服务等四种行业暂住人口占总人数95.5%；按在莞主要居住地分析，长安、虎门、塘厦、厚街、东城、常平、寮步、凤岗等8个镇街暂住人口占总人数52.6%。*流动人口居住登记和居住证办理* 累计登记流动人口信息达672.4万条，发放居住证583.9万张。通过推广警员、治安员、户管员上门宣传、实地采集、核对信息的做法，提高流动人口居住登记率和居住证办理率，2012年共登记流动人口信息146.4万条，发放居住证124.9万张，圆满完成发放113.4万张居住证的指标任务。*推广使用流动人口自助申报系统* 应用“移动式人口信息智能采集终端”，提高系统覆盖面和出租屋租住人员信息采集率，争取有时租、日租经营行为且出租房间达20间或租住人员达30人以上的出租屋安装率达100%，并向人力资源部门申报登记且50人以上的企业安装率达100%，鼓励和引导警务区使用多种信息采集设备上门采集、核查流动人口信息。全市共安装流动人口自助申报系统2.4万余套，录入人员信息194.5万条，比对重点人员6586人，各项数据一直名列全省前列。*拓展居住证功能应用* 将首批拓展的门禁、企业一证通、公交服务、金融服务、小额消费、票务服务、新莞人积分查询服务、充值服务等8项功能加载到居住证，切实增强居住证的实用功能和含金量。2012年4月，该项目在全国“加强和创新社会管理典型案例”评选活动中被评为“全国社会管理创新优秀案例”。至2012年底，全市共安装居住证功能加载机216台、乐民综合服务终端482台、商户POS机275台、车载终端907个，加载居住证105403张，安装“企业一证通”系统1套。

【出入境管理】 2012年，东莞市公安机关推进出入境信息化、执法规范化、和谐警民关系三项建设，办理各类出入国(境)证件、签注125.9万人次。*优化出入境办证制度* 1月，全市各镇街公安分局实现跨镇街受理本市户籍居民申请赴港澳个人旅游签证业务。5月15日，开通“e网通”受理系统，实现往来港澳通行证再次签注无纸化操作。同日，开始受理电子普通护照，并增加电子普通护照指纹采集岗，为申请人预采集指纹、整理申请材料，提高办证效率。7月25日，针对在东莞市居住的台湾居民推出台胞证2年多次来往大陆签注及曾持证号加注两项便利措施。*深化外国人管理工作* 构建“网格化”管控机制，加强外国人住宿登记管理，实现全市常住外国人登记率达100%、临时住宿登记“三率”95%以上的目标，并建成东城东泰社区、金月湾花园、虎门丰泰华园山庄3个“和谐家园”。强化清理“三非”（非法入境、非法居留、非法务工）外国人工作，通过“车站堵、口岸截、路面查、社区清”的立体化清查方式，全

年查处“三非”外国人377人。强化案件查处力度 打击冒用他人身份、持双重户（国）籍骗取出入境证件及偷越国（边）境违法犯罪行为，破获第一宗组织他人偷越国（边）境案件，遏制“三非”外国人在东莞增多的势头，有效震慑组织偷越国（边）境的犯罪活动。

【“打四黑、除四害”专项行动】2012年，东莞市公安机关立案侦办“四黑四害”（“四黑”：制售假劣食品药品的“黑作坊”、制售假劣生产生活资料的“黑工厂”、收赃销赃的“黑市场”、涉黄涉赌涉毒的“黑窝点”；“四害”即严重危害人民群众生命健康，严重危害青少年身心健康，严重危害群众切身利益，严重危害公共安全和社会诚信的行为）。制假售假刑事案件915宗，破案652宗；刑事拘留1363人，逮捕894人；捣毁横沥镇裕宁工业区特大制售假药黑窝点，抓获3名嫌疑人，查获成品假药8087瓶、半成品假药1.02万瓶、各类药品包装标签及说明书4.8万张、包装盒2万个；侦破大岭山特大制售假证照窝点，抓获7名犯罪嫌疑人，缴获各类假证件2240张、假印章1080枚及制假工具一批；捣毁石龙涉嫌制售伪劣商品的特大制假黑工厂，抓获犯罪嫌疑人8名，缴获废旧手机电池及已生产的半成品手机电池80万块、手机充电器近1.6万个、涉嫌假冒标签180万枚，涉案金额1000万元以上。

【扫黄禁赌】2012年，东莞市公安机关部署开展整治涉黄涉赌违法犯罪活动，查处黄赌案件7221宗（涉黄931宗，涉赌6290宗），处理违法人员18447人（其中刑拘927人、劳动教养52人、收容教育134人、治安拘留6286人、行政罚款11048人）。建立长效机制、拓宽线索来源渠道 实现网络、电话等多种举报渠道，规范收集处理流程，加强管理对象基础信息收集，建立娱乐服务场所从业人员登记备案台账。创新工作方式 每周定期召开会议分析扫黄禁赌形势，调整工作部署，形成举报信息复查制度，每月通报举报信息查处及回复情况，加强对公安分局的指导、督促。通过部署开展各专项行动实现扫黄禁赌工作全面推进 7月，市公安局成立异地用警异地办案指挥中心和别动队，先后破获涉黄涉赌案件32宗，抓获犯罪嫌疑人558名，缴获赌资50余万元，处理涉嫌场所6间；灵活使用异地用警，对涉黄场所问题突出地段进行集中打击，查处138家组织容留介绍妇女卖淫场所、20家涉嫌利用群发信息招嫖酒店；集中整治地下赌博及“六合彩”犯罪活动。全市破获六合彩赌博案件1071宗，捣毁地下赌档159个；联合网警等职能部门重点打击网络赌博及传播淫秽色情物品犯罪，先后打掉7个网络赌博团伙、查处7宗传播淫秽物品牟利案，共抓获涉案人员38名；集中力量彻底清除“老虎机”等赌博机。3月13日，市公安局就铲除全市“老虎机”等赌博进行总动员，并与各公安分局长签订责任书，进行全面整治行动。全年共查处“老虎机”赌博机案件1832宗，缴获“老虎机”10408台，处理相关人员2242名，实现全市基本无“老虎机”赌博机的目标。

【立功创模】2012年，东莞市公安机关向省厅推荐获批集体二等功4个、个人一等功32个、个人二等功64个，审批集体三等功102个、集体嘉奖76个、个人三等功844个、个人嘉奖2392个，及时开展“三打两建”“大演练”、涉日维稳和“1138”警卫活动等专项评功表彰。对雨夜救助车祸群众，在误解中坚持践行雷锋精神的凤岗公安分局长罗建军；舍生忘死，身中9刀仍勇擒歹徒的樟木头分局聘员罗礼仙；被斩断手腕10根肌腱仍英勇无畏，勇斗凶犯的望牛墩分局民警侯光远等东莞公安警队涌现的践行核心价值观先进典型，专门召开大会进行表彰奖励，授予罗建军东莞市公安局“学雷锋爱民模范”称号，授予侯光远、罗礼仙东莞市公安局“忠诚为民勇士”称号。以东城公安分局板桥派出所李结华获全国公安机关爱民模范为契机，积极宣传报道，号召广大公安民警以李结华为榜样，学习身边先进模范。

【道路交通安全管理】2012年，东莞市各级交警部门从隐患排查、源头管理、勤务落实、交通整治、宣传教育等方面着手，深化交通安全综合治理，预防道路交通事故。东莞市全年发生伤亡交通事故4715起，死亡913人，受伤4949人，直接经济损失633万元，分别比上年下降6%、9%、3%、3%，死亡人数减少92人。

【机动车驾驶员管理】2012年，东莞市各级交警部门启用机动车远程检验系统，实现检测站一站式完成机动车年检全部手续；增设1家机动车登记服务站、2家车管业务综合服务站，全市共设立9家机动车登记服务站、3家车管业务综合服务站；下放驾驶证审验、驾驶人提交身体条件证明、校车标牌核发及校车驾驶许可申请等业务到中堂、虎门交警大队；在机动车业务厅设置1台交通管理自助服务机，实现车管业务自助申请服务；新增25台交通违章罚款异地缴纳终端，基本实现全市异地缴费全覆盖；推出网上车管所，实现车管部分业务网上办理、车管信息网上查询、车管问题网上咨询。全年受理业务11610宗（其中驾驶证业务3148宗，机动车业务882宗，交通违法业务7580宗）；推进电子档案建设，11月份启用电子档案管理系统，从各大队抽调25名文职人员专门从事电子档案的录制工作，逐步实现机动车和驾驶人档案信息化管理。2012年，全市新增汽车17万辆，总量达148.7万辆，新增驾驶人34.92万人，总量达167.4万人。

【交通治堵工作】2012年，东莞市交警部门按照市政府“为民十件实事”中治理10个交通拥堵点任务，于10月底前完成对人民公园东门广场路口、学院路、岗贝路口、东城路东源路口、东升路公务员小区路段、莞太路鸿福路口、体育路簪花路口、莞穗路万鹰路口、莞穗路江滨路口、汽车总站路等10个交通拥堵点的整治工作，极大缓解交通拥堵情况；开展右转弯车道行车秩序整治。在市区共排查出67个路口100个整治点，并移交市城管局进行整改。同时，在东城、南城右转弯车道秩序较乱的路口试点设置反光锥，实施物理隔离，缓解灯控路口右转弯车道占道严重、影响车辆通行秩序的突出问题；优化信号灯配。根据车流量的大小和特点，对市区190多个路口信号灯配时进行重新优化，并在2011年基础上增设5条绿波带，使市区主干道绿波带数量增至19条，提高市区道路通行效率；完善交通安全设施。在东城路、旗峰路、东城西路的部分交通秩序乱点共投入90多万元设置中央护栏2100米，规范道路交通秩序；试行治堵措施。针对八一路东华学校路段以及松山湖大道古屋村路口的拥堵难题，通过临时开通路口、调整交通组织等措施，基本解决该路段拥堵问题。（谭林峰）

附：2012年东莞市公安局领导名录

党委书记、局长、督察长：严小康
党委副书记、副局长：李泽林　卢伟琪
党委委员、副局长：
　　黄天云（3月免副局长职务，保留党委委员，任市人民政府副秘书长）
党委委员、副局长：梁建柱　李伟雄
　　陈昌盛　刘沛雄　李灼华
党委委员、纪委书记：叶沃昌
党委委员、政治处主任：何澄彪
党委委员：利焕祥
党委委员、交警支队长：张绍培
党委委员、指挥中心主任：张志强

检　察

【刑事检察】2012年，东莞市检察机关集中力量查办“三打”案件，查办商业贿赂犯罪和深挖保护伞。立案查办国家工作人员涉及商业贿赂犯罪案件43件54人，立案查办为欺行霸市和制假售假犯罪分子充当保护伞案件26件32人。先后查办为危害食品安全犯罪充当保护伞的中堂镇经贸办副主任黎达文受贿案等一批“保护伞”案件，有力震慑犯罪。批捕“三打”案件713件1801人，起诉675件1930人。主动介入重特大“三打”案件，确保案件定性准确、快速审结、及时移送。加大证据审查力度，严把案件质量关，对达不到法律标准的坚决不捕不诉，全年对“三打”案件不捕288人，不诉47人。

依法严厉打击各类刑事犯罪。始终保持对严重刑事犯罪的高压态势，尤其对于群众反映强烈的“两抢一盗”（抢劫、抢夺、盗窃）、食品安全犯罪、黑恶势力犯罪，以及影响基层镇街社会稳定的欠薪逃匿犯罪等给予坚决有力的打击，保障社会和谐稳定。批准逮捕8103件12935人，分别比上年上升16.72%和20.76%;提起公诉7915件12755人，分别上升21.75%和22.51%，全年办案数达历史最高纪录。办理涉案金额达5000多万元的田某非等10人贩卖毒品案、马某东等4名企业负责人欠薪逃匿案等一批社会广泛关注的案件，有力震慑犯罪，提升人民群众安全感。在打击刑事犯罪中，坚持当严则严、该宽则宽，区别对待、注重效果。对危及民生的食品、药品安全犯罪，摆在与“命案”同等重要地位来从严办理；对于初犯、偶犯和未成年犯罪人员等轻微刑事案件，依法从宽从轻从快处理，全年不批捕227人、不起诉233人。全面推行轻微刑事案件快速办理机制，对认罪悔罪、积极赔偿的轻微刑事案件正确适用和解，促成和解107件142人。

【反贪污贿赂】 2012年，东莞市检察机关受理贪污贿赂案件线索101件，立案侦查53件67人，比上年增长116%，查办大案42件，要案4人，挽回经济损失2615.63万元。协助外地查办职务犯罪案件96（件）次，抓获犯罪嫌疑人2人。转变执法理念，坚持理性、平和、文明、规范执法，注重执法办案的法律效果与社会效果的统一。推进侦查信息化和装备现代化建设，坚持全程同步录音录像，加强办案安全防范，保障涉案人员的合法权益。

【反渎职侵权】2012年，东莞市检察机关查办国家机关工作人员滥用职权、徇私舞弊、刑讯逼供造成严重后果的渎职犯罪，受理线索57件，立案侦查11件10人，比上年增长120%和66%。坚持重特大事故同步介入，及时介入建晖纸业有限公司特大火灾等安全生产责任事故和其他社会管理突发事件18起，积极向相关单位发出完善监管的检察建议，督促其堵塞管理漏洞。按照最高检察院的统一部署，开展涉及社会保障、食品安全和制假售假等专项整治工作。

【预防职务犯罪】2012年，东莞市检察机关推行全市各镇街和园区“一岗一预防”工作，推进岗位廉政风险防控体系建设；开展“预防职务犯罪工作示范村”创建活动，健全社会大预防格局。开展重点工程同步预防工作，继续抓好轨道交通R2线、CBA篮球中心、从莞高速（东莞段）等专项预防。及时介入两起建筑领域违法招投标事件，建议追究相关人员的刑事责任。开展法制宣教工作，深入农村、企业和学校举办各种主题的法制宣讲活动157场，7万多人次受到教育。联合市纪委等部门举办东莞市打击和预防商业贿赂工作展览，共有18万余名干部群众参观展览。

立足检察职能，参与“两建”工作。落实以打促建、打建结合的工作要求，联合市纪委发布《关于发挥预防职务犯罪工作职能优势服务“两建”工作的意见》，指引各单位从完善信用制度、政府监管等五个环节开展预防职务犯罪工作。健全行贿犯罪档案查询系统，接受3917家企业和23346名个人的行贿犯罪档案查询，督促职能部门将有行贿犯罪记录的企业列入工程招投标黑名单，规范市场准入门槛。针对“三打”中发现的制度漏洞、管理滞后等问题，及时提出检察建议24份，努力实现“办理一案、治理一片”的目标，有效促进社会信用体系、市场监管体系的建设。

【民事行政检察】2012年，东莞市检察机关依法监督民事行政审判活动，立案审查不服法院生效民事行政裁判案件109件，提出、提请抗诉20件，经再审改判3件，再审改判率达到100%，促进服判息诉180件。加强对虚假民事诉讼案件的监督工作，立案审查虚假民事诉讼案件3件，促进了社会诚信体系建设。

【监所检察】2012年，东莞市检察机关加大监管场所检察监督力度，开展清理久押不决等专项活动，督促结案11件54人，保障被监管人的合法权益；审查减刑假释保外就医案件3486件，提出纠正意见11件。监督立案服刑罪犯又犯罪案件3件3人，监督社区矫正人员756人次，纠正脱管漏管19人，维护刑罚执行的严肃性。

【控告检察】 2012年，东莞市检察机关依法处理群众来信来访等各类信访1377件，为群众解决实际困难97件，群众对接访工作的满意率达100%。开展被害人救助工作，办理救助案件9件12人，发放救助金7.7万元。做好全国“两会”“十八大”期间的矛盾排查化解工作，最大限度把不和谐因素消除在萌芽状态。落实《涉检信访风险评估办法》，对办理中的案件实行一案一评估，切实加强信访风险预警。对部分涉检上访的疑难案件，探索召开公开听证会，邀请法律专家、人大代表等社会各界公开质证，疏导开解，增强信访案件处理的透明度和公信力。

【刑事申诉检察】2012年，东莞市检察机关受理刑事申诉案件53件，比上年上升23%。立案44件，比上年上升131%，立案率83%，上升35%。办结40件，上升73%，其中维持原决定7件，不予抗诉19件，未立案书面通知11件，提请抗诉1件，向法院提出再审抗诉案件1件，向法院提出再审检察建议1件，被法院采纳。

【检察技术】2012年，东莞市检察机关采用同步录音录像技术对讯问犯罪嫌疑人进行证据固定500次，录像长度2283小时，协助搜查43次，录像长度138小时，分别比上年增长98%，126%，115%和130 %。全年受理并办结法医检验20宗，完成涉案文证审查409宗，参加法医死刑临场监督3次18人，完成保外就医人员审查工作15宗。（石亚明）

附：2012年东莞市人民检察院领导名录

检察长：黄文艾

副检察长：曾广华　鲁　罡　尹小茹　陈少钢

审 判

【概况】2012年，东莞两级法院认真履行审判职责，各项工作取得新进展。全年两级法院收案109513件，审结104397件，分别比上年增长4.80%、10.01%，结案率为95.33%，解决标的金额151.59亿元。其中，中院受理各类案件14516件，审结13989件，分别比上年增长7.77%、11.48%。两级法院法官人均结案219.32件。

【刑事审判】2012年，东莞两级法院新收各类刑事案件8779件，比上年增长19.62%；审结8617件，增长23.58%，判处罪犯9930人。其中，判处五年以上有期徒刑直至死刑的重刑犯占23.79%。依法严厉打击各种刑事犯罪，开展“三打两建”行动。设立专门合议庭，开通绿色通道，建立“台账式”案件全程监控机制，做到快审快结；与其他政法机关密切配合，依法审好大要案，保证打击效果；审结“三打”案件665件，判处罪犯1992人。抓好“以打促建”工作，在媒体报道“三打”工作新闻700余篇；以“一案一剖析、一案一建议”的形式，发出司法建议37个，有效促进“两建”工作的开展，受到市委肯定。

【民商事审判】2012年，东莞两级法院稳妥处理好涉及转型升级和招商引资的案件，依法灵活运用审判策略，共审结民商事案件65657件，为117.52亿元讼争财产重新确立法律地位。其中，审结知识产权案件2366件，有效打击侵权行为，促进自主创新产业发展；审结涉外、涉港澳台案件1978件，依法保护外资权益，优化外商投资环境。东莞两级法院在处理群体性劳动争议纠纷案件时做到依法办案，尽量维系企业的正常生产经营，并与有关部门密切配合，主动介入，参与处置。

【行政审判】2012年，东莞两级法院受理各类行政诉讼案件503件，审结490件。参与依法行政建设，妥善处理起诉市政府、水务局、国土局、镇街政府等有重大社会影响的行政案件，避免矛盾

东莞市中级人民法院

① 2012年4月12日，最高人民法院副院长景汉朝（前排右）在广东省高级人民法院党组副书记、副院长凌祁漫（右一）和东莞市中级人民法院党组书记、院长杨宗仁（左二）等领导的陪同下到东莞市第二人民法院调研指导工作。

② 2012年2月9日，最高人民法院外事局局长刘合华（右二）一行在广东省高级人民法院副巡视员、巡查组组长卫俊儒（左一）和东莞市中级人民法院党组书记、院长杨宗仁（左二）的陪同下到东莞市中级人民法院调研工作。

激化。加强与行政执法部门的沟通联系，针对行政执法中存在的问题，及时提出司法建议，促进依法行政。与31家行政机关建立协调联动机制，为政府提供决策咨询20余次，到行政单位及相关部门进行法制授课56次。

【执行工作】2012年，东莞两级法院受理执行案件27633件，执结案件26349件，执结率95.35%，执行到位金额32.65亿元。投身“信用东莞”建设，开展“反规避执行”行动，打击不履行法定义务的失信行为，并开展多种形式的集中执行行动，清理重点金融债权案件142件，到位金额4.33亿元；加强执行威慑机制建设，公开曝光“老赖”737人次；构建“法院查控网”，与3家金融监管机构、9家商业银行实现“点对点”网络查控。

【创新发展】2012年，东莞两级法院加强精细管理，以评查提质效，推行改革探索，以创新求发展。开展司法管理“精细工程”。设立审判管理专门机构，加强管理规范化、信息化建设；开展“发改案件分析”专项活动，统一裁判尺度；制定绩效考评制度，将指标层层落实到人，定期评比排名，营造竞争氛围。积极开展“两评查”活动。组织“庭审观摩竞赛”，建立“执行观评”制度，召开示范庭348次，内部评查127次，评查裁判文书6118份。

发扬敢为人先的精神，在多个方面先行先试。针对港澳台籍罪犯适用假释难的问题，在全国率先开展调查研究，得到最高人民法院的充分肯定，并被省高级人民法院选为唯一“试点单位”；与市妇联共建“家事审判回访”制度，强化婚姻家庭案件审判社会效果，获得上级法院和当事人的好评；第一、第二人民法院作为全省“小额速裁”试点单位，优化内部程序，将速裁案件平均审理时间缩短55天以上，取得社会认同；第三人民法院创新灵活执行模式，帮助中小企业走出发展困境，相关经验被上级法院推广；在全国首创“案例引导调解法”，提高调解成功率；创新初任法官选拔任用机制，推行竞争上岗，提升法官遴选机制的科学性。

【社会管理创新参与】2012年，东莞两级法院主动自觉地参与社会管理创新工作，完善多元化的矛盾纠纷解决机制，努力推进和谐社会建设。完善诉调对接机制。倡导“全程调解”理念，总结推广新的调解方法，提高法官调解能力；

① 2012年9月14日，广东省高级人民法院党组书记、院长郑鄂（右二）一行在东莞市委副书记姚康（左二），市委常委、政法委书记邓志广（左一）和中级人民法院党组书记、院长杨宗仁（右一）的陪同下到东莞市中级人民法院调研指导工作。
② 2012年3月8日，全省法院队伍建设座谈会在东莞市召开。图为广东省高级人民法院党组成员、政治部主任聂式恢（左二）主持会议，东莞市中级人民法院党组书记、院长杨宗仁（右二）出席会议。
③ 2012年4月16日，市委书记、市人大常委会主任徐建华（右二）在市中级人民法院党组书记、院长杨宗仁（右一）的陪同下到法院调研指导工作。

深化诉前联调工作，加强"交通事故巡回法庭""劳动争议巡回法庭"等联调平台建设。全年以调撤方式结案29647件，调撤率达51.92%；参与诉前联调案件8863件，达成调解协议8814件，司法确认7823件。第二人民法院诉前联调工作室被省委政法委授予"先进诉前联调工作室"称号。打造有东莞特色的诉前联调品牌。以道滘、石龙两镇为试点，完善"社区法官助理"制度，推进"法官工作室"建设，将司法服务延伸到基层。开展普法宣传教育。组织100余名法官进企业、社区开设法制课堂；与媒体合办《举案说法》《法官说案》等法制宣传栏目，在媒体报道法制题材1700余篇次，得到社会各界好评。

【司法公开】2012年，东莞两级法院开拓司法公开渠道，深化阳光审判，以公开促公正。推进司法公开"阳光工程"。在全省率先设立司法公开专门机构，被省高级人民法院选为全省唯一的"司法公开培育基地"；试行"庭审听审"制度，邀请社会公众听审27次46件案件，探索司法吸纳民意新途径；开展"走进法院、了解法官"活动7次，邀请254名群众到法院实地体验；借助信息化技术推进司法公开，在官方网站开设司法公开专栏，完成1000余份裁判文书上网，开展"庭审直播"活动，实行庭审同步录音录像，优化案件信息网络查询系统，完善诉讼信息手机短信送达平台。主动接受人大、政协监督。完善与人大代表、政协委员常态联络机制，组织开展"双百"活动，走访人大代表、政协委员176人，收集各类意见120条，邀请人大代表、政协委员376人次到法院旁听庭审；试行"党代表、人大代表直通车"制度，方便代表随时向院长反映情况和意见。（程方伟）

附：2012年东莞市中级人民法院领导名录

院　长：杨宗仁

副院长：黄锡明　陈树良　林辉芳

① 2012年4月25日，市委常委、组织部部长甄瑞潮（前右）在东莞市中级人民法院党组书记、院长杨宗仁（左一）的陪同下到法院调研指导工作。

② 2012年12月27日，东莞市中级人民法院召开打击"双抢"犯罪公开宣判大会。图为审判长对被告人宣读判决书。

③ 2012年6月26日，东莞法院系统举办"丹心向党　情铸法魂"专题文艺晚会庆祝建党91周年。图为参加表演的法院演职人员与出席活动的领导合影留念。

东莞市第一

2012年7月19日，第一法院开展以“维护诚信”为主题的执行大行动，此次行动集中处理诉讼调解成功或达成执行和解后又拒不履行的案件。

2012年6月19日，备受社会关注的“中堂毒腊肠”案件在第一法院公开开庭审理。该案由省高院官方微博、东莞阳光微博及第一法院官方微博首次联合进行庭审直播。

2012年5月17日，市人大常委会常务副主任黄双福（左三）等在松山湖法庭为东莞市首家“司法实务研究中心”成立揭牌。该中心由第一法院与市法学会共同指导运作。

2012年1月18日，第一法院茶山人民法庭正式挂牌成立。

2012年1月12日，由第一法院主办的危险驾驶罪法律适用研讨会在东莞召开。此次研讨会邀请北京大学法学院教授、中国刑法学研究会顾问储槐植（右四），中国刑法学研究会副会长、清华大学法学院教授、博士生导师张明楷（右三）等学者参加。

人民法院

2012年10月12日，第一法院举行审判综合楼工程动工典礼。市委副书记姚康（中），市委常委、政法委书记邓志广（右二），市中级法院院长杨宗仁（左二），市城建局局长丁海潮（右一）及第一法院院长陈斯（左一）等出席典礼。

2012年2月27日至3月18日，第一法院全院干警分批前往四川大学进行综合素能培训，培训内容包括司法体制改革、政治文化等多方面内容。图为组织干警赴汶川地震灾区开展慰问活动。

2012年7月5日，第一法院与市委党校共同建立的“法治东莞实践基地”在东城法庭挂牌成立。图为第一法院依托“法治东莞实践基地”召开依法行政主题研讨会。

2012年5月30日，第一法院机关党委组织干警举行以“走进大山，关爱留守儿童”为主题的“爱心助学行”主题党日活动，由第一法院机关党委书记、副院长周金亮带队赴清远香港希望小学开展慰问。

2012年，第一法院组建太极、品赏、舞蹈、游泳等11个协会，依托团委及各协会力量组织春日踏青活动、“我运动、我健康、我快乐”体育文化节活动。

2013年2月1日，第一法院在东城文化中心举办“法治梦 一院情——致敬2012年会”，对评选出的2012年度致敬人物和集体进行颁奖。图为致敬人物姚勇刚—2012特别贡献奖获得者。

东莞市第二

2012年4月12日，最高人民法院副院长景汉朝（右二）视察东莞市第二人民法院，并用“三个效果好”对该院几项重点工作给予了充分肯定。

2012年是东莞第二法院亮点纷呈的一年，多项工作获得上级法院的高度肯定。2012年10月12日，最高人民法院沈德咏常务副院长对东莞第二法院“学习型法院”创建举措作出“做法切合实际，独具特色”的重要批示，省法院郑鄂院长要求将该经验推广至全省法院学习借鉴。2012年4月12日，最高人民法院景汉朝副院长用“三个效果好”对东莞二院学习型组织建设、多元纠纷解决机制、司法公开改革等三项重点工作给予了充分肯定。在全国法院第二十四届学术讨论会评选活动中，东莞第二法院荣获“组织工作先进奖”，东莞二院干警参与撰写的论文一篇获得一等奖，两篇获得二等奖，是东莞法院历年来的最好成绩。

此外，在审判工作方面，东莞第二法院突出以审判职能服务发展大局，认真开展“三打”工作，建立“三打”案件审判绿色通道，特别是短短15天就高效审结了由市委书记徐建华同志督办的马程等14名被告人重大涉枪案，受到市委领导的高度肯定。在队伍建设方面，出台《初任助理审判员选任办法》，严格初任助理审判员的选任工作；探索开展审判业务专家评选活动，更好发挥资深法官的榜样带动效应。在文化建设方面，创办了第一份综合性刊物《东莞二法》，为干警研究理论实务、促进学习交流提供平台；同时组织全体干警积极参与公益事业，为罗定市高竹小学捐建爱心图书馆，激发干警的为民服务意识。

人民法院报

2012年10月21日 星期日

河北高院出台意见

“导师制”为青年法官办案“导航”

——广东东莞第二法院创新机制推进“两评查”工作纪实

◀ 2012年10月21日，人民法院报头版头条刊登东莞市第二法院的长篇报道《“导师制”为青年法官办案“导航”——广东东莞第二法院创新机制推进“两评查”工作纪实》。

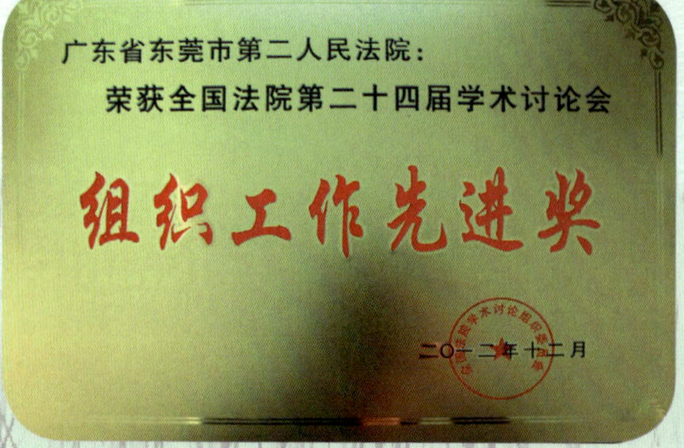

在全国法院第二十四届学术讨论会论文评选活动中，东莞市第二法院干警撰写的论文有一篇获全国一等奖，两篇获全国二等奖，东莞市第二法院获“组织工作先进奖”。

2012年7月19日，东莞市第二法院依法对马程等14人重大欺行霸市一案作出宣判，达到了快审快结的目标，受到了市领导的赞扬。

人民法院

2012年4月12—13日，由最高人民法院和人民法院报社主办，东莞市第二法院承办的全国司法公开制度改革研讨会暨“长安杯”司法公开征文颁奖典礼在东莞长安举行，东莞市第二法院司法公开工作得到充分肯定。

2012年7月2日，东莞市第二法院召开第一届调解员聘任大会，首批聘任的调解员包括16名专业人士及律师，此举将为法院纠纷化解注入多元解决力量。

东莞市第二法院设立差错“省思馆”，将建院以来审判执行工作中出现的十个典型差错详细展示出来，让干警更深刻理解法院审判执行管理的各项措施和制度存在的原因，提高干警规范司法行为的主动性和积极性。

2012年4月底至5月初，东莞市第二法院组织初任助理审判员推荐和考核考评工作，最终从17位符合条件的干警中优中选优，任命5名助理审判员。

2012年5月，东莞市第二法院第一份全院综合性刊物《东莞二法》（季刊）创刊号出炉。

2012年5月31日，东莞市第二法院现场参与和见证罗定市高竹小学爱心图书馆揭幕，并为该校学生送上“六一”儿童节礼物。

东莞市第三

2012年，东莞市第三人民法院以“打基础、塑文化、寻突破、创佳绩”为工作思路，以弘扬“正义善思”的团队文化为主旋律，抓住审判质量、司法公信力和队伍建设三个关键点，将公正、公开、为民、高效型法院建设的步伐又向前推进一步。2012年共受理案件27410宗，结案26208宗，结案率95.61%，实际执行率90.83%，排头兵工作成绩优异，连续三年名列全市基层法院第一。

2012年3月20日，广东省高级人民法院院长郑鄂（中）到第三法院指导工作，并对第三法院的整体发展给予肯定。图为郑鄂在市委常委、政法委书记邓志广（右一）的陪同下听取第三法院院长罗念卫（左一）对文化建设工作的汇报。

2012年3月2日，广东省高级人民法院副院长谭玲（右二）一行到第三法院调研指导工作，对第三法院灵活执行给予高度评价。

东莞市中级人民法院院长杨宗仁（右一）、副院长黄锡明到第三法院检查指导工作，并对第三法院文化建设工作给予肯定。

2012年1月4日，第三法院第一届“十佳法官”正式揭晓。图为东莞市政协副主席何碧霞（右四）、东莞市中级人民法院院长杨宗仁（左四）、市委政法委副书记苏云太（右三）与第三法院院长罗念卫（左三）共同为法官代表颁奖。

为提高司法公开透明度，主动接受社会各界监督，以公开促公正立公信，第三法院将“公众开放日”活动制度化、常态化。第三法院每年3月15日定期开展“公众开放日”活动，邀请司法监督员和群众走进法院，了解法院。

人民法院

2012年9月27日，第三法院举办法鹰论坛应用法学研讨会成立大会暨司法行为风险防控沙龙。

2012年9月12日，第三法院举办“聚焦司法公正”集中宣传活动。图为第三法院副院长陈浩辉（右五）做全面动员工作。

2012年7月6日，第三法院举办读书交流会，第三法院院长罗念卫谈《向世界最好的医院学管理》，与干警们进行互动交流。

2012年7月27日，第三法院举办“法鹰论坛”之“媒体人谈政法干警如何为建设法治东莞做贡献”专题讲座，主讲人东莞广播电台主持人江晓与第三法院干警进行气氛热烈的互动。

2012年，第三法院清溪法庭获“广东省青年文明号”称号，图为“广东省青年文明号”揭牌仪式现场。

2012年9月12日，第三法院开展“分类集中执行”系列行动，此次活动传唤当事人18人，处理案件10宗，执结标的18.71万元。图为部分当事人领取执行款现场。

司法行政

【概况】2012年，东莞市司法行政部门围绕加快转型升级、维护社会稳定、创新社会管理等中心工作，落实上级工作部署，统筹整合律师、公证、司法鉴定、基层法律服务等资源，突出法律服务、法律保障和法制宣传的专业优势，较好地完成各项工作任务。市司法局全年向上级部门报送工作专报80余件，其中有20余件得到市领导、省司法厅领导的批示肯定，全系统全年共获市级以上表彰集体16次、个人26人次。

【普法教育】2012年，东莞市司法局创新普法载体和平台，成立领导干部学法讲师团，采用“订单式”方式为镇街、部门授课40余次，完成市青少年法制宣传教育基地建设，举办第二届法治公益广告评选活动，联合《东莞时报》创办《法治东莞》专刊，在腾讯网、新浪网开通“东莞普法”微博，打造新的宣传平台。围绕建设“六个东莞”等中心工作做好法治东莞宣传，开辟以案说法专栏，编印《东莞普法》报8期120万份，法制宣传挂图5期3万多套，各类宣传资料6万多份。策划开展“法润基层助崛起”主题宣传月和“12·4”全国法制宣传日等活动，全年组织各类活动、讲座、文艺演出等7000多场次，参与人数达530万人次。石龙镇被评为首批广东省法治镇，道滘镇南丫村被评为第五批“全国民主法治示范村”，茶山镇超朗村等9个村（社区）被评为第五批“全省民主法治示范村（社区）”。推荐东莞市众生药业集团股份有限公司等10家企业参评省“诚信守法示范企业”，联合市委宣传部等8部门开展市“诚信守法示范企业”评选活动。

【人民调解】2012年，东莞市司法局发挥人民调解优势，推进社会矛盾纠纷排查调处，全市各类人民调解组织全年调解矛盾纠纷16332宗，成功调解16022宗，成功率为98.1%。全市17个“诉调对接人民调解工作室”全年受理法院委托调解的民事纠纷3827宗，调解3801宗，成功调解3271宗，调解率99.3%，调解成功率86.1%，接待群众来电来访28883人次，涉及标的额18898.11万元。加强人民调解组织建设，重点推进大型集贸市场、劳动争议、物业管理、消费者权益保护等领域行业性、专业性人民调解组织建设，全年新建人民调解组织

充分履行司法行政职能　营造和谐稳定社会环境

2012年5月16日，省司法厅厅长严植婵（前排中）一行到东莞市调研，市委常委、政法委书记邓志广（前排右），市司法局党组书记、局长郭瑞华（前排左）等陪同实地考察。

213家。突出抓好业务培训，分16场对全市5200多名人民调解员进行一次集中培训，指导分局组织各类培训96场12298人次，提高人民调解员的调解技巧。

【社区矫正和安置帮教】 2012年，东莞市司法局规范开展社区矫正工作，加强与公、检、法、监狱等单位的沟通衔接，确保社区矫正人员不脱管、漏管，预防和减少再犯罪，全市全年累计接收社区矫正人员204名，解除矫正146名，收监执行2名，接受委托并开展社会调查43宗。对刑释解教人员，有针对性地区分重点帮教对象与一般帮教对象进行帮教，发挥帮教组织机构协调职能作用，帮助刑释解教人员解决低保申请、就业等问题，引导他们树立正确的人生观、价值观，减少重新犯罪的发生，全市全年累计接收刑释解教人员267名，帮教267名，帮教率100%，安置261名，安置率97.8%。

【司法鉴定管理】 2012年，东莞市司法局加强司法鉴定质量监管，开展司法鉴定能力验证活动，组织司法鉴定人业务培训，提升司法鉴定人的专业水平；开展司法鉴定业务质量评查，深挖行业内部问题，提高整个行业的公信力。健全完善各项行政管理制度和行业管理制度，顺利完成市司法鉴定协会换届工作，提升“行政管理+行业自律”两结合管理机制优势。启动司法鉴定诚信体系建设，筹备通过开通“东莞司法鉴定网”公布司法鉴定行业诚信信息。2012年，全市有司法鉴定机构13家，司法鉴定人157人。全年完成司法鉴定业务10723宗，受理司法鉴定援助49宗，办理司法鉴定人转所业务4宗，司法鉴定人注销业务7宗，执业证续期业务15宗，司法鉴定许可证续期业务1宗，司法鉴定人登记业务2宗。

【公证管理】 2012年，东莞市规范公证行业管理，提高公证办证效率，制定实施《关于公证工作流程的期限规定》，与市房管局、国土局等明确办理房地产、征地等相关业务方面的3个工作指引，试用新办证系统和管理系统，构建镇村公证联络员网络，到村居、学校、企业开通“公证直通车”，服务更加便民。健全完善公证机构人员聘用制度和请休假、财务收支管理等制度，制定《关于加强公证处内部规范管理的意见》，加强公证机构的规范化管理。同时，对公证机构参与事业单位分类改革、公证服务收费情况、公证参与矛盾纠纷化解等进行专题调研。2012年，全市公证业务保持平稳较快发展，全市3个公证处全年共办结各类公证案件60456件，比上年增长5.51%，公证业务收入增长20.16%，并先后为轨道交通R2线建设工程、莞从高速公路、东莞大道延长线等重大工程项目招投标工作提供法律服务。

【律师管理】 2012年，东莞市加大律师行业信用体系和市场监管体系建设力度，率先在全省建立较为规范、全面的律师队伍诚信数据库并向社会公开，得到省司法厅肯定，在全省推广。履行服务管理职能，全年审核新设律师事务所申请17宗，律师执业申请212宗，办理律师事务所变更等各类业务事项共336宗。加强核心价值观教育和纪律教育以及业务培训，选派26名律师参加司法部2012年高级律师培训班，全年举办律师业务培训17场5253人次。组织律师参与“1+1”中国法律援助志愿者行动，周静律师和张文醒律师被司法部安排分赴西藏和广西进行为期一年的公益法律服务。引导律师为转型升级、“三重”建设等中心工作提供法律服务，全年办理各类重大敏感案件备案192宗，包括“三打”案件备案126宗，全年组织70名律师参与市政府信访值班，接待群众254批1064人次。全市律师全年代理诉讼案件19163宗，办理非诉讼法律事务20826宗，担任企业常年法律顾问2994家；其中，参与企业知识产权诉讼代理572件/次，非诉讼561件/次。

【法律援助】 2012年，东莞市司法局健全法律援助网络，完善劳资纠纷“绿色通道”，定期深入村（社区）、工厂

2012年12月4日，东莞市举行以“弘扬宪法精神 服务‘六个东莞’”为主题的“12·4”全国法制宣传日活动暨东莞市青少年法制教育基地揭牌仪式。市委副书记、市普法领导小组组长姚康（左三）出席活动，并作讲话。

等巡回收案，为重点援助对象发放“法律援助卡”，降低法律援助门槛。全年接待来电来访19657人次，比上年增长4%；受理法律援助案件3920宗，增长18%；代写法律文书395份；服务29406人次，为困难群众避免和挽回经济损失4950.42万元。完善案件审批程序、补贴结算办法等一系列制度，实行案前、案中和案后监控管理。完善法律援助律师指派模式，设立刑事辩护等七类的律师人才信息库，逐步实行当事人自主选择承办律师的制度。从3月起，每月一期参与东莞电台《与法同行》法援专题节目制作，宣传法援知识、回答听众疑问。开展“法律援助宣传月”活动，解答群众法律咨询1160人次，派发资料1.8万余份。在松山湖、市劳动仲裁委和各村（社区）设立法援工作站，实现服务窗口前移。全市已建立法援办事处32个、工作站681个，有联络员905人。

【基层法律服务】 2012年，东莞市各镇街法律服务所主动面向基层、面向社会、面向群众，提供高效优质的法律服务。全市基层法律服务所担任常年法律顾问共666家，为镇委、镇政府提供法律意见、合同把关2890件（次），解答法律咨询26447人次，参与民事诉讼代理709件，非诉讼代理1161件，协办公证332件，见证4283件，避免或挽回经济损失17720.89万元。

【公职律师服务】 2012年，东莞市公职律师服务所承办涉市政府民事案件，为政府部门和镇街提供法律服务，推进法治政府建设。对1宗涉市政府民事案件收到的律师函及时提出处理意见，先后为市贸促会、民政局、石排镇等部门和镇街提供法律服务。全市新增5名岗位公职律师，全市有36名公职律师分别在相关部门服务依法行政工作。

【国家司法考试】 2012年，东莞市有1917名考生报名参加国家司法考试，位列全省第四。针对司法考试首次采用网上报名，市司法局及时推出便民新举措，为考生提供多项人性化服务，通过在试卷管理、监考、后勤、保卫、医疗等方面进行全方位的分工安排和落实责任到人，确保各项考务工作得以落实。

（代春丽）

附：2012年东莞市司法局领导名录

局　长：郭瑞华

副局长：吴　敏　赖鸿就（任至10月）
　　　　孔庆威　袁洪昌　朱小平

① 2012年4月18日，副市长、市公安局局长严小康（右二）到市司法局调研指导工作。

② 2012年4月11日，台湾地区前“法务部部长”廖正豪（左）率领台湾海峡两岸法学交流协会代表团在省司法厅副厅长刘芳的陪同下莅莞，与市司法局、市律师协会就两岸律师执业、法学研究和司法考试等进行交流。

③ 2012年11月14日，东莞市“法援直通车”走进凤岗，在凤岗镇黄河百货广场开展主题为“关注弱势群体、无偿法律援助、为困难群众提供免费法律服务”的大型法律援助宣传咨询活动。

政府法制工作

【基层法制建设】2012年，东莞市法制局加大对镇街法制工作的业务指导，充分发挥镇级法制机构在推进依法行政中的主力军作用。健全完善镇街法制工作机制　制订并以市简政办名义下发《关于进一步明确镇政府法制办公室工作职责的指导意见》，明确镇政府法制办职能定位和工作职责，帮助镇级法制机构更好地开展工作和发挥政府法律参谋助手作用。提请市政府下发《东莞市镇街依法行政工作考核方案》，以考核促规范、以考核促提高，为简政强镇事权改革提供法制保障。指导中心镇法制办开展工作　加强对中心镇法制业务指导，召开中心镇（园区）政府法制工作座谈会，总结交流法制工作经验；对常平、桥头、樟木头、大朗、厚街等中心镇法制办运作情况进行实地调研和业务指导；截至2012年底，13个中心镇已全部配备法制工作人员，承担证件管理、政务公开和行政执法监督等法制工作。

【政府法律服务】2012年，东莞市法制局围绕市委市政府中心工作，履行政府参谋助手、法律顾问职责，做好法律服务。服务政府重点工作　为长安新区建设、城市快速轨道交通R2线等20多个“三重”项目提供法律支持和保障，对375份来文及45份重大政府合同（协议）提出法律审查意见，内容包括引进内外资、重点工程建设、重大民生事项、解决历史纠纷和社会热点问题等，以市政府名义作出同意强制拆除违章建筑的批复16件，办理其他涉法事项6件，及时办理市领导交办任务，协助市政府妥善处理信访群众电邮投诉等有关问题。拓展法律服务空间　就路桥年票费申请法院强制执行、“三旧”改造历史遗留问题等，多次参与部门讨论、协调，提供较为权威的法律意见和参考；参加各类涉法调研座谈会，协助省、市多个部门等完成国家工作人员防止利益冲突立规、省《广东省见义勇为人员奖励和保障条例（草案）》立法等各类调研工作。发挥法律顾问作用　完成市第四届政府法律顾问聘任工作，聘请吴汉东教授等5人为新一届政府法律顾问；拓展法律顾问参与政府决策的广度与深度，有效预防和化解行政管理行为中的法律风险，全年就金融投资方面的市政府规范性文件草案、重大决策等征求法律顾问意见15件（次），如《东莞市工业企业贷款支持计划操作规程》、中小企业直接债务融资发展基金监管协议等。

【规范性文件管理】2012年，东莞市法制局加强行政规范性文件管理工作，遵守规范性文件的制定、备案、清理程序，规范政府的抽象行政行为，拓宽行政管理相对人监督政府及部门抽象行政行为的渠道，依法受理投诉、举报，实现有错必纠。落实规范性文件管理制度　提请市政府下发《关于进一步加强行政规范性文件管理工作的通知》，巩固和提升规范性文件管理水平。做好规范性文件审查　扩大规范性文件立规审查的公众参与度，提高规范性文件的科学性和可操作性，主办市政府关于重大项目认定管理“1+7”系列文件、深化农村管理体制改革等规范性文件31件，省立法征求意见23件，镇（街）规范性文件备案578件，前置审查部门规范性文件20件。完成规范性文件清理　及时清理和修改不符合市场经济发展要求、不利于企业转型升级的政策法规，牵头组织市安监局等61个单位对1988至2010年间发布实施的市政府规范性文件进行全面清理，最终保留205件，废止72件，宣告失效26件，修订48件，形成《东莞市政府规范性文件汇编（1988—2010）》。

【行政执法监督】2012年，东莞市法制局创新行政执法监督理念和机制，推进执法工作公开透明运行，促进行政执法行为规范化，提高行政机关公信力。强化重大行政处罚备案审查　规范重大行政处罚备案管理，在市监察局的行政执法电子纪检监察系统增设“处罚文件上传”模块并于6月试运行，全年完成行政处罚案件备案审查12306宗。及时纠正行政违法违纪行为　针对公安部门处罚赌博行为不当、个别部门处罚额度与汇编发布的行政处罚自由裁量标准不符等问题，发出《行政执法监督建议书》《备案审查意见》等予以纠正。完成年度执法评议考核　通过对全市行政执法部门行使行政执法职权、履行法定义务以及建立落实行政执法责任制各项配套制度等情况进行综合评议，确定优秀单位12个、良好单位23个，提请市政府授予市农业局等优秀单位“2012年度行政执法工作先进单位”称号。开展执法培训发证工作　举行数场行政执法业务讲座，为1700多名基层领导、行政执法人员、村干部讲授相关行政法律法规；组织30多个部门的2423名执法人员参加换证考试，完成2494个执法证件的申领和发放。

【行政复议应诉】2012年，东莞市法制局坚持依法公正办理行政复议案件，致力把行政复议打造成为化解行政争议的主渠道，做好行政应诉工作，营造和谐稳定的社会环境。畅通行政复议渠道　加大宣传力度，多次开展复议宣传活动，如在汽车总站开展的“城市暖流汇人心”法制宣传活动，现场派发行政复议及社会保障宣传资料2000多份。公正办理复议案件　全年收到行政复议申请258宗，不予受理13宗，经释法明理申请人在受理前撤回申请25宗，受理的220宗案件中维持原具体行政行为168宗，驳回申请4宗，确认违法1宗，撤销原具体行政行为1宗，责令履行职责1宗，通过调解、和解、撤回申请等方式结案44宗，中止1宗。认真做好应诉答复　代理以市政府为被告的行政诉讼案件5宗，完成以市政府为被申请人的行政复议案件答复6宗；提高行政机关的行政应诉能力，强化出庭应诉的责任意识，对行政应诉工作中发现的共性问题，有针对性的指导协调相关行政机关研讨落实，指导部门行政应诉案件2宗、行政复议案件2宗。

（喻中胜）

附：2012年东莞市法制局领导名录

局　长：罗乐英

副局长：陈鸿钧　余小莉

▲2012年8月3日，全市中心镇（园区）政府法制机构工作座谈会召开。

东莞市东莞公证处

2012年8月22日，佛山禅城公证处到东莞公证处参观交流。

2012年，东莞市东莞公证处共办结公证案件29008宗，涵盖继承、赠与、遗嘱、委托等传统业务以及金融、房地产、政府采购、土地交易、各类工程项目的开发以及网络证据保全等新的公证领域，为企业防范化解经营风险，为政府加强经济领域管理，为打击制假售假等扰乱市场正常秩序的违法行为作出积极贡献，充分彰显公证的法律保障和预防纠纷的功能，实实在在地为东莞经济发展，服务民生提供优质高效的公证法律服务。

2012年11月13日，组织观看暗访片，加强工作作风建设。

2012年11月6日，东莞公证处团支部组织“探访福利院、关爱孤残儿童”志愿活动。

2012年8月，设立“雷锋岗”，为市民、群众提供公证法律咨询。

2012年11月14日，积极开展“三进”（进村居、进学校、进企业）活动，为村民办理继承赠与公证。

东莞市东部公证处

东莞市东部公证处的业务执业区域为东莞市凤岗、清溪、塘厦、樟木头、谢岗、黄江、常平、大朗、东坑、横沥、企石、桥头12个镇。业务范围包括各类涉外、涉港澳台及国内的民事、经济公证等公证法律服务，同时开办提存、股权转让、工程招标投标、网上土地拍卖、网络证据保全等多种新公证业务。2012年，东部公证处认真开展“三进”和“六个东莞”建设工作，开通“公证直通车”便民服务，为东莞东部12个镇的单位、企业和群众提供更为方便、快捷、高效的公证服务，为东莞经济、社会发展发挥积极的作用。

2012年10月21日，东部公证处到塘厦镇林村开展“公证直通车”便民服务活动。

2012年8月22日，东部公证处开展“道德讲堂”活动。

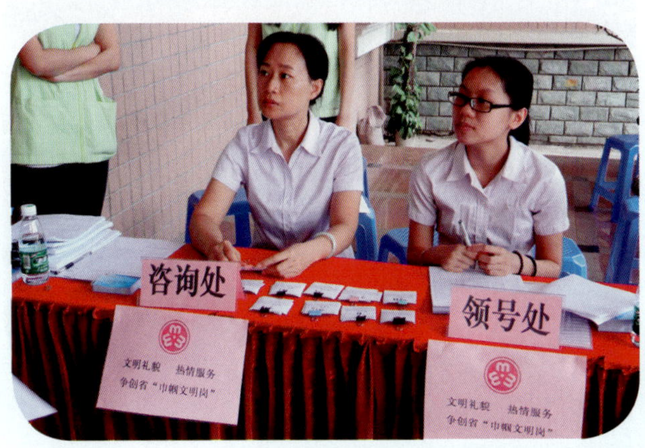

东部公证处将创建“省巾帼文明岗”的精神带到工作中。

2012年10月21日，东部公证处工作人员进社区为群众服务。

2012年8月5日，东部公证处到东坑镇为高龄老人办理公证。

东莞市南华公证处

2012年1月9日，司法部原副部长、现任中国公证协会会长段正坤（左三）在广东省公证协会秘书长江云添（右二）的陪同下，到南华公证处考察调研。

2012年，东莞市南华公证处坚持以拓展促进服务，以规范保证质量，以诚信赢得信誉的工作思路，全面开展公证工作。

南华公证处认真贯彻落实省司法厅关于“三进”（进村居、进学校、进企业）工作的决策部署，深入开展“三进”活动，通过自行组织或与辖区司法分局联合等形式，多次到学校、社区、企业举办“公证直通车”等法制宣传活动，深入基层为群众提供高效便捷的公证、法律服务。

积极参与“三打两建”活动，受理多起针对侵犯知识产权的保全证据公证业务，除发明专利、实用新型专利、外观专利以外，还包括一些著名商标，其中有“五粮液”“OPPO”“步步高”等。通过协助企业对假冒伪劣产品及一些可能灭失的证据及时进行保全，为法院审理案件提供有效证据，缩短结案时间。全年共办理此类证据保全公证227件，为净化商品市场的公平有序做出应有的贡献。

2012年5月11日，南华公证处组织多名公证人员到虎门外语学校现场提供公证法律服务。

2012年12月4日，南华公证处联合虎门司法分局等单位，在虎门镇博涌社区博美广场开展法制宣传活动，向群众宣传法律知识。

2012年9月6日，南华公证处联合虎门司法分局到新湾社区新桥球场举办“公证直通车”“法律援助直通车”活动。

地方军事 LOCAL MILITARY AFFAIRS

虎门镇

东莞军分区

【概况】2012年，东莞军分区贯彻落实两级军区党委全会和市委全会精神，按照“铸牢军魂，突出核心，聚焦打赢、建强基层、确保稳定”工作思路，以争创“军区一流军分区”目标为牵引，狠抓工作落实，较好完成年度工作任务。军分区和民兵预备役建设呈现稳步发展、全面推进的良好势头。

【思想政治建设】2012年，东莞军分区始终以迎接和学习贯彻党的十八大精神为红线，坚持党的创新理论武装头脑，完成6个专题党委中心组带机关理论学习，抓好“两项重大教育活动”，使官兵和民兵预备役人员始终保持坚定的理想信念。推动文化精品进入军营、走进官兵。军分区获评广州军区军史编研工作先进单位、《军事活动大事记》编纂工作先进单位。军分区选送的文艺节目《欢欣鼓舞》被省军区选为庆祝建军85周年文艺晚会开篇节目，获得广州军区业余文艺调演舞蹈类节目二等奖。2012年，上级转发东莞军分区经验材料和理论文章8篇，其中总政《政工通讯》1篇，军区《政治工作简报》2篇，被省军区转发经验做法3篇。在各类新闻媒体发稿136篇，其中《人民日报》1篇，《新华社》1篇，《解放军报》3篇，《中国国防报》2篇，中央电视台播出7条，被省军区政治部评为“新闻宣传工作先进师旅级单位”。

【军事斗争准备】2012年，东莞军分区按照省军区小型作战会议精神，研究细化本级所担负的战备任务，修订战备方案，完善战备资料，推进军分区信息化建设。加强首长机关军事训练，在省军区统一考核中取得较好成绩。按照“统一集中训练、分类逐级组训”原则，突出抓好民兵装备技术保障大队、民兵轻舟分队、民兵森林防火分队和民兵高炮分队等专业队伍针对性训练，并组织兵力参加全省民兵高炮实弹战术演习。统一集训民兵营长和基干民兵。按建用管融合一体的原则加强国防教育训练基地建设，保障集训民兵预备役、学生和机关企事业单位人员。

【国防动员水平提高】2012年，东莞军分区按照省国动委第13次全会精神，制定加强国防动员工作措施，部署“十二五”时期全市国防动员工作任务，被评为广东省“国防动员建设先进单位”。3月结合全国和全省现场观摩会，组织32个镇街武装部和民兵应急分队1500名进行集结点验，民兵预备役遂行任务能力得到锻炼提升。征兵工作圆满结束，实现连续18年全优，完成新兵征集任务，11月接受国防部工作组检查，受到肯定。

【综合保障能力增强】2012年，东莞军分区稳步推进后勤保障社会化改革，开展岗位练兵，培训各类民兵后勤专业骨干60名。按照时间节点，高质量完成军分区新营院建设，12月25日顺利实现搬迁。开展装备仓库的整治改造，实现全市武器弹药的集中管理，完成民兵报废弹药的调运销毁。3月28日总参动员部、省军区分别在东莞市组织召开全国民兵报废弹药销毁处理任务部署会现场观摩活动和全省民兵装备技术保障大队试点建设现场观摩会。这两项工作，涉及全市军地多个单位和部门，动用车辆140台、装备器材961件和人员1500名。

【安全稳定工作】2012年，东莞军分区严格落实“安全稳定年”措施，积极开展“纪律教育月”活动，狠抓机关和

公勤分队正规化建设，“迎接十八大，全力保稳定”的各项措施得到有效落实，军分区连续18年保持安全稳定良好局面，被广州军区评为“预防犯罪综合治理先进单位”。针对东莞特殊环境，主动应对涉军敏感问题。3月份协调召开全市涉军工作协调会议，成立处置涉军敏感事件组织机构，建立信息互通、联合指挥、力量调动、支援协助等协调机制。继续保持东莞地区无重大军警民纠纷、无退役人员到省进京上访、无重大涉军问题和案件的良好局面。

【双拥共建】2012年，东莞军分区加强双拥工作宣传力度，把国防教育纳入国民教育体系，为全市党政领导安排2堂国防教育课，与团市委联合开展“重走东纵路”活动。发挥桥梁纽带作用，协调为部队办实事、解难题。通过召开市委常委议军会议，协调市委市政府解决驻军提出来的8个方面的实际问题，帮助部队解决建设经费2880万元，并协调地方腾出部分保障房用于解决驻市区官兵住房困难问题。同时还协调地方一次性安置随军家属140名，《积极协调地方，做好随军家属安置工作》的经验做法被总政《政治工作通讯》刊发。抓好扶贫“双到”（规划到户、责任到人）工作，协调投入企石镇博厦村扶贫资金170万元，全村20户帮扶对象顺利脱贫。通过长期抓建，东莞市被评为双拥模范城全国“七连冠”和全省“八连冠”。

【党的建设】2012年，东莞军分区开展以“坚持民主集中制原则，增强班子凝聚力战斗力，推进军分区和民兵预备役建设科学发展”为主题的党委常委民主生活会，查找党委班子和个人在贯彻落实民主集中方面存在的突出问题，省军区副司令员李欣剑带队指导并给予较高评价。加强党管武装工作力度，年初召开全市武装工作会议，组织XX名镇街党委书记进行述职；年底评选出6个党管武装工作先进单位和3名先进个人。在军区、省军区的指导下，探索加强基层武装系统党组织建设的路子，全市各镇街武装部和民兵营、连都建立健全了党的基层组织，《加强基层武装系统党组织建设，确保党对民兵预备役的绝对领导》的做法得到总政、军区和省军区的肯定。（杨兴会）

附：2012年东莞军分区领导名录

党委第一书记：徐建华（兼）
司令员：李庆文
政治委员：刘卫芳
副司令员：肖清忠（任至7月）
副政治委员：喻清明（任至7月）
参谋长：黄汉光
政治部主任：叶　春
后勤部长：秦桂清
副参谋长：李钰伟（任至4月）
　　　　　周克冠（4月到任）

为东莞经济社会双转型保驾护航

2012年3月20日，广州军区政委张阳上将（前排中）在广东省军区政委黄善春少将（前排左七）的陪同下视察东莞军分区，与市委书记、东莞军分区党委第一书记徐建华（前排右六），军分区官兵及市国防教育训练基地职工合影留念。

① 2012年6月8日，广州军区司令员徐粉林中将（左四）在广东省军区政委黄善春少将（左二）的陪同下视察东莞军分区，向市委书记、东莞军分区党委第一书记徐建华（右一），东莞军分区司令员李庆文（左一），市委常委、东莞军分区政委刘卫芳（左五）了解国防战备等情况。

② 2012年3月14日，全国民兵报废弹药销毁处理部署会在东莞举行。总参动员部副部长张汝涛少将（前排左一）等参观东莞市装备技术保障大队建设情况。

③ 2012年12月25日，东莞军分区全体官兵进驻新营院办公。图为军分区部门以上领导合影留念。

④ 东莞军分区新营院大门外景

武警东莞市支队

【概况】2012年，武警东莞市支队建设呈现稳步发展的良好态势。

思想政治建设扎实有效　围绕迎接、保卫、贯彻党的十八大主线，把“举旗铸魂、拒腐防变”作为部队建设的头等大事，抓实创新理论学习，加强警营特色文化建设，强化官兵“听党话、跟党走”的政治信念。掀起学习贯彻十八大精神高潮，“大练基本功”、政治工作等9个经验做法被上级转发，歌咏通讯赛作品获全军“优胜奖”，政治处被总队评为“先进政治处”。

中心任务圆满完成　坚持任务牵引，以省武警总队训练改革试点为契机，抓好首长机关集训、专勤专训、勤训轮换、卫士演习和省市“警力大展示”演练，部队“训练有责、训练有为、训练有乐”的氛围浓厚。严格执勤制度，狠抓执勤能力建设和隐患治理，确保了固定目标万无一失。全年先后动用兵力圆满完成中央首长来莞警卫、春运执勤、武装押解等临时勤务。

安全发展基础不断巩固　坚持从头严、步步严、严到底，条令学习月、警容风纪和“尽职责、守纪律、作表率”等专项教育整顿落实，后进士官集中整训效果良好；重大敏感时段从严落实隐患排查、战备教育、值班备勤、封闭式管理、枪弹封存、蹲点指导等制度，堵塞安全漏洞。支队被总部表彰为“连续7年预防事故案件工作先进单位”。

【综合保障能力增强】2012年，武警东莞市支队坚持党委集体理财，对经费使用定期研究，集体把关，合理调控。开展车辆紧急出动、野战炊事装备操作、战伤救护演练，投入30多万元充实后勤战备物资，确保随时满足一次性出动300人的应急保障需求。后勤队伍建设得到加强，基层伙食明显改善，农副业生产效益提升。解决基层官兵“洗澡难、看病难”问题，确保官兵身心健康。

【基层建设稳步发展】2012年，武警东莞市支队严格按照《纲要》和总队《科学抓建指导思路》，做好“固根本、蓄底气、管长远”的工作。开展“大练基本功”和“创先争优”活动，基层整体建设水平提升，支队被总队评为“大练基本功先进单位”。一中队被总队评为“基层建设标兵中队”，五中队和东莞市中队被总队评为“基层建设先进中队”，其他中队都有不同程度的进步。

【现代化建设加快推进】2012年，武警东莞市支队投入70多万元升级改造网络机房，补充配备通讯器材，购置3G图像传输系统，提升处突维稳现场侦察、动态感知和辅助决策能力。投入80多万元用于库室规范、营区美化和完善设施，提高正规化建设水平。争取专项经费180多万元，建设完成东莞监狱钢网墙。支队干部100%通过计算机一级考试，55%达到二级水平，5人取得研究生学历。

【春运执勤】2012年1月8日至22日、1月28日至2月8日，武警东莞市支队分两个阶段担负东莞东火车站和广深港虎门高铁站春运执勤任务。其间，动用兵力1280人次、车辆65台次，疏导旅客102万人次，为旅客做好事200余件，上交归还旅客失物20多件，协助地方公安收缴违禁物品50多件，制止旅客打架斗殴3起，有效维护车站春运秩序，受到地方党委政府和用兵单位高度评价。

【地方车辆自燃和抢夺事件处置】2012年3月14日22时31分，一辆地方小轿车行驶至武警东莞市支队大门左前侧20米处时，突然发生自燃，车子迅速被烈火包围，车内人员人身安全受到极大威胁，警勤中队官兵闻讯迅速赶到，成功扑灭大火，避免人员伤亡。

4月25日20时35分，犯罪嫌疑人李某成借夜幕天黑，尾随跟踪一名地方女青年，行至支队营门左前侧20米处时，突然从后侧抢夺女青年手提包，得手后脱逃。支队大门哨兵苏华杰、萧超龙听到女青年呼救声后，立即向中队和支队值班室报告情况，领班员褚景阳迅速赶至现场，协助哨兵苏华杰将犯罪分子制服，并依法移交公安机关处理。两起事件的成功处置受到武警总部、省武警总队通报表扬。

【歌咏通讯赛作品获全军优胜奖】2012年，武警东莞市支队组织70名官兵成立“合唱队”，参加全军“忠诚卫士歌曲大家唱”歌咏通讯赛，参赛官兵自编自排演唱6个曲目，精心设计演唱动作，认真组织排练，在全军评选中获“优胜奖”（最高奖项），是武警部队五个获奖单位之一。

【参加创建“平安东莞”全市公安机关警容、装备、训练成果大展示】2012年8月23日7时至11时，东莞市公安机关和各警种部队在南城区和塘厦镇同步开展创建“平安东莞”全市公安机关警容、装备、训练成果大展示活动。武警东莞市支队派出180名官兵担负警容、装备大展示和防暴队形演练任务。经过反复演练，参演官兵以严整的警容、严明的纪律、过硬的作风和精湛的技能，圆满完成任务，受到省、市领导和广大人民群众的广泛赞誉。

【参加省公安厅“创建平安广东”汇报演练】2012年9月1日，广东省公安厅在总队训练基地组织“创建平安广东”汇报演练。武警东莞市支队派出200名官兵，出色完成处置劫持人质事件综合演练科目的表演任务，受到省委主要领导高度评价。

【涉日维稳】2012年9月15日、16日、18日、23日，受日本政府非法“购买”钓鱼岛事件影响，东莞市多个镇街相继发生游行示威活动，人数最多时达8000多人。根据总队命令和市联指指示，武警东莞市支队出动官兵配合公安机关担负维护秩序、封堵、疏散闹事人群和现地备勤等任务。参勤官兵先后抗击游行群众数十次冲击，稳妥处置各类情况，有效维护社会稳定，受到总队首长批示表扬和东莞党政领导的高度评价。

【反恐应急力量建设】2012年，武警东莞市支队紧贴处突反恐需要，为部队新配备警棍、盾牌、头盔，防暴服和特战服。积极争取地方经费，配齐反恐特战排和执勤中队应急班反恐装备。对支队特战排、中队应急班采取倾斜政策，精选人员、严格施训，满足任务需求。先后10次组织首长机关带部队抽组演练，确保部队保持良好战备状态。（王聪健）

附：2012年武警东莞市支队领导 名录

党委第一书记、第一政治委员：严小康
书记、政治委员：潘树林（任至5月）
　　杨君山（5月到任）
副书记、支队长：刘教清（任至3月）
　　黄军民（3月到任）
副支队长：曾国强（兼任参谋长至3月）
副支队长：陈远华
副政治委员：赵　斌（3月转业）
副政治委员兼政治处主任：
　　吴建民（3月调任训练基地政治委员）
副政治委员兼训练基地政治委员：
　　曾　勇（3月转业）
副政治委员：李　幸（3月到任）
政治处主任：吴木蔚（3月到任）
参谋长：靳尚勋（3月到任）
后勤处处长：李立华

边　防

【概况】2012年，东莞市边防支队围绕增强人民群众安全感和满意度的总要求，抓住维护社会政治稳定和服务地方经济发展的总任务，扎实工作，拼搏进取，完成各项边防安保任务。

爱民固边成效明显　2012年，边防支队开展大走访活动，累计走访群众4.1万户次、13.8万人次，举办评议会37场次，征求群众意见1000多条，制定便民利民措施35条，为群众解决各项急、难事519件。不良青少年纠偏工作被中央司法部、民政部列为全国试点项目，新湾社区成功被市政府命名为爱民固边模范社区。2个集体获评部局“爱民固边先进集体”和市“拥政爱民先进集体”。

全线设防迈出新步　2012年，边防支队科学提出“将新湾所迁至长安新区，太平水上所和公安边防44968艇前移进驻虎门港，增设船艇大队，形成沿海一镇（区）、一个边防单位”的全线设防思路获市领导高度认可。麻涌公安边防派出所奠基开工，公安边防44968艇下水服役，太平水上边防派出所搬迁，虎门港边防派出所、公安边防艇营区建设用地指标已落实，船艇大队、长安新区边防派出所建设获市公安局同意，支队发展空间进一步拓宽，基层部队发展更趋平衡，东莞沿边沿海全线设防格局基本形成。

执法执勤实绩突出　2012年，边防支队成功化解群体性事件苗头36起，妥善处置群体性事件5起。查获涉嫌走私案16宗，查获红油36.39吨、香烟50多箱、进口奶粉7178罐、走私小汽车24台，案值共1761.8万元，查获案件数上升100%、案值数比上年增加25倍。刑事发案58宗、比上年下降21.5%，破36宗、破案率56.7%、上升11.5%。先后成功破获“7·11”和“10·25B”特大贩卖毒品案，打掉特大贩毒团伙2个，缴获各类毒品46公斤，创历史新高。

重大任务完成出色　2012年，边防支队完成党的十八大、省第十一次党代会、香港回归十五周年、“百日防护期”、涉日维稳等重大安保任务。160名官兵参加全市“全警大展示”，获省公安厅厅长梁伟发的充分肯定。40名官兵担负东莞总站春运执勤任务，是一支担负执勤任务最重、时间最长，完成任务最出色的一支部队，赢得市委书记徐建华的高度赞誉。

【边防部队建设】基层基础更加夯实　2012年，边防支队成功与虎门镇签订土地置换协议，解决经济适用房建设用地问题。投入40余万元治理新湾所山体滑坡、改造机关公寓楼，投入152万元强化支队信息化安全平台建设，筹集200多万元购置配发3台车辆、2艘摩托艇，基层基础实力得到稳步提升，官兵工作生活环境有效改善。

政治建警成效显著　2012年，边防支队成功召开第二次党代会，培育提炼“忠诚、责任、奉献”六字队训，制作《文化领航》汇报片，建成虎门片部队文化共享中心，全年在各级媒体发表稿件496篇，中央级65篇，连续三年被评为全省新闻宣传工作先进单位。开展“争创模范党（团）组织、争当模范党（团）员”活动，1人被公安部评为优秀士官，1人评为全省优秀人民警察，3人立二等功，13人立三等功，43名党员受到各级表彰。（陈思映）

附：2012年东莞市公安边防支队领导名录

支队长：黄敏冬

政治委员：曾宇峰

边海防线上的忠诚卫士

2012年6月30日，公安部边防管理局副局长朱启明少将（站者右三）莅临东莞开展边海防建设调研。

① 2012年3月26日，副市长、市公安局局长严小康（右二）调研推动东莞沿边沿海全线设防工作。

② 2012年8月8日，全国首艘318型巡逻艇公边44968艇在市边防支队下水服役。

③ 2012年5月15日，新湾社区被市政府授予“爱民固边模范社区”。

④ 2012年，市边防支队开展不良青少年纠偏工作被司法部、民政部列为全国试点项目。

⑤ 2012年8月22日，市边防支队召开第二次党代会。

消防工作

【概况】2012年，东莞市公安消防支队开展现代化莞邑公安消防铁军建设，开展党的十八大消防安全保卫攻坚战，为构建“平安东莞”“幸福东莞”创造良好的消防安全环境。全市接警出动6848起，抢救和疏散被困人员7875人，抢救财产25.3亿元，鏖战六天六夜成功扑救“4·9”中堂火灾，圆满完成“5·11”深圳油库泄漏处置、“5·28”惠州大亚湾苯乙烯储罐火灾增援等重大任务。2012年，全市发生火灾1582起，造成11人死亡，4人受伤，直接财产损失7364.5万元，与上年相比，火灾起数下降36.2%，死亡人数下降21.4%，受伤人数下降63.6%，直接财产损失上升106.0%。

【消防部队建设】2012年，东莞市公安消防支队推进消防队伍建设，6个现役消防中队通过省消防总队“一星级”铁军中队考核验收，支队参加全省消防部队比武竞赛，夺得政工比武全省第一、财务竞赛全省第二、基层指挥员和专职消防员比武全省第四的优异成绩。推进营

东莞市公安消防支队

①2013年2月4日，市政府召开2013年消防工作会议。

②　2012年8月，消防支队直属特勤一中队被公安部授予集体一等功。

① 2012年11月9日，东莞市举行2012年“119消防宣传月”启动仪式。

② 2013年2月8日，广东省新世纪消防职业培训学校东莞培训处新大楼举行揭牌仪式。

房设施建设，完成特勤二中队新营房进驻工作；依托特勤二中队营房建成战勤保障大队，协调茶山镇政府划拨2公顷土地作为战保大队建设用地，协调虎门港管委会划拨4.7公顷土地用于培训基地建设。推进装备建设，投入9225.42万元优化装备配备，新增15辆消防执勤车辆和12310件（套）器材，加强装备管理信息网上监控和指导，装备建设管理水平得到全面提升。

【消防监督】2012年，东莞市政府下发《东莞市消防安全责任制管理规定》等33个文件，34个镇街分成594个片区，由459名党政领导包片挂点督导消防安全工作，各级政府消防责任得到有效落实。开展消防安全“网格化”试点，探索“一化五网”（以信息化为牵引，创新火灾综合防控网、灭火救援区域网、行业依法监管网、单位自我防范网、宣传教育覆盖网的“一化五网”机制保障体系）的管理模式，其做法经验在全省推广运用，并受到公安部领导肯定。组织开展“三制”（建设工程消防设计、施工质量和消防审核验收终身负责制；消防设计技术审查与行政审批分离制度；建设、设计、施工、监理单位重大消防安全违法行为“黑名单”制度）改革试点，初步搭建信用管理体系，完成试点任务。高效运作火灾隐患有奖举报投诉平台，推出12项便民利民措施。推进执法规范化建设，实行业务受理窗口坐岗、行政审批业务审查、办事群众回访等三项制度。精心组织“清剿火患”战役和十八大安保攻坚战，发起清查违规住人专项行动，2012年全市检查单位8万多家，发现并整改火灾隐患35万多处，罚款1700多万元，拘留410人。

【立功受奖】2012年，东莞市消防工作受到各级政府和上级机关的高度肯定，得到人民群众的高度赞扬，涌现出一大批先进单位和个人，呈现出政治坚定、素质全面、奋发有为的精神风貌。支队被评为2012年度中央和省驻莞先进单位，被总队授予“先进支队级党委”“三争优”（争建优秀警种、争创优秀警队、争当优秀官兵）活动先进支队、“五无”（无亡人责任事故、无刑事案件、无自杀事件、无违反“五条禁令”、无严重违纪）支队级单位，支队主官被评为“军政一对好主官”，有1个集体、1人立一等功，10人立二等功，2个集体、148人立三等功。（杨维泽）

附：2012年市公安消防支队领导名录

支队长：沈奕辉

政治委员：黄　怀

2012年9月1日，消防支队参加“创建平安广东”汇报表演。

人民防空

【概况】2012年，东莞市人防办落实人防建设与经济建设协调发展、与军事斗争准备同步推进的要求，继续围绕打赢信息化条件下局部战争需要，围绕建设“战备人防、效益人防、和谐人防”需要，紧抓人防核心能力建设不偏移，全面提升信息化人民防空的情报预警、指挥控制、综合防护、应急救援和持续发展的能力，全市人防建设又有新的发展。2012年，市人防办又被省人防办评为全省人民目标管理达标先进单位。

【指挥通信建设】2012年，东莞市人防办抓指挥平台建设，解决人防战备指挥所、机动指挥所和应急指挥中心互联互通互操作和信息共享。抓业务培训，磨合指挥关系，熟悉指挥程序，规范操作规程。抓信息系统建设，完善人防专业信息、城市基础信息、重要经济目标信息、社会综合信息以及敌情信息等数据库。抓警报系统建设，全年新建固定警报器49台、机动警报器5台，提高全市警报信号的覆盖范围，于11月20日成功组织年度防空警报试鸣演练活动。抓应急救援训练演练，5月参加省办组织的人防机动指挥所区域协同集中训练，9月参加深圳片区防护区域支援行动演练。抓疏散基地建设规划，完成省人防办交办结合绿道建设人防疏散场所试点工作准备。

【人防工程建设】2012年，东莞市人防办抓“结建”管理，全年受理自建防空地下室报建项目112项，人防报建面积达到128万平方米；受理易地修建防空地下室报建项目22项，收取人防易地建设费近5800万元；受理竣工验收项目30项，竣工面积近26万平方米。抓规划工作，督促虎门港、中央商务区等抓好人防工程建设规划的落实。抓地下空间开发利用的协调，完成市轨道交通R2线人防施工图审查，抓好虎门滨海大道地下公共人防工程的安全、质量监管和维稳工作。抓依法行政，全年累计组织执法检查18次。抓服务质量，简化和规范审批程序，推行精准化、“一站式”服务，提高办事效率和工作透明度，全年无出现群众投诉情况。（叶春华）

附：2012年东莞市人民防空办公室领导名录

主　任：陈艾戈

副主任：周建子　袁政军

城建·环保 URBAN CONSTRUCTION · ENVIRONMENTAL PROTECTION

谢岗镇

编辑：李俊玉

城乡规划

【**城市规划编制**】*完善规划体系* 2012年，东莞市完成编制《东莞市城市总体规划（2000—2015）实施评估》《东莞市城市总体规划（2000—2015）充实完善》和《东莞市中心城区近期建设规划》等，上报广东省住房和城乡建设厅备案。组织编制大朗、望牛墩等15项镇总体规划，其中塘厦镇和虎门镇总体规划修改通过审议。全年审查控制性详细规划方案46宗，调整178宗，实现市区控制性详细规划全覆盖。

加强规划研究 2012年，东莞市完成《东莞水乡片统筹发展概念规划》《高水平崛起战略下的东莞城市化思路》《水乡片区资源调查与现状分析报告》《东莞市地下空间利用规划研究》《东莞市中心区交通综合改善规划》《东莞市交通模型研究》《望洪枢纽站站点地区规划研究》《东莞市水乡地区近期建设策划》《东莞火车站铁路配套工程》和《鸿福路至八一立交段绿化升级》等20余项规划研究，其中《基于遥感和GIS的东莞市生态资源核算研究》获得住房和城乡建设部颁发华夏建设科学技术奖三等奖；《东莞市城市扩张与生态环境遥感变化监测研究》获得广东省科技厅颁发的广东省科学技术奖三等奖；《东莞市沿海沿江沿线综合开发利用研究报告》被列为市2012年社科立项课题。

开展城市设计和地块包装 2012年，东莞市开展南城国际商务区景观方案设计国际招标等城市设计工作；规范地块包装审查工作制度、明晰地块包装审查组织工作的程序和审查重点。全年审查《茶山镇沙墩公寓地块包装规划研究》和《虎门港中心服务区E街坊包装研究》等6个项目。

【**重大项目建设保障**】2012年，东莞市城乡规划局制定《东莞市城乡规划局重点项目服务保障制度》和《“三重”项目规划手续绿色通道的办理程序》，采取领导包干责任制、重点项目台账管理、实施提前介入、“三方”沟通、开发式审查、简化审批环节、短信函件督办协办等措施，保障市“三重”工作顺利推进。截至2012年，108项省市重点项目中有107项成功办理选址，99项通过规划和建筑设计方案审批；市“三重”建设工作推进会后新增的13项中，有10项完成建设用地规划批准书或规划条件办理。推进黄旗山城市公园、东莞市植物园、东莞职教城等20多项重点工程规划建设。

【**水乡统筹发展规划**】2012年6月，东莞市编制完成《东莞水乡片统筹发展概念规划》；8月完成《东莞市水乡地区近期建设策划》，提出近期“133579”先期启动项目（包括1个景观核心、3段亲水岸线、3片特质区域、5座桥梁景观、7个特色村落、9项交通工程）；11月，筹办水乡地区规划研讨会。

【**“三区”规划推进**】2012年，东莞市完成《东莞市南城国际商务区地下、地上交通市政专项规划》编制和景观方案国际竞赛，启动地下空间控制性详细规划、总体规划设计整合、先期出让地块包装等研究。编写《东莞市中央商圈、中央生态休闲区镇街项目建设实施指引》征求意见稿，完成龙湾湿地公园施工图设计并启动建设，完成市人民公园通道改造工程方案设计，以及城市彩贝、地名文化公园、东莞运河和厚街水道两河四岸景观及交通工程、南城水濂山麓休闲公园等项目建议书编制。

【**“三旧”改造**】2012年，东莞市出台

《完善政策加快办理“三旧”改造手续的若干意见》，制定《关于整合改造旧厂房用地推动产业升级的若干政策》，完成编修“三旧”改造专项规划及年度实施计划。全年审查《南城宏远新城片区“三旧”改造单元规划》等16份单元规划编制计划及《南城宏远电厂片区“三旧”改造单元规划》等24份单元规划方案，其中5份通过审批。

【绿道建设】2012年，东莞市新建成绿道187.5公里，累计建成923.5公里，其中区域绿道225公里，城市及社区绿道698.5公里。开展“兴奋点”规划，组织编制《东莞市绿道“兴奋点”建设专项规划》。围绕黄旗山公园、同沙水库环湖环、万江滨水、佛灵湖、黄牛埔水库、大岭山森林公园、生态园、松山湖等“兴奋点”，东莞绿道形成香飘四季、都市亲水、滨水湿地、松湖花海、湖光山色、森林野趣等6条游览线路，并整合现有资源，完善已有“兴奋点”和挖掘新“兴奋点”。启动《东莞市绿道网中期评估》和《东莞市绿道网总体规划修编》，对已建绿道的使用效率、社会效益、管理成本等进行评估。开展近40场绿道活动，吸引超过500万人次参与绿道活动，提升绿道综合效益。

【援疆规划】2012年，东莞市完成图木舒克市五〇团小城镇示范建设项目，协调组织编制《兵团分区及兵团草湖产业园联动发展策略》《兵团草湖产业园总体规划》《兵团草湖产业园控制性详细规划》及《兵团草湖产业园基础设施可行性研究》等，完成制作图木舒克市和喀什经济开发区兵团分区的规划宣传资料。

【深穗莞惠一体化推进】2012年，东莞市起草《穗莞城市（乡）规划战略合作框架协议》，完善穗莞两市城市（乡）规划沟通合作机制；加快落实《深莞惠地区城镇群协调发展规划》和《深莞惠边界地区规划协调试点研究》等课题，推进深莞惠战略合作。

【规划管理】2012年，东莞市城乡规划规范化、精细化、信息化管理水平提升。制定《东莞市城乡规划诚信管理规定》；修改完善《东莞市城乡规划局管理手册》业务管理篇，内容包括“一书两证”业务、镇总体规划、控制性详细规划、生态控制线调整的管理程序和具体要求等。完善规划手续预告知、批前公示、批后管理、巡查督导制度，完成主城区237平方公里的地下管线普查及系统建库，完善地下管线管理应用系统，出台《东莞市地下管线管理办法》《东莞市市政管线工程规划管理实施细则》和《东莞市地下综合管线数据使用许可管理规定》等制度。建立重点工程信息动态管理系统；实现报建成果信息化管理；完善东莞市市政规划设计与辅助审核系统项目，推进市政规划一张图项目；启动东莞市城市空间信息资源管理与智能式规划系统项目；完善规划方案入库系统和数字城建档案馆的建设。全年办理各类规划业务8337件，其中规划许可2763件、规划审核3729件。

【阳光规划】2012年，东莞市城乡规

东莞市城乡规划局

① 2012年2月15日，广东省副省长林木声率队调研东莞城市规划和国土管理，图为在大朗镇并联审批窗口向工作人员了解审批流程。

② 2012年9月27日，东莞市委书记、市人大常委会主任徐建华（左三）到市城乡规划局调研。

③ 2012年12月20日，东莞市委常委、宣传部部长潘新潮在市城乡规划局宣讲十八大会议精神。

① 2012年4月16日，东莞市城乡规划局统筹水乡地区规划工作小组到望牛墩镇调研。
② 2012年3月1日，东莞市城乡规划局局长欧阳南江与多家媒体座谈。
③ 2012年5月11日，东莞市城乡规划局统筹水乡地区规划工作小组到麻涌和洪梅镇调研。
④ 2012年1月16日，东莞市城乡规划局局长欧阳南江春节期间到张坑慰问困难群众。
⑤ 2012年3月23日，高水平崛起战略下的东莞城市化发展思路研讨会召开。

划局在规定时限内办理完成议案提案53件，包括《探索生态发展之路 建设宜居生态城市》等5份市长会见，《关于做好主城区水文章的建议》等11份主办建议，《关于规划建设东莞大道与广深沿江高速公路连接线的建议》等30份提案。修订城乡规划管理事项公示办法、听证办法等制度，依法进行政务信息公开58条，规划听证会4次，公示4193宗。修订东莞市城乡规划委员会章程和议事规则，筹备第三届东莞市城乡规划委员会换届；召开规划委员会12次，公开审议包括总体规划、控制性详细规划、选址规划评估和专项规划等115个项目。参与东莞广播电视台《阳光热线》节目解答民生问题；开通东莞规划官方微博，宣传城市规划动态，普及规划知识。

（黄惠谊）

附：2012年东莞市城乡规划局领导名录

局　长：欧阳南江
副局长：黄宇东　陈　巡
总规划师：陈志军
纪检组组长：吴汉成

① 2012年9月17日，东莞市城乡规划局上线“阳光热线”栏目。
② 2012年11月17日，东莞市水乡地区规划研讨会召开。
③ 2012年4月10日，全市规划工作会议召开。
④ 2012年5月17日，东莞市“三区”规划建设领导工作小组2012年第二次工作会议召开。
⑤ 2012年6月28日，东莞市城乡规划诚信管理座谈会召开。
⑥ 2012年8月3日，东莞市城乡规划局举办道德讲堂。
⑦ 东江水道

城市建设

【概况】 2012年，东莞市办理施工许可1543项，建筑面积1844.6万平方米，受监工程面积3000多万平方米；办理工程竣工验收备案1234项，建筑面积1027.3万平方米；办理招投标481项，其中施工类项目中标额107.41亿元；在莞已建立信用档案的本、外市企业1674家。66个项目获得"东莞市建设工程优质奖"，88个项目被评为"东莞市安全生产文明施工示范工地"，其中16个项目获得"广东省建设工程优质奖"、26个项目被评为"广东省安全生产文明施工示范工地"，项目数分别在全省排名第二和第四位。东莞市建设工程质量监督站获得"全国建设工程质量监督系统先进单位"称号，东莞市建设工程检测中心获得"全国建设工程质量检测行业先进单位"称号。

【建筑市场管理】 2012年，东莞市优化建筑业企业信用动态监管模式，企业在莞承接工程业务、完工业绩、工程评优以及企业评优可作为良好行为予以加分；企业管理人员不到位、施工现场违法违规行为和不依法履行合同、拖欠工人工资等行为则作为不良行为予以扣分。全年对14家施工、监理企业因虚假行为作出"不予在莞登记备案"和"暂停使用手册"处理，对6家勘察设计企业作出"暂停所有业务办理"处理，对9项强行违法施工工程实施联动处理，暂停10家企业3个月内参加工程投标及办理业务。作出行政处罚决定33项，罚款人民币820.6万元。受理并核查回复申诉88项，处理行政复议、行政诉讼案件4宗。受理工人工资纠纷83宗，解决拖欠数额2486.2万元。

规范招标投标行为 2012年，东莞市实施招标文件编制人、复核人约谈制度。自3月1日起，已办理招标文件备案手续的招标文件编制人和复核人须按时到市住房和城乡建设局当面陈述编制招标文件的思路、内容和要点，约谈结束后双方均需在约谈记录上签名确认并建立约谈记录档案。该制度促使招标代理机构自发加强专业技术人员培训，遏制

规范建筑市场秩序　确保工程质量安全

① 2012年2月9日，广东省住房保障工作督查组组长秦通海对东莞市保障性住房分配及质量管理工作情况进行督查。图为实地检查企业公租房情况。

② 2012年8月28日，广东省"加快转型升级建设幸福广东"综合检查第二小组在东莞市现场检查保障房项目。

滥竽充数、出借签名、违规转包代理业务等不良行为。落实镇街（园区）限额内建设工程招投标项目网上监管，每天核查新发布的招标公告。

设计招标评定分离 2012年8月，东莞市开始对在市建设工程交易中心发布招标公告进行建筑工程方案设计招标的所有项目（含公开招标及邀请招标）试行评标与定标分离，即将专家评标和招标人定标作为相对独立环节，由招标人在评标委员会评审或推荐基础上根据招标文件规定的程序和方法确定中标人。该方式使设计方案在确保质量的同时最大程度满足建设单位（使用单位）需求。全年试运行评定分离设计项目6项，运行状况良好。

【工程质量安全监督】 2012年，东莞市住房和城乡建设局完成常规材料检测49.2万组，合格率96.26%，地基基础检测11.3万根/点，合格率97.08%。发出质量安全执法文书2024份，不良行为扣分通知书3499份。开展建筑起重设备、高大模板支撑体系、深基坑工程、消防安全、既有建筑悬挑结构质量安全等专项检查，专人跟踪整改存在问题。全年工程质量和施工安全形势保持平稳，实现建筑施工安全零死亡。

图纸质量管理 2012年，东莞市住房和城乡建设局严格初步设计审查，避免设计文件编制深度不足、违反强制性标准条文等现象；规范勘察设计文件审查合格后的变更行为。全年经审查符合要求的大中型建设工程初步设计审查275项，未发现违反强制性标准条文现象。

视频监控实时检查 2012年，东莞市住房和城乡建设局利用视频监控实时检查工程771项，重点检查人员到位、重大危险源、停工和视频使用等情况，处理283项存在安全隐患的工程。

建筑施工安全标准化建设 2012年，东莞市住房和城乡建设局对达到标准化工地的工程项目，颁发"东莞市建筑工程施工安全标准化工地"牌；对初次评价通过的，给予企业信用分加30分奖励；对经整改复查后仍未达到要求的工程项目，签发暂时停工通知书并扣10分。结合达标评价实施现场差异化管理，对达到标准化的工程项目，实施简化监督和低频率日常检查，在评比中优先推荐；对未达到标准化的工程项目，重点监管和提高日常检查频率。全年有653项工程达到标准化施工，建筑工程施工安全保持良好态势。

现场观摩教育 2012年，东莞市住房和城乡建设局坚持每季度召开一次质量安全现场会，组织学习先进单位、样板示范工地经验做法，把存在问题较多的工地作为反面典型，现场剖析安全生产、文明施工存在问题，对其他企业进行警示教育。9月27日，广东省住建厅在厚街镇金域国际花园工地举行全省建筑工程质量安全现场观摩会，东莞市施工质量安全规范化、标准化做法得到肯定。

应急演练 2012年4月10日，东莞市举行城市快速轨道交通R2线2303A标暗挖工程不明气体中毒应急演练，提高工程各方风险防范意识与自救、互救能力，检验建设行政主管部门应对施工现场突发灾害处置能力。

【房地产市场监管】 2012年，东莞市核准商品房销售面积740.3万平方米，其中住宅588.7万平方米，比上年增长10%，5.71万套，增长15.3%。新建商品住宅销售面积592.6万平方米，比上年增长15.8%，销售均价8271元，增长1.16%。

普通住房价格标准调整 2012年9月1日起，东莞市执行新的普通住房价格标准，原一、二、三类镇街的普通住房价格标准分别调整至8000元/平方米（按单套建筑面积及实际成交价格计算）、6000元/平方米和4500元/平方米，使更多购房人享受税收优惠政策。编制《东莞市商品房销售现场信息披露规范指引》图册，明确商品房项目销售现场信息公示及场地布置要求。强化预售商品住房质量保证机制，建立暂定资质开发企业商品住房质量责任承担主体担保制度。简化预售款提取手续，企业提取预售款334.29亿元。排查房地产开发市场风险，及时介入处理16个项目纠纷。

【重点项目建设保障】 2012年，东莞市住房和城乡建设局安排专人担任重点项目联络员，负责提供重点项目咨询、协调和审批服务。实施进度月报制度，根据进展发出指导文件151份。对部分未能办理"施工报建证明"的市重点工程项目实行质量安全监督提前介入。实行"工程基坑提前开挖"和"基础单独办理施工报建手续"做法，并制定办事指南。办事单位提交相关资料办理基坑工程施工许可或基础工程施工报建证明后，可进行相应部分施工。

【住房保障机制完善】 2012年，东莞市实施《东莞市经济适用住房管理办法》和《东莞市廉租住房保障办法》，提高保障标准，让更多低收入住房困难家庭得到保障。颁布《东莞市住房保障制度改革创新实施方案》，对公租房建设实行土地、资金、税费优惠政策。开展公租房需求调查。完成广东省下达的年度公租房建设任务，新开工7787套，续建项目竣工4775套。完成对1187户城乡低收入困难家庭住房保障。

【宜居城乡建设】 2012年，东莞市编制《关于统筹东莞市社区（村）基础设施建设及其财政补助政策的调研报告》，综合分析市内社区（村）基础设施建设问题，提出统筹社区（村）基础设施建设新机制。组织7期宜居社区（村）成果展示宣传活动以及2期导赏活动，推广市内80个宜居社区（村）建设成果。开展创建名镇工作，出台《东莞市创建名镇工作实施方案》，初步拟定长安、石龙和虎门等3个镇作为第一批创建名镇试点并组织其编制规划。落实水乡片宜居社区建设，选定22个启动点。督促城中村改造，22个项目完成投资25.9亿元。

【住建领域"三打"】 2012年，东莞市在住建领域开展打击欺行霸市、打击制假售假和打击商业贿赂工作。打击生产、销售和使用假冒伪劣建材行为，突出在建工地建材使用监管，立案查处违法违规行为，触及刑律的移送公安机关处理。查处沙田镇立沙安置区农民公寓三期工程串通投标案，该案是广东省工程建设领域查处的第一宗特大围串标案，受到省住建厅通报表扬。

【轨道交通建设】 2012年，东莞市住房和城乡建设局修改完善《东莞市城市轨道交通建设规划（2012—2018）》及其支撑性文件；支撑性文件《东莞市城市轨道交通建设规划（2012—2018）及东莞市轨道交通网络规划（调整）环境影响报告书》获得环保部批复。协调解决城际轨道穗莞深线、莞惠线、佛莞线和市轨道交通R2线交通疏解、管线迁改、方案协调、施工交叉、费用支付等问题。11月28日，根据《关于调整市轨道交通建设工作领导小组成员和市轨道办机构设置的通知》，东莞市轨道办职能移交市发展和改革局。

【建筑节能减排】 2012年，东莞市以新建建筑节能为重点，加强建筑节能设计、施工、验收的监督管理，建设节能示范工程，推广应用新墙材，全市新建建筑均按节能50%标准建造。建设绿色建筑示范项目，万科大厦、常平万科城四期11—16#、翡丽山二期、金域松湖一期三标、长安万科中心、金域国际花园

（一期）等6个项目申报国家或省绿色设计评价标识并通过评审，总建筑面积约70万平方米。完成“易事特500KWp工业厂房屋顶分布式光伏发电站”和“宏图科技中心300KWp光伏示范项目”等2个国家可再生能源建筑应用示范项目并通过广东省住建厅验收。新增1项太阳能光伏发电示范项目，获得中央财政补助资金825万元。完成5项建筑节能改造试点项目，建筑面积44.7万平方米。完成206栋国家机关办公建筑和大型公共建筑能耗统计和公示、15栋建筑能源审计。认定新型墙体材料生产企业25家，年总生产能力达到700万立方米。在广东省建设领域节能专项监督检查中，综合评分排名全省第三。

【行政办事环境优化】 2012年，东莞市住房和城乡建设局将合同备案、安全措施备案纳入施工许可并联办理。简化施工、监理企业承接业务网上登记备案手续。在建设网公开信息9.19万条，涵盖所有职能事项、业务审批流程和结果。开通窗口办事、重大项目等便民服务QQ群，建立网上在线咨询、办事结果查询专栏，通过东莞住建微博发布实时排队信息，引导错峰办事。全年受理各类业务5.50万项，基本无拥堵现象。

（吴维彬）

附：2012年东莞市住房和城乡建设局领导名录

局　长：朱　川

副局长：方毓佳　许　斌　颜志勇　祁志强

纪检组长：李达荣

① 2012年11月8日，东莞市委副书记、市长袁宝成到市住建局调研东莞市建设管理工作，现场抽查工地视频监控系统。

② 2012年12月29日，东莞市住房和城乡建设局副局长、建筑市场监管专责小组组长许斌赴大朗镇调研，现场观看“实名制”管理系统操作演示。

③ 2012年9月27日，广东省住建厅在厚街金域国际花园项目召开“2012年广东省建筑工程质量现场观摩会”，省住建厅巡视员李新建出席并讲话。

④ 2012年11月2日，东莞市住房和城乡建设局执法人员到图强工业园厂区勘察现场。

重点工程建设

【概况】2012年，东莞市城建工程管理局承建工程72项，完成投资24亿元，其中市区污水处理厂及截污管网三期、黄旗山城市公园一期、东莞职业技术学院二期二标、万道路至泰新路跨线桥等17项工程完工，中国散裂中子源、市民艺术中心和工人文化宫、铁路东莞站配套等11项工程开工。被评为“广东省住房和城乡建设系统思想政治工作先进单位”和“东莞市重大项目建设管理先进单位”。局机关党委“工地临时党支部”被评为市直机关“党建百佳”精品。市残疾人康复实验学校和体育训练中心一期工程被评为“东莞市先进重大建设项目”。

【工程质量管理】2012年，东莞市城建工程管理局加强设计及审图管理，从源头上控制设计和图纸质量。加强现场施工管理，在绿化工程中实行“苗木先看后种，肥料现场签证，先验场地再种植”、在装修工程中实行“施工未行，样板先行”等做法，较好保证工程质量。开展“工程质量安全年”活动，实施质量由施工单位自查、监理单位普查、质检组排查、合同科现场检查、工程科交叉互查等措施，发现问题给予警告、处罚、停工、停拨工程款、查扣保函、通报给建设行政主管部门的处理。对在建工程进行200多次质量安全检查，及时发现和整改问题。全年未发生一起重大质量安全事故。

【安全文明施工管理】2012年，东莞市城建工程管理局将安全生产责任落实到人、到岗位、到环节。实施安全文明施工“黑名单”制度，把安全文明施工整改不及时、不达标的施工单位纳入“黑名单”管理。按照安全文明、环保卫生，工地管理人性化、现场围蔽美观、施工管理规范、工地环境优美、社会投诉最少的标准，推进安全文明施工标准化工地创建活动。海关集体宿舍、东莞边检常平分站干部周转宿舍楼等工程被评为“东莞市安全施工标准化工地”。

【工程信息化管理】2012年，东莞市城建工程管理局全面推行视频监控和指纹考勤管理，启用安全生产视频监控室。全年在30多项工程现场安装120多个摄像头，录入400多名施工、监理单位管理人员指模，实现对工地人员、现场施

东莞市城建工程管理局

① 2012年12月28日，东莞市统筹水乡地区发展先期项目启动暨水乡大道改造提升工程动工仪式举行。

② 2012年5月5日，中国散裂中子源项目一期土建工程动工。

③ 2012年11月6日，中科院高能所、广东省发改委领导视察中国散裂中子源工程。

工、质量安全全天候、全方位监控。全面推行网上办公和电子财专会议，提高工作效率。进一步完善网上材料品牌库管理，实现全面、快速、规范地查找相关材料品牌信息，收录200多家建筑企业130多类7400多种常用材料品牌，提高材料品牌选用质量和效率。

【重点工程建设推进】 2012年，东莞市城建工程管理局承建16项市重点项目、2项广东省重点项目。对重点项目实行干部挂钩督导制度，挂钩领导坚持每周深入工地一线督促检查，现场协调解决项目推进中遇到的问题和困难。实行重点跟踪督办，通过下发《督办单》和《急重工作交办单》，加大工作催办和问题解决力度。实行前期工作联席会制、集中梳理分析问题、主动沟通协调、合同履约评价等措施，加快前期工作进度，解决征地拆迁、电力迁改、方案报审等难题，保证环莞二期厚街段主线如期贯通、东职院教师宿舍按期交付使用、万道路至泰新路跨线桥建成通车。

【东莞职业技术学院（二期二标）完工】 工程投资概算1.9亿元，建筑面积6.2万平方米。2011年3月动工，2012年12月完工。至此，东莞职业技术学院一期、二期全部完工投入使用。

【东莞市残疾人康复实验学校和体育训练中心一期基本完工】 工程位于东莞东城环城东路桑园路段（东莞市残疾人康复中心南侧），建筑面积6.3万平方米，投资概算2.30亿元。2011年3月动工，2012年12月基本完工。

【市区污水处理厂三期完工】 工程位于南城石鼓王洲，投资概算3.53亿元，占地30.86万平方米（含远期用地）。2009年8月动工，2012年12月完工。

【东莞海关集体宿舍基本完工】 工程投资概算1.56亿元，建筑面积3.99万平方米。2010年2月动工，2012年12月基本完工。

【东莞市人民检察院职务犯罪侦查技术中心完工】 工程位于莞城东城西路，投资概算1296万元，建筑面积600平方米。2011年6月动工，2012年5月完工。

【黄埔海关驻常平办事处集体宿舍及饭堂完工】 工程投资概算2423.35万元，建筑面积9877平方米。2010年12月动工，2012年10月完工。

① 2012年10月12日，东莞市第一人民法院审判综合楼工程动工典礼举行。

② 2012年12月12日，副市长吴道闻（前排右三）视察市篮球中心、网球中心。

③ 2012年12月28日，东莞市统筹水乡地区发展先期项目龙湾滨江片区综合开发项目动工仪式举行。

【理工学院外墙拆改造工程完工】工程位于松山湖理工校区内，主要是对校园内教学楼、行政楼、体育馆等16栋建筑进行外墙拆除改造，投资概算3666.24万元。2010年12月开工，2012年3月完工。

【东莞市公安局新游泳馆基本完工】工程位于莞龙路驾校内，投资概算1073.52万元，建筑面积2969平方米。2011年5月开工，2012年12月基本完工。

【环城路至泰新路跨线桥扩建工程完工通车】工程位于万江区中部内环路与环城路立体交叉，投资概算2605.05万元，桥梁2座，A匝道桥长212.72米，新村新桥长106.04米，道路总长762米。2010年11月开工，2012年6月完工通车。

【万道路至泰新路跨线桥完工通车】工程位于万道路与万江泰新路、昌平路、新风路交叉处，投资概算为4955.77万元，新建双幅桥，全长700米，双向六车道。2011年11月开工，2012年12月完工通车。

【港口大道延伸段工程完工通车】工程起于港口大道与四环路（宏远路）交叉口，终点接鸿福西路，投资概算1626.56万元，全长327米，双向六车道。2009年12月开工，2012年5月完工通车。

【环城路交通设施整改工程完工】工程西起望牛墩收费站，东至环城东路莞龙路段，开设路口34个，涉及道路长35.22千米，投资概算5570.25万元。2012年2月开工，2012年12月完工。

【万江大桥等市区桥梁加固工程完工】工程投资概算2816.5万元。2011年6月开工，2012年5月完工。

【中国散裂中子源一期土建工程动工】工程于2012年5月动工，总建筑面积6.98万平方米，总投资21.2亿元，其中一期土建工程投资7.48亿元。截至2012年，完成桩基础建设，约占工程量的31%。

（叶艳瑶）

附：2012年东莞市城建工程管理局领导名录

局　长：丁海潮（任至10月）
　　　　朱利民（10月到任）
副局长：黄贺权（任至4月）
　　　　李天海
　　　　朱利民（任至10月）
　　　　丁加兴
　　　　傅晓炜（10月到任）
纪检组长：钟发枝

① 2012年9月28日，东莞市民艺术中心和工人文化宫工程动工典礼举行。
② 东莞市网球中心体育馆
③ 东莞市残疾人康复实验学校和体育训练中心一期
④ 东莞职业技术学院（二期）
⑤ 东莞海关集体宿舍
⑥ 港口大道延伸段工程
⑦ 环莞二期厚街段河田隧道
⑧ 环城路至泰新路跨线桥扩建工程
⑨ 万道路至泰新路跨线桥工程

东莞实业投资控股集团有限公司

【概况】2012年8月31日，东莞市委十三届第二十一次常委会议经研究，同意组建东莞实业投资控股集团有限公司（简称“东莞实业集团”），并向东莞实业集团逐步注入基础设施、公用事业、产业、物业、土地、股权、传媒、驻外、地下空间等9类国有资产。主要任务是牵头负责财政性投资的轨道交通及其他重大项目的建设资金筹集，包括资源开发、资金筹集和资本运作，经营范围包括基础设施、产业投资、物业开发、资源开发、资产管理和金融服务。

截至2012年，东莞实业集团承接城市和城际轨道交通、东莞火车站站前广场、望洪枢纽新城等4个枢纽站以及万江龙湾滨江片区、中堂水乡风情区等项目的开发建设，参与水乡特色发展经济区的开发，开展融资业务洽谈、资产归集并购、沿线土地收储、资源综合开发，以及东莞迎宾馆、篮球中心、雅园新村等资产的运营筹备工作。（郑标生）

附：2012年东莞实业投资控股集团有限公司领导名录

董事长、总经理：丁海潮

副总经理：莫鹏飞　祝天舒

① 2012年12月20日，由东莞实业集团与东莞市轨道交通有限公司联合主办的东莞市轨道交通R2线银团贷款签约仪式举行。

② 2012年11月12日，东莞市委常委、常务副市长梁国英到东莞实业集团调研座谈。

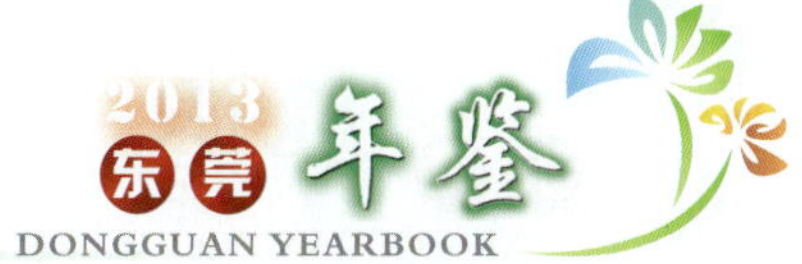

水务建设

【水务体制改革】2012年，东莞市深化水务体制改革，组建东莞市水务工程建设运营中心、市运河治理中心、江库联网中心，重组市水务监测中心，挂牌成立东莞市水投集团。

【水资源保障】2012年，东莞市制定《东莞市应急备用水源保障规划》，完成编制《东莞市全国重要饮用水水源地安全保障达标建设规划》。推进水资源配置工程建设，敷设江库联网工程输水管线25公里，占总工程量的84%，建成配套取水泵站、加压泵站和管理楼；开展广东省“西水东调”工程研究；协调跟进惠州观洞水库应急供水扩容工程、深圳清林径水库扩容工程预留东莞取水口项目相关设计。建立对江河、水库水质定期监督以及水库饮用水源保护制度，推进27个重点饮用水水源地保护区划分以及联网水库（松木山、同沙、横岗、水濂山）饮用水水源保护区围网隔离工程前期工作。完成划分江库联网工程9个水库饮用水水源保护区。

【城市供水】2012年，东莞市作出构建供水安全保障体系决策，明确要加快建设以石马河河口水源保护工程为主的水源保护工程、以江库联网工程为主的应急储备工程、以“西水东调”工程为主的境外拓源工程，以实施“放心水”工程为主的水质提升工程，以创新融资模式为主的多元融资工程。规范供水管理，修订和制订《东莞市城市供水管理办法》《东莞市生活饮用水二次供水管理办法》《东莞市供水企业监督管理办法》等文件，完成编制《市区供水规划及管网改造规划》和《各镇街供水管网联通项目可行性研究报告》。实施城市供水水质公报制度，制订《东莞市2012年供水行业水质监测方案》，规范不达标水厂处置程序，成功整合关停7家不合格村级水厂。推进供水工程建设，其中通过构建大市区供水一张网整合东城和

东莞市水务局

① 2012年10月29日，国家水利部和著名高校专家组赴东莞市水乡地区开展实地调研活动。

② 2012年2月29日，广东省水利厅厅长黄柏青（右二）到东莞市调研指导水务工作。

万江村级水厂19家，新增改造城乡老化管网650公里，累计完成水库移民安置区管网改造42.2公里，建成在线水质监测点41个，包括出厂水31个、水源水6个和管网水4个。全市有供水企业95家，水厂113间。其中市级供水企业1家，水厂5间；镇级供水企业31家，水厂45间；村级水厂63间。全年供水量16.4亿立方米，日平均供水量449万立方米；用水量20.44亿立方米（含微咸水），万元GDP用水量40.8立方米。

【城市排水】 2012年，东莞市出台《城市排水管理办法》《排水设施维护管理质量标准及考核办法》《城市排水管道检测管理规定》，编制《东莞市水务局市区排涝应急预案》，启动编制《市区排水专项规划》及各镇街（园区）的排水专项规划。完成市区内涝整治二期工程，鸿福河清淤及市桥河工程竣工验收，以及鸿福河系统、四环路宏远路段内涝整治，实施市区内涝整治三期（新开河系统）北侧分流工程。推进市区“八路一广场”排水设施维修工程。全年新建、更换各类排水管道约3000米，新建、更换道路各类雨水口400个，更换雨水盖板约1500米。

【水环境治理】 2012年，东莞市出台《东莞市水资源保护与水环境治理“十二五”规划》，启动编制《东莞市水土保持规划》。全市35项截污主干管网工程完成841.91公里，占总工程量98%，并完成其中14个确定需要清淤项目。石马河流域污水处理厂扩建或提标工作推进，长安三洲污水处理厂二期通过环保验收，市区污水处理厂三期工程基本完成。运河综合整治东引运河路堤结合达标工程A段完工通车，B段中路堤及景观工程完成89.9%，B段西溪河口水下1万立方米清淤实验项目完成。同沙水库截污管网工程和尾水排放工程基本完成。加强生产开发建设项目水土保持方案审批和监督管理，审批水土保持方案195宗。全市37家污水处理厂日处理规模258.5万吨，年削减COD（化学需氧量）10.16万吨，污水处理率达85.2%。

【水利防灾减灾】 2012年，东莞市完成编制《东莞市水利防灾减灾“十二五”规划》。制订《东莞市水利工程管理年度考核方案》《东莞市水利工程管理单位考评标准》和《东莞市水务工程优质奖评审管理办法》。城乡水利防灾减灾工程前三批次397宗（2006—2010）中基本完成373宗；新一批127宗（2011—

① 2012年3月28日，东莞市水务投资集团有限公司成立，市长袁宝成（右三）、副市长吴道闻（左三）为公司揭牌。
② 2012年2月16日，东莞市副市长吴道闻（前排右一）督导运河综合工程建设。
③ 2012年5月30日，东莞市人大常委会常务副主任黄双福（左二）视察江库联网工程。

2013）工程中，开工34宗，竣工验收10宗。26宗欠发达镇机电排灌工程完工。11宗广东省重点海堤加固达标工程进展正常，其中望牛墩镇的新联联围堤防加固工程基本完成，虎门围、威远围、梅沙联围动工，其他7宗海堤加固工程完成规划设计。

【三防建设】 2012年，东莞市基本完成市塘厦防汛仓库改建工程，市防汛仓库新增编织袋7.05万个、橡皮艇4条，全市抗御风雨旱灾能力提升。加快三防信息化建设，完成建设东莞市城市内涝自动监测系统、东莞市三防指挥系统后评估、洪涝灾害报表系统等3个新增子项目，完成应急通讯建设工程、视频监控系统和洪涝灾害报表系统等项目最终验收和结算，整理归档已验收项目文档资料。

【最严格水资源管理制度实施】 2012年，东莞市印发《东莞市最严格水资源管理方案》《东莞市最严格水资源管理制度考核暂行办法》和《东莞市水资源分配方案》。完成对镇街用水总量控制、用水效率控制、水功能区限制纳污等控制指标分解，并把用水总量控制指标完成情况纳入镇街领导班子年度工作量化考核内容。

【节水型社会建设】 2012年，东莞市出台《东莞市节水型社会试点建设工作方案》，推进节水型社会建设。完成用水定额修编，发布东莞啤酒和造纸行业取用水定额地方联盟标准。对大市区、东深供水工程沿线各镇及松山湖高新区进行水价改革，建立东深供水工程沿线供水价格与水利工程供水价格联动机制；研究制定非居民阶梯超定额、超计划累进加价制度方案。全年新建成现代化农田1846.67万平方米，修硬底化灌溉渠道40.2千米，建成节水喷灌设施农业面积966.67万平方米。推广节水工艺、设备、器具和技术应用，有6户企业享受符合购置用于节能节水专用设备税收优惠，抵免企业所得税税款204.93万元。

【水利普查】 2012年，东莞市将水利普查工作直接纳入年度水务工作考核。举行数据汇总平衡分析培训，及时总结预普查填报中存在问题。召开市第一次全国水利普查领导小组工作会议，审定通过水利普查数据成果。归档管理水利普查档案。顺利完成东莞市第一次全国水利普查工作，截至2012年，建立清查对象名录底册数1.70万个，完成对象普查6124个、对象空间标绘3663个；全市共建台账7008个，其中报省台账1775个，含经济社会用水对象6786个（报省1553个），规模以上取水口对象217个，灌区用水对象5个；完成水土保持水力侵蚀野外调查单元22个。

【水务宣传教育】 2012年，东莞市在主要街道路口、主要河道沿岸（桥梁）、重点水务工程等地段（点）位置，设置户外公益广告，利用电视台、LED屏制作水务公益广告，宣传水务政策法规。开展水务工程巡礼宣传活动，实地采访供水安全保障工程、污水处理工程、防灾减灾工程、城市内涝整合工程等重点水务工程。在《东莞日报》开辟“水博士”知识宣传专栏，编发1套6本的《水博士知识百科普及系列读本》，主要内容包括供水、节水、排水、水污染治理、三防和水土保持等，向广大市民普及水情、水法和水务基本知识。利用世界水日、中国水周举办“节水护水志愿行动”启动仪式暨“水安全与高水平崛起”主题系列活动、开展水务开放日以及举办水务图片展览活动。

【东莞水乡创建省级水生态文明示范区】 2012年，东莞市编制完成《东莞市水乡地区水环境综合整治方案》和《东莞市水乡地区水系综合规划》。举办东莞市水乡地区水环境综合整治研讨会，来自水利部、中国工商银行、清华大学等9名国内专家学者参加会议并作专题发言。向广东省水利厅提出在东莞水乡地区创建省级水生态文明示范区，确立创建示范区的“六水”目标和三大步骤（即三年初见成效、五年大见成效、十年基本建成）。初期启动项目有13项，即洪梅镇望洪湖、梅沙村水环境综合整治；望牛墩镇望溪河清淤工程、芙蓉故里湿地、聚龙江村水环境综合整治；中堂镇北海仔清淤工程和下芦村、马沥村、四乡村水环境综合整治；万江区牌楼基河清淤工程、官桥滘河清淤工程、龙湾湿地；道滘镇大罗沙村水环境综合整治；麻涌镇新基村水环境综合整治和挂影洲围中心涌清淤工程。 （谢联辉）

附：2012年东莞市水务局领导名录

党组书记、局长：张国平

党组成员、副局长：陶　谨　张国麟　倪佳翔　凌荣长　邓伟斌

党组成员、纪检组组长：周荏怀

① 2012年3月28日，全市水务工作会议在市会议大厦召开，市长袁宝成出席会议并作重要讲话，副市长吴道闻主持会议。

② 2012年3月22日，东莞市水务局举行纪念世界水日、中国水周主题系列活动。

东江水务有限公司

【概况】 2012年，东莞市东江水务有限公司(简称“东江水务”)所辖第二、三、四、五、六水厂出厂水水质均符合国家《生活饮用水卫生标准》（GB5749-2006），日最高供水量262.01万立方米，全年供水量8.31亿立方米(含原水4068.27万立方米)。年节约589吨标准煤，节电479万千瓦时，完成节能任务。基本完成第二、三、四、五水厂投碱系统土建工程，进入设备安装阶段。加快大市区供水一张网建设，升级水厂工艺，强化水质监测，推进旧管网改造，提升96968服务热线质量。2012年，东江水务获得“广东省厂务公开民主管理工作示范单位”“广东省先进集体”“弘扬践行新时期广东水利人精神先进集体”等称号。

【大市区供水一张网建设推进】 2012年1月1日，东江自来水有限公司正式接收南城水务有限公司供水业务。11月20日，市政府十五届第三十一次常务会议讨论通过，同意东江自来水有限公司整体收购南城水务有限公司产权及南城街道给水系统资产。

2012年，东江水务完成对东城自来水公司固定资产盘点及DN300以上管网普查；委托评估公司完成万江自来水厂资产评估结果的二稿及补充稿。建立供水调度联络、管道巡查信息互通机制，实现大市区管道安全信息共享。其中，第四水厂在万江街道石美社区红星街和坝头社区曲海桥下敷设与万江自来水厂的连通管工程相继竣工并正式通水，打破万江街道原有的单一水源供水局面。

【大市区水价调整】 2012年6月15日，东莞大市区新水价实施。根据东莞市物价局《关于调整大市区自来水价格的通知》（东价［2012］58号），大市区自来水价格分两步调整：第一步从2012年6月15日起实施，第二步从2013年12月15日起实施。

东莞市大市区分类水价表

单位：元/立方米（含税）

用水分类	第一步	第二步
居民生活用水	1.40	1.58
非居民生活用水	1.70	1.90
趸售	1.29	1.45
特种用水	3.50	

【供水科研】 2012年4—5月，东江水务水质监测站对东江流域（东莞博厦至新丰江段）水质情况、存在风险源等情况进行摸底调查，掌握第一手原水水质资料，为应对水源突发污染事故的技术及制定应急预案提供基础数据。7月，第二水厂短流程深度处理改造示范工程与生产性改造示范研究工程投入运行，通过监测水质数据，考察其对季节性污染原水的处理效果，为实际生产工艺改造提供示范。截至2012年，东江水务参与的国家“十一五”“水体污染控制与治理”科技重大专项中的“自来水厂应急净化处理技术及工艺体系研究与示范”“季节性污染原水预处理和常规处理工艺强化技术集成与示范”两个课题结题；员工发表科研学术论文20篇，其中刊登在国家级核心期刊19篇，省级期刊1篇。

【供水管网改造】 2012年，东江水务完成莞城细村片区、博厦片区、东城旧锡边片区和南城悟甲片区等11个片区的旧管网改造工程，更换各口径管道长140千米，受益用户1.35万户，累计投资1500万元。

【水质监测站和调度中心迁新址】 2012年3月，东江水务水质监测站搬迁至位于第六水厂的新检测大楼，实验室面积2500平方米。5月，通过广东省质量技术监督局计量认证复评审。11月，通过中国合格评定国家认可委员会实验室认可现场评审。截至2012年，通过计量认证及实验室认可的项目达192项（含106项新国标），涵盖生活饮用水、地表水及水处理剂等领域。

2012年6月，东江水务供水调度中心搬迁至第六水厂综合楼，配置大屏幕液晶显示系统、遥测系统、语音调度指挥系统等。

【供水服务提升】 2012年3月，东江水务建立营业收费系统集中支付平台，实现用户水费实时代扣。6月2日，参与“阳光问政”电台直播栏目，现场解答市民关心的饮用水新国标、管网改造、提升水质等问题。7月30日，开通新浪官方微博。8月7日，新增应急供水箱便民送水服务。11月，与网上支付平台支付宝合作，为用户提供网上水费缴纳业务。

【首届水厂开放日活动】 2012年12月16日，东江水务在第六水厂举行首届“水厂开放日”活动，主题为“走进东江水务，见证放心水”。参加活动的50多名市民和媒体工作人员通过现场参观调度中心、中试基地、平流沉淀池、深度处理综合池等水厂各功能区，听专业技术人员讲解水质监测系统、水质检测能力及检测的仪器设备，近距离了解第六水厂整个制水工艺和流程。此次活动还对旧管网改造成果和24小时供水客户服务热线96968进行宣传。

【“清泉服务社区行”活动开展】 2012年3—10月，东江水务和市水务局开展“清泉服务社区行”活动，为莞城兴隆新村、步步高小区、东正社区，东城花园新村、主山社区，南城胜和社区、新城社区和元美社区等片区居民提供供水问题咨询、水样本现场检测以及免费上门检查维修等服务。

（周永坚　邵娟　何杏炜）

附：2012年东莞市东江水务有限公司领导名录

董事长：罗沛强
总经理：黎泽钧
副总经理：唐旭　唐展鹏　袁伟锋

房产管理

【东莞楼市发展态势平稳】 从2003年开始，随着东莞市城市化的开展，在最早的金地集团等外来知名发展商以及本土开发商的推动下，东莞市房地产业得到快速发展，开发水平不断提高，发展态势平稳。

2003年，东莞市楼价酝酿起步。当年深圳房地产发展商进驻东莞，金地集团与新中银花园通过签订转让协议的方式，获得金地格林小城的地块。随后万科、富通等深圳房地产开发商陆续进入东莞，光大、新世纪、宏远等本土房地产开发商开发的商品房开始规模化。因SARS（传染性非典型肺炎）的爆发，刚起步的东莞楼市受挫，房价均价不到3000元/平方米。

2004—2007年，东莞楼市进入快速发展阶段。2004年房地产开发商积极购地开发。2006年，深圳、温州等地的投资客涌入东莞楼市，市场由刚性需求为主变为投资成风，引发房价上涨，东莞市房价均价4147元/平方米，个别楼盘首次突破6000元/平方米。2007年房价均价5057元/平方米，下半年个别楼盘甚至高达1万元/平方米。

2008—2011年，东莞楼市房价稳中有升，由一个不成熟的市场，逐步变成健康、稳定的市场。2008年，受金融危机和房地产宏观政策的多重影响，东莞楼市陷入滞销状态，房价下跌。随后，降低房贷首付款等房地产调控政策出台，东莞房价止住下跌步伐，房价均价5411元/平方米。2009年，市场逐渐升温，房价均价升到5751元/平方米。东莞楼市出现不少优质地产项目，光大景湖时代城、中信凯旋国际、万科金域华府等代表作。随后2010—2011年，二套房首付款提高等房地产调控政策频出，东莞楼市恢复到以刚性需求为主，而深圳“限购令”下外溢的购买力促进东莞房价稳步上涨，东莞市房价均价从2010年的7111元/平方米升至2011年的8177元/平方米。2011年，万科在东莞市首次尝试商业项目。2012—2013年，东莞楼市仍以刚性需求为主，2012年房价均价升到8308元/平方米。楼盘更加注重质量，碧桂园、保利、万达等房地产开发商纷纷购地开发。万达广场、台商大厦、汇峰中心等一系列知名度颇高的商业地产项目拔地而起，并进一步打造航母型综合体项目。（王学林）

【房地产权登记发证】 2012年，东莞市办理《房地产权证》11.88万份，比上年下降1.46%；登记宗数10.05万宗，下降1.02%。全年解决南城豪岗新村、寮步银湖花园、常平霞晖花园、金田花园和联邦花园等“问题楼盘”共2055户的确权和办证问题。

【房地产交易】 2012年，东莞市办理新建商品房交易5.76万宗，比上年下降3.82%；二手房交易2.78万宗，下降13.26%。办理商品房备案6.06万宗，面积576.21万平方米，金额499.84亿元，分别比上年下降5.04%、9.43%和4.56%。预售商品房抵押登记3.38万宗，下降9.43%。

【房产抵押登记】 2012年，东莞市办理房产抵押登记5.30万宗，面积2365.92万平方米，金额835.53亿元，分别比上年增长0.49%、9.68%和10.79%。

【房改工作】 2012年，东莞市核准发放住房津贴2442人，金额3540.3万元；核准变动津贴1253人。核准补办购买房改房92套，面积1.17万平方米，售房款1286.16万元。

【房地产服务行业主体准入管理】 2012年，东莞市加强物业公司、房地产经纪和评估机构资质年审换证及备案制度管理。核定三级及暂定三级资质物业服务企业105家，外市公司备案26家；办理6家房地产评估机构资质变更、1家房地产评估机构资质核准；办理房地产经纪机构备案登记及年审376宗、备案证变更49宗、经纪人资格证变更335份、经纪人上岗证738份。对38个业主委员会、165份物业管理委托合同进行备案。

【房地产经纪机构和物业小区巡查加强】 2012年，东莞市对562个物业管理项目和1185家房地产经纪机构进行巡查，发现115家物业管理公司和285家房地产经纪机构存在违法违规行为并进行信用扣分处理。开展房地产中介组织防治腐败“回头查”工作和中介组织民间借贷风险排查。

【小区物业管理规范】 2012年，东莞市完善小区物业管理政策，草拟《东莞市物业服务招标投标实施细则》《关于业主、业主大会实施物业服务招投标有关问题的通知》《东莞市物业服务评标细则》和《关于东莞市实施物业服务招标代理机构备案的通知》等文件。财富新地花园小区、世纪城国际公馆三期和东方华府（一期）被评为2012年度“广东省物业管理示范住宅小区（大厦、工业区）”。万科金域蓝湾、中信凯旋国际花园、景湖豪庭（天骄峰景）、深国投时尚岛、景天花园一期和二期、达鑫江滨新城、海悦花园二期、星河传说住宅区四区玉兰阁、裕隆锦绣花园（盛世豪庭）、塞纳嘉园、金凯水都（一期）、大运城邦花园一区一期和立沙油品储运项目油库工程被评为“东莞市物业管理示范住宅小区（大厦）”。

【专项维修资金征管】 截至2012年，东莞市累计追缴住宅专项维修资金1.6亿元，归集19.03亿元；有29个楼盘共84批次成功申请使用维修资金，金额905万元。

【房管信息化建设】 2012年，“东莞市个人住房信息系统”建成，实现与省“个人住房信息系统”进行信息交换。“业主网上电子投票服务平台”基本建成并通过测试，用于解决外地业主投票难、虚假投票等问题，方便业主参与小区管理事项决策。（张敬东）

附：2012年东莞市房产管理局领导名录

局　长：张伟华

副局长：熊裕新　谢卫东　唐建强

纪检组长：叶焕洪

▲ 桥头镇住宅小区一景

住房公积金管理

【概况】2012年，东莞市新增开户缴存住房公积金人数27.77万人，超过原定目标54.2%。市住房公积金管理中心增设科技信息科，着力建设新的信息系统。全年处理回复阳光热线、网上信访、来电来信等162宗，回复网上咨询4597条，回复率达100%。在全市行政审批电子监察绩效测评中排名第一，被评为“全市政务信息公开工作优秀单位”。

【应缴存住房公积金单位普查建册】2012年，东莞市开展已缴存和未缴存住房公积金单位普查建册工作。制定已缴、未缴单位调查表，利用市工商局、市社保局、市质监局等单位提供的单位登记信息，借助归集银行及各镇街对口部门开展调查登记，把应缴、未缴单位按行政事业单位、社会团体、民办非企业单位、国有企业、集体企业、外资企业、港澳资企业、台资企业、民营企业等分门别类进行登记建册。完成登记10033个已缴存单位和12.8万个未缴存单位的信息。

【依法缴纳住房公积金宣传】2012年，东莞市开展各类媒体宣传活动，拍摄投放新的住房公积金广告宣传片；前往规模大、效益好的企事业单位面向职工讲解公积金政策91场次；在麻涌、黄江、万江等镇街召开公积金扩面工作会议31场次。通过宣传有效地增强未缴存单位及职工主动建缴意识，促进缴存覆盖面持续扩大。

【住房公积金“控高保低”政策落实】2012年，东莞市住房公积金月缴存额上限调整至8400元，缴存基数下限执行全市最低工资标准，审批办理调整缴存比例、基数，单位补缴、缓缴，个人缴存证明等5.23万人次。统一市直机关与镇街机关公务员缴存基数构成标准。提高公办老师及其他事业单位职工缴存基数。

【住房公积金差别化贷款政策执行】2012年，东莞市出台《关于住房公积金严格执行差别化住房贷款政策的通知》，规定从8月1日起，住房公积金执行“认贷”又“认房”的贷款政策，且仅限用于购买144平方米及以下的普通自住房；住房公积金贷款中居民家庭住房套数，依据拟购房家庭成员名下实际拥有的住房数量进行认定；明确对申请人执行第二套或第三套（及以上）自住房差别化贷款政策的情况。

【“商转公”贷款范围扩大】2012年，东莞市修订《个人住房商业贷款转住房公积金贷款操作办法》。10月1日起，“商转公”贷款业务实施范围扩大到莞城、东城、南城、万江、虎门、石龙、塘厦、厚街、常平等9个镇街。全年有148户家庭成功申请，发放贷款5166.3

东莞市住房公积金管理中心

国家流动人口缴存住房公积金调研组到东莞市住房公积金管理中心调研

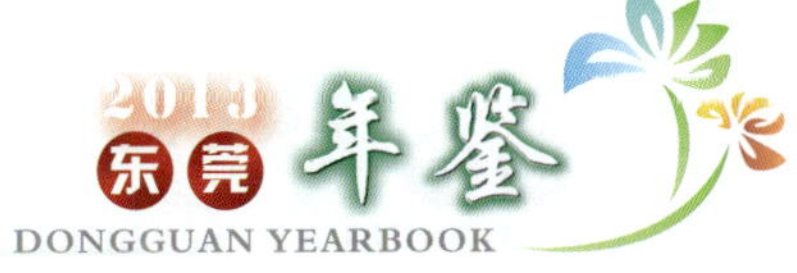

万元。

【住房公积金业务承办机构监管】2012年，东莞市进一步明确担保机构承办公积金担保贷款业务的基本要求和申请程序。全年承办住房公积金贷款业务的担保公司增加至3家。完善房地产开发项目申请公积金贷款绿色通道服务的基本条件与审查制度，进一步降低业务风险。经备案的绿色通道服务项目增至100个，贷款合作银行增至14家。加强对银行承办提取业务核查监管，集中对中国建设银行股份有限公司东莞市分行在2009年1月至2012年5月期间代办的提取业务进行全面核查，将核查发现的问题致函归集银行落实整改及杜绝相关问题发生。

【持伪造证件提取公积金行为打击】2012年，东莞市加强对外地购房、建房申请提取住房公积金的核查力度，查处使用伪造证件“骗提”公积金事件38宗，其中当场发现20宗，其余18宗违规提取金额56.78万元，追回9宗、31.44万元，承诺限期退款3宗、13.08万元。4月，通过东莞市住房公积金门户网站通报违规提取的部分人员，并限制其办理提取。（张丽莉）

附：2012年东莞市住房公积金管理中心领导名录

主　任：王海明

副主任：温远军　李庆星　邓文森

2011—2012年东莞市住房公积金业务统计表

业务指标＼时间		至2011年底	至2012年底
归集	归集总人数（万人）	69.72	79.05
	归集总额（亿元）	222.75	282.54
	归集余额（亿元）	114.98	140.66
贷款	贷款总额（亿元）	117.18	158.97
	贷款余额（亿元）	80.98	112.61
	逾期贷款额（万元）	77.55	365.41
	当年回收（亿元）	8.56	10.16
累计提取额（亿元）		107.78	141.87
累计增值收益（亿元）		5.32	7.61
	其中：提取城市廉租住房建设补充资金（亿元）	3.78	5.39

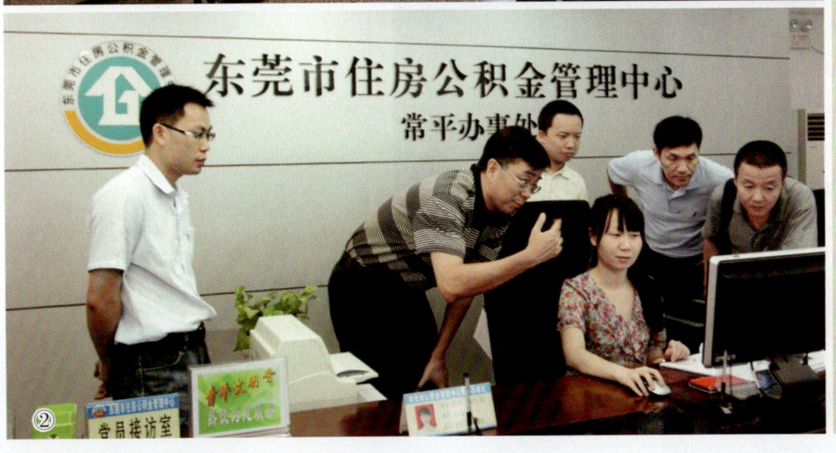

① 东莞市副市长吴道闻（右排左一）到市住房公积金管理中心调研指导工作。

② 广东省住房公积金考核小组到东莞市住房公积金管理中心开展住房公积金管理考核。

市政建设

市政道路、桥梁

【市政道路养护】 2012年，东莞市督促市直管道路市政设施养护和监理单位，加大日常巡查力度，提高设施修复效率，强化安全监督管理，确保市政道路完好畅通。实施市区热塑标线维护项目，翻新莞樟路、莞龙路、元岭路、八一路、育兴路、红荔路等路段。制定监督机制，抓好市轨道交通R2线、截污管网工程等文明施工监管。全年市直管道路维修沥青量18.16万平方米、各类井盖3214套、人行道板1.8万平方米。

【城市桥梁管理】 *桥梁检测与养护* 2012年，东莞市落实市直管262座城市桥梁经常性检查、定期检测、特殊检测、日常维修以及航标维护。完成环城路北环段广园立交桥等21座城市桥梁特殊检测，推进检测层面深度。6月，东莞水道特大桥和大汾北水道特大桥健康监测及诊断系统通过验收并投入使用。启动建设芦村特大桥和寒溪河大桥实时监测系统。完善城市桥梁信息管理系统，做好“一桥一档”档案管理，制定养护监管措施，通过全球定位系统定位监管，推进城市桥梁养护维修精细化管理。

桥梁安全运行 2012年，东莞市直管城市桥梁技术状况合格率98.85%。开展全市城市桥梁安全专项检查和独柱墩结构桥梁安全隐患排查，完善城市桥梁龙门架。强化城市桥梁应急管理，制定《东莞市城市桥梁应急专家库管理办法》，建立城市桥梁应急专家库，组织城市桥梁安全管理培训。推进各镇街建立健全桥梁管理基本体制。 （陈佩珠）

城市供电

【概况】 2012年，东莞市完成供电量600.58亿千瓦时，比上年增长3.66%；全口径及城市用户平均停电时间分别为3.06小时和0.68小时，比上年下降48.9%和58.8%；综合电压合格率99.93%，增

东莞市城市综合管理局

① 2012年，东莞市中心广场国庆摆花造型。

② 2012年10月11日，东莞市举办“垃圾分类，清洁家园”主题演讲比赛。

加0.25个百分点；城市居民端电压合格率99.91%，增加0.54个百分点。截至2012年，全市有用电户203.54万户，用户装变电总容量4125.05万千伏安，110千伏及以上变电站153座、主变498台、总容量5264.2万千伏安、输电线路3873.8千米。

2012年，东莞供电局获得“全国供电可靠性金牌企业”称号，被评为“中央和省驻莞机关先进单位”“创先争优先进基层党组织”“东莞市年度内部审计工作先进单位”和“东莞市年度预防职务犯罪工作先进单位”。

【电力供应】 2012年，东莞市电力供需形势复杂多变。面对年初缺电情况，通过挖掘市内机组发电能力、向广东省经济和信息化委员会争取50万千瓦用电指标等措施，实现最大错峰负荷和错峰电量分别同比下降55.29%和83.67%，有效提高电力供应能力。第二季度起，电力供应形势有所好转，基本实现全市放开用电。向全市157.11万户居民客户解读阶梯电价政策，开通网上、掌上、短信营业厅和自助服务终端等电子服务渠道，为客户提供相关咨询与业务办理服务，实现阶梯电价政策平稳落地。

【“中共十八大”期间保供电】 2012年，东莞供电局按照特级保供电标准，保障中国共产党第十八次全国代表大会（简称“中共十八大”）期间全市正常供电。成立中共十八大保供电领导小组和8个工作小组，制定中共十八大保供电总体工作方案、8个专项工作方案及85项重点措施，完成1169次重要设备特殊巡视，加强重要设备缺陷管理，确保东莞电网输、变、配电设备安全可靠运行。

【中国加工贸易产品博览会保供电】 2012年，东莞供电局配合市城建工程管理局、厚街镇政府及相关部门完成中国加工贸易产品博览会展馆周边电力设施迁改工程，工程投资总额2321.8万元，共拆除10千伏架空线路1.04万米和杆塔91座，新建铁塔54座、电缆分支箱13个，新敷设电缆1.29万米，有效解决博览会期间交通枢纽问题。成立专项保电团队，建立“主干电网+配电网+场馆自备电源+应急发电车”四层电力保障体系，并通过应急演练、调整电网运行方式、排查线路设备隐患和安全风险评估等措施，保障博览会期间正常供电。

【供电客户服务】 2012年，东莞供电局把市重大项目作为重点服务对象，主动跟进生态园海斯坦普、松山湖华为终端总部、胜华科技项目等13个新增重大项目用电需求，提前规划网架，加快办电速度。其中，为胜华科技项目开辟绿色报装通道，实现“当月报装当月通电”；专门提供8回10千伏线路作为联胜自建变电站投运前的生产用电电源，并根据园区用电负荷分布特点，出动100多人次协助制定用电网络优化方案，解决园区供电联络问题，满足企业生产用电需求。支持110千伏胜华输变电工程建设，提供工程可研分析、选址选线建议、图纸质量审核、电力设备选型等服务，组织超过1000人次参加工程各项审查和验收，组织5次工程验收协调会议，提出159项整改意见并完成整改155项，加快工程建设进度。全年共为市内201宗重大项目提供绿色通道服务，解决130.54万千伏安容量的用电需求。精简业扩工作环节，实行单节点审批，全年上门服务客户4.76万次，平均报装接电办理时间比上年下降46.53%。推广合同能源管理的节能改造模式，累计为10家客户节约电量5069万千瓦时。

【电网建设】 2012年，东莞供电局完成主网、配网规划滚动修编，建立向市镇两级政府报送电网规划建设信息简报和供电形势分析工作机制。全面启动110千伏及以上输变电工程规划建设，加快电网工程前期及建设进度。全年完成12项输变电工程上报核准。配合市政府做好14项市政重点工程电力设施迁改，计划总投资9.2亿元（含东莞供电局投资4.9亿元），其中13项动工。

【电力安全生产】 2012年，东莞市电力安全生产形势平稳向好。东莞供电局完善应急预案体系与应急处置方案，修编《2012年东莞电网黑启动方案》及359个电网事故处置方案，完成“双盲”应急演练3项、桌面模拟演练8项、实战演练4项。特别是深圳“4·10”停电事件发生后，迅速召开专题会议研究，全面排查电网、设备存在的风险和隐患，制定措施防范大面积停电事件。加强迎峰度夏特殊运维工作，完成416台重过载配变的综合治理，建立89个重要用户档案资料，开展重要客户用电检查178次，发现安全隐患125次并督促整改，保障电力有序供应。

【电力科技信息化建设】 2012年，东莞供电局整合信息资源，建立PMO（项目管理）信息团队及1000号一体化运维服务中心，信息化运维服务水平更加高效。完成STATCOM（静止同步补偿器）装置试运行，建立“科技创新+知识产权创造”机制，获得国家专利授权12项，比上年增长1.33倍。深化云计算在电力行业的高级应用研究，建立一体化数据存储及计算平台，提高信息技术资源使用效率和管理水平。（欧伟豪）

① 2012年6月，谢岗天然气门站建成并投入使用。
② 开展城市桥梁定期检测。

城市供气

【燃气安全供给】 2012年，东莞市安全供应天然气4.8亿立方米（不含电厂），液化石油气31万吨，全市燃气普及率97.6%。坚持燃气安全管理例行检查、“飞行式”检查和交叉大检查，推广使用不锈钢波纹软管，保障城镇燃气安全供给。打击“黑气”，全年取缔无证照经营燃气行为30宗，收缴“黑瓶”1019个。完善燃气应急预案，加强从业人员培训，举行东莞市城市高压燃气场站泄漏应急抢险演练。做好燃气安全使用宣传，开展“安全生产月”活动和燃气安全生产“百日行动”。

【燃气工程建设】2012年，东莞市推进天然气高压管网二期工程建设。明确市城市综合管理局为东莞市天然气管道保护主管部门；依法受理燃气汽车加气站办理燃气经营许可证业务。全年建成天然气高压管线30千米、天然气门站1座、调压站3座。西气东输二线气源于7月正式进入东莞市，提供充足气源保障。

【燃气行业监管】2012年，东莞市开展燃气行业民主评议政风行风工作，通过问卷调查、网络调查、暗访检查、部门自查和公开评议等形式对燃气企业进行考核评议。制定《东莞市燃气经营企业不良行为公示实施细则》，建立燃气经营企业诚信档案和不良行为公示制度。制定《关于加强东莞市燃气行业协会建设的意见》，促进燃气行业协会发展。

（陈佩珠）

公共照明

【照明设施养护】2012年，东莞市引入第三方检测机制，通过公开招投标确定路灯检测单位，对市直管道路的灯具、箱变、电缆等电气设施进行检测，城市亮灯率99%以上。全年市直管道路修复更换光源2.83万个、灯具2413个、电缆2.87万米。翻新路灯及景观灯饰5.64万套次，清洗路灯及景观灯饰21.35万套次。

（陈佩珠）

公共交通

【概况】截至2012年，东莞市有公交运营车辆5721辆，运营线路516条，日均客运量148万人次，公交线路长度1.64万公里，公交专用道15.5公里。市区建成公交首末站25个，公交候车亭871个、站牌993个，站点覆盖环城路内的全部区域，主干道路300—500米内就有1个公交站点；28个镇建成公交候车亭1480座，站牌2942个，莞龙、莞长、莞樟、东深等4条主干公路及省道S120线、S359线建成公交候车亭320个，基本实现“村村通公汽、路路有公汽”，公交覆盖率达100%。

【公路客运站场】2012年，东莞市有客运站（配客点）75个，其中一级站5个、二级站8个，三级及三级以下客运站20个，其它各类客运站场（配客点）42个，年均日发送客运班次4550班、发送旅客14万人。东莞市公路客运站开通客运班线564条，其中省际线路301条、年均日发送班次350班，市际线路263条、年均日发送班次4200班。（注：以东莞市市籍车辆统计）

【出租车行业概况】2012年，东莞市有出租汽车企业54家，其中出租汽车公司21家，有19家整合为三大集团公司；公共的士企业33家。出租汽车运力7691辆（普通出租汽车4411辆，公共的士3280辆），出租汽车驾驶员1.55万人，出租汽车日均客运量69.7万人次。出租车营运采取公司承包制，即出租汽车经营权归出租汽车公司所有；出租汽车由出租汽车公司出资购买，公司对车辆拥有产权；驾驶员与出租汽车公司签订承包经济合同，并交纳一定数额的车辆价值保证金；驾驶员每月要向出租汽车公司交纳一定数额承包金。

【公共交通节能减排】2012年，东莞市推进发展新能源道路运输车辆。出租车方面，要求新投放（包括报废更新）的出租小汽车和公共的士车型必须使用双燃料汽车或天然气汽车。截至2012年，有7198辆更新或改装为双燃料车型，并基本使用压缩天然气作为主要燃料。公交车方面，印发《关于公交车辆更新有关问题的通知》，要求从7月起，凡新增或更新公交车辆（含城巴、小巴、镇内公汽、跨镇公汽、旅游专线和旅游观光专线），只要线路沿线镇街具备液化天然气加注条件的，原则上必须采用液化天然气燃料车型（含气电混合）。截至2012年，更新公交车848辆，其中300辆是液化天然气车型。货运方面，投放34台天然气重型货车。

（樊键忠）

【交通设施管理】2012年，东莞市强

2012年东莞市城市交通发展情况汇总表

指标	计量单位	数值
一、城市客运		
1.公共汽电车		
运营车辆	辆	5721
运营线路条数	条	516
运营线路长度	公里	16417.83
日均客运量	万人次	148
2.轨道交通		
运营车辆	辆	–
运营线路条数	条	–
运营线路长度	公里	–
日均客运量	万人次	–
3.出租汽车		
运营车辆	辆	7691
日均客运量	万人次	69.7
二、停车设施		
经营性停车场	个	–
停车位	个	–
三、交通固定资产投资完成情况		
市级交通固定资产投资	亿元	–
其中：轨道交通	亿元	–
市级城市道路	亿元	–
枢纽站场	亿元	1.8
车辆购置更新	亿元	2.21

① 大屏嶂森林公园绿道
② 道滘镇蔡白沿江路湿地公园
③ 凤岗镇南门山森林公园
④ 东莞市中心广场夜景

化市区范围站亭、站牌和候车椅的日常管理，督促养护和监理单位每天巡查两次，及时掌握公交配套设施运行状况，消除安全隐患。加快市区一期公交站亭站牌升级改造，全年升级改造280个站亭站牌。实施市区二期公交站亭站牌检测项目，通过公开招投标确定检测单位，对556个站亭站牌进行安全检测。

（陈佩珠）

园林绿化

【概况】 2012年，东莞市有公园广场1057个、面积121平方千米，城市绿化覆盖率45.72%，城市人均公园绿地面积16.66平方米。

【园林绿化管理】 2012年，东莞市完善绿化养护细则，提高绿化养护单价，落实绿化选苗、植物修剪和病虫害防治，确保市直管道路整体景观效果。完成东莞大道、东江大道、松山湖大道、港口大道等路段绿化升级改造。组织实施市区节日摆花和6期渠化岛时花种养。完善《东莞市屋顶绿化技术指引》和《东莞市行道树绿化建设和管理指引》，提高园林绿化管理水平。加强对镇街园林绿化工作业务指导，提升全市园林绿化管理质量。凤岗、黄江和道滘等镇创建为“广东省园林城镇”，全省9个省级园林城镇有8个落户东莞市。开展“东莞乡土地被植物的选育与应用”“东莞市园林有害生物预警检测与防控技术”等科研项目。加强园林企业资质管理，核准、延续园林企业一级资质4家、二级资质10家、三级资质19家。

【绿化专项活动】 2012年，东莞市参加第八届中国（重庆）国际园林博览会，打造的“莞邑山水园”获得室外展园金奖和4个专项大奖。住房和城乡建设部授予东莞市人民政府“优秀组织奖”、东莞市城市综合管理局“优秀建设奖”和东莞市园林管理所“先进集体”称号。作为广东省参加第九届中国（北京）国际园林博览会岭南园展区建设的代业主单位，具体承办展区建设，截至2012年，完成展园建筑主体及北方树种种植工作。

【绿道管理】 2012年，东莞市累计建成绿道923.5千米，其中区域绿道225千米，城市和社区绿道698.5千米，绿道

驿站58个。完善绿道管理制度，颁布实施《东莞市绿道管理工作实施方案》，制定《东莞市绿道管理办法（送审稿）》。加大绿道巡查力度，实行常态化日常巡查，将排查安全隐患作为日常巡查的重点内容，下发工作联系单限期整改存在问题。实地调研掌握绿道和驿站情况，绘制绿道地图。（陈佩珠）

环境卫生

【概况】2012年，东莞市从源头的生活垃圾分类试点，到生活垃圾清扫保洁、收集清运和终端的无害化处理，逐步建立健全生活垃圾收运处置体系。全年城镇生活垃圾无害化处理率85.2%，试点小区住户对垃圾分类知晓率和支持率达90%以上。全国爱卫会授予东莞市城市综合管理局“全国爱国卫生先进集体”称号。

【城乡生活垃圾处理】*垃圾分类试点* 2012年，东莞市在全市铺开42个垃圾分类试点的基础上，通过编印工作简报、制作公益广告、悬挂宣传标语、开展调研活动、举办演讲比赛等措施，使垃圾分类理念深入人心。做好餐厨垃圾收运处置，颁布实施《东莞市餐厨垃圾管理暂行办法》。推广寮步镇康达新能源科技有限公司在餐厨垃圾处理方面的成功经验。推进“东莞市生态循环试验示范点”建设，为东莞市园林废弃物和餐厨垃圾的科学化处理提供科研环境和技术支撑。

存量垃圾治理 2012年，东莞市推动塘厦、虎门和樟木头镇等3座填埋场的综合整治。3月，塘厦石潭埔生活垃圾填埋场通过广东省专家组评定，达到《生活垃圾填埋场无害化评价标准》（CJJ/T107-2005）Ⅰ级标准，是全市首个生活垃圾卫生填埋场。评估现存生活垃圾简易填埋场，推进凤岗中心区和常平桥沥填埋场的综合整治。

垃圾处理厂建设 2012年，东莞市推进新建垃圾处理厂项目环评工作，向市民群众宣传普及生活垃圾无害化处理知识。完成编制麻涌垃圾处理厂环评报告书和虎门垃圾处理厂环评报告书简本；组织编制清溪垃圾处理厂环评报告书。推进市区垃圾处理厂技改增容工程建设，截至2012年，累计投入3.58亿元，完成工程建设的71.88%。横沥垃圾处理厂二期被广东省住建厅评定为AA级无害化垃圾处理厂。

垃圾处理厂监管 2012年，东莞市建成首个在线监管垃圾处理厂监控平台。平台具备焚烧炉炉温、烟气排放指标、渗沥液处理、固废计量等监控功能，可以实现垃圾处理厂24小时监管，改变以往单靠人手监管的情况。颁布实施《东莞市生活垃圾处理厂运营监督管理暂行办法》。

【市容环卫管理】*日常环卫保洁* 2012年，东莞市全面督导市直管道路、东江和运河水面的市容环境卫生，提高环卫保洁作业标准，加大环卫保洁监管力度，营造整洁靓丽的市容环境。开展“牛皮癣”专项整治、环卫机动车辆专项检查、环境卫生大检查、“东莞市市容环境优美村（社区）”复评考核等活动。完善环卫基础设施，推进市区七大公园环保公厕和东江2号公厕建设。加强环卫宣传教育，通过公益广告、宣传资料等方式，提醒市民养成自觉爱护环境卫生的良好习惯。

“大清洁，乡村美”城乡大清洁活动 2012年6—9月，东莞市开展“大清洁，乡村美”城乡清洁工程专项活动，召开动员会议600多场。全市清理村（社区）路边、河边、池边和村（社区）公共区域积存垃圾5185.46吨，清除卫生死角386处，签订“门前三包”协议书50多万份。（陈佩珠）

附：2012年东莞市城市综合管理局领导名录

局　长：钟耀祥
副局长：萧细流　陈旭坚　吴育新　邓浩森
纪检组长：翟洪辉
总工程师：陈烁钊

附：2012年东莞供电局领导名录

局长、党委副书记：雷烈波
党委书记、副局长：具小平
副局长：刘毅忠　许国强　李春华　李　国　杨　崎（5月到任）
纪委书记：张伦恺
工会主席：麦志伟

① 2012年11月29日，东莞市首个垃圾处理远程在线监管平台通过验收并投入使用。
② 2012年8月，东莞植物园环保公厕建成并投入使用。

城管综合执法

【城管执法“三打”】2012年，东莞市开展打击欺行霸市、打击制假售假和打击商业贿赂工作，在城管综合执法方面重点打击无证照生产经营食品行为和无证医疗机构。出动执法人员15.98万人次，检查单位或个人4万家（个），立案查处5139宗，当场查处案件1884宗，捣毁窝点790个，涉案货值1860.705万元，罚没到位款240.749万元，案件办结率100%；查处大案要案63宗（全部办结），涉案货值1185万元；移送公安机关51宗，涉案货值359.342万元，公安机关立案23宗，追究刑事责任5人，抓获犯罪嫌疑人49人，刑事拘留41人，逮捕24人，判刑7人；查处涉及“保护伞”案件2宗，查处充当“保护伞”行为人2人。对企石镇新南卫生站非法行医案、东城无证照生产酸菜加工场案、中堂镇食用油加工厂涉嫌侵犯注册商标专用权案等7宗重大案件，实行领导包案并全部办结。

【违法建筑清理】2012年，东莞市推行违法建筑“网格化”管理，加强巡查执法和部门联动，对不符合规定、存在质量安全隐患的在建违法建筑，发现一宗，拆除一宗。从11月20日起，对新增违法建筑情况实行每周通报的倒排名制

东莞市城市管理综合执法局

① 2012年2月16日，东莞市副市长吴道闻（右）调研市城市管理综合执法工作。

② 2012年3月9日，2012年度东莞市城市管理综合执法工作部署会议召开，副市长吴道闻（右一）、市城管综合执法局局长卢贯纪（右二）等出席。

③ 2012年11月20日，全市清理在建违法建筑动员会议召开，市委副书记、市长袁宝成（中），副市长吴道闻（右二），市政府秘书长邓浩全（左二）、副秘书长张永忠（右一）和市城管综合执法局局长卢贯纪（左一）等参加会议。

度，各镇（街、园区）开展清理专项行动。行动中，拆除在建违法建筑9.20万平方米，包括一批难度较大的在建违法建筑，其中举行拆违现场会14次、拆除在建违法建筑2万多平方，多家媒体全程跟踪报道。

【城管执法案件查处】2012年，东莞市城市管理综合执法局出动执法人员28.79万人次、执法车7.87万车次，教育、纠正、立案查处城市“六乱”行为12.99万多宗，拆除违章广告470宗，处罚38.95万元。规劝、处理生活噪音6591宗、建筑噪音1073宗，其中处罚28宗，罚款4.23万元。查处损坏绿化、设施，挖掘道路和泥头车污染路面等行为，教育查处焚烧杂物557宗，破坏城市绿化、市政设施等各类行为2.46万宗，其中立案253宗，罚款8.36万元。

【城管执法制度完善】2012年，东莞市城市管理综合执法局制定和完善局党组会议议事规则、局长办公会议议事等12项制度；制定《东莞市在建违法建筑分类处理工作指引》《东莞市房屋征收评估机构检查制度》等文件，其中《东莞市综合执法监督制度》在征求意见阶段、《东莞市查处在建违法建筑考核通报办法》和《东莞市查处和控制在建违法建筑实施办法》等报市政府审定；修订《东莞市“三旧”改造房屋拆迁补偿安置工作指导意见》。

【拆迁管理加强】2012年，东莞市城市管理综合执法局规范房屋拆迁工作，开展房屋征收评估机构年度备案检查，有27间评估机构符合要求准予备案，并在《东莞日报》予以公告。推进城际轨道交通项目财政审核和“三旧”改造，全年审查镇街“三旧”改造方案324份和单元规划方案21份。妥善处理拆迁信访问题，排查以暴力或“软暴力”行为强制拆迁的违法犯罪线索，经查线索为零；联合公安部门调处3宗拆迁信访投诉。

【城管执法宣传】2012年，东莞市城市管理综合执法局邀请10多家媒体参与主题宣传；在全市500台公交车的LED屏开设“执法快讯”栏目，公布举报电话、官方微博等；制作公益片在东莞电视台和镇街电视台循环播放；举办“建设幸福东莞，执法与你同行”进社区、进工厂、进学校系列宣传活动以及首届城管执法平面公益广告大赛。各分局采取发放宣传小册子、有奖知识问答等多种形式，广泛发动群众参与，营造良好宣传舆论氛围。

（陈柳金）

附：2012年东莞市城市管理综合执法局领导名录

局　长：卢贯纪

副局长：刘永潮　莫志强　郭显领　袁子健

① 2012年6月12日，东莞市城管综合执法系统第三期综合业务培训班举行。

② 2012年4月28日，东莞市城管综合执法局局长卢贯纪率队做客“阳光热线”栏目，集中解答市民提问，倾听群众意见。

③ 2012年11月8日，东莞市城管综合执法局组织开展“执法与你同行”进社区宣传活动。

④ 2012年8月15日，东莞市城管综合执法局中堂分局查处一个假冒“金龙鱼”食用油窝点。

⑤ 2012年5月31日，东莞市城管综合执法局寮步分局组织拆除一处违法建筑。

环境保护

【概况】 2012年，东莞市顺利完成污染减排考核、城市环境综合整治定量考核和广东省环境保护责任考核。东莞市环保宣传教育中心、东莞市环境保护局大朗分局获得广东省政府授予“全省环保先进集体”称号。

【环境质量】 2012年，东莞市环境质量稳中好转。按照《环境空气质量标准》（GB3095—2012），空气环境优良天数270天。城市集中式饮用水源达标率100%；东江东莞段水质达到国家地表水Ⅱ类水质标准；东莞运河达到国家地表水Ⅴ类水质标准，消除黑臭现象，水质改善。市区声环境质量保持良好。

【环保部署】 2012年3月27日，东莞市委、市政府召开全市环境保护工作会议，实施《东莞市环境保护和生态建设“十二五”主要目标和任务分工方案》《东莞市持续改进国家环境保护模范城市工作实施方案》《东莞市“十二五”主要污染物总量控制规划》等政策文件，统筹部署环保工作。与深圳、惠州两市签署《深圳东莞惠州三市区域突发环境事件应急联动工作协议》和《深圳东莞惠州三市饮用水源与跨界河流水质监测工作一体化协议》，与广州市建立环保合作框架，强化区域环保合作。

【污染减排】 2012年，东莞市制订实施《东莞市“十二五”主要污染物总量减排工作方案》，市政府与各镇街、相关职能部门签订减排目标责任书。建立完善减排企业台账管理、台账代理、信用管理、任务分工、年度考核、工作问责等制度，健全减排体系。完成99项广东省下达的重点减排项目，完成率89.2%，其中包括9个污水处理工程项目，2个降氮脱硝项目、4个取消脱硫旁路项目和84个脱硫监管减排项目。

【环保管理】 *行政审批改革* 2012年，东莞市环境保护局取消12项行政审批事项，2项日常管理事项。制订实施《环保系统推进落实“六个东莞”工作实施方案》，提出6个方面120项具体工作措施，并作为先进经验材料印发全市学习。

商事登记改革 2012年，东莞市取消工商登记环保前置管理。制定实施《东莞市环保系统商事登记后续市场监管实施办法》及《东莞市环保系统落实商事登记市场后续管理工作指引》，细化11项具体管理措施。其中，前者作为典型材料上报省领导。

社会管理创新改革 2012年，东莞市环境保护局与东坑台商协会、仟贸电机公司及富港电子公司签订《共建企业环保自律体系承诺书》，试点建立环保部门与行业协会、企业“三位一体”的环保自律体系，推动管理创新。东莞市环境科学学会创建成为3A级社会团体。重点污染源在线监控系统第三方运营管理被列为全市创新社会管理观察项目。

行政许可管理 2012年，东莞市环境保护局建立重点项目专人跟踪、绿色通道、定期会商等制度，强化规划环评管理，严格控制新增落后产能。全市审批建设项目8957项，其中报告书158项、报告表3409项、登记表3912项、变更等1478项；拒批建设项目325项。审查通过虎门立沙岛、东城工商聚集区、寮步及松山湖区域热电联产等规划环评文件。

清洁生产审核管理 2012年，东莞市对202家完成清洁生产审核企业进行专家评估、验收，其中159家通过验收。

【环境监察】 *环保专项行动* 2012年，

东莞市环境保护局

① 2012年9月17日，环保部副部长吴晓青（前排左二）到莞考察生态建设。

② 2012年10月30日，东莞市完成石马河阶段性整治任务，10月31日通过广东省人大验收。图为省人大常委会主任欧广源（中）到莞视察石马河整治情况。

① 2013年3月20日，全市环境保护工作会议召开。
② 2013年1月8日，“推进生态文明　建设美丽中国”专题报告会举行。

东莞市组织打击违法排污企业保障群众健康、环境安全百日大检查、饮用水源保护、深莞惠环保联合执法等环保专项行动，出动执法人员7.63万人次，检查企业3.1万家。

企业环境监管　2012年，东莞市征收排污费6962.27万元、入库7029.51万元，开始征收噪声超标排污费、扬尘排污费。完成建设项目“三同时”台账登记，验收“三同时”项目4775宗。对568家企业实行信用评价管理。建成全市环保设施在线监控（监测）系统，联网监控企业357家并全面实行第三方运营管理。建成危险废物（严控）管理信息系统，对212家危险废物产生单位和5家经营单位实行规范化管理。

环保行政处罚　2012年，东莞市处罚环境违法行为855宗、罚款2927万元，发出行政命令1122宗；申请强制执行案件560宗、现场执行453宗；挂牌督办中成化工等12个突出的环境污染问题。

【环境治理】　*清洁空气行动*　2012年，东莞市持续实施《东莞市清洁空气行动计划》，累计淘汰改造小功率燃煤锅炉1148台，整治大型锅炉347台，治理VOC(挥发性有机化合物)排放企业349家。实施第三阶段环保区域限行，限行范围扩大到142平方公里，着手建设23套黄标车限行电子抓拍系统。

重点流域（石马河）整治　2012年，东莞市实施《东莞市石马河污染综合整治工作方案》，完成阶段性整治，10月31日通过广东省人大、省政府验收。

重金属污染整治　2012年，东莞市实施《东莞市重金属污染综合防治“十二五”规划》及《东莞市环保局重金属污染源综合防治工作落实方案》。执行《电镀污染物排放标准》的水污染物特别排放限值要求，整治146家重金属排放企业；整治8家铅蓄电池企业，其中3家通过验收、3家搬迁、2家停产整治。

农村环境保护　2012年，东莞市实施《东莞市农村环境保护行动计划》。推进黄江、石碣和麻涌镇农村环境连片整治。基本完成土壤污染调查，建立全市土壤调查样品库。印发《东莞市生猪生产规划》，划定全市生猪养殖业禁养区、限养区和适养区。整治石马河流域畜禽养殖业污染，清理养殖场697个、生猪13.6万头。

【环境安全保障】　*环境应急管理*　2012年，东莞市组建市环境应急管理办公室，修订《东莞市突发环境事件应急预案》和《东莞市环保局突发环境事件应急预案》，完成80家重点环境风险源应急预案备案，启动修订各镇街应急预案，“市—镇—风险源”三级应急预案体系基本成形。及时妥善处置突发环境事件25起。

环境信访化解　2012年，东莞市建立领导挂钩督导、领导接访日、基层大接访、网络舆情定期监测等制度，督导检查144宗重点环境信访问题，化解环境矛盾纠纷。全年立案受理信访投诉1.45万宗，办结1.39万宗；受理有奖举报案件149宗，核实126宗并全部妥善处理。

核辐射监管　2012年，东莞市建成放射源在线监控系统；修订《东莞市辐射事故应急预案》；审批核与辐射项目64项，验收49项，发放《辐射安全许可证》87份。启动全市辐射本底调查。

【环保能力建设】　*环保宣传教育*　2012年，东莞市举行“六·五”世界环境日、保护东江公益徒步、“环境公民”宣传、环保公益广告主题画征集、“低碳环保进校园”科普讲座、环保主题文艺节目征集及汇演等系列活动。在新浪网和腾讯网开通官方微博“东莞环保”，发布环保信息1200多条。编印发放《环境公民手册》2万册；举办3期重点企业环保培训班，培训企业800多家。建立东莞市科技馆、东莞市科学

馆、香蕉蔬菜研究所、大岭山环保分局环保展厅、东城八小百草园、美驰图实业、仟贸电机、东莞生态园等8个环境教育基地。

环境监测体系　2012年，东莞市环境保护监测站升格为中心站（站长定为副处级），建立东莞市空气质量实况发布平台，实时公布全市7个大气站点PM2.5（细颗粒物）等监测数据，监测能力扩大到9大类321项411个参数。全市环境空气自动监测系统通过广东省监测中心和香港环保署开展的成效审核。

环保信息化　2012年，东莞市建成环境综合管理信息化系统（二期）项目、城市烟尘视频监控系统、应急指挥系统、应急监控指挥中心、综合业务管理平台和地理信息平台。

环保科学研究　2012年，“东莞市环境质量自动监控管理系统开发集成应用”项目获得市科技进步二等奖，“实验室信息管理系统开发应用”项目获得广东省环保科技三等奖。

【生态创建】2012年，横沥镇创建为国家级生态镇，黄江、厚街和桥头镇创建为广东省生态镇，163个村（社区）创建为东莞市生态村（社区），32所学校创建为广东省绿色学校、26所创建为东莞市绿色学校；6个社区创建为广东省绿色社区、17个创建为东莞市绿色社区。15家企业创建为第五批环境友好企业

（袁彩华）

附：2012年东莞市环境保护局领导名录

局　长：方灿芬

副局长：刘国军　赖以坚　莫练初

张溥栋　香杰新

纪检组组长：吴永恒

总工程师：戴松林

①　2013年1月18日，第三阶段在用汽车环保标志限制通行管理全面实施。图为环保、交警部门对违反限行规定的车辆进行处罚。

②　2012年11月24日，“绿脚印在行动”东江徒步公益活动举行，宣传环保与生态文明的理念。活动吸引2000多人参加。

东莞市环境监测中心站

东莞市环保局局长方灿芬考察东莞市环境监测中心站实验室

东莞市环境监测中心站成立于1982年4月，是参照公务员管理的社会公益性科学技术事业单位，是广东省第一个按照新标准通过验收的国家二级（东部）环境监测站。主要职能是承担东莞市环境质量各要素、污染源排放、环境突发事件应急处置和其它相关环境监测工作，并承担环保科技的基础研究及环保技术的应用开发，参与制定相关环保监测政策、标准和规划等。

东莞市环境监测中心站设站长1名（副处级），副站长4名，总工程师1名，内设10个科室。现有员工97名，其中博士1人，硕士29人，本科43人；教授级高工1人，高级工程师10人、工程师30人、助理工程师28人。

全站有监测业务用房4800平方米，其中实验室面积达3800平方米。拥有各种先进监测仪器设备370多台（套）价值6000多万元，包括气相色谱三重四极质谱仪、电感耦合等离子体质谱仪、气相色谱仪、高效液相色谱仪、气相色谱质谱联用仪、原子吸收分光光度计、离子色谱仪、紫外分光光度计、工（射）频辐射监测仪等；配备了应急监测车、便携式气质联用仪、便携式气相色谱仪、生物毒性分析仪、防化服等应急监测装备。监测能力覆盖了水和废水、海水、环境空气及污染废气、室内空气、噪声、辐射、机动车排放污染物、土壤、底质、固体废弃物、燃料等9大类321项411参数，所有项目均通过实验室认可及计量认证，具备了地表水109项全分析能力。每年向社会提供水环境质量手工监测数据12000多个，环境噪声质量手工监测数据3000多个，污染源监测数据2万多个；另外通过环境质量自动监测系统获得自动监测数据数十万个（空气质量36.8万个、水环境质量19.7万个、声环境7万个），为市委、市政府制定环境决策提供了重要科学依据。

参加广东省大气环境新标准知识竞赛获得一等奖

该站有较强的科研能力，先后承担国家和部级项目3项，承担省市级项目20多项，获得市级以上科技成果奖励10多项，获国家环保科技奖1项，广东省科学技术一等奖1项、三等奖2项，广东省环保科技一等奖2项、三等奖4项，市科技进步一等奖3项、二等奖3项、三等奖5项，国家发明专利2项，国家实用新型专利1项，获得国家重点环境保护实用技术示范工程1项，主持制定省地方标准3项。先后被评为“广东省环境监测先进集体”和“广东省环境监测优质实验室”，获得广东省首届监测技术比武理论考核一等奖、省环保系统总量减排监测技术比武操作技能二等奖和团体二等奖、广州亚运保障监测技术比武暨全国环境监测技术人员大比武选拔赛团体三等奖、广东省大气环境新标准大竞赛活动团体和个人第一名。该站拥有3个东莞市重点实验室，2支市科技创新团队，是广东省博士后创新实践基地、华中科技大学环境科学与工程学院博士后工作站、团省委青年就业创业见习基地、东莞市科普教育基地、广东工业大学校外实习基地和东莞理工学院教学实习基地等。

参加环境突发事件应急监测

东莞市环境保护监测站30周年全站同志留影 2012.11.23

2012年，东莞市环境监测成立站30周年，图为全体人员合影。

交通·邮电 TRANSPORTATION · POSTS AND TELECOMMUNICATIONS

虎岗高速谢岗段

公路运输业

【概况】 截至2012年，东莞市境内公路通车里程（含乡村道路）4969公里，公路密度201.98公里/百平方公里。年末全市机动车保有量（民用）148.68万辆，增长4.9%。其中汽车保有量120.70万辆，增长13.7%。全年公路货物运输量8421万吨，货物周转量54.36亿吨公里；全年公路运输完成客运量7.97亿人次，旅客周转量156.67亿人公里。

路桥建设

【概况】 2012年，东莞市推进路桥建设，完善路网结构，强化国省县道等干线公路功能，东莞市公路桥梁开发建设总公司完成路桥项目建设投资45.69亿元，完成年度计划的103.4%；东莞市交通运输局完成交通建设投资约88.8亿元，占年度目标任务91.1%（扣除省重点项目后完成年度目标任务104%，超额完成市重点建设任务）。

2012年，东莞市辖区内的广深沿江高速广州至虎门威远段、虎岗高速虎门港支线一期工程、石龙镇东岸大桥、S120石排至桥头段路面大修工程、省道358塘厦段大修工程完工通车，虎岗高速虎门港支线一期、莞深高速黄江服务区加油站及省道120峡口大桥、石碣大桥和桥东大桥维修加固工程等项目基本完工，深外环高速东莞段、莞番高速、虎门第二公路通道（虎门二桥）、莲花山过江通道、从莞高速东莞段（含清溪支线）、石大公路路面大修、东莞大道延长线、东江梨川大桥、东平东江大桥以及东部快速路企石至桥头段、S256篁村至虎门段、S358虎门至长安段改造、主干公路交通堵塞点改造等工程建设扎实推进。推进镇际村际联网路建设，截至2012年，镇村联网路完工422.1公里，在施工188公里，完成投资81.26亿元。推进全市统筹水乡发展配套的粤晖大桥、横海大桥，粤海产业园配套的镇街联网29号路及其他路桥建设项目前期工作。

2012年，东莞市公路桥梁开发建设总公司、从莞高速公路东莞段（含清溪支线）项目分别获得2012年度"市重大项目建设先进单位"、"市先进重大建设项目"称号，"东江大桥刚性悬索加劲钢桁梁结构关键力学特性研究"获得2012年度广东省科学技术奖二等奖。

【S120石排至桥头段路面大修工程完工通车】 工程起于石龙镇与石排镇的交界处（与莞龙路相接），经石排镇、企石镇和桥头镇，终于东莞市桥头镇与惠州市潼湖镇交界处（与省道S120惠州段对接），在原有路基路面基础上进行路面改造，公路部分路基宽度按六车道一级规定宽度控制，桥涵设计汽车设计荷载等级为公路-I级，采用沥青混凝土路面。线路全长35.33公里，概算15.21亿元（待批复），其中公路部分10.62亿元，市政部分4.59亿元，建安费11.91亿元。工程于2009年9月28日动工建设，2012年9月28日完成交工验收，并正式通车。

【粤晖大桥和望牛墩横海大桥重建工程动工】 2012年，东莞市公路桥梁开发建设总公司推进东莞市统筹水乡地区发展配套道路交通工程疏港大道延长线及粤晖大桥、望牛墩横海大桥重建工程筹建工作。疏港大道延长线建设工程起点位于洪梅望沙公路，终点位于厚街港口大道，是虎门港立沙岛作业区重要疏港通道，全长约7 公里，投资估算5.35 亿元。粤晖大桥是疏港大道延长线过江通道之一，东接道滘镇南阁中路，横跨大汾北水道，西接洪梅镇厚洪路，是连接洪梅镇和道滘镇的重要通道，线路全长约734米，双向四车道，采用一级公路标准，设计行车速度60公里/小时，总投资9450万元，预计2014年建成。

东莞市公路桥梁

2012年8月8日，市委常委、常务副市长梁国英出席东莞信托·鼎信——从莞高速集合资金信托计划产品推介会暨签约仪式并讲话。

2012年9月28日，S120石排至桥头段路面大修工程完工通车，图为该工程燕窝下穿通道。

从莞高速公路东莞段（含清溪支线）清溪湖大桥施工现场

开发建设总公司

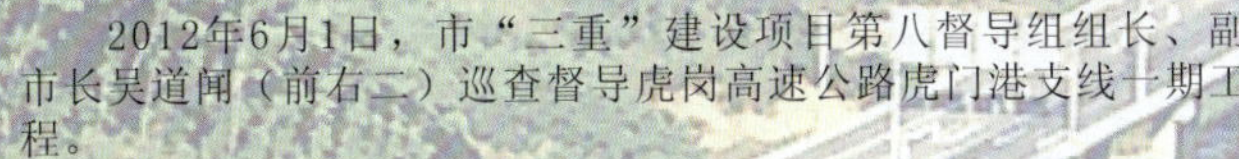

2012年6月1日，市“三重”建设项目第八督导组组长、副市长吴道闻（前右二）巡查督导虎岗高速公路虎门港支线一期工程。

2012年9月13日，市“三重”建设项目第九督导组组长、副市长严小康（前右一）巡查督导从莞高速公路东莞段（含清溪支线）工程。

2012年3月2日，省实施《珠三角规划纲要》领导小组专职副组长苏泽群（前中）率省督查组在市委常委、常务副市长梁国英（前右一）等陪同下检查省“四年大发展”重大项目从莞高速公路东莞段（含清溪支线）工程。

2012年9月28日，东莞发展控股股份有限公司举行莞深高速公路通车12周年联欢晚会，图为该公司员工表演自编自导自演的文艺节目。

东江梨川大桥中堂水道桥13#墩大体积墩身施工现场

望牛墩横海大桥重建工程位于望洪公路广深高速公路望牛墩出入口，总投资1.07亿元，路线全长670米，采用一级公路建设标准，设计速度60公里/小时，双向6车道，计划2015年建成。2012年12月28日，市委、市政府在水乡大道（西部干道）粤晖路立交处举行统筹水乡地区发展先期项目启动暨水乡大道改造提升工程动工仪式，包括粤晖大桥、望牛墩横海大桥重建工程在内的4项道路交通工程、4项水环境综合整治工程和4个幸福导向型产业项目，共12个先期启动项目同时启动。

【省道256和358路面大修工程】 2012年，东莞市公路管理局推进省道256、358路面大修工程，工程投资概算为24.26亿元，分13个施工标段，已完工8个标段，其余5个标段和由沿线镇负责建设的人行道、景观照明、部分人行天桥等市政工程正在组织实施。在抓好大修工程建设同时，投入专项资金、安排专人督办，开展迎接全省加工贸易转型升级工作现场会和第一届“加博会”、世界莞商大会有关省道256的综合整治保畅通工作。

【市主干公路交通堵塞点改造工程】 2012年，东莞市公路管理局推进市主干公路交通堵塞点改造工程，涉及国道107、省道357、省道255三条主干公路11个施工标段，工程投资概算为6.6亿元。除委托铁路部门代建的省道357樟木头路段的1座铁路通道改造工程未开工外，其余标段已动工建设。省道357寮步金富路口跨线桥、京都路口跨线桥、樟木头石新路口跨线桥主车道于2012年第三季度相继开通。其他标段正在进行主体桩基工程施工，其中107国道东城水濂路口跨线桥完成合龙。

【从莞高速创新运用信托金融工具引入民间资本参与建设】 从莞高速公路（含清溪支线）东莞段是广东省省网高速S29组成部分，也是东莞市“一环六纵五横三连”公路主干线的第五纵。主线起于东莞石排镇赤坎村（惠州市与东莞市东江地域交界处，顺接拟建从莞高速公路惠州段），向南经企石、横沥、常平、樟木头、塘厦、清溪、凤岗等镇，终于凤岗镇大湖洋（接深圳外环高速公路），路线长约42.2公里。清溪支线起于塘厦镇林村（接东莞市境内龙林高速公路），向东经石马河、罗马村、浮岗村、松岗村、上元村，终于惠州约场北（东莞市与惠州市交界处），接博深高速公路，路线长约15.5公里。项目总长57.7公里，“工程项目可行性研究报告”估算106.98亿元。省政府批复同意该项目作为经营性收费项目，收费期限25年。经市政府批准，东莞市新远高速公路发展有限公司牵头成立项目公司——东莞市从莞高速公路发展有限公司负责项目投资建设。工程于2011年3月开工建设。2012年，东莞市公路桥梁开发建设总公司与东莞信托公司探索设立“东莞信托·鼎信—从莞高速集合资金信托计划”引入民间资本参与重点基础设施项目建设。该信托计划募集资金40亿元，个人投资者要求起点300万元，按投资期限分为三档，投资者年化预期收益率在央行公布的短期贷款一年期基准利率基础上固定加点。按2012年8月利率水平，一年、三年、五年的年化预期收益分别可达到6.2%、7.2%、8.2%。在约定投资档次期限期满后，有权赎回或继续申购投资。2012年8月8日，举行信托计划产品推介会暨签约仪式。8月23日结束首期募集，68名投资者参与投资，募集资金5.093亿元。2012年募集资金约20亿元。该信托计划的成功发行，为东莞市重要基础设施建设项目的多元化社会融资开创崭新模式。

【收费运营】 2012年，东莞市公路桥梁开发建设总公司运营管理莞深高速公路（含龙林支线）、虎岗高速公路，共计128.89公里；负责全市政府还贷公路车辆通行费年票费征收及还贷工作，并实行“收支两条线”管理。莞深高速公路（含龙林支线）收费7.49亿元，比上年增长1.78%；虎岗高速公路收费8.40亿元，比上年增长8.54%；政府还贷公路年票收入55863.43万元，支付银行贷款利息34645.27万元，管理、养护维修和水利建设基金10578.16万元，偿还贷款本金10640万元，截至2012年12月31日，东莞市未还贷余额55.72亿元。2012年，东莞市配合省政府完成珠三角车辆通行年票费互认互免工作。

节假日免收小型客车通行费实施工作 2012年7月24日，国务院决定实行重大节假日期间（春节、清明节、劳动节、国庆节）免收7座及以下小型客车通行费政策。2012年国庆节是第一个实行小型客车免费通行的重大节日，因中秋节与国庆节连休，中秋节当日应视同国庆节连休日实行免费，免费通行时间为：9月30日00：00至10月7日24：00，共计8天。东莞市公路桥梁开发建设总公司及所辖各高速公路运营公司做好所辖莞深、虎岗高速公路保畅通和免费通行政策执行工作。节假日期间，所辖莞深、虎岗高速公路总车流量143.16万辆次，比2011年同期增长25.93%，其中免费车辆98.12万辆次，减免通行费2941.63万元，与2011年同期相比，通行费减收2303.74万元，减幅70.67%；道路运行总体正常，未发生严重拥堵现象和重大事故。东莞发展控股股份有限公司、常虎高速公路分公司被省交通运输厅授予“2012年中秋国庆节假日免收小型客车通行费实施工作的先进集体”。

依法申请法院强制追缴年票费欠费 2012年1—11月，东莞市机动车辆路桥通行年票费征收率仅为49.86%。市公路桥梁收费所加大宣传力度，通过报纸、短信等媒介广泛宣传介绍年票制，引导和教育司机车主依法自觉缴费。加大对欠费追缴力度，经协调研究，通过依法申请法院强制执行追缴路桥年票费。市公路桥梁收费所根据有关法律法规等规定，作出并通过邮递等方式向欠费车主送达《东莞市机动车辆路桥通行年票费催缴决定书》，欠费车主应自收到决定书之日起十五个工作日内到市路桥收费所下属各年票征收点补缴欠费；如不服决定，应在收到决定书之日起六十日内向东莞市人民政府申请行政复议。若对行政复议决定不服，可在收到行政复议决定书之日起十五日内向东莞市第一人民法院起诉。在法定期限内既不申请行政复议也不提起诉讼又不履行决定的，市路桥收费所将申请人民法院强制执行。鉴于以行政非诉执行方式追缴路桥通行费案件属于新类型行政非诉审查案、案件数量较大、群众对路桥年票费收取存在争议等因素，东莞市第一人民法院对于市路桥收费所作为申请强制执行的申请人主体身份及路桥年票费收取的法律依据等问题进行审慎审查后，依法对117宗路桥年票费行政非诉审查案件立案受理。其中自动履行案件32宗，自动履行金额18.46万元。11月，市第一人民法院组织代号“通途”的年票缴费专项集中执行行动，在全市范围内对一批欠缴年票费的被执行人采取执行措施，执行案件79宗，执结案件68宗，执结率86%。涉案标的73.78万元，执行到位金额60.27万元，执行到位率81.68%，行动中扣押汽车一辆。执行过程在该法院的微博上直播，扩大年票案执行影响力。专项集中执行行动后，一些车主主动缴交路桥年票费。

（姚庆保　万金旺　樊键忠）

公路养护管理

【概 况】2012年，东莞市公路管理局被省公路管理局评为“全省公路养护管理先进单位”“勤政廉政先进单位”，被市评为“春运工作先进单位”“市重点项目建设管理先进单位”；局负责组织建设的市主干公路交通堵塞点改造工程被市评为“先进重大建设项目”；三杞公路养护所被省妇联评为“广东省巾帼文明岗”、被省交通运输厅和团省委命名为“广东省青年文明号”；桥头公路养护所被团市委命名为“东莞市青年文明号”；局组队参加省公路局举办的计算机操作应用竞赛和市举办的拔河比赛，均获得第一名；局党组书记、局长方茂明被市评为“预防职务犯罪工作先进个人”、局团委副书记顾伟捷被评为“优秀基层团委书记”、工程师尹兆粼被市评为“市重点项目建设管理先进个人”；局安全保卫科副科长万金旺撰写的文章获得“全国公路系统思想政治工作优秀论文一等奖”。经报市机编委批准，东莞市公路管理局成立交通流量与桥隧监测所、公路应急抢险与机械材料保障中心，强化新形势下公路管理工作。

【公路养护管理】2012年，东莞市公路管理局按照全省公路养护管理检查考核工作要求，加强内业资料规范化管理和国省道公路养护管理，提升国省道路容路貌路况以及基层养护单位、路政管理单位和公路应急养护中心建设水平，7月上旬接受省检查组的检查评比，综合成绩名列前茅。在日常公路养护管理工作中，在加强对路面、桥梁、高边坡的巡查监测，消除各类安全隐患的同时，注重加强预防性养护，使管养的国省道公路年度优良路率达97.5%，路况水平保持全省前列。做好雨季汛期、重大活动（如举办“加博会”）和重大节假日的公路安全保畅通工作。2012年中秋、国庆长假期间，按照国家、省、市关于重大节假日高速公路免收小型客车通行费的有关文件要求，落实值班制度和“每日一报”制度，完善应急预案，加强公路养护管理和对重要桥梁、隧道巡查监测，加强与交通、交警等有关部门沟通协作，确保管养的国省道公路路况良好、整洁美观、安全有序、交通顺畅。

2012年，东莞市交通运输局加强地方公路养护管理，全年综合整治自然灾害路段5处，检测维修危险桥梁62座，完成养护小修项目141个，完成迎接2012年全省公路养护管理检查，做好“十二五”全国干线公路养护管理检

提高公路科学化建设管理水平 为东莞经济社会转型发展服务

① 2012年4月6日，省交通运输厅副厅长、省公路管理局党委书记顾青波（中）率队到市公路管理局视察调研工作。

② 2012年2月3日，副市长吴道闻（前排右）到市公路管理局调研和指导工作。

① 经市机构编制委员会批准，市公路管理局交通流量与桥隧监测所、公路应急抢险与机械材料保障中心两个新设单位于2012年5月正式挂牌成立。
② 2012年3月2日，市公路管理局围绕“贯彻落实市第十三次党代会精神”主题，接受市属及驻莞共11家媒体的集中采访。
③ 2012年7月上旬，全省开展公路养护管理工作大检查，东莞市国道、省道等公路综合排名全省第一。
④ 2012年8月8日，市公路管理局参加市机关拔河比赛夺得第一名。

查准备工作，全年地方公路养护好路率93.13%，在2012年全省公路养护管理工作检查中排名第一。加大工程质量监督力度，全年监督项目141个，公路总里程448公里，泊位19.4万吨，累计组织监督检查534次。

【路政管理】 2012年，东莞市公路管理局通过开展并联审批，优化审批程序、缩短办理时间，增加依法办事透明度，使路政审批服务水平和办事效率得到提高，路政所全年受理新办许可（审批）及许可延续的申请事项420多宗（次），并对许可项目从申请到实施进行全过程的跟踪监督指导，优化服务质量，在全市行政审批电子监察绩效测评中始终保持优秀等级。路政人员加强对国省道公路的日常巡查，及时发现和制止涉路违法违章行为，2012年，先后向市交通行政综合执法局报送路政违法案件350余宗（次）；局路政部门以市组织开展清理整治高速公路两侧违规广告标牌行动为契机，结合迎“省检”和保障“加博会”，对国省道公路的标志标牌、非公路标志牌、涉路工程等进行集中清理整治，规范国省道公路的路政管理。

【安全生产】 2012年，东莞市公路管理局加大安全知识宣传和各类教育培训力度，加强关键环节督导监管，增强各职、各类人员安全意识和防事故能力；落实“一岗双责”制度，组织开展重大节日安全检查、汛期公路安全检查和“安全生产百日行动”、“安全生产年”、“打非治违”等专项行动，及时发现和消除各类事故隐患；加强重大事项社会稳定风险评估，强化对各类安全风险的防控力度，提高安全管理综合水平，维护安全稳定的良好局面。

（万金旺、樊键忠）

① 2012年8月下旬，市公路管理局组队参加省公路系统计算机技能竞赛，分获团体和个人第一名。

② 2012年，由市公路管理局负责实施的市属重点工程——省道256、358大修工程全年完成工程投资3.02亿元，顺利完成年度目标任务。左图为市公路管理局党组书记、局长方茂明率正科级以上领导干部到该工程项目处检查指导工作。右图为该工程已完成主车道施工的S358虎门居岐路段。

③ 2012年，市公路管理局负责实施的市属重点工程——市主干公路交通堵塞点改造工程全年累计完成工程量2.21亿元，占年度计划2亿元的110.52%，有3座跨线桥完工，4座跨线桥完成合龙。左图为已完工的S357寮步京都路口跨线桥。右图为已基本完工的S357樟木头石新路口跨线桥。

公路运输管理

【概况】 2012年，东莞市公路通车里程4968.613公里，公路密度201.98公里/百平方公里。东莞市交通运输局在2012年全省公路养护管理工作检查中排名第一，获评市重点项目服务保障先进单位。

【规划编制】 2012年，东莞市做好交通建设规划编制工作：编制中长远规划，加强工作指导性，编制完成《东莞市国家公路运输枢纽规划》、《东莞市综合交通运输体系发展"十二五"规划》，完成《东莞市综合交通运输体系规划》中间成果编制工作。贯彻落实《珠江三角洲地区改革发展规划纲要（2008—2020）》和《推进珠江口东岸地区紧密合作框架协议》，以路网规划为重点，完成《深莞惠交通运输一体化规划》中间成果编制工作，于2012年7月召开中间成果专家咨询会。开展东莞市交通衔接、港口发展等规划，完成《东莞市内河航道调整技术等级论证报告》编制。规划工作逐步向镇街下移延伸，指导镇街完善交通规划，与省市交通规划建设相互对接。

【运输服务能力提升】 增强企业节能减排意识 加大LNG清洁能源推广应用力度，从2012年7月17日起，凡运营线路途经的镇街具备LNG加注条件的，新投放的公交车原则上必须采用LNG燃料车型。制定《公交车辆淘汰更新LNG车型和财政补贴方案》经市政府批准同意实施，通过市镇两级财政补贴的方式，支持LNG和气电混合车型在公交行业的推广应用。截至2012年12月底，东莞市新增和更新LNG清洁能源公交车300辆，其中，大朗镇新增50辆，市城巴运输有限公司更新250辆，市公共汽车有限公司对3辆LNG气电混合公交车开展运营试验，对技术和环保性能进行测试。2012年5月，东莞市物流企业广东九丰物流有限公司率先投放30台液化天然气LNG重型货车。东莞市交通运输局组织一批货运物流企业参观“广东绿色货运展示会”，筛选4家企业参与广东绿色货运示范企业申报，有2家企业122辆车入选示范项目。

提升行业管理水平 推进客运站信息化和联网售票工作。从2012年4月1日起，全市三级及以上汽车客运站、机场客运专线候机楼全面应用“广东省客运站进出站安全监管信息系统”。截至2012年底，有28个客运站完成接入东莞市联网售票平台，可实现网上订购票服务。建设全市汽车综合性能检测视频监控系统并通过验收，在实际运用过程中能有效防止检测不到位、弄虚作假等违

东莞市交通运输局

2012年1月18日，广深沿江高速公路一期工程——广州（黄埔）至东莞（虎门）段通车典礼举行，广东省副省长刘志庚，省政府副秘书长林英，交通厅厅长曾兆庚、副厅长贾绍明出席典礼仪式并剪彩。

规行为。

开展车容站貌和服务质量专项整治 2012年专项整治期间，全市检查客运车辆9384辆次，对61辆违法违规公交车辆进行停业整顿，对165名违规出租车司机作停车培训处理。

加大对从业人员教育培训力度 2012年，东莞市举办道路运输企业高管培训班、危险货物运输企业安全管理培训班、教练员年度岗位培训班和维修企业安全生产教育培训班，组织全市15200名出租车司机开展在岗培训考试，对345名不合格司机进行补考。

【运输市场秩序规范】2012年，东莞市查处交通违章案件18530宗。强化市场监管，规范交通运输行业管理，打造幸福春运。突出工作重点，推进"三打"工作，排查"三打"线索63条，联合公安部门查办欺行霸市案件10宗，打掉欺行霸市团伙7个，刑事拘留55人。完成广深高速、虎门大桥东莞段两侧景观综合整治。开展四市道路水路联合整治，开展非法营运、出租车、班车、旅游包车、维修、危运等行业整治，全市查处运政案件17975宗。强化路政执法，整治违法广告标牌486块。利用3个固定治超站、11个流动治超路段，加大超限超载治理力度，将治超工作向源头整治和常态规范化治超推进。 （樊键忠）

附：2012年东莞市公路桥梁开发建设总公司领导名录

总经理：尹锦容
副总经理：黄锡培（任至10月）
王启波　郭旭东　梁翼区
纪委书记：邓旭文
总工程师：黄健超

附：2012年东莞市公路管理局领导名录

党组书记、局长：方茂明
党组成员、副局长：吴润敏　王玉坤
罗伟强　叶沛森（6月到任）
党组成员、纪检组长：叶继胜
党组成员、总工程师：梁建成

附：2012年东莞市交通运输局领导名录

局　长：韩任海
副局长：孔繁斌　卢润江　叶伟雄
卢慎芳　罗观云
陈国迎（2012年12月起兼任）
纪检组长：欧富海
党组成员：钟永刚　王炯权

① 2012年12月27日，市委书记徐建华（左一）到交通局调研。
② 2012年6月6日，启动"文明城市"公交体验日活动。

①② 2012年7月19日，非法营运车辆集中销毁现场会。

③ 2012年12月20日，首批LNG清洁能源公交车正式投放运营。

④ 市委副书记、市长袁宝成（中），副市长吴道闻出席东莞市核心城区首批LNG清洁能源公交车投入运营启动仪式。

铁路运输业

【概况】2012年，东莞境内共有广深准高速铁路、广梅汕铁路、京九铁路等铁路线路3条，总长度79公里。广深准高速铁路在东莞境内段长56公里，其中常平以上段与广梅汕铁路共线，常平以下与京九铁路共线；广梅汕铁路在东莞境内长度约43公里，其中常平以下至东莞市谢岗、惠州市沥林间23公里，常平以上与广深准高速铁路共线；京九铁路在东莞境内长度约59公里，其中常平以上与广梅汕铁路共线，常平以下与广深准高速铁路共线。主要车站有东莞火车站、东莞东火车站、石龙火车站、樟木头火车站等。

2012年，东莞地区主要火车站货物发送量（缺东莞东火车站）累计83.33万吨；旅客发送量累计1431.34万人。（广州铁路集团公司、广梅汕铁路有限责任公司）

2012年东莞地区主要火车站客货运输发送量

车站名称	货物发送量（吨）	旅客发送量（人）
合计	833294	14313130
东莞火车站	363727	4513396
石龙火车站	299687	2864358
樟木头火车站	119391	2249460
茶山火车站	50489	
东莞东火车站		4686216

水路运输业

【概况】2012年，东莞市水路货物运输量2770万吨，货物周转量242.35亿吨公里；水路旅客运输量32万人次，旅客周转量2106万人公里。全年港口旅客吞吐量32.30万人次，货物吞吐量9228万吨。

航道管理

【概况】2012年，东莞航道局维护管理航道643公里，辖区各条航道维护水深年保证为100%；维护管理航标661座，标灯1102盏，年完成维护工程量累计24.5万座天，维护正常率为100%。2012年，东莞航道局机关综合档案升省特级，创建东莞水道文明样板航道通过省验收。被评为“东莞市工会工作先进单位”“东莞市党务工作量化考核先进单位”。龙城航道站获评全国交通建设系统“工人先锋号”，取得行业最高荣誉。

【航道维护管理】2012年，东莞航道局落实措施抓养护，主干航道巡查周期由7天一巡缩短为5天一巡，桥区、码头等重点通航水域节假日时段实行1天一巡。完成航道水深测量38宗，共计21平方公里。处理航标被撞、被盗事件89宗；完

东莞航道局

2012年12月，省交通运输厅工会主席阮国廉（左二）和省航道局副局长马国栋（左四）到龙城航道站慰问。

成航标更新改造30座；完成石龙、太平两个航道站的仓库改造及浮标保养场地建造工程；完成全辖区航标普查和航标配布图编制工作；局航标遥控遥测中心投入使用，东莞水道160座航标实现远程监控。

【航道基本建设】2012年，东莞航道局配合省航道局完成东江下游航道整治收尾工程，龙城站建成投入使用；协助东莞市编制水乡地区发展规划；组织开展航道技术等级调整，保护航道资源。完成东莞水道创建文明样板航道任务，这项历时8年的工作，2012年11月通过省级验收，2012年12月东莞水道被省交通运输厅、省文明办联合命名为省文明样板航道。

【安全生产】2012年，东莞航道局严格执行安全生产工作制度，做好安全生产月、季节性安全生产工作，实现全年安全生产无事故，把安全生产纳入重要议事日程，提高职工安全生产防范意识；按照安全生产"一岗双责"制度，履行"一岗双责"监管职责，明确各个岗位的安全生产职责。做好班组安全管理标准化"贯标"工作，明确作业标准。制订《班组安全管理标准化实施方案》，建立健全并整理编印《东莞航道局班组安全生产管理标准化材料汇编》。开展集中培训4次，培训人员100多人次，开展安全应急演练4次，开展辖区安全生产领域非法违法生产经营建设整治活动，行动中处理违章施工10起，清理碍航渔网渔栅3处，补办审批手续5宗。

【依法治航】2012年，东莞航道局完成审批三河建筑物15宗，办理水上水下作业施工许可29宗，审批航标9宗，办结率均为100%；开展航道监管专项巡查72次，累计巡查航道5954公里。加强执法形象建设，推动行政执法"四个统一"建设。（叶宗校）

附：2012年东莞航道局领导名录

党组书记：王海林

局　长：黎绍泓

副局长：张惠斌

工会主席：李长忠

总工程师：曾祥辉

① 2012年11月30日，东莞航道局召开传达学习党的十八大精神专题会议。

② 2012年10月15日，东莞水道创建文明样板航道通过省文明办、省交通运输厅的验收。

③ 航标日常维护作业

④ 2012年11月，东莞航道服务楼落成并投入使用。

水路运输管理

【港航生产】2012年，东莞市虎门港保持良好发展态势，港口生产实现大幅增长。港口货物吞吐量完成9227.7万吨，创下历史新高，同比增长34.8%。外贸货物吞吐量完成2020.8万吨，同比增长15.9%。集装箱运输市场逐步繁荣，沙田港区5—8#集装箱及多用途泊位的规模效应逐步显现，已累计开通21条内贸航线，覆盖东北地区、渤海地区、长三角地区、东南沿海地区、西南沿海地区的主要沿海港口，带动全港集装箱吞吐量大幅增长。全港完成集装箱吞吐量145.4万标准箱，增长150.5%。水路运输业保持持续向好的增长态势，鹏凯船舶、华海港务、晟浩船务等3家水运企业获准开业，使东莞市水运企业增至35家。2012年完成水路货运量2769.8万吨、水路货运周转量242.3亿吨公里，同比增长41.7%、80.4%；客运量32.3万人次，同比增长 3.3%。

【港航设施建设】2012年，东莞市结合全市水乡地区统筹大发展趋势以及港口建设实际，编制完成《东莞市内河航道调整技术等级论证报告》，对全市101条内河航道的技术等级进行重新调整。报告获市政府同意，上报省政府审批。港口设施建设加速，完成码头工程投资额8.1亿元，海昌煤码头二期、东莞钢材城件杂货码头、金鲤水泥厂码头、富之源散杂货码头等4个码头8个泊位建成投入试运行，新增吞吐能力1522万吨。阳鸿化工码头、新港建材码头建成，准备试运行前期手续，联兴化工码头、国丰粮食码头基本建成，麻涌港区新沙南作业区4#—5#泊位的工程量已过半。省储粮库码头准备动工，沙田港区综合客运码头、宏业货柜码头搬迁工程进入招投标。同舟石化码头扩建工程使用岸线获交通运输部批复同意，东莞市获批的3万吨级及以上泊位增至26个。码头结构加固改造工作稳步推进，沙角C电厂码头改造方案已经交通运输部组织评审，飞虎、金明、沙角A电厂等码头改造方案获得省交通运输厅批复同意，海腾码头改造方案正在审查中。全年新投运船舶18艘，淘汰报废老旧船舶1艘，全市船舶运力增至127.55万吨，单船平均载重吨增至3853吨，东莞籍船队规模进一步扩大。

【港航市场规范】2012年，东莞市换发新版《港口经营许可证》36张、《危险货物港口作业认可证》42张。完成水路运输及水路运输服务业年度核查任务，核查水运企业32家，个体经营人26户，国内水路运输服务业10家，运输船舶321艘，核查通过率均在90%以上。强化安全监管，与各分局、港航企业逐级签订安全生产责任书，推进安全生产管理责任"横向到边，纵向到底"。开展"安全生产年"、"安全生产月"、"应急演练周"等活动，出动安全检查近800多人次，排查并整改安全隐患约100多处，加强对危货港口作业现场的监管，全年无发生过一起安全生产责任事故。执行持证上岗制度，组织408人次参加各类安全知识及技能培训。落实防台各项工作，及时向企业传达防台指令和信息，指挥港内船舶移泊锚地避风54艘次，将台风对东莞市港航业影响降到最低。

【港航环境优化】2012年，东莞市严格履行出海航道的"四统一"管理，安排进出虎门港船舶9598艘次，其中外轮船舶2656艘次，万吨级船舶3854艘次；引航船舶2460艘次。投入255万元对东莞水道河口段进行疏浚维护，疏浚面积约17万平方米、底标高-9米，更好地满足大型船舶航行需要。（樊键忠）

附：2012年东莞市交通运输局领导名录

局　长：韩任海

副局长：孔繁斌　卢润江　叶伟雄

　　　　卢慎芳　罗观云

　　　　陈国迎（2012年12月起兼任）

纪检组长：欧富海

党组成员：钟永刚　王炯权

▲ 沙田港口

海事管理

【概况】2012年，东莞辖区进出港船舶23.9万艘次（比上年增长5.4%），货物运输量1.42亿吨(增长9.2%)，其中危险货物1215万吨（增长1.5%），集装箱174.9万标箱（增长86.5%），旅客运输量31.7万人次（增长5.6 %）；规费征收4612.71万元（增长11.09%）；港建费征收1.45亿元，征收额位列广东海事局前四。2012年，东莞海事局出动执法人员6464人次，巡航里程42616海里，夜间巡查332次，弹性执法735次，联合执法78次，检查船舶13931艘次，查获各类违章船舶844宗，实施行政处罚597宗；2012年辖区一般等级以上水上交通事故3宗、死亡2人、沉船0艘、直接经济损失484.5万元。2012年，东莞海事局被评为广东海事局“社会治安综合治理先进单位”，党组被评为广东海事局“创先争优活动优秀组织奖”，麻涌海事处被评为“直属海事系统创先争优活动人民群众满意示范窗口”，沙田海事处党支部被评为“广东海事局创先争优活动先进基层党组织”，获得东莞市“春运工作先进单位”“安全生产先进单位”等称号。

【海事执法巡查】2012年，东莞海事局坚持动静态管理相结合，源头管理与专项整治相结合，加强“两大河口、三大作业区”及水工作业区、桥区、渡口等重点水域安全监管；加大高速客船、渡口渡船、危险品船、砂石运输船、易流态化货物运输船等重点船舶的监督检查；强化春运、国庆等重大节假日和雾季、雷雨大风、台风等重点时段的安全监管，成功防抗“韦森特”、“启德”等热带气旋，维护水上交通安全秩序，保持辖区安全畅通。

【应急体系建设】2012年，东莞海事

东莞海事局

① 2012年3月31日，市委书记、市人大常委会主任徐建华（右二）在东莞海事局局长羊少刚陪同下检查海事工作。

② 2012年4月27日，东莞海事局举行办公大楼搬迁揭牌仪式。

局推进虎门港溢油应急基地建设；加强海事处和办事处基层一级应急能力建设，加大资金投入，提高海巡船艇、车辆等装备的快速反应能力；加强值班人员培训和教育，组织危险品码头、渡口、高速客船等开展应急演练，提高海事工作人员现场应急处置能力和反应水平。2012年，东莞海事局救助遇险船舶12艘次、遇险人员97人，搜救成功率97.98%，成功处置“亚洲优雅”外轮触碰码头事故。

【海事业务】 2012年，东莞海事局在海事业务方面，强化船检、船员源头管理，加强船公司、船舶、危防的安全监管力度。实施公司审核3家，船舶审核6艘，PSC 检查91艘，FSC检查1333艘，危险品集装箱现场检查503个，查处瞒报、谎报行为11宗，船舶登记462宗。检验船舶827艘次，103万总吨，审图51套，产品检验188批次，船舶AIS安装检验238艘，电子海图安装检验15艘。完成各类船员考试646人次，签发船员证书1450本，实施船员培训及服务机构监督检查30次。研究国际公约，明晰混合芳烃物质污染类别，提出适装船型评估方法及管控措施，经验在广东海事局系统内得到推广。

【服务地方经济】 2012年，东莞海事局为东莞市统筹水乡地区发展规划提出专业意见和建议，在虎门港临港产业和重点建设项目规划选址、岸线审批、通航安全评估及通航秩序维护等各个环节，提供便捷、高效的海事专业服务；推动虎门港水上危险品应急中心、虎门港口岸及电子信息平台建设；打造“平安渡放心船”服务品牌，免费开展渡工和渡口管理人员实操培训，免费为渡船加装AIS设备，坚持为电煤、粮油、天然气等重点物资船舶实施清道护航，打造“绿色通道”。助推“创建东莞水道省文明样板航道”顺利通过验收。做好水乡龙舟赛、烟花汇演等大型水上活动安全监管，为水乡文化传承营造安全环境。

【基础设施与信息化建设】 2012年，东莞海事局建成东莞VTS中心并投入试运行，辖区电子海图、20米钢质巡逻船、麻涌海事处工作船码头投入使用，石龙海事处工作船码头完成竣工验收。完成局机关整体搬迁，完成麻涌海事处政务大厅改造，建成容灾备份系统，升级改造办公网络，提高信息数据稳定性和安全性。初步构建以VTS为中心，CCTV、AIS为补充，四大巡航基地为支撑的全方位船舶实时动态交通监控体系，提高海事监管能力和科技水平，推进监管方式从“汗水型”向“智慧型”转变。

【规范化管理】 2012年，东莞海事局强化体系管理，完成体系转化改版工作；规范执法行为，统一辖区常见违法行为的行政处罚自由裁量标准；强化量化考核，实施工作目标考核责任追究奖惩机制；规范财务管理，做好维稳综治、信访、保密、技协、计生等工作。

（林旭文）

附：2012年东莞海事局领导名录

局　长：羊少刚

党组书记：刘钜强（1月到任）

　　　　　王之侠（任至1月）

副局长：罗锡均　欧阳锦强

纪检组长：马　娟

① 专项行动宣誓仪式

② 海事人员帮助安装AIS设备

③ 护航警戒

轨道交通建设

【概况】 2012年，东莞市轨道交通有限公司以R2线工程建设为核心，推进各项工作顺利开展。全年完成年度投资28.75亿元，占年度计划28.30亿元的101.6 %，荣获市重大项目建设管理先进单位。5月28日，接受省实施《珠三角规划纲要》实地考核和“四年大发展”验收检查组对R2线工程建设的实地检查；7月18日，省委常委、常务副省长徐少华一行到西平站调研，充分肯定东莞轨道交通建设工作；12月22日，中纪委、中央工程治理领导小组、住建部到东莞开展城市轨道交通建设调研。

【工程建设】 土建工程　截至2012年底，R2线有5座车站完成主体结构封顶，7座车站进行土方开挖和主体结构施工；除2309标外的全部标段均已开始区间盾构掘进，天东区间盾构贯通；展虎区间高架段进行桩基、承台、桥墩、节段梁拼装架设施工;车辆段完成先填区填砂/土和搅拌桩施工。成功竞得线网控制中心综合体项目用地，项目工程可行性研究报告获市发改局批复；线网控制中心初步设计深化通过专家评审，开展施工招标。

前期工作　基本解决制约R2线工程前期工作的关键节点和难点问题，完成R2线影响一期主体结构施工的前期工作。继续开展全线永久用地报批工作，报批材料已上报省国土厅。启动R2线附属工程征地拆迁工作，明确R2线道路恢复工程招标模式。

机电设备　机电设备招标全面开展，R2线车辆、信号、屏蔽门、主变供电、电扶梯等设备完成招标和合同签订，并开始进行设计联络。

工程设计和技术管理及线网规划研究　《东莞市轨道交通建设规划（2012—2018）》上报国家发改委、住建部审批。《东莞市轨道交通建设规划（2012—2018）及东莞市轨道交通网络规划（调整）环境影响报告书》通过国家环保部审查。开展线网控制中心综合体设计工作，相关支撑文件获市环保局、发改局、规划局批复。开展城市快速轨道交通120公里/小时科研专题立项及科技示范工程建设。

质量安全　抓紧抓实质量安全管理，R2线工程质量安全稳定可控，未出现质量事故和一般以上安全事故。组织开展“三打两建”、“安全生产年”、“打非治违”、安全生产“百日行动”等专项行动，定期进行R2线工程施工安全巡检及专项检查，及时督促整改质量安全问题。组织实施2303A标矿山法隧道施工突遇不明气体等5次应急演练，提高应急管理能力。从严控制施工主材进场，严格要求施工单位执行国家标准规范，保证施工材料安全达标。

东莞市轨道交通有限公司

2012年7月18日，省委常委、常务副省长徐少华（右四）率调研组一行视察东莞市轨道交通西平站工程进度情况，并就轨道交通工作开展调研。市委书记、市人大常委会主任徐建华（右五），市委副书记、市长袁宝成（右二）陪同调研。

【公司管理】 公司战略与组织架构 2012年，东莞市轨道交通有限公司形成《公司2011—2015年战略规划报告》最终成果，总结提炼“诚信、奉献、创新、共进”的核心价值观、“提供安全、舒适、高效、绿色的轨道交通综合服务”的公司愿景和“快捷交通，营造莞香新生活”的公司使命，开展公司ISO9001质量管理体系认证。适应公司管理需要，调整完善公司组织架构为“九部一室”。

合同招标管理 完成车辆、信号等25个项目招标。开展线网控制中心综合体建筑设计方案国际竞赛。完成供电系统、轨道系统等5个投标人企业库和公司内部评标专家库的建库工作。加强合同和工程预结算工作，严格履约管理。加强法律事务管理，选聘公司法律顾问。

人才队伍建设与对外交流 开展人才招聘和岗位晋升等工作，科学构建人才体系，公司员工总人数达213人。开展管理才能发展、运营筹备大学生等各类培训67批次。加强对外交流，参加全国轨道交通行业年会、行业交流，及时掌握相关政策、动态。

财务管理及内控体系建设 启动全面预算管理，组织开展2013年公司全面预算编制。加强公司财务及建设资金监管，保证建设资金使用安全。开展企业年金工作并组织实施。加强内控监督，强化对招投标项目、重大合同谈判、员工职务晋升和公司重大事项决策过程监督，防范公司经营风险。强化内部审计，开展合同管理专项审计及公司资产管理情况专项检查。

【R2线项目管理】 R2线项目融资取得突破，2012年12月20日，东莞市轨道交通有限公司顺利完成银团组建及银团贷款合同签约。运营筹备正式启动，在设备部下设运营筹备室，并结合专业特点和工作需求，提前介入工程建设，开展业务培训，初步建立运营管理制度体系。开展资源开发，学习借鉴国内同行业开发经验，初步确定资源开发工作基本思路；完成R2线站内与附属地下空间商业、广告策划，摸查R2线沿线土地利用情况；开展线网控制中心综合体商业规划。 （夏民强）

附：2012年东莞市轨道交通有限公司领导名录

总经理：陈 波

副总经理：吴俊泉

总工程师：胡文伟

副总经理：张艳平

① 2012年12月22日，中纪委执法监察室副主任王大同带领中央工程治理领导小组并会同住房和城乡建设部一行6人，到东莞开展城市轨道交通建设调研活动。省监察厅副厅长张渝，市纪委副书记、监察局局长、预防腐败局局长吴才华陪同调研。

② 2012年3月2日，省实施《珠三角规划纲要》领导小组专职副组长苏泽群率省督查组到R2线西平站开展“四年大发展”重大项目专项督查。

③ 2012年6月29日，市委常委、常务副市长梁国英（左三）陪同新疆农三师党委常委、图木舒克市市长于林，副市长谢卫东参观西平站。

① 2012年12月20日，东莞市轨道交通R2线银团贷款签约仪式举行，市委副书记、市长袁宝成（后排左五）出席仪式并作重要讲话，市委常委、常务副市长梁国英（后排右五）主持仪式。

② 2012年6月26日，R2线车辆采购合同签字仪式举行，市委常委、常务副市长梁国英（后排右四），中国南车股份有限公司副总裁张军，市政府副秘书长黎达潮等领导共同见证合同的签署。

③ 2012年7月4日，市委常委、组织部部长甄瑞潮（右二）带领组织部机关党员慰问天宝站工人。

④ 2012年5月16日，R2线天宝站—东城站区间隧道贯通暨东城站封顶仪式在东城站举行。

邮政业

【概况】2012年，东莞邮政三大板块（邮政、邮政储蓄银行、邮政速递物流公司）全年合计实现收入14.9亿元，同比增长12.17%。其中邮政企业实现收入7.96亿元，邮储银行实现自营收入4.19亿元，速递物流公司实现收入2.76亿元。东莞市邮政局获评“广东省优秀企业文化突出贡献单位”，局长陈明志获评“广东省优秀企业家”。

2012年通过邮政渠道流通的实物邮件量1.56亿件，其中信函1.44亿件，包裹156.71万件，特快1004.99万件；2012年，东莞邮政储蓄银行发卡量达225万张，累计结算卡量超过1100万张，通过邮政储蓄渠道汇出的资金达1074亿元。全市营业网点平均每天接待用户近10万人，另外为1万多用户提供上门服务。

【邮政金融业务发展】2012年，东莞市邮政金融网点数量达109个，排名全市金融机构第4位。全市自助设备合计1770台，自助服务终端交易量占到总交易量的80%。持续加大对邮政金融网点和自助服务区的商业化改造，用邮环境得到极大改善。2012年，东莞邮政储蓄银行发卡量达225万张，累计结算卡量超过1100万张，活跃卡量约670万张，平均每2个新莞人就拥有1张邮政绿卡。此外，

政府的好帮手　企业的好伙伴　用户的贴心人

① 2012年6月20日，东莞邮政文工团代表广东邮政参加全国邮政系统健美操大赛，获得团体一等奖。

② 东莞邮政储蓄银行深入工业区，为中小企业和新莞人提供优质的金融服务。

③ 东莞市邮政局提升投递服务能力与水平，推出“全城通”商务专递服务。

东邮网常惠生活卡为用户提供近6000余家商铺的优惠打折，实现一卡在手，惠遍全城。

2012年通过邮政储蓄各种渠道汇出的资金达1074亿元，交易笔数3439万笔，资金大部分流向湖南、广西、四川等省份的农村地区，邮政储蓄银行成为内地农村经济建设回笼资金的重要渠道。

【传统邮政向新型邮政转变】2012年，东莞市邮政局围绕打造朝阳邮政总体部署，整合邮政核心能力，坚定传统邮政与新技术手段的结合，将传统邮政打造成为寄递市场的主导者、传媒市场的整合者和商务礼品市场的引领者。全年实现函件业务收入1.15亿元，同比增长18%。寄递市场方面，做好传统函件、账单类业务，尤其是国内小包、国际小包两包型业务的发展；传媒市场方面，在纸质传媒基础上，打造“直邮+网站+手机+液晶电视+液晶字幕广告+户外广告+网点+主题活动”八大传媒平台；文化礼品方面，整合邮政文化封片产品、集邮礼品、贵金属礼品、报刊订阅礼品等等，按照“邮政产品社会化，社会产品邮政化”原则，积极整合邮政文化资源和和社会礼品资源。集邮市场持续回升，全年实现集邮业务收入3125万元，报刊业务全年完成报刊流转额达到7677万元。自邮一族收费会员规模达1.57万户，新增会员数6279户。航空客票出票万余张。

【东邮常惠生活卡发行】2012年，东邮网电子商务平台以发展本地化的O2O为切入点，重点打造常惠生活频道。东邮网常惠生活卡是东莞邮政基于东邮网常惠生活频道推出的集约大量优惠商家，面对广大消费者的优惠凭证卡，具有验证、储值、支付、积分和挂失等功能。消费者凭东邮网常惠卡在指定的优惠商家消费，可常年享受商家所提供的折扣或优惠，让客户实现“一卡在手，惠遍全城”。会员卡自2012年6月1日正式发行以来，发行量突破28万张，全市累计开发优惠商家近5000家，东邮摇摇手机客户端上线。

【打造国际电子商务平台】2012年，东莞邮政网销中心成立。集约东莞制造业基地优势和邮政网络渠道优势，向上延伸产业链发展国际国内网销业务。先后在eBay、亚马逊上进行莞货销售，仅用两个月时间迅速成晋升为EBAY超级卖家。邮政网销中心立志成为东莞地区最大的国际B2C零售商及东莞区域最大的国际B2C供应商。

【邮政设施建设】2012年，东莞邮政局推进邮件自助化投递系统建设，完成自助信包箱的试点投放。完成全市邮政营业系统上线，开发投递平台信息管理系统、ATM差错处理系统、流水无纸化系统等，提升业务处理效率。调整投递作业和网运作业组织，为国内小包与国际小包业务发展提供支撑，投递网推进“邮信通”工程，实现标准地址库信报箱信息与手机号码相匹配。推进投递队伍转型发展，提升投递员营销能力。投递员稳定率明显上升，全年投递员稳定率保持在95%以上。持续开展邮件时限达标活动。基础建设方面，邮政信息综合大楼于2012年11月正式投入使用麻涌邮政生产楼已完成主体封顶，大岭山、大朗邮政生产楼正在筹建。

【企业文化】2012年，东莞邮政局以“人心齐，泰山移”为核心价值观，提炼“品德文化、方法文化、创新文化、拼搏文化、健康文化、前景文化”在内的“六大文化体系”。打造东莞市邮政局篮球队、文工团两张对外交往名片，文工团代表广东邮政参加全国邮政健美操比赛荣获团体一等奖、组合操二等奖及集体操最佳编排奖。2012年，文工团参加东莞市春节联欢晚会，“百姓大舞台”专场演出、市总工会举办的“送温暖”主题专场演出十余场次，在东莞文艺系统声名远播。（石志会）

附：2012年东莞市邮政局领导名单

党组书记、局长：陈明志

党组成员：王毅燕　辛永宏

党组成员、副局长：张　锋　王宇斌　易　岚

电信业

【概况】2012年，东莞市全市固定电话用户（含小灵通）325.11万户，比上年增加5.56万户；移动电话用户1754.10万户，增加76.33万户。全年长途电话通话时长215.19亿分钟，年末互联网用户209.59万户，比上年增加18.88万户；宽带接入用户204.72万户，增加20.29万户。

中国移动

【概况】2012年，中国移动通信集团广东有限公司东莞分公司（以下简称“东莞移动”）围绕深入贯彻落实《珠江三角洲地区改革发展规划纲要（2008—2020年）》，持续提升基础服务，进一步加强网络建设，积极践行企业社会责任，助力东莞城市信息化水平、基础设施、经济社会新飞跃。公司荣获“亚太最佳客户服务奖”、“中国最佳客户服务奖”、“广东省五四红旗团委”等荣誉称号，一批集体获评“广东省青年文明号标兵单位”、“广东省青年文明号”和“广东省模范职工小家”等，一批个人获“广东省优秀工会工作者”、“东莞市优秀团委书记”等称号。

【全球通大跨越工程实施】2012年，东莞移动开展“全球通大跨越工程”，从五个方面提升全球通客户服务内涵。在产品方面，实施差异化的终端合约营销，更加贴近客户需求；在渠道方面，开创短信转全球通品牌新模式，让客户足不出户即可转入；在服务方面，签约东莞最高雅剧院，创建全球通典雅艺术俱乐部，并组建全球通健走俱乐部，共同形成了全球通五大俱乐部的价值服务体系；在宣传方面，开展3G品牌传播，进一步提高全球通品牌影响力，彰显客户尊贵地位；在流程方面，简化密码重置流程，有效提升客户办理感知。截止2012年底，全球通客户规模已超过200万。

【推动E卡通一卡多用】E卡通手机通宝卡集交通、消费、认证等多种功能于一身，能真正实现一卡多用一卡通用。2012年，东莞移动联合政府、企业等各种外部力量，先后推出石排易通卡、新莞人金融服务卡、樟城百事通卡、松山湖园丁卡、广东省居住证、石龙便民卡、嘉荣联名卡、移动浦发联名卡等多种卡类，发卡量达20余万张，累计发卡超过47万张。其中，联合东莞市推广居住证办公室，在广东省居住证中加载手机通宝卡功能，在虎门、常平、厚街等20个镇区发卡，截至2012年，累计发卡

中国移动通信集团广东有限公司东莞分公司

2012年11月20日，在2012年中国图书馆展览会开幕前，东莞市市委书记徐建华（前排右一）等市领导，在东莞移动分公司总经理胡伟（前排左二）的陪同下，参观东莞移动的“新东莞　新阅读”展区。

近13万张；与浦发银行合作推出“移动浦发联名卡”，在集团模式的基础上加载手机通宝应用，截止年底累计发卡超过1000张，实现联名卡在广东地区零的突破。

【推进无线城市民生应用】 2012年，东莞移动无线城市以“爱发现”建设和运营为核心，重点打造交通和健康两大频道，同时建设东莞市民主页、12580生活搜索和数十项政务民生应用，持续深入推动无线城市稳健发展。其中，9月底完成智能交通客户端“乐行东莞”的一期开发，并于中秋国庆节假日上线推广；健康频道联合《家庭医生》杂志社、手机投保等资源，结合常规运营，提供便民服务；提供了包含“政务之窗、便民服务、商家优惠、时事新闻、健康频道、掌上娱乐、旅游资讯、智能交通、移动掌厅、发票兑奖”十大栏目在内的便民信息和行业应用77项；全面开展网络建设工作，让市民更方便快捷享受无线城市提供的各项利民服务，满足随时随地高速上网的需求。

【倡导健走健康低碳生活】 为倡导低碳、健康、文明的生活方式，共建幸福东莞，东莞移动整合健走活动权威——“万步网”的优势资源，打造全球通健走俱乐部，并通过四大举措深化运营：采用会员制形式，吸收全球通客户成为会员，为广大会员提供以培养徒步健走习惯为核心的健康改善专业服务；开展形式多样的活动，通过嘉年华活动、户外活动和健走竞赛三大形式，辅以健康讲座、体质检测等，向会员提供健康指导；强化健康理念宣传，在引导市民关注身心保健的同时，宣贯低碳环保理念，推行电子账单、E卡通、无线城市等绿色生活；做好配套设施服务，为会员配发“健康感知终端”，利用3D传感专业技术和设备，精准记录和显示会员在健走过程中的行走步数、运动强度、卡路里消耗量等数据，实现可量化的运动指导。2012年，发展会员近1万名，宣传覆盖约300万人次，约4000人次参与了4场户外健走活动，让“每步皆运动”的俱乐部理念为广大社会人士所认可。

（江南梦）

附：2012年中国移动通信集团广东有限公司东莞分公司领导名录

总经理：胡　伟

党委书记（兼副总经理）：谢惠仪

副总经理：黄友检　李远忠　严德生

① 2012年1月18日，东莞移动分公司协办第二届“幸福东莞行”之“两城一家小候鸟团聚计划”百户新莞人家庭迎春茶话会。图为东莞市副市长贺宇向东莞移动公司总经理胡伟颁发“热心公益 幸福传东莞”奖牌。

② 2012年7月29日，东莞移动分公司联合东莞市委宣传部、南方报业传媒集团举办“全球通健走俱乐部特约”之“讲文明树新风，活力东莞健步行”项目启动仪式。

③ 2012年9月28日，中国移动通信集团首批核心商圈连锁门店及连锁加盟店——东莞移动分公司南城鸿福西连锁购机中心、虎门沙太连锁购机中心合作店同时开业（图为虎门沙太店）。

中国电信

【概况】中国电信股份有限公司东莞分公司（以下简称东莞分公司）是中国电信股份有限公司的分支机构，主要经营固定电话、移动通信、互联网接入及应用、数据通信、视讯服务、国际及港澳台通信等综合信息服务，同时肩负着党政专网通信、应急通信、战备通信和抗洪救灾通信保障等重任。2012年累计完成经营收入51亿元，同比增长3.46%。电信移动用户累计净增32万户，行业第二；宽带用户累计净增20万户；3G净增70万户；智能3G净增45万户。

【“光网城市”建设】2012年，中国电信东莞分公司加大资金投入力度，推进实施智慧东莞“光网城市”战略。实施固网转型升级，100M进家庭、1000M入政企，实现全市商务楼宇100%光纤到达、政企客户100%光纤覆盖、住宅小区90%光纤到达，569个行政村100%光纤到达，光纤覆盖用户近100万户，宽带网络20M以上承载能力超过80%。实施移动网优化升级，采用3G+WiFi模式，打造全覆盖的无线城市，3G网络实现全市镇区以上区域100%全面覆盖，全市覆盖率达99.99%；公共区域WiFi热点数量超过2150个，AP数量突破1万个。

【综合信息服务能力提升】2012年，中国电信东莞分公司创新业务和服务，先后与15个镇区政府、12个行业龙头企业、20个政府部门以及松山湖、虎门港两个园区开展信息化合作。

实施“政务便民”行动　配合“科技强警”战略，加快“平安东莞”、“平安社区”视频监控点建设，2012年新建3300个监控点，在全市范围内累计建成1.3万个监控点，提供公共安全监控服务。与公安部门合作推广“警务通”，实现安全接入和移动执法服务，装备一线警员逾800人；与省地税部门合作推广“天翼税通”，为全市近万家商户、企业提供全天在线电子涉税业务办理及服务;推动政府公共服务在线化，为15个镇（街）政府提供“电子政务”解决方案，提升政务协同服务能力。

实施信息化普及行动　推进“光纤信息化村”建设，和443个村委会签约，为老百姓提供光纤宽带、高清iTV和天翼3G等综合信息服务，将信息技术和互联网融入社区管理和服务过程。普及移动互联网应用，推出翼机通、院线通、天翼长城卡、天翼火车通、天翼客运通等移动互联网应用服务，截止2012年底各类天翼3G应用注册用户数累计超过130万户，累计下载达300万次，年访问次数近800万次。针对新莞人群体开展1万多场3G应用培训活动。推进数字家庭建设，为全市120万家庭提供集语音通信、互联网信息和视频娱乐于一体的融合服务。以“号码百事通”构建公众信息平台，提供号码查询、交通天气、出行问路、法律咨询、生活娱乐、订房订票、餐饮美食等“衣食住行”全方位便民信息服务，全年提供公益查号服务2318万人次。推进教育信息化，以“天翼家校通”和“平安校园”打造全市教育综合信息服务平台，为全市161所学校近4万名家长提供服务。推进医疗信息化，建设市及镇区卫生信息平台，服务近100多家医疗机构。同时推出翼健康，为患者看病提供医生信息查询、预约挂号、挂号费支付和现场取号等便捷服务，在东莞康华医院、太平人民医院、横沥人民医院等11家医院上线或推广。

推动智慧东莞建设　发挥网产业促进会牵头单位作用，7月20日成功举办“智慧东莞·物联网产业高峰论坛暨中国电信广东公司信息化成果巡展（东莞站）”活动，提升东莞物联网产业的影响力。推广“翼定位”、物流e通、翼机通、东莞通、全球眼、电子支付等应用，在物流、交通、安监、消费等大领域打造物联网应用示范工程。建成4个互联网数据中心，机房总建筑面积达3.05万平方米，可容纳服务器6万台；总出口带宽达到670G，相当于可满足250万用户同时宽带上网，提供云主机、云存储、云办公等服务，为腾讯、百度、淘宝、优酷等互联网巨头和央视、凤凰网提供服务，服务能力和规模居行业领先地位。

举办第一届天翼3G智能手机节活动　该活动从9月20日开始到10月28日，举办第一届天翼3G智能手机节活动，期间共有120多万人次参与。举办超过2.5万人参加的“好3G、好声音”明星演唱会，丰富市民的文化生活。

【客户服务能力增强】2012年，中国电信东莞分公司制定政风行风建设工作实施方案，重点围绕网络质量、透明消费、用户投诉快速响应、垃圾短信防治、规范电信市场秩序等13个方面开展一系列工作，取得显著成效。电信行业总体满意率在十大行业中排名第三，总体满意率达82.56%。推进服务领先战略，通过规范窗口服务，完善装维服务规范、建立服务提醒体系，投诉处理及考核机制，强化服务人员培训，规范套餐计费管理，推广电子账单、网上/掌上营业厅、客服微博，有效提升客户服务水平。

【企业社会责任履行】2012年，中国电信东莞分公司做好十八大期间的通信保障工作，制定周密的实施方案和16个专业应急预案，确保十八大期间通信网络畅通，信息安全管控有效。同时，圆满完成世界莞商大会、东莞市动漫节、2012年东莞春运、广东外商投资博览会、电博会等保障任务。响应“三打两建”工作，坚持依法运营，推进反腐倡廉；落实行风建设工作，诚信经营，理性竞争，维护行业健康发展。维护网络信息安全，打击低俗网络，截止2012年12月底，协助政府部门停止3600多家非法网站，取消未备案网站3000多家。

（刘小敏）

附：2012年中国电信股份有限公司东莞分公司领导名录

总经理：魏　刚

党组书记：杨一鸣（任职到2012年12月）

副总经理：黄　杰　王　震　李亚斌

梁伟杰（兼工会主席、纪检组长）

齐　军

中国联通

【概况】2012年，中国联合网络通信有限公司东莞市分公司（以下简称东莞联通）以助推城市信息化建设、为客户提供优质通信服务为己任，以"深度转型，变革创新"为指引，坚定信心，规模突破，推进各项工作，成效显著。4月，公司李晓娟荣获“全国五一劳动奖章”光荣称号；9月，党委书记、总经理马彦泽当选为2009—2011年度“中央企业优秀思想政治工作者”。

【业务转型创新】2012年，东莞联通加快转型创新，通过精细化运营管理，促进业务发展和体制机制建设，在行业增幅全省最低的情况下，市场份额逆势而上，实现快速增长。建立一体化市场经营体系，实现客户导向的全业务集中化、一体化、一站式服务支撑管理体系。以实现移动业务整体快速增长和资源高效利用为目标，促进2/3G协同发展。构建3G移动互联网营销服务新模式，实现3G质量效益快速增长。

【网络质量提升】2012年，东莞联通完成楼宇、小区、公共场所、工业园区的室内3G、WLAN热点信号覆盖，提升覆盖率，提升网络质量。建设完成3G无线基站和通信管道，加快宽带提速进程。开展重点网络保障，针对核心区、交通枢纽、大型会议、活动等进行专项优化和网络保障，稳定网络质量，改善网络深度覆盖。

【客户服务提升】2012年，东莞联通开创大服务体系，强化服务支撑，提升服务能力及服务价值，达到"改善客户体验，提升客户感知"的服务目标。创双优、两突破，推进大服务体系。推行"服维营"一体化工作，促进服务营销。建立精准化微信服务体系，搭建与客户互动沟通交流平台，提升客户感知。

【行业应用拓展】2012年，东莞联通发挥3G网络优势，将3G网络优势转化为生产力，开拓创新，为政府、企事业单位提供3G网络产品。实施"民营企业家手机学堂"项目，为民营经济转型升级搭建学习、交流、沟通平台。参与智慧城市建设，开展无线抄表、移动办公和配电监测等项目。参与"新东莞·新阅读"全民掌上阅读活动。实现智能终端办公、门禁、消费等多种功能，推广信息化办公系统，助推东莞信息化建设。

【协会工作开展】2012年，东莞联通担任东莞市现代信息服务业协会会长单位，推动全市行业发展。协会在上级指导和各会员单位的全力支持下，全年承接政府授权活动20余项，组织举办行业论坛及讲座近50场、考察交流15次，建成首个集中展示平台——东莞市现代信息服务业展厅，同年9月在市图书馆承办为期9天的首届“东莞云计算科普展”，引发业界热烈反响，掀起东莞全民关注云计算、支持信息化建设的热潮。

（尹格娟）

附：2012年中国联合网络通信有限公司东莞市分公司领导名录

总经理、党委书记：马彦泽
副总经理：张新强　苏爱国
冯华骏（任至4月）
苏仁刚（4月到任）
张伟饷

无线电管理

【概况】2012年，东莞市无线电管理办理频率申请15份，发放电台执照300余个，处理无线电投诉70余宗，累计监测时间接近3.4万小时，检测设备326台，投入人力517人次完成考试保障18场，并现场抓获一作弊团伙;完成广东预备役电磁频谱管理大队东莞监测站建设任务。

【无线电管理规划编制】2012年，东莞市组织编制《东莞市无线电管理“十二五”规划》和《东莞市重大信息基础设施“十二五”规划》，明确提出根据3G、“无线城市”、物联网等新业务需要，无线电管理逐步向综合运用行政、法律、技术、经济等多种手段科学管理转变，加快推进东莞市信息基础设施集约化建设，规范科学地实施信息基础设施管理，最终实现将东莞建设成为一个政务通达、连接无限、无处不在的信息化、数字化城市。

【无线电台站数据核查】2012年，东莞市配合落实省无线电管理办关于建设无线电台站数据库的要求，对全市范围内所有的数万份无线电台站资料数据进行重新登记、核实、更正和补充。全市清查各类无线电台站3.5万座，台站数据经省和国家的统一校验，完整性和准确性均达到100%，在全省名列前茅，核查工作取得阶段性成果。

【无线电监测站建设】2012年，东莞市完成广东预备役电磁频谱管理大队东莞监测站建设任务（于2013年1月9日正式挂牌）。升级改造无线电监测站中心机房，新建厚街、桥头、凤岗、清溪及大岭山等五个小型监测分站，扩大东莞市无线电监测网覆盖范围，提升东莞市无线电频谱监测能力，基本满足战时电磁频谱管理的需要。（袁燕玲）

软件业、信息服务业

【概况】2012年，东莞市软件产业呈现高速增长、多元化发展态势，软件业务收入37.07亿元，同比增长35.53%；软件产品收入和嵌入式系统软件收入占总收入的80%以上，尤其是嵌入式系统软件业务收入占总收入的50%以上，主要覆盖手机、电池、激光制造、智能制造等高端电子信息产业。新增14家双软认定企业，经认定的软件企业有91家；新增131件软件产品；1家企业入选第二批广东省软件和集成电路设计产业百强培育企业计划。

【创意产业园区建设】2012年，东莞市扶持促进创意产业园区建设，推动产业结构转型升级，东莞市创意产业发展领导小组相继认定莞城、大朗、常平、艺展中心、高盛科技园、石龙等6个东莞市创意产业园区。此外，南城、厚街、虎门等镇街、园区也结合产业优势，推进创意产业园区建设。

【云计算应用产业基地打造】2012年3月31日，东莞市经济和信息化局向省申报的省市共建战略性新兴产业基地（东莞云计算应用产业）获省经信委认定通过。随后，东莞市经济和信息化局组织协助企业申报第三批省战略性新兴产业发展专项资金项目，云计算基地及云联盟项目6个项目获得省战略性新兴产业发展专项资金4000万资助。9月17—25日，东莞市经济和信息化局举办“东莞市云计算科普展”，组织宣传东莞市云计算产业发展情况，介绍东莞市重点项目和公共服务平台。云计算科普展吸引7万多人次前来参观交流，有60多家主流新闻媒体进行相关报道。

【“两化”融合发展】2012年，东莞市制定《东莞市信息化与工业化融合牵手工程实施方案（2012—2013年）》，组织“广东省信息化与工业化融合牵手工程‘百场千企’巡回交流系列活动（东莞站）暨广东省云计算产业联盟成立大会”，针对制造业信息化、五金模具、服装纺织等支柱和特色行业举办多场牵手工程巡回交流活动，建立信息技术服务企业与制造业企业对接机制，推动“两化”深度融合，带动软件和现代信息服务业发展。

【产业公共服务体系建设】2012年，东莞市经济和信息化局推动建设软件和集成电路设计公共服务平台东莞分平台项目建设。指导软件测试平台、软件服务平台等公共服务平台开展服务，促进行业发展。指导东莞市软件行业协会、东莞市现代信息服务协会发挥机构作用，联系企业，做好公共服务工作。

（袁燕玲）

虎门港麻涌港区

松山湖高新技术产业开发区

【概况】 东莞松山湖高新技术产业开发区（简称松山湖）于2001年11月经广东省人民政府批准设立，2010年9月经国务院批准升级为国家高新技术产业开发区。松山湖地处东莞几何中心，拥有8平方公里的淡水湖和14平方公里的生态绿地，规划控制面积72平方公里。松山湖相继被授予“中国最具发展潜力的高新技术产业开发区”“跨国公司最佳投资开发区”“信息产业国家高技术产业基地”“国家火炬创新创业园”“国际企业创新园”“中国青年留学人员创业基地”“部省共建国家级留学人员创业园”“国家科技服务体系建设试点园区”等称号。2012年，园区实现营业总收入、工业总产值和税收分别为627.97亿元、439.98亿元和25.17亿元，同比分别增长43.2%、30.2%和17.4%；实现GDP154.91亿元，增长13.8%。

【择商选资】 产业招商 2012年，松山湖赴中国台湾、欧洲、新加坡、日本、韩国等地开展招商考察和推介活动。举办第四届“漫博会”，吸引382家企业参展，现场签约金额逾28亿元，300多家企业达成项目合作意向。重大项目招商取得较大进展，引进“华为终端总部”“中集集团”“中以产业园”“联合金融”“水木动画”“记忆科技”等总部型或行业龙头企业。全年与157家企业签订合作协议，协议投资206.96亿元。

重大平台 2012年，松山湖台湾高科技园被列入省重大平台，引进优质项目24个，包括全球知名面板制造商胜华集团投资的联胜科技项目及一批IC和生物医药企业，协议引资110亿元。两岸生物技术产业合作基地是省市高度重视的重大战略平台，省市分别成立两岸生物技术产业合作基地建设支持领导小组和基地建设领导小组。东莞市成立国有独资的东莞市生物技术产业发展有限公司，主导基地的开发建设和运营管理。至2012年，基地聚集广东医学院、东莞广州中医药大学数理工程研究院、中大海洋生物科技研发基地等一批从事生物技术研发的高校和研究机构，与中山大学、华南理工大学和暨南大学合作共建高水平生物技术研究院和协同创新研究院，吸引“东阳光药业”“瀚森生物药业”“博铼生物”等55家生物技术企业入驻。基地内的生物创新园有“赛保尔生物医药”“凯思特医用导管”和华南生物医药产业孵化中心3个用地项目进入动工阶段。大学创新城完成土地预审、建设方案、选址、设计方案招标前期准备等工作，落实投资主体及制定投资方案，各项工作加快推进中。中以国际科技合作产业园奠基，并申报国家水处理技术国际创新园。委托省发改委下属省产业发展研究院编制《东莞松山湖中以国际科技合作产业园产业发展规划》。4家企业签订入园投资意向书，启动中以水处理合作示范项目。产业平台分别建成专业展览厅，展示平台发展规划及招商成果。

【科技创新】 2012年，松山湖成功申报国家科技服务体系建设试点园区，组织园区18家企业申报国家高新技术企业，平台、企业申请国家、省市各级科技计划项目115项，获得各级财政科技立项资助9045.88万元。建立松山湖国际专利检索工作站、知识产权维权中心，为企业提供免费专利检索服务和知识产权维权服务，促进园区的知识产权申报和保护工作。累计专利申请量和授权量分别为2564件和1263件，同比分别增长49.7%和66.4%，其中发明专利申请量和授权量分别为1297件和161件，居全市第一。有5个团队入选省第二批创新科研团队。

松山湖高新技术产业开发区

① 2012年6月20日，中共中央政治局委员、广东省委书记汪洋（前排左四），副省长刘志庚（前排左三）到松山湖高新区调研。
② 2012年6月20日，中共中央政治局委员、广东省委书记汪洋到松山湖高新区调研，与企业家代表座谈。

① 2012年12月26日，中共中央政治局委员、广东省省委书记胡春华（右四），副省长林木声（右一）等领导视察松山湖高新区。

② 2012年12月26日，中共中央政治局委员、广东省省委书记胡春华（左四）视察松山湖高新区，市委书记、市人大常委会主任徐建华（左二），市长袁宝成（右三）陪同。

③ 2012年9月28日，国家广播电影电视总局副局长田进（前排左二）在第四届“漫博会”主会场考察，市委书记、市人大常委会主任徐建华（前排右二），市委副书记、市长袁宝成（前排右一）陪同。

① 2012年3月15日，国家发改委调研组一行到松山湖高新区考察。

② 2012年5月31日，市委书记、市人大常委会主任徐建华（左六）出席中以国际科技合作产业园奠基仪式。

③ 2012年11月28日，东莞中国科学院云计算产业技术创新与育成中心奠基典礼。

① 2012年12月17日，全市首个党员服务中心——阳光雨党员服务中心在松山湖高新区揭牌。

② 2012年6月18日，东莞市政府——华南理工大学共建华南协同创新研究院签约仪式。

产学研活动　2012年，松山湖引进华南协同创新研究院、东莞理工学院协同创新研究院等公共创新平台，园区公共创新平台发展至15家。开展“平台走进镇街”系列活动23场，主动服务东莞企业转型升级，促进平台成果产业化。制定完善公共科技创新平台双向考核体系，建立双向考核督查机制，促进平台加快发展。全年赴西安、南京等地开展招才引智活动17场，引进博士65名、硕士300名、千人计划人才2名、广东省创新团队4个、领军人才10名。

科技载体建设　2012年，松山湖大学创新城、莞台生物技术育成中心一期、总部一号二期、松湖华科孵化器等科技载体加快建设，项目承载能力大幅加强。东莞留学人员创业园成功升级为省部共建的国家级留学人员创业园。

金融服务　2012年，松山湖研究制定《松山湖金融服务产业发展规划》等专项规划，明确松山湖科技金融的战略定位和实施路径。设立首期5000万元的风险补偿资金池，针对中小微企业的“松湖烟雨”担保信贷项目启动，东莞第一家科技支行“东莞银行松山湖科技支行”挂牌，金融改革创新服务区构建工作快速推进，高新区投融资体系进一步完善，加快推进“新三板”（指挂牌企业均为高科技企业而不同于原转让系统内的退市企业及原STAQ、NET系统挂牌公司）和上市培育工作，新增“新三板”试点计划企业10家、完成股改企业6家，易事特已获创业板发审委审核通过，“广东正业科技”和“领亚电子科技”等2家企业申报首次公开发行股票已获证监会办公厅受理。“新增安美化工”“康菱机电”两家市上市后备企业。

【“智慧松山湖”建设】2012年，松山湖成立信息中心，推进“智慧松山湖”建设，年内完成城域网一期及其配套机房建设、松山湖地理信息云平台、智慧松山湖展厅等项目，园区产业发展和科技创新能力、城市协同管理水平得到进一步提高。

【公共配套设施改善】2012年，松山湖完成公共自行车交通服务系统三期工程，扩大公共自行车站点分布面至34个点；完成《园区公共交通发展规划》，优化调整园区公交线路；依托GIS监控系统组建“出租车服务管理平台”，推出“园丁卡”。广东医学院松山湖附属医院（东莞市第二人民医院）门诊部开业，园区医疗配套改善。成立商业促进部，启动园区商业配套规划工作，推进农贸市场、大型超市建设。全年建成公租房1128套。（王志平）

附：2012年东莞松山湖高新技术产业开发区管理委员会领导名录

管委会主任：冷晓明

工委书记、管委会常务副主任：刘　宁

① 2012年11月30日，松山湖成功入围国家科技服务体系建设试点园区。
② 2012年11月2日，松山湖举办两岸生物技术产业高峰论坛。
③ 2012年6月29日，举办第二届松山湖中国IC创新高峰论坛。市委常委、常务副市长梁国英出席并演讲。
④ 2012年8月3日，松山湖科技创新政策体系新闻发布会召开。

虎门港

【概况】 虎门港位于珠三角经济区中心位置，拥有珠江口53公里深水岸线，海域面积79平方公里，航道水深-13米，规划控制区32平方公里，是国家一类口岸、广东省重要港口之一。2012年，港口货物吞吐量5120万吨，同比增长72.8%。其中，新沙南散杂货吞吐量2687万吨，同比增长32.7%；立沙岛液体化工品吞吐量622万吨，增长38.3%；西大坦集装箱吞吐量首次突破百万标箱目标，达到102万标箱，增长542.1%。保税物流中心进出口货物总值37亿美元，同比增长142%。

【集装箱业务】2012年，在全球航运业持续低迷的情况下，虎门港集装箱年吞吐量首次突破百万标箱。

优先航线布局 2012年5月，虎门港优先布局内贸航线，开拓内贸航运市场，开辟21条内贸航线，覆盖珠三角、长三角、环渤海湾、海西等重点经济区的各大主要港口。发展驳船航线，引进近20家知名驳船公司开辟“定期、定班、定时”的莞港公共驳船航线，确保东莞货物可达到世界任何港口。有序谋划近洋航线，依托东莞庞大的台资企业市场，推动对台航线货运量的提升；与日韩、东南亚等港口洽谈开辟近洋航线，找准错位发展优势。

【招商引资】2012年，虎门港新增注册民营企业24家，同比增长23.8%，累计注册民营企业69家，累计注册资金25.9亿元；新增合同利用外资4宗共8095.6万美元，新增实际利用外资2宗共2600万美元。新引进的项目涵盖物流、粮食、装备制造、精细化工、港区商贸配套等各行业。其中，立沙岛作业区重点引进化工类项目；西大坦作业区重点引进临港物流专业市场及科研总部基地等项目；麻涌新沙南作业区重点引进加工制造项目。先后在台北、香港、上海、深圳四地举办大型招商推介活动。其中，台北推介会与台湾港务股份公司签订战略合作协议，并与多家港航物流企业签订合作协议；香港推介会与上海泛亚航运有限公司就开辟日本航线签订合作意向书，并与多家驳船公司、仓储物流企业达成合作意向；上海推介会签约项目包括精细化工产业链龙头项目、精细化工深加工项目等；深圳推介会签约项目涵盖专业市场、科研总部以及石化电子交易等领域。

【重点项目建设】2012年，虎门港推进西大坦现代物流、立沙岛精细化工、新沙南加工制造等三大产业集聚区的建设，打造产业特色明显、产业结构科学的重大发展平台。破解港口建设瓶颈，加快“三重”（指重大项目、重大产业集聚区、重大科技专项建设）项目建设步伐，推动省市重点项目基本完成年度投资计划。抓紧完善园区重要配套设施，西大坦首期市政工程完成整体竣工验收，西大坦、立沙岛二期市政工程以及虎门港特勤消防站、水上危险品应急中心等一批重要港口配套项目也按计划加快推进，为园区环境进一步完善奠定基础。

【重大平台申报】保税港区申报 2012年，虎门港加快保税港区申报的各项工作，根据发展需要及时调整申报思路，并以市政府名义邀请省、市有关部门召开虎门港保税港区申报方案协调会，就推进保税港区的申报咨询各相关部门的意见，与相关单位研究确定虎门港保税港区的规划范围，完善《东莞市虎门港保税港区可行性研究报告》。

省级园区申报 2012年5月，虎门港围绕申报省级园区工作，与省市各有关部门进行协商研究，初步确定由市外经贸局牵头，以生态园扩区名义申报东莞开发区形成一区多园的工作思路，为推动虎门港申报省级园区奠定基础。

【营商环境】口岸通关环境优化 2012年，虎门港与口岸查验单位建立良好的工作互动机制，推动集装箱码头升级为A类监管场所，实现闸口24小时通关；出入境检验检疫部门在保税物流中心专门设立保税监管科，提高现场查验效率。

港区信息化水平提升 2012年5月，虎门港筹建并开通虎门港通关信息平台，提升园区的通关效率；保税物流中心建成虎门港智慧园信息平台，实现对仓库、卡口等设施的高效管理。

政策扶持力度增强 2012年5月，虎门港继续实施和延续集装箱发展扶持政策，促进集装箱码头的发展；争取全市加工贸易转型升级专项资金政策，增强集装箱码头和保税物流中心快速发展的政策支撑平台。

【港镇统筹】 为全面破解虎门港、沙田镇发展的体制机制瓶颈，推动“以港兴镇、以镇促港、港镇共赢”，东莞市委于2012年11月作出虎门港、沙田镇实施统筹发展的重大战略决策部署，加快产业规划、基础设施建设、建设时序、经济社会管理、资源和利益等方面的统筹力度，构建港镇一体化的行政体系、规划体系、产业体系、交通体系、公共服务体系、社会管理体系，实现资源共享、优势互补、分工协作、互惠互利发展。港镇统筹发展战略的实施，使虎门港、沙田镇迎来跨越式一体化发展的历史机遇。 （王 琼）

附：2012年虎门港管委会主要领导名录

工委书记、管委会常务副主任：
　陈建枝（任至11月）
工委书记：邓流文（12月到任）
工委副书记、管委会主任：
　贾贵斌（12月到任）

▲ 虎门港

东莞生态产业园区

【概况】 广东东莞生态产业园区(简称“东莞生态园”)位于东莞市寮步、东坑、横沥、企石、石排、茶山六镇汇合处，规划面积31平方公里，建设用地面积约15.58平方公里，非建设用地约14.96平方公里；拥有生态绿地和湿地约10平方公里，可开发产业用地约8平方公里。园区发展定位为“以城市湿地为特色、发展高端产业及配套服务业的循环经济和生态产业示范园区”。东莞生态园先后获批为省级园区、省首批循环经济工业园区，成为贯彻落实科学发展观、建设生态文明的范本。2012年12月，《广东东莞生态产业园区国家生态工业示范园区建设规划》通过国家环保部、商务部、科技部专家论证，标志着创建工作正式进入规划实施及验收阶段。“国家城市湿地公园”创建申报工作业经市政府批复同意，规划设计招标、申报材料编制正在进行中。

【园区管理】 规划体系　2012年，东莞生态园完成《东莞生态园综合交通规划》等6项专项规划的专家评审及中间成果编制。《东莞生态园东坑片区控制性详细规划》通过市政府审批，《东莞生态园文化产业片区控规》通过专家评审。7月，东莞生态园“生态工业园和低碳发展”专家研讨会暨《生态工业示范园区建设规划》《东莞生态园低碳生态指标体系》咨询会举行，中国环境科学研究院院长、中国工程院院士孟伟和中国工程院院士、国家环境保护部清洁生产中心主任段宁等专家为园区规划和发展把脉献策。

土地统筹　2012年，东莞生态园共收回空地17.28公顷，累计收回土地共2826公顷，完成总体收地任务的94%。清拆简易建筑物2013平方米，累计清拆简易建筑物共46.73万平方米，完成清拆任务的96%。清拆永久建筑物1.66万平方米，累计清拆永久建筑物清拆24.38万平方米，完成清拆任务的77%（整村搬迁除外）。协调东坑镇农民公寓安置房工程启动建设，首期计划2013年6月前建成入伙。协助落实园区返还土地用地指标25公顷及报批工作；完成往年上报10公顷返还土地的报批手续，向市财政请款缴交用地报批税费628万元。

社会综合治理　2012年，东莞生态园“三打两建”工作出动执法人员1843人次，检查单位或个人729家（次），检查发现制假售假用假线索6宗，查处案件6宗，协助查处无牌加工厂1家。完成园区公安、交警大队组建，开展“南粤亮剑012战役”等专项行动，出动警力186人次，治安队员652人次，协调属地分局处理辖区刑事案件和事件20余宗。

安全生产、质量和环境治理　2012年，东莞生态园开展“安全生产月”和“质量月”活动，组织质量安全大检查5

广东东莞生态产业园区

2012年3月16日，市委书记、市人大常委会主任徐建华（左四）和市委副书记、市长袁宝成（左三）陪同清远市党政代表团考察东莞生态产业园区。

次、专项检查17次，检查在建项目500个次，发出质量监督执法文书173份。开展环境管理体系认证（ISO14001）工作，着手开展横沥垃圾发电厂周边二噁英监测工作。

【园区建设】 行政服务中心 2012年，东莞市第一个国家级绿色三星建筑——东莞生态园行政服务中心投入使用。

路网工程 2012年，东莞生态园行政岛道路网完工，6号路、10号路进入扫尾阶段。3号、11号、16号、17号、东坑路网（24、27、30、31号路）、69号路加快推进。

环境工程 2012年，东莞生态园中央水系景观绿化工程等项目进入扫尾阶段，行政岛环境完善工程、月塘湖公园工程、中央岛群工程正在施工，生态园展厅完成施工图设计方案。

工程验收 2012年，东莞生态园生态园大道五、六标等11项工程通过竣工验收。生态园大道一、二、七标等3项工程完成初验。25号路等5项工程完工，进入验收阶段。

【重点项目建设】 2012年，东莞生态园已进驻项目5个，投资总额超过82亿元；签订意向项目1个，意向投资额10亿元。园区首个“三重”项目——海斯坦普项目为东莞市招商新政实施后首个重大外资项目，已动工建设，预计2013年8月投产。中移动项目正进行前期建设准备工作。4月，省市共建广东文化产业职业学院合作备忘录签署仪式在东莞市行政办事中心主楼举行，标志着华南首所以培养文化产业应用型、技能型人才为主要特色的普通高等职业学院落户东莞生态园，项目筹建工作正式启动。6月举行“东莞生态产业园区2012深圳推介会”，与西班牙海斯坦普汽车组件项目、深圳市普联技术公司普联TP-LINK网络通讯终端产品生产研发基地项目、中科院高新技术孵化项目签订合作意向书，意向投资超48亿元。普联项目已完成项目入园审批手续。 （祁雪仪）

附：2012年东莞生态园管委会领导名录

主　任：严小康（任至8月）
　　　　谢锦波（8月到任）
常务副主任：莫淦泉（任至8月）
副主任：方德佳　尹沛通
管委会委员：黄乐瑜（5月到任）
　　　　　　杜伟洪（11月到任）
　　　　　　黄德洪（11月到任）
工委委员：李惠勤
总工程师：吴敬军（2月到任）

① 2012年12月14日，东莞生态产业园区首个“三重”项目——海斯坦普项目施工现场。

② 东莞生态产业园区行政服务中心

对外经济 FOREIGN ECONOMY

沙田镇汽车物转运场

编辑：施雪芬

对外贸易经济合作

【概况】截至2012年，全市拥有外商投资企业11452家，累计合同吸收外资713.9亿美元，实际利用外资565.5亿美元。

【外资利用】2012年，东莞市实际利用外资33.7亿美元，比上年增长10.5%；合同吸收外资38.1亿美元（含增减资），增长8.6%。2012年东莞市获全省吸收外商直接投资综合奖特等奖，一般贸易出口奖特等奖，进出口综合奖一等奖，外经工作奖一等奖，口岸大通关建设奖一等奖。

增资项目增长较快　2012年，全市增资项目720宗，比上年增加20宗，合同外资增资26.7亿美元，增长63.5%。其中，投资总额增资超千万美元项目72宗，增加15宗，合同外资增资12.4亿美元，增长37.0%。

外商在设备制造业投资加大　2012年，全市新签专用设备制造业项目19宗，专用设备制造业合同外资33696万美元，比上年增长144.1%。

发达国家投资比重提高较大　2012年，全市新签欧美、日韩以及新加坡等发达国家投资项目100宗，合同外资8.0亿美元（含增减资），比上年增长65.2%，占全市合同外资比重20.9%，比上年同期提高7.2个百分点。其中，新加坡投资项目7宗，合同外资7833万美元，增长347.6%。新签欧盟投资项目16宗，合同外资19475万美元，比上年增长193.7%。新签美国投资项目19宗，合同外资10193万美元，比上年增长106.5%。

外商投资在服务业比重有所提高　2012年，外商在服务业重有所提高，产业结构有所优化。服务业实际吸收外资80178万美元，比上年增长53.7%，占实际吸收外资23.8%，比上年同期提高6.7个百分点。

新设研发机构数量增多　2012年全市新设研发机构220个，比上年增加18家。

【外贸进出口】2012年，东莞市外贸进出口总量1444.2亿美元，比上年增长6.8%。其中出口850.7亿美元，比上年增长8.6%，增幅高于全省0.7个百分点；进口593.5亿美元，增长4.2%。

机电产品出口增长较快　2012年，全市机电产品出口607.7亿美元，比上年增长10.3%，增幅高于全市1.7个百分点，占全市出口比重达71.4%，比上年同期提高0.4个百分点。

一般贸易出口比重有所提高　2012年，全市一般贸易出口169.2亿美元，比上年增长26.2%，增幅高于全市17.6个百分点，占全市出口比重的19.9%，比上年同期提高2.8个百分点。

新兴市场出口增长较快　2012年，东莞市对新兴市场出口99.0亿美元，比上年增长27.0%，增幅高于全市18.4个百分点。其中对东盟出口49.8亿美元，比上年增长41.2%。

三资企业出口带动逆势增长　2012年，全市三资企业出口633.8亿美元，比上年增长16.8%，增幅高于全市8.2个百分点，占全市出口74.5%。

【外经贸工作系列政策宣讲会】2012年1月6日，东莞市外经贸局举行促进进口政策（东莞）宣讲会，150家企业及商协会代表约200人参加。广东省外经贸厅副厅长钟健辉、广东省机电办负责人宣讲鼓励进口政策、进口许可证件申领操作要点等政策。2月28日，市外经贸局在松山湖学术交流中心举办“稳发展、促转型”政策推介会，约200家企业代表参会。市外经贸局副局长出席会议，并重点介绍《东莞市全力推动外经贸稳增长

调结构促平衡的若干措施》。3月14日，市外经贸局与市外汇管理局在市会议大厦召开“来料加工企业转变形态政策宣讲会”，市外经贸局、外汇管理局领导出席会议，各镇街外经办负责人、企业代表800多人参加宣讲会。会议就以不作价设备出资、余料结转款对外支付、设备转让款汇出、企业清算汇出及跨境人民币结汇等政策进行解读。

【外商联络小组协调会】2012年，东莞市外商联络小组协调会每两个月举办一次，全年共举办6次。由市外商投资企业协会、台商投资企业协会在会前分别收集和提交需要协调解决的问题，涉及问题的职能部门在会上解答，事后书面反馈。同时，由市有关职能部门宣讲最新政策法规和扶持措施。2012年，共协调解决实际问题30多个。

【东莞市组团参加第111届、112届广交会】第111届、112届广交会分别于2012年5月5日和11月4日在广州琶洲展馆落幕。其中，111届广交会东莞市共有172家企业参加，达成意向成交4.52亿美元，比上届略增0.82%。112届广交会东莞市共有194家企业参加，展位数531个，达成意向成交4.34亿美元，比上届下降近4%。

【政企联络会议】2012年8月29日，第九次在莞日资企业政企联络会议在东莞召开。东莞市副市长贺宇、日本国驻广州总领事馆总领事伊藤康一、日本贸易振兴机构广州代表处所长塚田裕之以及市外经贸局、外事局、东莞海关等15个职能部门的相关负责人与153家在莞日资企业代表参加会议。

12月17日，第二次多国在莞投资企业政企联络会议在东莞召开。副市长唐庆涛、市长助理仓峰，英国、澳大利亚、加拿大、新加坡、美国、德国、法国等驻穗总领事馆及驻粤商会，市外经贸局、外事局、人力资源局、外汇管理局等11个职能部门的相关负责同志以及在莞投资企业代表共约160人参加会议。市外经贸副局长方见波参加会议并对企业提出的合同变更等问题进行解答。

【全省加工贸易转型升级现场会】2012年8月30日，全省加工贸易转型升级工作现场会在东莞市召开，会议总结广东省推动加工贸易转型升级的情况，并研究部署下一阶段任务。中共中央政治局委员、省委书记汪洋，省委副书记、省长朱小丹，省委常委王荣、林木声、李嘉，副省长招玉芳等省领导以及省有关部门、各地市有关领导以及企业代表出席会议。东莞市委书记徐建华、市长袁宝成全程陪同。东莞加工贸易管理服务平台顺利完成首期工程建设并正式上线，在全国率先实现外经贸、海关、检验检疫和加工贸易企业“四方联网”。

【2012中国加工贸易产品博览会】2012年9月16—19日，2012中国加工贸易产品博览会在广东东莞厚街现代国际展览中心举行。中共中央政治局委员、省委书记汪洋出席加博会开幕式并宣布

全国加工贸易转型升级试点城市“一年起好步”

2012年8月30日，中共中央政治局委员、省委书记汪洋（前排右二），省委副书记、省长朱小丹（前排右一）等出席全省加工贸易转型升级工作现场会，并向东莞大麦客商贸有限公司了解情况。

开幕，商务部部长陈德铭在开幕式上致辞，省委副书记、省长朱小丹发来贺信。商务部副部长蒋耀平，人力资源和社会保障部副部长信长星，环境保护部副部长吴晓青，海关总署副署长孙毅彪，国家质检总局副局长孙大伟，国家知识产权局副局长甘绍宁，广东省常务副省长肖志恒，省委常委、秘书长林木声，副省长招玉芳，香港特别行政区政府代表、香港经济和商务发展局局长苏锦樑，澳门特别行政区政府财政司司长谭伯源，以及徐建华、袁宝成、李毓全等市几套班子领导出席加博会并参加有关活动。博览会设置七大展区，展位数达3468个，全国28个省、市、自治区以及港、澳、台的1325家加工贸易企业参展，展出产品过万种；5083家国内外知名采购企业参展、观展、采购，采购总人数超过13万人次。本届加博会共达成商贸项目（含合同、协议和意向）6794个，意向成交金额687.3亿元人民币。

【2012年外经贸目标任务（黄埔海关片区）督导工作会议】 2012年12月6日，省政府2012年外经贸目标任务（黄埔海关片区）督导工作会议在莞召开，副省长招玉芳率省政府办公厅、省外经贸厅、海关总署广东分署、广东检验检疫局负责人听取情况汇报。东莞市市委副书记、市长袁宝成在会上汇报全市外经贸工作情况。

【广东粤海装备技术产业园项目签约】 2012年12月17日，广东粤海装备技术产业园项目签约仪式在广州举行。东莞市与粤海控股集团有限公司签订合作框架协议，计划在谢岗镇共同打造产业园，项目投资超过600亿元人民币。省委副书记、省长朱小丹，省委常委、常务副省长徐少华，副省长招玉芳，东莞市委书记、市人大常委会主任徐建华，市委副书记、市长袁宝成，副市长贺宇，粤海集团董事长黄小峰等出席签约仪式。

【大朗毛衫基地荣获国家外贸转型升级示范基地】 2012年12月26日，国家商务部公布“第二批国家外贸转型升级示范基地”名单，大朗毛衫基地名列其中，成为东莞首个获此殊荣的基地。大朗毛衫基地是以大朗镇为中心，辐射涵盖周边镇街的毛衫产业集群基地。截至2012年，该产业集群共有毛衫企业近万家，其中大朗就有3000多家，行业从业人员超过10万人。2011年，大朗毛衫行业工业产值达120.9亿元，约占全镇工业总产值的1/3，销售收入96.7亿元，利税总额7.4亿元；据海关统计数据，大朗毛衫产品出口总额6.8亿美元，约占全国毛衫产品出口的30%，占全省的40%，占全市的70%，毛衫产品出口额位居全国镇区级首位。（杨　荣　庞玉超　刘晓明）

附：2012年东莞市对外贸易经济合作局领导名录

局　长：黄冠球

副局长：方见波　蔡　康　周伟森　曾育辉

纪检组组长：黄朝东

附：2012年东莞市外商投资促进中心领导名录

主　任：陈志扬

① 2012年12月17日，市政府与粤海控股集团有限公司举行签约仪式，粤海装备技术产业园项目正式落户东莞。省领导朱小丹、徐少华、招玉芳等与市领导徐建华、袁宝成等出席签约仪式。

② 2012年8月30日，全省加工贸易转型升级工作现场会在东莞召开。

2012年世界500强企业在莞投资情况

序号	企业名称	投资方式	设立时间	所属镇街	所属跨国公司名称
1	东莞雀巢有限公司	外资	1988.1	南城街道	雀巢（瑞士）Nestle'
2	东莞南城新科磁电制品有限公司	外资	1988.10	南城街道	日本东京电气化学工业公司（TDK）
3	东莞兴宝化工有限公司	合资	1992.10	沙田镇	伊藤忠（日本）Itochu
4	京瓷连接器（东莞）有限公司	来料加工	1992.3	石龙镇	东莞市石龙镇新城区京瓷路8号
5	京瓷光电科技（东莞）有限公司	外资	1992.3	石龙镇	京瓷（日本）Kyocera
6	东莞三星电机有限公司	外资	1992.7	寮步镇	三星（韩国）Samsung
7	东莞麦当劳食品有限公司	合资	1993.4	城区等	麦当劳（美国）McDonald's
8	东莞力达电机有限公司	外资	1993.6	塘厦镇	通用电气（美国）General Electric
9	东莞汇勋电器制品有限公司	外资	1993.6	塘厦镇	通用电气（美国）General Electric
10	东莞住商益安金属制品有限公司	合资	1993.7	沙田镇	住友商事（日本）Sumitomo
11	东莞川电钢板制品有限公司	外资	1994.1	长安镇	日本钢铁工程控股公司（日本）Kawasho
12	东莞杜邦电子材料有限公司	外资	1994.3	南城街道	杜邦（美国）E.I.Du Pontde Nemours
13	东莞华润水泥厂有限公司	外资	1994.3	沙田镇	华润集团
14	金霸王（中国）有限公司	合资	1994.7	南城街道	美国吉列公司（宝洁）
15	东莞大华汽车维修服务有限公司	合资	1994.7	南城街道	怡和（香港）Jardine Matheson
16	三井高科技电子（东莞）有限公司	外资	1994.8	长安镇	三井（日本）Mitsui
17	汉高胶粘剂技术（广东）有限公司	外资	1994.9	虎门镇	德国汉高henkel
18	东莞顶锋金属制品有限公司	外资	1995.11	常平镇	住友商事（日本）Sumitomo
19	东莞宝田化工有限公司	合资	1995.12	沙田镇	伊藤忠（日本）Itochu
20	三洋电子（东莞）有限公司	合资	1995.12	塘厦镇	三洋电机（日本）Sanyo Electric
21	东莞歌乐东方电子有限公司	外资	1995.4	东坑镇	日立（日本）Hitachi
22	诺基亚首信通信有限公司东莞公司	合资	1995.5	南城街道	诺基亚（芬兰）Nokia
23	东莞铁和金属制品有限公司	外资	1995.6	南城街道	新日铁（日本）Nippon Steel
24	可口可乐装瓶商生产（东莞）有限公司	合资	1995.7	南城街道	Coca-Cola（美国）
25	东莞石龙京瓷有限公司	合资	1995.8	石龙镇	京瓷（日本）Kyocera
26	东莞美极有限公司	外资	1997.10	茶山镇	雀巢 （瑞士）Nestle'
27	东莞时力科技电子厂	来料加工	1997.1	长安镇	日本东京电气化学工业公司（TDK）
28	罗门哈斯电子材料（东莞）有限公司	外资	1997.12	东城街道	罗门哈斯Rohm and Hass
29	东莞喜威液化石油气有限公司	合资	1997.6	南城街道	SHV Holdings（荷兰）
30	东莞百音电子有限公司	外资	1998.6	南城街道	先锋电子（中国）投资有限公司
31	广东福地日合偏光器件有限公司	合资	1999.7	南城街道	丸红商事（日本）MaruBeni
32	恩智浦半导体广东有限公司	外资	2000.1	黄江镇	皇家飞利浦电子（荷兰）Royal Philips Electronics
33	先锋高科技（东莞）有限公司	合资	2000.11	寮步镇	日本先锋株式会社
34	阿克苏诺贝尔涂料（东莞）有限公司	外资	2000.4	大岭山镇	阿克苏.诺贝尔（荷兰）Akzo Nobel
35	先锋信泰（东莞）光学有限公司	合资	2000.8	长安镇	日本先锋公司
36	东莞肯德基有限公司	外资	2000.8	城区等	百事公司（美国）Pepsi co.
37	东莞三星视界有限公司	外资	2001.11	厚街镇	三星电子（韩国）Samsung Electronics
38	东莞新长桥塑料有限公司	外资	2001.12	沙田镇	三菱商事株式会社
39	京瓷办公设备科技（东莞）有限公司	合资	2001.12	石龙镇	京瓷（日本）Kyocera
40	东莞大岭山双叶机械厂	来料加工	2001.4	大岭山镇	丰田通商（日本）Toyota Tsusho
41	东莞住秀电子有限公司	外资	2001.6	凤岗镇	日立
42	东莞创宝达电器制品有限公司	外资	2001.9	常平镇	美国泰科国际
43	东莞石龙粤龙电磁离合器厂	来料加工	2001.9	石龙镇	京瓷（日本）Kyocera
44	东莞日矿富士电子有限公司	外资	2002.10	洪梅镇	JX日矿日石金属株式会社
45	东莞百悦电子有限公司	合资	2002.2	南城街道	日本先锋公司
46	日立化成工业（东莞）有限公司	外资	2002.6	茶山镇	日立化成工业株式会社
47	东莞沃尔玛百货有限公司	合资	2002.6	城区	沃尔玛（美国）Wal-Mart Stores

续上表

序号	企业名称	投资方式	设立时间	所属镇街	所属跨国公司名称
48	泰科电子（东莞）有限公司	外资	2002.6	厚街镇	美国泰科国际
49	三井高科技（广东）有限公司	外资	2002.8	长安镇	三井（日本）Mitsui
50	东莞能率科技有限公司	外资	2003.12	寮步镇	佳能（日本）Canon
51	东莞新科技术研究开发有限公司	外资	2003.12	南城街道	日本东京电气化学工业公司（TDK）
52	日立蓄电池（东莞）有限公司	外资	2003.5	茶山镇	日立（日本）Hitachi
53	麦德龙物业管理（东莞）有限公司	外资	2003.5	万江街道	麦德龙（德国）Metro
54	东莞长安新科磁电制品厂	来料加工	2004.4	长安镇	日本东京电气化学工业公司（TDK）
55	日立金属（东莞）特殊钢有限公司	外资	2004.5	茶山镇	日立（日本）Hitachi
56	日立粉末冶金（东莞）有限公司	外资	2004.6	茶山镇	日立（日本）Hitachi
57	东莞百安居装饰建材有限公司	外资	2005.10	万江街道	kingfisher（英国翠丰集团）
58	东莞住矿电子浆料有限公司	合资	2005.12	松山湖	住友商事 Sumitomo（日本）
59	东莞马士基集装箱工业有限公司	外资	2005.5	麻涌镇	马士基集团A.P.Moller-Maersk Group
60	东莞家乐福商业有限公司	外资	2006.11	东城街道	家乐福（法国）Carrefour
61	博世激光仪器（东莞）有限公司	外资	2006.11	樟木头镇	德国博世
62	杰斯比塑料（东莞）有限公司	外资	2006.12	松山湖	伊藤忠（日本）Itochu
63	东莞杜邦华佳高性能涂料有限公司	合资	2006.5	万江街道	杜邦（美国）E.I.Du Pontde Nemours
64	东莞永佳中通汽车服务有限公司	合资	2006.8	厚街镇	丰田汽车（日本）Toyota
65	东莞深赤湾港务有限公司	合资	2006.8	虎门港	新加坡丰益国际
66	东莞三星钢材加工有限公司	外资	2006.9	大朗镇	三星物产
67	益海（东莞）油化工业有限公司	外资	2007.1	麻涌镇	新加坡丰益国际
68	东莞益海嘉里粮油食品工业有限公司	外资	2007.1	麻涌镇	新加坡丰益国际
69	美达王板和精密金属（东莞）有限公司	外资	2007.1	松山湖	三菱mitsubishi
70	日铁商事（东莞）经济咨询有限公司	外资	2007.11	南城街道	日本新日铁
71	柯尼卡美能达商用科技（东莞）有限公司	外资	2007.11	石龙镇	日本柯美
72	东莞京瓷置业有限公司	外资	2007.11	石龙镇	日本京瓷
73	欧图（东莞）企业管理咨询有限公司	外资	2007.7	万江街道	德国奥托集团
74	东莞三星道达尔工程塑料有限公司	外资	2008.5	大岭山镇	韩国三星　法国道尔顿total
75	沃尔玛（东莞）商业零售有限公司	外资	2009.2	莞城街道	沃尔玛
76	东莞汉莎产品技术咨询服务有限公司	外资	2009.9	寮步镇	德国奥托集团
77	东莞乐艾电子科技有限公司	外资	2010.9	松山湖	韩国LG（乐金）
78	东莞富士通电装电子有限公司	外资	2011.2	洪梅镇	富士通(日本) Fujitsu
79	东电化（东莞）科技有限公司	外资	2011.3	长安镇	TDK
80	伟创力电源（东莞）有限公司	外资	2011.3	市属	新加坡伟创力
81	东莞旺市百利百货有限公司	外资	2011.7	莞城街道	沃尔玛
82	华润水泥采购有限公司	外资	2011.8	沙田镇	华润集团
83	东莞雷风科技有限公司	外资	2012.1	桥头镇	伟创力（新加坡）Flextronics International
84	益海（东莞）精细化工有限公司	外资	2012.6	虎门港	新加坡丰益国际
85	东莞益海嘉里赛瑞淀粉科技有限公司	外资	2012.5.31	虎门港	新加坡丰益国际

东莞市2012年全年引进外资重大项目情况

类别		外资重大项目					
标准		5000万美元以上－1亿元（不含1亿）		1亿美元以上（含1亿元）		5000万美元以上	
		宗数	总投资（亿美元）	宗数	总投资（亿美元）	宗数	总投资（亿美元）
签约*	已出批文	22	17.36	6	11.84	28	29.2
	未出批文	7	4.65	22	148.79	29	153.44
	合计	29	22.01	28	160.63	57	182.64

*备注：对于外资项目，签约项目包括已出批文的签约项目，以及未出批文的签约项目。

贸易促进

【出证认证】2012年，东莞市贸促会签发一般原产地证26111份（含长安办事处6918份，凤岗办事处1684份）；商事证明书1989份（含长安办事处139份，凤岗办事处90份）；代办领事认证512份（含长安办事处35份，凤岗办事处57份），优惠原产地556份（含凤岗办事处7份）；单据认证84份，代办ATA单证册16份；同时，在市贸促会新注册办证企业207家（含长安办事处39家，凤岗办事处25家）。

2012年5月，中国贸促会在“2012中国贸促会ATA签证机构工作暨授权培训会议”上正式授权东莞市贸促会为ATA单证册签证机构。东莞市贸促获得该项业务签发权，为东莞市各行各业和个人参与国际性重要展览会、交易会、会议及类似活动等提供更大的便利。

【对外联络】2012年，东莞市贸促会接待境内外15个来访团体85人次，其中包括国家工业和信息化部国际经济技术合作中心主任兼国家电子贸促会常务副会长龚晓峰一行、中国贸促会会务部副部长刘振华一行、美国少数族裔企业家代表团一行、法国CTC（西迪士公司法国鞋业皮具专业技术中心）总裁莫林（Mr. Yves Morin）一行、澳门贸易投资促进局主席张祖荣一行等。11月，组织东莞部分企业代表赴法国、意大利考察酒类行业。2012年，东莞市贸促会与英国中英商会就英国新能源电动汽车项目研发、合作进行详细的交流。芝加哥少数族裔商业发展署由美国商务部设立，是为在美少数族裔服务的半官方机构，服务超过600万非洲、亚洲及拉丁美洲裔商业人士。2012年3月，东莞市贸促会与该发展署达成合作意向，重点在引进医院垃圾处理系统、“东莞智博会”美国相关企业参展组织工作、引进电动汽车项目等方面展开具体合作。

【展览工作】2012年，东莞市贸促会配合和协助有关部门举办“2012东莞台湾名品博览会”、开展“世界莞商大会”筹备工作及“加博会”接待工作，举办“第五届东莞国际茶业博览会”。2012年，东莞市贸促会会组织企业参观“2012香港春季电子展”“澳门国际品牌连锁加盟展2012”“香港国际春季灯饰展”“2012香港婚纱暨海外婚礼博览”“第三届中国餐饮业博览会”“第14届中国国际光电博览会”“2012第四届广州国际太阳能光伏展览会”等品牌展会。10月12—13日，市贸促会组团赴辽宁省丹东市参观“中朝经贸文化旅游博览会”。

【信息工作】2012年，东莞市贸促会在“东莞贸促网”的首页增加“国际贸易预警”栏目。该栏目信息主要摘自国家

打造一流贸促机构　为企业国际化经营提供全方位优质服务

① 2012年12月14日，广东省贸促会会长陈秋彦在东莞市贸促会会长李文峰的陪同下拜会东莞市委书记、市人大常委会主任徐建华。图为东莞市委书记、市人大常委会主任徐建华(左一)，市委常委、政法委书记邓志广(右一)和省贸促会会长陈秋彦(中)亲切交谈。
② 2012年12月14日，广东省贸促会会长陈秋彦（左四）、东莞市贸促会会长李文峰（左三）与企业代表合影。
③ 2012年3月26日，东莞市贸促会会长李文峰（左二）热情会见法国CTC总裁莫林（Mr. Yves Morin）（左一）一行。

① 2012年12月3日，法国酒业联盟协会会长Gilles Eychenne到东莞市贸促会访问。图为东莞市贸促会会长李文峰（右）与Gilles Eychenne（左）亲切交谈。

② 2012年7月23日，乌干达驻广州总领事馆举行开馆仪式，东莞市贸促会会长李文峰应乌干达首任驻穗总领事索罗曼·鲁提嘉的邀请出席开馆仪式。图为李文峰（左一）向索罗曼·鲁提嘉（右一）表示热烈祝贺。

③ 2012年12月20日，东莞市贸促会举行十八大报告专题学习会，会长、党组书记李文峰做了题为《认真学习党的十八大精神，全力将贸促工作推上新台阶》的专题授课。

④ 东莞市贸促会会长李文峰（左一）与澳门中联办秘书长崔国潮（右一）亲切交谈。

商务部网站、海关总署网站、中国贸促总会网站、广东省网上博览会、东莞市WTO/TBT预警信息平台等。

【东莞市国际商会】 2012年，东莞市国际商会深入企业调研，筹备换届工作，发展会员；加快整合商务网络及信息资源，完善数据库建设；做好内展、外展服务工作，承办第五届“茶博会”，组织企业赴澳门参加“2012澳门国际酒店家具展和赴台湾参加“2012台湾国际茶叶展”；配合开展便利企业服务，除了出证认证的代收代缴外，还提供英语和西班牙语的证件翻译服务。

【国际航空反垄断维权申诉】 2000年以来，国际航空公司结成价格联盟，在未与货主（托运人）协商的情况下，单方面提高货运价格，给托运人造成严重损失。美国和欧盟已先后裁定上述行为构成垄断。为维护东莞市企业的合法权益，受中国贸促会委托，2012年东莞市贸促会组织东莞市涉及企业参加应诉，发动各大行业协会，包括市台商协会、市外商投资协会、市电子协会、市玩具协会等企业，召集相关企业应诉，为企业提供国际贸易法律维权服务。

【资信调查】 2012年，东莞市贸促会先后受土耳其驻广州领事馆、秘鲁驻北京领事馆的委托，对东莞市相关企业进行资信调查工作。经一系列调查后，东莞市贸促会对企业作出资信评价报告，反馈给领事馆。此项工作有助于提高东莞市企业在国际上的信誉度。

【国际贸易法律专题培训】 2012年9月11—12日，东莞市贸促会与肇庆市贸促会在肇庆共同举办“2012年莞肇贸促系统出证认证业务培训交流会”，东莞市代表140余人参会。10月24—25日，东莞市贸促会举办“海外应收账款的成因、防范及追收专题讲座”，邀请北京世泽律师事务所合伙人、美国路博律师事务所顾问、美国高特兄弟律师事务所律师王东作为主讲嘉宾，为企业讲解相关知识。讲座分凤岗及南城两场专场，凤岗专场有来自150家企业的162名代表参加，南城专场有来自60家企业的110名代表参加。 （王绪君）

附：2012年中国国际贸易促进委员会东莞市委员会领导名录

会　长：李文峰
副会长：莫锦志（任至5月）
　　　　周雪华
　　　　张雪娴（9月到任）

第五届东莞国际茶业博览会
The 5th Dongguan International Tea Expo
开幕典礼
暨《東莞》杂志首发仪式

① 东莞市贸促会会长李文峰（中）与澳门资深青商协会全体理事合影留念。

② 2012年12月14日，东莞市副市长贺宇（中）会见省贸促会会长陈秋彦(左一)，陈秋彦高度赞赏东莞贸促工作所取得的成绩。

③ 澳门贸促局执委陈敬红（左）会见东莞市贸促会会长李文峰（右）。

④ 2012年9月15日，东莞市贸促会会长李文峰（右）会见前来东莞参加“2012中国加工贸易产品博览会”的澳门贸易投资促进局主席张祖荣（左）一行。

⑤ 2012年5月18日至21日，由东莞市贸促会主办、东莞市国际商会和东莞市文华文化传播有限公司承办的第五届国际茶叶博览会在东莞国际会展中心举行。

口岸工作

【概况】2012年，全年经东莞市口岸进出口货物2818.5万吨，比上年增加8.2%（其中经水运口岸进出口货物1983.3万吨，增长19.3%；经陆路口岸进出口货物835.2万吨，下降11.6%）；入出境旅客76.4415万人次，增加1.9%（其中虎门港（太平）客运口岸32.2835万人次，增长4.1%，东莞（铁路）客运口岸44.158万人次，增加0.4%）；进出境货运车154.999万辆次；进出境列车7300辆次；入出境船舶14296艘次。

【陆路口岸通关效率加快】2012年，市口岸局在凤岗、长安车检场全面推广寮步车检场智能化陆路通关监管模式，平均通关时间由原来的3.8小时缩短为18分钟。在寮步车检场正式启动陆路智能化（广东陆路转关）通关作业无纸化改革试点工作和电子关锁推广应用工作。在寮步车检场启用H986系统（大型集装箱检查系统），机检货柜车集装箱仅需3分钟。简化通关手续，协调检验检疫部门向符合条件的企业开放“绿色通道”和直通式放行通关模式；协调海关部门简化加工贸易内销和保税监管手续等。确保凤岗车检场实施场内施封后保持快速通关。在寮步车检场启用使用场地费电子收费系统。

【“东莞和谐口岸”品牌创新】2012年，东莞市口岸局牵头，联合驻莞查验单位制定《关于进一步推进口岸便利通关优化口岸通关环境的意见》；与驻莞查验单位联合签署《共建和谐口岸框架协议》。开展业务合作共建，推动口岸局与检验检疫局合作共建东莞检科院等项目。

【口岸服务观念转变】减免收费，减轻企业负担。口岸局对2011年9月1日后的进出口货物开展退费工作，截至2012年9月1日，为企业退费4423万元，海关、检验检疫、边检部门也出台各项减免政策。

东莞市口岸局

① 2012年11月20日，市口岸局局长郭惠良陪同市委书记、市人大常委会主任徐建华（右三）到虎门镇调研，并汇报虎门港（太平）客运口岸码头搬迁和广深港高铁虎门站设置口岸的工作情况。

② 2012年3月5日，副市长贺宇（前排左三）、副秘书长陈志超在市口岸局局长郭惠良、东莞海关关长王庆华和东莞检验检疫局局长詹少彤的陪同下，到寮步车检场现场了解进出境货运车辆通关情况，察看海关“智能化”通关模式、检验检疫查验平台及报关、报检工作流程。

① 2012年9月10日，市口岸局副局长刘国新陪同副市长唐庆涛（右二）到东莞市基层口岸调研。

② 2012年10月29日，市口岸局廉政文化建设作品展揭幕。揭幕仪式由市口岸局纪检组长翟肖如主持，市纪委副书记袁丽群，市纪委宣教室主任黄贵新，市口岸局副局长袁沛洪，副调研员谭光明、夏满昌参加揭幕仪式。

③ 2012年9月3日，2012年东莞市口岸系统男子篮球比赛在金丰篮球馆开幕。

服务“三重项目”建设　2012年，东莞市口岸局协调海关提供“一对一、点对点”的个性化服务；检验检疫提供“一企一策、一厂一策”“特事特办”服务；海事部门实施“绿色通道”审批等。

帮助企业排忧解难　2012年，东莞市口岸局协调查验单位，把废纸进口业务引入虎门港，帮助东莞部分造纸企业解决进口废纸难题。指导东莞市对外开放码头类企业按有关要求认真整改，引导对外开放码头建立诚信经营体系，码头竞争力明显提高。东莞口岸各单位2012年为企业减免收费约2万元。

【口岸科技投入加大】 2012年，东莞市口岸局统筹协调驻莞查验单位加大对科技的投入，提升口岸信息化建设水平。推进“四方联网”管理，使加工贸易一个手册的核发从原来的3—5个工作日缩短至15分钟；推动海关“阳光通关”；推动检验检疫部门运行集中审单系统；推动海事部门建设船舶交通管理系统、视频监控系统、船舶自动识别系统、船载甚高频呼叫系统“四位一体”化动态实时监控体系；完善边检部门旅客自助查验服务系统，将旅客验放时间缩短至5—10秒。

【口岸服务保障强化】 2012年，东莞市口岸局强化口岸服务保障，激励查验单位融于地方发展。全年开展口岸建设项目共70项，年度预算资金1.18亿元，累计投入超过15亿元；支持各单位业务改革等专项经费约4348万元。协调口岸所在地党委、政府支持改造口岸通关环境，常平镇政府投入700万元对东莞铁路（客运）口岸进行优化改造，改善办公环境和通关环境。帮助驻莞查验单位解决实际困难和问题，协调解决驻莞海关武警营房建设用地问题；帮助边检部门开展“爱民固边模范码头”创建活动和中国边检服务品牌集中推介活动；协助驻莞查验单位及时处理突发事件；针对微博声称海关私自扣留顾客货物的事情，及时开展调查并联系宣传部门和新闻媒体，协助东莞海关澄清私自扣留顾客货物的质疑。（李　珉）

附：2012年东莞市口岸局领导名录

局　长：郭惠良

副局长：莫国源　姜　伟　袁沛洪　刘国新

纪检组长：翟肖如

① 2012年6月27日，市口岸局局长郭惠良带领帮扶干部一行21人，到对口帮扶的洲湾村开展扶贫送温暖活动。

② 2012年8月9日，市口岸局组织党员干部到南海舰队沙角训练基地参观体验部队生活。

③ 2012年2月16日，市口岸局组织召开2011年度口岸信息工作总结表彰会议。

④ 2012年12月13日，市口岸局邀请市委党的十八大精神宣讲团成员、市委党校教授孙霄汉在机关会议室举行党的十八大精神报告学习会。

⑤ 2012年9月24日，在东莞市人民政府副市长唐庆涛（二排左五）和副秘书长黄福泉（二排左四）的见证下，东莞市口岸局与东莞地区海关、东莞出入境检验检疫局、东莞边防检查站、东莞海事局、广州沙角海事处联合签署《共建和谐口岸框架协议》。

海　关

【概况】 截至2012年，黄埔海关在东莞地区共设7个隶属海关、办事处，分别是东莞海关（业务辖区包括东莞市莞城、东城、南城、万江、寮步镇等16个镇街和松山湖、生态园等2个园区）、太平海关（业务辖区包括虎门、厚街等2个镇）、新沙海关（业务辖区包括新沙港、麻涌镇）、驻凤岗办事处（业务辖区包括凤岗、清溪、塘厦、谢岗和樟木头等5个镇）、驻长安办事处（业务辖区包括长安、大岭山等2个镇）、驻常平办事处（业务辖区包括常平、横沥、企石、桥头、东坑等5个镇）、驻沙田办事处（业务辖区包括沙田镇、虎门港）。

2012年，东莞海关机关党委被评为广东省创先争优“南粤先锋”先进基层党组织和全国创先争优先进基层党组织。东莞海关获得广东省先进集体称号，连续第9年被评为中央驻莞机关先进单位。新沙海关获得全国海关系统先进集体称号。东莞海关缉私分局获得全国优秀公安局、全国海关系统先进集体等。

全年驻莞海关（不含新沙海关）共审核报关单372.9万余份，监管进出口货物2040.1万吨，货值1181亿美元；监管转关车辆100.6万辆次，来往港澳小型船舶1.2万艘次，验放非邮政快件331.1万件；监管进出境旅客76.3万人次；备案加工贸易合同1.9万份，备案金额616.4亿美元；审批减免税金额2.2亿元；实现税收入库146.5亿元。

【海关分类通关改革】 2012年，驻莞海关根据企业的资信和管理等状况，深化实施差别化海关监管，做到“守法便利，违法惩戒”。对资信及守法状况良好的企业实施便利监管，给予属地管理企业及管理类别A类以上的企业降低查验率、预归类预审价、通关无纸化等优惠措施；对资信及守法记录较差的高风险企业实施重点监管，实行加强单证审核、货物查验、下厂稽核等严管措施；对其余企业实施常规监管。自2010年9月实施改革两年多来，东莞市A类以上企业增加685家，占全部A类以上企业的45.9%，“守法便利”导向正在形成，推动社会诚信体系建设。2012年9月，启动通关作业无纸化改革，降低企业通关成本，提高通关效率。

【海关支持东莞转型升级】 2012年，驻莞海关将东莞在转型升级过程中遇到的问题和政策需求上报海关总署，加大海关对转型升级试点城市的支持力度。海关总署加贸司下发《关于黄埔海关推动加工贸易转型升级支持措施意见的复函》，明确在支持建立全球维修检测中心、区内保税货物抵押、进行两单一审通关改革试点、让

驻莞海关

2012年8月30日，东莞海关、东莞检验检疫局、外经贸部门、企业联手建立东莞加工贸易管理服务平台，率先在全国实现“四方联网”。

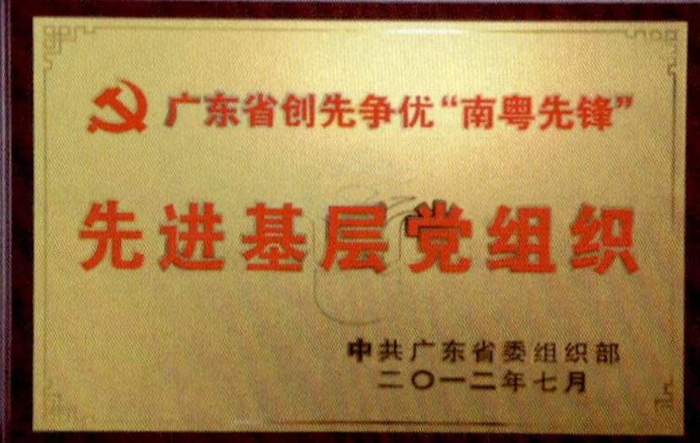

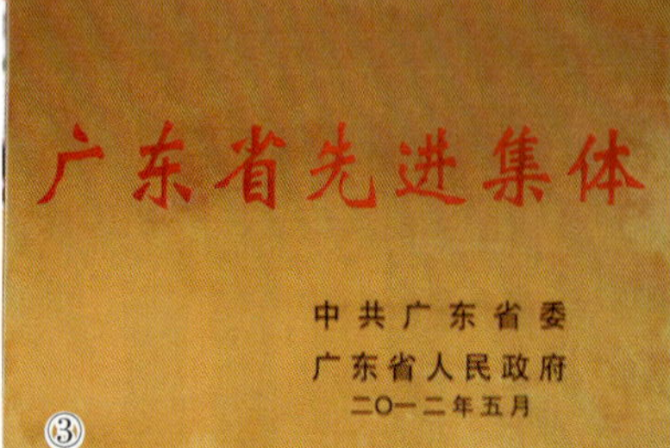

① 2012年3月17日，海关总署副署长兼广东分署主任吕滨（左二）到东莞海关调研。

② 黄埔海关驻长安办事处联合东莞大岭山外经办召开“阳光查验信息化系统”宣讲会。

③ 东莞海关机关党委被评为广东省创先争优“南粤先锋”先进基层党组织和全国创先争优先进基层党组织，东莞海关被评为广东省先进集体，东莞海关缉私分局被评为全国优秀公安局。

转型企业享受不作价设备免税结转等方面给予东莞大力支持。

【海关支持东莞三重建设和营商环境建设】2012年，驻莞海关联合市政府有关部门走访重点企业，帮助企业用足用好优惠政策，为重点企业提供“一对一、点对点”的个性化服务。东莞市委、市政府出台《关于建设“六个东莞”营造法治化国际化营商环境的意见》后，上报并建议总关当月下发《关于支持东莞营造法治化国际化营商环境的若干意见》18项措施。支持东莞商事登记制度改革，及时上报并建议总关出台黄埔海关支持改革相关措施，多次到大朗镇实地调研，主动就严管事项进行协商。

【海关支持东莞促进外贸稳定增长】2012年，驻莞海关贯彻落实总署要求，自2012年10月1日起，停止或取消海关监管手续费等五项收费，仅驻莞海关每年就为企业减少负担8000多万元。及时协助地方提出政策需求，报请黄埔海关出台支持东莞外贸进出口保增长的8项措施。驻莞海关先后派出11名处级领导干部随同市政府三个督导组深入到镇街督导，支持地方完成外贸进出口目标任务。

【海关继续落实内销便利化和不停产转型】2012年，驻莞海关在提供有效担保的前提下，将内销“集中申报”扩大到B类企业，增强加工贸易企业内销的积极性、主动性、时效性。经驻莞海关核准“集中申报”企业103家，东莞外资企业内销同比增长15%。支持“加博会”“台博会”“大麦客”等内销平台建设，帮助企业拓展国内市场。将来料加工厂转为法人企业“四个就地转”不停产转型常态化，这一做法被海关总署作为成功经验在全国推广。截至2012年，东莞市超过6成的来料加工厂成功转型为法人企业。

【加工贸易监管创新】2012年，驻莞海关按照“政府主导、部门参与、企业受益”的思路，开发建设“东莞市加工贸易管理服务平台”，在全国率先实现外经贸、海关、检验检疫与加工贸易企业“四方联网”。企业只需一次录入，各部门依次审批，提高行政效率，降低企业通关成本。

【保税物流监管创新】2012年，驻莞海关从适应转型升级宏观要求和企业降低物流通关成本的具体需求出发，探索“集中申报+信息化监管”保税物流海关

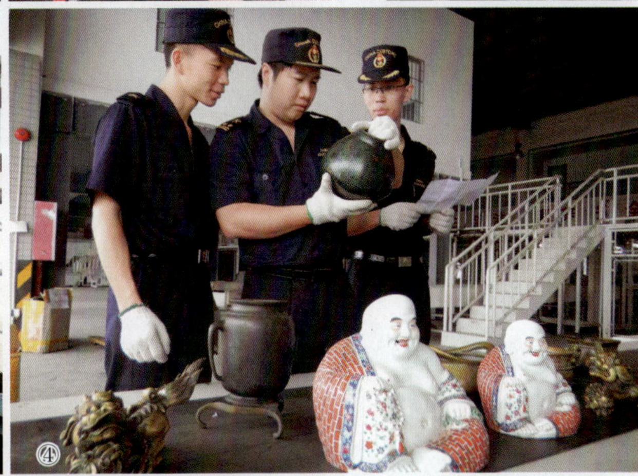

① 东莞海关在寮步车检场启用H986大型集装箱检查设备

② 黄埔海关驻凤岗办事处成功启用车检场场内施封模式

③ 太平海关送服务上门，帮助企业做大做强。

④ 黄埔海关驻常平办事处在快件现场查获出口一般文物

⑤ 黄埔海关驻沙田办事处开展“国门之盾”行动，在快件业务现场查获4公斤“欧泊石”宝石原石。

新监管方式，将华为公司物流通关时效从企业要求的14小时缩减到3小时，提高通关效率，降低物流成本，增强华为公司等一批大型企业投资东莞的信心。

【公平进出口贸易秩序维护】 2012年，驻莞海关根据海关总署的统一部署，开展“国门之盾”行动，集中力量精准打击。全年查获刑事案件49宗，立案数虽比上年下降3.92%，但案值和涉税额分别比上年增长161.17%和175.15%；执行逮捕47人，增长42.42%。同时，查获一般行政案件3478宗，比上年下降46.62%，体现对轻微违法“善意提醒、以帮为主”的管理理念。把“国门之盾”“三打两建”工作有机结合，参与市政府组织的冷冻肉联合检查行动，协助查获涉嫌非法进口冷冻肉1.68吨；参与对黄江走私汽车开展的市场整治行动，出动警力100多人次，现场查扣涉嫌非法进口汽车5辆。 （吕永才）

① 东莞海关举行"学雷锋、送温暖、献爱心"捐赠仪式

② 新沙海关学雷锋志愿服务队开展志愿服务活动

附：2012年东莞海关领导名录

关　长：王庆华

副关长兼东莞海关缉私分局局长：
　　朱伟建

副关长：毛明曦　黄　舸　陈祖林
　　汤　勇

纪检监察特派员：张　佳（10月到任）
　　邓伟民（任至10月）

2012年黄埔海关驻凤岗办事处领导名录

主　任：张家珍

副主任兼凤岗办缉私分局局长：颜锡瑜

副主任：王茂盛　万昌文
　　陈　晓（8月到任）
　　张学敬（任至8月）

纪检监察特派员：劳志扬（10月到任）
　　张　佳（任至10月）

2012年太平海关领导名录

关　长：彭也澎（10月到任）
　　陈　平（任至10月）

副关长兼太平海关缉私分局局长：
　　金石磊

副关长：郑　忠　杨　朴
　　庄文庆（8月到任）
　　林　臻（任至8月）

纪检监察特派员：李鸿昌（10月到任）
　　劳志扬（任至10月）

2012年黄埔海关驻长安办事处领导名录

主　任：刘　义

副主任兼长安办缉私分局局长：师　众

副主任：谢安政　尹敬仁　刘湘怀

纪检监察特派员：张四平（10月到任）
　　彭也澎（任至10月）

2012年新沙海关领导名录

关　长：李　刚

副关长兼新沙海关缉私分局局长：
　　邓志平

副关长：秦健衡（8月到任）　徐亚平
　　朱　垠　庄文庆（任至8月）

纪检监察特派员：莫倩屏

2012年黄埔海关驻常平办事处领导名录

主　任：张镜波

副主任：吴加林　范　波（7月到任）
　　陈运深　吴　锋（任至7月）

纪检监察特派员：谢海群

2012年黄埔海关驻沙田办事处领导名录

主　任：陈　兵

副主任：宋海剑　焦义兵（3月到任）
　　严志刚　周婉虹（任至3月）

纪检监察特派员：何志忠

检验检疫

【概况】 2012年，东莞出入境检验检疫局（简称东莞检验检疫局）检验检疫出入境货物134.1万批，货值476.8亿美元；受理进出境集装箱报检129.7万标箱，查验7.1万标箱；检出携带疫情及有毒有害物质等不合格集装箱10935标箱；检验检疫出入境运载工具11753航次，发现有卫生问题的船舶189航次；检验检疫经东莞口岸的出入境旅客和交通员工85.7万人次；检验检疫进出口快件1.3万批；签发原产地证25.2万份，其中优惠原产地证书13.2万份；一般原产地12.1万份。

2012年，东莞检验检疫局凤岗办事处被国家质检总局命名为“全国检验检疫示范窗口”。东莞检验检疫局被广东检验检疫局评为“科学应对和处置食品安全突发事件先进单位”“进境动植物疫情疫病和有毒有害物质检出工作先进集体”二等奖、“旅邮检动植物检疫工作先进集体”“出口质量许可工作先进集体”“检验鉴定监管工作先进集体”“广东局实验室间比对试验工作先进单位”“广东检验检疫系统检疫查验先进单位”“技术性贸易措施工作先进单位”；被东莞市委市政府评为“预防职务犯罪工作先进单位”“东莞市食品安全工作先进单位”；被东莞市总工会评为“东莞市工会先进单位”；被东莞市口岸局评为东莞市口岸系统“信息工作先进单位”“信息投稿先进单位”；机关党委被东莞市直工委评为市直机关党建工作量化考评先进单位。

【质量管理】 *贯彻《质量发展纲要》，营造重质量的良好氛围* 2012年，东莞检验检疫局研究制定《学习宣传贯彻〈质量发展纲要（2011—2020年）〉工作计划》，组织全体干部职工参加系统知识竞赛，在广东局“质量发展纲要”知识竞赛中获得团体二等奖、个人第三名的好成绩。利用信息公开平台等多种媒介，发布、宣传相关法规和动态信息，面向企业多次举办宣贯会与培训活动。

编制行业质量分析报告，强化检验检疫质量宏观管理 2012年，东莞检验检疫局结合产业结构调整和转型升级的需求以及东莞产业特色，组织辖区内500家出口企业参与问卷调查，整理分析后形成《东莞市出口家具行业分析报告》《东莞市出口玩具行业分析报告》，提交市政府并向企业公布，为地方政府提供决策参考的同时，也便于进出口企业准确把握进出口行业质量状况。

提高“三率”，提升把关履职成效 2012年，东莞检验检疫局加强口岸查验与出口监管，指导企业用好用足原产地优惠政策，将覆盖率、检出率、优惠关税利用率纳入业务统计分析。2012年，检验检疫不合格货物3464批；检出进境植物疫情及违规1.4万批次；提高优惠关税利用率，通过优惠原产地证书使企业出口产品减免关税近2.14亿美元。

严密监管，提升认证监管有效性 2012年，东莞检验检疫局完成“获证组织认证有效性网格化专项检查”工作；对辖区内出口食品备案企业进行全面清查；对辖区内129家出口玩具和29家陶瓷类获证企业进行检查，对不符合条件的企业严格实施退出机制；采取便利措施帮扶24家就地转型出口企业实现免审核、抽样检测变更出口质量许可（注册登记）证书。

【两个专项行动与“三打两建”取得阶段性成果】 2012年，东莞检验检疫局两个专项行动（质量安全风险排查整治专项活动和道德领域突出问题专项教育治理活动）与工作质量大检查、各种专项业务稽查及“三打两建”专项行动等各项年度重点工作相融合，取得良好实效和阶段性成果。截至2012年，风险排查企业6937家，查处企业797家，吊（注）销许可证10张，排查风险隐患信息387条，整改问题640个。“三打两建”专项行动成效初显，全年出动执法人员21667人次，检查进出口企业14568家，通过摸排与群众举报发现案件线索664宗，因涉嫌刑事犯罪移送公安机关案件7宗（其中1宗追刑成功），对照东莞检验检疫局案件举报奖励办法予以举报人奖励2400元。全年完成行政处罚714宗，其中一般程序案件立案53宗，结案42宗，处罚金额139.52万元。

【业务工作信息化应用】 2012年3月1日起，东莞检验检疫局在东莞地区所有自理合同备案的企业中推行加工贸易合同电子化备案，提高企业通关效率。2012年，申请合同电子备案企业1234家，新增电子备案与变更合同7810多份。切换出口产品电子监管系统，7月出台深度应用电子监管系统计划，推动业务流程、监督管理、企业电子档案、产品质量分析、统计分析等各项功能实现深度应用，提高通关速度和效率，每批货物通关时间缩短半天或以上。在东莞市作为广东省首个开展的“四方联网”工作中，通过“东莞市加工贸易管理服务平台”推进地方口岸信息化工程建设。参与“虎门港通关信息平台”建设，将在平台通过信息共享，推动申报与审批电子化。

【高风险和大宗敏感商品检验检疫】 2012年，东莞检验检疫局完成112家出口木制品、家具生产企业的注册登记，并与企业签订《产品质量安全承诺书》；严把新增法定检验的进出口危险化学品质量关，进出口新增危险化学品10468批次，约152.2万吨，货值约15.7亿美元。加强输非（出口到非洲的产品）装运前检验工作，完成出口机电产品装运前检验999批，货值3462.2万美元，检出不合格 10批，切实维护“中国制造”的声誉。东莞观赏鱼出口量占广东局80%，出口到包括欧盟10个国家在内的共31个国家与地区，在2012年10月迎接欧盟来莞检查评估水生动物疫病控制体系的工作中，获得欧盟检查小组专家以及质检总局、广东检验检疫局领导及专家的充分肯定。

【进出口食品安全监管】 2012年，东莞检验检疫局对进出口食品企业实施日常监管、专项清查和认证监管工作，保障食品质量安全。在进出口食品安全领域先后开展“潜规则”排查、添加剂、明胶、工业盐等多项专项检查，联合地方有关单位开展打击假冒伪劣进口酒类产品专项集中行动，查出和处理多家违法违规的食品企业。加大对供港澳蔬菜农残及重金属残留监控力度，确保供港澳食品质量安全。2012年，检验供港澳蔬菜5万批，供港食用活动物1272批，供港动物源性食品3915批。

【落实检验检疫费用减免工作】 2012年，东莞检验检疫局利用门户网站、报检大厅、各类报刊、各镇街外经办、电子报检软件企业端、召开政策宣贯会等渠道宣传减免政策、公示收费标准、公开投诉监督渠道，确保企业了解和用足检验检疫费减免政策。联合地方外经贸部门共同落实扶持中小微企业政策，减免小微型企业一般原产地证签证费。前三季度对农产品、危险化学品、小型微型企业减免检验检疫费700多万元，落实减免第四季度检验检疫费政策，再减免检验检疫费1.13亿元，涉及企业6000多家、报检批次近40万批。

【贯彻质检总局与广东省签署的合作备忘录】 2012年，东莞检验检疫局在东莞出口加贸企业中增加“2A”企业分类，使首批37家产品质量稳定、诚信度高的加贸企业享受到更加便捷的检验监管措施。东莞检验检疫局技术中心简化转内销手续，与质监部门共同签署《为加贸企业产品转内销服务工作指南》；简化大型投资项目成套设备检验监管程序，实行口岸检疫、使用地开箱查验和边安装调试、边检验鉴定、随到随检的便利工作模式；简化免办强制性产品认证的工作程序，办理《免办证明》的时间由3个工作日缩减为1个工作日；简化出口电池备案手续措施，对进口时已备案、作为配件复出口的电池，免予办理出口电池备案，凭对应的进口电池备案书直接验放。实施“重点企业质量监管联络员”制度，为企业提供检验检疫相关政策、业务的免费咨询和办理指引等“一对一”的服务。

【服务企业转型升级】 2012年，东莞检验检疫局推进广东加工贸易升级转型公共技术服务平台建设，“技术e服务”网站正式上线运行，并与东莞市加工贸易“四方联网”平台对接。2012年，平台为企业开设36场培训会和宣贯会，参训企业1451家，参训人员达到4870人次。先后指导万善、黑玫瑰、显发、嘉顿、万好等企业的实验室建设。与468家示范基地企业签订委托检验协议，提供3550批次的优惠检测服务。先后被广东省外经贸厅认定为“2011年度广东省外经贸公共服务平台”、被广东省中小企业局认定为“2011年广东省中小企业公共服务示范平台”，同时获得广东省政府相应的配套与支持。

【推动地方经济发展】 2012年，东莞检验检疫局服务东莞建设全国“加工贸易转型升级试点城市”的现实需求，设立保税监管科，实现保税物流中心一站式的把关和服务，受理保税物流货物报检1.96万批。先后与松山湖高新区管委会、大朗镇人民政府签署《关于为加工贸易转型升级示范基地提供优惠服务的合作备忘录》，推动示范基地产业发展和出口企业转型升级，示范基地出口企业将享有13项检验检疫优惠政策。指引辖区内的服装生产企业与广东省质量监督进出口纺织服装产品检验站签订检测合作协议，解决企业进口服装重复检验的问题。成功举办中美玩具安全研讨会，为参会企业了解美国最新玩具安全技术法规和标准、与中美双方专家直接交流提供平台。

【科技兴检】 2012年，东莞检验检疫局科技成果《电子标签在粤港进出口商品质量监管中的关键技术研究及应用》（粤港关键领域重点突破项目）获东莞市科学技术三等奖，并在广东省30多家供港澳活猪养殖场和蔬菜生产加工基地推广应用，取得良好的社会与经济效益。质检总局技术性贸易措施专题调研组到东莞调研时，考察由东莞检验检疫局协助建设的“TBT方法试验示范基地”企业，充分肯定东莞检验检疫局在技术性贸易措施工作上给予企业的帮扶及成效。

【检验检疫基础建设】 2012年，东莞检验检疫局综合实验用房工地获评“东莞市房屋市政工程安全生产文明施工示范工地”。2012年，东莞检验检疫局完成质量管理体系建立的各项工作，制订质量方针、质量目标及辖下各部门分质量目标，实现体系文件在局内网的电子化发布和管理，被广东局评为2011年度目标管理绩效考核优秀单位。（蔡雪梅）

附：2012年东莞出入境检验检疫局领导名录

党组书记：詹少彤（任至8月）
党组书记、局长：谭建明（8月到任）
党组成员、副局长：钟其浪（任至7月）
陈　文　陈　斌
卓汉涛（任至4月）
党组成员、纪检组长：何荣桢

▲ 同沙生态公园

工　业 INDUSTRY

2012中国加工贸易产品博览会

编辑：李缙文

工业综述

【概况】2012年，东莞市围绕“加快转型升级、建设幸福东莞、实现高水平崛起”的核心任务，通过推进创新驱动、加快“三重”建设、营造法治化国际化营商环境等一系列重大决策部署，按照优化发展、好中求进的方针，应对复杂严峻的发展形势，加快经济发展方式转变，推进结构调整。全市完成生产总值5010.14亿元，同比增长6.1%；规模以上工业增加值1733.12亿元，增长5.6%；全社会消费品零售总额1354.58亿元，增长9.3%；固定资产投资1180.35亿元，增长9.4%。

2012年，受欧美市场持续低迷、国内宏观调控制约、各项生产要素成本上涨等因素影响，全市工业下行压力较大，但随着国家、省、市各级政府相继出台稳增长政策以及生产旺季来临，工业走势逐步向好，累计增速逐月加快，总体呈现“前低中平后高”态势。全市规模以上工业增加值1733.12亿元，同比增长5.6%。

【支柱产业拉动作用】支柱产业作为东莞市工业的重要支撑，2012年保持较快增长，对全市工业增长起到重要拉动作用。1—12月，五大支柱产业完成规模以上工业增加值1173.41亿元，同比增长7.8%，比全市平均水平快2.2个百分点，拉动全市规模以上工业增加值增长5.2个百分点，对规模以上工业增长的贡献率高达92.2%，占全市规模以上工业比重为67.7%，比上年同期提高1.5个百分点。

【工业适度重型化成果初现】2012年，东莞市通过参与新一轮产业国际分工，主动承接国际先进制造业，东莞市工业适度重型化成果初现。规模以上重工业实现增加值948.73亿元，增长8.3%，增速比轻工业快5.9个百分点，轻重工业比例由2011年的46.2：53.8调整为45.3：54.7，重工业比重比2011年提高0.9个百分点。

【先进产业发展】2012年，东莞市相继出台《东莞市战略性新兴产业发展“十二五”规划》《东莞市高技术产业发展“十二五”规划》，为先进产业的发展营造良好的政策环境。全市先进制造业实现增加值739.87亿元，增长8.5%，比全市平均水平快2.9个百分点，占规模以上工业增加值的42.7%，比重比上年提高0.8个百分点。高技术制造业实现增加值560.92亿元，增长13.1%，比全市平均水平快7.5个百分点，占规模以上工业增加值的32.4%，比重比上年提高3.7个百分点。软件信息服务业较快增长，全市软件业累计完成业务收入31.88亿元，较去年同期增长31.3%。

【大企业龙头带动作用】面对国内外经济不景气，东莞市大型优质企业调整经营策略，实施技改技创、产品升级等措施主动应对，促使生产规模不断扩大，发挥龙头带动作用。2012年，全市产值前50位的规模以上工业企业（不含供电）增加值424.74亿元，占全市规模以上工业增加值24.5%，增长20.7%，快于全市15.1个百分点，拉动全市规模以上工业增加值增长4.3个百分点。

【区域工业经济协调发展】2012年，东莞市各片区利用自身区位优势，依托原有的产业配套，进行差异化招商，促使全市区域工业经济更加协调发展，工业规模最大与最小的片区占全市比重从2011年相差7.4个百分点缩小至2012年的6.7个百分点。

支柱产业

【电子信息制造业】 2012年，东莞市电子信息产业实现主营业务收入3118.09亿元，占全市规模以上工业主营业务收入的34.9%；完成工业增加值517.06亿元，占全市规模以上工业增加值的29.8%。电子信息产业以电脑产品及配件最为突出，电脑整机的配套率达到95%以上。电子信息产业遍布全市32个镇街，其中以石龙、石碣、长安、寮步、塘厦、清溪、黄江等镇较为集中。

【电气机械及设备制造业】 2012年，东莞市电气机械及设备制造业实现主营业务收入1476.13亿元，占全市规模以上工业主营业务收入的16.5%；完成工业增加值278.12亿元，占全市规模以上工业增加值的16%。该产业形成长安五金模具、虎门电子线缆、寮步汽车、横沥模具等多个产业集群。

【纺织、服装、鞋帽制造业】 2012年，东莞市纺织服装鞋帽产业实现主营业务收入834.13亿元，占全市规模以上工业主营业务收入的9.3%；完成工业增加值229.76亿元，占全市规模以上工业增加值的13.3%。东莞已成为全省乃至全国的纺织服装加工生产出口基地，形成厚街—虎门—长安—松山湖—大朗时尚产业带，总体呈现良性发展态势，具有产业规模优势明显，产业链配套完善、产业集群优势明显的特点。

【食品饮料加工制造业】 2012年，东莞市食品饮料加工制造业实现主营业务收入597.56亿元，占全市规模以上工业主营业务收入的6.7%；完成工业增加值77.98亿元，占全市规模以上工业增加值的4.5%。东莞集聚一大批国内外行业知名企业，形成粮油食品、烘焙食品、糖果食品、饮料、啤酒、饮用水等多个富有市场竞争力的产业集群；形成以麻涌镇为中心的粮油食品，以茶山镇、南城街道为中心的烘焙食品，以道滘镇为中心的特色食品，以南城街道为中心的饮料制造等产业集聚区，以及石龙、厚街等食品产业集聚区。

【造纸及纸制品业】 2012年，东莞市造纸及纸制品业实现主营业务收入469.97亿元，占全市规模以上工业主营业务收入的5.3%；完成工业增加值70.49亿元，占全市规模以上工业增加值的4.1%。东莞市已成为中国最大的造纸及纸制品生产基地，形成包装用纸（纸板）、生活用纸、包装、印刷、造纸机械、化工等工业相互配合、协调发展的产业链和产业集群。中堂镇作为省产业集群升级示范区，专门规划建设造纸产业园，实行集中生产、集中排污。

东莞市经济和信息化局

① 2012年9月14日，国家发改委副主任解振华（中）到市经信局调研。

② 2012年11月2日，工信部在莞召开全国工业能耗在线监测试点工作交流会。

① 2012年12月19日，省经信委党组书记赖天生（中）到莞调研广东粤海装备技术产业园项目。

② 2012年12月28日，东莞市召开全市再生资源市场管理改革工作会议。

③ 2012年5月20日，东莞市获“2012中国制造业最优投资环境城市”称号。

④ 2012年11月6日，2012东莞投资环境（深圳）推介会在深圳五洲宾馆举办。

⑤ 2013年2月7日，市委书记、市人大常委会主任徐建华（前排左三），副市长张科（前排右三）到市经信局调研。

① 2012年6月26日，《莞商风采·第一卷》首发仪式暨莞商精神主题论坛活动在东莞市举行。

② 2012年12月12日，“莞货全国行”之第二十一届中国食品博览会暨交易会东莞专场在武汉市举行。

③ 2012年12月29日，东莞市举办“广货网上行（东莞）”制造企业与电子商务平台首场对接会。

④ 2012年8月30日，工信部“推动中小企业发展全国人大代表座谈会（广东）”在东莞市召开。

能源生产、消费

【电力供应】 2012年，东莞市电力供应呈现前紧后松的状态，较上年的紧张形势明显好转。上半年居民、商业用电增幅稳定，工业用电受全市工业经济低位运行影响持续小幅回落态势。下半年受全市商贸消费不景气影响，商业用电增速回落，居民用电保持稳定增长，工业用电从年中起扭转年初以来负增长的局面，增幅逐步加大。全年累计完成供电量600.58亿千瓦时，同比增长3.7%；累计全社会用电量604.28亿千瓦时，增长3.1%。累计完成售电量581.17亿千瓦时，增长2.6%。其中，农排（含农业）售电量1.39亿千瓦时，增长12.8%；工业售电量452.29亿千瓦时，增长1.5%；商业售电量56.29亿千瓦时，增长4.4%；城乡居民生活售电量71.2亿千瓦时，增长8.3%。

【成品油供应】 2012年，东莞市成品油市场供应充足稳定，全年呈现供大于求的形势，受经济形势影响，成品油需求拉动不足，限制成品油消费特别是柴油消费的增长。全年成品油批发企业采购量90.77万吨（其中柴油19.27万吨，汽油71.5万吨），同比减少4%。；销售量约50.49万吨（其中柴油10.54万吨，汽油39.95万吨），减少23.9%。全市加油站完成销售量179.97万吨，同比增长0.7%，其中柴油65.94万吨，减少6.4%；汽油114.03万吨，增长5.3%。中石化、中石油（含中油BP）、中海油三大集团公司所属加油站212座，占全市加油站数量的67.5%，零售量达124.19万吨（其中柴油49.56万吨，汽油74.63万吨），同比增长3.5%，市场占有率约69%，比上年增长2%；民营及外资加油站零售量55.78万吨（其中柴油16.38万吨，汽油39.4万吨），同比减少5.1%。

【车用天然气销售】 2012年12月，东莞市新增投入LNG（液化天然气）公交车250辆，全市使用LNG公交车辆达到300辆，CNG（压缩天然气）出租车约7900辆。全年车用天然气累计销售量9006.37万立方米，同比增长13.1%，其中CNG销售量8967.17万立方米，LNG销售量39.2万立方米。 （袁燕玲）

工业企业选介

东糖集团有限公司

【概况】东糖集团有限公司（简称“东糖集团”）是由始建于1935年的广东省东莞糖厂改制设立的民营企业。该公司拥有42个全资、控股子公司，以制糖、制浆造纸、生物工程和热电为四大主导产业，是一个跨行业、跨地区、既多元化又专业化的大型企业集团。拥有广东东莞、中山，广西南宁、来宾、百色、崇左、桂林，山西大同，云南红河等生产基地。

2012年，东糖集团面对主业制糖业受供大于求因素影响，食糖价格总体下行，加上原料蔗价格上升，资金成本、劳动力成本、环保运行费用等持续上涨等不利的生产经营环境，面临自改制以后挑战最多、压力和困难最大的局面。董事会带领全体员工围绕年度生产经营目标，以效益为中心，落实增收节支措施；以创新为动力，推动各项管理工作，努力降低不利因素的影响。全年生产、加工、贸易糖110多万吨，实现产品销售收入74亿多元，利税总额达7亿元。

是年，东糖集团名列中国民营企业500强第358位和中国民营企业制造业500强第241位，继续蝉联“中国轻工业制糖行业十强企业”，被认定为首批“广东老字号”企业，被省工商行政管理局授予“连续二十三年守合同重信用企业”称号。东糖集团党委获省创先争优“南粤先锋”先进基层党组织称号。

【企业发展】2012年，东糖集团为优化资产负债结构，属下的广西来宾东糖集团有限公司及其各子公司分别通过以上一年度的未分配利润或盈余公积金转增注册资本；属下广西东糖投资有限公司出资收购南宁市俊杰贸易有限责任公司持有的广西崇左东糖俊杰糖业有限公司10%股权，收购后持股比例由60%增至70%；以现金出资方式增加广西丹宝利有限公司和广西一品鲜生物科技有限公司注册资本。

通过扩大发展食糖产品种类范围，逐步实现食糖的多元化经营，扩大主业制糖业务规模。投资近1亿元，为下属广西冠桂糖业有限公司、广西来宾东糖迁江有限公司、广西来宾东糖石龙有限公司、广西崇左东糖俊杰糖业有限公司、山西大同东糖糖业有限公司分别进行榨季技改工程；于2011年启动的淀粉糖项目，至2012年已完成投资5.33亿元，项目建设进入收尾工作；东莞市东糖中轻糖业有限公司实施2万吨加工糖扩建技改项目投资总额816万元，于2012年10月建成投产。

与大唐电力集团合作的大唐华银东莞三联热电2X350MW热电联供扩建项目，获广东省发改委和国家能源局批复同意开展项目前期工作。（姜合萍）

附：2012年东糖集团有限公司领导人名录

董事长：陈尧燊

总　裁：李锦生

广东生益科技股份有限公司

【概况】广东生益科技股份有限公司（简称“生益科技”）是创建于1985年的中外合资企业。该公司总部位于东莞松山湖高新技术产业开发区，在全国拥有5家全资或合资控股子公司，是中国大陆最大的覆铜板专业生产企业及全球前三大覆铜板企业之一，是中国覆铜板行业协会理事长单位、中国印制电路行业协会副理事长单位。

生益科技于1998年在上海证券交易所成功发行上市。1994—2012年，企业的覆铜板在产量、产值、销售收入、出口创汇、利税等方面均名列中国覆铜板行业第一。生益科技相继获“中国工业企业综合评价最优500家企业”“中国大陆最大的覆铜板专业生产厂家”“商务部重点扶持中国出口名牌企业”“国家高新技术企业”“国家认定企业技术中心”“全国模范劳动关系和谐企业”“中国电子元件百强企业”“全国首批‘加工贸易转型升级示范企业’”“中国企业综合实力500强”“国家电子电路基材工程技术研究中心”及“广东省政府质量奖”等称号。该公司的“SL”商标于2009年被评为中国驰名商标。总经理先后被评为福布斯“最佳上市企业老板”“中国电子电路行业杰出人物”“中国覆铜板行业著名企业家”“广东省优秀企业家”及“东莞市科学技术荣誉市长奖——企业家奖”等称号。

2012年，生益科技保持满额开工率，生产各类覆铜箔板5449.65万平方米，同比增长19.2%；生产半固化片6883.99万米，增长10.1%。销售各类覆铜箔板5348万平方米，同比增长16.95%；销售半固化片6872.61万米，增长10.01%。实现营业收入60.93亿元。

【管理水平持续提升】2012年，生益科技从公司治理层面到各业务流程层面，建立起系统、全面的内部控制制度及必要的内部监督机制，为公司经营管理的合法合规、资产安全、财务报告及相关信息的真实、完整提供合理保障。同时成功实施全面预算管理，完成研发预算管理改革，为公司长远发展打下坚实的基础。针对该公司长远发展对管理和领导力水平的提升要求，启动、实施和完成领导力评价体系的建立，为持续提升管理团队的领导力水平以及对未来的长远发展将产生重大影响。

【东莞首家国家级工程技术中心】2012年，国家电子电路基材工程技术研究中心落户生益科技，这是首家落户东莞市的国家级工程技术中心。它有助于带动国内同行业的发展，提高印制线路行业的创新能力及国际竞争力。与此同时，生益科技的企业技术中心晋升为“国家认定企业技术中心”，这将推动生益科技在挠性覆铜板领域的创新发展。

【社会责任积极履行】生益科技在企业发展的同时，参加社区建设、捐资助学、扶贫济困、无偿献血、社会助残等社会公益活动，履行社会责任。1996年开始，对革命老区江西省兴国县高兴镇贫困学生进行扶贫助学活动，后又新增贵州省务川自治县和陕西省佳县两个扶贫助教学点，对优秀教师、优秀学生进行奖励和资助。在西安交通大学、四川大学、华中科技大学、湖南大学、中山大学、华南理工大学、南昌大学等多所高校设立“生益奖学金”；在四川核工业工程学校、湛江第二高级技工学校设立“生益奖教金”和“生益奖学金”。2012年，组织员工无偿献血近12万毫升，展现生益人“亲情、施爱”的奉献精神。（赖相辉）

附：2012年广东生益科技股份有限公司领导名录

董事长：李　锦

总经理：刘述峰

商　业 COMMERCE

东城步行街

商业综述

【概况】2012年，东莞市商贸业平稳增长，布局不断优化。全年社会消费品零售总额1354.79亿元，同比增长9.3%，同比增速较上年回落5.76个百分点。从各月情况看，由于节庆因素影响，全年社会消费品零售额峰值和次峰值分别出现在1月和12月，但整体波幅不大，全年每月实现消费额度均在100亿元以上。商贸流通市场保持平稳增长，全市商品供应充足，消费品市场基本畅旺。物价调控政策成效显著，全年CPI低位运行，物价整体涨幅收窄，居民生活综合成本仍较高。市场整顿监控力度加大，生猪屠宰、拍卖、二手车、报废车、盐业市场、酒类市场秩序日趋规范。通过开展“守诚信、促消费、倡低碳、惠民生”消费促进月活动，搭建消费平台，以及优化城市商业网点布局，集中打造中央商圈等措施，商贸消费平稳增长。全年社会消费品零售总额增长9.3%，其中批发零售贸易业1234.09亿元，同比增长9.5%；住宿餐饮业120.49亿元，增长6.7%。

【商业网点布局】2012年，东莞市按照集聚发展、结构优化、产业融合的战略思路，优化商业布局，构建多中心、多层次、均衡分布、相互补充的组团式商业网点布局。城市主商业中心凭借其完善的服务功能，全年共实现消费品零售总额374.2亿元，占全市总额的27.6%。八个副中心充分发挥区域商业特色，全年消费总额达489.19亿元，占全市比重36.1%。

【居民日常消费】2012年，东莞市居民消费价格累计上涨2.9%；而全年城市居民人均可支配收入42944元，比上年增长8.7%。居民收入的增长水平高于物价上涨水平，居民的实际购买力有所增强。随着居民收入水平提高，日常消费商品零售额取得较快增长，其中食品、饮料、烟酒类增长12.8%；服装鞋帽，针、纺织品类增长11.9%。

【商圈改造升级】2012年，莞城街道通过加快旧城改造推动商圈扩容。东纵路天虹商场改造升级为高端品牌项目“君尚百货”，经营面积从3.3万平方米扩展至7.7万平方米，年销售额预计将从5.7亿元增加至10亿元。八达路闲置多年的茶叶市场改造升级为全新的水暖五金市场，八达路五金机电一条街年营业额（含批发）超过100亿元。东城街道商贸随着万达广场、又一城、星玺广场、东城国际食品城、环球经贸中心、农信大厦的落成招商，皇马丽宫的建设启动，东城大道区域将成为中央商贸区的核心商圈。南城街道提升鸿福商圈、西平商圈的档次和规模，通过办好东莞美食节、南城欢乐消费节和迎春购物节，促进旅游、餐饮、零售等服务业发展。全市面积最大的高端商业综合体汇一城二期建成开业，周边商贸市场越趋繁荣。万江街道以华南摩尔商圈为中心，开展首届“休闲消费购物月”的活动，以“政府引导，商家让利，群众受惠”的方式，开展茶文化休闲消费购物节、商家促销大联盟、下坝坊创意文化体验日等主题商贸活动，实现“聚人气、扩消费”的良好商贸氛围。寮步镇海派商业生活城开业，景泰香都商圈、百业汽配城等商贸服务业日益成熟。

商品经营

【批发零售业】 2012年，东莞市批发零售业企业实现社会消费品零售总额1354.58亿元，同比增长9.3%，限额以上批发零售贸易企业中，中西药品类增长13%，食品、饮料、烟酒类增长12.8%，服装、鞋帽、针纺织品类增长11.9%，汽车类增长10%，日用品类增长8.2%，机电产品及设备类销售额增长7.4%，石油及制品类增长3.7%。此外，家用电器类和五金电料类销售额出现同比下降，降幅分别为-1.4%和-6.1%。

【生产资料商业】 2012年，东莞市生产资料类产品销售大体上维持稳步增长，但增速有所下降。石油及制品类、五金电料类和机电产品设备类生产资料实现销售165.38亿元，同比小幅增长3.7%，较上年增速下降14.61个百分点。

【肉食品商业】 2012年，东莞市开展生猪定点屠宰资格审核清理工作，屠宰企业硬件设施及经营管理水平提高，生猪屠宰量明显上升，其中生猪定点屠宰量约为330.38万头，同比上升10.9%，其中95%以上生猪来自认定的生猪供莞定点基地猪场。生猪平均收购、批发价格均较去年有所下降。其中，生猪收购均价为15.9元/公斤，同比下降7.7%；总肉批发价为16.3元/公斤，下降12.9%；生猪上肉、瘦肉、排骨零售价分别为29元/公斤、36元/公斤、42元/公斤。总体来看，生猪及其肉品供应量与肉品需求量基本保持平衡，生猪供应来源比较稳定及充足，价格相对稳定，没有出现异常情况，屠宰场定点屠宰生猪经营稳定。通过发挥各镇（街）肉食品市场管理领导小组及稽查队的作用，在掌握肉食品流通市场信息的基础上，加强对私屠滥宰不法行为的打击。对群众的私宰生猪等违法行为举报投诉，做好处理工作。全年经信系统共出动生猪屠宰执法人员3万多人（次），查获私宰猪、牛、羊肉（含病死猪、牛、羊）53.05吨。

【蔬菜商业】 2012年，东莞市年均蔬菜交易量约为250万吨、消费量约为150万吨。其中，虎门富民农批市场、石碣润丰国际蔬菜交易中心为主要蔬菜交易市场，全年交易量约占全市60—70%，其余基本分布在中堂江南农批市场、虎门果利来果蔬批发市场、虎门北栅蔬菜批发市场，东城润民农副产品市场、常平木伦农批市场等市场。除以上批发市场外，大部分镇街的中心农贸市场也以天光市的形式承担蔬菜批发的功能。农超对接呈现出加快发展、加速推进的态势。随着商业超市的发展，农产品在超市的销售额每年以10%以上速度递增。东莞市嘉荣超市有限公司是农超对接主要试点企业，先后与位于增城、韶关等地的多个农村合作社签订采购协议，2012年该公司销售总额近15亿元。

【粮油商业】 2012年，东莞市粮食消费量约为130万吨—140万吨、市场供应量约220万吨—240万吨，均较往年下降8%—10%。其中，常平粮食批发市场、樟木头粮油批发市场、“信立农批”等主要粮食批发市场的交易量约占全市80%—90%。

【酒类专卖】 2012年，东莞市新发放酒类零售许可证共2459个，同比增加96.6%；发放酒类批发许可证15个，上年发放10个。全年全市查获假冒伪劣酒10.31万瓶，涉案金额约200.75万元，立案127宗。市经信局加大执法力度，对全市各镇（街）的酒类经营企业，包括酒楼食肆、商场超市、便利店等酒类消费较集中的场所进行检查，通过电视、报纸等媒体对部分违法行为进行曝光，发挥12312商务举报投诉服务热线平台作用，受理群众对酒类流通领域违法行业的举报投诉。 （袁燕玲）

烟草专卖

【概况】 广东省东莞市烟草专卖局、广东烟草东莞市有限公司成立于1988年10月，主要职能是根据《中华人民共和国烟草专卖法》及其实施条例的规定在东莞市范围内从事烟草专卖品批发业务，并依法对东莞市卷烟流通市场实施监管。至2012年，局（公司）机构设置包括办公室、人事劳资科、专卖监督管理办公室、内部专卖管理监督办公室、监察科、审计派驻办、安全保卫科、财务管理中心、营销管理中心、物流配送中心、信息中心11个部门和7个分局，有干部员工825人。2012年，局（公司）开展“党员先锋岗”党建品牌创建活动，被评为市直机关党建百佳品牌。全市卷烟销售网络有卷烟零售户2.09万户。

【经济运行】 2012年，东莞市烟草专卖局（公司）围绕烟草行业“控总量、调结构、降库存、稳价格”工作重点，遵循市场规律，调整销售目标，实现“销量略微下调、结构平稳提升、重点品牌稳健增长、市场价格保持稳定、社会库存比较合理”的态势，保持卷烟市场良性发展。全年共销售卷烟31.05万箱，销售收入71.19亿元（含税），实现税利15.31亿元。

【市场管理】 2012年，东莞市烟草专卖局（公司）把握“三打两建”机遇，深化市场监管，提升打假合力，务求综合治理，确保“守土有责、守土尽责”。全市查处各类涉烟案件1641宗，总案值4345.91万元；查获制假机器31台、各类涉案卷烟6687.04万支；抓获制售假分子121人，判刑50人。

【企业管理】 2012年，东莞市烟草专卖局（公司）梳理和修订局（公司）规章制度和质量管理体系文件，深化绩效考核，强化内部监管和财务审计，推进科技创新、信息化建设和安全标准化建设，企业管理水平持续提升。通过开展“二三五”［指烟草行业开展的“践行‘两个至上’（国家利益至上，消费者利益至上）、做到‘三个始终’（要始终把维护烟农利益放在心上，要始终把为零售客户提供优质服务作为流通企业根本任务，要始终把调动全体员工积极性、主动性、创造性作为一切工作出发点）、树立‘五种意识’（责任意识、忧患意识、公仆意识、民主意识和创新意识）教育实践活动”］教育实践活动，增强队伍素质和战斗力。（林晓怡）

附：2012年东莞市烟草专卖局（公司）领导名录

党组书记、局长、总经理：管伟华
党组成员、副局长、纪检组长：汪　利
党组成员、副局长：黄永红
党组成员、副总经理：梁刚强

东莞市烟草专卖局（公司）

① 2012年3月7日，副省长刘志庚（前排右二）到东莞市检查指导“三打两建”工作，市委副书记、“三打”小组组长姚康（前排右一）陪同检查。

② 2012年1月11日，东莞市烟草专卖局（公司）召开2011年度工作总结表彰会。

③ 2012年12月11日，东莞市烟草专卖局（公司）召开全市卷烟营销、物流工作会议。

④ 2012年4月11日，东莞市烟草专卖局在厚街镇固体废品处理厂召开公开销烟现场会，并现场集中销毁一批假冒伪劣烟草制品。

食盐专卖

【概况】东莞市盐务局于2008年7月挂牌成立，是市政府盐业行政主管部门，负责全市盐业行政管理和盐政执法工作，为正处级建制，隶属于广东省盐务局。内设办公室、盐政科（稽查大队），下辖6个盐政稽查队。2012年12月，广东省东莞盐业总公司更名为“广东省盐业集团东莞有限公司”，是具有独立法人资格的国有食盐专卖企业，为广东省盐业集团有限公司的全资子公司。公司设办公室、市场营销部、财务部、党群部、生产配送中心，辖6个食盐配送部。局和公司为一套班子、两块牌子、职能分设、合署办公。广东省盐业集团东莞有限公司拥有1.15万平方米的仓储设施，全自动化小包装食盐生产线6条，年生产能力4万吨，配备年运输能力达10万吨的配送中心。实现生产、销售全过程标准化、规范化、卫生化，加碘盐产品质量合格率达100%。

【食盐销售】2012年，东莞市盐业经济运行状况良好。总销售盐产品7.79万吨，食盐销售6.38万吨，增长8.6%。其中，小包装食盐销售3.82万吨，食品加工用盐销售2.56万吨。全年东莞市碘盐覆盖率为98.7%，合格碘盐食用率为96.7%。

【盐政执法】2012年，东莞市盐务局出动执法人员36229人（次），检查市场2757个(次)、检查店档和用盐单位1.79万个（次）、组织和参与大型专项行动7次，发放宣传资料2万份；捣毁地下加工点15个，查处违章盐417吨，查案907宗，结案900宗，向公安机关移送涉盐刑事案件6宗，公安机关抓获犯罪嫌疑人10人，刑拘和逮捕4人，已判刑3人。

【“三打两建”行动】2012年2月，东莞市盐务局主动联合市打假办及相关职能部门迅速展开行动。组成三个督导组，由局领导任组长，采取领导包案制度，督导抽查各盐政稽查队、镇街的打假情况，督办查处重大案件。同时通过举报面的扩大和联防联治机制的强化，

东莞市盐务局

① 2012年9月17日，东莞市盐务局局长陈耀嘉带队，在虎门查处假冒伪劣食盐。

② 2012年5月15日，东莞市盐务局举行防治碘缺乏病日宣传活动，现场进行食盐安全和加碘知识方面的指导。

对食盐制假窝点予以重拳打击。

【健全食盐市场监管体系】2012年，东莞市盐务局联合市质监局召开“东莞市食品生产企业安全用盐专项工作会议”，加强对食品加工用盐的监管；出台《东莞市工业卤水监管办法》；制订《东莞市食盐安全监管办法》，配套有《食盐安全责任书》《食盐用户档案卡》等一系列监督管理办法。（周　翔）

附：2012年东莞市盐务局（广东省盐业集团东莞有限公司）领导名录

局长（总经理）：陈耀嘉

副局长（副总经理）：陈焕济　欧柏根

① 2012年2月27日，在大朗镇捣毁一个食盐地下加工窝点。图为执法人员正接受媒体采访。

② 化验人员对盐产品进行专业化验和检查

③ 位于茶山配送中心内的全自动化食盐分装车间

供销合作商业

【概况】 东莞市供销合作联社（简称“市供销社”）是东莞市人民政府赋予行业管理职能和资产经营管理职能的正处级事业单位。2012年，有直属公司7家，基层供销社30个，归口转制企业12家，各类经营网点1000多个，总营业面积50多万平方米，初步形成以再生资源、日用消费品零售、物业资产经营、食品加工四大产业板块为主体，典当拍卖、餐饮旅业、经销代理、专业市场等多元化发展的经营格局。全年全市供销社系统实现销售总额45亿元，同比增长10.3%，位居全省各地级以上市供销合作社第一名；利润总额4484万元，增长12.6%，位居全省各地级以上供销合作社第三名；创税3970万元，增长7.3%。开展“2012国际合作社年在东莞”等一批文化活动和理论研究。东莞市供销合作联社被评为“2012年度全省供销合作社系统地级以上市供销合作社综合业绩优胜单位特等奖”。大岭山供销社邝建文被评为“全国供销合作社系统劳动模范”。

【现代经营服务体系建设】 2012年，东莞市供销合作联社通过构建“诚信经营、平价商店、鲜活农产品”三大体系，加快运转高效、功能完备、城乡并举、工贸并重的现代经营服务体系建设。

构建诚信经营体系　2012年，东莞市供销合作联社以贯彻“三打两建”为契机，以清理整顿为抓手构建诚信经营体系建设，树立供销社“诚信经营、质量安全、规范运作”的社会形象。市供销联社成立“三打”“两建”工作领导小组及督导领导小组，组建强有力队伍，制定工作方案和实施意见，明确任务，落实责任。对再生资源等重点领域和食品等重点商品的关键环节实施有效监管，杜绝假冒伪劣产品进入供销社系统流通渠道，对再生资源行业开展3000多点（次）专项检查，协助有关部门清理取缔无牌无证废品回收站点220多个，对农资、食品、日化用品等经营商品进行近1900次专项检查。以走访、座谈会等方式，与省供销社、市信访局、市检察院等部门以及常平、塘厦等镇街就再生资源回收行业欺行霸市、预防职务犯罪等问题进行沟通。同时开展“放心粮油进万家”“放心商品进万家”等专项活动。

构建平价商店网络体系　2012年，东莞市供销合作联社以加强食品安全为出发点，以“农超对接”（指的是农户和商家签订意向性协议书，由农户向超市、菜市场和便民店直供农产品的新型流通方式）项目为引擎构建覆盖全市的平价商店体系，发挥供销社“关注民生、食品安全、稳价惠民”的社会作用。建店规模有新发展，先后分三批新建成并挂牌25家平价商店（或平价专营区），使全系统平价商店总数达到67家，覆盖全市29个镇街，初步形成市、镇、村（社区）三级平价商店连锁网络体系。“农超对接”项目有新突破，注册成立广东新供销合和食品有限公司启动生猪屠宰、冷鲜肉生产加工等前期筹备工作，推动农超对接；综合效益有新提升，通过对平价商店体系实行“网络化、标准化、规模化”建设，为供销社积累“平价、便捷、安全”的良好形象，产生“诚信、惠民”的品牌效应。

构建鲜活农产品流通体系　2012年，东莞市供销合作联社以完善“网络终端”为突破口，以产销对接为机制构建鲜活农产品流通体系，强化供销社保障鲜活农产品市场供应的社会功能。促进多网融合。结合实际，将鲜活农产品流通体系建设与日用消费品流通体系、平价商店体系建设有机结合起来同步推进，形成多网融合、资源整合、互为补充的经营格局，在提高网络辐射能力的同时，节省网络终端铺设的时间。例如，东坑、茶山等单位在平价商店中开设生鲜柜台销售平价猪肉等鲜活农产品。加快主体培育。加快鲜活农产品冷链物流配送中心的筹建工作；新供销愉康公司、常平、凤岗、茶山等单位完善日用消费品物流配送中心建设；东坑、麻涌、沙田、洪梅等基层社抓好农贸市场的经营管理；市果菜公司、东坑、沙田、企石等单位以农民专业合作社打造生产平台。推进产销对接。企石供销社开办的东盛蔬菜专业合作社开发80多亩蔬菜基地为平价商店供应新鲜蔬菜；中堂供销社投资成立东供粮油食品有限公司以贴牌生产方式推出“莞润”等品牌大米在系统内平价商店上架销售；新供销天润公司以“连锁粮油平价商店进镇入社区”模式在大城区开办旗舰直营店，与系统内外100多个客户建立粮油供货关系。

【供销社基层组织体系建设】 2012年，东莞市供销合作联社通过提升“社有企业、基层社、新型合作组织”三大主体实力，全面完善全系统基层组织体系建设，为供销合作事业实现可持续发展夯实坚实的基础。

社有企业整体实力增强 2012年，东莞市供销合作联社东投公司发展稳健，逐渐形成“系统内融资服务平台、系统内物业升级改造、系统外市场投资”三大核心功能。东再公司以再生资源集中处理中心建设为主营业务，与世界品牌500强企业的天津物资集团属下公司合作拓展再生资源贸易代理新业务。莞香情公司土特产经营模式引各镇街纷纷效仿。市拍卖行以阳光电子竞价拍卖新模式取得行业的领先地位，是东莞市唯一一家“AA”级拍卖企业。虎门供销社属下粤华家电公司做深做细家电代理业务，全年销售额3.4亿元，同比增长7.4%。长安供销社属下长兴物业、天星珠宝、供销加油站等多个直属企业通过“调结构、保增长”等有效举措，发展齐头并进。大岭山供销社属下汇康放心食品加工基地年产值达到1000多万元，进场经营商户24个，开办一家3200平方米的分厂进行豆皮专业生产加工。

基层供销社发展水平提升 2012年，东莞市供销合作联社虎门、长安、茶山等“第一梯队”继续扩大发展成果，发展质量和速度继续领跑全市供销系统。虎门供销社“以退为进”，以代理经营和持股经营“双引擎”模式引领家电销售主营业务做大做强；长安供销社“以调促改”，通过调整结构优化企业资源配置；茶山供销社“以快打慢”，以现代连锁的经营模式抢占社区零售市场，打响“茶园商场”区域零售品牌。大岭山、凤岗、大朗等“第二梯队”以项目发展为突破口，成为全市供销系统的中坚力量。大岭山供销社启动中兴路商业大楼的重建工作；凤岗供销社完成11层楼商务大楼建设并对外招商；大朗供销社七层物业增加企业效益。谢岗、企石、道滘等“第三梯队”通过“二次创业”，走出了发展低谷。谢岗供销社以开源节流的方式，摆脱企业因决策失误造成的发展困局；企石供销社抓住农超对接、平价商店建设的有利机遇开办农民专业合作社和平价商店，增加企业收入；道滘供销社以系统内帮扶为契机，与镇政府争取土地置换有利政策，找到发展突破口。

新型合作组织服务功能增强 2012年，东莞市供销合作联社沙田盈港水品产品专业合作社与当地村委会签订社员入社协议，解决一批“4050”农村妇女就业难题；东坑阴菜专业合作社推出阴菜牛展汤料等深加工产品，年销售额140多万元；莞福冬瓜专业合作社与道滘供销社合作，收购黑皮冬瓜制作成冬瓜干，助农增收效果明显；虎门新湾渔家专业合作社借助产业扶贫有利条件，上年7月开业至2012年末特色海味销售额已接近230万元。此外，将系统内符合条件的30多个经营网点认定为社区综合消费服务社；茶山、东坑、塘厦、沙田、凤岗等单位依托自身经营网点，开办慈善超市。

【商业流通业务发展】 2012年，东莞市供销合作联社通过发展新型经营业态和运用现代流通方式，推进现代流通业务发展，优化产业布局。在巩固酒类、家电、珠宝、建材等传统流通业态的同时，增加鲜活农产品、土特产、农副产品等食品生产加工在流通中的比重。

巩固传统流通业态 2012年，东莞市供销合作联社虎门供销社以家电代理带动全社业务，实现全年销售6.06亿元，同比增长7.01%；东城供销社以酒类、副食品、调味品批零、配送为抓手，全社各项销售1.2亿元，同比增5%。

拓展新型流通业态 2012年，东莞市供销合作联社莞香情公司与系统内开发“莞香情”品牌土特产品50多个，土特产年销售额1300多万元；大岭山、樟木头放心食品加工基地以豆米制品牢牢占据当地市场份额，并辐射周边镇区和农贸市场；谢岗供销社销售莞峰桶装水17万桶，支装水30万支；新供销天润公司大米销售近900万元，食用油销售近400万元。

发展现代流通业务 2012年，东莞市供销合作联社虎门、长安等社以自主经营和持股经营相结合的方式，做好家电、能源等联合经营业务；茶山、塘厦、沙田、塘厦、大朗、寮步等基层社采用经销代理、批发团购、物流配送相结合的方式，做好糖烟酒、土特产、副食品、建材等商品经营业务；新供销愉康公司在全市范围内开办直营连锁超市6家，作为采购商在首届中国加工贸易产品博览会采购区设立摊位；常平、凤岗、茶山等基层社以统一品牌、合作加盟等方式在市内和深圳观澜等地开办新供销愉康超市加盟店60多家；新供销愉康公司、新供销天润公司两大企业以省市合作、产权联结的方式，逐渐形成市级日用消费品、农副产品经营两大“新供销”品牌流通平台；虎门供销社与美的集团联合合作，合资成立美的东莞制冷、暖通、净水和日用电器等4家销售公司，借助美的公司行业影响力提升该社在流通业的行业地位；塘厦供销社以阳光购物商行作为进军流通业桥头堡，酒类、高档商品等年销售额逾3500万元；东再公司以1450万元购进黄江镇1.6万平方米地块，为开展再生资源集中处理中心业务打下坚实基础。

【监管指导体系建设】 2012年，东莞市供销合作联社通过推进“体制创新试点、完善监管体系建设、增强指导服务功能”等三大举措，营造和谐安全稳定发展氛围，为供销社深化企业改革打开局面。

体制创新试点 2012年，东莞市供销合作联社率先在基层社直属企业和新项目中推进以产权多元化、员工持股为重点的体制创新试点。大岭山供销社以汇康豆制品加工基地作为尝试，在新项目中引入股份合作制，由供销社控股，食品基地管理人员、员工参股，调动积极性，促进项目发展，基地年盈利突破20万元。东投公司、洪梅供销社在合作新项目引入员工持股的方式，在1280万元受让洪梅农贸中心市场经营使用权项目中，企业员工出资256万元，占股份比例20%。

监管体系建设 2012年，东莞市供销合作联社加强企业内控管理，对全系统进行清产核资，全面清理整顿社有

企业及物业资产，完善企业内控管理制度。创新监管手段，常平供销社以在管理决策中推行“阳光社务”的做法、中堂供销社以在新项目中推行“一调研，二评估，三表决”的做法和石碣供销社以在工程建设项目中推行“三比三议三公开”的做法创新监管手段。加强风险防控，虎门供销社提取发展风险准备金和大岭山供销社积累企业发展盈余公积金的做法有效应对企业发展风险。东投公司完善《公司股东大会董事会监事会议事规则》等企业制度，规范工作流程，加强风险防控。

指导服务功能　2012年，东莞市供销合作联社用好各项政策，申报总社、省社新网工程、平价商店等等各项专项资金684万元，争取到市财政从2012年起每年200万元的扶持供销社改革发展专项资金。全力协助市政府完成再生资源回收管理办法的草拟工作，提出客观有益的建议，为市领导科学决策、制定行业规章制度提供依据。加强扶持指导力度。提高帮扶实效，以系统内项目帮扶等方式，使企石、道滘等后进基层社找到发展的突破口。以系统外产业帮扶的形式，帮助虎门新湾社区成立专业合作社和平价商店，提前完成市内扶贫帮困“双到”工作年内实现“两个80%”的目标。发挥平台优势，东投公司建立系统内融资平台，先后为系统内长安等10多个基层社累计提供近2亿元中、短期资金周转，为系统内单位解决资金紧缺、周转不畅等问题；市社搭建信息化平台，改版升级“东莞供销网”，推行电子政务和无纸化办公。　　（莫志良）

附：2012年东莞市供销合作联社领导名录

主　任：彭日东

副主任：叶加胜　王锦绣　李福新

纪检组长：田为华

物流业

【物流运输】2012年，东莞市依托优越的交通运输条件和丰富的产业基础，发展“多式联运”，初步构建海、陆、空共同发展，高效便捷、有机衔接的立体化、系统化的综合交通运输体系，为城市共同配送提供运输网络，提高资源使用效率和物流运行效率。

公路方面　截至2012年底，东莞市公路通车里程达4969公里，其中高速公路里程约251.4公里，一级公路里程约2420.2公里，公路网密度为201.98公里/百平方公里。根据物资集散的需求形成“百茂”“龙骏”“华博”“国通”“荣兴”等一批货运物流中心。

2012年全市公路货物运输量8421万吨，货物周转量54.36亿吨公里。

铁路方面　东莞境内共有广深准高速铁路、广梅汕铁路、京九铁路等铁路线路3条，总长度79公里。2012年，东莞地区主要火车站货物发送量累计65.79万吨。广深线有常平、茶山两个货运站场，京九线有塘头厦、东莞东站、谢岗、樟木头4个货运站场。经铁路集散的主要是粮食、饲料、食用油、盐、钢铁、玻璃等农副产品和建筑材料。依托铁路优势，樟木头粮食批发市场和常平粮油饲料批发市场已发展成为珠三角地区最大的粮食批发集散地之一，约占全省40%。

水运方面　东莞位于珠江出海口，拥有长达115.9公里（含内航道）的海岸线，内河通航里程798公里。2012年，全市水路货物运输量1955万吨，货物周转量134.35亿吨公里；港口货物吞吐量完成9228万吨，同比增长34.8%。虎门港是国家一类口岸，拥有53公里深水岸线，海域面积79平方公里，航道水深-13米，已有26个三万吨级以上深水泊位获得批复，全港货物通过能力达8796万吨，已有12个三万吨级以上深水泊位投产，包括集装箱、油气化工、散杂货、煤炭和粮食等码头项目，码头泊位品种齐全。

空运方面　2012年，东莞周边100公里内有广州、深圳、香港、澳门、珠海等机场。随着香港机场“超级中国干线·东莞线”在虎门镇开通、广州白云机场首个异地货站—白云国际机场东莞货站在寮步镇设立、深圳机场首个异地国际航空货站—深圳机场东莞国际货站在长安镇设立，各大空港货物收发点直接延伸至东莞、陆空资源实现高度整合，东莞市“无跑道机场”格局逐步形成。

【物流基地】虎门港作为东莞市物流龙头基地，在全球港口业持续低迷和经济复苏缓慢的大背景下逆市飘红。2012年，虎门港货物吞吐量5120万吨，同比增长72.8%。东莞保税物流中心（B型）全年业务量已突破37亿美元，同比业务量实现翻番，增长146.67%。中外运东莞红海物流中心的码头已启动部分散杂货业务，全年实现主营收入1925万元，同比增长68%。

【快递服务】2012年，东莞市快递业务收入38亿元，同比增长40%，占全省的15%。已建成与东莞社会、经济和居民生活需求相适应的快递服务网络，“顺丰”“申通”“宅急送”等民营快递企业和“DHL”“UPS”“FedEx”等外资快递企业共同发展。全市取得经营许可证的快递法人企业有295家，登记在案的营业网点有747个。

会展业

【概况】至2012年，东莞市会展业走过22个年头。全市拥有广东现代国际展览中心、东莞国际会展中心、常平会展中心3个专业展馆，占地总面积55.2万平方米，室外展览面积（含停车位）约15万平方米，室内展览总面积约13.3万平方米，室内可设标准展位7000多个。2012年，举办展览规模在5000平方米以上的展览会共40个，总展出面积达150万平方米，总参展商1.5万家，共吸引采购商和观众超过200万人次，参展产品涉及电子机械、纺织服装、家具、造纸印刷、五金模具、食品饮料、动漫、汽车等多个行业。其中，“加博会”（中国加工贸易产品博览会）升格为国家级展会，由商务部、人力资源和社会保障部、环境保护部、海关总署、国家质检总局、国家知识产权局和广东省人民政府联合主办，首届展览面积达7.6万平方米，集中全国1300多家优秀加工贸易企业，进馆参展、观展、采购人数达7.2万人次，达成意向成交687.3亿元；与“漫博会”并肩成为继“广交会”“高交会”“中博会”后在省内举办的国家级名牌展会。工业类展览会以“名家具展”“广印展”〔中国（广东）国际印刷技术展览会〕最具代表性和影响力，其中“名家具展”获得全球展览业协会（UFI）认证，一年举办两届，单届展览面积已达27万平方米，成为世界著名的家具展；“广印展”在莞每四年举办一届，展览面积达12万平方米，成为中国最大、世界第二大国际印刷展。而长安的“五金模具展”、虎门的“服交会”〔中国（虎门）国际服装交易会〕、大朗的“织交会”〔中国(大朗)国际毛织产品交易会〕等初具规模，迈向成熟期；消费类展览会，如东莞台湾名品博览会、道滘美食节、广东国际啤酒节、广东国际汽车展示交易会、东莞国际茶叶博览会、东莞现代结婚展等，起到刺激消费、拉动内需，促进东莞经济发展的作用。

经过多年的培育和发展，东莞展览业差异化特征凸显，一些知名工业类展会纷纷落户东莞，如“广印展”、东莞国际模具及金属加工展暨东莞国际

▲　广东现代国际展览中心

橡塑胶、包装、压铸及铸造展（简称“DMP”）、中国东莞国际鞋展·鞋机展（简称“鞋机展”）、国际线路板及电子组装展等。与此同时，吸引“香港讯通”“雅式”“迪亿”“星球”“浩瀚”和香港线路板协会等知名办展机构到莞办展。中印协国际展览有限公司、香港讯通公司、星球国际资讯（香港）有限公司等知名会展企业在东莞注册，成为本土会展企业。

拍卖业

【概况】 2012年，东莞市拍卖企业的总成交额17.26亿元，同比下降32.6%。其中，市集中拍卖中心的成交额16.15亿元，占全市成交额的93.3%，同比上升141.7%；非市集中拍卖中心拍卖的成交总额1.15亿元（其中含车牌拍卖9460.4万元），占全市成交额的6.7%，同比下降93.9%。本年房地产业务的成交额7.87亿元，占全市成交额的45.6%，同比上升44.7%；机动车成交额1150.75万元，占全市成交额0.7%，上升149.8%；机器设备为主的其他资产成交额1.6亿元，占全市成交额的9.2%，上升38%；财产权利成交额8300.02万元，占全市成交额4.8%，上升4056.2%；农副产品成交额5.7亿元，占全市成交额33%，上升5699.6%。标的物超300万元的大单拍卖业务共有137宗，其中56宗成交，81宗流拍。农副产品采取电子竞价方式举行，累计成交额5.7亿元。此外，艺术品拍卖有8场，成交额累计560万元。中级人民法院一宗房地产竞拍，成交额为2.16亿元。房产拍卖相对往年有所增加。

再生资源回收利用

【概况】 东莞市再生资源回收市场发展壮大，对促进资源的循环利用、推动经济社会的持续发展发挥重要作用。2012年12月，市政府召开全市再生资源回收管理工作会议，明确再生资源回收管理工作的思路、要求和重点，动员各部门、各镇街全面协同，推进再生资源回收管理各项工作的开展，会上印发《东莞市再生资源回收管理办法》和《关于我市再生资源回收管理有关工作的通知》等文件。市经信局作为再生资源回收的行业主管部门，承担市再生资源回收管理工作领导小组办公室职能，统筹协调各成员单位开展工作。

商业企业选介

【东莞市糖酒集团美宜佳便利店有限公司】 美宜佳便利店有限公司（简称“美宜佳”）成立于1997年，是广东省东莞市糖酒集团控股的连锁商业流通企业，是东莞本土最大的零售企业、国内规模最大的便利店。该公司坚持“务实、专注、创新、共赢”的企业精神，以“品质优良，实惠方便”为服务宗旨，以“开好店，多开店”为店铺发展原则，以特许加盟为主要发展模式，为消费者构建一个全方位的社区便利生活中心。

美宜佳获得“广东省著名商标”“中国特许奖”“中国零售业十大优秀特许加盟品牌”“中国特许经营管理创新奖”“广东省东莞市商贸龙头企业”等称号，店铺数超过4770家，遍布东莞、深圳、广州、中山、惠州、佛山、江门、河源、清远、珠海、肇庆、汕尾、云浮、梅州等14个城市，每月以80—100家门店的速度继续发展。

该公司的业务规模每年以20%—30%的速度增长，2012年连锁系统销售规模超过45亿元人民币。

【东莞市搜于特服装股份有限公司】 东莞市搜于特服装股份有限公司（以下简称“搜于特公司”）成立于2005年12月，是一家从事青春休闲服饰品牌推广、设计研发和营销网络建设的上市公司（证券代码002503）。该公司注册资本2.88亿元，资产总额21亿元，拥有员工1200多人，办公、仓储、物流面积10万多平方米。至2012年6月，有股东7334户。

搜于特公司拥有中国著名服饰品牌“潮流前线”，是“中国休闲服饰十大品牌”之一。公司主抓品牌推广、设计研发和营销渠道建设等高端环节，将生产加工和物流环节全部外包，建立一整套标准化、流程化、信息化、可复制的快速发展模式。公司拥有一支170多人的设计团队，设计能力在业内处于领先水平，对市场潮流服饰的反应速度快，每年开发设计的休闲服饰达6000多款。“潮流前线”品牌服饰以15至29岁的青少年为消费目标，以国内三四类市场为销售重点，采用特许加盟和直营相结合的连锁经营模式，建立覆盖全国的营销网络。至2012年6月，有专卖店1640多家，遍布全国30个省（市、区），初步形成全国性的营销网络。公司每年的营业收入、利税总额以50%—80%的速度快速增长。2012年实现营业收入约16亿元，同比增长45.5%，净利润约2.3亿元，增长32.9%。　　（袁燕玲）

附：2012年东莞市经济和信息化局领导名录

党组书记、局长：冼周恩
党组副书记、副局长：梁经昌
党组成员、副局长：叶葆华　侯小平
　刘炯贤　黄　怡　丁颂庆（5月到任）
党组成员、纪检组长：刘锦棠（5月到任）
党组成员、副调研员：廖汝林
党组成员、总经济师：郑文志
副调研员：刘广林（任至12月）
副处级纪检监察员：钱炽希
内资经济促进中心主任（副处级）：
　谭柱辉

▲　美宜佳便利店

农 业 AGRICULTURE

望牛墩镇休闲的生态农业（奥运蔬菜）

编辑：黄文挺

农业综述

【概况】 东莞市位于北回归线以南，属亚热带海洋性气候，年平均气温22.3摄氏度，降水量1780.4毫米，日照量1920.4小时，具有良好的农业生产气候条件。2012年，东莞市农作物播种总面积2.48万公顷，农业人口91.05万人；农业总产值32亿元，比上年增加4.4%；农民人均纯收入24944元，增长9.2%。

【农村综合改革】 2012年，东莞市制定出台《中共东莞市委东莞市人民政府关于深化农村综合改革推进城乡统筹发展的意见》及《中共东莞市委东莞市人民政府关于推动镇村集体经济转型升级加快发展的若干意见》《中共东莞市委东莞市人民政府关于进一步加强镇村集体经济管理的若干意见》《东莞市农村（社区）集体经济统筹管理实施办法》《东莞市农村（社区）集体资产管理实施办法》《加快推进"三旧"改造促进产业转型升级的若干意见》等"1+5"系列政策文件，并于2012年8月24日召开近年来规格最高、规模最大的一次全市农村综合改革暨镇村集体经济发展工作会议，徐建华书记、袁宝成市长动员部署，正式铺开新一轮农村综合改革工作。农村经济管理体制改革稳妥推进，厚街、洪梅、虎门、黄江等镇集体经济统筹管理改革全面完成，麻涌、常平、樟木头、虎门四镇集体资产交易中心均基本建成并投入使用。农村社会管理体制改革深化，全市已建成38个社区政务服务中心和45个社区综合服务中心，莞城街道、黄江镇和厚街镇实现了政务服务中心全覆盖。农村财政体制改革取得突破，确定逐步由市镇两级统筹村（社区）基本公共服务开支的改革方向，决定从2013年起从市镇参与财政分成中切块5%用于统筹村（社区）治安、环卫、公共管理等开支，减轻村组经济负担；中堂镇统编全镇治安员，为村（社区）减少1350万元经济负担；东坑镇以黄麻岭村为试点实行"三统筹一控制"，减轻该村200多万元经费开支。推进"一事一议"财政奖补改革，全市发放奖补资金3906万元，为27个村新建公益项目37个，惠及群众14万人。

全市农村综合改革暨镇村集体经济发展工作会议后，市委农办会同市府办分别向省委省政府和省委农办汇报会议及相关工作情况，得到省领导的充分肯定。9月8日汪洋书记批示：方向正确、思路系统、措施得力。抓好落实，必有成效。但实施中会遇到观念和利益上的挑战，要有充分准备。朱小丹省长批示："五个突破""五大举措"的改革思路很好。希大胆探索，勇于创新，走出一条新路，为全省提供经验。徐少华常务副省长批示：东莞市多管齐下推进农村综合改革，促进集体经济转型升级，其决心下得大，措施务实到位，顾及到经济社会的重要方面。请省农办密切关注，掌握情况，及时反映进度与成效。

【中央政治局委员、省委书记汪洋到莞城街道罗沙社区视察农村综合改革工作】 2012年6月20日，中共中央政治局委员、省委书记汪洋，在省委常委、省委秘书长林木声，副省长刘志庚，东莞市委书记徐建华等领导陪同下到罗沙社区视察。针对农村社区集"基层自治、经济管理、公共管理和服务"于一体的原有管理模式成为制约莞城可持续发展瓶颈的实际情况，近年莞城对农村管理体制进行"一分一合一统筹"综合改革。"一分离"就是推进"政经分离"；"一整合"就是精简架构、整合资源；"一统筹"就是创新统筹管理机制。改革后莞城的农村集体经济组织得以从繁重的行政事务中解放出来，集中精力发展经营事务，实现集体和个人收入稳步提升，集体经济组织负担明显下

降，农村集体债务风险得到较好控制。汪洋鼓励莞城、东莞要不断创新体制机制，激活村组发展活力，促进村组经济可持续发展。

【中央农办领导莅莞调研农村“三资”管理工作】 2012年2月1日，中央农办谢德新局长在省委农办副主任、省农业厅副厅长陈祖煌，省农业厅副巡视员陈正辉等陪同下，莅莞调研农村“三资”管理情况，形成有关东莞农村工作经验材料，并在中央农办《农村要情》刊登。调研组认为，新世纪以来，东莞等珠三角各地积极探索建立长效机制、加强农村“三资”管理的探索实践，从制度上保证农民的知情权、参与权和监督权，从根本上保障农民财产的收益权、处置权和选择权，在实践中有效保护农民群众核心利益，有力促进农村基层社会稳定发展，其做法启示意义深刻。中央政治局委员、省委书记汪洋及副省长刘昆等省领导均作出批示，提出组织研究报告所提出的问题，考虑加大改革试点推广力度的意见。

【省联合调研组到东莞开展农村综合改革专项调研】 2012年4月27日和5月18日，省委农办副主任、省农业厅副厅长陈祖煌，省委政策研究室副主任吴茂芹率调研组来莞进行农村综合改革专题调研，先后到莞城街道、厚街镇实地调查了解农村改革情况。8月中旬，省联合调研组形成《东莞市深化农村综合改革为城市转型发展创造条件》《东莞市莞城街道实行“一合一分一统筹”推进村（居）“政经分离”》《东莞市厚街镇以六项改革为突破口推进村级管理体制改革》《东莞市黄江镇以“七统筹”推进“三分离”不断深化村级体制改革》等4份调研材料。调研组认为，东莞市深化农村综合改革的总体思路符合社会主义市场经济体制要求，符合未来改革方向，尤其是莞城街道实行比较彻底的“政经分离”，率先实现城乡二元向城乡一元管理体制、农村管理体制向城市管理体制、农村社会形态向城市社会形态、农民向市民、股民向股东“五大转变”，这些探索实践对全省乃至全国具有示范意义。汪洋书记、朱小丹省长、徐少华常务副省长和刘昆副省长等省领导均在材料上批示，认为东莞市的改革实践既可破解自身的难题，又可为珠三角同类型地区提供借鉴，要求进行完善和推介。

【市领导在全省会议介绍农村综合改革经验】 2012年9月12日，省委省政府在佛山召开全省推广顺德南海综合改革试点工作现场会，会上东莞市委书记徐建华就东莞农村综合改革作题为《深化农村综合改革推动东莞转型发展》的典型发言，同时会议还印发《东莞市深化农村综合改革为城市转型发展创造条件》《东莞市莞城街道实行“一合一分一统筹”推进村（居）“政经分离”》《东莞市厚街镇以六项改革为突破口推进村级管理体制改革》《东莞市黄江镇以“七统筹”推进“三分离”不断深化村级体制改革》等四份有关东莞市农村综合改革的系列调研材料。

【农村集体经济管理】 2012年，东莞农村集体经济实现增资、增收、节支、减债目标。全市村组两级集体总资产1263.1亿元，比上年增长2.3%；净资产998.2亿元，增长4.6%；两级净资产超亿元的村有302个，增加11个，村级净资产超亿元的村有199个，增加7个，资

东莞市委农办　市农业局

2012年6月20日，中共中央政治局委员、广东省委书记汪洋（左三）到东莞市莞城街道罗沙社区调研农村综合改革工作。

产总量持续增加。实现经营总收入155.1亿元，增长4.4%；纯收入85.3亿元，增长8.0%，突破金融危机前2007年的纯收水平，再创历史新高。两级非生产性费用24.0亿元，下降5.1%，其中管理费用12.9亿元，下降9.9%，接待费1.4亿元，下降7.2%，非生产性费用大幅减少。两级收益分配总额101.8亿元，增长3.3%，比上年增幅下降3.3个百分点；积累1.1亿元，增加3.2亿元，扭转自2010年以来集体经济整体收不抵支的势态。两级新增借款82宗，比上年减少29宗；总负债264.9亿元，减少5.5%；负债率21.0%，下降1.7个百分点。

【市内扶贫】 2012年，东莞市落实市内扶贫帮困“双到”工作，安排90个市直（中央、省属）单位、90个发达村和8554名干部，对口帮扶89个（2011年长安长盛社区退出欠发达村）欠发达村和4078户有正常劳动能力低保户。全年市财政共发放欠发达镇贴息贷款1.55亿元，欠发达村免息借款0.24亿元，安排定点帮扶专项资金0.27亿元，为52个欠发达村（社区）下拨优质项目补助资金1.95亿元，为59个欠发达村（社区）安排2012年度基础设施建设项目补助资金0.58亿元，为22个问题突出村和后进村（社区）下拨帮扶资金0.21亿元，为综合实力排名靠后的285个村发放公共管理补助资金2.4亿元，为承担农田和非经济林地保护任务的460个村发放生态补偿资金1.74亿元，为5000多名困难群众发放低保就业激励补助资金0.17亿元。建立市领导挂钩联系镇街制度，5月组织开展市几套班子领导集中督导镇街市内扶贫工作活动；建立领导挂点、干部驻村制度，市镇两级共落实挂点领导181名，累计欠发达村协调指导工作2400多人次，选派驻村干部185名，人均驻村86天；建立“每月一报送”“每月一督查”“每季一通报”制度，及时掌握和定期公布工作进展。年内，各镇街、有帮扶任务的发达村、单位和干部，共向帮扶对象捐资捐物3400多万元。2012年全市89个欠发达村村组两级经营性纯收入2.7亿元，同比增长24.5%，其中有87个欠发达村村组两级经营性纯收入超150万元或同比增长10%以上，占欠发达村总数的97%；帮助5000多名贫困劳动力实现稳定就业，有3825户已结对帮扶的有劳动能力低保户达到脱贫标准，脱贫率为93%，超额完成“两个80%”目标任务。9个欠发达镇生产总值共503亿元，各项税收总额77亿元，可支配财政收入43.7亿元。

① 2012年7月24日，市委书记、市人大常委会主任徐建华（前排左二），市委副书记、市长袁宝成（前排左一）等领导在中堂镇潢涌村督导名村建设工作。

② 2012年6月13日，市委书记、市人大常委会主任徐建华（右二）到麻涌镇督导市内扶贫工作，并到贫困户家中慰问。

③ 2012年6月6日，市委副书记、市长袁宝成（中）到寮步镇督导市内扶贫工作，并到困难户家中慰问。

【农业农村十二五规划出台】2012年3月，东莞市编制印发《东莞市农业农村发展"十二五"发展规划》，明确"十二五"期间全市农业农村工作的指导思想、发展目标、主要任务和保障措施。着重推动"集农地、强基础、建园区、调结构、育龙头、创品牌、保安全、促发展、造名村"等九大目标任务落实，并针对发展都市农业、促进农村集体经济改革、加大市内扶贫力度、开展名村创建、提升农业生产潜力等热点问题提出切实可行的政策措施。

【农业产业园建设】2012年，东莞市推进农业产业园建设。基础建设扎实推进，市、镇两级财政投入基础设施建设资金5823万元，新建成道路（含机耕路）8.5公里、标准化农田和鱼塘175公顷、农田林网13.9公里、温室大棚（含简易大棚）7.47万平方米、自动化喷灌系统31公顷、供电设施4个。招商引资势头良好，麻涌、石排、清溪、中堂等园区新引进优质投资项目6个，协议经营面积107公顷，计划总投资4800多万元。生产经营不断优化，大朗园区的"大朗牌荔枝"通过绿色食品认证，并成功举办名优荔枝推介会，打响品牌；清溪园区的水果、花卉以及桥头园区的苗木实现产销两旺；谢岗园区的龟鳖养殖、温室花卉生产和麻涌园区的火龙果种植等项目顺利投产。提升休闲生态功能，东坑、清溪、横沥、大朗、寮步、麻涌等园区完善绿道、驿站、垂钓场、凉亭等休闲设施。东坑农业园被评为省现代农业园区，全市省级现代农业园区达5个。

【农业"三打两建"】2012年，按照省、市开展"三打两建"的统一部署，东莞市农业局认真组织开展农产品和农资产品领域打击制假售假、欺行霸市和商业贿赂专项行动，开展农资市场监管体系建设试点和社会信用体系建设工作。全市农业系统出动执法人员7.57万人次，检查农资生产经营企业、种养生产基地、农批市场、农贸市场和超市5.01万间次，查处案件366宗，查获假冒伪劣饲料139吨、化肥285吨、问题种子330多公斤以及农药、兽药一批，涉案总货值362.33万元，罚没款合共62.5万元，惩处制售假劣产品违法行为，维护农民群众的合法权益。下半年在大朗镇开展农资市场监管体系建设试点工作，探索长效监管机制建设、监管信息平台建设、生产经营信用体系建设、农资行业自律管理制度等经验，解决农资市场监管深层次问题。

① 2012年10月11日，市委副书记姚康（右三）到道滘镇调研农业农村工作。
② 2012年12月15日，副市长吴道闻（左三）出席第四届广东现代农业博览会，到东莞展团指导工作。
③ 2012年10月19日，举行供莞蔬菜（润丰）产销对接示范点挂牌暨供莞蔬菜标识启用仪式。

① 2012年全面建成市镇动物卫生远程视频监控系统，实现生猪屠宰环节监控全覆盖。
② 2012年11月1日，召开全市农村（社区）集体经济统筹管理工作会议。
③ 2012年，东坑农业园被确定为省级现代农业园区。
④ 2012年2月24日，农业执法人员在道滘镇执法检查中向经营者讲解识别农药真伪。
⑤ 2012年8月24日，召开全市农村综合改革暨镇村集体经济发展工作会议，对农村综合改革工作进行全面动员部署。

【农产品质量安全监管】 围绕2012年市政府十件实事中强化农产品质量安全监管的任务目标，2012年东莞市农业局明确以农产品生产环节为重点，坚持日常检测、执法巡查及风险监测并重，结合“三打两建”专项行动、“瘦肉精”专项整治等工作，加大监测力度，提升监管效能。全年检测蔬菜样本65.61万份、生猪样本40.80万份，分别比2011年增加5.82%和11.78%，检测合格率分别达99.1%、99.9%。坚持检打联动，发出64份不合格农产品处理通知书，督促市镇两级销毁不合格蔬菜30吨、无害化处理生猪611头。6月份，举办首次农产品检测实验室开放日活动，向广大市民和新闻媒体充分展示该市近年来在农产品质量安全方面取得的成就，让市民更直观地了解农产品质量安全检测机构的内部运作和管理。

【农产品质量安全检测体系建设】 2012年10月，东莞市农检所顺利通过广东省农产品质量安全检测机构考核及省实验室资质认定（计量认证）复评审，成为省内首家通过省农产品质量安全检测机构考考核的单位。塘厦镇农技中心也于当月完成省级计量认证工作，成为市内首个具法定资质的镇级农产品质量安全检测机构。11月份，市农业局组织开展首届检测技能大比武活动，提高检测人员的专业技能和业务水平。

【市镇动物卫生远程视频监控系统全面建成】 2012年，东莞市市镇两级累计投入经费1200多万元，顺利完成市级监控中心远程音频监控对讲系统、中心平台数字矩阵、电视墙扩充以及6大信息采集模块的升级改造工程，32个镇街全部建成镇级监控分中心和屠宰场监控点，市镇两级联网对接，实现屠宰场100%全覆盖，形成“市监控中心—镇街监控分中心—屠宰场监控点”三级管理模式，实现对全市生猪屠宰重点环节的全程有效监控。省畜牧兽医局召开全省屠宰溯源视频监控系统建设工作专题会议，介绍推广东莞经验做法。

【东莞市生猪生产规划出台】 2012年，东莞市农业局与国土局、环保局联合印发《东莞市生猪生产规划（2012—2020年）》，分为Ⅰ期规划（2012—2015年）、Ⅱ期规划（2016—2020年）。其中Ⅰ期规划为过渡性规划，主要任务是按照选址合法、规模养殖、饲养管理规范等条件，并通过村、镇、市三级把关的程序，在现有生猪养殖场中选择保留一部分猪场，实施树牌养殖。Ⅱ期规划的重点是明确生猪养殖准入条件，统一生猪养殖申办程序，严格生猪养殖准入制度，依法审批和管理生猪养殖场。《规划》的出台规范东莞市生猪养殖，保护东莞市生态环境，为确保东莞市生猪质量安全，提高生猪应急供应能力提供保障。

【农村集体资产交易试点启动】 2012年，东莞市开展农村集体资产交易和“三资”监管平台试点建设，选择麻涌、常平、虎门三镇开展交易平台建设试点，指导樟木头、洪梅、东坑、清溪、长安、厚街、万江等镇街开展前期准备工作。与省市相关部门和软件公司沟通，筹备将农村集体资产交易平台与“三资”监管平台合一建设事宜。至2012年底，“两个平台”软件开发的整体框架已确定，交易软件已初步完成开发并投入使用，麻涌、常平、虎门、洪梅等镇共成功开展村组集体资产交易102宗，其中在镇级平台交易20宗，在村级平台交易82宗，立项金额1.31亿元，中标金额1.44亿元，溢价9.9%，促进集体资产交易行为透明化和资产收益最大化，取得经济效益和社会效益双丰收。

【农业科技】 2012年，东莞市农业系统获省市科技成果奖项12项，其中省科技进步奖2项，省农业技术推广奖4项、市科技进步奖6项。5项农业科技成果鉴定全部达国内先进或领先水平。全年申请专利13项，获授权9项。以第一作者发表论文42篇。全市筛选评定并推介发布主导品种14个，主推技术9项。建立科技试验示范基地45个，科技入户点68户，累计面积1147.2公顷。开展科技下乡活动和各类农技培训487期，发放生产资料及其他扶持资金累计28.5万多元，受益人数近2.86万人。建设农业农村人才队伍，举办3期农村实用人才培训班，做好农业专业技术人才职称评审，全市申报农业类（包括农、林、牧）中初级职称105人，通过评审76人，通过率73%。

【农机购置补贴】 2012年，东莞市落实国家、省、市农机购置补贴资金660.03万元，为历年最高水平，比上年增加155.66万元，增长30.86%。共补贴农业机械1916台、育秧盘2.83万个，扶持建设设施农业337公顷，惠及农户（组织）491个。东莞市农业物质装备水平稳步提升，全市农业机械总动力达39.105万千瓦，比上年增长3.17%；农作物机械化综合水平为32.2%，水稻机械化综合水平达69.33%，分别比上年增加4.5和5.1个百分点。新建市级农业机械化示范基地3个，总动力3945千瓦；新培育农机大户13个，总动力3461千瓦。

【农机安全监管】 2012年，东莞市农业局联合市安监局、市交警支队开展3次全市无牌无证拖拉机专项整治行动。全市出动执法人员1734人次，检查拖拉机580多台次，查处无牌无证拖拉机154台，处罚金额10.02万元，派发农机安全宣传资料3500多份，有效遏制无牌无证拖拉机违法上路行为，增强拖拉机驾驶员按规定上牌、年检、考取驾驶证的意识。开展市级农机安全示范村创建活动，全市共建立13个农机安全示范村。

【产销联建】 2012年，东莞市农业部门加大农产品产销联建工作力度，修订印发《东莞市蔬菜产销联建工作实施方案》《东莞市农业局供莞蔬菜生产基地认定与管理办法》，调整完善蔬菜产销联建工作机制，认定第三、四、五批供莞蔬菜生产基地80个，面积7967公顷，年供应能力46.86万吨；认定10家基地为第8批供莞生猪基地，年供应生猪51.48万头。截至2012年，东莞与省内外13个市县建立蔬菜产销合作关系，认定供莞蔬菜生产基地124家12240公顷，年生产能力72.29万吨，达到全市蔬菜年消费量的50%；与36个市县建立生猪产销合作关系，认定供莞生猪基地234家，年供应能力730多万头，相当于东莞市生猪年消费量的两倍。

【设施农业建设】 2012年，东莞市新建设施农业约9500亩，全市设施农业总面积达2.8万亩，其中温室大棚1.04万亩，节水喷滴灌设施1.45万亩。新建市级设施农业示范基地15个，总面积3137亩。全市设施农业示范基地年总产值达10635万元，实现利润3740万元，平均亩纯收入达0.56万元，其中温室大棚亩纯收入为1.48万元，喷灌设施亩纯收入为0.39万元。

【农业名牌战略】 2012年，东莞市农业局通过加强培育指导、实施激励政策、优化培育环境等措施，加大农业名牌带动战略实施力度，东莞市金良稻丰米业有限公司的米乐丝苗牌晚籼米和广东康达尔农牧科技有限公司的康达尔牌105肥鸡配合饲料等2个产品获得广东省名牌产品（农业类）称号，东莞市太粮米业有限公司等5家企业5个已到期名牌产品全部通过复评审。东莞养生源蜂业有限公司的雪旨花蜜

（茗子蜜）、黄江龙兴荔枝专业合作社的龙兴牌荔枝、樟木头农业发展总公司的樟木头观音绿牌荔枝等3个产品通过绿色食品认证；东莞厚街桂冠荔枝专业合作社的荔枝通过无公害农产品认证。全市有效期内的省级农业类名牌产品30个（不含林业、渔业），无公害农产品67个，绿色食品52个，有机产品13个。

【首批名村建成】2012年，经过市镇两级共同努力，东莞市中堂镇潢涌村、石碣镇桔洲村、茶山镇南社村、东城街道周屋社区、万江街道拔蛟窝社区、南城街道周溪社区和麻涌镇麻二社区等7个市级名村试点，石龙镇西湖村、虎门镇白沙社区等22个镇级名村试点完成建设任务，首批29个试点名村投入资金2.6亿元，完成名村创建项目226个，初步实现岭南风情更加浓郁、文化元素更加丰富、人居环境更加优美、发展后劲更加有力的目标。

【供莞蔬菜标识启用】2012年10月，东莞市农业局联合石碣镇农林水务局、润丰果菜有限公司，在石碣润丰国际蔬菜交易中心举行“东莞市供莞蔬菜（润丰）产销对接示范点挂牌暨供莞蔬菜标识启用仪式”，正式授权一批供莞蔬菜生产基地在供应东莞的蔬菜产品上加贴供莞蔬菜标识。市农业部门通过设计供莞蔬菜标识、制定《供莞蔬菜标识使用及管理工作指引》、建立发放台账登记制度等措施，建立健全供莞蔬菜基地及产品可溯源信息，提高市民选购供莞蔬菜的信心。

【创新荔枝展示推介】2012年，东莞市同时举行网上荔枝节和名优荔枝现场展示推介会，着力增强东莞名优荔枝的宣传力度和品牌效应。6月14日，东莞市农业局、东莞市农业技术推广管理办公室联合东莞城市候机楼、菜虫网、顺丰速运等多家单位，以东莞荔枝网为平台，正式启动东莞首次网上荔枝节，通过建立统一产品标识，组织开展荔枝网购、线上拍卖等活动，发展荔枝电子商务，实现“生产基地—网络—消费”的对接。6月21日、24日，在大朗镇和厚街镇分别现场举办名优荔枝展示推介会和荔枝品评节，集中展示、推介本地名优荔枝，与网上荔枝节互相呼应，扩大东莞荔枝的知名度和影响力。据统计，荔枝节期间网上销售荔枝达200吨以上，销售范围涵盖除西藏外的全国所有省、自治区和直辖市。

【全国农民运动会】2012年9月16至22日，东莞市组队代表广东省参加在河南省南阳市举行的第七届全国农民运动会男子篮球和自行车载重比赛。其中男子篮球由大朗镇组队，共10名运动员参加比赛；自行车载重由黄江镇组队，男女各3名运动员参加比赛。经过激烈角逐，自行车载重比赛获得男子团体第三名、女子团体第六名，以及获得男子65公斤20公里个人计时赛第五名，女子30公斤40公里个人计时赛、女子40公斤20公里个人计时赛、男子65公斤30公里个人计时赛、自行载重4×10公里接力赛4项第六名，男子50公斤40公里个人计时赛第七名，女子40公斤30公里个人计时赛、男子50公斤30公里个人计时赛2项第八名。男子篮球比赛获得第五名及运球过障碍投篮接力赛第八名。男子篮球队和自行车载重队各有1名运动员获得体育道德风尚奖。

▲石碣润丰国际蔬菜交易中心

【东莞市农作物种子质量检验站成立】2012年8月，东莞市种子管理站加挂“东莞市农作物种子质量检验站”牌子（以下简称检验站），负责全市农作物种子质量检验工作。检验站于12月通过省农业厅组织的资格考核为合格种子检验机构，成为广东省第一家由地市自筹资金建设并通过资格考核的地市级种子质量检验机构。检验站承担东莞市农作物种子质量监督检测，同时承担农业部、省的种子质量检测任务。

【农业产业化】2012年，东莞市培育发展农业产业化组织，落实各级财政扶持资金1524万元。全市农业龙头企业19家，其中省级以上重点农业龙头企业8家，农业产业化国家重点龙头企业3家；农民专业合作社46家。全市农业龙头企业总资产43.2亿元，实现销售收入超过53.50亿元，农产品交易额44.1亿元，带动农户达9万多户，其中市内农户约9500户;为农户增收2.07亿元，户均增收约2300元。全市农民专业合作组织生产基地超过2000公顷，入社农户近2000户。

【农业信息化】2012年，东莞加强“农信通”信息服务，已开通香蕉、荔枝、蔬菜、粮作种植户服务群以及农机安全等5个用户群，注册用户约1万户。2012年，依托农业信息网系统建立起新的农信通服务平台，全年发送信息48条次，指导服务农户23万人次。选定东莞市全农蔬果种植有限公司、东莞市为农农副产品有限公司、江南农批市场等单位为全省金农工程信息采集单位，指导各相关企业定期开展生产、流通供应等信息报送工作。根据省“广货网上行”工作部署，联合菜虫网、顺丰快递东莞有限公司等企业开展农产品电子商务服务平台建设，举办东莞网上荔枝节，创新农产品展示销售模式。东莞农业信息网2012年发布信息10.4万余条，向省农业信息网报送东莞三农信息500多条，网站《面向农产品市场信息的通用管理与发布平台》项目获市科技进步三等奖，2012年获得由中国农业网站发展论坛组委会颁发的“卓越农业政府网站”称号。

【现代标准农田建设】2012年，市、镇两级财政共投入1700多万元，通过开展排灌渠系建设、修筑机耕路等措施，在麻涌、石碣等11个镇街16个村（社区）基本建成现代标准农田0.58万亩，有效改善项目区农业生产条件，提高农田防灾减灾能力，促进农民增产增收。

（黄椿颖）

种植业

【概况】2012年，东莞市种植业产值16.93亿元，比上年增加0.91亿元。全年农作物播种总面积2.48万公顷，比上年增加0.03万公顷；粮食总播种面积2752公顷，总产1.25万吨，其中水稻播种面积1578公顷，总产0.84万吨。蔬菜总播种面积2.03万公顷，总产38.66万吨。水果总种植面积1.19万公顷，总产6.49万吨，其中荔枝0.79万公顷，香（大）蕉0.24万公顷，龙眼0.12万公顷，其他杂果0.04万公顷（包括火龙果、番石榴、芒果等）。花卉总种植面积906.7公顷，年产鲜切花（切叶）881万枝、盆栽植物237.09万盆。鲜切花种植以菊花、百合、唐菖蒲和富贵竹等为主，盆栽植物种植以一品红、红掌和草花等为主。

（黄椿颖）

畜牧业

【概况】2012年，东莞市养殖效益相对平稳，全市畜牧业总产值6.33亿元（当年价）。肉类总产量2.67万吨，比上年增加2.75%。年末生猪存栏14.25万头，同比减少19.43%；全年生猪出栏28.63万头，同比增加2.6%。年末家禽存栏155.80羽，同比减少1.59%；家禽出栏784.70万羽，同比增加7.15%。全市饲料业发展较快，产量增长明显。2012年，全市46家饲料企业生产总量（含11家单一饲料）达452.57万吨，产值达138.39亿元，同比分别增长18.95%、38%，其中非单一饲料企业生产总量108.90万吨，产值达35.14亿元，同比分别增长17.92%、25.61%。

（黄椿颖）

附：2012年东莞市委农办、市农业局领导名录

市委农办主任、市农业局局长：黄贵田
副局长：李小帆　林炎隆（任至11月）
　　苏韩暖（11月到任）　布润泉
　　罗其芳
市委农办副主任：尹国强
纪检组长：陈素平
总兽医师：卢炽根
调研员：林炎隆（11月任职）
副处级干部：魏宇翔
副调研员：邹健华　叶榛华

渔　业

【概况】东莞市捕捞渔区分布在虎门镇、沙田镇和中堂镇，2012年有3条纯渔业村（社区），渔业人口1.2万人，劳动力6489人；有渔业船舶618艘，马力60576千瓦，其中海洋捕捞渔船555艘，内河捕捞渔船63艘。2012年，全市鱼塘水产养殖面积9907公顷。渔业经济总产值28.07 亿元，比上年增长6.5%；水产品总产量76967吨，下降1.6%，产值88142万元，增长4.4%。其中，水产养殖产量58194吨，下降1.8%，产值65420万元，增长1.7%；全年渔业捕捞产量11664吨，下降5%。据抽样调查，捕捞渔民人均收入约为7200元，比上年增长8%。

【渔业产业结构调整】2012年，东莞市按照“调整捕捞、推广养殖、提高加工、发展休闲”的工作思路，抓好渔业结构的调整和转型升级。做好海洋捕捞渔船节能工作，全市有250多艘渔船进行节能改造。引导工厂化养殖模式，涌现出一批现代渔业典例。做大做强水产品流通企业，培育壮大4家具有辐射力的水产专业市场。推进渔业标准化建设，开展全市新版水域滩涂养殖证换发工作。加大名牌产品和质量强市实施力度，有1家企业获得广东省名牌产品称号，有3家企业通过无公害水产品一体化认证，设立3家水产品养殖安全示范点和3家“菜篮子”基地。全市4个水产批发市场、大型超市和146个样板市场实施水产品标识管理。

【支渔惠渔政策落实】2012年，东莞市落实好国家渔业柴油补助政策，完成2011年度渔业柴油补助资金发放工作任务，下发补助金10517万元，补助渔船522艘。落实涉渔收费减免政策，补助渔船538艘，减免收费资金116万元，实现渔船“零收费”。关注禁、休渔期困难户渔民生产生活，补助渔民1400多人、核发困难救济金150多万元。开展转产转业渔民技能培训工作，免费培训渔民160人。开展东莞市渔区现代产业发展战略研究课题项目，为东莞市渔区现代渔业产业发展提出指导性、前瞻性的意见和建议。

【水产品质量安全监管】2012年，东莞市开展水产品质量安全专项行动6次，检查各类场地123次，抽检水产品样本1344批次，水产品药物残留检测合格率为98.1%。在全市4大水产品批发市场建立水产品快速检测室。加强水生动物病害防控，推广健康养殖、生态养殖，组织培训班6期，培训渔民500多人次。抓好水产养殖病害测报和防疫工作，编制月报12期，预报10期，预防和控制了水生动物疫病在市内的发生和流行。

【渔业安全生产】2012年，东莞市通过实施海洋防灾减灾工程建设，推进“安全生产年”各项工作，执行南海伏季休渔及珠江禁渔制度，完善现代化渔船数字管理平台，全年核发渔船、船员IC卡1297张。2012年全市发生各类渔业船舶水上事故2起，无重大安全事故。举办9期船员培训班，培训船员1087人。组织开展“护渔2012”行动，检查各类渔船1156艘次，查处渔业违法案件29宗。

【渔业科技攻关】2012年，东莞市组织力量开展渔业技术攻关，申报的《东莞市水产品中高危物质污染现状调查与风险评估研究》《工业化城市渔业污染事故发生和预防模式研究》和《水产品中孔雀石绿快速检测方法—酶联免疫吸附法》等3个科研课题获得立项；《供莞水产品基地龟鳖良好养殖技术研究与示范》《黄唇鱼种质资源储备及繁殖生物学研究》《中华花龟种苗繁育及产业化关键技术》《集约化池塘高效增氧与健康养殖技术示范》等项目进展顺利。《东莞市淡水和河口鱼类资源调查》项目荣获2012年度东莞市科技进步一等奖。

【水生野生动物资源与海洋环境保护】2012年，东莞市发动各镇街和社会各界参与渔业资源增殖放流，全市开展6次渔业资源增殖放流活动，投放鱼苗、虾苗2418万尾。围绕“简政强镇”的推进，规范水生野生动物特许证的办理程序，办理水生野生动物年审180多份，征收资源保护款12多万元。做好黄唇鱼保护区管理工作，编制《东莞市黄唇鱼自然保护区发展规划》，宣传黄唇鱼保护和救护知识。做好海岸带修复整治工作，开展海域环境质量现状与近岸趋势性、江河入海污染物总量、海洋垃圾等监测，编制并发布《东莞市2011年海洋环境质量公报》。

（袁晓君）

附：2012年东莞市海洋与渔业局领导名录

局　长：刘伟全
副局长：江日年

林 业

【概况】2012年，东莞市林业用地面积60195.1公顷，森林覆盖率37.1%，林地绿化率96.96%，林木绿化率38.79%，活立木蓄积量291万立方米，蝉联全省森林资源保护和发展目标责任制考核第一名。截至2012年，全市建成开放森林公园10个，面积340平方公里。

【森林公园建设】东莞市森林公园建设继续被列入2012年市政府十件实事之一。黄江黄牛埔森林公园和凤岗碧湖森林公园共建成出入口2个、出入口广场6.5公顷、登山步道4.5公里、绿道19.9公里、凉亭4个以及观景休息平台等设施，基础设施建设基本完成。推进大岭山、大屏嶂、银瓶山三大森林公园配套设施建设。大岭山森林公园森林浴步道和灯芯塘步道完成建设工作，石洞核心景区项目规划方案已报市规划局进行技术审查。大屏嶂森林公园林场片区游客服务中心已基本完工。银瓶山森林公园黄茅田水库（天池）工程基本完工，二期项目已完成项目立项和方案设计。完善绿道建设，大岭山森林公园推进绿道由线状向网状发展，建成绿道7.8公里，同时完成环湖自行车道延长线、停车场等配套设施。大屏嶂森林公园翠顶山环山绿道已完成路面铺设。

【生态景观林带】2012年，东莞市生态景观林带建设任务涉及13个镇街和1家高速公路有限公司，广深高速生态景观林带红线范围外及东江水源涵养林生态景观林带的绿化由市绿化委员会负责建设，沿线13个镇街负责实施。其中，广深高速东莞段由北至南途经麻涌、中堂、望牛墩、道滘、万江、南城、厚街、虎门、长安9个镇街，东江水源涵养林东莞段由东至西流经桥头、企石、石排、石龙4个镇。经统计，广深高速东莞段红线范围外和东江水源涵养林东莞段已完成建设里程100.75公里，完成种植及管护面积1478公顷，种植各类植物66.75万株，包括乔木39.91万株、灌木25.91万株、攀援植物0.93万株。广深沿江高速东莞段（2号）和京九铁路东莞段（17号）生态景观林带建设项目已完成项目投资估算。

东莞市林业局

① 2012年3月12日，市委书记徐建华（左一）、市长袁宝成（中）带头参加义务植树。

② 2012年2月10日，广东省林业厅厅长张育文（前排中）视察东莞市景观林带建设。

【森林碳汇重点生态工程】2012年，东莞市完成水源涵养林改造1551公顷，完成计划任务的116%，幼林抚育2386公顷，营建农田林网178.3公顷。造林成活率达到93%以上，造林成效得到提升。黄旗山城市公园第三期林相改造工程完成，造林面积达65公顷，种植乔灌花草77个品种853232株，完成三期林相改造工程幼林补植和幼林抚育143.63公顷。全面完成石马河流域绿化整治工作，完成石马河流域纯林相改造454公顷，见缝插绿面积103.33公顷；对石马河流域实施封山育林及薇甘菊防治，封育面积5391.3公顷，薇甘菊防治面积1400公顷。以大量外业调查为基础，8月份完成《中央生态休闲区林相改造专项规划》编制工作。

【全民义务植树】2012年市几套班子领导植树活动，在同沙生态公园、大岭山大沙湿地公园两个植树点同时进行。市委书记徐建华、市长袁宝成带领几套班子领导与市林业局领导、东城街道办事处领导、东莞军分区官兵在同沙生态园参加植树活动，种植面积4公顷，植树3000株。同时，市几套班子机关工作人员、驻莞部队官兵共670人参加大岭山镇大沙湿地公园广场植树活动，植树1600株。市妇联组织各地代表与市林业局在同沙举行营造“巾帼林”植树活动和植树基地挂牌仪式，160多名妇女共同植下800余株树苗。据统计，全市累计出动参加全民义务植树86.32万人次，共植树302.12万株，新建27个义务植树基地，137家单位（个人）参加绿地树木认建认养，尽责率达95%以上。

【森林资源保护】2012年，东莞市林业局加大森林资源保护管理力度，落实1103平方公里生态控制线，做好13666.67公顷的封山育林工程。实施林地用途管制，审核征占用林地项目26宗，涉及林地面积195.65公顷，共审批采伐报告62宗，涉及采伐面积147公顷。《东莞市林业产业发展规划（2011—2020年）》的编制工作全面完成，《东莞市2011—2020年林地保护利用规划》的林地落界工作全面完成。坚决打击破坏森林资源违法行为，开展“候鸟保护专项行动”等活动，收缴国家Ⅱ级重点保护野生动物175只（条），省重点及国家“三有”保护野生动物784只（条），查处林业行政案件31宗，涉及破坏林地资源面积39605.82平方米、被毁林木出材量8.8509立方米，打击各类林业违法行为。加强森林防火建设，开展8期森林防火知识培训和6期应急实战演练，共培训护林员、林区治安员和兼职扑火队员825人，参加实战演练人数385人次；营造生物防火林带28公顷，抚育生物防火林带324.828公顷；完成大岭山森林公园白石山、石碑头基站、虎门虎眼山大桥站基站建设。采购一批扑火物资，提升防扑火基础设施。做好古树名木的保护和管理，严格审批15宗古树名木死亡清理及病朽木修枝申请，对58株古树名木实施打孔透气复壮措施，对古树名木病虫害发生趋势进行月度监测，发布古树名木保护病虫害监测情况和防治措施，控制病虫害的发生。

① 2012年11月6日，副市长吴道闻（左二）视察东莞市森林防火工作。
② 森林公园成为市民休闲、度假的好去处

【林业生态文明建设】2012年，东莞市加强林业科研建设，成功申报广东省林业科技创新专项资金项目“短葶仪花良种选育和高效栽培技术研究与示范”，东莞市生态林业科学研究所获评为绿色食品类名牌称号企业。加大林业生态宣传规模，加强与新闻媒体的合作，发布林业新闻信息共156篇；开展大规模宣传活动，在东莞日报出版“3·12”义务植树专刊，刊发吴道闻副市长《打造生态景观林带 建设绿色幸福东莞》的署名文章以及胡炽海局长的采访报道。东莞电视台在东莞新闻、午间新闻、今日莞事等电视栏目追踪报道义务植树和生态景观林带信息。开通“东莞林业”新浪微博和腾讯微博，及时高效传递东莞市林业最新动态。完成以中堂镇下芦村等7个村（社区）和虎门沙角部队为苗木扶持对象的林业生态文明绿化建设任务。东莞市职业技术学院等22家单位荣获“园林式单位”称号，虎门镇白沙村等5个村（社区）荣获“绿化模范村（社区）”称号。（陈 馨）

附：2011年东莞市林业局领导名录

局　长：胡炽海

副局长：詹惠航　林映鹏　殷子胜

总工程师：徐正球（8月到任）

旅游业·餐饮业 TOURISM·CATERING

旅游业

【概况】 2012年，东莞旅游业稳步发展，全年接待人数2743.8万人次，比上年增长4.9%；旅游总收入306.4亿元，比上年增长22.8%。

【旅游城市名片打造】 打造东莞节庆品牌名片 2012年，东莞市举办第二个“中国旅游日”东莞旅游系列活动、2012东莞旅游文化节系列活动，取得良好的经济效益和社会效益，成为东莞市对外推介宣传的一张名片。

打造高星级饭店群名片 2012年，东莞市旅游局通过采取“召开星级复核汇报会、实地检查、召开意见反馈会、提出整改意见、整改完毕后再验收检查”的“东莞星评模式”程序，指导饭店以最少的整改成本、高效合理的规章程序、规范化和人性化的服务，顺利通过星评和复核，促进东莞饭店业向规范化、个性化、品牌化、规模化、集团化方向发展，打造一张东莞星级饭店群的名片。全市有星级饭店89家，其中五星级饭店20家、四星级饭店25家。

打造国家级景区群名片 2012年，东莞市旅游局加强加快景区创A工作，对创建工作加强指导和督促。全市有国家A级景区9家，其中4A景区7家、3A景区1家、2A景区1家。

打造东莞旅行社形象名片 2012年审批设立了东莞市飞扬旅行社、广东国旅（东莞）旅行社、东莞市猎狐旅行社和东莞市中港旅行社。全市有旅行社61家，其中9家为出境游组团社。东莞青旅国际旅行社和景鸿国际旅行社获批为第四批大陆居民赴台游组团社。东莞市旅行社行业的综合实力逐年提升，服务意识和服务水平逐步提高，在世界莞商大会、首届中国加工贸易产品博览会的接待工作中，顺利完成住房、车辆、指引、接送等工作，获得市领导和参展单位的一致肯定与好评，塑造了东莞旅行社的良好形象。

【旅游市场拓展】 规划产业布局 2012年，东莞市加快推进旅游业“十二五规划”进程；跟进《深莞惠旅游发展规划》的编制进度；完成《统筹水乡地区旅游发展规划编制工作方案》，成立市旅游局水乡地区发展实施规划领导小组，探索把水乡地区特色旅游线路纳入“万人互游深莞惠”指导线路和《深莞惠旅游发展规划》。

加强城市营销 2012年，东莞市旅游局组织旅游企业参加系列国内外旅游展和开展多场旅游宣传营销活动；精心设计制作户外广告、旅游宣传资料和纪念品进行宣传推介；在《东莞日报》等媒体对2012年“中国旅游日”东莞欢乐健康游系列活动及2012旅游文化节活动进行宣传推广；推进中国东莞旅游网的改版，在新浪、腾讯开通官方微博宣传推介东莞旅游，持续在新浪微博上进行有奖竞猜活动和“舌卷东莞”寻味东莞美食微博大赛活动，有31万网友关注；2012年市旅游局网站发布焦点信息36条，通知14条，省旅游局发布东莞相关旅游信息452条，微博发布1190条信息。

推动区域合作 2012年，东莞市旅游局参加深莞惠三地联席会议；启动深莞惠旅游联盟活动，签署《深莞惠旅游联盟合作协议书》，推进深莞惠旅游区域化建设；三地共同开展和参加“缤纷深莞惠·幸福绿道游”活动、“长沙·深莞惠三地旅游宣传周”活动、2012中国国际旅博会活动；中山旅游局组队参观考察大朗帝豪花园酒店、虎门豪门大饭店，交流饭店发展和星级酒店评定与复核等方面的经验；组织和协助有关镇街、旅游企业参加“清溪赏花行”、“美丽新兴·感恩东莞”旅游扶贫、“桥头一日游”、中山旅游线路考察、道滘（第三届）美食文化节推介

会、2012中国国际旅博会等活动。

【行业环境优化】 联合执法 2012年，东莞市召开全市旅游质监、旅游安全工作会议，制定工作方案，成立领导小组，设立星级饭店食品和日化用品专项行动小组、旅游景区食品商品专项行动小组、旅行社“打黑”专项行动小组等专项行动小组，推进“三打两建”工作的开展。在整顿和规范东莞市旅游市场的过程中，市旅游局加强部门协作、加大联合执法的力度，充分依靠公安、工商、物价、交通等相关部门的支持，在原有的执法基础上拓展新的部门联合执法合作机制，确保整顿规范旅游市场秩序工作的有效开展。

安全生产 在五一、中秋、国庆、春节等节假日期间，东莞市旅游局成立旅游安全大督查工作小组，对旅游企业的旅游安全生产工作进行督查。在2012年旅游市场检查周活动期间检查旅行社30家次、饭店45家次、景区10家次，取缔3家涉嫌违规代收客业务的票务网点，查处个别违法违规经营的旅行社。

诚信经营 2012年，东莞市旅游局制定“讲诚信、促发展”主题活动实施方案，开展“诚信兴商宣传月”活动，组织旅行社推荐“品质旅游”参考报价线路，开展“广东旅游质监志愿者”推荐活动，在《东莞日报》发布“文明旅游、理性消费”提示，建立诚信信息曝光制度，建立高效投诉受理和处理机制，维护旅游企业和游客的利益。全年收到旅游投诉与咨询1481件，其中正式有效投诉88件、立案88件、结案88件。

【行业风貌塑造】 加强旅游教育培训 东莞市旅游局完成2012年度广东省全国导游员资格考试的相关工作，3名报考高级导游员，39名考生报考中级导游员，435名报考初级导游员。开展导游员继续教育培训工作，邀请专家授课，完成了初级导游员的继续教育培训工作，402人参加。随着东莞旅游业的发展，东莞的导游员队伍逐步扩大，现在持证导游员人数有1179人，其中中级33人、初级1146人。

开展精神文明建设 2012年，东莞市旅游局创建“党建书苑”学习品牌，开设道德讲堂，加强党务、政务公开，开展创先争优活动，创建省特级档案工作目标管理单位；组织部分旅游企业参加“美丽新兴·感恩东莞”旅游扶贫活动，设置“禁毒募捐箱”开展募捐活动，组织出境游组团社参加“2012广东海外安全文明宣传活动周”东莞启动仪式；举办第二届全国导游大赛东莞参赛选手选拔活动，东莞国旅的陈冠华、卢珈谚及东莞康辉的齐华等3名选手代表东莞参加省级选拔活动，获得“2012广东省优秀导游称号”；推荐东莞康辉的郭童羽、田奥妮参加第四届全国红色旅游导游员电视网络大赛，获得三等奖；推荐东莞中旅的牧小潇为全国优秀导游员候选人；推荐东莞国旅、东莞中旅、东莞康辉、东莞青旅为2012年第二季度“阳光热线”电台直播节目的上线单位；从各酒店选拔推荐江志坚、郑继科、胡佩、方丽、罗浩参加2012年广东省职业技能竞赛调酒项目，获得高级调酒师国家职业资格证书。 （钟金伟）

附：2012年东莞市旅游局领导名录

局　长：梁少虾

副局长：余建民　李亚鹏　曾玉如

东莞市旅游局

① 2012年9月20日，举办2012东莞旅游文化节开幕式。

② 2012年5月19日举办“中国旅游日”东莞欢乐健康游暨深莞惠旅游联盟活动启动仪式。

③ 2012年12月18日，在韶关（东莞）会议旅游推介暨旅游项目招商会上东莞市与韶关市签署旅游会议合作协议。

① 2012年10月22日，召开水乡地区旅游发展规划编制工作座谈会。
② 2012年4月20日，深莞惠区域旅游合作联席会议在惠州市龙门县地派温泉举行。
③ 2012年东莞市旅游局获评为省特级档案综合管理单位

餐饮业

【概况】 餐饮业是东莞市商贸流通业的重要组成部分，也是东莞市商贸流通环节的中坚力量之一。2012年东莞市住宿和餐饮业投资额101943万元，同比增长121.1%；在第三产业增加值中增长1.5%。

【餐饮分等定级】 自2006年起，东莞市积极组织符合条件的餐饮企业参加全国酒家酒店评定委员会开展的国家级酒家酒店等级评定，倡导餐饮业实施国家餐饮标准，促进餐饮业标准化和规范化管理，构建食品卫生安全体系。截至2012年，东莞市共有国家级酒家36家，其中五钻26家，四钻6家，三钻4家。

【美食节庆活动】 2012年，东莞举办道滘美食文化节、南城美食节等美食节庆活动，强化品牌建设，提升活动规模和档次。如道滘美食文化节，以端午道滘粽为主题，结合展销会，发展镇内食品企业，形成东莞市食品集聚区。2009年，该活动更升级为国家级展会，每年吸引数十万人次参加。截至2012年，南城区以自身的商业优势，已成功举办11届美食节，并将美食和购物相结合，提升该区的区域形象以及商贸业水平。 （袁燕玲）

① 2012年12月6日，东莞市、江门市联合开展饭店培训。

② 2012年12月26日，召开东莞市旅游饭店协会第七次会员大会。

③ 2012年2月24日，龙凤山庄影视旅游区举办荣膺国家4A级旅游景区揭牌仪式。

④ 2012年9月27日，东莞市旅游局到高埗镇朱墈村开展中秋扶贫慰问。

东莞市旅游景点名录

名　称	地　址	传真电话	办公电话	邮　编
鸦片战争博物馆	东莞市虎门镇解放路88号	85527770	85512065	523900
松山湖生态景区	东莞市松山湖管委会A3栋1楼	22897688	22890101 22890202 22890769	523808
广东观音山国家森林公园	樟木头镇石新区笔架大道	87708666	87799666 87700662 87700691	523635
龙凤山庄影视旅游区	凤岗镇官井头大龙管理区龙凤山庄路	87562288	87562288	523709
可园博物馆	东莞市可园路32号	22227013	22211748 22221070	523017
东莞展览馆	东莞市南城鸿福路97号	22834008	22834000 22834001 22834013	523888
东莞科学技术博物馆	东莞市新城市中心区元美路2号	22835269	22835298 22835988 22835268	523075
新华南MALL 欢笑天地	万江区万道路三元盈晖大厦	22430055	88778868 88778873 88778832	523043
广东东江纵队纪念馆	大岭山镇大岭村委会大王岭村	85655236	85651000 85651766 85651155	523835
诺华中式家具博物馆	道滘镇诺华家具工业园		88313441	523186
冠和博物馆	樟木头镇莞惠大道中心广场三楼	86267388	86269189	523618
南社古建筑群	东莞市茶山镇南社村	86408882	86404168 86403588 86403588	
袁崇焕纪念园	东莞市石碣镇崇焕东路212号	86303212	86300062 86363693	523306
粤晖园	道滘镇粤晖路1号	88386688	88389236 88389228 88389236	523186
隐贤山庄	常平镇丽城隐贤山庄大道8号	83395787	83398888-8666 83398888-3868	523565
蒋光鼐故居	虎门镇南栅村	85225988	85225868-113	
塘尾明清古建筑群	石排镇塘尾村	86551959	86653717 86527111	523900
旗峰公园	城区旗峰路	22461595	22471887 22463895 22463895	523129
虎英郊野公园	东城迎宾路	22610787	22663531 22618240	523129
榴花公园	东城区峡口	22014800	22690577 22690577	523115
唯美陶瓷博物馆	高埗镇北王路草墩桥侧唯美集团总部	88463238-223		
金威啤酒（东莞）有限公司	松山湖科技产业园区	22898000	22898003	
圣心糕点博物馆	茶山镇茶山工业园（B区）	86646029	86414332	
东莞蚝岗遗址博物馆	南城区胜和社区龙船塘	22479933	22479933 22459922	
东莞饮食风俗博物馆	万江区万江大道永泰商业大厦内	22425561		

续上表

名　称	地　址	传真电话	办公电话	邮　编
同沙生态公园	东城区莞长路383号	22675898	22626033 22675268 22689013	523126
水濂山森林公园	南城区水濂社区	22678983	22678983 22678983	
银瓶山森林公园	清溪镇谢岗镇	82116868	87386638 82116868 87731047	523641
大岭山森林公园	东莞市大岭山森林公园管理处	85256277	85024102 85024102	
大屏障森林公园	塘厦镇林坪路绿化广场	87721452	87721452 87721452	
森晖自然博物馆	东莞市莞城可园路博厦	22247331	22227899	523017
观澜湖高尔夫球会	深圳宝安区观澜湖高尔夫大道1号	0755-28018951	0755-28020888-36010 0755-28020888-36033	518110
广东现代国际展览中心	厚街镇广东现代国际展览中心	85909318	85981868 85981885 85981880	523960
东莞生态园	石排龙岗大道生态园管委会	26262600	26262606 26262680	523668
将军馆	东莞市樟木头镇大地影剧院三楼	87796968	82339663 82339663	
东莞香市动物园	寮步镇药勒管理区	82319987	81100600 81100600 81100600 82819988	

东莞市旅行社名录

序号	旅行社名称	电话	传真	企业地址	邮编
1	东莞市国际旅行社	22458168	22473428	莞城区东城大道188号新华大厦三楼	523008
2	东莞市中国旅行社	22008888	22111111	南城区元美路华凯广场A栋二层	523071
3	广东国泰国际旅行社	22088888	22229068	城区东纵大道东方威尼斯广场B区	523000
4	东莞康辉国际旅行社	22488666	22001666	南城区莞太路63号鸿福广场A座3楼	523075
5	东莞市腾龙假日国际旅行社	23362888	23361010	东城区东城中心A2区A二层19号商铺	523129
6	东莞市景鸿国际旅行社	22313888	22326555	东城区东城南路联和大厦7楼	523129
7	东莞市东华国际旅行社	22663333	22623333	东城东路5号东华大厦1—2楼	523110
8	东莞市四海国际旅行社	22339888	22339998	莞城区东城大道东平街223号	523000
9	东莞市青年国际旅行社	22239388	22228961	莞城区新芬路42号	523007
10	东莞市泰平旅行社	85223236	85112748	东莞市虎门镇丰地南坊不夜天商场地方风味商铺区域13号1楼	523900
11	东莞市丰行旅行社	22388888	22388863	莞城区罗沙路126号金沙大厦6楼	523008
12	东莞市讯通旅行社	22488786	22486469	莞城区莞太大道5号讯通大楼	523009
13	东莞市阳光旅行社	22825888	22825885	南城区簪花路8号华凯豪庭活力中心C01	523071
14	东莞市明珠旅行社	22335888	22300700	南城区莞太路8号综合大楼五楼	523009
15	东莞市南湖旅行社	22112257	22112253	莞城区南城路南城大厦十楼1002室	523007
16	东莞市南方观光旅行社	22502788	22508366	莞城区莞太路口创业新村6号楼	253000
17	东莞市华夏旅行社	22386666	22385828	南城区元岭新街4号	523000
18	东莞市广之旅旅行社	22480237	22500948	莞城区东城西路39号鸿福大厦A区第三层313室	523000

续上表

序号	旅行社名称	电话	传真	企业地址	邮编
19	东莞市君达假期旅行社	23135678	23133456	东城区东城大道世博广场K区303	523000
20	东莞市开心假日旅行社	22036666	22031311	南城区莞太大道7号1—3楼	523000
21	东莞市幸福假期旅行社	22100222	22117708	莞城区香港街B3区04	523000
22	东莞市新华旅行社	85569955	85569977	虎门镇连升中路17号新华旅游大厦	523900
23	东莞市金运旅行社	89973333	89973332	东莞市城区旗峰路76号	523012
24	东莞市金旅假期旅行社	85087788	85087000	厚街镇深水坑路嘉逸楼1—2楼	523960
25	东莞市名界旅行社	22267868	22612038	东城区堑头花园路194号之二	523000
26	东莞市南方阳光商务旅行社	85183777	85113362	虎门镇连升中路三号新丰大厦首层	523900
27	东莞市文康旅行社	81768999	81768867	长安镇长中路22号	523850
28	东莞市欢泰旅行社	85044444	85198388	虎门镇太沙路81号地铺	523900
29	东莞市东行天下旅行社	22026666	22026668	东城区旗峰路国泰大厦大堂内一号商铺	523007
30	东莞市畅游天地旅行社	22229917	22116234	莞城区县正路12号	523000
31	东莞市永泰旅行社	22991090	22988288	莞城区东纵路2号地王商务中心1206—1208室	523000
32	东莞市优游旅行社	22306677	22337999	东城区新世界花园东城支路5号A铺	523000
33	东莞市会通旅行社	22880005	23394436	南城区莞太路胜和路段21号美佳大厦一楼A202a室	523001
34	东莞市天马旅行社	81091988	81099008	南城区体育路2号鸿禧中心b505室（变更中）	523000
35	东莞市松山湖旅行社	22890202	22897688	东莞市松山湖高新技术产业开发区礼宾路1号控股大厦	523808
36	东莞市宏途旅行社	23039032	23039066	莞城区金牛路八达花园（香港街）A5区23号	523000
37	东莞市金泰旅行社	85199981	85199986	虎门镇人民南路91号之十	523900
38	东莞市江南假期旅行社	81182668	82209855	常平镇沿河东三路18号威盛商务大厦三楼	523560
39	东莞市康泰旅行社	89995666	89990060	长安镇乌沙环南路4号之一	523850
40	东莞市飞马旅行社	23107272	23107522	东城区东升路中C6—C9号二楼	523000
41	东莞市捷旅旅行社	22886628	23366538	莞城区金牛路香港街维港2栋首层4号铺	523000
42	东莞市车游天下旅行社	4008822616	23390668	南城区胜和体育路3号体育中心体育馆东面首层北段2号A铺	523000
43	东莞市益生旅行社	82388238	82383666	长安镇莲峰路76号建安大厦5楼	523850
44	东莞市瑞翔旅行社	88998666	88991234	东城区东城中路辉煌大厦7楼D区	523000
45	东莞市友好旅行社	85118289	85119289	东莞市石龙镇西湖一路北67号	523900
46	东莞市潮流假期旅行社	22025188	22025818	莞城区旗峰路162号中侨大厦A座6楼C2	523000
47	广东中旅（东莞）旅行社	23188777	23096188	南城区簪花路华凯豪庭C座首层 C33号	523000
48	东莞市风华旅行社	22010355	22013477	东城区石井莞樟路宝城花园12号1—3楼	523000
49	东莞市环宇旅行社	22888658	22888358	南城区金色华庭新霞阁109—1铺	523000
50	东莞市华南旅行社	22486428	22453913	南城区新城市中心区簪花路18号	523000
51	东莞市汇博旅行社	82278788	85928380	厚街镇双岗村家具大道185号	523960
52	港中旅（东莞）国际旅行社	23329888	23326663	寮步镇教育路1号东莞金凯悦大酒店商铺	523000
53	东莞市国通旅行社有限公司	23032223	23032226	莞城区东城南路东升大厦一楼4号	523000
54	东莞市晨华旅行社有限公司	22201168	22992111	南城区新城稻花村1栋17号铺	523000
55	东莞市飞扬旅行社有限公司	88050888	23398800	东莞市南城区亨美黄金花园金涛楼1—2号	523000
56	广东国旅（东莞）旅行社有限公司	23135388	22021260	东莞市莞城金牛路亚洲大厦41号1楼	523000
57	东莞市猎狐旅行社有限公司	23327237	23327237-816	东莞市东城区主山高田坊联动大厦1楼106号	523120
58	东莞市中港旅行社有限公司	22255278	22255119	东莞市东城区火炼树东城明苑第九期15号铺	523000
59	广州广之旅国际旅行社东莞分公司	22480237	22480235	莞城区东城西路39号右侧鸿福大厦地下2号铺位	523000
60	深圳中国国际旅行社东莞分公司	22388000	22100202	莞城区新芬路42号之二	523007
61	广东国旅国际旅行社东莞分公司	81569999	21681777	南城区鸿福路200号第一国际财富中心写字楼C栋906单元	523000

东莞市星级酒店名录

序号	酒店	星级	联系电话	酒店传真	邮编	地址
1	凤岗金凯悦大酒店	五星	87759888	87759388	523690	凤岗镇凤深大道158号
2	豪门大饭店	五星	85117888	85111445	523907	虎门镇虎门大道
3	嘉华大酒店	五星	85928888	85923888	523949	厚街镇家具大道1号
4	富盈酒店	五星	85888888	85888889	523940	厚街镇赤岭路段
5	索菲特御景湾酒店	五星	22698888	22696666	523129	东城区迎宾路8号
6	莲花山庄	五星	85538388	85538662	523846	长安镇莲峰北路77号
7	长安海悦花园大酒店	五星	85318888	85539788	523840	长安镇霄边管理区二环路
8	东莞柏宁酒店	五星	85333333	85332222	523843	长安镇德政路222号
9	石龙金凯悦大酒店	五星	86188888	86181991	523325	石龙镇莞龙路西湖路段
10	喜来登大酒店	五星	85988888	85899887	523962	厚街镇S256省道莞太路段
11	新都会怡景酒店	五星	87883888	87925439	523712	塘厦镇环市东路6号
12	太子酒店	五星	83363333	83364422	523749	黄江镇江北路32号
13	塘厦三正半山酒店	五星	87299333	87299999	523710	塘厦镇迎宾大道
14	汇华国际饭店	五星	83938888	83028288	523560	常平镇常平大道2号
15	帝豪花园酒店	五星	83122222	83138228	523788	大朗镇美景中路769号
16	丰泰花园酒店	五星	85708888	85239028	523900	虎门镇S358省道大板地路段
17	华尔登国际酒店	五星	81028888	81023333	523538	桥头镇广场路3号
18	桥头三正半山酒店	五星	83341868	83342222	523520	桥头镇碧莲路
19	悦莱花园酒店	五星	81118888	81112288	523400	寮步镇香市路8号
20	欧亚国际酒店	五星	82838888	83555300	523573	常平镇常东路8号
21	寮步金凯悦大酒店	四星	83326328	83327888	523400	寮步镇教育路1号
22	文华大酒店	四星	85911111	85592666	523949	厚街镇莞太路新塘路段
23	东莞宾馆	四星	22222222	22227255	523005	莞城区东正路11号
24	江龙大酒店	四星	85838888	85812788	523962	厚街镇S256省道莞太路段
25	新都会酒店	四星	87713333	87717833	523625	樟木头镇维多利商业大道38号
26	宏远酒店	四星	22418888	22814630	523070	南城区宏远路1号
27	汇美酒店	四星	83918888	83818288	523560	常平镇中元路9号
28	花园酒店	四星	87799888	87180208	523618	樟木头镇南城广场
29	长安酒店	四星	85532388	85532482	523841	长安镇中心S358省道旁
30	司马假日酒店	四星	83391888	83392332	523570	常平镇司马管理区
31	新世纪酒店	四星	83338888	83336668	523560	常平镇常平大道8号
32	梵尔赛酒店	四星	83816888	83813888	523560	常平镇下墟工业区
33	厚街海悦花园大酒店	四星	85885888	85831837	523962	厚街镇厚街大道东
34	汇源美爵酒店	四星	85244888	85244333	523907	虎门镇虎门大道
35	业丰大酒店	四星	83113888	83103928	523770	大朗镇莞樟路金朗大道23号
36	万盈酒店	四星	88828888	88825888	523130	麻涌镇麻涌大道
37	中汇文华大酒店	四星	88788888	88788333	523270	高埗镇振兴路
38	方中假日酒店	四星	86866666	86868686	523399	茶山镇茶山大道西28号
39	半岛酒店	四星	83988888	83988999	523562	常平镇北环路
40	华禧酒店	四星	85383888	85338118	523869	长安镇S358省道上沙路段
41	嘉辉会酒店	四星	87563388	87553444	523709	凤岗镇官井头嘉辉路
42	美怡登酒店	四星	83028888	83028889	523560	常平镇中元路
43	天悦酒店	四星	81812222	81813333	523290	石碣镇崇焕路18号
44	华庭花园酒店	四星	81633333	81633322	523952	厚街镇广东现代国际展览中心南侧

续上表

序号	酒店	星级	联系电话	酒店传真	邮编	地址
45	新都会璜玛酒店	四星	87633338	87636999	523597	谢岗镇花园大道73号
46	石龙宾馆	三星	86613333	86617617	523326	石龙镇绿化中路2号
47	广彩城酒店	三星	22402088	22404196	523077	南城区莞太路
48	石碣豪华大酒店	三星	86633333	86634679	523290	石碣镇新城区
49	金湖粤海酒店	三星	87869888	87869399	523710	塘厦镇塘厦大道南99号
50	莲城酒店	三星	85536888	85534688	523847	长安镇莲峰路接一环路口
51	黄江假日酒店	三星	83362888	83362036	523750	黄江镇黄江大道3号
52	西湖大酒店	三星	22822888	22822788	523083	南城区西平板岭
53	明苑大酒店	三星	85122918	85105138	523918	虎门镇金龙大道南
54	篁胜酒店	三星	22463888	22317688	523009	南城区体育路11号
55	宝石大酒店	三星	86662188	86662328	523500	企石镇振华路1号
56	恒丰酒店	三星	83343333	83346333	523520	桥头镇恒丰新村2号
57	金岛泰年酒店	三星	82168888	82168888转8012	523710	塘厦镇128工业区
58	绿洲酒店	三星	88832788	88839668	523170	道滘镇振兴路160号
59	沙头酒店	三星	85418888	85543888	523863	长安镇沙头管理区
60	华通城大酒店	三星	86732288	86722228	523511	企石镇湖滨南路
61	丰田酒店	三星	87771199	87772970	523699	凤岗镇雁田管理区怡安路
62	嘉福海港酒店	三星	88682888	88682718	523981	沙田镇中心区港口大道17号
63	中明酒店	三星	88883368	88811767	523220	中堂镇新兴路1号
64	御烽酒店	三星	22186888	22705950	523042	万江区107国道拔蛟窝路段
65	莱莉雅酒店	三星	87507888	87507999	523690	凤岗镇永盛商业大街中银大厦
66	东逸酒店	三星	85396388	85396288	523847	长安镇莲峰路103号
67	鸿茂酒店	三星	83999388	83998998	523560	常平镇常黄路
68	四季酒店	三星	88566666	88566666	523196	望牛墩镇新电城A8座
69	宏信假日酒店	三星	87363888	87380688	523658	清溪镇香芒西路
70	美景湾酒店	三星	83739888	83731888	523460	横沥镇沿江路1号
71	天鹅湖酒店	三星	83338388	83338288	523562	常平镇天鹅湖路8号
72	富豪酒店	三星	83998888	83330348	523579	常平镇金美路256号
73	中青旅山水设计师酒店	三星	21988888	21981213	523129	东城区东纵大道189号
74	亚都酒店	三星	85343888	85344228	523800	长安镇长中路115号
75	金沙亚都酒店	三星	85413888	85393999	523861	长安镇靖海中路36号
76	金澳花园酒店	二星	22496966	22466751	523008	东城大道金澳花园A座
77	耀豪酒店	二星	88865333	88863588	523981	沙田镇中心区
78	银星酒店	二星	83987333	83987717	523560	常平镇木抡大道9号
79	雄狮大酒店	二星	83332198	83811997	523560	常平镇振兴路1号
80	盈丰酒店	二星	83333333	83332988	523560	常平镇振兴路中段
81	新港大酒店	二星	83331000	83334984	523560	常平镇新市一街6号
82	悦华大酒店	二星	83336888	83336688	523560	常平镇东兴路275号
83	海霞酒店	二星	82822888	82822888	523573	常平镇板石霞村路段
84	昇平酒店	二星	83812888	83818318	523560	常平镇中元街
85	冠城酒店	二星	83337788	83337733	523560	常平镇中元街常平广场
86	龙源大酒店	二星	85551028	85558039	523925	虎门镇S358省道北栅路段
87	恒安酒店	二星	88868868	88682066	523981	沙田镇横流中心区
88	海月酒店	二星	85926888	85939936	523947	厚街镇涌口海月公园侧
89	悦凯酒店	一星	83398808	83913856	523560	常平镇东元东路28号

财政·税务 FINANCE · TAXATION

南城西平片区

编辑：潘朝明

财政工作

【概况】 东莞市财政局是市人民政府组成部门，正处级行政单位，主管财政收支、财政政策、财务管理、财政监督和行政事业资产及政府资源性资产监督管理等工作。2012年，市财政局内设16个职能科室，下辖直属分局、市国库支付中心、市财政投资审核办公室、市财政局票据监管中心、市财政局信息中心、市政府物业管理中心、松山湖财政分局、虎门港财政分局、生态园财政分局、松山湖会计核算中心、松山湖财政投资审核中心11个直属单位。截至2012年年底，共有在职在编人员320人。

2012年来源于东莞的财政收入845.6亿元，比上年增长0.9%，其中：上划中央202.6亿元，下降7%；上划省140亿元，增长20.5%；市一般预算收入356.3亿元，增长13.8%；市基金收入146.7亿元，下降23.4%。市一般预算收入和市基金收入加上上级税收返还收入、上级补助收入、地方政府债券转贷收和上年结余，2012年市可支配财力为602.8亿元。2012年市财政支出572.6亿元，其中：镇街分成支出248.5亿元，市本级安排支出265.3亿元，省追加支出29.4亿元，专项上解（缴省支出）28.3亿元，地方政府债券转贷资金支出1.1亿元。收支相抵，结余30.2亿元。

【财政收入征管】 2012年，东莞市财政局加强财源建设和收入征管。坚持依法治税、应收尽收，加强对重点镇街、重点行业和重点企业的税源监控和税收征管，密切关注经济运行情况和“营改增”等国家结构性减税政策调整对财政收入的影响，做好应对措施。加强非税收入征管，完善非税收入征管系统和以票控费机制，挖掘政府性物业、小汽车号牌使用权、广告牌等公共资源的收入潜力。经过全市各级各部门的努力，2012年，来源于东莞的财政收入845.6亿元，其中市公共财政预算收入完成356.3亿元，稳居全省第四位，增长13.8%，超出年初确定的10%增长目标3.8个百分点，收入增幅在全省排名第12，在珠三角9市排名第2。市公共财政预算收入中，税收收入完成279.3亿元，占比78.4%，比2011年提高了0.7个百分点，财政收入质量进一步提高。非税方面，尽管面临取消和免征减征部分收费项目等政策因素影响，市财政等部门通过依法加强征收管理，努力挖掘收入潜力，全年非税收入完成77.3亿元，比预算增收7.5亿元，增长10.7%，为市公共财政预算收入超额完成作出重要贡献。

【财政支持产业转型升级】 推进经济结构调整　2012年，东莞市投入“科技东莞”工程专项资金20亿元，推进北京大学东莞光电研究院、华南协同创新研究院、莞台合作生物技术产业基地等重大平台和重点项目建设；设立中科中广股权投资基金，推动科技、金融与产业融合；鼓励镇村加强重大项目招商引资，支持企业技术更新改造，对科技创新项目、名牌名标项目和总部企业给予重奖；资助企业开拓国际和内销市场，在全国率先推出加工贸易管理服务平台，办好首届中国加工贸易产品博览会、第三届台博会和第四届漫博会等转型载体，带动产业转型升级。

打造人才强市　2012年，东莞市投入“人才东莞”专项资金10亿元，用于加快引进集聚本市产业发展急需的创新型、高层次人才，鼓励全体市民加强进修学习和职业技能培训，努力提高全体劳动者素质。

缓解企业融资困难　2012年，东莞市启动新一轮中小企业融资支持计划，

全年累计为305户企业贴息2370万元，并安排区域集优直接债务融资风险补偿准备金1亿元，提高金融机构支持中小企业融资积极性，缓解企业资金困难。

优化营商环境　2012年，东莞市取消治安联防费和减半收取使用流动人员调配费，为企业年减负3.4亿元。投入2191万元，实施“三打两建”专项工作，铺开商事登记制度改革，努力打造法治化、国际化营商环境。

【扶持镇村发展】2012年，东莞市对镇街均衡性转移支付7亿元，提高财力薄弱镇街落实各项民生政策的保障能力。拨付5.5亿元，建设全市95项水利防灾减灾工程，建成镇际、村际联网路44.4公里。拨付2.4亿元，用于“三旧”改造土地税费返还，鼓励镇街开展旧城旧村旧厂连片拆迁改造项目。拨付2.4亿元，对经济综合实力排名靠后的285个村（社区）给予行政管理及公共服务补助。拨付1.9亿元，继续落实好欠发达镇村扶贫贷款政策。拨付1.7亿元，对承担基本农田和非经济林地保护任务的村（社区）给予生态补偿。按经常性财政收入的5.8‰设立市内帮扶专项资金1.4亿元，支持发展欠发达村优质项目、基础设施建设和激励低保困难户就业。

【保障和改善民生】保障教育经费投入　2012年，东莞市投入49.6亿元，保障市属公办学校办学经费，补助镇街经常性教育经费支出，提高公用经费补助标准，加大学前教育财政投入。

提升人居环境质量　2012年，东莞市投入21.9亿元，改善城乡生态环境，提高群众生活质量，包括支持推进运河、内河涌、水库等水环境综合整治，开展全市污水、污泥处理和截污管网工程，完善森林公园及市植物园、绿道网建设，补助垃圾填埋场整治等。

提高社会保障待遇　2012年，东莞市将10万名从未缴费老人的养老金发放标准从每人每月200元提高到250元；对低保家庭等困难群体发放最低生活保障金、基本医疗救助金、在读子女助学金和寄宿补助；将高龄老人生活津贴发放范围扩大到70周岁以上老人，提高居家养老服务政府补助标准；对低保、五保对象等困难群众发放临时物价补贴和食品、燃气及用水补助；加大对残疾人生活保障、康复治疗、子女教育、就业创业等方面的帮扶力度。

发展公共卫生事业　2012年，东莞市为市民免费提供建立健康档案、健康教育、儿童保健、孕产妇保健、老年人保健等9项公共卫生服务；帮助石龙人民医院、太平人民医院解决历史债务问题。为全市15万名妇女免费提供乳腺癌和宫颈癌筛查服务。

优化公共文化服务体系　2012年，东莞市投入1.2亿元，实施提升公共文化服务水平工程，为村（社区）配备公共文化管理服务队伍，建设公共电子阅览室364个，开发东莞文化惠民网和东莞学习中心等文化服务平台，承办中国图书馆年会等。

加强创新社会管理服务　2012年，东莞市投入8853万元，资助45个社区综合服务中心示范点建设运营，购买302个社工岗位服务和聘请香港社工督导，设立“社会组织发展扶持专项资金”，规范和培育社会组织参与社会管理建设，创建全省创新社会管理的引领区。

【推进科学理财】2012年，东莞市财政局加强部门预算与政府采购、资产管理、绩效评价以及国库集中收付的有效衔接；逐步推行公务卡强制结算目录，对市级预算单位银行账户实行动态管理；引入第三方机构参与重点项目绩效评价，强化各有关单位的绩效意识与支出责任；制定出台政府采购市级工作程序、申请单一来源采购审核前公示操作程序等文件，规范政府采购工作；推动“小金库”治理工作转入常态化，开展市财政补助镇街专项资金检查工作，堵塞财政管理漏洞；组建东财投资控股有限公司，强化经营城市理念，创新城市建设发展投融资体制；完善镇街政府性债务评价指标体系，建立政府性债务规模和风险预警机制，严格控制镇街政府性债务风险；制定财政投资建设项目支出预算管理、前期工作专项经费使用管理暂行办法，完善供电设施迁改残值处理原则和资金负担办法、工程单方结算程序，提高基建项目资金管理水平；探索研究设立村（社区）基本公共服务专项资金，减轻村（社区）在治安、环卫、行政管理等方面的负担。　（徐栋栋）

附：2012年东莞市财政局领导名录

党组书记、局长：罗军文（6月到任）
　　　　　　　　詹文光（6月离任）
党组成员、副局长：陈锐康　王锐江
　　　　　　　　　李长福　谢　涛
　　　　　　　　　陈志标（6月到任）
党组成员、国库支付中心主任：王　标
党组成员、纪检组长：莫桂冰
副局长：何日亮（6月到任，挂职一年）

▲东莞大道与长泰路交汇处

税　务

国家税务

【概况】 东莞市国家税务局于1994年9月底税务机构分设后成立，为中央直属单位，目前市局机关共设13个行政科室、7个直属机构和3个事业单位；下设33个派出机构，全部为正科级建制。全系统在职在编干部职工有 792人，管辖全市纳税户30.28万户。负责征收管理的税种有增值税、消费税、企业所得税、储蓄存款利息所得个人所得税、车辆购置税、城建税。

2012年，东莞市国税局以“有所作为、控制风险、保障有力”为着力点，克服经济增长放缓等不利因素影响，完成税收收入任务，实施“营改增”改革试点，推进税收征管、纳税服务、内控机制和队伍建设，全市国税工作健康发展，成效显著。

【税收职能作用有力发挥】 组织收入稳定增长　2012年，东莞市国税局实现工商税收收入582.72亿元，同比增长11.33%。其中，国内税收收入453.32亿元，增长13.39%；形成市级一般预算收入（可比口径）99.65亿元，同比增长14.81%。

税收优惠政策落到实处　2012年，东莞市国税局为企业办理固定资产抵扣、增值税起征点调整、高新技术企业所得税减免等优惠，全年减免各类税款近70亿元。办理出口退（免）税352.31亿元，其中退税240亿元，同比增长21.33%，为全市出口500强生产企业和B级以上重点工业企业办理当月退税54.63亿元，为552户小型和新发生业务的出口企业清退应退税款2.78亿元。积极参加加工贸易转型调研、大项目引进洽谈、走访企业送政策等活动，向上级争取小微企业及新办出口企业实行按月退税等扶持政策，支持全市外贸出口稳增长、调结构。

经济税收环境进一步净化　2012年，东莞市国税局配合全市“三打两建”工作，开展打击假发票行动，查处发票违法企业570户，查缴各类假发票22万余份，查补收入5500多万元。

【营业税改征增值税试点顺利实施】 2012年，东莞市国税局克服试点纳税人数量位居全省（不含深圳）第二的巨大压力，对内出台试点方案，制定应急预案，广泛开展动员培训；对外推动成立全市“营改增”试点工作领导小组，在本地主流新闻媒体开展宣传10余篇（次），为推进试点工作争取地方党政及社会各界的支持配合。2012年12月首个试点申报期有13115户试点纳税人顺利进行纳税申报，准期申报率为99.71%，入库增值税税额合计5298.26万元，九成

东莞市国家税务局

2012年10月22日，国家税务总局局长肖捷（右四）深入东莞调研营业税改征增值税试点工作。

纳税人税负有所下降，合计减税1584.87万元。

【税收征管质效持续提高】管理理念进一步转变 2012年，东莞市国税局新增常平、塘厦等5个税源专业化管理试点分局，按照因类施管、突出重点、责权重构、专事专管的理念，试点分局调整重组股室设置和岗责体系，突出分类管理和数据监控，改革税源管理模式，探索风险预警提醒机制，试行二级评估，使专业化管理理念更加深入人心，为全市下一阶段的改革提供宝贵的示范和借鉴。

管理机制进一步完善 2012年，东莞市国税局突出重点税源企业的监控管理，完善异常监控指标体系。研究开发行业评估模板，开展"控风险、促规范"纳税评估项目研究，应用出口退税评估监控系统。经过强化评估，全市2012年上半年零负申报率为全省各市最低，比省平均水平低约40%，增值税税负率高于全省平均水平。在近两年国家税务总局下发的高风险监控企业名单中，东莞企业零上榜。此外，试点推行税务代理备案制度，加强税务代理执业质量评估监控。

信息管税进一步深化 2012年，东莞市国税局推广应用企业所得税年度纳税网上申报系统，汇算清缴期间共有67814户企业成功进行网上申报，占申报总户数的92.4%。应用CTAIS系统税收票证管理模块，上线所得税资产损失管理、非居民股权转让审核两个系统。通过一系列有力措施，全系统税收征管质效进一步提升，连续多年申辩调整后的执法正确率位居全省前列。

【纳税服务满意度稳步提升】减轻办税负担 2012年，东莞市国税局组织开展涉税事项办理流程清理工作，重点清理办税业务中自行设置的各种前置条件，对必须开展实地调查的项目，统筹安排前置性和后续管理性实地调查，并在常平、石碣分局试点推行CA认证，为"无纸化"办税积累经验。

提高办税效率 2012年，东莞市国税局在全省首创自助销售增值税专用发票终端，实现纳税人自助领购专用发票；率先在"税企通"平台增加网上发票验旧、"免抵退"税预审等功能，目前全市使用"税企通"平台的纳税人已超过10万户，有效提高办税效率。

加强税收宣传 2012年，东莞市国税局在抓好税收宣传月集中宣传的基础上，围绕"营改增"等税收热点开展重

① 2012年5月25日，省国税局党组书记胡金木（左三）视察石碣国税分局办税服务厅。

② 2012年11月17日，市国税局局长利巨强（右四）率队参加东莞电台"阳光热线"直播。

③ 2012年12月26日，市国税局举办学习贯彻十八大精神专题讲座。

点宣传，全年在主流媒体组织新闻报道20多篇次。积极创新宣传方式，全面开通12366纳税服务热线远程坐席，全力打造纳税人网络学堂，全年组织网络视频培训136场次，拓展了税收宣传的覆盖面和影响力。

【内控机制进一步健全】强化廉政风险防控　2012年，东莞市国税局开展税收业务风险环节的查漏补缺，强化执法监察子系统疑点分析和应用，主动开展内部执法监察立项827项，提出建议并落实整改37条。

推进廉政文化建设　2012年，东莞市国税局组织开展纪律教育学习月活动，学习《税收违法违纪行为处分规定》。抓好廉政文化建设与展示，升级改版市局内网廉政教育网页，基层单位全部完成廉政文化展示室或宣传长廊的创建工作。

开展行风整改　在2012年全市行政办事服务“满意度”评价工作中，纳税人对国税工作的总体满意率达到97.43%；在市政府组织的“市民评机关”活动中，国税在33个中央、省属、市属部门中排名第4，被市政府在新闻媒体上通报表扬。2012年，被市评为预防职务犯罪工作先进单位，廉政工作成效受到了充分肯定。

【队伍建设亮点纷呈】大力开展教育培训　2012年，东莞市国税局完成全系统师资人才进阶式培训，依靠兼职师资，初步形成了以股室为“点”的岗位培训、以分局为“线”的片区式专题培训和以机关科室为“面”的专业培训相结合的层级培训体系。全年共开展各类业务培训33场，累计培训4779人次；选派人员参加总局、省局培训44期，119人次参加培训。同时，积极鼓励干部职工考取注册税务师等职称，抓好高层次专业人才培养。

重视抓好道德教育　2012年，东莞市国税局开展全系统道德领域突出问题专项教育和治理活动，结合不同主题，分别举办了4期主题鲜明、形式新颖的“道德讲堂”。

加强党建和文化建设　2012年，东莞市国税局推进为民服务创先争优活动，成功创建“四季谈”党建百佳品牌，积极推进基层党建品牌建设。创办《莞香花》文化内刊，组织开展一系列文体活动，营造了浓厚的文化氛围。

（欧　薇）

附：2012年东莞市国税局领导名录

党组书记、局长：利巨强

党组成员、副局长：刘　丹　祁　雄　杜志康　傅平辉

党组成员、总经济师：谭岳华

党组成员、纪检组长：邓进强

党组成员、总会计师：邝照东

① 2012年9月21日，市国税局到企石镇江边村开展扶贫慰问。
② 2012年4月27日，市国税局在税收宣传教育基地——道滘济川中学举办打击发票违法犯罪活动专题讲座。
③ 2012年11月1日，东莞市“营改增”第一张代开的货物运输业增值税专用发票成功开出。
④ 2012年4月26日，市国税局联合地税、公安部门集中销毁假发票。

地方税务

【概况】东莞市地方税务局（简称市地税局）为广东省地方税务局领导的直属机构，内设10个科室，设立1个直属行政单位（稽查局，副处级单位，内设6个正科级机构）和2个事业单位，下设33个税务分局。截至2012年底，全系统共有在编干部职工920人，其中，大学本科以上学历790人，占85.87%；大专学历120人，占13.04%；党员594人，占64.57%。主要负责营业税、企业所得税、个人所得税、房产税、资源税、车船税、城市维护建设税、城镇土地使用税、土地增值税、印花税、契税、耕地占用税等12个税种的征管和社会保险费、教育费附加、文化事业建设费、堤围防护费、残疾人就业保障金、地方教育附加、价格调节基金等7项规费的征收工作。

2012年，市地税局出色完成全年各项工作任务，为东莞实现高水平崛起作出积极贡献，连续11年被东莞市委、市政府评为中央、省属驻莞机构先进单位。截至2012年底，全市共有地方税务登记户394471户，其中内资企业128440户，外商投资企业12167户，个体工商户249980户，其他3884户。

【组织收入】2012年，市地税局组织税费收入591.37亿元，同比增长14.9%。其中，国内税收收入356.38亿元，同比增长11.3%；社会保险费收入192.67亿元，同比增长19.8%；其他规费等收入42.32亿元，同比增长25.5%。

税源控管　扩面上线建安、房地产业税源控管系统，全市327个项目纳入管理。加强涉税信息交换共享和分析利用，堵塞征管漏洞。加强纳税评估工作，全年对26707户纳税人实施评估分析，查补收入18.96亿元。实现电子发票覆盖地税用票全行业，全市上线应用22015户，在线开票2258万份。自主开发代征代扣征管系统和征管档案数据化管理系统，于12月正式上线运行。推进税务协管工作，清查整治漏征漏管户，全市纳入协管地税登记户21.27万户，组织地税收入8.05亿元。

税种管理　贯彻落实营业税改征增值税试点工作，按期向国税部门移交纳税人基础信息，确保试点工作顺利开

发挥地方税收职能作用　促进经济发展方式转变

① 2012年9月28日，市委书记、市人大常委会主任徐建华（右二）到市地税局视察，听取市地税局局长罗达佳（左一）汇报工作情况。

② 2012年4月21日，市地税局局长罗达佳（右四）等参与“阳光热线”电台直播与市民听众交流。

展。深化企业所得税精细化管理，开展优惠备案项目核查，明确转型企业税务处理问题。超额完成年所得12万元以上个人所得税自行申报任务，申报人数增长19.56%。认真贯彻《车船税法》及其实施条例，车船税增长31.81%。于3月份在全市范围内顺利上线存量房交易计税价格评估系统，有效规范存量房交易税收征管。组织开展土地增值税清算工作，清算入库4.35亿元。通过与工商部门信息共享，对企业和个人股权转让税收实施动态管理。

规费征收　完善和优化社会保险费欠费管理操作规程，加强社会保险费欠费清理工作，2012年累计清理欠费2.09亿元。于2012年12月1日起顺利代征价格调节基金。提请市政府将外贸企业堤围防护费征收标准由1‰调减为0.7‰，规范堤围防护费征收管理工作。

【依法治税】 税收执法　严格税收执法监督，全年对5个基层分局实施税收执法重点检查，规范税收执法行为。细化8大类53小类税务行政处罚自由裁量基准，规范自由裁量权应用。成立法律援助（服务）中心，为纳税人及干部职工提供公益法律服务。

整顿税收秩序　开展资本交易项目、房地产业、建筑安装业、工业企业等行业税收专项检查，查处涉税案件，发挥对涉税违法行为的震慑作用；落实全市“三打两建”工作部署，税警联合破获9 宗假发票案件，查获各类假发票142万份。反避税工作取得新进展，全年对5户外资企业开展转让定价调查工作，其中2户企业已入库。

税收调控　梳理税收优惠政策，编制办税指引并严格落实执行。落实个人所得税费用扣除标准调整，全年工资薪金个人所得税纳税人次较2011年减少1078万，降幅近60%。落实营业税起征点调高政策，惠及4万户个体工商户和个人，减税约9000万元。落实扶持中小微企业发展税收优惠政策，同时全年减免中小微企业发票工本费358万元。

【纳税服务】 2012年，市地税局整合纳税服务资源，加强税收宣传和纳税辅导，推进全程全员全方位服务。

服务平台建设　加强办税服务厅规范化建设，开发应用办税服务厅信息管理系统，实现排队叫号和满意度评价服务的数据化分析应用。加大自助办税系统推广力度，在20个基层分局投放34台自助办税终端，受理业务逾8万户次。畅通征纳沟通渠道，12366纳税服务热线接

① 2012年3月20日，市地税局举办企业所得税汇算清缴业务培训。
② 2012年6月21日，市地税局参加中小微企业政策宣讲会，为企业进行纳税辅导。
③ 2012年3月31日，市地税局召开全市地税系统党风廉政建设工作会议。
④ 2012年9月27日，市地税局向全市地税系统从事税收工作30年以上退休老同志和在职干部颁发荣誉纪念章。

通率大幅提高至95%，位居全省前列；通过门户网站、服务热线、在线访谈、局长信箱等渠道，受理纳税人咨询建议等业务约8万宗，办结率100%。建立纳税服务联席会议制度，出台《东莞市地税系统纳税诉求办理工作规程》，切实维护纳税人合法权益。

税收宣传 坚持以纳税人需求为导向开展税法宣传和纳税辅导，全年制作“地税与你”电视节目12期，举办公开销毁假发票、鸿福路段税费宣传示范区建设等多项宣传活动，对税收中心工作进行有针对性的宣传；举办各类面向纳税人的业务培训和政策宣讲会156场，1.65万人次参与，派发宣传资料18.3万份，确保广大纳税人能及时了解并用足用好相关法规政策。

【队伍建设和党风廉政建设】 **干部队伍建设** 在大岭山分局试点推行绩效管理，初步建立基层分局基础绩效指标体系和构建个人岗位责任体系。实施岗位练兵行动，举办培训23期，培训4614人次，在全省地税系统全员过关考试和岗位技能大比武中分别取得综合排名第三和第二的好成绩，获得“广东地税岗位练兵比武团体组织奖”，22位同志被省地税局授予“岗位能手标兵”称号。领导干部深入基层联系群众，撰写连心桥日记，开展思想动态调研，帮助解决实际困难。明确和细化党务政务公开8个方面内容及要求，在门户网站和统一工作平台及时发布有关党务政务公开信息。

党风廉政建设 落实党风廉政建设责任制，开展纪律教育学习月活动。加强内控机制建设，组织查摆风险，梳理权力事项，优化内控流程，建立风险备忘录，排查出各类风险点6673个，初步形成一套制度严格、便于监管的内控建设体系。加强内审工作，完成6名领导干部任期经济责任审计和离任审计，整改落实近年外部、内部审计发现问题。积极参加政风行风评议和“阳光热线”电台节目等活动，加强办税服务质量、考勤会议纪律等方面的检查监督，组织观看机关作风暗访专题片，改进机关作风。推行工作评议制度，营造交流互动、力争上游的工作氛围。认真落实厉行节约有关规定，大力压减行政开支，建设节约型机关。

精神文明建设 开展精神文明创建活动，全市地税系统有7个单位和个人荣获市级以上荣誉称号。通过组织核心价值观大讨论和演讲比赛、开办“道德讲堂”、创办《莞税文汇》杂志、开设图书阅览室、举办摄影作品展和体育比赛、组织向从事税务工作30年以上干部职工颁发纪念章等活动，打造健康向上的地税文化。（陈群弟）

附：2012年东莞市地方税务局领导名录

党组书记、局长：
刘茂坤（2月离任）（2011年9月起任省地税局副巡视员）
罗达佳（2月到任）（9月起任省地税局总经济师）

党组副书记、调研员：戎惠良

党组成员、副局长：莫灿洪　尹进城　叶　胜

党组成员、纪检组长：黄　真

党组成员、总会计师：黄见洪

党组成员、总经济师：吴锡昌

① 2012年3月16日，东莞市存量房交易计税价格评估系统通过验收。
② 市地税局积极应用“12366”纳税服务热线为纳税人解疑释难，图为“12366”呼叫中心工作现场。
③ 2012年4月26日，市地税局联合市公安局、国税局举行大型销毁假发票活动。
④ 2012年9月22日，市地税局组织干部职工参加省地税局举办的2012年全省地税系统“岗位技能大学习大练兵大比武”统一考试。

金融业 BANKING

高埗江滨广场

金融业综述

【概况】2012年末，东莞市有银行机构（含信托）30家，代表处1家，网点数量1290个，其中台湾玉山银行东莞分行于9月开业。从业人员近2.5万人。小额贷款公司新增2家，达到17家。

各项存款总量平稳增长　2012年末，东莞市本外币各项存款余额7691.24亿元，比上年增长13.8%，增速提高2.7个百分点。全年本外币存款新增934.7亿元，比上年多增260.2亿元。其中，单位存款余额3216.31亿元，比上年增长13.3%；个人存款余额4318.72亿元，增长13.2%。

各项贷款稳步增长　2012年末，东莞市本外币各项贷款余额4446.8亿元，比上年增长15.2%，增速提高3个百分点。全年本外币贷款新增585.91亿元，比上年多增166.99亿元。其中，中长期贷款余额2266.55亿元，比上年增长7.9%，全年新增158.03亿元，占全部贷款新增额的27.0%，多增10.2亿元；短期贷款余额1977.12亿元，增长24.1%，全年新增391.83亿元，占全部新增贷款的66.9%，多增110.19亿元。

全市银行业金融机构实现当年结益176.69亿元，比上年增长14.8%，增速回落13个百分点。年末不良贷款余额36.81亿元，比年初增加1.81亿元，不良率0.8%，比年初下降0.08个百分点，远低于全国、全省平均水平。全市信贷投放适度增长、结构优化，质量保持基本稳定。

【信贷投放结构】从贷款投向看，2012年末，东莞市银行业金融机构累计发放中小微型企业贷款2717.65亿元，占全部企业贷款余额的72.37%。全市银行业机构新增贷款投向批发零售业156.28亿元，投向制造业148.58亿元，占比分别为37.63%和35.78%，新增贷款行业投向与东莞产业经济特点和经济转型目标基本一致，缓解企业资金压力。

从贷款期限看，2012年，东莞市企业中长期融资需求增加。从贷款结构看，个人贷款新增119.77亿元，比上年多增35.84亿元。单位普通贷款新增6.54亿元，比上年少增49.52亿元。票据融资余额156.05亿元，比上年增长26.2%，增速提高28.8个百分点，比三季度末下降30.73个百分点，增速自6月份开始现快速回落。

【货物贸易外汇管理制度改革实施】2012年8月1日，东莞市实施货物贸易外汇管理制度改革，取消出口收汇核销单，企业办理出口报关不再提供核销单，无需到外汇局办理核销手续；简化出口退税凭证，企业申报出口退税时不再提供出口收汇核销单。

【跨境人民币结算量突破1000亿元】2012年，东莞市跨境人民币结算业务1.50万笔，比上年增长334.58%；结算金额1113.13亿元，增长384.2%，其中经常项目970.85亿元，增长210.6%；资本项目142.28亿元，增长847.07%。成为继深圳、广州之后当年跨境人民币结算量突破1000亿元的城市，企业跨境人民币结算境外结算国家和地区约50个，包括亚洲大部分国家和美国、英国、法国等欧美国家。（齐红梅）

中国人民银行东莞市中心支行

【金融调控】2012年，中国人民银行东莞市中心支行（简称“人民银行东莞中支”）统筹规划辖区地方法人金融机构各月贷款投放，建立贷款增长月中月末报告和每日新增贷款报告制度。鼓励金融机构尽量使用贷款额度，引导金融机构优化信贷结构，控压房地产贷款、政府融资平台贷款及其他不符合产业政策导向的贷款，支持“三农”、中小企业、科技创新和实体经济发展。出台《中国人民银行东莞市中心支行关于金融支持中小企业转型升级和健康发展的指导意见》，引导金融机构完善中小企业金融服务，拓宽融资渠道。开展中小企业信贷政策导向效果评估。配合市政府实施“新十亿元”融资支持计划，降低中小微企业融资成本。向广州分行申请再贴现余额6亿元，专项支持符合国家政策的中小企业发展。联合市旅游局、发改局和银监局发布《转发关于金融支持旅游业　加快发展的若干意见的通知》，指导金融机构加大支持旅游业力度。制定《关于进一步加大金融支持推动科技创新发展的指导意见》，引导金融机构提升服务科技型企业水平。

【外汇业务监管】2012年，人民银行东莞中支向国家外汇管理局反映转型企业在不作价设备转作出资中遇到的困难、政策与实际操作存在的脱节，获得国家外汇管理局支持并作出《关于“三来一补”企业不作价设备转作外商投资企业外国投资者出资所涉验资询证有关问题的批复》，简化不作价设备转作出资验资询证手续，降低操作难度。制定《优化外汇管理和服务 推动加工贸易转型升级的指导意见》，提出“简化不作价设备转出资审核手续　大幅降低企业转型成本”等10条指导意见。制定《“三来一补”企业转型升级操作指引》，明晰转型企业所涉设备、出资、资金汇出等各类外汇管理问题处理路径。配合市政府制定《推动加工贸易转型升级1+X政策》及配套政策，为转型企业提供政策辅导，整理加工贸易转型升级取得的经验，引导企业转型。8月1日，货物贸易外汇管理制度改革实施，可以为东莞企业减负约5亿元/年，其中仅无需打印进出口报关单一项就可为东莞企业节省约1亿元/年。改革后，银行办理收付结汇业务由平均每笔30分钟缩短为10分钟，办理付汇业务从平均每单25分钟减少为10分钟。

【辖区金融环境】2012年，人民银行东莞中支召开全市金融系统社会治安综合治理工作会议，印发《东莞市金融系统社会治安综合治理责任制》和《东莞市金融系统社会治安综合治理工作考评方案》，明确责任，严格考核。举办“和谐金融·幸福东莞——东莞金融业保护金融消费者权益现场宣传活动”、金融业“合规经营 诚信兴商”现场宣传活动等大型宣传活动。组织金融机构共同签定《东莞金融业保护金融消费者权益公约》，印发《中国人民银行东莞市中心支行金融消费者权益保护办法（试行）》和《东莞市金融消费权益保护信息管理办法》等制度，设立金融消费权益保护中心。强化综合执法检查，依法对浦发银行东莞分行进行执法检查，对中国人寿保险东莞分公司开展反洗钱现场检查。加强与司法机关合作，协助执法部门破获陈日强特大玉石毛料走私案、6·20地下钱庄案等8宗案件。加强对新设银行业机构开业管理，对厚街华业村镇银行、渤海银行东莞分行、南洋商业银行东莞支行、大朗东盈村镇银行、台湾玉山银行东莞分行等5家金融机构加入人民银行金融服务与管理体系进行现场核验和审批。发布《关于进一步做好重大事项及重要信息报送的通知》，分机构重新设计经营指标表及报告框架，提高报送效率和质量。

【金融服务基础设施和服务体系】2012年，人民银行东莞中支推动新型社区金融组织接入征信系统。参与地方社会信用体系建设，参与制定《建设“信用东莞”营造诚实守信的信用环境行动计划》《东莞市社会信用体系建设工作方案》和《东莞市社会信用体系建设试点工作方案》，起草《东莞市信用服务市场建设工作方案》，印发《东莞市信贷行业信用体系建设试点工作实施方案》。推动东莞市社会保障卡加载金融功能。开拓助农取款业务，实现金融支付全覆盖。推进农村支付环境建设，重点建设广东省农村专业市场支付服务环境示范点——樟木头镇塑胶批发市场并完成既定目标。

【人民币管理】2012年，人民银行东莞中支较好完成发行基金投放回笼工作，业务量居全省首位。加强人民币券别调剂，通过每季召开联席会议对银行机构进行指导，优化辖区流通券别结构。创新做好广东省ATM机（自助柜员机）配款记录、存储冠字号码试点，有效解决由ATM机引起的假币纠纷。开展反假货币专项检查，全年收缴假人民币10.61万张，面值668.70万元。

【经理国库】2012年，人民银行东莞中支安全办理预算收入业务1522万笔，收纳各级预算收入888.97亿元，同比下降0.36%，其中市级收入入库546.36亿元，同比下降2.1%；财税库行横向联网系统稳健运行，预算收入退税3.46万笔，金额356.96亿元，提高退税资金到账速度，缓解企业资金周转压力。（齐红梅）

附：2012年中国人民银行东莞市中心支行领导名录

行　长：麻文奇
副行长：蒋鹏飞　刘淑敏
工委会主任：邱　姗
纪委书记：左运光
助理调研员：周秀雯

银行业

银行监管

【概况】2012年末，东莞市银行业金融机构总资产9594.69亿元，比年初增长（下同）19.43%；各项存款7633.43亿元，增长13.76%；各项贷款4446.04亿元，增长15.16%；全年实现拨备前利润176.69亿元，增长14.75%。

【地方经济发展支持】2012年，东莞银监分局协助推出新一轮“10亿元融资支持计划”，推动东莞科技金融结合。引导银行业优化信贷投放结构，支持中小微企业发展，利用信贷资金帮助传统优势企业转型升级。截至2012年，全市中小微企业贷款余额2456.35亿元，其中小微企业贷款余额1100.07亿元。鼓励银行机构加强机制和产品创新，开发小微企业金融服务特色产品，推动建立小微企业特色化服务体系。

【改革创新】2012年，东莞银监分局推动东莞农村商业银行发起设立贺州八步东盈村镇银行。截至2012年，地方法人机构在异地成功设立7家村镇银行和7家异地分行。推动东莞银行股份有限公司设立松山湖科技支行，成为市内首家专门从事科技型企业金融服务的特色支行。推动汇丰银行东莞分行在汕头和潮州市各成立1家支行。新增厚街华业和大朗东盈2家村镇银行，南洋商业银行东莞分行、渤海银行东莞分行和省内首家台资银行分支机构玉山银行东莞分行相继开业。截至2012年，东莞市有银行业金融机构31家。

【合规建设】2012年，东莞银监分局开展自助银行和自助设备安全大检查、从业人员违反职业操守专项风险排查等现

场检查，提升案件风险防控水平。截至2012年，全市银行业连续7年未发生重大案件。做好信访维稳，全年受理来电来访来信251人次，办结245人次。做好舆情监测，及时调查处置风险事件。

【风险监管】2012年，东莞银监分局整治不规范经营问题，规范银行服务收费。整改存量平台贷款，防范融资平台贷款风险。强化房地产信贷风险管控，督促落实房地产调控政策。审慎处理华鼎系担保贷款等事件，关注银担等合作业务和表外业务风险。关注民间融资、企业风险事件等重大风险事项，化解外部因素带来的信贷风险及潜在风险。

【非现场监管】2012年，东莞银监分局定期统计和通报各银行机构报送数据，开展信息科技风险评估工作，推进风险评估及监管评级，对长安村镇银行等新型农村金融机构试评级，指导银行机构改进绩效考核体系，与惠州分局签订《联动监管合作备忘录》。

【现场检查】2012年，东莞银监分局开展20项现场检查，累计投入3976人日。针对检查中发现的问题，提出监管意见和建议58条。开展监管走访会谈30余次，了解各行经营和风险状况，及时通报情况和交换意见。

【行政许可规范】2012年，东莞银监分局为244家银行机构网点办理迁址、更名、筹建、开业等审批事项，办理高管人员任职资格审核235人次，办理金融许可证换领234张次，达到无超范围核准、无超时限审批的要求。加强准入后管理，对银行新设离行式自助银行及离行式存取款一体机进行抽查走访。（李洪才）

附：2012年东莞银监分局领导名录

党委书记、局长：陈云青（任至3月）
　　　　　　　　李惠和（3月到任）
党委成员、副局长：王红杏　李永胜
党委成员、纪委书记：匡才满

银行选介

【中国建设银行股份有限公司东莞市分行】2012年末，中国建设银行股份有限公司东莞市分行（简称“建行东莞分行”）全口径存款余额904.1亿元，比上年增长83.9亿元；各项贷款余额366.2亿元，增长35.8亿元；中间业务净收入8.6亿元，首次突破8亿元；实现税前利润13.9亿元，经济增加值7.8亿元。被评为“全国银行业金融机构小微企业服务先进单位”和“全国企业文化建设优秀单位”。辖下常平支行获得“全国银行业文明规范服务千佳示范单位”称号。

支持东莞重点建设　2012年，建行东莞分行服务市内外资企业、中小企业和民营企业发展。新发放小企业贷款突破30亿元，贸易融资发生量突破200亿元；累计办理跨境人民币结算207亿元。

提升金融服务水平　2012年，建行东莞分行以公积金扩面、社保卡升级等为契机，针对汽车、教育、高端消费等领域，拓展信用卡分期业务；成为社保卡发卡银行之一，满足市民需求。

提供优质服务　2012年，建行东莞分行改造营业网点15个，新增对公网点22个。深入大型专业市场，推介“结算通”和“善融商务”等新兴服务产品。参加“阳光热线”直播节目，启动“满意在建行”和“机关效能建设”活动，推进“简洁柜台”工程。（罗旭林）

附：2012年中国建设银行股份有限公司东莞市分行领导名录

行　长：范　题
副行长：周楚良　刘惠芬　李宝生
　　　　李永彤
纪委书记：黄志伟
风险主管：李政文

【广发银行股份有限公司东莞分行】2012年末，广发银行股份有限公司东莞分行（简称“广发银行东莞分行”）本外币存款余额384.25亿元，其中储蓄存款创下历史新高，增额在系统排名第二；跨境人民币结算42亿元，比上年增加近30亿元；全年实现净利润5.5亿元，中间业务收入增长22%；信用卡累计发卡超过100万张，成为东莞市信用卡发卡突破100万张的首家银行；电子银行业务保持高速增长，个人网银和手机银行客户达44万户；不良资产得到有效控制，全年无风险案件发生，实现业务规模、资产质量和经营效益的协调发展。

全年获得广发银行“电子银行业务十佳分行”和“东莞跨境人民币工作先进单位”称号；辖下常平支行被广东省妇女联合会评为“巾帼文明岗”，长安支行被广东银行业协会评为“广东银行业文明规范服务百佳示范单位”；广发信用卡获得《南方都市报》颁发的“最受女性青睐信用卡”、豊尚杂志社颁发的“东莞最锋尚银行卡”和东莞阳光网颁发的第一届银行卡博览会“最受网友喜爱银行卡”等奖项。

转型创新　2012年，广发银行东莞分行推进个人金融业务改革，促进零售业务发展。截至年末，个人存款余额突破160亿元，实现较快增长。公司银行改革稳步推进，推出“市场贷”和“出口收汇结汇通”等新型业务，服务全市企业。新设立中小企业金融部，成功承办东莞市中小企业金融服务日活动，为企业送融资方案、送服务上门、送信贷资金，解决中小企业融资问题。

发挥特色　2012年，广发银行东莞分行成功开发东莞市新社保金融IC卡，并于7月在全市正式启用。优化新奥燃气卡系统，增加刷卡购气和支持异地广发卡功能，方便市民生活。完成社区银行自助服务平台三期投产上线，新增他行转本行交易、收付通收费等功能，方便市民使用。

内控建设　2012年，广发银行东莞分行采用“一户一策”专项管理机制，强化风险客户管理，化解和控制信贷风险。全面开展整治不规范经营行为，纠正各种违规问题，确保各项服务收费符合监管要求。（叶耀伦）

附：2012年广发银行股份有限公司东莞分行领导名录

行　长：卢少斌
副行长：朱　超　曾泽夫　黄志军
纪委书记：陈少岳
行长助理：陈若鹏

【东莞厚街华业村镇银行股份有限公司】2012年3月29日，东莞厚街华业村镇银行股份有限公司开业，注册资本人民币1亿元，下辖1个总行营业部，在职员工30人。2012年，该行创新贷款产品流程设计、风险识别和担保方式。推出具有村镇银行特色的信贷产品，如宅基灵活贷、租金质押贷等。强化信贷风险管理，优化信贷流程，提高办贷效率。坚持“小额分散”原则，重点支持信贷需求在50—200万元左右的个人或小微企业，探索建立50万元以下贷款的快速审批流程。全年累计发放涉农贷款占发放总额的56.57%，累计发放小微企业贷款占发放总额的35.08%。被评为“东莞银行业文明优质服务百佳网点”。（陈华茵）

附：2012年东莞厚街华业村镇银行股份有限公司领导名录

董事长：陈咸仔
行　长：伍海涛
副行长：卢少英　刘建锋

中国建设银行 China Construction Bank

东莞市分行

2012年，建行东莞分行大力提升服务水平，代表全市银行业参加东莞市政风行风评议活动，获得现场评分第一名。

2012年，建行东莞分行创新产品与服务，图为该行在虎门举行针对专业市场客户的结算通卡推介会。

2012年，建行东莞分行支持中小企业发展，图为该行举办的中小企业钻石客户授匾仪式。

建行东莞分行坚持强化服务，优化机制，围绕市民、企业和社会各界金融需求，创新金融服务方式，在全市重大基础设施建设、社会民生工程、支持中小企业发展、改进政风行风等方面作出贡献，获得年度“全国银行业金融机构小微企业服务先进单位”称号，建行常平支行获得“2012年度全国银行业文明规范服务千佳示范单位”称号。

2012年，建行东莞分行参加东莞市重大基础设施建设，图为该行行长范题出席东莞市轨道交通R2线银团贷款签约仪式。

2012年，建行东莞分行积极服务社会民生，图为该行参加东莞市社保卡首发仪式。

2013
东莞 年鉴
DONGGUAN YEARBOOK

【中国工商银行股份有限公司东莞分行】 2012年末，中国工商银行股份有限公司东莞分行（简称“工行东莞分行”）本外币全部存款余额1066亿元，比年初净增135.87亿元；本外币各项贷款余额568亿元，比年初净增53亿元；中间业务收入10.73亿元；全年实现经营利润23.53亿元，人均净利超“百万”，实现历史性突破。实现全年无案件、无重大差错、无重大事故，安全稳定运营。获得工行广东省分行系统内“2012年度综合贡献奖”等9个奖项，连续13年跻身中国工商银行全国经营30强，小企业金融中心获得中国金融工会授予“全国金融五一劳动奖状”。

经营转型 2012年，工行东莞分行推进资产经营转型，将有限信贷资源优先支持小企业、个人贷款和贸易融资业务发展，率先在系统内开展小企业金融业务下沉网点的营销变革试点，创新模式发展“准信用贷款”满足广大个人客户融资需求，各季度均创新推出产品或组合产品。支持优质客户走向国际市场，为东莞某集团客户在工银泰国办理新型跨境金融业务。获得市轨道交通R2线项目银团贷款牵头行资格，为项目发放首笔贷款。以投行为代表的资产类中收贡献度增长迅速。升级社会保障卡、商友卡、芯片卡、电话通等服务，自7月东莞市新社会保障卡首发以来，工行东莞分行的社保卡签约单位、发卡量均居6家发卡银行首位。

深化改革 2012年，工行东莞分行营业网点增至115间，对公数据反洗钱集中处理实现全覆盖。作为工行总行系统内第一批ATM（自助柜员机）集中运营管理试点行，提前完成全辖柜员机集中运营管理，完成所有自动取款机防读卡克隆装置升级。（朱 宇）

附：2012年中国工商银行股份有限公司东莞分行领导名录

行　长：罗健强
纪委书记：黄桂秋
副行长：黄少卿　陈淦林　李海华
　　　　陈景新　罗　亮

中国工商银行股份有限公司东莞分行

① 2012年7月9日，东莞市加载金融功能的新社会保障卡发行启用，工行东莞分行作为新社保卡的6家发卡银行之一，为全市近700万参保人提供相关金融服务。图为在首发仪式现场，工行东莞分行行长罗健强（左一）陪同东莞市委副书记、市长袁宝成（左二）把由工行发行的新金融社保卡颁发到参保人代表手上。

② 2012年12月20日，工行东莞分行作为轨道交通R2线117亿元银团的联合牵头行之一及主代理行，省市分行领导出席东莞市城市快速轨道交通R2线（东莞火车站—虎门火车站段）项目117亿元银团贷款合同签约仪式。

① 2012年9月25日，工行东莞分行参加“合规经营 诚信兴商”宣传活动，履行大行责任。

② 2012年11月25日，工行东莞分行组织辖内支行开展“普及金融知识万里行”活动。增强支行对金融消费者的服务意识，为社会公众（尤其是特殊群体）宣传金融知识，提升公众金融安全意识，增强公众金融运用技能，营造学金融、懂金融、用金融的良好社会环境，构建和谐金融关系，树立良好社会形象。

③ 2012年1月18日，工行东莞分行举行“共创共健共享、同心同行同赢”迎春宴会。宴会上《旗舞飞扬》等一系列员工精心编排的节目，将丰富的艺术元素与工行经营发展历程以及企业文化精神相结合，充分展现工行风采。

④ 2012年10月14日，东莞市银行业第二届综合运动会闭幕，工行东莞分行获得团体总分第一名。

【中国农业银行股份有限公司东莞分行】 2012年末，中国农业银行股份有限公司东莞分行（简称“农行东莞分行”）各项存款余额926亿元，比年初增加88亿元；各项贷款余额487亿元，比年初增加40亿元；不良贷款余额和占比分别比年初下降2.7亿元和0.7个百分点。2012年，获得农总行颁发的“2010—2012年度全国重点城市行改革发展突出成就奖”，是农行系统内获奖的十家二级分行之一；被农总行评为合规文化建设先进单位；被省农行评为信贷管理先进单位；连续三年被《南方日报》评选为公务员最喜爱的金融品牌，连续两年获《东莞时报》市民最喜爱品牌称号；连续三年综合考核名列省农行前二位；连续三年获得省农行颁发的“四好领导班子”称号。

经营转型深化 2012年，农行东莞分行加快经营转型步伐。加大优质项目服务支持力度，成为社保卡主办行、市农村财务监管平台唯一试点银行、市轨道交通R2线银团牵头行和代理行、路桥中期票据主承销商。深化与东莞市50余家行业龙头企业以及综合性民营企业集团合作，支持320家有品牌、经营管理好的小企业。抓好国际业务和机构业务，并以此带动业务转型。创新管理机制，对客户、网点、支行和人员实施分类管理，搭建各类系统平台，被农总行刊发分类管理经验做法在全国推广；加强金融科技创新，社保卡管理系统、3G一体化离行注册系统、自助终端渠道缴费项目在全省处于领先地位。

金融服务优化 2012年，农行东莞分行围绕星级服务，提高客户服务水平。全年新投放自助设备700多台，新建20余个自助银行区。推广网点标准化管理，开展“创星级 树品牌”活动，提升营业网点规范化服务水平，石碣、东城营业部被省农行评为“五星级网点”。

（高国伦）

附：2012年中国农业银行股份有限公司东莞分行领导名录

行　长：黄腾江
副行长：梁始芳　苏顺棉
林　刚（任至12月）　张晓天
韩　冬（任至9月）
张少锋（10月到任）
党委委员：张丽丽（12月到任）
汪珊娟（12月到任）

① 2012年8月10日，东莞市委常委、常务副市长梁国英（右）与农行东莞分行行长黄腾江（左）在参加第二届企业投融资（东莞）洽谈会暨2012年银担企融资对接服务展时交谈。

② 2013年1月11日，广东省农行行长袁明男（左三）到东莞调研自助银行业务。

③ 2012年12月20日，农行东莞分行作为牵头行和代理行参加东莞市轨道交通R2线银团贷款签约仪式。

④ 2012年3月20日，农行东莞分行与市社保局签订合作协议，成为加载金融功能的社会保障卡发卡行之一。

中国银行股份有限公司东莞分行

【中国银行股份有限公司东莞分行】 2012年末，中国银行股份有限公司东莞市分行（简称“中国银行东莞分行”）本外币各项存款余额870.58亿元，比上年增加280.2亿元；本外币各项贷款余额471.84亿元，增加78.42亿元；实现营业净收入28.14亿元，增长18.27%；国际结算业务量和跨境人民币结算量均突破300亿元。2012年，在债券承销、上市公司财务顾问、银团贷款等投行业务上取得新突破，综合经营能力提升。在中国银行广东省分行机构考核中连续四季度排名第一，获得A+考评等级，被广东省分行评为“优秀绩效机构”。

支持东莞经济 2012年，中国银行东莞分行支持东莞村镇经济发展，在村镇经济资产重组和现金链上提供专业金融解决方案，帮助东莞村镇经济实体快速发展。通过“租金账户质押”“商会贷”“快易贷”和“商户贷”等金融产品支持东莞中小企业转型升级，推出“兴业通宝”和“以纯通宝”等供应链金融产品满足东莞中小企业客户的融资需求。利用中国银行国际化的清算渠道和产品平台拓展跨境贸易人民币结算业务，拓展供应链融资、内保外贷保函、租赁保理等国际结算和贸易融资新产品，降低企业成本，盘活企业资金，解决企业融资瓶颈，支持东莞外贸加工企业转型升级。2012年，中国银行东莞分行当选为东莞市银行业协会会长单位，获得中国人民银行东莞市分行颁发的“跨境人民币突出贡献奖”。

提高服务水平 2012年，中国银行东莞分行完善渠道服务体系，形成“物理网点+自助设备+电子银行”的金融服务网络，推广“时间管家”和“预约服务”，提升客户在银行办理业务的服务体验。利用外汇专业银行的金融优势办好“中银汇兑”和“移民留学”等品牌金融服务项目；承担东莞市新版社保卡的发行激活、代发薪、养老金等民生金融项目。（谢毓祯）

附：2012年中国银行股份有限公司东莞分行领导名录

行　长：张正强

副行长：苏胜傍　张丹敏　钟国军　孙路希　冯志能

纪委书记：夏永元

① 2013年新春“全家福”　② 中国银行东莞分行办公大楼

中国银行东莞分行网点分布一览表

网点名称	地址	联系电话	邮编
分行营业部	东莞市南城区莞太路72号	22819888-118	523072
莞城支行	东莞市城区运河西二路13号	22210071	523000
聚福支行	东莞市东城大道123号聚福豪苑1—2号铺	22332269	523008
东城支行	东莞市东城区东城大道东顺楼一幢1—3号	22499382	523008
东宝路支行	东莞市东城东宝路蔚蓝星湖会所一层	22468244	523000
花园支行	东莞东城区花园路富怡花园A座17—21号	22290829	523005
东昇支行	东莞市东城中心A2区商场B1号铺	23033585	523129
光大支行	东莞市东城区景湖春天29—36号铺	22621718	523123
明苑支行	东莞市东城区火炼树东城明苑第九期9、10号铺	23025283	523123
愉景支行	东莞市东城区石井大道堃和居大厦A段	22080266	523129
新世界支行	东莞市东城区新世界花园F区帝景台1、2、3座商铺02、03、04号	23025208	523129
星城支行	东莞市东城区学星路76号新世纪星城42幢商铺162、163、164、165、166	23058618	523000
南城支行	东莞市南城宏远工业区宏远路20号	2241699	523087
会展支行	东莞市南城区簪花路达鑫龙庭B区5栋4—5号商铺	28630954	523071
宏图支行	东莞市南城区三元里宏图路石竹新花园石竹苑十七座1楼36—40号	22825298	523076
宏伟支行	东莞市南城区宏伟路金地格林花园金盏院商铺27—30号	23185891/23185892	523079
景湖支行	东莞市南城区宏伟路未来世界花园商铺10—11号	22828033	523079
万江支行	东莞市万江区盛世华南6号楼9—15号铺	22279823	523050
万誉支行	东莞市万江区万福路218号	22288105	523039
松山湖支行	东莞市松山湖科技产业园中心区1栋	22891912	523808
虎门支行	东莞市虎门太沙路171号	85129419	523900
港口支行	东莞市虎门人民路18号	85513574	523900
富民支行	东莞市虎门永安路19号	85110954	523900
太平港支行	东莞市虎门金龙南路新园东区4栋一楼	85246288	523900
人民路支行	东莞市虎门虎门人民中路294号	85519664	523900
连升支行	东莞市虎门镇虎门大道新丰大厦首层	81619928	523900
博爱支行	东莞市虎门虎门人民路中路11号	85118505	523900
布料市场	东莞市虎门人民北路国际布料交易中心D5区5D—109号	82266022	523900
创丰支行	东莞市虎门镇虎门大道创丰商业大厦102、103、206号	85163350/85163351	523900
龙泉支行	东莞市虎门镇连升路龙泉国际大酒店1楼A区	85126686	523900
北栅支行	东莞市虎门镇北栅村东莞市威尔曼酒店有限公司商业楼首层	85028133	523900
常平支行	东莞市常平镇常平大道还珠沥路段置业广场首层105—106号铺	83979223	523560
振兴支行	东莞市常平镇振兴路福安楼3号铺	83334315	523560
常兴支行	常平镇市场路侨丰大厦7—15号	83334932	523560
丽景支行	常平镇丽景花园G区绿华庭5座首层9—17号铺	82826738	523560
金汇支行	常平镇常平大道金汇大厦车库及商铺1—1至1—7、1—27	81031718	523560
长安支行	东莞市长安长青北路西侧中惠山畔名城	85478013	523850
长中路支行	东莞市长安镇长中路124号	85478028	523841
长兴支行	东莞市长安镇乌沙李屋大道	85538936\85333685	523850
莲花支行	东莞市长安镇莲峰北路43号	85099807	523841
沙头支行	东莞市长安镇沙头东方新村	81552283	523850
乌沙支行	东莞市长安镇乌沙振安路陈屋路口新域商业有限公司综合楼（振安中路14号	82385208	523850
霄边支行	东莞市长安镇霄边村农民公寓第二幢第1008、1009、1010号铺	82711205	523850

续上表

网点名称	地址	联系电话	邮编
石龙支行	东莞市石龙镇新城区裕兴路世纪滨江商铺28—30号铺	82213355	523326
中山支行	东莞市石龙镇绿化中路15号	86185371	523321
中堂支行	东莞市中堂镇新兴路45号	88814138、88112112	523220
麻涌支行	东莞市麻涌镇大步村孖涌围东莞市恒生电子科技开发有限公司综合楼B栋首层	88282330	523143
大朗支行	东莞市大朗镇美景中路383号	81127100	523770
大市支行	东莞市大朗镇美景东路2号	83313839	523770
富康路支行	东莞市大朗镇巷头村富康路61、63号	82229323	523770
大岭山支行	东莞市大岭山镇中兴路1号	85609319、85609301	523820
石碣支行	东莞市石碣镇东风南路3号	86633226	523290
道滘支行	东莞市道滘镇新城区道厚路8号	88311266	523170
汇立支行	东莞市道滘镇新兴路81号	88835526	523171
厚街支行	东莞市厚街镇体育路16号	85935233 85827181	523960
银佳支行	东莞市厚街镇商贸中心（地下铺位）	85589690	523960
康乐路支行	东莞市厚街镇康乐南路珊美路段（盈丰酒店旁）	85589691	523960
教育路支行	东莞市厚街镇教育路百汇服装城A栋一楼地铺（部分）	85812860	523960
汇景支行	东莞市厚街镇宝屯村汇景豪庭商住楼（二期）A1组01、02、03、04商铺	85874982/85873659	523960
寮厦支行	东莞市厚街镇寮厦村彩云西路1号东莞市厚街镇寮厦第二股份经济合作社综合楼首层	85033622	523961
沙田支行	东莞市沙田镇沙太路粤港花园18—21号	88866768	523981
凤岗支行	东莞市凤岗镇永盛大街126号	87751848	523690
雁鸣支行	东莞市凤岗镇丰田新村地下商铺33号	87777618	523700
雁田支行	东莞市凤岗镇雁田村蓝山锦湾花苑二期洋房1幢、2幢（商铺）106、107、108	89397633	523700
塘厦支行	东莞市塘厦镇迎宾路三正半山豪苑雅景园S1—10号铺	87868013	523710
新园支行	东莞市塘厦镇塘厦大道中96—101号	87907879	523710
博登湖支行	东莞市塘厦镇湖柏街新世纪一可居（一期）酒吧街二区48-50号铺	89602301	523710
石排支行	东莞市石排镇石排大道336号	86551878/86655058	523330
望牛墩支行	东莞市望牛墩镇望联村乔兴大厦A区一、二层	88852700	523200
茶山支行	东莞市茶山镇大新百货一楼	81855819	523380
清溪支行	东莞市清溪镇鹿城西路茂恒商住小区1栋商住楼商铺01、02及2栋商住楼商铺107—113	82098225	523660
育才支行	东莞市清溪镇育才路	82098393	523660
清溪聚富路	东莞市清溪镇聚富路碧月湾花园商业中心152—159地铺	82098000	523660
寮步支行	东莞市寮步镇海悦花园悦莱商住小区A2座雅士阁101号	82319948	523400
寮中支行	东莞市寮步镇教育路25号	83261828	523400
桥头支行	东莞市桥头镇桥光大道西3号	83421163/83421183	523523
横沥支行	东莞市横沥镇双龙舫步行街1号楼一层128A、129A、130A、131A商铺	83711313	523460
樟木头支行	东莞市樟木头镇莞惠大道维多利花园皇朝阁	87799822	626668
帝雍园支行	东莞市樟木头镇柏地村庶布帝雍园东城商业街19—23及25号铺	82690996	523620
黄江支行	东莞市黄江镇板湖村黄江大道旭龙贸易有限公司工业大厦	83666988	523750
环城路支行	东莞市黄江镇玉堂围村莞樟路旁东莞市裕元酒店有限公司主楼首层（面向麦当劳）	83360989、83360728	523750
企石支行	东莞市企石镇振华路1号	86789083	523500
高埗支行	东莞市高埗镇高埗大道152号	88708888	523270
东坑支行	东莞市东坑镇中兴大道中62号康怡大厦左侧	83696268/83696211	523451

【中国光大银行股份有限公司东莞分行】 2012年末，中国光大银行股份有限公司东莞分行（简称“光大银行东莞分行”）一般性存款余额41.15亿元，一般性贷款余额25.68亿元，存贷款规模均较2011年度翻一番。9月，在长安镇开设支行。获得中国金融工会广东工作委员会颁发“‘三农’和中小微金融服务劳动竞赛优秀服务团队”、中国人民银行东莞市中心支行颁发“东莞跨境人民币工作先进单位”、中国光大银行广州分行颁发“利润增量突出贡献奖”等奖项。

服务地方经济　2012年，光大银行东莞分行加强对东莞市中小微企业融资服务，以镇街企业商会联保、专业市场联保、POS（销售终端）快贷等方式对中小微企业进行信贷支持。截至2012年，投放于东莞中小微企业的信贷资源达15亿元。

创新金融服务　2012年，光大银行东莞分行推出“互助金”、黄金租赁、汽车及工程机械全程通等创新产品，解决企业融资难问题；推广电子银行业务，提升客户体验。

提升服务质量　2012年，光大银行东莞分行改善硬件设施，优化服务流程，提升服务质量。辖下厚街支行获得“东莞市银行业2012年度百佳网点”称号。

（麦丽佳）

附：2012年中国光大银行股份有限公司东莞分行领导名录

行　长：罗乐贤

副行长：莫锦英

中国光大银行股份有限公司东莞分行

①

②

③

④

⑤

① 2012年12月27日，东莞市政府党组成员冷晓明到光大银行东莞分行进行年终慰问。

② 2012年7月18日，光大银行广州分行行长陈凯慧到厚街支行视察。

③ 2012年8月9日，光大银行东莞分行与中山大学联合举办“中国传统文化与现代价值”讲座。

④ 2012年9月20日，光大银行东莞分行长安支行开业。

⑤ 2012年10月16日，光大银行东莞分行获得东莞市银行业第二届综合运动会“优秀组织奖”。

中信银行股份有限公司东莞分行

【中信银行股份有限公司东莞分行】2012年末，中信银行股份有限公司东莞分行（简称“中信银行东莞分行”）负债总额490.35亿元，比年初增长11.36%；资产总额502.16亿元，比年初增长11.31%。其中，对公存款余额350.23亿元，比年初增长9.59%，在东莞市所有商业银行中市场占有率达14.40%；零售存款余额为102.98亿元，比年初增长23.87%，在东莞市所有中小银行中市场占有率达22.64%。实现税前利润超过13亿元，经营效益提升较大；不良资产率为0.62%，无案件发生。在总行35家一级分行综合排名中，连续六年获得“标兵行”和“优秀行”等称号，被评为“十佳分行”；在《当代金融家》杂志社举办的“第四届中国银行业好分行评选”中，获得“经营管理十佳分行”称号。

服务中小企业　2012年，中信银行东莞分行依托“种子基金”特色担保业务，批量营销中小企业授信客户。年末人民币各项贷款余额358.85亿元，其中中小企业贷款余额262.90亿元，同比增长8.24亿元，占全部贷款的73.26%。“种子基金”获得广东省金融工会“最佳金融产品”称号。

零售转型　2012年，中信银行东莞分行落实网点销售化转型工作；加快网点布局，新增麻涌、樟木头两家同城支行，网点总数达24家；加强对网点服务技能培训，提高服务水平，所辖东城支行、常平支行、塘厦支行、分行营业部、黄江支行等5个网点被评为“东莞市银行业2012年度文明优质服务‘百佳’网点”。（邓嘉渝）

附：2012年中信银行股份有限公司东莞分行领导名录

行　长：彭周福
副行长：曲　震　王志雄　翟少安
行长助理：申　俊

中信银行东莞分行营业网点分布

	网点名称	地址	电话	传真
1	分行营业部	东莞市南城区鸿福路106号南峰中心大厦一楼	22667898	22667887
2	长安支行	东莞市长安镇长中路143号	85841188	85841880
3	南城支行	东莞市南城区鸿福路76号南城商务大厦首层	22819280	22819278
4	常平支行	东莞市常平镇常平大道星汇中心一楼	83029988	83029989
5	塘厦支行	东莞市塘厦镇环市东路1号东港城花园	87283288	87283858
6	北区支行	东莞市石碣镇东风路盈翠豪园A67—70号商铺	81802388	81802188
7	虎门支行	东莞市虎门镇虎门大道中科数码文化城首层1—6号	85013011	85013009
8	厚街支行	东莞市厚街镇体育路香榭丽商铺	81696689	81696688
9	东城支行	东莞市东城区南四环路侧景湖花园大门口右侧	23129302	23129292
10	大朗支行	东莞市大朗镇松佛路碧水天源售楼处	82220088	82220086
11	万江支行	东莞市万江区万道路，阳光海岸一期12号首层	21660660	21660669
12	石龙支行	东莞市石龙镇黄洲裕兴路聚豪华庭首层商铺78号	81389128	81389022
13	清溪支行	东莞市清溪镇行政中心区御鹿华庭1区101—1铺，101—2铺，102铺	82139183	82139655
14	星河支行	东莞市东城区东城东路“星河传说”IEO一号楼	22667889	22667606
15	寮步支行	东莞市寮步镇寮步社区三正世纪豪门豪景苑六栋130铺	82815558	82390667
16	凤岗支行	东莞市凤岗镇光华街三联村园龙山旁世纪新潮豪园一楼商铺	38867878	82613822
17	黄江支行	东莞市黄江镇黄江大道132、136、138号商铺	82525628	82525607
18	中堂支行	东莞市中堂镇振兴路斗朗村莞都可苑1区10号	81209622	81209608
19	长安乌沙支行	长安镇乌沙社区环西路同达花园一层商铺	81886438	81886418
20	大岭山支行	东莞市大岭山镇凯东路凯东新城四期商铺101、102、103、104、105、106、107、108号	82788388	82186600
21	时代城支行	东莞市南城区宏伟路景湖时代花园（景湖时代城）24、25、26、27、28、29、30号商铺	23197291	23197285
22	新城支行	东莞市南城区簪花路泰安阁3栋101、102、103、104、105、106号商铺和二楼201号	28820303	28820319
23	樟木头支行	东莞市樟木头镇东城大道帝雍园金融商业区A区一楼铺位2、3、5、6、8、9号和二楼铺位	87196222	82696111
24	麻涌支行	东莞市麻涌镇麻涌大道万盈酒店1—2楼左侧	82661222	82661168

① 2012年4月19日，东莞银监分局局长李惠和（右三）到中信银行东莞分行调研。

② 2012年12月25日，中信银行东莞麻涌支行开业，中信银行东莞分行行长彭周福（左一）与行长助理申俊（左二）为金狮点睛。

③ 2012年9月23日，中信银行东莞分行到云浮市郁南县千官镇水美小学和登心小学开展"爱在郁南·与你同行"捐资助学活动。

④ 2012年9月28日，中信银行东莞分行到东城区东泰花园中信社区开展敬老爱老公益活动，现场教授长者辨别真假人民币知识。

⑤ 2012年10月26日，中信银行东莞樟木头支行举行开业典礼。

⑥ 2012年5—7月，中信银行东莞分行组织党员分批前往贵州遵义红色教育基地开展"回望革命路·迎接十八大"党员教育活动。

【东莞银行股份有限公司】 2012年末，东莞银行股份有限公司（简称“东莞银行”）资产总额1394.76亿元，比年初增加119.09亿元；各项存款余额962.53亿元，比年初增加162.07亿元；各项贷款余额578.70亿元，比年初增加100.60亿元。全年实现净利润19.18亿元，比上年增加5.82亿元。下辖1个总行营业部、6家分行（广州分行、深圳分行、惠州分行、长沙分行、佛山分行、合肥分行）、33家直属支行、7家一级支行，73家二级支行，拥有开县泰业村镇银行股份有限公司和东源泰业村镇银行股份有限公司等2家子公司。获得由广东省政府颁发的“金融创新一等奖”，是唯一获得一等奖的法人银行；在《理财周报》年度全国理财评选中，获得“最佳投资管理团队”称号，推出的理财产品获得“中国最受欢迎城商行理财产品”称号。

金融服务创新 2012年，东莞银行推出金融IC卡、社保卡，升级替换自助柜员机，开发“银企直连”等公司业务产品。推出“4天滚动”“5天滚动”和“月月滚动”等理财产品。

支持中小微企业发展 2012年，东莞银行推出集群市场模式、产业链延伸模式等针对中小微企业的综合融资模式，启动中小企业集群服务试点工作。挂牌成立松山湖科技支行，设立“松湖烟雨”小微企业集合信贷担保创新产品。

风险管理 2012年，东莞银行建立对重大授信风险客户台账跟踪管理机制，加强信贷风险防范和化解。强化稽核监督，增设深圳分行稽核部（片区），开展现场稽核重点检查。 （林淦滔）

附：2012年东莞银行股份有限公司领导名录

董事长：廖玉林

行　长：卢国锋

纪委书记：林　海

监事长：王国栋

副行长：张　涛　张孟军　黄晓雯

财务总监：邓奕婷

董事会秘书：谢勇维

东莞银行股份有限公司

① 2012年6月26日，东莞银行在广东省金融工作会议上获得“金融创新奖”一等奖，是唯一获得创新一等奖的法人银行，东莞银行董事长廖玉林（左三）参加会议并领奖。

② 2012年8月23日，东莞首家科技支行——东莞银行松山湖科技支行挂牌开业，市政府党组成员冷晓明（右二）、东莞银行董事长廖玉林（左二）等参加挂牌仪式。

③ 2012年12月23日，东莞银行走进伟易达集团，开展反假币宣传活动，重点指导新莞人安全使用银行卡和自助柜员机，传授防诈骗技能。

【东莞农村商业银行股份有限公司】2012年末，东莞农村商业银行股份有限公司（简称“东莞农商银行”）资产总额（按合并报表口径）1715亿元，比年初增加225亿元；各项存款余额1415亿元，比年初增加144亿元；贷款余额842亿元，比年初增加105亿元；存贷款市场占有率连续17年位居全市银行业首位。不良贷款率降至0.94%，资本充足率达到16.19%，拨备覆盖率为379.88%，各项安全性指标均高于监管标准。全年实现拨备前利润（按合并报表口径）38.23亿元，净利润（按合并报表口径）28.71亿元。有营业网点519个，占全市银行机构的40%。

服务中小微企业　2012年，东莞农商银行推进中小微企业贷款服务机制和产品创新建设，成立33家小微企业贷款中心，实施效率服务承诺，创新推出“财至企贷”以及“莞商通”等多种金融产品（综合服务方案）。组织多场融资推介会，搭建中小微企业融资平台，重点向中小微企业实施信贷倾斜，为中小微企业融资需求开辟绿色通道，支持中小企业发展。全年新增贷款投放232亿元，新增贷款净投放105亿元，占东莞市新增贷款的18%。中小微企业贷款余额494.51亿元，比年初增长65.74亿元，是东莞市支持中小微企业力度最大的银行。

支持“三农”发展　2012年，东莞农商银行研发推出“订单农业贷”“农补贷”和“租金贷”等支农创新金融产品，推广农民工卡和银行卡助农取款服务。截至2012年，涉农贷款余额97.09亿元，比年初增长22.85亿元，是东莞支持“三农”力度最大的银行。

关注环保项目　2012年，东莞农商银行创新开发“绿色动力贷款”系列产品，重点对东莞市各镇街天然气利用、污水处理、垃圾发电项目及优质给排水项目加大授信力度和加快放款进度。截至2012年，向100多家环保企业提供信贷支持，贷款余额达59.64亿元。其中，向全市供水供气工程提供22亿元信贷资金，向污水项目提供贷款余额近20亿元。

完善社区服务　2012年，东莞农商银行加大精品网点建设和自助设备投放力度，落实一级支行网点三年总体规划，建设完成37家重点支行营业部、二级支行和分理处，重点推进尊享理财中心、智能银行建设工作，提升覆盖社区金融的服务能力。截至2012年，储蓄存款余额1054.72亿元，比年初增长111.46亿元；零售贷款余额163亿元；累计发卡超过992万张，新增活跃卡31万张；中间业务收入4.12亿元。

跨区经营发展　2012年，东莞农商银行发起设立东莞大朗东盈村镇银行和贺州八步东盈村镇银行，发起村镇银行总数达4家；实现跨省设立子机构，推进村镇银行并表管理，集团银行、区域银行雏形渐现。截至2012年，4家村镇银行存款余额合计7.89亿元，贷款余额合计8.11亿元，惠州仲恺东盈村镇银行和云浮新

东莞农村商业银行股份有限公司

① 2012年2月21日，中国银监会副主席周慕冰（左）到东莞农商银行参观考察。

② 2012年12月26日，广东省银监局局长刘福寿（站者右四）到东莞农商银行指导工作。

③ 2012年12月5日，东莞农商银行大厦正式启用，市委副书记姚康（左六），市政协原主席刘树基（右四）、市人大常委会副主任郭水（左二）、市政府党组成员冷晓明（左三）等出席启用庆典并剪彩。

兴东盈村镇银行实现拨备前利润分别为2139.87万元和111.98万元。

风控管理 2012年，东莞农商银行制定信用风险、市场风险、操作风险、流动性风险、法律与合规风险和信息科技风险等管理实施纲要，深化全面风险管理体系建设。提高风险监督技术水平，投入使用对账管理系统，加快事后监督系统和稽核监督系统智能化建设，推进流程银行建设，实施柜台业务流程优化与改造项目。强化合规意识教育，开展员工业务差错学习讨论活动。

东莞市钱币博物馆新馆落成 2012年12月5日，东莞市钱币博物馆新馆落成，原址迁至东莞农商银行大厦，总建筑面积近3000平方米，陈列展览面积2400平方米。该馆是东莞农商银行2001年筹建，2002年成立开馆，兼具金融宣传和历史教育功能，被评为“广东省十大民间收藏博物馆”。

回馈社会 2012年，东莞农商银行纳税总额11.13亿元，蝉联东莞市民营企业纳税第一名，连续六年跻身广东省纳税百强企业、东莞市纳税十强企业；热心公益事业，为“扶贫日”等公益活动累计捐款48.74万元、为河源市和平县杨洞村和大埔县西河村捐款逾35万元；春运期间赞助“平安回家”活动20万元，为超千位新莞人送出回家车票。

（刘锐华）

附：2012年东莞农村商业银行股份有限公司领导名录

董事长：何沛良
行　长：陈锐强
监事长：王红杏
副行长：肖　光　叶满霖　朱小伟
　　　　刘晓东
工会主席：王庆辉

① 2012年7月11日，由东莞农商银行作为主发起人发起设立的东莞大朗东盈村镇银行正式开业。
② 2012年8月28日，由东莞农商银行作为主发起人发起设立的贺州八步东盈村镇银行正式开业。
③ 2012年，东莞农商银行连续三年获得“东莞民营企业纳税第一名”。
④ 2012年12月5日，东莞市钱币博物馆新馆落成。
⑤ 展示东莞本土农村合作金融机构发展历史的东莞农商银行行史博物馆。

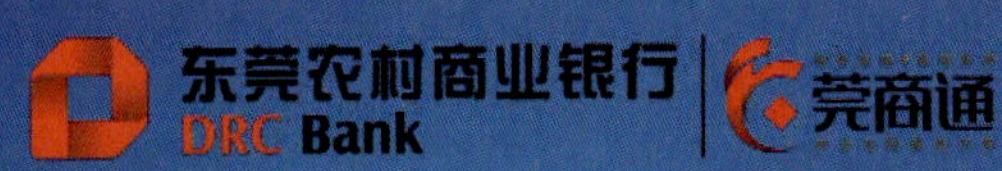

东莞农村商业银行
隆重推出“莞商通”综合金融服务方案

为庆祝世界莞商大会圆满召开，东莞农商银行积极响应政府号召，隆重推出“莞商通”综合金融服务方案，为莞商提供360°全方位智慧型金融服务，助力东莞高水平崛起，支持地方经济转型升级，服务莞商，建设家乡，东莞农商银行与世界莞商共创辉煌！

“莞商通”综合金融服务方案（精华版）产品体系

名
- 宅基贷 •租金贷 •贵宾卡增值服务 •创富理财 •企业理财尊享
- 投资一站通 •银行承兑汇票贴现 •授信开证 •出口退税账户质押 •出口押汇

优
- 周周到通知存款 •企业网银 •个人消费贷款 •循环贷 •物业贷
- 特定单位应收账款质押 •银行承兑汇票 •进口押汇 •打包放款 •履约保函

新
- 跨境人民币结算 •动产质押 •联保贷款 •POS收单质押 •供应链项下应收账款质押
- 理财产品质押 •银行承兑汇票质押 •付汇理财宝 •基金便利店 •交易资金监管

特
- 创富金 •缴费通 •电子银行 •权利贷 •专利贷
- 专业市场贷 •设备贷 •股权贷 •出口信保押汇 •营运车辆按揭贷款

【交通银行股份有限公司东莞分行】 2012年末，交通银行股份有限公司东莞分行（简称“交通银行东莞分行”）本外币各项存款余额104.6亿元，比年初增长9.4%；本外币各项贷款余额62亿元，比年初增长13.2%；实现国际结算量40.4亿美元，比上年增长53%；实现经营利润近2亿元，比上年增长46.8%；不良贷款占比0.94%。获得交通银行广东省分行“先进集体”称号和多项业务单项奖。

金融服务 2012年，交通银行东莞分行先后与东莞市政府、本异地商会、台商协会建立长期战略合作关系，致力于服务实体经济，助推东莞产业转型升级。发挥“国际化、综合化”经营优势，突出最佳财富管理特色，以“蕴通财富”“沃德财富”和“领汇财富”等品牌优势产品，配套优质服务、灵活机制、规范运作，帮助客户实现财富管理增值。下辖网点获得“东莞市银行业2012年度文明优质服务‘百佳’网点”、总行“2012年度电子银行百佳网点”等奖项；交行信用卡获评媒体发布的“最受商务人士欢迎银行卡”及“东莞最锋尚银行卡”等称号。

内控管理 2012年，交通银行东莞分行推进全面风险管理建设，加强研判内外形势能力，强化风险排查及预警，做好信用、操作、市场、合规、声誉等风险管理基础工作。开展“合规文化建设年”和“深化内控和案防制度执行年”等活动，实现全年安全运营无事故。获得交通银行广东省分行营运条线劳动竞赛团体奖、法律合规工作优秀奖、安全保卫和信息科技“先进集体”等。

（甘　维）

附：2012年交通银行股份有限公司东莞分行领导名录

行　长：李永华

副行长：黄小念　浦　涌　雍　彦

行长助理：吴　超

交通银行股份有限公司东莞分行

① 2012年8月，交通银行东莞分行在全行范围内举行“弘扬交行精神、用心去工作”主题演讲比赛。

② 2012年9月，交通银行东莞分行组织开展以“合规经营·诚信兴商”为主题的宣传活动，广泛宣传交行服务和产品知识，普及金融管理政策和法规。

③ 2012年11月，交通银行东莞分行联合东莞市中小企业局举办“交通银行长安五金模具集群专项活动”。图为交通银行东莞分行与长安五金模具集群代表签订战略合作协议。

④ 2012年9月，交通银行广东省分行和东莞市人民政府在广州举行全面战略合作签约仪式。

【招商银行股份有限公司东莞分行】 2012年末，招商银行股份有限公司东莞分行（简称"招商银行东莞分行"）全折人民币存款余额超250亿元、贷款余额超206亿元。利用一卡通、一网通、金葵花理财、点金理财、财富账户等系列金融品牌，为社会提供金融服务。加大对东莞小企业支持力度，推出"生意贷""科技通"和"千鹰展翼"等新产品和服务。

服务提升 2012年，招商银行东莞分行新建2家网点，所辖网点增至19家，覆盖东城、厚街、长安、虎门、南城、常平、大朗、塘厦、万江、寮步等镇街，网点环境进一步美化。在高端客户服务方面，以分行私人银行中心和财富管理中心为平台，凭借专业理财团队，为客户量身打造专属理财服务，提升客户体验。2012年，招商银行东莞东城支行获得中国银行业"千佳示范单位"及广东省"百佳示范单位"称号。（叶晓苑）

附：2012年招商银行股份有限公司东莞分行领导名录

行　长：欧阳忠

副行长：刘冬兰　卢伟文　龙志宏

行长助理：詹志成

招商银行股份有限公司东莞分行

① 2012年5月20日，招商银行东莞分行行长欧阳忠（中）参加"行长当一天大堂经理"活动，深受客户好评。

② 2012年6月27日，招商银行东莞分行举行长安支行乔迁暨长青路支行开业典礼。

③ 2012年9月28日，招商银行东莞分行举行虎门支行乔迁暨金龙路支行开业典礼。

④ 招商银行东莞分行新大楼——招银大厦

【兴业银行股份有限公司东莞分行】2012年，兴业银行股份有限公司东莞分行（简称“兴业银行东莞分行”）加大业务创新力度，各项指标持续增长，整体经营效益稳步提升。年末本外币存款规模217亿元、贷款规模159亿元。营业网点增至12个，覆盖东城、南城、虎门、厚街、常平、大朗、塘厦、长安、石龙、石碣等镇街。在广州分行异地分支行综合考评中，连续三年名列第一。

产品创新　2012年，兴业银行东莞分行针对东莞中小企业推出扶持成长型个体商户的“兴业通”等个性化服务方案；为专属代发单位及其员工发行新型电子支付工具“菁资卡”，兼容多项功能与服务。在个人业务方面，提供“兴业盛世金”等贵金属理财、“现金宝3、4号”等灵活型理财、“私行客户专属理财”等个性化产品。在金融市场领域，致力于建设银银平台，为合作银行提供全面金融服务解决方案。8月，在《南方都市报》“东莞金融力量金牌评鉴”中，兴业银行东莞分行被评为“最具创新力银行”。

合规风控建设　2012年，兴业银行东莞分行建立合规风控独立体系，完善制度及管理流程；加强对员工的风险管理培训，强化全员风险防范意识，提高风险识别能力；建立健全风险评价体系，通过把握本地区市场和行业特点，将风险管理和业务发展相结合，形成风险评价体系；成立行业研究工作小组，聘任行业顾问及研究员，评估信贷承载能力，保证业务稳健开展。（姚飞洋）

附：2012年兴业银行股份有限公司东莞分行领导名录

行　长：刘永革

副行长：林国华　王朝晖

行长助理：李良忠

兴业银行股份有限公司东莞分行

① 2013年1月26日，兴业银行东莞分行召开2013年工作会议暨2012年表彰大会。
② 2012年12月21日，兴业银行东莞分行举办新年音乐会回馈客户。图为迎宾礼仪队。
③ 兴业银行东莞虎门支行喜迁新址。图为虎门支行VIP接待区。
④ 2012年12月9日，兴业银行东莞分行组织员工开展“走进东莞50千米徒步”活动。
⑤ 2012年5月，兴业银行东莞分行举行包括拔河在内共4个项目的竞技比赛，全行近300人参加。

【上海浦东发展银行股份有限公司东莞分行】 2012年末，上海浦东发展银行股份有限公司东莞分行（简称“浦发银行东莞分行”）一般性存款余额57.2亿元，其中对公存款47.3亿元，储蓄余额9.9亿元。贷款余额40亿元，比年初增加10亿元。在东莞市设立3家支行（营业部、虎门支行和东城支行），从业人员91人。

2012年，浦发银行东莞分行全面实施“规范管理年”活动，使前后台能够和谐相处、互相扶持，构建前后台联动机制。风险防范意识和水平得到提升，全年实现安全运营无事故。坚持为客户提供优质、高效的金融服务，推动东莞经济社会双转型，以“新思维，心服务”为指引，努力建设成为具有核心竞争优势的现代金融服务企业。（徐冠男）

附：2012年上海浦东发展银行股份有限公司东莞分行领导名录

行　长：葛新华

副行长：莫沃林　何锦坤

上海浦东发展银行股份有限公司东莞分行

① 2012年2月16日，浦发银行东莞分行联合东莞市委宣传部，利用“东莞学习论坛”的平台，成功举办主题为“打造金融强市，推动高水平崛起”的《樊纲2012年中国经济与金融形势展望报告会》，出席报告会的有东莞市委、市政府几套班子领导、东莞市各单位、各镇街领导及分行部分重要客户。图中依次为：浦发银行广州分行行长余辉、著名经济学家樊纲、市政府党组成员冷晓明、浦发银行东莞分行行长葛新华。

② 2012年 11月8日，浦发银行东莞东城支行开业。

③ 2012年10月27日，浦发银行东莞分行参加广州分行14周年行庆趣味运动会，获得团体冠军。

【中国民生银行股份有限公司东莞分行】 2012年末，中国民生银行股份有限公司东莞分行（简称“民生银行东莞分行”）各项存款余额 51.73亿元，比年初增长 50.95%；各项贷款余额 20.21亿元，比年初增长47.20 %；保持零案件发生，获得总行优秀“平安支行”称号。

加快网点布局 2012年1月，民生银行东莞支行升格为东莞分行；9月和12月，中国民生银行东莞虎门支行和长安支行相继开业。审批通过了11家离行式自助银行网点。

服务小微企业 2012年，民生银行东莞分行依托结算、负债、融资、理财等产品载体，打造综合服务模式的现代化小微金融；开展产品创新，促进小微金融专业化发展，形成特色方案、产品和服务，为商户提供小微金融服务。

发展私人银行 2012年，民生银行东莞分行发挥零售高端业务特色，发展撮合业务、信托代销业务等，推广非凡财富管理品牌，满足客户投资增值需要。

（杨瑞莉）

附：2012年中国民生银行股份有限公司东莞分行领导名录

行　长：孙伟浩

副行长：刘绮文

中国民生银行股份有限公司东莞分行

① 2012年10月18日，中国民生银行东莞分行与中国联通东莞分公司举行战略合作签约仪式。

② 2012年10月26日，中国民生银行东莞虎门支行举行开业庆典。

③ 2012年9月8日，中国民生银行东莞分行全体员工参加广州分行深化“六个提升”思想教育实践活动启动大会。

④ 2012年11月8日，中国民生银行东莞分行长安五金机械模具行业金融合作社成立。

【中国邮政储蓄银行股份有限公司东莞市分行】 2012年末，中国邮政储蓄银行股份有限公司东莞市分行（简称“邮储银行东莞分行”）本外币存款余额323.9亿元，其中本外币单位存款余额30.9亿元，新增3.4亿元，本外币储蓄存款余额293亿元，新增54.5亿元；本外币各项贷款余额33.4亿元，新增17.6亿元；实现业务收入超过4亿元。获得“2012年金牌中小企业金融服务奖”，辖内凤岗支行营业部和寮步支行获得“文明窗口单位”称号。

企业更名 2012年6月8日，经监管部门批准和工商部门核准，“中国邮政储蓄银行有限责任公司东莞分行”依法更名为“中国邮政储蓄银行股份有限公司东莞市分行”。

金融创新 2012年，邮储银行东莞分行强化中小企业支持力度，搭建百姓创富大赛和诚信俱乐部等活动平台，在全市率先推出小额银行承兑汇票质押贷款、“连锁贷”等融资新产品，成功开办票据贴现、信用证、一手房贷、消费贷款等业务，成功发放首笔公司授信贷款。

机构网点 2012年，邮储银行东莞分行挂牌成立市分行工会；增设中小企业金融服务中心，为全市中小企业提供“一揽子”金融服务；新增12个金融服务网点，总数达109个；成功上线手机银行、电视银行等新兴电子交易渠道，手机银行客户超过10万人。

风险管理 2012年，邮储银行东莞分行通过会计稽核等业务流程的集约化管理，借助反洗钱和法律合规等系统的上线运营，强化专项审计和非现场审计，加大资产保全力度等，促进风险监控、预警、管理工作的多样化、常态化和电子化，确保全年无资金案件、无责任死亡、无火灾事故和无治安灾害发生。

（张长彬）

附：2012年中国邮政储蓄银行股份有限公司东莞市分行领导名录

行　长：王毅燕

副行长：黄志广　刘芳敏

易　欣（6月到任）

中国邮政储蓄银行股份有限公司东莞市分行

① 2012年3月23日，中国银监会四部副主任朱伟（中）、广东省银监局副局长何晓军（左六）等到邮储银行东莞分行调研。

② 2012年5月8日，邮储银行东莞分行召开工会第一次代表大会。

③ 2012年6月11日，邮储银行东莞分行举办部分大学生员工骨干户外素质拓展活动。

④ 2012年9月5日，邮储银行东莞分行举行百姓创富大赛东莞赛区晋级赛及诚信俱乐部成立仪式。

【东莞长安村镇银行股份有限公司】 2012年末，东莞长安村镇银行股份有限公司（简称“东莞长安村镇银行”）总资产14.30亿元，存款余额10.61亿元，贷款余额8.23亿元。实现营业收入0.64亿元、税后利润0.34亿元（含财政补贴），不良贷款为零，无案件发生。下辖1个总行营业部、3家支行，在职员工61人。获得2012年“广东省金融创新奖”三等奖。

服务地方经济　2012年，东莞长安村镇银行创新中小微企业贷款业务，采取信用担保、股权抵押、应收账款质押等灵活形式，扶持经营良好、信用度高、发展前景广的镇内中小微企业。为农村、农业和社区群众提供量身定制的金融服务，对于涉农贷款优先立项、调查和报批。

创新金融服务　2012年，东莞长安村镇银行推出保函业务和个人支票业务，并代理销售发起行东莞银行理财产品，提高业务竞争力及市场份额。

夯实内部管理　2012年，东莞长安村镇银行聘请专业讲师，分别对管理人员、客户经理、一线柜员、后台保障人员进行管理技巧及业务知识培训；组织合规文化建设培训，提高制度执行力；组织应急演练，提高员工应急处置能力；组织员工学习相关案例，提高防范意识。全年实现安全运营，无案件发生。

（王莉萍）

附：2012年东莞长安村镇银行股份有限公司领导名录

董事长：李志锋

行　长：郑伟军

副行长：刘巧玲　孙淦荣

东莞长安村镇银行股份有限公司

① 2012年3月，东莞长安村镇银行组织参加长安镇拔河比赛。

② 2012年4月，东莞长安村镇银行向社区居民进行残钞回收及反假币宣传教育。

③ 2012年7月，东莞长安村镇银行组织全体员工进行团队拓展。

④ 2012年11月，东莞长安村镇银行送金融知识下乡。

⑤ 2012年11月20日，东莞长安村镇银行厦岗支行开业。

【华夏银行股份有限公司东莞分行】 2012年末，华夏银行股份有限公司东莞分行（简称“华夏银行东莞分行”）各项本外币存款余额33.88亿元，比年初增加7.34亿元，贷款余额9.86亿元，比年初增加1.6亿元。全年无案件发生。

东城支行对外营业 2012年7月31日，华夏银行东莞东城支行对外营业。该行是华夏银行东莞分行的第一家支行，位于东城区东城中路赛格电子市场。试业当天办理业务520笔，其中开户105位，吸收纯存款67万元。

金融服务 2012年，华夏银行东莞分行坚持“中小企业融资服务商”的定位，通过增设网点、改善营业环境、强化员工培训，提升服务水平。

管理提升 2012年，华夏银行东莞分行提高全员廉洁从业意识，加强风险管理，加大案件防控力度，全面提升合规经营管理意识。 （童仁宏）

附：2012年华夏银行股份有限公司东莞分行领导名录

行　长：杨　伟

副行长：霍建强　毛冬焰　梁　雄

华夏银行股份有限公司东莞分行

① 2012年11月9日，华夏银行广州分行行长肖良茂（左三）、首席风险官崔建宏（右三）一行到东莞分行视察指导工作。

② 2012年11月30日至12月1日，华夏银行东莞分行承办华夏银行广州分行会计管理研讨会，加强华夏银行广州分行全行会计专业管理和对全行会计人员的管理考核力度，防范会计业务风险。

③ 2012年7月31日，华夏银行东莞分行第一家支行——东城支行对外营业，东莞分行行长杨伟及行领导班子成员、中层以上干部、广州分行会计部和信息技术部负责人等参加开业仪式。

④ 2012年11月17日，华夏银行东莞分行组织全体员工开展“庆祝华夏银行二十周年华诞”攀登东莞水濂山的户外活动。

【渤海银行股份有限公司东莞分行开业】 2012年5月9日，渤海银行股份有限公司东莞分行（简称“渤海银行东莞分行”）开业。渤海银行董事长刘宝凤出席，东莞市副市长吴道闻、广东银监局副局长张坚红以及人行东莞中心支行、银监东莞分局及市政府相关单位领导应邀参加。这是渤海银行在广东省继深圳、广州之后设立的第3家分行，也是在全国范围内开设的第15家分行。

截至2012年，渤海银行东莞分行本外币存款（不含同业）余额23.52亿元，各项贷款余额13.68亿元，不良贷款余额为0，当年实现盈利，并且获得主流媒体评为“最具成长性银行”。（马丹涛）

附：2012年渤海银行股份有限公司东莞分行领导名录

行　长：黄义辉

副行长：林维山

渤海银行股份有限公司东莞分行

①

②

③

④

⑤

① 东莞市副市长吴道闻（左）与渤海银行董事长刘宝凤亲切会谈。

② 2012年5月9日，渤海银行东莞分行正式开业。出席开业庆典仪式的领导有：（左起）广东省地税局副巡视员刘茂坤、东莞市副市长吴道闻、渤海银行董事长刘宝凤、广东省银监局副局长张坚红、东莞市政协原主席刘树基、渤海银行东莞分行行长黄义辉。

③ 开业庆典仪式上，渤海银行董事长刘宝凤致祝酒辞。

④ 银监东莞分局局长李惠和向渤海银行东莞分行颁发金融许可证。

⑤ 开业庆典中的舞狮表演

【东莞信托有限公司】 截至2012年，东莞信托有限公司自有资产10.85亿元，负债1.25亿元，所有者权益9.6亿元。管理信托资产324亿元，比年初增长33%；信托业务实现收益3.46亿元，实现税后利润2.41亿元，税收贡献1.13亿元，人均创造利润252.5万元。2012年，公司总部搬迁到松山湖高新技术产业开发区；获得“广东省金融创新奖”。

支持地方经济发展 2012年，东莞信托有限公司做好信托资金管理，配合多项市重点项目投融资建设，如引导民间富余资金投入市重点工程从莞高速项目、协助拟定投融资平台工作方案等。

风险控制能力提升 2012年，东莞信托有限公司提高项目准入标准，坚持提前介入，全程参与项目设计；双线尽职调查，注重过程控制和项目后续管理；加强异地项目监控，着重对实质风险的分析和防控；不定期排查公司续存项目风险，整体项目质量有所提升。完善风险管理模式，强化风险控制委员会职能。制定《信托业务操作细则》，推进信息系统二期建设，防范操作风险。

营销渠道建设 2012年，东莞信托有限公司直销比重提高。与多家银行机构和三方理财机构建立合作关系，使营销网络辐射更多投资者。营销手段日趋多样化，形成忠实客户群，公司管理客户数量同比增加93.58%。

品牌形象提升 2012年，东莞信托有限公司加强形象宣传，投放户外广告，在报纸设专栏，传播信托知识。完善网络发布平台，拓宽产品发布渠道，提高信息透明度，市场口碑逐步提高。

（王 琢）

附：2012年东莞信托有限公司领导名录

董事长：何锦成

监事长：王兆鹏

总经理：丁暖容

副总经理：刘绮澜　陈贺健　郑建文

东莞信托有限公司

① 东莞信托有限公司引导民间富余资金投资市重点工程。2012年8月8日，从莞高速集合资金信托计划产品推介会暨签约仪式举行。

② 2012年12月7日，东莞信托有限公司乔迁松山湖高新技术产业开发区创新科技园2号楼，市政府党组成员冷晓明（前排左六）、中国信托业协会专职副会长王丽娟（前排左五）、市政协原主席刘树基（前排左三）、市政协副主席张玉其（前排左八）等出席乔迁仪式。

③ 2012年11月7日，东莞信托有限公司举办主题为“把握节奏 迎接变革”的投资报告会。

④ 2012年3月13日，东莞信托有限公司举办庆祝成立25周年黄旗山绿道游活动。

证券业

【证券业经营】2012年，东莞市有证券营业部51家，股票账户数190.28万户。全年证券交易额7857.67亿元，比上年下降19%；股票市值424.37亿元，比年初增长10.73%。

【期货业】2012年，东莞市有期货公司2家，期货营业部8家。全年代理交易额6725.07亿元。11月，华联期货佛山营业部开业，这是继广州、揭阳、东莞东城和樟木头营业部之后的第5家营业部。同时，锦泰期货东莞营业部、徽商期货东莞营业部及联讯证券东莞莞太路营业部先后于年内入驻东莞。

【上市公司】2012年2月，东莞上市后备企业座谈会召开，由东莞市市长袁宝成主持，中国中小企业协会会长李子彬出席，与20多位上市后备企业负责人就如何加快企业上市步伐进行讨论。5月，东莞宜安科技股份有限公司在深交所创业板挂牌上市，成为东莞市第12家上市企业。7月，东莞市评审认定第六批上市后备企业15家，总数增至74家。全年举办3期“东莞企业上市辅导论坛”，宣传政策，提高企业上市积极性。

（赵毅立）

【光大证券股份有限公司东莞运河东一路证券营业部】截至2012年，光大证券股份有限公司东莞运河东一路证券营业部开通深、沪交易所的A股、B股、基金、国债、企业债券、可转债、权证交易、债券回购以及三板市场、开放式基金代销等交易品种，提供集合理财、财务顾问、资产重组、配股承销、新股发行及承销等服务，创新推广约定式购回、融资融券等业务，其中约定购回式证券交易实现交易额9000万元。2012年，新增开户3659户，业务收入1261.97万元，销售基金及理财产品3619万元、信托产品3653万元。营业部股票、基金、权证成交量578亿元（不含融资融券交易），市场占有率0.09%；实现股基利润4104万元。在广东省证券营业部（除深圳）深沪股市成交排行中，东莞地区排名第一，广东省内排名第三，获得光大公司“先进集体”称号。（杨　茜）

附：2012年光大证券股份有限公司东莞运河东一路证券营业部领导名录

总经理：苏满林

2012年东莞市上市公司

序号	公司名称	股票代码	股票简称	上市地点	上市日期	备注
1	东莞宏远工业区股份有限公司	000573	粤宏远A	深圳	1994年8月15日	
2	东莞发展控股股份有限公司	000828	东莞控股	深圳	1997年6月17日	
3	广东生益科技股份有限公司	600183	生益科技	上海	1998年10月28日	
4	广东锦龙发展股份有限公司	000712	锦龙股份	深圳	1997年4月15日	2009年6月，广东锦龙发展股份有限公司注册地由清远迁至东莞
5	广东众生药业股份有限公司	002317	众生药业	深圳	2009年12月11日	
6	东莞劲胜精密组件股份有限公司	300083	劲胜股份	深圳	2010年5月20日	
7	东莞市搜于特服装股份有限公司	002503	搜于特	深圳	2010年11月17日	
8	广东星河生物科技股份有限公司	300143	星河生物	深圳	2010年12月9日	
9	广东银禧科技股份有限公司	300221	银禧科技	深圳	2011年5月25日	
10	广东明家科技股份有限公司	300242	明家科技	深圳	2011年7月12日	
11	东莞勤上光电股份有限公司	002638	勤上光电	深圳	2011年11月25日	
12	东莞宜安科技股份有限公司	300328	宜安科技	深圳	2012年6月19日	

保险业

【概况】截至2012年，东莞市有保险公司49家，其中财产保险公司21家，人寿保险公司28家；外资或有外资背景的保险公司9家，其中财产险公司2家，人寿险公司7家。有保险中介机构40多家。保险业经营网点500多个，遍布全市32个镇街。有保险专职从业人员3万多人，其中营销员2.96万人。

2012年，东莞市保险业呈现企稳回升并保持逐渐加速的发展态势，基本扭转2011年发展速度放缓的局面。全年实现保费收入177.66亿元，比上年增长8.56%，占全省13.71%，连续三年保持全省地级市（不含深圳）首位；保险深度（保费收入与GDP之比）3.55%；保险密度（人均保费）约2733元（按上年度统计人口计算），增加210元。

财产险公司实现保费收入61.05亿元（含产险公司短期人身险），对全市保费收入贡献率34.36%。其中机动车保险保费收入51.53亿元（含交强险保费收入12.07亿元），比上年增长11.96%；非车险保费收入9.52亿元，增长5.09%。非车险保费收入中，企财险保费收入3.21亿元，比上年下降5.78%；其他险种保费收入6.3亿元（含责任险保费收入1.29亿元和短期意外险保费收入1.2亿元），增长11.66%。

人身保险公司保费收入116.61亿元，对全市保费收入贡献率65.64%。其中，个人代理渠道保费收入65.07亿元（含新单保费17.35亿元），比上年增长21.27%；银邮代理业务保费收入46.42亿元，下降9.30%；团体直销业务保费收入3.77亿元，增长95.19%。

从险种看，传统寿险重新回到增长状态，保费收入7.93亿元，比上年增长9.81%；分红险稳步提升市场主导地位，保费收入96.63亿元，且增长势头加快，增长18.86%；万能险和投连险保费增速大幅下滑势头有所好转，保费收入分别为1.7亿和724万，下降8.68%和10%；短期健康险和短期意外险保持增长，分别增长30.10%和17.57%。（严传彪）

附：2012年东莞市保险行业协会领导名录

会　长：潘振雄

副会长：李军凯　余兴鹏　林广龙　董国华　梁启文　卫　东

秘书长：叶汝全

副秘书长：胡绪魁

【中国人寿保险股份有限公司东莞分公司】 2012年，中国人寿保险股份有限公司东莞分公司推出面向城镇特殊贫困人群的“城镇小额保险”和大病医保、涉及少年儿童和老年人群护理的“爱心”护理系列产品以及“国寿鑫裕养老保险组合”。提升服务质量，率先推出免填单、团单电邮保全、远程视频面见及国寿E家投保等服务，实现保险公司快速受理，拓宽“95519”电话服务。下设城区专业性营业区，虎门、石龙、常平、樟木头和中堂营业区，全年实现保费收入近23亿元，获得“东莞市工会工作先进单位”“金牌社会公益服务品牌”以及“最受市民欢迎品牌”等称号。

（李伟佳）

附：2012年中国人寿保险股份有限公司东莞分公司领导名录

党委书记、总经理：林广龙
党委委员、副总经理：张延国
党委委员、纪委副书记、工会副主席、总经理助理：尹创基
总经理助理：陈忠志

中国人寿保险股份有限公司东莞分公司

① 东莞市金融业保护金融消费者权益现场宣传活动
② 2012年“诚信、沟通、维权”客户面对面座谈会
③ 2012年高考高分报告会
④ 大朗镇政府购买计划生育家庭意外伤害保险发放仪式
⑤ 与塘厦镇合作妇女创业就业工程——“塘厦妈妈再就业”项目启动仪式
⑥ 2012年客户联系活动“夜游珠江”

中国人民财产保险股份有限公司东莞市分公司大楼

做人民满意的保险公司

中国人民财产保险股份有限公司东莞市分公司是中国人民财产保险股份有限公司在东莞市设立的分支机构，同时也是东莞地区财产保险市场上经营规模最大、信用等级最优、承保品种最全、服务方式最多的财产保险公司，市场份额在东莞地区财产保险市场一直处于领先地位。

中国人民财产保险股份有限公司东莞市分公司秉承中国人保的优良传统，为东莞市的经济建设、社会繁荣、人民安康提供企业财产保险、家庭财产保险、机动车辆保险、船舶保险、货物运输保险、建筑工程保险、航空航天保险、出口信用保险、农业保险和各种责任保险及意外伤害保险、短期健康保险等400多种保险服务，此外，继续加快创新步伐，不断扩大险种服务领域，积极服务地方经济，先后推出机动车零部件延长保修保险、国内短期贸易信用保证保险、代步险等险种。工作得到东莞市政府的充分肯定，在2011年度全市金融工作会议上，中国人民财产保险股份有限公司东莞市分公司被市政府授予“金融创新奖”。

作为东莞最受客户欢迎和信赖的保险公司，中国人民财产保险股份有限公司东莞市分公司立足本土特色，结合当地实际，积极创新服务举措，努力提供优质的理赔服务，包括加强远程定损服务，影像系统受理理赔服务，短信提示服务，小额案件快速处理服务，速递理赔服务、诉前调解服务等人伤案件全程跟踪服务。全国统一的服务专线“95518”全年365天24小时向客户提供“快、优、全、广”的咨询、投诉、回访、救援、预约投保等多功能、个性化服务，同时结合地方优势和产品特色，中国人民财产保险股份有限公司东莞市分公司又增设短信关怀、客户赔案处理查询、车辆保养优惠、大客户俱乐部、“异地出险、就地理赔”等创新服务内容。

经济管理 ECONOMIC MANAGEMENT

发展计划管理

【概况】东莞市发展和改革局（简称"市发改局"）是东莞市人民政府的一个职能部门。2012年，局内下设办公室、综合和体改科、规划和区域协调科、产业和交通能源科、社会和资源环境科、经贸流通科、投资科、重大项目前期工作科、重大项目建设协调科、粮食调控科、粮食管理科、信息调研科、轨道建设协调科、国民经济动员办公室13个科室，在编干部职工62人。市发改局履行谋划、统筹、服务职能，强统筹、扩投资、调结构、促改革、当参谋、提效能，推动全市实现经济社会平稳健康发展，获得"2012年度市直机关先进单位"等称号。

【"三重"建设推进】2012年，东莞市发改局牵头统筹推进全市"三重"（指重大项目、重大产业集聚区、重大科技专项建设）工作，制定出台"三重"建设工作目标责任制方案，建立"三重"建设工作联席会议制度，制定实施《2012年市领导挂钩督导"三重"建设项目实施方案》。协助召开2012年全市"三重"建设工作会议及"三重"建设巡视活动暨项目签约仪式和建设工作推进会，助力实现总投资达1025亿元的72个项目集中签约。开展重大产业集聚区建设政策研究，提出2012年东莞市推进重大产业集聚区建设的工作方案。协助做好重大科技专项相关工作，参与制定《东莞市重大科技专项资助办法》等政策文件。加强信息管理报送，全年编印工作简报35期。建立"三重"建设量化考评机制，完成全年考评任务。

【重大项目管理】2012年，东莞市发改局（市重大办）编制实施年度重大项目计划，安排重大建设项目106个，重大预备项目102个。实行项目动态管理，组织开展两次重大项目巡查活动，协调解决100多个问题。通过集中解决突出问题"大会战"、市领导挂钩督导、召开联审会办推进会、进行现场巡视、颁发"开工许可证书"等手段，推动53个项目动工建设，17个项目竣工投产。全市重大建设项目累计完成投资278.3亿元，完成年度投资计划115%。推动25个全市省重点项目完成投资238.5亿元，占年度投资计划112.9%。其中，市属省重点项目16个，完成投资129.6亿元，占年度投资计划127.1%。举办2012年度市重大项目业务培训，编印《重大建设项目进展情况通报》《重大项目简报》各12期，《重大项目资讯》30期。

【固定资产投资管理】2012年，东莞市发改局发挥投资主管部门职能，推动固定资产投资实现较快增长。全年全市完成固定资产投资1180亿元，同比增长9.4%。全年共办理立项325宗，投资额605亿元，其中核准104项、审批28宗、备案193宗，完成固定资产投资项目节能审查356项。编制实施东莞市2012年市财政投资项目计划，召开2012年市财政投资建设项目计划下达会议，适时对市财政投资建设项目计划进行调整，提高财政资金使用效益。加强固定资产投资管理服务，制定实施《东莞市发展和改革局实施〈固定资产投资项目节能评估和审查暂行办法〉局内暂行工作规则（2012年修订）》等，逐步规范节能评估和审查工作。

【规划编制实施】2012年，东莞市发改局牵头编制高技术产业发展、服务业发展、能源保障等3个“十二五”重点专项规划，上报市政府审定后实施。《沿海产业带发展规划》通过专家评审，区域创新“十二五”规划完成初稿。制定《东莞市“十二五”规划纲要主要目标和任务工作分工》，基本完成“十二五”规划文本整理汇编。组织开展水乡地区发展规划编制调研，完成《东莞市统筹水乡地区产业发展规划》，推动水乡地区发展总体规划上升为省级规划。落实珠三角规划纲要，配合做好省对东莞市2011年度考核评估工作，成功争取省发改委根据实际调整东莞市2011年相关指标考核。组织实施全市2012年国民经济和社会发展年度计划，编制2013年国民经济和社会发展计划草案。

【经济形势分析】2012年，东莞市发改局牵头建立东莞市经济形势分析联席会议制度，履行联席会议办公室职责，协助召开全市第一季度、上半年、前三季度经济形势分析会，起草全市经济形势分析报告、投资运行和重大项目建设报告，汇编其他成员单位分析报告，形成“1+N”系列报告，关注经济运行中出现的热点问题，及时提出对策建议供市委、市政府决策参考。撰写上报《关于我市近5年投产重大产业项目运行情况的分析报告》《东莞市服务业发展现状分析》《我市生产总值与“三大”需求匹配性问题简要分析》等多份分析材料。

【产业转型升级】2012年，东莞市发改局牵头制定东莞市战略性新兴产业重点发展领域的重点发展细分方向、重点优质项目及实施战略性新兴产业发展“十二五”规划工作方案。推进新能源汽车示范应用，组织修编《东莞市新能源汽车示范应用项目工作计划》，推动东莞中大研究院与美国EDI公司、广汽集团、深圳五洲龙公司开展纯电动汽车传动系统等关键技术及整车的合作开发。统筹协调服务业发展，编制《东莞市服务业发展“十二五”规划》，上报市政府审定后印发实施。参与编制《东莞市城市轨道交通建设规划（2012—2018）》并上报国家发改委审批。强化重大产业项目服务保障，加快散裂中子源、西气东输二线等项目建设。推动低碳发展，研究起草《东莞市推动低碳发展实施方案》，组织申报2012年广东省低碳发展专项。

【体制改革】2012年，东莞市发改局深化重点领域和关键环节改革，参与营造法治化国际化营商环境，牵头制定建设“信用东莞”及“活力东莞”行动计划。推动成立东莞市社会信用体系建设统筹协调小组并承担办公室职责，拟定《东莞市社会信用体系建设工作方案》和《东莞市社会信用体系建设试点工作方案》，协调推进石龙镇社会信用体系建设试点和全市信贷行业试点工作。深化医药卫生体制改革，推进公立医院改革，出台公立医院改革试点实施意见和市属公立医院管理中心组建方案，基层综改成果不断巩固。开展简政强镇下放事权运行情况检查，强化下放事权运行管理和服务，提高下放事权运行效率。

【粮食调控管理】2012年，东莞市发改局组织实施年度储备粮轮换计划，轮换储备粮7.25万吨。完成年度粮食库存检查，确保全市地方储备粮足额到位，账账相符，账实相符。开展粮食行业“打非治违”（打非治违，是打击非法违法生产经营活动行为的简称。是以执法部门为主体，社会组织，民间机构和个人共同协助参与的一种清除社会不安全因素的行为）专项行动工作。同时监督角美粮库工程项目整改，开展全市粮食储备管理体制改革前期调研。承办全国粮食流通监督检查工作会议。加强军粮供应保障，参与国家粮食局开展的“创建全国百强军供站”活动。推进粮食依法行政工作，对全市范围内的粮食企业执行粮食流通统计制度情况及统计台账的设立情况进行检查。组织粮食工作考察团赴江西宜春市参加“2012宜春·东莞粮食产销合作洽谈会”，签署《粮食产销长期合作协议书》《军粮购销长期合作协议书》。

【区域交流合作】2012年，东莞市发改局推进深莞惠紧密合作，协助召开深莞惠主要党政领导第六次联席会议，完成《深莞惠区域协调发展总体规划》6个专题研究成果，基本完成总体规划编制工作。协助起草《广州市东莞市战略合作框架协议》《穗莞战略合作机制》等文件，参与筹备召开穗莞战略合作第一次联席会议，与广州发改委共同推进近期重点合作事项。修改完善《东莞市清远市合作框架协议》，起草《关于建立东莞市中山市高层互访机制的方案》。

【援藏援疆】2012年，东莞市发改局（市援藏援疆办）推进援藏援疆各项工作。

援藏方面　2012年，东莞市发改局编制实施2012年对口援藏项目投资计划，推动5个小康示范村竣工，2个主体工程基本完成；协助完成鲁朗国际旅游小镇项目总体规划编制；配合林芝县举办第十届林芝桃花文化旅游节，推动两地建立鲜切花孵化基地，开展产业、智力援建；动员社会捐赠约118万元支持当地经济发展。

援疆方面　2012年，东莞市发改局组织召开2012年东莞市对口援疆工作会议、产业援疆推介会、兵团分区援建专题座谈会和汇报会，草拟《东莞市援建喀什经济开发区兵团分区工作方案》，完成《喀什经济开发区兵团分区开发模式研究》编制；协助做好第八届“喀交会”参展筹备工作，促成总投资约7.82亿元的合作项目；参与南疆（广东）草湖现代特色休闲农业示范园发展规划评审会和项目推介会筹备工作。指导有关镇街制定2012年与第三师团场结对交流工作计划；做好大型慰问演出《兵团人不会忘记》演出安排和首批“兵团老战士南粤行”代表团参观考察活动；编印2012年援疆工作大事记，援疆简报92期，兵团分区工作动态11期。

【国民经济动员】2012年，东莞市发改局走访动员企业，调查企业运行现状，核实人员变化，系统检验各项国民经济动员任务的落实情况，充实完善国民经济动员预案。开展军队给养应急保障动员潜力调查，加强国民经济动员专业保障队伍建设，落实人员定岗、物资和设备定位，组织参加专业培训和演练，使专业保障队伍具备随时抽组集结的能力。　（刘萱清）

附：2012年东莞市发展和改革局领导名录

局　长：张俊阳（4月离任）
　　　　朱斌华（4月到任）
副局长：梁应科（5月离任）
　　　　王钊鸿　张晓程　姚铸锐
　　　　张友新
　　　　张永艳（6月到任，12月离任）
纪检组长：刘启宇（11月离任）
总经济师：吴楚焕

国土资源管理

【概况】东莞市国土资源局是东莞市政府依法管理国土资源的行政部门。至2012年，东莞市土地总面积24.6万公顷，其中建设用地10.97万公顷，农用地10.7万公顷，未利用地2.93万公顷。全市共有矿山企业11家，其中矿泉水厂9家、采石场1家、盐矿1家。市国土资源局获得“全国国土资源系统纪检监察先进集体”“全省节约集约用地示范省建设先进单位”“市直机关先进单位”“全市重大项目服务保障先进单位”等称号和中国地理信息技术进步奖二等奖、全省节约集约用地考核三等奖。

【规划与计划】2012年8月，国务院正式批准《东莞市土地利用总体规划（2006—2020年）》。全年省下达东莞市新增建设用地指标1285公顷，农地转用指标865公顷。出台《东莞市土地利用年度计划指标管理办法》，全年实际上报省市批次259个，共占用新增建设用地1285公顷，农地转用858公顷，没有突破省下达年度计划指标。

【耕地保护】2012年，省政府下达东莞市耕地保有量任务不得少于3.17万公顷，基本农田任务数为2.79万公顷。至年底，全市耕地保有量为3.75万公顷，划定基本农田面积2.83万公顷，均超额完成省下达的指标任务。全市上报建设项目占用耕地163公顷，批准建设项目占用耕地254公顷，全部采取有偿受让补充耕地形式进行补充，实现年度耕地占补平衡。

【土地利用】2012年，东莞市共向国务院、省政府申报建设用地200个批次，涉及征地面积1316公顷。取得国务院建设用地批复3宗，面积469公顷；取得省政府批复102批次，面积946公顷，单独选址批复4宗，面积21公顷。试行分期供地制度，对6个大项目减少预期供地15公顷。

2012年7月，国土资源部确定东莞为全国6个土地利用动态巡查试点城市之一。东莞市国土资源局依托土地市场动态监测与监管系统，严格监管国有建设用地全程监管，年度新认定闲置土地为零。出台《关于规范闲置土地置换程序的通知》，试行跨镇街调整使用，全年盘活存量土地268宗，面积1051公顷。

提效率　优服务　严执法　保廉洁

① 2012年11月13日，国土资源部副部长胡存智（前排右二）到东莞调研指导国土资源管理工作。

② 2012年8月22日，市委书记、市人大常委会主任徐建华（前排左二），市委副书记、市长袁宝成（前排左一），市委常委、常务副市长梁国英（前排左三），副市长贺宇（前排右一）等市领导与各镇街、部门负责人参观凤岗镇节约集约用地现场点。

【土地审批与管理】2012年8月，东莞市土地审批委员会成立，由市长任主任，常务副市长、分管副市长任副主任，11个部门主要负责人为成员。凡重大用地政策出台、重大项目用地指标配备等均由市土地审批委员会集体决策。2012年，市土地审批委员会先后召开4次会议，审议3次用地指标分配方案、4个重大用地政策出台、5个重大项目用地条件，从决策层面提高节约集约用地水平。市委、市政府还在8月组织召开全市土地管理工作会议，推出近10份政策文件，确立统筹整合的土地利用新战略，放宽放活“三旧”改造和盘活处置政策。

【“三旧”改造】2012年，东莞市继续加大“三旧”（指旧城镇、旧厂房、旧村庄）改造政策支持力度，出台《关于加快推进“三旧”改造促进产业转型升级的若干意见》，通过提高工业用地容积率、提高财政补助等优惠政策，重点推广“工改工”（工业改工业）模式。全年报省审批项目69宗399公顷，完成市审批项目271宗1488公顷，正在改造项目126宗577公顷。抓紧完善“三旧”改造历史用地手续，完成权属地类调查6200公顷，组织违法用地处罚4267公顷，编报改造方案1600公顷。

【土地市场】2012年，东莞市一级土地市场推出土地132宗，成交115宗，总成交面积369公顷，总成交价119亿元。其中通过“东莞市国土资源交易网”挂牌

① 2012年9月20日，省国土资源厅厅长陈耀光（左三）带队到东莞调研水乡地区土地统筹工作，市委常委、常务副市长梁国英（左四）陪同调研。

② 2012年4月24—25日，由省国土资源厅党组书记邬公权（左四）带队的省政府考核检查组对东莞市2011年度耕地保护责任目标履行情况进行考核检查，市委常委、常务副市长梁国英（左二）陪同检查。

③ 2012年，国土资源部选定东莞为全国土地动态巡查试点城市，图为8月17日在东莞召开工作交流会。

④ 2012年6月21日，省国土资源厅与市国土资源局联合召开“书记项目”第一次联席会议。

出让111宗，总成交面积354公顷，总成交价118亿元。二级市场通过挂牌交易和鉴证交易方式共办理转让地块179宗，总面积为34公顷，总成交价为18亿元。

【地籍管理】2012年，东莞市落实专项经费3132.92万元，组织34个专业队伍550名专业技术人员，推进集体土地所有权确权登记发证工作，累计完成农村集体土地所有权登记发证8915宗。全年办理土地登记2.89万宗，其中土地使用权设定登记7682宗，土地使用权变更登记1.23万宗，集体土地所有权登记发证8915宗。

【"书记项目"】2012年，省国土资源厅党组选定东莞市国土资源局作为"厅局联创齐争，求解农村土地确权登记发证难题"的"书记项目"试点单位，由厅党组书记牵头负责，厅地籍处、东莞市局党组具体开展落实。至2012年底，东莞市完成集体建设用地使用权登记发证3.05万宗，发证率为99.1%；宅基地使用权登记发证58.89万宗，发证率为99.9%。其中完成各类历史遗留宅基地确权登记发证1.26万宗，占"书记项目"调查摸底数的80.5%。12月，省国土资源厅、市国土资源局专题召开"书记项目"总结会，宣布项目有关工作完成。

【地质灾害防治】2012年，东莞市排查出347处地质灾害隐患点和4个地面沉降区，威胁人口3073人，威胁财产约9316.5万元。其中，主要隐患点119处，威胁人口约1587人，威胁财产约4149.5万元。全年发放地质灾害防灾和避险明白卡347张，增补警示牌170块，投入约1800万元成功治理地质灾害隐患点6个。2012年，全市共发生地质灾害2起，未造成人员伤亡。

【测绘管理】至2012年底，东莞市有46家测绘资质单位，其中甲级2家、乙级3家、丙级3家、丁级38家。通过强化测绘市场监管，分批完成46家测绘资质单位年度质量监督检查工作，完成2家测绘单位资质初审和8家测绘单位资质核准工作，完成51家外来测绘单位登记备案工作，为32家测绘单位发放测绘作业证130个。委托广东省地图院编制新版《东莞市地图》《东莞市区地图》各1000份，制作东莞市电动卷轴灯箱地图25个，为市公安局、市林业局等49个单位（项目）提供地形图1050平方公里，影像地图706幅。

【执法监察】2012年，东莞市巡查上报新增违法用地145宗，面积42公顷，向土地执法共同责任部门发出告知函174份，向违法用地单位发出整改通知书15份，立案查处土地违法案件257宗，面积252公顷，挽回经济损失2950多万元。移送法院申请强制执行案件39宗，移送司法机关追究刑事责任案件4宗，建议追究刑事责任6人。2011年度卫片（利用卫星遥感监测等技术手段制作的叠加监测信息及有关要素后形成的专题影像图片）检查中，全市新增违法用地占用耕地占新增建设用地占用耕地比例为1.4%，其中新增违法用地50宗792.3亩，已全部立案查处，立案率、查处率、结案率均为100%，通过省政府的检查验收。

（叶海峰）

附：2012年东莞市国土资源局领导名录

党组书记、局长：刘润荣（任至7月）
党组书记：刘润荣（7月续任）
党组成员、局长：刘杰（7月到任）
党组成员、副局长：邓耀桃　叶绍焜
党组成员、执法监察支队长：李小莲
党组成员、纪检组长：方发球
党组成员、副局长：莫伟鸣
党组成员、总工程师：吴颖斌（5月到任）
副调研员：林沛棠

① 2012年8月22日，市委、市政府组织召开近年来规格最高的土地管理工作会议，市委书记、市人大常委会主任徐建华，市委副书记、市长袁宝成，市委常委、常务副市长梁国英，市委常委、市委秘书长王检养等出席会议。
② 2012年，市国土资源系统开展"基层建设提升年"活动，促进整体效能大提升。
③ 2012年8月底至10月初，市国土资源局局长刘杰（中）带队分片调研国土资源管理工作。
④ 2012年6月11日，市政府组织召开农村集体土地确权登记发证工作督导会。

土地收购储备

【概况】 东莞市土地储备中心是全市土地收购储备工作的执行机构，为副处级非盈利性事业单位，具有独立的法人资格，归口市国土资源局管理，接受市城市建设工作领导小组的指导和监管。内设机构有综合科、收购科、招商科，均为正科级建制。2012年，该中心实施土地收购、储备，以及前期开发准备工作，增强政府对土地供应的调控力度；主要工作有土地资料管理、完善用地手续、出租土地管理、土地成本计算、土地收购与出库、土地巡查管理等方面。

【土地资料管理】 由于东莞市土地储备中心之前使用的是2003年版的数字化地形成果图，与现状地形差别较大。为更加准确反映土地的地形现状，经向东莞市国土局申请，东莞市土地储备中心于2012年开始采用最新版的数字化地形成果图，并对在库土地资料进行重新核对。对于核对后出现的数据误差、位置重叠等问题，认真核查相关资料，提出具体解决方法。

【出租土地管理】 为避免土地出租过程中出现的租金标准差异，根据市场上土地出租的一般价格水平，东莞市土地储备中心于2012年对标准作新的修订，对不同的用途采用不同的租金标准，管理更加科学化，对于新租赁的土地将一律按照新标准签订合同。

【土地成本计算】 2012年，东莞市土地储备中心针对之前土地出库计算收储成本时存在的问题，决定今后单位土地成本计算时需扣减规划退缩土地面积，以实际可使用面积分摊计算。同时，从下年开始，在计算地块成本时，修建围墙、地块平整、绿化维护、巡查管理等土地管理费用将全部纳入计算范围，从而实现土地出库成本的规范、准确。

【土地收购与出库】 土地收购　2012年，东莞市土地储备中心共收储2宗土地，合计7.5公顷。常平镇京九学校地块是省重点工程莞惠城际轨道项目用地，为保证工程顺利实施，确保土地顺利入库，市土地储备中心在认真核实红线和权属资料的基础上，与市财政局、常平镇协商沟通，做好土地测量、收储入库、地上建（构）筑物拆迁以及付款等各项工作。同时，为推动东莞火车站站前广场及配套工程的实施，市土地储备中心会同市城建局、财政局、石龙镇政府、茶山镇政府及相关评估公司开展工作。多次牵头组织召开征地拆迁协调会。

土地出库　市土地储备中心配合市重点工程，做好土地出库工作。2012年，出库土地6宗，面积19.23公顷，回笼资金13亿元。除通过公开市场推出土地，为市财政增加收入外，还为市民艺术中心、工人文化宫、高级中学新疆高中班扩建等市属重点工程以及城市公共设施建设提供用地支持。

【土地巡查管理】 东莞市土地储备中心针对物业管理公司在土地巡查管理方面存在的问题，2012年加大对物业管理公司的监督力度，成立专门的巡查小组定期抽查，对于违反合同的情况进行处理。另外，根据部分土地已出库的情况，及时更新委托管理土地面积，调整巡查管理费用。（林晓文）

附：2012年东莞市土地储备中心领导名录

主　任：黄锦发

副主任：钟惠英

东莞市土地储备中心

东莞高级中学内地新疆班校区

①　市民艺术中心及工人文化宫工程施工现场
②　每块储备土地设立“市政府储备土地”标识牌
③　储备土地实施铁丝网封闭管理

国有资产监督管理

【概况】 2012年，东莞市人民政府国有资产监督管理委员会（简称东莞市国资委）是对国有、市属资产监督、管理的正处级办事机构，内设人秘科、改革发展科和统评预算科三个职能科室，直接管理和履行出资人职责企业34家，其中全资企业26家、控股企业2家、参股企业6家，经营范围涉及基础设施、公用事业、园区经济、金融证券等关系到国计民生的重要领域。2012年末，市属及市属参股企业总资产2114.2亿元，增长14.1%；营业收入242.2亿元，增长19%；总利润45.7亿元，增长5.8%；国有净资产261.2亿元，增长29.7%；净利润34.5亿元，与上年同期持平；上缴税金25.4亿元。

【市属企业做强做优】 落实对接央企 2012年，东莞市国资委重点围绕市委、市政府“三重”建设工作，对接央企。召集四大园区召开“研究央企投资动态及对接思路”座谈会，交流、研究对接央企工作的思路和措施；实地了解部分央企在莞投资情况；搜集、整理央企在莞投资项目信息；在市国资委网站上增设“央企动向”版块，每天不断更新央企动态信息；基本建立央企信息数据库；为央企与市属企业合作牵线搭桥，推动“大唐”“华电”等央企与市电化集团公司的合作、“中外运”与虎门港集团公司的合作；向市委市政府及相关领导报送对接央企工作简报六期。

壮大市属企业 2012年，东莞市国资委草拟《关于做强做优做活东莞市国有经济三年工作建议》（初稿），统筹谋划市属企业发展壮大。推进市政府重大项目电化集团天明电厂IGCC改造工程，协调金融机构解决项目融资难问题，改造工程有序推进。R2线轨道交通工程建设进展顺利，天宝站等3座车站完成主体结构封顶，东莞火车站一期等9座车站进行土方开挖和主体结构施工，鸿福路站进行车站主体围护结构施工。促成广东生益科技股份有限公司（简称“生益科技”）与东莞市福地电子材料有限公司（简称“福地电子”）开展合作，针对福地电子经营发展过程中的困难，支持生益科技与福地电子探讨合作事宜。推进全市供水一张网整合，将南城水务供水业务并入东江自来水有限公司，筹备东城和万江自来水公司的收购工作。处理轨道公司R2线建设项目银团贷款、路桥总公司发行中期票据和短期融资券、松山湖财政借款转为资本金、华科公司增资、明珠实验基地项目增资等事项，解决企业资金困难问题。虎门港集团完成5、6号泊位增资和7、8号泊位重组，港口集装箱吞吐量突破100万标箱。虎门客运港狮子洋飞航成为全球首家开通办理美联航上游值机服务的高速客轮公司。

【国有企业监督管理】 夯实制度建设 2012年，东莞市国资委制定《东莞市国资委机关工作会议制度》《东莞市国资委党组会议议事规则》《东莞市国资委工作会议保密制度》，发布《关于加强

东莞市人民政府国有资产监督管理委员会

2012年5月14日，市国资委主任任洪杰带领全委人员，到东莞市东江水务有限公司第六水厂参观考察。

市属企业领导班子建设的实施意见》，编发《国有资产监督管理政策法规制度汇编》，出台《东莞市市属企业资产评估项目专家评审管理暂行办法》，拟制《东莞市市属企业薪酬管理试行办法》，草拟《东莞市市属企业国有资本收益管理暂行办法》《东莞市市属国有企业负责人经营业绩考核试行办法》等一系列管理办法。

加强市属企业监管　2012年，东莞市国资委对市属企业进行梳理，报请市政府同意发布《关于公布市国资委直接管理和履行出资人职责企业名单的通知》，加强对市属企业的监管。依照《公司法》及《企业国有资产法》，对市电子工业总公司等19家市属企业完善、调整法人治理结构，加强企业领导班子建设。2012年下半年铺开市属企业内审工作，由国资委企业内审小组开展对市燃料总公司、电化集团的内部审计，规范企业经营行为。

重大投资及大额资金管理　2012年，东莞市国资委加强对市属企业重大审核备案制度的执行力，执行重大事项备案报告制度，完成《东莞证券有限责任公司财务管理办法》等14项重大事项的备案，完成《东莞市轨道交通有限公司支付市轨道交通线网控制中心综合体地块竞拍资金合计约19600万元》等6项重大事项的审核工作。

规范产权交易行为　2012年，东莞市国资委促使市产权交易中心运作规范，理顺产权交易秩序，完成市产权交易中心产权交易细则的批复。全年产权交易18宗，成交额近3亿元。

市属企业清产核资　2012年，东莞市国资委要求全市各市属企业开展清产核资工作，彻底、账实相符地反映企业在经营管理中的情况，摸清摸透市属企业国有资产家底，真实反映企业的资产及财务状况，确保市属国有资产保值增值。

【企业历史遗留问题处置】市属关停企业"4050"人员社保缴费补贴　2012年，东莞市国资委开展两期"4050"人员（指处于劳动年龄段中女40岁以上、男50岁以上的难以在劳动力市场竞争就业的劳动者）社保缴费补贴申领、审核和发放相关工作，全年支付补贴费用51.8万元。

市属关停企业在职人员移交社区　2012年，东莞市国资委继续跟进市属关停、破产企业在职员工移交社区的工作，全年移交182名市属关停、破产企业人员，并研究解决企业在办理移交过程中遇到的问题。

市属企业改制后遗留问题处理　2012年，东莞市国资委解决菊香苑、稻花村电梯维修及消防管网等问题，跟进东深供水工程石马河土地、南城街道胜和社区行政办公用地、绿化道路用地补偿等遗留问题，处理市建筑工程总公司等原市属企业员工信访函件31件、来访46宗。

【政务公开】2012年，东莞市国资委网站实行专人管理，提高信息时效性，丰富网站内容，建立网站信息资料报送制度。全年市国资委网站发布信息1033条，其中国资要闻70条，国资视点20条，央企信息678条，企业上报信息216条，人事任免、扶贫、廉政建设等方面信息49条。　（陈月婷　陈巧倩）

附：2012年东莞市人民政府国有资产监督管理委员会领导名录

主　任：任洪杰

副主任：陈润枝　尹可非　游锦辉

① 2012年10月14日至15日，市国资委主任任洪杰、副主任陈润枝、游锦辉及相关业务骨干一行在市燃料工业总公司董事长陈仲新等的陪同下，应邀参观考察新奥燃气集团河北廊坊企业总部。

② 2012年12月4日，市国资委召开东莞市市属企业清产核资工作会议，要求全市33家市国资委直接管理和履行出资人职责的企业全面彻底、账实相符地反映企业在经营管理中的情况。

工商行政管理

【概况】东莞市工商行政管理局（简称“东莞市工商局”）是广东省工商行政管理局的驻莞单位。2012年，内设机构有办公室，人事教育科、财务科、监察室、机关党办、法规科、经济检查科、登记注册科、企业监督管理科、市场合同管理科、商标广告管理科和监察队。全市市场主体总量首次突破54万户，注册商标总量接近7万件，驰名著名商标累计达到260件，办结各类案件1万多宗；开展商事登记制度改革、无纸化网上登记年检、商标预警保护系统等各项创新工作。连续第十年当选为“中央和省驻莞机关先进单位”，连续第四年在“市民评机关”活动中名列前茅。

【商事登记改革】2012年，东莞市工商局牵头做好商事登记制度设计，制定商事登记改革(简称“商改”)试点方案和实施方案，以大朗试点起步，稳步向全市铺开。经过改革，81项审批事项从前置改为后置，实现工商登记与经营项目审批相分离，基本确立按照行业管理原则进行许可监管的模式，形成便捷登记、审批提速、协同监管“三位一体”的商改格局，做到“排队取号不超过5分钟，等候不超过1小时，执照一般在1个工作日内发出，最长不超过5个工作日”，改善营商环境，激发市场活力。大朗试点近半年，市场主体同比增长67.9%，增幅居全市第一。11月，国家工商总局批复同意东莞为全国商改试点。12月，商改工作在全市范围内全面推开。当月，新增各类市场主体1.04万户，同比增长57.9%，在全省范围内做到同期发照最快、增速最高。

【无纸化网上年检】2012年，东莞市工商局争取国家工商总局和省工商局支持，成为全国范围内的无纸化网上登记年检改革先行点，自主开发无纸化网上年检系统，在外商投资企业率先试运行，并与市注协审计报告备案系统实现无缝对接，2012年5月初投入使用。无纸化年检实现“数字签名、网上申报、网上受理、网上审核”，企业无需提交纸质材料，足不出户即可办妥年检手续，并且由市财政全额补贴数字证书介质费和首年服务费。截至年末，全市已有2211户外资企业办理数字证书，1351户外资企业通过网上年检。

【“三打”行动】2012年，东莞市工商局牵头推进打击流通环节食品、箱包皮具、汽车配件领域制假售假专项行动，通过严查大要案，力斩“利益链”，深挖“保护伞”，不断推动专项行动向纵深开展。立案查办各类“三打”案件9016宗，其中制假售假案件4697宗，商业贿赂案件243宗，欺行霸市案件4076宗；查处大要案254宗，移送公安机关241宗；“三打”案件总量居全市第一，“三打”绩效测评稳居全市前三，收到社会各界的感谢信、锦旗、牌匾等54次。其中，市工商局查办的生产侵犯“卡骆驰”商标专用权案，涉案金额高达5000万元，得到美国驻广州总领事馆和卡骆驰公司的致信感谢。

【“两建”工作】2012年，东莞市工商局发挥“两建办”的统筹协调职能，先后三次召开全市“两建”（建设社会信用体系、建设市场监管体系）工作推进会议，推动成立三个层次的领导机构，搭建起完善的“两建”组织框架、工作框架和制度框架。同时，结合我市实际，选择大朗作为市场监管体系建设综合试点，选择农副产品市场作为行业试点，精心制定试点工作方案，加强调研和指导，集中力量研究解决试点行业存在的问题，以点带面，推动“两建”工作扎实开展。广东电视台《社会纵横》栏目对东莞“两建”成效进行专题报道。省委巡视督导组对东莞“两建”工作给予充分肯定。

【服务“三重”建设】2012年，东莞市工商局利用工商部门在市场准入方面的信息优势，捕捉重点企业的落户信息，为重点企业量身定做个性化的登记规划方案，开设重点企业办事“直通车”服务，对重点企业的设立、变更及设立分支机构等进行全程跟踪，促进重点企业、重点项目的落户。全年推动组建民营集团9户，支持加工贸易企业转型295户，协助引进重大项目4个，新增市场主体9.27万户，同比增长4.8%。其中，内资企业1125户、私营企业2.3万户、外资企业914户、个体户6.7万户。截至年末，全市实有各类市场主体54.36万户，同比增长7.4%，其中内资企业1.33万户，增长3.5%；私营企业12.37万户，增长18.2%；外资企业1.2万户，增长6.9%；个体户39.14万户，增长4.9%。

【商标战略实施】2012年，东莞市工商局试运行东莞市商标预警保护系统，发挥系统的动态监测、及时预警、跟踪建议和诊断分析功能，监测到抢注东莞地区重点企业商标233件、需续展商标30件，发出预警通知书328份，并对59户需延续的著名商标企业进行及时提醒。通过举办大规模的商标战略论坛，召开驰名著名商标企业座谈会，加强商标战略宣传，对全市公共商标资源进行调查摸底，走访105户重点企业，进行点对点指导，推荐38户企业申报广东省著名

▲市工商局办公大楼

商标。全市新增注册商标1.24万件、驰名商标10件、著名商标30件；累计有注册商标6.96万件，驰名商标34件，著名商标226件，同比分别增长18.3%、54.5%、9.2%。

【重点领域监管】 2012年，东莞市工商局落实民生实事，核发《食品流通许可证》4.89万份，建成省级食品安全示范店3家、市级示范店300家，抽查各类食品6093批次，整体合格率达93.5 %。加大日常监管力度，检查重点行业市场主体5557户，清理无照经营1.26万户，在全省清理无证照综治考评中名列第一。开展不公平格式合同条款专项整治，立案查处221宗，被评为“全国整治利用合同格式条款侵害消费者合法权益专项行动基层先进单位”。加强广告监管，监测各类广告10.9万条次，查处违法广告286宗。强化网络交易行为监管，查处网络违法案件94宗，同比增长3.6倍。完善打传工作机制，加大刑事打击力度，全市查获传销窝点59个、传销参与人员557名，行政处罚145名、刑事拘留44名。拓展消费维权网络，建成消费维权服务站104家，接待群众来信来访来电8.8万人（次），受理投诉5279宗，成功调解4720宗，为消费者挽回经济损失1140.8万元。

【消费维权机制】 2012年，东莞市消委会发挥指导消费、调解纠纷和社会监督的职能，加强对业务人员培训指导，规范和完善工作流程，做好与司法机关、行业协会及企业的合作联动，建立快速反应机制，及时受理消费投诉。全年共发布消费警示、提示5篇，接待群众来电、来访、来信咨询投诉约2.31万人次，受理消费者投诉2294宗，调解2180宗，调解成功率为95%，为消费者挽回经济损失335万元，收到消费者的各类表扬信、锦旗4份。

提升消费维权意识　2012年，东莞市消委会围绕“消费与安全”年主题，发挥“3·15”国际消费者维权日的作用，把消费维权论坛、有奖竞答、现场咨询、识假辨假演示等多种活动形式融合起来。活动期间开展现场活动40场，派发宣传资料约65万份，接受群众咨询或来访来电1.15万次，化解消费纠纷230宗，为消费者挽回经济损失17.4万元；持续开通消费之声电台节目，针对餐饮、汽修、网购等17个消费领域进行专业点评，全年制作播出专栏节目42期。

创新消费维权模式　2012年，东莞市消委会以大型商场、超市、市场、企业、景区和行业协会为依托，在全市探索建立“消费维权服务站”，协助工商部门、消委会解决涉及行业或企业自身的消费纠纷，让消费者就近投诉，维权“有门”。全年建成服务站104家，实现全市覆盖。同时，强化消费指导力度，探索建立消费预警机制，通过定期分析抓热点、发布提示保权益、主动约谈防纠纷、消费评议监督促整改4项措施，动态跟踪消费及投诉热点并及时发出警示。

地区间消费维权合作　2012年6月，东莞市消委会联合深圳、惠州两地消委会在深圳召开第7次维权合作会议，会议达成联合开展毛巾商品比较试验、编印第4套消费指南、完善消费纠纷联动处理、联手点评霸王条款等多项合作事宜。（冯庆才）

附：2012年东莞市工商行政管理局领导名录

党组书记、局长：袁志强（任至12月）
　范燕彬（12月到任）
党组副书记：黎自力
党组成员、副局长：范燕彬（任至12月）
　陈　玺　王争光　陈仕全
　周锦辉（12月到任）
党组成员、纪检组长：陈　涛
党组成员、经济检查支队支队长：
　曹景良
调研员：杨玉马　邓建忠（9月到任）
副调研员：郑润南

物价管理

【概况】 东莞市物价局是东莞市人民政府主管全市价格工作的职能部门。2012年，东莞市物价局有编制28人，设有办公室、价格管理科、收费管理科、价格检查科、成本调查监测科。下属事业单位有东莞市物价局价格认证中心，编制23人。

【价格变动】 2012年，东莞市居民消费价格总水平呈现前高后低、高位运行态势，主要商品价格高位企稳并逐步回落。

居民消费价格指数高位回落　全市居民消费价格指数累计同比上涨2.9%。1—12月，涨幅逐月收窄，各月累计涨幅分别为5%、4.6%、4.5%、4.4%、4.3%、4.2%、3.9%、3.7%、3.4%、3.1%、2.9%、2.9%。

八大类商品价格指数升多降少　构成全年总指数的八大类商品价格指数（同期比）呈现“七升一降”的格局：食品类同比上涨6.1%，医疗保健和个人用品类上涨4.8%，娱乐教育文化用品及服务类上涨1.8%，烟酒类上涨1.4%，居住类上涨1.5%，家庭设备用品及维修服务类上涨1.4%，衣着类上涨1.0%；交通和通信类同比下降1.2%。

食品类价格指数推高CPI　2012年，全市食品类价格累计上涨6.1%，拉动CPI上涨1.94个百分点，仍然是拉动CPI上涨的主要动力。食品类的16个类别中，除淀粉及制品和干鲜瓜果2个类别比去年下降外，其余14个类别均呈不同程度上涨。其中，上涨幅度最大的是菜类，上涨24.5%，直接导致食品类价格上行。

【价格调控】 通胀压力减弱　2012年，东莞市物价局发挥价格职能作用，保持价格总水平的基本稳定。综合采取多种措施稳控物价，价格较快上涨的势头得到有效遏制，通胀压力明显减轻，居民消费价格水平比上年回落2个百分点。

平价商店建设　2012年，东莞市物价局运用市级价格调节基金466万元和省级价格调节基金646万元对平价商店等三项建设给予扶持，新建平价商店83家，全市平价商店总数达到151家，全年向群众让利2358万元。

价格调节基金管理　2012年，东莞市物价局重新修订和颁发《东莞市价格调节基金管理规定》，使价格调节基金的征收、使用和管理更加科学规范；运用价格调节基金向低收入群体及时发放临时价格补贴2207万元。

价格基础工作　2012年，东莞市物价局新增83家平价商店作为价格监测点，全年上报各类监测报表2.28万份，撰写价格监测信息及监测情况分析122篇；执行成本监审工作程序，监审金额近52亿元，核减不合理成本8119万元；及时上报和发布价格信息，引导消费和生产，稳定预期。

【价格改革】 水价改革　2012年，东莞市适时调整大市区和东深供水工程沿线各镇水价，重新核定松山湖园区各类水价；简化水价分类，将供水价格由原来的6类统一为3类，实现工商业用水同价，基本实现镇内各类用水同网同价；对低收入家庭实行水价优惠政策。

阶梯电价实施　2012年，东莞市物价局会同供电等部门加强对阶梯电价政策的宣传解释和组织实施工作；针对出租屋出租人随意提高电价结算标准问题，及时向省物价局反映，助推省物价

改时间，并做好跟踪指导。

2012年东莞市八大类价格指数变动情况

（以2011年价格为100）

项目	价格指数（%）	比上年升降幅度（%）
居民消费价格总指数	102.9	2.9
食品	106.1	6.1
其中：粮食	103.7	3.7
肉禽及其制品	102.6	2.6
油脂	105.0	5.0
蛋	101.1	1.1
菜	124.5	24.5
水产品	108.3	8.3
烟酒	101.4	1.4
衣着	101.0	1.0
家庭设备用品及维修服务	101.4	1.4
医疗保健和个人用品	104.8	4.8
交通和通信	98.8	-1.2
娱乐教育文化用品及服务	101.8	1.8
居住	101.5	1.5
商品零售价格指数	102.4	2.4
工业品价格指数	101.5	1.5

局出台规范出租屋电费结算行为的有关规定。

燃气价格动态管理　2012年，东莞市物价局对液化石油气价格实行动态管理，全年先后9次调整液化石油气价格；将车用压缩天然气（CNG）价格由原来5.3元/立方米下调为5元/立方米，并核定车用液化天然气（LNG）最高限价为6.7元/千克。

医药价格改革　2012年，东莞市物价局先后5次降低共2510个品规药品价格，平均降幅达21%；出台第二批新增医疗服务价格项目和修订项目，并适当降低动态脑电监测等部分大型设备的检查治疗和检验项目价格，平均降幅超过20%，最大降幅达50%以上；制定12项“治未病”试行医疗服务项目；从严对61批次患者自主选择医用耗材进行备案；重新制定62种制剂的最高零售价格。

【价格和收费管理】落实涉企和民生优惠政策　2012年，东莞市在全省率先全面停征治安联防费、减半征收使用流动人员调配费，取消和减免涉及东莞市的56项行政事业性收费，为企业年减负4.85亿元；取消公办、集体办幼儿园3项收费，年减轻幼儿家长负担4330万元；落实降低高速公路收费标准政策，年减轻车主负担2亿元，并从当年1月1日起实施珠三角九市年票互认；优惠游览参观点门票100万元。

规范涉企协议收费　2012年，东莞市物价局会同市财政局对镇村收费进行调研，提出规范镇村收费的对策建议，组织在东城街道和凤岗镇开展试点，并配合市府办起草《东莞市人民政府进一步减轻企业负担优化营商环境的实施意见》。

热点价费管理　2012年，东莞市物价局对1328条客运线路核定上限票价；对7.69万套新建商品住房和190个楼盘物业服务收费标准进行备案；对110家停车场核发收费证明。

规范教育收费　2012年，东莞市物价局理顺民办学校收费项目，重申民办学校不得收取“小升初”考试报名费、军训费；严格控制民办学校调整收费的幅度，从严审批80所民办学校收费标准；调整公办、集体办幼儿园收费标准，并对100多所民办幼儿园收费标准进行备案。

收费综合年审　2012年，东莞市物价局在对全市各收费单位2011年度的收费执行情况进行综合审查的基础上，实地审查6个镇街的收费执行情况，针对收费年审中发现的问题，发出整改通知，明确整改内容，提出整改要求，限定整改时间，并做好跟踪指导。

【价格监督检查】丰富监管手段　2012年，东莞市物价局组织业务骨干到企业宣讲价格政策法规，进行互动答疑，通过提供优质服务促进监管；在节假日提前召开公交客运企业提醒告诫会，预防在先强化监管。

创新监管模式　2012年，东莞市物价局完善投诉处理各环节，提高工作效率，增加办案透明度，提高监管的震慑力；组织镇街物价员进行业务学习交流，上下密切联动，提高监管的执行力；在全市汽车维修行业开展价格诚信评比活动，探索建立市场价格监管体系，提高监管的长效性。

开展专项检查　2012年，东莞市物价局在完成国家和省布置各项专项检查的同时，结合东莞市实际开展多项专项检查，查处价格违法案件59宗，实施经济制裁258万元。

受理举报投诉　2012年，东莞市物价局确保“12358”价格举报电话的畅通，受理举报投诉676宗，解答电话咨询1.04万宗。

【价格认证】2012年，东莞市物价局价格认证中心承办各类涉案财产价格认定10630宗，涉案金额5.8亿元，其中，承办“三打”案件405宗，仅涉及生产销售假冒伪劣产品的就达233宗，涉案金额4.09亿元。

技术规范出台　2012年，东莞市物价局价格认证中心出台5个技术规范，并经涉案物品价格鉴证部门联席会议审议通过，有效地解决部分特殊疑难物品作价难问题。

作价规范修改　2012年，东莞市物价局价格认证中心将知识产权价值运用到价格认定作价原则当中，体现商品的真实价值，维护当事人的合法权益，加大打击犯罪力度。

认证效率提高　2012年，东莞市物价局价格认证中心对五大类涉及50多种物品的作价原则进行细化，提高认证效率，至2012年，90%的案件可以在受理后一小时内作出价格认定结论，给公安机关办案节省时间。（罗德泉　胡德安）

附：2012年东莞市物价局领导名录

局长、党组书记：邓浩全（任至3月）
梁凤鸣（3月到任）

副局长：陈志超　陈慕齐
邓卫洪（任至8月）
吴劭文（11月到任）

质量技术监督

【概况】东莞市质量技术监督局是主管全市质量、标准化、计量、生产环节质量监督及特种设备安全监察，并行使执法监督职能的省驻莞机关。2012年，东莞市建设质量强市工作取得新进展，质监工作水平稳步提升。全年查处违法案件1282宗；完成生产加工环节食品抽样检验4604批次，内在质量合格率达94.5%；完成6682批次产品质量市级监督抽检，不合格产品发现率10.39%；指导企事业单位主导或参与制定并发布各级标准60项；62个产品获评广东省名牌产品，省名牌总数位居全省第三；为近9000家企业提供质量技术服务，出具质量检验报告6.5万份；办理代码证新办、变更、换证业务10万家，免费年检15.6万家；完成9.3万台次特种设备的检验工作；砍掉或降低16个收费项目，全年减轻企业负担2800余万元，惠及18万家（次）企业。东莞市取得全国首批“质量强市示范市”创建资格，是全省电梯安全监管改革试点市。市质监局再次被评为“中央和省驻莞机关先进单位”。

【打击制假售假专项行动】2012年，东莞市质监局牵头打击制假售假专项行动。加强统筹协调。充分发挥牵头作用，推动成立市打假专项行动领导小组，制定工作方案，确定13大打假专项和12个牵头部门，抽调41名工作人员集中办公，召开20多次工作会议，部署落实打假工作。深入排查整治。成立案件摸查组，广泛摸排线索；确定20个重点区域、重点市场、重点企业和单位，集中整治；突出打大要案、斩利益链、挖保护伞，提升打击效果；实施领导包案制度，市主要领导带头包案，保障案件及时办理。建立长效机制。对镇街、成员单位实行督导、考核，每周对排名情况通过媒体向社会通报，督促工作落实；开展全市打假业务培训，提高一线工作人员办案水平；理顺部门间案件转办流程，完善举报制假售假奖励制度。全年全市立案查处制假售假案件12607宗，其中大案、要案827宗，移送公安423宗；捣毁窝点2702个，查获假冒伪劣产品货值8.23亿元；抓获犯罪嫌疑人1227名，刑拘752人，逮捕534人，判刑531人，斩断利益链131个，挖出保护伞14宗共35人。收到社会各界赠送的锦旗、感谢信94件。各项打假业务数据绝对数排在全省前列。

以质取胜　创先争优促发展

①

②

① 2012年8月21日，省质监局局长任小铁（前排右一）和市委书记、市人大常委会主任徐建华（前排右二）等到东莞质检中心调研。

② 2012年7月31日，省质监局局长任小铁（右二）、副市长张科（左一）到市质监局参观打假成果展。

【质量强市建设】 2012年，东莞市被国家质检总局批准成为首批25个“全国质量强市示范城市”创建城市之一，也是广东省唯一获此创建资格的地级市。年底，召开全市创建工作动员会议，各项创建工作正在开展；发挥质量强市领导小组办公室协调作用，贯彻全省质量强省会议精神，制定《关于实施质量发展纲要的意见》和2012年行动计划，在“科技东莞”工程增设“质量发展专项资金”，下发《关于开展质量强镇工作的通知》，与部分镇街签署备忘录，推动质量强镇工作；广泛宣贯《质量发展纲要》，派发手册近2000余份，举办东莞学习论坛，提升质量意识，更新质量理念。

【电梯安全监管改革】 东莞市是全省地级市中唯一的电梯安全监管改革试点城市，东莞市质监局成立领导小组，制定工作方案，召开全市动员会议，向镇街、部门、企业和群众宣传电梯安全监管改革的必要性和紧迫性，凝聚共识，营造氛围；同时，抓住电梯维保单位和镇街质监站力量，开展电梯“使用权者”确认和更换电梯新标志等工作，发挥特种行业协会作用，引导企业购买电梯事故责任险，通过电梯年检、电梯许可等环节，倒逼企业明确电梯“使用权者”，落实试点工作要求。截至2012年末，2.2万台电梯确认“使用权者”，3.5万台电梯购买电梯事故责任险，发放电梯新标志4.8万份，印发宣传资料近7万份。

【生产加工环节食品安全】 2012年，东莞市质监系统强化食品生产企业诚信道德教育，理顺食品生产许可证制度，开展应节食品、食用植物油、明胶、酱油、食品添加剂、肉制品等专项检查，加大对违法企业的处罚力度，督促企业落实主体责任。全年抽取样品4604批次，内在质量合格率达94.5%，同比提高6.7个百分点；出动执法人员4160人次，监督检查企业1435家次，移送食品案件140宗，处理食品安全相关举报投诉88宗，核发食品生产许可证314张。全年未发生重大食品安全事故。

【重点工业产品质量安全】 2012年，东莞市质监局推动市政府将监督抽查费用纳入市财政预算，下半年市财政划拨395万元支持产品质量监督抽查，全年完成6682批次产品质量市级监督抽检，市级监督抽查不合格产品发现率10.4%。发出国家级、省级、市级不合格整改通知书1129份，复查企业398家，对67家逾期未完成整改的企业进行曝光。同时，开展消防、校服产品质量、金属家具及深色名贵硬木家具、婴幼儿服装等专项整治，防范行业性、区域性质量问题。

【特种设备安全监察】 2012年，东莞市质监系统开展“打非治违”（打非治违，是打击非法违法生产经营活动行为

2012年10月17日，东莞质量强市工作暨创建全国示范城市动员大会召开，省质监局局长任小铁、市长袁宝成、副市长张科出席会议并讲话。

的简称。是以执法部门为主体，社会组织，民间机构和个人共同协助参与的一种清除社会不安全因素的行为）行动，出动检查人员4498人次，检查企业2130家次，及时发现和纠正违法违规行为1203起，立案查处特种设备违规行为233宗；加强高风险设备安全隐患排查，开展重点监管设备专项治理，加强重大节假日、全国两会、世界莞商大会、全国加博会及中共十八大前后等重大活动期间特种设备安全检查，保障特种设备安全形势稳定；组织开展安全生产月等形式多样的安全宣传活动，组织7场事故应急救援演练，提高企业和群众特种设备安全意识和知识水平。

【技术标准战略实施】2012年，东莞市政府出台《东莞市推进标准化工程实施办法》，将资助范围扩大到农业和服务业，加大扶持力度；完成全市5万多家企业标准实施情况的统计工作；指导企事业单位主导或参与制定并发布各级标准41项，联盟标准19项，新承担35项战略性新兴产业等地方标准项目；鼓励119家企业办理250个产品“采标”，超额50%完成省局下达的任务；指导3家企业通过国家级或省级标准化试点验收，22家企业通过“标准化良好行为企业”确认；开展标准化宣贯和培训，免费举办4期培训班，为企业培训标准化人才400多人。

【名牌带动战略实施】2012年，结合东莞市优势产业及企业，东莞市质监局推荐名牌产品目录38个；创新名牌培训机制，全年62个产品获评广东省名牌产品，其中40个为新增，22个为复评；指导松山湖高新区申报全国知名品牌示范区。创新政府质量奖工作，修订质量奖评审管理办法，评审范围扩展至公共服务业，增设鼓励奖；评选出2012年3家质量奖和3家鼓励奖获奖企业；举办3期卓越绩效辅导培训，培训企业管理人员300人。

【质监基础工作】2012年，东莞市质监系统强化质监基础工作。加强计量监管。开展春季农资计量、应节食品过度包装、定量包装产品净含量、加油机计量、电子秤等专项执法检查，强化机动车安检机构监管；举办6期能源计量知识免费培训班，培训800余人次，对造纸行业开展能源计量调研，完成36家省千家重点耗能企业的能源计量现场核查。开展质量培训。以企业需求为导向，举办质量培训班和特种设备作业人员继续教育培训班，共培训3万人次。加强基

① 2012年5月15日，市委书记、市人大常委会主任徐建华（左二）到市质监局调研指导工作，并参观打假成果展。

② 2012年10月18日，市质监局局长罗晓勤（前排左二）到企业调研。

③ 2012年9月1日，市质监局执法人员在开展打假执法检查。

① 2012年7月31日，全市召开电梯安全监管改革试点工作启动会议。
② 2012年5月12日，全市召开食品生产加工环节落实“三打两建”工作会议暨“食品安全大家行”活动动员大会，企业代表现场签订自律书并宣誓自律。

层质监队伍建设。三个分局管理水平和执法能力不断提升。截至年底，第一分局、第二分局、第三分局立案数分别为138宗、158宗、150宗，同比分别增长76.9%、61.2%、89.9%，为“三打两建”工作和“三个安全”（指产品质量安全、食品安全和特种设备安全）监管提供有力支撑。

【技术机构建设】 2012年，东莞市质监系统开设“三打”绿色检验通道，为镇街、部门提供1500余份质量检测报告；启动质检中心二期项目建设，包括建设LED检测大楼、培训楼及检测配套楼，总投资预算1.5亿元，建筑面积1.95亿平方米。全市5个镇街承接代码办理业务，占全市总量的12%；编制首期《东莞市组织机构统计分析报告》，供市委、市政府参考。初步建立特种设备检验质量分析与风险评估制度，每季度形成分析报告供上级部门参考；3项国家质检总局或省局科研项目完成验收，填补国内特种设备相关技术领域的空白。全年为近9000家企业提供质量技术服务，出具质量检验报告6.5万份，办理代码证新办、变更、换证业务10万家，免费年检15.6万家，完成9.3万台次特种设备的检验工作，动态检验覆盖率保持96%以上，免费检定计量器具3万多台（件），免收检定费约250多万元。 （凌智勇）

附：2012年东莞市质量技术监督局领导名录

党组书记、局长：罗晓勤
党组成员、调研员：邓志波
党组成员、副局长：刘东兴 欧健强 林 刚 欧南燕
党组成员、纪检组长：卢 波

安全生产监督管理

【概况】东莞市安全生产监督管理局是市人民政府执行安全生产监督管理的职能机构，内设办公室、政策法规科、监督管理科、执法监察科、综合协调科、重大危险源监督管理科、应急救援指挥科、职业安全健康监督管理科等科室。

2012年，东莞市发生各类生产安全事故4341宗、死亡534人、受伤4835人，直接经济损失5325.39万元，同比分别下降4.1%、下降1.1%、下降3.8%、上升698.5%。其中，工矿商贸领域事故29宗、死亡31人、受伤4人、直接经济损失6.6万元，同比分别上升7.4%、上升3.3%、下降20%、下降83.5%；火灾事故10宗、死亡11人、受伤0人、经济损失4757.7万元，分别上升42.9%、下降21.4%、下降100%、上升8389.9%；道路交通事故4299宗、死亡490人、受伤4831人、经济损失556.59万元，分别下降4.3%、1.0%、3.6%、2.5%；水上交通事故3宗、死亡2人，同比分别上升200%、100%。较大以上生产安全事故6起，未发生重特大生产安全事故。安全生产形势持续稳定好转。

【领导责任落实】2012年，东莞市调整安全生产监督管理委员会（简称市安委会），由市长担任主任，常务副市长分管安全生产工作，市直负有安全生产监管职责的各部门主要领导担任安委会成员，把市中级人民法院和市综治办纳入市安委会成员单位。召开安委会季度例会、工作会议10多次，及时传达国家、省、市重要文件和会议精神，分析形势、部署工作、协调力量，对全市安全生产工作进行部署和统筹。在与各镇街和市直负有安全生产监管责任的部门继续签订安全生产责任书的基础上，印发《东莞市党委政府研究解决安全生产重大事项备案制度》《东莞市安全生产联席会议制度》《东莞市安全生产警示制度》《东莞市安全生产约谈制度》，以制度约束推进各项工作措施的落实。同时，重新修订《东莞市党政领导班子和领导干部落实安全生产工作责任制考核办法》，对考核细则进行细化、量化和补充，让责任制考核更具科学性和合理性。

【重点专项整治】2012年，东莞市安全生产监管突出两个重点。一是在“元旦”“春节”“五一”“十一”“十八大”等重点时期开展全市性安全生产大检查，确保社会环境的安全稳定；二是联合有关部门重点进行危化品专项整治、校车隐患排查、火灾隐患排查整治、无牌无证拖拉机联合整治行动、防雷工程和建筑主体建设“三同时”联合检查、渡船渡口隐患整治检查、危险货物道路运输专项整治、建设工程安全专项检查。例如，在危化品专项整治行动中，出动执法人员8740人（次），检查企业2734家（次），打击非法、违法、治理纠正违规违章行为1274起，责令停产停业20家，关闭非法违法企业14家，经济处罚金额161.3万元。

【打非治违】2012年，根据国家和省在安全生产领域“打非治违”专项行动（打非治违，是打击非法违法生产经

东莞市安全生产监督管理局

2012年1月20日，市委书记、市人大常委会主任徐建华（左）和到访的省安全监管局局长杨富（右）交谈。

营活动行为的简称。是以执法部门为主体，社会组织，民间机构和个人共同协助参与的一种清除社会不安全因素的行为）的统一部署，东莞市各镇街、市各有关部门结合本辖区、本行业监管的实际，制定详细的工作方案，严厉查处和整治各类安全生产违法违规行为。全市组织“打非治违”检查组9583个，出动人员10.93万人次，检查企业9.25万家，作出警告7316次，责令改正、限期整改、停止违法行为3.88万起，没收违法所得、非法生产设备16起，责令停产、停业、停止建设的企业676家，暂扣或吊销有关许可证、职业资格346个，关闭非法违法企业1292家，行政拘留1003人，处罚罚款4445.1万元。

【应急救援】2012年，东莞市完善应急救援指挥平台的建设，动员和指导各镇街筹建应急救援指挥平台建设，推动企业引进视频监控设备，提高监控手段。至年底，全市应急平台系统登记的安全监管部门用户达134个，社区安全办用户689个，共有1.4万家企业录入企业基本信息、安全管理状况、应急资源信息和应急预案。564家企业完成应急预案备案业务，制定完善事故应急救援预案，形成横向到边、纵向到底的应急救援预案体系。“安全生产月”期间，全市34个镇街（园区）举行1422场应急演练，参演单位2196家，参与人数达17.89万人。其中，9月26日在虎门港立沙岛举行“2012年东莞市生产安全事故应急救援演练”，达到熟悉预案、发现问题、锻炼队伍、提高能力的目的。

【业务培训】2012年，东莞市安监局举办2期安全生产应急管理培训班，培训镇街安全监管分局、村（居）安全办负责应急管理工作的负责人和业务人员计450人；组织全市34个镇街（管委会）安全监管分局分管执法监察工作的副分局

① 2012年1月21日，市长袁宝成（中）春节慰问东城安监分局值班人员。

② 2012年6月10日，在安全生产月咨询日活动现场，市委常委、常务副市长梁国英（左一）认真查看宣传资料。

③ 2012年9月18日，召开市安委会季度例会暨防范重特大事故工作会议。

① 2012年5月21日，市安全监管局召开省11次党代会精神学习会。
② 2012年东莞市安全生产知识竞赛
③ 东莞市安全生产应急救援演练

长、执法监察股负责人及一名业务骨干参加行政执法业务培训；举办全市安监系统职业卫生监管人员培训班，全市34个安全监管分局和安全办共180名职业卫生监管人员参加培训。同时对全市安全生产培训市场进行整顿，重新规范工作程序。全年举办多期企业安全负责人、安全管理人员、特种作业人员安全培训班，新考证8702人，复审1.12万人。

【宣传教育】 2012年，东莞市安监局注重领导干部安全生产意识的提高，邀请国家安监总局职业健康司副司长周永平作专题报告，全市各级领导干部1200多人参加报告会。6月，开展“安全生产月”活动，18个职能部门在常平举办大型安全咨询日活动，向群众发放宣传资料2.8万份、宣传小手册1. 6万本，接待咨询群众达3万人。11月，举办第二届“2012年东莞市安全生产知识竞赛”，34支企业代表队参加比赛。

【职业病危害摸查】 2012年，东莞市开展职业病危害情况摸查。安排专项资金40万元，对全市石材加工、箱包、五金、鞋业、电镀、电子等重点行业的46家重点企业进行职业病危害因素检测，形成《东莞市重点行业生产经营单位作业场所职业危害监测分析报告》；组织开展作业场所职业危害申报工作，引导、鼓励存在职业病危害作业场所生产经营单位进行申报，全市有4215家生产经营单位完成申报备案，涉及劳动者101.47万人。 （田小兵）

附：2012年东莞市安全生产监督管理局领导名录

党组书记：陈建国（任至7月）
黎达潮（7月到任，任至8月）
莫淦泉（8月到任）
局　长：陈建国（任至8月）
莫淦泉（8月到任）
党组成员、副局长：符基英　康仁非
沈善智（任至8月）
韩金田（8月到任）
党组成员、执法支队长：
高景荣（任至12月）
赵文群（12月到任）
党组成员、纪检组长：刘炳照

2012年东莞市安全生产事故

项目	事故类别	事故宗数（宗）	死亡人数（人）	受伤人数（人）	经济损失（万元）
工矿企业事故	2011年同期	27	30	5	40
	2012年同期	29	31	4	6.6
	2012年与2011年比较（%）	7.41	3.33	-20.00	-83.50
火灾事故	2011年同期	7	14	11	56
	2012年同期	10	11	0	4757.7
	2012年与2011年比较（%）	42.86	-21.43	-100.00	8395.89
道路交通事故	2011年同期	4490	495	5012	570.96
	2012年同期	4299	490	4831	556.59
	2012年与2011年比较（%）	-4.25	-1.01	-3.61	-2.52
水上交通事故	2011年同期	1	1	0	0
	2012年同期	3	2	0	4.5
	2012年与2011年比较（%）	200.00	100.00	持平	—
其他交通事故	2011年同期	—	—	—	—
	2012年同期	—	—	—	—
	2012年与2011年比较（%）	—	—	—	—
合计	2011年同期	4525	540	5028	666.96
	2012年同期	4341	534	4835	5325.39
	2012年与2011年比较（%）	-4.07	-1.11	-3.84	698.46

注：3起水上交通事故中，2起为1人死亡事故，1起为单纯船舶碰撞。

食品药品监督管理

【概况】东莞市食品药品监督管理局是市人民政府负责食品、药品监督管理的职能机构，内设稽查分局、监察室、人事科、药品流通监管科、药品安全监管科、医疗器械监管科、保健食品化妆品监管科、食品安全监管科、办公室、规划财务科等科室。2012年，东莞市完成餐饮食品、药品、医疗器械、保健食品和化妆品受理项目16502宗，核发新办餐饮企业6618家、药品零售企业989家、医疗器械经营企业70家、保健食品经营企业225家。创建完成省市民生实事餐饮示范点571家、示范食堂208家，分别超额完成任务14.2%和38.7%。全市未发生重大食品药品安全事故，一般性食物中毒事故控制在个位数（9宗）；体现药品总体质量水平的评价性抽验合格率达到99.1%，同比上升1.5%；餐饮食品合格率93.3%。市食品药品监管局被评为全省食品药品监管系统先进单位；连续六年被评为全市打假工作先进集体。

【“三打”专项】2012年，东莞市食品药品监管局按照省、市“三打”工作的统一安排，牵头药品和日化用品打假、餐饮消费环节食品打假两个专项打假，开展打击农村市场假劣药品行动、非药品冒充药品、侵犯知识产权和制售假冒伪劣商品、保健食品违法添加化学药物成分和化妆品违法使用禁限用物质等专项整治，严厉查处各种制假售假违法违规行为，全市食品药品监管系统出动9.67万人次，检查单位4.1万家次，查扣物品2740箱（件），立案查处案件1288宗，涉案物品货值270.1万元，捣毁涉药窝点265个。其中，集中力量侦破大案要案103宗。

【行政执法与刑事司法衔接】2012年，东莞市食品药品监管局依托“三打两建”工作，深化行政执法与刑事司法相衔接工作，推动成立市检察院、公安局、食品药品监管局打击食品药品违法犯罪联络办公室，建立联合打假工作机制。全年累计向司法机关移送案件50宗，抓获犯罪嫌疑人26名，刑事拘留22名，逮捕16人，成功追刑10人。

【餐饮服务食品安全示范工程】2012年，东莞市政府将创建餐饮服务示范食堂列为2012年十件实事之一，东莞市食品药品监管局制定工作方案，出台评价标准，争取市政府出台创建资金补助办法，鼓励创建单位改造、升级加工场所。全年累计有208家单位通过考核验收成为示范（达标）食堂，超额完成市150家的创建任务。其中，有61家示范食堂被评为省级示范单位。落实省政府食品安全民生实事，573家单位通过考核验收成为示范单位，超额完成500家餐饮服务食品安全示范点建设、2家保健食品示范点建设任务。同时，大力提升餐饮示范街层级，通过改造升级，有2条食街通过验收被评为省级示范街。

【安全用药月】2012年9月，东莞市食

东莞市食品药品监督管理局

① 2012年2月13日，国家食品药品监管局副局长边振甲（右二）到东阳光药业有限公司调研。

② 2012年12月19日，国家食品药品监管局副局长孙咸泽出席第七届石龙食品药品打假协作会议。图为孙咸泽（右一）到众生药业公司调研。

品药品监管局开展主题为“谨慎使用抗生素”的“全国安全用药月”活动。通过开展“食品药品安全公益广告、公益宣传片播放”活动，在东莞电视台、各镇（街）广播电视台播出由国家局统一制作的公益广告及由该局制作的公益宣传片；不定期向市民发送安全用药宣传短信；在人流密集地区张贴宣传海报，派发宣传单张及小册子；组织收听“安全用药”专家咨询热线，收看网络访谈节目；开展“食品药品安全知识大讲堂”和进学校、进社区、进企业的宣传活动。

【检验检测】2012年，东莞市食品药品监管局加大对餐饮食品、药品、医疗器械、保健食品和化妆品重点品种、重点企业的抽验力度，全年抽验产品4032批。提前完成餐饮食品2000批抽检任务，合格率93.3%；大幅提高药品、医疗器械、保健食品和化妆品上市产品抽验的覆盖面和命中率，抽检2032批。其中，体现药品总体质量水平的药品评价性抽验合格率达到99.1%，基本药物实现全覆盖，抽验合格率达到100%。

【基础建设】2012年，东莞市食品药品监管局加强技术监督能力建设，市食品药品检测中心落户松山湖高新区，规划占地1.33公顷，总投资1.5亿元；累计投入434.3万元购置新型检测设备；通过食品检验机构资质认定，新增198项检验项目。推进信息化应用，全面完成药品批发、零售连锁企业全品种上报工作，启用医疗器械移动电子监管系统。同时，完成办公地点从金牛路45号至南城区建设路1号的搬迁。

【医药健康产业发展】2012年，东莞市食品药品监管局贯彻市委、市政府“三重”建设部署，发挥职能、信息、技术优势，强化信息技术、办事许可、政策引导和认证注册服务，助推健康产业结构调整、转型升级。东莞两岸生物技术产业合作基地建设提上省委、省政府重点工作日程；太阳神集团总部建设被列入市重点发展项目，工程进展顺利。

（叶建荣）

附：2012年东莞市食品药品监督管理局领导名录

党组书记、局长：陈锡江
党组成员、副局长：尹锡棋　梁少华　张惠洪　黄　江
党组成员、纪检组长：周穗杰
调研员：黄　坚
副调研员：周卫平　李　峙
稽查分局局长：王旭深

① 2012年8月16日，全市餐饮服务食品安全示范食堂创建工作现场会在凤岗召开。图为副市长张科（中）实地参观示范食堂现场。
② 2012年9月5日，市食品药品监管局在莞城东门广场举行主题为“谨慎使用抗生素”的“全国安全用药月”东莞市启动仪式及现场宣传咨询，正式启动为期一个月集中宣传活动。图为市政府副市长张科（右三）、市政协副主席张玉其（右二），市食品药品监管局局长陈锡江（右四）、莞城街道党委书记刘林宏（右一）为“安全用药月”活动揭幕。
③ 2012年3月2日，市食品药品监管局在横沥镇举行“三打”专项行动誓师大会，拉开打击餐饮消费食品制假售假、药品和日化用品（化妆品）打假行动序幕。

审　计

【概况】东莞市审计局是东莞市人民政府主管审计工作的经济监督部门，实行东莞市人民政府和广东省审计厅双重领导体制。市审计局内设办公室、综合法规科、财政金融审计科、经济责任审计科、固定资产投资审计科、行政事业审计科、经贸审计科、内审指导科和基层审计分局。2012年，有在职干部职工60人，其中：研究生学历11人，本科学历43人，大专学历6人，获中级以上职称39人，党员干部51人。全年市审计局开展审计项目69个，查出违规资金7482万元，管理不规范资金38.77亿元，督促上缴财政6761万元；向有关部门提交重要违法违规线索和信息11条，协助有关部门审查案件4宗，查处4人；提交专题审计报告、信息43篇。

【财政审计】2012年，东莞市审计局围绕财政资金管理和使用效果开展审计，促进防范财政风险。开展财政预算执行情况审计，揭示有些资金未及时收回等问题，督促相关部门完善资金管理制度，加强财政资金管理，确保财政资金安全使用；开展税收征管审计，依法揭示和查处地税部门在税收征管中存在的不规范行为，促进5126万元相关税费征缴入库；开展对社会抚养费等非税收入的审计，依法揭露未按标准征收、自定项目收费等违规行为，查出违规资金共860万元，促使有关部门加强非税收入的监管，规范财政行为。

【政策执行情况审计】2012年，东莞市审计局主要从三个方面开展政策执行情况审计。关注政府性债务管理政策的落实情况，审清市财政借出资金的规模和流向，以及石碣、石排等10个镇街的资产和债务构成，揭示负债率偏高等问题，提出防控风险的对策和建议，为有关部门建立和完善债务资金管理政策措施提供参考依据。围绕反腐倡廉工作中心，对5个单位有关问题进行审查核实，向有关部门提供线索，协助纪检、检察部门对有关违法违规问题进行查处。开展援建帮扶政策跟踪审计，揭示援疆建设工程项目存在招投标制度不完善、财务管理不规范等问题，提出审计整改意见和建议，促进援疆政策落实到位和资金有效使用。

【经济责任审计】2012年，东莞市审计局按照《党政主要领导干部和国有企业领导人员经济责任审计规定》要求，采取经济责任审计与其他审计共享资源、同步推进的审计组织方式，完成对25名领导干部的经济责任审计，其中镇委书记和镇长“同时审计”18名；揭露和反映土地转让及资产转制不合规、非税收入管理不到位等问题，查出违规资金842万元，管理不规范资金23.21亿元；提交审计报告、信息25篇；协助有关部门查处案件，为有关职能部门加强领导干部监管提供重要的参考依据。

【专项资金审计】2012年，东莞市审计局对社保资金、扶贫济困、医院收费等10个涉及民生的资金项目开展专项审计。对社保资金进行审计，摸清全市社保资金的规模、结构等基本情况，揭示社保资金管理和使用过程中存在的不规范行为，促使社保、财政等部门及时进行整改，增强社保资金的使用效果。对东莞市“广东扶贫济困日”捐赠款物进行跟踪审计，抽查对口帮扶市县的44个村，发现一些资金管理问题，促进有关单位有效规范管理，堵塞漏洞，确保捐赠款物用到实处，发挥效果。对家电下乡、医疗卫生等8个项目进行审计，揭示部分资金使用绩效差、个别项目收费不合规等问题，督促有关单位迅速整改，纠正违规收费项目。

【固定资产投资审计】2012年，东莞市审计局对轨道交通、保障性住房以及高速公路等10个重点工程项目开展审计。查出工程立项手续不完善、招投标程序不合规以及投资规模控制不到位等问题，涉及管理不规范金额7352万元，核减项目建设成本1452万元，促进相关建设单位有效完善工程项目管理制度，提高工程投资效益。

【企业审计】2012年，东莞市审计局对6家市属国有企业进行审计，重点审查国有资产质量、安全和损益状况以及企业转制、资产处置等情况，查出企业外借资金管理不规范、改制成本和资产核算不准确等问题并提出相应的审计整改意见和建议，维护国有资产安全，促进国有资产保值增值。

【基层内审】2012年，东莞市审计局从推动完善机制，强化业务培训等方面入手，促进提升基层内审工作水平。推动进一步理顺内审机构关系。长安、虎门、清溪等11个镇街实行内审机构与纪检部门合署办公，增强审计权威。相关部门单位加大投入，完善内审机构软硬件配置。截至10月，全市各镇街、部门单位以及企业团体内审机构共292个，配备内审人员1567人，其中专职机构122个，专职人员719人。加强内审技能培训。充分利用内审协会平台，通过邀请专家授课、联合课题研究与调查实践、跟班学习等多种形式，开展计算机审计技术应用、效益审计等内审业务培训和理论研究，全年开展各类型培训5期，培训内审人员300多人次；有100多人获得内审岗位资格，19人获取国际注册内部审计师（CIA）资格；组织撰写各类型论文20多篇，有5篇获优秀表彰，其中《乡镇内部审计质量管理》论文同时获得审计署和省审计厅论文评选一等奖。市内审协会被中国内审协会评为“推荐学习的典型”。促进提升内审工作成效。指导镇街内审部门开展经济责任审计250项，揭示违规转让土地、滥发福利奖金等违法违规行为，移送纪检部门处理案件1宗，查处2人。全年全市各内审机构累计完成各类型审计项目2816项，查出违规金额3.51亿元，损失浪费956万元，促进增收节支5686万元。大岭山、公安局等26个镇街（部门）被评为2012年度内审工作先进单位，塘厦、横沥等18个镇街（部门）被评为2012年度内审工作表扬单位。　（朱清荣）

附：2012年东莞市审计局领导名录

局　长：杜沛游
副局长：梁渠森　王汝铭　卢炳辉
　　　　何志宇
总审计师：何建东

统计调查

【概况】东莞市统计局是市政府负责统计和国民经济核算工作的组成部门，正处级单位。市统计局内设办公室、法制教育科、综合核算科、经济统计科、能源投资统计科、人口和社会科技统计科、统计信息化管理科（计算中心、市量化考核办公室）7个职能科（室）。下属市城乡社会经济调查队、市统计普查中心、市统计人员培训中心、市统计年鉴编辑部 4 个事业单位。市统计局的编制设置为：局机关行政编制27名，后勤服务人员数4名；城乡调查队事业编制10名，隶属统计局管理；统计普查中心事业编制10名，直属统计局管理；统计人员培训中心事业编制5名，隶属统计局管

理；统计年鉴编辑部事业编制5名，归口统计局管理。

国家统计局东莞调查队（简称东莞调查队）是国家统计局的派出机构，为正处级单位，既是政府统计调查机构，也是统计执法机构，依法独立行使统计调查、统计监督的职权，独立向国家统计局和广东调查总队上报调查结果，并对上报的调查资料的真实性负责。东莞调查队内设办公室、综合法规科、农业调查科、住户调查科、价格调查科、工业和投资建筑业调查科、商业服务业调查科7个职能科（室）。调查队设置信息技术应用科，与市统计局计算中心（站）合署办公。东莞调查队事业编制25名。

【统计调查改革】 统计“四大工程”建设　2012年，东莞市统计局以及东莞调查队把组织实施好全市统计“四大工程”建设（指基本单位名录库建设、企业一套表制度建设、数据采集处理软件系统建设和联网直报系统建设）作为2012年工作的重中之重。3月，召开全市“企业一套表”联网直报工作总结大会，总结阶段性工作经验，针对问题和不足进行研究部署。从5月开始实施企业“一套表”联网直报并轨工作并取得成功。数据衔接正常，比全省规定时间提早3个月，发挥实施“四大工程”的提速增效优势，减轻企业统计工作负担。对全市6千多家网报企业加强与相关专业数据的关联审核，加强重点指标匹配度评估，确保网报数据质量。通过印发《东莞市企业一套表联网直报中关停破产企业处理暂行办法》加强业务指引，实行每月通报镇街（管委会）上报率以及迟报、缺报企业名单的管理制度，建立“企业一套表”业务考核办法和数据质量评估办法，并建立《东莞市“企业一套表”统计调查单位巡查走访制度》。

城乡一体化住户调查　2012年，根据国家抽选名单迅速布置工作，东莞市执行改革方案，完成一体化改革阶段性工作。核实小区资料，确保调查小区符合一体化住户调查要求，提高样本代表性。通过通知、致信等方式向各有关单位明确一体化改革的重要性，落实经费、人员和宣传等保障措施，同时向社会公众宣传，争取配合支持。完成调查小区摸底工作，共调查住宅3704户、调查户4802户。先后召开4次大型业务培训会，业务骨干认真制作课件进行试讲试演，务求增强培训效果，使与会者都能切实掌握开户技巧。

CPI直采直报　2012年，东莞调查队着力保障直报CPI数据的真实准确。抓好分工协作，实行专业之间互相协助，集全员合力确保“逢五逢十”现场采价，风雨不改，节假日无休。建立起管理制度，规范工作流程。先后结合实际制定《CPI手持数据采集器管理办法》《手持数据采集器信息安全管理办法》和《手持数据采集器应急预案》等，分别从使用、管理和应急三方面规范操作流程，从制度上保证CPI直采直报工作的开展。

【统计调查服务】 统计分析好中求优　2012年，东莞市统计局和东莞调查队建立起经济形势内部分析会议机制，定期组织各专业召开季度、半年、年度经济形势分析会，加强对全市社会经济的统计预警监测，为“高水平崛起”战略提供更加翔实、准确、及时的经济数据与分析材料。全年向市委、市政府以及有关部门刊发《东莞发展动态》69期。市统计局和东莞调查队撰写的季度和半年经济分析材料已成为市委、市政府召开季度、半年工作会议，通报经济形势，研判经济走势的重要资料之一。相继撰写了《2011年经济增长目标完成情况汇报》《关于东莞市2012年节能形势分析的报告》《2012年上半年经济运行预警分析报告》《东莞高水平崛起拐点研究》《东莞市工业用电情况分析》《关于加强国民经济核算工作的情况汇报》等分析汇报材料。市统计局和东莞调查队联合编写的《喜迎十八大系列报告》共16期，受到中新社、《南方日报》《南方都市报》《广州日报》《南方网》、东莞电视台、《东莞日报》《东莞时报》和《东莞阳光网》等主要媒体都进行专题系列报道，社会反响较好。

调查分析新成果　2012年，东莞市发挥调查队系统贴近基层、贴近群众、贴近民生、反应快速的特点，先后围绕出口、工业、农民工等热点问题开展约稿调查并撰写了调查经济信息。全年撰写和向上级报送调查分析27篇，其中上报中办、国办3篇，国家统计局采用3篇，获省领导批示和省委、省政府采用1篇，广东调查总队采用13篇。同时，参与全省国家调查系统重点课题竞标并成功获重点课题一项。

重点统计指标监测　2012年，东莞市统计局每月通报全市、珠三角以及各镇街主要经济指标情况，确保市、镇街主要领导实时掌握全市主要经济运行情况，为制定科学决策提供及时的统计服务。加强对单位GDP能耗指标的统计监测，配合做好省对市、市对镇街的节能考核工作。联合市住建、房管部门做好房地产调控的统计监测，按月发布新建商品房网签数据。按月为市物价部门提供CPI相关数据，协助完成规格品基础价格上调对CPI影响的测算工作。向市民政部门提供数据，配合做好低收入群众临时价格补贴与价格上涨联动机制实施工作。抓好R&D经费支出水平调查和城镇化水平测算工作，配合做好珠三角规划纲要和“四年大发展”考核工作等。

履行社会服务职责　2012年，东莞市统计局定期提供东莞统计月报、统计公报、统计概要和统计年鉴等统计资料，及时向社会公众发布居民收入、物价、房价、人口、GDP、CPI等经济运行统计数据，热情向社会各界提供统计数据咨询服务。编辑出版《东莞社会科技2012》《东莞社会发展概要2012》和《东莞社会监测季报2012》等统计资料。

拓展统计服务领域　2012年，东莞市统计局与省统计局联合开展《广东省社会建设综合评价方案》共建活动，探索建立适合对东莞市各镇街社会建设开展考核的评价体系。配合市监察局、市委督查室和市政府督查室起草制订《东莞市2012年“市民评机关”活动工作方案》《2012年市委决策部署考核评价方案》《2012年市政府政务督查考评工作方案》。与市委政研室、市外经贸局共同制订《东莞市加工贸易转型升级绩效评价及工作考核办法》，作为全省加工贸易转型升级现场会的重要文件材料。完成民间统计组织发展现状调查，结合广、佛、深以及其它省市有关情况撰写调研报告。配合市体育局布置实施好全市体育产业的调查工作，在严格执行好工作任务的同时，更是进一步摸清东莞市体育产业现状，为市委、市政府决策提供科学依据。

完善评价考核体系　2012年，东莞市统计局开展“幸福东莞”评价指标体系研究，将“幸福东莞”评价分成客观指标和主观指标两个部分，提高评价体系的科学性和公正性。修改完善《东莞市镇街领导班子落实科学发展观年度工作考核方案》，全新制定《东莞市市直单位落实科学发展观年度工作考核方案（试行）》。10月29日，市委、市政府专门召开2012年度考核工作动员会议对两套考核工作进行动员部署。

【科技统计】 2012年，东莞市统计局完成2011年科技统计年报和高新技术产品调查工作。通过健全工作制度，出台科技统计工作措施；加强部门协作，掌

握科技项目信息；注重实效培训，提升网上操作技能和数据填报质量；走访督导，为基层科技统计工作释疑解惑；加强上下沟通协调，争取上下级部门支持和配合；撰写分析报告，及时向市领导反映科技发展现状。

【专项调查】2012年，东莞调查队完成民生实事落实情况、环境保护、公共安全感与公安满意度、群众幸福感、组织工作满意度、公共服务均等化满意度等调查，严格执行调查方案，确保调查过程组织严密，调查数据有保障。联合中山大学珠三角发展研究院，完成产业转型升级大型抽样调查；联合广东调查总队，制定新莞人基本情况调查方案，及时在问卷中加入“高水平崛起”相关内容，系统全面地搜集整理2013户新莞人的居住、生产和生活状况资料，为研究分析和改善新莞人管理提供数据基础。

【普法宣传与执法检查】2012年，东莞市统计局制定全年全市统计法制工作要点，对全市各镇、村统计基层基础建设问题进行专题调研，听取基层意见和建议，梳理分析发现的问题，研究解决对策。

统计普法宣传　继续推进统计法律事务告知制度，确保对所有纳入一套表实施范围的“三上”企业（指规模以上工业企业、限额以上批发零售住宿餐饮企业、资质以内的建筑业企业和房地产开发企业）告知到位。在“中国统计开放日”期间，开展街头宣传、现场咨询、慰问调查对象、发送宣传短信等活动，通过宣讲住户调查工作内容及意义等，掀起统计法制宣传热潮。

统计执法检查　制定《迟报统计资料查询书》，督促企业按时上报统计资料，东莞市联网直报企业上报率在全省居前。8-10月期间，按照省统计局部署开展统计调查执法检查活动，重点检查工业、建筑业等专业的企业统计基础建设、统计数据质量和统计工作秩序等三个方面。10月下旬至11月初，对部分企业进行抽查和对镇街开展GDP核算督查，重点掌握各镇街完成全年GDP目标进度情况，以及检查镇街对联网直报重点企业的巡查走访落实情况。先后共检查380多家企业，立案查处统计违法案件3宗，维护了统计法权威和依法统计环境。

【统计教育培训】2012年，东莞市统计局联合大专院校举办6期统计调查业务培训班，对镇街统计调查分管领导、业务骨干和社区统计员提供宏观经济分析与统计改革、依法行政、统计法基本原理、如何撰写统计分析报告等课程，累计培训200多人次，促进全市统计调查系统统计人员业务水平的提高。同时强化企业统计人员业务培训，先后组织8000多人次参加统计“四大工程”业务培训，保障“企业一套表”网报工作的推行。全年组织1467人参加统计从业资格学习和考试，375人参加统计专业技术资格学习和考试，3000多人参加统计从业人员继续教育。

【统计信息化建设】2012年，东莞市统计局创新基层统计信息化队伍管理方式，建立统计调查信息化负责人制度，制发《基层统计调查信息化负责人主要日常工作规范》，加强对信息化工作人员和信息化业务的管理。部署统计专网VPN市级节点和调查队网络高清视频会议系统，采用云服务器部署OA系统和人普数据库服务器，提升统计调查信息现代化水平。东莞统计调查信息网集成政务公开电子监察接口，促进统计政务信息公开自动化和监察自动化。

【部门统计调查】2012年，东莞市统计局注重发挥部门统计协调机制作用，召开全市部门统计工作会议，贯彻全市年中点评总结会精神，研讨当前部门统计调查工作存在的薄弱环节，探索加强全市部门统计调查工作的方法。联合市发改局召开第三产业发展调研座谈会，贯彻落实市委书记徐建华在全市年中点评总结会上关于挖掘第三产业增长潜力、促进第三产业发展、提高第三产业贡献作用的指示精神。先后与市国税局、市交通局、市经信局、市旅游局、人民银行东莞中支、市地税局、市财政局等相关部门进行交流沟通，了解核算基础指标的发展情况，提请相关部门关注核算基础指标的变动情况，明确指标范围，完善计算方法，做到应统尽统，为GDP的核算提供有力的基础保障。协同市经信局加强对工业企业的监测，协同旅游局加强对星级酒店的数据监督，提高数据质量。（陈德斌　李盛武）

附：2012年东莞市统计局领导名录

局　长：梁佳沂
党组书记：叶力强
副局长：冯　坚　梁　泉
总统计师：钟锦漩
副调研员：叶应涛　李红生

2012年国家统计局东莞调查队领导名录

队　长：王志勋
副队长：李向阳　黎建锋
纪检组长：梁昶成

▲2012年全市统计调查工作会议

高盛科技园

编辑：黄文挺

科学技术

【概况】 2012年，东莞市科技工作围绕建设全省科技与产业融合发展示范区的目标，实施“科技东莞”工程，狠抓重大科技专项，促进科技、金融、产业“三融合”，推进科技创新。是年，东莞市顺利通过国家知识产权示范城市创建市和全国专利质押融资试点城市验收，东莞市科技局（市知识产权局）被评为全国专利系统先进集体、广东省对外科技合作先进单位。

【科技企业认定和创新体系完善】 2012年，东莞市新增149家国家高新技术企业，总数达到527家，在全省排名第三。新增228家省民营科技企业和4家省创新型企业，同时新认定省知识产权优势企业3家、省知识产权示范企业1家，全市科技型企业队伍不断壮大。新增1个国家级国际创新园和5个省级国际科技合作基地以及2家公共创新平台、3家省级企业工程中心和2家省级企业重点实验室等，全市科技创新体系进一步完善。

【LED产业发展】 2012年，东莞市全面启动LED照明产品推广工作，出台并组织实施《东莞市推广应用LED照明产品工作方案》，召开全市推广应用LED照明产品工作会议，市政府与各镇街和园区签订相关推广应用责任书。市科技局制定《关于推广应用LED照明产品中加快LED企业发展的指导意见》《东莞市LED照明产品一致性核查》等指导文件，研究起草《东莞市促进LED产业发展实施办法》并上报市政府，为十二五全面推进LED产业发展奠定基础。全市累计安装和改造5.6万盏LED路灯、4.3万只公共领域LED室内灯具，LED企业达170多家，LED产业产值达150亿元，比2011年增长30%。

【科技创新载体建设】 2012年，东莞市加强东莞华中科技大学制造工程研究院、电子科技大学电子信息工程研究院等已建公共创新平台的管理建设，其中中科院系统8大院所的400多名技术专家和骨干以及相关科研资源已进驻东莞中科院云计算产业技术创新与育成中心。推动北京大学、华南理工大学与东莞市合作建设北京大学东莞光电研究院和华南协同创新研究院，全市公共创新平台总数达到13家，其中华南协同创新研究院是全国首家协同创新研究院，北京大学东莞光电研究院是北京大学与地方政府合作组建的唯一一个创新平台。加强行业技术创新平台管理，对东莞志成冠军绿色电源技术研究院等6个行业技术平台开展中期检查和专项审计。

【专业镇发展】 2012年，东莞市推动专业镇发展，新增黄江、清溪、塘厦、常平4个省技术创新专业镇，全市专业镇总数达到22家。组织召开“2012年东莞市专业镇工作会议”，传达广东省科技厅2012年广东省专业镇“一校（院所）一镇”工作部署大会的精神，明确专业镇建设工作任务。开展“一校一镇”行动计划，组织20多场对接活动，参与企业达507家；指导石龙、虎门等镇制定专业镇特色产业技术路线图，推动专业镇加快转型升级。加强市镇联动，积极发展科技企业孵化器，新认定2家科技企业孵化器，并重点以东莞天安数码城为试点，开展“三资融合”试点工作，组织相关金融服务机构与民营科技园区进行对接，初步探索形成土地资本、产业资本和金融资本相结合的运作模式，并向全市镇街和园区推广。

【科技项目实施】 2012年，东莞市精

简市级科技项目类别，项目设置更加集中资源和突出重点。组织实施市创新资金项目、企业工程中心和重点实验室资助项目等科技项目，鼓励企业申报承担国家863科技计划、国际科技合作计划项目以及省部产学研项目、省重大科技专项、工业高新技术攻关项目等上级科技项目，企业创新水平和承担国家、省科研项目的能力得到提升。全年共获得科技部的36个创新基金项目、1个国际创新园项目、1个中欧中小企业节能减排科研合作资金项目、1个农业科技成果转化资金项目、3个金太阳示范项目以及省科技厅的8个重大科技专项、7个战略新兴产业核心技术攻关项目、6个战略新兴产业发展专项资金（LED产业）计划项目、19个创新基金项目、13个工业高新技术攻关项目等立项，获得省级以上科研经费约4亿元，居全省前列。

【自主创新能力提升】2012年，东莞市专利申请量达到29199件，同比增长19.53%，其中发明专利5568件，同比增长32.16%；专利授权量20900件，同比增长8.00%，其中发明专利授权量1381件，同比增长82.19%；PCT国际专利申请量235件。专利申请量、授权量及PCT国际专利申请量继续位居全省前三位。全市企事业单位共获得省级以上科研项目经费资助4亿元，同比增加22%。2项科研成果获得国家外观设计优秀奖，9项科研成果获得省科学技术奖，99项科研成果获得市科技奖。

【产学研对接合作和国际科技交流】2012年，东莞市推动与国内高校院所开展产学研结合，策划组织市党政代表团拜访北京大学、清华大学、中科院、武汉大学、同济大学等14家高校院所，达成30多项意向产学研合作事项，特别是推动该市与清华大学签署全面合作框架协议，校地双方着力加强在信息科学与技术、核技术及应用、节能环保、新材料等领域的科技合作。组织6批科技企业赴上海、成都、厦门等城市开展产学研考察对接活动，组织市内公共科技创新平台与企业对接，达成合作意向项目120多项；新组建云计算、智能玩具等6家省部产学研创新联盟，全市省部产学研创新联盟总数达到10家；推进实施省部企业科技特派员行动计划，从国内高校院所新增61名特派员入驻东莞市企业。另外，加强国际科技合作，先后组织科技代表团前往德国、以色列、澳大利亚等国家开展科技交流与合作，推进与相关国家科研机构、高科技企业进行深层次交流合作，引进一批创新资源，特别是主动做好我国与以色列合作建设的首个产业园区——中以国际科技合作产业园的相关筹建工作，还推动中德精密制造技术中心等重大科技项目落户该市。

【科技金融结合】2012年，东莞市科技局起草了《东莞市科技创业投资引导基金组建总体方案》、《东莞市政府购买东莞市科创投资研究院科技金融服务项目的方案》等，提出设立引导基金、解决科技企业上市前期规范难题的思路方案。开展专利质押融资工作，建立东莞知识产权质押融资项目信息管理平台，新增7家企业通过专利质押获得5253万元贷款，东莞市顺利通过国家知识产权质押融资试点城市验收。同时，推进科技企业上市工作，积极对企业进行上市预辅导，评审认定东莞市贝特利新材料有限公司等7家企业为第六批重点培育上市后备科技企业。全市认定76家重点培育上市后备科技企业，其中有6家已成功上市，有1家已过会待挂牌，另有4家正在国家证监会等会。

【知识产权管理和保护】2012年，东莞市组织实施知识产权战略，召开全市知识产权工作会议暨专利奖励大会，推动东莞市与省知识产权局签署《广东省知识产权局东莞市人民政府关于建立知识产权合作会商制度的议定书》，建立市局会商制度。推动专利创造，在稳步提升专利数量的同时，注重提升专利质量，在全市各镇街组织开展“专利双提升”行动，全年有954家企业实现“专利破零”。加强推广专利电子申请，简化专利资助审批程序，全年受理和审核专利申请资助项目14022项，资助约2370万元。加强知识产权宣传工作，在“世界知识产权日”活动期间举办相关专题讲座、专题报道、论坛等10多场。加大专利行政执法保护力度，开展知识产权系统“三打两建”“双打”“护航”等专项整治行动，处理专利行政案件70宗，同比增长218.2%；加强展会专利保护，进驻首届中国加工贸易产品博览会等4个展会开展驻会维权工作，处理展会专利案件39宗，同比增长39.3%；规范专利代理市场，查处3家“黑代理”，新增5家专利代理机构；推动维权援助平台建设，挂牌成立中国（东莞）知识产权维权援助中心，开通“12330”知识产权维权援助与举报投诉公益服务电话，受理各类电话、来访咨询近350宗。

【科技项目管理】2012年，东莞市制定《东莞市重大科技专项管理办法》和《东莞市重大科技专项绩效评价办法》，并建立重大科技专项监理管理制度，委托监理机构对列入全市“三重”目标管理的32个重大科技专项项目进行全程跟踪管理。对近年来立项的国家科技计划项目、粤港招标东莞专项、省重大科技专项、省创新科研团队项目等项目开展实施情况和财政资金使用情况专项检查，并对2009—2010年度立项的8个市重大科技专项和2010年度立项的86项高等院校科研机构和医疗卫生单位科研项目执行情况开展中期检查，及时要求和督促相关承担单位对存在的问题进行整改，确保扶持资金专款专用，推动相关科研成果加速产业化。组织对到期的市级科技计划项目进行结题验收，验收项目350项，其中通过验收230项。另外，开展科技项目绩效评价，对2011年度11个获市财政科技资金200万元以上的科技专项进行绩效评价，涉及财政科技资金约2.3亿元。

【创新科研团队引进和管理】2012年，东莞市科技局组织并指导团队申报第三批广东省引进创新科研团队项目，有5个团队入选，获得资助经费1.2亿元，全市团队总数达14家，继续保持全省前列。委托第三方评估机构对51个申报单位进行评审，并联合有关部门和机构开展重复申报审查、知识产权评议等工作，最终确定11个单位为领军人才项目推荐单位。加强对团队项目的监管和规范，依据《广东省创新科研团队专项资金管理暂行办法》，组织注册会计师等专家对第一、二批共9个省创新科研团队进行专项调研并形成调研报告。配合省主管部门开展广东省引进创新科研团队第三方评估工作，重点考察引进团队的成长性、与用人单位的匹配性以及项目实施成效。

【知识产权工作会议暨专利奖励大会召开】4月27日，2012年东莞市知识产权工作会议暨专利奖励大会召开。国家知识产权局专利管理司副巡视员陆毅、广东省知识产权局局长陶凯元、东莞市委书记徐建华出席会议并讲话。会议由东莞市政府副市长成洪波主持。市“科技东莞”工程领导小组成员，市知识产权办公会议成员，松山湖及各镇街主要领导、分管领导、知识产权部门主要负责人，获市专利奖单位代表，专利培育试点企业代表，知识产权服务机构代表共400多人参加会议。在会议上，成洪波副市长宣读市专利奖表彰决定，并举行颁奖授牌仪式，市知识产权办公会议办公室主任、市知识产权局局长何跃沛作全市知识产权工作报告。国家知识产权局陆毅副巡视员还为中国（东莞）知识产权维权援助中心授牌，并为市知识产权局颁发全国专利系统先进集体牌匾。

【科技创新工作会议召开】 2012年7月20日，东莞市科技创新工作会议召开。会议传达全国、全省科技创新会议以及全省金融工作会议精神，研究部署全市科技创新和科技、金融与产业融合工作。市委书记、市人大常委会主任徐建华同志出席会议并作讲话。市几套班子领导，市政府秘书长，市委、市政府有关副秘书长，市直有关单位、中央和省属驻莞有关单位的主要负责同志，各镇（街）党委书记或镇长（街道办事处主任）、有关分管领导，市金融机构、公共创新平台、行业协会、重点金融投资机构主要负责同志，上市公司以及国家高新技术企业代表等共700多人参加会议。徐建华书记强调科技创新工作的极端重要性，提出东莞市科技工作的总体要求是：以党委政府为指导，以市场为导向，以科技、金融、产业“三融合”为重点，以企事业单位为主体，以人才为支撑，以制度为保障，集聚创新要素，激活创新主体，转化创新成果，增强创新能力，为加快转型升级、建设幸福东莞、实现高水平崛起提供有力支撑。围绕上述目标，徐书记部署全市科技创新的10项重点任务并提出3个保障措施。10项重点任务是：转变思想观念、完善政策体系、实施重大项目、推进协同创新、搭建创新平台、促进科技金融产业融合、突出企业主体作用、夯实人才支撑、深化体制机制改革和营造浓厚创新氛围。3个保障措施是：强化组织领导、加大财政投入、加强绩效考核。

【中国（东莞）国际科技合作周暨招才引智大会举行】 2012年中国（东莞）国际科技合作周暨招才引智大会（以下简称“科技合作周”）于11月1—4日在东莞国际会展中心举行。该届科技合作周经科技部同意，正式更名为“中国（东莞）国际科技合作周”，成为国家级科技交流合作专题展会。科技部张来武副部长，以色列工贸部沙龙—凯德密总司长，省人民政府陈云贤副省长，以及省科技厅、省人力资源和社会保障厅主要领导和东莞市几套班子主要领导出席开幕式及相关专题活动。该届科技合作周以“协同创新、合作共赢”为主题，围绕科技创新、人才对接开展专题展览、洽谈对接、高峰论坛、项目签约等4大专题活动，参加科技合作周的海内外观众超过5万人、高层次人才200多人，参展单位超过200家，参展项目达1500多个，征集实物产品近1000件，促进300多个科技、人才项目达成合作意向。

【科学技术奖励大会暨引进第二批创新创业领军人才授牌仪式】 作为2012年中国（东莞）国际科技合作周活动的亮点之一，2012年东莞市科学技术奖励大会暨市引进第二批创新创业领军人才授牌仪式于11月3日在东莞国际会展中心举行。市领导徐建华、李毓全、姚康、黄双福、梁国英、张科、喻丽君等出席大会，并为获奖代表颁发证书和牌匾。2012年全市共评出东莞市科学技术奖99项，其中舒伟平等5人荣获东莞市科学技术奖荣誉类市长奖，“GaN基LED大功率芯片”等22项科技成果荣获东莞市科学技术进步奖一等奖，“东莞市环境质量自动监控管理系统开发集成应用”等33项科技成果荣获东莞市科学技术进步奖二等奖，“乐民电子政务与电子金融综合服务平台”等38项科技成果荣获东莞市科学技术进步奖三等奖，东莞市依时利科技有限公司荣获东莞市科学技术奖创新企业奖。此次市科学技术奖评奖向企业项目、产学研项目、就地转化项目和民生科技项目倾斜；获奖项目整体水平较高，经济社会效益较好，发挥对该市产业转型升级的引领支撑作用。

（王少波）

附：2012年东莞市科学技术局（知识产权局）领导名录

局　长：何跃沛

副局长：梁凤鸣（任至2012年2月）

严济荣　吴美良　沈海邑

吴贻昀

纪检组长：吴璇瑜

2012年东莞市科学技术奖授奖项目

序号	项目名称/姓名	申报单位名称	类别
1	舒伟平（企业家）	东莞光阵显示器制品有限公司	荣誉类市长奖
2	李扬德（企业家）	东莞宜安科技股份有限公司	荣誉类市长奖
3	何思模（企业家）	广东易事特电源股份有限公司	荣誉类市长奖
4	欧文（技术领军人物）	东莞市科磊得数码光电科技有限公司	荣誉类市长奖
5	王全（技术领军人物）	东莞市贝特利新材料有限公司	荣誉类市长奖
6	GaN基LED大功率芯片	东莞市福地电子材料有限公司	科技进步一等奖
7	DKM-R系列大型橡胶注射成型机	东华机械有限公司，华南理工大学	科技进步一等奖
8	2型糖尿病肾病早期标志物诊断价值的研究	东莞市厚街医院，南方医科大学南方医院	科技进步一等奖
9	大花蕙兰种质资源的收集、评价和利用	东莞市农业科学研究中心，广东省农业科学院花卉研究所	科技进步一等奖
10	带外接触发端子的多间隙金属陶瓷气体放电管	东莞新铂铼电子有限公司	科技进步一等奖
11	东莞市淡水和河口鱼类资源调查	东莞市水产研究所，广东省水产养殖技术推广总站东莞市中心站	科技进步一等奖
12	东莞一站式人才服务及管理应用平台	东莞市政创软件科技有限公司，东莞市人力资源局	科技进步一等奖

续上表

序号	项目名称/姓名	申报单位名称	类别
13	短暂性脑缺血发作CT灌注显像及CT血管成像动态观察与临床研究	东莞东华医院	科技进步一等奖
14	改良一孔法微型腹腔镜治疗小儿腹股沟斜疝的临床应用	东莞东华医院	科技进步一等奖
15	高精度数控双头电火花成形机	东莞盈拓科技实业有限公司	科技进步一等奖
16	工业有毒有害废气治理技术与示范	东莞市华联环保工程有限公司，环境保护部华南环境科学研究所	科技进步一等奖
17	环保型涂布白板纸的研制	东莞海龙纸业有限公司	科技进步一等奖
18	经肝后下腔静脉前右间隙解剖入路在右半肝切除术中的安全性和可行性研究	东莞东华医院	科技进步一等奖
19	冷缩型电缆附件用硅橡胶复合材料产业化关键技术	东莞市贝特利新材料有限公司，华南理工大学	科技进步一等奖
20	门诊患者泌尿生殖道人乳头瘤病毒基因分型检测及临床意义	东莞市太平人民医院	科技进步一等奖
21	年产3000吨锂离子电池电解液	东莞市杉杉电池材料有限公司	科技进步一等奖
22	散装LED及立式编带元件高效自动插装装备	东莞市新泽谷机械有限公司	科技进步一等奖
23	生长素、瘦素及胰岛素样生长因子在小于胎龄儿生长追赶中的作用	东莞市人民医院，东莞市长安医院	科技进步一等奖
24	实木面板制作工艺研究及产品应用	东莞台升家具有限公司	科技进步一等奖
25	一种操作大型机械手臂的控制方法及全电子伺服控制系统	东莞艾尔发自动化机械有限公司	科技进步一等奖
26	优选乳酸菌发酵与锌营养强化健康饮品研制	东莞石龙津威饮料食品有限公司	科技进步一等奖
27	中部出气的上吸式生物质气化炉及生物质气在锅炉中代油燃烧	东莞市百大新能源股份有限公司	科技进步一等奖
28	东莞市环境质量自动监控管理系统开发集成应用	东莞市环境保护监测站，广东省环境信息中心	科技进步二等奖
29	长期卧床患者基于功能恢复的系统化护理干预模式研究	东莞市厚街医院	科技进步二等奖
30	“爱丽舍宫”陶瓷砖	东莞市唯美装饰材料有限公司，东莞市唯美陶瓷工业园有限公司	科技进步二等奖
31	500KW燃气发电内燃机	东莞市力宇燃气动力有限公司，华中科技大学	科技进步二等奖
32	LED汽车灯系列产品及其产业化	东莞市鼎聚光电有限公司	科技进步二等奖
33	S13-M·RL-30～1600/10立体卷铁芯全密封电力变压器	东莞市康德威变压器有限公司	科技进步二等奖
34	唇裂鼻畸形整形技术持续性改进的系列研究	东莞市人民医院	科技进步二等奖
35	骶髂关节检查法在强直性脊柱炎筛选中的应用研究	东莞市常平医院，东莞市石碣医院，南方医科大学中医药学院	科技进步二等奖
36	兜兰新品种选育与产业化生产技术研究	东莞市农业种子研究所，华南农业大学	科技进步二等奖
37	多种新工艺与IML工艺组合的研究与产业化	东莞劲胜精密组件股份有限公司	科技进步二等奖
38	高效光伏并网逆变器	广东易事特电源股份有限公司，中国人民解放军空军雷达学院	科技进步二等奖
39	高性能高分子结构材料——汽车尼龙进气歧管材料	东莞市意普万工程塑料有限公司	科技进步二等奖
40	公立医院卫生技术岗位绩效管理应用研究	东莞市太平人民医院	科技进步二等奖
41	荷花新品种引进及种质资源的保护利用	东莞市农业科学研究中心，东莞市农业种子研究所，东莞市桥头镇农业技术服务中心	科技进步二等奖
42	后上料高速电脑裁板锯	东莞市南兴家具装备制造股份有限公司	科技进步二等奖
43	基于GPS的实时交通信息系统	广东华盈光达科技有限公司	科技进步二等奖

续上表

序号	项目名称/姓名	申报单位名称	类别
44	基于多服务队列模型的医院资源管理系统	广东巨龙信息技术有限公司	科技进步二等奖
45	金沙牛化石片治疗尿路结石临床研究	东莞市中医院	科技进步二等奖
46	临床路径管理在儿科疾病中的应用	东莞市塘厦医院	科技进步二等奖
47	镁合金摩托车轮毂	东莞宜安科技股份有限公司	科技进步二等奖
48	全自动多功能高精密模切机	东莞市飞新达精密机械科技有限公司	科技进步二等奖
49	全自动高精度锂电芯封装设备	东莞市鸿宝锂电科技有限公司	科技进步二等奖
50	热回收空调高效节能关键技术研究与应用	广东欧科空调制冷有限公司	科技进步二等奖
51	室温固化耐沸水丙烯酸乳液胶粘剂的研制	东莞市星宇高分子材料有限公司，华南理工大学	科技进步二等奖
52	双向无线电能监控器	东莞市瑞柯电机有限公司	科技进步二等奖
53	无B超监护宫腔镜黏膜下子宫肌瘤电切术120例疗效分析	东莞市人民医院	科技进步二等奖
54	新型540KVA大功率高压变频器低谐波泄放整流装置研制及产业化	东莞市光华实业有限公司	科技进步二等奖
55	新型双顶电容大功率小型化滤波器	东莞洲亮通讯科技有限公司	科技进步二等奖
56	以TD-SCDMA为核心的3G多网络共站共址天馈系统	东莞市晖速天线技术有限公司 大唐移动通信设备有限公司	科技进步二等奖
57	制造企业管理信息化SaaS服务平台V1.0	东莞市正欣科技有限公司，华南理工大学	科技进步二等奖
59	猪流感流行病学调查分析及防控措施的研究	东莞市动物疫病预防控制中心，广东省农业科学院兽医研究所	科技进步二等奖
60	滋阴健脑片早期干预脑梗死后认知功能损害的临床与实验研究	东莞市中医院	科技进步二等奖
61	自编阶段性功能锻炼操对乳腺癌患者康复效果的研究	东莞市人民医院，东莞市中医院	科技进步二等奖
62	“乐民”电子政务与电子金融综合服务平台	广东建邦计算机软件有限公司	科技进步三等奖
63	30.8万吨油船上建数字化应用设计与制造	东莞凯力船舶有限公司	科技进步三等奖
64	GFRP筋的砂浆粘结特性试验及工程应用研究	东莞理工学院	科技进步三等奖
65	LED三基色室内照明灯	东莞市友美电源设备有限公司	科技进步三等奖
66	O型孕妇IgG抗-A,B复合抗体对新生儿红细胞致敏作用及对ABO-HDN诊断意义的研究	东莞东华医院	科技进步三等奖
67	ZGSB11-ZF型风力发电用组合式变压器	广东钜龙电力设备有限公司	科技进步三等奖
68	按键自动组装及智能检测技术研究与应用	东莞钜升塑胶电子制品有限公司	科技进步三等奖
69	保税物流关务进出口管理平台	广东百思维信息科技有限公司	科技进步三等奖
70	城市污泥无害化与资源化利用的一体化技术及有机肥产业应用示范	广东圣茵花卉园艺有限公司，中国农业大学，东莞市环境保护技术服务中心，东莞理工学院，东莞市圣茵生物有机肥有限公司	科技进步三等奖
71	磁共振多序列联合诊断前列腺癌及评估生物学行为的临床研究	东莞市人民医院	科技进步三等奖
72	大学生在线实习及就业成才互动服务平台	广东智通人才连锁股份有限公司，华南理工大学，广州市飞元信息科技有限公司	科技进步三等奖
73	电子标签在粤港进出口商品质量监管中的关键技术研究及应用	东莞出入境检验检疫局检验检疫综合技术中心，北京九城口岸软件科技有限公司，广东出入境检验检疫局，香港大学电子商业科技研究所，香港科技大学先进制造研究所，中国检验有限公司（香港）	科技进步三等奖
74	电子交叉配血临床应用的可行性研究	东莞市中心血站	科技进步三等奖
75	东莞市蔬菜基地抗生素污染特征与调控研究	东莞市农产品质量安全监督检测所，暨南大学理工学院	科技进步三等奖

续上表

序号	项目名称/姓名	申报单位名称	类别
76	父母陪伴麻醉复苏对全麻患儿苏醒期恢复的影响的临床研究	东莞市人民医院	科技进步三等奖
77	复合硅酸盐特种防火低导热材料	东莞市恒和节能科技有限公司	科技进步三等奖
78	腹腔镜术中同步ERCP治疗肝外胆道结石的研究	东莞市太平人民医院	科技进步三等奖
79	高清智能网络播放盒	东莞市艾炜特电子有限公司，东莞中山大学研究院	科技进步三等奖
80	高效节能异步起动永磁同步电动机	广东省东莞电机有限公司，广东工业大学	科技进步三等奖
81	高性能坐便器水箱用橡胶配件的研发与生产	广东信力材料科技有限公司	科技进步三等奖
82	宫腹腔镜联合中药治疗女性不孕症的临床研究	东莞市南城医院	科技进步三等奖
83	环保真空喷涂设备	东莞百进五金塑料有限公司，广东工业大学，广东省科学院自动化工程研制中心	科技进步三等奖
84	基于WEB 2.0的珠三角中小企业公共财务平台研究	东莞理工学院	科技进步三等奖
85	麦默通扇形推进法旋切乳房较大良性肿块可行性研究	东莞市人民医院	科技进步三等奖
86	面向农产品市场信息的通用管理与发布平台	东莞市农业技术推广管理办公室，广东开普互联信息科技有限公司	科技进步三等奖
87	起源于主动脉窦频发室性早搏的射频消融治疗	东莞市人民医院	科技进步三等奖
88	强过载超柔软交联型环保电缆	广东中德电缆有限公司	科技进步三等奖
89	三维牵引治疗腰椎间盘突出症伴骶髂关节半脱位的临床研究	东莞市茶山医院	科技进步三等奖
90	三维智能数控冲孔机	东莞市南方力劲机械有限公司	科技进步三等奖
91	商贸服务专业镇技术创新平台集成系统研发及应用	东莞市樟木头镇人民政府	科技进步三等奖
92	太阳能空气源高效节能制热水系统	东莞市盈信节能投资有限公司	科技进步三等奖
93	糖调节受损对急性冠脉综合征的影响	东莞东华医院	科技进步三等奖
94	无汞防爆扣式碱锰电池	东莞市天球实业有限公司	科技进步三等奖
95	性病后男性性功能障碍分析及综合治疗	东莞市樟木头医院	科技进步三等奖
96	延迟钳夹脐带防治初生婴儿血容量低下的临床研究	东莞市石龙博爱医院	科技进步三等奖
97	一种新型的人原代支气管上皮细胞气液相界面培养和诱导的方法	东莞市人民医院	科技进步三等奖
98	造纸废水污泥干化技术的研发与应用	东莞海龙纸业有限公司	科技进步三等奖
99	自行研发封闭式负压引流装置治疗Ⅲ－Ⅳ期难愈性压疮的临床研究	东莞市石龙人民医院	科技进步三等奖
100	东莞市依时利科技有限公司		创新企业奖

2012年东莞市专利奖授奖项目

序号	专利号	专利名称	类别	申请单位	镇街（园区）	等级	奖金（万元）
1	ZL201010103299.5	一种迷你音视频数据线的制造方法及数据线	发明	领亚电子科技股份有限公司	松山湖	金奖	20
2	ZL201010237529.7	一种新众生丸的中药制剂及其制备方法	发明	广东众生药业股份有限公司	石龙	金奖	20

续上表

序号	专利号	专利名称	类别	申请单位	镇街（园区）	等级	奖金（万元）
3	ZL200910137325.3	一种操作大型机械手臂的控制方法及全电子伺服控制系统	发明	东莞艾尔发自动化机械有限公司	大朗	金奖	20
4	ZL201010121762.9	四分等比例分光装置及具有该装置的激光刻线机	发明	东莞宏威数码机械有限公司	南城	金奖	20
5	ZL20010030355.5	一种线性电源适配器	发明	东莞市盈聚电子有限公司	石碣	金奖	20
6	ZL200910308737.9	一种小尺寸大视角的多边形成像方法及新型摄像装置	发明	东莞光阵显示器制品有限公司	清溪	优秀奖	10
7	ZL200920217853.5	一种镁合金回收材料重熔精炼装置	实用新型	东莞宜安科技股份有限公司	清溪	优秀奖	10
8	ZL201010202580.4	混联风冷冷水机组	发明	广东欧科空调制冷有限公司	黄江	优秀奖	10
9	ZL201010119172.2	锂离子电池表面包覆正极材料及其制备方法	发明	东莞新能源科技有限公司	松山湖	优秀奖	10
10	ZL201120236081.7	一种橡塑机遥距网络监控系统	实用新型	东华机械有限公司	东城	优秀奖	10
11	ZL200810026551.X	高亮度、高耐磨封边条的涂布工艺及其设备	发明	东莞市华立实业股份有限公司	常平	优秀奖	10
12	ZL200920059735.6	生物质固化成型装置	实用新型	东莞市百大新能源股份有限公司	松山湖	优秀奖	10
13	ZL201010251398.8	HDMI连接器	发明	东莞市泰康电子科技有限公司	长安	优秀奖	10
14	ZL201120164162.0	电路板的连接结构	实用新型	达创科技（东莞）有限公司	石碣	优秀奖	10
15	ZL201030674887.5	电气压力锅	外观设计	广东洛贝电子科技有限公司	松山湖	优秀奖	10
16	ZL200910207976.5	一种电池装配封装设备	发明	东莞市鸿宝锂电科技有限公司	东城	优秀奖	10
17	ZL200810026705.5	一种新型的锂离子电池电解液（多功能）	发明	东莞市杉杉电池材料有限公司	南城	优秀奖	10
18	ZL200910106617.0	抛光玻璃饰面砖及其制造方法	发明	东莞市唯美陶瓷工业园有限公司	高埗	优秀奖	10
19	ZL200910159994.0	一种纸盒成型定位加工的控制方法及定位控制系统	发明	东莞市鸿铭机械有限公司	东城	优秀奖	10
20	ZL200910140074.4	一种液罐车罐内阻浪装置及含该阻浪装置的液罐车	发明	东莞市永强汽车制造有限公司	寮步	优秀奖	10
21	ZL201010169247.8	抱紧式转叶舵机液压安装架	发明	广东中远船务工程有限公司	麻涌	优秀奖	10
22	ZL200810219739.6	一种电话线或电线的加工方法及实施方法的刀片	发明	东莞市锐升电线电缆有限公司	虎门	优秀奖	10
23	ZL200910041368.1	全实木家具生产制程含水率控制方法	发明	东莞台升家具有限公司	大岭山	优秀奖	10
24	ZL201010566336.6	一种固液分离管式微滤膜的制备方法	发明	东莞市威迪膜科技有限公司	虎门	优秀奖	10
25	ZL200920056944.5	电调天线移相器	实用新型	广东晖速通信技术有限公司	东城	优秀奖	10
26	ZL200910039346.1	一种凹版印刷用纸的涂料	发明	东莞海龙纸业有限公司	麻油	优秀奖	10
27	ZL201010203189.6	一种模切机设计方法及一种模切机	发明	东莞市飞新达精密机械科技有限公司	寮步	优秀奖	10
28	ZL200910041095.0	一种按摩椅	发明	东莞市生命动力按摩器材有限公司	石排	优秀奖	10
29	ZL200910107532.4	一种具有振动发声功能的换能器	发明	东莞思威特电子有限公司	望牛墩	优秀奖	10
30	ZL201010552926.3	一种水性硬脂酸锌分散液及其制备方法	发明	东莞市汉维新材料科技有限公司	桥头	优秀奖	10
合计							350

电子政务

【概况】2012年，东莞市推进电子政务各项工作，在政务公开、信息共享、网上办事等各个重点领域的建设和应用取得新的突破，为营造法治化国际化营商环境提供有力支撑。

【电子政务云计算平台建成】东莞市电子政务云计算平台于2012年8月基本建成，集约式配置东莞电子政务基础软硬件资源。从运行情况来看，新增6万亿次计算能力、1.8TB内存、48TB存储能力，实现对437个业务应用的统一监管，对59个电子政务应用进行云化迁移，其中包含关贸通、市政府网上办公系统等大型应用。实现业务部门按需向“电子政务云”申请计算与存储能力，充分利用现有的软硬件资源，最大化地实现软硬件资源的价值，将服务器利用率从10%提升到60%，总成本降低70%；同时提升系统安全性。

【省网上办事大厅东莞分厅上线运行】2012年7月，省委省政府提出“建设省市两级统一的网上办事大厅”工作部署后，东莞市电子政务办认真研究制定工作方案，在2个月内，以原有的“东莞市网上办事服务平台”为基础，升级改造成为“省网上办事大厅东莞分厅”，实现与省网上办事大厅风格统一、互联互通。东莞市网上办事大厅设置包括政务公开、投资审批、网上办事、政民互动、效能监察5个栏目。2012年底全市有46个政府部门合计997项网上服务事项，包括行政许可子事项616项，非行政许可子事项271项，公共服务事项110项在省网上办事大厅东莞分厅上提供网上服务，其中115项服务事项已实现全流程网上办理。

【全市政务信息资源共享平台投入使用】2012年东莞市电子政务办配合市场监管体系、社会信用体系建设以及商事登记改革的实施，做好信息共享平台支撑，对各政府部门开展调研，了解部门需求，调整平台功能，整理资源目录，推进全市政务信息资源共享平台建设。对全市政务信息资源情况开展普查，制定政务信息资源共享规范，印发《东莞市政务信息资源共享目录》。全市已有56个单位提交各类政务信息数据共442项，1180万条。

【政府门户网站全新改版】2012年，东莞市政府门户网站进行一次大规模改版，从用户角度重新设置和编排栏目，对网站内所有信息重新审查筛选和整合，提高站内信息时效性和准确性，提升网站宣传能力和服务水平。结合市委市政府的中心工作，开设2012东莞两会、“三打两建”专项活动、献计“六个东莞”、世界莞商大会等时政专题，同时密切联系群众，及时发布2012年高考成绩查询东莞考生专属通道、新莞人子女接受义务教育专题、东莞市“南粤幸福活动周”活动安排等便民利民的政务信息，为群众办好事，办实事。

【全市网上办公系统功能完善】2012年，东莞市网上行政办公系统（OA系统）移动办公二期项目完成，开发适用安卓及苹果两大系统的客户端程序。政府工作人员可不受时间和地点的限制使用手机等移动客户端安全登录OA系统处理工作，提高工作效率。OA系统的使用得到进一步推广，2012年底全市OA使用单位267个，使用人数达21391名。OA系统已延伸至村（居）委会一级，已有21个镇街313个村（居）委会使用OA系统。

【全市视频会议系统作用显著】2012年，东莞市建成连接1个市级主会场和37个分会场（含32个镇街、4个园区、市应急办）的全市视频会议系统并广泛应用到各项政府工作中。该系统不仅用于召开市委、市政府举办或承接的重要视频会议，而且还提供日常工作会议、应急指挥、视频接访、办公视频交流、业务培训等多项功能，对及时传达贯彻上级会议精神、下达工作指示和任务发挥显著作用，对提高工作效率和行政执行力、有效节省会议成本具有重要意义。

【政务网络优化升级】2012年，东莞市组织人力扩展政务网络互联网出口带宽，提高政务网内网络响应速度，出口带宽从1000兆升级到2000兆。针对镇街园区日益增加的用户数量和带宽需求，对全市镇街和园区与全市电子政务中心机房相连的骨干线路进行升级，从100兆升级为1000兆，解决原有带宽瓶颈。对CA平台和动态密码认证平台进行兼容性和稳定性升级，为更多的系统提供稳定安全的基础认证服务。（方丽荷）

附：2012年东莞市电子政务办公室领导名录

主　任：刘　杰

副主任：谭永康　香伟文

▲东莞市中心广场

防震减灾

【概况】2012年，广东省及附近海域发生3级以上地震20次，东莞市未发生地震事件。是年，东莞市已初步构建起空间、地表、地下三位一体的立体地震监测系统，建成1个地震综合观测台，1个前兆观测系统，8个强震台，8个群测群防点，具有对辖区及周边1.5级以上地震监测能力。

【珠三角防震减灾工作联席会议】2012年度珠江三角洲地区防震减灾工作联席会议于10月11日至12日在东莞召开。参加会议的有广州、深圳、珠海、佛山、惠州、东莞、中山、江门、肇庆、清远10个市及有关区县地震部门和中国地震局深圳地震台、广东省地震局广州基准地震台的领导及代表约60人。会议完成2013年度珠江三角洲地区地震趋势会商，介绍局省合作项目《珠江三角洲地区地壳精细结构探测和地震危险性评价》的内容，介绍省地震局应对2012年2月16日河源市发生的4.8级地震处置过程和应急程序。省地震局与珠三角各市进行地震应急联动桌面推演。与会代表还分别就各市创建防震减灾示范城市及建设工程抗震设防监管等工作情况进行交流。

【防震减灾示范城市创建】实施方案编制　2012年，东莞市地震局组织专业技术人员开展东莞市创建防震减灾示范

东莞市地震局

① 2012年11月30日，组织召开东莞市创建防震减灾示范城市实施方案专家评审会，省地震局局长黄剑涛任专家组组长，副市长严小康、副秘书长张永忠出席会议并讲话。

② 2012年10月11日－12日，珠江三角洲地区防震减灾工作联席会议在东莞市召开，副市长吴道闻、省地震局副局长钟贻军、市住建局局长朱川出席会议并讲话。

城市实施方案的编制工作，多次深入东莞市各相关部门、市区4个街道和松山湖高新区进行专题调研，历经两个阶段调研、三次征求相关单位意见、三次修改实施方案，形成《东莞市创建防震减灾示范城市实施方案（评审稿）》。11月30日，该实施方案通过省地震局专家组评审。

领导小组成员调整　2012年12月21日，东莞市政府调整市创建“防震减灾示范城市”工作领导小组成员。领导小组组长由吴道闻副市长担任，副组长由分管副秘书长和市地震局局长担任，成员包括宣传、应急、发改、教育、科技、民政、财政、国土、住建、规划、地震、松山湖、莞城、东城、万江、南城等有关负责同志。

【地震监测工作】　地震监测台网建设　2012年，东莞市在黄江镇建设1个测震强震综合观测站，该观测站选址在黄江镇黄牛埔森林公园内，已完成场地工程勘测、背景噪声测试、100米深度的测震深井钻孔作业。在东城、厚街、清溪、麻涌、横沥各建设1个烈度台，并开展市地震监测预警中心建设方案编制工作，5个烈度台已完成现场勘测及专用设备采购工作。这些新建台站与现有台站组成测震台网、烈度速报台网，提升东莞市地震监测和速报能力。

地震监测及震情处置　2012年，东莞市地震局根据《东莞市地震局震情监测预报制度》，执行日、周、月地震监测资料收集管理；落实节假日值班制。及时处理地震事件，并报送对东莞有影响的地震《震情简报》24期，为市政府应急决策提供依据。

【抗震设防要求监管】　2012年，东莞市地震局完成“国家地震社会服务工程”东莞数据采集，包括东莞市基础地理数据、人口统计数据、社会经济数据、地质灾害数据、农居特征数据、地震专业数据，为城市震害防御提供基础数据。11月对长安、虎门、厚街3个镇的校舍安全工程2009—2012年三年实施情况进行督查，现场核查3个镇7所学校的24栋加固补强校舍以及在建的长安实验小学，查阅校安档案资料，召开座谈会听取汇报，以口头、书面形式反馈检查意见，完成全市校安工程有关工作任务。“建设工程抗震设防要求备案”审批事项纳入市重点项目和“三旧”改造并联审批程序；围绕市委市政府中心工作，提前介入，主动服务，保障“三重”项目建设。全年完成重要建设工程抗震设防要求备案73项，解答抗震设防要求咨询180余次。

【地震应急避险能力建设】　2012年，东莞市根据《东莞市地震应急预案》，定期开展地震现场应急演练，保证及时高效处置地震突发事件。10月，对《东莞市中心城区地震应急避险场所专项规划》按照验收专家意见进行完善和校正，并确定在市人民公园建设地震应急避险场所示范工程，截至年底，已完成该避险场所初步设计。由市民政、气象、地震联合组织推进的创建全国综合减灾示范社区，2012年度已创建12个。12月20日至21日东莞市地震局组织各镇街规划建设办（局）分管领导和地震助理员、群测群防员、地震应急救援队员、各综合减灾示范社区和农居示范村地震助理员等89人，赴河源市开展2012年东莞市地震应急工作培训班。

【防震减灾宣传教育】　2012年，东莞市地震局在市委党校应急专题班、中小学校开展宣传讲座活动，在电视台相关栏目制作地震科普电视节目，制作“高水平崛起与防震减灾”海报在市行政办事中心大楼展出，编制2012年度“防震减灾科普与应急知识”小册子，在“5·12防灾减灾日”开展广场宣传，现场为市民答疑解难，派发宣传资料约3500份，提高领导干部、学生、市民的自救互救意识和防灾能力。

【河源地震应急处置】　2012年，对东莞市产生波及影响的主要地震事件是2月16日和8月31日在河源市发生的4.8级和4.2级地震。这两次地震的震中距离东莞市城区大约130公里，东莞市大部分镇街（园区）有明显震感，但未造成人员伤亡和建筑物破坏。地震发生后，东莞市地震局核实震情，向有关领导及有关应急人员发送震情短信近800条次，通过新闻媒体、气象短信平台发布正确地震信息，澄清地震谣传，处理疑似地震异常现象，稳定市民情绪和社会秩序。

（黄远峰）

附：2012年东莞市地震局领导名录

局　长：盘绍凤（任至3月）
　　　　陈伟东（5月到任）
副局长：陈伟东（任至5月）
　　　　彭　瑞（11月到任）

① 2012年8月30日，市地震局局长陈伟东应市委党校邀请，在2012年东莞市公共应急管理专题研讨班上作《防御与应对地震灾害是政府的重要职责》专题讲座。

② 2012年11月，市地震局校舍安全工程督查组到长安、厚街、虎门督查三个镇的校舍安全工程2009年-2012年三年实施情况。图为督查组组长陈伟东（左二）实地察看校舍安全工程加固改造情况。

气　象

【概况】2012年，东莞市天气气候主要特点是：年总降水量1838.6毫米，与常年平均值接近；年平均气温22.6℃，与常年平均值持平；年日照时数为1708.7小时，较常年平均值偏少9.5%；年雷暴日为86天，较常年略偏多。年内降水分布不均匀：4月、11月和12月均偏多30%以上，其中11月降水量创历史新高；3月、8月、9月和10月偏少30%以上。4月5日开汛，比常年偏早。各月气温波动较大：1—2月气温明显偏低，其中1月偏低2.2℃，2月偏低1℃；5月偏高1.2℃，是历年同期偏高第五位。年内有三个热带气旋对东莞市有影响，其中“杜苏芮”和“启德”影响较轻，“韦森特”影响严重。

【主要气候事件】1、年初多阴雨，春节假期低温阴雨相伴　2012年1—2月多阴雨天气，期间出现三次低温阴雨天气过程，分别在1月下旬、2月中旬前期、下旬后期。其中1月下旬受北方较强冷空气南下影响，东莞市持续6天出现阴雨寒冷天气，日平均气温10℃以下，其中23-26日的日平均气温为6—7℃，日最低气温4—5℃，并伴有降雨，人体感觉非常寒冷。

2、初春雨雾、“回南天”频现　2012年2—3月，由于冷空气仍频繁影响，且强度较强，而西南暖湿气流活跃，导致东莞市频繁出现雨雾天气和“回南天”返潮现象。2月录得轻雾日为17天，大雾日为1天，3月录得轻雾日21天，大雾日1天；“回南天”2月出现3次，3月出现2次，其中3月1—7日持续出现“回南天”返潮现象。

3、开汛早，前汛期暴雨、强对流天气频发　2012年开汛日为4月5日，比常年偏早。进入汛期后，东莞市暴雨、强对流天气频发，多地出现雷雨大风、暴雨等天气，部分地区还出现冰雹。主要强降水时段出现在4月5日、13日、16—20日、27日，5月3—5日、13日、16日、27日、30日，6月21—24日。频繁的暴雨、强对流天气，造成该市多处出现内涝，其中影响较大的过程分别为：4月16—20日、5月3—5日、6月21—24日。

2012年4月16—20日强降水过程，雨大、风强，并有冰雹。4月16日下午，长

东莞市气象局

① 2012年1月17日，广东省气象局局长许永锞一行莅临东莞慰问检查，东莞市委常委、统战部长李小梅和市政府副市长吴道闻会见许永锞一行。
② 2012年2月19日，中国气象局原局长秦大河在广东省气象局局长许永锞、副局长刘作挺陪同下莅临东莞检查指导气象工作。
③ 2012年3月23日，市政府举办广东省应急气象频道东莞开播仪式，副市长吴道闻出席仪式。

安、虎门、大岭山等镇街降水量超过50毫米，其余大部分镇街为中到大雨。部分镇街（主要是中南部）出现雷雨大风天气，多地最大阵风超过6级，常平司马自动站录得最大阵风达到34.6米/秒（12级），导致一厂房屋顶被大风掀起，路边大树被吹倒。4月17日上午，东莞市中南部出现大雨到暴雨，黄江、松山湖、大岭山、谢岗等镇街降水量超过35毫米，其余镇街出现小到中雨，常平司马自动站录得最大阵风达到26.3米/秒（10级）。4月19日，全市普降暴雨，22个镇街降水量超过50毫米，降水最大出现在长安，为114.6毫米。4月20日，全市普降大雨到暴雨，降水最大出现在东城，为63.2毫米。另外，4月16日下午和4月17日上午，大岭山、大朗、常平、谢岗等地出现冰雹，冰雹直径1至2厘米，持续时间5分钟左右。

2012年5月3—5日雨强风大：受高空槽和弱冷空气共同影响，东莞市5月3—5日出现连续性暴雨和雷雨大风天气。5月3日大部分镇街先后出现暴雨和雷雨大风，全市有21个镇街降水量达到50毫米以上，有4个镇街超过100毫米，最大降水在长安，为133.4毫米，同时录得最大阵风达25米/秒（10级），最大1小时降水量达90毫米。4日，东部和西北部多处出现大雨到暴雨，最大降水在凤岗，为59毫米，最大阵风出现在道滘，达23米/秒（10级）。4日夜间到5日上午，全市普降暴雨，22个镇街录得50毫米以上降水，最大降水在东城，为179.1毫米。

2012年6月21—24日连续暴雨：受持续季风低槽影响，东莞市暴雨频繁，连续四天出现强降水。6月21日全市出现大暴雨，是该市年内最大的一场降水，全市降水量超过100毫米的有20个镇街，超过200毫米的有4个镇街，最大降水量出现在东坑，为203.6毫米。6月22日全市仍然出现大雨到暴雨，6月23日降水有所减弱，全市出现中到大雨，6月24日全市各地又出现暴雨，并伴有雷雨大风，降水量超过50毫米的有17个镇街，最大阵风出现在大岭山，为22.6米/秒（10级）。

4、热带气旋影响　2012年有3个热带气旋影响东莞市，分别是强热带风暴"杜苏芮"、台风"韦森特"和台风"启德"，均带来不同程度的风雨及影响。其中"杜苏芮"和"启德"影响较轻，"韦森特"带来狂风暴雨，影响大。

热带风暴"杜苏芮"影响轻：受2012年第6号热带风暴"杜苏芮"影响，东莞市6月29日夜间至30日早晨普遍出现5—6级的平均风，阵风7—8级，各地录得中雨降水。

"韦森特"带来狂风暴雨：受2012年第8号台风"韦森特"影响，7月23日夜间到24日白天，东莞市普遍出现狂风暴雨，全市录得平均风6—7级，阵风9—10级，最大阵风在樟木头为11级（29.6米/秒）；23日夜间到25日白天，全市普遍出现暴雨、局部大暴雨的降水，27个镇街过程累计降水量达到100毫米以上，

① 2012年3月23日，副市长吴道闻、副秘书长张永忠一行莅临东莞市气象局考察调研并慰问全体气象工作者。
② 2012年5月29日，东莞市安全气象社区（村）授牌仪式暨气象灾害应急知识培训会议在东莞会展国际大酒店举行。
③ 2012年10月23日，"东莞创新论坛—如何提高气象突发事件预警信息覆盖率"论坛在东莞市科学馆举行。
④ 2012年10月31日，由省气象局、省公安厅、省住房和城乡建设厅组成的检查组到东莞开展防雷安全生产行政执法联合监察复查行动。
⑤ 2012年10月30日，广东省气象部门首届"珠江杯"羽毛球比赛（东莞赛区）举行，省气象局党组成员、纪检组长邹建军出席闭幕式并颁奖，东莞市气象局、省气象局1队获得参与决赛的资格。
⑥ 2012年10月25日，东莞科爱赛国际学校组织25名来自不同国家的高中生到市气象局参观学习。

有3个镇街超过200毫米，过程最大降雨量出现在凤岗镇，为211毫米。

台风“启德”影响小：受2012年第13号台风“启德”影响，东莞市16日夜间到17日录得平均风6—7级，阵风8—9级；全市各地录得中雨局部大雨，最大降水出现在寮步镇，为33毫米。

5、盛夏高温热浪频繁　2012年，东莞市国家气象站记录到全年高温（≥35℃）日数为10天，比常年平均少2.5天，其中6月2天，7月2天，8月6天。

6月至9月，东莞市高温热浪频繁，分别出现在6月中旬末和下旬末、7月中旬后期、7月末至8月初、8月中旬中后期和下旬后期。7月19至22日受台风“韦森特”外围下沉气流的影响，出现持续的高温天气，其中21日最高气温达36.7℃，是全年录得的最高气温。

6、初雷和终雷均偏迟，雷击事件多发　2012年4月5日东莞市出现大雨、局部暴雨降水过程，并伴有雷声，是该年初雷，与正常年份相比，属偏迟年份。终雷出现在11月29日，也偏迟。全年雷暴日数为86天，较常年略偏多。雷暴日最多为8月，达18天，其次是5月16天，9月14天。据不完全统计，年内共发生91起雷击事件。

7、夏末初秋少雨　进入后汛期，东莞市降水明显偏少，2012年7月1日至10月31日，降水量为496.1毫米，较常年同期（738.8毫米）偏少32.8%，为1957年以来历史同期第六少，特别是9月27日至10月25日，该市出现持续长达29天的晴朗无雨天气。长时间的无雨导致江河、水库水位下降，出现轻度干旱，森林火险气象等级持续偏高，10月份森林火险橙色预警信号持续生效22天。

8、秋末雨多，连续阴雨日创历年同期之最　进入11月后东莞市冷空气活动频繁，降水也频繁，2012年11月1日至12月4日总降水量达196.5毫米，较常年同期（35.2毫米）偏多约5倍，期间降水日数多达18天，均为历史同期最多。由于受冷暖气流交汇持续影响，11月23日至12月5日出现近半个月的阴雨天气，持续时间之长位居历年同期之首。

9、灰霾天气减少　2012年东莞市灰霾天数为87天，较上年减少5天，是近五年来灰霾天数第二少的一年。秋季和冬季灰霾天数较多，灰霾天数最多出现在10月，有14天，夏季灰霾天数较少，其中7月无灰霾天气出现。

【气象现代化建设】2012年，东莞市抓好气象现代化建设：一是基础设施建设进一步完善，东莞气象天文科普馆工程进入布展设计阶段，松山湖和清溪气候指标站完成土建。二是探测和服务系统进一步优化。负离子观测和专业气象服务系统投入使用；《东莞气象》影视节目设备升级、节目改版完成验收；闪电定位网、气象灾害防御规划、12121系统升级已验收；海洋站、铁塔梯度观测系统进入建设阶段。

【公共气象服务和重大活动保障】2012年，东莞市气象局落实气象为民服务实事：更早发布暴雨和灰霾预警，共享雨量、温度、能见度和负离子浓度等气象观测资料信息，基本建成东莞气象天文科普馆，新增12个安全气象社区，广东应急气象频道在东莞落地播出，气象服务电话免收信息费，免费提供气象证明，开展防雷减灾“四个一”示范活动，为学校、社区、企业开展气象科普义务讲座等。针对复杂多变的天气过程，全年共发布预警信号8种101次，提供《重大气象信息快报》103期，《天气报告》31期，《重大气象信息专报》11期，向全市10500余名决策短信用户发布决策短信240余次约250万条，为春运、高考等重大社会经济活动提供气象保障服务专报187期。推广应用防雷科技研究成果，加强防雷标准化工作，提高防雷技术水平，做好雷电天气、雷击落区和危害等级、大气电场等雷电监测分析和预警预报工作，及时、准确发布雷电天气预警预报，全市未出现重大雷击事故，确保人民群众生命、财产安全。

【气象行政服务】2012年，东莞市气象局强化行政管理服务意识，增强服务效能，提高服务水平。对施放气球活动、防雷装置设计审核和竣工验收等气象行政许可项目，建立规范、公开、高效的行政许可程序，强化审批责任，优化审批程序，健全审批公示制度，提高审批的公开性和透明度。在全市行政审批电子监察系统绩效测评中保持优秀。联合市安监、住建、公安等部门开展防雷“三同时”检查，督促防雷工程与主体工程同时设计、同时施工、同时投入使用，易燃易爆场所防雷检测率达100%。

【官方微博@东莞天气】2011年4月5日，东莞市气象局在新浪微博开通官方微博@东莞天气，并作为首批单位进驻“东莞市政务微博发布厅”；同年6月14日在腾讯开通官方微博。截至2012年，@东莞天气粉丝和听众超过14万人，在市直单位官方微博运营情况测评中位居前列。在人民网舆情监测室联合新浪微博共同发布的《2012年新浪政务微博报告》中，@东莞天气荣获2012年度全国十大气象机构微博。

【气象科普宣传】东莞市气象局开展2012年全市气象灾害应急知识宣传教育月活动，印发《气象灾害应急知识（折页）》6万份、《雷电灾害防御知识（折页）》6万份、《雷电灾害防御知识（海报）》5千份、《东莞市突发气象灾害防御规定摘要（海报）》5千份、《36项全民节能减排行为的单体效益与全国总体效益（折页）》6万份，向约1500万手机用户发送公益科普短信。接待市民和学生2千多人次来气象综合探测基地参观，承办第13期东莞创新论坛，邀请省气象局专家研讨“如何提高气象突发事件预警信息覆盖率”，参与全国减灾日、安全生产宣传周等科普活动，提高市民和中小学生气象防灾减灾意识和能力。

【东莞市突发气象灾害防御规定实施】东莞市以市政府令第122号正式印发《东莞市突发气象灾害防御规定》，规定从2012年6月1日起正式实施，有效期至2017年5月31日。《东莞市突发气象灾害防御规定》以气象灾害防御责任和灾害性天气预警信号发布及防御指引为核心，详细规定政府职能部门协调互动、社会各界参与主动防御气象灾害的权责和义务。　（何春燕）

2012年东莞市气象资料表

雨量（毫米）	1838.6
平均气温（℃）	22.6
日照时数（小时）	1708.7
暴雨日数（日）	9
热带气旋（个）	3
低温（日）	3
高温（日）	10
霜日（日）	0

注：所有数据除特别注明外，均来源于东莞国家基本气象站。

附：2012年东莞市气象局领导名录

党组书记、局长：肖永彪

党组副书记、纪检组长：陈明先

党组成员、副局长：吴志权

科学技术普及

【科普阵地建设】 2012年，东莞市共成功创建东莞市青少年活动中心、东莞科学馆、东莞市森晖自然博物馆3家“全国科普教育基地”，厚街镇溪头社区居民委员会、万江区大莲塘社区居民委员会2个“全国科普示范社区”，东莞市圣心食品有限公司、广东电子工业研究院有限公司、东莞华中科技大学制造工程研究院3家“广东省科普教育基地”，东莞松山湖中心小学、石龙第三中学、寮步镇横坑小学3所“广东省青少年科学教育特色学校”，长安镇第二小学等7所“东莞市科普标兵学校”、长安镇霄边社区居民委员会等8个“东莞市科普标兵社区”、东莞市大岭山森林公园等10家“东莞市科普教育基地”。

【科普项目实施】 2012年，东莞市财政拨付专项资金1791.5万元资助全市科普项目197项，包括省级配套科普教育基地、科普示范社区、青少年科学教育特色学校9项，市科普标兵社区、市科普标兵学校、市科普教育基地25项，重大科普活动项目43项，一般科普活动项目120项。

【青少年科技竞赛】 2012年，东莞青少年科技代表队参加2次全省、9次全国、1项世界性青少年科技活动，获得全国奖249个（其中一等奖110个、二等奖68个、三等奖71个）、省级奖117个（其中一等奖33项、二等奖40项、三等奖44项）。参加第27届广东省青少年科技创新大赛，获得15项一等奖、19项二等奖及10项三等奖，参加第27届全国青少年科技创新大赛，获得4项一等奖，2项二等奖及3项三等奖。市科协、教育、科技、体育等部门联合举办东莞市青少年科技创新大赛、东莞市青少年学生机器人竞赛、东莞市中小学航空航天模型比赛、东莞市小学生科学教育体验活动决赛、东莞市中小学航海模型比赛、东莞市中小学车辆模型比赛、东莞市中小学建筑模型比赛和东莞市中小学无线电测向与电子制作比赛等青少年科技赛事。

【青少年科普活动】 2012年，东莞市科协组织 “老科学家科普报告希望行”活动，邀请10名中科院老科学家科普演讲团的专家来莞作30场主题科普报告。东莞科学馆开展“莞港青少年科技交流活动”，组织160名中、小学生前往香港进行参观、学习与交流；组织青少年机器人暑期夏令营、英语科普夏令营活动，举办10场校园低碳环保系列科普讲座，20场“科普大篷车进校园”巡展，参与师生达3万余人。东莞科技馆开展了一系列“科普进校园社区”活动，把科技课、科普秀推广至全市各镇区的校园社区，全年科技课堂授课约106课时，参与人数4166人，科普秀表演达113场次，参与人数22062人，东莞科技馆科普剧团演出122场次，观众达4万余人次，并联合品牌文化节目“文化周末”开设《科普之夜》科普剧专场。

【科普惠民】 2012年，东莞市科协围绕全国科普日主题，结合社会公众关注的热点问题，举办历时1个半月的“食品添加剂知多少”大型主题科普展，接待市民1万余人次。按照市镇联动的方式，与茶山、麻涌等8个镇街举行大型食品安全科普集市和咨询活动，订购《食品安全》科普挂图800多套、科普小册子1万册、科普宣传小折页2万张，深入社区、学校、企业开展科普宣传。继续办好“健康新生活”科普系列讲座，全年活动历时5个月，邀请优秀医学专家深入东坑、高埗等14个镇街，开展“健康养生”“妇女保健”“关爱企业和社区”“健康校园”等4大子专题讲座，受惠市民4000余人。东莞市农业部门开展各类科技下乡活动和举办各类农技培训班487期次，出动技术人员2522人次，发放各类农技资料近6万多份，发放种苗、农药、肥料、疫苗等生产资料价值110万多元，推广农作物主导品种14个，主推技术9项，推广应用6万多亩，直接受惠农民3408户。

【基层科普活动】 2012年，东莞各镇（街）科协、松山湖科协围绕 “节约能源资源、保护生态环境、保障安全健康、促进创新创造、建设幸福东莞”的工作主题，针对群众关注的重点、热点问题特别是食品安全、低碳生活、应急避险、卫生健康、反对愚昧迷信等，开展各种形式的科普宣传教育活动163场次，参与市民4.89万人次，印发各类科普宣传资料228850份（张）。全市52家学会（协会、研究会）等科技社团共举办各类科普活动520场次，参与市民达12万人次，印发科普宣传资料1124703份（张）。全市科普教育基地、科普社区、科普特色学校等科普阵地共举办科普活动2603场，参与市民达83万余人次。

【科普资源开发】 2012年，东莞科普网新开通“数字科学馆”“学术交流视频”“科普志愿”等栏目，网站点击率稳居全国科普网前5名。市科协策划东江科普资源开发工作，组织13家学会的20多位科技专家编写“东江科普问答丛书”；编印《东莞市科普基地风采集》《东莞市科普特色学校风采集》画册向社会发放。东莞科技馆重点更新改造物联网系列展品以及战略新兴产业系列展品，自主研发展品的“智能导览系统”；参与“全国科普教育基地数字化”建设项目，组建专业团队开发制作科普影片《起源》、动漫片《低碳讨论会》《阿福的一天》等，科普影片《起源》荣获第五届广东省科普作品创作大赛三等奖。东莞科学馆开办寓教于乐的科学实验“魔法厨房”，丰富“科普大篷车”的科普展教资源，新增天文观测、科学小实验表演、显微镜观测微观世界、机器人演示等内容。

（黄　顿）

社会科学

【社科重大课题研究】 2012年，东莞市社科部门围绕市第十三次党代会提出的重大战略决策、核心目标任务和重点工作举措，整合社科研究力量，组织社科专家学者狠抓决策咨政课题研究和社科立项课题研究，并将两大类课题研究同谋划、同部署、同推进。决策咨政课题研究重点突出开展东莞高水平崛起“1+8”系列决策咨政课题研究，“1”指一个总报告：东莞实现高水平崛起研究；“8”指八个子报告，分别是：一、加快科技、金融与产业融合，助推创新型经济发展；二、加快专业镇转型升级，推进东莞产业集群化发展；三、加强统筹协调、强化核心功能，彰显园区龙头引擎和辐射带动作用；四、打造创新社会管理引领区，提高社会管理科学化水平；五、加强产业人才建设，为东莞创新型经济发展提供坚强人才支撑；六、再造营商环境新优势，构筑转型升级强力支撑；七、以区域统筹引领城市优化整合，推动东莞同类型区域一体化、组团化发展；八、打响文化品牌、擦亮城市名片，促进文化与经济社会发展的互动融合。同时，社科部门采取委托、立项和资助等方式，组织全市社科理论工作者和实际工作者积极开展基础应用类和专题调研类课题研究，重点开展东莞创新型经济发展趋势及发展路径研究、东莞再造营商环境新优势研究、东莞制造业比较优势与投入产出以及产业关联度研究、东莞专业市场转型升级研究、东莞现代服务业配置研究、东莞电子信息产业内部结构分析及其对产业转型升级的启示研究、东莞产学研合作现状及机制研究、东莞物联网发展现状及建设路径研究、东莞打造全省创新社会管理引领区研究、东莞优化提升社会基本公共服务研究等39项实证课题研究，推出一批高质量的课题研究成果。

【理论研讨和宣传普及活动】 2012年，东莞市社科部门策划组织开展各类理论研讨、思想交流、社科普及等活动。召开市社科理论界学习贯彻党的十八大精神座谈会、实现高水平崛起、营造法治化国际化营商环境、弘扬实践广东精神、“三打两建”之“两建”工作研讨会等十多场座谈研讨会。特别是举办“东莞市统筹水乡地区发展战略研讨会”，邀请省发改委等7个省直有关单位领导和深圳综合开发研究院等高校和研究机构的专家座谈。同时，东莞市社科部门开展各种思想交流活动。全年举办“道德讲堂”6期，举办“东莞社科俱乐部”12期，其中，6月份举办“东莞市社科社团信息员培训班”，邀请东莞日报社副社长、《东莞时报》总编辑谭军波围绕“如何撰写好新闻信息稿”作专题辅导报告。东莞市社科部门举办以“弘扬践行广东精神”为主题的社科普及周活动。社科普及周期间，开展弘扬践行广东精神大型征文活动，收到征文600余篇，从不同角度和层面解读畅谈弘扬践行“厚于德、诚于信、敏于行”广东精神。开展“东莞十大阅读经典状元评选活动”，在全社会营造“阅读经典、分享智慧、启迪人生”的浓郁学习氛围。开展“社科专家下基层、入企业、进社区百场知识讲座服务活动”，内容涉及税务、金融、财会、保险、法律法规、计生、卫生、劳动就业、妇女儿童权益保护、教育等与群众生活息息相关的领域，惠及市民近10万人次。

【社科精品成果打造】 2012年，东莞市社科部门在社科课题研究的基础上，组织社科专家学者，将其中部分质量较高且便于公开发表的课题研究报告结集编撰《思考力——东莞经济社会发展研究2011》，由广东人民出版社出版发行。同时，市社科部门在开展“东莞弘扬践行广东精神大型征文活动”的基础上，从征集到的600余篇文章中评选出部分优秀作品，结集编撰《广东精神在东莞》，市委常委、宣传部长潘新潮为书作序，由广东人民出版社出版发行。

（刘晓星）

▲东莞市科技馆

教　　育 EDUCATION

东莞理工学院城市学院

编辑：刘　丹

教育综述

【教育体系建立】 改革开放前，东莞县教育状况比较落后。1980年代起，东莞市（县）把教育摆在优先发展的战略地位，教育事业实现了跨越式发展。1981年普及小学教育，1989年普及九年义务教育，1995年在广东省率先普及高中教育，2007年实现普及高等教育。截至2012年，建立起涵盖学前教育、基础教育、高等教育、职业技术教育和成人教育的完整、协调的教育体系。

2005年，东莞市成功创建为广东省教育强市。

【教育现代化建设】 2012年，东莞市加快学前教育改革发展，推进义务教育优质均衡，稳步提升普通高中教育，创新发展中职教育，扶持促进民办教育，深化教育改革创新，提升教育水平。出台《中共东莞市委 市人民政府关于推进教育改革发展，加快实现教育现代化的决定》《东莞市教育事业发展“十二五”规划》《东莞市“十二五”时期教育资源配置工作意见》《东莞市创建广东省推进教育现代化先进市工作方案》等政策文件，科学规划、系统部署全市教育现代化建设工作，制定“十二五”期间努力创建广东省推进教育现代化先进市的奋斗目标，明确推进教育“优质、均衡、特色”发展的基本思路，细化以推进基础教育“十项工程”为抓手的工作措施，提高镇街义务教育阶段公办学校公用经费供给标准，出台实施学前教育财政补助、校车财政补贴、义务教育规范化民办学校建设财政扶持等惠民政策，教育现代化建设迈出坚实步伐。

2012年3月，市委、市政府召开全市教育工作会议。提出努力加快教育现代化建设步伐，力争到“十二五”末期，建成广东省推进教育现代化先进市，教育发展整体水平达到中等发达国家同期水平，教育综合竞争力达到全国发达地区同类城市水平。

9月7日，市委、市政府召开创建广东省推进教育现代化先进市动员大会，强调全市各级各部门必须从战略全局的高度，突出教育优先发展的战略地位，加快推进教育现代化，按照省推进教育现代化先进市督导评估方案的各项指标要求，完善教育薄弱环节，加大教育投入，促进教育公平，深化教育国际交流与合作，提升教育发展水平，努力创建广东省推进教育现代化先进市，努力办人民群众满意的教育。

【教育投入】 2012年，东莞市教育总投入136.31亿元，比上年增加11.18亿元，增长8.93%。其中，财政性投入89.07亿元（含中央和省财政补助1.91亿元），比上年增加3.63亿元，增长4.25 %。

继续落实全免费义务教育政策　做好免费义务教育补助经费的下拨工作。除公办小学、初中少收的杂费和课本资料费按二级办学的规定全部纳入正常经费供给渠道，不另拨款外，2012年，市镇两级财政下拨民办学校免费义务教育补助经费2038.77万元，其中市下拨1634.54万元、镇街财政下拨404.23万元，确保东莞市免费义务教育工作顺利实施。

保障市镇两级教育经费投入　根据二级办学教育经费分担的规定，2012年，市财政在按市标准下拨直属学校教育经费33.26亿元（不包括教育收费4.49亿元），并继续加大对镇街教育经费的投入，全年下拨镇街教育补助经费11.87亿元。同时，镇街财政相应投入教育经费42.03亿元，有效保障学校的正常运作。

不断加大学校校舍建设投入　2012年，东莞市学校基建总投入16.4亿元，全年新建、扩建、改建公民办学校(幼儿园)99所（含跨年度建设学校及幼儿园），竣工建筑面积达71.49万平方米。至2012年底，生均校舍面积小学10.1平方米，中学21.49平方米。

继续完善公办学校教育装备　2012年，市镇财政对全市公办学校教育装备总投入1.52亿元，其中投入电教、信息类装备1.43亿元，图书资源类设备656万元。全市公办学校教育装备总值22.25亿元，比上年增加1.52亿元，增长7.3%。

民办教育经费投入持续增长　2012年民办教育经费总投入40.68亿元，比上年增加7.36亿元，增幅22.09%，占全市教育经费总投入的29.84%。

【师资队伍建设】 2012年，东莞市普教系统事业单位300个，在编在职公办教职工2.52万人，其中，本科学历2.08万人，研究生学历549人，高级专业技术资格2255人，中级专业技术资格1.39万人。加大干部选任机制改革力度，公推公选东莞市第二高级中学、东莞市第四高级中学校长，全国范围公开招聘大朗中学校长。加大学校校长在全市调配使用和轮岗交流的力度，推动学校开展中层干部内部竞岗，启动在高中阶段学校公开选拔20名校长后备干部工作。引进教育人才，全年公开招聘公办学校教职工527人。推动教师专业成长，为324名师范类应届毕业生和510名社会申请人办理教师资格认定，全年通过中学高级教师专业技术资格评审340人，小学高级教师（副高级）专业技术资格评审10人，中级专业技术资格评审1241人，初级专业技术资格评审480人，大中专毕业生初次认定专业技术资格443人。完善教师管理，开展名优教师辐射作用等专题调研，开发人事综合管理平台，积极研究聘用合同制教师管理新机制。教师节表彰广东省南粤优秀教师31人、南粤优秀教育工作者2人、东莞市优秀校长10人、东莞市优秀教师300人、东莞市优秀班主任80人、东莞市尊师重教先进集体20个。全年办理市内学校间调整调动98人，办理调入教育系统70人，办理外地调入131人，办理调往外市22人，办理调出教育系统23人，办理退休205人，办理辞职94人，办理辞退8人，接收安置随军家属13人。

深入实施“三名工程”（名教师、名学校、名校长），促进教师专业成长　加强制度建设，提升继续教育管理水平。制定并实施《东莞市中小学教师继续教育“十二五”规划》，为切实抓好“十二五”期间全市中小学教师继续教育工作作好规划；引进“中小学教师继续教育管理平台”和“中小学教师继续教育培训平台”，以现代化手段，加强中小学教师继续教育工作的管理能力和水平；实施《东莞市中小学教师继续教育管理暂行办法》，明确市、镇、校各级部门职责，并将教师参加继续教育情况作为职务晋升、年度考核、职称评聘的重要考查项目。继续深入实施“三名工程”。推荐13名市中小学“名师工作室”主持人和学科带头人成功申报省第二批“教师工作室”主持人，2012年东莞市共有省“教师工作室”主持人16人；成功举办8期“名师大讲堂”；组织名师工作室主持人开展理论培训、交流学习；开展高中、初中、小学学科骨干教师培养，达960人次。铺开各级各类师资培训工作。坚持以面授培训与远程培

各级领导关怀教育事业发展

① 2012年3月6日，市委书记、市人大常委会主任徐建华（中）与市委副书记、市长袁宝成（左）率领市党政代表团拜访教育部、清华大学和北京大学。图为市领导与教育部部长袁贵仁（右）进行交谈。

② 2012年5月31日，副省长雷于蓝（前排左一）在市委副书记、市长袁宝成（前排右一）陪同下深入市儿童中心慰问少年儿童。

训相结合，专业培训与校本培训共同推进的原则，开展各级各类师资培训。全年培训中小学教师近6万人次。

【教育督导】 2012年，聘任东莞市第七届督学和兼职督学，加强督导队伍建设；继续加强专项督查，推进规范办学和依法治校工作，保障全市教育事业稳步健康向前发展。继续推进教育优质均衡发展，全市有省、市一级公办学校266所（含广东省国家级示范性普通高中7所），公办中小学优质学校比例达97.1%，公办学校优质学位比例达98.8%；省、市一级民办学校35所，四星级民办学校34所，三星级民办学校57所，三星级以上民办中小学比例达51.9%。协助市政府做好东莞市创建广东省推进教育现代化先进市的各项工作。

【校舍安全工程】 2012年，东莞市推进中小学校舍安全工程，全部项目开工，大部分项目竣工，基本实现预期目标。全市累计已开工学校193所，开工项目432个，开工面积124.45万平方米（其中加固改造面积113.87万平方米，新建重建10.58万平方米），占规划改造校舍总面积125.45万平方米的100%；全市累计竣工学校192所，竣工项目431个，竣工面积123.67万平方米（其中加固改造面积113.87万平方米，重建面积9.8万平方米），占规划改造校舍总面积125.45万平方米的99.37%。

【校园安全管理】2012年，东莞市学校安全管理工作紧密围绕打造学生安全防护平台总体目标，努力维护学校的安全稳定和学生的健康成长。强化队伍建设，制定出台了普教系统安全管理工作责任人制度，实行学校安全管理工作“一岗双责”制度，落实第一责任人全员培训，培训人员1300多人次，提升队伍专业素质水平。开展推广省校园安全管理平台工作，采用“试点、改进、再推广”的模式，实现全市学校开通应用平台，提升安全管理工作信息化水平。加强安全宣传教育，着力落实安全教育周、安全教育日、周末及假期前最后一课“安全教育10分钟”等活动，开展消防安全知识网络大赛、防灾减灾日应急疏散演练、430交通安全宣讲以及针对滥用止咳水、软性毒品等行为的主题禁毒宣传教育月活动，发放各类宣传资料4500多册，提升学生自我保护意识。出台建立了维护学校安全稳定工作联动机制，加强“涉日”、十八大等维稳工作，成功排查化解“9·16”“9·18”以及“10·1”“10·10”等重要节点维稳隐患，确保教育系统稳定。加强安全重点专项管理，开展溺水专项治理工作，实现学生溺亡人数同比下降32.6%；全面贯彻落实《校车安全管理条例》，完善校车管理制度体系建设，强化校车专项整治，严厉打击各类违法违规行为，出台了校车财政补贴政策，投入财政资金1.2亿元，扶持校车规范发展；加强学校食堂食品安全管理，创建示范食堂、达标食堂115间。净化学生成长环境，开展校园安保“三防”（人防、物防、技防）建设专项督查行动，落实校园及周边治安秩序综合治理工作，开展“收保护费”、涉毒、劳资纠纷等涉校涉生问题专项整治行动，优化学生健康成长外部环境。2012年，全市普教系统未发生重特大安全责任事故，非正常死亡学生人数同比下降24.4%。

【现代教育信息网络管理】 2012年，东莞市教育信息化推进工程项目第一期投标和第二期论证，启动东莞教育云建设，建设云办公、云沟通、云站群、云共享、云评选五个平台，并确定莞城等5个镇街和东莞理工学校等4所直属学校为第一批实施单位；市教育局与东莞电信签署战略合作协议，对东莞教育城域网的线路和互联网出口进行升级和改造；与中科院云计算中心签订合作协议共同推进申报国家教育信息化区域综合试点工作；参加教育部在深圳举办的首届“全国中小学信息技术教学应用展演”活动，以“教育云下的数字校园”为主题，制作宣传片、展板、互动网站，展示东莞市学校智能教室和信息化管理的优秀应用案例；组织全市中职学校参加全国中等职业学校优秀网站评选活动，东莞市机电工程学校、东莞市电子商贸学校的网站获全国百佳网站，东莞市经济贸易学校的网站获全国优秀网站；在全市学校推广使用正版软件；组织全市中小学信息学奥赛、中小学电脑制作活动、教师多媒体教育软件竞赛活动、FLASH动漫设计大赛等各类信息技术活动。

① 2012年10月16日，东莞市模具技术人才培养“长安论坛”开幕式暨“企业课堂·岗位学制”启动仪式在东莞市钜升塑胶电子制品有限公司举行。省教育厅副厅长叶小山（左三）、副市长喻丽君（右三）、长安镇党委书记杨晓棠（左二）、市教育局局长杨靖波（右二）等出席活动。

② 2012年9月25日，首届全国中小学信息技术教学应用展演在深圳市会展中心举行。省教育厅厅长罗伟其（前排左一）在市教育局副局长王旭辉（前排右一）陪同下参观东莞展位。

① 2012年9月7日，东莞市举行庆祝教师节暨创建省推进教育现代化先进市动员大会，市委书记、市人大常委会主任徐建华，市委副书记、市长袁宝成等市几套班子领导出席会议。

② 2012年3月28日，市委、市政府召开全市教育工作会议。市委书记、市人大常委会主任徐建华，市委副书记、市长袁宝成等市几套班子领导出席会议。

③ 2012年6月27日，东莞市教育发展研究与评估中心正式挂牌成立。市教育局领导班子全体成员及全局干部职工参加挂牌仪式。

④ 为进一步优化中等职业教育资源配置，全面提升全市中等职业教育基础能力和教育质量，做强中等职业教育，突出学校专业特色，市教育局对部分公办中等职业学校进行资源整合。图为2012年9月26日东莞市电子科技学校举行揭牌仪式。

【教育科研】2012年，东莞市抓好科研基础建设，制定《关于进一步加强教育科研工作的指导意见》《课题研究指导小组工作规程》，调整充实教育科研领导小组和课题研究指导小组，加强对教育科研工作的统筹指导。加强科研管理信息化建设，对科研网站和课题管理平台进行改版升级，编发教育科研简报22期。开展首批教育科研先进单位、先进个人评选活动，评出科研先进单位68个、科研先进工作者30名、科研先进教师95名。开展群众性的科研活动，举办课题研讨会、交流会、推介会10场次，在石碣镇实验小学举办2012年度广东省教育创新成果奖推介会。开展东莞市普教系统2012年规划课题申报，共有申报项目542项，批准立项359项。抓好结题管理，64项课题通过结题鉴定。举办招标课题成果评奖和推广活动，19个中标课题成果通过结题验收，评出一等奖6项、二等奖13项。启动高效课堂专项课题研究，制订《高效课堂专项课题指南》，共有150项课题申报，批准立项100项。开展市第十一届普教科研成果评奖活动，共有参评成果176项，评出一等奖10项、二等奖35项、三等奖77项。加强省级课题申报的指导，7项课题被批准为广东省教育科学规划立项课题。组织申报2012年度广东省教育创新成果奖，东莞市有37项成果获奖，获奖总数占全省的26.4%，其中获二等奖8项，占全省二等奖总数的25%，获三等奖29项，占全省三等奖总数的27.1%。

基础教育

【学前教育】2012年，东莞市有幼儿园797所，其中公办、集体办园180所，民办园617所，基本满足常住人口适龄幼儿入园需求。3至6周岁在园幼儿25.57万人，入园率达97%，比上年提高1.6%。全市幼儿园教职工2.81万人，其中园长、教师1.78万人。教师学历达标率97.4 %，大专以上学历占 43.3%。全市有省、市一级幼儿园115所，其中省一级幼儿园14所，市一级幼儿园101所。

2012年，市政府高度重视学前教育的发展，将“全年新增公办（集体办）幼儿园15所，增加6000个公办幼儿园学位”和“对全市各类幼儿园进行财政补助”列入2012年市政府十件实事。各相关镇街积极加大财政投入，顺利收归7所集体办幼儿园为镇公办幼儿园，8所新建公办园工程如期推进，为广大人民群众提供更多的普惠性优质公办幼儿园学位。从2012年起，连续三年，市政府每年投入约1亿元，对符合条件的各类幼儿园按一定标准实行财政补助。2012年共拨付8328万元专项资金，促进各类幼儿园改善办园条件、提高师资待遇、规范办园行为，起到积极的引导推动作用。

【九年义务教育】2012年，东莞市有小学322所，比上年减少2所。小学在校生60.81万人，比上年增加2.98万人，适龄儿童入学率达100%，东莞户籍毕业生升学率达100%。全市有初中183所，其中初级中学47所，九年一贯制学校116所，完全中学初中部9所，多层次学校初中部11所。初中在校生19.21万人，比上年增加2635人，东莞户籍适龄少年入学率为100%，辍学率为0.22%。2012年，东莞户籍初中毕业生3.12万人，升入各类高中阶段学校就读的学生3.05万人，升学率97.8%。

【新莞人子女义务教育】2012年，东莞市义务教育学校非东莞户籍学生60.91万人，比上年增加4万余人。非东莞户籍小学生49.57万人，比上年增加3.04万人，其中在公办小学就读的非户籍小学生11.49万人；非东莞户籍初中生11.34万人，比上年增加0.99万人，其中在公办初中就读的非户籍初中生2.72万人。

通过简化新莞人子女积分入学办理程序、增强服务意识、提高服务质量和效率，提升社会对积分入学政策的满意度。2012年，全市通过积分制入读义务教育阶段公办学校新莞人子女共2.05万人，比上年增加4224人。根据省、市有关政策精神，共安排华侨华人和台胞子女共390人在东莞市就读。

【普通高中教育】2012年，东莞市有普通高中（含完中和多层次学校高中部）40所，比上年增加2所，在校生7.59万人，比上年增加2207人。在民族教育方面，东莞市加快东莞高级中学新疆校区的扩建工程，完善学生信息监管和出入管理，建立民族教育工作信息定时上报机制，及时研究和解决新疆班教育发展遇到的问题和难题，为599名在校新疆学生提供安全舒适的学习环境。

【特殊教育】2012年，东莞市贯彻执行《教育法》《残疾人保障法》和《残疾人教育条例》及省有关文件精神，加强特殊教育现状调研，抓好特殊教育学校建设规划和管理工作，推进特殊教育事业发展。全市残疾儿童少年在校生421人，东莞市户籍“三残”儿童少年小学入学率98.8%，初中入学率98.2%。

【学生思想道德建设】2012年，东莞市加强和改进学校德育工作，加强学生文明礼仪和诚信教育，深化社会主义核心价值体系建设。开展校风建设年系列活动，建设“精神引领平台”“心理对话平台”“才智展示平台”“安全防护平台”。组织开展“幸福东莞 和谐家园”爱国主义教育巡回宣讲30场次，参与师生2.6万人。开展“我们的节日”主题教育活动、“学雷锋、树新风”主题志愿服务活动、尊老孝亲暖流行动、“书写梦想 开启未来”第七届中小学生书信活动、“阳光下的阅读”现场作文竞赛和“千万少年快乐阅读”校园读书活动等。在市中小学德育基地建设东莞市青少年法制教育基地，12月正式投入使用。继续开展书香校园创建活动，4所学校被省授予“书香校园”称号。实施班主任能力提升工程，举办全市班主任专业能力大赛，选送4名选手参加广东省决赛，其中3人获得综合成绩一等奖，1人获得综合成绩二等奖，共获单项一等奖6个。与广东省第二师范学院合作研发并使用网上培训平台，启动新一轮班主任全员培训。推进中小学校德育工作绩效评估，认定78所学校为东莞市德育示范学校，其中10所学校被评为广东省德育示范学校。开展中小学德育创新成果展示，表彰和推广32项德育优秀成果。举办中职学校技能文化节活动，在市轻工业学校召开全市中职学校德育工作现场会，营造东莞市中职教育良好氛围。与团市委、市文明办等单位联合举办第三届东莞市中学生校际辩论赛，东莞中学松山湖学校、东华初级中学分别获得高中组、初中组冠军。开展镇街青少年活动中心（宫）建设和管理工作情况专题调研活动，组织镇街宣教办（局）分管领导召开加强镇街青少年活动中心（宫）建设和管理工作座谈会，促进镇街青少年活动中心（宫）建设和管理工作。2012年，中央文明委授予市教育局“全国未成年人思想道德建设工作先进单位”称号。

【体育卫生艺术教育】2012年，东莞市加强全市学校体育工作，督促学校落实中小学生每天1小时校园体育活动，提高青少年学生的体质健康水平。组建298人的体育代表团参加广东省第十届中学生运动会，共获得15枚金牌、24枚银牌、17枚铜牌，代表团综合团体总分956.45分，获二等奖，奖牌数和团体总分均名列全省第四，这是东莞市新世纪以来参

2012年东莞市普通高考（普通高中类）录取情况表

普通高中毕业生数	参加高考考生数	入围人数			录取人数			高考录取率（%）	每万户籍人口录入重点大学人数	每万户籍人口升本科人数	每万户籍人口升大学人数
		总数	其中		总数	其中					
			本科	专科		本科	专科				
23404	23591	22127	11631	10496	22609	13377	9232	96.45	12.87	64	134

备注：2012年普通高考录取率和每万户籍人口升重点、升本科、升大学人数等四项高考主要指标在全省21个地级以上市中位居第一。

加省中学生运动会取得的最好成绩。先后举办全市中小学生乒乓球比赛暨东莞市青少年乒乓球锦标赛、中学生羽毛球比赛暨东莞市青少年羽毛球锦标赛、中学生篮球比赛、中学生田径比赛暨东莞市青少年田径锦标赛。第四高级中学、光明中学参加广东省第三届高中篮球联赛，分别获得男、女子组第一名。

努力促进学生健康成长，继续严格落实晨检、因病缺课追查及报告等制度，加强对疾病监测；坚持开展学生健康体检、预防接种证查验工作，落实手足口病、水痘、季节性流感等常见病预防控制工作，维护学生身体健康；针对近年来学生先天性心脏病病例增多的现象，市教育局积极参与《东莞市先天性心脏病流行病学调查及规范化治疗》课题研究，全年配合完成全市公民办小学一至六年级学生共计57.8万人次的先天性心脏病筛查工作；选取60所中学阶段学校开展预防艾滋病健康教育试点，探索深化预防艾滋病宣传教育，继续落实青春期专题健康教育活动，普及健康知识，引导学生正确认识成长规律。

加强学校艺术教育工作管理，推进校园文化建设。举办2012年东莞市中小学生艺术展演（器乐、校园剧、朗诵专场）和作品类（含绘画、书法、摄影）展评活动，选送表演类12个作品、作品类60件参加广东省第四届中小学生艺术展演活动，获一等奖27个，二等奖31个，三等奖13个。选送作品参加2012紫荆杯两岸四地青少年书画大赛，获二等奖1个，三等奖3个，优异奖8个，入选奖25个。成功组织举办“光辉事业、幸福东莞”——东莞市庆祝教师节文艺晚会，展示东莞市中小学艺术教育的丰硕成果。

【心理健康教育】 2012年，东莞市继续落实省中小学心理健康教育四个规范性文件精神，推进“心理对话平台”建设。举行8期省心理健康教育“C证”培训班，培训教师1300余名；组织2期“B证”培训班，400多人参加培训；选派30多名骨干教师参加省举办的“A证”培训。开展推进中小学“心理对话平台”建设专题调研活动，全面了解东莞市中小学心理健康教育发展状况。举办东莞市第一届中小学心理健康教育教师专业技能大赛，选派优秀教师参加广东省中小学心理健康教育活动课展示活动。组织心理健康教育评课活动、专题讲座、现场观摩活动、片区教研活动等；组织部分骨干教师赴深圳开展中小学心理健康教育交流活动。塘厦第二小学、东城第一中学、厚街湖景中学被命名为广东省中小学心理健康教育示范学校。

【教学质量】 2012年，东莞市参加高中阶段学校招生考试有170所学校，参加考试学生40857人，平均分547.38分，合格率76.92%，优秀率36.99%。小学毕业语文、数学、英语的优秀率、合格率比上年均有明显提高。在国家和省组织的各类学科竞赛中，有1638人次获奖。

2012年，高考上线人数大幅增长。全市高考普通类考生23591人，其中新疆班150人，除新疆班外参加高考考生23441人，比上年增1312人，增幅5.9%。总入围22127人，入围率94.39%，比上年增2539人，增幅12.96%。重点线（第一批本科）入围2517人，比上年增256人，增幅11.32%，其中文理科考生（不含体育、艺术类考生，以下同）入围2411人，入围率11.31%，比全省平均水平高4.6个百分点；第二批本科以上入围11631人，比上年增770人，增幅7.09%，其中文理科考生入围10802人，入围率50.69%，比全省平均水平高11.6个百分点。

按报考人数统计，2012年全市高考普通类录取总人数22609人，录取率96.45%，创历年新高，在全省21个地级以上市中位居第一。其中第一批重点院校录取2680人，比上年增251人，增幅10.3%；第二批本科A类院校录取4971人，第二批本科B类院校录取5726人，本科以上院校录取13377人，本科录取人数比去年增1476人，增幅12.4%，占考生总数的57%，比全省平均水平高21个百分点。东莞市中职学校学生参加高职类招生考试5838人，录取4582人，录取人数比去年增1191人，增幅35.1%。

东莞市2012年录入全国著名高校人数继续保持上升势头，除录入省内热点高校外，录入全国15所热点名校总人数159人，比上年增40人，增幅达33.6%。其中录入清华大学8人，北京大学10人（含北京大学医学部6人）。中国人民大学14人，香港中文大学6人，复旦大学4人，浙江大学16人，南京大学10人，上海交通大学7人，上海财经大学4人，中国科学技术大学2人，同济大学6人，南开大学6人，吉林大学12人，武汉大学26人，华中科技大学28人。东莞市录入省内重点院校人数继续保持较大规模。其中录入中山大学271人，华南理工大学167人，暨南大学123人，广东外语外贸大学259人，华南师范大学350人，录入省内五所热点院校总人数比上年增111人，增幅10.5%。还有部分考生参加香港自主招生考试被香港名校录取，其中录入香港大学3人，香港科技大学2人。另外，还有3名考生通过港澳台联合招生考试录入清华大学和北京大学，其中录入清华大学1人，录入北京大学2人。

按户籍考生数统计，全市户籍考生录入第一批重点院校2377人，录入本科以上院校11989人，录入专科以上院校24814人。每万户籍人口升重点（第一批本科）12.87人，比全省平均数多7.91人；每万户籍人口升本科64人，比全省平均数多37人；每万户籍人口升大学134人，比全省平均数多69人。

2012年普通高考录取率和每万户籍人口升重点、升本科、升大学人数等四项高考主要指标在全省21个地级以上市中位居第一。

职业教育

【概况】 2012年，东莞市有中等职业学校26所（含技工学校3所），其中公办15所，民办11所；有省级以上重点中职学校11所，其中国家级重点10所，省级重点1所，省级示范性中职学校3所。中职学校招生人数2.11万人，比上年增加499人，增长2.4%；在校生5.67万人，其中省级以上重点中职学校在校生3.88万人，占整个中职学校在校生人数的68.5%；接收本省东西两翼和粤北山区的“双转移”学生8786人，比上年增加299人，增幅达3.5%。全市中职学校共有教职工3790人，其中专任教师3095人；共有“双师型”教师1147人，占专业教师的67.7%。2012年，东莞市中职学生的升学就业率达99%。

中职学校开设的专业有电子、计算机、会计、金融、服装、家具、模具、数控技术、汽车维修等50多个，其中省级重点建设专业（点）15个。

制定《东莞市中职教育资源整合实施方案》，并获得市政府同意。将威远职业高级中学与大朗职业中学合并，命名为“东莞市纺织服装学校”；对原镇办职业学校校名进行更改，并结合东莞市支柱产业和学校骨干专业建设情况，统一以“东莞市+行业（或专业）+学校”格式进行命名。

制定《东莞市开展“中高职连贯培养实验班”实施方案》，获省教育厅批准。从2012年开始，东莞理工学校与东莞职业技术学院联合开展“中高职连贯培养实验班”试点工作。实验班开设数控技术和软件信息与服务专业，共招收学生400名。

加强校企合作，督促指导各中职学校就专业建设、课程设置、人才培养模式等要围绕企业岗位要求加强与行业企业合作，取得较好成效。市机电工程学校与钜升塑胶电子制品有限公司合作，开创“企业课堂·岗位学制”，即该公司每年从学校模具专业三年级学生中选拔部分优秀的学生，由钜升公司提供师资、学习及实训场地，并由公司组织教学，实行师傅即是老师、学生即是员工，师傅带徒弟的形式，共同培养模具专业学生。

根据国家、省、市的有关要求，对2.93万名符合发放条件的中职学生进行资格审核，发放国家助学金3321.82万元；为227名中职学生落实中等职业学校家庭经济困难学生免学费政策，免学费28.375万元；对1.26万名广东省东西两翼和粤北山区“双转移”学生进行资格审核，发放补助资金3593.1万元。

2012年，东莞市组队参加全省中职学校技能大赛，取得较好成绩，共获得一等奖5名，二等奖24名，三等奖50名。其中，市纺织服装学生陈波代表广东省参加2012年全国职业院校学生技能竞赛，获得二等奖；市商业学校代表广东省参加2012年全国职业院校学生技能作品展洽会，获得一等奖1个，二等奖4个，三等奖4个；市纺织服装学校毛织专业学生陈贤贤参加第十届中国（大朗）毛织服装设计大赛决赛，获得金奖。

【东莞卫生学校概况】 东莞卫生学校创立于1958年，原设在莞城区田心路3号原东莞人民医院红楼门诊旁，是一所公办全日制普通中等卫生职业学校，是东莞市医学专业技术人员继续教育基地，也是广州医学院、中南大学成人教育东莞卫校教学点、广东省全科医学教育理论培训基地和卫生专业技术资格人机对话考试机构，承担东莞市中等卫生职业教育、医药卫生类成人学历教育、医学类专业技术人员继续教育与培训等工作任务。

东莞卫生学校

2012年9月10日，东莞市卫生局局长蔡一平、副局长钟耀棠等领导到东莞卫生学校参加教师节活动。

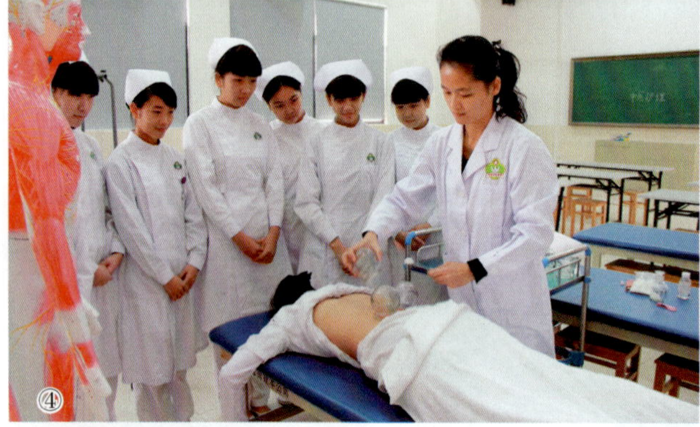

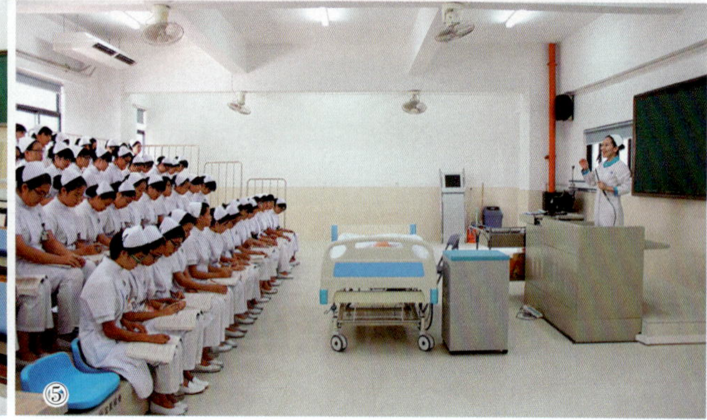

① 广东省东莞卫生学校校园
② 东莞卫生学校举行新校落成启用暨2012—2013学年开学典礼
③ 东莞卫生学校护理专业学生参加2012年东莞市职业教育技能教学展览活动
④ 中医康复专业学生进行专业实训
⑤ 护理专业开展一体化教学
⑥ 东莞卫生学校实训大楼
⑦ 东莞卫生学校教学区

办学设施　2012年9月3日，新校园正式落成启用，新校坐落于道・镇粤晖路3号（粤晖园北面），占地面积15.4公顷，建筑面积7.2万平方米，总投资2.01亿元。学校规划普通中专办学规模3000人，成人高等学历教育学生2500人，每年在职卫生技术人员各类培训5000人次。

新校园投资近8000万元配置一流的设施设备，其中教学设备设施5000多万元，实验实训设备2800多万元，教室均为多媒体标准教室。图书馆、学生公寓、教师公寓、专家楼、食堂、田径运动场、篮球场、羽毛球、排球场、网球场、多功能体育馆、报告厅、游泳池等一应俱全。

教学质量　学校深化教育教学改革，走内涵发展道路，着力提高教育教学质量。2012届毕业生参加全国护士执业资格考试，通过率高达99.6%，在全省乃至全国同类学校中成绩名列前茅。学生参加全省护理技能大赛，获得个人一等奖1项，二等奖2项，三等奖3项和团体二等奖的佳绩。

师资建设　2012年，学校大力推进人才强校战略，加大高学历、高素质人才引进力度。全校有教职工114人，其中专任教师76人。具有博士研究生学历1人，硕士学位17人，本科学历61人；高级职称30人，占专任教师的39%，中级职称教师18人，"双师型"教师42人，占专任教师的55%。

专业建设　2012年，学校开设护理、助产、中医护理、药剂、康复技术和中医康复保健共6个专业，其中护理专业为省级重点建设专业，药剂、康复技术和中医康复保健为2012年新增专业。中医护理、药剂、康复技术和中医康复保健列入学校"十二五"重点建设专业。

学生管理　2012年，学校全面推行"全员育人，全程育人"，强化"二结合三分级式"管理：一年级开展养成教育，二年级着力职业道德教育，三年级强化职业素养与院企文化教育，将学校德育与现代职业学生特点相结合，与社会对医疗卫生技术的人才目标相结合。同时，开展"道德讲堂"活动，加强道德教育；充分发挥社工作用，加强学生心理健康教育；引入教官管理模式加强生活管理。

招生就业　2012年，学校共录取新生868名，基本完成各专业招生计划。学校进一步完善就业指导中心建设，并通过合理调整职业生涯规划课程，加强毕业生就业指导和服务工作，协办东莞市医学类大中专毕业生供需见面会，及时有效地搭建起用人单位与毕业生之间沟通的桥梁。2012届毕业生就业率达98%。（赖学林）

附：2012年广东省东莞卫生学校领导名录

校　长：甘　赞

党支部书记、副校长：叶卫平

副校长：林　珊

成人教育

【成人教育】2012年，东莞市有5个成人高等教育机构、32所乡镇成人文化技术学校、302个民办成人教育培训机构。寮步镇成校、石碣镇成校被评为省级示范性乡镇成人文化技术学校，使全市省级示范成校达到12所。成人高等学历教育办学规模不断扩大，在校生人数达到6.16万人，比上年增加1.39万人，增长22.5%。各类成人教育培训机构积极开展社会培训，年培训量达52.46万人次。社区教育健康发展，逐步建立市、镇、村三级教育服务平台，各镇街充分利用社区内学校、公园、广场等教育基地，举办各式各样的教育文化活动，为群众提供多形式多层次的成人教育服务，有效提高全市人口的文化素质，为东莞市创建广东省教育现代化先进市建设营造良好氛围。

【成人高考】2012年，东莞市参加成人高考报名22330人。其中报考专科起点升本科类8270人，高中起点升本、专科（含脱产）类14060人，报考人数比上年增长4.8%，报考人数位于全省前列。全市成人高考录取18065人，录取率80.9%。其中专科起点升本科类录取7159人，高中起点升本、专科（含脱产）类录取10906人。

【自学考试】2012年，东莞市自学考试报考54525人次，比上年增2102人次，增幅4%，报考112427科次。两次非学历证书考试累计报考1866人，与上年相比增370人，报考3487 科次。自学考试毕业生2617人，同比增249人，其中本科916人，专科1701人。有92人获得中英合作剑桥高级金融管理证书，同比增28人；有214人获得中英合作剑桥高级商务管理证书，同比增47人。

民办教育

【民办教育】2012年，东莞市推动和规范民办教育发展。全市经教育行政部门批准开办的民办普通中小学247所（不含中职学校），其中办学层次为小学的有110所，九年一贯制学校115所，初级中学9所，高级中学1所，完全中学1所，从幼儿园到高中的多层次民办学校11所；批准开办的民办幼儿园617所，比上年增加34所。全市有专门招收新莞人子女的民办中小学220所。全市民办普通中小学和民办幼儿园在校生70.93万人，其中，幼儿园19.43万人、小学39.60万人、初中9.98万人、普通高中1.92万人。义务教育阶段新莞人学生在民办学校就读46.71万人，占全市义务教育阶段新莞人学生总数的76.68%。

【民办教育扶持】2012年，东莞市对110所民办学校（含幼儿园）给予专项资金1000万元的扶持和奖励，用于鼓励和扶持民办学校发展。在2012年省级民办教育专项资金竞争中，获得义务教育阶段一等奖（全省设最高奖为一等奖1个市），学前教育阶段二等奖。东莞市2所高中阶段学校、15所义务教育阶段学校、6所幼儿园共获得370万元省级民办教育专项资金奖励。全年创建义务教育阶段规范化民办学校56所。全市义务教育阶段规范化民办学校比例达44%。为规范民办教育管理，依法取缔无证幼儿园11所，分流安置学生970人，对全市815所民办中小学、幼儿园开展年检，年检合格率为93.6%，并将结果通过媒体和东莞教育网公布，接受群众和社会监督。通过年度检查，实现民办学校教职员工社会保险全覆盖。指导民办学校成立东莞市民办教育协会，促进行业自律，共有208个单位、个人会员加入协会。

（黄玉珍）

附：2012年东莞市教育局领导名录

局　长：杨靖波

副局长：王任槐　黄金海　王旭辉
　　　　陈启明　钟建群

纪检组组长：黄健勇

副调研员：张炳祥

【东华教育集团概况】东华教育集团是东莞市东华实业有限公司创办的、全市规模最大的优质民办基础教育机构；辖东华高级中学、东华初级中学、东华小学和东华幼儿园，均坐落在市中心区，北靠黄旗山，东临同沙湖，校舍和设施设备按省一级学校标准建设和配置，教师是从全国各地引进的骨干教师和师范院校的优秀毕业生，实行全寄宿制，共有学生（幼儿）2.3万多人，教职工近2400人。各中小学纳入市直属学校管理，属民办公助学校。东华教育集团坚持社会主义办学方向和"面向全体、发展个性、立足教育、奉献社会"的办学宗旨，秉承"一切为了学生"的办学理念，致力于"办现代化优质学校，育新世纪创新人才"，在高起点的基础上，丰富教育资源，优化办学条件，注重科学管理，提高办学质量，稳步向规范化、现代化发展，为社会提供从幼儿园到高中一系列优质教育服务。办学11年来，以其浓郁的人文精神，鲜明的时代特色，全面推进素质教育，教育教学质量不断攀升，高考中考成绩位居全市公民办学校前列，成功打造优质教育品牌，赢得广大家长和社会各界的高度赞誉，为推进全市教育事业的改革和发展做出了榜样。

东华高级中学　2012年，东华高级中学高考本科录取1481人，连续9年全市第一；其中重点大学录取545人，占全市21.7%，连续5年全市第二；考取清华大学和北京大学10人，占全市50%，连续5年全市第一；2人获全国中学生生物学联赛一等奖，7人获全国青少年信息学奥赛一等奖；学校获清华大学"新百年领军计划"优质生源基地、北京大学"中学校长实名推荐制"学校、卓越联盟高校优秀生源基地、中国中学生地理奥赛培训基地等称号。

东华初级中学　东华初级中学是市普教系统文明单位，并多年获市教学质量一等奖。2012年，东华初级中学创造性开展体验式德育和体验式高效课堂活动，开展个性化校本课程活动，让学生

东华教育集团

① 2012年5月31日，市委副书记姚康（前排左一）与东华幼儿园幼儿共同创作庆"六一"百米画廊。

② 2012年12月20日，副市长喻丽君（右三）在市教育局局长杨靖波（右四）、东华公司董事长李胜堆（右二）的陪同下到东华高级中学调研。

在成长的过程中，一路有快乐相伴，步步有成功同行。中考成绩继续在全市名列前茅，平均分662.59分（超市平均分115.21分），合格率达98.7%，700分以上760人，优秀率达83.1%。2012年各类竞赛成绩也继续保持全市领先地位，学生参加全国数理化奥赛，获一等奖13人，占全市81.25%，居全市第一；田径队获市中学生比赛团体第一名，学生辩论队获市校际辩论赛初中组冠军。

东华小学　2012年，东华小学强化师生员工自觉遵循“道德管理”的行为准则，以德治校，丰富以校训“向善向上”为学校核心文化的精神内涵，举办建校十周年庆典，参评“广东省德育示范学校”，开展体育艺术节、读书节和感恩教育等一系列主题活动。2012年，教师获省级以上奖项44项，市级奖项51项；学生获省级以上奖项51项，市级奖项184项；学校获广东省书香校园、广东省诗歌示范学校、东莞市德育示范学校等称号。

东华幼儿园　东华幼儿园是市一级幼儿园，2012年，以十年园庆为契机，以培养幼儿“学会做人、学会生活、学会学习、学会求知”为目标，对幼儿体、智、德、美等综合素质的和谐发展给予全面关注，注重培养幼儿形成健康、自信、活泼、乐观的个性和养成尊重人、有礼貌的良好习惯。幼儿园各项制度完善，教科研工作勇于探索与实践，办学成效显著，再次被评为市保教质量一等园、市普教系统文明单位及市先进民办学校，师生在各类比赛中多次获奖。（万学军）

附：2012年东华教育集团董事会成员名录

董事长：李胜堆

副董事长：李镜波　吴定风

董　事：祁炜锦

简期颐（兼东华高级中学校长）

万学军（兼东华小学校长）

强光银（兼东华初级中学校长）

① 2012年10月26日，东华高级中学校长简期颐（左三）代表学校接受清华大学颁发的“优质生源基地”牌匾。

② 2012年4月23日，东华初级中学学校辩论队勇夺市初中学生校际辩论赛冠军。

① 2012年11月12日，东华初级中学学校田径队蝉联市中学生田径比赛团体总分第一名。
② 2012年11月，在全国青少年信息学奥林匹克竞赛联赛中，东华高级中学7人夺得一等奖。
③ 2012年9月12日，东华小学师生在市第15届推广普通话周“魅力汉语 经典华章”中华经典诵读比赛中获特等奖。
④ 东华小学组织学生每天快乐运动1小时
⑤ 2012年4月5日，东华初级中学组织学生干部开展励志营活动。

高等教育

东莞理工学院

【概况】东莞理工学院于1990年筹办，1992年4月经国家教委批准成立，2002年3月经教育部批准变更为本科全日制普通高等院校，2006年5月获批成为学士学位授予单位，2008年5月通过教育部本科教学工作水平评估并获良好成绩，2010年6月与清华大学、上海交大等61所高校一起被批准为教育部第一批"卓越工程师教育培养计划"实施高校，2010年8月获批成为广东省立项建设的新增硕士学位授予单位。

学校有两个校区。松山湖校区坐落在松山湖高新技术产业开发区内，占地100公顷。办学设施完善，教学实验设备充足，建有10个教学实验中心，其中"电工电子实验教学中心""计算机科学与技术实验教学中心""机械设计制造及其自动化专业工程实践教育中心""化学实验教学示范中心"是省级实验教学示范中心；图书馆建筑面积达2.7万平方米，藏书114万多册；体育场地面积约14万多平方米。莞城校区面积330多亩，交通便利，湖光山色，绿树成荫，环境优美。

2012年，学院建立了以工学、管理学为重点，文学、理学、经济学、法学、教育学等多学科协调发展的学科专业体系。设有15个院（系、部）、31个本科专业。有普通全日制学生12700多人，成人教育学生8600多人。创办按新机制运作的本科独立学院——东莞理工学院城市学院，在校学生1.2万人。

【发展战略】2012年，东莞理工学院召开第二次党代会，确定"建设特色鲜明的高水平应用型地方大学"奋斗目标，形成"12345"发展思路，即：牢牢抓住以协同创新为引领、全面提高教育质量这一主线，紧紧把握促进学生成长成才、助推教师成长发展两个着力点，重点凝练应用型、地方性、国际化三大办学特色，不断增创学科专业、体制机制、办学环境、开放合作四方面新优势，扎实推进师资队伍建设、教育教学改革、产学研用结合、大学文化培育、学校党建创新五项重点工程。

【招生就业】2012年，东莞理工学院录取新生3679人，出档线在省内二A本

东莞理工学院

① 2012年4月14日，东莞市委书记、市人大常委会主任徐建华（右二）到东莞理工学院视察。

② 2012年4月28日，东莞理工学院举行建校20周年庆祝大会。

科院校中名列前茅。“卓越计划班”招生受热捧，最高、最低分及录取平均分分别高出省二本线56分、31分和43分。首届NC学院通信工程专业招生火热，理科市外最低分为559分，平均分561分，超出省线38分。毕业生就业率、就业质量、升学率不断提升，近90%毕业生实现就业；考研工作取得较大突破，有35名考研同学被16所高校录取，其中11人被录取到985院校，创历史新高。

【协同创新】 2012年，东莞理工学院紧抓国家“2011计划”实施机遇，成立协同创新办公室，发起成立东莞高校协同创新联盟，与松山湖管委会、东莞市科技局筹划成立东莞协同创新研究院，与东莞华中科技大学制造工程研究院、东莞电子科技大学电子信息工程研究院、东莞中子科学中心、清华大学深圳研究院、深圳光启高等理工研究院等科研院所及东莞的多个镇街、园区达成合作意向。

【校园建设】 2012年，东莞理工学院党委团结带领全校师生，开展创先争优活动，学习党的十八大精神，围绕学院第二次党代会确定的目标任务，把脉学校现状和难题；隆重、简朴、热烈举行20周年校庆系列活动；以校庆为契机，加强校园美化及完善工作，完成校园建筑外墙改造、会议中心建设等工程，建成陈省身·杨振宁铜像、孔子铜像、校史馆、翰墨堂等一批人文景观和项目；大兴民生实事，开展丰富多彩文体活动，加强平安校园建设。

【教学工作】 2012年，东莞理工学院致力于培养高素质应用型人才，加强校企合作，突出实践教学，建立稳定的校外实习基地150多个和就业创业见习基地22个，聘请实习顾问230多名。学院加强实验室管理与大学生创新创业管理工作，获批立项国家级工程实践教育中心2个、省实验教学示范中心1个，学生获国家级三等奖以上5个、省级三等奖以上31个；以质量工程项目建设为重点，推进教学改革，正式立项的61个项目获得省财政资助的首批经费141万元；新申报“自动化”和“社会工作”两个专业。

【学科建设与科研工作】 2012年，东莞理工学院重视学科建设工作，确立电子工程与技术、化学工程与技术、计算机科学与技术、机械工程、中国语言文学、工商管理等6个一级学科为重点建设学科，其中电子科学与技术、化学工程与技术为广东省立项建设的新增硕士学位授予单位授权学科专业。学校化学工程、电路与系统、计算机应用技术等3个学科获批为广东省特色重点学科，实现历史性重大突破。

学院加强科研工作，参与“科技东莞”工程，建立东莞市清洁生产科技中心、精密制造技术中心、东莞分布式能源研究中心等一批重点科研平台；参与中科院与市政府共建的“国家散裂中子源”项目。有广东省重点实验室1个、广东省普通高校工程技术开发中心1个、中央财政支持地方高校发展专项资金科研平台建设1个、教学实验平台建设1个、市级重点实验室9个。“化工清洁生产工程研究中心”获批为中央财政支持地方高校发展专项资金科研平台；“广东高校网络与信息安全工程技术开发中心”获广东高校工程技术开发中心立项建设；“中德精密制造技术中心”获立项建设。教师申报项目质量创新高，共申报理工类课题169项，其中国家自然基金项目获得批准立项6项，申报人文社科类课题116项，共获得各级各类科研项目立项经费3510万元；联合培养硕士研究生工作稳步推进，培养研究生在校生66人。

【师资建设】 2012年，东莞理工学院成立人才工程办公室，推进落实“10+50”年度人才引进目标，新引进34名博士；袁华强教授被遴选为第七批“千百十

① 2012年9月28日，市委副书记、市长袁宝成出席东莞理工学院开展的“服务东莞，创新发展”主题学习讨论活动。
② 2012年8月30日，东莞理工学院与中科院高能物理研究所举行“下一代互联网联合实验室”签约仪式。

工程”国家级培养对象，这是学校首位“千百十工程”国家级培养对象。全校有教职工1000多人，其中正高职称94人，博士194人，享受国务院政府特殊津贴专家4人。专任教师中，72%以上是具有博士、硕士学位的中青年教师或者是出国留学、进修人员，48%具有副高以上职称。

【校园文化】2012年，东莞理工学院加强学生思想政治教育，提升综合素质，开展覆盖整个学年的思想引领、学术科技、就业创业、社会实践、志愿服务、文化艺术、体育竞技等各类校园文化活动，形成丰富多彩的校园文化。“三下乡”暑期社会实践活动先后7次获得中宣部、教育部、团中央、全国学联联合表彰。学校学生在第八届“挑战杯”广东大学生创业计划竞赛复赛中，获广东省赛1金3银8铜的好成绩，获奖数位居省内高校前列。其中“服务100创业团队”在第八届“挑战杯”总决赛上获得全国银奖，创造学校参加全国“挑战杯”创业计划竞赛历史上的最好成绩。大学生创业蔚然成风，创业教育工作喜获团中央表彰。

【国际交流】2012年，东莞理工学院推进与美国伦斯勒理工学院的合作磋商，寻求与韩国湖西大学等世界其他大学开展项目合作，将莞城校区作为国际办学等人才增长极和创新试验区，筹备组建国际学院。（刘　健　李利平）

附：2012年东莞理工学院领导名录

党委书记：周致纳（任至5月）
　　成洪波（5月到任）
党委副书记、校长：杨晓西
党委副书记、纪委书记：
　　黄碧莲（任至9月）
党委副书记：吕琦元
党委副书记、纪委书记、副校长：
　　安少华（9月任党委副书记、纪委书记）
党委委员、副校长：邹晓平　戴炳源
　　李忠红
党委委员：李培经　邢大立　杨敏林

2188
2012 12 24

广　东　省　教　育　厅

粤教研函〔2012〕13号

广东省教育厅关于公布第九轮广东省重点学科名单的通知

各有关高等学校：

为进一步提升我省高等学校的学科建设水平，促进我省高等教育的改革发展，增强高等学校培养高层次人才、产出高水平科研成果和为经济社会发展服务的能力，更好地支撑我省建设现代产业体系、建设文化强省和人力资源强省、打造南方教育高地等核心战略，省教育厅开展了第九轮广东省重点学科评选工作。经学校申报、网上公示申报材料、同行专家通讯评议、现场答辩评审等程序，现批准中山大学哲学等67个学科为攀峰重点学科，中山大学应用经济学等112个学科为优势重点学科，暨南大学病理学与病理生理学等61个学科为特色重点学科。同时，从优化学科结构和布局的角度出发，批准南方医科大学护理学等6个学科为培育学科。

各高等学校应加强对第九轮广东省重点学科的建设与管理，做好重点学科建设规划，保障经费投入，进一步提高教学科研水平，并发挥重点学科的辐射作用，带动其他学科的建设和发展，从而有效提高我省高等教育的质量，更好地为我省经济社会发展服务。其中，对培育学科要切实加大投入和建设力度，加强指导和管理，并在2年后接受省教育厅组织的考核评估，评估合格的正式增补成为广东省重点学科。

附件：1. 第九轮广东省重点学科——攀峰重点学科名单
2. 第九轮广东省重点学科——优势重点学科名单
3. 第九轮广东省重点学科——特色重点学科名单
4. 广东省重点培育学科名单

广东省教育厅
2012年12月19日

②

① 2012年9月28日，东莞理工学院第二次党代会圆满落幕。

② 广东省教育厅关于公布第九轮广东省重学科名单的通知

东莞理工学院城市学院

【概况】东莞理工学院城市学院是2004年经国家教育部批准设立的全日制本科独立学院。学院实行董事会领导下的院长负责制，构建起现代高校的办学体制和内部管理机制。

学院新校园建在美丽的佛灵湖旁，一期校舍建筑面积完成42.56万平方米。2011年进驻第一批学生，2012年9月，学院办学主体整体迁入新校区，实现跨越式发展。成为办学设施齐备、教学实验设备充足、教学教务机构健全合理的新型本科院校。全院有在校学生12937人，其中：专科学生2687人、本科学生10250人，东莞籍学生占59.4%。学院开设本专科专业45个，涵盖工、文、理、管、经、法、艺等学科门类。2012年学院获批成为学士学位授予单位，停止招收专科新生。

学院坚持以教学工作为中心，以教学质量为先导，建立以院长为首的“质量工程”督导团队，全面提升教育教学质量；坚持立足东莞、服务广东，以市场需求为导向，努力培养适应地方经济社会发展需要，基础知识扎实，实践能力强，具有创新、创业精神的高素质应用型人才，将学院建成符合区域经济社会发展要求，具有鲜明特色的应用型本科院校。2012年学院获东莞市“先进民办学校”荣誉称号。

【杨振宁、范曾来访】2012年4月27日，世界著名物理学家、诺贝尔物理学奖获得者，90岁高龄的杨振宁博士携妻子翁帆女士，莅临东莞理工学院城市学院新校区参观访问。随同来访的还有当代著名书画国学大师、北京大学中国画法研究院院长、联合国教科文组织“多元文化特别顾问”博士生导师范曾教授。

【学科专业建设】2012年，东莞理工学院城市学院组织院级12项教学改革课题评审，创新人才培养和大学生创新性项目结题评审，23项市级以上科研项目申报立项。确定学院重点建设的优势学科群，申报并获批省级专项资金资助重点建设学科1项，56个省级教学质量工程项目申报立项。有省级精品课程2门，院级重点课程18门。学院有148个院外教学实践实习基地，为培养高素质应用型人才创造条件。

【教学科研成果】2012年，东莞理工学院城市学院获国家自然科学基金项目

东莞理工学院城市学院

① 2012年4月14日，市委书记、市人大常委会主任徐建华（左七）莅临东莞理工学院城市学院视察、调研。

② 校园广场

和社会科学基金重点项目各1项；广东省科技计划项目和思想政治教育课题4项；东莞市科技计划项目和社科规划项目11项、东莞市哲学社会科学优秀成果奖8项。学院获全国软件设计竞赛二等奖、广东省高校思政课青年教师教学基本功比赛一等奖、第五届广东省大学生机械创新设计大赛三等奖、广东省大学生数学竞赛三等奖、广东省高校第四届化学化工实验技能大赛三等奖。

【师资队伍建设】 2012年，东莞理工学院城市学院面向全国进行公开招聘、遴选人才，引进各类人才76名，其中高级职称6人，研究生以上学历41人。专任教师中具有高级职称者占教师总数的32%，其中具有硕士、博士学位的中青年教师占58%，部分教师是出国留学、进修人员和享受国务院特殊津贴的教授、博士。学院继续加大师资培训工作力度，提升教职工综合素质。支持、选送在岗教师继续教育培训、在职攻读博士、硕士学位、进修研究生课程等。党家立老师获广东省第七届群众戏剧曲艺花会戏剧类金奖、肖红飞教授获广东省民办教育优秀教师称号、陈浩华老师获东莞市岗位技术能手标兵称号等。

【招生与就业】 2012年，东莞理工学院城市学院停止招收专科生，在其他院校同时扩招情况下，学院仍以高出省征集线录取新生，且人数创历史新高。2012级新生报到4967人，报到率（93.7%）居全省同类院校前列，上2B线东莞藉学生超50%。

为有效推动学生就业工作，学院调整专业设置、成立就业指导与培训中心，指导学生制定职业规划，拓宽就业渠道，搭建企业和毕业生联系和沟通平台。学院2012届2687名毕业生，初次就业率为96.39%，总体就业率为99.55%，名列广东省高校前列，就业率再创新高。

【学生工作】 2012年，东莞理工学院城市学院完善思想政治教育工作体系，开展优良学风建设，加强后勤服务保障，评选“先进班集体”“校园十佳”“优秀大学生”“优秀学生干部”及“鸿发奖学金”“鸿发励志助学金”等，为同学们成长成才提供良好的环境和条件。有18个班级获得“先进班集体”称号，10位同学获得“校园十佳”称号，1577位同学获得“优秀大学生”称号，1005位同学获“优秀学生干部”称号，20位同学获得“鸿发奖学金”，50位同学获得“鸿发励志助学金”，1744位同学获

① 2012年11月2日，东莞市社会科学界联合会东莞理工学院城市学院分会成立。
② 民主测评会议上党委书记朱志德做主题讲话
③ 东莞理工学院城市学院院长杨敏林为毕业生拔穗

一、二、三等奖学金及单项奖学金。有18名同学分别被中山大学、华南理工大学、暨南大学、华南师范大学和北京印刷学院等大学录取为硕士研究生。

【国际交流】2012年，东莞理工学院城市学院与美国北爱荷华大学展开合作交流，交换互派留学生。开展教育培训和科研合作。美国伦斯勒理工学院、英国兰卡斯特大学、澳洲中央昆士兰大学、美国北俄亥俄大学、香港理工大学等国外境外知名大学来参观、洽谈合作交流。学院戚健老师被国家选派赴爱尔兰任教。

【服务东莞】2012年，东莞理工学院城市学院秉承“服务地方、服务社会”的宗旨，倡导、组织全院师生走社区、进工厂、到军营开展文化及志愿服务活动，使广大师生在社会实践中经受锻炼，拓宽视野，增长见识、展现风采。

【和谐校园】2012年，东莞理工学院城市学院加强校园文化建设，创建“以人为本、健康向上”的校园文化，陶冶学生的情操、启迪学生心智，促进学生的全面发展。学院组织开展丰富多彩的活动，有体育比赛、文艺演出、工模市场、迎春团拜等。开展各项民主管理，定期召开干部民主生活会，开展对院领导、中层负责人的民主测评工作等，建设优良的校风、教风、学风，打造和谐、幸福城院。（朱赢汎）

附：2012年东莞理工学院城市学院领导名录

院　长：杨敏林
党委书记：朱志德
党委副书记：朱　冰　章德胜
副院长：张　林　高香林
院督学：陈丁堂

① 杨振宁博士欣然为东莞理工学院城市学院图书馆签名赠书
② 新生军训团接受检阅
③ 杨振宁博士、范曾教授与东莞理工学院城市学院师生合影
④ 新生军训汇报表演

广东医学院

【概况】广东医学院创建于1958年，为广东省重点建设大学和国家限额指标内的拟新增博士学位授予单位立项建设单位。由湛江校区和东莞校区两部分组成，设有研究生学院、基础医学院、第一临床医学院、第二临床医学院、医学检验学院、护理学院、药学院、公共卫生学院、人文与管理学院、继续教育学院、信息工程学院等11个二级学院和社科部、体育部、外语部等3个教学部，拥有2所直属附属医院，26所非直属附属医院，113所临床教学医院。设有临床医学、医学检验、医学影像学、口腔医学、预防医学、生物医学工程、信息管理与信息系统、护理学、药学、公共事业管理、法医学、英语、应用心理学、劳动与社会保障、麻醉学、中医学、统计学、社会工作、卫生检验等19个本科专业。其中临床医学、医学检验两个专业是广东省名牌专业，和护理学专业、医学影像学一并被教育部批准为高等学校一类特色专业建设点。《生物化学》《病理学》为省级精品课程。拥有1个临床医学一级学科硕士学位授权点，13个二级学科硕士学位授权点，24个硕士研究生联合培养基地，1个博士研究生联合培养点以及1个博士后科研工作站。2012年学校在校全日制本科生20313人，研究生840人，在校继续教育学生20204人。

【党建与思想政治工作】2012年6月，广东医学院行政领导班子换届和党委领导班子调整。10月召开中国共产党广东医学院第六次代表大会，选举和产生新一届党委委员和纪委委员。完成机构设置调整工作，根据服务地方经济社会发展需求和学校发展战略需要，成立发展规划处、社会合作处、东莞科研中心。学校当选为省高校宣传思想工作专业委员会常务理事单位，校团委获“广东省五四红旗团委”，第一临床医学院学生部获“广东省巾帼文明岗”，校报作品获3项“全国高校校报好新闻奖”和6项“广东高校校报好新闻奖”。

【教育教学】2012年，广东医学院临床医学创建成为省级重点专业，启动“卓越医师”和“卓越护士”培养工作；新增社会工作和卫生检验两个本科专业，麻醉学专业获批新增学士学位授予，启动《食品质量与安全》新专业申报；《思想道德修养与法律基础》通过省级高校思想政治理论课优质课程验收；实施大学英语教学改革和非计算机专业计算机公共课程教学改革；获广东省高等学校教学改革工程项目立项8项，资助经费12万元；获省高等学校思想政治教育课题资助4项、立项非资助2项。

【学科建设与科研】2012年，广东医学院建设广东省衰老相关心脑疾病重点实验室，为学校第三个省级重点实验室；广东省医学分子诊断重点实验室通过省科技厅中期检查；生物化学与分子生物学、皮肤病与性病学、神经病学等3个学科被评为广东省特色重点学科。呼吸内科、神经内科、普通外科、泌尿外科被评为广东省临床重点专科。全年获校外科研项目168项，其中国家自然基金42项，总资助经费3078万元，省级重大科技专项实现“零”的突破。全校申请专利10项，授权4项，获得1项国外（澳大利亚）专利授权。图书馆成为教育部部级科技查新工作站。

【人才队伍建设】2012年，广东医学院引进70多名博士。学校有专业教师813人，其中博士217人，占专业教师的26.69%。有3人被确定为广东省高等学校“千百十”工程第七批省级培养对象，27人为校级培养对象；4人获得“南粤优秀教师”称号，1人被确定为“国务院特殊津贴专家”候选人。

【学生管理】2012年，广东医学院获全国大学生英语辩论赛华南赛区三等奖，全国大学生英语竞赛特等奖，省“挑战杯”大学生创业计划大赛银奖，省大学生环保公益创作大赛二等奖，大学生临床技能竞赛华南赛区三等奖，广东省大学生生化实验技能大赛优胜奖。学校再获“2011—2012年广东省高校助学贷款先进单位”称号，全年办理2264名学生助学贷款，放款金额1358.4万元；办理国家奖助学金 3901人，金额1320.4万元；固定勤工助学工作岗位近900个，发放金额150万元；设立重大疾病特殊困难补助、求职补贴、新生学费减免、应征入伍学费补贴等，共计为 2800人次资助250 万元。毕业生就业水平不断提高，2012届本科毕业生人数达3635人，初次就业率达93.01%，较2011年同期高2.1个百分点。继续实施“一对二”就业帮扶计划，受帮扶毕业生已有189人实现就业，就业率达96.92%。实行阳光招生，2012年招收本科新生4604人（其中东莞校区3220人），完成计划102%，首次招收港、澳、台学生23 人。全日制研究生招生302人，完成教育厅下达的招生计划；成人高等教育招生创下报考人数、省计划招生指标数和实际录取人数三个“全省高校第一”。

【校园文化建设】2012年，广东医学院先后举办4场人文素质大讲坛、4场名家讲坛和2期大学生论坛。开展读书征文活动及读书交流会。举办形式多样的大学生文化艺术节、科技学术节，学生参与覆盖面达80%。加强人文素质教育，充实《新生入学教育》课程内容，开展中国传统文化和素质教育讲座。实现校园网络主干链路部分万兆、校外移动OA办公。完成东莞校区实验动物中心综合楼工程主体工程、学生活动广场建设、科技大楼与研究生学院建筑规划方案报批。学校领导干部联系班级制度获“2012年广东高校校园文化建设优秀成果”特等奖。（范雪香）

附：2012年广东医学院领导名录

党委书记：江文富
党委副书记、校长：郑学宝
党委副书记、工会主席：侯小慧
党委副书记、纪委书记：高秀梅
党委常委、副校长：符学三　颜大胜
杨云滨　赵　斌
副校长：丁元林
党委常委：朱健平

广东科技学院

【概况】广东科技学院是一所经教育部批准设立的全日制普通本科院校。学院占地面积64公顷，总建筑面积40多万平方米。已建成多个设备先进、配套完善的大型实训中心，教学仪器设备总值近亿元，建有校内实验实训室130余个，其中汽车检测与维修实训基地被省教育厅评为省级实训基地。

2012年，学院牢牢把握为广东经济社会发展服务的办学方向，根据区域经济社会发展需要，不断优化专业结构，培育品牌专业和特色专业，初步形成具有自身特色的专业体系和布局。学院不断深化教学改革，推进人才培养模式研究改革，加强专业和课程建设。学院注重科研，全年获省、市级科研项目立项10项，学院教改项目立项15项，学科研究及学校管理专项19项；学院及院外项目结项30项，科研成果获奖63项。学院学生共有184人次参加校外各级、各类

专业技术技能大赛，86人次在71个奖项中获奖；学院教师参加专业比赛获得国家、省级奖项11项。

【教学改革】2012年，学院积极组织探讨应用型本科人才培养模式改革。组织相关教师进行本科理论学习，对学院本科人才培养的类型、定位、教学模式进行研究与探讨，对本科专业的教学计划进行研讨，并对省内外部分本科高校的本科人才培养模式进行学习及探讨。

为促进教师教育教学水平的提高，改革和创新教学模式，提升学院信息化建设水平，根据广东省教育厅关于《教育信息化试点学校申报工作》的通知要求，组织开展教育信息化试点学校的申报和建设工作。

学院引进世界大学城云平台，助推信息化建设工作。通过前期培训，共开通教职工账号470个，部门及专题空间21个，学生账号691个。第二批7731个学生空间已在开设过程中。各系（部）、行政人员、教师都建立了自己的空间，共发布文章9000余篇，文章浏览次数8万余次，取得较好成效，整体工作正逐步推进。

完成学院2011级本专科人才培养方案修订和2012级本专科人才培养方案制订工作、2012-2013学年第一学期教学执行计划和2012-2013学年第二学期教学执行计划制定工作，组织各系部编写2010级、2011级、2012级专科本年度所开课程的课程标准以及项目（实训）指导书。根据广东省、东莞市经济及产业结构调整情况，学院对2012年招生专业进行调整和优化。

【队伍建设】2012年，是广东科技学院加强师资队伍建设，深化人事分配制度改革的关键之年。学院大力推进“人才强校”工程，形成一支数量充足、结构合理、素质过硬的教师队伍。学院继续贯彻“积极引进，加强培养”的指导思想，根据应用型本科院校办学特点和育人要求，大力加强师资队伍建设。一年来，学院着力实施“人才强校战略”和绩效管理，探索建立有利于教师资源合理配置和优秀人才脱颖而出的长效机制，为学院的健康、可持续发展提供人力资源保证。

学院制定切实可行的人才队伍规划方案，明确人才引进计划和特殊人才特殊待遇政策，通过全国公开竞聘，多渠道引揽人才。经过努力，全年新引进副高级以上人员20余人，是高层次人才引进数量最多的一年。

为了优化学院部门机构，增强中层管理队伍力量，学院对原有管理部门进行整合，并实行中层干部岗位竞争上岗制度。行政、教辅、教学、业务等所有管理部门的中层干部职位全面重新竞聘，为优秀人才提供广阔的提升空间。经过竞聘，一批更有思考力、创新力、执行力的人才脱颖而出，进一步提升学院的管理水平、服务能力和工作效率，为学院的建设和发展提供坚强有力的组织保证。

【学生管理】2012年，学院以本科学士学位授权专业与单位评审指标建设为中心，按照强化内涵、培育特色、提高质量的思路，坚持以育人为根本，以改革创新为动力，以提高质量为核心，不断推进学生管理和服务各项工作。

学院团委在原有素质拓展认证基础上，不断修改和完善，制定符合学院实际的素质拓认证体系，并建立院、系、班三级认证机构体系，以素质拓展认证促进学生素质的全面发展和提高。

学生资助体系基本完善。奖、勤、助、贷、减、免、缓等多项学生资助政策融会贯通，从家庭经济困难学生入学起，开始发挥其作用，积极帮助家庭经济困难学生，做到不让学生因为家庭经济困难而失学，且通过资助达到育人目的。全年通过绿色通道入学的新生89人，金额73万余元，为学生办理缓缴的金额200余万元，校内提供勤工助学岗位80多个。在“启航杯——广东省大学生创业实战营销大赛”中，学院“奇迹创造者队”获得团体铜奖、“开拓奖”，队长童辉获“最佳营销总监”奖。

【境外交流】2012年5月，学院设立国际教育学院，负责与国外及港澳台高校进行合作办学和文化交流。5月9日和5月24日，学院分别与台湾树德科技大学和圣约翰科技大学签订合作协议，11月6日又与台湾中国科技大学签订合作协议。9月，第一批短期研修师生共计43人赴台学习，开展为期一个学期的学习交流活动。学院还先后派出2批院领导赴台考察台湾合作院校，就更进一步加强校际合作交换意见。通过赴台研修，为师生体验不同的教学理念和思路、开阔视野提供新的便利途径。首批赴台研修师生在台高校学习状态良好，获得合作院校的一致好评。（杨昌梧）

附：2012年广东科技学院领导名录

名誉院长：林国梁
院　长：王国健
党委书记：梁瑞雄
省政府督导专员、党委副书记：刘继红
党委委员、常务副院长：黄弢
党委委员、副院长：刘志扬
党委副书记、副院长：彭纳新
院长助理：周二勇

▲广东科技学院

东莞职业技术学院

【概况】 东莞职业技术学院是2009年4月经广东省人民政府批准、国家教育部备案、由市政府投资兴建的一所全日制普通高等职业院校。2012年，学院有教学和管理部门29个，学生9600多人。开设机械制造与自动化等22个专业，有教职员工500多人，其中硕士以上学历人员占教师总数的90%以上。

【学院内涵建设】 2012年，东莞职业技术学院加快内涵建设，提升项目工程的高度。确定院级精品课程7门、教改项目23个、教学成果培育项目10个、教学名师2人。工商企业管理专业获广东省重点培育专业立项，2个项目获广东省高等职业教育教学改革项目立项。

参赛获奖的广度进一步拓展 在2012年的各类大赛中，学院师生表现出色，共获得80多个奖项，超过前两年获奖项目的总和。在全国大学生数学建模比赛中荣获一等奖。在全省70多所高职院校技能竞赛综合得分位居第18名。

专业建设的深度进一步加强，专业建设思路更加合理 成立由政府、行业、企业和学院共同参与的专业建设委员会，制订出体现高职教育特色、突出实训教学需求的专业人才培养方案，确定2013年增设机电一体化技术、金融管理与实务、国际航运业务管理3个专业。

实训室建设更加科学 成立实训室建设评审委员会，对新建项目进行评估和论证，最终立项29个。完成8个实训室的改造工程，使校内实训室数达66个。

东莞职业技术学院

① 2012年4月28日，广东省教育厅副厅长丁守庆（左三）到东莞职业技术学院视察工作，参观学院培训基地。

② 2012年6月28日，共青团东莞职业技术学院第一次代表大会召开，共青团广东省委副书记陈宏宇到会讲话。

① 2012年12月15日，市委常委、统战部部长李小梅（桌前左二）陪同台湾海基会董事长林中森（桌前左三）一行15人到东莞职业技术学院参观访问。

② 2012年12月21日，东莞市职业技术教育发展研究会成立大会暨东莞职教改革与发展论坛在东莞职业技术学院举行，副市长贺宇发表讲话。

③ 2012年11月2日，2012中国（东莞）国际科技合作周暨招才引智大会中德职业教育论坛在东莞职业技术学院举行，副市长喻丽君出席并讲话。

④ 2012年12月13日，武警某部政委赵燕清为东莞职业技术学院师生传达党的十八大精神。

⑤ 2012年7月12-16日，东莞职业技术学院党委书记朱益民（左）在“东莞—乌泊塔尔2012投资对话项目合作大会”上与德方签署合作协议。

制订实训场地规划调整方案，努力加强实训室的统筹管理和综合利用。实训教学改革不断加强。组织教师和松庆自动化公司技术员一起，开展机器人电控箱订单生产，初步实现生产性实训。

质量保障力度进一步增强 重视教学督导，加大质量监控力度。编印8期《教学督导简报》，及时通报课堂教学动态，对教学计划、教学管理等实施督导与监控。定期开展期中教学检查，对各系（部）教学工作的全面状况进行评估和检查，强化教师的责任心和提高教学效果的紧迫感。组织开展第二届教育教学论文比赛、首届教师“说课”比赛和首届教师多媒体课件大赛。通过这些活动，青年教师的教学能力得到锻炼和提升。

【服务东莞经济社会】 **加强校企深度合作** 2012年，东莞职业技术学院举办两场大型校企合作签约仪式，新增16家校企合作伙伴，与11家企业建立校企专业深度对接合作关系。新增5家“校中厂”。购置机器设备投入1500多万元，每年提供实习岗位300多个，覆盖7个系的实训教学。新设5个定向班和1个校外创业基地。奖教奖学金再攀新高。与5家企业签订校企合作奖教奖学金协议，使我院每年的校企合作奖教奖学金总额超过60万元。

推动校情市情研究 2012年，学院举行“东莞高水平崛起，职业院校如何发挥作用”的研讨会，鼓励教授、博士积极建言献策，发挥政府“智囊”和“谋士”的作用。加大政策扶持，组织教师积极申报科研项目，围绕职业教育及东莞社会实践开展科学研究活动。全年科研项目立项95项，其中省级项目10项、市级项目13项、院级项目72项。牵头成立东莞市职业技术教育发展研究会和东莞市社会科学界联合会东莞职业技术学院分会，为发挥东莞职业教育的“龙头”作用，整合东莞优势资源，推进校企合作、产学研相结合，培养更多更好的技能型人才搭建重要平台。举办博士论坛3场、教授大讲堂11场，通过科普知识展板、发放《科普知识宣传手册》等向广大师生推广科普知识。

开展对外培训教学 2012年，学院完成2012年成人高等学历教育的招生工作，录取173人。完成7个成教专业的申报工作，并优化人才培养方案。扩大自学考试规模，招生600多人，组织50多名自考本科生申请毕业和学位。组织教师参加考评员、安全教员培训，61人获得资格证书。组织学生参加7类专业技能培训考证，1943人获得资格证书。为4家企业培训员工156人，为松山湖园区培训安全生产管理人员200人。承接中国银行等多家企业的ATA资格考试。

推进对德对台合作 2012年，学院与德国工商会、德国凯勒数控软件公司、德国斯宾纳机床设备集团公司签署合作意向书，在院内建立中德（东莞）职业技术培训中心、德国凯勒（东莞）数控技术培训中心和德国斯宾纳精密加工技术与售后服务中心。学院5名机电专业教师赴德参加IHK标准教师培训项目，均获得德国工商会IHK证书、德国西门子公司的数控车、数控铣证书。在建立东莞市台商协会人才培训学院、台湾永明联合培训学院的基础上，通过组织人员赴台湾考察职业教育和举办东莞台湾职业技术教育合作交流会，学院与台企、台校达成多项共识，省教育厅初步确定学院为广东引进台湾职教资源的师资培训基地。（石文斌）

① 2012年11月2日，2012中国（东莞）国际科技合作周暨招才引智大会中德职业教育论坛在东莞职业技术学院举行。院长贺定修主持会议。

② 2012年11月5日，东莞市社会科学界联合会东莞职业技术学院分会正式挂牌。

附：2012年东莞职业技术学院领导名录

党委书记：朱益民

党委副书记、院长：贺定修

副院长：李奎山

① 2012年9月11日，中德职业教育合作报告会暨德国凯勒（东莞）数控技术培训中心揭牌仪式在东莞职业技术学院举行，三方代表共同签署《德国凯勒数控软件证书授权协议》。

② 2012全国职业院校技能大赛“现代物流储存与配送作业优化设计与实施”项目广东省选拔赛于5月10-13日在佛山职业技术学院举行。由东莞职业技术学院物流工程系罗丹婷、于丽思、郭铠荣同学组成的代表队获得二等奖；由郑晓娟、刘家荣、叶柱成同学组成的代表队获得三等奖。

③ 2012年5月3日下午，东莞职业技术学院运动场举行主题为“红色记忆，青春梦想”“五四”表彰大会暨纪念建团90周年拉歌比赛。

广东亚视演艺职业学院

【概况】广东亚视演艺职业学院位于广东省东莞市塘厦镇，2000年1月获广东省高等教育厅批准成立，2002年1月由广东省人民政府批准为自主招生、实施全日制学历教育的职业大专。是目前华南地区唯一的一所集电视艺术创作、制作、生产流程所需各专业于一体，兼含其他艺术门类、综合性的普通高等艺术职业学院。

学院具有独立法人资格，坚持社会主义办学方向，贯彻国家教育和文艺方针，坚持特色立校、质量兴校、人才强校、依法治校，培养掌握扎实的基础理论和专门知识，具有从事相关工作的较高综合素质的实用型人才。

学院办学十多年来，经过艰苦努力，由小而大，由弱而强，先后被评为"十大专业特色民办高校""广东省民办竞争力20强高校"。

学院设电视演艺、电视制作、艺术设计、音乐、管理5个系，2012年，在校学生1300人。

【办学理念】广东亚视演艺职业学院是华南地区艺术教育品牌，有独特的艺术职业教育思想。学院坚持产学结合及特色教学的办学理念，坚持以人为本、和谐发展的思路，坚持人才培养质量第一的教学原则；在就业思想教育中，因职业设专业，用实践育能力，由市场树作品。学院与东莞玉兰大剧院、东莞广播电视台等多次联合演出，与深圳团委、文化局等单位合作，协办深圳市第21届"荔枝杯"青年歌手大赛，组织合唱团参加"《建党伟业》深圳首映礼""东莞庆祝建党90周年红歌经典《民族魂》——金铁霖、马秋华学生音乐会"等的演出，引起轰动，使学生得到极大锻炼，为学院赢得声誉。

【教研成果】2012年，学院师生参加国内外各种比赛，取得好成绩。黄海明老师在省第一届高校青年教师教学基本功比赛中获三等奖；在第21届深圳市"荔枝杯"青年歌手大赛中，王晓亮老师以流行组第一名，彭若坚老师、张琦老师分别以民族组第二名、第三名获"2012深圳十大青年歌手"称号；在首届中国九嶷山民歌节中，音乐系彭若坚老师获金奖。

【产学研结合】2012年，广东亚视演艺职业学院以项目驱动为指导，综合实训，进行各专业的协同创新。演艺系、制作系相关专业联合制作的电视短剧《寻》《束缚的记忆》《真情》在艺术、技术方面都取得较高质量，无论是导演、表演，还是摄影、录音、照明、服装、化妆等，在老师的指导下，有较大的提高，基本达到电视台播放水平。

顶岗实习、校企深层次合作，实现人才培养与行业企业的"无缝对接"。学院与30多家企业签订长期校企合作协议，形成稳定的校外实训基地。

【专业建设】2012年，广东亚视演艺职业学院设20个专业及方向，包括影视表演、主持与播音、编导、舞蹈表演、摄影摄像技术、人物形象设计、电视节目制作、、装潢艺术设计、影视动画、音乐表演、社区管理与服务、人力资源、会计等，形成融汇艺术专业与非艺术专业的综合性艺术院校。

学院还是音响调音师及录音师国家职业资格技能鉴定点、演出经纪人资格证考点和中国舞蹈家协会舞蹈教师培训基地，每年办有相关培训班。

【师资队伍】2012年，广东亚视演艺职业学院拥有强大的师资团队，一大批来自中央戏剧学院、北京电影学院、中国国家话剧院、中央电视台、中影集团、长春电影制片厂、中央人民广播电台等单位的艺术家、专家教授汇聚在这里。从艺术一线走来的他们，具有丰富的教学经验和艺术实践经验，多次受到省教育厅的肯定和兄弟院校的称赞。学院有教职工200人，专职教师106人，副教授及以上职称的占35%，硕士及以上学历的占24%，双师型的占50%。

【学生活动】2012年，广东亚视演艺职业学院学生活动丰富多彩，定期举办有校园声乐比赛、艺术设计大赛、戏剧小品赛、辩论赛、运动会等。

学生积极参加各类国内外各种比赛，屡获奖项，到2012年，学院已向省内外输送各类毕(结)业生4000多名。他们用在学院掌握的艺术理论知识与实践技能，活跃在广东大珠江三角洲及全国各地的文化艺术领域，为当地的文化艺术事业的发展、繁荣作着积极的贡献。（傅狮虎）

附：2012年广东亚视演艺职业学院领导名录

院长、党总支书记：刘国臻
副院长：朱慰中

东莞市广播电视大学

【概况】东莞市广播电视大学成立于1979年11月，隶属市教育局，是一所举办中专、大专、本科学历教育和各种非学历培训及社会公共服务的综合性成人高等学校。每年春、秋两季向社会招收中专、大专与本科学生。至2012年，已在东坑镇和横沥镇建有两所分校，一所职业技术学校，在寮步、常平、石碣、企石、虎门、厚街、大岭山、凤岗等16个镇街和2个企业设有18个分教点，大专与本科在校生（含奥鹏）人数达8200人，办学规模名列广东电大系统市级电大前茅。学校还是"全国网络教育统考东莞市唯一的考点"。

【招生工作】2012年，东莞市广播电视大学坚持深入镇（街）办学，积极拓展企业生源市场，在学校招生团队齐心协力和教工积极参与下，招生工作取得好成绩。2012春招生1341人，位列广东省市级电大第二；2012秋招生1507人，位列第三；同年继续教育公需课培训近万人次。

【创办职业技术学校】2012年，东莞市广播电视大学创办东莞市广播电视大学附属职业技术学校，恢复了中断十几年的中职办学。在首次秋季招生中，克服重重困难，录取学生98人，完成市教育局下达指标的98%，形成既办本科、大专、又办中职教育的新的办学格局，为学校持续发展走出了一条新路。

【党建与校园文化建设】学校十分重视党建工作和校园文化建设。2012年4月25日，东莞市广播电视大学党总支进行换届选举，产生学校第二届党总支委员会，陈汉光再次当选总支书记，易平当选副书记。2012年5月至6月，学校在教工中开展读中外名著的"首届读书月"活动，内容充实、形式多样，保证读书活动实效性，丰富校园文化建设的内涵，得到全体教工的支持和好评。

（易　平）

附：2012年东莞市广播电视大学领导名录

校　长、总支书记：陈汉光
副校长：叶容枝
总支副书记：易　平

东莞市经

东莞市经济贸易学校创办于1958年，是东莞市成立最早的公办中专之一，办学历史悠久。2011年，与同为国家级重点职校的东莞市职业技术学校联合，组成新的东莞市经济贸易学校，2012年晋升为广东省示范性中等职业学校。

学校开设有会计、物流服务与管理、计算机网络技术等14个专业，形成以财经商贸类专业为核心的专业群。截至2012年共有在校生5100多人，是东莞市中职办学规模最大的学校之一。

学校立足东莞区域经济，面向现代服务业办学，着力实施科研兴校战略，取得显著成效。2012年学生参加各项职业技能大赛分别获国家级奖励4项、省级奖励24项、市级奖励49项，学校连年获得市“教育综合质量一等奖”。2012年，学校教师共获得国家及省市级奖励62项。王琳、翟玮玉和高洁丽三位教师均获得2012年中职学校“创新杯”教学设计和说课大赛的省赛、国赛一等奖。

学校正以创建设国家级示范性中职学校为契机，力争到2015年，把学校打造成紧密对接东莞现代服务业、特色鲜明的国家级示范性中职名校。

2010年2月8日，广东省副省长宋海、时为东莞市委书记刘志庚等省市领导到东莞市经济贸易学校视察。图为宋海（前排左二）、刘志庚（前排左三）在会计实训中心了解实训建设情况。

2012年5月9日，广东省财政厅副厅长郑贤操（前排左二）、东莞市财政局副局长王锐江（前排左一）等省市领导到东莞市经贸学校视察会计从业资格无纸化考试考务工作。

2013年3月7日，东莞市副市长喻丽君等领导到东莞市经济贸易学校视察。图为喻丽君（右三）参观校史室。

2011年10月19日，东莞市教育局长杨靖波到东莞市经济贸易学校视察。图为杨靖波（右二）在物流实训中心了解情况。

济贸易学校

东莞市经济贸易学校合并升级后的新领导班子。左起：副校长房仲华、副校长余刚灵、校党委书记陈仲良、校长颜辉盛、副校长黄海滨。

2011年12月，省教育厅组织评估专家组对东莞市经济贸易学校申报广东省示范性中职学校进行评估验收。图为校长颜辉盛向省专家组汇报学校创建广东省示范性中职学校的有关情况。

东莞市经济贸易学校成立东莞市中职学校第一个党委机构。图为2012年6月21日，召开全体党员大会，选举产生第一届中共东莞市经济贸易学校委员会委员。

东莞市经济贸易学校积极探索校企合作新模与多家企业建立合作伙伴关系。图为2012年月25日，与康辉旅行社举行校企合作揭牌仪式康辉旅游经贸学校营业部开业庆典。

2012年8月31日，校长颜辉盛（左）代表东莞市经济贸易学校与中国联通东莞市分公司签订战略合作协议，东莞联通"校园青春创业社旭日分社"正式落户学校。

东莞市经济贸易学校积极探索、开拓学生就业渠道，图为培训就业处联合开展就业导航现场指导会。

东莞市经济贸易学校每年举办一次技能节大型活动，让学生充分展现所学技能。

东莞市经济贸易学校每年为满十八岁的学生举行成人宣誓仪式

东莞市经济贸易学校旅游专业学生才艺展

东莞市轻工业学校

东莞市轻工业学校正门

东莞市轻工业学校是东莞市教育局直属的公办中等职业学校。于1994年创办，1999年被评为“广东省重点高级职业中学”和“广东省示范成人中专学校”，2001年被教育部评为“国家级重点中等职业学校”，2003年被东莞市委、市人民政府授予东莞市“文明单位标兵”称号，十多年被市教育局评为东莞市中职学校教育质量年度一等奖。

学校地处东莞市厚街教育园区。校区按国家级重点中等职业学校规划建设，办学规模70个教学班，在校生3500人，年对外培训达1000人以上。校园占地面积12公顷，总建筑面积7.5万平方米，教学区、实训区、体艺区、生活区布局合理，设施设备齐全，总投资超过2亿元，开设有家具设计与制作（省重点建设专业）、酒店与旅游管理（市骨干专业）、国际商务、财务会计、计算机及应用、电气技术应用等6大专业。

东莞市轻工业学校师资力量雄厚，教师专业素养高，教育能力强，教学效果好。师生参加省市教学比赛和技能竞赛屡创佳绩，在广东省人力资源厅主办的2012年广东省职业技能竞赛家具设计大赛中，教师获职工组团体总分第一名，一等奖3个，二等奖3个，三等奖3个；学生获一等奖1个，二等奖5个，三等奖14个。在2012年东莞市中职学校技能竞赛中，学生获一等奖2个，二等奖8个，三等奖6个。

东莞市轻工业学校紧紧围绕东莞市产业转型升级的需求，恪守“成长比成绩更重要、成人比成才更重要”的育人理念，努力创建一流的校园、一流的师资、一流的管理、一流的业绩，力争把学校办成有较高知名度和具有持续自我发展能力的创新型职教名校。

2013年3月25日，国家教育部职成司司长葛道凯（右二）到市轻工业学校视察。

地址：东莞市厚街教育园区职校南路

邮编：523943

电话：0769-89980191　89980192

传真：0769-89980191　89980192

网址：http://www.dgqgxx.com

邮箱：dg89980191@163.com

2012年10月16日，副市长喻丽君（右四）、市教育局局长杨靖波（右一）、厚街镇镇长万卓培（右二）到市轻工业学校调研。

市轻工业学校实行准军事化管理，图为学校升旗仪式。

2012年12月12—14日，市轻工业学校举行2012年田径运动会。

市轻工业学校家具专业学生在学校家具实训中心实习

2012年12月29日，市轻工业学校参加中职学校技能大赛取得优异成绩的获奖师生在总结表彰大会上合影。

市轻工业学校校园全景

东莞理工学校

东莞理工学校是适应东莞经济社会发展需要而诞生的一所国家级重点中等专业学校。2012年成为国家中等职业教育改革发展示范校创建单位。学校被评为“广东省中等职业教育先进单位”“广东省文明单位”，是“国家制造业和现代服务业技能紧缺人才培训基地”和“国家职业技能鉴定所”。多年来连续获得东莞市中等职业教育质量评比一等奖。

优越的办学条件：学校占地420亩，建筑面积16万平方米，政府投资6亿多元，全新、高标准建设，是全省乃至全国屈指可数的，具备先进教学设施设备、卓越办学条件的现代化中等职业学校。

一流的师资队伍：学校有教师250人，具有副教授、高级讲师等高级职称教师91人，专业教师“双师型”比例达84.9%。并从行业、企业引进技术总监等能工巧匠，组织“教师下企业，技师进课堂”，打造一流师资团队。

突出的办学优势：学校创建职业素养与专业技能并重的职业化培养体系，以“素养+规范+技能”为抓手，加强校企合作，分别与Fanuc（发那科）、保时捷和德国Keller（凯勒）等知名企业合作，培养如保时捷全球铜质技师、德国工商会IHK职业资格认证等高技能人才，为学生升学就业、终身发展奠定良好基础。

辉煌的办学成绩：学校作为东莞市龙头职校，办学品牌、办学口碑得到社会肯定，每年报考学校的人数与招生数之比超过十比一，毕业生的综合素质和技能得到社会广泛好评，就业态势良好，就业率达99%以上。学生参加各种技能竞赛均取得优异成绩，名列东莞市前茅。多年来参加市职业技能大赛，均获现代制造技术、电子、汽车维修、工业设计、计算机、英语等项目团体总分第一名。

副市长喻丽君、市教育局局长杨靖波、人力资源局局长游其晃等领导参观学校数控专业学生作品。

学校与新西兰怀卡托理工学院签订战略合作协议

企业到学校招聘现场

第二课堂活动场景

6亿元巨资打造的学校新校区，全国领先，条件优越。

职教城新校区鸟瞰图

中等职业学校（中专）
国家级重点
中华人民共和国教育部

学校地址：东莞市莞城学院路249号
邮编：523016
电话：0769-22267137　22696502
传真：0769-22205353
网址：http://www.dglg.net

东莞台商子弟学校

东莞台商子弟学校（台校）创立于2000年9月，由广东省教育厅直接管理，举办者是东莞市台商投资企业协会（市台协），创办人是时任市台协会长、现为学校董事长叶宏灯。这是一所公益性的学校，建校资金来源于以台商企业为主体的包括潢涌村等社会各界人士捐助，所收学费全部用于学校日常营运及未来发展上，学校董事会只负责监督社会公共财产（校产）管理、决策与督导校务经营。创办宗旨是：培育优质子弟、增进家庭和谐、开展社会公益活动、助推两岸文化交流；办学理念是：全人教育、温馨校园、终身学习；经营策略是：策略联盟、科技信息、知识管理；以台湾教育模式办学，创校校长吴灿阳，现任校长陈金妆，师资来自两岸（台湾约占70%）及外国，使用经广东省教育厅、省台办审查核准的台版教材，学历两岸承认。台校是一所包括幼儿园、小学、初中、高中的全日制住宿型学校，2012年有学生2260余人。

台校致力于品格第一、均衡发展、教书育人的工作。历年高中毕业生98%升上两岸的大学，其中80%以上进入台湾的大学，有台湾大学、台湾清华大学、台湾交通大学、成功大学、台湾科技大学、淡江大学等；进入大陆大学的有北京大学、清华大学、浙江大学、复旦大学、中山大学、厦门大学等。

2012年12月15日，海基会董事长林中森（左）莅校指导，学校董事长叶宏灯（右）介绍学校图书馆情况。

中学部成年礼：校长陈金妆为高二学生佩冠。

室内温水游泳池：小学部学生在上游泳课。

生命力学习营地：初中高空探索课程。

高中毕业旅行拜会海协会：陈云林于人民大会堂台湾厅接见学校学生。

东莞市寮步镇香市小学

芳香诗意的香市小学占地面积4.92万平方米，2012年有44个教学班，2281名学生，120名在职教师。2009年联合办学以来，学校秉承“用高雅的艺术教育奠定学生高雅的人生”的办学理念，遵循“向善、求真、崇美、儒雅”的校训，依照学校发展“一五”规划，从整合走向规范，从规范走向特色创建，连续获“东莞市一级学校”“东莞市德育示范学校”“东莞市普教系统文明单位”“广东省绿色学校”，连续两年被评为“寮步镇年度综合评估一等奖”，逐步凝聚“坚强、自信、高雅、奉献”香市小学人文精神。

学校办学理念：用高雅的艺术教育奠定学生高雅的人生。

学校创建书香校园：让读书成为一种习惯。

学校营造高雅校园文化：用一草一木熏陶香市小学精神。

学校家校合作特色：用家校合作实现互补双赢。

学校打造阳光大课间：让阳光沐浴孩子每一天。

东莞市东城区中心幼儿园

东莞市东城区中心幼儿园位于东城区樟村大道北2号，是由东城区办事处开办的公办幼儿园，占地面积1.03万平方米，建筑面积3260平方米。开设10个教学班。幼儿园坚持以“陪伴孩子健康快乐成长”为目标，以户外混龄体育与亲子阅读为教学特色，努力培养健康活泼、乐学好奇、善于合作、负责任的完整儿童。自1997年至2012年连年获得市、区“文明单位”、保教质量“一等奖”、“先进单位”等称号。2000年荣获市首批“绿色幼儿园”称号，2003年荣获“东莞市镇区规范中心幼儿园”和“东莞市小公民道德建设实验基地”称号，2011年通过广东省一级幼儿园评估验收。

2011年5月27日，东城区党委委员吴沛林（左三）、市教育局民管科科长尹淦江（右三）、基教科副科长叶晓丹（右二）等参加东城区中心幼儿园获评省一级幼儿园挂牌仪式。

2010年12月27日，东城区中心幼儿园接受广东省一级幼儿园评估，图为省教育厅评估中心副调研员詹奇观看教学活动

2011年5月13日，东城区中心幼儿园篮球队和市机关第二幼儿园篮球队进行篮球友谊赛。

2012年4月23日，东城区中心幼儿园举行第三届阅读季亲子晒书大会。

孩子们在探索中快乐成长

充满挑战的户外混龄体育活动，让孩子们自主快乐地参与体能锻炼，享受运动的乐趣。

文 化 CULTURE

广东省首届花灯文化节暨2012第三届洪梅花灯节

编辑：刘 丹

文化综述

【国家级公共文化服务体系示范区创建】 2012年，东莞市以创建国家公共文化服务体系示范区为目标，组织实施“提升公共文化服务水平”工程，聘用文化管理员558人，招募文化志愿者1200多人，建立专兼结合的村（社区）公共文化管理服务队伍；建成26个镇（街）和366个村（社区）公共电子阅览室，实现全市公共电子阅览室全覆盖；推出东莞文化网，建设东莞学习中心，完善数字公共文化服务载体；新增藏书约56.57万册，人均藏书达到1册以上。开展制度设计课题研究，设计公共电子阅览室“公益数字文化服务连锁店”的新形态，草拟公共电子阅览室建设的制度标准，起草《新莞人文化权益保障机制研究报告》和《新莞人文化权益保障指导意见》。启动公共文化服务体系示范镇村企业创建工作，确定6个镇（街）、10个村（社区）、10家企业作为第一批创建单位。举办2012年中国图书馆年会，采取“会”“展”结合的模式，吸引近10万人次参加，其中，图书馆展览会展出总面积2万平方米，落实144家企业参展，举办41项主体活动，合作意向金额近10亿元，呈现出参展企业范围广、业界知名参展企业多、特装参展面积比例大、公共文化事业展亮点多等鲜明的特点。

【群众文化活动】 2012年，东莞市文化部门开展“百场培训、千场演出、万场电影”进基层活动，举办“我们的节日”、第八届读书节等品牌文化活动30多个，举办各类文体和纪念活动超过2万场次，有效丰富群众的文化生活。

【文化艺术精品锻造】 2012年，东莞市创作并演出的音乐剧《三毛流浪记》等4部作品获省“五个一工程”奖，取得历届最好成绩；25件作品获得2011年度全省群众文艺作品评选奖项，名列全省第一；3部作品获第九届省鲁迅文学艺术奖；参加省第七届群众戏剧曲艺花会获4金1银，位居地级市第一；《驯虎》等多部作品获境内外多个重要文学奖项；《剪花花》、石排醒狮分别登陆2013年央视一套、四套春节联欢晚会。东莞保利文化艺术制作基地落户东城，东莞歌舞剧团正式挂牌成立，中堂、沙田、凤岗等镇获国家级特色文化称号。举办全国首届打工歌曲创作、演唱大赛，东莞打工文化品牌效应初步彰显。提请市政府印发《东莞市文化精品专项资金管理暂行办法》。

【文化产业发展】 2012年，东莞市新增印刷企业110家，其中转型升级38家；新增出版物发行单位57家，歌舞娱乐场所40家，游艺娱乐场所37家；新增影视制作机构7家，多厅数字影院8家，3部莞产影视剧亮相央视；全年电影票房收入超1.7亿元，位居全省第三；莞产原创动画片8部，产量位居全国第三。提请市政府印发《关于加快文化产业发展的若干意见》等政策文件。举办第四届中国国际影视动漫版权保护和贸易博览会和东莞市第四届收藏文化联展，为文化产业发展搭建良好平台。

【文化遗产保护】 2012年，东莞市公布不可移动文物名录459处、文物保护单位22处；蚝岗贝丘遗址等2处进入国保公示名单；松岗遗址等8处被公布为第七批省保单位。组织万江下坝等6个村成功申报“广东省历史文化名村”，石龙中山路成功申报“广东省历史文化街区”。成立东莞市非物质文化遗产专家委员会，千角灯等2处传承基地入选第一批省非遗

传承基地；莞香制作技艺等9个项目入选省第四批非遗名录；黄鹤林等6人入选第三批省非遗项目代表性传承人；李仲球被评为省优秀传承人。

【文化市场“三打两建”工作】2012年，东莞市文化执法部门共检查各类文化经营场所10.3万间次；取缔“黑网吧”2975间次，“黑影吧”133间次，无证歌舞娱乐场所467间次；处理行政处罚案件2449宗，向公安部门移交大案要案39宗。做好“两建”工作，制定《关于加强东莞市文化行业协会建设的意见》，出台《商事登记制度改革文化市场综合执法“宽进严管”工作制度汇编》，构建文化市场监管长效机制。

【文化体制改革】2012年，东莞市文化部门推进商事登记制度和行政审批制度改革，组织召开改革动员大会，出台改革实施方案，赴深圳学习改革经验，并对相关人员进行集中培训。在此基础上，对全市文广新系统现行34项行政审批事项进行初步清理，拟完全保留10项，完全下放11项，部分下放5项，取消8项，下放率达47%，取消率达24%。积极推进行政审批网络化，建设新的电子化审批平台。推进经营性文化单位改革，抓实做好涉改人员安置和经济补偿等各项工作，基本完成改革任务。

（李勇辉）

附：2012年东莞市文化广电新闻出版局领导名录

党组书记、局长：陈志伟

党组成员、副局长：蔡建勋　董　红　黎寿康　黄培德

党组成员、市版权局专职副局长：叶淦奎

党组成员、执法大队长：陈志满

党组成员、纪检组组长：黄　辉

副调研员：周汉标　殷子成

▲石排塘尾明清古村落

▲石龙中山路

报 业

【概况】2012年，东莞日报社紧紧围绕市委十三次党代会确定的“加快转型升级，建设幸福东莞，实现高水平崛起”的战略目标，落实市委宣传部“好中求进、提高质效”的工作要求，把握“质量效益年”的工作主题，全体干部员工团结同心，攻坚克难，各项工作“好中求进、稳中出彩”。东莞报业品牌更加响亮，品牌价值有效提升，旗下子媒获首届中国传媒设计大奖赛五项大奖。其中，《东莞日报》与《南方日报》一起获中国最美党报银奖，是获得中国最美党报银奖以上奖项唯一的地市级党报，《东莞日报》获“2011—2012中国报刊广告投放价值排行榜全国城市日报十强”；《东莞时报》获得“中国地方都市类报纸最具影响力十强”；《看东莞》杂志获得“首届广东省优秀侨刊乡讯奖”。

【新闻宣传】2012年，东莞日报社新闻宣传工作以“迎接十八大、宣传十八大、贯彻十八大”为主线，坚持团结稳定鼓劲、正面宣传为主的方针，为全面贯彻落实市委市政府的决策部署，造势鼓劲，吹氧助燃。精心策划重大新闻战役。各子媒围绕党的十八大、高水平崛起、三重建设、三打两建、四年大发展、六个东莞、统筹水乡发展、社会管理创新、广东精神、加博会、漫博会、世界莞商大会等，策划组织重大新闻宣传报道，推出“转型启示录”“他山镜鉴”“谋划新发展”“营商环境加减法”“三打两建在行动”“梦起水乡”等一批主题鲜明、导向正确的大型系列报道，涌现出《东莞为什么》《义士井喷》《都市险突围》等一批获得读者高度评价的精品佳作，为市委市政府中心工作营造积极健康、昂扬向上、鼓舞人心、催人奋进的舆论氛围，获得市委市政府领导的较高评价和充分肯定。打造品牌版面栏目。《东莞日报》立足政经大报定位，优化升级“学习”版，力图打造全市行政人员政务学习和沟通平台；开辟“微调查”栏目，着力打造调查新闻；在闲情版上开设“晒晒我的幸福”栏目，刊登读者来稿。《东莞时报》结合报纸的“温暖”特质，开辟“善行”“法治”等版块，恢复“社

本土就是主流　贴近就是力量

① 2012年12月20日，市委书记、市人大常委会主任徐建华（右四），市委副书记、市长袁宝成（右二）到东莞日报社视察指导工作，并听取东莞日报社工作情况汇报。市委常委、宣传部部长潘新潮（右一），副市长喻丽君（右五）陪同视察。

② 2012年5月17日，广纳良言、共谋崛起——“时间问政”网友见面会在东莞报业大厦举行，市委书记、市人大常委会主任徐建华（左二），市委副书记、市长袁宝成（左三），市委常委、市委秘书长王检养（左一）等市领导与网友们共聚一堂，共谋东莞崛起。

区”版，推出“平江助学行”“儿童安全指南”等一批社会反响良好的策划和报道。其中，《东莞时报》“本城·现场”版的独家报道《餐厅起火四人被困 消防特勤班长 三进火海救人》得到市委书记徐建华高度重视和亲笔批示；《东莞时报·民生周刊》的“都市险突围”策划报道得到市长袁宝成高度关注和亲笔批示。开创办报办刊办网新局面。《东莞日报》和东莞时间网联合推出“时间问政”大型网络问政报道，超千名市民积极建言献策，点击量超过500万人次，有力推动政府工作扎实开展。市领导对“时间问政”活动给予充分肯定和高度评价。5月17日，市领导徐建华、袁宝成、王检养率市12个单位负责人赴东莞报业大厦，与22名参与“时间问政”活动的网友面对面交流，掀起东莞网络问政的热潮。迅速贯彻落实徐建华书记关于加强法治社会建设的讲话精神，在《东莞日报》推出“举案说法”栏目，在《东莞时报》推出“法治”专栏。积极探索项目制运作模式，6月8日成功创办《东莞时报·虎门新闻》。

【报业经营】 2012年，面对严峻的经济大环境，东莞日报社推动营销模式转型升级，实行整合营销。首次在广州成功举办品牌推介会；拓展以党报阅报栏为载体的户外广告业务，在各镇街投放党报阅报栏近200个，特别是在虎门、长安、塘厦等重镇、强镇实现布点；举办各种创意营销活动，继续冠名广东女子篮球队，以“东莞日报女篮”之名征战WCBA；主办、承办“南粤幸福周”、“东莞慈善日”等大型公益活动；坚持“真心、诚心、用心、细心、热心”原则，为客户提供更贴身更完善的服务。通过报社全体员工的艰苦奋斗、顽强奋斗、不懈奋斗，全年经营总收入超2亿元，实现稳步发展。

【数字报业】 2012年，东莞日报社自主开发苹果版东莞PHONE报，使苹果手机用户可以阅读《东莞日报》《东莞时报》主要内容，对自主开发的东莞PAD报和东莞PHONE报进行优化升级，增加互动功能，实现直接评论。加强各子媒官方微博建设，发挥《东莞日报》《东莞时报》东莞时间网官方微博作用，组织运营团队，开展线上线下活动，有效提升媒体的知名度和竞争力。《东莞日报》《东莞时报》《看东莞》杂志尝试应用二维码技术，推动平面媒体跨介质发展、丰富平面媒体内容、扩大平面媒体传阅率，提升平面媒体价值。开展智能化建设，实现报业大厦办公区域无线网络全覆盖。完善和整合捷报OA等内部信息发布交流平台，确保报社各种信息、制度、通知能及时传达给每一位员工。引进和开发一批行政、财务、人力资源管理软件，实现管理数字化、信息化。

【内部管理和报业文化建设】 2012年，东莞日报社着力打造“主力传播”党建品牌，举办“廉政公益广告大赛”，强化党员队伍建设；搭建“报业讲坛”“报业学堂”“报业沙龙”“道德讲堂”四大学习平台，开展“五增五创”践行“用心报天下”报业精神主题活动；定期举办员工集体生日会、报业体育节、家年华等文化活动，打造“军队、学校、家庭”报业文化；干事创业氛围日益浓厚，幸福报业气象更加彰显。 （韩耀东）

附：2012年东莞日报社（东莞报业传媒集团）领导名录

社长、总编辑、党组书记：陆世强

副社长、党组成员：黎树根 谭军波 曾平治 张树坚

正处级干部、机关党委书记：张海廷

① 2012年12月16日，东莞报业传媒集团和湖南卫视在市玉兰大剧院联合主办《女人如歌·早儿加油》幸福东莞公益音乐会。市委常委、宣传部部长潘新潮（二排右七）出席，并称赞音乐会“讲述东莞好故事，唱响东莞好声音，传播东莞好形象，凝聚东莞正能量。”

② 2012年5月30日，在《东莞日报》创刊26周年和东莞报业传媒集团成立2周年之际，东莞日报社举办《东莞日报》创刊26周年暨东莞报业发展战略研讨会。

③ 2012年7—9月，东莞日报社举办“迎奥运·动起来”东莞报业体育节，员工300多人次参加7个体育项目的角逐。

广播·电视·电影

【“十八大”安全播出保障】2012年，东莞市广电部门先后组织开展全市安全播出和安全生产大检查、宣传管理大检查和安全播出“回头看”大检查等一系列活动，做好安全隐患的排查整治，从思想上、制度上、技术上、组织上做好一切防范应急准备，加强值守，严密防控，圆满完成十八大安全播出保障任务，确保在任何时间、任何情况下广播电视播出和传输不出问题，实现全年广播电视安全、优质、高效播出。5月16日，国家广电总局副局长田进率检查组一行莅莞检查，对东莞市十八大安全播出工作给予高度肯定。

党的“十八大”召开期间，东莞广播电视台充分发挥广播、电视、网站3大媒体优势，形成全方位、立体式的宣传格局，推出9个电视系列报道，播出531篇电视新闻稿件和22期电视专题；开设7个广播专栏，播出488篇广播新闻稿件和30期广播专题；东莞阳光网开设4个网络专题，刊发（转载）1365篇网络新闻、89篇评论稿件、102篇图片报道、386篇视频稿件。南方广播影视传媒集团对东莞广播电视台的安全播出工作给予充分肯定，并授予其“十八大”广播电视安全播出先进单位称号。

【广播影视公共服务完善】2012年，东莞市文化部门做好农村电影放映工程，在全市组织开展“万场电影到村

东莞广播电视台

① 2012年5月16日，国家广电总局原副局长田进一行在省广电局党组书记、副局长黄小玲，市委副书记姚康陪同下，莅临东莞广播电视台检查中共“十八大”广播电视安全播出工作。田进对东莞广播电视台的安全播出工作和一流的设备设施表示赞赏。图为田进（中）、黄小玲（右）与东莞广播电视台党组书记、台长黄永贵（左）座谈。

② 2012年12月14日，国家广电总局网络视听节目管理司原司长罗建辉视察东莞广播电视台。罗建辉对广电中心先进的设施、设备给予高度评价，并建议东莞台继续强化地域特色，引进优秀人才，深化机制改革，推动广电事业再上新台阶。图为罗建辉（中）在台长黄永贵（右）陪同下参观广播直播间。

（社区）、到企业”活动，全年累计放映公益电影10549场，顺利完成省、市下达的放映目标任务，让更多的群众、新莞人看到电影、看好电影，享受电影公共服务的实惠；落实广播电视渔船通工程，按照省广电局的统一部署和要求，市财政安排40.1万元资金，为辖区内39条24米长度以上的渔船安装广播电视，实现全市“广播电视渔船通”，解决渔船渔民听不到广播、看不到电视的问题，保障渔民群众的基本文化权益。

【广播影视行业管理】 2012年，东莞市文化部门履行职责，做好广播影视管理工作。加强广播电视宣传管理，重点对播出单位的情感故事类、婚恋交友类、选拔类等广播电视节目以及广告内容进行监测监管，一旦发现违规播出行为立即予以制止，抵制广播电视低俗之风，协调指导市、镇播出单位配合市委市政府、镇委镇政府的中心工作认真做好宣传报道工作，把准宣传舆论导向，确保宣传效果，营造良好社会舆论环境。加强卫星电视传播秩序管理，深化卫星电视传播秩序专项整治工作，组织开展一系列专项整治行动，其中7—9月结合“三打”工作，在全市范围内组织开展为期3个月的打击非法生产、销售、安装使用卫星地面接收设备专项治理行动，确保对全市卫星电视传播秩序的有效控制和依法管理。加强广播电视新媒体管理，利用互联网视听节目监测系统，对全市视听节目网站进行有效搜索和监管，及时发现和查处违规网站。推进行政审批制度改革和商事登记制度改革，对广播影视行政审批事项进行认真、全面梳理，压缩办理时限，规范办事流程，提高办事效率和服务质量。加强政风行风建设，在全市有线电视服务行业开展民主评议政风行风工作，解决行业内存在的薄弱环节和突出问题，规范经营服务行为，促进有线电视运营服务工作迈上一个新台阶。

【广播影视产业发展】 2012年元旦，东莞广播电视台立足广播、电视、网站和网络行业，正式出版画报《精彩一周》，重点关注东莞当前最新鲜、最时尚、最实用的资讯，介绍3大媒体的节目和活动，并为东莞150多万数字电视用户提供技术和使用方面的指导和服务。为了更好地面向市场搞好经营，进一步做大做强广电产业，东莞广播电视台将广告经营业务剥离出来进行企业化运作，同时充分整合全台广播、电视、网站资源，以广电品牌优势为依托，积极与全国各大知名企业寻求合作，大胆尝试开展跨行业合作经营，进一步提高了经营效益。省广电网络东莞分公司投入5亿元，对全市广电网络进行升级改造，推进有线电视网络双向化、数字化、智能化，在全省率先完成网改，双向用户覆盖率达98%，并搭建高清互动平台，在全省率先开展高清互动电视业务，截至2012年底，东莞广电网络覆盖全市33个镇街，光缆8793公里，光节点1.7万多个，电视节目从30多套发展到139套，其中基本频道超过55套，专业频道超过50套，广播频道10套，以及电视网站、电视股票信息浏览等，全市有线数字电视用户达153万户，其中高清电视用户达22万户，全年广电网络经营收入达5.9亿元。

【广播电视媒体公信力大幅提升】 2012年，东莞广播电视台收听、收视率和网站点击量再创新高。东莞电台两个频道以超6成市场份额的绝对优势继续稳居东莞地区收听市场第一位；东莞电视台3个频道全年黄金时段收视率6.73%、

① 2012年9月29日，省委宣传部常务副部长、省广电局局长杨健（右三），省广电局党组书记、副局长黄小玲（左二），南方传媒集团党委书记白玲（左一），市委书记、市人大常委会主任徐建华（左三）等省、市领导到东莞广播电视台视察，检查指导安全播出管理工作。图为省、市领导参观广电中心1000平方米演播厅。

② 2012年11月5日，在中共“十八大”召开前夕，市委书记、市人大常委会主任徐建华在东莞广电中心接受中央电视台专访，畅谈东莞转型升级路径、成果。图为徐建华（左）正在接受央视记者采访。

市场份额26.23%，居东莞地区第一位；东莞阳光网浏览量节节攀升，日均浏览量465万次，日最高浏览量781万次。

精品创作捷报频传。2012年，东莞广播电视台有85篇作品获109个奖项，新闻综合频道被评为广东省首届优秀电视频道；广播评论《三问悲剧背后》获2010—2011年度中国残疾人事业好新闻奖一等奖；广播新闻专题《我的未来不是梦——广东100名新生代农民工免费入读“北大”》获广东新闻奖一等奖；纪录片《400年牛墟》在2012“广东日”南派优秀纪录片评选中获“发现广东——广东非物质文化遗产系列电视纪录片”一等奖；广播栏目《儿童DoReMi》被评为广东省广播电视优秀栏目。

影响力不断提升。3月，东莞广播电视台首次面向全国公开选拔节目主持人，共吸引近千人参加，最终选拔出6名优秀主持人，为广电队伍注入了新鲜血液。

【东莞阳光网晋升全国重点新闻网站】 2012年3月13日，东莞阳光网获国务院新闻办颁发《中华人民共和国互联网新闻信息服务许可证》，成为东莞唯一拥有新闻登载一类资质的网站、广东省率先获得该证书的地级市网站，以及省内十大全国重点新闻网站之一。

① 2012年4月20日，东莞阳光网新闻登载资质揭牌仪式在东莞广电中心举行。市委常委、宣传部部长潘新潮（左三），市委宣传部副部长、市委党史研究室主任李翠青（右二），东莞广播电视台党组书记、台长黄永贵（左二），市委宣传部纪检组组长李国全（左一），市文广新局副局长黄培德（右一）等出席仪式，并为东莞阳光网获得《中华人民共和国互联网新闻信息服务许可证》揭牌。

② 2012年6月12日，中国东方演艺集团东莞歌舞剧团在东莞广电中心举行揭牌仪式。中国东方演艺集团副总经理、中国东方演艺集团东莞歌舞剧团董事长马俊英（左二），东莞市委常委、宣传部部长潘新潮（右二），东莞市政府副秘书长金行中（右一），东莞广播电视台党组书记、台长黄永贵（左一）以及各大媒体记者共同见证一个国家级专业艺术团体在东莞的诞生。

【东莞广播电视台被省视协列为首个重点研究的地市台】 2012年4月，广东省电视艺术家协会正式把对东莞广播电视台的发展研究确定为本年度协会重点研究项目，组成有10多名省内外知名专家学者参加的研究团队，多次到东莞进行实地调研。8月31日-9月1日，省视协在东莞广电中心举行“城市电视创新与发展·东莞论坛”，省内外精英、业界专家学者齐聚一堂，为东莞广播电视台未来的发展“把脉号诊”。会后，省视协将专家学者的研究成果整理成专著《城市电视创新之路——以东莞电视为例》，面向全国公开发行。

【东莞市广播电视协会成立】 2012年12月25日，东莞市广播电视协会正式成立，东莞广播电视台台长黄永贵当选为协会会长。协会成立后，为全市3000多广电从业人员提供了沟通交流的平台，将有力推动各会员单位深入开展新闻、技术等各方面的合作，进一步强化行业竞争力，实现合作共赢。

【电影产业稳步增长】 2012年，东莞市新增数字影院8家，全市共有影院59家，其中加入院线正常经营的影院达36家，万达、上海联和、深圳中影南方新干线、大地、横店、珠江等9条电影院线在东莞市开展电影放映业务，全市电影票房收入突破1.7亿元，位居全省第三。影视内容产业初具规模，全年新增影视制作机构7家，全市有影视制作机构25家，全年制作影视（动漫）作品13部，年销售收入达1619万元，其中2012年东莞市生产原创电视动画片15214分钟，产量位居全国第三。2012年9月28日至10月5日，东莞市举办第四届中国国际影视动漫版权保护和贸易博览会，吸引参展企业382家，现场签约金额逾28亿元。

（凌文通）

附：2012年东莞广播电视台领导名录

台　长：黄永贵

副台长：梁志刚（正处级干部）

　　李树祥　唐和平　李　娜　刘全凤

总编辑：郑远龙

总工程师：李先翼

台长助理：周秉强

① 2012年元旦，东莞广播电视台正式出版《精彩一周》画报。该画报立足广播、电视、网站和网络行业，重点关注东莞最新潮、最实用的资讯，重点介绍广播电视台三大媒体的节目和活动，并为东莞150多万数字电视用户提供技术和使用方面的指导和服务。该画报拥有国内统一刊号，逢周五出版，图文并茂，可读可藏。

② 2012年9月1日，由省电视艺术家协会主办的“城市电视创新与发展·东莞论坛”在东莞广电中心举行，省内外精英、业界专家学者共同为东莞广播电视台未来的发展“把脉号诊”。省视协主席、广东文化传媒发展研究会会长王克曼，南方传媒集团总裁张惠建，市委常委、宣传部部长潘新潮，省视协副主席、东莞广播电视台党组书记、台长黄永贵等领导出席论坛。

③ 2012年12月25日，东莞市广播电视协会揭牌仪式在东莞广电中心1号演播厅举行。省广电协会会长胡国华，市委常委、宣传部部长潘新潮，省广电局总工程师郄小斌，省广电协会副会长、广东电台台长曾少华，市社会组织管理局局长利伟中，东莞市广播电视协会会长、东莞广播电视台台长黄永贵等领导出席活动并揭牌。

文物·博物

【文物资源保护】2012年，东莞市做好不可移动文物的复核、评估工作，完成全市第三次全国文物普查。完成第九批东莞市文物保护单位申报评审、第七批全国重点文物保护单位和省文物保护单位申报工作，公布不可移动文物名录459处、文物保护单位22处，蚝岗贝丘遗址等2处文保单位进入国保公示名单；松岗遗址等8处文保单位被公布为第七批省保单位。做好文物保护工作，对长安孙中山先代故乡旧址、凤岗纂香书室、南社村和塘尾村古建筑群等20余处文保单位进行修缮。组织召开创建国家历史文化名城专家咨询会，邀请一批权威专家到东莞市进行实地考察，为全市开展创建工作提出专业意见。组织万江下坝等6个村成功申报“广东省历史文化名村”，石龙中山路成功申报“广东省历史文化街区”。

【博物馆体系建设】2012年，东莞市推广唯美陶瓷博物馆的办馆理念，继续推进社会力量兴办产业类博物馆，完善全市博物馆体系。组织鸦片战争博物馆、可园博物馆等6家博物馆参加评估定级，推动东莞展览馆等3家博物馆争创国家3A或4A景区，提升博物馆的管理和服务水平。丰富博物馆宣教活动，组织举办第三届“可园传统文化节”“文物鉴赏大讲堂”“东纵小战士”“我爱英雄”等品牌活动，特别是在2012年中国文化遗产日期间，推出展览、讲座、研讨鉴宝等活动项目40余个，参与人数达20万人次，有效提升博物馆的社会影响力。

（李勇辉）

新闻出版

【印刷发行产业管理】2012年，东莞市审批设立印刷企业110家，设立外商投资印刷企业4家，受理并完成国内印刷企业变更审批51宗，完成“三资”印刷企业延期初审6宗；出版物经营单位新设立57家，变更12家，注销59家；音像制品单位新设立7家，变更1家，注销53家。深入推进全市“三来一补”印刷企业的转型升级工作，全市已办理转型升级印刷企业共38家。基本完成全市印刷业年度核验和出版物发行单位年检工作。据统计，全市2012年有印刷企业3092家。总产值311亿元，从业人员16.7万人，投资总额达到285亿元，出口总值101亿元。有书报刊、电子出版物发行单位1302家。出版物审检方面：审批加工贸易项下光盘进出口业务341宗，审批内部资料性出版物127宗；组织全市相关报刊、记者站完成年检工作，完成全市56家连续性内部资料性出版物出版单位的年检工作，成功承办“珠三角连续性内部资料性出版物年度核验工作交流会”。同时，为镇（街）执法分队和公安分局做出鉴定87份，有力支持全市“三打两建”工作。

【版权工作】2012年，东莞市推进机关、企业正版化工作。按时完成全市机关正版化软件采购工作，组织召开全市推进政府机关使用正版软件工作会议及会后培训；确定2012年度全市推进企业使用正版软件督办企业名录，完成督办企业使用正版软件的调查、培训和督导工作，2012年，东莞市万达国际电影有限公司等8家使用正版软件督办企业已全面展开企业正版化工作。优化版权服务工作，东莞市版权基层工作站受理电话咨询190余人次，受理作品著作权登记事项170余项，同比增长33%，已成功登记并拿到登记证书146件，同比增长42%。围绕“4·26保护著作权宣传周”精心组织开展版权保护宣传活动，使著作权保护意识深入人心。组织召开2012年广东省珠三角地区版权工作联席会议。在第四届中国（东莞）国际影视动漫版权保护和贸易博览会（以下简称“漫博会”）期间，与省版权局共同组织“版权服务工作站”，为受理参展作品著作权免费登记申请161宗，签订承诺书和核发《著作权来源信息登记卡》680份，接受版权业务咨询150多人次，派发各类版权保护宣传品共14000份，整个博览会期间没有出现版权纠纷，确保漫博会顺利进行。

【文化市场管理】2012年，东莞市加强监管出版物、音像制品、网络市场、印刷复制和卫星电视等重点行业，推进查堵反制香港政治性有害出版物和集中整治淫秽色情出版物及信息两个专项行动，深化“扫黄打非”系列专项斗争。据统计，2012年全市出动文化执法人员20.7万人次，检查各类文化经营场所10.3万间次；查处违规经营网吧、书店和音像店236间次，收缴翻版盗版音像制品184万多张，非法书籍73万多本，非法报刊5.8万多份；举办文化市场“三打两建”销毁现场会30场，销毁非法出版物100万多份；处理行政处罚案件2449宗，罚款901万元，向公安部门移交大案要案39宗，有效维护文化市场经营秩序。积极做好境外出版物印件的审读工作，审批出版物印件共700宗，经审核同意入境加工印制的出版物3万种，涉及加工数量为5.2亿册；包装装潢和其他印刷品来（进）料加工备案320宗，出口总重量50.3亿千克，出品总值58亿元，确保印刷企业承印境外出版物不出现政治性问题。

（李勇辉）

非物质文化遗产

【概况】2012年，东莞市继续加大非物质文化遗产保护力度，保护领域不断拓宽、保护体系逐渐完善、保护成效日益显著。至2012年，东莞市已初步形成国家、省级、市级、镇街级的非物质文化遗产名录体系，有国家级名录5项，省级名录30项，市级名录72项，还有各镇街建立的保护名录。

【非遗项目参加高水平展演活动】2012年，东莞市再次组织东莞市莞香制作技艺、麒麟制作等7个东莞非遗项目以“广东省东莞市非物质文化遗产展示馆”形式参加第八届深圳文博会，本届文博会上东莞市非物质文化遗产展馆亮点众多，交易成果丰硕，各界媒体对东莞市展馆进行较大篇幅的报道，且得到省、市领导一致好评。组织东莞市省级名录项目莞香制作技艺，参加由国家文化部和山东省政府在台儿庄古城举办的第二届中国非物质文化遗产博览会，本次交流展示活动，展现东莞市非物质文化遗产特色。

【非遗项目申报】2012年，东莞市千角灯传承基地及樟木头麒麟舞培训基地成功入选广东省第一批非物质文化遗产传承基地。做好省级非遗名录和代表性传承人的申报工作，全市有9个项目入选第四批省级非物质文化遗产名录，分别是：大岭山镇的莞香制作技艺、清溪镇的清溪麒麟舞、横沥镇的横沥牛墟、厚街镇的厚街腊肠制作技艺、虎门镇的白沙油鸭制作技艺、道滘镇的麒麟引凤、道滘裹蒸粽制作技艺、七夕贡案，茶山镇的茶山公仔。同时，全市有6名传承人入选第三批省级非物质文化遗产项目代表性传承人，分别是：清溪麒麟舞的传承人黄鹤林、茶山公仔的传承人林暖

钦、莫家拳的传承人莫柏许、麒麟引凤的传承人刘东良、厚街腊肠制作技艺的传承人陈什根、白沙油鸭制作技艺的传承人方咸仔。至此，东莞市省级非物质文化遗产名录项目已达30个，省级非物质文化遗产项目代表性传承人共达21人。

【非遗项目专题活动】 在广东省“南粤幸福周”活动东莞分会场启动仪式上，分8个展区举行东莞市省级以上非物质文化遗产名录项目的图片展，东莞民歌展演，七夕贡案与茶山公仔实物展示，哭嫁歌民俗巡游，大朗木偶戏表演，东莞传统小吃免费体验等活动。 （李勇辉）

党史编研

【《中国共产党东莞历史大事记（1919—2011）》】 《中国共产党东莞历史大事记（1919—2011）》全书共58万字，以编年体与纪事本末体相结合，以编年体为主的体例记载。全书以时间为线索，分新民主主义革命时期、社会主义革命建设时期、改革开放和社会主义现代化建设时期三大部分，客观、真实、全面地记录自1919年五四运动至2011年12月东莞党组织团结率领东莞人民进行革命、建设和改革开放的历史轨迹和实践历程，展示东莞党组织所创造的革命业绩和辉煌成就，反映探索社会主义建设道路历史进程中所走过的曲折道路和出现的失误，全景式地勾画东莞党组织历史的一个大致轮廓。市委党史研究室于2010年起，结合修改《中国共产党东莞历史》第一卷和编纂《中国共产党东莞历史》第二卷，组织人力征集新的大事记资料，整理、修改、补充原有大事记资料，撰写大事记新的条目，编成此书。2012年7月，《中国共产党东莞大事记（1919—2011）》由中共党史出版社公开出版发行。

【《东莞党史知识读本》】 2012年11月，市委党史研究室根据党的十八大提出的党员干部要“学习党的历史”的要求，编著《东莞党史知识读本》，由中共党史出版社公开出版发行，全书共16万字。全书由概述、大事纪要两个部分组成。概述反映东莞党组织团结带领东莞人民取得新民主主义革命、社会主义革命和建设、改革开放和社会主义现代化建设伟大胜利的历史概况；大事纪要收录200个党史条目，记述自1919年至2011年东莞党史的重大事件、重要活动、重要人物、重要会议等。是市委党史研究室在2011年5月编写发行的《东莞党史知识读本》小册子的基础上，进行修订，对原书部分条目作了调整、补充，并根据条目内容配上珍贵的历史图片资料。该书内容简明扼要，基本涵盖90多年来中国共产党在东莞地区的活动历史。同时根据大事纪要条目内容配上206幅历史图片，做到图文并茂。该书既是一本珍贵的地方党史资料，也是一本真实生动的地方党史教材。

【《长河撷浪集——党史研究拾零》】 由市委党史研究室编、陈立平著的《长河撷浪集——党史研究拾零》，于2012年2月由中共党史出版社公开出版发行。全书分为党史论文、专题史料、调研报告、战斗故事、人物传记五个部分，收录56篇文章，共约32万字，可读性强，其中不少文章成为地方党史研究的亮点，具有珍贵的史料价值和研究价值。

【《革命摇篮——洪梅在东莞党史上的五个第一》】 《革命摇篮——洪梅在东莞党史上的五个第一》于2012年11月出版，是市委党史研究室与洪梅镇党委联合编纂的一本研究东莞地方党史的生动教材。全书分为历史文献、回忆资料、人物传记、革命遗址、专题研究、大事记六个部分，共约14万字，多角度、深层次展示洪梅在东莞党史上的革命斗争史迹。洪梅镇是中国共产党东莞地区早期革命斗争的策源地之一，在大革命时期创造了东莞党史上的“五个第一”，即东莞第一个青年团支部、第一任团支部书记、第一任中共支部书记、第一任共青团地委书记、第一任中共地委书记，成为东莞的革命摇篮。该书围绕洪梅镇在大革命时期所创造的东莞党史上“五个第一”，真实记录中共东莞地方组织带领东莞人民开展反帝反封建革命斗争的历程。既是一本研究东莞地方党史的重要参考资料，又是一本对广大干部、群众尤其是青少年进行党史、革命史教育的生动教材。 （蔡瑞芬）

地方志编研

【概况】 2012年，《东莞市志（1979—2000）》交付出版社排版校对；《东莞年鉴》2012年卷在全省地级以上市中继续保持率先出版；《东莞名片》和《东莞与台湾》编纂出版；论文《浅述陈伯陶编纂地方志的思想》获得广东省地方志理论研讨优秀论文奖。截至2012年，东莞市编纂出版109部地方志，包括25部镇街志，31部部门专业志，28部村志，12部《东莞年鉴》，3部《东莞市大朗镇年鉴》和10部地情丛书。

【志书编修】 2012年，东莞市审核出版《东莞市东城区志》《东莞市麻涌镇志》和《东莞市中堂镇志》等3部镇街志；完成《东莞市民政志》《东莞市海洋渔业志》《东莞市统战志》《东莞市高埗镇志》和《东莞市望牛墩镇志》等5部志书终审，《东莞市质监志》和《东莞市厚街镇志》复审，《东莞市南城区志》和《东莞市企石镇志》初审和总纂。

【年鉴编纂】 2012年8月，《东莞年鉴》2012年卷出版发行，在全省地级以上市中继续保持率先出版；12月，《东莞市大朗镇年鉴》（2012）出版发行。东莞市为《珠江三角洲城市群年鉴》《广东年鉴》《中国城市年鉴》和《中国地方志年鉴》等提供文稿7.12万字、图片173张。

【《东莞年鉴》2012年卷评议会召开】 2012年11月2日，《东莞年鉴》2012年卷评议会在市行政办事中心召开。广东省人民政府地方志办公室副主

2012年东莞市地方志编纂出版情况

类别	书目	出版社	出书时间
镇街志	《东莞市东城区志》	中华书局	2012年5月
	《东莞市麻涌镇志》	中华书局	2012年6月
	《东莞市中堂镇志》	广东人民出版社	2012年10月
年鉴	《东莞年鉴》（2012）	广东人民出版社	2012年8月
	《东莞市大朗镇年鉴（2012）》	广东人民出版社	2012年12月
地情丛书	《东莞与台湾》	岭南美术出版社	2012年8月
	《东莞名片》		2012年8月

任马建和，中国地方志工作指导小组办公室、省政府地方志办公室年鉴工作处、郑州史志办、广东年鉴社等领导、专家，东莞市志办全体人员参加。与会专家认为《东莞年鉴》2012年卷突出东莞地域特色和年度特色，质量较高，需要改进的地方有：进一步理顺编目关系；选材上增加年度动态性条目，并增强资料信息的可读性；编辑稿件时要尽量避免条目标题过大，注意一事一条，突出年度亮点；行文中简称需加括注，人物职务要写清楚；统稿时注意文风统一；调整图文比例，防止插图喧宾夺主；加强编辑流程规范化管理，实现全程编辑质量监控，做好年鉴稿件的出版前审读与出版后评议。

【《东莞名片》编纂出书】2012年8月，《东莞名片》编纂出书。该书由东莞市人民政府办公室主办，市政府秘书长邓浩全任主编、副秘书长金行中任执行主编，由东莞市人民政府地方志办公室编纂。全书分“概况篇”“历史篇”和“崛起篇”等3个部分，以东莞市获得的主要荣誉为主线，展示一张张亮丽的“名片”，简介东莞经济社会发展的历史和现状，方便社会各界快速了解东莞地情。该书供“2012·世界莞商大会”作为宣传资料使用。

【《东莞与台湾》编纂出版】2012年8月，《东莞与台湾》出版发行。该书由东莞市人民政府地方志办公室和市台湾事务局共同编纂，市委书记、市人大常委会主任徐建华作序，副市长喻丽君任主编。详实记载改革开放以来东莞与台湾交往史实，反映莞台两地深厚友谊，内容涵盖莞台合作大事记，莞台经济贸易合作，两地党务、农业、教育学术、科技、文化艺术与体育、观光旅游等方面的交流，台资企业选介，涉台机构和在莞台商等。

【地方志论文获省级三等奖】2012年，东莞市人民政府地方志办公室主任潘朝明和中堂镇党政办王学林联合撰写论文《浅述陈伯陶编纂地方志的思想》，把陈伯陶的编纂思想归纳为四点：史料为先，广泛搜集资料；图文并重，精心编制图表；富于创新，善于纠疑载新；注重传承，精心选存文献。该论文在2012广东省地方志理论研讨中，获得优秀论文三等奖。（李俊玉）

档案编研

【馆藏档案精品展】2012年，东莞市档案馆选取馆藏部分档案，分为名人档案篇、回眸东莞篇、荣誉档案篇、友好往来篇等4个展厅进行展出，对社会各界和市民免费开放。

名人档案篇　从市档案馆名人档案库第一批139位名人中，选取提供个人档案材料较多的38位名人进行展出，旨在抛砖引玉，期待更多符合条件的人士踊跃加入东莞名人行列。

回眸东莞篇　通过馆藏档案的真实记录，回溯东莞历史的发展长河，让观众亲身经历举世瞩目的“东莞奇迹”。

荣誉档案篇　发掘档案馆馆藏中东莞在各领域获得全国、全省以及国际有关组织授予的各种重大荣誉或具有代表性的荣誉。体现东莞人民凝心聚力、众志成城、锐意进取、求真务实、开拓创新的创业史和奋斗史，是东莞人民的宝贵精神财富。

友好往来篇　展示东莞党委和政府领导在与国内各省市以及国内外组织机构、社会团体和友好人士的交流时接受的部分纪念品，见证东莞人民热情友好，团结务实的精神风貌。

【《东莞援川抗震救灾纪念画册》编印】2010年至2012年初，东莞市援建办把援川档案分批移交东莞市档案馆。市档案馆从这些援建档案中精选一些真实记录东莞人民与灾区人民共克时艰、共建家园的震撼瞬间的照片和文字记载，编印一批纪念画册。内容有记录东莞市领导到汶川映秀镇视察东莞援建工作，看望慰问奋战在一线的援建人员的情景；有记录援川同志肩着全市人民重托，肩负重大责任和使命，带去市委市政府和全市人民对四川灾区人民的深情厚谊，努力克服各种困难，完成市委市政府交办的任务的情景。画册充分彰显新时期东莞人的博爱精神，记录莞川人民的血浓于水、同舟共济的时刻。编印的画册有《千里援建扛日月　凤凰涅槃耀莞川——东莞援川抗震救灾纪实》《陈茂辉同志援川工作照片选》《刘志庚同志视察援川工作照片选》《李毓全同志视察援川工作照片选》《冷晓明同志视察援川工作照片选》《李小梅同志视察援川工作照片选》《陈林佐同志援川工作照片选》《傅晓炜同志援川工作照片选》《陈志标同志援川工作照片选》《王霁宇同志援川工作照片选》《周运华同志援川工作照片选》和《郭浩辉同志援川工作照片选》。

【《档案资政参考》编写】2012年，东莞市档案馆发挥档案部门的独特优势，围绕东莞经济社会改革发展的重点热点问题，发掘馆藏资源，为市委市政府中心决策提供理论依据和历史依据，真正把档案库、资料库变成思想库、理论库。2012年编写2期《档案资政参考》。

编写《改革开放以来东莞招商引资情况简述》　2012年5月9—13日，中国共产党广东省第十一次代表大会在广州隆重举行。大会明确提出“力争通过五年努力，基本形成法治化、国际化营商环境的制度框架”的目标任务。5月21—22日，东莞市召开中国共产党东莞市第十三届委员会第二次全体会议，会议提出建设“六个东莞”，营造法治化国际化的营商环境。为此，市档案馆通过馆藏档案资料简述东莞改革开放以来招商引资情况。

编写《改革开放以来东莞质量建设发展情况简述》　2012年10月17日，东莞成功获准创建“全国质量强市示范市”，成为广东省唯一获得该创建资格的地级市，标志着东莞的质量强市工作迈上新台阶。改革开放以来，东莞建设质量发展之路经历全方位、多角度、宽领域的发展，在产品质量、工程质量、环境质量以及服务质量等方面都取得令人瞩目的成绩。东莞历经长达30年的平稳较快发展，为实现“以人为本，质量第一”的发展之路打了无数次精彩的硬仗。但东莞这30年的艰难曲折发展路程却是鲜为人知的。为此，市档案馆通过馆藏档案资料简述东莞改革开放以来质量建设发展之路的情况。

【《东莞档案》编辑】2012年，东莞市档案局编辑《东莞档案》5期，向全市各镇街（园区）、市直各单位及档案工作者提供市档案工作信息和工作成果，起到很好的宣传作用。

【中共广东党组织档案史料展】2012年10月份，为迎接党的十八大，市档案馆与广东省档案馆联合主办《南粤丰碑——中共广东党组织档案史料展》在市档案馆大楼展出。该次展览，充分展示东莞深厚的历史文化底蕴和中共广东党组织团结带领南粤儿女在建设中国特色社会主义实践中的大胆创新精神，收到良好的社会效果。（梁锐华）

体育·卫生 SPORTS·HEALTH

龙舟赛

体 育

【概况】2012年是东莞市加快转变体育发展方式的第一年。市体育局加大群众体育工作力度，实施“十分钟文化体育圈”计划，投入130万元购置30套体育健身路径；投入270万元补助镇、村（社区）购置体育设施。完成从3岁到69岁的4000名样本量的国民体质素质测定和收集。在全市设置108个社会体育义务培训点，全年义务培训8800多人次。东莞代表队参加省第十届中学生运动会获得15枚金牌、24枚银牌、17枚铜牌。参加省青少年锦标赛获得金牌64枚。东莞输送运动员李佩璟参加2012年伦敦奥运会，在射击女子50米步枪三姿比赛上获得第九名。

【迎春长跑活动】2012年1月12日，“健康共享 幸福东莞”2012年东莞市迎春长跑活动举行。东莞市领导姚康、潘新潮、周楚良、喻丽君、朱伍坤等，与东莞市有关单位干部职工、学校学生、企业员工以及社会各界群众约1.5万人共同参与。

【东莞市常平镇篮球协会成立】2012年1月18日，东莞市常平镇篮球协会成立，是继东莞市大朗镇篮球协会之后，东莞市第二个镇级篮球协会。常平镇篮球协会得到常平镇委镇政府的大力支持，每年镇财政将拨款50万元，用以支持常平篮协开展工作。

【体育宣传进入自媒体时代】2012年2月22日，东莞市体育局官方新浪微博和腾讯微博、官方QQ同时上线，这表明东莞体育宣传进入自媒体时代。

【广东东莞银行队夺得CBA亚军】2012年3月30日晚，中国男子篮球甲级联赛总决赛第5场，广东东莞银行队客场迎战北京金隅队，最终以124：121的比分惜败于北京队，获得亚军。

【中国男篮国手杜锋退役仪式在莞举行】2012年4月6日，由广东宏远篮球俱乐部举办的中国男篮运动员杜锋“荣耀与梦想”退役仪式在东莞市体育馆举行。姚明、王治郅、巴特尔等明星球员均参加这次退役仪式。

【《东莞市体育事业“十二五”发展规划》出台】2012年4月18日，《东莞市体育事业“十二五”发展规划》经市政府审定并同意，正式印发。规划确立深化体育强市、健康城市建设目标，推出“十分钟文化体育圈”，“建设两大系统，实施三项计划”。具体是：建设国民体质监测系统和体育综合开发利用系统，实施“社会体育指导员义务指导”计划、“竞技体育品牌项目建设”计划和实施“体育市场从业培训及认证”计划。

【市国民体质监测中心挂牌】2012年4月20日，东莞市国民体质监测中心在滨江体育公园正式挂牌。东莞有了固定的体质监测中心，市民可定期享受完全免费的体质监测服务。只需在正常工作时间拨打电话进行提前预约，即可选择合适的时间到中心进行体质测定，并获得一份体质测定报告以及科学运动处方。

【“爱动杯”东莞市网球公开赛举行】2012年4月14—15日，东莞首届“爱动杯”网球公开赛在南城文化广场爱动网球俱乐部举行，比赛项目有男双、男单、女双、混双，参加比赛人数约150人。

【东莞输送运动员张楠橘在全国跳水冠军赛上夺冠】2012年5月3日，在江苏省常州市举行的2012年全国跳水冠军赛暨伦敦奥运选拔赛上，东莞培养输送年仅13岁的运动员张楠楠在女子10米台决赛中，以总分415.90分夺冠。

【游泳场所水质处理员培训班在塘厦镇举办】为加强东莞游泳场所的卫生管理，执行《全民健身条例》和《游泳场所卫生规范》，解决全市游泳场所水质处理工作存在的问题，2012年5月26—27日，市体育局在塘厦镇体育馆举办2012年东莞市游泳场所水质处理员培训班，全市各经营性游泳场所从事水质处理的35名学员参加。课程内容涵括泳池卫生规范、水质标准、药性原理等。

【2012年"红牛杯"东莞市篮球联赛举行】2012年4月15日至6月1日，2012年"红牛杯"东莞市篮球联赛举行，至此，东莞市篮球联赛迎来10周年。50多天内，全市32个镇街共65支男女球队1000多名篮球好手上演200多场精彩的篮球赛事。最终，女子组甲级决赛，松山湖队以57比54胜莞城队夺得冠军，完成三年夺得市联赛丙级、乙级、甲级冠军。松山湖女篮是继厚街、大朗之后，第三支夺冠球队。男子组甲级大朗队以71比61胜常平队，以3场2胜的战绩获得冠军，实现6连冠。

【东莞代表团在广东省第十届中学生运动会中夺得佳绩】2012年7月15—28日，广东省第十届中学生运动会在深圳举行。东莞代表团获得15枚金牌、24枚银牌、17枚铜牌，共56枚奖牌，代表团综合团体总分956.45分，获二等奖，奖牌数和团体总分均名列全省第四。

【全市经营性游泳场所安全生产专项检查工作】2012年7月30日，市体育局检查组对全市经营性游泳场所进行专项检查。重点检查游泳场所相关经营证照的配备情况、救生设施设备的配备情况、从业人员持证上岗的落实情况、事故应急救援制度的建立情况、水质安全保障情况和从业人员的安全生产和事故救助等基本技能的掌握情况等6大方面。

【东莞市第四届万人登山比赛举行】2012年8月5日，由东莞市体育局、广东新快报社联合主办的东莞市第四届万人登山比赛在樟木头镇观音山国家森林公园举行。比赛设团体赛和个人赛，吸引众多市民参加。

【省青少年乒乓球锦标赛上获佳绩】2012年8月17—21日，广东省青少年乒乓球锦标赛在珠海举行。东莞市由横沥和长安、莞城组队参赛。代表队获甲组女子团体冠军、甲组男子团体第三名、乙组男子团体第三名、丙组男子团体第六名、丙组女子团体第三名等优异成绩。

【东莞篮球学校"林书豪训练营"开营】2012年8月19日，东莞篮球学校"追逐梦想 超越自我 2012林书豪篮球训练营"正式揭幕。新晋华裔球星林书豪到场参加仪式。

【国家羽毛球队凯旋回莞】2012年8月21日晚，由东莞市政府主办的庆祝国家羽毛球队奥运凯旋联欢晚会在东莞市南开实验学校举行。这是国家羽毛球队凯旋后的首场庆功晚会。市委书记、市人大常委会主任徐建华，市委副书记、市长袁宝成，市委常委、东莞军分区政委

东莞市体育局

① 2012年8月25日，中共中央政治局常委、国务院总理温家宝到东莞考察时在宏远社区展示球技。

② 2012年1月12日，东莞市举行"健康共享、幸福东莞"迎春长跑活动，市委副书记姚康（右四），市委常委、宣传部部长潘新潮（右三），副市长喻丽君（左四）等参加。

刘卫芳，副市长喻丽君等出席晚会。徐建华对国家羽毛球队在伦敦奥运会上所取得的优异成绩表示祝贺，并表示东莞作为国家羽毛球队训练基地所在地，将一如既往地支持国家羽毛球队，继续做好后勤工作。东莞市政府向国家羽毛球队赠送慰问金100万元。

【市游泳公开赛开赛】 2012年8月25日，市游泳公开赛在市体育中心游泳馆正式开赛。比赛按年龄段分三个组别，共设置50米蝶泳、50米仰泳、50米蛙泳、50米自由泳、4×50米自由泳接力等男、女相同共10项赛事。公开赛报名参赛人员年龄段涵盖30—70岁，共吸引16个镇街200多人报名参加。

【东莞市足球协会换届】 2012年8月26日，东莞足协完成4年一度的改选工作，叶军（东莞市泰和沥青有限公司董事长）连任当选会长，王胜培和吴桂成当选副会长。

【东莞市输送运动员周国华在伦敦残奥会上夺冠】 在2012年8月29日至9月9日举行的第14届伦敦残疾人奥林匹克运动会中，东莞市共有3名运动员（含1名盲人领跑员）代表中国参赛。9月3日，周国华与领跑员李杰在女子田径T12级100米项目比赛中以12秒05的成绩打破世界纪录，夺得冠军。这是东莞市运动员首次在残奥会上夺金；并于9月7日，在女子田径T12级200米项目比赛中，以24秒66的成绩打破残奥会纪录，夺得一枚银牌。

【2012年东莞市中学生篮球比赛】 2012年10月，“激情青春、魅力篮球”2012年东莞市中学生篮球比赛举行，有85支队伍报名参赛，其中甲组男子28支队，甲组女子14支队，乙组男子25支队，乙组女子18支队，合计约1000名学生运动员参加比赛。最终光明中学男篮以76:59击败第四高级中学男篮夺冠。

【2012年“慈善杯”东莞市全明星篮球赛举行】 2012年10月30日晚，第三届东莞全明星篮球赛举行。广东东莞银行队与东莞新世纪队进行精彩的表演。作为东莞慈善形象大使的易建联出席活动。通过门票，拍卖签名球衣、篮球、随队资格等形式，共筹集善款1169.89万元，悉数捐给东莞市慈善会。

【东莞世纪城羽毛球队在中国羽毛球甲级联赛中夺冠】 2012中国羽毛球甲级联赛在东莞李永波羽毛球学校举行。12月1日，东莞世纪城队在决赛中，以3：0击败厦门队夺冠，挺进中国羽毛球超级联赛。

【《东莞市全民健身实施计划（2012—2015年）》印发】 2012年12月20日，东莞市人民政府制定并印发《东莞市全民健身实施计划（2012—2015年）》，实施计划对今后五年的体育发展作具体的部署，并提出具体的发展目标，其中要求经常性参加体育锻炼的人口达到总人口比重的50%。在校学生每天至少参加1小时的体育锻炼活动。城乡居民达到《国民体质测定标准》的合格水平以上人数比例超过90%，其中达到良好以上水平的人数占45%以上。在校学生达到《国家学生体质健康标准》的合格水平以上人数比例超过90%，其中达到优秀标准的人数占25%以上，耐力、力量、速度等体能素质明显提高。

【“晨星计划”免费培养网球苗子】 2012年12月21日，免费提供网球专业训练的“晨星计划”启动。该计划旨在推动东莞市青少年网球运动发展，在全市选拔网球苗子进行免费培训，普及和培养青少年网球优秀人才。

（麦惠澎、刘秋香）

附：2012年东莞市体育局领导名录

局长：彭启尧

副局长：詹志斌　朱伟光

纪检组长：罗琼燕

机关党委专职副书记：曾学军

① 2012年4月20日，东莞市国民体质监测中心挂牌成立。

② 2012年6月1日，全市篮球联赛男子甲级总决赛开赛。

③ 2012年3月23日，全国钓鲫精英赛总决赛在东莞松山湖举行。

卫 生

【概况】 2012年，东莞市有医疗机构2565个，其中，公立医院40个，民营及社会办医院32个，其他医院6个，社区卫生服务中心（站）387个，农村卫生站1360个，其他医疗机构740个。全市卫生人员4.94万人，其中卫生技术人员4.06万人（含执业医师及助理医师1.4万人，注册护士1.7万人）。全市编制床位32027张，实际开放床位24617张，其中，公立医院17972张，民营及社会办医院6142张。全市医疗机构总门诊量为7061万人次，其中基层医疗机构门诊量占84.6%。全市出院人数为83.8万人次，出院者平均住院日为8.1天，病床使用率79.6%。市中医院新院、东莞卫校新校建成投入使用。

【疾病预防与控制】 2012年，东莞市卫生局开展手足口病、新型冠状病毒感染防治知识师资培训，培训师资骨干800多人次。开展流感样病例监测和病原学监测，监测门诊病例339.17万人次，病原学监测样本2660份。加大艾滋病病例管理力度，开展美沙酮维持治疗和抗病毒治疗，东莞市新涌医院元美社区药物维持治疗工作点获2012年“国家优秀门诊”“广东省社区药物维持治疗示范门诊”称号。提高流动儿童国家免疫规划疫苗接种率，免疫规划接种230万多人次，对2005年1月1日以后出生的儿童开展脊灰疫苗应急免疫和麻疹疫苗查漏补种活动，全市麻疹疫苗接种率＞95%，麻疹发病率同比下降60%。提高肺结核病人的发现率和治愈率，对可疑肺结核病人进行免费检查1.42万例，对符合条件的肺结核病人进行免费登记和治疗4221例。开展重性精神疾病排查，对全市所有重性精神疾病患者实行规范化管理，实现社区精神卫生管理治疗网络全覆盖，精神疾病患者在社区可获得治疗康复服务。完成“中国加工贸易产品博览会”“世界莞商大会”“动漫会”等重大活动卫生保障工作。

【妇幼保健】 2012年，东莞市卫生局强化母婴保健技术监管，重点对市内70个医疗保健机构进行质量考核。发挥市“新生儿疾病筛查中心”“产前诊断中心”的作用，扩大筛查范围，新生儿疾病筛查率84.45%，产前诊断947人，出生缺陷率18.83‰，预防和减少出生缺陷和残疾。推进妇幼重大公共卫生项目，完成1.3万名妇女增补叶酸预防神经管缺陷，完成15万适龄妇女乳腺癌、宫颈癌（“两癌”）筛查，预防艾滋病、梅毒、乙肝母婴传播完成率达100%。加强危重症孕产妇急救网络建设，孕产妇死亡率8.64/10万，婴儿死亡率2.59‰，均达到卫生部和广东省

树服务先锋形象　做人民健康卫士

① 2012年2月16日，省政协副主席、省卫生厅厅长姚志彬（前排右三）一行到沙田医院视察指导，市政协副主席吕兢（前排右一）、市卫生局局长蔡一平（前排右二）、沙田镇镇长钟浩滔（前排右四）等陪同视察。

② 2012年7月26日，省卫生厅副厅长廖新波（右二）到长安镇督导检查打击非法行医工作，市卫生局局长蔡一平（右一）陪同。

① 2012年1月21日，市委副书记姚康（右一）、副市长喻丽君（右二）、市政府副秘书长金行中（右五）由市卫生局局长蔡一平（右三）等陪同，慰问春节期间坚守工作岗位的医疗卫生工作者。
② 2012年12月11日，副市长喻丽君（左一）、市政府副秘书长金行中由市卫生局局长蔡一平（左三）等陪同，到莞城医院视察督导适龄妇女“两癌”筛查工作。
③ 2012年9月7日，市卫生局党组书记、局长蔡一平带领市卫生局机关全体人员，到市图书馆集中观看东莞市打击和预防商业贿赂工作展览。

卫生厅的规定指标。

【卫生法制监督】 医疗机构监督 2012年，东莞市卫生局开展大规模打击非法行医行为规范医疗市场专项整治行动，查处非法行医窝点1179个，清理无证行医人员645人，责令违规医疗机构限期整改。开展打击虚假医疗广告专项整治行动，查处发布虚假医疗广告570宗，没收广告宣传单张11万多份，拆除违规户外广告牌4113个，全市各主要街道、公共汽车车体、车站等地方的“男科医院”及其他虚假医疗广告基本清除。对医疗机构不良执业行为实施记分制，完成1691个医疗机构的检验工作，其中，被暂缓校验的医疗机构8个，被吊销《医疗机构执业许可证》的医疗机构5个。

公共卫生监督 2012年，东莞市卫生局开展餐饮具集中消毒单位专项整治行动，对全市76间持有工商营业执照的餐饮具消毒单位建立监督档案。实施消毒产品生产单位常态化监督，检查消毒产品生产企业53间次，抽查3家药店的消毒产品经营情况。开展公共场所卫生监督检查，对全市已发证的156间游泳场所进行监督，抽检公共场所集中空调通风系统10个、住宿场所30间和大型商场10间，抽检现制现售制水设备5个、小型水质处理器销售经营单位5间。

【食品安全综合协调】 2012年8月1日，东莞市正式实施《东莞市食品安全举报奖励办法》，建立食品安全举报奖励机制，各食品安全监管部门制定举报奖励实施细则，向社会公布受理举报联系方式。以食用农产品、水产品、农业投入品、畜禽屠宰、食品生产加工、食品流通、餐饮服务为重点环节，以乳制品、食用油、调味品、肉类、酒类、食品添加剂、保健食品为重点品种，组织协调食品安全委员会各成员单位在全市范围内开展拉网式清查和联合执法行动，开展食品安全专项整治，严厉打击生产、销售假冒伪劣和有毒有害食品的违法行为。全市监督检查各类食品生产经营单位19.75户次，立案查处违法行为8982起，涉及总货值3588万元，罚没款1669万元，取缔无证照生产经营单位1159户次，案件移送司法机关109起，刑拘119人，逮捕63人。

【卫生应急管理】 2012年，东莞市应对5宗突发公共卫生事件，无重症或死亡病例，控制3起突发流感聚集性疫情，处理1起食品安全事件和1起急性职业中毒事件，做好各类火灾、爆炸、交通事故的医疗救援工作。加强卫生应急能力建设，举办洪灾后感染性腹泻应急处置演练，提高自然灾害后卫生防疫能力；开展第四届急救技能竞赛，有57个医院代表队参赛。加强急救网络体系建设，全市设立急救站点63个，配备救护车179辆，市120指挥中心受理呼救电话62万多个，实际派出救护车10万多辆次，救治伤病员9万多人次。

【医政管理】2012年，东莞市卫生局加强医学专科项目建设，对34个专科授予市医学临床重点专科、特色专科牌匾，制定《东莞市医学临床重点专科特色专科建设指导意见（试行）》，加强后续管理。推进临床路径管理试点工作，规范医疗机构的诊疗行为，控制医疗费用不合理增长，有45个医院开展试点，涉及22个专业和155病种，部分病种费用下降150—500元。推行新型就诊服务模式，简化诊疗流程，全市有46个医院加入新版统一预约挂号平台，日均预约号源3.5万人次，有49个医院设立客户服务中心，有36个医院推行门诊就诊“一卡通”服务，有8个医疗单位试点推行“银医互联”自助服务，有7个医院与工厂企业合作推行单位统一结算，有23个医院提供检验检查结果自助查询和打印服务。全市40个公立医院和13个民营医院开展优质护理服务，约占全市所有住院病区的88%，实行责任制整体护理和常态化床边办公，为住院病人提供全程专业护理服务，开展出院病人电话回访和健康指导等，住院病人对护理服务满意度达95%以上。全市自愿无偿献血7万多人次，无偿献血量2749万多毫升，100%满足全市临床用血需求。

【药物政策】2012年，东莞市卫生局落实医疗机构药品“收支两条线”管理，制定药品收支结余款用款方案，返拨给需要帮扶的医疗单位购置急救设备。完善药品和医用耗材“阳光”采购监督管理，落实基本药物集中采购工作，对采购工作实行量化考核和监督。落实处方点评和不合理用药处方公示制度，加强重点指标监控，开展抗菌药物临床应用专项整治活动，规范抗菌药物临床使用，查处大处方、大检查等违规行为，减轻患者医药费用负担。升级“阳光用药”电子监察系统，系统发出预警信息52844次，处理45338次，纠正不合理或违规用药行为31553人次。

【中医药事业】2012年，东莞市卫生局组织市中医院复评创建三级中医医

①

②

③

① 2012年11月5日，市卫生局党组书记、局长蔡一平主持召开市卫生局机关全体干部职工会议，学习贯彻全市深化医药卫生体制改革工作会议精神。

② 2012年5月16日，市卫生局在大朗镇召开行政审批改革工作（大朗镇）座谈会，研究推进大朗镇实施商事登记改革试点有关卫生行政工作。

③ 2012年10月17日，市卫生局在市卫生监督所举办“阳光执法，健康同行——行政三公开”主题开放日活动，探讨健全卫生行政管理及行政执法工作机制。

院。突出中医药特色优势，组织开展中医重点（特色）专科建设工作，有5个专科被确定为省“十二五”中医重点专科建设项目，1个专科被确定为省“十二五”中医特色专科建设项目。举办4期中医药适宜技术培训班，有800多人参加培训。组织专家遴选中医药适宜技术推广项目20项。

【基层卫生与公共卫生服务均等化】2012年，东莞市卫生局健全基层医疗卫生服务体系，统筹城乡医疗卫生发展一体化工作，推动医疗卫生资源向基层倾斜，基层医疗机构有1748个，占全市医疗机构总数的68%，基层医疗机构门诊量占全市医疗机构门诊总量的84.4%。开展全科医学岗位培训，全科医生培训率81.4%，社区护士培训率99.24%，社区全科医生慢性病管理培训6000人次。推进社区卫生服务机构标准化、规范化、信息化建设，所有社区卫生服务机构统一使用《东莞市社区卫生服务信息系统》并与市社保信息系统连接，实现新社保卡“诊疗一卡通”应用工程。大岭山镇、凤岗镇社区卫生服务中心获“国家示范社区卫生服务中心”称号，麻涌镇社区卫生服务中心获“广东省示范社区卫生服务中心”称号。

2012年，东莞市社区卫生服务重心从基本医疗向公共卫生服务转移，基本公共卫生服务范围覆盖城乡居民，人均经费25元。全市累计建立居民电子健康档案710.4万份，常住人口建档率85.67%；开展高血压管理22.03万人，糖尿病管理6.96万人，重性精神病管理1.74万人；开展老年人健康管理17.85万人，0—3岁儿童保健23.87万人，产后访视15.5万人。

【爱国卫生运动】2012年，东莞市爱卫会组织群众开展“爱国卫生月”“爱国卫生突击周”等群众性爱国卫生运动，清理“四害”孳生地，全面防控虫媒传染病，将开展群众性除害防病活动常态化、制度化。集中力量开展城乡环境卫生整洁行动，改善城乡环境卫生，通过省评估考核。全市32个镇街中的21个镇获得“国家卫生镇”称号，累计创建省卫生村498个，占东莞市村（社区）总数84.3%。

【卫生科研管理】2012年，东莞市卫生局组织申报省、市医疗卫生科研项目，获省卫生厅、省中医药局立项308项，被评为省科技进步奖1项、市科技进步奖29项，占全市科技进步奖总数的33%。加强科研课题后期管理，组织验收医疗卫生科技项目208项。（程玮斌）

附：2012年东莞市卫生局领导名录

党组书记、局长：蔡一平
党组成员、副局长：林卫平　钟耀棠
叶向阳（6月到任）
罗小勇（6月到任）
副调研员：曾凡荣（1月到任）
戴莉红（8月到任）
纪检组组长：傅丽娟（任至12月）

① 2012年1月18日，市卫生局党组书记、局长蔡一平带领市卫生局机关干部到麻涌镇麻一村开展春节对口扶贫慰问活动。

② 2012年3月30日，中共东莞市卫生系统社会组织委员会第一次党员代表大会在市慢性病防治院礼堂召开。大会选举产生中共东莞市卫生系统社会组织第一届委员会委员，市卫生局副局长林卫平当选书记。

东莞市卫生监督所

东莞市卫生监督所于2002年12月21日正式挂牌成立，为参照公务员管理的副处级事业单位，归口市卫生局管理。内设机构包括办公室、受理发证科、稽查科、公共卫生监督科、医疗机构监督科、传染病监督科、职业卫生监督科、信息科8个科室，核定编制85人，2012年有在职在编公务员80人。

根据市编委有关文件规定，该所的主要任务是：组织实施卫生监督计划，依照法律法规行使预防性和经常性卫生监督工作；受市卫生行政部门委托承担对公共卫生、医疗机构的监督，受理卫生许可和执业许可的申请以及健康卫生产品、医疗广告内容的审核；对卫生行政处罚案件进行调查取证、提出处罚建议、执行处罚决定；参与对危害公共卫生的中毒事故、医疗事故、重大疫情和突发事件的调查处理；开展卫生法律、法规和卫生知识的宣传教育，负责卫生监督员法律知识和业务培训；承办上级交办的其他事项。

该所自成立以来，在市卫生局的领导下，充分发挥卫生监督的行政执法职能作用，依法严厉打击各类危害人民群众身体健康和生命安全的违法违规行为，圆满完成上级交付的各项重大工作任务，用实际行动诠释“执法为民、护卫健康”的核心价值理念。同时严把卫生行政许可发证关，注重加强内涵建设，树立起“公正、便民、勤政、廉政”的良好社会形象，为加快转型升级、建设幸福东莞、实现高水平崛起作出了应有贡献。

2012年9月，副市长喻丽君（左二）、市政府副秘书长金行中（左一）等领导率市“打非”领导小组成员来市“打非”办（办公地点设在市卫生监督所）视察打击非法行医工作。

近年来，东莞市卫生监督所先后获“广东省卫生监督先进集体”“广东省卫生系统法制宣传教育先进集体”“广东省卫生监督通讯先进集体”“广东卫生监督双十佳评选提名奖”“东莞市先进集体”“东莞市抗震救灾先进集体”等市级以上重大表彰20多次；所志愿服务队获“首届珠江公益节‘双千一百’评议活动‘千家公益社团（团队）’”表彰；该所受理发证科被评为“全省卫生系统三星级青年文明号”“东莞市直机关文明科室”，医疗机构监督科、职业卫生监督科被评为“东莞市青年文明号”。据统计，全所党员干部获市级以上重大表彰120多人次。

市卫生监督所干部职工“全家福”

2012年2月，卫生部监督局副局长齐贵新（左二）、省卫生厅副厅长陈祝生（左一）、省卫生监督所所长张玉润（右二）等领导来莞调研卫生监督工作。

2012年5月，农三师图木舒克市党委常委、副政委、组织部长张新辉（左二）等领导来莞开展卫生援建工作考察。

2012年6月，市卫生监督所举办全市餐饮具集中消毒单位负责人卫生管理培训班，将餐饮具集中消毒单位卫生整治作为"三打两建"重点工作来抓。

2012年6月，市卫生监督所执法人员开展高考卫生保障工作。该所全年出动卫生监督员450多人次开展重大活动保障任务。

2012年10月，市卫生监督所执法人员开展公共场所卫生监督检查。该所深入开展"行政三公开"和"三好一满意"活动，得到社会群众好评。

2012年11月，市卫生监督所召开"两公开一监督"座谈会，广泛听取企业代表对卫生监督工作的意见和建议。

东莞市疾病预防控制中心

2012年，东莞市疾控工作者坚持“预防为主、防治结合”的卫生工作方针，认真贯彻落实国家、省、市有关工作要求，以保障人民群众身体健康为宗旨，扎实推进各项业务工作，全市疾病预防控制工作取得了新成效。

一是加强手足口病、流感、感染性腹泻和狂犬病等重点传染病的监测和防控力度，2012年全市传染病疫情总体平稳，无甲类传染病发生。

二是组织全市免费接种扩大国家免疫规划疫苗合计310.88万人次，疫苗针对传染病同比下降21%，麻疹、乙脑等传染病发病率降至历史最低水平，脊髓灰质炎连续18年未出现病例。

三是继续完善艾滋病监测网络，积极开展“四免一关怀”政策、自愿咨询检测和高危行为干预工作，全球基金艾滋病项目工作得到有效落实。

四是有序开展食品、集中空调通风系统、生活饮用水、泳池水、作业环境等卫生监测工作和病媒生物种群密度消长调查。

五是加大对全市疾病预防控制队伍应对各类突发事件的培训和演练力度，提高全市卫生应急管理水平；积极开展传染病暴发、食物中毒、职业中毒等突发事件的应急调查和处理，有效控制各类突发事件的扩大和蔓延。

六是通过抓好东莞市“亿万农民健康促进行动”“公民健康素养促进行动”和“全民健康生活方式行动”专项工作，大大提高基本公共卫生健康教育服务均等化水平。

七是按照档案管理相关建设标准，在行政管理、基础业务、室库设施和开发利用等方面着力加强市疾控中心档案管理的力度，并于2012年7月通过“省特级档案工作目标管理评审”。

在政府的大力支持和各部门的密切配合下，通过做好人员培训、保障疫苗供应和冷链正常运转、充分开展社会宣传动员，全市免费接种扩大国家免疫规划疫苗工作获得有序开展，圆满完成各项接种任务，东莞市疫苗针对传染病持续下降。

围绕传染病监测与防控、免疫规划职能移交、健康教育等重点工作，面向全市举办各类应急演练、培训班和研讨会27期，培训全市疾控机构技术人员4781人次，切实增强全市疾控队伍突发公共卫生事件监测预警、现场处置、实验室检测和媒体应对等核心能力。

市疾控中心一贯重视档案管理工作，通过完善档案硬件设施，规范有序归档各类档案，不断提高档案的利用效率，档案管理水平不断提高，于2012年7月通过“省特级档案工作目标管理”评审。

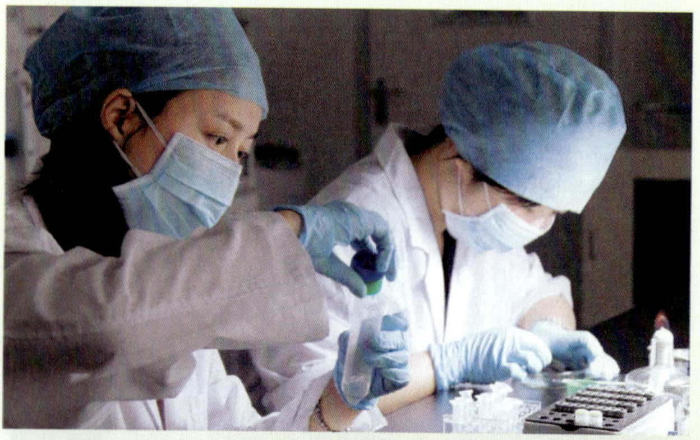

截至2012年，市疾控中心微生物检验室相继加入世界卫生组织全球沙门氏菌监测网、中美新发和再发传染病合作项目和省食源性疾病监测项目，市疾控中心微生物检验室全面开展包括沙门氏菌、志贺氏菌及副溶血性弧菌在内的微生物的血清学分析、生化鉴定和PFGE分子生物学分型。

社会生活 SOCIAL LIFE

黄江镇人民公园

编辑：李文蔚

人力资源

【就业工作】2012年，市人力资源局全面落实积极就业政策，实施就业优先战略，把促进就业作为保障和改善民生的头等大事抓落实。

圆满完成就业目标任务　着力加大就业帮扶力度，推动1.05万名登记失业人员就业，帮扶7442名就业困难人员实现再就业，196名东莞生源困难家庭高校毕业生全部实现就业，完成市政府“十件实事”任务要求。全年城镇登记失业率为2.3%，完成实施《规划纲要》实现“四年大发展”目标要求。

力促政策惠及各类群体　全年发放各项就业补贴3.29亿元，惠及城乡劳动力64万人次。组建村民车间（班组）558个，安置属地劳动力2.05万人。开展“就业服务日”“就业援助月”活动，向8万多人次城乡劳动力提供就业援助服务。推动800多人参与“青年就业见习训练”和“青年就业培训计划”，促进新成长劳动力就业。促进高校毕业生就业，向1.59万名大中专毕业生发放企业岗位津贴9126万元。发放创业资金小额贷款1380万元，认定2家创业孵化服务社会合作机构、1个市级创业带动就业孵化基地。

稳定企业拓展就业岗位　牵头制定《东莞市困难中小微企业认定办法》，使困难中小微企业可享受暂免征收调配费、社保补贴优惠等政策。发展家庭服务业，推动6500多人参加家庭服务业相关行业工种项目培训，帮助家庭服务业从业人员实现稳定就业。

积极促进就业用工对接　举办“春风行动”等各类招聘会400多场，为1万多家企业和20多万名求职者提供现场招聘服务；组织700多家企业，赴省内外各地举办劳务对接招聘会、洽谈会200多场次，输入劳动力16.5万人。成功举办第三届“东莞市校企合作洽谈会暨‘南粤春暖’就业服务活动”，建立定向式（订单式）培训777宗，建立实习（见习）基地713个，帮助企业引进技能型毕业生3.1万多人。

推进高校毕业生就业创业　举办就业指导培训活动、创业培训活动、就业指导座谈会等共86期次，培训1.46万人次。举办广东省促进高校毕业生就业系列活动东莞招聘会、2012年春季全国高校毕业生（东莞）供需见面会、“一企一岗·互济共赢”等大型公益性招聘活动，举办公益性毕业生供需见面会45场，参会企业单位2981家，提供就业岗位4.33万个。应届东莞生源普通高校毕业生报到总人数14323人，已就业14036人，就业率达98%。

【人才工作】2012年，市人力资源局以实施“人才东莞”战略为抓手，推进高层次人才引进培养，为产业转型升级、打造创新型经济提供智力支持。

招才引智实现新突破　成功举办全市招才引智大会，为人才与企业达成221家次初步合作意向、90个项目合作意向以及65项校企合作意向。完成市第二批创新创业领军人才引进评审工作，成功引进11名创新创业领军人才。组织参与省政府赴日本法国招聘、“2012中国海外学子创业周”“第十一届中国国际人才交流大会”以及“第十五届中国留学人员广州科技交流会”等活动，促进高层次人才与项目对接。全市通过市场引进市外人才约13.9万人。

人才培养迈出新步伐　加强科技创新团队和领军人才培养，资助19人参加学术交流和学位攻读，举办“新产业新技术”“高级工商管理”“创新理论”“高效沟通技巧”“从技术走向管理”等6场专题培训班，207人次参加。

启动培养第二批科技创新团队和领军人才申报评审工作，13个团队、86名个人参加申报。深入实施专业技术人才知识更新工程，完成继续教育培训近8万人次，86个高级研修班项目入选省人社厅培训计划。

人才服务取得新进展　以东莞市高层次人才服务专区为依托，加强重点企业人才服务，与400多家重点企业建立沟通互动机制。推动人才服务工作信息化，全年专业技术人才网上服务近3万人次，新增职称评定认定11901人，市外引进人才职称确认1913人。筹建高层次人才联谊会，27家企业单位和100多名高层次人才达成初步入会意向。筹备市人力资源开发学会换届选举工作，初步确定180多家企事业单位为会员单位，会员达到250多人。全年办理人事代理3.3万人，接收各类人事档案2.06万份。加强考试管理，全年完成57项资格考试任务，参考人数达9.2万人次，同比增长14.7%。

载体建设取得新成效　深入实施博士后培养工程，新增博士后创新实践基地19家，全市博士后科研工作站（分站）、博士后创新实践基地达43家，累计招收博士后67人。加快推进中国东莞留创园建设，留创园累计引进博士216名，硕士184名。争取市政府支持，着手推动海外人才工作站试点建设工作。探索推动“东莞智库”平台建设，开展市长经济顾问人选物色推荐工作，确定18名市长经济顾问候选人名单。

【技工队伍建设】2012年，市人力资源局围绕打造一流技工队伍的目标，探索以技能人才培养、评价、激励为重点的工作体系，促进技能人才扎根成长。

强化技能激励评价　出台《东莞市优秀技能人才评选奖励暂行办法》和《东莞市职业技能竞赛管理办法》，每两年开展优秀技能人才评选，给予最高1.5万元奖励，实现技能竞赛工作制度化、常规化。组织开展29个项目技能竞赛，2326人参加市级总决赛，413名选手获各项奖励，48人被授予市技术能手荣誉称号。组织参加省职业技能竞赛再创佳绩，获得1个特等奖，3个一等奖、4个二等奖、13个三等奖、3个团体二等奖、3个团体三等奖等荣誉，1人被授予省“五一劳动奖章”，7人被授予“广东省技术能手”称号。首次在全市推广职业技能鉴定智能化考试，在职业院校、培训机构建立职业技能鉴定智能化考试平台18个，全市组织职业技能鉴定1100多场次，累计鉴定6.2万人次。大力推进技能鉴定工作标准化，核发职业资格证书3.3万多本。

强化技能质量管理　狠抓技能培训质量管理，深入各镇街检查128次，抽查

东莞市人力资源局

2012年6月20日，国家人力资源和社会保障部副部长何宪（前排右二）、广东省常务副省长肖志恒（前排左一）莅临市人力资源局指导工作

209期班。全面开展检查技工院校补贴资金专项行动，累计检查70个班，共计3175名学生。组织评审民办职业培训机构170家，评估认定公共就业技能培训定点机构48家。全年各类职业培训共计47.7万人次，为3.49万人发放培训鉴定补贴847.06万元。

强化技能平台建设　加快市技师学院筹建，基本完成一期房建工程，重点发展机械制造、汽车技术、电子电工技术等工科类学科专业。高技能公共实训中心成立由100多名专家组成的高技能实训专家库，开展维修电工、模具、汽修以及数控铣4个实训项目开发。创新职业技能培训平台建设，全市认定首批40个职业技能培训（示范）基地、4个农村劳动力转移就业职业技能培训示范基地、3个职业技能鉴定定点考场、2个职业技能竞赛基地、1个综合性职业培训示范基地，推进1个职业研发应用基地申报。

强化技工教育工作　全市3所技工学校共招生5207人，完成招生计划96.43%，招生进度位居全省前列，其中市高级技工学校招生2682人，完成计划107.3%，超额完成省人社厅下达招生任务。深化“校园对接产业园工程”，市高级技工学校与莞韶产业园、石碣（兴宁）产业园中的4家企业签订6个项目校企合作意向书；与市安全生产监督局合作组织开展特殊工种社会培训鉴定5780人。为技工学校学生申请国家助学金842.4万元，资助学生5.6万人次。

强化高技能人才入户工作　贯彻落实省政府目标任务，推动出台全市高技能人才入户城镇工作方案，深入2万多家企业开展摸底调查，建立高技能人才服务对象信息库，对登记有入户意愿的高技能人才服务率达100%，召开各类规模政策宣传会1238场次。

【人事管理】2012年，市人力资源局按照分类管理、协调推进的原则，贯彻落实各项人事制度，统筹规范各项人事管理。

公务员队伍进一步充实提升　公务员管理信息系统完成数据库建库并通过省的验收。落实公务员考试录用制度，协助市委组织部完成2012年乡镇机关公务员选拔工作，招录59名公务员和12名职员。组织完成2012年市直机关考试录用公务员工作，录用355人。完成中央机关及其直属机构2013年度考试录用公务员1万名考生笔试工作。创新公务员培训内容和形式，把“三重”建设、专业镇建设、文化与职业道德建设作为重点培训内容，举办各类培训班52期，2.1万人

① 2012年8月27日，东莞市劳动关系风险预警系统建设现场会在石龙镇政府召开。
② 2012年12月29日，由市教育局、市人力资源局共同主办的2012年东莞市中职学校技能竞赛总结表彰大会暨全市职业教育技能教学展览活动在东城文化广场举行。
③ 2012年11月13日，首批东莞市职业技能培训（示范）基地集中挂牌仪式在广东生益科技股份有限公司举行。

① 2012年6月13日，由市总工会、市人力资源局主办，市供电局承办的东莞市装表接电工职业技能竞赛举行。
② 2012年11月1日，2012年东莞招才引智大会在东莞国际会展中心举行。
③ 2012年11月10日，广东省2012年“一企一岗·互济共赢”高校毕业生招聘服务活动东莞专场在东莞国际会展中心举行。

次参加培训。完成全市22146名公务员2011年年度考核工作。深入开展“带头创先争优争做人民满意公务员”活动，强化公务员素质能力建设。

事业单位人事制度改革稳步推进　完善和探索符合各类事业单位特点的岗位设置管理，梳理全市事业单位岗位设置并核准备案391个，占全市事业单位总数35.3%，调整岗位3.2万个，占全市事业单位岗位总数55.2%。指导13个中心镇214个事业单位完成人员聘用工作，与在编2817人签订聘用合同。规范事业单位公开招聘工作，全年共34批涉及213个事业单位完成公开招聘，报名总人数1.34万人，招聘831人。完成全市4.8万名事业单位在编人员2011年年度考核工作。

工资福利工作取得成效　全面落实公安机关执法勤务机构人民警察警员职务套改后工资津贴工作，按规定套改共涉及9494人，占全市警力总数87.7%，工资津贴全部兑现到位。推进其他事业单位实施绩效工资工作，全市市直事业单位已全面实施绩效工资制度，676家事业单位绩效工资基本落实到位。办理机关单位在职人员正常晋升工资档次1.89万人次、正常晋升级别工资2519人次，事业单位在职人员正常增加薪级工资3.94万人次，离退休人员增加离退休费1.13万人次。

军转安置工作有效加强　通过组织好军转干部考试和“双向选择”见面会等各项工作，完成省下达东莞市接收安置106名军转干部任务。高度重视企业军转干部解困维稳工作，春节和“八一”期间开展走访慰问，发放慰问金76.7万元；切实做好企业军转干部上访排查和化解工作，全市没有发生企业军转干部到省进京上访情况，确保十八大期间企业军转干部队伍稳定。东莞市军转办被国务院军队转业干部安置工作领导小组办公室、中国人事报刊社评为“2012年度军转宣传工作先进单位”，被市委、市政府、东莞军分区评为“拥军优属先进单位”。

【和谐劳动关系构建】 2012年，市人力资源局采取一系列创新措施，维权维稳，保持全市劳动关系总体和谐稳定。

加强研判分析和决策部署，落实维稳工作责任　协助市委市政府制定出台关于进一步构建和谐劳动关系相关政策文件，提出全面构建和谐劳动关系系列创新举措。建立人力资源工作形势分析制度，每月对劳资关系数据进行分析汇总，提出针对性意见措施。

加强普法宣传教育，引导劳资双

方和谐共建 专题编制系列针对性强的普法宣传资料，启动“普法宣传月”活动，举办户外普法宣传活动336场次，印发海报6万份贴到各个企业、工业区，印发40多万单张直接派发到企业员工，发送人力资源普法短信80多万条，通过电视台、电台、报纸等媒体，宣传人力资源法律法规5000多次。

加强综合监控，建立劳动关系预警系统 推进劳动监察两网化建设，在各村（社区）划定劳动监察网格674个。推动全市各镇街建立统一的劳动关系预警系统，联合10多个部门对企业工资、租金等指标进行全面实时监测监控。全市各镇街全部成立相关工作机构，落实500多万元经费推动系统建设，2013年将全面投入使用。

加强信访调解仲裁，妥善化解劳资矛盾 严格执行信访维稳值班制度，安排24小时专人值班和领导带班。重点抓好首访调处工作，提高初访初信的一次办结率。深入实施“星级仲裁庭创建工程”，全市21个星级仲裁庭通过省考核验收。全市劳动人事争议案件调解结案率达96.06%，仲裁法定审限内结案率为100%，达到“幸福广东”指标考核要求。

加强劳动监察执法，保障劳动者合法权益 全面加强劳资隐患排查和劳动监察执法专项行动，先后开展7次专项执法检查行动，日常巡查企业2.48万家次，开展22次劳资隐患排查行动，向社会公布45家重大违反劳动法律法规的用人单位。出台《关于做好企业裁员、停产、转型及搬迁工作的指引》和《关于处置四类典型劳资纠纷群体性事件的原则指引》，指导77家企业妥善处置转型升级过程劳动关系，实现平稳转型。推动修订出台《东莞市举报介绍、使用童工违法行为奖励办法》，加强社会对企业用工监督。

发挥典型示范带动作用，深入推进和谐劳动关系示范区工程创建工作 联合有关部门推进创建和谐劳动关系示范区工程，全市7968家企业参与创建，建立和谐劳动关系示范点124个。编印《东莞市劳动关系和谐建设资料汇编》，在全市范围内评选表彰587家“东莞市劳动关系和谐企业”。全市各类企业劳动合同签订率为90%，规模以上企业劳动合同签订率达99.7%以上。编印《2012年劳动力市场工资指导价位》，发布300多个职位工资指导价位。开展优秀异地务工人员推选工作，向省组织推荐10名优秀异地务工人员参与评选。 （黎燕娣）

附：2012年东莞市人力资源局主要领导名录

党组书记、局长：游其晃

党组成员、副局长：陈汉驰
李沛森（任至11月） 黄慧屏
黄 薇 卢耀昆 吴柏安

党组成员、纪检组长：宁 康

党组成员、公务员办主任：韩柏森

① 2012年1月10日，由市人力资源局主办的“南粤春暖”就业服务行动在东莞国际会展中心举行。

② 2012年3月29日，由东莞市人民政府、广东省人力资源和社会保障厅主办，东莞市人力资源局承办的“2012东莞市校企合作洽谈会”在会展国际酒店顺利举行。

社会保障

【概况】 2012年，市社会保障局（以下简称市社保局）出台一系列重要社会保障政策措施，确保全年社会保障事业平稳发展。2012年12月，市社保局荣获“全国人力资源社会保障系统先进集体”称号；2012年1月，市社保局连续第10年荣获“东莞市直机关先进单位”荣誉称号。2012年度在“市民评机关”活动中市社保局再获第一，连续5年（2008—2012年）名列市直机关窗口部门第一。

社保扩面 2012年，以“巩固原有成绩、保证扩面工作不滑坡”为各镇街最低扩面要求，审慎把握扩面节奏，准确选择扩面角度，适时调整扩面方式：一是突出扩面重点，将第三产业、新兴行业、未参保企业、诚信等级C级企业、参保人数长期不变的企业作为监察重点，加大日常巡查力度，全年共实地核查企业18453家，涉及劳动者达311.55万人。二是突出部门联动，与市地税局进行参保单位和纳税单位的数据比对，筛选出已纳税未参保企业作为巡查对象；与市教育局建立信息互通机制，督促全市各类学校和教育机构参保，并将民办学校参保情况作为教育局“一票否决”的年检条件；与市卫生局初步实现信息资源共享，由社保局对卫生局提供的全市各级各类医疗机构参保情况进行检查并定期反馈；与交通部门紧密协作，落实出租车司机参保缴费问题，并由出租车行业协会协助社保局组织宣传和统一办理。三是突出基层渗透，各社保分局主动走进社区、走进企业，多层次、多角度给企业做思想工作，甚至发动全局上下挨家挨户到小商户做宣传动员，地毯式开展扩面参保服务工作。截至2012年底，全市五大险种参保总人次为2548.56万人次，同比增长3.62%。其中，社会基本医疗保险和生育保险均为616.86万人，工伤保险494.14万人，参加社会养老保险507.92万人，失业保险312.78万人。

基金征缴与待遇核付 依照有关法律规定抓好社保基金预算、征缴、支付、决算管理，对基金严格实行收支两条线，按险种对各项社保基金分别建账，分账核算，专款专用，自求平衡，不相互挤占和调剂，利用社保系统升级完善财务管理工作，通过严格执行收支预算提高基金使用效益，确保基金在规模和流量巨大且仍逐年扩大情况下保持安全运行、准时如实入账、及时足额发放待遇。2012年，全市各项社保基金征缴达到186亿元，基金征缴率达99.73%；核付各项社保待遇73亿元，其中养老、失业、工伤、医疗（含生育）保险待遇支付分别为274945万元、17464万元、71502万元、371027万元。

【企业减负】 2012年7月开始，为缓解企业在转型升级环境中的经营压力，在符合政策前提下，经市政府同意，市社保局推出并实施7项为企业减负措施，包括暂缓2013年社会养老保险单位费率上调计划、阶段性降低社会基本医疗保险的单位费率0.5个百分点（2012年7月至2013年6月）、将建筑业企业施工作业人员工伤保险费率下调0.5个百分点、引导参保单位如实申报缴费工资、下调各镇街扩面目标，针对中小微企业社会保险补贴和养老保险费缓缴。截至12月底，享受到医保费率调低措施的有3319.55万人次，受益企业达12.82万家，减负约3亿元；享受工伤保险减负措施的有4.8万人次，减负约为1090万元。

【新社保卡换发】 2012年，东莞市以“一卡多用，全国通用”为目标，抓好

践行科学发展　确保人民满意

2012年12月23日，国家人力资源和社会保障部副部长何宪（左五）、宣传中心主任杨秀清（右三），省委组织部副部长、省人力资源和社会保障厅厅长欧真志（右四），市领导袁宝成、李小梅、潘新潮、喻丽君等共同启动“奔向未来—2012社保之夜”主题宣传活动。活动中，欧真志为东莞第100万张社保卡参保人颁发社保卡。

① 2012年7月9日，省委组织部副部长、省人力资源和社会保障厅厅长欧真志（前排左二），国家人社部信息中心党委书记翟燕立（前排左三），市委副书记、市长袁宝成（前排左一），市委常委、统战部部长李小梅（前排左四）等参加东莞市社会保障卡首发仪式，并观看新社保卡的功能应用和操作演示。
② 2012年1月11日，市委常委、副市长李小梅（左四），市社会保障局局长梁冰（左二），市人力资源局局长游其晃等慰问住院治疗的工伤职工。
③ 2012年7月9日，在东莞市社会保障卡诊疗一卡通首发暨启用仪式上，副市长唐庆涛（左二）等领导到诊疗一卡通服务自助终端服务平台了解功能应用和操作。

社保卡开发和推广，将社保卡打造成为以社保应用为核心的综合公共服务平台，走在全省乃至全国前列。功能开发　除开发身份认证、信息记录、信息查询、社保缴费、待遇支付、费用结算、金融应用等基本功能，在全国率先加载“诊疗一卡通”拓展功能，在定点医疗机构铺设“诊疗一卡通”自助服务终端，实现社保卡、银行卡、诊疗卡、居民健康卡等“多卡合一”，预留在人力资源、民政、文化等多个公共服务领域的功能应用接口。新卡推广　鼓励有序竞争，确定6家发卡银行，由银行自主联系企业，企业自愿选择银行，截至2012年底，有7.75万家企业与银行签订服务协议，共覆盖566.93万参保人，占全市参保人的89.25%。换发进度　参照工程项目管理方式，银行、制卡商、数据采集商、分局都在各自负责环节上进行过程控制和无缝合作，减少流转环节和衔接时间。从7月首发到12月底，全市已制卡119.32万张，发卡101.83万张，已发卡激活率达78.25%。

【医疗保险】2012年，东莞市医保工作重点转向政策的补充性调整和管理的规范性调整。一是出台儿童先天性心脏病和急性白血病普查及早期治疗社保支付政策　市社保局与市卫生局、太平人民医院合作，在全市449所小学对58万人次学龄儿童进行先心病筛查，初步掌握全市先心病儿童发病情况，将在莞就读的先心病和急性白血病患儿纳入医保范围，对筛查出的患儿进行临床治疗补助。二是开展非莞籍职工子女参保　出台《关于开展非本市户籍职工在莞就读子女参加社会基本医疗保险试点有关问题的通知》，2012年9月1日在各镇（街）、松山湖管委会辖区内选择一所学校开展试点，其中参保方式以家长自愿，由学校统一办理，缴费和财政补贴参照东莞城乡居民标准执行，待遇标准按东莞社会基本医疗保险有关规定执行。三是启动社保基金先行支付业务　对于由第三人侵权行为造成伤病、但第三人不支付或无法确定第三人，以及未参保而发生工伤等情况，在全省率先启动医疗工伤基金先行支付业务，全年共按规定为381人先行支付社保基金552万元。四是扩大社区门诊用药社保报销范围　在门诊报销待遇全国最高基础上，协调理顺社区慢性病用药采购渠道，将多种医院治疗高血压病、糖尿病等慢性病常用药物纳入社区门诊用药报销范围，把社区门诊社保用药从554种上调至622种。

【养老保险待遇调升】2012年，根据省人社厅有关规定，从1月1日起对全市离退休人员的基本养老金进行调整。调整后，6.74万名企业退休人员月人均基本养老金水平达1895元，人均增加169元；16.01万农（居）民退休人员月人均基本养老金达563元，人均增加106元。贯彻执行省人社厅有关早期下乡知青一次性缴费、企业职工继续缴费等政策，研究制定东莞达到及超过60周岁仍没有养老待遇人员的“老有所养”办法。

【工伤保险体系建设】2012年，市社保局继续规范工伤补偿工作，拓展工伤预防和工伤康复的内容和形式，使“三位一体”的工伤保险体系逐步实现“三足鼎立”。在工伤预防上　对1.08万名职业危害高风险企业在岗职工进行职业健康体检；对全市2800多家安全事故多发企业共7640名安全生产负责人、社保协管员进行工伤预防知识培训；面向全市群众举办工伤预防知识竞赛，超过5400人参与。在工伤补偿上　完成新修订《广东省工伤保险条例》实施与过渡的政策指引，明确建筑工地、交通事故等工伤认定指引，还在下调建筑工程项目工伤保险费率的同时提高建筑工程参保人员工伤待遇。在工伤康复上　加强工伤康复协议机构考评管理，完善费用结算标准管理制度，改进工伤康复业务操作管理，全年共完成工伤康复1722人次，支付各类康复费用4166万元。

【社保关系转移接续】2012年，全市开具参保凭证18.62万份，办理养老保险关系转入1.11万人，转入金额0.74亿元，转出4.76万人，转出金额4.91亿元，其中转出的统筹金额为2.16亿元，统筹垫付金额0.70亿元，个人账户金额2.05亿元。

【业务规范化建设】2012年，随着城乡一体社会养老保险、社会基本医疗保险以及三位一体工伤保险　“三大体系”的制度框架基本成型，市社保局将工作重心向内涵建设转移，启动新一轮业务规范管理。完善社保信息系统　1月初，新信息系统全面启用并稳定运行，2012年完成监察、档案、稽核、法规、退管等业务模块，及新统计分析系统、综合政务平台、指纹验证、档案影像、项目管理、关系转移等应用系统开发上线，在系统与业务运行磨合中不断完善系统功能和提高系统性能，基本实现“全市业务通办、基金财务集中、经办风险过程监控、业务精确化管理”。加强对定点医疗机构管理　修订定点医疗机构资格和签约管理办法，以参保人实际医药卫生服务需求为导向，科学合理制定医保服务资源配置规划，按规定程序开展新增定点医药机构申报、审查等工作；科学制定、认真落实医保服务资源配置规划，出台定点医疗机构分级管理办法，研发专业医疗审核系统。完成异地联网结算代码配对　完成对市内定点医药机构近20万条代码进行重新配对，为接入省异地联网结算平台打好基础。规范档案管理　13个社保分局通过“省特级档案综合管理单位”达标验收，市社保局成为全市第一个“省特级档案综合管理单位”在全系统覆盖的政府部门。开展退休人员管理服务建设　在6个镇（街）新建退管站7个，在市社保局和14个社保分局设立敬老优先窗口，开展各类特色服务活动59场。加强社保宣传咨询工作

① 2012年7月7日，市社会保障局局长梁冰（左二）带领市局相关科室负责人作客东莞阳光网“阳光热线”栏目，就群众关心的社会保障问题作解答。

② 2012年7月11日，市社会保障局局长梁冰（左一）到定点医院看望首批接受治疗的先心病患儿，并与她们亲切交谈。

③ 2012年6月19日，全国人力资源和社会保障宣传工作座谈会在东莞市召开。

④ 2012年10月30日，第十一届海峡两岸社会保障研讨会在东莞市举行。

2012年12333咨询服务热线从原来的30条线增加到60条线。通过省市主流媒体发布新闻162次，通过网络答复阳光网及社保网上局长信箱的群众留言1796条，社保网络志愿者通过志愿者信箱回答群众咨询22199条。

【全国人力资源和社会保障宣传工作座谈会在莞召开】 2012年6月19—20日，全国人力资源和社会保障宣传工作座谈会在东莞市召开。会议主要任务是总结工作，交流经验，分析形势，明确任务，努力推动人力资源和社会保障宣传文化工作创新发展。人力资源和社会保障部副部长何宪出席会议并讲话，广东省常务副省长肖志恒出席会议并致辞，东莞市人民政府市长袁宝成出席致辞。全国31个省、自治区、直辖市、新疆生产建设兵团代表及东莞市人力资源局和东莞市社会保障局正科以上干部共约250人参加座谈会。东莞市社会保障局作为地级市代表，围绕“‘惠民、正义、务实、奋进’的八字东莞社保精神”在会上作经验介绍。

【海峡两岸社保论坛在莞举行】 2012年10月30—31日，“第十一届海峡两岸社会保障研讨会”在东莞举行。来自海峡两岸八地（香港、台湾、澳门、深圳、珠海、东莞、苏州、安庆）的社会保障部门、团体和专家学者出席本次研讨会。东莞市人民政府副市长喻丽君、东莞市社会保障局局长梁冰出席开幕式并致辞。是次研讨会主题为民生视觉下的社会保障制度建设以及养老服务事业的发展。各地专家学者结合各自工作实践，阐述当地社会保障制度建设现况及自身构想。东莞市社会保障局副局长郭荣新在会上以东莞市为例，对养老保险基金参与退休人员社会化管理服务建设发言。

① 2012年3月30日，市社会保障局副调研员肖运杰（左一）在“‘12333’全国统一咨询日”活动现场为群众答疑。
② 2012年7月9日，部分群众代表在东莞市社会保障卡首发仪式上领到新社保卡。（南方日报社供稿）

【社保事业十二五规划】 2012年6月26日《东莞市社会保障事业“十二五”规划》印发。规划明确了“十二五”期间社保发展的指导思想，即“以科学发展观为统领，以建设幸福东莞为导向，围绕贯彻实施《珠三角改革发展规划纲要》和《社会保险法》，坚持以人为本，突出人文关怀，尊重公平公正，进一步完善社保制度及体系，扩大社会保障覆盖范围，努力实现‘制度设计科学、管理服务高效、人人享有保障’的社会保障事业发展目标，为深化东莞改革开放和现代化建设事业创造和谐稳定的社会环境。”明确了“十二五”期间社保事业总体目标，就是“建立健全与我市经济和社会发展相适应的社会保障制度及运行机制，建立覆盖城乡、保障均等的社会保险体系，保障范围全面充分，保障水平合理提高，经办管理服务规范高效。‘十二五’期间，全市社会保障工作主要任务集中体现在推进基本公共服务和基本保障的均等化。”

【社会保障卡发卡工程】 社会保障卡，其全称为“中华人民共和国社会保障卡”，对比东莞市先前发行的社会保险卡，又称新社保卡。社会保障卡发卡工程，计划实施时间从2011年10月起到2014年底。2011年10月至2012年6月，为准备阶段，市社保局成立社保卡工作领导小组统筹社保卡发行，制定总体实施方案、各项业务管理规程，完成项目申报，更新改造信息系统，进行项目招标投标等，在继续与广发银行、东莞银行合作基础上，按照公平、公开原则，新增中国银行、中国农业银行、中国工商银行、中国建设银行四家国有商业银行作为发卡银行；2012年7月后，为正式发行阶段，7月9日，“东莞市社会保障卡”首发仪式在全市32个镇街和松山湖分别进行，标志着新社保卡正式发行。2012年完成发卡100万余张，2013年将新增发卡400万张，2014年进行发卡扫尾，最终实现一人一卡。

东莞市发行的“社会保障卡”除开发身份认证、信息记录、信息查询、社保缴费、待遇支付、费用结算、金融服务等基本功能，预留在人力资源、民

政、计生、教育、社区服务等公共服务领域的功能应用接口，还在全国率先加载“诊疗一卡通”拓展功能，参保人在定点医疗机构就诊时，可以持新社保卡在医疗机构铺设的社保卡自助终端平台上，通过“诊疗一卡通自助服务系统”进行挂号、划价付费、社保结算、社保信息与健康档案信息查询等。将从根本上改变传统医疗服务模式，实现诊疗过程全自助，为广大群众提供方便快捷就诊绿色通道。（陈柳平）

附：2012年东莞市社会保障局领导名录

局　长：梁　冰

副局长：张亚林　郭荣新　李宝珊　梁绍光（任至8月）　陈少锋（12月到任）

人口和计划生育

【概况】2012年，东莞市户籍人口出生21491人，实现省下达东莞市2012年出生率12.00‰，自然增长率7.30‰的人口计划目标。全市32个镇（街）和22个人口计生领导小组成员单位均完成2012年度人口计生工作目标任务。

【人口计生工作纲领性文件出台】2012年10月，东莞市颁布出台《中共东莞市委　东莞市人民政府关于全面加强我市计生工作　促进人口长期均衡发展的实施意见》（以下简称《实施意见》）。《实施意见》紧密结合当前省人口计生工作新思路和市核心任务，围绕控制适度的人口规模、提高人口素质、优化人口结构、促进合理的人口分布、建设幸福家庭和创新社会管理等六项重点工作任务，提出促进东莞市人口长期均衡发展的意见建议和工作措施。《实施意见》的制定和实施成为东莞市“十二五”时期人口计生工作纲领性文件。

【免费孕前优生健康检查项目开展】2012年，东莞市将开展免费孕前优生健康检查项目作为一项惠民工程来抓。9月，市人口计生局和市财政局联合发文《东莞市免费孕前优生健康检查项目实施方案》，印发《东莞市优生健康惠民工程实施方案的通知》和《东莞市免费孕前优生健康检查项目操作实施细则》等相关文件，指导基层做好项目实施工作。9月26日，市举行优生健康惠民工程暨免费孕前优生健康检查项目启动仪式，在市计生服务中心成立优生健康惠民工程综合服务基地，在各镇街开展试点工作。

【“人口文化十万丛书惠百姓”活动】2012年6月，为积极打造与群众思想相对接的宣传教育文化精品，东莞市人口计生局会同市文广新局联合颁发《东莞市开展“人口文化十万丛书惠百姓”活动的实施方案》，要求市图书馆、镇街图书分馆设置“人口文化丛书专架”，数量不少于1300册。7月11日“世界人口日”举办活动启动仪式。为拓展活动内涵，市、镇街两级人口计生、文化广电部门加强合作，每年将不少于两次在东莞图书馆、各镇（街）图书分馆开展人口形势报告会、专题讲座、研讨会等相关读者活动，在7–8月开展“人口文化十万丛书惠百姓”征文活动。镇街、村居委会将“人口文化丛书专架”延伸到农家书屋（新家庭文化屋）、工厂企业，专架藏书量达10万多册。东莞市“人口文化十万丛书惠百姓”被评为2012年全省“十佳”宣教创新项目。

【流动人口计生服务管理区域协作】2012年9月，东莞市人口计生局下发《关于做好流动人口计划生育服务管理区域协作工作的通知》，加强区域协作的组织领导、统筹协调和责任考核，建立健全区域协作基础保障机制，完善落实区域联席会议制度、信息通报和反馈制度、政策协调通报制度、个案协调会办制度、流动人口信访登记制度。各镇街加强人口计生部门与新莞人服务管理部门之间互通，提高信息质量，推进流动人口计生办、新莞人服务管理站、社区卫生服务中心、社区综合服务中心的有机融合，全市形成“信息互通、服务互补、管理互动、责任共担”的工作格局。

【出生人口性别比偏高综合治理工作】2012年，东莞市人口计生各兼职部门各司其职，各负其责，把依法整治"两非"活动摆上重要位置，严把B超鉴定、终止妊娠手术审批、药品管理及孕情跟踪管理四个关口，加强对医疗机构和医务人员的管理监督，市成立查处“两非”联合执法队，在全市范围内的查处“两非”专项整治行动，公安、卫生、民政、新莞人服务管理局等部门信息共享实现5天一通报，共同完善东莞市全员人口信息共享机制，逐步形成相关部门、社会团体、群众组织积极配合，广大人民群众共同参与综合治理的工作格局。开展专项“两非”活动以来，全市取缔1026间次非法行医窝点，联合查处“两非”案件13件，处理有关涉案人员69名。

【计生协会机构健全】2012年6月8日，东莞市召开计划生育协会第四次全市会员代表大会，选举产生以市委副书记姚康、原市人大副主任罗慧贻为名誉会长、市政府副市长喻丽君为会长的新一届协会机构。截至2012年，全市各级计生协会共成立1746个，其中市级1个，镇街32个，村（社区）636个，企业、工厂流动人口计生协1077个，共有协会会员22万多人，成为一个具有广泛群众性基础的团体。

【人口计生人员培训】2012年，为全面提高镇村换届后基层人口计生队伍的政策理论水平、职业道德水准和业务工作能力，东莞市开展大范围、多层面的计生人员培训。4月，组织镇村基层2500名计生人员参加业务轮训，历时1个月，分为7期进行。举行免费孕前优生健康检查培训、数据信息业务讲座和舆情监测与新闻写作等培训，累计参加培训人员达8500多人次。（罗俊兰）

附：2012年东莞市人口计生局领导名录

局　长：邹　联

副局长：曾瑞微　方泽槐

纪检组长：叶润娣

残疾人

【概况】截至2012年，东莞市共有各类残疾人7.4万人，约占全市户籍人口的4.03%，其中，视力残疾10387人，听力残疾18772人，言语残疾1586人，肢体残疾16769人，智力残疾3753人，精神残疾7238人，多重残疾15957人。

【残疾人社会保障】2012年，东莞市全面贯彻落实新修订《东莞市扶助残疾人办法》，不断加大残疾人基本生活保障力度。全年为31542名残疾人发放残疾津贴7570万元，为全市17578名非低保重度残疾人、精神病患者和困难残疾人购买社会基本医疗保险，为307名困难残疾学生和困难残疾人家庭子女提供教育资助90万元，为57名患重病、大病的困难残疾人提供医疗救助金20万元，配合做好为19066名非低保困难残疾人发放临时物价补贴83.89万元；新增为2163名重度残疾人发放居家护理津贴 778.68万元，为4727名残疾人发放办证补贴189.08万元等特惠政策，较好地保障残疾人群体的基本生存生活，逐步形成有东莞特色的“普惠+特惠”的残疾人社会保障体系。

【残疾人节日活动】 2012年，东莞市围绕各类残疾人节日，开展主题鲜明的节庆活动，充分展示残疾人特殊才华和自强不息的精神，广泛宣传残疾人事业，推动形成全社会关心残疾人事业、关爱残疾人的良好氛围，促进残健融合与社会和谐。

全国爱耳日　2012年的主题是“减少噪声，保护听力”。3月3日全国爱耳日，为帮助更多听力残疾孩子能够“聆听世界”，东莞市正式启动人工耳蜗救助项目，对0—14岁符合条件的听力残疾儿童、少年接受人工耳蜗植入的给予安装费用50%的补助，对困难听力残疾儿童、少年则给予全额补助。

全国助残日　5月20日是第二十二次法定全国助残日，主题是“加强残疾人文化服务 保障残疾人文化权益”。东莞市残联在市残疾人托养中心大院精心组织丰富多彩的助残日活动。市慈善会、广东狮子会东莞秘书处、东莞市新虎威实业有限公司等慈善组织和爱心企业现场捐赠残疾人辅助器具助残疾人安全出行，600多名残疾人及其家属前来咨询并热情参与卡拉OK、钓鱼、拔河比赛等趣味活动。

全国爱眼日　2012年的主题是“关爱青少年眼健康”。6月6日爱眼日，东莞市残联在植物园开展爱眼日宣传活动，现场组织“体验失明”游戏，以切身体验倡导广大青少年爱护眼睛，正确用眼。

肢残人活动日　8月11日为第三个全国肢残人活动日，是日，市残疾人辅助器具服务中心在莞城东门广场举行以辅助器具体验、无障碍环境巡查及残疾人义务维修电脑等内容的宣传体验活动。

国际盲人节　10月15日是第29届国际盲人节。是日，东莞市盲人协会组织50名盲人在虎门沙角部队举行“国际盲人节”庆祝交流活动。

国际残疾人日　2012年的主题是“消除障碍，为所有人创建一个包容、无障碍的社会”。12月3日国际残疾人日，东莞市残联社工组织20名残疾人开展城市无障碍定向体验活动，现场安排30名社工和志愿者分组带领残疾人体验城市无障碍环境和超市购物。

【社会慈善扶残助残】 2012年，东莞市动员各类公益慈善组织的力量，借助市残疾人福利基金会和广东狮子会等慈善平台，发动爱心人士积极募集善款，共同携手扶残助残。11月13日，由市残疾人福利基金会资助200万元的新华南特殊儿童关爱中心正式揭牌开业，不分户籍地面向各类型有需要的残疾儿童提供服务。12月19日，由市残疾人福利基金会举办的“关爱残疾儿童——蓓蕾行动慈善晚会”在东莞市宏远酒店举行，现场义卖98名莞籍书画家捐出的103幅书画作品，筹得善款110余万，用于资助如蓓蕾般残疾儿童入学康复。广东狮子会东莞24支服务队，广泛开展助残、助学、扶贫帮困等社会服务活动190次，资助金额达526万元，莞邑慈善助残风尚逐步兴起，全社会扶残助残社会氛围日益浓厚。（王　刚）

附：2012年东莞市残联领导名录

理事长：冉红宇

副理事长：陈志忠　黄志良

▲万江龙舟赛

新莞人

【概况】 2012年，东莞市研究制定《关于加强人口服务和管理的实施意见》等多项政策措施，推进新莞人享受基本公共服务，促进新莞人融入东莞。2012年，新莞人各险种参保累计逾2000万人次，办理新莞人人身意外保险40万份、出租屋综合险4.8万份，理赔59宗，试行将新莞人子女纳入社会基本医疗保险参保范围；免费为工厂等集体单位新莞人员工接种麻疹疫苗11.8万人次、为适龄新莞人儿童接种扩大国家免疫规划疫苗逾240万人次、治疗肺结核新莞人病人3762例；为新莞人查环查孕186万多人次、落实避孕节育措施2.4万例；举办“春风行动”等各类招聘会400多场，为1万多家企业和20多万名求职者提供现场招聘服务；实施“圆梦工程”，资助2000名新生代产业工人攻读大学；建立“广东青工学堂”站点941个，覆盖逾25万名新生代产业工人；实施救助9198人次，其中流浪未成年人1040人次，为特殊困难新莞人减免殡葬费用约7.5万元；全面取消治安联防费，减轻新莞人经济负担。

【积分管理优化】 2012年，东莞市优化积分制政策。积分制入户方面，完善积分制入户标准，“积分管理类”全市统一入户分数线为130分，“条件准入类”增加社工人才入户和高技能人才入户两类，简化学历验证、计生证明和无违法犯罪证明等流程手续。截至12月31日，获得入户资格共3550人（含随迁）。积分制入学方面，为方便新莞人申请，统一积分制入户和入学受理流程，由新莞人服务管理部门统一受理，并首次放宽非起始年级积分制入学申请。2012年，通过积分制入学的新莞人子女共2.05万人。

【2012年新春关爱系列活动开展】 2012年春节期间，东莞市组织开展“幸福·东莞”——2012年新春关爱系列活动，活动包括“春暖莞邑”千户新莞人困难家庭慰问活动、中国移动“两城一家·小候鸟团聚计划”“平安回家”赠票活动、“关爱女工”迎春联欢会、“小手拉大手”科普亲子活动和“安居乐业”新莞人教师购房支持计划等子活

新莞人服务管理局

① 2012年12月26日，市委副书记姚康（左七）、市政府副市长喻丽君（右六）等领导接见第四届优秀新莞人。

② 2012年9月28日，东莞市新莞人服务管理局局长伦锦洪为“第一届新莞人美术大赛”的获奖者颁奖。

动，活动内容贴近新莞人实际需要，得到新莞人群体广泛支持与喜爱。

【第四届“优秀新莞人”产生】2012年12月26日，东莞市第四届“优秀新莞人”座谈会暨市领导接见仪式在市行政服务中心主楼举行。市委副书记姚康、市政府副市长喻丽君等亲切接见9名第四届“优秀新莞人”。2012年起，“优秀新莞人”评选活动调整为2年一届，每届评选10名“优秀新莞人”，获评“优秀新莞人”的可享受广东省职工医疗互助保障计划；符合入户条件的可申请直接入户，未入户的其子女可直接入读公校。

【第五届“新莞人服务日”举办】2012年11月4日，东莞市在横沥镇石涌综合服务中心举办主题为“携手关爱新候鸟 共享美好新家园”的第五届“新莞人服务日”。活动当天，开展义诊活动，邀请医生志愿者现场为“新候鸟”做五官、淋巴、心肺、身高、体重等基本体检，并发放《健康提示卡》，帮助新莞人家长及时了解子女身体成长和健康状况；开展赠书活动，向横沥镇隔坑社区服务中心“新候鸟”服务点捐赠300多册图书和体育健身器材，向40多位“新候鸟”送上书包、文具礼盒等学习用品；开展亲子活动，社工及关爱新莞人志愿者们和家长们一起陪着“新候鸟”开展手工制作等活动。

【首届新莞人美术大赛举办】2012年，东莞市举办主题为“凝聚人文交融、促进共享共建”的首届新莞人美术大赛，并将参赛优秀作品展示在东莞艺展中心。是届美术大赛由市新莞人服务管理局、市委宣传部、市文联主办，市美术家协会、南城区办事处、南城区文联协办，美协南城分会、东莞艺展中心承办，共征集171名新莞人美术爱好者共363件稿件。经评委会审议，评选出一等奖2名，二等奖3名，三等奖10名，优秀奖20名，评选100名新莞人作者的100件优秀稿件进行装裱展览。

【信息采集与居住证功能拓展】2012年，东莞市强化新莞人信息采集管理，累计采集录入信息系统的新莞人有效信息435万条、出租屋信息29.1万栋套，办理出租屋租赁登记备案29万栋（套），逐步掌握新莞人和出租屋底数；累计制发居住证560.5万张，安装流动人口自助申报系统2.4万多套，安装居住证功能加载机216台、镇巴车载终端907个，加载居住证功能10.5万张。东莞市“拓展居住证功能应用”项目被评为全国社会管理创新优秀案例。

【首个新莞人村民车间成立】2012年2月28日，东莞市在位于樟木头镇的永洪印刷有限公司成立第一个新莞人“村民车间”，着力整合“单位人”与“社会人”关系，创新社会管理模式。该“村民车间”主要吸纳孩子尚年幼、30岁—50岁的新莞人妇女，上班时间灵活、劳动强度不高，为新莞人妇女解决就业和兼顾家庭两难的问题。

【首个社会服务实践基地揭牌】2012年8月10日，东莞市首个社会服务实践基地——万江创业园区社会服务实践基地揭牌成立，旨在通过充分整合社工、志愿者、优秀新莞人等社会资源，为新老莞人提供法律服务、心理咨询和子女学业辅导、成长教育等多方面服务，通过新老莞人参与系列互帮互助活动，促进社会融合。（袁凤兰）

附：2012年新莞人服务管理局领导名录

局　长：伦锦洪

副局长：王国雄　陈晓慧

　　　　何学文（9月到任）

① 2012年1月18日，第二届“幸福东莞行”之“两城一家小候鸟团聚计划”百户新莞人家庭迎春茶话会在东莞市海都六福喜宴酒楼举行。

② 2012年11月4日，新莞人服务管理局举办以“携手关爱新候鸟 共享美好新家园”为主题的第五届“新莞人服务日”，并为40多位“新候鸟”送上了书包、文具礼盒等学习用品。

③ 2012年1月18日，东莞市举行第二届“幸福东莞行”之“两城一家小候鸟团聚计划”百户新莞人家庭迎春茶话会，图为小候鸟在现场留下的心愿卡。

民　政

【概况】2012年，是贯彻落实全国第十三次、全省第十九次民政工作会议精神的开局之年，也是履行《部省协议》推进民政工作改革发展试点取得显著成绩的收官之年。在市委、市政府正确领导和上级民政部门精心指导下，全市民政系统以“三个代表”重要思想和科学发展观为指导，紧紧围绕全市中心工作，履行职能，突出重点、统筹兼顾，改革创新、锐意进取，圆满完成年度各项工作任务，为东莞市实现高水平崛起、创建全省创新社会管理引领区提供有力的民政服务保障。2012年，市民政局荣获“全国民政系统先进集体”、“全国敬老模范单位”荣誉称号，被市委市政府授予市直机关先进单位。

【社会组织】建立专项扶持资金　2012年，东莞市出台《东莞市社会组织发展扶持专项资金管理暂行办法》，市财政安排1000万元作为社会组织发展扶持专项资金，用于支持构建枢纽型社会组织体系、社会组织孵化基地建设和向社会组织购买公共服务等。高标准建成社会组织孵化基地　东莞市出台《东莞市社会组织孵化基地管理暂行办法》，首批入驻的10家社会组织已全部注册成立，各进驻社会组织开展公益活动近600次，服务群众近36万余人次。经省专家组评审，东莞市社会组织孵化基地由省社会管理创新观察项目顺利晋升为试点项目。降低登记门槛　东莞市出台《东莞市社会组织登记注册行政审批改革方案》，取消社会组织登记注册前置审批事项83项，将行业协会的筹备成立和正式成立合并为直接申请成立登记，缩短审批时限。启动社会组织评估工作　东莞市聘请第三方对自愿申请的82家社会组织进行等级评估，其中获得3A以上等级的社会组织共42家，达到“以评促建、以评促规范”目的。截至2012年，全市登记注册的社会组织共2200家，比上年增加9%，其中社会团体379家，民办非企业单位1821家。

【社会救助】在最低生活保障方面　2012年12月19日，东莞市颁布出台《东莞市最低生活保障实施办法》，把低保审批权限下放到镇（街）一级，进一步明晰镇（街）民政部门属地救助职责。新增特定家庭成员部分收入豁免条例，实行低保延伸救助，增加赡养（抚养、扶养）给付比例标准条款，加大处罚力度等规定。2012年，东莞市最低生活保障标准440元/人·月，全市有低保对象10448户、24021人，年发保障金5111.66万元，低保对象年人均补差233元/月，基本实现“应保尽保”、“超标退保”。

在实施低保（困难）群众救助方面，一是大力开展低保医疗救助　2012年，东莞市共支出低保医疗救助金1408.44万元，其中，为全市低保对象购买社会医疗保险个人缴费部分696.98万元，为1143人次低保对象就医发生住院或特定门诊医疗费个人负担部分报销支出711.46万元。市政府颁布出台《东莞市最低生活保障对象基本医疗救助实施办法》，从2013年1月1日起，东莞市低保医疗救助“一站式”即时结算服务全面启用，并将普通门诊和生育医疗纳入低保医疗救助范围。医疗救助支付比例从原来的80%提高到90%，起付金支付

为党和政府分忧　为人民群众解难

2012年4月19日，市委书记、市人大常委会主任徐建华(右三)，市委副书记、市社工委主任姚康(右四)，市委常委、市委秘书长王检养（右一）等调研市社会组织孵化基地建设运营情况。

额度从原来的50%提高到100%。二是大力推进低保教育救助　2012年，全市有低保（含低保边缘）家庭在读子女23945人次，全年共发放助学金5985.67万元。三是开展春节送温暖活动　春节前夕，市五套班子领导分别组成32个春节慰问团分赴全市各镇街慰问低保户、老党员（困难党员）、困难新莞人和敬老院老人，共向全市35351户困难群众发放春节慰问金2388.48万元。此外，向低保对象、五保对象、优抚对象、建国前老党员共29504人，发放中央、省政府一次性生活补贴共1158.02万元。

在实施临时救助方面，一是发放临时救助金　东莞市于2012年5月29日颁布实施《东莞市困难家庭临时救助暂行办法》。2012年，全市共向689户长期患病和出现临时生活困难的群众发放临时救助金共173.39万元。在做好对户籍群众救助同时，注重加强对外来务工人员的救助。2012年，东莞市从福彩公益金中划拨1000万元设立“福彩关爱基金”，重点对在莞居住且工作满1年以上的非户籍人员、驻莞部队现役军人及随军家属等实施救助。全年共为139名困难群众发放救助金166.4万元。市医疗救济基金会也加大对外来务工人员救助力度，全年共为543名外来务工人员发放医疗救助金229万元。二是发放临时价格补贴　2012年，全市共向50978名困难对象累计发放10个月（每人每月44元）物价补贴，共计发放资金2207.37万元，有效缓解物价上涨对困难群众基本生活影响。此外，东莞市大力开展禁渔、休渔期困难渔民救助。2012年，全市向1478名困难渔民发放休渔期、禁渔期困难补助金159.72万元。三是发放食品、燃气、用水补助　从2012年10月开始，东莞市向户籍低保、五保群众发放食品、燃气及用水补助，标准为食品补助每人每月30元，燃气补助每人每月20元，用水补助每人每月10元。全年共向25121名低保、五保对象发放补助452.17万元。

【救灾减灾】 灾害救济工作　2012年，在“4·16”风雹和台风“韦森特”暴雨气象灾害中，东莞市共向7名受灾群众发放救济款2.208万元，向1名受灾群众发放自然灾害人身保障金5万元。此外，东莞市安排春夏荒救济款和冬令救济款共50万元，为春夏荒和冬令期间因缺粮、缺钱造成的生活困难市民共21087户、48835人及时提供救助。“防灾减灾日”系列活动　在2012年“5·12”期间，市减灾委组织气象、水务、地震、国土等成员单位开展“防灾减灾日”系列宣传活动。活动期间，共向群众派发宣传资料19.74万份。全国综合减灾示范社区创建活动　2012年，东莞市把全国综合减灾示范社区创建活动与与安全气象社区结合起来，在大岭山梅林、塘厦莲湖等12个社区（村）开展全国综合减灾示范社区创建活动，全部通过国家减灾委检查验收，并被授予“全国综合减灾示范社区”称号。救灾物资储备　2012年，东莞市制定并颁布实施《东莞市救灾物资储备方案》，从2013年起至2018年，每年按照分年储备形式采购和更换市级救灾物资，预计每年所需经费105万元，所需资金由市财政预算列支，为全面提升东莞市防灾减灾能力提供有效保障。

【福利事业】 社会养老服务体系建设　2012年，东莞市提高居家养老政府补助标准，全年市财政共下拨居家养老工作专项经费906万元，在全市17个镇街80个社区（村）开展居家养老服务工作，享受居家养老服务政府补助的老人达3418人，为1003名符合政府补助条件的老人安装“平安铃”，安排1025万元资助16个（村）社区建设“星光老年人活动中心”，争取省财政资金200万元资助万江、寮步新建2个省级居家养老服务中心示范点，将市金菊福利院182名老人全部纳入低保对象范围。2012年3月23日，东莞市被民政部命名为“第四批全国养老服务示范活动示范单位”。儿童福利事业　东莞启动市社会福利中心改扩建工程建设，完成项目立项、环评、设计方案招标等工作；制定出台《东莞市社会福利中心成年孤儿安置办法》；开展“明天计划”手术及康复工作，分批对28名残疾儿童实施手术康复治疗。

【慈善事业】 第三届“广东扶贫济困日”活动　2012年6月，东莞市圆满完成第三届“广东扶贫济困日”活动，共接收社会各界捐款5618.8万元，上缴省和用于市外扶贫“双到”工作支出2552.61万元。第三届“东莞慈善日”活动　2012年10月，东莞市开展第三届“东莞慈善日”全明星慈善篮球赛等系列活动，共接收社会各界捐款1165.61万元，新增冠名专项基金1家。截至2012年，东莞市慈善会冠名专项基金达25家，基金总额共1.3亿元。全年市慈善会开展慈善公益项目80个，支出慈善资金2082.94万元。

【福利彩票发行】 2012年，东莞市共销售福利彩票21.51亿元，比2011年净增长3.43亿元，同比增幅18.95%。

① 2011年10月25日，市委副书记、市长袁宝成（左二）率队到寮步镇社工服务中心调研指导工作。
② 2013年4月9日下午，副市长张科（左四）率市委政研室、市府办、市财政局、市民政局等部门有关领导到黄江镇调研指导社区建设和村级体制改革工作。

① 2012年3月，市民政局被国家人力资源和社会保障部、民政部授予“全国民政系统先进集体”称号，图为市民政局局长杨东如（中）领奖。

② 2012年12月，市民政局被评为市直机关先进单位。图为市民政局局长杨东如（左一）领奖。

③ 2012年3月，市委、市政府在市会议大厦召开庆祝东莞市第七次荣获“全国双拥模范城”暨先进表彰大会。

④ 2012年8月，市民政局组织召开第一届公益创投活动动员部署大会，市民政局局长杨东如（主席台左三）出席会议并作动员讲话。

⑤ 2012年10月24日，市政府在塘厦镇体育馆举行东莞市第十一届老年人运动会开幕式，省民政厅领导、市政府有关领导及运动员、老年人近4000多人参加开幕式。

【老龄工作】举办东莞市第11届老年人运动会　2012年10—12月，东莞市政府举办市第11届老年人运动会。运动会开幕式于10月24日在塘厦镇体育馆举行，省民政厅、市政府有关领导及运动员、老年人代表近4000多人参加开幕式。是届老年人运动会设立乒乓球、篮球、飞镖、健身操、钓鱼、太极拳、中国象棋等17个项目，全市45个代表团、2000余名老年人运动员参加比赛。12月底，运动会圆满完成各项赛程，产生团体总分前12名、单项团体名次207个、个人名次146个以及各类奖牌1800多块。国内外老年文化交流活动　2012年4月20日，樟木头老年艺术团代表东莞市参加由国际中老年事业发展基金会等单位在日本名古屋举办的“夕阳秀”走进日本暨第五届国际中老年艺术节活动。参演舞蹈《英姿飞扬》分别获评“樱花大奖”和“最佳编导奖”。2012年“健乐杯”珠三角中老年人文艺汇演于12月20日下午在塘厦镇体育馆举行，来自广州、深圳、东莞、佛山、惠州、珠海6个城市的25个节目参加汇演的决赛。珠三角各地4000余名老年人到现场观看汇演。敬老活动　2012年10月1—31日，东莞市开展以“关爱老人、构建和谐”为主题的“敬老月”系列活动。活动期间，市政府组织开展第二届“敬老模范单位”、“孝亲敬老之星”和“快乐寿星”评选活动，评选出60个“敬老模范单位”、49名“孝亲敬老之星”和30名“快乐寿星”。高龄津贴　从2012年1月起，东莞市把高龄津贴发放扩大至70周岁以上的东莞户籍高龄老人，具体标准是70至79周岁每人每月50元，80至89周岁每人每月100元，90至99周岁每人每月200元，100周岁以上每人每月300元。全年共为117192名高龄老人发放9978.6万元，经费由市、镇财政按5:5比例分担。

【基层政权建设】基层体制机制创新　从2009年起，全市共投入3500多万元开展村级体制改革试点工作，截至2012年，莞城、黄江、厚街、石龙、中堂、长安、高埗、洪梅等8个镇街全面完成村级体制改革试点工作。村（居）民自治工作　东莞市开展以“民主选举、民主决策、民主管理、民主监督”为主要内容的居民自治活动，社区居民自我管理、自我教育、自我服务意识不断增强。组织各镇街开展村（居）务公开民主管理示范村（社区）创建活动，全市有57个村、49个社区荣获“广东省村（居）务公开民主管理示范村（社区）”称号，约占全市村、社区总数的20%。完善农村党风廉政信息平台建设　东莞市规范平台各类信息报表，实现平台与社区信息管理系统相互对接，让广大市民通过互联网、有线电视政务信息视频点播系统、语音服务、手机短信等方式查询本村（社区）信息，实现村务公开信息化、网络化和规范化发展，保障村（居）民的知情权和监督权。

【社区建设】社区综合服务中心示范点建设　2012年，市政府将社区综合服务中心示范点建设纳入为民办事的“十件实事”内容之一，市财政投入4000万元资助建成25个社区综合服务中心示范点，通过公开招投标方式，引进11家公益性社会组织参与社区综合服务中心示范点服务运营。逐步构建以社区综合服务中心为平台、以社会组织为驱动、以社会工作为手段的“三社联动”社区服务机制。社会建设人才培训　市民政局组织实施东莞市2012年“万名社会建设人才培训工程”，开展“社区综合服务中心工作人员业务培训班”、“社会建设骨干人才新加坡研修班”、“基层社区工作者大规模培训班”等4期培训班，对全市239名社区综合服务中心工作人员、40名镇街民政干部以及730名村（社区）“两委”干部进行社区服务技巧、基层民主管理等方面内容培训，进一步提升市社会建设人才队伍整体素质。社区建设发展规划编制　与上海华东理工大学公共管理学院合作，编制《东莞市社区建设发展规划（2012-2020）》，从社区民主建设、社区物业管理、社区人才队伍建设、社区信息化建设、社区社会组织培育等方面，对东莞市未来的社区建设提出切实可行的工作措施，逐步推动社区建设工作深入发展。新型社区建设　根据市委、市政府关于在各镇街、市属园区成立新型社区居委会，解决优秀人才入户、计生和治安管理等问题的部署，开展新型社区的规划、成立工作。截至2012年，全市各镇街共成立37个新型社区，为外来人口参与基层社会管理提供服务平台。

【双拥工作】2012年，东莞市双拥工作坚持以科学发展观为统领，牢固树立“军民融合、富国强军”的战略思想，立足新起点，坚持高标准，扎实推进双拥工作科学发展。年初东莞市实现全国双拥模范城“七连冠”，时任樟木头镇党委书记李满堂被授予“全国爱国拥军模范”称号。

在组织领导方面　市委、市政府、东莞军分区举行东莞市庆祝第七次荣获“全国双拥模范城”暨先进表彰大会，总结2008年以来市双拥工作，部署新一轮双拥创建工作，表彰先进，激发广大军民争创全国双拥模范城“八连冠”和全省双拥模范城“九连冠”。市政府同意修订出台《东莞市创建双拥模范城奖励办法（试行）》等政策文件，激励社会各界积极做好双拥工作。全市各级领导带头拥军，积极参加春节、八一拥军慰问和军民共建等双拥活动，亲自解决双拥工作重点难点问题，以实际行动影响和带动基层做好双拥创建工作。特别是市委书记徐建华、市长袁宝成上任后，关心部队现代化建设，亲自过问驻军随军家属就业安置工作，为136名驻军随军家属解决工作安排，深受驻军广大官兵爱戴。

在宣传教育方面　军地双方结合贯彻落实东莞市庆祝表彰大会精神，以迎接党的十八大召开，利用广播电视、报刊网络、标语灯箱等宣传载体，依托和发挥爱国主义教育基地资源优势，宣传拥军爱民事迹和双拥政策法规。先后举办将军后代合唱团“红色经典，誉满中华”大型文艺晚会，庆祝荣获全国双拥模范城“七连冠”大型音乐会《军旗下的歌声》，庆祝建军85周年“东江水长·军民情深”军民联欢晚会和“情系边关·缘定今生”全国边防部队百对伉俪大型集体婚礼。各镇街在主要路段和住宅小区增设双拥宣传牌，在“两新”组织和村（社区）宣传栏宣传双拥工作，樟木头镇还举办中国双拥艺术团原创军旅歌曲专辑《军歌嘹亮》首发仪式等，营造双拥创建浓厚氛围，增强广大军民国防观念和双拥意识。据统计，全市共举办各种双拥宣传教育活动536场次，接受教育人数41万。

在拥军爱民方面　各级党委政府和社会各界围绕部队军事斗争准备和完成多样化军事任务需要，采取议军拥军、走访慰问等多种形式，开展科技拥军、文化拥军和法律拥军，支持部队全面建设。全市各级共投入拥军资金1亿多元，帮助部队解决信息化建设、营房训练场地修建、完善文化生活设施、官兵生活补贴、处理污水和生活垃圾、法律维权，培训后勤技术人才等经费，支持项目83个；驻莞部队积极开展拥政爱民活动，发挥组织严密、突击力强的优势，主动承担急难险重任务，积极参与防灾救灾，重点在社会治安整治、“三打两建”、生态治理、扶贫助学等方面助推东莞高水平崛起。据统计，驻莞部队累计出动官兵1.38万人次，植树造林3万棵，无偿献血23万毫升，军训学生4.3万人，为群众防病治病3万人次，帮扶贫困家庭1080户，资助贫困学生2362人，扑灭火灾27宗，抢救遇险群众86人，协助公安部门抓获各类违法犯罪嫌疑人2280名，挽回经济损失近1亿元。

在双拥共建方面　各级党委、政府巩固社会化拥军成果，坚持把“两新”组织双拥共建作为社会化拥军的重点，组织全市32个镇街的“两新”组织积极开展双拥共建。全市“两新”组织认真履行《军民共建公约》，在支持部队建设同时，突出思想道德和科学文化共建，积极开展送科技、送文化到军营活动，先后筹集资金200多万元，为部队基层图书室捐赠各类图书5万多册，捐赠电脑、电视等科技文化设备100多台，以及购买部队训练生活急需的物资。截至2012年，以党委、政府主导、社会各界支持、全民共同参与的社会化拥军体系共有军民共建点469个，80%以上被镇街以上政府和部门评为精神文明建设先进单位，军政军民关系更加和谐，无军警民纠纷和军地历史遗留问题。

【优抚工作】优抚对象抚恤生活补助　从2012年1月1日起，东莞市提高优抚对象抚恤补助标准。东莞市各类重点优抚对象的抚恤补助标准为500—1890元不等。全年共发放抚恤补助经费3551.24万元；为困难重点优抚对象发放物价补贴129.14万元。2012年，全市义务兵家属优待户数为1295户，户平优待金15718元，比上年提高1085元。重点优抚对象医疗保障工作　2012年5月，市民政局组织石龙、东城、万江、南城、望牛墩、石碣等镇街的16名复退老军人，集中前往省第二荣军医院进行为期15天疗养，安排14名重点优抚对象进行为期一个月分散疗养。9月初，在全市开展“关爱功臣”送医送药活动，共出动医疗救护车29台，受惠重点优抚对象1551人，配送药品价值达39.8万元。全年为重点优抚对象缴付社会基本医疗保险费89.05万元。重点优抚对象住房保障　2012年，市财政共下拨“爱心献功臣”经费35万元，帮助8名重点优抚对象修建住房。重点优抚对象慰问　2012年“八一”前夕，东莞市组织召开莞城地区烈军属，残疾、转业、复退军人代表座谈会，市政府、东莞军分区、市直有关部门领导及130多名复退军人代表参加会议；春节、“八一”期间，市领导率队慰问市光荣院的孤寡老人，入户走访部分镇街的孤老优抚对象和三级以上残疾军人，送上慰问金和慰问品。烈士纪念建筑物的管理保护　2012年，南城、谢岗、横沥、桥头、寮步等镇共投入393.44万元，对革命烈士纪念碑进行修缮保护；市财政对上述镇街给予补助，补助资金达163.32万元。经修缮，东莞市革命烈士纪念设施整体面貌得到改观，有效提升规模档次和管理水平。

【安置工作】2012年，东莞市圆满完成2011年度519名冬季莞籍退役士兵和16名省批异地转业士官以及5名军休干部的行政关系接转、调查核实、档案整理、服务管理等工作，为65名符合条件的退役人员审核军龄视同工龄和社会养老保险年限的工作。全市共发放退役士兵一次性经济补助3899万元；发放4名异地大学生退役后复学经济补助17.4万元；发放待安置期间生活补助68.5万元。按照《东莞市退役士兵住房困难补助办法》有关规定，市镇两级财政共拨出专款12万元，为12名退役士兵解决住房困难问题，切实维护退役士兵合法权益和社会稳定。

【社会工作】在扩大服务规模方面　2012年，市、镇两级财政共投入社会工作经费3100多万元。2012-2013年度市直部门社工服务岗位总数达302个，比上年新增27个，其中，团市委筹建莞香花青少年服务中心，企业社工划归工会统一管理。本着体现特色、凸显优势考虑，对现有社工机构服务岗位进行调整。督导万江、大岭山等7个镇街开展社会工作，实现社会工作服务镇街的全覆盖。

在推进公益创投方面　为规范公益创投活动入选实施项目财务管理，东莞市出台《东莞市公益创投活动入选实施项目财务管理办法（试行）》。为加强入选实施项目团队服务能力，提高项目实施成效，为获选项目团队先后进行10期能力培训。为总结阶段性成果，于7月、12月开展第一届公益创投活动中期和终期评估工作，对28个入选实施项目进行总结和绩效评价，分别形成东莞市第一届公益创投活动入选实施项目中期和终期评估报告。

在强化队伍建设方面　市民政局通过开展岗前培训班、督导助理培训、社工大讲堂等系列培训活动，借助社工书屋、社工团队起航计划等项目载体，组织开展系列专业交流促进活动。通过社区综合服务中心运营等项目化实践，提高社工领袖能力、管理能力及策划能力。选拔确定23名督导助理，全市督导助理总人数达57人。发布《关于规范使用社工督导助理的有关意见》，对督导助理的工作职责等作出规定。举办1期新入职社工岗前培训班，1期社会工作高级研修班以及2期督导助理参观培训课程。

在规范行业秩序方面　市民政局邀请东莞市现代社会组织评估中心修订全市社会工作综合评估标准并开展综合评估。指导市社会工作协会在培训开展、行业认同等方面做了大量工作。6月，市社会工作协会第一届理事会第二次会议选举产生市社协秘书长并明确工作重点。10月委托东莞市社会组织现代评估中心选取妇女儿童、教育和司法3个领域，制定专业服务标准，为相应领域服务提供指引，为制定服务协议提供指标参考，为考核评估工作成效提供依据。

在营造社会氛围方面　市民政局精心策划、组织和实施岭南社工宣传周活动。举办1次大规模集中宣传活动，开展优秀社会工作案例征集等2项专业交流活动，举办社工摄影大赛等3项文体活动，重点推介“情暖神秘岛，关爱麻风村”等4个社工服务项目。通过开设“社工之声”专栏，联合东莞时报开设“社工笔记”等方式，多角度宣传社会工作。11月，举办全市社会工作宣传推进会议，提高有关人员对社会工作宣传的认识。举办社会工作宣传图片展和优秀社工评选表彰活动，树立先进典型，展示阶段成果。

【区划地名】行政管理扁平化改革探索调研有序进行　2012年，根据省民政厅《关于贯彻落实〈《中共广东省委、广东省人民政府关于加强社会建设的决定》重点任务分工方案〉的通知》要求，市民政局制定《东莞市行政管理扁平化改革探索调研工作方案》，配合市委、市政府开展水乡片统筹发展概念规划制定工作。

第二次全国地名普查试点工作　根据国务院办公厅《关于开展第二次全国地名普查试点的通知》及《广东省第二次地名普查试点实施方案》精神，从2011年1月开始，东莞市利用2年时间，开展第二次全国地名普查试点工作。2年来，市民政局以健全组织、落实经费、确定专业普查队伍等机制为保障，通过抓动员部署、抓培训指导、抓先行试点、抓部门联动、抓《规程》落实，按时高质完成第二次全国地名普查试点任务。年初，在组织全市普查人员专题业务培训和下镇街有针对性培训基础上，采取下村驻点、网络指导、专家评审等举措；现场定位、图上标注等技术手段，严格按规程把好普查质量关。8月，基本完成国家要求的普查任务，并通过

省组织的验收。12月，全面完成市要求的地名普查试点任务。

全市地名导向牌设置工作　为拓展地名公共服务领域，进一步完善东莞市地名标识系统，从2010年开始，东莞市决定以社会投资方式，用3年时间，在全市范围实施地名导向牌设置工程，市民政局在没有任何经验可借鉴情况下，以探索创新的精神，抓规范、重进度、保质量，经过市、镇、设置单位近3年努力，按计划基本完成全市32个镇街地名导向牌设置任务，实现美化市容、服务社会、方便群众的工作目标，受到社会好评。

《中华人民共和国政区大典·东莞部分》编纂工作　按照国家民政部、省统一部署，今年市、镇两级认真开展《中华人民共和国政区大典·东莞部分》编纂工作，上半年，通过健全组织、申请经费、组织编纂业务培训班等，建立组织保障机制，明确编纂体例，确保编纂工作顺利展开。6月底，经过市、镇两级共同努力，市级词条和镇级词条编纂任务初步完成。8月，通过组织专家审核、市政府审批，按时、高质完成省要求的编纂任务并上报省厅。

东莞—广州市级行政区域界线联合检查工作　通过联合制订《东莞市与广州市行政区域界线第二轮联合检查工作实施方案》、组织召开东莞、广州、惠州3市行政区域界线联检会议、实地检查维护界桩、做好争议界线调处等方法，完成东莞—广州市级行政区域界线联合检查；通过下基层组织座谈会，完成桥头与常平、东坑与大朗、寮步与东城、茶山与东坑部分行政界线的变更和调处，较好地维护边界的和谐稳定。

地名日常管理工作　全年共审批同意106宗建筑物的命名（更名），313条道路的命名（更名）。

【殡葬改革】巩固保持火化率100%　2012年，东莞市遗体火化总数为14887具，继续巩固保持火化率100%。其中户籍8970具，省内其他户籍896具，省外户籍4000具，国外26具，港澳台240具，不详755具。

出台东莞市殡葬管理工作“十二五”规划　2012年3月，东莞市出台《东莞市殡葬事业发展“十二五”规划》，明确“十二五”时期我市殡葬事业发展重点是巩固保持火化率100%、规范骨灰安置管理、完善殡葬惠民制度、完善殡葬基础设施建设、规范殡葬服务秩序、优化殡葬服务水平等6个方面。为落实殡葬管理工作目标，市政府与各镇人民政府（街道办事处）签订“十二五”期间殡葬事业发展目标责任书。

落实殡葬惠民政策　2011年，东莞市出台《免除低收入群体和其他特殊群体殡葬基本服务费用实施方案》，规定东莞市有8类困难群体可享受免除7个项目约1955元殡葬基本费用。免除低收入群体和其他特殊群体殡葬基本服务费用所需经费由市财政全额负担，据实列支。据统计，2012年，全市共减免殡葬基本服务费用618宗760533元。殡仪馆自行减免其他特困群体51宗共计196.7万元。

推行节地葬法　2012年4月，东莞市举办第8届骨灰海葬活动，共有59位逝者的骨灰融入大海。12月27日，举办首次骨灰树葬活动，共有32名逝者长眠莞香树下。

开展政风行风民主评议　2012年，东莞市对各殡葬服务机构开展政风行风民主评议，评议内容包括：依法经营、诚信服务、事务公开、收费管理、办事效率、服务意识、便民惠民、廉洁自律等8方面。活动中，市民政局坚持“标本兼治，纠建并举”的方针，以“真情暖人心、满意在民政”为原则，以加强行风建设为核心，以解决问题为目的，广泛宣传发动，认真组织领导，广泛征求意见，深入查找问题，进一步提升全市殡葬系统的服务能力和服务水平。

【婚姻登记管理】2012年，全市共办理国内结婚登记18169对，国内离婚登记3154对，国内补领结婚证1327对，国内补领离婚证124对；办理涉外、港澳台、华侨结婚登记121对，离婚登记35对，补领结婚证162对，补领离婚证4对。2012年12月12日，全市共有815对新人办理结婚登记。东莞市积极开展婚姻登记等级创建活动。2012年，市民政局松山湖婚姻登记处被民政部授予“全国4A级婚姻登记机关”称号。

【救助管理】2012年，东莞市救助管理站共实施救助9198人次，其中流浪未成年人1040人次，全年开展街面救助1017人次。

完善救助机制　东莞市建立市流浪未成年人救助保护工作联席会议制度，联合市公安局、城市综合管理局出台《东莞市联合救助街头流浪乞讨人员工作方案》，健全救助管理机制。

开展“接送流浪孩子回家”专项行动　根据民政部等8部委《关于在全国开展“接送流浪孩子回家”专项行动的通知》要求，3月起，东莞市部署开展“接送流浪孩子回家”专项行动。行动中，各镇（街）切实加强组织领导，制定工作方案，落实保障措施，加强主动救助，专项行动取得良好成效。

等级救助管理机构建设　市救助管理站加强基础设施建设，规范内部管理，提高服务水平，有力推进救助管理站标准化建设，被民政部授予“国家二级救助管理机构”称号。

【学生接送站管理】2012年，新注册登记学生接送站46家，全市学生接送站总计达295家。根据《东莞市商事登记制度改革实施方案》精神，学生接送站登记将取消前置行政审批，改为后续监管，制定《东莞市学生接送站监管实施办法》。

【民政自身建设】履行《部省协议》试点工作完美收官　2009年8月，省民政厅将东莞市定为履行《部省协议》推进民政工作改革发展试点城市，并要求东莞市3年内完成试点任务。3年来，市、镇（街）两级财政共投入民政资金20多亿元，围绕《部省协议》确定的8个方面具体内容，坚持科学谋划，大胆创新实践，高标准完成试点工作各项任务，形成一批具有推广价值的经验做法。8月，省民政厅组织专家组对珠三角九市履行《部省协议》试点情况进行评估，东莞市获得总分第一名。

信息宣传和政策理论研究成果丰硕　市民政局全年共编发《民政动态》17期，较好地发挥宣传典型、交流信息、指导工作的作用；在全市民政系统开展调查研究和理论研讨活动，共收集调研文章45篇，形成《2012年全市民政系统调查研究和理论研讨成果汇编》，其中市民政局报送的《东莞市慈善事业发展政策研究》获得全省民政系统理论研讨一等奖。（王吉华）

附：2012年东莞市民政局领导名录

局党组书记、局长：杨东如
党组成员、调研员：袁佩霞
党组成员、副局长：易志兵（任至3月）
郑锦堂（任至11月）
黄容开　李建武
党组成员、市社会组织管理局局长：
利伟中
党组成员、纪检组长：
陈国良（8月到任）
党组成员、副局长：杜　江（11月到任）
调　研　员：易志兵（3月到任）
郑锦堂（11月到任）
副调研员：黄见芬　徐蕙芳（11月到任）

宗教事务

【概况】截至2012年，东莞市经市民族宗教事务局批准登记的宗教活动场所有58个。其中，有佛教寺（庵）38个，道教宫观6个，基督教福音堂8个、聚会点4个，天主教堂1个，伊斯兰教聚会点1个。2012年新增登记基督教长安聚会点1个宗教活动场所。东莞市各宗教和睦相处，宗教领域保持稳定与和谐。

【省模范宗教活动场所】2012年，经过全省性宗教团体和各地宗教事务部门推荐和全省综合评比，广东省民族宗教委决定授予黄旗观音古寺等161个宗教活动场所“2008至2011年度广东省模范宗教活动场所”称号。东莞市有黄旗观音古寺、大岭山林场观音寺、黄江芙蓉寺、厚街海月岩、基督教莞城福音堂、基督教石龙福音堂等6个宗教活动场所获省模范宗教活动场所称号。

【宗教界慈善活动】2012年，东莞市宗教界响应国家及省要求，分别于6月24—30日和9月17—23日成功举办2次宗教慈善周活动。各宗教活动场所开展形式多样的慈善活动，各场所重点围绕扶助残疾人、养老托幼、扶贫助学、医疗卫生等社会民生热点需求，确定扶贫项目和帮扶对象，组织热心的信教群众到当地的敬老院、福利院和孤寡老人、残疾、智障、麻风病、重病绝症、贫困人员家中进行慰问探访，为他们送去慰问金和衣物、油、大米、水果、月饼、电器等共49万多元；部分佛教和基督教活动场所开展扶贫助学活动，尤其是黄旗观音古寺组织30多名信众赴湖南炎陵、茶陵等地捐助2000名学生，捐赠助学款60万元及衣物、被褥、学习用品一批；9月云南彝良发生地震后，全市佛教活动场所纷纷举办为彝良灾区祈福法会，发动信众随缘捐款救助灾区，共筹得善款10万元；基督教桥头镇迳贝福音堂组织了1次慈善义诊活动和1次“反毒防艾”文艺晚会爱心宣传活动；还有宗教活动场所为家乡捐款修路等。2次宗教慈善周活动中，全市宗教界共捐赠现金、食品、衣物和其他物品共计121万多元。

【落实宗教房产政策】2012年，东莞市积极落实宗教房产政策，解决历史遗留问题。

▲宝山芙蓉寺

▲厚街海月岩

天主教桥头迳联房产　东莞市民族宗教事务局多次与桥头镇政府、桥头迳联社区协商，在7月由迳联社区将历史上属于天主教的房产——迳联天主教堂房产归还给天主教广州教区（东莞天主教属于广州教区）。

佛教乐善庵房产　乐善庵2010年搬迁后房产证一直未能办理出来，东莞市民族宗教事务局与莞城区街道办多次沟通，协助乐善庵于2012年办理了房产证。

基督教莞城堂房产　基督教莞城堂为支持市政府相关工作，将一处房产租给市国资委使用，近几年该房产一直空置未用。东莞市民族宗教事务局经与市国资委多次协商，终于在2012年为基督教莞城堂取回房产，缓解聚会时人满为患的压力。

【宗教活动场所建设】2012年，东莞市民族宗教事务局领导深入了解实际问题，亲自与镇（街）有关领导及国土、规划、城建等有关部门协商，争取支持，解决在建宗教活动场所建设困难，推动在建宗教活动场所建设取得重大进展。佛教资福寺一期工程（兜率内院）接近完成；香慧寺主体工程已经建成；基督教凤岗堂顺利完成建设，于2012年5月正式启用。

【东莞市佛协换届】2012年12月28日，东莞市佛教协会第二次代表大会胜利召开。市委常委、市委统战部长李小梅出席会议并作重要讲话。大会审议通过佛协工作报告，修改《东莞市佛教协会》章程，选举产生新一届佛协理事会，并对未来5年东莞市佛教工作做出战略规划和谋篇布局。理事会选举释了空为会长，释觉悟为常务副会长，释法慧等7人为副会长，释有鼎为秘书长。

【弘扬宗教文化】"百幅观音像"画展　2012年1—3月，"百幅观音像·东莞迎春祈福首展"在东莞市联大家私红木艺术中心隆重举行，画展由东莞市佛教协会联合云浮市佛教协会共同举办，旨在弘扬优秀佛教文化。是次画展在东莞、云浮佛教文化交流史上写下精彩一笔，也在传承和弘扬佛教传统文化这个支点上，迈出探索创新的成功一步。

东莞黄旗观音文化节　3月22—31日，2012东莞黄旗观音文化节隆重举行。是次文化节是由广东省宗教文化交流协会、省佛教协会和东莞市佛教协会联合主办，东莞市黄旗观音古寺承办的一次佛教文化盛会，在东莞市历史上属首次。以"感恩盛世，祈福东莞"为主题，以"弘扬观音文化，给力幸福东莞"为宗旨。

3月22日上午在旗峰公园广场举行开幕式，东莞市佛教协会会长、黄旗观音古寺住持释自度法师，市政协副主席钟淦泉，省民族宗教委副主任、省宗教文化交流协会副会长温卫平，市委常委、市委统战部部长李小梅分别讲话。省佛教协会常务副会长释宏满大和尚和香港意昭长老、湖南省佛教协会副会长大岳大和尚及2000多善信居士共同见证盛会。

随后几天，在黄旗观音古寺圆通宝殿举行千手观音圣像开光祈福大法会，在旗峰山艺术博物馆举办佛教造像艺术鉴赏会，在联大红木家私中心举办观音画展，在长安天得茶庄举办"禅茶"文化艺术鉴赏会。22日晚在旗峰公园广场举办佛教音乐晚会。23日上午在东莞广播电视中心1号演播厅举办以"慈悲·慈善·环保"为主题的观音文化论坛，200多名僧人和信众共同分享是次佛教禅宗思想盛宴。也是禅宗文化大讲坛第一次走进东莞。东莞市佛教协会会长、黄旗观音古寺释自度法师，惠州市佛教协会会长、永福寺住持妙峰法师，省禅宗文化研究基地副主任夏志前博士，省禅宗文化研究基地研究员、云门宗十四代法脉传人冯学成先生分别担任主讲嘉宾，从儒释道各方面，围绕"慈悲·慈善·环保"主题进行多元探讨，精妙阐释观音文化的慈悲精神与现实意义，并与现场观众充分互动。接着一年一度的黄旗观音古寺水陆法会拉开序幕，31日下午，在盛大的送圣活动中是次文化节闭幕。

【宗教事务管理】开展法制宣传教育　2012年6月，东莞市民族宗教事务局通过学习会、巡访讲座、送法上门等多种形式，组织开展"宗教政策法规培训月"活动。其中，6月12日，在篁胜酒店南城厅举办宗教政策法规培训班，全市所有宗教活动场所的负责人和部分教职人员共150人参加。

健全完善宗教活动场所管理制度　2012年，东莞市民族宗教事务局系统总结东莞市宗教活动场所的现状和存在问题，制定《东莞市宗教活动场所管理制度（试行）》（以下简称《制度》），涵盖组织、人员、财务、宗教活动、治安、消防、文物保护、卫生防疫、学习培训等九大方面，并在全市58个宗教活动场所全面推行，提高宗教活动场所管理的法制化、制度化、规范化水平。订制大幅《广东省宗教事务条例》画框免费派发给全市58个宗教活动场所，悬挂于场所内明显位置，供宗教教职人员与信教群众学习。

建立宗教活动场所安全责任制　东莞市民族宗教事务局要求各宗教活动场所按照《制度》要求，根据场所实际情况，制定相应的安全消防管理制度。订制"安全责任卡"免费发放给58个宗教活动场所，要求各场所建立安全责任制，将安全责任落实到人，一人一岗，明确各岗职责，在"安全责任卡"上填写责任人后张贴在每个建筑的明显位置，使安全责任挂在墙上、记在心上、落实在行动上。东莞市民族宗教事务局每季度对各宗教活动场所消防安全落实情况进行检查。

加强宗教活动场所财务管理　12月4—5日，东莞市民族宗教事务局举办宗教活动场所财务人员实操培训班，由省民族宗教研究院副主任汤雪芬授课，手把手地教各场所财务人员建立起规范的账目，还通过实际操作方式解答大家提出的问题，全市宗教活动场所财务人员共50余人参加学习。东莞市民族宗教局为规范场所财务管理，建立全市统一的财务账目模式，购买统一的空白账簿、记账凭证、报表等，免费发放给各宗教活动场所，要求非小型宗教活动场所按照统一的格式建立账目。加强监督检查，督促制度的贯彻落实，定期对各场所建账、做账的情况进行检查。

（林　睿）

附：2012年东莞市民宗局领导名录

局　长：胡荏光

副局长：胡炳棋

民族事务

【民族团结进步创建活动】2012年，东莞市民宗局按照广东省民族宗教委《关于开展广东省民族团结进步模范社区创建活动的意见》要求和部署，组织发动各镇街开展民族团结进步模范社区创建工作，成绩可人。2月20日，东莞市万江街道万江社区、长安镇霄边社区、虎门镇东方社区居民委员会、常平镇还珠沥村村民委员会、东城街道桑园社区居民委员会、东城街道岗贝社区居民委员会等6个社区（村）被评为广东省民族团结进步模范社区；万江街道社会事务办、东莞市司法局长安分局、虎门镇社会事务局等3个单位被评为广东省民族团

结进步模范社区创建工作先进单位；万江街道社会事务办副主任李志成、东莞市司法局长安分局副局长蔡树强等2人被评为广东省民族团结进步模范社区创建工作先进个人。

5月8日，市民宗局出台《关于开展东莞市民族团结进步模范社区、模范学校、模范企业创建活动的实施方案》，计划通过2012—2013年2年在全市范围内创建10个民族团结进步模范社区、5个民族团结进步模范学校和5个民族团结进步模范企业。5月16日，市民宗局组织全市32个镇街分管民宗工作的部门负责人召开民族团结进步创建活动经验交流会。会上就该创建方案做动员，邀请蔡树强等6位同志作经验介绍，树立典型，使各镇街学有榜样，追有标杆。经过市民宗局大力宣传发动，截至2012年，全市已有11个社区、5个学校、6个企业分别申报为民族团结进步模范社区、学校、企业创建试点。

【民族工作队伍建设】 组建村级民族工作网络　2012年，为贯彻落实市委、市政府有关做好城市民族工作的精神和要求，结合民族事务多发生在村（社区）的实际，民宗局创新管理，组建一支594人组成的村（社区）民族工作兼职联络员队伍，完善东莞市横向到边、纵向到底的民族工作网络。

东莞市民族宗教工作业务培训会　2012年11月28日，市民宗局举办全市民族宗教工作业务培训会。会议邀请省民族宗教研究院院长马建钊授课，市城市民族工作联席会议成员单位领导，各镇（街道、园区）分管民宗工作的领导、部门负责人、民宗干部，各公安分局国保大队长以及全市各村（社区）民族工作联络员，共计近800人参加培训，系统学习民族宗教理论政策以及业务实操知识。

少数民族代表人士座谈会　2012年，通过举办少数民族代表人士迎春座谈会、迎中秋贺国庆座谈会和第一季度少数民族代表人士座谈会，市民宗局巩固和发展少数民族代表人士队伍。座谈会上市民宗局认真听取代表们意见建议，共同探讨如何做好东莞市城市民族工作。

组织穆斯林代表人士到广州参观学习　2012年11月29日，市民宗局组织东莞市穆斯林代表一行近20人到广东省伊斯兰教协会参观学习。省伊斯兰教协会会长马光星热情接待代表们，介绍广东省穆斯林的基本情况，重点宣传党和政府在关怀穆斯林方面的工作举措，要求代表们要弘扬伊斯兰教优秀传统文化，为广东、东莞的民族团结稳定作贡献。马光星陪同代表们到先贤清真寺、怀圣清真寺进行参观学习。代表们还参观光了塔街“进步里”的民族团结浮雕长廊及民族文化活动中心。

【民族团结进步和法制宣传教育】 邀请青海省化隆县政府来莞开展守法经营宣传教育　2012年9月3—4日，青海省化隆县人大副主任韩福财带领县社会保险局局长马成祥、驻外办事处管理中心主任马忠之等4人来莞为青海籍拉面店店主开展守法经营宣传教育。东莞市20—30名拉面店店主代表在万江伊斯兰教聚礼点听取韩福财关于在化隆拉面经营户中开展以争创“五好经营户”为主要内容的遵纪守法、文明经营、树立化隆牛肉拉面新形象宣传活动。

编印《东莞市少数民族普法知识读本》　2012年12月，市民宗局组织编印的《东莞市少数民族普法知识读本》正式付印，共印制2000册。读本选取国家、广东省以及东莞市与少数民族权益密切相关的部分重要法律法规，以及东莞市部分涉少数民族生活出行资讯，是一部对东莞少数民族既实用又适用的普法参阅材料。市民宗局计划将读本分派至各村（社区）和伊斯兰教（临时）聚礼点，供广大少数民族取阅。

携手《东莞日报》开辟“东莞民族宗教事务”专栏　市民宗局从2012年12月份开始，携手《东莞日报》开辟“东莞民族宗教事务”专栏，宣传民族宗教政策法规，介绍民族风俗习惯和宗教知识、宗教活动，报道东莞市少数民族先进个人和先进事迹等。专栏计划每月第三周星期三在《东莞日报》刊登，每期约占四分之一版面。“东莞市民族宗教概况”作为第一期系列报道于12月19日在《东莞日报》A06版刊登。主要概述东莞市民族和宗教领域基本情况，刊登东莞市各登记开放的宗教活动场所基本情况，共占二分之一版面。

【服务】 到虎门威远职业高级中学调研　2012年3月8日，市民宗局赴东莞市威远职业高级中学调研内地新疆中职班办学情况，听取学校情况汇报，与新疆籍学生代表进行座谈并检查新疆学生的宿舍和清真食堂管理情况。

赴浙江省义乌、绍兴等市考察学习　5月29—31日，市民宗局赴浙江省义乌、绍兴等市考察学习当地城市民族工作。就城市少数民族服务管理和伊斯兰教管理工作进行讨论交流，参观考察义乌清真寺。编写《义乌市城市民族工作调研报告》。

副市长贺宇到万江伊斯兰教聚礼点检查消防安全　9月4日，副市长贺宇带队，协同市公安消防局、万江消防大队、市民宗局、万江街道办事处、万江社区管委会等部门对万江伊斯兰教聚礼点的消防安全问题进行联合检查。针对检查中发现的问题，贺宇提出定期安排消防演练和消防安全知识培训等整改意见。

到茶山调研民族宗教工作　10月31日，市民宗局赴茶山镇调研民族宗教工作。看望茶山镇南社工业区新洋电子厂（韩资）60多名来自新疆阿合奇县的务工人员，实地考察工人们工作、生活环境。

协助少数民族代表子女解决就近入学　针对穆斯林群众的饮食习惯与汉族存在较大差异，市民宗局多方协调，2012年东莞市共解决29名少数民族代表人士子女就近入学问题，其中27名为回族、撒拉族、柯尔克孜族等穆斯林代表人士子女，2名为彝族代表人士子女。

籍少数民族节日期间走访慰问少数民族代表人士　8月9—14日，市民宗局走访李子波、阿牛日呷惹等彝族少数民族代表人士；市伊斯兰教筹备小组和韩国庆阿訇；万江伊斯兰教聚礼点以及长安、厚街、常平、塘厦等4个伊斯兰教临时聚礼点的主要负责人，送去节日慰问。（李敏瑜）

消费者权益保护

【概况】 2012年，东莞市消委会发挥指导消费、调解纠纷和社会监督职能，加强对业务人员培训指导，规范和完善工作流程，做好与司法机关、行业协会及企业合作联动，建立快速反应机制，及时受理消费投诉。全年发布消费警示、提示5篇，接待群众来电、来访、来信咨询投诉约2.31万人次，受理消费者投诉2294宗，调解2180宗，调解成功率为95%，为消费者挽回经济损失335万元，收到消费者各类表扬信、锦旗4份。

【消费维权意识提升】 2012年，东莞市消委会围绕“消费与安全”年主题，发挥“3·15”国际消费者维权日作用，把消费维权论坛、有奖竞答、现场咨询、识假辨假演示等多种活动形式融合起来。活动期间开展现场活动40场，派发宣传资料约65万份，接受群众咨询或来

访来电1.15万次，化解消费纠纷230宗，为消费者挽回经济损失17.4万元；持续开通消费之声电台节目，针对餐饮、汽修、网购等17个消费领域进行专业点评，全年制作播出专栏节目42期。

【消费维权模式创新】2012年，东莞市消委会以大型商场、超市、市场、企业、景区和行业协会为依托，在全市探索建立“消费维权服务站”，协助工商部门、消委会解决涉及行业或企业自身消费纠纷，让消费者就近投诉，维权“有门”。全年建成服务站104家，实现全市覆盖。同时，强化消费指导力度，探索建立消费预警机制，通过定期分析抓热点、发布提示保权益、主动约谈防纠纷、消费评议监督促整改4项措施，动态跟踪消费及投诉热点并及时发出警示。

【地区间消费维权合作】2012年6月，东莞市消委会联合深圳、惠州两地消委会在深圳召开第7次维权合作会议，会议达成联合开展毛巾商品比较试验、编印第4套消费指南、完善消费纠纷联动处理、联手点评霸王条款等合作事宜。

（冯庆才）

附：2012年东莞市工商行政管理局领导名录

党组书记、局长：袁志强（任至12月）
范燕彬（12月到任）
党组副书记：黎自力
党组成员、副局长：范燕彬（任至12月）
陈　玺　王争光　陈仕全　周锦辉
党组成员、纪检组长：陈　涛
党组成员、经济检查支队支队长：曹景良
调研员：杨玉马　邓建忠
副调研员：郑润南

收入与消费

【居民收入】2012年，东莞市城市居民人均可支配收入42944元，农村居民人均纯收入24944元，分别增长8.7%和9.2%。

【居民消费】2012年，东莞市城市居民人均消费性支出31369元，增长14.1%，城市居民人均住房建筑面积58.44平方米。农民生活消费现金支出16103元，增长14.6%，农村居民人均住房建筑面积50.33平方米。

2012年城市居民收支情况

指　标	金额（元）	增长（%）
城市居民人均可支配收入	42944	8.7
#工资性收入	30518	11.9
财产性收入	9099	21.6
转移性收入	3484	-20.3
城市居民人均消费性支出	31369	14.1
食品	11103	16.7
衣着	2121	17.4
居住	2852	34.0
家庭设备用品及服务	2173	14.3
医疗保健	1521	21.6
交通和通信	6108	1.2
教育文化娱乐服务	4348	11.9
其他商品和服务	1143	17.4

2006-2012年城市居民人均可支配收入及其增长速度

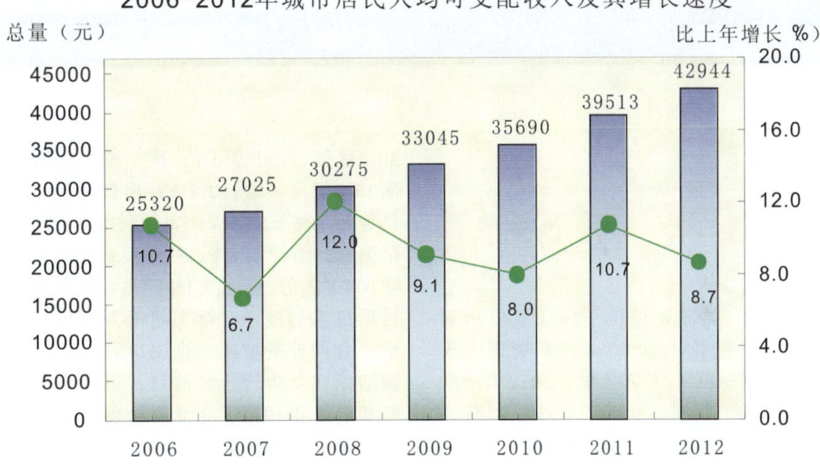

2006-2012年农民人均纯收入及其增长速度

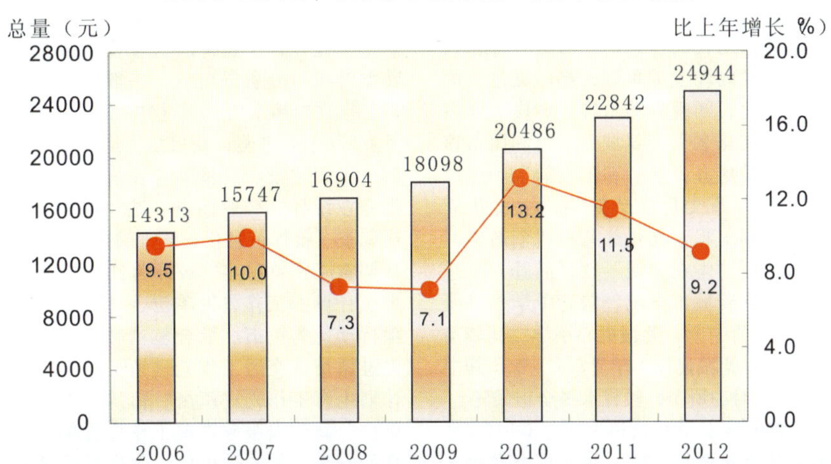

镇　街 URBAN AND TOWNSHIP

横沥镇

编辑：刘惠斌　张德全　李缙文　李俊玉　萧静雯　苏淑娴

莞　城

【概况】 莞城街道位于珠江三角洲东北部，东莞市中北部，处于东莞市区核心，总面积11.17平方公里。2012年辖东正、市桥、西隅、北隅、罗沙、兴塘、博厦、创业8个社区。户籍人口17.38万人，常住人口16.67万人。

莞城历史文化底蕴深厚，是岭南文化发源地之一。广东四大名园之一的可园，建于明代的迎恩门、却金亭碑，以及东莞民间瑰宝千角灯，都印证悠久的历史文化，涌现出邓尔雅、容庚、邓白等中国文化名人。莞城美术馆和图书馆等文化设施齐备，“和阳夜韵”和“凤凰之约”等文化活动繁荣，“文化周末”系列工程获文化部第三届创新奖。致力打造“学在莞城”教育品牌，有东莞理工学院城市学院，东莞中学、可园中学等2所中学，莞城中心小学、莞城实验小学、莞城建设小学等8所小学（其中省一级学校3所），教育水平全市领先。

2012年，莞城街道生产总值132.4亿元，比上年增长5.7%；可支配财政收入7.45亿元，增长0.15%；各项税收总额30.3亿元，增长3.6%；固定资产投资总额25.6亿元，增长2.8%；出口总额10.2亿美元，增长31.5%；实际利用外资0.44亿美元，增长12.8%；社会消费品零售总额104.9亿元，增长7.1%。福寿汽车等一批项目顺利投产，落实超千万项目完成率、合同外资增速、进出口总额和进口额增速在全市均排名前列，汇峰中心进驻知名企业39家，企业科技创新能力不断增强，专利申请量比上年增长145%。

2012年，莞城街道获得镇街领导班子落实科学发展观工作考核综合奖一等奖，这是莞城街道连续第十一年获此殊荣。此外，还获得2012年度加工贸易转型升级、外贸进出口、一般贸易进出口、推进内销工作、引进500强、引进服务业等6个先进奖；获得国民经济核算、四大工程建设、经济类专业统计、社会类专业统计、企业调查、城乡调查、专项调查、统计信息化、统计教育等9个统计调查工作单项奖，被评为2012年度镇街统计调查工作先进单位、“三打”专项行动优秀镇街、综合整治摩托车工作先进镇街、交通工作先进镇街、人口和计划生育工作先进镇街、信访工作先进单位、新莞人服务管理工作先进单位、食品安全工作先进单位、农产品质量安全管理工作先进镇街、生猪定点屠宰管理工作先进单位、推进LED产业应用示范工作先进单位、市住房公积金扩面工作先进单位、民政工作全优单位、侨务工作先进单位、体育工作突出贡献单位等。

【经济基础夯实】 *着力提升增量* 2012年，莞城街道抓好招商引资，赴日本、北京拜访有关联的企业总部和科研院所，开展上门招商。全年新签外商投资项目8宗，比上年增长33.3%，福寿汽车等一批项目顺利投产；增资项目10宗，增长233%；落实超千万项目7宗，完成率全市第一；合同外资增长68.9%，增速全市第三；进出口总额和进口额增速均全市第四。新增企业753户，个体工商户1814户，总注册资金14.9亿元。总部经济发展迅速，汇峰中心有大型国有控股企业东莞实业等39家知名企业进驻。

着力优化存量 2012年，莞城街道累计完成15家来料加工企业就地转型，超额完成年度转型工作任务，转型覆盖率达100%。推进东纵商圈项目升级，其中东纵天虹商场投入5.6亿元就地升级成为高端品牌项目“君尚百货”，新增纳税预计可达4000万元/年。

着力提高效益 2012年，莞城街道企业科技创新能力增强，成功申报创新

基金5个，新增外资企业研发中心3个，助推企业申报专利526件，比上年增长145%。内销市场拓宽，外资企业内销总额达54.1亿元，比上年增长12.3%。配合做好市重大科技专项“MW级分布式冷热电联供关键技术及系统示范”高新科技项目建设。

【改革创新推动】 推进商事登记改革 2012年12月3日，莞城街道启动商事制度改革工作，优化各项办事流程，为企业登记注册提供更优质服务。至12月底，发出新版营业执照344个，比上年增长40.4%。

深化农村综合改革 2012年，莞城街道在“一分一合一统筹”改革的基础上，通过力促集体经济发展、理顺资产物业产权、加大集体资产监管力度等三大举措，促进农村集体经济发展，股民权益得到进一步保障，股权收益持续增加，2012年村级资产负债率为4.88%，较2011年处于全市最低水平，还下降0.34%。

创新社会管理 2012年，莞城街道推进“农村管理体制改革和创新集体资产管理”和“社会文化建设”两个列入市第一批社会管理创新观察项目的建设，开展《莞城社会文化建设规划纲要》编制研究工作。完成8个社区政务服务中心建设，实现全覆盖，并完成3个社区综合服务中心建设，提前并超额完成市下达任务。通过在社区实行“便民惠民加班2小时”“周末学堂”等系列创新举措，为居民提供便利、高效、优质服务。组织100多名中层干部分批到香港进行轮训，专题学习社会建设、社会管理科目，着力提高服务群众的能力和水平。

【发展环境优化】 优化人居环境。2012年，莞城街道推进“三旧”改造，编制完成总面积39.20公顷的10宗改造方案；城南派出所、创业社区大楼和平乐坊桥建成启用，可湖路、平乐坊路基本完工；加强日常环境保洁、市政维护、内涝整治、绿化养护、“六乱”整治、环保等工作力度，城市环境整洁井然。

净化营商环境 2012年，莞城街道开展“三打两建”工作，全年出动工作人员2.3万多人次，检查场所单位6600多间次，核查线索1219条，核实查处线索995条，立案查处案件970宗。打掉欺行

莞 城

2012年6月20日，中共中央政治局委员、省委书记汪洋在省委常委、秘书长林木声，副省长刘志庚，市委书记、市人大常委会主任徐建华等领导的陪同下到莞城罗沙社区考察农村管理体制改革情况。

霸市团伙14个，抓获团伙人数83人，刑事起诉77人；查处制假售假大要案件15宗，捣毁制假售假窝点59个，逮捕7人；立案查处保护伞案件3宗，查结商业贿赂案件27宗；行动查处涉案财物折价470多万元，规范市场秩序。

【文教事业发展】 突出文化莞城品牌优势 2012年，莞城街道图书馆举办“书籍之美2012”等活动68场，美术馆举办“陕西民间工艺作品展”等19场精品展；“文化周末”系列工程异彩纷呈，其中晚会演出48场、室内乐团演出14场、举办大讲坛10期、演艺中心舞会60场，出版报纸50期、杂志12期，文化大餐受惠群众达15万人。群众文化活动热情持续高涨，“凤凰之约”“和阳夜韵”等系列品牌活动百花齐放，“狮舞兴塘”等社区文化欣欣向荣。文艺精品创作硕果累累，获得国家级奖项1个，省级奖项5个，市级奖项13个，其中获得省级以上立项性权威艺术类大赛金奖1个。

深化学在莞城优势 2012年，莞城街道以“一校一园一特色一品牌”为目标，增强学校、幼儿园自主发展能力。围绕特色立校发展方向，完善教育理念体系，优化校园配套设施，教育发展优势更加突显，涌现出一大批省级优秀教师，师资水平不断提升。全年师生获奖励1060人次，教师获市级以上奖励191人次，其中获国家级18项、省级37项。

【民生实事】 2012年，莞城街道把政府财政投入重点向社会服务和民生保障倾斜，抓好民生工程，加快建设幸福莞城步伐。东部工业园公租房、第二幼儿园等民生工程项目顺利开工。全年为19769人次落实各项就业创业扶持政策，比上

① 2012年12月21日，常务副省长肖志恒（中），省政府副秘书长杨绍森等省领导在市委书记徐建华（右二）的陪同下到莞城调研构建和谐劳动关系工作。

② 2012年5月4日，市委副书记、市长袁宝成（前排左三），市政府秘书长邓浩全（前排左四）到莞城综治信访维稳中心接访群众，解答群众反映的问题。

③ 2012年4月10日，市委副书记姚康（中），市企业工委书记孙爱平（右一）等领导调研莞城企业党建工作。

年增长15%。企业职工养老、工伤、失业、医疗保险参保人数比上年分别增长8%、11.3%、10.7%、11%。为低保救济对象、困难群众、贫困学生、老人发放各类帮扶补助、津贴共计2223万元。开展信访排查调处、领导干部接访，化解社会矛盾；强化公共安全管理，推进“四化五警”建设，深化“五个平安”建设，启用警犬和自行车巡逻，社会治安持续改善，全年没有发生重大恶性刑事案件和安全生产事故，社会保持稳定。医疗卫生、计划生育服务和扶贫“双到”等工作扎实开展，社会民生不断改善，居民群众安居乐业。

【党政建设】2012年，莞城街道加强思想理论武装，重点学习十八大精神、省第十一次党代会、市第十三次党代会精神，深入开展“四学一提高”主题活动，增强各级党员干部开拓创新、破解难题、推动科学发展的本领。通过民主推荐、组织考察、党委讨论、公示等程序，确定党委正职后备干部2名、政府正职后备干部2名、党政班子成员后备干部5名。完成公推遴选乡镇公务员工作，共推荐1名优秀异地务工人员和2名本地户籍人员参加全市的乡镇公务员笔试。做好选拔后续工作，将优秀的基层一线工作人员吸纳进入机关公务员队伍。按照市统一部署，完成9个党代表工作室筹建工作，各党代表工作室全年开展4次群众服务集中活动，250多名市和莞城的党代表通过座谈会、发宣传单张、现场咨询等方式，广泛收集党员、群众的意见和建议，为群众办实事，解难事。开展基层组织建设年活动，实施“书记项目”党建创新工程，打造莞城基层党建创新品牌；开展“百日攻坚”行动，加强“两新”党组织建设，党组织覆盖率达到80.2%，比上年底提高48%。

① 2012年1月16日，市委常委、秘书长王检养（左一）到莞城慰问困难户。

② 2012年2月25日，莞城机关党代表工作室集中接见党员群众专题活动在北隅社区举行，市委副书记姚康（中左）出席座谈会。

③ 2012年6月12日，市政府副秘书长任新合（右二）到莞城开展“访企业、送服务、促转型”走访企业活动。

① 2012年8月27日，省见义勇为基金会会长朱明健（左）慰问救人英雄朱桂权。

② 2012年5月23日，莞城召开“三打”专项行动领导小组（扩大）会议。

③ 2012年12月22日，市文化馆授予莞城街道“东莞市合唱基地”称号。

④ 2012年3月21日，莞城“三旧改造”项目——莞城艺博城·博雅斋艺术中心开业，省文化厅副厅长马新民等领导嘉宾出席开业庆典。

⑤ 2012年4月26日，香港东莞莞城同乡会成立。

⑥ 2012年12月10日，莞城举行新兵入伍仪式。

推进创先争优活动，在兴塘社区创建“党员承诺示范岗”，在企业开展创建“星级党组织”和企业“党员之星”活动，形成各基层党组织和党员创先争优的长效机制。开展理想信念和廉洁从政教育，加强廉政监督管理，加强对权力运行的制约。建立健全民主生活会、述职述廉、诫勉谈话和党员领导干部重大事项报告制度，强化党务、政务、村务、财务公开工作。开展廉政风险防控机制建设，针对部分行政权力集中、自由裁量权大、廉政风险较高的部门开展“一岗一预防”活动，从源头上防控商业贿赂和职务犯罪。 （叶凤娟）

附：2012年东莞市莞城街道党委、人大、办事处领导名录

党委书记：刘林宏

党委副书记：陈慧贞　张锐均

党委委员：单志雄　叶浩钿　王徐坚　尹敬华　叶建华（任至2月）　吴志恩　张彤飚　张俊华　彭雷　张凯强　叶小敏（5月到任）　赖建军（6月挂任）

人大联络委主任：刘林宏

人大联络委副主任：张俊华　陈金荣

办事处主任：陈慧贞

办事处副主任：李航旭　梁丰　余海花　陈浩荣

① 2012年5月1日，“我当一天巡逻民警”大巡警行动。
② 2012年11月23日，莞城公安分局举行警用自行车巡逻启动仪式。
③ 2012年1月15日，莞城2012年迎新春文艺晚会在文化广场举行。

2008—2012年莞城主要经济指标

指标＼年份	2008	2009	2010	2011	2012
户籍人口（人）	164215	168014	170310	172281	173776
外来暂住人口（人）	71213	64884	68961	56323	52273
面积（平方公里）	14	11.17	11.17	11.17	11.17
地区生产总值（万元）	1015311	1054949	1196478	1288562	1323607
工业总产值当年价（万元）	629635	731721	1012683	1114198	1218726
农业总产值当年价（万元）					
总用电量（万千瓦时）	55826	47942	53903	51232	50841
全社会固定资产投资总额（万元）	249452	176235	165197	249020	255912
社会消费与零售总额（万元）	908795	995207	1181364	979600	1048870
外贸出口总额（万美元）	55125	44896	61458	77814	102311
实际利用外资（万美元）	3374	1989	2415	3932	4436
镇级可支配财政收入（万元）	58708	62678	56626	74397	74510
各项税收总额（万元）	314243	283194	332872	292371	302851
金融机构各项存款余额（万元）	6106216	6413744	6836386	7992828	7117739
城乡居民储蓄存款余额（万元）	1917542	2087825	2266112	2381163	2042360

石龙镇

【概况】石龙镇位于东莞市北部，面积13.83平方公里，是"国际宜居城镇""中国历史文化名镇""国家级生态乡镇"。2012年辖7个村、3个社区。年末户籍人口7.14万人，常住人口14.29万人。

2012年，石龙镇生产总值66.29亿元，比上年增长5.5%。人均地区生产总值46472元，增长6.21%。规模以上工业总产值192.3亿元，比上年增长6.10%。固定资产投资17.63亿元，比上年增长1.83%。社会消费品零售总额26亿元，比上年增长8.28%。外贸出口额212000万美元，比上年增长9.60%。地方财政一般预算收入6.28亿元，比上年增长6.27%。农村居民人均纯收入26791元，比上年增长6.46%。

2012年，石龙镇荣获镇街领导班子落实科学发展观年度工作考核综合总分一等奖、市住房公积金扩面工作先进单位、省创建法治县（市、区）活动先进单位。

【经济发展】支柱产业　2012年，石龙镇推动来料加工企业向法人企业转变，推动3家企业转为独资企业并开拓内销市场，推动8家加工贸易企业提升设计开发能力，推动日本电产三协积极筹备建立研发中心；京瓷办公设备公司2012年出口跃居全市第七，京瓷办公设备公司、柯尼卡美能达分别成为东莞市第一批100亿元、50亿元培育企业，京瓷公司被纳入东莞市大企业储备库入库名单。

产业升级　2012年，石龙镇出台落实"六个东莞"部署营造法治化国际化营商环境工作方案，开展镇领导"访企业、送服务、促转型"大走访，营造法治化国际化环境。组织到广州、佛山等地考察"三重"建设，先后引进总投资均超6亿元的理想电子项目、国家级智能电网电器设备检测基地项目。同时，中国外运东莞物流中心项目、广安电气检测中心二期项目均超额完成年度投资计划；电子信息产业集聚区力争到2015年集聚区的产值超220亿元，石龙现代信息服务园被认定为东莞市创意产业园区。

科技创新　2012年，石龙镇颁布《石龙镇科学技术奖励暂行办法》，率先在镇一级设立科学技术奖，全年投入1064万元支持中小科技企业技术升级，与电子科技大学合作建设"一镇一校"产学研科技创新平台，新增国家高新技

打造国际宜居宜商名镇　建设幸福石龙

① 2012年7月23日，市委书记、市人大常委会主任徐建华（前排左二）率团考察石龙镇现代信息服务园，并召开工作年中点评会，肯定石龙各项工作取得的成绩。

② 2012年6月8日，市委副书记、市长袁宝成（前排左二）莅临石龙走访企业，现场办公解决企业难题。

术企业1家，2家企业顺利通过国家高新技术企业复审，企业23个产品获认定为广东省高新技术产品，全镇国家高新技术企业达到15家。

“三重”建设 2012年，石龙镇重点推动中外运物流中心项目、广安输配电设备检测中心（二期）项目、理想电子项目等“三重”建设的力度。联兴纸业计划投资6亿元建设高端纸品生产基地。推动现有企业增资扩产，跟进电产三协就地建设研发中心工作，做好京瓷办公设备公司、柯尼卡美能达100亿元、50亿元培育工程，力争至2015年培育发展1家以上年主营业务收入达百亿元企业、1至2家超50亿元的龙头企业、1至2家超10亿元的重点企业。

【交通建设】 2012年，石龙镇辖区东莞火车站项目完成总投资的93.87%，预计2013年可正式启用；绿化东路至石龙头路段升级改造工程已经完成，红海大桥建设工程纳入水乡统筹发展地区先期项目并已动工；西湖一路北、西湖二路南、上塘路升级改造工程已投标准备动工，南二桥扩建工程筹备工作正在加紧进行，东江大道畅通工程，滨江路顺利通车。

【水乡统筹发展】 2012年，石龙镇推动水乡地区基础设施、产业布局、基本公共服务、城乡规划和环境保护“五个一体化”，发挥石龙协调服务水乡片统筹发展的角色作用，提升石龙在水乡片的综合服务能力。一是一盘棋考虑水乡地区发展，发挥东莞火车站对水乡地区发展的辅助作用，完善东莞火车站和水乡地区的交通基础设施，将东莞火车站打造成为水乡地区的交通服务枢纽。二是加强水环境治理和水资源整合，建立水乡地区环境保护规划协调机制、环境联动执法应急机制、环境基础设施共建共享机制，实现水乡地区经济社会和谐发展。三是发挥石龙服务的功能，为水乡地区和全市提供卫生医疗、城市交通、文化教育等优质的公共服务。

【环境工程】 2012年，石龙镇西湖片区重点地段环境、滨江路沿线、沙河大桥周边环境绿化景观得到改造；开展东江生态景观林带建设，水天一色段栈道、环岛绿道以及10公里城市和社区绿道全部完工，城市变得更加靓丽；推进“龙城清洁日”活动，加强环境执法和污染企业监管，共创建省级绿色社区1个、市级绿色社区1个、市级生态村4个。

①

②

③

① 2012年3月31日，市委副书记姚康（前排左三）莅临石龙镇调研志愿服务拓展567工程，重点视察志愿服务驿站建设情况。
② 2012年12月26日，市委常委、政法委书记邓志广（右二）到石龙镇视察企业风险预警系统和“智能天网”建设。
③ 2012年12月20日，国家食品药品监督管理局副局长孙咸泽（右一）、国家食品药品监督管理局稽查局局长王者雄、省食品药品监督管理局局长陈元胜（右三）一行莅临石龙镇调研食品药品安全工作。

① 2012年7月31日，市委副书记姚康（右二）到石龙镇开展领导干部接访群众活动。

② 2012年12月3日，副市长贺宇（前排左二）率市督导外贸出口保增长工作组莅临石龙镇指导工作，在镇委书记、镇人大主席黄贵洪（前排左三）陪同下视察京瓷有限公司。

③ 2012年2月29日，市人大常委会常务副主任黄双福（左五）与石龙镇镇委书记、镇人大主席黄贵洪（左四）参加石龙镇党代表工作室集中接见党员群众专题活动。

④ 2012年8月27日，东莞市劳动关系预警系统建设现场会在石龙召开，市委副书记姚康（中）参加会议。

东莞市劳动关系风险预警系统建设现场会

【城市管理】2012年，石龙镇整治城市“六乱”，开展在建违法建筑清理专项行动，利用软件技术平台打造执法监管网格化，对辖区情况实施动态监控；加强市政设施、环卫绿化等管理养护，建立市政设施联合巡查机制；启动兴龙路、绿化路等道路智能停车咪表收费管理，原中心小学改造停车场已投入使用，有效缓解老城区停车难问题。

【“三旧”改造】2012年，石龙镇抓住东莞火车站建设机遇，主动发挥政府调控作用，落实对有关土地的回收工作，抓好“三旧”改造，科学有效腾挪发展空间。将现有闲置土地纳入重点控制储备资源，将空置厂房以及周边地块纳入重点合作招商储备资源。通过腾挪、整合、盘活土地资源，大力破解土地资源瓶颈，切实为火车站商业用地、优质企业、优质产业发展用地提供保障，提高投资强度和工业容积率。

【社会管理】2012年，石龙镇实施网格化数字市政管理创新工程、智能天网科技兴警试点工程、青少年社会成长136工程、志愿服务拓展567工程、社区综合服务提升工程、综治维稳提升工程、食品药品信息化监管进社区工程、全民健康生活方式试点工程等八项加强社会建设创新社会管理工程。智能天网科技兴警试点工程第一期在老城区已投入使用，绿道人口文化长廊被列为市级重点人口文化创新项目，企业风险预警系统得到上级领导的充分肯定，并在全市推广。

【三打两建】2012年，石龙镇“三打”行动立案783宗，成功挖出保护伞3个，查处省级大要案1宗。在开展“两建”工作中，石龙镇被定为市信用体系建设试点和省“食品药品安全两建进社区”试点，“一平台一个行业应用”试点工作正有序开展。

【公共安全】2012年，石龙镇加强公安“四化五警”建设，推动警力下沉，打击各类犯罪，实现刑事、治安总警情和“两抢一盗”警情下降；落实安全生产“一岗双责”，全镇安全形势总体平稳；做好社会矛盾和不稳定因素排查，加强交通安全、食品安全、公共安全等工作，有力地维护社会平安、和谐、稳定。

【民生实事】2012年，石龙镇全年用于就业、医疗卫生、文化教育、社会保障等涉及民生事业方面资金达53506万元，比2011年增加2788万元，增长5.5%。全

① 2012年4月13日，石龙镇召开“三打”专项行动领导小组（扩大）会议，传达省市“三打两建”工作会议精神。
② 2012年6月9日，石龙镇第二届“中华龙民俗文化节”开幕。
③ 2012年1月18日，中国工程院院士、华南理工大学建筑学院院长何镜堂（前排左三）在石龙镇镇委书记、镇人大主席黄贵洪（右一）及镇委副书记、镇长周年有（左一）陪同下视察新东莞火车站建设情况并提出指导性意见。

① 2012年9月18日，石龙镇举行成为省“食品药品安全两建进社区”试点单位启动仪式。

② 2012年9月25日，石龙镇第二届敬老文化节正式启动，同时启动一系列关爱老人活动。

③ 2012年8月24日，香港石龙同乡会成立暨第一届会董就职典礼在香港举行，会员超500名。

④ 2012年12月20日，石龙镇举行第二届“主创群文精品文化节”颁奖晚会暨全镇文化工作表彰大会。

⑤ 2012年7月，石龙镇中山路入选第三批广东省历史文化街区名列榜首，成为全市首个省级历史文化街区。

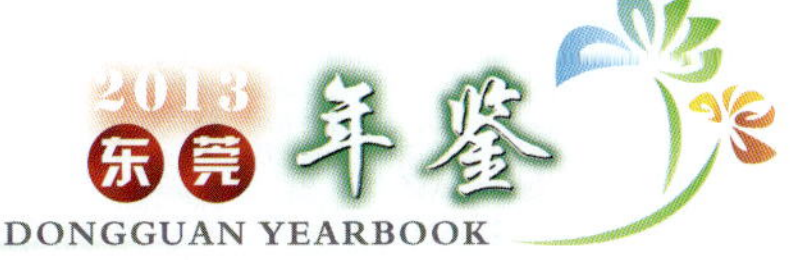

年发放各类保障金、助学金、救济金等共约630万元，累计发放70周岁以上高龄津贴约454万元；为12849名老人发放敬老乘车卡，为5031名70岁以上老人免费提供健康检查；开展“广东扶贫济困日”活动，对口帮扶云浮市三条贫困村100%脱贫；开展镇内扶贫，“双到”和“两个80%”任务取得成效；落实帮扶就业优惠政策，高校毕业生就业率达99.32%，发放各类就业补贴共6634人次，累计发放748.7万元。

【科教文卫】2012年，石龙镇高考、中考创佳绩，连续19年超额完成高考奋斗目标；全镇中考比市平均分（547.38分）超出28.73分，连续11年超过市平均分。同时，石龙三中扩建工程完成已投入使用，中心小学已搬入旧龙中，黄家山小学正式更名为石龙实验小学，中心小学西湖学校抓紧办理用地手续，并进行深化设计，全镇小学教育硬件资源得到合理配置。体育中心建设工程有序推进，仙溪福地欧公旅游文化景区建成正式对外开放，中山路成功申报广东省历史文化名街，石龙博物馆顺利通过国家三级博物馆评估定级；成功举办中华龙民俗文化节、敬老文化节、主创群文精品文化节，2012年中国文化遗产日广东主会场活动、2012年广东省龙舞网上大汇演颁奖晚会在石龙举行并取得成功。

【二十项重点工程】2012年，石龙镇在东莞市石龙镇第十六届人民代表大会第一次会议上提出并实施二十项重点工程：一是新东莞火车站建设工程；二是产业转型升级工程；三是红海物流园建设工程；四是广安电力检测中心二期工程；五是安居工程；六是村际联网路升级工程；七是东江大道畅通工程第一标段；八是西湖片区重点地段环境升级工程；九是停车场建设工程；十是体育中心建设工程；十一是老城区人民广场改造工程；十二是南二桥扩建工程；十三是红海大桥建设工程；十四是中山纪念堂建设工程；十五是新西湖小学建设工程；十六是黄家山小学改造工程；十七是中心小学搬入旧龙中工程；十八是市民文化活动中心建设工程；十九是仙溪福地欧公文化旅游景区建设工程；二十是美食新天地一期工程。

【获评殊荣】2012年，石龙镇荣获2012年度镇街领导班子落实科学发展观年度工作考核综合总分一等奖；2012年市住房公积金扩面工作先进单位；广东省创建法治县（市、区）活动先进单位；被环保部评定为国家级生态乡镇；东莞市“上市培育”先进单位；东莞市“金融创新”先进单位；东莞市重点项目建设管理先进单位；东莞市管理工作先进单位。被广东省评为两化融合示范试验区、“智慧广东”城镇试点和可持续发展实验区。（戴晓东）

附：2012年东莞市石龙镇党委、人大、政府领导名录

镇委书记：黄贵洪
镇委副书记：周年有　林汝辉
镇委委员：林　山　周明贵　梁李文
　阮兆强　袁燕霞　吴　晓
　赖松波　王敬波　刘雄波
　叶伟均　余伟红
镇人大主席：黄贵洪
镇人大副主席：林　山　叶　敏
镇　长：周年有
副镇长：陈智武　黎明英　陈海翔
　胡长勋

2008—2012年石龙镇主要经济指标

指标＼年份	2008	2009	2010	2011	2012
户籍人口（人）	69645	70331	70770	71183	71444
外来暂住人口（人）	78436	63193	56289	52046	53941
面积（平方公里）	13.83	13.83	13.83	13.83	13.83
地区生产总值（万元）	470012	502973	559487	622168	662926
工业总产值当年价（万元）	1324893	1244275	1765974	1907215	2042334
农业总产值当年价（万元）	12	26	33	33	49.77
总用电量（万千瓦时）	67936	65765	70228	74417	73289
全社会固定资产投资总额（万元）	166400	173226	194445	173142	176316
社会消费品零售总额（万元）	200551	228365	230009	240109	259993
外贸出口总额（万美元）	130354	130670	178576	193430	212000
实际利用外资（万美元）	8204	4446	6866	7649	2256
镇级可支配财政收入（万元）	40318	46016	52727	59100	62806
各项税收总额（万元）	86534	90648	107372	123514	132656
金融机构各项存款余额（万元）	967440	1190569	1390116	1478689	1638987
城乡居民储蓄存款余额（万元）	754728	808199	905687	967071	1099302

虎门镇

【概况】虎门镇位于东莞市西南部，珠江口东岸，面积178.5平方公里，是“中国女装名镇”。2012年辖30个社区，常住人口64.32万人，其中户籍人口12.98万人。2012年全镇实现生产总值348亿元，比上年增长6.2%；各项税收总额52.8亿元，增长15%；镇本级可支配财政收入21亿元，增长3.3%；各项存款余额570亿元，增长12%；进出口总额45.6亿美元，其中出口总额30.7亿美元，分别增长12%和9%，多项主要指标居全市前列。2012年获得中国城镇综合实力500强第一名，连续三年获得广东镇域经济综合发展力第一名；荣获首批“全国纺织模范产业集群”、首批“中国服装产业示范集群”“广东摄影之乡”、东莞市2012年度镇街领导班子落实科学发展观工作考核综合奖一等奖；市“三重”项目建设单项指标奖等多个荣誉。

【“三重”建设】2012年，虎门镇推动“三重”建设，推进已展开和确定的重大项目建设，同时招引重大产业项目，谋划、建设的“三重”项目有29项，其中，重大战略性基础设施22项，重大产业项目7项；总投资近400亿元，有27个项目投资总额超过1亿元，有9个项目超过10亿元；项目涵盖城市更新、水系整治、交通、城市综合体、科技平台等方面，将形成一批引领城市和产业发展的核心工程，为虎门发展奠定坚实基础。

【经济发展】服装产业做强做大 2012年，虎门镇推动服装服饰业发展，

虎门镇

① 2012年12月26日，中共中央政治局委员、省委书记胡春华（右五）莅临虎门调研考察。

② 2012年12月21日，副省长许瑞生（右二）在市委副书记、市长袁宝成（右一）的陪同下到沙电A厂调研。

先后出台《虎门服装服饰产业调研报告》《关于建设虎门服装服饰重大产业集聚区的实施意见》，科学谋划产业发展。成立虎门电子商务协会，打造华南地区“网购物流集聚区”和“电商集聚区”。完成“虎门”城市形象标识设计，创建“虎门服装”区域国际品牌。虎门服装经验走进人民大会堂，在全国纺织产业集群试点十周年会议上作介绍。富民服装城荣获“中国百强市场”“推进流通现代化全国重点批发市场”称号。

2012年，全镇服装服饰市场区域约7平方公里，经营面积232万平方米，有40个专业市场、1.5万经营户，年销售额近500亿元。有服装服饰注册商标5万多个，中国驰名商标1个、广东省著名商标、名牌产品15个。2012年底，全镇有服装服饰生产加工企业2300多家，配套企业1000多家，从业人员超过20万，年产值超200亿元，形成集研发、设计、生产、销售、服务于一体的完整产业链，实现全环节生产销售。

成功举办第十七届服装交易会　2012年11月18日—21日，第十七届中国（虎门）国际服装交易会举行。本届服装交易会共有标准展位816个，参展企业190家，展区总面积23000平方米，其中，特装展位占展位总数的87%，超过历届。交易会共设分会场29个，包括镇内各大服装专业市场、面辅料市场、服装机械城、小商品市场等，展场总面积达30多万平方米。服装交易会期间，还举办第13届“虎门杯”国际青年设计（女装）大赛、首届国际女装网上设计大赛。

① 2012年11月20日，市委书记、市人大常委会主任徐建华（前排右二）在中国（虎门）国际服装交易会以纯公司展馆参观。
② 2012年12月4日，市政协主席李毓全（左五），镇委书记、镇人大主席尹景辉（左四）等一行在虎门工商分局检查商事登记改革的具体情况。

赴武汉举办展贸会　2012年3月15日至3月18日，历时4天的“2012东莞虎门服装服饰（武汉）展贸会”在武汉国际博览中心A1馆盛大举行。本次展会吸引约1.5万人次的专业观众进场参观，展馆面积10500平方米，有标准展位408个，馆内设虎门形象展示区和企业形象展示区，共有80余家虎门服装、服饰企业参展。

率先成立“纺织服装集群转型升级和协同创新联盟”　第十七届服装交易会期间，虎门镇联合西樵、织里等全国7个产业集群，率先成立“纺织服装集群转型升级和协同创新联盟”，共同发布《虎门宣言》。同时，在2012中国（虎门）纺织服装产业转型升级合作论坛上，虎门与面料名镇佛山南海西樵镇、童装名镇浙江湖州织里镇签约合作，在产业集群合作模式上开始新探索，标志着虎门服装服饰产业集群与其它行业集群的合作正持续推向深入。

国家级服装创新服务中心揭牌　11月17日，投资1.2亿元的国家级服装创新服务中心—虎门服装创新服务中心揭牌仪式在富民服装商务中心举行。该中心集虎门服装技术创新中心、虎门富民服装商务中心、国家纺织面料虎门馆、中国纺织工业联合会检测中心虎门实验室、虎门服装设计中心、虎门服装技术培训中心、虎门电子商务示范基地、新丝路时尚发布中心、以纯集团服装展示中心、虎门服装品牌推广中心等十大公共服务平台，涵盖研发设计、质量检测、人才培训、信息咨询、展销物流、融资服务等六大功能，是华南地区规模最大、功能最完善的服装服饰公共服务平台之一，为企业谋划产业升级和转型发展提供创新服务和技术支撑。

全力招大引强。2012年，虎门镇整合外经、经信等部门招商队伍，成立虎门镇招商办，统筹全镇招商引资工作。全年新引进内资项目33宗、外资项目17宗，实际投资16亿元。全镇合同利用外资1.2亿美元，比上年增长26%，实际利用外资1.4亿美元，增长15%。世界玩具行业龙头华盛玩具、中国最大的家电玻璃制造商江苏秀强集团、国内物流行业龙头上海圆通进驻虎门，百世物流在虎门设立华南总部基地。

电子信息业稳步发展　2012年，虎门镇电线电缆生产企业及电线电缆相关企业约200家，其中，省民营科技企业3家，国家高新技术企业3家，上市公司1家，市级重点实验室1家，市级企业技术中心1家，省级企业技术中心1家，全镇电线电缆总生产面积107.93万平方米，工业总产值约为162.59亿元，制定东莞市线缆企业联盟标准23个。推进中国电子虎门产业园项目建设，园区用地指标获省市批准，2012年完成土地和房屋征收、原高压线迁改、临时基建用电用水设施建设、园区规划评估规划公示和园区一期工程的勘探等工作。

加快加工贸易转型升级　2012年，虎门镇有10家来料加工企业不停产转为三资企业，企业累计转型率98%，比全市高28个百分点，其中常禾电子被评为全省加工贸易转型升级示范企业。

企业创新成效显著　2012年，虎门镇新增国家高新技术企业9家，总数达30家；新增外资企业研发中心12家，总数达25家；新增省民营科技企业4家，总数达30家；全年获得广东省高新技术产品认证9个；新增省部产学研项目5个；申请国家专利1215件，授权722件，分别比上年增长6.6%和13%。

优化镇属资产管理　2012年，虎门镇理顺镇属资产经营管理体制，促进资源和镇属资产优化配置，成立广东虎门集团，下设虎门富民投资有限公司、虎门实业投资有限公司、虎门水务投资有限公司、虎门能源投资有限公司、虎门交通投资有限公司、虎门富民农副产品批发市场有限公司等6家一级企业。

全市首创集体资产交易管理平台　2012年，虎门镇在全市首创使用镇一级集体资产交易管理平台组织交易工作，首创组织小组一级集体资产上平台交易，在全市率先实现镇、社区、小组三级交易；首创利用微博发布集体资产交易信息，实现全程“阳光化”。同时，虎门社区集体经济管理实现两增两降，即总资产增长，纯收入增长，负债率下降，资不抵债的村组数量下降。区组两级集体总收入15.1亿元，比上年增长5.5%；总资产达106.6亿元，增长4.2%；净资产82.2亿元，增长11.3%。

【城市建设】抓好重大交通项目建设　2012年，虎门镇配合抓好国家省市重大战略性基础设施建设，如穗莞深城轨、东莞轻轨R2线虎门段及站场建设、省

① 2012年11月17日，(左起)姚康、袁宝成、蔡东士、刘志庚、高勇、尹景辉为第十七届中国（虎门）国际服装交易会开幕启动按钮。

② 2012年11月18日，镇长叶孔新（中）在首届中国服装产业集群工作会上代表虎门领取全国服装产业示范集群奖牌。

③ 2012年11月17日，虎门服装创新服务中心揭牌仪式。(左起)刘岳屏、尹景辉、姚康、高勇、杨纪朝、叶景图、喻丽君、叶孔新等领导出席。

④ 2012年3月15日，东莞虎门服装服饰（武汉）展贸会开幕。

⑤ 2012年4月13日，大中华区电线行业协会联盟理事会签约仪式在虎门举行。签约仪式上，大中华区电线行业协会联盟理事会发表《虎门宣言》。

道256和省道358大修工程建设。滨海大道、长堤路、环岛路三大城市框架道路建设工程按计划有序实施。中心区路网升级改造工程大部分项目基本完成，虎门大道中、八达大道大宁段、富民商圈路网及东引运河、官涌河、新涌河两岸道路等升级改造工程已建成投入使用。

推进电力、水利等基础设施项目建设　2012年，虎门镇完成220千伏南边站和110千伏白沙站、江门站、郭武站、居岐站、富马站等6个变电站的选址工作，启动江门站动工建设。高标准实施官涌河、新涌河升级改造和大沙河应急排水等工程，整治河道6.8公里。

有序实现城市更新　2012年，虎门镇落实好“三旧”改造和土地统筹政策，集中管好、用好有限的土地资源，强化对重点工程、优质项目和民生工程的用地保障。全年有34宗落实项目的“三旧”改造方案获省市审批。启动98宗未落实项目的“三旧”改造报批和“工改工”改造试点前期工作。

【社会管理】铁腕“三打”　2012年，虎门镇实行铁腕“三打”、法治“两建”，打掉欺行霸市团伙17个，打击制假售假大要案39宗、商业贿赂案件15宗，挖出“保护伞”5人，促进法治化国际化营商环境建设。在2012年科学发展观年度考核中，虎门镇“三打”专项工作位居全市前3名。在省“三打”工作检查考核组对东莞的考核中，虎门得到高度评价，并为东莞市“三打”工作加分。

信息管理走在前列　2012年，虎门镇运用现代信息技术，建立虎门太平网站群、虎门太平微博群、虎门手机报、虎门党讯手机报等，健全工作机制，促其发展成为综合性公共服务平台、政务平台、产业平台，对外宣传的重要媒体，网络问政的主阵地。其中，虎门太平网自2012年7月12日开通以来，IP访问量突破168万，PV访问量突破611万，访问量在全市镇街政务网站中位居前列。虎门太平网络问政平台累计接收群众投诉超过1200个，办结率达98%，成为镇委、镇政府密切联系群众的重要平台。“虎门太平”微博群，有子微博89个，粉丝60万名，共计发布微博5万多条，在虎门的经济、政治、文化、生活、民生等方面发挥越来越重要的作用。

提升行政管理效能　2012年，虎门镇从多渠道着手，对党委政府的决策事项和重点工程进行任务分解，定期督查督办，提高自身行政效能。12月，虎门开始启动商事登记改革，实现新增市场主体1188户。取消个体工商户和工商企业治安联防费，减半收取流动人员调配费。举办“服装产业金融对接会”，协助中小企业加入“东莞市新10亿元融资计划”。开展领导干部走访企业活动，深入社区、企业进行政策宣传60多次，推行企业办事“一条龙”服务，为企业解决用工、用电等300多项难题。

【民生实事】帮扶济困成效突出　2012年虎门镇开展“广东扶贫日”“东莞慈善日”活动，筹集善款316万元。完成市外对口帮扶工作，累计帮扶集体经济项目35个、帮扶资金3300多万元，对口帮扶的韶关市乳源县大桥镇6个村的贫困户全部脱贫。完成对口支援农三师图木舒克市51团年度任务。

① 2012年5月4日，镇委书记、镇人大主席尹景辉（左二），镇长叶孔新（左一）亲切接访群众。

② 2012年11月22日，虎门白玉兰家庭服务中心揭牌。

③ 2012年5月15日，虎门镇与韶关市乳源县大桥镇进行党建“五对接”会议。

④ 2012年7月16日，“指挥哥”张常和（中）、伍恩明因发现及时，采取措施得当，在“7.14”阳台倒塌事故中避免人员伤亡，受到市政府及镇委、镇政府的表彰。

就业创业成绩显著　2012年，虎门镇做好就业及人才服务，着力稳定户籍困难人员就业和推动大中专毕业生成功就业，安排3500多名户籍人员在“村民车间”就业，为2.7万人次办理各项就业补贴1500多万元。举办各类招聘和劳务洽谈活动，引导企业提供2万多个工作岗位。

公共服务不断优化　2012年11月22日，东莞市妇联白玉兰家庭服务中心（虎门镇）正式启用，为虎门镇妇女儿童提供一站式专业服务。制定颁布《虎门镇妇女儿童发展规划（2011—2020年）》；在18个社区建成星光老年之家；建成社区卫生服务中心（站）24个，图书阅览室（馆）20个，劳动服务站29个，户外文体广场20个。公共卫生服务水平不断提高，已建居民健康档案超过59万份，建档率99.89%；启动“惠一生”计划生育利益导向机制。向低保户发放保障金176万元，向266户低收入住房困难家庭发放租赁补贴；新增162户低收入住房困难家庭纳入廉租住房保障范围。

新莞人服务逐步完善　2012年6月份，虎门镇新莞人服务管理中心圆完成新莞人子女积分制入学申请受理工作，招收新莞人学生1904人入读公办学校，比上年增长44%；同时，虎门镇在2012年推广出租屋综合保险，开展双向租赁服务；落实居住证推广工作，全年制发居住证9.8万张。

社工服务丰富多彩　2012年5月份，虎门镇联合东莞市正阳社会工作服务中心、虎门执信社工举办“东莞正阳社工渔区留守青少年军营成长之旅”“渔水情浓 渔味飘香”第二届新湾休渔期渔民特色文化节和“开心老友记之家社工综合服务”等三大社工服务项目，其中东莞正阳社工渔区留守青少年军营成长之旅”服务项目是东莞市第一个在民政部立项的社工服务项目。

【文化教育】　重视奖教教学，加强基础教育　2012年9月3日，虎门镇隆重举行庆祝2012年教师节暨奖教奖学大会，表彰全镇教育工作先进单位和个人，颁发奖金总额达500多万元。2012年，虎门镇教学硬件设施不断加强，教学水平整体稳步上升，其中威远职中升格为东莞市纺织服装学校；新创建2所市一级学校，全镇公办中小学市一级学校率达95%；有1所学校（幼儿园）成功创建市级绿色学校（幼儿园），使全镇绿色学校（幼儿园）达到31所（省级7所，市级24所）。在全市率先基本实现“校安工程”对学校和幼儿园的全覆盖；有5名优秀学子考入清华大学、北京大学，57人中考达到东莞中学正取分数线；开展新生代产业工人“圆梦计划”，资助62人提升学历。

① 2012年6月20日至8月10日，举行虎门镇第六届运动会。

② 2012年6月28日，虎门镇举办庆祝“七一”《颂歌献给党》活动。

① 大桥夕照　　② 虎门城市新貌

文化事业兴旺繁荣 2012年，虎门镇文化事业兴旺发展，先后开通影像虎门网、虎门旅游网，举办广东省第二十四届摄影展览、第六届镇运会。全镇各社区配备专职文化管理员，社区“五个有”工程100%达标。虎门图书馆被文化部授予“全国文化信息资源共享工程公共电子阅览室示范点”称号。

6月20日至8月10日，虎门镇举办第六届运动会。本届镇运会以“参与运动，享受健康”为主题，设有三大组别，共12个大项95个小项，金牌总数为125枚。全镇有62个单位和社区报名参赛，参赛总人数3800人次，超过虎门镇历届运动会的参赛人数。

9月，虎门首次举办省级摄影展览，并开通“影像虎门”网站。本届摄影展由省文联、省摄影家协会和虎门镇人民政府共同主办，分纪录、艺术、商业三大类，并设青年组、少年组、策划人奖和本土摄影奖，共设置78个奖项和35幅（组）获奖入选作品。

旅游产业呈现新景象 2012年镇委、镇政府提出围绕“把虎门镇打造成为珠三角重要旅游目的地和会议中心”的战略目标，树立虎门“大旅游、大产业、大市场、大发展”的发展理念，通过营造虎门大旅游氛围、开拓虎门旅游发展新路向、打造虎门品牌旅游精品活动、优化提升相关配套设施和打造特色品牌旅游景区等方式，整合全镇资源，努力促进虎门旅游、文化、产业三者融合发展，走城市旅游与景区旅游共同发展模式，实现旅游开发与全镇建设一体化发展，形成“食住玩在虎门，游遍珠三角”的旅游发展目标。

【宜居环境】 **城乡环境优化** 2012年，虎门镇完成广深高速和虎门大桥虎门段沿线景观整治，在五个月时间内清理广告牌628块、清拆违法和临时建筑5900平方米，整治任务量占全市的45%。开展“大清洁，乡村美”城乡清洁工作，全镇2012年建成绿道5公里，在广深高速虎门段沿线两侧种植景观林11公里、4487亩，推动南面大道、培英路等市政道路的绿化美化工作，城乡环境得到逐步改善。

节能治污减排 2012年，虎门镇继续推进沙角电厂群降氮脱硝工程，促进重点用能单位加大节能力度，节约集约利用资源，启动沙角A、B电厂、信义玻璃、联茂电子等企业能耗在线监测工作。对镇内99家污染企业逐步进行整合，实现污水统一收集、统一处理、统一排放。全年有56家企业通过市年度节能考核。加快芦花坑、白坑水库截污工程和截污次支管网建设，建成截污次支管网5.9公里，增强水体污染防治能力。

创建宜居社区 2012年，虎门镇发动金洲、大宁、则徐、虎门寨、镇口、东方、龙眼等7个条件成熟的社区申报创建东莞市生态村（社区）；协助博涌、金洲等社区建设宜居社区，其中博涌社区共计投入建设资金近900万元，金洲社区预算投入建设资金1000万，通过完善设施配套和提升服务功能，改善社区环境，促进物业升值，实现社会效益和经济效益双赢。 （梁高鸿 王景民）

附：2012年东莞市虎门镇党委、人大、政府领导名录

镇委书记：吴湛辉（任至2月）
尹景辉（2月到任）
镇委副书记：叶孔新
郑敏华（任至6月）
孙景森（8月到任）
詹志斌（8月到任）
镇委委员：梁文荣 陈伟文 黄桂莲
方广茂 刘劲智 陈成枝
祁耀权 潘继军 林超明
王培根 何庆华
镇人大主席：吴湛辉（任至2月）
尹景辉（2月到任）
镇人大副主席：梁文荣 邓新年
镇 长：叶孔新
副镇长：邹芳芳 李鼎如 李三牢
唐明生

2008—2012年虎门镇主要经济指标

指标 \ 年份	2008	2009	2010	2011	2012
户籍人口（人）	124232	126120	127556	129105	129798
外来暂住人口（人）	450333	426320	418140	415700	379688
面积（平方公里）	178.5	178.5	178.5	178.5	178
地区生产总值（万元）	2147651	2437582	2852000	3105000	3480905
工业总产值当年价（万元）	4936550	5091660	6195024	6346883	6264978
农业总产值当年价（万元）	25122	26360	29890	27241	29115
总用电量（万千瓦时）	359566	352310	390844	396923	400707
全社会固定资产投资总额（万元）	567682	621084	722791	917940	783984
社会消费与零售总额（万元）	855300	1038334	1248077	1213844	1359300
外贸出口总额（万美元）	257371	193234	227099	286091	303476
实际利用外资（万美元）	9849	10595	11390	12166	14678
镇级可支配财政收入（万元）	118800	143368	169952	204919	212576
各项税收总额（万元）	387200	359742	438385	459405	527904
金融机构各项存款余额（万元）	3695492	4084004	4695398	5095656	5698477
城乡居民储蓄存款余额（万元）	2895356	3213867	3590249	3786685	4339299

东　城

【概况】 东城街道位于东莞市中部，面积105平方公里，辖23个社区和2个国有林场，有户籍人口约9.24万人，外来人口约21.93万人，常住人口约49.79万人。2012年，东城街道发展动力指数位居全市第一，完成生产总值273亿元，比上年增长7.5%；各项税收59.4亿元，增长9.4%；街道本级可支配财政收入17.4亿元，增长10.9%；社会消费品零售总额93亿元，增长9.7%；社会各项存款余额655亿元，增长33.1%。辖区共有13个社区可支配收入总额超过3000万元，有10个社区两级净资产超过2亿元。

2012年，东城街道在全市年度量化考核中创造历史最好成绩，综合总分全市第一，群众满意度得分全市第一，市领导评议得分全市第一。经济发展、发展动力、社会事业、人民生活、劳动就业等主要量化指标均位居全市前列。各社区、各单位、区机关各部门共获得国家、省、市各级表彰奖励150多项。

【产业发展】 2012年，东城街道创新发展模式，推动经济社会高水平、高质量、跨越式发展，产业发展后劲增强。2012年，东城引进500万元以上的内资项目37宗，协议投资54.6亿元，其中投资超亿元的重大项目5宗；引进外资项目58宗，合同利用外资12528万美元，实际利用外资16398万美元，比上年增长13.4%；进出口总额47.8亿美元，增长8.7%，其中出口31.6亿美元，增长12.94%。创新能力显著提升　推动多家企业建立研发机构，其中，新设国家级研发中心和实验室3个；新增国家高新科技企业15家；创立自主品牌24个，著名驰名商标13件；专利申请、专利授权数量均位居全市第一，被评为广东省知识产权试点区。帮扶企业效果明显　成立重点项目督导服务小组，推动凯格精密机械、佳丽包装、科威医疗器械等9个优质工业项目规划扩建或建成投产。落实区领导联系重点企业制度，及时为企业解决9类71个突出问题，减免各类涉企收费1000多万元。组织企业参加“中博会”“加博会”“漫博会”等重大展

东城——东莞城市封面

① 2012年10月10日，全省加工贸易转型升级现场会在东莞市召开，中共中央政治局委员、省委书记汪洋（右四）等莅临大麦客商贸公司参观东莞市加工贸易转型升级成果展。

② 2012年10月18日，省委常委、统战部部长林雄（左二）由市委书记、市人大常委会主任徐建华（左一）等陪同，到东城机关党代表工作室接访群众。

① 2012年5月22日，市委书记、市人大常委会主任徐建华（前排中）在市委常委、政法委书记邓志广（前排左），东城街道党委书记、人大联络委主任黄少文（前排右）等陪同下参观东城"三打"工作成果展。

② 2012年8月3日，市委副书记、市长袁宝成（左五），市委常委、常务副市长梁国英（左六），万达商业地产副总裁齐界（左四）等共同为东莞东城万达广场奠基培土。

③ 2012年10月24日，原创音乐剧《钢的琴》首演暨中国巡演在玉兰大剧院启动，市委常委、宣传部部长潘新潮（右三）等参加启动仪式。

会活动，促进外资企业实现内销120.5亿元，比上年增长8.8%。商贸金融繁荣发展　新增市场主体5052户，吸引新奥燃气、农商行等企业总部以及浦发银行、华夏银行等金融机构进驻。房地产销售面积15.3万平方米，启动天骄峰景二期等9个商住小区项目建设。东城万达广场、国际食品商贸中心、东城又一城等商贸项目稳步推进。"三重"建设成果丰硕　新开工或已立项的重大产业项目5项，计划投资总额约112亿元。重点项目的顺利推进，对东城经济社会发展起到较大的拉动作用。2012年固定资产投资55.8亿元，比上年增长14.4%，其中非房地产项目投资38.4亿元。

【城市建设】2012年，东城实施"双城三线双提升"战略，优化城市空间，完善城市功能，打造宜居城市环境。基础建设不断完善　邀请深圳雅克设计有限公司对黄旗山南片区的"新城"进行高规格规划，初步完成相关设计。铺开宜居社区建设，启动17个社区54个宜居项目。投入1.76亿元，对10条总长12.7公里的社区道路进行升级改造，其中7条已基本完工。重点工程进展顺利　投入6.4亿元全力推进重点工程建设，其中文化中心扩建主体工程等8项重点工程完工，体育公园改造主体工程基本完成，立新横岭回迁小区、峡口回迁小区等6项重点工程进度加快。启动东纵路内涝整治、完成鸿福河清淤等水利工程，提升辖区防涝减灾能力。城市改造进展加快　推进"三旧"改造，讯通旧厂和万达广场等2个项目进入建设阶段，主山设计师大厦旁地块、主山乌石岗旧村地块、石井旧村旧厂地块等项目上报审批。配合运河综合整治、东江梨川大桥建设、方中延长线和桑茶快线等省市重点工程，征拆旧村旧厂7.87万平方米，补偿金额1.34亿元。环境质量有效提升　以开展清理违法建筑为带动，查纠城市"六乱"行为4330宗次，查处规划建设违法行为819宗次。加大环保执法力度，完成环保审批115宗，立案查处环境违法案件46宗。积极倡导绿色低碳生活，新装大功率LED路灯1612盏。

【社会管理】2012年，东城创新社会管理，妥善化解矛盾纠纷，构建和谐稳定的社会环境。推进治安整治　以"粤安12""破案会战"等专项行动为抓手，推行治安网格化管理，严厉打击各类违法犯罪活动，全年破案1097起。推进治安技防和人防结合，累计投入4400万元，共完成1089个治安视频监控点建

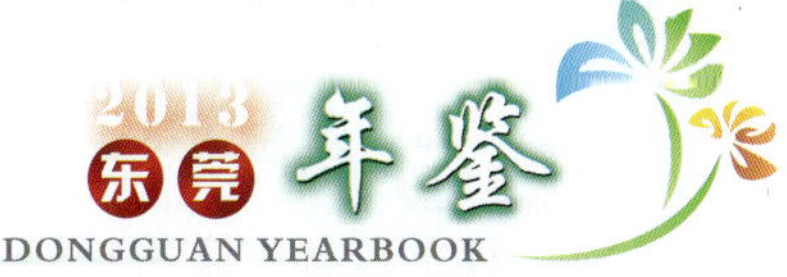

设。突出社会综合治理，完成25个重点地区和突出问题整治，群众满意度不断提升。开展交通排查整治、交通事故黑点治理、“治摩禁电”等专项行动，实施交警大巡逻勤务改革，交通安全保持平稳。强化公共安全　加强风险隐患排查和突发事件应对，落实安全生产“一岗双责”制度，开展消防“网格化”管理试点。开展“清剿火患”战役，全年无发生较大以上生产安全及消防安全事故。组织开展食品安全大型联合执法检查，创建食品安全示范店17家，获得“全市食品安全优秀镇街”等荣誉称号。加强信访维稳　坚持开展领导大接访活动，实施重点信访案件领导包案督办，全年受理群众信访案件647宗，反映问题基本得到解决。化解劳资矛盾，处理欠薪逃匿案件29宗，追讨垫付工资398万元，维护广大劳动者合法权益。

【公共服务】2012年，东城改善社会管理机制，提升公共服务水平。促进教育发展　公办第一幼儿园及大型民办粤华学校建成招生，扩大优质学位规模。素质教育成绩显著，辖区中小学集体和个人共获得市以上各类奖励118项，每万户籍人口升大学人数全市第一。文化事业繁荣发展　推进“提升公共文化服务水平”工程，精心创作一批文化精品，获得市以上奖项78个，其中，新成立的东莞（东城）保利文化艺术制作基地创作的《三毛流浪记》《钢的琴》大型音乐剧，获得多个国家大奖，区文化服务中心被评为“广东省特级文化站”“广东省百佳文化站”。医疗卫生服务精益求精　区财政补贴398万元，对1.4万人次符合条件的户籍老人、妇女开展免费健康体检和“两癌”筛查。推进人口计生工作，获得“全国人口和计划生育系统先进集体”和广东省“巾帼文明岗”荣誉称号。积分服务深入推进　通过积分制，成功受理464名新莞人入户申请，为600多名外来人员子女提供公办学位，更好地帮助外来人员融入东城，扎根东城。

【惠民工程】2012年，东城推进各项惠民工程，社会保障水平和群众生活质量均位居全市前列，人民群众幸福感提升。“三打两建”成效突出　严厉打击欺行霸市、制假售假、商业贿赂行为，查处有关人员483人，打掉犯罪团伙15个，捣毁制假售假窝点199个，挖出“保护伞”4个，有效净化社会环境，维护公平竞争的市场秩序，得到广大群众和企业的一致好评。加强诚信建设，培育“守合同重信用”企业95家，推动东城市场成功创建“全国诚信示范市场”。社区发展更加协调　民生直接支出7.6亿元，占区财政总支出的45%，帮助社区垫付各项费用1.29亿元，切实减轻社区负担。出台后进股份合作社帮扶举措，补助6个股份合作社公益支出129.15万元，为4个股份合作社提供免息贷款1395.5万元，促进股份社平衡发展。劳动就业更加充分　坚持开展“春风行动”“再就业援助月”等活动，成功推荐就业2670人。建立村民车间19个，建成康复就业服务中心，城镇登记失业率控制在3%以内，就业率水平全市名列第二。扶贫帮困更加深入　推进扶贫开发“双到”工作，落实帮扶项目142个，帮助有劳动能力的836户贫困家庭实现脱贫。落实市内扶贫资金102万元，区内13户有劳动能力的低保家庭全部脱贫。通过“扶贫日”“慈善日”等活动，筹集各项扶贫善款285万元，名列各镇街之首。建设公租房420套，解决更多中低收入住房困难家庭的居住问题。社会保障更加完善　打造完善的社会保障网络，完成132.1万人次参保，收缴各项生活保险基金9.63亿元，支付各项社保待遇1.95亿元，向各类重点优抚对象、困难家庭、高龄老人等发放各类补助金1200多万元。

【党政建设】2012年，东城推进党政自身建设，改进机关工作作风，提升机关效能。突出能力建好队伍。加强党员队伍管理，新发展党员147名。发挥先进示范作用，评选一批先进基层党组织和优秀共产党员。考察任用一批优秀干部，并在部分单位探索通过竞争上岗和公开选拔方式提拔干部，增强队伍的活力和战斗力。选派46名区、社区年轻干部进行交叉挂职锻炼，选送24名机关干部到市对口部门跟班学习，提高年轻干部综合能力。强化考核提升作风。落实机关作风巡查机制，出台《东城区纪检监察巡查工作制度》，加大明察暗访力度，并将作风建设纳入单位年终考评范围，提升全区作风和效能建设水平。

2012年4月23日，香港东莞东城同乡会成立。

① 2012年7月11日，共青团东城街道第十二次代表大会召开。

② 2012年10月30日，《东莞市东城区志》首发式暨总结表彰大会召开，副市长喻丽君（主席台中）等出席会议。

③ 2012年12月27日，东城街道科学技术协会第三次代表大会召开。

④ 2012年12月28日，东城街道工会第四次代表大会召开。

多措并举保障廉洁。结合纪律教育学习月活动，邀请检察院作专题讲座、组织观看警示教育片、实地参观廉政教育阵地，增强党员干部的廉洁意识。在城建办、财政分局等单位开展廉政风险防控机制试点，推行“一岗一预防”工作，促进党风廉政建设。加强对区属单位审计，完成审计项目24个，涉及金额5.3亿元，有效维护财经秩序。出台《关于加强合同管理的规定》等文件，规范财务管理。加大违法违纪案件的查处力度，受理查结各项违法违纪案件49宗次；结合“三打”工作，立案查处商业贿赂案件21宗，查处“保护伞”4宗6人。

【香港东莞东城同乡会在港成立】 2012年4月23日，香港东莞东城同乡会成立暨第一届会董就职典礼在香港举行。香港特别行政区行政长官梁振英，中央政府驻香港联络办公室副主任林武，市委副书记姚康，东城街道党委书记、人大联络委主任黄少文，东城街道党委副书记，办事处主任黄沛林等领导出席成立典礼活动。目前，在港东城籍乡亲有5000多人。

【东城万达广场项目建设】 2012年8月3日，东莞东城万达广场举行“盛世万达 幸福东莞”大型奠基典礼仪式。市委副书记、市长袁宝成，市委常委、常务副市长梁国英，东城街道党委书记、人大联络委主任黄少文，东城街道党委副书记、办事处主任黄沛林，万达商业地产副总裁齐界等各界人士共同见证这一盛事。东城万达广场投资规模达70亿元，建成后将涵盖大型商业中心、连锁百货、超五星级酒店、高档办公、高档住宅、商业步行街、IMAX影院、娱乐、餐饮等物业形态，集购物、休闲、餐饮、文化、娱乐、办公、居住等功能为一体，是万达集团打造的东莞首席城市综合体。

【《东城区志》发行】 2012年10月30日，历时九年完成编纂的《东城区志》举行首发式，正式发行。市政府副市长喻丽君，市政府副秘书长金行中，市志办主任潘朝明，东城街道党委书记、人大联络委主任黄少文，东城街道党委副书记、办事处主任黄沛林等领导出席首发式。《东城区志》始编于2003年7月，是东城第一部正式出版、公开发行，全面反映东城风土人情、系统记载东城发展历程的地方志书，共分20篇、98章、277节，约146.5万字，时间跨度近百年。该志书内容丰富、跨越时间长，不仅重点记述和反映东城的重点工作、经济建设和社会发展取得的卓越成效，而且还记述东城各个时期的重大史实，涵盖大量地情信息，记载先贤英烈事迹和前人艰苦创业、开发建设家乡的历史以及收录东城民俗、方言等具有鲜明地方特色的文化传统。 （袁沛霖）

附：2012年东莞市东城街道党委、人大、办事处领导名录

党委书记：黄少文
党委副书记：黄沛林 周日佳
党委委员：陈柱杰 谢润根 潘 健
徐建文 吴沛林 刘沛声
袁秀娟 陈 协 黎德庆
张小凯
陈少锋（挂职，6月到任）
人大联络委主任：黄少文
人大联络委副主任：陈柱杰 邓伟彬
办事处主任：黄沛林
办事处副主任：邓勐彪 谢浩坤 钱灿光

2008—2012年东城主要经济指标

指标＼年份	2008	2009	2010	2011	2012
户籍人口（人）	77104	83605	87657	90116	92474
外来暂住人口（人）	209857	190032	209983	216365	219329
面积（平方公里）	110	110	110	110	110
地区生产总值（万元）	1892571	1989067	2309506	2600000	2729294
工业总产值当年价（万元）	2511786	2498450	3148708	3010000	3521892
农业总产值当年价（万元）	2328	2162	2327	2375	2534
总用电量（万千瓦时）	231910	166402	256029	247719	286361
全社会固定资产投资总额（万元）	286701	495611	526388	533500	558062
社会消费品零售总额（万元）	836510	961987	1106285	847956	930290
外贸出口总额（万美元）	170393	157413	218834	280171	316425
实际利用外资（万美元）	20969	12845	12978	13658	16398
镇级可支配财政收入（万元）	107766	120067	138353	156688	173810
各项税收总额（万元）	418611	440100	468433	542514	593748
金融机构各项存款余额（万元）	4951643	3849488	4816053	4920611	6551515
城乡居民储蓄存款余额（万元）	1996967	2188415	2611030	2863771	3514174

万 江

【概况】万江街道位于广东省东莞市西部，地处粤港澳经济走廊，邻近珠江入海口，面积48.5平方公里，下辖28个社区居委会。2012年，万江街道户籍人口7.97万人，外来暂住人口6.58万人。全年完成生产总值70.66亿元，按可比价计算，比上年增长4.5%；工业总产值126.7亿元，下降0.37%；各项工商税收累计15.88亿元，增长20.59%；本级常规性可支配财政收入6.26亿元，增长5.29%；全社会固定资产投资总额25.35亿元，其中民营经济固定资产投资总额23.66亿元；城乡居民储蓄存款余额112.61亿元，增长15.2%；社会消费品零售总额35.28亿元，增长1.32%；出口总额3.76亿美元，增长0.96%；三大产业比例为0.41∶36.55∶63.04。

2012年，万江街道获得“广东省数控一代机械产品创新应用示范工程示范专业镇”“专利双提升”专项行动先进镇街、“科技工作先进单位”“统计调查工作先进单位”“推进LED产业应用示范工作先进单位”“市住房公积金扩面工作先进单位”“民族宗教工作先进单位”“综合整治摩托车工作先进镇（街道）”等荣誉称号。

【产业转型】2012年，万江街道坚持以促转型为先，坚定升级发展步伐。科技企业有新增长，新增国家高新技术企业3家，省民营科技企业11家，三重项目有新突破，市重点建设项目稳步推进，兴隆钢材中心项目和铭丰包装项目分别于12月25日、10月18日正式动工。新增“省数控一代机械产品创新应用示范工程”重点项目3个、省市重大科技专项4个；专利指数有新提升，全年专利申请量740件，专利授权量599件，比上年增长56%，授权发明专利42件，增长55.6%，专利“破零”企业达32家，增长46%。招商引资有新成绩，总投资20亿元的“东莞金誉国际家居城”落户万江，英伦公鸡服饰营运总部等项目达成投资意向，养老社区、小享食品工业园、pencil-club配送总部等一批重大项目在洽谈和筹备之中。营商环境现新气象，开展“三打两建”、深化商事改革等措施，有效规范市场秩序，为企业提供良好发展平台。

【城市建设】2012年，万江街道坚持以抓项目为纲，强化城市功能。组织《中

活力万江　滨水绿城

① 2012年1月8日，交通部副部长冯正霖（右四）到万江汽车总站检查工作。

② 2012年3月31日，市委书记、市人大常委会主任徐建华莅临万江街道考察指导工作。

央休闲区滨水RBD（万江片区）规划》大讨论活动，让群众意愿融入规划。“龙湾滨江片区综合开发项目”由东实公司牵头统筹开发并获市资金支持。新城文化商业区土地返还置换方案获市政府审批通过，环城路外6个项目规划评估工作得到市政府审批同意，银龙桥、银龙路、银龙南路、车站南路、望万路纳入市财政投资项目。推进三旧改造，蚬涌沿江地块等8份改造方案已通过集中审查。牌楼基、拔蛟窝、坝头、小享和大莲塘社区宜居社区建设初见成效，拔蛟窝社区名村建设通过验收，社区环境进一步提升。下坝坊成功创建“广东省文化名村”，打造文化创意街区日渐成熟，知名度日渐提长。完成广深高速沿线景观综合整治工作。万龙路市政道路工程竣工验收。防灾减灾、截污管网、中心区路网、泰新路升级改造等工程继续推进。

【社会管理】2012年，万江街道坚持以优管理为基，维护社会和谐稳定。加强综治基层工作，综治信访中心成功调解率达90%，引入社工调解特殊的群众上访事件，协助化解矛盾，维护辖区社会稳定。落实治安综合整治，打造“平安万江”实施工程，完成“执法办案格式化”试点工作，全市“四化五警”考核排名第三，开展“粤安12”“南粤亮剑012”“破案会战”“打四黑除四害”等专项打击整治行动，确保辖区社会治安环境平稳有序。强化安全防范监管，在街道所有行业领域深入开展“打非治违”专项行动、安全生产“百日行动”，确保“十八大”期间街道安全稳定，组织餐饮消费食品打假专项整治，出动执法人员检查餐饮服务经营单位436家，净化食品安全环境。推进城市环境治理，将无证照生产经营食品、非法行医、“六乱”作为“三打”行动的重点和突破口，加强市容环境卫生督查，查处（含教育改正）城市“六乱”行为5558宗，市容环境有明显改观。加强新莞人服务管理，开展新莞人积分受理工作，受理新莞人积分入户申请138户，推广出租屋视频监控系统，全街道安装出租屋视频系统992套，改善出租屋治安环境。整合利用现有社工，新建10支志愿者服务队伍和1个社会服务实践基地试点，完善“社工＋志愿者”联动工作协调机制。

【民生实事】2012年，万江街道以惠民生为本，提升民生保障水平。推进就业创业，举办多场大型免费就业招聘会，推荐就业1297人，组织参加职业技能培训2476人，新增组建7家本地人就业车间，组建高校毕业生网上工作室，建立新莞人人才数据库，落实各项就业政策补贴1650.81万元。完善社会保障体系，推进新社保卡的发卡工作，推动住房公积金扩面工作，市内外“双到”扶贫工作取得阶段成效，大力推进公租房建设，新增6家平价商店，全年发放各类低保金、医疗救助金、助学金等共700多万元。文化、教育事业呈现勃勃生机，成功举办“2012年万江龙舟文化节”“新东莞·新阅读”全民掌上阅读活动等大型活动，圆满完成“百场培训、千场演出、万场电影”活动；改善教育基础设施，规范民办学校办学行为。推进农村综合改革，落实市镇村集体经济加快发展、加强管理、深化改革系列政策，加强集体资产交易平台建设，完善社区会计和出纳的委派制度；鼓励社区通过提升物业管理、拓展资本运营等方式，推进集体经济转型发展。

【党的建设】2012年，万江街道坚持以强党建为要，增强干部队伍活力。打造创先争优活动品牌，推荐坝头社区参评市特色党建示范区，大莲塘、流涌尾、新城社区的三个岗位参评市党员承诺示范岗；创建一批“两新”组织“星级党

① 2012年3月6日，省住建局领导到万江下坝坊文化创意街区考察旧村改造工作。

② 2012年4月10日，省委党校领导莅临万江街道考察交流。

③ 2012年6月6日，市委副书记姚康莅临万江街道开展“访企业、送服务、促转型”活动。

组织”；拨款29万元完善全街道各党代表工作室软硬件设施，推荐2个工作室参评红旗党代表工作室，3个案例参评党代表工作室优秀工作案例；完成全区132个基层党组织分类定级，分类定级为“好”的有96个，占72.7%。成立3个部门单位党组织和2个企业党支部；以“百日攻坚行动”为契机，开展“两新”组织党员摸查工作，推进党组织和党的工作全社会覆盖。完成街道及社区后备干部选拔，共选拔出113名社区后备干部；贯彻落实市“丰羽强翅”计划，为基层建设贮备、培养人才，形成良好工作气象。（何洁珊）

附：2012年东莞市万江街道党委、人大、办事处领导名录

党委书记：吴志刚

党委副书记：莫伟权　颜伟儿

党委委员：王耀明　邹顺高　陈榴基
周建卫　张汝春　叶爱青
黄向阳
何日亮（6月挂职市财政局副局长）
李中文　莫国庆
陈新浩（6月挂职）

人大联络委主任：吴志刚

人大联络委副主任：邹顺高
袁换兰

办事处主任：莫伟权

办事处副主任：王耀明　黄顺明
刘沛林　肖建成

① 2012年9月4日，副市长贺宇莅临万江街道开展调研宗教工作。
② 2012年10月18日，市委常委、常务副市长梁国英等领导莅临万江街道参加铭丰公司包装、印刷研发与制造项目开工仪式。
③ 2012年4月27日，副市长成洪波出席“红星美凯龙”品牌进驻万江街道签约仪式现场。
④ 2012年4月17日，市政协主席李毓全及市政协班子一行到万江街道考察指导工作。

① 2012年6月7日，市委常委、统战部长李小梅莅临万江街道慰问低保困难户。
② 2012年9月1日，万江街道开展关爱社会，美化家园志愿服务。
③ 2012年9月26日，万江街道领导班子到社区慰问活动。
④ 2012年12月28日，水乡统筹龙湾滨江片区综合开发项目分会场。
⑤ 2012年12月18日，万江街道首届休闲消费购物月开幕。
⑥ 2012年12月24日，市重点项目兴隆钢材加工中心项目动工仪式现场。
⑦ 2012年12月29日，新城中心区签约仪式现场。

① 2012年5月31日，《东莞市中央休闲区滨水RBD（万江片区）规划》大讨论汇报会。

② 2012年11月28日，万江街道2012年冬季征兵欢送大会现场。

③ 2012年6月19日，万江龙舟文化节。

2008—2012年万江主要经济指标

指标 \ 年份	2008	2009	2010	2011	2012
户籍人口（人）	73482	75404	76826	78281	79721
外来暂住人口（人）	90673	84867	61928	65386	65766
面积（平方公里）	50.5	48.5	48.5	48.5	48.5
地区生产总值（万元）	601662	611916	688921	769132	806632
工业总产值当年价（万元）	948601	886000	1160559	1288302	1266981
农业总产值当年价（万元）	5919	6065	6093	6382	7095
总用电量（万千瓦时）	107938	107257	119324	122094	122396
全社会固定资产投资总额（万元）	263088	297823	228008	261089	253466
社会消费品零售总额（万元）	218646	221620	319865	348180	352765
外贸出口总额（万美元）	36700	26201	31068	37251	37609
实际利用外资（万美元）	3096	3618	1537	1125	2522
镇级可支配财政收入（万元）	47494	50204	54033	59429	62575
各项税收总额（万元）	89317	90481	98898	131670	158779
金融机构各项存款余额（万元）	902768	1020666	1250488	1390694	1566635
城乡居民储蓄存款余额（万元）	651829	725482	833149	947985	1126144

南 城

【概况】 南城街道位于东莞市新城市中心区，是市委、市政府所在地，面积56.6平方公里。2012年辖18个社区，年末户籍人口7.7万人，常住人口29.7万人。境内的东莞蚝岗遗址博物馆被考古专家誉为“珠三角第一村”和“东莞历史文化的基石”，是东莞地区发现的最早的人类生活遗址。素有“华南虎”美称的广东宏远篮球俱乐部位于南城街道，先后8次夺得CBA总冠军。

2012年，南城街道生产总值260.6亿元，比上年增长10.2%。人均地区生产总值88530元，比上年增长10.5%。规模以上工业总产值225亿元，比上年增长-8%。农林牧渔业总产值0.2亿元，比上年增长-16.2%。但第三产业发展迅猛，三大产业比例调整为0.1∶24.0∶75.9。固定资产投资93亿元，比上年增长-23.47%；社会消费品零售总额141亿元，增长3.8%；外贸出口额285589万美元，增长13.7%；实际利用外资10220万美元，增长14.5%；地方财政一般预算收入16.45亿元，增长14%；城镇居民人均可支配收入40974元，增长10.5%。2012年，被评为镇街工作量化考核综合奖一等奖，综合排名全市第二。

【“三重”建设】 2012年，南城街道推进国际商务区建设，编制完成控制性详细规划，开展景观设计国际竞赛，成功出让首宗地块。企业总部基地一期地下空间统一开发和二层步行连廊设计方案获市审议通过；二期8个地块顺利推出市场拍卖，市场反应热烈。宏威太阳能电池基地首条生产线正在加紧建设，天安数码城首期科技大厦投入使用，联科国际信息产业园动工建设。加大招商推介力度，引进正威国际华南总部、南方物流集团总部、宏远新科科技园等重大项目。

【商贸服务业】 2012年，南城街道提升鸿福商圈、西平商圈的档次和规模，办好东莞美食节、南城欢乐消费节和迎春购物节，促进旅游、餐饮、零售等服务业发展。汇一城二期建成开张，成为东莞市面积最大的高端商业综合体。电子商务发展迅速，全街道电子商务企业超过160家，数量居全市第一。

【科技创新】 2012年，南城街道用好每年1亿元的科技扶持基金，促进科技、金融与产业融合，出资2000万元与松山湖创投共同组建南城科技创新基金，出资5000万元与市政府、中科招商合作设立中科中广股权投资基金。联合清华工业

南 城

① 2012年8月25日，中共中央政治局常委、国务院总理温家宝视察新科公司新莞人生活学习园。

② 2012年12月26日，中共中央政治局委员、广东省委书记胡春华（左三）莅临南城天安数码城调研。

开发研究院共建公共科技服务平台，推动科技成果产业化。高盛科技园发展势头强劲，总面积扩到12万平方米，引进260多家科技企业，年产值达10亿元。

【城市环境】 城市建设 2012年，南城街道落实领导班子挂钩督导重点项目制度，破解项目瓶颈制约，投入6亿元推动阳光实验中学、宏图科技办事中心、西平片区路网、市区内涝整治等工程建设，城市功能配套更加成熟。完成大小区属重点工程20多项，在建工程29项。

城市综合治理 2012年，南城街道加大城管综合执法力度，专门成立“特勤中队”，深入整治城市“六乱”。开展“大清洁，乡村美”活动，制定环卫作业评比奖励办法，切实解决城乡环境“脏、乱、差”问题。推进在建违法建筑清理专项行动，完成广深高速南城段景观整治任务。

宜居社区建设 2012年，南城街道推进宜居社区和名村建设，启动“六个一”工程，社区环境和服务设施焕然一新，有效解决“城中村”问题。以篁村居家养老服务中心为模板，在各社区铺开居家养老服务中心建设。继续推动宜居建设工作，将新基、水濂、西平、篁村、蛤地、三元里6个社区作为2012年宜居建设的重点社区。

【社会管理】 社会治安 2012年，南城街道创建“平安南城”，打击违法犯罪，破获刑事案件711宗，打掉犯罪团伙46个。推进“四化五警”建设，在全市率先开展警务机制改革，推动警力下

① 2012年5月17日，全国人大常委会原副委员长顾秀莲（前左二）视察南城青少年心理健康成长指导中心。
② 2012年11月1日，市委书记、市人大常委会主任徐建华（左三）视察南城警务运行机制改革。
③ 2012年11月5日，市委常委、常务副市长梁国英（右四）出席南城区国际商务区景观设计方案国际竞赛评审会。
④ 2012年3月8日，南城联科国际信息产业园与北京中关村东升科技园战略合作签约仪式举行。

沉、警务前移，提高路面见警率和管事率，“两抢一盗”案件立案下降18%。

综治维稳 2012年，南城街道开展“基层大接访”和包案下访活动，加强十八大、省党代会期间矛盾排查调处，实现小事不出社区，大事不出街道、矛盾不上交。全年受理信访案件355宗次，成功调处342宗次。加大劳动执法监察力度，为劳动者追回工资311万元。

安全生产 2012年，南城街道抓好消防隐患、建筑安全、危险化学品及“三小”场所和出租屋等专项整治，全年无较大以上安全事故或重大火灾事故发生。健全食品安全监管长效机制，建立食品企业“黑名单”制度，创建20家食品安全示范店。

新莞人服务管理 2012年，南城街道落实新莞人积分入学入户，提供141个公办学位，342名新莞人入户南城。继续实施“圆梦计划”，资助95名新莞人攻读大学。

【文教、卫生】 **文化建设** 2012年，南城街道出台3000万元文化扶持和奖励资金使用办法，扶持东莞艺展中心、东莞动漫城等文化创意产业园区，推动文化产业大发展。水濂山蝴蝶文化生态园、观音文化陈列馆等休闲文化项目陆续建成，公共电子阅览室实现社区全覆盖，“文化惠民”工程扎实推进。国家羽毛球队训练基地承办亚洲青少年羽毛球锦标赛等大型赛事，世纪城羽毛球俱乐部勇夺羽甲联赛冠军。

① 2012年5月31日，与北京海淀区东升镇缔结友好镇街。
② 东莞天安数码城
③ 南城白马社区
④ 周溪社区

① 南城沿河一景
② 沿河路
③ 火凤凰花开南城
④ 东莞春节灯会全景图
⑤ 彩虹飞架篁溪水

① 水濂山美景

② 水濂湖夜景图

③ 水濂山观音文化陈列馆

教育发展　南城街道设立每年2000万元的教育基金，2012年加快推进教育现代化，全力打造“阳光教育”品牌。南城中学高考、中考成绩进步明显，阳光系列小学素质教育、特色教育成效突出。重视发展学前教育，中心幼儿园开工建设。

医疗事业　2012年，南城街道完善社区卫生服务体系，落实基本药物制度，社区总门诊量超过30万人次。继续实施社区医疗救济基金制度，发放医疗救助金138万元。打击非法行医，彻底扫除“黑诊所”。

【劳动、社保】劳动就业　2012年，南城街道强化技能提升培训，大力推广“村民车间”，实施青年就业见习计划，开展“就业服务日”活动，帮助高校毕业生、就业困难人员就业。全年发放各项就业补贴近1700万元，惠及就业人员3万人次。

社会保障　2012年，南城街道完善城乡一体的社保体系，社会保险覆盖面继续扩大。实施困难家庭学生助学制度，发放助学金42万元，解决“读书难”问题。落实最低生活保障制度，向低保户发放最低生活保障金41万元。加强社区老人活动中心建设，将居家养老服务扩大至6个社区。

【“三打两建”】2012年，南城街道开展“三打”行动，累计查办欺行霸市、制假售假及商业贿赂案件877宗，查处保护伞8人，有效规范市场经济秩序。推进“两建”工作，构建社会信用和市场监管体系，营造公平公正、诚实守信的市场环境。

【社会建设】2012年，南城街道成立社会工作委员会，推动周溪社区社会管理创新观察项目，建立白玉兰家庭服务中心、青少年心理健康成长指导中心等公益性社会组织。培育和规范社会组织发展，加大政府购买社会服务力度，投入260万元购买31个社工岗位。

【商事登记改革】2012年，南城街道启动商事登记制度改革，构建“宽进严管”的企业登记管理新体系，降低市场准入门槛，激发市场主体活力，加快形成营商环境“加一”、综合成本“减一”的优势，发出商事登记执照1000多个，日均发照约30个，服务质量和办事效率大大提高。　（熊肖芳）

附：2012年南城街道党委、人大、办事处领导名录

党委书记：钱　超
党委副书记：陈志坚　苏　东
党委委员：邱　刚　张小燕　吕庆鸿
　叶洪辉　陈创建　马小其　潘立新
　刘丽芬　魏向民　黎福庆
　叶景秋（6月挂职）
人大联络委主任：钱　超
人大联络委副主任：邱　刚　张永红
办事处主任：陈志坚
办事处副主任：
　麦允谦（挂职南雄市副市长）
　张建良　霍永健　李福全

2008—2012年南城主要经济指标

指标＼年份	2008	2009	2010	2011	2012
户籍人口（人）	62089	68166	71991	74532	76937
外来暂住人口（人）	152836	141752	130877	133878	136390
面积（平方公里）	56.6	56.62	56.62	56.62	56.62
地区生产总值（万元）	1632407	1841809	2005491	2328755	2606317
工业总产值当年价（万元）	1844095	1973471	2481241	2758143	2452896
农业总产值当年价（万元）	3238	2565	2437	2410	2020
总用电量（万千瓦时）	83840	88056	95732	102740	106594
全社会固定资产投资总额（万元）	715807	1016134	647484	1215628	930321
社会消费品零售总额（万元）	775522	916209	1166657	1358292	1409882
外贸出口总额（万美元）	130746	141587	212243	251096	285589
实际利用外资（万美元）	4877	6117	6755	8923	10220
镇级可支配财政收入（万元）	237893	129219	154062	182904	186636
各项税收总额（万元）	351649	403738	580338	704044	807018
金融机构各项存款余额（万元）	4381940	7028632	9162540	11085024	13090077
城乡居民储蓄存款余额（万元）	1468774	1858000	2233097	2535995	3144829

中堂镇

【概况】 中堂镇位于东莞市西北部，全镇面积60平方公里，距广州市区46公里，距东莞市区12公里。是“广东省教育强镇”“全国综合实力千强镇”“中国民间文化艺术之乡”“国家卫生镇”“中国龙舟文化之乡”“中国龙舟之乡”“中国曲艺之乡”。下辖20个村（社区），户籍人口7.49万人，常住人口14.05万人。

2012年，中堂镇完成规模以上工业总产值183.74亿元；镇本级财政收入6.34亿元，比上年增长3%；固定资产投资总额22.11亿元，增长19.3%；进出口总额7.83亿美元；社会消费品零售总额20.36亿元，增长8.9%；人民币存款余额突破百亿元，达101.41亿元，增长13.5%。2012年，中堂镇成功举办2012年龙舟文化节、“第七届中国曲艺牡丹奖全国曲艺大赛（东莞·中堂赛区）”，获“中国曲艺之乡”称号。

【产业转型升级】 2012年，中堂镇推进“三重”项目建设，9月启动纸品批发市场建设，10月动工嘉达磁电项目；12月动工建设东莞鱼珠木材加工交易中心；大唐华银2×350MW热电联产项目获省发改委支持，抓紧立项手续。贯彻落实市“1+5”招商政策、加工贸易转型升级“1+10”政策等，组织14家企业申报新十亿融资支持计划。开展“访企业、送服务、促转型”活动，帮助企业解决实际问题。推动企业对现有设备改造、升级。建晖、金洲、银洲三家企业共投入7.33亿元完成产业升级、扩大再生产和技术改造，树立标杆。引导企业争创品牌、申请专利，全年共获授权名牌产品3个、授权专利200件。

【营商环境优化】 2012年，中堂镇开展“三打两建”“三清理”、商事登记改革等专项工作。“三打”工作排查线索1634条，查处1597条，查处率97.7%；立案查处654宗，结案650宗，结案率99.4%。抓好“三清理”，镇村齐抓共管，累计排查清理无证洗水厂、废胶（布碎）加工场、废品收购站等“一厂两场所”164间，清理率100%。按照宽进严管原则，推进商事登记改革。与南方软实力研究院合作编制“两建”规

加快转型升级　建设幸福和谐中堂

① 2012年3月14日，中央组织部组织二局巡视员、副局长曾贤钦（前排右六）等中组部、省委组织部领导一行，在市委常委、组织部部长甄瑞潮（前排右五）的陪同下，到中堂镇调研基层党建工作。

② 2012年10月19日，省发改委主任李春洪（前排右二）在市委书记、市人大常委会主任徐建华（前排右三）陪同下，考察水乡风情区（中堂）生态环境。

划，选定江南农批市场作为中堂镇“两建”试点场所，选定食品药品行业作为“两建”试点行业，推进社会信用体系和市场监管体系建设。

【城市建设】 2012年，中堂镇融入穗莞战略合作对接和水乡片主体功能区规划，与广州及水乡片各镇在城市规划、基础设施建设、产业发展、环境治理、社会管理等方面进行对接。推动水乡风情区建设，加快实施市、镇、村合作统筹开发工作，整合优势资源。推进城乡环境整治，抓好广深高速沿线景观整治、水利堤围建设、镇中心区城市综合治理等重点工作，提升城镇化水平。完成东港路、大堂路（东糖段）、镇际联网11号路建设。富盈公馆、江畔豪庭等房地产项目有序推进。

【社会管理】 2012年，中堂镇划分7个警务区、64个子网络，推动治安管理网络化。实施全镇治安统筹，统编750名治安员并进行规范管理，统编后村级治安员协助抓获违法犯罪嫌疑人320人，全镇“两抢”警情同期比上年下降23.2%。组建民兵护村队，推行警长专职化，优化治安岗亭设置，推进警务机制改革。严打整治，重拳整治治安重点地区，全年立刑事案件907宗、破案477宗，破案率53%，破案数比上年上升24%，其中命案全破。推动维稳综治前置化，开展矛盾隐患排查，化解不稳定因素。抓好安全生产、消防安全、食品安全、交通安全、校园及周边环境整治工作，全镇社会大局基本稳定。

【民生实事】 2012年，中堂镇注重抓民生实事，10件21项民生实事中，中心幼儿园装饰工程、社区服务等5件11项工作已全面完成，其他事项按进度推进。注重抓就业服务，落实各项就业政策，市镇两级累计发放各类就业补贴2006万元。举办各类招聘会，提供岗位信息5800多条，为1700多名登记失业人员提供就业服务；建立17个村民车间，安置1453名户籍人员就业。注重抓民生保障，对全镇1521名80岁以上老人落实居家养老服务；落实最低生活保障、重大疾病险工作；对全镇60岁以上老人开展中秋节、春节慰问，每人“两节”分别发放300元慰问金，让长者共享发展成果。镇级投入69万元为全镇4798名户籍妇女提供“两癌”免费筛查，为216对已婚育龄夫妇提供免费孕前健康检查。逐步推动潢涌农民公寓建设，解决208户适婚青年用房和100多户住房困难户上楼问题。注重抓对接扶贫，市外“双到”扶贫成效显著、胜利收官；市内“双到”扶贫取得阶段性成效，全镇380户有劳动能力低保户中，350户达到脱贫标准。

【中组部到中堂镇调研基层党建工作】 2012年3月14日，中组部组织二局巡视员、副局长曾贤钦等中组部、省委组织部领导一行，在市委常委、组织部部长甄瑞潮的陪同下，到中堂镇潢涌村调研

① 2012年7月24日，市委书记、市人大常委会主任徐建华（前排左二），市委副书记、市长袁宝成（前排左一），副书记姚康（前排左三）等市领导在镇领导袁东平、黎志辉等陪同下，参观潢涌陈列馆。

② 2013年1月17日，《东莞市中堂镇志》举行首发仪式。

③ 2013年1月17日，副市长喻丽君（前排左）向市志办代表赠送《中堂镇志》。

④ 2013年1月17日，中堂镇委书记、镇人大主席、《东莞市中堂镇志》编纂委员会主任袁东平（中）向兄弟镇街赠书。

基层党建工作。中堂镇领导袁东平等相关部门负责人及大学生村官代表等参加调研座谈。调研组在听取汇报后，就"基层组织建设年"活动开展、村级议事决策制度、大学生村官工作情况等方面，与各级领导干部进行交流指导。

【"第七届中国曲艺牡丹奖全国曲艺大赛鼓曲唱曲（南方片）"比赛举行】2012年6月12日至15日，由中国文学艺术界联合会、中国曲艺家协会等部门联合主办的"第七届中国曲艺牡丹奖全国曲艺大赛鼓曲唱曲（南方片）"比赛在中堂镇潢涌村体育馆举行。中国曲艺牡丹奖是经中宣部批准的全国性曲艺专业奖项，也是中国曲艺界的最高奖项，中堂镇是首次承办此类比赛的唯一镇级的地方。来自浙江、云南、湖北、广西等9个省的32个节目，近300名参赛者和众多知名曲艺家齐聚中堂镇，为观众奉献一台精彩的鼓曲唱曲视听盛宴。在颁奖晚会上，中国曲艺家协会授予中堂镇"中国曲艺之乡"，并举行授牌仪式。

【村级治安统筹启动仪式举行】2012年8月31日，中堂镇举行村级治安统筹启动仪式。中堂镇作为全市村级治安统筹专项试点之一，率先在全镇统编村级治安员750名，提高队伍素质和战斗力。市公安局分管领导以及中堂镇领导班子成员，党政办等部门负责人出席启动仪式；仪式上，治安员代表、村（社区）代表和警长分别发言。

① 2012年3月12日，中堂镇镇长黎志辉（左一）等镇领导班子成员和党政机关干部等参加植树活动。
② 2012年7月5日，镇长黎志辉（右）到云浮市新兴县开展市外"双到"扶贫，向帮扶对象新兴县河头镇楼下村捐赠扶村项目资金。
③ 2012年3月1日，中堂镇召开深入开展"三打两建"专项行动工作动员会。
④ 2012年3月30日，中堂镇举行"三打"宣传走街入户进场所宣传活动启动仪式。

① 2012年8月31日，中堂镇举行村级治安统筹工作启动仪式。
② 2012年3月27日，中堂镇粤丰·江畔豪庭项目举行开工典礼。
③ 2012年9月19日，中堂国际纸业城举行奠基仪式。
④ 2012年12月20日，坐落于中堂镇的鱼珠木材加工交易中心举行开工典礼。
⑤ 2012年7月1日，中堂镇举办2012年龙舟文化节。
⑥ 2012年6月12—15日，第七届牡丹奖全国曲艺大赛（南方片区）在中堂镇举行。
⑦ 中堂镇中心文化广场

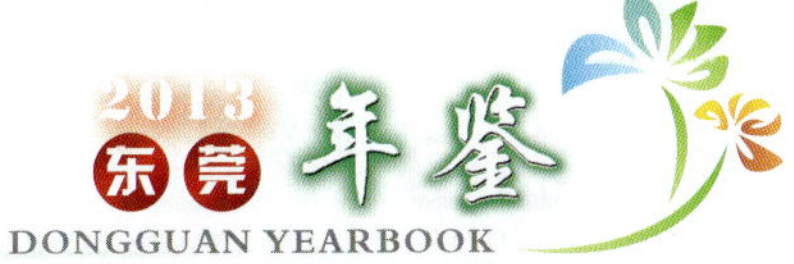

【中堂国际纸业城奠基仪式举行】2012年9月19日，中堂国际纸业城举行奠基仪式，中堂镇领导班子成员出席奠基典礼。该项目由高盛集团投资3亿元，占地100亩，总建筑面积达11万平方米，集纸品销售、展览于一体，包括成品仓储、纸品贸易与生产、机械配套销售等，并设置专业化的销售交易平台，打造一个庞大的网络供销渠道。纸业城计划2013年底建成使用，建成后将是华南最大的纸品销售市场。

【省发改委领导到中堂镇调研统筹水乡地区发展】2012年10月19日，省政府副秘书长、省发改委主任李春洪，市委书记、市人大常委会主任徐建华，市委常委、常务副市长梁国英等一行到中堂镇调研统筹水乡地区发展工作。调研组一行实地了解中堂镇水乡风情区地貌及建设现状，并听取镇委书记袁东平作的情况介绍。（王学林）

附：2012年度中堂镇党委、人大、政府领导名单

镇委书记：袁东平

镇委副书记：黎志辉　黎玉岗

镇委委员：刘巨文　张春扬　罗耀东　丁志洪　叶汉东　莫汉成　吴炽谦　黎建波　何　成　李德良

镇人大主席：袁东平

镇人大副主席：刘巨文　廖志祥

镇　长：黎志辉

副镇长：郭陈明　黎兰芳　刘建东　陈俭良　王彩欢（7月挂任）

中堂镇中心区风貌

2008—2012年中堂镇主要经济指标

指标＼年份	2008	2009	2010	2011	2012
户籍人口（人）	72631	73138	73756	74498	74947
外来暂住人口（人）	55495	53812	48145	48370	48386
面积（平方公里）	60	60	60	60	60
地区生产总值（万元）	659949	662727	669207	740824	737173
工业总产值当年价（万元）	1705636	1539282	1979966	2217499	2218252
农业总产值当年价（万元）	11878	12175	12504	13946	13908
总用电量（万千瓦时）（用电网电）	114494	109900	131490	138213	140500
全社会固定资产投资总额（万元）	162007	181538	196167	185220	221050
社会消费品零售总额（万元）	92116	106625	157159	187020	203574
外贸出口总额（万美元）	28438	26512	29317	25164	27625
实际利用外资（万美元）	4577	1668	2087	2512	2173
镇级可支配财政收入（万元）	42139	50262	55757	61553	63418
各项税收总额（万元）	84777	80296	93636	96315	102838
金融机构各项存款余额（万元）	659159	714301	834866	893370	1014080
其中：城乡居民储蓄存款余额（万元）	470779	494051	574883	640589	725728

望牛墩镇

【概况】 望牛墩镇位于东莞市西北部，东江下游，总面积31.57平方公里，下辖21个村委会和1个社区居委会，2012年总人口约10万人，其中户籍人口4.64万人。望牛墩镇是全国综合实力千强镇，先后获“广东省教育强镇”“广东省民间艺术乞巧之乡”“广东省卫生镇”“东莞市文化建设达标镇”“中国乞巧文化之乡”“广东镇域经济综合发展力百强镇”等称号，形成“七夕乞巧”“龙舟竞渡”“教育”三大文化品牌。

2012年，望牛墩镇社会固定资产投资总额13.9亿元，比上年增长（下同）19.8%，增速全市第四；进出口总额4.14亿美元，增长20%，增速全市第5；合同利用外资3623万美元，增长42.1%，增速全市第六；生产总值37.2亿元，增长8.2%，增速全市第七；规模以上工业增加值13.36亿元，增长4.7%，增速全市第八；各项税收总额6.19亿元，增长13.23%。

【产业结构】 打造特色主导产业 2012年，望牛墩镇将印刷包装业确定为主导产业，成功引进全球最大印刷企业集团凸版有余印刷有限公司在望牛墩镇投资9000万美元，建设纸品工业园。

培育引进重大项目 2012年，望牛墩镇累计接洽新投资项目58宗，其中计划投资超亿元项目8宗。

提升科技创新能力 2012年，望牛墩镇2家企业获国家高新技术企业认证，3家企业申报国家高新技术企业，4家企业获省名牌名标，申请专利超过200个、授权专利67个。

【统筹发展】 制订统筹发展规划 2012年，望牛墩镇制定《望牛墩镇统筹水乡地区发展实施方案》，完成全镇总体规划修编、“三旧”改造专项规划和中心区控规调整，完成科技产业园等片区的编制计划。着手规划水乡风格中心区、水乡休闲居住枢纽区、水乡文化体验区、水乡风情宜居社区，在水乡风格中心区建设上，新签2宗“三旧”改造项目。规划设计5.8公顷的岭南水乡公园及望东村奥运蔬菜基地农家乐等项目。

加强土地统筹利用 2012年，望牛墩镇出台《关于实施税收返还激励村改造旧厂房和闲置土地的实施方案》和《望牛墩镇“三旧”改造土地出让金返还方案》，整合轨道枢纽站周边土地、“四区”建设用地。开展全镇“工业地图”普查工作，提高土地利用效率。

完善项目审批机制 2012年，望牛墩镇成立镇城市规划建设领导小组，统筹领导镇村规划建设、管理等工作。成立民房建设领导小组，全年审核在建民房83间。成立工业项目审核领导小组，全年审核项目28宗，批准项目20宗。

【城市环境】 优化营商环境 2012年，望牛墩镇开展“三打”专项行动，打掉欺行霸市团伙6个，查处制假售假大案要

望牛墩镇

① 2012年10月28日，常务副省长肖志恒（左二）在市委书记、市人大常委会主任徐建华（右二）的陪同下莅临望牛墩镇调研指导工作。

② 2012年7月24日，市委书记、市人大常委会主任徐建华（左三）率市几套班子成员莅临望牛墩调研指导工作。

案16宗，查办商业贿赂案件15宗，挖出“保护伞”3人，捣毁非法制假窝点11处，清理违法占用土地2.7万多平方米，关停整治洗胶熔胶企业31家。力推商事登记制度改革，简化办事程序，降低企业综合经营成本。主动服务企业，出台《望牛墩镇进一步加强企业服务工作措施》。183万元重奖先进企业。

改善人居环境 2012年，望牛墩镇推进国家卫生镇创建工作，实施宜居社区创建及景观河道路堤绿道网工程，推进水环境综合整治，完成截污主干管网建设，开展镇村环境美化行动，环境“脏、乱、差”现象得到明显改善。开展广深高速东莞段沿线景观整治工程，“四个100%”完成市下达任务。

推进基础建设 2012年，望牛墩镇新医院、望牛墩派出所、四季华庭、敬老院、绿道驿站等重点项目进入收尾阶段，金牛工业区等8个地块的“三旧”改造项目、横海大桥重建工程和西富路、芙蓉沙路的升级改造工程启动。投入近2000万元建设8宗水利防灾减灾工程。

【社会管理】 规范农村资产管理 2012年，望牛墩镇制订《农村集体经济统筹管理实施方案》《关于进一步加强镇村集体经济管理实施办法》《望牛墩镇农村集体资产管理实施办法》，完善重大事项审查、土地款管理、合同管理等系列机制，加强财政资金管理。

解决债务问题 2012年，望牛墩镇开展债务清查摸底工作，建立债务台账和月报制度，在严控新增债务的同时，对存量债务进行分类处理，制定一系列减债方案和鼓励政策。全镇村组资产负债率比去年降低4.2个百分点，资产负债率超过50%的村由7个减少到2个。

整治社会治安 2012年，望牛墩镇推进“四化五警”建设，强化社会面治安管控，开展严防严控路面“双抢”“治摩禁电”、打击“两抢一盗”等专项行动，启动“平安小社区”创建工作。违法犯罪有效警情数比上年下降30.8%，下降率全市第三，“两抢”警情下降11.4%，破获1个重大河盗团伙。

【民生实事】 推进扶贫工作 2012年，望牛墩镇发放低保生活保障金、助学金、抚恤金350多万元，225户有正常劳动能力的低保户中有196户实现脱贫，脱贫率达87%。12个扶贫村中有10个村按照脱贫标准完成任务，脱贫率达83.3%。总投资1250万元的扶贫项目—下漕村综合大楼顺利落成。顺利完成市外“双到”扶贫任务。

① 2012年10月19日，省发改委主任李春洪（左三）在市委书记、市人大常委会主任徐建华（左二）的陪同下莅临望牛墩镇指导工作。
② 2012年6月23日，省人大常委会原副主任李近维（右一）出席望牛墩镇端阳龙舟节竞渡活动并为获奖队伍颁奖。
③ 2012年8月22日，省人大常委会原副主任李近维（左五）、市委常委、常务副市长梁国英（右六）等市、镇领导共同为望牛墩镇第七届七夕风情文化节启动开幕。

① 2012年7月31日，市政协主席李毓全（左）莅临望牛墩镇参加群众大接访活动。

② 2012年2月29日，在望牛墩镇第十六届人民代表大会第二次会议上，市人大常委会副主任王道平（左）为新当选镇人大主席的黄庆辉颁发证书。

③ 2012年12月19日，凸版有余包装（东莞）有限公司望牛墩项目举行奠基典礼。

④ 环城路望牛墩路口立交

⑤ 2012年8月31日，南方宏明电子工程中心举行奠基典礼。

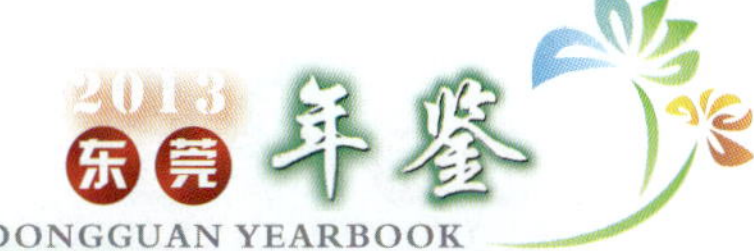

① 毗荷而居—官桥涌村

② 水乡风情

③ 望牛墩镇中心区

④ 望牛墩水乡公园

⑤ 望牛墩七夕公园

⑥ 枢纽新城

完善社会保障 2012年，望牛墩镇投入440多万元为户籍人口购买30种重大疾病商业保险。发放各类就业、创业补助款约1300万元，推荐就业2051人。对72户农村低保家庭住房进行修葺，全镇首个农民公寓—赤滘村农民公寓即将落成。规范股份经济组织股东分红和股权继承工作，解决出嫁女股份分红历史遗留问题。

加大公共服务投入 2012年，望牛墩镇成立镇社工委，正式启用白玉兰家庭服务中心、青年服务指导中心和上合村社区综合服务中心。推动公共服务均等化，共接收278名新莞人子女免费入读公办学校。新增2条公交路线，延长夜班公交时间，方便群众出行。深化社区法律工作，选聘22名专职法官助理进社区，开展法律服务。

发展文教事业 2012年，望牛墩镇开展“百场培训、千场演出、万场电影”文化惠民活动，实现电子阅览室和图书室全覆盖，举办端阳龙舟节和第七届七夕风情文化节。望牛墩中学中考成绩连续28年居全市镇办中学前列，本镇户籍万人升本科率全市排名第1。

【党政建设】提升干部素质 2012年，望牛墩镇以“走出去、请进来”的方式加强干部培训工作，举办6期学习论坛，组织干部到兄弟镇街、周边城市和华东地区考察参观，全镇机关干部素质有明显提高。

完善工作机制 2012年，望牛墩镇实行重要工作、重点项目、重大工程的目标责任制和责任追究制。加强财政财务监管工作，重点完善政府采购、工程招投标等监督机制。

改进机关作风 2012年，望牛墩镇实施窗口单位正副职领导担任“大堂经理”值班工作新模式。开展“政风行风评议”和“市民评机关”活动，营造优良政风行风环境。健全和完善政务公开、首问责任制等工作制度，优化办事流程。推进电子政务建设，完善网络问政平台及政务信息共享平台，网上镇长信箱共收到网民信件838份，解决人民群众热点问题95件。 （梁建仪）

附：2012年望牛墩镇党委、人大、政府领导名录

镇委书记：胡浩举（任至2月）
　　　　　黄庆辉（2月到任）
镇委副书记：郭志祥
　　　　　　李志雄
镇委委员：黄德洪（任至11月）
　　　　　伦宝明　陈艳芬
　　　　　卢广新　袁雪明
　　　　　杨翰卿　刘庆贺
　　　　　莫浩全　袁树坚
　　　　　林丽芬（7月到任）
　　　　　梁健阳（9月到任）
镇人大主席：胡浩举（任至2月）
　　　　　　黄庆辉（2月到任）
镇人大副主席：伦宝明
　　　　　　　梁远全
镇　长：郭志祥
副镇长：黄德洪　罗志海　杜汉雄
　　　　陈志良

2008—2012年望牛墩镇主要经济指标

指标＼年份	2008	2009	2010	2011	2012
户籍人口（人）	45006	45475	45881	46353	46823
外来暂住人口（人）	38452	37873	32670	37165	38136
面积（平方公里）	31.57	31.57	31.57	31.57	31.57
地区生产总值（万元）	234123	288697	356540	360982	372240
工业总产值当年价（万元）	529371	592153	742650	779237	767417
农业总产值当年价（万元）	5312	5236	5448	5865	7657
总用电量（万千瓦时）	52531	58063	61681	63971	65607
全社会固定资产投资总额（万元）	95939	117136	117184	117361	139326
社会消费品零售总额（万元）	21485	25483	31382	53710	59614
外贸出口总额（万美元）	15022	14230	19012	21950	27022
实际利用外资（万美元）	2315	2371	2254	2697	1933
镇级可支配财政收入（万元）	28739	30595	33845	37308	40963
各项税收总额（万元）	30306	33077	53985	54623	61850
金融机构各项存款余额（万元）	303286	349813	395863	414941	464089
城乡居民储蓄存款余额（万元）	227871	245156	281740	299294	339125

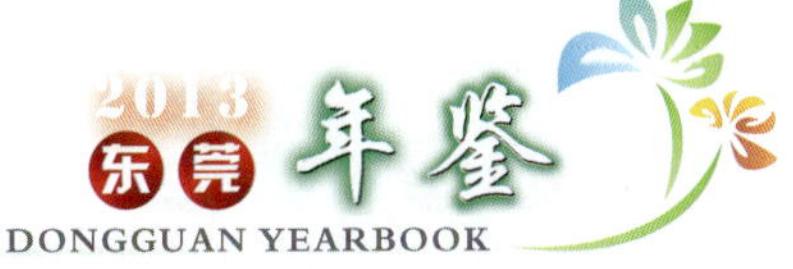

麻涌镇

【概况】 麻涌镇位于珠江的东岸，东莞的西北部，濒临珠江入海口，与广州经济开发区一桥相通，具备江、河、海沟通，水路、公路、铁路联运的独特优势，是远近驰名的“曲艺之乡”“鱼米之乡”。

2012年，麻涌镇完成生产总值108亿元，比上年增长2.1%；全镇规模以上工业总产值549亿元，增长1%；固定资产投资总额30.7亿元，增长3.5%；各项工商税收总额22.7亿元，增长13.5%；镇级可支配财政收入6.6亿元，增长11.8%；农村居民人均纯收入20108元，增长9.6%；进出口总额42.5亿美元，增长0.2%；社会消费品零售总额10.7亿元，增长11.3%；引进外资项目12宗，合同利用外资金额12702万美元，增长28.4%；实际利用外资金额23916万美元，增长11.5%。主要工作有以下几方面：

【“三重”建设】 “三重”建设谋划 2012年，麻涌镇制定《麻涌镇统筹推进“三重”建设工作实施方案》，选择36个符合省、市产业政策和发展规划，政府投资项目在1000万元以上、社会投资项目在2亿元以上的项目纳入麻涌镇2012年“三重”建设工作计划。镇“三重”项目总投资约96.8亿元（不含中粮项目120亿元计划投资额），其中重大项目29个，重大产业集聚区1个，重大科技专项6个。

重点项目转型发展 2012年，麻涌镇扶持中远船务打造海洋工程及特种船舶建造基地，推动玖龙纸业增资建设高端文化用纸项目，逐步实现产品升级。推动科技创新，新认定国家高新技术企业3家、省创新型试点企业1家、省工程研发中心1家、市企业技术中心1家、市专利试点企业2家、市上市后备培育企业1家。两个项目获批省战略性新兴产业核

实施“五区九园六纵四横”行动规划 建设美丽麻涌

① 2012年12月26日，中国文联、中国剧协梅花奖艺术团到麻涌镇举行下基层文艺演出。

② 2012年3月2日，卫生部妇社司司长秦怀金（右一）到麻涌镇调研卫生工作。

心技术攻关项目，9项科技成果获省、市科学技术奖，32项产品通过“省高新技术产品”认定。

重大项目引进　2012年，麻涌镇推进总投资达123亿元的中粮产业园项目，成立项目协调小组，协助项目申报省重点项目。引进汇商电子商务物流项目，加快引进台湾大才不锈钢、招商美冷物流、旺旺食品、ADM粮油、凡客电子商务、汇凯酒店项目和中储粮增资等优质项目。

重大项目落地　2012年，麻涌镇加强对企业的跟踪服务，对市、镇“三重”项目的各个环节制定时间表，及时将项目引进和建设中的目标任务进行量化、细化。完善“三重”建设工作机制，建立重大项目快速反应、督查落实、信息报送、考核通报等制度，推动“三重”建设工作顺利开展。成立专门的督导小组，由镇领导挂钩督导“三重”建设工作，及时解决大项目遇到的问题。

【社会管理】社会治安　2012年，麻涌镇作为全市唯一的警务前移试点镇，重点在大盛、新基、鸥涌等3个村开展警务前移试点工作。推动社会治安综合治理，促进社会治安明显改善。

民生实事　2012年，麻涌镇实施《麻涌镇医疗救助专项资金管理办法》，以镇、村按7:3比例出资的形式，设立户籍群众医疗救助专项资金，增强群众抵御重大疾病风险的能力。继续实施“创业就业”工程，2012年，市、镇促进就业创业政策惠及5.01万人次，涉及补助金额2004万元，其中镇财政投入682万元。实施学前教育三年规划，镇中心幼儿园顺利投入使用。做好新莞人积分制入户和新莞人子女积分入读公办中

① 2012年7月24日，市委书记、市人大常委会主任徐建华（前排右三），市委副书记、市长袁宝成（前排右一）等到麻涌镇调研。

② 2012年6月13日，市委书记、市人大常委会主任徐建华（右二）到麻涌镇督导市内扶贫工作。

③ 2012年9月24日，市委副书记姚康（右二）到麻涌镇进行接访活动。

④ 2012年3月29日，市政协主席李毓全（左一）到麻涌镇调研。

⑤ 2012年12月4日，市委常委、副市长梁国英（前排右二）率队到麻涌镇检查商事制度改革工作。

小学工作，帮助400多名新莞人子女入读公办学校。

安全生产 2012年，麻涌镇开展“安全生产月”“打非治违”“百日行动”等活动，安全生产形势总体平稳，未发生较大以上安全生产事故。建成集监控、指挥于一体的镇级安全生产应急救援指挥平台建设，全时监控辖区内重大危险源企业。

精神文明建设 2012年，麻涌镇成功举办“我们的节日”——2012年麻涌镇香飘四季龙舟文化节、道德讲堂、学雷锋志愿服务、全民健身系列活动、香飘四季读书节等活动，提升公民道德素质，公共文化基础设施进一步完善。

【三打两建】 2012年，麻涌镇开展“三打两建”行动，查办大要案36宗，抓获犯罪嫌疑人85名。其中打击“保护伞”3宗，大案要案“一票肯定”1宗。捣毁制假售假窝点53个，涉案货值365.68万元。破获全省第一宗非法持有伪造发票案件，获省公安厅通报表扬。“三打”期间，受理线索1057条，线索核实查处902条，立案查处案件500多宗。抓好“三打”与“两建”的对接工作，边打边建，加快建立完善企业、个人、事业单位和社会组织信用信息公共数据库，建设无假货一条街、无假货市场、无假货超市，选取部分农贸市场为试点，建设一批诚信市场，推进“守合同重信用企业”“餐饮服务食品安全示范点”创建活动，以点带面铺开两建工作。

① 2012年7月31日，市委常委、宣传部部长潘新潮（右二）到麻涌镇与麻涌镇委书记、镇人大主席邓流文进行接访活动。

② 2012年11月30日，麻涌镇召开全镇领导干部会议，市委常委、组织部部长甄瑞潮（左三）宣布市委任命：陈建枝（左二）任中共麻涌镇委书记，拟提名为镇人大主席候选人，邓流文（左四）调任中共虎门港工委书记、沙田镇委书记。

③ 2012年8月28日，副市长吴道闻（中）到麻涌镇调研。

④ 2012年9月27日，副市长、市公安局局长严小康（左三）到麻涌镇调研。

【水乡统筹发展】 2012年，麻涌镇制定《麻涌镇对接水乡地区统筹发展实施方案》，明确下来的工作方向和重点工作。重点工作有8项：构建统筹发展规划体系，包括发展总体规划、产业发展规划、基础设施建设规划、土地利用规划、水系综合规划、文化发展规划、旅游发展规划以及内河航道等级调整规划等8个方面。实施环境整治工程，包括水环境综合整治、城乡环境综合整治、淘汰落后产能专项行动等3个方面。加快基础设施建设，包括轨道交通、城乡路网、新型公共交通、城市公共配套设施、水电气设施网络等5个方面；其中，已计划启动的项目有东环路三期、中心大道二期、镇际联网路1号路、沿海公路以及新麻涌医院、文广大楼等基础设施建设。推进水乡环境景观建设，包括建设有水乡特色的亲水景观、宜居社区、生态村（社区）、生态项目等4个方面。统筹镇内产业布局和发展，包括产业功能布局、培育幸福导向型产业体系行动计划、发展现代都市农业、发展文化旅游产业、提升特色优势产业以及发展临港产业等6个方面。加强穗莞区域战略合作，包括规划对接、交通运输对接、环保生态对接、社会管理对接、产业对接等5个方面。构建责任利益协调机制，包括加强招商引资、财政保障、财政补偿、创新资金筹集方式等4个方面。推进镇村集体经济改革发展，包括推进农村集体经济发展动力体制改革、农村管理体制改革、集体资产监管体制改革等3个方面。

【城市环境优化】 城市基础设施建设 2012年，麻涌镇完善片区规划调整，开展绿道网、沿江西路、新麻涌医院、文化体育公园等设计工作。完成中心大道一二期、东环路二期、中心大桥、商业步行街、沿河西路、古梅路升级改造以及兴南路升级改造等工程建设。

市容环境 2012年，麻涌镇完善城市管理，加大对环境卫生的治理力度，开展广深高速沿线景观整治工作，完成景观林带建设工程，增加市政道路的绿化面积和绿化设施。

环境保护加强 2012年，麻涌镇建立突击检查、夜间检查和节假日检查的“常态化”监管机制，重点抓好285家污染源企业的监管，清理镇内13家未经环保审批煤场。开展环境友好企业、绿色学校和生态村的创建工作。促进中成化工生产工序的搬迁，要求电镀、印染企业限期搬迁入环保专业基地，从源头上减少污染。加快建设新沙园区集中供热系统，减少工业锅炉的重复建设，提高能源使用效率。成立镇级节能监察中心，综合能耗1万吨标煤以上的企业全部启动能源管理中心建设，6家企业改用天然气，5家企业开展清洁生产，单位GDP能耗比上年下降3.5%。

① 2012年10月9日，副市长张科（前排左一）到麻涌镇调研。
② 2012年10月18日，麻涌镇举办镇长约请人大代表座谈会。
③ 2012年11月19日，麻涌镇召开党委中心组十八大精神学习会。
④ 2012年8月14日，麻涌镇召开对接水乡一体化发展规划工作会议。

① 2012年10月24日，麻涌镇召开“三打两建”媒体通气会。
② 2012年12月27日，麻涌镇党政考察团到南城区学习考察。
③ 2012年9月12日，麻涌镇组织相关部门强拆高速公路旁违建窝棚。
④ 2012年9月27日，位于麻涌镇的中远船务公司举行交船仪式。
⑤ 2012年7月4日，麻涌镇举行龙舟锦标赛暨第三届运动会。

【农村发展】规范农村管理 2012年，麻涌镇严格实施“四个严禁”和“五个审批”制度，控制农村财务支出。制定《2012年村组减债工作方案》，通过建立完善村组债务台帐、加强村组借款监管、盘活资金减少债务等措施，确保2012年村组资产负债率比上年下降0.5个百分点，降至23.5%以内。制定《农村集体资产管理交易平台建设方案》，重点加快鸥涌、漳澎2个试点村建设，规范农村集体资产管理工作。市内扶贫工作成效明显，有劳动能力低保困难户脱贫率92.3%，提前完成今年的目标任务。欠发达村村组两级经营性纯收入2812万元，比上年增长14.3%。

改善农村环境 2012年，麻涌镇抓好农村环境“五整治”工程，优化政策配套，扶持各村（社区）完善公共基础设施。抓好市级名村、镇级名村、生态村等创建工作。开展河涌清淤和水浮莲清理工作，建立监督考评工作机制，确保河涌治理收到实效。

农村集体经济发展 2012年，麻涌镇盘活集体资产，指导村（社区）实施稳健的理财计划，2012年各村组共委托信托理财约3.3亿元，预计年收益1600多万元，比一年定期存款增加收益700多万元，解决各村（社区）闲置土地款保值增值问题，巩固村组收益。

【党政建设】政务公开 2012年，麻涌镇完善政务公开制度，依托“麻涌之窗”网站、镇村公告栏、电视、广播等载体，扩大公开范围，拓宽公开渠道，丰富公开内容，规范公开形式，开展政风行风评议，接受人大和社会监督。

财政管理 2012年，麻涌镇健全财政监督机制，制定财政资金拨付审批管理、财政性资金基本建设投资评审、建设工程招投标、政府集中采购等规定，完成合同管理信息系统的开发并投入运行。全年完成审计项目19个，审计资产总额5.1亿元。提高财政运行效率。

政府服务 2012年，麻涌镇成立筹备建设一站式服务中心工作领导小组，建设麻涌镇一站式服务中心，提高政府部门的办事效率和服务质量。（梁振锋）

附：2012年麻涌镇党委、人大、政府领导名录

镇委书记：陈建枝
镇委副书记：袁国超 陈旭林
镇委委员：郭佳荣 赖剑云 薛幼东 杜学民 何云航 伦楚能 吴晓峰 吴楚云 尹礎 梁耀铭（挂职）
镇人大主席：陈建枝
镇人大副主席：郭佳荣 祝永欣
镇 长：袁国超
副镇长：卢炽华 陈文龙 钟镇威 许松柏

2008—2012年麻涌镇主要经济指标

指标＼年份	2008	2009	2010	2011	2012
户籍人口（人）	71260	71809	72332	72889	73368
外来暂住人口（人）	42877	32805	34798	34843	34855
面积（平方公里）	91	91	91	91	91
地区生产总值（万元）	756029	932351	1109110	1205818	1077177
工业总产值当年价（万元）	4185160	3738708	4759140	5404121	5569176
农业总产值当年价（万元）	13385	14262	14284	18841	17121
总用电量（万千瓦时）	81563	92288	116520	127540	125995
全社会固定资产投资总额（万元）	225389	238321	284849	296633	306933
社会消费品零售总额（万元）	51430	48935	73891	96259	107166
外贸出口总额（万美元）	123232	119095	164013	186389	195866
实际利用外资（万美元）	22989	24114	25469	21444	23916
镇级可支配财政收入（万元）	44936	49852	55622	59049	66006
各项税收总额（万元）	120512	141902	165502	200027	227307
金融机构各项存款余额（万元）	595487	567709	728228	752735	751678
城乡居民储蓄存款余额（万元）	280718	302623	355550	396647	460410

石碣镇

【概况】石碣镇位于东莞市北部，地处广深走廊之间，总面积36平方公里，下辖14个村和1个社区，常住人口24.8万人。2012年，全镇实现GDP107亿元，基本与2011年持平；税收总额18.17亿元，比上年增长14.1%；镇级财政收入5.22亿元，增长12%；外贸出口35.4亿美元；镇、村、组三级集体总资产85亿元，增长1.01%；村组两级总收入6.6亿元，纯收入3.5亿元。全镇工业总产值401亿元、规模以上工业总产值346亿元。

【经济建设】2012年，石碣镇采取一系列措施，加快转变经济发展方式，提高经济增长质量和效益。

提升企业服务　镇领导班子成员定点联系、定期走访镇内重点企业，协调解决企业的用电、用水、招工、企业高层子女入学等实际困难。全年协助企业申报获得各项扶持资金2600多万元。

推进“三重”建设　成功推动盈聚电子、广发制药、LED电源研发平台三个项目列入市“三重”签约项目，并跟踪解决企业的用地、手续办理问题。

培育发展新兴经济　扶持LED产业和节能科技产业的发展，成立石碣镇半导体照明行业协会暨技术创新产业联盟，积极推进LED照明产品的应用和大力推广台达能源在线监控系统。

促进科技创新　实施“科技强镇”战略，推动主导产业与中科院育成中心、华中科技大学等平台对接。2012年，新增国家高新技术企业1家、省民营科技企业2家、市民营科技企业8家。

巩固集体经济　成立镇农资办，强化农村“三资”监管，有效控制超范围分红、举债分红等违规分配现象，启动农村集体资产交易平台建设工作。

加强招商引资　全年新签利用外资项目21宗、内资项目23宗，实际利用外资6639万美元，实际引进内资9.52亿元。

【城市建设】2012年，石碣镇推进城市建设，抓好管理，提高宜居环境水平。

石碣——江滨花园式电子信息产业名镇

① 2012年7月24日，市委书记、市人大常委会主任徐建华（前排左三），市委副书记、市长袁宝成（前排左二）率领市几套班子领导到石碣镇召开市水乡片工作年中点评现场会，并到台达电子公司参观考察。

② 2012年12月20日，市委书记、市人大常委会主任徐建华（前排左二），市委常委、市委秘书长王检养（前排左三）等到石碣镇对“三重”项目建设、名村建设、党建工作以及经济社会发展情况等进行调研。

完善城市规划　稳步完善控规，抓紧“三旧”改造规划及实施计划的编制报批。

推进环境整治　开展环境卫生整治大行动，清理光明路乱摆卖等“六乱”现象，铁腕整治、处理违法违章建筑4宗，对63宗违法违章建筑工程发出停工通知。

优化市政配套　对镇内部分主干道路进行修补和绿化改造，实施东莞市信息职业技术学校排涌改造工程和大洲排站横排涌连接工程。

提升城市管理　启动对镇内公厕和垃圾桶的统筹管理工作，及时对破损路灯、广告牌、公交站亭进行更换维修，科学合理划定部分道路交通线位。

【社会管理】2012年，石碣镇加大综治维稳力度，提高社会服务管理水平，为经济社会发展夯实基础。

社会治安环境持续好转　推进“四化五警”建设，开展“粤安12”、扫黄禁赌、涉枪涉爆等专项整治行动。全年发生有效警情2581宗，比上年下降6.25%。

公共安全形势总体平稳　投入899万元购买云梯消防车等设备，提高专职消防员工资待遇，落实安全生产“一岗双责”，开展“打非治违”、安全生产大检查、消防安全大整治、食品安全整治等专项行动。全年发生火灾66起，比上年下降19%，没有发生重特大事故。

① 2012年4月11日晚，香港东莞石碣同乡会暨第一届会董就职典礼在香港举行。中央政府驻香港联络办公室副主任黎桂康（左三），全国政协委员、香港广东社团总会主席王国强（右二），市政协副主席钟淦泉（右三）等出席香港东莞石碣同乡会揭牌仪式。

② 2012年7月12日，省人大代表巡视组由市委常委、政法委书记邓志广（前排左二）陪同，到石碣镇视察“三打”工作情况。图为巡视组参观“三打”工作成果展，并听取镇委书记、镇人大主席梁荣业（前排左五），镇委副书记、镇长游耀波（前排左一）的工作汇报。

③ 2012年5月13日，全国政协委员、卫生部原副部长佘靖（前排右七）率领全国政协“医药卫生体制改革情况”考察团由市政协副主席邝明子（前排左七）等陪同，到石碣镇对社区卫生服务、公立医院医药改革等方面的情况进行考察和调研。

① 2012年6月27日，由省委第三巡视督导组副组长符祥青、省委组织部正处级巡视检查员龚礼雄等组成的巡视督导组在市委组织部副部长王建周的陪同下到石碣镇，就"三打"工作进行巡视和督导。

② 2012年12月27日，中国土地勘测规划院党组书记李海兵（左一）由省国土资源厅副厅长邢建江（左二）、市国土资源局局长刘杰（中）等陪同，到石碣镇调研建设节约集约用地工作。

③ 2012年12月7日，省妇联党组副书记、常务副主席阎静萍（前排右三）由市妇联主席黄慧红（前排右一）陪同，到石碣镇涌口村"妇女之家"开展调研。

④ 2012年4月19日，主题为"改善生态环境、建设幸福东莞"的2012年东莞市江河渔业资源增殖放流活动在石碣镇东江南堤举行。市人大常委会常务副主任黄双福（左一）、副市长吴道闻（左六）、省海洋与渔业局副巡视员魏平英（左五）等共200多人参加活动。

⑤ 2012年5月25日，省国税局党组书记胡金木（左三）等到石碣镇调研。

⑥ 2012年3月1日，石碣镇举行荣获"全国文明镇"称号挂牌仪式。市委常委，宣传部部长潘新潮（右五）等参加挂牌仪式。

① 2012年7月31日，市人大常委会副主任王道平（桌前左五）到石碣镇综治信访维稳中心开展领导干部接访下访活动。

② 2012年10月17日，副市长贺宇（右三）带领市外经贸局、市国土局、市规划局、市台湾事务局等相关部门负责人到石碣镇东聚电子电讯制品有限公司调研。

③ 2012年11月6日，石碣镇举行“全国阳光计生行动示范单位”授牌仪式，这是东莞市唯一获此殊荣的镇街。

④ 2012年6月28日，石碣镇召开第十六届人民代表大会第三次会议，大会通过投票依法选举梁荣业（右）为石碣镇人大主席。

⑤ 2012年8月27日，省见义勇为基金会理事长朱明健（前排左五）、市见义勇为基金会理事长张继雄（前排右五）等到石碣镇，与“黄衣哥”杨益华等8名见义勇为好市民进行慰问座谈。

① 2012年7月4日，镇委书记、镇人大主席梁荣业（前排右一），镇委副书记、镇长游耀波（二排左二）率领石碣镇党政代表团赴大朗、大岭山和长安镇参观考察。

② 2012年9月7日，石碣镇举行庆祝第28个教师节表彰大会暨千师宴活动，重奖教育系统先进单位和先进个人。

③ 2012年7月18日，石碣镇召开道德模范先进事迹报告会，授予东莞“黄衣哥”杨益华（左四）“石碣镇道德模范”称号，授予另外7人为“见义勇为好市民”。镇委书记、镇人大主席梁荣业（左五）为获得表彰的市民颁奖。

④ 2012年12月29日，镇委书记、镇人大主席梁荣业，镇委副书记、镇长游耀波带领3000多名干部群众参加石碣镇2013年迎新慈善长跑活动。

⑤ 石碣镇宜居环境

社会矛盾纠纷得到有效化解　开展镇领导接访、下访活动，全年参与接访市、镇领导共17人次，受理办理群众信访案件360件，处理率100%。做好“九·一八”敏感时期和“百日防护期”维稳工作，期间没有发生重大群体性事件，无越级上访现象，无发生涉日打砸抢烧事件。

“三打”工作取得实效　破获三类案件970宗，石碣镇被评为省“三打”专项行动先进集体、市“三打”专项行动先进镇，营商环境有所改善。

社会管理创新加强　成立石碣镇社会工作委员会，完善涌口村、横滘村和刘屋村三个社区综合服务中心示范点，引入社工团队参与敬老院等单位的管理。加强新莞人服务管理，批准积分入户146人，289人成功积分入读公办学校。

【体制改革】2012年，石碣镇优化政府服务，提高政府执行力和公信力。

推进依法行政　做好政府内设机构承办行政处罚事项的事先审查工作，审核行政处罚案件13宗；理顺规范性文件审核程序，出台规范性文件21个。

启动“两建”工作　铺开商事登记制度改革，企业注册时间由原来的7—15天缩短为现在的1—5天。推进社会信用体系和市场监管体系建设，共有15家企业被评为市“守重企业”，7个农贸市场被评为市“文明诚信市场”。

抓好简政强镇后续工作　将机关内设办公室由原来的18大办公室合并为四办七局，完成542项事权下放的衔接工作，审批时间缩短3—8个工作日。

【民生实事】2012年，石碣镇优先保障各项民生资金，加大民生事业投入，增强群众幸福感。

促进就业创业　全年发放就业困难人员工资差额补贴584.6万元、大中专毕业生企业就业岗位津贴239.7万元、自主参训补贴157.5万元、小额贷款56万元；率先建立“石碣公共就业服务点”，为700人次求职群众、100多间次企业提供就业服务。

提高社保水平　全年发放低保金36.83万元、退休金4357.6万元，为275名新莞人子女办理医疗保险，解决20户符合条件的低收入家庭的住房困难，新增住房公积金开户5475人。

优先发展教育　扩大奖教奖学范围，投入214万元用于奖教慰问活动，投入116万元用于奖励考取本科、重点高中学生。成功创建市四星级民校2间，市三星级民校1间，镇成人学校顺利通过省级示范学校评估。

推进扶贫帮困　镇内扶贫方面，累计落实帮扶资金90多万元，帮助55户困难家庭稳定脱贫，脱贫率为90%。镇外扶贫方面，对罗定市替滨镇累计落实帮扶资金1668万多元，帮助898户贫困户实现100%脱贫。

抓好计划生育工作　重点落实依法行政、奖扶政策和流动人口计生服务管理，全面提升人口计生工作整体水平，成功创建为“全国阳光计生行动示范单位”。（李思思）

附：2012年东莞市石碣镇党委、人大、政府领导名录

镇委书记：梁荣业

镇委副书记：游耀波　黎灿辉

镇委委员：叶仲球　刘锦松　叶景良　袁莉雯　詹耀东　何志伟　谭叙棉、陈耀林　陈宝玲（挂职）

镇人大主席：梁荣业

镇人大副主席：刘锦松　黄子成

镇　长：游耀波

副镇长：叶仲球　叶浩平　唐满全　刘建俊

2012年9月18日，石碣镇举行2012世界莞商大会石碣代表团欢送宴会，欢送远道而来参加莞商大会的企业家。

① 石碣镇鹤田厦公园　　② 石碣镇繁华的商业街区

2008—2012年石碣镇主要经济指标

指标 \ 年份	2008	2009	2010	2011	2012
户籍人口（人）	42608	43333	43887	45360	44806
外来暂住人口（人）	172095	113228	100760	100312	100445
面积（平方公里）	36	36	36	36.20	36.20
地区生产总值（万元）	1082524	858715	1001406	1074157	1098260
工业生产总值当年价（万元）	3596901	2966737	3924126	4014985	4138046
农业总产值当年价（万元）	4086	3971	4409	4908	4824
总用电量（万千瓦时）	152880	141371	155976	161785	157717
全社会固定资产投资总额（万元）	185872	154243	153587	169443	188735
社会消费品零售总额（万元）	169948	176888	177018	207739	197524
外贸出口总额（万美元）	389853	256812	336334	354376	361745
实际利用外资（万美元）	4272	4688	5135	6639	5695
镇级可支配财政收入（万元）	39005	40184	42384	52212	46618
各项税收总额（万元）	139348	115563	149419	181699	159240
金融机构各项存款余额（万元）	1143627	1293160	1360772	1550487	1443871
城乡居民储蓄存款余额（万元）	784860	846502	937744	1117585	1021382

高埗镇

【概况】 高埗镇位于东莞市北部，南临市中心区，北靠广州增城，环城路横跨东西，镇内形成“四横四纵”的现代化交通网络，接驳莞深、莞增、广惠、广深高速及广园快速，实现与广州、深圳、惠州及周边镇街的无缝对接，构筑起“一小时生活圈”。全镇面积34平方公里，下辖18个村委会，1个社区，户籍人口3.84万人，外来常住人口17.95万人。

2012年，高埗镇生产总值83.36亿元，比上年增长3.5%；各项税收总额11.52亿元，增长15%；其中国税7.81亿元，增长19.8%；地税3.71亿元，增长6.1%；镇本级可支配财政收入4.84亿元，增长8.6%；全社会固定资产投资22.42亿元，增长9.9%；三大产业比重为0.8∶64.2∶35。全镇外向型企业近200家，外商投资总额超过25亿美元，投资总额超千万美元的企业有25家。形成鞋业制造业、电子制造业和眼镜制造业等特色产业体系，代表企业有裕元、日本电产、华宏和佰鸿。民营企业400多家，形成陶瓷、造纸纸品和房地产三大支柱产业，年上缴税收占全镇税收总额的四成左右。

高埗镇先后获得“国家卫生镇”“全国亿万农民健身活动先进乡镇”“广东省教育强镇”和“东莞市文明镇”等多项荣誉。

【“三重”建设】 2012年，高埗镇确立20项重点项目，总投资约110亿元，其中财政投资4亿元，撬动社会投资106亿元。华宏眼镜增资项目　总投资2.03亿美元，用地面积24.67公顷。2012年增加注册资本6750万美元全部到位。日本电产研发机构　成功促成日本电产（东莞）有限公司研发机构项目在高埗镇落户，已取得市外经贸局同意设立的批复，正筹备人才招收、规划工作等。裕元鞋厂转三资　裕元来料转三资项目涉及土地面积100公顷，厂房面积超过100万平方米，企业雇员人数超过6.5万人，仅来料加工设备投资总额就达4.26亿美元。采用来料加工不停产转三资的方式实施转型，已办理5个三资牌照，投资总额为1.72亿美元。百茂物流城项目　总投资达6亿元，占地26.67公顷。项目共分2期：首期建设19.87公顷，投资4亿元，建设面积约13.7万平方米，1—4栋433个物流铺位落实了客户；5—7栋物流铺位已竣工，进行招商。水果批发市场项目　总投资1.5亿元，占地面积12.67公顷，首期3.73公顷已办理用地规划许可证，项目周边道路已动工。新世纪颐龙湾房地产项目　一期别墅及高层投资约7亿元，已全部通过竣工验收备案，别墅

落实“五位一体”　建设东莞北部滨江新城

① 2013年4月9日，市委书记、市人大常委会主任徐建华(前排中)到高埗镇调研。

② 2012年2月3日，市委副书记、市长袁宝成（前排右二）到高埗镇日本电产公司视察。

③ 2012年11月12日，市委常委、常务副市长梁国英（扶栏杆者）视察挂影洲围中心涌综合整治工程。

全部售出，高层售出80%。二期投资约6亿元，二期别墅及高层正进入基础施工阶段。光大·江与城房地产项目　已完成“三旧”改造单元规划方案，正在办理宗地“招、拍、挂”手续和进行征地拆迁工作，已有12户厂区、18户商铺拆迁户签订补偿协议书，完成拆迁面积约10万平方米。普济药业有限公司项目　投资1.6亿元，用地6.97公顷，建筑面积9.26万平方米，主体工程已完成30%。鸿发（宝莲）加油站　投资约2800万元，主体建筑已竣工，进入验收阶段。

【转型升级】2012年，高埗镇推进产业转型升级，提升经济发展潜力。推动科技创新　新增国家高新企业3家，新增市民营科技企业3家，现全镇共有国家高新企业8家、省民营科技企业18家和市民营科技企业37家。唯美、星宇等企业获得东莞市科技进步奖。2家企业主导制定国家标准1项，制定行业标准3项，修订行业标准4项。4家企业采用国际标准或国外先进标准6项。2012年，高埗镇共有专利申请224件，专利授权数240件，15家企业获得2012年第一批专利申请资助。推动企业开展内销　共有67家外资企业开展内销，内销总额为2.74亿美元，比上年增长16.9%。加强中小企业融资服务　有24家民营企业纳入市工业企业贷款支持计划企业名录，16家企业获贷款贴息105万元。加强节能降耗　万元GDP能耗降低6.64%，超额完成市下达的年均比上年下降4.36%的目标，考核综合排名全市第六名。推动村组级经济发展　村组两级总收入2.61亿元，纯收入1.68亿元，比上年增长8.8%；村组两级总资产17.08亿元，对比2012年初增长2.8%。推进政府减债工作　落实减债措施，地方政府性债务总额10.5亿元，比2012年初减

① 2012年6月27日，省督导组到高埗镇督导“三打两建”工作。

② 2012年6月12日，市委常委、宣传部部长潘新潮（右三）出席中国建筑陶瓷博物馆建馆六周年庆典暨杨晓光工作室成立仪式。

③ 2012年6月6日，副市长吴道闻（左三）到高埗镇走访陆逊梯卡华宏（东莞）眼镜有限公司。

④ 2013年3月5日，副市长贺宇（前排左二）到高埗镇走访企业。

少2.2亿元，下降17.5%。做好应收未收款的催收工作　由分管领导负责追收应收未收款，收回8835.6万元，基本完成2012年预算内各项收入。村、组两级收回应收款1.06亿元。

【城市建设】2012年，高埗镇推进城市建设，优化城市环境。东江梨川大桥建设工程　累计完成投资3.78亿元，第一标段正在进行桥梁结构施工，第二标段已完成招标工作，第三标段正在进行隧道及匝道基础施工。高埗镇辖区内需征地约6.61公顷，拆迁总建筑面积7660平方米，已征地约4.55公顷，已达成共识的拆迁面积7272平方米，其中已拆除建筑面积852平方米。挂影洲围中心涌水环境综合整治工程　被列为水乡地区水环境综合整治示范工程，投资8亿多元，正在开展前期工作。创兴路二期升级改造工程　投资2800多万元，总长2.6公里，涉及铺设沥青、人行道和绿化等工程，已确定施工单位，正在开展动工前准备工作。中心西路升级改造工程　投资1000万元，总长1公里，涉及铺设沥青、人行道和路灯等工程，已确定施工单位，正在开展动工前准备工作。颐龙路西段升级改造工程　投资3700万元（含拆迁费用），总长1公里，涉及铺设沥青、人行道、绿化和路灯等工程，已完成财审，进行招标准备工作。高龙路延长线工程　投资800万元，总长1公里，涉及浇注混凝土路面、人行道等工程，正在进行施工。市环城路与莞潢路立交

① 2012年3月2日，市委宣传部副部长梁轼文（左二）与镇委书记、镇人大主席黄耀成（右二），镇委副书记、镇长黄启光（右一），镇委副书记郑晓微（左一）共同为高埗镇获得“东莞市文明镇”揭牌。
② 2012年6月28日，镇委书记、镇人大主席黄耀成（左三）亲临信访视频室接访群众。
③ 2012年7月25日，高埗镇领导黄耀成、黄启光、郑晓微等参加陆逊梯卡华宏（东莞）眼镜有限公司增资项目首期工程开工仪式。
④ 2012年2月7日，高埗镇党政领导干部到长安镇学习考察。
⑤ 2012年12月12日，高埗镇举办“机关学堂”（第六期）组织全镇领导干部学习贯彻党的十八大精神。
⑥ 2012年10月18日，高埗镇市、镇人大代表视察重点项目建设情况。

连接工程　正协助市开展前期方案设计工作。城市和社区绿道工程　投资350万元的江滨广场2.2公里城市绿道已竣工投入使用。投资330万元的北王路4.4公里城市绿道已完成95%。投资220万元的莞潢路6.7公里社区绿道已完成95%。11万伏江城变电站　投资1亿元，建筑主体已完成，正在进行设备安装调试。11万伏电缆走廊工程已完成约50%。22万伏低涌变电站　投资4.5亿元，项目选址、用地预审等已批复，项目核准待省审批，用地报批等手续正在加紧办理。高埗桥文博园　完成规划设计项目编制、效果图绘制和3D建模等工作，并与光大·江与城园林项目进行一体化设计规划，规划效果图已初步完成。文体新区　在研发中心和高埗广场东面地块规划建设文体新区，包括新世纪CBA篮球馆、文体公园、文广中心展览馆和图书馆项目。

【社会建设】2012年，高埗镇加强社会建设，提升人民群众幸福感。开展“三打”专项行动　开展大规模联合执法行动430次，出动执法人员、工作人员近2万人次，排查“三打”线索1345条，接受群众举报信息266条，查处案件979宗，打掉团伙9个，查处制假售假大要案25宗，查办商业贿赂案件12宗，捣毁窝点85个，抓获嫌疑人46人，行政案件处理人数524人，挖出“保护伞”案件5宗，缴获非法音像制品11.74万张，涉案总金额约2000万元。开展“两建”工作　启动商事登记制度改革工作，发出新版营业执照393个，建成嘉荣和鑫鹏商场

① 2012年3月30日，高埗镇举行“三打两建”集中宣传活动。

② 2012年4月22日，以“点燃读书激情 共建幸福高埗”为主题的高埗镇第八届读书节开幕。

③ 2012年5月24日，高埗镇举办第六期“学习论坛”。

④ 2012年12月15日，高埗镇义乌小商品城项目举行启动仪式。

2家消费维权服务站建设点，处理侵犯消费者投诉案件107宗，解决率100%。**维护社会稳定** 维稳中心全年接获群众来访案件171批612人次。已调处165宗，调处率为96%。**确保治安安全** 全镇立刑事案件1042宗，比上年下降11%。破获各类刑事案件474宗，其中命案11宗破8宗，“两抢一盗”案件350宗，破案率比上年上升12%。打掉各类团伙33个151人，刑事拘留173人，依法逮捕195人。受理行政案件670宗，查处涉黄案件8宗，涉赌案件99宗。投入300多万元分两期建设警犬训练基地，已完成第一期建设。**加强出租屋管理** 登记出租屋3174栋，新莞人10.8万人，人员信息完整率100%。安装出租屋视频监控163栋（套），比上年增长165%。**确保消防安全** 排查各类单位场所2144家，发现火灾隐患或违法行为8312处，下发责令改正通知书1648份，责令停水、停电、停产单位25家，临时查封60家，挂牌督办5家，行政处罚单位及个人38家次，处罚金额47.3万元，拘留12人。全镇火灾起数比上年下降30.4%，财产损失下降61%，无人员伤亡事故。**加强安全生产管理** 开展安全生产执法监察450多次，出动人员1130多人次，检查企业450多家，发出各类安全生产执法文书360多份，查处一般事故隐患320处，整改率达100%。查处存在安全隐患特种设备128台，拆除非法改装无证锅炉1台。**加强道路交通安全管理** 开展交通运输执法专项行动100多次，出动执法人员1000多

① 高埗镇滨江夜景
② 陆逊梯卡华宏（东莞）眼镜有限公司增资项目二期工程（效果图）
③ 2012年4月29日，高埗镇举办行业状元大搜索竞赛活动。

人次，共查获各类车辆违章案件320宗。查处各种交通违法行为5159宗，暂扣各种违法车辆3862辆，公开销毁报废违法车辆1049辆，行政拘留交通违法人员14人，刑事拘留违法肇事人员11人。**清理城市“六乱”** 纠正城市“六乱”行为3000多宗，立案查处乱摆卖101宗，制止违章广告117宗。**遏制违法建设** 查处在建违法建设行为90宗，拆除违法、违章建筑面积4132平方米。**加强食品安全综合整治** 出动执法人员7696人次，检查食品生产经营户和餐饮服务单位等4216户次，共查处食品类违法案件395起，查获不合格食品及原辅料41吨，查获的食品类案件总值近100万元，罚没款30多万元。查获私宰肉和不合格肉2896斤，查封私宰窝点1个、注水窝点5个。**落实“计量惠民”工作** 免费检定医用计量器具40台，贸易结算用计量器具848台，没收不合格计量器具45台。**做好扶贫济困工作** 全镇发放扶贫济困救助金800多万元。推进市外扶贫工作，落实“双到”帮扶资金1580万元。**加强就业服务** 完成全镇347名高校应届毕业生报到登记工作，为120多名未就业毕业生提供职业指导和岗位推荐服务，应届高校毕业生就业率99.47%。实施“十二五”促进就业创业政策，为20690人次户籍劳动力发放就业补贴982.8万元。开设“村民车间”4家，安置133名户籍劳动力就业。**加强社会保障** 开展社保扩面工作，共巡查企业500多家，涉及用工4万多人，应参保而未参保4201人，累计征集社保基金5.45亿元。发行新社保卡2.2万张。全镇共核付各项社保待遇约1.4亿元。其中，共核付7900多人基本养老待遇4300多万元，核付50多万人次医疗保险待遇7300多万元，核付1815人工伤保险待遇1800多万元，核付10980人次失业保险待遇620多万元。全镇职工和农居民养老金分别比上年增长8%和20%，养老保险待遇水平显著提升。**落实计生工作** 全镇户籍人口出生526人，政策生育率为83.84%，出生率为13.82‰，自然增长率9.17‰。

【文教事业】 2012年，高埗镇抓好文化教育事业发展，提高群众文化素质，丰富群众文化生活。**建设村级公共电子阅览室** 投入168.3万元，建立9个村级公共电子阅览室，实现公共电子阅览室服务网络全覆盖。实施人均藏书增长计划，镇图书馆新增各类书籍近万册。**实施“文化惠民”工程** 投入70万元，开展“百场培训、千场演出、万场电影”到基层活动，其中放映电影300多场，受惠人次约20万。

① 2012年7月3日，高埗镇举办一年一度的龙舟节活动。
② 东莞百茂物流城
③ 水乡新貌——高埗镇新世纪颐龙湾

①② 新城崛起——高埗镇新城市中心区

创建市公共文化服务体系示范企业　裕元、唯美成为全市首批十大市公共文化服务体系示范企业。**举办第八届读书节**　共设有儿童故事大王比赛、征文比赛、绘画活动和教师演讲比赛等13项活动，覆盖镇内中小学校、各村（社区）和工厂企业，提高群众文化素质和城乡文化品位。**举办第五届企业文化艺术节**　设有创意产品展示、企业专场演出、企业文化高峰论坛、大型交友联谊活动、青年歌手大赛和摄影大赛等活动，推动全镇企业文化健康发展。**举办第二届"孝义之星"评选活动**　弘扬孝亲敬老的优良传统，选出十大"孝义之星"和10名"孝义之星"提名奖，营造敬老尊老的社会氛围。**启动"唯美陶瓷文化创意产业园"建设**　投资7000万元，完成项目规划，正在进行展区文物收集、国家3A级景区申报等工作，成立了国内著名陶艺家杨晓光、国家高级工艺美术师宋晓伟等工作室。**建立村公共文化管理服务队伍**　招录18名村专职文化管理员，服务农村基层文化建设。组建高埗镇文化志愿服务队，招聘文化志愿者95名。**扩大教育受惠面**　通过积分入学形式共招收新莞人子女600多人。**加强校安工程建设**　投资近500万元完成低涌中学校舍加固工程，投资70万元改善学生宿舍环境。**落实幼儿园资金补助**　13所幼儿园获得60万元补助。**推进"三名工程"**　评选出高埗镇第一批中小学学科带头人10名。**异地新建中心幼儿园**　完成前期选址征线确定工作。**开展体育先进社区创建**　芦村、朱磡、新联、低涌、三联和护安围6个村创建成为市体育先进社区（村）。　（林　郁）

附：2012年高埗镇党委、人大、政府领导名录

镇委书记：黄耀成
镇委副书记：黄启光　郑晓徽
镇委委员：杜伟洪（11月离任）
　莫献来　钟伟明　袁灿怀　莫桂华
　苏惠英　刘志坚　李旭峰
　尹浩荣（挂职，6月到任）
　李建雄（11月到任）
镇人大主席团主席：黄耀成
镇人大主席团副主席：莫献来　黄钱发
镇　长：黄启光
副镇长：杜伟洪（11月离任）
　黎浩均　李耀祥　成汉钦

2008—2012年高埗镇主要经济指标

指标＼年份	2008	2009	2010	2011	2012
户籍人口（人）	37409	37648	37832	38186	38186
外来暂住人口（人）	136527	128976	129189	179723	179723
面积（平方公里）	34	34	34	34.4	34.4
地区生产总值（万元）	653120	609392	697532	798981	833584
工业总产值当年价（万元）	1457325	1295187	1571067	1564497	1661549
农业总产值当年价（万元）	12360	10633	6350	10717	10717
总用电量（万千瓦时）	130017	117113	133411	135668	126855
全社会固定资产投资总额（万元）	113368	142932	158548	203971	224168
社会消费品零售总额（万元）	159350	118592	137637	160169	173051
外贸出口总额（万美元）	134837	104081	128663	126397	126397
实际利用外资（万美元）	7076	5203	5608	3732	3732
镇级可支配财政收入（万元）	32929	35842	39141	44572	44572
各项税收总额（万元）	78015	65857	83324	100190	98413
金融机构各项存款余额（万元）	552798	621829	695656	753088	793558
城乡居民储蓄存款余额（万元）	409584	432531	502032	520735	572138

洪梅镇

【概况】洪梅镇地处东莞市西北部，紧靠虎门港立沙岛、新沙港，全镇总面积33.5平方公里，辖9个村委会，1个居委会，2012年户籍人口2.23万人，外来暂住人口约2.44万人。镇内主干道与107国道、广深高速、西部干道、沿江高速、沿海干道相连接，穗莞深城际轨道将在洪梅建设枢纽站，规划连接佛莞线、穗莞深、莞惠线和东莞市域轨道R1线。洪梅镇被评为广东教育强镇、广东省卫生镇、市文化建设达标镇、广东省花灯文化之乡。

2012年，洪梅镇生产总值32.6亿元，比上年增长0.2%；镇本级可支配收入3.2亿元，增长0.6%；税收总额48811万元，其中来源于地税收入18351万元，增长8.6%；合同利用外资14749万美元，增长24.8%；实际利用外资18810万美元，增长103.6%；社会消费品零售总额42485万元，增长11.3%。

【水乡统筹发展】2012年，洪梅镇将统筹水乡地区发展工作列为政府的“头号工程”，成立配合市统筹水乡地区发展领导小组及办公室，制定统筹发展工作方案，对接、积极配合省、市部门做好前期调研工作及各个规划编制。谋划一批近期启动建设的重大项目，洪屋涡水道西岸岸线整治工程纳入市2012年底先期启动项目，成为第一批标志性岸线示范项目，提升岸线工程的建设标准；梅沙村纳入2013年启动的五个特色村庄塑造试点；河西片区纳入2013年十大水乡特色发展示范片区，成为望洪枢纽新城率先启动建设的示范片区，片区内253公顷范围将由市统筹改造开发。适时推出一系列创新举措，农村综合体制改革、社区综合服务中心建设等试点改革工作有序推进，产业布局、城市规划、环境整治等工作融入水乡一体化，社会各项

建设珠三角轨道枢纽新城　临港产业服务基地
实现洪梅经济社会发展新跨越

① 2012年12月2日，省政府副秘书长、省发改委主任李春洪（前左一）在市委书记、市人大常委会主任徐建华（前左二），市委常委、常务副市长梁国英（后左五），及洪梅镇委书记、镇人大主席吴淑萍（前左三）等陪同下，调研统筹水乡地区发展工作。

② 2012年10月15日，省委农办副主任、省农业厅副厅长陈祖煌(右二)在市委副书记姚康(右一)、洪梅镇委书记吴淑萍(左一)的陪同下调研洪梅镇农村综合改革工作。

事业发展畅顺。

【转型升级】 突出“三重”项目引进 2012年，洪梅镇成立“三重”项目领导小组及办公室，组建招商团队外出考察知名企业，借助商家关系网络实行以商招商，引进华平电子商务华南总部、三樱汽车配件、健升机械、舜荣钢材等一批优质项目，强化大项目带动效应；加强与周边地区的联合发展，与虎门港签订战略合作框架协议，为发展临港配套服务产业奠定基础。

促进企业增资扩产 2012年，洪梅镇促成理文、台玻、南华、辰达等8家企业增资1.3亿美元，全年企业固定资产抵扣金额1.5亿元，为16户享受增值税优惠的企业办理减免税销售额11.9亿元。

推动转型升级 2012年，洪梅镇促成大宝纸品厂实现不停产就地转型，实现全镇来料加工企业全部转型成功；实施“科技洪梅”工程，帮助企业发展自主品牌、加强技术改造，企业新设立研发机构2家，注册商标7个，授权专利150个；畅通内销渠道，助推理文、台玻、佑能等内销龙头企业增强内销份额，全年企业内销金额9.8亿美元，比上年增长21.4%。

狠抓节能降耗 2012年，洪梅镇成立“洪梅镇节能监察中心”，完善节能监管、审核机制，完成台玻公司900吨生产线油改气工程，25家清洁生产企业通过审核验收，2家资源综合利用企业通过续认定，全年资源综合利用企业所得税减免税330万元。

【社会管理】 2012年，洪梅镇以“三打两建”为抓手着力加强社会管理。开展“三打”行动 成立“三打”专项行动领导小组及专项攻坚小组，发动全镇力量开展多项联合打击，查处欺行霸市案件12宗，制假售假案件199宗，商业贿赂案件16宗，打掉欺行霸市团伙5个，挖出“保护伞”3人。加强治安管理 推进“四化五警”建设，实施治安管理网格化，收编整合村级治安队员，加大巡逻力度，开展“粤安12”、“南粤亮剑012战役”专项行动，重点打击“两抢一盗”，大力整治“黄、赌、毒”，社会治安持续好转。2012年全镇共立刑事案件503宗，破案率47.3%，比上年上升12%。加强路面管控 严查酒后驾驶，开展“治摩”、校车与危化品运输车辆专项整治，交通秩序明显改善。深化公交行业整改，完善镇内公交服务，配合市做好水乡新型公交网络规划建设。加强安全防范 开展安全生产“打

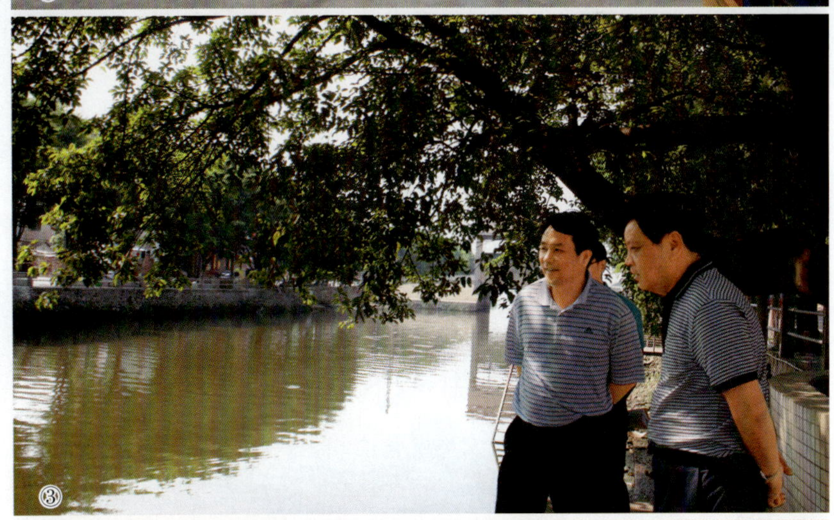

① 2012年10月11日，市委副书记、市长袁宝成（右二），市委常委、常务副市长梁国英（右一）一行在洪梅镇委书记、镇人大主席吴淑萍（左二）等镇领导的陪同下，调研统筹水乡地区发展重点区域、河岸建设及周边环境。

② 2012年8月27日，市政协副主席何嘉琪（前右三）、吕兢（前右二）在洪梅镇企业开展调研，并召开“加强镇（街）经济建设，促进城乡协调发展”专题调研座谈会。

③ 2012年10月10日，市生态村考评组对洪梅镇创建东莞市生态村工作进行考核验收。

非治违”行动，组织企业举行大型综合应急演练，加强食品、药品监督，建成食品安全示范食堂4家，全镇无发生重特大安全事故。加强综治维稳　成立镇社工委，强化矛盾纠纷排查，完善信访调处机制，通过干部大接访、入户访谈等形式积极化解存在矛盾，维护社会和谐稳定。加强劳动监察，帮助农民工讨薪维权，避免恶意欠薪。2012年，我镇共受理各类上访案件69宗，比上年下降9.2%，成功调解各类矛盾66宗，成功调解率95%。

【城市建设】抓好城市规划　2012年，洪梅镇加快推进总规修编、综合交通规划、中心区控规等各项规划编制，加强镇级规划与水乡片统筹规划、望洪枢纽新城建设等规划的衔接，完成枢纽新城核心区的城市设计初步方案，完成9条村的村庄规划，总规修编前期研究入选市优秀城乡规划成果。

抓好基础设施建设　2012年，洪梅镇配合轨道交通建设做好轨道选线、道路还建等工作，开展望沙路升级改造方案设计，完成2012年绿道工程、洪金路延伸段等一批路网工程，新洪路完成40%，洪屋涡水道西岸岸线景观改造工程完成40%，梅沙农民公寓大道进入设计方案审查阶段，洪梅医院后期工程全面完工，洪梅中学综合改造工程稳步推进，完成一批旧供水管网改造。抓好水利工程建设，梅沙西排涝泵站、黎洲角1号排涝泵站基本完成。

抓好“三旧”改造　2012年，洪梅镇开展“三旧”改造专项规划修编，全镇确定改造用地621.9公顷；制定河西片

① 2012年7月22日，台玻公司油改气工程正式通气，副市长吴道闻（前左二）寄望企业能推广洁净能源，支持环保事业发展。
② 2012年7月4日，洪梅镇委书记吴淑萍（左二）带领新入党员在莫萃华故居参加入党宣誓大会。
③ 2012年9月27日，洪梅镇委副书记、镇长周玉佳慰问洪梅镇敬老院老人，与老人共贺中秋。
④ 2012年7月，洪梅公安分局组织民警深入各工地、企业等重点地带摸排“三打”线索。
⑤ 2012年5月17日，洪梅镇举行创建国家卫生镇基础评估情况通报会，通过省评估组验收。

区“三旧”改造方案；完成荣顺化工项目，新增天龙片区等9个改造项目，新增改造面积53.33公顷。

抓好城乡环境整治　2012年，洪梅镇开展创建国家卫生镇活动，顺利通过省级评估组验收；加强环境综合治理，推进畜禽养殖业清理工作，对截污主干管进行部分通水，次支管网完成工程规划；全镇10个村（社区）创建为“市容环境优美村”，7个村（社区）创建为“生态示范村”。

【镇村统筹】推进农村体制改革　2012年，洪梅镇研究制定村级体制改革试点方案，选取黎洲角、夏汇、尧均、氹涌村和居民社区作为试点，探索适合洪梅镇村级发展的改革模式，推动政务服务中心建设，为全面实施改革奠定基础。

落实减债增收　2012年，洪梅镇落实市扶贫政策，统筹市补助资金参股电器厂项目实现年收益率10%。加强村级债务管理，开展清产核资盘活集体资源，出台集体资产交易办法，实现村级集体经济减债增收。2012年，村级经营总收入比上年增长12.3%，纯收入增长45.5%，农村资产负债率下降1.4个百分点。

大力发展现代农业　2012年，洪梅镇完成农田标准建设面积77.07公顷，农田基础设施、耕地质量、生态环境得到改善。发展土地规模流转，全镇土地规模流转面积126.8公顷。引导改善农作物种植结构，引进无花果、火龙果等新品种，发展水稻、香蕉等农业种植大户，提升农作物产量和农业收益。落实强农惠农政策，2012年发放水稻补贴41.4万元，发放农机购置补贴18.9万元。

① 2012年5月26日，洪梅镇与上海益商有限公司举行电子商务华南总部项目签约仪式。
② 2012年7月17日，洪梅交警大队、巡警大队“大巡逻”行动启动。
③ 广东省第二届花灯文化节暨2013第四届洪梅花灯节——花灯联展区
④ 广东省第二届花灯文化节暨2013第四届洪梅花灯节——花灯长廊
⑤ 广东省第二届花灯文化节暨2013第四届洪梅花灯节——群众热衷花灯制作和传承
⑥ 广东省第二届花灯文化节暨2013第四届洪梅花灯节——活动现场全景

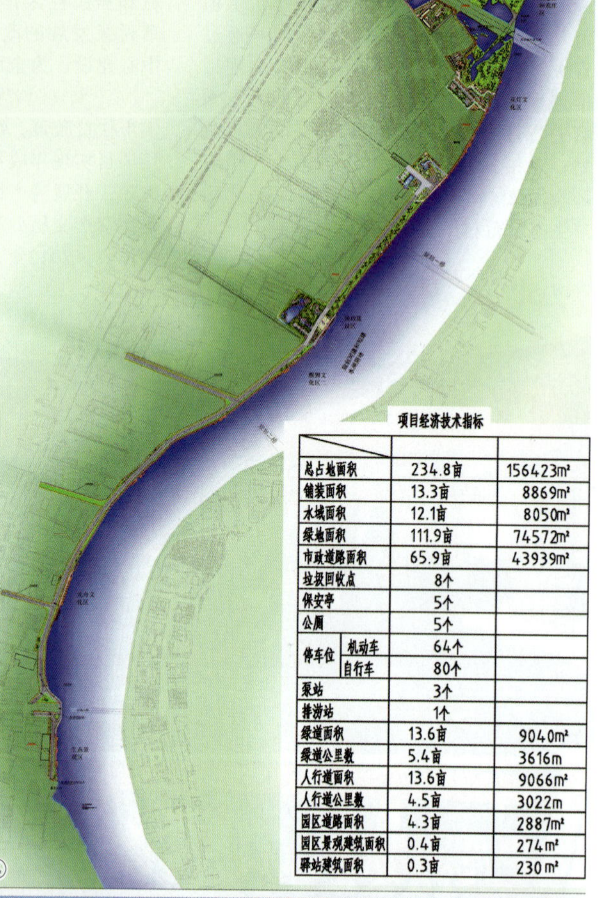

项目经济技术指标

总占地面积	234.8亩	156423m²
铺装面积	13.3亩	8869m²
水域面积	12.1亩	8050m²
绿地面积	111.9亩	74572m²
市政道路面积	65.9亩	43939m²
垃圾回收点	8个	
保安亭	5个	
公厕	5个	
停车位 机动车	64个	
停车位 自行车	80个	
泵站	3个	
排涝站	1个	
绿道面积	13.6亩	9040m²
绿道公里数	5.4亩	3616m
人行道面积	13.6亩	9066m²
人行道公里数	4.5亩	3022m
园区道路面积	4.3亩	2887m²
园区景观建筑面积	0.4亩	274m²
驿站建筑面积	0.3亩	230m²

① 洪梅雍景家园
② 洪梅镇滨水休闲绿道规划图
③ 洪梅中心幼儿园及洪梅游泳场
④ 洪屋涡水道西岸岸线改造工程总体规划
⑤ 洪梅镇鸟瞰

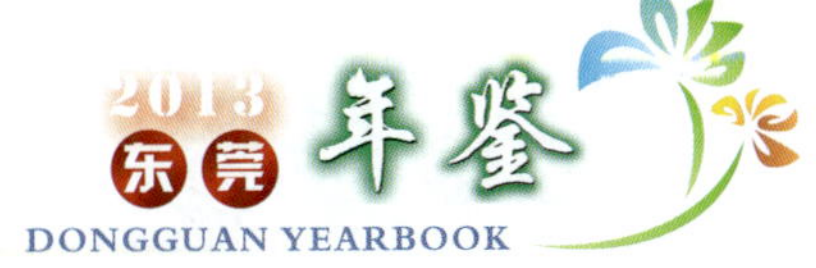

【民生实事】坚持教育为本　2012年，洪梅镇加大教育事业投入力度，落实奖教奖学；重视师资培育，打造优良师资队伍，多名教师在各项省市业务、教研评比中名列前茅；抓好教育质量提升，推进课程改革与校本教研，中学中考成绩进一步提升，小学素质教育取得初步成效，第一小学被评为全省阅读基地。

扶持群众就业　2012年，洪梅镇落实各项就业补贴，做好招聘会、培训班、青年见习等就业服务，壮大就业规模。2012年落实市镇各项就业补贴624万元，推荐本市户籍就业230人次。

发展文化事业　2012年，洪梅镇独立筹办第四届洪梅花灯节，提升办节水平。深化文化惠民工程，推动文艺培训、电影、演出下基层，举办龙舟节、读书节、篮球赛等一系列群众喜闻乐见的文体活动，丰富群众文化生活。

加强社会保障　2012年，洪梅镇抓好住房保障，推进建设公租房和廉租房。发放各类低保金、救助金、各项津贴1817万元，投入196万元继续为全镇村（居）民购买30种重大疾病保险。推进社会保险扩面征缴，2012年社保基金征缴额比上年增加15%，农（居）民养老金标准进一步提升。完善社会服务功能，以黎洲角为试点推进社区综合服务中心、残疾人康复就业服务中心建设，购买6名社工服务进驻社工工作站。落实“双到”扶贫，顺利完成第一阶段市外扶贫任务。推动发展慈善事业，募集各项善款150万元。

加强医疗卫生、人口计生、新莞人服务管理等工作　2012年，洪梅镇投入507万元完善洪梅医院硬件设备，启动社区卫生服务中心重建工程，促进医疗水平提升。优化计生服务，2012年政策生育率82.7%，人口自然增长率为8.7‰。提升新莞人服务管理水平，抓好“推居”和新莞人积分入学、入户工作，制发居住证5919人，新莞人入户39人，积分入学139人。推进妇幼、审计、武装、拥军优属等各项工作。

【党政建设】加强队伍建设　2012年，洪梅镇组织干部职工参加业务培训，促进业务水平提升，激发干部队伍干事创业的热情。抓好中层干部轮岗、人员招聘、编外人员待遇调整等人事工作，为政府工作顺利开展提供有力组织保证。

提升工作实效　2012年，洪梅镇落实督查制度，强化问责制度，抓好上级交办事项的督查落实，较好地完成市布置的各项任务。抓好镇委镇政府重要决策的督促跟办，推动一批重点工作、重点工程和重大项目加快进度。

落实民主监督和依法行政　2012年，洪梅镇主动接受人大代表和群众监督，认真办理人大议案和建议，回复率和满意率达100%。推进网络问政，开通官方微博，“镇长信箱”全年收到来信126件，回复率达100%。做好政务、村务、财务公开，强化财政收支管理，优化财政支出结构，财审结算核减率7.2%，政府采购节约率3.1%，民生支出占镇本级支出的75%。

加强作风建设　2012年，洪梅镇推进反腐倡廉，开展治理收送“红包”、清理“双重身份”等自查自纠工作，推行村（居）两委干部财产申报制度；提倡厉行节约，“三公”经费支出大幅压缩；加大查办案件工作力度，查处一批违纪违法案件。　（伦美娃）

附：2012年东莞市洪梅镇党委、人大、政府领导名录

镇委书记：吴淑萍
镇委副书记：周玉佳　刘学东
镇委委员：莫宇东　麦沛坚　郭　旺
　　　　　李耀文　王　晖　罗有通
　　　　　叶广文　叶小毅　黄成近
　　　　　张文珍　陈　钊
镇人大主席：吴淑萍
镇人大副主席：麦沛坚　钟燕华
镇　长：周玉佳
副镇长：莫宇东　陈进强　谭政居
镇委书记助理：陈伟全

2008—2012年洪梅镇主要经济指标

指标＼年份	2008	2009	2010	2011	2012
户籍人口（人）	21289	21592	21963	22271	22425
外来暂住人口（人）	33318	26408	24050	24467	25649
面积（平方公里）	33.2	33.2	33.2	33.2	33.2
地区生产总值（万元）	206785	252875	340229	378884	326380
工业总产值当年价（万元）	829932	1038945	1519078	1677465	1712943
农业总产值当年价（万元）	8285	8011	8853	10212	9781
总用电量（万千瓦时）	41949	46272	52489	52409	53847
全社会固定资产投资总额（万元）	134592	110193	123218	113473	136677
社会消费品零售总额（万元）	70356	82408	35895	38174	42485
外贸出口总额（万美元）	22711	20782	24405	29091	32254
实际利用外资（万美元）	20407	9996	10145	9240	18810
镇级可支配财政收入（万元）	18860	21541	23020	31808	32013
各项税收总额（万元）	27190	37137	41747	50391	48811
金融机构各项存款余额（万元）	152798	182227	255573	267199	285099
城乡居民储蓄存款余额（万元）	100525	111857	142493	165831	187044

道滘镇

【概况】道滘镇位于东莞市西部、穗深经济走廊中部，毗邻东莞市区，全镇总面积54平方公里，是全国著名的“游泳之乡”“中国民间文化艺术之乡”“中国曲艺之乡”“中国特色食品名镇”，获得“全国亿万农民健身活动先进镇、国家卫生镇、广东省教育强镇、广东省园林城镇”等称号。全镇下辖13个村民委员会，1个社区居委会，户籍人口5.6万人，常住人口14.3万人。道滘的美食和旅游资源丰厚，除闻名内外的粤晖园外，还有巍焕楼、虹桥、抗清义士万人大坟、济川桥、“六一一”亭等众多名胜古迹。“道滘粥”“道滘肉丸”“道滘裹蒸粽”“道滘米粉”等美食风味独特、驰名遐迩。

2012年，全镇生产总值（GDP）61.1亿元，比上年增长5.9%；工业总产值151亿元，增长3.4%；镇本级可支配财政收入5.95亿元，增长7.9%；社会消费品零售总额11.56亿元，增长8.3%；金融机构各项存款余额74.60亿元，增长11.4%，其中城乡居民储蓄存款余额54.69亿元，增长14.8%；各项税收总额11.18亿元，增长13.8%。

【“三重”建设】2012年，道滘镇坚持以“三重”建设为 抓手，加快产业结构调整和转型升级。推进园区建设，打造食品产业集群升级示范区，深化食品工业园详细规划和土地统筹，筹建“广东省南方食品质量检验检测中心”，成立食品行业协会，组织食品企业代表参加中国食品博览会等大型展销活动，成功举办第三届中国（道滘）美食文化节暨名优食品展；落实健康产业园项目整体和健康大厦办证手续，出台园区土地收储方案和昌平村回迁小区方案；东莞卫校于9月投入使用；推动济丰农业产业园23.33公顷土地的顺利投入运营。引进优质项目，成功促成搜于特、雄林等优质项目增资扩产，并在当年纳入为市重大建设项目。推动科技创新，落实科技道滘工程配套奖励资金，引导企业申报高新技术企业及省市民营科技企业，举办科研院校与企业对接洽谈会，促进产学研合作，并成功推动万泰、中億等2家企业设立研发机构；宣传推广搜于特公司创新发展、转型升级的成功经验；推进企业专利培育试点建设，选定诺华等作为省著名商标培育对象。2012年，全镇专利申请数490件，授权数348件。

现代和谐水乡新城——道滘

① 2012年8月7日，省委副书记、省长朱小丹（前排左二）到道滘镇莞惠项目东莞水道特大桥工地考察。

② 2012年6月4日，省委副书记、省长朱小丹（前排右一）一行在市领导徐建华、袁宝成，镇领导陈灼林、贾贵斌等陪同下到东莞搜于特服装股份有限公司调研考察。

【招商扶企】 2012年，道滘镇强化优质项目引进，注重引资质量和增资服务，引进东鹏饮料等大型项目，促成安尚、银禧、色真、万泰、洲亮、五芳斋等优质项目增资扩产。2012年引进内资项目20宗，协议金额达6.4亿元；新签外商投资项目（含增资）12宗，实际利用外资2624万美元。培育优质项目，推动雄林公司列入“323”高成长型中小企业，引导银禧、万宝至、诺华等企业开拓国内外市场。加大优质项目扶持力度，开展“访企业、送服务、促转型”活动，出台《道滘镇进一步扶持企业发展的若干意见》，推行商事登记改革，营造良好营商环境。落实企业税费减免政策，解决雄林、洲亮、广华、思朗等企业用地问题，帮助企业融资和转型升级。

【城市建设】 2012年，道滘镇强化城市建设管理，深化城市环境综合整治，优化宜居环境和形象品位。加强城市基础建设 推进全镇30项重点工程建设，蔡白北岛沿江景观大道、东莞卫校等9项工程顺利完工；南阁东路南城段、小河小学扩建等7项工程进度加快；马洲桥、中大第二外国语学校等工程施工图设计工作基本完成。配合省市重点工程建设，水乡大道道滘段顺利通车，穗莞深、莞惠城际轨道征地工作基本完成。优化城市环境管理 深化城市环境综合整治，开展“大清洁、乡村美”城乡清洁工程，重点围绕广深高速、西部干道、蔡白片区等城市窗口，强化“四清理”、“五整治”等专项整治行动，拆除各类违法广告牌97块，拆除违章建筑、违法搭建123宗。推进节能减排工程，重点治理工业锅炉和冒黑烟企业，查处各类企业32家次。推进省园林城镇、市名村、生态示范村等创建活动，推进大罗沙村岭南水乡文化生态示范村建设，建成广深高速道滘路段全长4.5公里的生态景观林带，成功创建省园林城镇，增创生态示范村7个、名村1个。

【水乡统筹发展】 2012年，道滘镇坚持规划先行，配合做好水乡片统筹发展规划，组织开展城市总体规划修编和各项专项规划编制工作，完成综合交通规划、一城五区城市设计等8个城市规划，修正完善全镇总体规划及各片区控规。成立道滘镇推进统筹水乡发展办公室，制定《道滘镇推进水乡地区统筹发展工作实施方案和2012—2013年度工作计划》，铺开统筹水乡地区发展“4321工程”项目库的编制工作，包括东莞国

① 2012年12月18日，省委常委、常务副省长徐少华（前排右二）在市委书记、市人大常委会主任徐建华（前排右一）和镇委书记、镇人大主席陈灼林等陪同下，实地视察莞惠城际轻轨道滘站施工现场。
② 2012年6月11日，省委常委、组织部部长李玉妹（右二）一行在市委书记、市人大常委会主任徐建华（右一），市委常委、组织部部长甄瑞潮（右三）等陪同下到道滘镇九曲村调研。
③ 2012年12月28日，市领导徐建华（中）、袁宝成（右四）、李毓全（左四）、姚康（右三）、黄双福（左三）等参加东莞市统筹水乡地区发展先期项目启动暨水乡大道改造提升工程动工启动仪式。

际健康产业园、水乡文化区、现代农业区、岭南文化风情区4片特色区域塑造工程，望万道滘段、蒲鱼沙路、蔡白沿江路3项道路工程，滨江西路延长线、北海河一河两岸2项岸线整治工程，游泳中心1项公共设施工程。

【“三打两建”】2012年，道滘镇围绕食品、民生、高危等重点领域，强势推进“三打两建”工作。2012年查处“三类案件”640宗，破获欺行霸市案件384宗，制假售假案件245宗（其中大案要案18宗），商业贿赂案件11宗，打掉欺行霸市团伙7个，查处保护伞3人。结合“六个东莞”建设，从财政、税收、信贷、用地等方面加大对依法经营、诚信经营企业的扶持力度，推进社会信用体系、市场监管体系建设，优化营商环境。

【社会管理】2012年，道滘镇加强和创新社会管理，推进社会综合治理，加大矛盾排查，促进社会稳定。维护社会治安　统一收编各村治安联防队员，优

① 2012年5月17日，市委书记、市人大常委会主任徐建华（站者前排中）到道滘镇调研，并看望南城村综合服务中心活动的老人。

② 2012年2月2日，市委副书记、市长袁宝成（前排左二），副市长贺宇（前排右一）在镇领导陈灼林、贾贵斌等陪同下视察道滘镇蔡白北岛沿江景观大道。

③ 2012年5月11日，市委副书记姚康（右六）到道滘镇调研产业转型升级。

④ 2012年8月23日，市委常委、常务副市长梁国英（前排左二）在镇领导陈灼林、贾贵斌等陪同下视察道滘镇大罗沙村。

⑤ 2012年4月26日，市委常委、宣传部部长潘新潮（二排中）等出席道滘镇杰出人物评选活动颁奖典礼。

化整合警务区建设，推动警力下沉，构建“全时空”的群防群治治安防控网络。推进镇村两级视频监控网络建设，新装550个视频探头，成立12个视频监控室，实现全镇各村和重点地区“天眼”全覆盖。开展“粤安12”、“打四黑除四害”、“南粤亮剑012战役”等系列行动，时刻保持严打高压态势。全年立刑事案件663宗，比上年下降5.1%。强化安全监管 推进安全生产标准化建设，开展安全生产大排查、大整治、大培训行动和“打非治违”专项行动。加强消防安全教育管理，开展“清剿火患”战役回头看、“六熟悉”实战应急演练等专项行动。全年检查企业及场所6803家，发现并整改各类隐患6970处，教育培训有关安全管理人员1084人，消防事故比上年下降38.1%。化解矛盾纠纷 成立镇社工委，统筹协调社会管理工作。成立综合应急救援大队，建立机关民兵应急连，提升突发事件处置能力。加快综治信访维稳三级平台建设，设立诉前联调工作室和“市网上信访大厅—道滘厅”，落实领导接访制度和包案处理信访案件，提升信访矛盾纠纷的办理效率及质量。全年受理各类信访案件288宗，办结276宗，办结率为95.8%。

【民生实事】 2012年，道滘镇完善社会公共服务和发展民生事业，增强群众的幸福感。健全民生保障 落实养老、医疗、工伤、失业、生育等保险制度，顺利完成各项险种的扩面任务。加强社会公共服务，成立道滘社工服务站，筹建民生综合楼、残疾人康复中心和白玉兰家庭中心。加强新莞人服务管理，完善居住证制度，做好新莞人子女入学、积分入户等工作，实行出租屋“实名制”刷卡进门管理制度。优化医疗服务管理，开展“送医送药送健康”下乡活动，落实“两癌”免费筛查惠民政策。做好助学助医、困难帮扶、双拥优抚、住房保障、福利慈善等工作，解决“读书难、看病难、住房难”等问题，全年发放低保、助学助医、残疾津贴、住房补助等资金1900多万元。促进就业创业 加强各村(社区)人力资源服务站和村民车间建设，累计设立村民车间29个，安置本地劳动力1019人。举办招聘会活动，成功推荐就业947人，发放各类就业补助1237万元。铺开“东莞市劳动关系和谐企业”创建活动，新创建市劳动关系和谐企业11家。强化劳动监察和仲裁工作，为员工追发工资1116万元。

【文化教育】 2012年，道滘镇坚持实施教育强镇战略，提升教育水平，繁荣文体事业。全年投入教育资金1.2亿元，完善教育体系，把两所镇办幼儿园纳入收支两条线管理，新设立民办幼儿园3间，加快推进中心小学、小河小学扩建工作，深化校园周边环境和校车安全整治。加强师资队伍建设，实行公办小学校长轮岗交流，继续推进“一校一品”特色办学，落实“减负增效”工程。积极开展德育创新，切实提升教育教学质量。全镇6间市一级学校全部被评为“市德育示范学校”，教师竞赛获市级以上奖项230多人次，学生获市级以上奖项1600多人次。济川中学高考本科以上上线总数143人，比去年增加10人，其中重点本科上线4人。推进“岭南水乡文化名镇”建设，挖掘传统文化资源，成功将七夕节、麒麟引凤、裹蒸粽制作申报为省级非物质文化遗产，将济川善堂申报为第九批市级文物保护单位。鼓励扶持粤剧曲艺发展，参加粤剧曲艺交流，取得第五届全国少儿曲艺大赛二等奖、

① 2012年7月25日，沿海片年中点评现场会首站到东莞搜于特服装股份有限公司，市领导袁宝成、姚康、黄双福、甄瑞潮、刘卫芳、梁国英、邓志广等观察产品展示了解企业经营情况。

② 2012年12月25日，镇委书记、镇人大主席陈灼林（左二）和镇委副书记、镇长钟浩滔（左一）到银禧工程塑料有限公司调研。

③ 以“品味道滘、香飘华夏”为主题的第三届中国（道滘）美食文化节暨名优食品展于2012年6月20—24日举行。

广东省粤剧曲艺类比赛一金三银，第三届广东省少儿戏曲小梅花大赛“金花奖”的优异成绩。发挥文联的文艺创作主阵地作用，书画、美术作品获国家、省、市级奖项14个。实施公共文化服务工程，建设“书香道滘”，实现全镇公共电子阅览室全覆盖。建立村公共文化管理服务队伍，开展“百场培训、千场演出、万场电影”到村（社区）、企业活动和第八届读书节，创新举办杰出人物评选、道德讲堂等活动。出台《道滘镇振兴游泳运动及泳苗培养输送实施办法》，组织运动员参加省市各类游泳体育竞赛，获得98金72银74铜的优异成绩。

【农村发展】2012年，道滘镇推进农村综合改革，加强集体资产管理，用好扶贫“双到”等各项优惠政策，增强集体经济发展活力，促进村组协调发展。推动农村增收减债　重新修订农村集体资产、债务管理细则方案，逐步铺开集体资产更名工作，设立镇农村集体资产交易中心，规范集体资产交易管理。继续深化“五统一利”发展模式，新增储备土地21公顷。引导各村发展优质项目，推进村组减债工作，实现村组两级集体总资产19.3亿元；资产负债率16.3%，比上年下降2.7个百分点；经营纯收入1.38亿元，增长4.6%。推动农村综合改革　健全农村资产、财务管理、监督审计、民主议事、重大事项审查等各项管理制度，完善农村干部考核办法和薪酬实施细则，铺开厚德村撤并组级经济及大岭丫村建设社区政务服务中心等试点工作，投入210.8万元成立南城村综合服务中心，创新农村管理模式。推动农村扶贫“双到”工作　为市镇6条欠发达村减免债务2700多万元，将市镇欠发达村免息借款4080多万元入股镇属优质物业，实现市级3条欠发达村经营纯收入平均比上年增长达15%。开展结对帮扶活动，促使203户贫困户中的183户实现脱贫，脱贫率达90.1%。继续巩固市外扶贫“双到”工作成果，使龙门村、白马村集体年纯收入分别比上年增加至13.59万元和13.62万元，转移就业381人，对口帮扶的201户有劳动能力贫困户全部实现脱贫。

【党政建设】2012年，道滘镇推进创先争优和基层组织建设年活动，推进特色党建工作，抓好队伍建设、组织建设和作风建设，增强各级党组织的战斗力、凝聚力和执行力。组织党员干部认真学习贯彻党的十八大精神，加强农村党员干部现代远程教育，落实每月集中学习教育例会制度。坚持办好道滘学习论坛，继续实施“2+3”现代产业知识学习计划，组织干部赴广州、佛山等先进地区参观学习，赴香港理工大学开展培训，提高领导干部综合素质能力。加大竞争性选拔干部力度，对文广中心主任等5个职位实行公开遴选，对公用事业服务中心副主任等7个职位实行竞争上岗。创新基层党组织民主管理模式，实施基

① 2012年12月3日，钟浩滔（站者右）当选为道滘镇人民政府镇长。

② 2012年5月30日，道滘镇领导陈灼林（右二）、梁寿如（左一）、钟克仔（左二）等赴云浮市新兴县实地视察莞滘农贸市场帮扶项目。

③ 2012年3月7日，道滘镇召开“三打两建”工作动员大会，全面部署全镇“三打两建”工作。

④ 2012年，道滘镇打造“睇大戏来道滘”活动平台。

层党建创新“书记项目”，创建“五好五有”领导班子，开展村（社区）“两委”换届后“回头看”活动和“我承诺、我先行”主题实践活动。推进基层党组织分类定级和后进村整顿工作，完善农村基层党组织设置。开展“两新”组织“百日攻坚行动”，新组建7个企业党支部和10个“两新”组织联合党支部，提高“两新”党组织覆盖率。开展“红旗工作室”创建和“优秀工作案例”创评活动，建立党代表网络工作室和视频系统信息平台，强化党代表与群众的沟通。开展创先争优活动，南丫村、工商分局、诺华公司等3个党组织被评为2010—2012年全市创先争优先进基层党组织；北永村成功创建市“特色党建示范区”，闸口村和永庆村成功创建“党员承诺示范岗”；成功创建1个“五星级党组织”和2个“四星级党组织”。严格落实党风廉政建设责任制，加强廉政风险防范管理，在人力资源分局等11个部门继续开展“一岗一预防”活动。推进党务政务村务公开，在政府网站设立农村党风廉政信息公开平台。开展民主考评、行风评议等活动，加强作风效能建设。（卢润志）

附：2012年东莞市道滘镇党委、人大、政府领导名录

镇委书记：陈灼林
镇委副书记：贾贵斌（任至12月）
钟浩滔（12月到任）
梁寿如
镇委委员：卢林明　陆宝军　赖锡池
刘转南　卢泽新　丁金诺
赖华锋　钟克仔　邹应溪
胡汉平　许敏（挂职）
镇人大主席：陈灼林
镇人大副主席：蔡树辉　刘转南
镇　长：贾贵斌（任至12月）
钟浩滔（12月到任）
副镇长：卢林明　卢耀辉
叶润森　叶志刚

道滘镇蔡白北岛沿江景观大道

2008—2012年道滘镇主要经济指标

指标＼年份	2008	2009	2010	2011	2012
户籍人口（人）	55493	55635	55842	56083	56378
外来暂住人口（人）	85365	75937	85833	86017	85425
面积（平方公里）	54	54	54	54	54
地区生产总值（万元）	441029	449115	515731	582545	610742
工业总产值当年价（万元）	919023	901433	1210628	1315563	1512728
农业总产值当年价（万元）	11777	13659	13948	16514	17979
总用电量（万千瓦时）	110624	104837	125724	128414	120408
全社会固定资产投资总额（万元）	139468	106584	117897	130781	149517
社会消费品零售总额（万元）	51587	58584	77023	108947	115607
外贸出口总额（万美元）	40010	34822	38588	40812	42808
实际利用外资（万美元）	2973	1547	1242	2599	2027
镇级可支配财政收入（万元）	48128	48323	50046	55149	59527
各项税收总额（万元）	70016	63135	83687	98325	111858
金融机构各项存款余额（万元）	470452	518720	640791	669816	746099
城乡居民储蓄存款余额（万元）	354480	375379	431256	476429	546933

厚街镇

【概况】厚街镇位于珠江三角洲东岸，穗港经济走廊中段，北连东莞市区，南邻虎门港，东倚大岭山，西南毗连沙田，西北与道滘、洪梅等隔河相望。广深高速公路、S256省道及规划中的穗莞深城际轨道、环莞快速路、东莞市域轨道交通R2线、番莞高速等纵贯全境，广深港客运专线新东莞站坐落其中。全镇面积126.15平方公里，下辖23个社区居委会，户籍人口9.8万，外来常住人口34.2万。

2012年，厚街镇完成生产总值253.5亿元，比上年增长11%；工业总产值730.8亿元，增长27.4%，其中规模以上工业产值677.03亿元，增长28.8%；镇财政公共预算收入12.3亿元，增长13%；完成税收34.4亿元，增长15%；全社会固定资产投资总额43.8亿元，增长12%；实际利用外资总额1.7亿美元，增长14.0%，出口总额90.1亿美元，增长32%。至2012年底，金融机构各项人民币存款余额385.9亿元，比年初增长16.4%；各项人民币贷款余额273.0亿元，比年初增长6.1%。农村集体经济进一步增强，社区集体经营性总收入与纯收入分别比上年增长3.1%和5.3%，全镇社区集体资产负债率下降1.6%。2012年厚街镇获得市综合总分考核一等奖，被评为广东省生态乡镇，广东家具国际采购中心。

【产业转型发展】2012年，厚街镇调整产业结构，推进产业转型发展，获得全市产业结构调整先进镇称号。温家宝、汪洋、胡春华、朱小丹等中央和省领导亲临厚街调研，对厚街产业升级及转型发展给予高度评价。推进社区企业转型　出台社区企业转型升级奖励等“十大政策”，确立5个社区和30家社区企业为试点，铺开社区企业转型试点工作，将结构调整层面从镇延伸到社区。制定社区集体闲置厂房统筹招商办法，统筹开发社区闲置土地。强化创新驱动　推进“双百”工程，推动39家重点耗能企业加快节能技术改造、17家企业开展清洁生产。启动厚街家具市场联盟筹建工作，名家具设计研发院成为省中小企业公共服务示范平台，制鞋业被纳为市重大产业集聚区。全镇共有国家高新技术企业15家，外资企业具有研发能力183家，科技创新工作位列全市先进。推进品牌创建　着力培育“厚街家具”“厚街制鞋”两大区域品牌。启动东莞名家具名牌战略，组建东莞名家具品牌促进会，召开家具企业“争创名牌名标”专题辅导会加快推进优质企业名牌名标创建步伐。全年获得专利授权1259件，新增广东省名牌名标产品5个，厚街镇累计获得名牌名标48件、名牌名标数占全市

创新社会管理　营造和谐幸福厚街

2012年8月25日，中共中央政治局常委、国务院总理温家宝莅临厚街镇，并视察东莞绿洲鞋业有限公司。

总数的8.4%。帮扶民企发展　创办全镇首家村镇银行——华业村镇银行，2012年，共帮助655家民营企业获得银行贷款136.7亿元。出台《厚街镇关于促进民营经济转型升级的实施意见》，制定帮扶民企措施22条，成立民营经济投资服务中心和重点企业转型服务工作站，建立民企办事优先制度。

【“三重”建设】2012年，厚街镇把“三重”建设作为促进产业高级化、实现高水平崛起的重要抓手，确立“一引二建三改四展”的工作思路，推进“三重”建设。加快大项目引进　赴韩国、台湾开展招商，组织3场区域性招商工作，引进钧煌鞋业、天一美家家具等300万元以上内资项目67宗。2012年，厚街镇实际利用外资金额1.7亿美元，比上年增长14%。加快市镇重点项目建设　确立28个市镇重点项目，累计投资总额逾50亿元。成立28个项目专责组，明确项目主任，建立“三重”项目信息报送和督导制度，推行目标倒逼进度机制，推进重点项目建设。加快“三旧改造”　全镇纳入标图建库的“三旧”改造地块84宗，面积578.67公顷；改造方案通过市审批共27宗，编制单元规划6宗，总面积78.07公顷。提升发展会展业　成功承办首届国家级展会加博会，获评东莞十大经济事件；新引进华南国际汽车改装展、南方印刷展、南国际瓦楞纸展等三大展，其中南国际瓦楞纸展为全球行业最大展会，会展二期工程项目完成前期准备工作并动工建设。

①

②

③

① 2012年9月16日，第一届中国加工贸易产品博览会开幕。
② 2012年12月26日，中共中央政治局委员、广东省委书记胡春华（前排左三）到厚街镇三星视界有限公司视察。
③ 宜商宜居厚街

【城市形象提升】2012年，厚街镇完善城市规划，加快城市建设，增强城市承载能力，获评为市城市管理工作先进镇和市城市规划工作先进镇。城市规划持续完善　启动总体规划修编，推进控规调整和专项规划，开展9项控规调整和教育园区规划研究编制工作。项目建设进展顺利　全年规划建设项目47宗，完成项目投资53.46亿元，完成10个批次、65.87公顷新增建设用地报批工作。配合做好S256省道大修等七项省市重点项目的征地拆迁、施工协调工作；启动厚街体育馆和厚街汽车客运站工程建设；完成中心幼儿园主体建设、厚沙东路主线桥建设和厚沙东路、学院路等9条道路，以及东溪东路等村际联网路建设。城市环境逐步好转　推进环境整治年工作，开展大规模拉网式和突击式整治行动89次，有效整治城市“六乱”现象，完成广深高速两旁景观林带综合治理和广告牌与黑烟囱的清理工作，宝屯等6个社区成功创建成为市级生态社区，溪头、涌口、宝屯三个社区创建宜居社区示范点，其中涌口社区被评为省宜居示范村庄。

① 2012年11月15日，东莞市原市长郑锦滔（右一）、人大常委会原主任王贺畴（左一）、副市长喻丽君（左二）和厚街镇委书记、镇人大主席黎惠勤（右二）为鳌台书院揭牌。

② 鳌台书院内景

③ 横岗水库

【社会管理创新】2012年，厚街镇推进“打霸治痞”年工作，以“四化五警”建设为抓手，打击各类违法犯罪活动。强化社会治安管理　开展“打霸治痞年”工作，采取“规模用警、集中整治”的方式，组织开展粤安12、“春雷”、夏季攻势、秋风行动等专项行动，整治多个治安重点地区和治安问题突出部位。全年开展大规模清查整治行动52场次，立刑事案件2205宗，破获刑事案件1081宗，破获积案274宗，破案率49%，刑事拘留832人，行政拘留1418人。成立反“两抢”专业队，全年打掉“两抢一盗”团伙51个，查处涉黄案件57宗、涉赌案件207宗。严抓治摩禁电工作　组织开展“治摩”整治行动41次，查扣各类非法车辆1.2万辆，其中摩托车7754辆，电动自行车4683辆，维护道路交通秩序。落实科技强警　建成镇级视频监控点277个和社区视频监控点195个，基本实现全镇视频监控全覆盖。利用社会治安视频监控系统发现、出警的案件共112起，提供盗抢案件线索96条。推广出租屋IC卡安装、指纹锁等智能管理。推进出租屋试点工作，确定赤岭、汀山、珊美、新塘和宝塘5个社区为全镇出租屋管理试点工作的重点社区，并基本实现试点小区管理网格化、信户动态化、治安巡查常态化、安全防范智能化和机制规范化，“视频+门禁”的管理模式获全市推广。抓好矛盾排查化解　成立社会工作委员会，完善司法协作体系和企业欠薪保障金制度，开展创建和谐劳动关系示范区工程和劳动关系风险预警与应急处置工作，人力资源综合业务工作和劳动仲裁工作获评市先进，司法分局被评为全国先进单位。建立信访工作常态化机制，开展大接访、大下访15次，处理各类群体性事件70宗。全年受理信访案件553宗，办结率为91%。抓好“加博会”维稳工作　2012年，“外博会”正式升格为国家级“加博会”。为确保“加博会”的顺利完成，制定加博会和“现场会”社会治安综合治理方案、突发事件应急预案和警卫工作方案，开展“百日严打整治”专项行动，全面排查和化解各类社会不安定因素。启动应急应变工作机制，建立巡查盯防制度，落实各社区属地管理，组织镇民兵应急分队参与加博会治安防范、交通疏导及突发事件应急工作，突出防范群体性突发事件发生。建立全勤值班制，实行24小时应急值班制和中层以上干部手机畅通制。建立馆内、馆外及泛馆外（即直径1公里）“三个防控圈”，圆满完成展会安保任务。

【“三打两建”】2012年，厚街镇着力推进“三打两建”和商事登记改革，营造公平市场环境。推进“三打”工作　先后召开4次干部动员大会、8次“三打”工作推进会，累计出动3.14万人次，摸查出租屋、店铺及娱乐服务场所2.74万间次，线索查处1772条，立案查处1198宗，打掉欺行霸市团伙19个，查处制假售假大要案48宗，商业贿赂案件10宗，打掉保护伞2宗，抓获犯罪嫌疑人553名。推进“两建”工作　制定《厚街镇市场监管体系建设方案》和《建设“信用厚街”营造诚实守信的信用环境行动计划》，并逐步推进重点地区和重点领域、沟通协调制度、信息交流平台等无缝对接。推进商事登记制度改革　制定《厚街镇商事登记制度改革实施方案》，健全领导小组和机构，搭建信息平台，扎实稳妥地全面推进商事登记制度改革。

东莞市厚街镇丰泰观山碧水小区

① 厚街镇中心区一角
② 厚街风貌

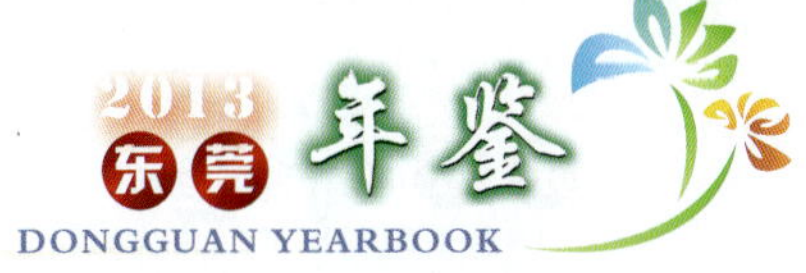

【民生实事】2012年，厚街镇镇财政全年投入9.46亿元发展民生事业，基本完成“十件民生实事”。完善社会保障体系　创新工伤预防、工伤补偿和工伤康复“三位一体”体系建设，将新莞人子女纳入医疗保险参保范围。推广社保新卡一卡多用。全镇企业退休人员和社区退休人员月人均基本养老金分别比上年增长10%和18.6%。落实援疆、千企扶千户和扶贫“双到”工作，完成郁南对口扶贫任务。提升发展文化事业　鳌台书院建成并投入使用。编制《厚街镇建设文化名城发展纲要》，建立社区文化管理员队伍和文化志愿者队伍，完成全镇公共电子阅览室全覆盖。全年获市以上文艺奖项24个，新增市级文物保护单位2处。积极引导民间文艺社团的建设和发展工作，成立厚街硬笔书法协会，创建“厚街镇文联群”“厚街作家群”“厚街书法协会”等文联交流群。保障公共安全　成立镇食品安全委员会，开展“地沟油”、瘦肉精等专项清查行动16次。投入200万元推进57户廉租房保障工作。完善公交线路网，调整镇公汽现行线路、站点，建设S256省道临时候车亭。2012年农产品质量安全管理、春运工作、交通工作和“清无”工作均位列全市先进。做好教育、医疗、就业等民生实事　投入4680万元改善教育硬件设施，其中投入2000万元建设新中心幼儿园。支持陈屋、大迳、双岗等3所小学创建市一级学校，实现全镇公办中小学等级学校全覆盖。解决新莞人子女入学学位561个，万人升大学和升本科比例分列全市第3、第4名。设立村民车间35个，全年各类招聘会累计提供就业岗位10万个次。开展医疗市场整顿专项行动26次，查处、取缔无证医疗单位62间次，停业整顿医疗机构3间。

【农村综合改革】2012年，厚街镇在深化村级体制改革的基础上，推进农村综合改革，获评市农村集体资产管理工作先进镇、市农村财务管理和村组债务管理先进镇。深化村级体制改革　制定《关于完善和深化村级体制改革工作的意见》，深化村级体制改革。厚街、珊美、三屯、白濠等社区及时按规定组织召开户主会议，通过改革方案表决，完成有关程序。制定《关于做好撤并农村集体经济组织后续工作的通知》，各经济联合社及时做好合并或撤销表决程序的股份经济合作社的组织证明书注销等工作。下发《关于做好我镇撤并农村集体经济组织后续工作的通知》，各相关社区及时按照通知要求做好债权债务清理、撤并申请材料上报等相关工作。规范社区集体资产交易　实地走访南海丹灶镇，根据厚街镇实际，起草《东莞市厚街镇社区集体资产交易办法（试行草案）》，探索集体资金监督平台操作。开展社区清产核资　制定《2012年厚街镇社区集体债务管理工作方案》，推进社区清产核资工作，努力化解不良债务，消除经济隐患。全镇社区集体资产负债率23.85%，比上年下降1.3%。

【党政建设】2012年，厚街镇举办“厚街学习论坛”3期，开展“我为高水平崛起建议献策”大讨论活动。民主推荐9名镇党政领导后备干部人选、68名社区干部人选，实行市镇共同管理、定期考察、重点培养。完善农村党风廉政信息公开平台建设，开展干部作风建设提升年活动，调查处理“阳光热线”来信186宗。成立镇建设工程招投标中心，全年完成工程招投标项目37宗，建设资金节约率达17.3%。　（王锦霞）

附：2012年东莞市厚街镇党委、人大、政府领导名录

镇委书记：黎惠勤
镇委副书记：万卓培　欧顺畴
镇委委员：熊仕权　林伟忠　陈福华
王健文　袁润堆　李慧芬
曾庆云（9月调离）
林景畅　王树生　傅坚军
陈剑峰　李淦球（6月挂职）
叶毅波（11月到任）
镇人大主席：黎惠勤
镇人大副主席：林伟忠　王敬才
镇　长：万卓培
副镇长：方活力　刘创胜
陈锐雄　陈锦胜

2008—2012年厚街镇主要经济指标

指标 \ 年份	2008	2009	2010	2011	2012
户籍人口（人）	95055	95975	96939	98121	98557
外来暂住人口（人）	292967	324740	341344	341594	343058
面积（平方公里）	126.15	126	126.15	126.15	126.15
地区生产总值（万元）	1608690	1695963	1981416	2170463	2535484
工业总产值当年价（万元）	3717300	2860885	4621028	5310458	7307629
农业总产值当年价（万元）	14934	14689	15516	15654	16313
总用电量（万千瓦时）	329671	282486	327126	328340	325508
全社会固定资产投资总额（万元）	300802	333264	378074	391163	438116
社会消费品零售总额（万元）	419920	483205	678036	794542	898006
外贸出口总额（万美元）	461755	414546	507157	682056	900540
实际利用外资（万美元）	19432	9917	12120	15121	17243
镇级可支配财政收入（万元）	77820	79103	93565	111564	123424
各项税收总额（万元）	211445	196626	245523	298739	343628
金融机构各项存款余额（万元）	2256745	2567309	2937956	3275691	3740688
城乡居民储蓄存款余额（万元）	1725009	1894020	2143817	2337351	2605903

沙田镇

【概况】沙田镇位于东莞市西南部，东江南支流出海口与狮子洋交汇处，拥有28公里黄金海岸线，面积约107平方公里，下辖16个村委会和2个社区，2012年户籍人口4.179万人，外来人口10万多人。沙田镇素有“鱼米之乡”美誉，曾被评为“全国农业先进单位”，龙舟历史辉煌，是全国首个“龙舟之乡”，沙田“同舟共济、团结拼搏、力争上游、奋勇争先”的龙舟精神，曾一度被喻为东莞精神，疍家文化源远流长，保留大量疍家风俗、民居，沙田咸水歌是省非物质文化遗产，2012年沙田镇被评为广东省水上民歌（咸水歌）艺术之乡、中国水上民歌（咸水歌）之乡。沙田经济社会发展迅速，获得“全国小城镇综合发展千强镇”“中国港口物流重镇”“广东省港口物流业专业镇”“广东省教育强镇”“广东省卫生镇”和“广东省园林城镇”等名片。

2012年，全镇生产总值71亿元，比上年增长0.9%；镇财政总收入5.2亿元，增长12%；各项税收总额10.77亿元，增长7.2%；实际利用外资3962万美元，增长58.7%；各项存款余额97.53亿元，增长7.9%；各项贷款余额42亿元，增长5%；社会消费品零售总额14.4亿元，增长11.8%；村组两级经营总收入2.49亿元，增长6.2%；农民人均纯收入11388元，增长9%。

【港镇统筹】2012年，沙田镇贯彻落实市委、市政府关于港镇统筹发展的部署要求，加快港镇一体化发展。11月30日，市委组织部作出人事调整：邓流文任虎门港党工委书记、沙田镇党委书记；贾贵斌任虎门港党工委副书记、虎

沙田镇

① 2012年10月9日，市委书记、市人大常委会主任徐建华（前排中）到沙田镇进行经济社会专题调研。

② 2012年12月3日，虎门港工委书记、沙田镇委书记、镇人大主席邓流文（左四）与虎门港工委副书记、管委会主任、沙田镇委副书记、镇长贾贵斌（右三）到虎门港调研港口规划。

门港管委会主任、沙田镇党委副书记，正式拉开港镇统筹发展的大幕。12月13日，沙田镇第十六届人民代表大会第三次会议召开，邓流文当选为沙田镇人大主席，贾贵斌当选为沙田镇人民政府镇长。港镇统筹启动以来，沙田镇调整发展思路，突出“抓统筹、转方式、优环境、惠民生、重管理、强党建”，致力将沙田建设成为现代化的港口新城、新型城镇化的样板区；树立“以港兴镇、以镇促港、港镇共赢”的理念，加强沟通对接，构建港镇一体化行政体系、规划体系、产业体系、交通体系、公共服务体系、社会管理体系，努力做到规划同筹、交通同建、信息同享、产业同布、市场同体、环境同保，实现资源共享、优势互补、分工协作、互惠互利的一体化发展。

【转型升级】 2012年，沙田镇加快转型升级，经济平稳较快发展。抓好“三重”建设，赴北京、深圳等地开展招商推介，洽谈引进中信太和等7宗大项目。9月11日，全市“三重”项目签约仪式上，签约6个项目，签约总额71.5亿元。全年合同利用外资14宗，合同利用外资金额4243万美元；实际利用外资3962万美元，比上年增长58.7%。转型升级步伐加快，出台系列帮扶政策，开展企业走访活动。实施“科技沙田”工程，将“科技沙田”工程专项资金每年增至500万元；出台《沙田镇鼓励企业上市办法（试行）》，对成功上市的企业，在市奖励的基础上，镇再奖励500万元。2012年，共奖励科技项目100项，拨付专项奖励资金161万元。新增省民营科技企业3家、市民营科技企业10家、国家高新技术企业3家、省名牌产品2个；推动1家“三来一补”企业转“三资”，4家企业纳入东莞上市梯度培育企业。民营商贸进一步发展，新注册民营企业285家，注册资金6.6亿元；新增个体工商户962户，注册资金共2055.27万元。

【城市建设】 2012年，沙田镇坚持规划先行，推进城市基础设施建设。基本完成西太隆片区控规，修编临海产业园控规，制定河道整治保护规划设计方案，协调做好省市交通要道的选线和衔接，推动与周边镇的道路规划对接。推动城市重点工程建设，立沙新区二期进入收尾阶段，三期连续动工；沙田法庭、第二幼儿园工程基本完成；建设总长10.752公里的绿道，包括城市绿道7.539公里和社区绿道3.213公里；推进村（社区）休闲公园、图书室、体育运动场

①

②

③

① 2012年11月8日，省妇联常务副主席周丽琼（左三）与市妇联主席黄慧红（左二），沙田镇委副书记、镇长钟浩滔（左四）等一起为西大坦新区白玉兰家庭服务中心揭牌。

② 2012年12月13日，沙田镇十六届人民代表大会第三次会议召开，邓流文当选镇人大主席，贾贵斌当选镇长。市人大常委会副主任郭水（前左）为邓流文（前右）颁发当选证书。

③ 2012年底，虎门港工委书记、沙田镇委书记、镇人大主席邓流文（左三）与虎门港工委副书记、管委会主任、沙田镇委副书记、镇长贾贵斌（左四）到各部门调研。

所、垃圾中转站、公共厕所、居民文化活动中心等工程。推进"三旧"改造，杨公洲鸿湖地块项目已动工建设。强化城市管理，启动国家卫生镇和广东省生态镇创建工作，推进卫生村、生态村、宜居社区、名村建设，新增省卫生村5个和市生态村14个，加大对城市"六乱"的整治力度，改善环境卫生"脏、乱、差"的现象。推进征地拆迁安置工作，完成统筹用地2424.19公顷。基本完成穗莞深城际轻轨征地拆迁任务。

【生态保护】2012年，沙田镇推进生态文明建设，优化生态环境。实施碧水工程，出台《沙田镇水系资源管理暂行规定》，完善河道整治保护规划和排水专项规划，严格项目准入和环保执法。建设和运营生活污水处理厂和环保城集中工业污水处理厂，开展清淤保洁工作；定期举办渔业资源增殖放流和保护活动，优化水系河涌生态，省、市海洋与渔业局联合在西大坦海域举行2012年中央海洋经济物种增殖放流活动。实施绿地工程，在南环湖等地开展义务植树活动，种植红玉碧桃、玉堂春、梅花等共计650棵风景树；扩大花卉种植范围，铺开镇标、横流南路、沙田大道、港口大道、主干道安全岛等地点的时花种植；加强公园园林绿化管理，成立园林绿化养护队伍，确保园内绿化景观靓丽。实施蓝天工程，落实节能减排，倡导低碳生产生活方式，推广节能技术和清洁生产，强化环保执法，鼓励企业创建资源节约型、环境友好型企业，逐步减少烟、气、尘等污染物排放总量。集中整治危险废物、化学品污染，打击环境保护违法违纪行为，出动1600多人次，对镇内360多家企业进行检查，发出限期整改通知书56份，作出行政处罚的环境违法企业14家，作出行政命令的环境违法企业24家，市局立案查处的企业3家。

【农村经济】2012年，沙田镇强化农村集体资产管理，开展农村财务检查、清产核资工作，加强农村合同和支出管理，实施村组减债计划，抓好债权追收工作。2012年，村组两级负债总额8.26亿元，比上年下降6.4%，资产负债率29.17%，下降3.63%。推广"港镇村统筹开发、利益共享"的发展模式，统筹村组资金、土地、厂房、用地指标等，盘活零散土地、闲置用地、闲置厂房，创新资源整合方式，提高资源利用效率，加快10%返还地的科学利用，充分利用存量土地优化整合引进大项目。整合连片的农保区280公顷，规划建设生态农业园，建成集科普、游玩、餐饮、体验于一体的生态化、标准化、产业化的现代农业生产示范基地。2012年村级集体总收入1.72亿元，比上年增长3.86%；纯收入7256万元，增长9.08%；资产总额21.77亿元，增长4.72%。

【民生实事】2012年，沙田镇办好民生工程，改善民生。促进就业创业，发放各项就业补贴1000万元；新设立"村民车间"1个，总数达16个，共安置户籍劳动力796人；"高校毕业生就业与发展联谊会"2个，总数达5个，安置户籍高校毕业

① 2012年11月30日，召开虎门港、沙田镇领导干部会议，邓流文任虎门港工委书记、沙田镇委书记，贾贵斌任虎门港工委副书记、沙田镇委副书记。

② 2012年9月4日，沙田镇科学技术协会第三次代表大会召开，选举产生镇科协新一届委员会，出台"新科技沙田工程"政策。

③ 2012年12月13日，沙田镇第十六届人民代表大会第三次会议召开。邓流文当选为沙田镇人大主席，贾贵斌当选为沙田镇人民政府镇长。全体参会人员会后合影。

④ 2012年3月25日，沙田镇和安村立沙新区一期举行抽签仪式。

生237人；开展“再就业援助月”活动，走访就业困难人员和零就业家庭72户，对168名困难对象落实相关扶持政策，帮助76名就业困难人员实现就业。落实社会保障，发放低保金、助学金、生活补贴、医疗救济、慰问金、双拥补助等共1800多万元；发放惠农惠渔政策补助7000多万元；推进新社区服务中心建设，发放新社保卡；完成社区卫生服务机构“一中心五站点”的布局及标准化建设，覆盖率达100%；加强“期颐偕老——搬迁后老人社区融入”等项目建设；在村（社区）设立“幸福驿站”。推进市内“双到”扶贫，5个欠发达村村组两级经营性纯收入达2785万元，比上年增长34.93%；投入93.87万元，完成新丰县沙田镇、遥田镇四个贫困村的脱贫任务，有劳动能力的贫困户100%实现脱贫。

【社会管理】2012年，沙田镇加强和创新社会管理。推进“三打两建”工作，累计查办欺行霸市、制假售假及商业贿赂案件470宗，省认定大要案2宗，打掉欺行霸市团伙14个，捣毁制假售假窝点177个，查处“保护伞”涉案人员9人，营造良好的营商环境。强化社会治安管理，推进“大巡警机制”建设，开展“粤安12”等多个专项行动，全年有效总警情比上年下降2%，其中“抢劫”警情下降7%，“命案”下降67%，侦破刑事案件355宗，打掉各类犯罪团伙36个。加强公共安全管理，集中开展“打非治违”、“百日行动”和季度性大检查等专项行动，监督监察生产经营单位107个，查处一般事故隐患484项。开展“一岗一预防”、安全办人员业务培训、“安全生产月”“执法监察警示”等活动，组织家重大危险源企业和泥洲渡口开展应急演练。开展维稳工作，结合“两会”“三打两建”“十八大”等重大活动实际，及时排查并有效处理农村福利分红、劳资纠纷、征地拆迁等社会热点难点问题，受理各类信访矛盾个案205起，化解办结193起，调处化解率达94.1%。推进社会建设，开展“白玉兰家庭服务中心”、“社区综合服务中心”、“企业人民调解委员会”、“社工工作站”、“企业工会”等基层社会服务机构建设，促进社会和谐。

【文化教育】2012年，沙田镇发展文教事业，广泛征集反映沙田新时代人文精神面貌的人文精神口号，确立“崇德、务实、思进”为沙田新时代人文精神；开通沙田官方微博“水韵沙田”，开辟对外宣传工作新途径；举办2012沙田水韵文化节等多项群众性文化体育活动；保护和传承疍家传统文化，成功创建广东省水上民歌（咸水歌）艺术之乡、中国水上民歌（咸水歌）之乡，沙田咸水歌《猜花名》在中国首届水上民歌大赛中获得金奖；成立东莞龙舟运动传承基地；出版《记忆沙田》一书，举办第八届读书节；推进“文化”惠民工程，建立专兼结合的村（社区）公共文化服务队伍，实现公共电子阅览室全覆盖，开展百场文艺培训、千场文艺演出进基层、万场电影到村（社区）到企业活动，提升公共文化服务水平。

① 2012年6月30日，2012水韵文化节开幕式暨粤港澳龙舟邀请赛在沙田镇举行。
② 2012年7月5日，中国首届水上民歌大赛暨2012年沙田水韵文化节闭幕式现场。
③ 沙田龙舟队在2012水韵文化节暨粤港澳龙舟邀请赛上夺得第二名。
④ 骑行沙田绿道

① 建设中的立沙新区一隅
② 净美的滨江路景观
③ 沙田休闲公园
④ 鸟瞰沙田港口
⑤ 沙田中心区鸟瞰图
⑥ 沙田镇阇西山公园

提升教育质量，实施教育质量三年提升工程，推进学前教育提档升级计划、力促中学教学质量稳步提升，引导民办学校规范化建设、加强教师队伍建设和校风、教风、学风建设，优质学校比率以及优质学位比率均达100%；沙田镇第一小学成功创建为东莞市一级学校，明珠学校顺利通过市一级民办学校的创建，并获得“广东省交通安全文明示范学校”荣誉称号，是东莞市唯一获此殊荣的学校，鹏远学校成功创建四星级民办学校。解决新莞人子女积分制入读公办学校问题；完成沙田教育基金会换届，举行沙田镇教育基金会成立十五周年慈善公益晚会，筹集善款500多万元；加强校园安全管理和校车安全检查。

【水韵文化节】 水韵文化节是沙田镇重要的文化盛会，也是东莞市“我们的节日”系列活动之一。“2012沙田水韵文化节”以“水韵沙田龙共舞，幸福港城歌飞扬”为主题，历时6天，共分“龙舟传承”“水韵沙田”“休闲美食”“民歌弘扬”四个板块，十六项活动。举办粤港澳龙舟邀请赛、“广东省第三届民间歌会”“中国首届水上民歌大赛”等高规格赛事，以及青少年书法、绘画比赛、水上趣味竞技活动、家庭才艺秀、水上民歌艺术沙龙、水韵沙田民俗风情展、沙田风光、民俗体验游等多样式活动，评选出沙田十大餐饮名店、沙田十大名菜，制作《沙田旅游美食地图》，凸显沙田龙舟文化、疍家文化、咸水歌文化、海鲜饮食文化特色，打响沙田水韵特色文化品牌。

（饶志旋）

附：2012年东莞市沙田镇党委、人大、政府领导名录

镇委书记：麦广钦（任至11月）
　　邓流文（11月到任）
镇委副书记：钟浩滔（任至11月）
　　贾贵斌（11月到任）
　　黄丽香　覃　杏（3月挂职）
镇委委员：刘振邦　蔡北星　陈金水
　　赵植槐　何福明　陈继业　谢发枝
　　翟丽娟　袁　攀　陈　彦
　　卢广基（6月挂职）
镇人大主席：麦广钦（任至12月）
　　邓流文（12月到任）
镇人大副主席：蔡北星　梁　全
镇　长：钟浩滔（任至12月）
　　贾贵斌（12月到任）
副镇长：梁治平　毛东波　冯庆文
　　黄炜琴

沙田镇一河两岸美景

2008—2012年沙田镇主要经济指标

指标 \ 年份	2008	2009	2010	2011	2012
户籍人口（人）	39362	40149	40697	41330	41789
外来暂住人口（人）	85278	68777	65890	68568	71264
面积（平方公里）	107（含水域）	107（含水域）	107（含水域）	107（含水域）	107（含水域）
地区生产总值（万元）	588063	614073（现价口径）	789913	780132	711775
工业总产值当年价（万元）	1374626	1450727	1880795	1829308	1896212
农业总产值当年价（万元）	25266	25629	25753	26030	29718
总用电量（万千瓦时）	88010	92370	105815	104589	107365
全社会固定资产投资总额（万元）	182523	216753	203184	199191	187391
社会消费品零售总额（万元）	79828	84274	87729	128775	128775
外贸出口总额（万美元）	349542	383528	79514	85791	85791
实际利用外资（万美元）	67629	65273	3105	2497	2497
镇级财政总收入（万元）	8528（新口径）	6417（新口径）	44093	46450	46450
各项税收总额（万元）	44915	41230	82215	100419	100419
金融机构各项存款余额（万元）	77519	70504	869695	903968	903968
城乡居民储蓄存款余额（万元）	616067	727804	430431	485443	485443

长安镇

【概况】长安镇地处东莞市南端，东邻深圳市，南临珠江口，西连虎门港，北倚莲花山，G107国道、S358省道、广深高速贯通全镇，是广州、东莞与深圳交通往来的南大门。全镇陆地面积98.1平方公里，下辖13个社区，常住人口66.9万人，其中户籍人口4.6万人，外来非户籍人口62.3万人；旅港同胞3万多人。长安镇自古人文荟萃，名贤辈出，曾涌现出南宋理学大师李用、现代革命志士蔡日新、蔡如平等历史名人，是革命先驱孙中山先生的先代故乡。长安镇依山傍海，环境优美，拥有10多公里的海岸线；有风景胜地莲花山郊野公园、大岭山森林公园，以及长安广场、长安公园、体育公园。

2012年，长安镇实现生产总值282.5亿元，比上年增长4.5%；工业总产值768.1亿元，增长4.2%；税收总额54.5亿元，增长14.5%；镇级可支配财政收入16.5亿元，增长15.1%；进出口总额133亿美元，增长2.8%；固定资产投资57.1亿元，增长6.5%；社会消费品零售总额63.5亿元，增长5.3%。荣获全市镇街领导班子落实科学发展观年度工作考核综合总分一等奖，并获加工贸易转型升级单项指标奖，夺得国际宜居城市竞赛金奖，被授予国家级生态乡镇称号。

【外贸经济】2012年，长安镇对外交流密切，招商引资成效突出。全年实际利用外资3.5亿美元，比上年增长29%；企业进出口总额133亿美元，增长2.8%；外资企业增资项目151宗，增资金额3.36

长安——一个让所有梦想都开花的地方

① 2012年7月25日，市委书记徐建华（左二）、市长袁宝成（左一）等市领导在长安镇委书记杨晓棠（右一）等的陪同下到步步高公司视察。

② 2012年5月18日，市委副书记、市长袁宝成（左二），市委常委、政法委书记邓志广（左三）在长安镇委书记杨晓棠（左一）等的陪同下参观长安"三打"工作成果展。

亿美元，增长79%；新签、增资金额超千万美元的项目有17宗。组团赴日本、中国台湾招商，共促成企业增资扩产1.2亿美元；成功引进总投资37.5亿元的步步高新厂及研发中心、投资1亿美元的长发光电公司；跟进落实投资5亿元的东阳光药业抗体药物研发与产业化团队项目；促成钜升公司投资1亿元建成全省第一条，也是唯一一条全自动模具生产线。帮助企业扩大内销，外资企业内销额达251亿元，比上年增长7.7%；外企新增研发中心（机构）10家，获得境内外专利475宗。全镇共有22家加工贸易企业拥有自主品牌，其中，海外注册品牌18个，国内注册品牌22个。

【民营经济】2012年，长安镇落实各项措施，帮扶民营企业升级发展。镇财政拨款750多万元，奖励民营科技先进企业和单位。全镇投资100万元以上的民营企业发展到1354家，注册资金总额15.1亿元，实际投资总额60.6亿元，比上年增长23%；民营经济税收总额25.6亿元，创历史新高。全镇拥有3个中国驰名商标和2个中国名牌产品，11个广东省著名商标，8个广东省名牌产品。推进名牌带动战略，培育环球石材获得中国驰名商标，冠辉科技获得省名牌产品，长实、雷洋获得省著名商标；推动祥鑫汽车模具制品有限公司成为市第六批上市后备企业。组织企业参加“美国国际塑料及模具技术展览会美国NPE展”“第十三届大连国际机床、工具暨模具展览会”等国内外重要展会，提升长安模具品牌，促进长安民营经济全面发展。

【科技创新】2012年，长安镇推动科技创新，出台奖励企业生产使用数控加工中心的实施办法；推动钜升公司建成全省第一条全自动模具生产线；与钜升公司举办长安模具高端人才培养政·校·企战略合作签约仪式，并筹办东莞长安模具培训学院，培养模具产业高端人才；举办第七届“海峡两岸模具技术（东莞）高峰论坛”。推动祥鑫、胜蓝等7家企业的8个产品获得省高新技术产品称号，劲胜公司通过“广东省院士专家企业工作站”和“广东省第三批博士后创新实践基地”的认定。全镇共有国家高新技术企业29家，比上年增长16%；省民营科技企业64家，增长39%；专利授权量1515件，专利申请量和授权量均居全市第二。全年新增中国驰名商标1个、省名牌名标2个，全镇现有国家和省名牌名标共24个。

① 2012年6月6日，市政协主席李毓全（中）到长安镇祥鑫公司调研。
② 2012年5月30日，长安镇委书记杨晓棠率队到韶关乳源大桥镇开展基层党建“五对接”活动。
③ 2012年8月20日，长安镇长李海文（右二）到长安公安分局调研。

① 2012年11月25日，第十二届中国（长安）国际机械五金模具展览会开幕。
② 2012年6月6日，举行第七届东莞（长安）国际模具技术及设备展览会。
③ 2012年4月13日，长安万达广场奠基。
④ 2012年2月29日，“影像东莞”摄影作品展在长安镇开幕。
⑤ 2012年11月8日，第四届广东省南雅奖书法篆刻展在长安镇开幕。

① 2012年4月16日，饶宗颐美术馆落户长安镇。
② 长安体育公园夜景
③ 生态长安

【城市建设】2012年，长安镇优化城市功能，推动城市升级。完善城市规划编制，按照现代化中等城市的标准优化区域功能布局，编制完成17个控规方案；启动镇中心区、S358省道及莲湖路北片区的城市设计。推进重点工程建设，总投资56亿元的万达广场、万科中心两大城市综合体建设进展顺利；青少年活动中心、实验小学顺利开工建设；五金模具科研及检测中心大楼完成主体结构；体育馆单体建设基本完成；检察院办公楼建成交付使用；本年度绿道工程、广深线长安段景观林带工程完成建设。霄边、三八河排涝站，马尾、五点梅水库排洪渠整治等水利工程正在加紧建设。清理在建违法建筑，查处违法建筑243宗，拆除27宗，占地1.1万平方米，完成广深高速长安段沿线景观专项整治任务。

【环保节能】2012年，长安镇抓好生态文明建设。三洲水质净化厂二期工程投入运营；统筹推进电镀、印染专业基地建设，完成新民A区污水处理厂升级改造工程，B区、C区污水处理厂正加紧建设。继续推进茅洲河、东引运河整治工程。加大环境监管力度，推进节能减排工作。开展名村创建工作，上沙社区试点通过市名村办验收。扎实推进动物疫病防控，加强林业资源培育，完成植树20万株，造林224.07公顷。镇荣获国际宜居城市竞赛金奖，被授予国家级生态乡镇称号。

【社会治安】2012年，长安镇改善社会治安，打击各类违法犯罪。全镇各类刑事案件立案数比上年下降10.4%；治安案件下降21.2%。推进“四化五警”建设，组织开展扫除“黄、赌、毒”等专项行动，群众安全感和满意度明显提升。武装工作有序开展，圆满完成2012年征兵任务。妥善处置矛盾纠纷，开展“百日防护期”维稳工作，妥善处置“9.15”涉日游行事件。调处各类矛盾纠纷，信访总量1273件次，其中办结1232件次，办结率96.8%。完善调解平台，启动首批5名法官助理进社区工作。加大劳动监察力度，处理劳动争议案件2822宗，为劳动者追回工资1605万元。

【三打两建】2012年，长安镇组织开展“三打两建”工作，立案查处“三打”案件1353宗，其中打掉欺行霸市团伙21个，查处制假售假大案要案40宗，查办商业贿赂案件16宗，抓获各类犯罪嫌疑人共232名，获得市8次“一票肯定”。通过开展“三打两建”工作，长安的市场经营环境得到明显改善。

【公共安全】2012年，长安镇推进消防和安全生产等工作，着力加强卫生和食品安全。组织开展安全隐患排查整治，抓好火灾隐患重点地区整治工作，成功通过省市检查验收。开展整治非法营运工作，查处涉嫌“黑的”259辆，以及其他非法营运车辆1676辆。加大特种设备巡查力度，确保产品质量安全。开展餐饮服务食品安全人员培训，成功创建11家示范达标食堂。开展打击非法行医行为、规范医疗市场专项整治行动，检查医疗机构1934间次，取缔非法行医窝点308间次，清理无证行医人员167人。开展人口计生工作，全镇户籍人口出生651人，出生率14.31‰，政策生育率91.71%。

【民生实事】 2012年，长安镇加大力度保障和改善民生。落实就业政策，为5522人发放各类就业补贴、岗位津贴等共324万元。扩大社保覆盖面，全镇参保单位达到1.2万多家；换发新社保卡，推进新莞人子女参保试点。继续做好新莞人积分入户、积分入学工作。开展社会救助工作，向军烈属、复退军人、孤寡老人等发放慰问金和补助款共520多万元；开展市内外扶贫，做好援疆援藏工作，投资390万元，帮助韶关乳源大桥镇建成“塘洞·长安新村”。

【文化教育】 2012年，长安镇推动教育事业均衡发展，繁荣文化事业。加强学前教育管理，将原沙头幼儿园、新安幼儿园收归为镇属，并更名为第一幼儿园、第二幼儿园。贯彻执行新莞人子女接受义务教育实施办法，共向新莞人子女提供520个学位。实验中学中考综合成绩名列全市镇街初中第一名；高中教育、中职教育发展水平进一步提升，民办教育不断规范。推动饶宗颐美术馆落户长安，举办第四届“南雅奖”书法篆刻展，启动“长安口述史”创作，创办城市画册《影像长安》，建成“长安微博发布厅”，举办第三届“长安骄子计划”和第四届镇运会。公共文化服务水平明显提升，文艺精品涌现，“文化志愿大篷车”进“三区”活动获评为全国基层文化志愿服务活动优秀项目。

【党廉建设】 2012年，长安镇狠抓党风廉政建设，提高依法执政水平。组织学习党的十八大精神，不断提高全镇党员干部的党性修养。组织社区两委干部分3期前往香港理工大学参加学习培训。新成立5个党支部，发展169名新党员。开展“打贿”专项行动，查处商业贿赂案件16宗。加强政风行风评议，抓好预防职务犯罪工作。强化人大监督职能，收集人大代表建议25条，全部得到妥善办理。加强财政审计监督，共完成79个工程项目的预结算审核工作，确保财政资金用到实处。整顿机关作风，严格工作纪律，优化工作职能，提高办事效率，加大治庸、治懒、治散力度，开展商事登记制度改革，机关作风和营商环境得到有效改善。推进群团工作，加快工会组建步伐，对困难职工开展帮扶助困活动；顺利完成镇、社区两级团委换届，举办一系列活动纪念建团90周年；维护妇女儿童合法权益，深化“巾帼文明岗”创建活动。　（肖艾平　庞　博）

附：2012年长安镇党委、人大、政府领导名录

镇委书记：尹景辉（任至2月）
　　杨晓棠（2月到任）
镇委副书记：罗军文（任至6月）
　　李海文（8月到任）
　　卢耀昆（6月到任）
　　孙景森（任至8月）
　　李冠洲（8月起任）
镇委委员：李冠洲（任至8月）
　　张　冲　陈卫江　王志明
　　谢伟昌　蔡向春　孙海波
　　麦锦彪　李初雄　黄国权
　　王凤霞（11月到任）
镇人大主席：尹景辉（任至2月）
　　杨晓棠（2月到任）
镇人大副主席：陈林发
镇　长：罗军文（任至8月）
　　李海文（8月到任）
副镇长：李福笑　高　翔

2008—2012年长安镇主要经济指标

指标＼年份	2008	2009	2010	2011	2012
户籍人口（人）	41234	42469	43697	44925	45956
外来暂住人口（人）	360986	552800	664230	620935	622581
面积（平方公里）	83.4	83.4	83.47	83.4	98.1
地区生产总值（万元）	2020980	2083662	2371479	2703545	2824669
工业总产值当年价（万元）	5009932	4562212	5834559	7370889	7681410
农业总产值当年价（万元）	10963	7220	7594	8174	9049.6
总用电量（万千瓦时）	504909	473889	540192	547110	561952
全社会固定资产投资总额（万元）	500017	500546	505136	536135	570966
社会消费品零售总额（万元）	356698	411073	453302	603000	634811
外贸出口总额（万美元）	626166	499579	649950	736354	756397
实际利用外资（万美元）	37163	28409	29237	28031	34526
镇级可支配财政收入（万元）	114080	123864	131282	141989	164838
各项税收总额（万元）	270360	304655	392401	475775	544685
金融机构各项存款余额（万元）	2905799	3303173	4205946	4464000	5045333
城乡居民储蓄存款余额（万元）	2084900	2263195	2753845	3016000	3320962

寮步镇

【概况】 寮步镇是广东省中心镇，地处东莞市主城区、松山湖国家级高新科技产业园、同沙生态园和东莞生态园“四位一体”大市区的中心位置，总面积71.38平方公里，辖10个社区、20个村，常住人口42.16万人，其中户籍人口7.17万人。寮步镇交通便利，G94高速公路、市区环城路、松山湖大道、S357省道，以及在建的莞惠城际轨道交通在此交汇，距广州、深圳、香港等地均在1小时车程之内，融入珠三角一小时经济生活圈。寮步镇是全国综合实力百强镇、中国电子信息产业名镇、国家电子信息产业基地、国家卫生镇、中国汽车销售名镇、中国绿色名镇、国家级生态乡镇、中国沉香之乡、广东省教育强镇、广东省光电数码技术创新专业镇、广东省“双提升”示范镇、广东省文明镇。

2012年，寮步镇完成地区生产总值157.5亿元，比上年增长7%；各项税收总额31.4亿元，增长22.6%；可支配财政收入10.7亿元，增长11%；进出口总额99.8亿美元，增长6.6%，全市排名第三；社会固定资产投资34.9亿元，增长53.6%；实际利用外资1.19亿美元，增长10.7%；社会消费品零售总额146.2亿元，增长15.2%；农村居民人均纯收入2.59万元，增长13%；在全市镇街量化考核中，连续八年获得综合总分一等奖，获得加工贸易转型升级、“三重”建设单项指标奖。

【现代绿色新香市建设】 2012年，寮步镇加快融入东莞大市区一体化发展步伐，基本完成以香市路、蟠龙路为城市十字骨架的镇中心区商圈板块功能布局及招商工作。香市人才公寓、鼎峰花漫里、星城国际三期等商住项目建成开盘。香市路商业业态日渐丰富，东莞证券、工商银行等金融机构，以及商贸餐饮等配套服务业先后进驻。寮步城市展览馆建成启用，成为寮步对外展示社会、经济、文化发展及城市形象的重要窗口。S357省道京都、金富路两座跨线桥建成通车，石大路升级改造主线工程、镇际17号联网路基本完工。香市公园二期、香文化博物馆等中央生态休闲区项目加快推进。

【产业转型升级】 2012年，寮步镇以“三重”建设为抓手，推动科技、金融与产业融合，优化产业结构，发展创新型经济，促进经济发展方式转变。

招商引资　2012年，寮步镇出台“1+5”招商政策，创新招商方式和利益平衡机制，优化营商环境，新签和增资项目102个，意向投资超50亿元。其中，引进3个投资均超过1亿美元的重大项目，分别为投资1.17亿美元的高伟电子增资项目、投资1亿美元的世界500强法国欧尚集团东莞总部项目、投资2亿美元的台湾富乔玻纤项目，引进投资3亿元的嘉达物流中心项目。

“三重”建设　2012年，寮步镇加

实施“一城三区”发展战略　加快建设现代绿色新香市

2012年8月30日，全省加工贸易转型升级现场会召开，中共中央政治局委员、省委书记汪洋（前排右二），省委副书记、省长朱小丹（前排右一）莅临寮步镇高伟光学电子厂考察加工贸易企业转型升级情况。

大“三重”建设力度，推动康达新能源研究院、百味佳调味品华南研发中心、佳博金丝、美尔顿新厂4个市重点项目动工建设。当纳利二期厂房建成投产，高伟电子新厂仅用6个月实现“腾笼换鸟”。

帮扶企业　2012年，寮步镇深化“千人扶千企”系列活动，实施重点企业“一对一”帮扶制度，帮助企业解决用工、用电、融资等160多个难题。落实企业减负措施，累计减免企业收费4900多万元。促进银企合作，帮助325家企业获得金融机构授信融资13亿元。在镇中心区提供800套人才公寓，帮助企业招引和留住人才。帮助企业拓展内销市场，内销额达80亿元，比上年增长25%。新增长联科技、蒙自源实业、百味佳食品3家上市后备企业，总数达9家，全市排名第一。新增个体工商企业4346户，比上年增长30.2%，总数达24315户。

【科技创新】2012年，寮步镇出台科技金融与产业融合“1+3”政策，引导和鼓励企业技术创新。组织80家科技企业与国内高校及科研机构开展产学研交流对接，推动8家企业设立研发机构，新增国家高新技术企业8家，省、市民营科技企业29家。新增33个商标和自主品牌，获得1300多项专利授权。推进专业镇技术创新平台建设，获得广东省“数控一代”示范镇称号。

【城市建设】2012年，寮步镇完善控制性详细规划的编制和管理，佛灵湖、镇中心区南片区、生态园大道西、横坑东四个片区控规通过市的审批，生态园协调区、良平南片区控规通过专家评审会的评审。对中央生态休闲区规划方案进行深化设计，莞香文化公园二期工程动工，28.9公里绿道竣工验收。寮步城市展览馆建成投入使用。强化对香市影视城周边、教育城片区的立面管控，做好城市精细化管理。开展在建违法建筑清理整治行动，营造良好的城市建设环境。投入1亿多元完善水利基础设施。横坑、牛杨等10个村（社区）成功创建为“东莞市生态村（社区）”，陈家埔名村建设通过验收。

“三旧”改造　2012年，寮步镇报省确认“三旧”改造标图建库地块107宗，总用地规模205.87公顷。编制成片拆迁改造方案38宗，其中上报市“三旧”办13宗，有10宗改造方案得到市政府批复，上报省完善征收手续3宗，两宗取得省批复。牛杨社区、亭子边、陶瓷厂等“三旧”改造项目进入动工阶段。

① 2012年2月20日，副省长招玉芳（前排右三）率省政府调研组莅临寮步调研企业发展情况。

② 2012年3月1日，省委常委、政法委书记、省公安厅厅长梁伟发（左二）莅临寮步镇进行“三访三评”专题调研。

③ 2012年12月12日，市委书记、市人大常委会主任徐建华（左六）在寮步镇委书记何绍田、镇长刘裕昌陪同下调研企业转型发展情况。

① 2012年7月26日，市委书记、市人大常委会主任徐建华（前排右二）莅临寮步镇参观社会工作服务中心。
② 2012年6月6日，市委副书记、市长袁宝成（中）莅临寮步镇督导市内扶贫工作，探访困难群众。
③ 2012年2月23日，市委常委、组织部部长甄瑞潮（中）莅临寮步镇机关党代表工作室与基层党员和群众座谈交流。
④ 2012年11月22日，寮步镇召开传达贯彻党的十八大会议精神大会，动员全镇上下以党的十八大精神为指导，将各项工作推上新台阶，全面建设幸福寮步。

【文化事业发展】 香市文化 2012年，由广东省文化厅、东莞市人民政府举办，寮步镇人民政府承办的第三届中国（东莞）沉香文化艺术博览会成功举行，吸引300多家来自马来西亚、印尼等世界各地的参展商前来参展交易，吸引游客50万人次，成交额达3.5亿元。牙香街开业迎客，成为全国最大的沉香交易市场。与日本开展中日香道文化交流，提升香文化社会影响力。编制香市旅游地图并出版，完善香文化休闲旅游配套。

文化惠民 2012年，寮步镇开展公共文化建设，完善农村文化“五个有”工程，建成14个公共电子阅览室并通过验收，构建公共文化服务网络。推进“百千万”文艺演出，举办大型文艺演出41场次，为群众带来丰富多彩的文化精神生活。举办5期道德讲堂和8期香市讲堂活动，提升市民文化素养。中国散文学会东莞创作基地在牙香街挂牌成立。

【现代教育名镇建设】 2012年，寮步镇投入2.2亿元建设现代教育名镇，其中投入8500多万元用于完善现代化教学设备、学生宿舍等教育基础硬件。中考、高考成绩连续9年位居全市前列。寮步职校升级为东莞汽车技术学校，开创全市汽车职业教育先河。香市教育城在校生增至2万人，“学在寮步”品牌进一步提升。

【民生实事】 2012年，寮步镇投入4.6亿元发展民生事业。推进就业创业。落实就业财政补贴资金1394万元，惠及7036名户籍就业人员，新增村民车间4个，推荐246名户籍人员就业。加强对大中专毕业生的就业指导教育，提高就业应对能力。实施“青年就业见习培训计划”，组织青年就业培训和见习训练12期，为488名实现就业的大中专毕业生申领就业岗位津贴272.8万元。为11名自主创业人员提供小额担保贷款48万元。投入2亿元发展社区医疗卫生、抚恤救济、养老福利等民生事业。深化社会工作，成立香市公益互助会，服务困难群体，开展居家养老、孤寡老人送餐等服务，社工、义工服务受惠群众达4万多人次。全市首批示范点之一的横坑社区综合服务中心投入使用。基本完成社保扩面工作，发放社保待遇2.08亿元。开展扶贫济困，镇外对口扶贫“双到”任务超额完成，镇内扶贫发放物资500多万元。做好积分制入户、入学工作。发放入户卡102份（含随迁233人），提供积分入学名额267个。

【“三打两建”】 2012年，寮步镇集中开展“三打两建”专项行动，查处欺行霸市、制假售假及商业贿赂案件999宗，查获制假售假大要案31宗，打掉欺行霸市团伙13个，挖出保护伞6起，综合成绩全市排名前十。

① 2012年2月14日，寮步镇社区卫生服务中心获评“全国示范社区卫生服务中心”并挂牌。

② 2012年1月6日，寮步镇横坑社区服务中心挂牌启用。

③ 2012年11月15日，第三届沉香文化艺术博览会开幕，寮步镇获得“中国沉香之乡”称号。

④ 2012年9月25日，东莞市汽车技术学校揭牌成立，成为全市首家从事汽车技术人才培养的职业技术学校。

⑤ 第三届沉香文化艺术博览会盛况

⑥ 高伟光学电子厂区

① 2012年9月28日，香市牙香街开业。
② 香远塔
③ 香江公园
④ 寮步——现代绿色新香市

【社会管理】2012年，寮步镇全面推进“平安寮步”建设，加强“四化五警”建设，将全镇调整为15个警务区，划分97个子网格，稳步推进治安管理网格化工作。整合治安员、保安员、治安志愿者等群防群治力量，最大限度把警力摆上路面，实现治安巡逻常态化，治安警情比上年下降16%。落实安全生产“一岗双责”，加强建筑、交通、食品药品等重点领域安全监管，推进消防安全网格化工作，全年无重大安全事故发生。强化维稳处突能力，落实信访维稳重点管理，有效化解信访积案，维护“9·18”敏感期、党的十八大百日防护期的平安稳定。

【农村发展】2012年，寮步镇安排近4000万元补贴农村公共管理经费，设立1000万元帮扶欠发达村发展资金，增强农村集体经济“造血”功能。出台《农村（社区）基层管理规定》《农村（社区）“接待费”支出管理规定》，开展村组两级集体经济清产核资工作，严控一般性支出和超支分红。指导村组建立债务台账，加强债务管理，帮助村级集体经济减债2.27亿元，资产负债率为17.4%，低于全市平均水平。村组两级集体经济总资产62.04亿元，比上年增长1.7%；集体经济经营性总收入7.2亿元，增长6.1%；经营性纯收入3.8亿元，增长8.6%。推进农村综合改革，制定农村综合改革试点工作方案，在横坑、陈家埔、富竹山、塘唇、下岭贝、牛杨、坑口7个村（社区）开展村级集体经济统筹管理改革试点，为农村发展注入新活力。

【依法行政】2012年，寮步镇铺开简政强镇事权改革工作，精简机构设置，设3个综合性办公室、7个局和纪检监察办公室，取消现有事业单位的行政级别，设置6个事业单位。推动“商事登记”改革，进一步优化办事流程。个体工商企业注册效率提高50%。加强政风行风建设，开展“市民评机关”活动，对6个行业的服务窗口进行民主评议。

（刘勋良）

附：2012年东莞市寮步镇党委、人大、政府领导名录

镇委书记：何绍田

镇委副书记：刘裕昌　谢杨锦

镇委委员：刘一强　韩巨登　尹广军　韩胜海　张　建　黄镇源　游建林　陈庆松　刘雄生　梁桂荣　叶渠茂（挂职）

镇人大主席：何绍田

镇人大副主席：刘一强　钟应基

镇　长：刘裕昌

副镇长：韩巧轩　尹淦林　曾明山　何惠忠

2008—2012年寮步镇主要经济指标

指标＼年份	2008	2009	2010	2011	2012
户籍人口（人）	65898	67223	68524	70111	71758
外来暂住人口（人）	178391	174277	350054	350289	349842
面积（平方公里）	71.15	71	71	71	71
地区生产总值（万元）	1025730	1120641	1335015	1471352	1574931
工业总产值当年价（万元）	3060494	3098979	3762734	4117393	4735609
农业总产值当年价（万元）	4313	3165	4115	5017	13635
总用电量（万千瓦时）	189268	189748	219715	234053	241804
全社会固定资产投资总额（万元）	277000	223012	241274	226926	348518
社会消费品零售总额（万元）	862000	972500	1020929	1269005	1462349
外贸出口总额（万美元）	432072	382227	537093	551692	584795
实际利用外资（万美元）	16920	9609	9775	10300	11923
镇级可支配财政收入（万元）	69020	79610	87284	96075	106652
各项税收总额（万元）	160191	165236	207707	257789	313820
金融机构各项存款余额（万元）	938400	1151694	1395674	1534544	1761472
城乡居民储蓄存款余额（万元）	650185	728578	969146	1092838	1265691

大岭山镇

【概况】大岭山镇位于东莞市中南部，总面积110平方公里，是“中国家具出口第一镇”“中国家具出口重镇”“国家卫生镇”“中国绿色名镇”“国家级生态乡镇”“广东省教育强镇”“广东省卫生镇”“广东绿色名镇”“广东省生态示范镇”。2012年，大岭山镇辖21个村、3个社区。年末户籍人口4.58万人，常住人口约18.93万人。2012年，大岭山镇完成国内生产总值132.5亿元，比上年增长6.5%；人均地区生产总值47176元，增长8.1%；规模以上工业总产值294.9亿元，增长14.4%；农林牧渔业总产值0.5亿元，增长4.0%；固定资产投资27.9亿元，增长3.1%；社会消费品零售总额46.7亿元，增长9.3%；外贸出口额228044万美元，下降11.6%；实际利用外资7987万美元，增长27.1%；地方财政一般预算收入9.1亿元，增长6.5%；农村居民人均纯收入25698元，增长11.2%。2012年，大岭山镇连续第5年获得全市镇街领导班子工作考核综合奖一等奖，获得全国“十一五”轻工业特色区域和产业集群先进集体、中国家具行业2012年度优秀产业集群等称号。

【“三重”建设】2012年，大岭山镇成立“三重”项目建设领导小组和招商引资办公室，统筹全镇招商引资工作，加强重大项目的认定管理。稳步推进市领导挂钩督导“三重”建设项目——大岭山生态湿地公园工程建设，完成一期工程。加大招商引资力度，全年在谈大项目共14个、预计总投资约220亿元；组织中层以上干部赴凤岗、东坑学习招商引资的经验做法；跟随市到深圳开展招商推介，现场与富宝家具、科能化工气体成功签约，合同金额7.5亿元；在9月11日市“三重项目”签约仪式上，大岭山镇凯中精密技术、华威铜箔、金铭电子3个项目成功签约，总投资额超过26亿元。科能化工气体项目于2012年进入建设程序。

【土地统筹】2012年，大岭山镇推进总规划面积119.33公顷的畔山工业园建设，整合金多港片区66.67公顷，统筹矮岭冚村120公顷、水朗村43.33公顷及大塘村平埔工业园30公顷土地。

【企业增资扩产】2012年，大岭山镇完善镇领导班子成员联系重点企业制度，走访204家内外资企业，帮助企业解决难题104项。组织企业、融资机构开展融资推介会5次，帮助企业实现融资2.8亿元。实现增资扩产项目48宗，加紧建设华威铜箔、建华机械、金太阳研磨等项目。

【家具产业转型升级】2012年，大岭山镇启动第二届“大岭山杯”金斧奖中国家具设计大赛，成功举办首届“中国

建设平安宜居大岭山

① 2012年11月27日，市委书记、市人大常委会主任徐建华莅临大岭山镇调研经济社会发展情况。图为徐建华视察大岭山镇社区卫生服务中心。

② 2012年，大岭山镇连续第5年获得全市镇街领导班子工作考核综合奖一等奖。图为2012年12月28日，镇委书记、镇人大主席詹文光（右一）接受奖牌。

家具出口论坛”，协助大岭山镇家具协会顺利换届，先后8次组织共130多家企业到国内外各家具展参展参观，推动大岭山职业技术学校升格为东莞市家具学校，全年实现家具内销总额20亿元、比上年增长13%，家具内销企业增长到95家、品牌160个，35家企业在全国建立100家以上销售连锁店，8家企业在全国建立300 家以上销售连锁店。

【自主创新】2012年，大岭山镇出台科技兴镇政策，对获得专利及名牌名标的企业进行奖励。全年新增1个中国驰名商标；新增4家国家高新技术企业、5家省民营科技企业、11家市民营科技企业；新增专利申请1523件，比上年增长42.2%，专利申请总量位居全市第4；新增授权专利1311件，增长105.2%，专利授权总量位居全市第3，增速全市第1。目前全镇拥有各类科技企业108家，名牌名标产品24个，名牌名标数量位列全市第10，其中富宝家具是东莞市首家获得中国驰名商标的家具企业。

【第三产业】2012年，大岭山镇加快第三产业发展，成功与沃尔玛、嘉荣等一批大型商贸项目签订协议。加快推进已签订合作协议的4个“三旧”改造项目的规划建设。稳步推进新世纪领居三期、广源松湖春天等项目建设，全年实现社

① 2012年6月19日，市委任命詹文光（前排右五）为大岭山镇镇委书记。图为市委常委、组织部长甄瑞潮（前排左五）与大岭山镇领导班子成员合影。

② 2012年6月28日，大岭山镇召开第十六届人大三次会议，詹文光当选镇人大主席。图为市人大常委会副主任王道平（前排左一）为詹文光（前排右二）颁发当选证书。

③ 2012年4月13日，大岭山镇召开第十六届人大二次会议，严继宗当选镇长。图为镇委书记、镇人大主席梁荣业（前排左一）为严继宗（前排右一）颁发当选证书。

会消费品零售总额46.7亿元，比上年增长9.3%。

【城市建设】 基础设施建设 2012年，大岭山镇加大城市建设投入，完成大岭山大道西、连马路新段、百花洞大道、大片美大道、大塘大道等道路升级改造，完成法庭大楼、广播电视中心、大岭山派出所等土建工程，稳步推进生态湿地公园、第三幼儿园、图书馆、羽毛球馆、杨屋消防站、水朗工业大道、矮岭冚沿河路（二期）等工程建设。

城市管理 2012年，大岭山镇开展在建违法建筑清理专项行动，拆除违法建筑43处，约1.3万平方米。加强城市管理综合执法，劝导城市“六乱”行为1474宗，处罚135宗；处罚无证照食品行为253宗；取缔无证医疗机构19家。

环境整治 2012年，大岭山镇大力保护生态环境，开展松木山水库集雨范围专项整治行动，保障饮用水水源地水质安全。加快推进同沙水库水污染综合整治工程。对22家省级危险废物重点监管源单位加强巡查。完成66.67公顷造林任务和186.67公顷幼林抚育工程。

【社会建设】 “三打两建” 2012年，大岭山镇投入123万元推进“三打两建”专项工作，落实党政领导挂点联系和包案制度，打掉“利益链”，深挖“保护伞”，建设社会信用体系和市场监管体系。全年共立案查处欺行霸市案件494宗、打掉团伙11个，立案查处制假售假案件716宗、其中2宗被市定为“一票肯定”大案要案，查办商业贿赂案件13宗，挖出“保护伞”5宗，群众对“三打”工作满意度为90.8%。

治安整治 2012年，大岭山镇加大社会治安整治力度，投入930万元公安专项经费推进“四化五警”建设，先后开展“粤安12”、缉枪治爆、打拐、百日防护期、南粤亮剑012战役等一系列专项行动，保持对违法犯罪活动的高压打击态势，全年共立刑事案件1180宗，比上年下降0.2%；破案611宗，破案率达52%、上升2.3%；打掉犯罪团伙35个，抓获团伙成员172人，带破案件408宗，批捕395人。

社会管理服务 2012年，大岭山镇成立镇社工委，出台社工发展建设方案，探索建立“社区管理+社工介入”的社区服务长效机制。购买10个社工服务，将一些事务性、服务性工作逐步交由非政府组织承担，协调各类组织、团体和服务队伍为群众提供各种服务，协助相关部门化解社会矛盾。建成元岭社

① 2012年12月4日，市委副书记姚康（前排右二），市委常委、政法委书记邓志广（前排右一）等领导莅临大岭山镇调研商事登记改革。

② 2012年7月31日，大岭山镇成立招商办。图为镇委书记、镇人大主席詹文光（左二），镇委副书记、镇长严继宗（右三）等领导为招商办揭牌。

③ 2012年10月29日，大岭山镇家具协会第二届理事就职。图为镇委书记、镇人大主席詹文光（前排右一）为大岭山家具协会第二届会长颁发当选证书。

① 2012年11月6日，大岭山镇随市参加东莞投资环境（深圳）推介会，成功签约7.5亿元。图为镇委副书记、镇长严继宗（前排右一）与富宝家具公司负责人交换签约文本。

② 2012年9月25日，大岭山职业技术学校正式挂牌东莞市家具学校。图为揭牌仪式。

③ 2012年3月22日，大岭山镇在信立农批市场召开"三打两建"千人现场会。

区综合服务中心，成立杨屋、百花洞公益互助会，其中杨屋公益互助会是全市首个村级公益慈善社会组织。

综治维稳　2012年，大岭山镇充分发挥综治信访维稳中心及各站（室）的平台作用，综合运用综治牵头、信访受理、司法调解的密切协作，较好地实现人民调解、行政调解和司法调解的有效对接，全年共受理群众信访案件281件次，办结277件，办结率98.6%。制定《大岭山镇社会稳定"百日防护期"工作方案》，落实党政领导包干督办，从组织上、制度上、管理和责任上确保各项防范措施落实到位，确保"百日防护期"全镇无发生重大群体性事件，无越级上访现象，无发生涉日打砸抢烧事件，为党的十八大顺利召开营造良好的社会环境。健全应急预警联动机制，妥善处理台升家具厂员工怠工纠纷、大宝化工保安劳资纠纷等矛盾苗头60宗。

【法治建设】2012年，大岭山镇成立法官工作室、律师工作室，为企业和群众提供纠纷调解、法治宣讲、业务咨询等多项法律服务。制定实施建设"法治大岭山""六五"普法宣传教育等工作方案，积极开展"六五"普法、"法律六进"和"律师三进"活动，实现"一村一法律顾问"、公益律师进乡村全覆盖，为全镇经济发展和社会稳定提供优质的法律服务保障。

【文化建设】2012年，大岭山镇发掘本土文化资源，成功举办第二届红色文化节，大力弘扬新时期大岭山老区精神，擦亮文化品牌，丰富群众文化生活。完善村级文化基础设施，实现农村公共电子阅览室全覆盖。大岭山之歌合唱团参加"永远跟党走"第二届东莞市合唱节，获得比赛金奖第一名。

【教育事业】2012年，大岭山镇加大教育投入，贯彻实施"奖教奖学""提高教师素质"和"扶持民办教育"三项工程，稳步推进新风中学改扩建、第三幼儿园项目建设，投入700多万元升级改造学校基础设施，在镇中心幼儿园开展蒙氏教育理念培训，组织26名中小学校行政干部参加省市有关学习培训班，推动盛基小学成功创建东莞市四星级民办学校，新招收655名新莞人子女入读公办学校。大岭山镇高考再创佳绩，户籍学生考取本科院校268人，比上年增长24.1%，全镇每万人升大人数为144人，万人升大率保持在全市前10位。

① 2012年7月13日，市委常委、宣传部长潘新潮（左五）在镇委书记、镇人大主席詹文光（左四）和镇委副书记、镇长严继宗（左二）的陪同下考察大岭山镇罗定扶贫项目。

② 2012年9月27日，镇委书记、镇人大主席詹文光到敬老院慰问。

③ 2012年6月25日，大岭山镇第二届红色文化节在东莞玉兰大剧院拉开帷幕。图为大岭山之歌合唱团与广州交响乐团联袂献唱。

④ 2012年9月10日，大岭山镇举办第28个教师节表彰暨文艺晚会。图为镇委书记、镇人大主席詹文光为先进个人颁奖。

⑤ 2012年12月28日，高州市东岸镇驻莞党支部举办十周年庆典活动。图为大岭山镇镇委书记、镇人大主席詹文光（前排左五）出席庆典仪式。

⑥ 2012年12月12日，大岭山公汽公司综合大楼落成。

【就业服务】2012年，大岭山镇认真落实帮扶群众就业的各项政策，成功推荐176名农村劳动力就业，发放各类就业补贴金683万元、惠及1.4万人次；建立和完善"村民车间"15个，安置本地劳动力816人。鼓励大学毕业生到企业就业，镇财政为407名毕业生发放企业岗位津贴238万元。扎实推进新莞人培训，组织5366名新莞人参加岗前素质培训。

【社会保障】2012年，大岭山镇发展民生事业，为群众解决就医、住房、交通等方面问题，增强群众幸福感。完善医疗保障，投入545万元为全镇户籍人员购买30种重大疾病和身故保险，办理理赔237宗，理赔金额457万元，减少群众"因病致贫、因病返贫"现象；大岭山医院投入1000多万元改善医疗设施，新筹建的口腔科元旦前正式启用；投资近千万元的新社区卫生服务中心投入使用，计划免疫等公共卫生服务全面开展，日均门诊量达1152人次。稳步推进住房保障工作，解决58户贫困家庭住房难问题。推进社保惠民，全镇社保基金待遇支付1.42亿元，比上年增长29.9%。投入240万元改善群众公交出行。

【扶贫济困】2012年，大岭山镇完成市外"双到"扶贫任务，帮助罗定市两镇4村共888户有劳动能力的贫困户实现脱贫，脱贫率100%，帮扶的4条村全部被评为"优秀帮扶村"。推进市内"双到"扶贫工作，对132户困难户进行登记造册、结对帮扶，已帮助86户脱贫。投入1820多万元建设莞长路下高田路口排洪箱涵，帮助欠发达村解决洪涝问题。关心困难群众生活，全年共发放各类补助、救济金992.3万元。

【党政建设】机关效能建设　2012年，大岭山镇成立镇党委政府工作督导办公室，跟踪落实各项重点工作进展情况。建立镇党政人大领导班子联席会议督查制度，对联席会议决定实施"一周一表、一周一督"，确保各项工作落实到位。定期组织人大代表视察镇重点工程、民生改善项目，累计接受各项意见建议30条。公开机关效能投诉电话，开展机关单位行风评议和"市民评机关"活动，被评议的53个单位群众满意度都达到96%以上。

干部队伍建设　2012年，大岭山镇积极打造学习型政府，开展2期领导干部公共管理与领导能力培训班，组织全镇119名领导干部赴中国人民大学学习。组织17名中层以上干部和所有村（社区）"两委干部"到市委党校培训学习。选派6名机关人员赴澳大利亚培训学习。举办周末英语培训班和7期"大岭山学习论坛"。

【高州市东岸镇驻莞党支部成立十周年】2012年7月1日，高州市东岸镇委驻莞务工支部委员会（设在大岭山镇）成立十周年，该支部主要负责对东岸籍外出东莞地区务工经商的党员进行管理和教育，履行党务工作，同时为外出务工人员提供服务。十年来，该支部党员人数由最初的18人发展到63人，积极支持东莞市及大岭山镇的经济社会各项事业建设，曾在全国党员先进性教育活动中被东莞市委定为试点单位，是东莞市军民共建先进点。（姚双华）

附：2012年大岭山镇党委、人大、政府领导名录

镇委书记：梁荣业（任至6月）
　　　　　詹文光（6月到任）
镇委副书记：黄庆辉（任至3月）
　　　　　　严继宗（3月到任）
　　　　　　欧阳振球
镇委委员：叶美高　黄志峰　吴美娇
　　　　　黄兆良　何德祺　蔡培光
　　　　　李容新　莫伟光　林　岚
　　　　　欧阳斌　邝志光
　　　　　陈胥豪（7月到任，挂职）
镇人大主席：梁荣业（任至6月）
　　　　　　詹文光（6月到任）
镇人大副主席：叶美高　牛志平
镇　长：黄庆辉（任至4月）
　　　　严继宗（4月到任）
副镇长：李　元　蔡容稳　李满林
　　　　李杰荣

2008—2012年大岭山镇主要经济指标

指标＼年份	2008	2009	2010	2011	2012
户籍人口（人）	42580	43642	44481	45325	45813
外来暂住人口（人）	196209	125722	117216	125472	143531
面积（平方公里）	95	95	95	95.5	95.5
地区生产总值(万元)	960138	975717	1121769	1221652	1325413
工业总产值当年价（万元）	2262029	2071821	2428720	3121395	3456731
农业总产值当年价（万元）	3884	4071	4638	4631	4818
总用电量（万千瓦时）	150688	145699	169086	171397	178777
全社会固定资产投资总额（万元）	271931	299124	326038	271008	279367
社会消费与零售总额（万元）	255268	315256	389971	427058	466827
外贸出口总额（万美元）	185719	183038	217776	257927	228044
实际利用外资（万美元）	15396	10636	11274	6285	7987
镇级可支配财政收入（万元）	66902	70502	77270	85017	90534
各项税收总额（万元）	110989	116655	150110	185403	201406
金融机构各项存款余额（万元）	832629	880373	1022520	1229280	1343366
城市居民储蓄存款余额（万元）	586891	622434	743551	831686	946612

大朗镇

【概况】 大朗镇是广东省中心镇，位于东莞市中南部，面积118平方公里，下辖28个社区（村），常住人口32万人。2012年末户籍人口7.19万人，外来暂住人口12万人。在2012年全市镇街综合量化考核评比中，大朗获综合总分一等奖和“三重”项目建设单项指标奖。此外，大朗还荣获“全国创先争优先进基层党组织”“中国电脑针织横机集散基地”“中国针织区域品牌行业大奖”“国家外贸转型升级专业型示范基地”“广东省毛织文化艺术之乡”等荣誉称号。

2012年，大朗镇实现生产总值156.5亿元，比上年增长5.8%；工业总产值400.2亿元，增长2.2%；税收总收入21.4亿元，增长12.4%；镇级可支配财政收入7.9亿元，增长9.7%；实际利用外资1.38亿美元，增长12.9%；各项人民币存款余额231.1亿元，增长12.7%；社会消费品零售总额51.4亿元，增长9.9%；固定资产投资额35亿元，增长4%；出口总额24.3亿美元，增长25.3%。

【城市建设】 2012年，大朗镇以科学

大朗镇

① 2012年6月20日，中共中央政治局委员、广东省委书记汪洋（前排左一）在林木声、刘志庚、徐建华等省市领导的陪同下，到大朗调研商事登记改革试点工作。

② 2012年10月17日，广东省委常委、统战部部长林雄在市领导徐建华、李小梅等陪同下视察东莞标检产品检测有限公司。

发展观为指导，推进“两城一区一体化”。

毛织商贸城建设加快推进　启动编制《大朗毛织商贸城概念规划》《大朗针织毛衫产业转型升级和可持续发展规划》；大朗纺织创意产业中心、纺织交易广场等产业配套设施建设加快，投资9000多万元升级改造毛织商贸城周边等道路，10平方公里的毛织商贸城初现雏形。

大朗科学城建设稳步推进　散裂中子源项目动工建设，4.7公里的配套道路工程基本完成，启动科学城首期规划建设用地的征地工作。

城市核心区建设有序推进　核心区内政府主导“三旧”改造地块4宗共993亩获省批，5宗共774亩已报省审批，村集体自行“三旧”改造地块3宗共32公顷获市批。核心区外村集体改造地块15宗共122.87公顷获市批。长塘步行街二期、长塘大厦二期等核心区配套项目相继建成使用。

松朗一体化深入推进　正式签订《松山湖大朗镇战略合作框架协议》，启动编制《松朗地区一体化发展概念规划》，10个合作项目进展顺利。土地统筹效益提升。2012年，大朗镇拍卖土地6块共17.6公顷，总成交金额2.3亿元，对比底价增长44.7%。新增储备土地5块共121亩。

【转型升级】2012年，大朗镇加快推进产业转型升级，提高自主创新能力，经济发展稳中有进。

毛织业转型升级　规上毛织业工业总产值81.7亿元；全镇数控织机使用总量超过4万台；成功举办第十一届“织交会”，意向成交额达30亿元，“织交会”荣获2012年度“中国十大优秀特色展览会”“中国会展经济产业贡献奖”等称号；大朗毛织产业集群被评为“首批全国纺织模范产业集群”。

加工贸易全面转型　“三来一补”企业成功转型23家，全镇累计166家；组织19家企业参展首届中国加工贸易产品博览会，意向成交额达3500万元。

现代服务业快速发展　社会消费品零售总额51.4亿元，比上年增长9.9%。全市第三家村镇银行东盈村镇银行挂牌成立。

自主创新力不断提高　实施名牌带动战略，财政拨付500万元奖励30家名牌名标企业。全镇企业专利申请量超过600件，成功推动35家企业实现“专利破零”，是市定目标的7倍。新增国家高新技术企业6家，省民营科技企业7家，市

① 2012年2月14日，广东省副省长林木声（中）在市领导徐建华的陪同下视察大朗镇。

② 2012年11月3日，市委书记、市人大常委会主任徐建华（前排右二）参观大朗镇毛织文化艺术展。

③ 2012年6月1日，市委副书记、市长袁宝成（前排右一）到大朗镇调研商事登记改革试点工作。

① 2012年11月3日，（左起）中国纺织工业联合会副会长张延恺，东莞市市委书记、市人大常委会主任徐建华，广东省政府副秘书长林英，大朗镇镇委书记、镇人大主席胡浩举等领导出席第十一届中国（大朗）国际毛织产品交易会开幕式。

② 2012年3月1日，大朗镇镇委副书记、镇长谢锦波（右）为胡浩举（左）颁发人大主席当选证书。

③ 2012年8月22日，大朗镇镇委书记、镇人大主席胡浩举向邓卫洪（右）颁发当选镇长的证书。

民营科技企业5家。增设研发机构23宗，全镇累计113宗，总量排名全市第一。

【招商引资】 2012年，大朗镇加快建设重点项目，推进“三重一大”招引，提升营商环境。

重点项目建设　成立镇重大项目服务小组，修订《大朗镇招商引资奖励办法》，赴广州、深圳、香港、台湾等地开展招商活动，2012年大朗镇共引进外资项目60宗，其中投资超亿元的项目有5宗。镇属25个重点项目中有10个顺利动工；大朗纺织创意产业中心、环保专业基地一期工程等有序推进；沙步排站等4项水利工程顺利验收；积极配合做好莞惠城轨、松山湖大道大朗段建设，共拆除房屋面积5.46万平方米。2012年，市属重点项目散裂中子源项目完成投资3588万元，迈科电动汽车用锂离子动力电池的研发和产业化项目累计完成投资4180万元，均完成年度投资计划。

企业服务优化　将2012年确定为“企业服务年”，实行镇党政领导班子成员挂点联系制度，大力开展“访企业、送服务、促转型”领导干部走访企业行动，共帮助企业解决实际问题近400宗。

商事登记改革　2012年4月，市委、市政府将大朗镇定为商事登记制度改革试点，截至2012年底，累计核发营业执照4265宗，其中商事登记3066宗，营业执照日均核发数是2011年的2.1倍，市场主体增幅全市第一。大朗成为全省发证最快、同期发证最多的地区，试点经验全省推广，得到省市主要领导的充分肯定。

电子政务服务　大朗成为全国唯一一个镇级试点单位，全年共依法公开政务信息近5000条，整理收集全镇行政许可审批265项、便民服务事项160多项。

市场监管体系　“大朗镇市场监管信息交换系统”初步建成，覆盖镇内2.4万多家市场主体，累计发布市场监管信息1.5万多条。

第十一届中国（大朗）国际毛织产品交易会　2012年11月3日至6日在大朗镇举办。本届“织交会”设置一个主会场和四个分会场，展览面积近20万平方米，800多个搭建展位、2000多个铺位展位。细分为服装和机械两大主题展馆，以及服装、机械、配套服务三个专业展区。展会期间，还成功举办2013／14秋冬中国（大朗）毛织服装流行趋势发布会、“英伟杯”第十届中国（大朗）毛织服装设计大赛决赛、大朗毛织图片展、毛织风情节等活动。四天会期累计吸引近10万人次进场参观，意向成交额达30亿元，数控织机成交意向达2280台，接待专业采购团近100个，总体满意度高达90%以上。展会上，大朗收获“中国针织区域品牌”行业大奖、“中国电脑针织横机集散基地”“广东省毛织文化艺术之乡”等三项荣誉，得到中国纺织工业联合会张延恺副会长等各级领导充分肯定和高度评价。

【社会管理】2012年，大朗强化社会建设和安全管理，推进平安大朗建设。

社会工作建设　设立镇社会工作委员会，镇委、镇政府制定关于加强社会建设实施意见，建立全市首个镇级社工委网站。

“三打”工作成效　制定《大朗镇“三打”专项行动举报奖励机制暂行办法》，设立300万元举报奖励基金，累计打掉欺行霸市团伙18个、查处商业贿赂案件17宗、取缔制假售假窝点79个，查处保护伞6人，破获大案要案42宗。

综治信访维稳　严抓“百日防护期”维稳安保工作，妥善处置“9·16”涉日示威游行。信访调处迅速有力，没有发生集体到市以上的上访事件。大朗网络问政平台受理网上信访3258宗，办结率达98%。

社会安全管理　强化社区警务，推动警力下沉，选拔25名警长挂职社区（村）党支部副书记；开展“粤安12”等专项整治行动30多次；投入2000多万元升级公安基础设施和装备，全镇135个社会治安监控视频投入使用，治安防控有效增强，查扣非法摩托车、电动摩托车1万多辆。

安全生产监管　开展消防安全网格化管理工作，全镇28个社区（村）成功创建“样板街”。开展“三小”场所、出租屋安全隐患综合整治，强化食品药品监管，全镇未发生重特大安全事故。

城市综合管理　拆除违法建筑23宗；查处无证医疗机构17宗、无证照生产经营食品行为196宗。

【民生实事】2012年，大朗推进文化教育事业发展，落实便民惠民措施，民生事业得到全面长足发展。

就业创业扶持有力　一年来，新增本地人就业车间7间，总数达20间，帮扶

① 2012年4月19日，大朗镇召开领导干部会议，提出“两城一区一体化”的战略部署。
② 2012年4月16日，大朗镇与松山湖高新区签订战略合作框架协议。
③ 2012年6月8日，大朗镇荣获“全国创先争优先进基层党组织”，镇委书记、镇人大主席胡浩举（前）赴京领奖。
④ 2012年2月22日，大朗镇喜挂“全国文明镇”牌匾。
⑤ 2012年11月，大朗镇荣获“中国电脑针织横机集散基地”称号。

2114名户籍劳动力就业，户籍劳动力就业率达99%。全镇办理各项就业补贴达1313万。

文体事业蓬勃发展　喜挂“全国文明镇”牌匾，文明创建实现四年“三级跳”。举办毛织风情文化节、第八届读书节等文化活动，新建图书馆服务点8个，成为全省首个毛织文化艺术之乡，助推毛织文化服务产业发展，不断提升大朗文化内涵。大朗男篮夺东莞市篮球联赛“六连冠”。大朗周刊、大朗网、“荔香大朗”微博、《朗读》的美誉度和影响力增强。

教育质量继续提升　大朗中学、中心幼儿园晋升省一级学校、幼儿园。中考平均分超出全市近30分，大朗中学高考上本科线95人、重点线6人，同创历史新高。大朗职业中学升级为东莞市纺织服装学校（大朗校区）。

人居环境更加优化　长塘等5个社区（村）成功创建为市生态社区（村）；投资8亿元的巷头花园进展顺利；率先在全市投放50台LNG新能源公交车。开工建设公租房361套，超额完成年度任务；安装6公里美景路护栏；大朗医院住院大楼投入使用。

社会保障、扶贫济困等各项事业持续进步　全年发放各险种待遇1.55亿元。累计落实市外扶贫“双到”资金2435万，实现脱贫率达100%。援建新疆农三师五十团，推进志愿服务。

（张满康）

附：2012年东莞市大朗镇党委、人大、政府领导名录

镇委书记：王检养（任至2月）
　　　　　胡浩举（2月任职）
镇委副书记：谢锦波（任至8月）
　　　　　　邓卫洪（8月任职）
　　　　　　叶惠明
镇委委员：陈根照　陈慧娟　黄兆棠
　　　　　傅秩恩　叶桂平　韩暖渠
　　　　　叶效怀（任至10月）
　　　　　夏建中　叶淑帆　周浩森
　　　　　韩俊峰（挂职）
镇人大主席：王检养（任至2月）
　　　　　　胡浩举（3月任职）
镇人大副主席：祁沛全
镇　长：谢锦波（任至8月）
　　　　邓卫洪（8月任职）
副镇长：覃　春　袁志良　傅永杰

① 2012年6月30日，大朗镇举办庆祝中国共产党成立91周年文艺晚会。

② 2012年11月3日，举办“织城锦绣.时尚大朗”第十一届中国（大朗）国际毛织产品交易会电视晚会。

③ 第十一届中国（大朗）国际毛织产品交易会展场全景

④ 2012年6月1日，大朗镇男篮在市男子篮球甲级联赛中夺得“六连冠”。

① 2012年4月12日，中共中央组织部组织一局副巡视员李其森（中）在市委常委、组织部长甄瑞潮（右一）的陪同下在大朗镇调研。

② 2012年5月4日，徐建华、王检养等市领导在大朗镇开展大接访活动。

③ 2012年10月，大朗镇荣获“广东省毛织文化艺术之乡”称号。

④ 2012年5月4日，全市企业登记注册行政审批改革第一张企业法人营业执照出炉。

⑤ 大朗长盛片区风貌

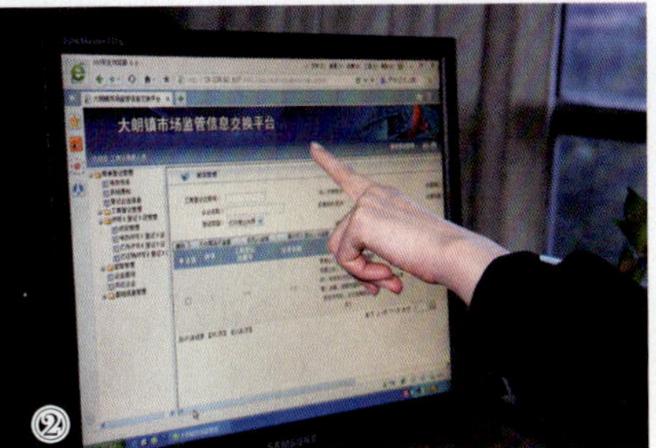

① 大朗镇“毛织”一条街

② 2012年12月20日，大朗镇市场监管信息交换平台上线运行。

③ 2012年11月2日，大朗镇率先在全市投放50台LNG公共汽车。

④ 大朗镇荔香湿地公园盛景

2008—2012年大朗镇主要经济指标

指标＼年份	2008	2009	2010	2011	2012
户籍人口（人）	68134	69239	70192	71280	71994
外来暂住人口（人）	190280	175068	240697	111964	120000
面积（平方公里）	118	118	118	118	118
地区生产总值（万元）	1105810	1160519	1352689	1469179	1564995
工业总产值当年价（万元）	2504013	2271015	2911766	3050370	4002041
农业总产值当年价（万元）	1881	2141	2333	3019	3671
总用电量（万千瓦时）	170974	175774	205043	223665	239833
全社会固定资产投资总额（万元）	283995	383551	391952	364833	350221
社会消费与零售总额（万元）	274102	340818	404381	467499	513769
出口总额（万美元）	100495	126296	161076	193901	243043
实际利用外资（新口径、万美元）	9039	7766	11442	12285	14213
镇级可支配财政收入（万元）	56433	59843	64159	71613	78580
各项税收总额（万元）	110364	115274	146624	190738	214343
金融机构各项存款余额（万元）	1228426	1492965	1822039	2050199	2311450
城乡居民储蓄存款余额（万元）	988068	1105716	1325695	1482436	1662900

黄江镇

【概况】 黄江镇位于东莞市东南部经济带的腹地，东连樟木头，西接大朗，北靠常平，南临深圳市光明新区。全镇总面积约98平方公里，辖7个社区，户籍人口25000多人，外来流动人口接近30万。2012年实现国内生产总值107.9亿元，比上年增长12.2%；规模以上工业总产值289.1亿元，增长60.1%；合同利用外资1.6亿美元、实际利用外资1.3亿美元，分别增长2.4%和5.9%；进出口总额74.4亿美元，增长6.6%；其中出口44.6亿美元，增长6%；各项税收15.3亿元，增长15%；其中，国税8.7亿元、地税6.6亿元，分别增长18%和11.4%；社会消费品零售总额24.4亿元，增长9.7%。固定资产投资18.9亿元，镇本级财政收入6亿元。2012年，黄江镇获得"广东省技术创新专业镇""广东省园林城镇""广东省生态镇"等荣誉，在全市镇（街）领导班子落实科学发展观工作实绩量化考核中荣获综合总分一等奖。

【经济发展】 "三重"建设　2012年，黄江镇集中精力突破重大项目招商，先后赴日本、台湾、北京、江苏、上海、浙江等国家和地区进行招商，承接深圳优质产业转移，落实土地资源保障，引进宏道电子、奥特莱斯等10宗项目，吸引投资67亿元。鼓励企业增资扩产，1—11月全镇有23家三资企业完成增资手续，增资总额1.23亿美元；恩智浦和舜盈光伏各增资1亿美元，纳入市"三重"项目。全镇21宗重点工业项目中，已投产的有10宗，已动工建设的有5宗，其他

"宜工、宜商、宜居、宜旅"生态新黄江

① 2012年7月26日，市委书记、市人大常委会主任徐建华（前排左一）率市几套班子领导到黄江镇恩智浦公司调研。

② 2012年2月1日，市委副书记姚康（前排右一）、副市长成洪波（前排右三）等到黄江镇梅塘社区政务服务中心调研。

6宗正在抓紧办理手续，其中太阳神和东吴实业两个市重点项目均已动工建设。

转型升级 2012年，黄江镇促进加工企业转型，全年共有18家来料加工企业成功转“三资”或民营。鼓励和协助企业筹备上市，惠伦顿堡股改各项手续已办妥，已报国家证监会排队上市。鼓励企业加大研发投入，企业新设研发机构12家。促进企业加快内销，外资企业内销总额约54亿元人民币，比上年增长25%。精成与船井出口总额分别由排名全市第5、第8名上升至第3、第4名。

科技创新 2012年，黄江镇创建“广东省技术创新专业镇”，提升区域品牌影响力。将《科技黄江工程专项》修订调整为《黄江镇扶持产业发展专项资金》，配套资金由每年500万元提高到800万元。新增正扬电子、泰德照明、科盛实业等3家国家高新技术企业，新增省民营科技企业11家、市民营科技企业13家。黄江镇企业申请专利851件，比上年

① 2012年5月24日，市政协主席李毓全（前排右三），市委常委、政法委书记邓志广（前排右二）到黄江镇调研“三打“工作。

② 2012年3月15日，市委常委、统战部部长李小梅（中）到黄江镇参加太阳神集团公司总部奠基仪式。

③ 2012年7月20日，副市长唐庆涛（左三）率团慰问驻黄江的司卫大队。

④ 2012年11月30日，副市长贺宇（右三）到黄江镇调研外经贸进出口工作。

⑤ 2012年12月8日，副市长喻丽君（左四）等参加黄江镇首届绿道文化节开幕式。

增长32.35%；太阳神等3家企业获得专利试点企业，正扬电子等5家企业获得专利培育企业。名牌创建实现新突破，奥威斯获得中国驰名商标，鹏驰五金、科盛实业获得广东省名牌产品。

【社会管理】 “三打”行动　2012年，黄江镇“三打”行动立案查处案件1263宗，打掉欺行霸市团伙18个共97人，查处打假大要案22宗逮捕23人，打掉“保护伞”6个共7人。黄江镇“三打”成绩连续17期排名全市前三，其中10期排名全市第一。

打击走私　2012年，黄江镇打击镇内汽车走私行为，开展5次“地毯式”清查和46次重点执法，累计出动执法人员4100多人次，查获涉嫌走私车6辆，查获涉嫌其他违法车辆10辆，抓获18名嫌疑人，打掉4个违法犯罪团伙，删除和屏蔽网络不良信息10多万条。

食品安全　2012年，黄江镇通过网格化日常监管和重大节日专项整治相结合，累计出动执法人员931人次，监督检查餐饮单位618户次，其中责令改正48户次，立案查处43宗，处罚金额人民币4.1万元，销毁不合格食品495公斤和食品添加剂105公斤。

社会治安　2012年，黄江镇充分发挥“治安巡逻常态化”“视频监控全面化”与“动态布警”相结合的作用，打击路面犯罪、涉赌、涉黄、“两抢一盗”、敲诈勒索和诈骗等违法犯罪行为。全年破获刑事案件574宗，破案率比上年增长2.8%；破命案12宗，打掉各类犯罪团伙49个，刑事拘留505人，逮捕420人，移送起诉401人。开展“治摩”行动，全面整顿交通秩序，查处交通违法48764宗，酒后驾驶违法行为19宗；查处交通运输违法违章案件407宗。

化解矛盾　2012年，黄江镇通过矛盾排查和领导接访，多渠道提供法律援助，引导群众依法维权。全年受理信访案件319宗，接待来访群众151批749人次，办结信访案件319宗，办结率100%。引导群众合法合理表达个人意愿和爱国热情，涉日游行期间，劝返、疏导涉日聚集群众3批次，成功化解船井电机厂近千名员工罢工游行事件，杜绝打

① 2012年5月16日，黄江镇残疾人康复中心投入使用。图为镇委书记、镇人大主席杨礼权（右三）与市残联领导等一起揭牌。
② 2012年9月24日，黄江镇镇委副书记、镇长叶锦锐（站者右三）到敬老院开展中秋慰问活动。
③ 2012年，黄江镇获得“广东省园林城镇”称号。

砸抢事件发生。

城市环境　2012年，黄江镇坚持人性化执法方式，着力整治城市“六乱”、违规广告和噪音污染，打击市场及周边乱摆卖、占道经营和乱搭建等现象，净化城市环境。新建违法建筑得到有效遏制，累计强制拆除违法建筑62宗，拆除面积8019平方米；责成当事人自行拆除28宗，拆除面积2638平方米。

安全生产　2012年，黄江镇推进安全生产隐患排查整治，累计出动检查人员3186人次，检查生产经营单位742家，作出行政处罚10次，经济罚款25万元。以方泰华威电子有限公司发生疑似正已烷中毒事故为鉴，对全镇企业的职业病危害隐患进行排查治理，共检查相关企业39家，发现隐患71处，已全部督促整改完毕。

【民生实事】教育事业　2012年，黄江镇教育教学水平大幅提高，黄江中学中考平均分高出全市镇级中学4分；对教育投入加大，新黄江中学于9月份正式动工；民办教育健康发展，翰杰小学被评为市“三星”级民办学校；推行新莞人子女入学积分制，为新莞人子女提供264个学位，比上年增加10.6%。

文化事业　2012年，黄江镇举办首届黄江绿道文化节，对镇内文化资源进行优化整合；图书馆新增藏书3万册，组织19场文艺下乡演出，265场电影下乡，丰富群众文化生活；镇自行车队代表广东省参加全国农民运动会自行车比赛，获得团体第3名。

卫生事业　2012年，黄江镇全年社区门诊量36万人次，参保人均只需自付费用18元；为1.5万名高血压、糖尿病患者造册建档；新黄江医院进入内部装修及专业设备采购安装阶段。

社会保障　2012年，黄江镇各险种参保42.7万人次，为6403名参保人换发全国统一社保卡；低保对象受保障率达100%，全年发放低保金58.5万元，发放助学金、寄宿费34万元；春节、中秋期间，开展党员干部结对帮扶慰问活动，受助群众600户，投入资金超100万元；成功推荐120名户籍人员就业，办理就业补贴5238人次，共计232万元；镇、社区继续出资200万元设立镇补充医疗救助基金，全年受理申请131份，发放救济金234万元。投入120多万元的残疾人康复就业中心建成使用，全年发放助残津贴46.3万元。

人口计生等各项社会事业　2012年，黄江镇统筹解决人口问题，稳定低生育水平，建立和完善人口计生工作长效机制，提高计生优质服务和综合治理工作水平。顺利完成总工会、团委换届选举工作，完成《黄江镇妇女儿童发展规划（2011—2020年）》编制工作，启动第二轮镇志修编工作。国防人防、科普法普、外事侨务、统计审计、工青妇幼、民族宗教、档案方志、关工委等工作扎实推进，成效显著。

【城市建设】城镇规划优化　2012年，黄江镇启动新一轮总体规划修编工作，推进黄江大道北控制性详细规划编制，黄京坑、黄牛埔片区控制性详细规划编制加紧进行。超前考虑、高规格规划新行政中心区。开展水库饮用水水源保护范围划分工作。谋划黄江镇轨道交通未来发展方向，把握轨道交通给黄江镇带来的发展机遇。

生态环境美化　2012年，黄江镇投资743万元，完成绿化造林220公顷，全镇森林覆盖率达到51%，林地绿化率达到99.8%。推进绿道网络建设，投入209万元建设城市及社区绿道4.17公里，使珠三角绿道与各社区有效连接。推进主题公园建设，黄牛埔森林公园一期景观工程已经完成，二期景观工程进入招投标阶段；巍峨山森林公园完成总体规划和专家评审。开展饮用水源环保专项执法检查行动，清查黄牛埔水库上游长龙部队工业区57家无证照经营企业。成功创建“广东省园林城镇”和“广东省生态乡镇”。

① 2012年9月14日，黄江镇举行新黄江中学建设项目开工仪式。
② 2012年12月8日，黄江镇举办青少年现场比赛书画。

① 2012年12月9日，黄江镇举办第十三届慈善敬老“马拉松”长跑比赛。
② 绿色掩映的黄江绿道风光
③ 鸟瞰黄江镇一隅

①② 黄江绿道风景

③ 暮色中的黄江绿道风光

城镇功能完善 2012年，黄江镇加强基础设施建设力度，环城路、洪圣路、截污主干管工程、星光横路、黄朗路和西环路等基础设施工程均已启动。推进莞深高速黄江服务站、配网输变电工程、太阳神总部回迁、东吴实业、新黄江医院和新黄江中学等6项市属重点工程项目。投资2200万元整治梅塘水田心段河道。房地产事业蓬勃发展，金地、花样年、星光城等大批优质房地产项目上马，零售业巨头沃尔玛成功落户。2012年，黄江镇房地产销售3520套，成交额超过21亿元。田美金湖郦城、上群花园等14宗“三旧”改造项目通过省市审批，其中田美金湖郦城已动工建设。

【体制改革】 村级体制改革试点 2012年，黄江镇围绕“三分离七统筹”工作思路，加快村级体制改革试点工作。在治安统筹方面，完成原20个村（社区）的治安员收编工作，收编治安员626人；在政务统筹方面，完善政务服务中心管理模式，开通“黄江社区网”，实行“AB角岗位分工制度”，提升窗口办事效率与水平。在综合服务统筹方面，梅塘社区综合服务中心运营一年多来，开通7大类生活服务、设立21个功能室，满足社区群众服务需求。长龙社区综合服务中心于2011年12月挂牌运营。在土地统筹方面，初步制定《黄江镇土地统筹开发利用方案》，按照“统一规划、统一储地、统一招商、统一供地、统一开发、利益共享”的思路，探索镇村互利、共赢的经济发展模式。在环卫统筹方面，全镇7个社区于8月份全部完成，提升环卫作业市场化和专业化水平。在村组经济统筹方面，以梅塘社区田心股份经济联合社为试点，将原组一级经济组织以分社的形式由经联社统筹管理。

商事登记制度改革 2012年，黄江镇通过完善窗口设置、缩减办事时限、推进合并审批、优化办事流程等措施，企业准入门槛大大降低。改革后，由前置改后置的许可经营项目达到81项，名称核准由原来的2个工作日缩短到20分钟，个体户注销登记业务审批时限由原来的3个工作日提速到10分钟，设立及变更等登记业务由原来的7至15个工作日提速到1个工作日。商事登记制度改革实施以来，黄江镇新增市场主体 453户，同比增长152%。

【党政建设】 重点工作督查 2012年，黄江镇成立督查室，建立镇长办公会制度，强化督查督办力度，加快重点工作的推进和落实。制定工作落实问责方案，明确责任，落实奖惩。全年召开3次督查工作汇报会、21次镇长办公会，跟踪落实213项班子会及镇长办公会讨论项目。

党风廉政监督 2012年，黄江镇以“三打两建”为契机，开展“三纪”教育月和党风廉政主题教育活动，强化干部廉政教育，完善廉政制度，加强纪律监督和审计监督，增强党员干部拒腐防变的能力。

机关作风整顿 2012年，黄江镇发挥政务督查网、阳光热线、镇长热线、政务微博等作用，推行政务、党务公开，强化工作作风建设力度。开展“市民评机关”、政风行风评议活动，对服务窗口进行明察暗访，优化政务服务，提高行政效率。 （刘志勇）

附：2012年东莞市黄江镇党委、人大、政府领导名录

镇委书记：杨礼权
镇委副书记：叶锦锐 袁俊森
镇委委员：黄沛成 李权昆 谭皓强
李日宏 温泉华 邓金祥
莫永康 刘志达 蔡耀芬
徐文钊
张应钦（挂职，6月到任）
镇人大主席：杨礼权
镇人大副主席：李权昆
廖月华（专职）
镇 长：叶锦锐
副镇长：任沛东 袁柱波 叶凤莲
梁伟光

2008—2012年黄江镇主要经济指标

指标＼年份	2008	2009	2010	2011	2012
户籍人口（人）	23144	24079	24700	25491	25917
外来暂住人口（人）	200000	200000	200000	148650	207683
面积（平方公里）	98	98	98	98	98
地区生产总值（万元）	713119	768073	890200	962000	1079436
工业总产值当年价（万元）	1672166	419897	493492	1799900	3223278
农业总产值当年价（万元）	1122	720	745	1210	1429
总用电量（万千瓦时）	129207	140386	159909	163041	163593
全社会固定资产投资总额（万元）	216509	234778	251963	309557	189121
社会消费与零售总额（万元）	138405	156362	180699	222663	244274
外贸出口总额（万美元）	359643	399238	421300	276594	446276
实际利用外资（万美元）	17947	7896	12756	14022	12956
镇级可支配财政收入（万元）	45912	48715	54000	102117	59705
各项税收总额（万元）	84875	89092	108072	132963	152092
金融机构各项存款余额（万元）	759068	876372	960000	1059463	1423686
城乡居民储蓄存款余额（万元）	568969	619018	755117	804891	997188

樟木头镇

【概况】 樟木头位于东莞市东南部，面积119平方公里，是“广东省文明镇”“广东省中心镇”“中国百强镇”“全国卫生镇”“广东省商贸服务专业镇”“中国塑胶重镇”“广东省旅游特色镇”“全国企业投资环境最佳乡镇”“国家级生态乡镇”“麒麟文化艺术之乡”，产有曾获金荔奖并被省级机构审定为“品质特优”新品种的观音绿荔枝。2012年，樟木头镇下辖9个社区，户籍人口2.8万人，常住人口13.41万人。

2012年，樟木头镇生产总值64.73亿元，比上年增长1.30%；人均地区生产总值48378元，增长3.41%；规模以上工业总产值18.98亿元，下降4.4%。农林牧渔业总产值0.06亿元，下降18.77%；固定资产投资总额15.18亿元，增长4.69%；社会消费品零售总额40.69亿元，增长12.17%；外贸出口额87607万美元，下降3.96%；实际利用外资4306万美元，下降34.98%。地方财政一般预算收入6.3亿元，增长0.8%。2012年农村居民人均纯收入25629元。2012年，樟木头镇获镇街领导班子落实科学发展观年度考核综合总分二等奖，获评“中国绿色能源十大先锋乡镇”。

【城镇建设】 2012年，樟木头镇着力优化交通路网，配合从莞高速、莞惠城际轨道建设，完成官仓沿河路、怡安街市政道路、翠景路升级改造等工程建设，推进轻轨站新区、规划一路建设，实施“三大交通节点”路网优化工程，道路环境持续改善。分类指导并有序推进全镇54个“三旧”改造项目，在打通怡安街延长线的基础上，着力推动樟罗旧村、先威塑胶旧厂区、火车站东侧片区、塑胶市场、林场片区、柏地旧村等重点项目改造，推动“三旧”改造早出成效。在实现“市容环境优美社区”全覆盖、打造4个省级卫生村的基础上，制定“生态旅游形象提升年”年度主题任务，结合举办旅游文化节加大“建、整、改、管、控”力度，开展“大清洁、乡村美”城乡清洁专项活动，推进官仓社区“东莞名村”建设，加快污水处理厂、截污次管网、垃圾填埋场3C技术改造、旧石场复绿整治等项目建设。

【招商引资】 2012年，樟木头镇用足用活市招商引资“1+5”系列政策，实施“一保二扩三引进”，制定《招商引资奖励方案》，排查辖区连片未利用土地，建立起向重大项目、新兴产业倾斜的土地资源后备库；广扩渠道积极与市外经贸局、邻近海关和兄弟镇加强沟通联系，狠抓招商配套“硬条件”与优质服务质量“软环境”。促成正威集团50万吨精铜项目在全市“三重”项目签约仪式上签订项目表，并主动加强与亚太国际集团等优质企业投资项目洽谈。

【“三重”建设】 2012年，樟木头镇成立镇“三重”工作领导小组，实施领导班子成员包干重大项目工作考核奖惩办法，制定信息报送和定期协调制度，加快33个镇重大项目建设，其中成功申请保利生态城项目为市2013年重大预备项目，并启动“一个中心、两大广场、四个入口、五大景观”首期工程建设；推动樟洋电厂扩建工程成功列入广东省“十二五”能源发展规划；加快塑胶产业聚集区、新动力重油基地、动漫产业文化创意基地、广惠城际轻轨新区、电子城二期等镇级重大项目建设。

樟木头——努力建成具有“小香港”美誉的幸福樟城

2012年7月1日，以“幸福樟城 浪漫之旅”为主题的樟木头第九届小香港旅游文化节开幕，市委常委、政法委书记邓志广（中），市委常委、宣传部部长潘新潮（右三）等出席开幕式。

① 2012年1月11日，中央军委原委员、解放军总政治部原主任于永波（左四）上将一行到樟木头镇视察。42军原政委勋励（右三），省军区副政委饶新建（左三），市领导徐建华（右四）、刘卫芳（右二）、王检养（左二）等陪同视察。

② 2012年7月27日，市委书记、市人大常委会主任徐建华（前排左二），市委副书记、市长袁宝成（前排左三）率镇街年中点评（山区片）考察团到樟木头镇考察，并参观广东小猪班纳服饰股份有限公司。

③ 2012年5月24日，中共中央政治局委员、省委书记汪洋在“广东省网上信访大厅”通过视频接访樟木头镇残疾人反映的残疾人夜市摆卖收费问题。

④ 2012年4月27日，中共中央政治局委员、省“三打”督导组在省委政法委副巡视员郑锦填（右一）的带领下到樟木头镇检查督导“三打”工作。

⑤ 2012年3月1日，市委书记、市人大常委会主任徐建华（前排左二）到樟木头镇调研经济社会发展情况。

① 2012年11月24日，著名作家、原文化部部长王蒙（中）与市文联主席刘锦明（右七）到樟木头镇调研“中国作家第一村”发展情况。

② 2012年3月1日，市委书记、市人大常委会主任徐建华（前排右二）到樟木头镇视察，并由樟木头镇领导李满堂（前排右一）、罗伟伦（前排右三）陪同参观樟木头将军馆。

③ 2012年5月11日，市委副书记姚康（左四），市委常委、市委秘书长王检养（右四）一行到小猪班纳服饰有限公司调研。

④ 2012年9月25日，市委常委、东莞军分区政委刘卫芳（中）到樟木头镇开展市领导接见党员群众主题活动，就维护稳定、构建和谐等方面的工作，先后听取党员代表们的意见和建议。

⑤ 2012年3月21日，市委常委、政法委书记邓志广（前排左二）等在樟木头镇领导李满堂（右一）、罗伟伦（右二）陪同下看望和慰问擒贼负伤的巡警江吉。

⑥ 2012年6月18日，副市长贺宇（左二）到樟木头镇调研重点项目推进情况。

①

②

③

④

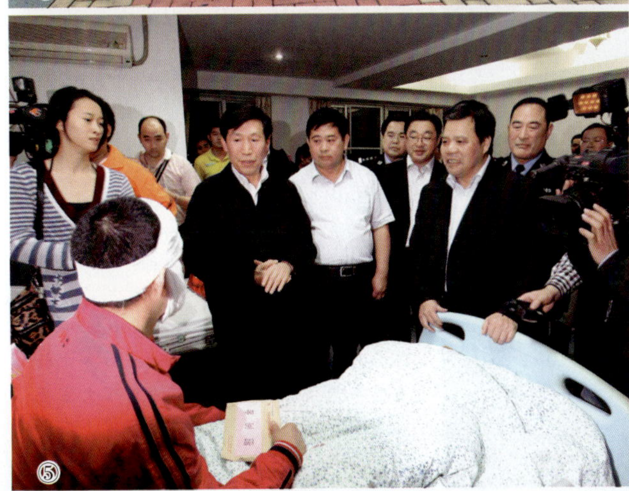
⑤

⑥

【转型升级】2012年，樟木头镇制定实施“工业向强优转型，传统产业向新兴产业转型，旅游产业向高端生态旅游转型，优势产业向区域品牌转型”“四大转型”目标。通过服务七大专业批发市场，天一城、天和等大型商场及普拉斯仓储物流等平台，做强商贸物流业；通过与投资百亿元的正威国际集团签订项目书，以之为龙头夯实工业基础；通过推进投资百亿的保利生态城建设，开启生态旅游产业新篇。基本形成以商贸物流业、工业、生态旅游产业为发展方向的合理产业新格局。

【科技创新】2012年，樟木头镇着力推动科技创新，政府科技投入4000多万元，启动专业镇“一镇一校”合作建设计划，推动20多家企业与高校开展产学研合作，打造以柏百顺化工、来利眼镜为代表的一批科技创新典型企业。2012年，樟木头镇有国家高新技术企业7家，省级、市级民营科技企业分别为27家、74家。全年企业专利申请345件，其中授权量185件，比上年增长24.9%。

【农村经济】2012年，樟木头镇制定实施“一社区一策”和“集体经济财富积累年”方案，出台经济增长目标和GDP月度核算、经济社会监测月报表等制度，开展清产核资、合同清查等工作，建立集体资产交易平台打造“阳光财务”，社区经营总收入1.7亿元，比上年增收411万元，追回应收未收款1.07亿元。压缩一般性支出和非生产性支出，偿还债务6218万元；利用欠发达社区免息借款优惠政策，统筹以资产置换债权的方式化解社区债务，各社区科学制定还款计划，共偿还5451万元借款，总负债比年初下降5.3%，累计转贷还款达1.18亿元。

【就业创业】2012年，樟木头镇扩大

① 2013年2月25日，樟木头镇召开中共樟木头镇第十四届代表大会第二次会议，明确新一年的发展定位和目标。

② 2013年1月11日，樟木头镇第十六届人民代表大会第三次会议选举麦广钦为樟木头镇人大主席。图为市人大常委会副主任周楚良（左）向麦广钦（右）颁发当选证书。

“五先五后六平台”就业机制作用，抓重点人群就业，健全11个“村民车间”、1个“青年车间”和2个大学生就业基地建设，建立大学生到基层和企业锻炼培养机制，实施“创业种子工程”，提前向高中毕业生公布全镇产业、行业、政府机关人才岗位需求；打造“观音绿”名优荔枝新品种并通过省鉴定，引进无核黄皮打造“水果名村”，重新激发果农的积极性，推动户籍人口就业率达新高至98.3%。

【扶贫保障】2012年，樟木头镇推进市内外“双到”扶贫工作，着力增强扶贫对象造血功能，其中镇内有正常劳动能力脱贫率达81.2%，超过市要求标准20个百分点；在两个欠发达社区挑选3个投资年收益率达10%以上的优质发展项目，预计改造后可增收337万元/年。在对口韶关“一六镇”扶贫工作中开展“一来二往三共四培五对接”等活动，建立百亩西瓜示范种植基地并发挥效益，使脱贫率达98%，5个村集体年均收入超过15万元。与新疆农三师图木舒克市45团在建立农产品销售平台等四个方面签订合作意向书并赠送首批20台电脑。

【宣传科教】2012年，樟木头镇倡导社会文明新风，响应市委、市政府号召掀起向罗礼仙英雄学习的热潮，开展道德宣讲、建“新君子社会”常态化学雷锋等活动，关怀弱势群体营造相互感恩的“爱心之城”氛围，聚沙成塔汇聚人文精神正能量。樟木头镇继续保持星级学校、绿色学校全市数量最多、比例最高，并为异地务工人员子女提供550个公立学校学位，实现高考每万户籍人口升大学比例连续十年递增。

【医疗卫生】2012年，樟木头镇在实现户籍人口健康档案全覆盖、创立“中国特色家庭医生服务团队”、打造低成本

① 2012年7月31日，市政协副主席莫布兴（左三）到樟木头镇与镇领导罗伟伦（左四）、蔡建彬（左二）接访群众，现场处理群众反映的问题。

② 2012年9月21日，广东省非物质文化遗产——“麒麟舞传承基地”在樟木头樟罗社区刘屋村祠堂举行揭牌仪式，这是东莞市唯一一个省级非遗麒麟舞传承基地。

③ 2012年4月15日，第二届港深莞万人相亲会在樟木头镇观音山森林公园开幕。

④ 2012年11月10日，樟木头镇义乌小商品批发城项目举行启动仪式。

医疗样本的基础上，启动创建“国家级慢性病非传染性疾病综合防控示范区”工程，筹备“社区卫生在线”，为12万异地务工人员建立健康档案。

【社会管理】 2012年，樟木头镇推广“单位人”管理“社会人”、特殊群体稳固沟通联系网等经验，推广外来务工人员自治模式使自治小区增至9个，组织5000多人参与自我管理、自我服务，形成互帮互助、和谐共建氛围。建立“异地务工人员家属车间”2个，实施优秀异地务工人员表彰方案和节日慰问企业员工工作机制，增强异地务工人员主人翁精神，促进他们与户籍人群的和谐发展。发动人民群众参与社会管理，发挥香港樟木头同乡会、五大商会、工青团妇等群团组织的协同共治功能。

【社会治安】 2012年，樟木头镇深化“五大平安”工程建设，实施警力下沉警务区、山区片警力联手，坚持“命案必破、黑恶必除、两抢必打、黄赌毒必扫”，实现刑事案件、治安案件“两下降”，人民安全感和治安满意率“双提升”。以“主动防范、积极防范、全面防范”的充足准备，做好涉日、十八大维稳各项工作，保障和引导群众合法理性表达爱国热情。

① 樟木头镇观音山森林公园
② 鸟瞰樟木头镇
③ “小香港”——樟木头镇中心风貌

【公共安全】 2012年，樟木头镇创新电气线路电子监控、消防知识培训网络学校、“一警三用”自行车等八项消防管理，以优秀成绩通过“省火灾隐患重点地区”检查验收，着重提升单位“四个能力”建设，开展“五大”培训活动，夯实“防火墙”建设，营造消防安全环境。同时，以高压态势保持食品药品安全、安全生产的大局稳定。

【信访维稳】 2012年，樟木头镇在建立“四线一基础”维稳机制、设立书记手机和镇长信箱、将维稳工作室前移至自然村和千人以上企业的基础上，提出“事不过分”“家人家书家事家业”的群众信访工作新要求，建设视频接访系统成为全省五个试点之一，积累“五道防线”经验。变上访为下访，开展“走转改”领导干部接访下访等活动，实施重大信访问题领导包案制度，发挥130多名群众矛盾调解员的源头、苗头化解作用。信访问题办结率达100%，未发生越级上访事件。

【三打两建】 2012年，樟木头镇依靠和发动人民群众，提出“三有”促“三打”达“三果”的工作理念，打掉欺行霸市团伙8个，破获制假售假大案要案市级32宗、省级1宗，破获商业贿赂案件10宗。“以建带打”加快两个体系建设，试点建立三位一体工作平台2个，建成食品加工基地1个、样板市场4个、示范食堂3个、示范街1条。

【第九届小香港旅游文化节】 2012年7月1日至7月15日，在樟木头镇举行第九届小香港旅游文化节。该节以“幸福客乡 浪漫之旅”为主题，以“品尝荔枝、尽享美食、疯狂购物、纵情游乐、缘定客乡”为定位，围绕“客家、香港、双拥”三大要素，举行客家荔枝千人宴、“小香港”工展美食博览会、第三届港深莞万人相亲大会、《军歌嘹亮》中国双拥艺术团原创军旅歌曲专辑首发仪式暨军地歌手擂台赛、缤纷“小香港”，购物大优惠、“小香港”微摄影大赛、东莞市第一届“绿茵温莎堡杯”少儿书画大赛、浪漫之夜——啤酒休闲文化广场、“通讯感恩周”文化活动以及“歌从客乡来”2012全国优秀客家山歌演唱会11大项主体活动。旅游节期间吸引游客达到50万人次，较平日增长50%，拉动经济消费3.6亿元。 （黄 幸）

附：2012年东莞市樟木头镇党委、人大、政府领导名录

镇委书记：麦广钦（1月到任）
镇委副书记：罗伟伦 赵智佳
镇委委员：蔡传胜 赖远强 徐鸿飞
梁裕英 黄美青 蔡伟明
詹振锋 蔡献军 黄育辉
胡 珏（6月到任）
陈健良（挂职）
镇人大主席：麦广钦（1月到任）
镇人大副主席：赖远强 刘秀荣
镇 长：罗伟伦
副镇长：蔡建彬 罗水发 刘玉春

2008—2012年樟木头镇主要经济指标

指标＼年份	2008	2009	2010	2011	2012
户籍人口（人）	26071	26835	27434	28038	28453
外来暂住人口（人）	127390	113253	112860	114395	99391
年末土地面积（平方公里）	119	119	119	119	119
全年生产总值（万元）	497577	524759	550388	623121	647297
工业总产值（当年价格）（万元）	989481	819999	999043	242648	246675
农业总产值（当年价格）（万元）	604	741	793	445	357
总用电量（含企业自有机组发电）（万千瓦时）	87517	82898	91847	94807	95677
总用水量（万吨）	1626	1399	1321	1429	1429
全社会固定资产投资总额（万元）	90170	93019	159966	145040	151849
社会消费品零售总额（万元）	186109	212138	330520	362763	406894
实际利用外资（万美元）	3693	4070	5564	6623	4306
镇级可支配财政收入（万元）	47931	38265	43794	135913	62979
各项税收总额（万元）	62633	60170	72120	100226	101657
金融机构各项存款余额（万元）	788812	844491	979395	1075966	1197803
城乡居民储蓄存款余额（万元）	641044	664447	767445	842036	944625

凤岗镇

【概况】 凤岗镇位于东莞市东南部，面积82.5平方公里，是“中国客侨名镇”，下辖11个村、1个居委会，2012年，户籍人口2.5万人，常住人口15.88万人，有3万多名华侨分布在世界36个国家和地区。2012年，成功创建“广东省园林城镇”，通过“国家卫生镇”的复审，成功创建“全国亿万农民健康与促进行动”省示范镇以及“全国社区卫生服务中心示范单位”等，在全市表彰大会上，凤岗镇荣获“全市镇街领导班子落实科学发展观年度工作考核综合总分一等奖”等荣誉。

2012年，凤岗镇生产总值138.9亿元，比上年增长7%；人均地区生产总值43222元，增长5.93%；规模以上工业总产值202亿元，增长3%；农林牧渔业总产值0.2866亿元，增长16.28%；固定资产投资36亿元，增长10%；社会消费品零售总额28亿元，增长10%；外贸出口额28.7亿美元，增长38.4%；实际利用外资1.97亿美元，增长14.6%；财政收入8亿元，增长8.2%；农村居民人均纯收入26743元，增长17.19%。

【产业转型升级】 2012年，凤岗镇重点扶持大企业、大产业、大项目发展，成功引进延锋彼欧、延锋伟世通两家世界500强企业，并被列为2012年市的重大项目。都市丽人纳税1.9亿元，并被认定为东莞市总部企业。全镇规模以上企业有162家。全年完成来料加工贸易企业转型159家，全年外企内销达到193家，内销总额达53.67亿元，内销超千万元有58家，超亿元有16家。

“三重”建设 2012年，凤岗镇成立“三重”建设工作机构，制订领导班子定点挂钩制度，主动联系客商，解决重点项目实际困难，及时协助重点项目排解疑难，加快项目建设进度；延锋汽车配套产业项目报建工作完成，厂房主体结构基本完成，宿舍封顶；建立大项目快速反应机制，制定重点项目年度工作目标和节点计划，推动重点项目落地投产；建立重点项目跟进、服务工作机制，确保大项目服务到位；制定500万元对重点企业提供信贷帮扶的政策。

外源型经济 2012年，凤岗镇新签外资项目38宗，增资金额3.56亿美元，合同利用外资4.21亿美元，比上年增长129.3%，实际利用外资1.97亿美元，增长14.6%，出口总额28.7亿美元，增长38.4%。

内源型经济 2012年，凤岗镇有个体、民营企业共15325家，其中个体

加快转型升级 建设幸福凤岗

2012年5月16日，全国人大常委会原副委员长、中国关工委主任顾秀莲到凤岗镇油甘埔小学、嘉辉厂党支部调研。图为顾秀莲（右三）、省关工委主任张帼英（右二）和市委常委、组织部部长甄瑞潮（右一）等领导听取油甘埔小学创建家长学校建设情况介绍。

12127家，民营企业3198家，民营企业增长26.35%，民营企业注册资本445557万元，增长7.4%。全年新登记内资项目571宗，比上年增长18.95%，注册资本共26277万元，减少17.8%，注册资金在300万以上的有17宗，增长6.25%。现凤岗镇民营企业中有省民营科技企业6家，市民营科技企业15家，具有进出口经营权的民营企业243家。

村组经济　2012年，凤岗镇村组两级集体总资产68.3亿元，比上年增长10.34%，集体净资产55.8亿元，增长7.25%。村组经营收入7.01亿元，比上年增长9.6%；村组纯收入4.94亿元，增长10.2%。

【第三产业】　商贸物流业　2012年，凤岗镇以沃尔玛、铜锣湾等知名商业品牌进驻为带动，引进和培育一批具有较强竞争力的中大型现代商贸流通企业，规划、发展和完善镇中心区商业圈，引进都市丽人物流园和华润万家中央配送中心。都市丽人物流园项目预计投资33700万元，用地面积4.37公顷，建成投产后，年产值预计达到20亿元；华润万家中央配送中心项目预计投资总额为6亿元人民币，主要用于项目开发及经营，用地面积约为10万平方米，物流配送中心建筑面积预计在11.2万平方米以上，成功进驻凤岗镇后，华润万家有限公司的东莞子公司（华润万家生活超市（东莞）有限公司）将变更到凤岗镇辖区内，作为东莞地区的总部，预期税收将达3000万元人民币。

文化产业　2012年10月，凤岗镇被授予全国首个"中国客家山歌之乡"称号，成功举办2012（中国·凤岗）客侨文化节暨首届婚博会，以及2012广东省客家山歌擂台赛暨第三届八省客家山歌（东莞·凤岗）邀请赛，成功举办第五届"杨官璘杯"全国象棋公开赛。牵头成立东莞市婚庆行业协会，举行全国百对公安边防官兵集体婚礼、"我圆爸妈婚纱梦"大型公益集体婚礼等有影响力的活动，致力打造为全国著名婚庆旅游目的地，2012年3月被评为全国AAAA旅游景区。2012年11月，凤岗镇被授予全国首个"中国客家山歌之乡"称号，2012年12月24日，获颁"中国象棋协会50周年特别贡献奖"。

房地产业　2012年，凤岗镇销售商品房3619套，比上年下降10.8%；销售面积33.6万平方米，下降2.68%；销售金额26.55亿元，下降9.51%。

① 2012年2月20日，广东省副省长招玉芳（右一）率省工作组一行到凤岗镇美驰图公司调研。

② 2012年3月21日，东莞市市委书记、市人大常委会主任徐建华（中）莅临凤岗镇都市丽人公司指导工作。

③ 2012年11月9日，市委副书记、东莞市市长袁宝成（中）莅临凤岗镇综治维稳中心指导工作。

【城市建设】2012年，凤岗镇突出“一主、两副、三轴、四园、五组团”的规划建设思路。“一主”即优化中心区项目投资环境；“两副”即重点建设官井头片区和雁田片区这两大副中心；“三轴”即继续建设好东深公路沿线成熟的城市生活轴，擦亮“一河两岸”工程这张靓丽名片，综合整治东深河及沿河两岸绿化带，把东深河建成一条贯穿全镇南北的景观轴，做好东深二路沿线的规划建设，把东深二路作为凤岗镇的城市发展轴；“四园”即规划建设以融入自然、健康身心为设计理念的碧湖郊野公园，使它与园龙山、成功岭、雁田公园一起组成凤岗镇供市民休闲观光的四大公园，提升全镇城市生活品味。“五组团”即科学规划和发展雁田——宏盈、官井头——大龙两大工业园区，继续抓好金凤凰、玉泉和碧湖工业园区的建设，使这五大工业园区组团发展，成为凤岗镇第二产业发展的五大引擎，推进凤岗镇第二产业更上一个新台阶。

重点工程　2012年，凤岗镇完成南门山森林公园一期工程建设，碧湖森林公园、东深河整治、“一河两岸”景观以及绿道等10大重点工程顺利推进。

路网建设　2012年，凤岗镇龙凤大道建成通车，龙平东路升级改造基本完成，规划建设金龙路、博深高速雁田出

① 2012年8月22日，全市国土工作会议在凤岗召开，镇委书记、镇人大主席朱国和（左一）陪同市委书记、市人大常委会主任徐建华（中）等市领导到凤岗镇“三旧”改造项目——名流置业视察。

② 2012年12月4日，市委副书记、市长袁宝成（中）检查凤岗镇商事登记工作。

③ 2012年3月20日，举行延峰彼欧、延锋伟世通两家世界500强企业入驻凤岗镇签约仪式。

④ 2012年12月27日，深圳如意路至龙凤大道连接线正式通车。

⑤ 2012年4月18日，凤岗镇荣获中国民间文艺家协会颁发的全国首个“中国客家山歌之乡”称号，图为凤岗镇镇长李海文（右）上台领奖。

入口连接线等市际联网路；完成碧湖西路工程、凤翔路改造工程和美田路、怡安路等村际联网路建设。

"三旧"改造 2012年，凤岗镇建设10个"三旧"改造重点项目，其中名流置业、塘沥旧市场、大龙志达、雁田英才等4个项目获省、市批准，名流置业项目正在建设之中。芦竹田和华联厂的佳兆业项目、官井头新浩项目、三联凤门坳振江等项目已报省审批。

城市管理 2012年，凤岗镇深入实施"畅、净、宁、绿、亮"五大工程，整治"七乱一占"行为2.2万宗，处理噪音污染750宗。完成镇中心区无障碍盲道、沃尔玛商场路口扩建等建设任务。通过"国家卫生镇"复审，环境卫生整治在全市每月明查暗访排名中名列前茅。完成《凤岗镇绿地系统规划》修编和评审，成功创建"广东省园林城镇"。

【社会管理】 社会治安持续平稳 2012年，凤岗镇通过公安系统"四化五警"建设，先后开展"南粤亮剑12战役"、"十八大安保"、"百日防护期"等专项行动，确保全镇社会治安稳定。全年立刑事案件1454宗，破695宗，破案率比上年上升6.6%。接有效警情2.17万起，比上年下降10.7%。综治信访维稳平台共受理群众诉求1462宗涉及4681人，化解办结1456宗，调解成功率为99.6%。

① 2012年5月11日，"我圆爸妈婚纱梦"凤岗镇首届集体婚禧大型公益活动盛大举行。

② 2012年7月30日，举行"情系边关·缘定今生"百对公安边防官兵大型集体婚礼。

③ 2012年9月16日，第五届"杨官璘杯"全国象棋公开赛举办。

① 2012年11月20日，凤岗镇2012（中国·凤岗）客侨文化节暨首届婚博会开幕式剪彩。
② 凤岗镇商业中心
③ 灵山圣水——南门山森林公园

“三打两建”卓有成效　2012年，凤岗镇通过“三打两建”打掉欺行霸市犯罪团伙21个，立案查处制假售假大案要案45宗，查处商业贿赂案件11宗，其中充当“保护伞”5人，九次获全市镇（街）“三打”排名第一，荣获全市“三打两建”工作先进单位。建成171家餐饮服务食品安全示范点，其中1条省级餐饮服务食品安全示范街、3家省级餐饮服务食品安全示范单位，流通环节食品安全示范店7个，消费维权服务站2个，选取24家餐饮企业试点推广废弃油脂的回收利用；铺开商事登记制度改革，加大对市场商事主体的后续监管力度，核发商事主体执照723个。

安全形势持续好转　2012年，凤岗镇接警出动188次，出动车辆752辆次，出动警力3008人次，其中火灾出警53起，交通事故救援13起，其他救援122起；抢救被困人员54名，疏散被困人员1500多人，抢救财产价值约1400万元，直接经济损失约17万元，1人死亡。与上年同期相比，火灾起数下降17%，直接财产损失下降19%。工矿商贸企业发生生产事故1起，比上年下降67%。生产安全事故死亡人数1人，比上年下降22%。

安全生产有效保障　2012年，凤岗镇出动执法人员3137人次，检查生产经营单位762家，排查安全隐患1064处，发出责令整改指令书86份，一般事故隐患按期整改率100%；开展“安全生产宣传服务咨询日”活动，派发各种法律法规读本、知识手册等宣传资料12000多份，现场解答群众的咨询问题150多人次，挂安全生产宣传标语横幅115条。

【民生实事】 减轻村组负担　2012年，凤岗镇在每年投入4800万元统筹村组环卫和城市管理工作的基础上，再增加1000万元，统筹村组除四害、公厕保洁、道路维修、会计委派等工作。

扶贫济困　2012年，凤岗镇残疾人补贴标准每月250元，低保标准每月680元；基本完成黄洞村48套保障房建设；投入280多万元，开展韶关乳源、新疆农三师46团以及广西凤山等市外对口扶贫工作，其中乳源贫困村人均纯收入由原来的1200元增加到9000元，实现100%脱贫。

社会保障　2012年，凤岗镇完善城乡一体化社会保障体系，全镇参加养老、失业保险人数分别为12.37万人、12.19万人，养老、失业保险参保率达80%以上，城乡农居民实现100%参保；工伤、

医疗参保人数分别为22.44万人、22.36万人，参保率达90%以上；推广出租屋和出租人员保险投保工作；对全镇残疾人给予每人每月30元的物价补贴；加强新型社区建设和农村社区服务，积极推进社区综合服务中心（站）建设。

就业创业 2012年，凤岗镇建成“村民车间”17家，累计安置户籍人员336人，其中就业困难人员115人，镇内未脱贫的有劳动能力贫困户全部安排就业。对进企业做一线工作的村民补贴约2000人次400多万元，为户籍人员办理自主参训补贴613人次92.74万元；制订500万元重点企业提供信贷帮扶计划，确定50家重点信贷扶持企业名单，协助东莞市安佳计算机设备有限公司、东莞市如新包装材料有限公司2家企业申领贴息资助13.13万元，全年贴息资助共计使用170万元，研发与总部使用120万。

文化事业 2012年，凤岗镇落实文化惠民政策。举办第八届读书节，惠及群众10多万人次。完成“百场培训、千场演出、万场电影”进村企任务，参与群众超26万人次。各村（居）建立专兼结合的公共文化管理服务队伍，完善群众基础文化设施，建成油甘埔村文化体育中心，11个村建成公共电子阅览室，实现镇村两级公共电子阅览室全覆盖；统筹规划“迴龙庵”“纂香书室”、排屋楼等文物保护，黄洞村被评为省历史文化名村，黄洞田心村被认定为省第三批古村落。

教育事业 2012年，凤岗镇投入3000万元，建成新中心幼儿园、新建端凤小学教学楼、中心小学体育馆和教师综合楼、雁田小学教学功能楼、油甘埔小学教学功能楼；开展筹备凤岗第一小学建设工作；抓好初中教学质量，提高初中升五大校整体水平；推进民办学校均衡发展，投入200万元制定扶持民办学校发展奖励措施，设立专项基金，促民办学校创星级学校和市一级学校，逐步淘汰一批办学水平低、教学质量不达标的民办学校；完善新莞人子女积分入学制度，提供新莞人子女积分入学公办学位464个，比上年增长10%。

生态绿化 2012年，凤岗镇完成碧湖森林公园生态绿地、登山道、绿道桥的绿化工程和栏杆工程、步行道硬路肩、次入口的休息平台、步行道边坡截水沟、主干道绿化工程、涉及供水、供电、绿化、路灯、标识标牌配套设施等工程建设，南面连接碧湖大道绿带，北面与园龙山镇级公园相连，占地面积124公顷，总投资5000万元；完成南门山森林公园官井头环水库F段道路施工图设计及招投标工作、登山道二期（与清溪交界的登山道）建设、黄洞水库至官井头水库道路B2段和D段的道路排水系统建设、路基工程动工建设、南门山森林公园A、B1、B2、C、C1绿道绿化初步验收。

（林汉筠）

附：2012年东莞市凤岗镇党委、人大、政府领导名录

镇委书记：朱国和
镇委副书记：李海文（任至八月）
梁杰钊（八月到任）
张拔海
镇委委员：罗永林　巫惠平　罗永光
罗建军　张凌峰　黎锦波
张永雄　曾爱红　廖玉开
钟庆生
李道军（挂职，7月到任）
镇人大主席：朱国和
镇人大副主席：罗永林　杨志钦
镇　长：李海文（任至八月）
梁杰钊（八月到任）
副镇长：张伟胜　陈志鹏　张新伟
杨重振

2008—2012年凤岗镇主要经济指标

指标＼年份	2008	2009	2010	2011	2012
户籍人口（人）	22338	23362	24245	25018	25535
外来暂住人口（人）	142116	141798	132568	148377	158884
面积（平方公里）	82.5	82.5	82.5	82.5	82.5
地区生产总值（万元）	900584	1013446	1114665	1305676	1388730
工业总产值当年价（万元）	1629787	1561632	2069531	2334293	2618242
农业总产值当年（万元）	3423	2140	2222	2465	2866
总用电量（万千瓦时）	163420	167916	205623	215910	221561
全社会固定资产投资总额（万元）	168851	253779	310244	330900	374920
社会消费品零售总额（万元）	178304	201466	222052	256097	282636
外贸出口总额（万美元）	201207	159953	183624	207658	287411
实际利用外资（万美元）	9022	10369	13367	17171	19682
镇级可支配财政收入（万元）	50109	52001	80171	98898	174725
各项税收总额（万元）	123877	125419	167525	198149	223793
金融机构各项存款余额（万元）	1078965	1215656	1396353	1519195	1760256
城乡居民储蓄存款余额（万元）	721104	786894	933126	1052569	1204962

塘厦镇

【概况】 塘厦镇位于东莞市东南部，东连清溪镇，西邻黄江镇，北接樟木头镇，南与凤岗镇和深圳市观澜街道接壤，地处穗—深—港经济大走廊的黄金地段，是广东省电子电源专业镇、广东省教育强镇、国家园林城镇、中国高尔夫产业名镇。莞深高速、龙林高速、京九铁路贯穿而过，是东莞东南部的交通枢纽。全镇总面积128平方公里，下辖21个社区，户籍人口4.8万人，新莞人近50万人。

2012年，塘厦镇完成生产总值207.03亿元，比上年增长2.5%；镇本级财政一般预算收入14.53亿元，增长8.2%；税收总额39.42亿元，增长11.1%；出口总额44.6亿美元，增长9.8%；社会消费品零售总额56.48亿元，增长6.8%；金融机构各项存款余额282.67亿元，比2011年末增长14.4%；城乡居民存款余额179.76亿元，比2011年末增长13.5%；居民人均收入29644元，增长15.23%。2012年，“建设社会主义文化强镇——广东省东莞市塘厦镇的实践与探索”荣获第四届国家文化部创新奖，并获得全国亿万农民健康促进行动广东省示范区、2011至2012中国女子篮球甲级联赛优秀赛区等荣誉。在2012年度镇街领导班子落实科学发展观工作考核中，塘厦镇被评为综合总分一等奖。

【经济建设】 2012年，塘厦镇加大经济建设力度，经济发展方式得到有效转变。

“三重”建设 强化科苑城、凤凰科技产业园承载能力，引进安琪、源暄、旺鑫、华强信息科技等4个市“三重”项目，确定中企绿色总部、誉铭新等多个镇内重大项目。重点抓好奥克斯通讯、佛吉亚汽车部件系统等重大项目的动工建设，完善通讯信息和汽车电子等产业链。推动光裕照明、三洋电子、汇勋电器等企业增资扩产，以抓大项目为切入点带动全社会固定资产投资55.71亿元，比上年增长53.1%。抓好内培优化存量企业，加快协助坚朗五金、凯昶德等5家企业做好上市前期工作，促进现有企业做大做强。

塘厦镇

① 2012年12月7日，常务副省长肖志恒（前排右）一行到塘厦镇美时家具集团调研“企业养老保险和高技能人才入户”工作。
② 2012年6月27日，市委书记、市人大常委会主任徐建华（右二）调研考察塘厦镇林村社区。
③ 2012年10月30日，省人大常委会主任欧广源（前排右二）率省人大代表视察组一行视察石马河流域污染整治情况。
④ 2012年11月7日，塘厦镇第十六届人民代表大会第五次会议选举李纲为新一任塘厦镇人民政府镇长。

① 2012年7月27日，市委书记徐建华（前排左）、市长袁宝成（前排右）率队调研考察塘厦镇广东志成冠军公司。

② 2012年3月21日，市委副书记姚康（右二）率队现场督导塘厦镇“三打”工作。

③ 2012年2月14日，塘厦镇镇委书记管敏政（右一）带领领导班子成员调研企业。

④ 2012年5月26日，塘厦镇镇委书记管敏政（坐者右一）带领党代表在花园街广场接访群众。

⑤ 2012年2月15日，塘厦镇镇长方灿芬（前排右二）带领领导班子成员调研企业。

⑥ 2012年3月2日，山区片区域治安协防建设工作启动签约仪式在塘厦镇举行。

产业转型　制定《塘厦镇推动产业经济加快发展暂行办法》，强化政策牵引。全年新增来料加工转法人企业48宗，新设外资企业研发机构11家，建永数码、美时家具等成为东莞首批加工贸易转型升级示范企业。动员外企参展“加博会”，拓展内销市场，全年内销总额103亿元，比上年增长11.9%。

技术创新　深化产学研合作，与东莞华中科技大学制造工程研究院合作成立塘厦电源电器技术创新公共服务平台，推动凯昶德与武汉理工大学成立LED关键新材料及器件研究院。推动建永数码、阳天电子等一批企业发展成为国家高新技术企业，博美包装、美时家具、赛诺实业等一批公司成功申报广东省名牌名标，全镇名牌名标总量达33个，位居全市第二，美时家具获评“亚洲品牌500强”“亚洲（行业）十大公信力品牌”。

第三产业　成立高尔夫产业办，举办第四届塘厦高尔夫球博览会，继“CTGG”后推出第二个自主研发品牌“塘厦golf”。成功引进平安银行，优化金融服务环境。制定餐饮文化街区补助政策，推动莲湖茶艺街与美食街、138工业区华堂美食城建设，逐步扭转零散、低端的商业格局。成立旅游办公室，举办首届旅游文化节，吸引来自全国各地超过40万人次前往塘厦，集中展示以绿色生态休闲和高尔夫商旅度假为主线的品牌，发展高尔夫相关产业，形成完整产业链条。以塘厦镇“发展高尔夫相关产业、形成完整的高尔夫产业链条”被纳入《广东省滨海旅游发展规划（2011—2020年）》为契机，依托东莞观澜高尔夫球会特有资源，促进旅游业等消费性服务业发展。

【城市建设】城市工程　2012年，《东莞市塘厦镇总体规划（2008—2020）》获得市政府同意通过，完成9个片区控制性详细规划的审查、编制。加大电网规划建设力度，全镇线路环网率提高到73.06%，供电可靠性和转供电能力大大增强。配合打造全市供水“一张网”工作，对管网水质进行在线监测，完成供水管网改造63.1公里。塘厦大道升级改造、湖景北路新建、新大新人行天桥、宝山水河道、鸡爪河整治等19个重点工程、民生工程按计划顺利进行。加强桥梁检测养护，抓好道路、户外广告牌等市政设施的日常维护保养。

“三旧”改造　2012年，塘厦镇成

① 2012年3月1日，佛吉亚（东莞）汽车部件系统有限公司举行奠基仪式。
② 2012年3月29日，奥克斯集团举行东莞奥克斯智能手机生产项目奠基典礼。
③ 2012年10月11日，“创建‘平安塘厦’——公安民兵大演练”活动在塘厦镇体育馆举行。

立128工业区、138工业区、四村等区域性专项领导小组，加快不同区域的规划建设与改造步伐。完成《塘厦镇“三旧”改造专项规划》修编工作，确定花园街北、汇华假日酒店、佳畅玩具厂、御城房地产和林村屋头园等一批2013年力争动工的改造项目。

城市环境　2012年，塘厦镇开展“大清洁·乡村美”城乡清洁工程专项活动，以全市检查验收总评分第一的成绩荣获“东莞市卫生保洁优秀镇街”称号。指导林村、横塘、石潭埔等9个社区顺利通过“东莞市市容环境优美社区”复检。林村社区成功申报“广东省宜居环境范例奖”。加快石潭埔垃圾填埋场治理，成为全省第一座通过新场扩建带动旧场改造方式，达到国家一级无害化标准的填埋场。重点对石马河塘厦段57家涉水企业进行排查整治，彻底清理辖区内的非法畜禽养殖场回潮行为。完成节能减排任务，加强环境执法和污染企业监管。开展“绿色”创建活动，创建1个省绿色社区、1家市绿色学校。

【社会管理】“三打两建”　2012年，塘厦镇开辟专题电视节目，设置塘厦导刊专栏，全方位跟踪报道塘厦镇“三打”行动的最新动态。全年排查线索2124条，立案查处“三打”案件1325宗，打掉三类大案要案89宗，抓获“三打”各类违法犯罪嫌疑人172人，查处保护伞8人，工作绩效保持在全市前列。

综治维稳　2012年，塘厦镇以治安管理网格化建设为龙头，推进视频监控和警犬巡逻常态化结合，开展创建“平安塘厦”公安民兵大演练。建立全市首支女子处突队，公安分局被评为“全市十佳公安分局”。全年受理各类纠纷案件1930宗，调解成功1880宗，调解成功率97.4%。化解劳动争议案件4917宗，为17309名企业员工追回劳动合法所得3782万元。

公共安全　2012年，塘厦镇强化安全生产隐患排查治理，打击违法生产经营行为，全年发生各类事故182宗，下降22.2%，直接经济损失47.9万元，比上年下降28.9%，安全生产形势继续保持稳定好转。投入50万元用于镇消防安全信息管理系统的研发，并筹建消防主题公园。调整公安分局为“治摩”主力军，制定网格化“治摩”方案，完善“治摩禁电”长效机制，以高压态势在全镇范围内开展了新一轮的“治摩”专项行动。

① 2012年11月6日，中共东莞市委党校城市文化教学基地在塘厦镇城市展示馆挂牌成立。

② 2012年11月14日，广东预备役高炮师防化营2012年快速动员集结暨应急救援分队演练任务部署会在塘厦镇举行。

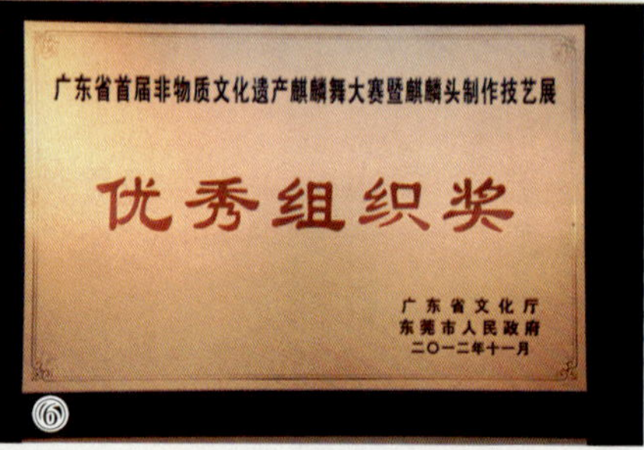

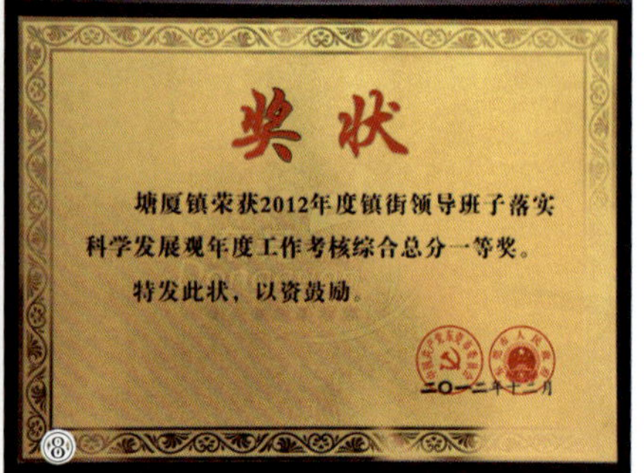

① 2012年4月27日，2012（第五届）中国高校材料院长论坛开幕式在塘厦镇举行。
② 2012年4月27日，东莞（塘厦）国家863新材料成果孵化园区项目推介会在塘厦镇举行。
③ 2012年多个市镇重大项目正式签约落户塘厦镇
④ 塘厦镇获评2012全国亿万农民健康促进行动广东省示范区
⑤ 塘厦镇获评2012年第四届文化部创新奖
⑥ 塘厦镇获评广东省非物质文化遗产麒麟舞大赛暨麒麟头制作技艺展（优秀组织奖）
⑦ 塘厦镇共青团获评2011—2012年度广东省五四红旗团委
⑧ 塘厦镇获评2012度镇街领导班子落实科学发展观工作考核综合总分一等奖

公共服务　2012年，塘厦镇以社区、企业为单位，广泛宣传积分入户制度。完成社会保险扩面任务，开展住房公积金缴存管理工作，帮助110户住房困难家庭申请的住房补助。应用视频系统加强房屋租赁管理，为新莞人统一购买出租屋个人意外伤害保险。出台《塘厦镇提升教育质量，推进教育现代化若干措施》，每年投入1000万元补助民办教育和设立教学质量奖。积极促成8所高等院校与塘厦镇开展联合办学，推动塘厦成人学校发展成为山区片最大的成人学历教育基地。投入331万元补助9503名新莞人子女接受义务教育，扎实推进广东新生代农民工“圆梦计划”。成立东莞市慈善会塘厦分会，出台《东莞市慈善会塘厦分会资金管理实施办法》，开展助学安老、募集善款、社会救助、医疗救济行动。

就业创业　2012年，塘厦镇及时掌握辖区企业招用工需求，先后组织256家企业参加“春风行动”、招聘周、企业现场招聘会等活动。举办多期青年就业见习训练活动，提供12家优质企业的149个见习训练岗位，提高户籍青年的就业技能。举办专场招聘会，开办就业创业指导培训班，帮助314名塘厦生源应届高校毕业生100%实现就业创业。为8746人次办理工资差额补助220万元，为1504名大中专毕业生及各类就业人群办理岗位津贴、自主参训补贴420万元。

① 2012年5月18日，2012广东“越唱越红”农民工歌唱大赛启动仪式在塘厦镇科苑城广场举行。
② 2012年9月20日，2012东莞旅游文化节暨塘厦首届旅游文化节隆重开幕。
③ 2012年5月17日，全国优秀青年词曲作家高级研修班暨打工歌曲创作采风活动启动仪式在塘厦镇举行。

【文体事业】2012年，塘厦镇推进公共文化建设、文艺精品创作、文化产业发展、文化遗产保护、文明素质提升等工作，“建设社会主义文化强镇——广东省东莞市塘厦镇的实践与探索”获第四届国家文化部创新奖，音乐剧《爱上邓丽君》荣获广东省“五个一工程”奖，石鼓水龙油画产业基地正式开业，社区文化管理员、宣传文化志愿服务队全面上岗，社区公共电子阅览室100%覆盖。推动6个社区创建成为“东莞市体育先进社区”，全国打工歌曲创作演唱大赛、广东“越唱越红”农民工歌唱大赛、首届旅游文化节、读书节等活动顺利举办，文化惠民下乡活动、群众体育活动扎实开展，文明创建、道德讲堂、公民道德宣传示范阵地、网络舆情监控等工作成效显著。　（刘碧峰）

附：2012年东莞市塘厦镇党委、人大、政府领导名录

镇委书记：管敏政
镇委副书记：李　纲（9月到任）
　　　　　　方灿芬（9月离任）
　　　　　　郑兆鹏
镇委委员：郑兆鹏　崔伟奇　郭锦河
　　　　　冯学宸　赵如发　李杰雄
　　　　　卢海祥　叶浩昌　黄北强
　　　　　黄国文　赵见敏
　　　　　黎旭勤（挂职）
镇人大主席：管敏政
镇人大副主席：崔伟奇　罗万新
镇　长：李　纲（9月到任）
　　　　方灿芬（9月离任）
副镇长：郭锦河　杨晓斌　李智波
　　　　张敏莉

① 2012年11月16日，举行塘厦镇石鼓水龙油画村开业暨大型油画展开展典礼

② 2012年9月14日，广东省国标舞锦标赛在塘厦镇体育馆拉开帷幕

2012年11月2日，2012塘厦高尔夫球博览会开幕式举行。

2008—2012年塘厦镇主要经济指标

指标＼年份	2008	2009	2010	2011	2012
户籍人口（人）	42493	44079	45569	47140	48272
外来暂住人口（人）	358672	341625	351027	436860	437828
面积（平方公里）	128	128	128	128	128
地区生产总值（万元）	1602945	1713803	1948397	2025381	2070280
工业总产值当年价（万元）	4048202	3638208	4700968	4771851	5256354
农业总产值当年价（万元）	14251	16244	22153	20772	24534
总用电量（万千瓦时）	277086	270126	313145	324518	337223
全社会固定资产投资总额（万元）	240907	311096	271924	362852	557124
社会消费品零售总额（万元）	347673	403752	485027	528815	564833
外贸出口总额（万美元）	393853	316226	367782	406354	446045
实际利用外资（万美元）	9283	12716	15021	18581	24580
镇级可支配财政收入（万元）	90930	97842	113876	134356	145327
各项税收总额（万元）	249299	232709	296313	354541	393748
金融机构各项存款余额（万元）	1545860	1858270	2317356	2504539	2830320
城乡居民储蓄存款余额（万元）	1022482	1182491	1434245	1609674	1778630

谢岗镇

【概况】 谢岗镇是东莞的东大门，东与惠州市接壤，西与樟木头、常平、桥头等镇相连，处于珠三角深莞惠东部城市群几何中心。全镇面积91.038平方公里，总人口10万人，其中户籍人口2万人。谢岗镇山水清秀，环境优美，境内有七万多亩原始山林和湖泊，海拔898米的“东莞第一峰”银瓶山耸立于谢岗镇南面村，市镇共同投资兴建的银瓶山森林公园，是东莞市目前最大的森林公园。2012年全镇完成生产总值46.7亿元，增长7.3%；各项税收总额5.4亿元，增长12%；镇区本级财政收入3.7亿元，增长10.9%；固定资产投资总额10.2亿元，增长19.6%；社会消费品零售总额9.3亿元，增长9.7%；进出口总额8.94亿美元，增长6.6%；农民人均纯收入17859元，增长16.8%。获东莞市推动民营经济发展先进单位、东莞市农业农村工作先进镇街，全市镇街工作量化考核二等奖。

【产业转型升级】 重大项目招商　2012年，谢岗镇引进广东粤海高端装备技术产业园、东兴铝业、普洛斯、华通科技、西部物流等5个重大项目，计划投资总额累计达633.2亿元；推动善募康等3个企业增资扩产，增资累计近1亿美元。合同利用外资2577万美元，实际利用外资4496万美元。

重点项目建设　2012年，谢岗镇华通科技、华轩幕墙扩建、鸨珍第五期等项目正在施工中。办理缔艺家项目用地手续。开展华能热电联产项目前期筹建工作。动工建设普洛斯物流项目；恒鑫物流完成轨道铺设，加紧主体工程施工。

企业转型升级　2012年，谢岗镇帮助8家来料加工企业就地转法人企业。全年新增市民营科技企业3家，协助企业申报国家高新企业、省民营科技企业共4家，申报市工程研发中心认定2家，设立研发机构4个，争取省、市科技扶持资金共117万元，签定清洁生产合同企业7家。协助企业拓展内销，组织企业参加漫博会、广货网上行、加博会等活动，全年外资企业内销总额达23.2亿元，同比增长19.3%。

特色产业发展　2012年，谢岗镇建设现代农业产业园基础设施，完成大厚

生态名镇　工业新城　幸福谢岗

① 2012年12月19日，省经信委党组书记赖天生（左三）到谢岗镇调研。

② 2012年9月25日，市委书记、市人大常委会主任徐建华到谢岗镇调研。

湖片区一、二期和赵林片区工程，花卉温室大棚建成投产，“绿卡”部分项目投产。创建特色农产品品牌，南面银峰荔枝合作社成功创建省荔枝标准化示范园。抓好生态休闲旅游业发展，筹备银瓶山森林公园三期规划建设，成功举办第九届登山旅游节。

镇村统筹模式创新　2012年，谢岗镇加大镇村统筹发展力度，按照“统一规划、统一储地、统一招商、统一供地、统一开发、利益共享”的思路，探索镇村互利共赢的发展模式，引导谢岗村承接镇招商项目厂房建设；积极推动社会资金参与善募康第三期等项目建设。

【城市环境提升】城市配套建设　2012年，谢岗镇永江国际公馆楼盘开盘预售，杏花村二期、星汇萃峰提交施工图纸审查，眼口地块正办理农转用手续，广场南路地块已送省国土厅办理征地手续。“三旧”改造进展顺利，完善2012年用地手续台帐，完成18宗项目权属地类调查工作并办理用地手续。抓好水利防灾减灾工作，2011年以前的水利防灾减灾工程已全部完成并通过验收；镇三防工作圆满完成；水利普查工作通过省工作质量抽查评估。

路网建设　2012年，谢岗镇完成环城路一期和银丰路总工程量的90%和75%，基本完成莞惠城轨征地拆迁，博深高速建成通车，协助完成S357樟谢段升级改造工程前期手续。

① 2012年9月25日，市委书记、市人大常委会主任徐建华（左一）到谢岗镇南面村党代表工作室调研。
② 2012年12月14日，市委副书记、市长袁宝成（左一）到谢岗镇现场调研粤海装备技术产业园项目选址地块。
③ 2012年6月18日，副市长贺宇（左）到谢岗镇调研。
④ 2012年12月10日，粤海集团及其战略合作伙伴到谢岗镇调研考察。

① 2012年11月13日，美国投资企业代表到谢岗镇调研考察。
② 2012年11月13日，粤海集团董事长黄小雄（前排右二）一行到谢岗镇调研考察。
③ 谢岗镇华泰工业园
④ 东莞“东大门”——谢岗镇
⑤ 银瓶山涧

生态环境建设　2012年，谢岗镇对违规畜禽养殖污染整治，关闭转移违规畜禽养殖场和清理生猪分别占总数的99.3%和99.9%，制定实施禁止畜禽养殖管理工作方案，巩固治理成果，完善后续管理。对环境污染整治，整治镇内排污企业，督促企业整改21家（次），全部整改达标。对环境升级改造，动工建设育贤湖休闲体育公园。推进名村建设，有5个项目完工，进一步优化农村环境。

城市管理　2012年，谢岗镇狠抓环境卫生治理，每月开展村（社区）环境卫生交叉检评排名，取得良好成效。狠抓违章建筑整治，开展12个村（社区）巡查清拆工作，查处违章搭建14宗。狠抓城市综合治理，整治“六乱”累计1165宗。

【营商环境优化】　2012年，谢岗镇优化全镇营商环境。开展“三打”专项行动。打击欺行霸市、制假售假和商业贿赂行为，严查大要案，深挖保护伞，斩断利益链，加快建设社会信用体系和市场监管体系。共查处行政案件169宗、制假售假211宗、商业贿赂7宗，捣毁欺行霸市团伙7个、查处制假售假大要案17宗，挖出保护伞2个，形成风清气正的政务环境和公平诚信的市场秩序。推动商事登记改革。改革商事登记制度，按新制度登记273户商事主体，基本实

① 2012年登山节、国庆节长假期间，银瓶山森林公园安全接待游客近16万人次。
② 银瓶山登峰之路
③ 2012年9月29日，谢岗镇举办“福地银瓶·生态谢岗”谢岗登山旅游节开幕式暨“迎中秋·庆国庆”大型文艺晚会。
④ 2012年登山节期间，100多名志愿者服务于登山节各项活动。
⑤ 谢岗镇农村公园一角

现1个工作日内发证。在落实告知企业和上报市级部门“两告知”基础上，镇相关职能部门对商事主体主动开展监管工作。扶持企业做大做强。实施谢岗镇重点产业优质企业成长扶持“10个10”奖励计划，为28家优质企业提供办事绿色通道、专人跟办、现场办公等服务。面对企业举办各类讲座近10场次。促成华轩幕墙成为上市后备企业。支助奖励企业78家约100万元。解决企业实际困难。开展谢岗镇“访企业、送服务、促转型”走访企业大行动，累计走访企业108家，帮助企业解决用地、用工、用电、融资等难题。切实为企业减负，取消个体工商户和工商企业治安联防费用，减少四分之一收取流动人员调配费，共为企业年减负200多万元。改善作风提升效能。实施公共服务行业民主评议政风行风，改善政府部门工作作风，提升服务水平；实行监管制度，强化督查督办力度，提高行政效能，加快落实各项重点工作。

【社会管理创新】 强化治安综合治理 2012年，谢岗镇开展“粤安12”等专项行动，破获刑事案件41宗，打掉犯罪团伙2个；全年立刑事案件345宗，破获196宗，破案率56.8%；受理治安案件204宗，查处200宗，查处率98%。制定以“四化五警”为指导的治安防控体系工作方案，将全镇划分6个巡逻区、12条巡逻线路；筹建警犬培训基地和村级犬舍，实施警犬巡逻工作制度，治安防控

① 谢岗镇文化广场
② 谢岗镇夜景
③ 谢岗镇石鼓水库风光

体系进一步完善。

强化矛盾排查调处　2012年，谢岗镇畅通信访渠道，开展领导接访、网上接访等工作，全年受理信访案件106宗，办结104宗，办结率为98.1%。加强劳资纠纷调处，帮助务工人员追讨工资1342万元。抓好涉日劳资纠纷调处和涉日游行应对工作，妥善解决旗利得公司员工怠工问题，有效管控涉日游行活动。开展十八大"百日防护期"维稳专题行动，排查化解案件35宗。

强化公共安全管理　2012年，谢岗镇开展消防安全隐患大排查和"百日行动"安全生产大检查行动，督促1017家企业实施整改。保障食品安全，开展食品安全联合整治行动16次，检查各类场所800家次，查处一大批问题食品，取缔42个黑窝点；在全镇开展创建省级示范食堂活动。加强应急建设，编修应急救援预案，开展61场次应急演练，提高事故处理应对能力。

强化集体资产管理　2012年，谢岗镇完成清产核资工作，建立和完善资产档案。完成村组土地确权工作。推动镇村减债，镇级减债2540万元，占总负债3%；村级减少贷款227万元，占总贷款的22.3%，减少利息约24万元。推动村组增收，村组两级经营总收入8910万元，比去年同期增加462万元，增长5.5%；净资产63764万元，比去年同期增加1959万元，增长3.2%。强化应收未收款追缴工作，追回未收款2795万元。

其他服务管理　2012年，谢岗镇推进农村综合改革，制定村级综合改革工作方案。统筹解决人口问题，完善人口计生工作长效机制，提高计生服务管理水平，努力稳定低生育水平。加强新莞人和出租屋服务管理，办理居住证5538张、出租屋登记备案2305份。

【民生实事】创业就业　2012年，谢岗镇举办"就业服务日"等一系列服务活动，累计服务人员6000多人次，指导和推荐就业700多人次。组织校企合作洽谈，促成6家企业与15间学校达成合作意向。选取8家企业作为青年就业见习训练单位，提供99个见习岗位。落实各项就业补贴，发放就业补贴370万元。推广"村民车间"，累计组建"村民车间"17个，安置户籍劳动力394人。

社会保障　2012年，谢岗镇抓好社保扩面征缴，扩大参保覆盖面，各险种参保人数23.5万人次。推进社会保障新卡换发和激活工作，稳步提高各险种待遇水平。抓好社会解困救助，投入324万元用于户籍人口购买重大疾病保险，发放450万元用于困难学生补贴、帮扶低保户和低保边缘户家庭等。加强住房保障工作，发放2011年公共租赁、房屋修葺补助267万元，完成2012年解困房、公租房建设任务。推进"双到"扶贫工作，全面完成市外扶贫三年任务，脱贫率100%；镇内171户贫困户中已有154户实现脱贫，脱贫率为90%。

文教卫生　2012年，谢岗镇推进教育事业发展，制定未来五年教育事业发展规划纲要，完成谢岗小学一期工程和谢岗中学、振华学校C级校舍加固工程建设，谢岗小学成功创建市一级学校，高考考取本科101人，再创新高，通过积分入学录取123名新莞人子女入读公办学校。推进文化事业发展，在黎村、大龙等村进行文艺演出19场，下基层放映电影196场次，建成6个村级电子阅览室，文艺作品《送别》剧本获省文化厅组织比赛一等奖。推进医疗事业发展，谢岗新医院完成招投标，新建赵林村卫生站投入使用，建立卫生系统信息网络平台。

（谢鸿博）

附：2012年东莞市谢岗镇党委、人大、政府领导名录

镇委书记：尹照容
镇委副书记：胡毅峰　罗树华
镇委委员：罗满桥　王居乐　黄润波
　　　　　何智斌　王笑媚　李学畴
　　　　　黎志庆　罗裕强　黄少雄
　　　　　吕　琳　温小岩（挂职）
镇人大主席：尹照容
镇人大副主席：罗满桥　赵灿文
镇　长：胡毅峰
副镇长：罗佑发　谢伟平　林锦彪

2008—2012年谢岗镇主要经济指标

指标 \ 年份	2008	2009	2010	2011	2012
户籍人口（人）	19947	20177	20441	20661	20797
外来暂住人口（人）	70051	56013	44025	44200	44005
面积（平方公里）	103	103	103	103	103
地区生产总值（万元）	246370	294969	358653	416269	467190
工业总产值当年价（万元）	438523	495531	758697	853860	960617
农业总产值当年价（万元）	15715	16293	13950	18357	25733
总用电量（万千瓦时）	58296	55300	66888	71273	76158
全社会固定资产投资总额（万元）	63561	71238	85586	85031	101716
社会消费品零售总额（万元）	66735	75465	85895	85030	93253
外贸出口总额（万美元）	34388	32191	45567	55770	61820
实际利用外资（万美元）	3942	4062	5022	6297	4496
镇级可支配财政收入（万元）	24273	27543	30808	33325	36954
各项税收总额（万元）	23536	26555	35976	48025	53799
金融机构各项存款余额（万元）	275937	324139	388859	422040	485903
城乡居民储蓄存款余额（万元）	210749	228236	276067	306742	354097

清溪镇

【概况】清溪镇位于东莞市东南部，毗邻惠州、深圳。面积140平方公里，下辖20个村委会，1个社区居委会。2012年末，全镇户籍人口约3.67万人，外来暂住人口约14万人。2012年，全镇完成生产总值153亿元，增长2.5%；镇级可支配财政收入7.7亿元，增长4.6%；各项税收总额20.9亿元，增长4.9%；全社会固定资产投资总额25.4亿元，增长10.8%。在2012年度全市镇街领导班子工作量化考核中，清溪镇继续获得一等奖；并先后被定为“广东省光电通讯产业集群升级示范区”和“广东省技术创新光电通讯专业镇”；荣获“中国最美小镇”“中国最佳休闲小城”的称号。

【产业转型升级】2012年，清溪镇坚定不移调结构，不断推动转型升级。一是加强招商引资。以“三重”建设为抓手，通过调整招商引资策略、制作新版《投资服务手册》、组织工作团赴日台登门招商等措施，引进高新技术产业、战略性新兴产业和企业总部，全年新签、增资超千万美元外商投资项目8宗，合同利用外资1.34亿美元；新签约300万元以上内资项目18宗，协议投资金额12.6亿元，增长197.5%。二是推动创新发展。投入361万元“科技清溪”工程资金，引导、服务企业转型发展，新增国家高新技术企业6家，新增省级高新技术产品14项，获得专利授权数738项。以镇科技创新服务中心为平台，促成企业与高校开展11项技术合作和新产品开发项目，并协助企业进行科技成果的产业转化，获得良好的经济效益。三是优化产业结构。加大政策宣传力度，鼓励引导外资企业拓展国内市场，全年共有230家外资企业开展内销业务，有效缓解外源型经济优势渐失的困境。抓好旅游景点、交通网络、水利和环境设施等建设，致力完善商贸服务业，重点培育生态旅游业，积极发展现代农业，三次产业比例调整为0.5：56.9：42.6，第三产业比重进一步上升。

【城市建设】2012年，清溪镇优化环

建设环境优美　幸福和谐新清溪

① 2012年8月30日，中共中央政治局委员、广东省委书记汪洋（前中）到清溪明门幼童有限公司调研。

② 2012年12月7日，副省长刘志庚（右六）、市委书记徐建华（右八）等省市领导视察博深高速公路工程建设情况。

③ 2012年12月5日，国家旅游局综合司司长张坚钟（左）为清溪镇获评“中国最美小镇”授牌。

境，提升城镇形象。一是美化生态环境。开展内河涌、污染源等专项整治，抓好绿化养护、“四害”消杀、节能减排等工作，重点推进生态景观林带和城市绿道建设，全年新种植13万株各种苗木，完善森林公园、生态农业园的配套设施，完成3300亩水源涵养林，促使生态环境不断美化。二是净化营商环境。落实帮扶企业措施，组建检验检测中心等公共服务平台，更好地为企业提供研发、设计所需的技术和设备，以及产品的咨询、推广等开放式服务。开展“三打两建”行动，严查大要案、斩断利益链、深挖保护伞，累计打掉欺行霸市团伙10个，查处制假售假大要案28宗，查办商业贿赂案件8宗，促进公平诚信市场秩序的建立。三是优化城镇环境。加快基础设施建设，完成新敬老院、石田路改造等一批重点工程，配合做好从莞高速、博深高速等7个高速公路出入口的优化设计，推进清溪镇直达深圳龙岗、谢坑村至塘厦镇横塘社区道路等周边路网建设，城市功能进一步增强。开展城市“六乱”、违章广告、在建违法建筑等专项整治工作，实施电网水网、道路硬底化、明渠改暗渠、灯光照明等工程，城市面貌焕然一新。

【社会管理】2012年，清溪镇多措并举强管理，进一步维护社会稳定。社会治安管理方面。推进“四化五警”建设，清剿“老虎机”，打击各类违法犯罪活动，全年破获刑事案件893宗，破案率同比上升7.65%。通过加大信息采集力度、开展平安创建活动等措施，规范出租屋及流动人口管理，截至12月底，开展出租屋专项整治行动78次，排查问题隐患出租屋超过6000栋套，出租屋发案率明显下降。公共安全保障方面。加强食品药品安全监管，打击“地沟油”、非法添加剂、非法行医等行为，检查餐饮单位、医疗机构等各类场所1134间次。落实安全生产“一岗双责”，抓好危险化学品、分租厂房、重大危险源等重点领域的监管，监督完成整改1700处。矛盾纠纷排解方面。畅通信访渠道，坚持办好“阳光热线”，全年处理投诉建议36宗，重点从教育、交通、就业待遇等方面解决民生诉求。推行领导接访包案和干部下访制度，全年共办结信访案件308宗，有效调处和化解社会矛盾。

【农村工作】2012年，清溪镇积极推动农村发展。逐步完善基层管理，启动农村综合改革，推进铁场村经济统筹试点改革工作，推动行政事务、自治事务和经济经营事务相分离。开展清产核资

① 2012年12月7日，市委书记、市人大常委会主任徐建华（前排右二）到清溪镇生态农业产业园调研。
② 2012年2月7日，市委副书记、市长袁宝成（右二）到清溪镇青湖工业园调研。
③ 2012年3月27日，市委常委、统战部部长李小梅（左三）等市镇领导共同启动清溪镇“赏花行”活动。

工作，严控一般性支出和超前分配，推动农村集体资产优化配置，促使村组集体经济健康发展。逐步铺开创新发展，推行“村企合作”“镇村合作”等多种方式，通过“三旧”改造对村组资源进行统筹整合，全年盘活628.14亩存量土地，降低开发成本，增加集体收益。通过连片升级改造、完善配套、优化服务等措施提升村组物业价值，带动村组两级实现经营总收入5.3亿元，增长3.7%。逐步增强发展后劲，加强村组债务管理，通过政府担保转贷或续贷实现降息减债，促使村组两级资产负债率同比下降3.24%。以建设三中社区综合服务中心为试点，在镇财政统筹承担村一级环卫开支的基础上，加大对治安、教育和行政管理等的扶持力度，增强基层发展的资金保障。

【民生实业】2012年，清溪镇坚持以人为本惠民生，提升幸福指数。一是提高社会保障水平。提升居民社会保障及医疗保障水平，配合做好新社保卡发行工作，促使居民参保待遇提高。加强社区卫生服务机构的软硬件建设，全年超过43万人次到社卫机构就医。完善社会救助服务，拓展社会志愿服务，全年共投入超过700万元保障资金，用于帮扶低保、孤寡、伤残等弱势群体。二是推进全民就业创业。继续实行培训补贴、创业奖励、岗位补助等优惠政策，推广“村民车间”就业模式，鼓励引导毕业生面向基层和企业就业。全年共发放各种就业补贴约692万元，累计设置“村民车间”18个，安置本地劳动力294人就业，高校毕业生就业率达100%。

① 2012年3月30日，市委常委、统战部长李小梅（右三）出席香港东莞清溪同乡会成立典礼。

② 2012年12月18日，香港媒体采访团参观宜安公司的生产车间，就加强莞港合作，推动转型升级进行专题采访。

③ 2012年11月9日，清溪镇白玉兰家庭服务中心启用。

④ 2012年8月27日，清溪镇领导干部参观学习活动，参观塘厦城市展览馆。

⑤ 2012年9月6日，清溪镇领导干部参观学习活动，图为参观广东金融高新技术服务区。

①

②-1

②-2

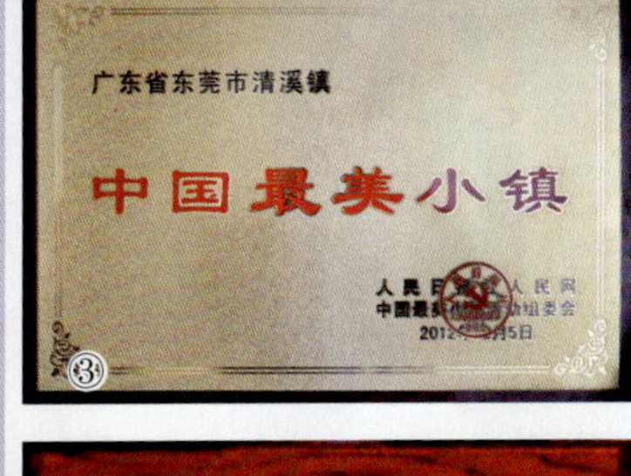

③

②-3

②-4

④

① 宜居清溪

② 公园之晨

③ 2012年12月5日，清溪镇获评“中国最美小镇”。

④ 2012年12月8日，清溪镇获评“最佳休闲小城”。

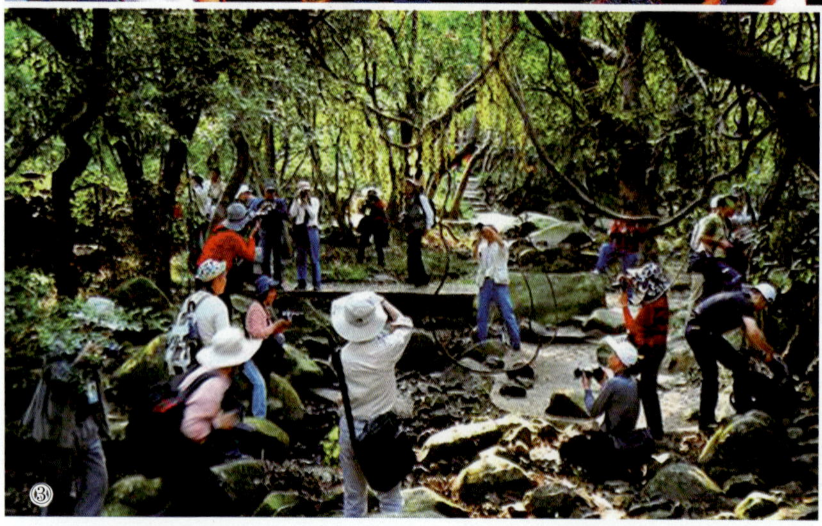

① 2012年1月12日，“龙腾盛世 幸福清溪”2012清溪春节联欢晚会精彩纷呈。

② 清溪麒麟舞

③ 清溪赏花时节

三是发展社会民生事业。开展全民读书学习行动、“赏花行”活动、篮球联赛等各类文体活动，完善和扩大“流动图书馆”、“送书下基层”等学习服务体系，提高公共文化服务质量。高标准普及幼儿教育和义务教育，鼓励民间资本发展职业教育，全年共为385名新莞人子女办理积分入学手续，实现户籍学生义务教育费用全免、新莞人子女人人有校入读、单位员工能就地参加职业教育的良好局面。

【第二届赏花行活动】2012年3月27日至4月15日，清溪镇第二届赏花行活动成功举行。赏花行活动以“山水鹿城、幸福清溪”为主题，以花为媒，营造“青春、浪漫、活力、健康”的清溪特质，将清溪打造成珠三角市民踏青、春游的理想目的地，并以生态、美食、酿酒、山歌、麒麟舞等传播清溪客家文化，将清溪打造成生态文化旅游名镇。为期20天的赏花行活动，来清溪赏花的游客约50万人次，比上届增加近20万人次，超出预期效果。

【荣获“中国最美小镇”称号】2012年12月5日，由人民网发起主办的“寻找中国最美小镇活动”首批“中国最美小镇”授牌仪式在清溪镇举行。清溪镇凭借着优美的自然生态环境、深厚的客家文化底蕴和昂扬的城市精神新貌，以及展现的现代化绿色城镇的发展之美，最终与全国其他10个乡镇一起被评为“中国最美小镇”。此次活动自2012年7月启动，全国小镇踊跃申报。截止2012年11月底，收到网友投票1000多万张。

【荣获“中国最佳休闲小城”称号】2012年12月8日，在重庆举办的2012中国休闲发展论坛上，清溪镇从全国多个城市中脱颖而出，成为“2012中国最佳休闲小城”。这是清溪继获评“中国最美小镇”后，生态文明建设取得的又一新成果。组委会认为，清溪镇拥有良好的旅游资源，区位交通优势明显，产业支撑有力，城市功能配套在区域发展中达到领先水平，是较为理想的休闲旅游目的地。 （徐 康）

附：2012年东莞市清溪镇党委、人大、政府领导名录

镇委书记：陈浩林（任至8月）
黄宇富（8月到任）
镇委副书记：黄宇富（任至8月）
梁绍光（8月到任）
谭全河
镇委委员：李惠明 蔡家树 杨文峰
殷雪林 李子标 林超明
姚伟民 黄托坤 吴爱凡
吴国雄（挂职，6月到任）
郑振学（11月到任）
镇人大主席：陈浩林（任至8月）
黄宇富（8月到任）
镇人大副主席：蔡家树 殷伟文
镇 长：黄宇富（任至8月）
梁绍光（8月到任）
副镇长：王润成 杨俊丽 尹德明
李伟雄

2008—2012年清溪镇主要经济指标

指标 \ 年份	2008	2009	2010年	2011	2012
户籍人口（人）	34679	35209	35682	36307	36656
外来暂住人口（人）	253800	151264	133927	136616	140002
面积（平方公里）	140	140	140	140	140
生产总值（万元）	1438000	1383000	1561503	1522825	1530352
工业总产值当年价（万元）	4334690	3893227	4502909	4040911	4110472
农业总产值当年价（万元）	7515	5410	9119	10533	12556
总用电量（万千瓦时）	217652	200401	232463	232951	236726
全社会固定资产投资总额（万元）	156600	194506	219724	229144	253966
社会消费与零售总额（万元）	172197	191270	276625	299187	324513
外贸出口总额（万美元）	608106	483000	575103	532103	525177
实际利用外资（万美元）	17861	10216	12688	17603	17845
镇级可支配财政收入（万元）	56570	50467	60191	73694	77113
各项税收总额（万元）	147231	121829	155687	199573	209261
金融机构各项存款余额（万元）	889684	1030992	1241391	1355190	1543268
城乡居民储蓄存款余额（万元）	640066	706006	846646	935645	1063674

常平镇

【概况】常平镇位于东莞市东部，地处穗港经济走廊中段，全镇面积103.3平方公里，是“中国电子信息产业名镇”、“中国最佳物流名镇”、“中华餐饮名镇”、“国家卫生镇”和“全国文明镇”。2012年辖31个村、2个社区。年末户籍人口7.57万人，常住人口50余万人。常平镇是大京九铁路、广梅汕铁路、广深铁路的交汇处，是全国唯一设有两个大型客运站和一个国家一类铁路口岸的镇，两个火车站日停靠列车344趟，年进出旅客近2000多万人次。

2012年，常平镇生产总值200亿元，比上年增长8.6%。人均地区生产总值51445元，增长9.47%。规模以上工业增加值60亿元，增长3%。固定资产投资33.59亿元，增长11.56%。社会消费品零售总额73.7亿元，增长7.4%。外贸出口额46.57亿美元，增长17.65%；实际利用外资1.38亿美元，增长19.1%。地方财政一般预算收入11.65亿元，增长10.07%。2012年获全市镇街年度考核综合奖第三名、转型升级奖第二名、“三重”建设奖第四名，并获“广东省半导体照明专业镇”、“广东省诗词之乡”等荣誉。

【转型升级】2012年，常平镇以转变经济发展方式为主线，推进经济转型升级。“三重”建设扎实推进。常平环保专业基地、常平中学初中部等6个市重大项目顺利推进，累计投资3.83亿元，基本完成年度投资计划。光电产业集聚区建设顺利开展，建成占地5000平方米的光电产品检验检测中心和光电产业教育培训中心，完成“常平光电产业基地”的选址和工作方案。招商引资成效显著。开展“揽月”行动，在日本东京、上海等地举行一系列招商活动。全年接洽项目46个，引进普洛斯现代服务产业园、卡琳娜机器人生产制造等10多个优质工业项目。推进汽贸城建设，成功引进宝马、凯迪拉克、大众、通用等著名品牌汽车4S店，汽贸城档次逐步提升。

常平镇

① 2012年8月7日，省委副书记、省长朱小丹（前排左二）到常平镇视察珠三角城际轨道交通建设。

② 2012年10月11日，市委书记、市人大常委会主任徐建华（前排左二）到常平中学调研。

③ 2012年8月10日，常平公园的标志性雕塑——“东莞东部明珠”落成。

① 2012年6月14日，市委副书记、市长袁宝成（右三）及常平镇委书记陈桂明（右二）陪同山西省运城市党政企代表团参观勤上光电公司。

② 常平镇举行“三打”工作成果展

③ 2012年5月27日，投资近10亿元的美吉特国际采购中心项目在常平镇启动。

④ 2013年1月19日，常平镇举行“一桥五路”通车仪式。

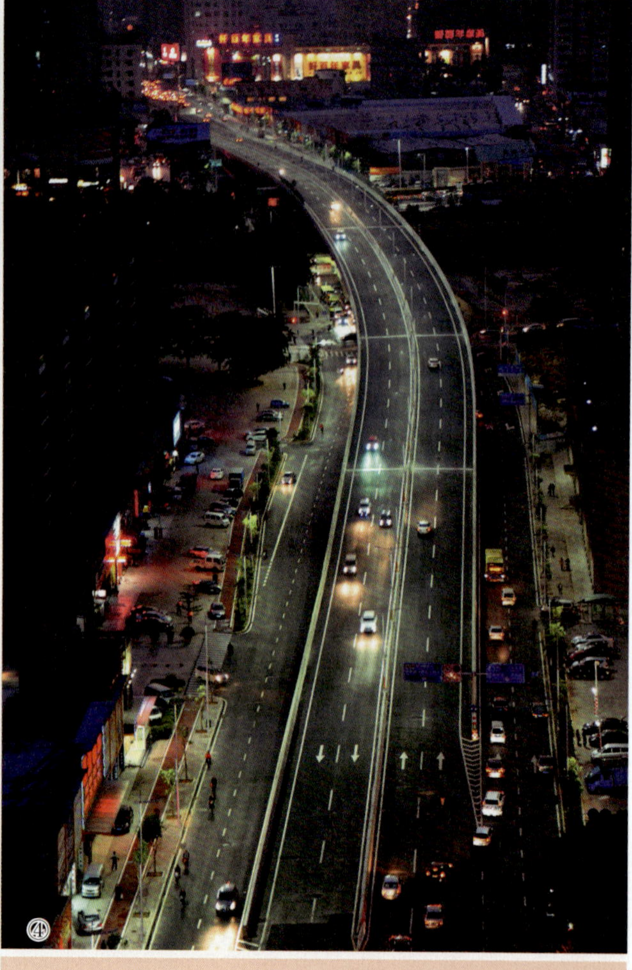

① 2012年4月27日，常平镇举行《常平颂》合唱决赛。

② 2013年2月24日，常平镇举行第十届欢乐常平商贸旅游文化节元宵文化大巡游活动。

③ 2012年6月1日，常平镇举行第四届师生才艺节展演活动。

④ 2013年1月19日，常平x239跨广深铁路立交桥建成通车。

⑤ 常平第一小学“小荔花”民族交响乐团获得广东省第四届中小学生艺术展演一等奖。

加工贸易转型升级有序开展。全年新增来料加工转法人企业53家，加工贸易企业注册境内外商标126个；新增投资超千万美元项目8宗，投资额同比增长56.8%；加工贸易新兴产业企业投资额增长72.56%。科技创新能力持续增强。以5000万元产业扶持专项资金为依托，积极引导和鼓励企业自主创新，全年新增国家高新技术企业5家、省民营科技企业6家、市民营科技企业10家，新增省名牌名标4个、外资企业研发中心16个，推动产学研合作项目36项，申请专利934件，授权专利852件，授权量同比增长60.1%。

【城市建设】 2012年，常平镇投入近4亿元推进城市五项升级工程，提升城市品位。推进路网建设。建成X239跨铁路桥、环常南路、新城大道北段、振兴西路、常田路、港建路、物丰路、物流大道等一批道路，建成里程11.24公里；配合省市推进莞惠城际轨道常平段和从莞高速常平段的建设，保障项目顺利开展。推进水利建设。完成仁和水堤围综合整治工程、桥沥水堤围达标工程、白石岗矮桥工程、沙湖口排站等水利工程；木槎湖桥工程、镇湖桥工程、田尾排站工程、仁和水元江元桥工程等一批在建水利工程有序推进；新桥排站常平大道配套主排渠工程完成设计。优化城市环境。建成绿道6.1公里，新增道路绿化面积16万平方米；完善常平公园山顶绿化、雕塑等配套设施建设，启动体育公园建设和旗岭公园登山径升级改造前期工作；完成10个主要路口升级改造，完善一批道路灯光、文化墙、标志标线等设施；开展违法用地和违章建筑专项清理，整治禽畜养殖业污染；整治“六乱”行为，改善市容环境。

【社会管理】 2012年，常平镇以加强社会管理为抓手，优化营商环境。推进“三打两建”行动。全年立案查处欺行霸市案件1145宗，打掉团伙25个，立案查处制假售假案件826宗，捣毁制假售假窝点105个，立案查办商业贿赂案件19宗，打掉保护伞6宗，查处保护伞人数11人，“三打”绩效位居全市前列。推进商事登记改革，发出营业执照701户，发照数环比增长71.39%，市场环境进一步优化。强化治安综合治理。推进“四化五警”建设，打击“两抢一盗”、“老虎机”、“黄赌毒”等违法犯罪行为，全年受理治安案件2185宗，刑事破案1089宗，社会治安进一步好转；投入1000万元对两个火车站及周边环境进行综合治理，推进信访维稳、安全生产、食品药品安全、应急处置等专项整治工作，群众安全感进一步增强。优化政务环境。组织镇领导开展“访企业、送服务”活动，推进重点企业协调工作制度，服务企业249家次，帮助企业解决实际困难。设立再生资源集中处理中心加强行业管理，落实减免外资企业综合服务费1300万元，政务环境进一步优化。

① 2012年9月29日，投资超过2亿元，建筑面积近8万平方米的百花时代广场开业。

② 常平镇晶苑毛织制衣有限公司的现代化厂区

① 2012年5月30，东莞市男子篮球甲级联赛总决赛第二回合在常平镇举行。
② 2012年8月8日，常平镇举行全民健身日活动。
③ 常平夜景——华灯初上
④ 常平镇风貌

【改革创新】2012年，常平镇以农村综合改革为重点，增创社会发展体制机制新优势。制定《常平镇村级体制改革实施方案》及相关子方案，计划分两批对全镇31个村进行改革，力争解决农村体制深层次矛盾问题；成立农村集体资产交易中心，率先在全市开展农村集体资产交易试点工作，解决农村集体资产管理缺位问题。同时，出台《农村集体应收债权催收行动方案》、《村组债务管理工作方案》、《常平镇关于加强农村集体经济组织股东分红管理的意见》等7个规范性文件，规范农村集体资产管理；探索镇、村、组三级“统筹开发、利益共享”的发展模式，以横江厦村1390亩工业用地为合作试点，并进行推广，解决农村发展路径单一问题。至2012年底，该试点成功引进东莞制造第三方物流中心以及常平新汽车客运站等两个大型项目，取得较好成效。推进社会管理改革，成立社会工作委员会，通过市场化购买社工服务，增强社区服务能力，初步构建党委领导、政府管理、社会监督和社会组织自律相结合的社会组织管理新格局；深化镇属资产改革，完成公的公司、常康公司、第一肉菜市场和常运停车场等镇属企业的转制，推动镇属资产经营管理一体化，规范管理，提升经营效益，4家转制企业收入同比增加近400万元。

【民生实事】2012年，常平镇坚持把民生福祉作为政府工作的出发点和落脚点，努力让发展成果惠及广大民众。加强社会保障。扩大社会保障覆盖面，参加养老保险、工伤保险、医疗保险、失业保险合共76万多人次，发放新社保卡；稳步推进住房公积工作，累计缴存人数22491人，覆盖率达10.99%；加强就业创业帮扶，发放950.12万元就业补贴资金，解决720名群众就业，大学毕业生就业率达99.66%；加大扶贫力度，安排4900多万元统筹推进社会救助和市内市外扶贫工作，扶贫“双到”工作成效明显。强化教育惠民。投入18744万元推进教育工作；常中初中部、中心小学、板石小学新校、黄水职中综合大楼等工程加快推进；振兴中学宿舍楼、木榆小学和土塘小学C级校舍重建等工程全面完成；开展积分入户工作，招收533名新莞人子女入读公办学校；中高考成绩继续创新高，中考平均分超市25.32分，高考上线率达到96.8%。坚持文化育民。开展精神文明建设，组织开展第九届“欢乐常平”商贸旅游文化节、镇歌合唱大赛、第四届师生才艺节、时尚女性才艺大赛、东莞市青少年学生机器人竞赛、常平体育节等系列文娱活动，群众文化生活得到丰富；加强体育事业发展，开展“全民健身月”“体育进社区”等活动，取得2012年全市篮球联赛男篮亚军、女篮季军以及全市首届公务员男子篮球赛冠军的好成绩；开展常平城市形象标识征集活动，常平成为东莞首个“广东省诗词之乡”。此外，基本完成向社会承诺的十件实事，强化食品药品安全监管，加强消防和安全生产管理。老年人、残疾人、妇女、儿童事业，双拥优抚、人口计生、统计、审计、档案、科普法普、外事侨务、统战等各项工作都取得了新进步。（周伟焕）

附：2012年东莞市常平镇党委、人大、政府领导名录

镇委书记：陈桂明
镇委副书记：唐耀文　周少华
镇委委员：黄景鹏　周锡英　任绍平
　　赵东阆　孙　捷　刘学新
　　叶进田　袁兆桂　袁派瑜
　　周国柱　孙晓锋（7月到任）
　　黄冠煊（11月到任）
镇人大主席：陈桂明
镇人大副主席：黄景鹏　陈松峰
镇　长：唐耀文
副镇长：袁庆华　黄伟荣　殷河满
　　陈锐毅

2008—2012年常平镇主要经济指标

指标＼年份	2008	2009	2010	2011	2012
户籍人口（人）	71167	72481	73738	74894	75681
外来暂住人口（人）	252377	142572	201978	313106	215502
面积（平方公里）	103	103	103	103	103
地区生产总值（万元）	1443478	1516942	1686376	1823461	2000198
工业总产值当年价（万元）	3063427	2943467	3807948	4138348	3467454
农业总产值当年价（万元）	9363	18352	18213	21246	21986
总用电量（万千瓦时）	237500	232874	264291	276345	218088
全社会固定资产投资总额（万元）	262804	291248	299417	301084	335884
社会消费与零售总额（万元）	472213	537743	633463	685111	737046
外贸出口总额（万美元）	330316	294643	353498	395840	465714
实际利用外资（万美元）	13540	13167	6361	11610	13828
镇级可支配财政收入（万元）	88110	89126	94628	105796	116451
各项税收总额（万元）	170304	181394	194419	231684	267522
金融机构各项存款余额（万元）	1754828	2015465	2265647	2654359	3011632
城乡居民储蓄存款余额（万元）	1294271	1412442	1695848	1906429	2202582

桥头镇

【概况】桥头镇位于东莞市东部，面积56平方公里，下辖11个村、6个社区。2012年年末户籍人口3.7万人，常住人口16.8万人。2012年，桥头镇被评为“中国环保包装名镇”“广东省生态乡镇”，是“中国荷花名镇”“国家卫生镇”“全国综合实力千强镇”“广东省中心镇”“广东省旅游特色镇”。

2012年，桥头镇实现国内生产总值75亿元，增长11.2%；人均地区生产总值72209元，增长8%；规模以上工业总产值127.91亿元，增长24.4%；农林牧渔业总产值0.92亿元，增长10.4%；固定资产投资21.62亿元，增长76.09%；社会消费品零售总额17.51亿元，增长6.32%；外贸出口额24.8万美元，增长50.75%；实际利用外资6025万美元，增长37.28%。镇级可支配财政收入5.47亿元，增长8.62%。农村居民人均纯收入21566元，增长17.51%。

【经济建设】2012年，桥头镇抓好经济建设，实现经济稳步发展。招商引资。大对日韩台的招商力度，赴深圳、广州、珠海进行经贸考察，推进重大项目投资增资，引进总投资5亿美元的伟创力科技项目、6亿元的士克来电子科技项目等，推动技研新阳、星电科技、骏兴机械、多美图、汇林、汉维等企业增资扩产。2012年，全镇新签外资项目25宗，引进规模以上内资项目11宗，增资扩产项目32宗。项目建设。成立重点工程项目建设办公室，建立重大项目专人跟踪和督查督办机制，做好重大项目协调、对接、跟踪等服务，解决企业在投资落户、建设投产过程中遇到的用工、用电、用资等困难和问题。伟创力项目增补为2012年市重点项目，并顺利建成投产；士克来项目增列为2012年市重点预备项目，御荷、山水江南花园等房地产项目建设进展顺利。转型升级。2012年，全镇有13家来料加工企业转型为法人企业，共引进4宗新兴产业项目，专利申请259件，其中17家企业实现“专利破零”100件。企业自主创新能力提高，企业新设研发机构11家，新增国家高新

产业强镇 文化名镇 宜居新城

① 2012年8月14日，副省长许瑞生（前排左二）率领省调研组在桥头镇领导陪同下调研石马河流域污染整治工作。

② 2012年10月15日，市委书记、市人大常委会主任徐建华（前排右二）在桥头镇委书记、镇人大主席莫厚良（左二）等陪同下到企业调研。

③ 2012年8月23日，市委副书记姚康（前排右二）等市领导到桥头镇调研综治信访维稳工作。

技术企业1家、省民营科技企业1家、市民营科技企业2家，新增省名牌产品和著名商标各1个，外资企业创立自有品牌38个。组织企业参加台博会、加博会等大型展销会，拓展企业内销市场，全镇内销总额29.3亿元，同比增长22.3%。

【城市建设】2012年，桥头镇推进工程建设，基本完成省道S120桥头段升级改造，加快推进经三路、李屋至屋厦路、东部快速桥头段升级改造等工程，完成莲湖景观升级改造工程，新建城市绿道和社区绿道16公里，稳步推进各项水利防灾减灾工程，基本完成小海河水体修复示范工程。完善“三旧”改造专项规划，完成多批“三旧”地块的单元规划和改造方案编制。加强全镇土地统筹，初步建立全镇闲置未建土地台账，基本完成荷花种植产业园土地统筹工作，转入合作开发阶段。开展在建违法建筑清理专项行动和“大清洁，乡村美”城乡清洁活动，整治环境卫生死角和“脏、乱、差”现象，共组织3100多人次开自查整改，清理道路110.9公里、河涌8.4公里、池塘27个、公共区域41个。开展生态污染整治，全面完成全镇畜禽养殖清理工作。东江、禾坑、朗厦、李屋等4个村成功创建市市容环境优美村，至此全镇16个村（社区）全部创建成“东莞市市容环境优美村（社区）”。

【文化建设】2012年，桥头镇加快文化建设，推进文化事业发展。文化品牌建设。围绕“荷风莲韵”主题，成功举办第九届东莞桥头荷花节、第八届读书节、“城市文化暖流”活动、“爱廉倡莲”廉政小小说比赛、“摄影大篷车”及“我们的节日”系列文化活动等；创新在莲湖荷花冬歇期播种油菜花，吸引数十万市内外游客到桥头观光游览，“等你，在桥头”文化品牌不断深化。文艺精品创作。组织创作《东莞桥头文学艺术丛书》，出版《等你，在桥头》、《小小说100篇》、《哪吒寻根记》、《莲湖印象》、《康永生书画作品集》、《天堂里没有谎言》、《爱廉说》等8本文艺作品，发行《六月荷花香》音乐专辑及《悦读桥头2012》文化杂志，推出原创禁毒主题音乐剧《谁动了那朵奇葩》并在全市巡演。文化遗产保护。挖掘、保护和整合现有历史文化遗产，完成邓屋村、屋厦村申报省古村落工作，启动迳联村的名村建设工程，推进莫家拳传承人基地、莫家拳申报国家非物质文化遗产，其中，邓屋村成功被列为省级古村落、莫家拳传承人

① 2012年7月2日，桥头镇领导参加2012北京国际包装博览会，代表桥头镇领受“中国环保包装名镇”牌匾。
② 2012年12月20日，荷花种植产业园合作开发协议签约仪式在桥头镇举行。
③ 2012年4月20日，东莞市环保包装行业协会成立大会暨第一届理事会就职典礼在桥头镇举行。

莫柏许被列入省级非遗传承人名录。公共文化服务水平提升。投入1578.74万元，完成村（社区）“五个有”工程、镇自助图书馆项目的建设，开展“农家书屋”、“职工书屋”和“东莞妇女书屋”创建工作。开展“全民掌上阅读”和“图书三流通”活动，每季度在16个村（社区）、26家企业、8间学校流通图书达2万多册，实现公共文化资源的共享。组织金荷艺术团、镇文艺骨干深入各村（社区）、企业工厂进行巡展、巡演、巡讲、巡影等共达200多场次。开展志愿服务、法律援助、道德宣讲、文明礼仪知识普及等一系列公民道德教育活动，设立道德讲堂28个，获评“东莞好人”称号4人。

【社会管理】2012年，桥头镇强化社会管理统筹，推进公共管理和社会矛盾排查调解。“三打两建”。在全市首推“三打”奖励办法，首创“三打两建”宣传教育基地，全年累计查办欺行霸市、制假售假及商业贿赂案件809宗，其中侦破欺行霸市案件344宗，查立制假售假案件451宗，查处商业贿赂案件14宗，获省市一票肯定大要案3宗，挖出保护伞4个。同时坚持“打”“建”结合，制定实施社会信用体系和市场监管体系建设方案，通过试点村和试点行业工作，开发信息化平台，有效营造公平有序的营商环境。社会稳定。开展“粤安12”“破案会战”等专项行动，开展“平安社区”“平安公交”创建活动，实施“四化五警”工程，完善社会治安防控体系，全年违法犯罪案件同比下降19.5%。

①　莲湖晖影　　②　宜居新城　　③　莲湖油菜花

① 2012年6月22日，第九届东莞桥头荷花节开幕仪式。

② 东莞桥头荷花节盛况

③ 嘉宾、群众参观荷花展

④ 桥头群众广场舞大赛

⑤ 东莞桥头荷花节文艺活动

⑥ 禁毒音乐剧《谁动了那朵奇葩》在全市巡演

①

②

③

④

⑤

⑥

⑦

⑧

⑨

① 2012年12月28日，东莞市第七届“幸福东莞城市暖流行动”启动仪式，暨2012年桥头镇“提升公共文化服务水平”成果汇报演出，在桥头镇邓屋村文化广场隆重举行。

② 2012年7月31日，市、镇领导接访下访活动（桥头镇）。

③ 2012年8月28日，桥头镇举行“三打两建”宣传教育基地开放仪式暨新闻发布会。

④ 社区综合服务中心揭牌

⑤ 桥头中学“市一级学校”揭牌仪式

⑥ 新社会保障卡桥头镇首发式

⑦ 2012年9月3日，桥头镇委书记、镇人大主席莫厚良主讲“廉政讲堂”。

⑧ 桥头镇举办“爱莲倡廉”廉政教育系列讲座。

⑨ 2012年10月18日，东莞市“爱莲倡廉”小小说作品选首发仪式举行。

深入推进生产安全、交通安全、校园安全、食品安全等专项整治，重点开展“打非治违”“清剿火患”等专项行动，推进消防“户籍化”和“网格化”管理，全镇未发生重特大安全事故。狠抓劳动监察执法和信访调解，全年成功调解矛盾纠纷2604宗，调解成功率达99%以上；开展“百日维稳会战”，荣获市“百日防护期”信访维稳工作一等奖。民生保障。落实就业创业优惠政策，继续推行“村民车间”，开展技能培训，举办大型招聘会，促进全民就业创业。发行新社保卡，推进非本市户籍职工“在莞就读子女”医保试点建设，开展社保扩面征缴工作，2012年底全镇养老保险参保97039人，同比增长12.62%；失业保险60463人，增长14.517%；工伤保险107280人，增长6.95%；医疗保险130747人，增长5.41%。实行桥头医院、社卫中心体制改革和资源整合，完善社卫中心人员薪酬制度。新建桥头中学宿舍楼和饭堂，做好新莞人子女积分入学工作。成立社工委，建成石水口社区综合服务中心和白玉兰家庭服务中心，拓展社工服务和志愿者服务。积极开展扶贫济困活动，全面完成三年扶贫“双到”任务，完成石水口解困房建设，累计拨付扶贫基金420万元。（邵旭泉）

附：2012年东莞市桥头镇党委、人大、政府领导名录

镇委书记：莫厚良
镇委副书记：翟耀东　刘晓冬
镇委委员：谭连合　莫志华　曾婉玲
邓任洪　邓志辉　陈进昌
朱晓敏　邓德安　赖李钦
刘润林
芦　湛（7月起挂职）
镇人大主席：莫厚良
镇人大副主席：谭连合　莫树培
镇　长：翟耀东
副镇长：莫志华　莫毓斌　冯汉强
兰建锋

2012年6月28日，桥头镇召开纪念中国共产党成立91周年暨表彰先进大会。

2008—2012年桥头镇主要经济指标

指标 \ 年份	2008	2009	2010	2011	2012
户籍人口（人）	35140	35569	35887	36327	36522
外来暂住人口（人）	78904	60891	130887	61808	73083
面积（平方公里）	56	56	56	56	56
地区生产总值（万元）	507000	535233	593138	651918	750036
工业总产值（万元）	963942	960050	1110336	1282421	1591453
农业总产值（万元）	6983	6057	9809	8746	9211
总用电量（万千瓦时）	121042	113423	127799	133769	143005
全社会固定资产投资总额（万元）	85315	97000	126566	122780	216209
社会消费与零售总额（万元）	207049	240690	319182	164725	175143
外贸出口总额（万美元）	132766	221823	153052	164534	248038
实际利用外资（万美元）	6636	5468	3063	4389	6025
镇级可支配财政收入（万元）	35380	38343	40533	53844	54656
各项税收总额（万元）	49667	53661	64461	76990	89934
金融机构各项存款余额（万元）	459483	561835	721245	787852	884573
城乡居民储蓄存款余额（万元）	365266	453921	578266	639719	723422

横沥镇

【概况】横沥镇位于东莞市东部，面积44.67平方公里。距东莞市中心区30公里。2012年辖16个村，1个社区。2012年，横沥镇户籍人口3.73万人，外来暂住人口10.08万人。模具产业是横沥镇的支柱产业，该镇获得“广东省模具制造专业镇”和“中国模具制造名镇”称号。2012年又获得“国家级生态乡镇”称号。横沥牛墟（起源于明末清初，距今已有400多年历史，是广东省三大牛墟之一）2012年入选“第四批广东省级非物质文化遗产名录”。

2012年，横沥镇生产总值68.3亿元，比上年增长6.1%，工业总产值146.8亿元，规模以上工业生产总值110亿元。农林牧渔业总产值0.76亿元，增长1.1%。社会消费品零售总额19.4亿元，增长11.6%。固定资产投资8.6亿元，外贸出口总额13.3亿美元，镇级可支配财政收入4.6亿元，国、地两税收入总额10.9亿元，增长13.6%。

横沥镇

① 2012年10月11日，市委书记、市人大常委会主任徐建华（右二），市委常委、市委秘书长王检养（右一）到横沥镇忠信制模公司、隔坑社区服务中心调研横沥经济社会发展情况。

② 2012年11月29日，省科技厅副厅长叶景图（前排左一）、副市长严小康（前排左二）、市政府党组成员冷晓明（前排左三）到横沥出席产业协同创新中心揭牌仪式。

① 2012年8月23日，市委常委、常务副市长梁国英（桌前左五）在横沥镇主持召开工作协调会。

② 2012年6月6日，市委常委、组织部部长甄瑞湖（左二）到横沥镇走访中泰模具、万好集团等企业。

③ 2012年11月3日，副市长张科（前排右二）到横沥调研指导工作。

① 横沥镇第六届模具展暨2012百年牛墟风情节开幕仪式
② 2012中国模具产业发展（横沥）高峰论坛
③ 横沥模具产业协同创新中心揭牌暨创意产业园成立庆典

【模具产业】 2012年，横沥镇提出“做强产业、有税经济、主动对接”发展思路，明确由模具名镇向模具强镇大跨越的目标。编制《横沥建设模具强镇发展规划》，提出未来5年内，力争成为华南地区最具科技创新能力的模具强镇。完善“模具城、模具园、模具展、模具网”4大产业平台，推进模具科技产业园扩园工作，为优质模具企业落地提供重要载体。举办第六届模具展、第一届模具产业发展“高峰论坛”，提升横沥模具产业的知名度和影响力。2012年全镇模具产业产值达55.2亿元，同比增长19.5%，占全镇工业生产总值的40%，模具产业跨越发展的势头显现。

【协同创新】 2012年，横沥镇推进产业与科技、金融和人才“三融合”。与上海交大、东华大学、上海第二工业大学、上海市教委科技发展中心、广东工业大学、东莞华中科技大学制造工程研究院、东莞理工学院等7家高校和机构，合作共建“横沥模具产业协同创新中心”，总投资2.08亿元，成为全市重大科技专项，重点培育模具企业，服务全镇企业。加强金融创新平台建设，与6家金融机构签订战略合作协议，成立横沥融易创投基金。充分对接优质资源，谋划与东莞职教城合作开办“模具职业技术培训学院”，与上海第二工业大学合作建设模具应用人才培训中心。协助4家外企设立研发机构，新增国家高新技术企业3家，省、市民营科技企业22家。

【“三重”建设】 2012年，横沥镇推进东莞万好食品有限公司二期厂房增资项目建设。该项目被列入全市“三重”建设重大项目之一。项目位于横沥镇西城工业园3期，属港商独资企业，总投资3000万美元，总用地面积1.17万平方米，建筑面积2.22万平方米。横沥镇为该项目提供贴心服务，协助其完善相关手续，于10月动工。项目投产后，产能将扩大1倍，预计年销售收入2.16亿元，年利润总额2160万元。

【招商引资】 2012年，横沥镇树立“有税经济”招商理念，培育和引进税源型经济，重点围绕模具、光电等产业，有选择性、针对性地开展产业招商、定点招商、上门招商，全年引进外资项目12宗，增资27宗，合同吸收外资5070万美元，实际利用外资6254万美元。引进内资55宗，引进金额3.34亿元。同时，加大企业扶持力度，推动27家外企增资扩产，增资金额3692万美元。

① 2012年全国中学生乒乓球锦标赛在横沥镇举行

② 新横沥中学启用典礼

③ 横沥镇“一河两岸”风貌

①

②

③

① 万好食品有限公司增资扩产项目开工典礼
② 横沥创意产业园
③ 横沥模具科技产业园
④ 横沥镇与上海高校产学研对接座谈会

【村组发展】2012年，横沥镇推进镇村统筹发展，支持农村开展特色种、养业，加大欠发达村帮扶力度，6个欠发达村全部达到增收目标，促进农村集体经济稳健运行。村、组两级全年总收入2.54亿元，增长4.9%，其中村级增长5.2%、组级增长4.2%。村、组两级纯收入9105万元，增长7.2%。铺开清产核资、债务台账、减债调查等工作，村、组资产总负债率比上年末下降1.3%。

【社会管理】2012年，横沥镇推进"六个东莞"建设，优化营商环境。开展"三打"工作，打掉欺行霸市团伙13个，侦办大案要案19宗，商业贿赂案12宗。抓好农村突出问题整顿工作，解决群众合理诉求，化解群众矛盾，促进基层稳定。推进"四化五警"建设，优化社会治安环境，人民群众安全感持续提升。做好信访维稳工作，调处化解矛盾纠纷73宗，受理群众来信来访175宗，处理镇长热线问题117宗。保障公共安全，火灾事故、交通事故、工伤事故分别下降12%、2.2%、11.8%。

【城镇建设】2012年，横沥镇加强与生态园、东莞职教城、东莞火车站、从莞高速、轨道交通的对接，完善职教城大道选线方案，协调推进桑茶快线延长线建设工作，接受大项目、大交通、大园区的辐射带动作用。推进重点工程建设，职教城代建项目和村级联网路升级改造工作顺利进行；加快截污主干管网收尾工程进度，铺开次支管网规划设计；推进运河整治，重点开展中心区段3.57公里堤路及景观改造工作。

【城镇环境】2012年，横沥镇整治环境卫生和城市"六乱"，开展"乡村美、大清洁"活动，镇容镇貌不断提升，国家卫生镇通过复审。清理在建违法建筑，督促整改违章建筑，推进城市有序发展。做好环境保护工作，查处535宗环境违法行为，正式立案处罚企业53家，有效开展节能减排，26台锅炉完成改造或淘汰，9家企业通过清洁生产验收，5家企业获"东莞市环境友好企业"称号。成功创建"国家级生态乡镇"，推进生态美丽横沥建设。

【文化·教育】2012年，横沥镇开展"活力横沥"系列活动，推进"文化惠民"工程，完善农村公共文化基础设施。组织开展"千场演出"28场、"万场电影"280场、"快乐周末"18场、"粤韵横沥"6场。举办2012"百年牛墟风情节"，宣传推广"牛文化"。创办"道德讲堂"，宣传"广东好人"。新横沥中学启用，改善教育硬件设施，规范教学管理。600名新莞人子女入读公校，社会公共服务均等化水平提高。

【民生实事】2012年，横沥镇强化就业服务，新建两个"青年车间"和一个"村民车间"，安排就业94人，全年新增帮扶就业365人。开展第六期"模具师傅培训班"，全镇应就业群众就业率达93.2%。完善社会保障，做好社保新卡换发工作，全年发放低保金、老人金、助学金、残疾人津贴934万元，发放慈善救济金75万元。建成残疾人康复就业服务中心，深化扶残、扶老工作。（李亚军）

附：2012年东莞市横沥镇党委、人大、政府领导名单

镇委书记：卢少雄（任至5月）
　　　　　陈锡稳（5月到任）
镇委副书记：刘国康　叶可阳
镇委委员：陈细钿　香兆明　叶浩宁
　　　　　梁新钦　朱柱明　李志军
　　　　　何善通　陈志坚
　　　　　梁耀权（任至11月）
　　　　　香晓棠
　　　　　潘建军（11月到任）
　　　　　李高飞（6月到任，挂职）
镇人大主席：卢少雄（任至5月）
　　　　　　陈锡稳（5月到任）
镇人大副主席：香兆明　张翕明
镇　长：刘国康
副镇长：陈细钿　黄志明　丁永盛
　　　　朱仲平

2008—2012年横沥镇主要经济指标

指标 \ 年份	2008	2009	2010	2011	2012
户籍人口（人）	35823	36284	36760	37387	37765
外来暂住人口（人）	123141	103502	94048	100629	100843
面积（平方公里）	50	50	50	44.67	44.67
地区生产总值（万元）	522130	538610	624788	674318	683498
工业总产值当年价（万元）	914312	962260	1212538	1240291	1468178
农业总产值当年价（万元）	11922	10668	6748	8865	7520
总用电量（万千瓦时）	104349	102224	119845	124903	131186
全社会固定资产投资总额（万元）	75288	87423	109761	129794	85627
社会消费与零售总额（万元）	105099	122651	152151	174161	194295
外贸出口总额（万美元）	110357	95009	128323	133081	133482
实际利用外资（万美元）	7028	8136	8625	7820	5989
镇级可支配财政收入（万元）	36922	40429	42368	47858	46362
各项税收总额（万元）	57048	54458	78913	96333	109473
金融机构各项存款余额（万元）	619643	655971	724335	796707	923448
城乡居民储蓄存款余额（万元）	430973	484782	569499	641452	732887

东坑镇

【概况】 东坑镇位于东莞市中部，面积23.8平方公里。2012年辖14个村、2个社区。年末户籍人口3万人，常住人口17万人。

2012年，东坑镇实现生产总值60亿元，比上年增长15.6%；工业总产值203亿元，增长16.2%；各项税收总额7.8亿元，增长12.5%；可支配财政收入6.2亿元，增长8.5%；固定资产投资总额14.7亿元，增长16.7%；社会消费品零售总额14.6亿元，增长18%；实际利用外资7273万美元，增长15.2%；进出口总额32亿美元，增长17.5%；农村人均纯收入2.14万元，增长5.3%。东坑镇获“全省‘三打’专项行动先进集体”“2012年农村集体资产管理工作先进镇街”称号和2012年度镇街领导班子落实科学发展观年度工作考核综合总分二等奖、引进大项目先进奖、“十个100”工作先进奖、外贸进出口先进奖、一般贸易进出口先进奖、加工贸易转型升级先进奖。

【经济转型发展】 2012年，东坑镇坚持以“三重”建设为抓手，加快经济转型发展。东坑镇通讯电子（深圳）产业园被市纳入重大产业集聚区关注项目。全年通讯电子工业产值达155亿元，占全镇工业总产值的70%。通讯电子专业镇科技创新服务平台获省科技厅立项，引进CQC华南实验室和东科发展公司。全年新增申请专利538件、授权专利568件，专利总量全市排名第14位。同时继续加大通讯电子产业的引进、培育和集聚力度，与正崴集团签订增资10亿元设立研发及营运中心协议。推进重点项目和重大平台建设，东坑农业产业园成功升级为“省级现代农业产业园区”，康德威和富强三期2个市级重大项目开工。制定产业集聚发展规划和民营工业50强培育行动计划，拓展空间和转变方式。开展

东坑镇

① 2012年7月30日，市委书记、市人大常委会主任徐建华（前排左二），市委副书记、市长袁宝成（前排左三）等市几套班子以及黄为国、张耀洪等镇领导到富港电子有限公司考察。

② 2011年12月16日，市委副书记、市长袁宝成（前排中）到东坑镇视察。

“访企业、送服务、促转型”帮扶企业活动，成立劳务办协助富港等大企业招工，推动47家外企开展内销，内销总额达11.7亿元。开展“走出去”登门招商活动，拜访企业总部，新引进“博瑞生物”“盛雄极光”“博恩实业”等投资项目60宗，其中，单项投资超千万元项目12宗，民营项目38宗。

【镇村统筹】2012年，东坑镇推进镇村统筹协调发展。加大土地集约力度，实施存量土地集约、增量土地集约及农业土地集约，以“催收统改”（即催建、收购、统筹、改造）的方式，整合闲置土地、边角零散用地和低效停产空置物业土地，将横东排站、水厂地、华城亿安酒店及交警前面地四块土地推出市场招标、拍卖、挂牌。腾挪发展空间，提升产业承载力。负债率超过50%的村减少2个，收不抵支村减少3个，补助农村基建项目38宗，下拨补助款2217万元。铺开治安、环卫、绿化等管理服务统筹试点，统筹出租屋，统筹包角社村新建厂房。推进“三旧”改造（指旧城镇、旧厂房、旧村庄的改造）进程，完成“三旧”改造专项规划修编，对“标图建库”范围地块展开权属调查，完善“三旧”改造历史用地手续，制定《扶持旧厂房改造奖励实施方案》。是年有4个“三旧”项目获得省市批复，三甲工业区被认定为全市第一批“工改工”试点项目。强化镇村建设监管，完成市镇重点工程征地拆迁154宗，拆除建筑面积1.5万平方米。

【扶持农村】2012年，东坑镇完善“减费”补贴政策，对农村集体经济新建厂房等各种物业，减半征收或免缴村镇基础设施配套费，补贴厂区周边市政设施建设，2010—2012年累计减免村镇基础设施配套费900多万元。落实安排每年3000万—5000万元农村基础设施专项资金，把农村建设纳入全镇建设盘子，减轻农村负担；提高“用地”补贴标准，调整分成比例，通过租赁欠发达村土地，引进资金发展高效项目，实现镇村利益共享，增加农村收入。

【民生实事】2012年，东坑镇办好民生实事。抓好民生重点工程，改造或新建道路12.3公里，建成社区绿道5.5公里。社医大楼、群艺大厦、多凤小学教学楼、群英小学教学楼竣工投入使用。新东坑中学、角社农民公寓等重大工程已经动工。抓好扶贫助困工作，继续帮扶解决困难群众的就业、看病和入学等问题，帮助13户低保户完成危房改造，91户有正常劳动能力低保户全部脱贫，脱贫率100%。同时，东坑镇帮扶的云浮中围和佛水两村的生产生活持续改善。

① 2012年3月13日，东坑镇获评“广东省文明镇”，副市长喻丽君（左四）出席挂牌仪式。

② 2012年3月23日，副市长、市公安局局长严小康（左二），市政府秘书长邓浩全等领导召开新门楼村配备警犬参与治安巡逻现场推介会。

① “二月二卖身节”开幕迎宾仪式

② 2012年3月22日，东坑“二月二卖身节”盛会。

③ “二月二卖身节”盛景

实施利民惠民措施，推进社区综合服务中心示范点建设，探索多元化的社区综合服务。扩建敬老院，新增床位50个。推进社会公共事业，优化教育资源配置，将全镇4所小学整合为3所，新建1所镇办中心幼儿园。狠抓社保扩面工作，各险种参保覆盖率稳步提升，加大工伤预防和养老保障力度，发放新社保卡，提高医疗保障水平。推进文化惠民工程，实施“提升公共文化服务水平”工程，基本完善村（社区）文化配套设施，建立农村文化管理员队伍和文化志愿队伍。

【社会管理】 2012年，东坑镇加强和谐社会建设，营造法治化国际化营商环境。加强综治维稳，推进“四化五警”建设，构建治安防控网络，组织多项专项行动，推动治安视频网络建设，开展镇领导集中接访下访，做好安全保卫工作。深化“三打两建”，被评为“全省‘三打’专项行动先进集体”。保障公共安全，推进安全生产责任落实，开展“危险化学品专项整治”“打非治违”（打非治违，是打击非法违法生产经营活动行为的简称。是以执法部门为主体，社会组织，民间机构和个人共同协助参与的一种清除社会不安全因素的行为）等执法监察活动及安全生产专项整治，排查整改安全隐患，全镇没有发生重特大安全生产事故。全力推动示范食堂创建工作，食品药品和公共食堂安全得到有效保障。

【党政建设】 2012年，东坑镇着力提高党员干部党性修养，提升队伍增强素质、改进服务、转变作风、提高效能。制定镇村领导班子建设实施意见，抓好换届后镇村领导班子建设工作；选拔镇党政领导班子后备干部7名（其中1名选聘到市社工委参加“丰羽强翅”行动挂职锻炼一年），选拔村党组织书记后备干部16名，并报市委组织部备案，加强镇村领导班子后备干部队伍建设。制定东坑镇干部能力提升工作方案，结合市委组织部、市委党校不同专题培训班的要求，抓好党员干部培训统筹，促进党员干部知识结构优化和能力提升。做好干部提拔交流轮岗工作，全年行政企事业单位提拔交流轮岗42人次，党组织提拔交流15人次。同时，择优选聘31名高校毕业生充实到镇属行政事业单位。

① 华灯初上东坑　　② 东坑夜景

① 东坑镇中心幼儿园

② 东坑镇角社村文体活动中心

③ 东坑镇农业园一角

④ 东坑镇坑美村健身路径

⑤ 东坑镇农业园滩美湖

深入各村走访，掌握村（社区）党组织换届后的思想、组织、作风等方面的情况，提升基层党组工作水平；以“阳光信息月报、领导联系党员、社情日记”基层党建三项制度为着力点，密切党群关系，共印发阳光信息月报约3万份，办结意见建议132件；以党代表工作室建设为着力点，完善党代表轮值和履职制度，共接受党员群众咨询1000多人次，收集意见建议300多件。贯彻落实中央“八项规定”，精简会议、考察、接待等公务活动，转会风，改文风，提效率。注重开源节流，完善公务卡制度，科学规范理财。开展“三纪”教育，整顿机关作风，加强干部职工教育管理，重实干，戒浮夸。强化督查职能，由镇领导班子成员亲自督办全镇108项重点工作和重大工程，协调落实，问责推进。建立“领导联系党员、阳光信息月报、党情社情日记”三项制度，坚持深入联系基层，解决实际问题。坚持办好镇长信箱和“阳光热线”，实现网上投诉100%办理回复，信访办结率95%。加强政府各部门各单位窗口服务监管，优化服务质量，提高办事效率，自觉接受人大和社会的监督。

【非物质文化遗产】 2012年，东坑镇东坑木鱼歌已入选国家级非物质文化遗产，卖身节已入选省级非物质文化遗产，阴菜、糖不甩、喊惊习俗等项目已入选市级非物质文化遗产。最为著名、最具特色的传统民俗文化是二月初二“卖身节”。该节日被誉为中国岭南地区最为古老的劳务集市日，如今演变成为大型的文化和经贸活动盛典，真正实现文化效益和经济效益双丰收。每年农历二月初二，远至省、佛、陈、龙，近侧方圆百里，二三十万的宾客盛会东坑，自发摆摊经商，或者是春游访友，或者是参与射水耍乐，或者是探究民俗风情，“洒水吉祥结交好运，购物祈福庆贺丰收”。东坑镇在全市率先制定《文物、非遗保护专项资金的管理办法》，文化单位成立非遗工作组。

【二月初二“卖身节”】 2012年，是东坑镇委、镇政府介入办“卖身节”十周年。“卖身节”从农耕时代自发形成的民间节日，变成由官方主导的群众性节日，体现主流价值观的引领作用。东坑镇委、镇政府“坚持文化搭台经济唱戏”办节理念，对“卖身节”精心策划和包装，不断充实内涵，已经成为了东坑一年一度的全民盛会，并纳入东莞市“我们的节日”系列活动。围绕“二月初二民情颂，吉祥福地展新颜”这个主题，2012年“卖身节”组织“东莞作家看东坑”文艺采风、“寒溪河畔大地春”开幕式、“职场真人秀”人才招聘、“吉祥快乐水世界”文明射水等七大板块活动，还首次采用微博图文以及电视视频直播，更加好看、好吃、好玩、好乐，宾客同聚共享节日欢乐。

（谢雪玲）

附：2012年东坑镇党委、人大、政府领导名录

镇委书记：黄为国
镇委副书记：张耀洪　卢浩华
镇委委员：张仲平（9月到任）
黄晨光（任至9月）
梁伟侬　苏庆中　丁炜涛
李进强　吴俊健（任至6月）
钟　杰　袁锦波　曾轶荣
叶晓华　高佐达（9月到任）
镇人大主席：黄为国
镇人大副主席：叶晓华　李树容
镇　长：张耀洪
副镇长：卢柏波　苏沛彬　卢艳萍
李绍洪
黎清华（6月到任，挂职）

2008—2012年东坑镇主要经济指标

指标＼年份	2008	2009	2010	2011	2012
户籍人口（人）	29788	29803	29932	30217	30340
外来暂住人口（人）	59104	68027	115500	128620	168532
面积（平方公里）	23.8	23.8	23.7	23.8	23.8
地区生产总值（万元）	380365	410454	459962	551954	598330
工业总产值当年价（万元）	896645	879125	1330455	1746437	2031300
农业总产值当年价（万元）	7283	3762	2870	3530	3481
总用电量（万千瓦时）	73074	69358	79618	81416	88115
全社会固定资产投资总额（万元）	65855	87590	110282	125582	146520
社会消费品零售总额（万元）	56589	46805	84875	103331	145549
外贸出口总额（万美元）	131531	94047	142518	167463	192947
实际利用外资（万美元）	8384	3326	5198	6037	7273
镇级可支配财政收入（万元）	35049	41362	48245	57213	62103
各项税收总额（万元）	42105	39277	49935	68883	77527
金融机构各项存款余额（万元）	401330	451617	518500	558823	623736
城乡居民储蓄存款余额（万元）	304779	336069	384164	415415	473887

企石镇

【概况】 企石镇位于东莞市东北部，面积58.29平方公里，是国家级生态乡镇、广东省光电产业基地、广东省技术创新专业镇（光电产业）、广东省战略性新兴产业基地（东莞薄膜太阳能光伏产业）、广东省卫生镇、广东省教育强镇。2012年辖19个村、1个社区。年末户籍人口4.28万人，外来暂住人口3.74万人。

2012年，企石镇生产总值38.58亿元，比上年增长4.1%。人均地区生产总值3.15万元，增长8.5%。规模以上工业总产值63.59亿元。农林牧渔业总产值0.5亿元，增长0.6%。固定资产投资7.08亿元，增长6.09%。社会消费品零售总额11.09亿元，增长12.1%。外贸出口额4.02亿美元，增长0.51%。新签外资协议9宗，补充协议15宗，新签及补充协议金额3267万美元，实际利用外资1819万美元。地方财政一般预算收入3.6亿元，增长21.7%。农村居民人均纯收入17994元。

【产业转型升级】 2012年，企石镇产业转型升级重点抓好招商引资，出台《企石镇招商引资奖励办法》和《企石镇重大项目招商引资奖励办法》；组织赴台湾、日本开展交流推介活动，引进和培育重大项目。是年，新签协议9宗，补充协议15宗，新签及补充协议金额3267万美元，实际利用外资1819万美元。开展“访企业、送服务、促转型”系列活动，帮助企业解决实际困难，推动企业转型和开拓国内外市场。全年有8家来料加工企业转“三资”或民营企业，总数达53家，该镇七成多的来料加工企业实现形态转变。推动企业创名牌名标工作，新增外资企业研发中心3家，新增省民营科技企业8家、市民营科技企业10家、中国驰名商标1个、广东省名牌产品1个、广东省著名商标1个，其中东莞市森世纪木业有限公司获中国驰名商标。

【城乡建设】 2012年，企石镇出台新城镇核心区控制性详细规划。江滨工业园区完成征地和整体规划工作。省道S120企石段改造升级工程完工并验收合格。

加快转型升级　建设幸福企石

① 2012年7月30日，市委书记、市人大常委会主任徐建华（左三），市委副书记、市长袁宝成（左四）到东莞中镓半导体科技公司考察。

② 2012年10月15日，市委书记、市人大常委会主任徐建华（前中）在企石镇东莞市若美电子科技公司调研。

③ 2012年10月15日，市委书记、市人大常委会主任徐建华（右二）到东莞市第七中学调研。

① 2012年11月9日，省军区副政委张仲会（中）到企石镇检查扶贫“双到”工作。

② 2012年6月1日，市委常委、组织部长甄瑞潮（右二）到东莞中镓半导体科技公司调研。

③ 2012年6月1日，市委常委、组织部长甄瑞潮（前排中）到企石镇指导“三打”工作。

④ 2012年1月4日，东莞军分区司令员李庆文（中）、政委刘卫芳（右一）和市财政局局长詹文光（左二）到企石镇博夏村慰问贫困户。

⑤ 2012年2月8日，副市长严小康（右一）在企石公安分局调研。

⑥ 2012年9月13日，副市长严小康（前排左一）在企石镇督导从莞高速公路建设工程。

⑦ 2012年3月31日，副市长成洪波（中）到东莞市中镓半导体科技公司调研。

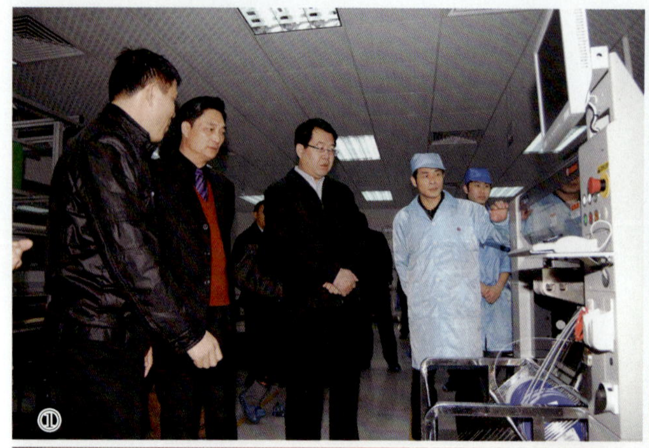

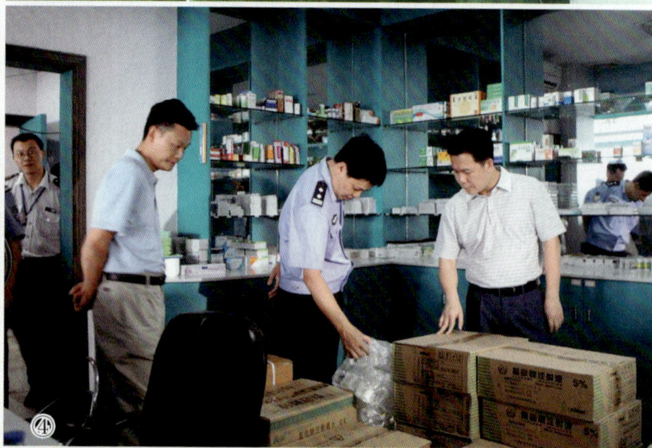

① 2012年12月24日，副市长贺宇（左三）在企石镇调研外经贸工作。

② 2012年6月6日，副市长喻丽君（中）到企石镇视察东莞市中镓半导体科技公司。

③ 2012年7月1日，市政协副主席朱伍坤（中）在企石镇接待群众来访。

④ 2012年7月18日，企石镇委书记陈福坤（右一）、副书记张仲林（左一）和党委委员、公安分局局长黄伟文（中）现场督导“三打”工作。

⑤ 2012年7月18日，镇委副书记、镇长邓辉到村督导检查“三打”工作。

⑥ 2013年3月14日，企石镇开展“三打”专项行动，镇委副书记张仲林（右一）与执法人员在检查在售药品

⑦ 2012年11月23日，企石镇干部赴大朗镇考察学习工商登记改革经验做法。

从莞高速企石段、东部快速干线企石段升级改造等工程有序推进，镇汽车客运站、东平东江大桥等项目动工。企石污水处理厂、南畲朗截污主干管网企石段管道铺设、江南大道、环镇路、湖泉路、彭城路等工程已完工；区域绿道网工程建成投入使用，城市及社区绿道一期工程进入收尾阶段，二期完成工程量75%。东莞市第七高级中学体育馆工程进行网架施工，完成工程总量的80%。推进市政设施和环卫管理市场化，生活垃圾无害化处理率达100%，该镇20个村（社区）全部被评为“广东省卫生村”“市容环境优美村（社区）”，6个村创建为市级生态示范村。

【民生实事】 2012年，企石镇图书馆、24小时自助图书馆、村（社区）电子阅览室陆续建成投入使用。建立专兼职结合的村（社区）服务队伍，开展文化惠民活动，江边村荣获“广东省历史文化名村”。投入150多万元对东山小学、江南小学、中心幼儿园等学校的设施进行完善和改造，推进学校少年宫建设，公办学校优质学位达到100%；该镇5所公办中小学全部创建为“东莞市一级学校”。镇社区综合服务中心投入建设，东山村退休人员社会化管理服务站建成投入使用。全年共发放培训补贴、工资差额补贴、岗位津贴、小额贷款资金等870多万元，帮扶824名群众实现就业。发放低保金、低保助学金、医疗救助金、困难群众临时物价补贴等资金628万多元。开办1家慈善超市、5家平价商店，着力惠及广大低收入群众。建立健全城乡一体化社会养老保险体系，顺利发行社保新卡，提高居家养老服务政府补助标准，上调离退休人员基本养老金。优化人口计生服务，完善社区卫生服务站点建设，做好结核病、手足口病等传染病防控工作。继续实施老化水管改造。

① 2012年9月3日，企石镇委书记、镇人大主席陈福坤（右二）等镇领导走访东莞市第七高级中学。
② 2012年8月28日，企石镇东山村退休人员社会化管理服务站揭牌。
③ 2012年11月22日，企石镇委召开干部大会，传达贯彻中共十八大精神。

① 2012年7月9日，举行东莞社会保障卡首发仪式，企石镇委副书记、镇长邓辉为企业员工颁发社保卡。

② 2012年4月16日，国学大师姚宗颐到访企石镇，挥毫献墨宝。

③ 2012年8月3日，企石镇举行汽车客运站开工典礼。

【社会管理】 2012年，企石镇围绕建设“六个东莞”的目标要求，创新和加强社会各项管理。推进“三打两建”增强发展保障能力，查处案件780宗，打掉欺行霸市团伙9个，查处制假售假大要案14宗，捣毁制假售假窝点43个，查处商业贿赂案8宗，打掉“保护伞”2个。启动创建“平安企石”，加强社会治安整治，推进“四化五警”建设，建立完善镇村治安配套设施，加强对治安重点地区和突出治安问题的整治，全年刑事案件发案率与上年对比下降约8%，社会治安形势明显好转。落实安全生产责任制，实施“网格化”管理，全年无发生重大安全生产事故。建立健全信访工作机制，深入开展领导干部接访、下访活动，全年群众上访总量、集体上访同比上年分别下降15.3%、11.1%，一批历史遗留问题也得到较好地排查化解。

【“双到”扶贫】 2012年，企石镇对市外“双到”（即规划到户、责任到人）扶贫对象—韶关市新丰县马头镇上湾村、湾田村扶助已满三年。至2012年，该镇累计统筹投入各类帮扶资金达1093.08万元（帮扶到村608.01万元，帮扶到户485.07万元）。其中，投入18.6万元在新丰县下门河道建设长25.8米、宽3.5米的下门桥，该组群众从此告别竹排过河的历史。筹集资金65万元，完成上湾村2.95公里村道硬底化，改善湾田村下门组35户110多人的出行和农耕通行条件。投入28.9万元，实施饮水安全工程，在湾田村建设陂头、过滤池、蓄水池、引水管，解决湾田村大围1000多人的饮水问题。投入18万多元，在两村主干道路和主要路口安装50盏路灯，完成主干道路路灯照明工程，改善群众晚间出行条件。投入资金对湾田村全部农田灌溉渠道进行清淤、维整、加固，完成一批水利和灌溉项目，提高农业生产效益。在湾田村各个村组集中建设垃圾池，使生活垃圾得到妥善处理。投资120万元，在湾田、上湾村各办起1座存栏2000对的乳鸽养殖示范推广基地；投入50多万元，向两村贫困户推广乳鸽养殖。通过免费培训、现场技术指导、无偿提供鸽种、饲料的形式，发动和帮扶群众参与乳鸽养殖，两村全部308户贫困户都参与乳鸽养殖项目；30多户贫困户通过扩大再生产，部分养殖规模达到200多对，两村贫困户年均可增收2000多元。通过成立贫困户种植专业合作社，以“村委会+公司+合作社”的模式经营，发展金银花种植帮扶项目；前期种苗、租地、化肥等启动资金28万多元由帮扶单位投入，技术、管理和人工等中后期成本由金银花种植公司投入；帮扶上湾、湾田两村集体种植140多亩优质金银花，金银花种植合作社利润按比例每年进行分成，湾田村、上湾村集体每年分成金额确保不低于2.8万元和2.5万元，同时由合作社和金银花公司负责推广技术，带动全村贫困户种植金银花。分别为两村无偿提供30万元，入股城市投资项目，用于新丰县优质投资项目，为每村集体年增加收入4.5万元。

2012年，上湾村和湾田村集体收入分别达到12.38万元和13.72万元，分别比2009年增加9.75万元和10.66万元；两村贫困户人均纯收入达到6650元和6708元；两村有劳动能力的贫困户实现100%脱贫。 （王道辉）

附：2012年东莞市企石镇党委、人大、政府领导名单

镇委书记：陈福坤
镇委副书记：邓　辉　张仲林
镇委委员：姚灿光　张佛祥
温志均　刘丽权
黄振忠　麦阳柱
杨永成　黄伟文
钟靖平（6月到任，挂职）
镇人大主席：陈福坤
镇人大副主席：张佛祥　王少平
镇　长：邓　辉
副镇长：姚灿光　郑燕娟　李锦荣
潘月光

2008—2012年企石镇主要经济指标

指标＼年份	2008	2009	2010	2011	2012
户籍人口（人）	40926	41346	41830	42323	42780
外来暂住人口（人）	59152	46854	36727	36742	37387
面积（平方公里）	59	58.2	58.29	58.29	58.29
地区生产总值（万元）	294399	318197	373899	355064	385851
工业总产值当年价（万元）	558089	560969	885023	934063	881284
农业总产值当年价（万元）	4583	3138	5376	5022	5051.57
总用电量（万千瓦时）	63029	62449	71391	77172	81478
全社会固定资产投资总额（万元）	58422	50877	56643	66726	70788
社会消费品零售总额（万元）	77735	81665	83592	98957	110913
外贸出口总额（万美元）	35197	42009	64693	76961	40214
实际利用外资（万美元）	2425	2853	2673	2293	1819
镇级可支配财政收入（万元）	24993	23806	26006	37957	36055
各项税收总额（万元）	35574	34929	42649	56114	64986
金融机构各项存款余额（万元）	374267	398386	485141	536811	650221
城乡居民储蓄存款余额（万元）	256214	283701	367920	418246	508259

石排镇

【概况】 石排镇位于东莞市东北部，东江中下游南岸，拥有东江岸线14.5公里，西距东莞市区20公里、广州50公里，南往深圳70公里，北与惠州市博罗县隔江相望。下辖18个村和1个社区，常住人口16万人，其中户籍人口4万人。

2012年，石排镇实现生产总值52.92亿元，同比增长3.5%；镇本级可支配财政收入4.02亿元，增长8.2%；各项税收总额7.32亿元，增长22.5%；社会消费品零售总额19.2亿元，增长9.4%。实施“一村一策”，促进农村转型发展、集约发展，村级总收入1.62亿元，增长5.2%。

【城镇建设】 2012年，石排镇总规修编通过市规委会审查，规划滞后瓶颈得以解决。投入1.62亿元，完成石排城市广场、潇滏湖、新中心幼儿园建设，打造太和路、石兴路两条商业步行街，打通中心路、公园南路两条断头路，升级改造龙腾路等工程。完成石排大道绿化工程，加大环境卫生整治力度，强化城市管理机制，创建6个“市生态示范村”，镇容镇貌、村容村貌得到改善。完成《石排镇城市形象整体规划与对外传播》《石排镇燕岭古采石场遗址公园规划及景观设计》的编制，明确“红石古镇”的城市形象定位。

【经济发展】 2012年，石排镇引进世界500强“安博物流”，以及“康师傅饮品”“普洛斯”“创意汇”等一批投资总额约24.5亿元、合同税收总额约2.4亿元的重大项目。全年完成合同外资金额7024万美元，同比增长81.7%；实际利用外资4075万美元，增长14.5%；合同内资金额8.22亿元，增长136.6%；实际利用内资5.01亿元，增长3.89%。实行重点项目落地跟踪服务，争取用地指标，“铭普光磁”“安博物流”“康师傅饮品”“星星光电”等产业项目已动工。

石排镇

① 2012年5月25日，市委书记、市人大常委会主任徐建华（前左）视察石排镇铭普实业公司。

② 2012年12月26日，市委常委、宣传部部长潘新潮（左四）和市有关部门负责人、石排镇班子领导成员，参加石排镇安博项目动工奠基仪式。

① 2013年12月26日，市委常委、宣传部部长潘新潮（前中）由石排镇领导班子成员陪同，视察石排镇潇湴湖建设情况。

② 2012年6月26日，省巡视督导组一行参观石排镇"三打"成果展。

③ 2012年6月26日，石排镇举行2012年"广东扶贫济困日"扶贫慰问活动和"七一"慰问困难党员活动，图为石排镇委书记、镇人大主席陈志明（中）慰问困难户时与老党员一家亲切交流。

④ 2012年7月1日，举行香港东莞石排同乡会第三届就职典礼活动，市统战部、侨联、港澳事务局领导、石排镇班子领导成员、各村（社区）书记、主任和统侨干部、各大协会会长，同乡会会员参加就职典礼。

① 2012年10月17日，石排镇部分领导班子成员到香港拜访香港金城实业公司高层。
② 2012年9月11日，在南城宏远酒店二楼国际宴会厅举行全市“三重”项目签约仪式暨建设工作推进会，图为石排镇委副书记、镇长简任昌与安博公司代表现场签约。
③ 2012年6月7日，石排镇部分班子成员和部门负责人以及民营、外资重点企业赴厚街镇参观学习。
④ 2012年6月28日，石排镇班子领导成员，各村（社区）“两委”干部，镇机关各办公室干部在石排影剧院参加石排镇“七一”表彰暨“石排兴衰，我的责任”总结大会。

① 2012年9月19日，石排镇在石崇办事中心广场举行“创建平安石排喜迎党的十八大”誓师动员大会。镇班子领导成员，各行政事业企业单位负责人，各村（社区）书记、主任、治保主任，石排政法系统处置突发事件队伍全体人员参加动员大会。

② 2012年4月10日，在石排影剧院举行“我是石排主人翁”主题演讲。图为决赛获奖选手与部分镇领导合影。

③ 2012年12月10日，石排镇举行2012年冬季应征入伍新兵欢送大会。

① 2012年11月30日，石排镇委副书记、镇长简任昌（左一），镇委委员梁暖光（左二），以及镇相关部门负责人到石排工商分局督导商事登记制度改革工作及市场监管体系工作。

② 石排镇2012年8项重点城建工程之一的潇溼湖改造工程

③ 石排镇2012年8项重点城建工程之一的石排城市广场新貌

强化企业服务，选定重点民营、外资企业各30家进行跟踪服务，全年推动外资企业实现内销总额12.6亿美元，同比增长23.17%。设立研发机构6家，“三来一补”转“三资”企业11家；新增市级以上民营科技企业11家，新增国家高新技术企业4家。至2012年，全镇拥有省级名牌称号17个，国家高新技术企业8家。

【社会管理】2012年，石排镇立“三打”案件954宗，打掉欺行霸市团伙9个，查处制假售假大案要案17宗、商业贿赂案件15宗，挖出“保护伞”4个。开展“南粤亮剑012战役”等社会治安专项行动，全年立刑事案件765宗，破获刑事案件467宗，破案率达61%，打掉犯罪团伙37个、抓获185人。全年受理群众信访案件97宗，同比下降15.7%，解决一批历史遗留信访积案。矛盾调处、公共应急等管理机制完善，校车、消防、食品等安全管理工作强化，全年无发生重特大安全事故、恶性群体事件。

【民生实事】2012年，石排镇18个村完成旧村改造、文化设施建设、治安视频监控、公墓园建设、教育医疗等实事项目27个。全年发放就业创业各类补贴789.73万元，培训户籍人员1931人次，新设“村民车间”5个，失业率控制在0.26%，同比下降0.34%。投入1900万元新建中心幼儿园，投入200多万元完成公办学校改造工程；开展公共文化服务、文化惠民工程、文物遗产保护等，镇村公共电子阅览室实现全覆盖。优化社卫站点布局，提升医疗卫生服务能力。为全镇3014名老人每人每年增加养老津贴600元，共计180.84万元；全年向困难弱势群体发放节日慰问金、补助款955.2万元，向高龄老人发放津贴236万元，向现役军人、退役士兵及家属发放补助款83.97万元；累计为302名重大疾病人员发放专项补助资金447.65万元；“双到”扶贫工作累计落实帮扶资金约427万元。全年资助困难异地务工人员子女入学115人次，累计发放资助金额5.75万元，并受理34个异地务工人员的积分制入户申请。

【党政建设】2012年，石排镇开展为期3个月的“石排兴衰，我的责任”主题活动，其间举办学习大讨论活动99场，召开意见听取会20场，吸纳意见和建议800多条，收集整改措施表90份，有24个单位完成54项工作流程的优化，全镇机关作风得到改进，政府效能得到提升。开展“市民评机关”活动，纠正损害群众利益的不正之风；落实岗位责任、首问负责等行政制度，加强对行政不作为、乱作为等现象的责任追究。（邱 敬）

附：2012年东莞市石排镇党委、人大、政府领导名录

镇委书记：陈志明

镇委副书记：简任昌　王旭深

镇委委员：陈伟楚　梁暖光　袁达胜

姚灿光　陆奕彪　王永权

杨永佳　钟炳林　钟浩源

卢达明（6月到任）

利沛昌（9月到任）

镇人大主席：陈志明

镇人大副主席：袁达胜、李谢权

镇　长：简任昌

副镇长：陈伟楚　邓柱洪　刘丽红

王振江

2008—2012年石排镇主要经济指标

指标＼年份	2008年	2009年	2010年	2011年	2012年
户籍人口（人）	41772	42193	42811	43331	43581
外来暂住人口（人）	96458	92178	92799	92081	92262
面积（平方千米）	56	56	56	48.7	48.7
地区生产总值（万元）	417073	438939	507685	527052	529243
工业总产值当年价（万元）	713411	713561	895506	1046278	1102719
农业总产值当年价（万元）	10018	10116	10597	10880	11032
总用电量（万千瓦时）	98493	94567	109237	114265	119915
全社会固定资产投资总额（万元）	227786	187225	174179	118379	133998
社会消费零售总额（万元）	109311	120384	133354	175309	191819
出口总额（万美元）	52452	42086	52718	64004	70244
实际利用外资（万美元）	5974	5370	5722	3560	4075
镇级可支配财政收入（万元）	45300	36078	36685	37118	40171
工商税收总额（万元）	43744	43170	48281	59751	73222
金融机构各项存款余额（万元）	534875	619567	698407	776940	885986
城乡居民储蓄存款余额（万元）	403738	457329	523225	589370	686226

茶山镇

【概况】茶山镇位于东莞市北部，面积45.5平方公里，是“中国食品名镇”和“中国品牌服装制造名镇”。2012年辖16个村和2个社区。年末户籍人口4.5万人，常住人口7.8万人。

茶山镇境内有南社明清古村落、东岳庙、麦屋古村等文化古迹。其中，南社明清古村落已有700多年的历史，今存古祠堂30间，古民居250多间，先后获得“中国历史文化名村”“全国重点文物保护单位”“中国景观村落”和“广东最美的乡村”等称号。“茶山公仔”的制作始于明朝，有近400年的历史，是广东省非物质文化遗产。“茶园游会”是以东岳大帝出巡为主，结合民俗文化表演等内容的祈福送福活动。

2012年，茶山镇生产总值76.6亿元，比上年增长1. 9%；人均地区生产总值4.87万元，增长5.9%；规模以上工业总产值136.75亿元，增长6.4%；农林牧渔业总产值0.6亿元，增长13.5%；固定资产投资13亿元，增长5.2%；社会消费品零售总额21.5亿元，增长10.8%；外贸出口额6.98亿美元，增长17.8%；实际利用外资8395万美元，增长11.4%；地方财政一般预算收入5.6亿元，增长10.5%；农村居民人均纯收入2.37万元，增长10.2%。

【招商引资】2012年，茶山镇实施“客户经理”服务制度，细化项目跟踪服务，先后引进“迪卡侬物流”“时捷物流”“苏宁电器”等一批投资6亿元以上的项目落户。全镇利用外资项目新签约17宗，金额为3421万美元；增资项目24宗，金额为5590万美元，增长140.5%。实施城建领导小组会议制度，定期审批项目，简化办事手续，提高工作效率，“雀巢美极”“生态食品城”等两个市“三重”（重大项目、重大产业集聚区、重大科技专项）项目已开工。

【科技创新】2012年，茶山镇完成生产力促进中心的专业检测、研发设备、办公设备配置工作，并投入使用。以该中心为载体申报的茶山食品专业镇技术创新平台建设项目，通过市政府立项审批，并获得市财政资助300万元。茶山产业信息网上线试运行，有202家企业进驻。加强市质检中心、华南理工大学、电子科技大学等单位的合作关系，引导和鼓励企业开展科技创新和“产学研”

茶山镇

① 2012年12月28日，市委书记、市人大常委会主任徐建华（前左二）到茶山镇调研。

② 2012年5月4日，副市长唐庆涛（前右一）到茶山镇企业调研。

③ 2012年7月10日，市政协主席李毓全（前右二）视察茶山镇食品安全监管工作。

合作。全年新增高新技术企业2家，省民营科技企业1家，市民营科技企业6家。落实各类政策支持，支持企业组建研发中心，推动“洛琪纸品”“安力五金”“首屋尔金属”等企业在茶山设立研发机构。

【企业发展】 2012年，茶山镇出台《茶山镇推动企业增产工作方案》，为企业排忧解难，解决企业发展中遇到的问题，促进市场主体健康发展。全镇市场主体1.1万户，增长6.7%。帮助企业融资，设立推动银行放贷专项资金，鼓励银行加大放贷力度，全镇各项贷款额32.8亿元，新增4亿元，增长14%。服务企业申领政策，协助企业获得各级财政扶持资金762万元。用好来料加工企业不停产转型政策优惠，推动84家来料加工企业实现不停产转型。

【服装产业集群】 茶山镇是“中国品牌服装制造名镇”。2012年，全镇服装行业及其配套产业企业共有587家，服装总产量达2.83亿件（套），实现行业产品销售总额55.6亿元。全镇拥有自主品牌的服装企业有30多家，现有“雀太郎”“兔仔唛”“硕士猫”“吉卜马”等国际国内市场占有一定地位和影响力的服装品牌。2012年，茶山镇又获得“中国服装产业示范集群”“广东省服装产业转型升级重点培育集群”“中国纺织服装行业十大新兴集群”称号。

① 2012年8月16日，茶山镇获“广东省服装行业转型升级重点培育产业集群”称号。
② 2012年8月28日，茶山镇与“苏宁电器”签约。
③ 茶山（国际）生态食品城效果图

① 广东省东莞市圣心糕点博物馆

② 珀乐广场

③ 南社明清古村落全景

【城镇规划】 2012年，茶山镇推进总规、控规修编工作，完善《东莞市茶山镇总体规划（2008—2020）》报市规划局审查，完成控规总面积4124公顷，覆盖率达92%。编制《东莞市茶山中心区滨水活力带城市设计》《茶山新岸中心综合规划设计方案》，审议通过《茶山镇中心幼儿园及青少年活动中心选址方案》等单位项目方案。

【城镇建设】 商贸中心区建设　2012年，茶山镇加快商贸中心区建设，制定《商贸中心区基础设施建设计划》，启动“治水、修路、造景”工程；推进重点项目，如伟隆国际花园、富盈香茶郡建设，美丽湾畔一期发售，茶山国际酒项目前期准备，水质检测综合楼主体工程，茶山水泥厂地块改造项目征收等；促进伟建工业园升级，全面普查园区内土地的权属、性质，梳理出闲置土地，扩大红线范围；完善园区配套设施，利用园区内的闲置物业和闲置土地，规划建设行政公共服务中心和生活服务中心。

路网建设　2012年，茶山镇新石大路路基施工完成工程总量的20%；镇街联网的14号路（一期）、15号路（一期）、茶中路等道路加快施工；桑茶快线、方中路延长线完善施工图设计，进入沿线征地拆迁阶段。协助市属重点工程建设，东莞新火车站完成总体进度的90%，站主体工程已完工；轻轨R2线累计完成投资55%。

环保基础设施建设　2012年，茶山镇污水处理厂配套截污主干管网工程完成验收投入运营，南畲朗截污次、支管网工程完成工程立项。防灾减灾设施——中心区排站重建工程完成土建主体工程；茶山中学排站工程完成总工程量的95%；增埗渡头二排站完成桩基础施工，进入泵房的主体工程建设。

完善产权手续　2012年，茶山镇加快项目前期手续办理，指导业主做好项目报建资料，对重大项目落实专人负责跟踪项目报批。加强已建房屋房地产权手续补办工作工作，全镇共有19宗项目完善产权手续，补办《房地产权证》22宗。

【村组经济】 2012年，茶山镇帮助村组建设经营性物业16项，促进村组集体经济的增长，村组集体总收入4亿元，增长1.8%；纯收入1.9亿元，增长12.7%。加强应收款追收，制订《应收未收款追收任务分解及进度表》，推进应收款应收尽收、能收早收，负债率下降2.7个百分点。

【劳动就业】 2012年，茶山镇定期收集、发布产业行业信息，鼓励村民大胆创业，协助申请创业贷款68万元。开展“就业服务日”“再就业援助月”“青年见习训练”等活动，落实各项就业补助738万元，帮助1618名就业困难人员实现稳定就业。建成村民车间13个，安排村民就业193人。鼓励和引导村民利用闲置资金和土地，建设经营性物业，村民新建经营性物业196宗。

① 茶山镇生产力促进中心
② 新敬老院
③ 伟建工业园区一角
④ 伟建工业园产业公园一角

① 超朗村牛过蓢古村落的古树群

② 超朗村牛过蓢古村落全景

③ 茶山镇中心区鸟瞰图

【综治维稳】2012年，茶山镇推进“四化五警”建设，完善三级巡防体系、视频监控点设置和信息研判机制，提升案件侦破率。铁腕铲除“黑赌毒”、打掉犯罪团伙、侦破贩毒案件一批。开展“三打”专项行动，查处欺行霸市、制假售假、商业贿赂案一批。开展综治信访维稳工作，启用视频接访系统，落实领导包案制度，提升矛盾纠纷调解效率。启动劳动关系突发预警系统建设，排查企业788户次，帮助员工追补欠薪982.4万元；全年发生劳资突发事件同比下降23.8%。

【安全管理】2012年，茶山镇加强安全生产管理，开展“打非治违”（打非治违，是打击非法违法生产经营活动行为的简称。是以执法部门为主体，社会组织，民间机构和个人共同协助参与的一种清除社会不安全因素的行为）等专项整治，各类安全生产事故下降3%。加强消防安全管理，推进“清剿火患”战役等专项工作，防范重特大火灾事故的发生。加强道路安全管理，完善交通安全设施，查处各类交通违法行为。加强食品安全管理，创建餐饮服务安全示范食堂2家；开展食品添加剂、“地沟油”、肉食品等专项整治行动，全镇没有发生重大食品安全事故。

【民生实事】2012年，茶山镇提高医疗保障待遇，上调基本养老金，发放各类保险待遇、补助5614万元。关爱弱势群体，为4328名老人提供免费体检，帮助15名残疾人成功就业，新敬老院、残疾人康复就业中心建成使用。推进茶山医院“二甲”创建工作，提升医疗服务质量。优化妇女儿童健康服务，免费提供“两癌”筛查、婚前检查、优生孕前检查等服务，惠及群众4258人次。扩大住房保障范围，落实住房保障，建设公共租赁住房126套。

【文教·体育】2012年，茶山镇高考本科上线人数238人，增长23.3%。推进新莞人子女积分制入学工作，强化民办学校管理。新建公共电子阅览室8个，实现公共电子阅览室全覆盖。打造文艺精品，原创音乐专辑《花语》获“2012年岭南新音乐作品展演金奖”“广东省鲁迅文学艺术奖”；歌曲《故乡啊故乡》获广东省第八届精神文明建设“五个一工程”奖。超朗村获“广东省历史文化名村”称号，“茶山公仔”入选“第四批广东省级非物质文化遗产名录”。此外，还举办元宵晚会、茶园游会等活动360多场次；完善田径和击剑体育网点建设，促进全民健身活动和群体竞赛活动的开展。

【历史文化名村】2012年5月，省住房和城乡建设厅、省文化厅联合公布，茶山镇超朗村入选成为第三批广东省历史文化名村。超朗村位于茶山镇的东南面，境内有保存较完好的牛过蓢古村落。该古村落立于南宋初年，距今已有800多年历史，面积约1.38平方公里。村内生长着数百年的古榕树、古朴树，呈半圆形之势，环抱古村，长达数百米，蔚为壮观。古村的主巷道、左右巷道、敷荣里形成年代为南宋期间。现存最早建筑始建于元朝，其中代表性建筑的麦氏宗祠、麦日桃故居布局完整，石雕、砖雕、木雕、灰雕工艺精湛，极具岭南建筑风格和广府民系特色，有较高的艺术、欣赏、研究价值。（林晓峰）

附：2012年东莞市茶山镇党委、人大、政府领导名录

镇委书记：翟崇碧
镇委副书记：黄少峰　陈永光
镇委委员：卢任昌　汤锡祥　钟偲仔
袁邦湖　陈庆贵　黎晃厚
吴剑洪　刘巧莲　陈荏畴
谢庆春
陈瑛瑜（6月到任，挂职）
镇人大主席：翟崇碧
镇人大副主席：卢任昌　谢锦滔
镇　长：黄少峰
副镇长：汤锡祥　张立鹤　钟伟发

2008—2012年茶山镇主要经济指标

指标＼年份	2008	2009	2010	2011	2012
户籍人口（人）	44050	44401	44639	45079	45276
外来暂住人口（人）	73841	76048	77380	77792	78006
面积（平方公里）	56	56	56	45.4	45.54
地区生产总值（万元）	578241	620174	710237	713124	765976
工业总产值当年价（万元）	1201331	1252214	1638034	1744802	1869410
农业总产值当年价（万元）	8730	7713	4878	5662	6429
总用电量（万千瓦时）	114935	114743	128337	131220	132917
全社会固定资产投资总额（万元）	175269	175391	173325	123239	129621
社会消费品零售总额（万元）	113351	128744	162570	193674	214575
外贸出口总额（万美元）	46598	39599	54455	59300	69826
实际利用外资（万美元）	8788.77	6330	6801	7534	8395
镇级可支配财政收入（万元）	36547	40174	44297	50299	55568
各项税收总额（万元）	68053	70053	79876	94026	105216
金融机构各项存款余额（万元）	709357	743269	870723	941346	1059588
城乡居民储蓄存款余额（万元）	495217	530999	625931	695206	797082

2012年各镇街主要经济指标

镇（街）\指标	户籍人口（人）	外来暂住人口（人）	面　积（平方公里）	国内生产总值（万元）	工业总产值当年价（万元）	农业总产值当年价（万元）	总用电量（万千瓦时）	全社会固定资产投资总额（万元）
莞　城	173776	52273	11.17	1323607	1218726		50841	255912
石龙镇	71444	53941	13.83	662926	2042334	49.77	73289	176316
虎门镇	129798	379688	178	3480905	6264978	29115	400707	783984
东　城	92474	219329	105	2729294	3521892	2534	286361	558062
万　江	79721	65766	48.5	806632	1266981	7095	122396	253466
南　城	76937	136390	56.62	2606317	2452896	2020	106594	930321
中堂镇	74947	48386	60	737173	2218252	13908	140500	221050
望牛墩镇	46823	38136	31.57	372240	767417	7657	65607	139326
麻涌镇	73368	34855	91	1077177	5569176	17121	125995	306933
石碣镇	44806	100445	36.20	1098260	4138046	4824	157717	188735
高　镇	38186	179723	34.4	833584	1661549	10717	126855	224168
洪梅镇	22425	25649	33.2	326380	1712943	9781	53847	136677
道　镇	56378	85425	54	610742	1512728	17979	120408	149517
厚街镇	98557	343058	126.15	2535484	7307629	16313	325508	438116
沙田镇	41789	71264	78.8	711775	1896212	29718	107365	187391
长安镇	45956	622581	98.1	2824669	7681410	9049.6	561952	570966
寮步镇	71758	349842	71	1574931	4735609	13635	241804	348518
大岭山镇	45813	143531	95.5	1325413	3456731	4818	178777	279367
大朗镇	71994	120000	118	1564995	4002041	3671	239833	350221
黄江镇	25917	207683	98	1079436	3223278	1429	163593	189121
樟木头镇	28453	99391	119	647297	246675	357	95677	151849
凤岗镇	25535	158884	82.5	1388730	2618242	2866	221561	374920
塘厦镇	48272	437828	128	2070280	5256354	24534	337223	557124
谢岗镇	20797	44005	103	467190	960617	25733	76158	101716
清溪镇	36656	140002	140	1530352	4110472	12556	236726	253966
常平镇	75681	215502	103	2000198	3467454	21986	218088	335884
桥头镇	36522	73083	56	750036	1591453	9211	143005	216209
横沥镇	37765	100843	44.67	683498	1468178	1520	131186	85627
东坑镇	30340	168532	23.8	598330	2031300	3481	88115	146520
企石镇	42780	37387	58.29	385851	881284	5051.57	81478	70788
石排镇	43581	92262	48.7	529243	1102719	11032	119915	133998
茶山镇	45276	78006	45.54	765976	1869410	6429	132917	129621

社会消费与零售总额（万元）	外贸出口总额（万美元）	实际利用外资（万美元）	镇级可支配财政收入（万元）	各项税收总额（万元）	金融机构各项存款余额（万元）	城乡居民储蓄存款余额（万元）
1048870	102311	4436	74510	302851	7117739	2042360
259993	212000	2256	62806	132656	1638987	1099302
1359300	303476	14678	212576	527904	5698477	4339299
930290	316425	16398	173810	593748	6551515	3514174
352765	37609	2522	62575	158779	1566635	1126144
1409882	285589	10220	186636	807018	13090077	3144829
203574	27625	2173	63418	102838	1014080	725728
59614	27022	1933	40963	61850	464089	339125
107166	195866	23916	66006	227307	751678	460410
197524	361745	5695	46618	159240	1443871	1021382
173051	126397	3732	44572	98413	793558	572138
42485	32254	18810	32013	48811	285099	187044
115607	42808	2027	59527	111858	746099	546933
898006	900540	17243	123424	343628	3740688	2605903
128775	85791	2497	46450	100419	903968	485443
634811	756397	34526	164838	544685	5045333	3320962
1462349	584795	11923	106652	313820	1761472	1265691
466827	228044	7987	90534	201406	1343366	946612
513769	243043	14213	78580	214343	2311450	1662900
244274	446276	12956	59705	152092	1423686	997188
406894	87607	4306	62979	101657	1197803	944625
282636	287411	19682	174725	223793	1760256	1204962
564833	446045	24580	145327	393748	2830320	1778630
93253	61820	4496	36594	53799	485903	354097
324513	525177	17845	77113	209261	1543268	1063674
737046	465714	13828	116451	267522	3011632	2202582
175143	248038	6025	54656	89934	884573	723422
194295	133482	5989	46362	109473	923448	732887
145549	192947	7273	62103	77527	623736	473887
110913	40214	1819	36055	64986	650221	508259
191819	70244	4075	40171	73222	885986	686226
214575	69826	8395	55568	105216	1059588	797082

人　物 FIGURES

中共东莞市委员会书记、副书记、常委

徐建华　男，汉族，1958年9月出生，江西乐平人，1985年7月加入中国共产党，1975年10月参加工作，在职研究生，理学博士。

1975年10月至1978年3月，翁源县铁龙林场知青；1978年3月至1982年1月，在华南工学院机械工程二系铸造工艺与设备专业学习，本科毕业；1982年1月至1985年11月，韶关地区计委、韶关市计委科员；1985年11月至1990年3月，韶关市计委工交计划科副科长、外经计划科科长；1990年3月至1992年6月，韶关市计委副主任、党组成员；1992年6月至1997年8月，韶关市计委主任、党组书记；1997年8月至1999年6月，韶关市副市长、市政府党组成员；1999年6月至2001年4月，韶关市委常委、副市长（其间：1999年12月至2000年12月参加广东省第1批高层次管理人才出国培训班，赴加拿大哥伦比亚大学进修）；2001年4月至2006年10月，韶关市委副书记、市长（其间：2005年8月赴美国斯坦福大学参加中组部举办的第三期城市规划与信息化专题研究班学习）；2006年10月至2007年1月，韶关市委书记；2007年1月至2010年11月，韶关市委书记、市人大常委会主任（其间：2003年9月至2008年7月在中国科学院研究生院南京地理与湖泊研究所人文地理学专业学习，博士研究生毕业；2008年3月至2008年7月在中央党校中青年干部培训一班学习）；2010年11月至2011年3月，省发展改革委党组书记；2011年3月至2011年12月，省发展改革委主任、党组书记；2011年12月至2012年1月，东莞市委书记、市人大常委会党组书记、东莞军分区党委第一书记；2012年1月起，东莞市委书记，市人大常委会主任、党组书记，东莞军分区党委第一书记。

中共十七大、十八大代表、十届全国人大代表、十届、十一届省委委员。

袁宝成　男，汉族，1964年12月出生，浙江诸暨人，1985年11月加入中国共产党，1988年7月参加工作，硕士研究生学历。

1982年9月至1986年9月，在西南政法大学法律系学习，本科毕业；1986年9月至1988年7月，在西南政法大学法律系民事诉讼法专业学习，硕士研究生毕业；1988年7月至1991年10月，重庆市社会科学院政法研究所研究实习员；1991年10月至1992年6月，重庆市社会科学院科研组织处负责人；1992年6月至1993年3月，重庆市社会科学院科研组织处副处长；1993年3月至1993年10月，深圳市质量技

术监督局综合法规处筹建负责人；1993年10月至1996年5月，深圳市质量技术监督局综合法规处副处长；1996年5月至1998年9月，深圳市质量技术监督局综合法规处处长；1998年9月至1999年12月，深圳市技术监督情报研究所所长；1999年12月至2001年2月，深圳市标准化与编码技术研究院院长（其间：2000年6月至2000年12月参加深圳市纪委纪检监察工作实践锻炼）；2001年2月至2001年11月，深圳市质量技术监督局副局长、党组成员；2001年11月至2004年3月，共青团深圳市委书记、党组书记，市青年联合会主席，省青年联合会副主席，市人大常委兼法工委委员（其间：2003年3月至2003年6月在国家行政学院司局级干部任职班学习）；2004年3月至2005年7月，深圳市外事办公室（侨务办公室、港澳办公室）主任；2005年7月至2006年2月，深圳市盐田区委副书记、代区长；2006年2月至2009年3月，深圳市盐田区委副书记、区长；2009年3月至2009年5月，深圳市盐田区委书记；2009年5月至2010年5月，深圳市盐田区委书记、区人大常委会主任；2010年5月至2010年6月，深圳市副市长，盐田区委书记、区人大常委会主任；2010年6月至2011年9月，深圳市副市长；2011年9月至2011年10月，东莞市委副书记；2011年10月至2011年12月，东莞市委副书记，市人民政府代理市长；2011年12月至2012年1月，东莞市委副书记，市人民政府代理市长、党组书记；2012年1月起，东莞市委副书记，市人民政府市长、党组书记。

十四、十五届共青团中央委员，十、十一届共青团广东省委常委。

姚　康　男，汉族，1964年8月出生，广东平远人，1984年10月加入中国共产党，1982年7月参加工作，省委党校研究生、高级管理人员工商管理硕士。

1979年9月至1982年7月，在嘉应师范专科学校学习，大专毕业；1982年7月至1984年1月，平远中学教师；1984年1月至1987年2月，历任团平远县委学少部、宣传部干事，副书记、平远县少工委主任；1987年2月至1991年5月，历任平远县仁居镇委副书记，镇长，镇委书记；1991年5月至1994年12月，团省委青农部正科级干部；1994年12月至1996年11月，团省委宣传部副部长；1996年11月至1997年8月，团省委少年部部长；1997年8月至1998年12月，团省委常委、少年部部长、全国少工委委员、省少工委副主任（其间：1995年9月至1998年7月在省委党校经济学专业学习，研究生毕业）；1998年12月至2002年12月，团省委副书记、党组成员，全国青联常委、省青联副主席（其间：2001年5月至2001年8月在清华大学外语系学习；2001年9月至2002年2月被团中央选派到美国加州柏克利等大学学习）；2002年12月至2006年12月，省机械设备成套局副局长、党组成员(其间：2002年9月至2002年12月参加省委党校第二期市厅领导干部学习班学习；2002年10月至2006年1月在华南理工大学工商管理学院高级管理人员工商管理专业学习，取得高级管理人员工商管理硕士学位；2006年7月至2006年9月参加省第二期市厅级领导干部出国培训班赴美国哥伦比亚大学学习)；2006年12月至2009年3月，云浮市委常委、常务副市长；2009年3月至2009年6月，云浮市委副书记、常务副市长；2009年6月至2011年12月，云浮市委副书记；2011年12月起，东莞市委副书记。

甄瑞潮　男，汉族，1955年9月出生，广东台山人，1975年11月加入中国共产党，1973年12月参加工作，在职大专学历。

1973年12月至1978年2月，空军侦察5团战士；1978年2月至1979年3月，空军政治学院正排职学员；1979年3月至1980年1月，空军侦察5团组织股干事；1980年1月至1983年9月，空军第7军政治部组织干事；1983年9月至1985年12月，空军第7军军党委秘书；1985年12月至1987年8月，空军第7军政治部组织处副处长；1987年8月至1988年6月，空军桂林场站政治处主任；1988年6月至1991年6月，空军政治部组织处党务科长（副团）（其间：1986年9月至1989年8月空军政治学院函授军队政工专业学习，在职大专毕业）；1991年6月至1996年10月，广州空军航运团政治委员（正团）；1996年10月至1998年12月，广东省纪委正处级纪检监察员；1998年12月至2001年1月，广东省纪委办公厅副主任（正处级）；2001年1月至2002年5月，广东省纪委副秘书长（正处级）（其间：2001年3月至2001年7月参加省委党校中青班学习）；2002年5月至2006年12月，广东省纪委党风廉政建设室副厅级主任（其间：2006年5月至2006年8月参加广东省高级公务员公共行政管理知识专题研究班赴英国牛津大学学习）；2006年12月至2011年12月，东莞市委常委、市纪委书记；2011年12月起，东莞市委常委、市委组织部部长。

崔　建　男，汉族，1955年2月出生，河北元氏人，1974年11月加入中国共产党，1972年9月参加工作，省社科院在职研究生学历。

1972年9月至1973年1月，肇庆地区革委会保卫组干部；1973年1月至1980年11月，肇庆地区中级人民法院干部；1980年11月至1982年8月，肇庆地委政法委主办干事；1982年8月至1984年7月，中山大学法律系法学专业读书，大专毕业；1984年7月至1986年7月，肇庆地区政法委办公室副主任,挂职肇庆西区派出所所长；1986年7月至1988年10月，肇庆地区(市)政法委委员、办公室主任；1988年10月至1991年2月，肇庆政法领导小组研究室主任；1991年2月至1992年9月，挂任罗定县委副书记；1992年9月至1993年4月，罗定县委副书记、县公安局局长、党委书记；1993年4月至1994年7月，罗定市委副书记、市委政法委书记、市委综治办主任、市委保密委员会主任、市公安局党委书记；1994年7月至1994年11月，云浮市公安局筹备组组长、市委政法委筹备组副组长；1994年11月至1999年7月，云浮市委政法委副书记,市公安局局长、党委书记（其间：1995年9月至1998年7月省社科院在职研究生班政治经济专业学习，在职研究生毕业）；1999年7月至1999年8月，清远市公安局党委书记、副局长；1999年8月至2002年6月，清远市公安局局长、党委书记；2002年6月至2003年6月，清远市委政法委书记，市公安局局长、党委书记；2003年6月至2005年3月，清远市委常委、市委政法委书记，市公安局局长、党委书记；2005年3月至2007年1月，东莞市委常委，市公安局局长、党组书记；2007年1月至2007年6月，东莞市委常委，市公安局局长、党委书记，武警东莞市支队第一政治委员；2007年6月至2011年12月，东莞市委常委、市委政法委副书记，市公安局局长、党委书记，武警东莞市支队第一政治委员。2011年12月起，东莞市委常委、市纪委书记。

刘卫芳　男，汉族，1961年7月出生，江西泰和人，1981年12月加入中国共产党，1977年7月参加工作，省委党校研究生学历。

1977年7月至1979年12月，江西泰和县马市乡知青；1979年12月至1981年9月，福州军区后勤十七分部战士；1981年9月至1983年7月，在合肥电子工程学院电子对抗专业学习，中专毕业；1983年7月至1986年3月，福州军区电子干扰营副指导员；1986年3月至1988年6月，南京军区独立电子对抗营指导员；1988年6月至1990年6月，南昌陆军学院组织处副营职干事；1990年6月至1994年6月，江西省军区政治部秘书处正营职秘书；1994年6月至1995年6月，广东省军区政治部秘书处正营职秘书；1995年6月至1997年8月，广东省军区政治部秘书处副团职秘书；1997年8月至1999年3月，广东省军区政治部群联处处长；1999年3月至2003年10月，广东省军区政治部纪律检查处处长（其间：1998年6月至2000年6月在省委党校经济管理专业学习，研究生毕业）；2003年10月至2009年4月，茂名军分区政治部主任；2009年4月至2009年10月，韶关军分区政治委员；2009年10月至2010年1月，东莞军分区政治委员；2010年1月至2011年7月，东莞市人大常委会委员、东莞军分区政治委员；2011年7月起，东莞市委常委、市人大常委会委员、东莞军分区政治委员。

李小梅　女，汉族，1956年11月出生，东莞桥头人，1974年10月加入中国共产党，1973年10月参加工作，省委党校大专学历。

1971年9月至1973年7月，在东莞桥头中学学习，高中毕业；1973年10月至1975年6月，东莞县桥头印刷厂职工（其间：1974年3月至1974年10月借调桥头公社工作）；1975年6月至1987年12月，东莞县横沥公社、区党委委员、常委、革委副主任、党委副书记；1988年1月至1994年2月，东莞市劳动局副局长（其间：1986年3月至1989年3月，在省委党校党政干部专业学习，大专毕业）；1994年2月至1997年4月，东莞市劳动局副局长、市社会保险事业局局长；1997年5月至2001年6月，东莞市社会保险管理局局长；2001年6月至2001年11月，东莞社会保障局局长；2001年11月至2003年2月，东莞社会保障局局长、党组书记；2003年2月至2003年3月，东莞市人民政府副市长；2003年3月至2011年12月，东莞市人民政府副市长、党组成员；2011年12月至2012年2月，东莞市委常委；2012年2月起，东莞市委常委、市委统战部部长。

梁国英　男，汉族，1958年8月出生，东莞虎门人，1984年10月加入中国共产党，1980年7月参加工作，中央党校本科学历。

1978年10月至1980年7月，在惠阳地区供销学校财会班学习，中专毕业；1980年7月至1981年9月，东莞县统计局干部；1981年9月至1984年4月，东莞县统计局股长；1984年4月至1988年7月，东莞市（县）统计局副局长（副科级）；1988年7月至1993年2月，东莞市统计局副局长（副处级）（其间：1992年1月至1992年12月挂任广东省劳动局工资处副处长；1989年10月至1992年9月在省委党校党政管理专业学习，大专毕业）；1993年2月至1994年11月，东莞市政策研究室副主任；1994年11月至1998年12月，东莞市统计局局长；1998年12月至1999年10月，东莞市统计局局长、望牛墩镇党委书记；1999年10月至2000年2月，东莞市望牛墩镇党委书记；2000年2月至2004年4月，东莞市万江街道（区）党委书记（其间：2001年10月至2004年9月在中央党校法律专业学习，本科毕业）；2004年4月至2004年5月，东莞市人民政府副市长、万江街道党委书记；2004年5月至2008年1月，东莞市人民政府副市长、党组成员；2008年1月至2008年10月，东莞市人民政府副市长、党组成员，东莞生态园管委会主任；2008年10月至2011年12月，东莞市人民政府副市长、党组成员，虎门港长安新区建设工作领导小组办公室主任；2011年12月起，东莞市委常委，市人民政府常务副市长、党组成员，长安新区开发建设领导小组组长。

邓志广　男，汉族，1957年3月出生，东莞石排人，1975年7月加入中国共产党，1974年6月参加工作，省委党校研究生、高级管理人员工商管理硕士。

1974年6月至1979年3月，参加县“社教”工作队队员、副组长、石排公社团委副书记；1979年4月至1981年1月，东莞县委组织部组织员；1981年2月至1983年8月，东莞县石排公社干部、党委委员、党委副书记、管委会主任；1983年9月至1990年11月，东莞市（县）东坑镇（区）委书记；1990年12月至1993年11月，东莞市东坑镇党委书记、镇人大主席团主席（其间：1991年5月定为副处级）；1993年12月至1995年7月，东莞市财贸委员会主任；1995年8月至1997年4月，广东发展银行东莞分行行长；1997年5月至2001年8月，广东发展银行董事会董事、东莞分行行长（其间：1998年9月至2001年7月在省委党校经济学专业学习，研究生毕业）；2001年8月至2002年4月，东莞市土地储备中心主任（其间：2000年10月至2002年7月参加中山大学经济法专业研究生课程进修班学习，研究生课程进修班结业）；2002年4月至2002年5月，东莞市大朗镇党委书记；2002年5月至2005年12月，东莞市大朗镇党委书记、镇人大主席；2005年12月至2007年1月，东莞市南城街道党委书记；2007年1月至2007年2月，东莞市人民政府副市长、党组成员，虎门港管委会主任，南城街道党委书记、人大联络委主任；2007年2月至2007年6月，东莞市人民政府副市长、党组成员，虎门港管委会主任；2007年6月至2008年12月，东莞市人民政府副市长、党组成员，虎门港管委会主任、市委政法委副书记；2008年12月至2011年12月，东莞市人民政府副市长、党组成员，虎门港管委会主任（其间：2008年3月至2010年6月在中山大学高级管理人员工商管理硕士专业学习，取得硕士学位）；2011年12月起，东莞市委常委、市委政法委书记，虎门港管委会主任。

王检养　男，汉族，1962年10月出生，东莞厚街人，1988年12月加入中国共产党，1982年7月参加工作，本科学历。

1979年9月至1982年7月，在惠阳师范专科学校数学专业学习，大专毕业；1982年7月至1987年8月，东莞中学校团委副书记（其间：1985年7月至1987年7月脱产在广东教育学院教育管理专业学习,本科毕业）；1987年8月至1989年4月，东莞理工学校办公室主任、团委书记；1989年4月至1990年4月，东莞市委办公室主办科员；1990年4月至1991年8月，东莞市委办公室综合科主办科员；1991年8月至1993年2月，东莞市委办公室综合科副科长；1993年2月至1995年8月，东莞市委办公室综合科科长；1995年8月至1996年6月，东莞市委办市府办综合科科长；1996年6月至1997年12月，东莞市委政策研究室副主任（其间：1996年6月定为副处级；1996年6月至1997年6月在中共中央办公厅挂职）；1997年12月至2001年3月，东莞市人民政府副秘书长；2001年3月至2001年5月，东莞市人民政府副秘书长、市政府经济研究室主任（其间：2001年3月定为正处级）；2001年5月至2001年11月，东莞市委副秘书长、市工业园区建设领导小组组长；2001年11月至2002年7月，东莞市委副秘书长、松山湖管委会常务副主任；2002年7月至2004年7月，东莞市委副秘书长，松山湖管委会常务副主任、工委书记；2004年7月至2005年2月，东莞市委副秘书长、市委政策研究室主任；2005年2月至2007年1月，东莞市莞城街道党委书记（正处级）；2007年1月至2011年6月，东莞市莞城街道党委书记、人大联络委主任（正处级）；2011年6月至2011年8月，东莞市大朗镇党委书记、莞城街道人大联络委主任（正处级）；2011年8月至2011年12月，东莞市大朗镇党委书记、镇人大主席；2011年12月至2012年2月，东莞市委常委、市委秘书长，东莞市大朗镇党委书记、镇人大主席；2012年2月起，东莞市委常委、市委秘书长。

潘新潮　男，汉族，1966年11月出生，湖北广水人，1992年2月加入中国共产党，1988年7月参加工作，本科学历。

1984年9月至1988年7月，在中山大学汉语言文学专业学习，本科毕业；1988年7月至1991年7月，东莞市政府经济研究室信息科办事员（其间：1989年5月至1989年8月抽调参加省市基层廉政制度建设试点石碣工作队）；1991年7月至1992年4月，东莞市政府经济研究室综合科科员；1992年4月至1994年5月，东莞市政府经济研究室主办科员；1994年5月至1995年8月，东莞市政府经济研究室调研科副科长；1995年8月至1997年4月，东莞市委政策研究室、市政府经济研究室城镇科副科长；1997年4月至1999年6月，东莞市政府办公室综合科副科长；1999年6月至2001年1月，东莞市政府办公室综合科主任科员（其间：1998年3月至1999年12月在华南师范大学马克思主义哲学专业研究生课程进修班学习）；2001年1月至2003年3月，东莞市政府办公室综合科科长；2003年3月至2004年9月，东莞市政府督查室主任；2004年9月至2006年5月，东莞市政府副秘书长；2006年5月至2009年4月，东莞市委副秘书长（其间：2007年4月定为正处级；2007年9月至2007年12月参加省委党校中青班学习）；2009年4月至2011年12月，东莞市委副秘书长、市委办公室主任；2011年12月起，东莞市委常委、市委宣传部部长。

东莞市人大常委会主任、副主任

徐建华　参见“中共东莞市委员会书记、副书记、常委·徐建华”。

黄双福　男，汉族，1953年7月出生，广东龙门人，1973年6月加入中国共产党，1973年9月参加工作，省委党校本科。

1973年9月至1974年11月，龙门县龙城公社西埔小学（附设初中班）民办老师、并任学校领导班子（3人小组）成员；1974年11月至1975年9月，龙门县龙城公社西埔大队党支部委员、民兵营长；1975年9月至1975年11月，龙门县龙城公社西埔大队党支部委员、民兵营长，龙门县路线教育工作队地派公社清塘工作组资料员、副组长；1975年11月至1976年8月，龙门县龙城公社石龙头大队党支部书记；1976年8月至1977年9月，龙门县龙城公社党委副书记、革委副主任，龙门县路线教育工作队龙城公社水西大队工作组组长，石龙头大队党支部书记（其间：1977年8月至1977年9月参加广州市农委在桂花岗农干校举办的农村基层干部培训班学习）；1977年9月至1978年12月，龙门县龙城公社党委副书记、革委副主任，石龙头大队党支部书记；1978年12月至1981年8月，龙门县龙城公社先后任党委副书记、革委副主任，党委委员、革委副主任，党委委员、管委副主任，党委副书记、农业公司经理（其间：1979年10月至1980年1月参加广州市农委在江村市农业干部学校举办的农干班业务培训）；1981 年8月至1981年9月，龙门县蓝田公社党委副书记；1981年9月至1984年6月，龙门县蓝田公社党委书记、蓝田区委书记（其间：1983年3月至1983年5月参加广州市委在广州市委党校举办的中青年干部第二期培训班学习）；1984年6月至1986年9月，龙门县人民政府副县长、党组副书记；1986年9月至1988年7月，带职脱产就读华南师范大学行政管理专业、大专毕业；1988年8月至1989年2月，龙门县人民政府副县长、党组副书记（主持政府全面工作）；1989年2月至1989年4月，龙门县委副书记、副县长（主持政府全面工作）；1989年4月至1990年4月，龙门县委副书记、龙门县人民政府县长、县武委会主任；1990年4月至1990年5月，龙门县委书记、龙门县人民政府县长、县武委会主任；1990年5月至1993年10月，龙门县委书记、县武装部党委书记（其间：1989年1月至1991年7月就读北京人文函授大学、中国人民大学法律系法律专业；1991年9月至1991年12月在广东省委党校县委书记岗位培训班学习）；1993年10月至1997年12月，惠州市委常委、龙门县委书记、县武装部党委书记、第一书记（其间：1996年9月参加中央组织部举办的县市委书记抓农村基层组织建设专题研讨班）；1997年12月至1998年6月，惠州市委常委；1998年6月至2001年9月，惠州市委常委、市纪委书记（其间：1997年9月至1999年12月就读省委党校行政管理专业、本科毕业；1999年4月参加中央纪委监察部在北京培训中心举办的地市纪委书记培训班学习）；2001年9月至2006年5月，东莞市委副书记、市纪委书记（其间：2003年3月至2003年7月在中央党校进修二班学习）；2006年5月至2006年12月，东莞市委副书记、市纪委书记、市委党校校长、市行政学院院长、市社会主义学院院长（其间：2006年7月至2006年9月参加广东省市厅级领导干部出国培训班，赴美国哥伦比亚大学培训学习）；2007年1月至2010年12月，东莞市委副书记、市委政法委书记、市委党校校长、市行政学院院长、市社会主义学院院长（其间：2008年9月参加中央政法委在江苏常州全国政法综治干部培训中心举办的地方党委政法委新任领导干部“大学习、大讨论”专题研讨班）；2010年12月至2011年1月，东莞市委副书记（正厅级）、市委政法委书记、市委党校校长、市行政学院院长、市社会主义学院院长；2011年1月至2011年11月，东莞市委副书记（正厅级）、市委政法委书记、市人大常委会常务副主任、党组副书记，市委党校校长、市行政学院院长、市社会主义学院院长；2011年11月至2011年12月，东莞市委副书记（正厅级）、市委政法委书记、市人大常委会常务副主任、党组副书记，市委党校校长、市行政学院院长、市社会主义学院院长，市社会工作委员会主任；2011年12月起，市人大常委会常务副主任、党组副书记（正厅级）。

王道平　男，汉族，1954年7月出生，河北威县人，1976年6月加入中国共产党，1974年12月参加工作，在职大专。

1974年12月至1979年12月，解放军125师炮兵团战士、文书、排长，125师政治部宣传干事；1980年1月至1985年10月，解放军42军政治部宣传干事、副营职干事，42军炮团副教导员；1985年11月至1988年11月，解放军124师政治部宣传科副科长（其间：1982年9月至1985年12在惠州教育学院师范专科函授中文专业学习，在职大专毕业）；1988年12月至1995年8月，解放军42集团军政治部宣传处副团职干事、处长；1995年9月至1997年9月，东莞市委宣传部文明办副主任（副处级）；1997年9月至1998年12月，东莞市委宣传部副部长；1998年12月至2000年2月，东莞市委宣传部副部长、市社科联主席；2000年2月至2001年7月，东莞市委副秘书长、市委办公室主任；2001年7月至2003年3月，东莞市委副秘书长；2003年3月至2003年4月，东莞市委副秘书长、市政府秘书长；2003年4月至2007年1月，东莞市政府秘书长、市政府党组成员；2007年1月至2011年12月，东莞市委常委、市委宣传部部长；2011年12月至2012年1月，东莞市人大常委会党组副书记；2012年1月起，东莞市人大常委会副主任、党组副书记。

周楚良　女，汉族，1964年12月出生，湖南湘阴人，1989年7月参加工作，民主建国会成员，硕士研究生。

1982年9月至1986年7月，在湖南大学计算机应用专业学习，本科毕业；1986年9月至1989年7月，在湖南大学计算机应用专业学习，硕士研究生毕业；1989年7月至2001年12月，中国建设银行东莞分行工作，历任计算机科副科长、信用卡部总经理（其间：1992年8月被聘为工程师，1998年6月被建设银行广东省分行聘为高级工程师）；2001年12月至2004年4月，中国建设银行东莞分行副行长；2004年4月至2004年11月，东莞市政协常委，中国建设银行东莞分行副行长；2004年11月至2006年4月，东莞市政协常委，民建东莞市委员会筹备组组长、中国建设银行东莞分行副行长；2006年4月至2007年1月，东莞市政协常委，民建东莞市委员会筹备组组长、民建广东省委会委员，中国建设银行东莞分行副行长；2007年1月至2007年11月，东莞市政协副主席，民建东莞市委员会筹备组组长、民建广东省委会委员，中国建设银行东莞分行副行长；2007年11月至2010年1月，东莞市政协副主席，民建东莞市委会主委、民建广东省委会委员，中国建设银行东莞分行副行长（其间：2009年5月至2009年7月参加中共广东省委党校第二期市厅级领导干部进修班）；2010年2月至2012年1月，东莞市政协副主席，民建东莞市委会主委、民建广东省委会委员，中国建设银行东莞分行副行长（省分行部门总经理级）；2012年1月起，东莞市人大常委会副主任，民建东莞市委会主委、民建广东省委会委员，中国建设银行东莞分行副行长（省分行部门总经理级）。

郭　水　男，汉族，1954年4月出生，东莞沙田人，1975年6月加入中国共产党，1973年10月参加工作，中央党校本科。

1973年10月至1974年10月，东莞县社会主义教育运动驻沙田齐沙大队队员；1974年10月至1975年7月，东莞县社会主义教育运动驻虎门北栅大队队员；1975年7月至1976年6月，东莞县沙田公社团委副书记；1976年6月至1977年7月，东莞县沙田公社党委常委、武装部长（其间：1976年11月至1977年7月惠阳淡水淡澳工程民兵连指导员）；1977年7月至1978年7月，东莞县社会主义教育运动驻虎门基宁大队工作组副组长；1978年7月至1980年7月，东莞县沙田区武装部长；1980年7月至1980年10月，东莞县沙田区党委委员、武装部部长；1980年10月至1983年10月，东莞县沙田区党委委员；1983年10月至1984年7月，东莞县沙田区党委委员、团委书记；1984年7月至1984年12月，东莞县洪梅区党委副书记；1984年12月至1988年9月，东莞县洪梅镇（区）副书记、镇（区）长（其间：1985年3月至1988年3月在省委党校政治专业学习，大专毕业）；1988年9月至1991年10月，东莞市沙田镇党委书记（其间：1991年5月定为副处级）；1991年10月至1998年12月，东莞市沙田镇党委书记、镇人大主席（副处级）；1998年12月至1999年11月，东莞市中堂镇党委书记（副处级）；1999年11月至2003年11月，东莞市中堂镇党委书记、人大主席（其间：2000年12月定为正处级）；2003年11月至2011年1月，东莞市口岸局局长、党组书记（其间：2006年8月至2008年12月在中央党校法律专业学习，本科毕业）；2011年1月至2011年2月，东莞市人大常委会副主任，市口岸局局长、党组书记；2011年2月至2011年4月，东莞市人大

常委会副主任、市口岸局局长；2011年4月至2011年7月，东莞市人大常委会副主任、党组成员，市总工会党组书记；2011年7月起，东莞市人大常委会副主任、党组成员，市总工会主席、党组书记。

尹景辉　男，汉族，1957年7月出生，东莞寮步人，1984年6月加入中国共产党，1974年8月参加工作，省委党校研究生。

1974年8月至1978年10月，东莞市大岭山糖厂化验员、统计员、团支书；1978年10月至1981年7月，在惠阳地区农校大专班农学专业学习，大专毕业；1981年7月至1987年7月，东莞市农委生产组干事；1987年7月至1988年7月，东莞市委调研室副主任；1988年7月至1991年5月，东莞市委办公室综合科科长；1991年5月至1995年1月，东莞市委副秘书长；1995年1月至1996年5月，东莞市虎门镇党委副书记（副处级）；1996年5月至1996年7月，东莞市石排镇党委书记（副处级）；1996年7月至2002年2月，东莞市石排镇党委书记、镇人大主席（其间：2000年12月定为正处级；1995年9月至1998年7月在省委党校经济学专业学习，研究生毕业）；2002年2月至2002年5月，东莞市常平镇党委书记（正处级）；2002年5月至2004年7月，东莞市常平镇党委书记、镇人大主席（正处级）；2004年7月至2005年12月，东莞市委副秘书长，松山湖科技产业园区管委会常务副主任、工委书记（正处级）；2005年12月至2011年6月，东莞市大朗镇党委书记、镇人大主席（正处级）；2011年6月至2011年7月，东莞市长安镇党委书记（正处级）；2011年7月至2012年1月，东莞市长安镇党委书记、镇人大主席（正处级）；2012年1月起，东莞市人大常委会副主任。

东莞市人民政府
市长、副市长

袁宝成　参见“中共东莞市委员会书记、副书记、常委·袁宝成”。

梁国英　参见“中共东莞市委员会书记、副书记、常委·梁国英”。

张　科　男，汉族，1968年2月生，重庆人，1989年6月参加工作，1987年1月加入中国共产党，中山大学审计学专业毕业，公共管理硕士，高级审计师。

1985年9月至1989年6月，在中山大学管理学院审计学专业学习，本科毕业；1989年6月至1990年6月，省审计局外资审计处审计见习干部；1990年6月至1992年4月，省审计局外资审计处科员（其间：1989年12月至1991年1月，在省曲仁矿务局花坪矿基层锻炼）；1992年4月至1993年11月，省审计局外资审计处副主任科员；1993年11月至1998年6月，省审计厅外资审计处主任科员；1998年6月至2000年7月，省审计厅外资审计处副处长；2000年7月至2001年3月，省审计厅经贸审计处副处长（其间：1999年12月至2000年12月，参加省第一批高层次管理人才出国培训班赴美国加州洛杉矶州立大学进修金融管理一年）；2001年3月至2012年5月，省委台办副主任（其间：2009年3月至2010年1月，在新加坡南洋理工大学公共管理专业学习，硕士研究生毕业）；2012年6月起，东莞市人民政府副市长、党组成员。

吴道闻　男，汉族，1966年3月出生，江西修水人，无党派，1988年7月参加工作，博士研究生。

1981年9月至1985年7月，在江西工业大学工民建专业学习，本科毕业；1985年9月至1988年7月，在江西工业大学结构工程专业学习，硕士研究生毕业；1988年7月至1991年9月，江西工业大学讲师；1991年9月至1994年7月，在华南理工大学结构工程专业学习，博士研究生毕业；1994年7月至1996年1月，东莞市建筑工程质量监督所干部；1996年1月至2001年4月，东莞市建设工程质量监督站副站长；2001年4月至2001年12月，东莞市建委建工科主任科员；2001年12月至2003年4月，东莞市建设局总工程师（正科级）；2003年4月至2003年10月，东莞市建设局总工程师（副处级）；2003年10月至2004年4月，东莞市建设局副局长、总工程师；2004年4月起，东莞市人民政府副市长（其间：2007年10月起，兼任市红十字会会长）。

十届全国人大代表。

严小康　男，汉族，1963年10月出生，江西南康人，1985年6月加入中国共产党，1984年7月参加工作，中央党校本科。

1981年9月至1984年7月，在韶关师范专科学校中文专业学习，大专毕业；1984年7月至1986年8月，韶关市翁源县六里区公所办公室干事、主任；1986年8月至1988年3月，韶关市委组织部干部科科员；1988年3月至1991年11月，清远市委组织部干部一科副科级组织员；1991年11月至1993年7月，清远市委组织部干部一科副科长；1993年7月至1993年11月，清远市委组织部干部一科正科级组织员；1993年11月至1997年10月，清远市委组织部干部二科科长（其间：1995年10月至1997年9月挂任清远英德市委常委）；1997年10月至1999年1月，清远市团委副书记（主持工作）（其间：1995年8月至1997年12月中央党校函授学院经济管理专业学习，本科毕业）；1999年1月至2000年9月，清远市团委书记；2000年9月至2003年7月，清远市文化局局长、党组书记；2003年7月至2004年2月，清远市佛冈县委副书记、代县长；2004年2月至2008年10月，清远市佛冈县委副书记、县长；2008年10月至2008年12月，东莞市人民政府副市长；2008年12月至2011年9月，东莞市人民政府副市长、党组成员，东莞生态园管委会主任；2011年9月至2012年1月，东莞市人民政府副市长、党组成员，广东东莞生态产业园区管委会主任；2012年

1月起，东莞市人民政府副市长、党组成员，东莞市公安局党委书记，广东东莞生态产业园区管委会主任。

唐庆涛　男，汉族，1964年3月生，河南信阳人，1985年4月加入中国共产党，1986年8月参加工作，研究生学历，法学硕士。

1982年9月至1986年8月，在对外经济贸易大学海关管理系海关管理专业学习，本科毕业；1986年8月至1987年10月，北京海关货管处干部；1987年10月至1992年3月，海关总署货管司特区监管处干部；1992年3月至1993年3月，海关总署监管一司特区监管处副主任科员；1993年3月至1994年4月，海关总署监管一司特区监管处主任科员；1994年4月至1996年11月，海关总署稽查司稽查处副处长；1996年11月至1998年11月，海关总署稽查司专项稽查处副处长；1998年11月至2001年3月，海关总署调查局稽查处副处长（其间：1998年9月至2001年7月在对外经济贸易大学法学院国际经济法专业学习，硕士研究生毕业）；2001年3月至2001年9月，海关总署通关管理司口岸电子执法系统筹备组副处长；2001年9月至2008年9月，海关总署科技发展司联络处处长；2008年9月至2012年2月，海关总署科技发展司副司长兼国家电子口岸建设协调指导委员会办公室副主任（其间：2010年4月至2010年7月在中央党校中央国家机关分校2010年司局级干部春季进修班学习；2011年4月至2011年9月参加中组部选派第五批中青年干部到国家信访局挂职锻炼，挂任副局级督查专员、挂职干部临时党总支书记）；2012年2月起，东莞市人民政府副市长、党组成员。

贺　宇　男，汉族，1969年5月出生，湖南湘潭人，1989年3月加入中国共产党，1990年7月参加工作，研究生，管理学博士。

1987年9月至1990年7月，在湖南湘潭机电专科学校电机制造专业学习，大专毕业；1990年7月至1994年9月，湖南省湘潭电机厂助理工程师；1994年9月至1997年7月，在中山大学企业管理专业学习，硕士研究生毕业；1997年7月至2000年12月，省人民政府办公厅信访处、综合一处科员、副主任科员；2000年12月至2003年12月，省人民政府办公厅综合二处主任科员；2003年12月至2007年6月，省人民政府办公厅综合二处副处长；2007年6月至2011年12月，省人民政府办公厅秘书处处长（其间：2001年9月至2007年12月在中山大学政治与公共事务学院行政管理专业学习，博士研究生毕业）；2011年12月起，东莞市人民政府副市长、党组成员。

喻丽君　女，汉族，1965年3月出生，四川内江人，1989年4月加入中国共产党，1989年7月参加工作，硕士研究生。

1982年9月至1986年7月，在西南师范大学政治教育专业学习，本科毕业；1986年9月至1989年7月，在华南师范大学政治系中共党史专业学习，硕士研究生毕业；1989年7月至1993年9月，东莞市纪委办公室办事员、科员；1993年9月至1994年5月，东莞市纪委办公室副科级纪检员；1994年5月至2000年

12月，东莞市纪委、市监察局办公室副主任（其间：1999年9月定为正科级）；2000年12月至2003年3月，东莞市纪委、市监察局办公室主任；2003年3月至2004年4月，东莞市纪委、市监察局案件审理室主任；2004年4月至2004年9月，东莞市纪委常委、案件审理室主任；2004年9月至2007年11月，东莞市妇联主席、党组书记；2007年11月至2008年10月，东莞市人大常委会委员，市妇联主席、党组书记；2008年10月至2010年3月，东莞市人大常委会委员、市委组织部副部长（正处级）；2010年3月至2012年1月，东莞市委组织部副部长，市人大常委会委员、选举联络人事任免工作委员会主任；2012年1月起，东莞市人民政府副市长。

政协东莞市委员会主席、副主席

李毓全　男，汉族，1953年10月出生，东莞长安人，1975年3月加入中国共产党，1972年9月参加工作，在职大专。

1972年9月至1975年3月，东莞长安公社文化站站长；1975年04－1976年5月，东莞长安公社锦厦大队党支书；1976年6月至1980年4月，东莞长安公社革委会副主任兼锦厦大队党支书；1980年5月至1983年8月，东莞长安公社团委副书记、书记，党委委员；1983年9月至1984年10月，东莞长安区委副书记、区长；1984年11月至1991年4月，东莞长安区、镇党委书记（其间：1984年8月至1987年07在惠阳教育学院政治专业学习，在职大专毕业）；1991年5月至1992年9月，东莞长安镇委书记、副处级干部；1992年10月至1994年8月，东莞长安镇委书记、正处级干部；1994年9月至1995年3月，东莞市人民政府副市长、长安镇委书记；1995年3月至2002年3月，东莞市人民政府副市长、党组成员；2002年3月至2002年4月，东莞市委常委，市人民政府副市长、党组成员；2002年4月至2002年9月，东莞市委常委，市人民政府常务副市长、党组成员，虎门港开发区管委会主任；2002年9月至2004年4月，东莞市委常委，市人民政府常务副市长、党组副书记，虎门港开发区管委会主任；2004年4月至2004年5月，东莞市委副书记；2004年5月至2004年7月，东莞市委副书记、市委党校校长；2004年7月至2006年4月，东莞市委副书记，市委党校校长、市行政学院院长、市社会主义学院院长；2006年4月至2006年5月，东莞市委副书记，市人民政府市长，市委党校校长、市行政学院院长、市社会主义学院院长；2006年5月至2011年9月，东莞市委副书记，市人民政府市长、党组书记；2011年9月至2011年10月，市人民政府市长、党组书记；2011年10月至2011年12月，市人民政府党组书记，市政协党组书记；2011年12月至2012年1月，市政协党组书记；2012年1月起，市政协主席、市政协党组书记。

十一届全国人大代表、十届省委委员。

何嘉琪 男，汉族，1957年2月出生，东莞大岭山人，1977年6月加入中国共产党，1979年12月参加工作，在职本科，高级管理人员工商管理硕士。

1978年3月至1979年12月，在惠阳地区商业学校学习，中专毕业；1979年12月至1982年7月，在团东莞县委工作；1982年7月至1984年1月，团东莞县委组织部副部长（其间：1982年10月至1983年10月抽调驻丘陵片办公室材料员）；1984年1月至1984年4月，团东莞县委副书记；1984年4月至1988年7月，团东莞县（市）委书记（其间：1984年9月至1986年7月在华南师范大学政治专业学习，大专毕业）；1988年7月至1991年3月，团东莞市委书记（正处级）（其间：1988年8月至1991年3月挂任大岭山镇党委副书记、镇长）；1991年3月至1993年12月，东莞市大岭山镇党委副书记、镇长（正处级）；1993年12月至2000年10月，东莞市大岭山镇党委书记（其间：1994年9月至1997年7月在广东行政学院现代管理专业学习，在职本科毕业）；2000年10月至2000年12月，东莞市人事局局长、大岭山镇党委书记；2000年12月至2001年6月，东莞市人事局局长；2001年6月至2001年9月，东莞市委秘书长；2001年9月至2011年12月，东莞市委常委、市委秘书长（其间：2005年9月至2007年12月在中山大学高级管理人员工商管理硕士专业学习，取得高级管理人员工商管理硕士学位）；2011年12月至2012年1月，市政协党组副书记；2012年1月起，市政协副主席、党组副书记。

何碧霞 女，汉族，1954年1月出生，广东连平人，1972年9月加入中国共产党，1971年12月参加工作，省委党校研究生。

1971年12月至1974年8月，连平县忠信公社溪南大队团支部书记兼妇女主任；1974年8月至1975年7月，连平县瓮潭水库民兵营三连指导员；1975年7月至1977年4月，连平县忠信公社党委副书记；1977年4月至1979年4月，连平县油溪公社党委副书记；1979年4月至1983年5月，连平县人民法院助理审判员；1983年5月至1984年5月，连平县人民法院副庭长、审判员；1984年5月至1985年9月，连平县人民法院副院长；1985年9月至1987年7月，在中山大学干部专修科法律专业学习，大专毕业；1987年7月至1988年3月，连平县法院副院长；1988年3月至1989年8月，河源市中级人民法院筹备组成员；1989年9月至1995年4月，河源市中级人民法院副院长；1995年4月至1997年12月，河源市中级人民法院副院长、正处级审判员；1997年12月至1999年4月，河源市中级人民法院院长（其间：1995年9月至1998年7月在广东省委党校经济学专业学习，研究生毕业）；1999年5月至2005年3月，惠州市中级人民法院院长、党组书记；2005年3月至2011年12月，东莞市中级人民法院院长、党组书记；2011年12月至2012年1月，市政协党组副书记，市中级人民法院院长；2012年1月起，市政协副主席、市政协党组副书记。

邝明子 男，汉族，1952年2月出生，广东新会人，无党派，1970年1月参加工作，省委党校本科。

1970年1月至1975年11月，东莞县万江公社石美大队务农；1975年11月至1977年11月，在惠阳地区卫生学校医疗专业学习，中专毕业；1977年11月至1994年6月，东莞县莞城卫生院医师，市人民医院内科医师、主治医师；1994年6月至1996年12月，东莞市附城光大集团公司工作；1996年12月至1997年1月，东莞市人民医院主治医师；1997年1月至1997年12月，东莞市人民医院办公室主任；1998年1月至1999年3月，东莞市人民医院副院长；1999年3月至2000年12月，东莞市政协副主席、市人民医院副院长（其间：1997年9月至1999年12月在省委党校行政管理专业学习，本科毕业）；2000年12月至2010年2月，东莞市政协副主席、市人民医院院长（升格前）；2010年2月起，东莞市政协副主席、市人民医院院长（升格后）。

朱伍坤 男，汉族，1960年2月出生，东莞横沥人，民盟成员，1982年7月参加工作，本科学历。

1978年10月至1982年7月，在华南农业学院土壤农业化学专业学习，本科毕业；1982年7月至1992年7月，国家环保局华南环境科学研究所助理工程师、工程师（其间：1988年10月加入民盟）；1992年7月至1996年12月，东莞市环保技术服务中心副主任、工程师（其间：1995年11月评得高级工程师）；1996年12月至2001年12月，民盟东莞市委会主委、市环保技术服务中心副主任、高级工程师；2001年12月至2004年4月，民盟东莞市委会主委、市环保技术服务中心主任、高级工程师（其间：2002年5月至2002年11月参加中山大学“在职经理工商管理硕士（MBA）精选课程高级研修班”学习）；2004年4月至2010年4月，东莞市政协副主席、民盟东莞市委会主委、市环保技术服务中心主任、高级工程师（其间：2005年9月至2005年12月参加广东省高级公务员公共行政管理知识专题研究班学习）；2010年4月起，东莞市政协副主席、民盟东莞市委会主委。

吕　兢 男，汉族，1964年11月出生，东莞凤岗人，九三学社成员，1989年7月参加工作，硕士研究生。

1981年9月至1986年7月，在清华大学工程物理系学习，本科毕业；1986年9月至1989年7月，在中山大学物理系半导体表面物理专业学习，硕士研究生毕业；1989年7月至1996年3月，东莞市科委办事员、科员、主办科员；1996年3月至2001年1月，东莞市科委高新技术产业科副科长（其间：1996年3月至1997年6月借调市科技信息中心筹建东莞网络）；2001年1月至2001年10月，东莞市科委高新技术产业科主任科员；2001年10月至2002年5月，东莞松山湖科技产业园区发展研究中心副主任（其间：2002年1月任九三学社市委会主委）；2002年5月至2004年4月，东莞松山湖科技产业园区管理委员发展研究中心主任、九三学社市委会主委；2004年4月至2012年1月，市人大常委会副主任、九三学社市委会主委；2012年1月起，市政协副主席、九三学社市委会主委。

钟淦泉　男，汉族，1954年6月出生，东莞虎门人，1985年10月加入中国共产党，1975年9月参加工作，大专学历。

1975年9月至1977年8月，中山大学历史系资料员；1977年8月至1978年9月，东莞县虎门公社宣传办干部，党校教员；1978年9月至1981年7月，在惠阳师专中文专业学习，大专毕业；1981年7月至1982年7月，东莞县沙田中学教师；1982年7月至1984年11月，东莞县虎门中学教师；1984年11月至1985年4月，东莞县委宣传部办事员；1985年4月至1986年11月，东莞县委宣传部干事；1986年11月至1987年12月，东莞市委宣传部副局级干事；1987年12月至1988年7月，东莞市文化局副局长；1988年7月至1991年3月，东莞市委宣传部宣传科科长；1991年3月至1992年10月，东莞市委宣传部副部长；1992年10月至1995年4月，东莞市委宣传部副部长、市精神文明办主任；1995年4月至2000年12月，东莞市虎门镇党委副书记、镇长（副处级）（其间：1998年3月至1999年12月在华南师范大学马克思主义哲学专业研究生课程进修班学习，结业）；2000年12月至2002年2月，东莞市虎门镇党委副书记、镇长（正处级）；2002年2月至2002年3月，东莞市虎门镇党委书记、镇长（正处级）；2002年3月至2008年8月，东莞市虎门镇党委书记、镇人大主席（正处级）；2008年8月至2009年1月，东莞市委统战部常务副部长（正处级）；2009年1月至2010年1月，东莞市政协常委、市委统战部常务副部长（正处级）；2010年1月至2010年2月，东莞市政协副主席、党组成员，市委统战部常务副部长；2010年2月至2011年3月，东莞市政协副主席、党组成员，市委统战部部长；2011年3月至2012年1月，东莞市政协副主席、党组副书记，市委统战部部长；2012年2月，东莞市政协副主席、党组副书记。

张玉其　男，汉族，1953年11月出生，东莞高埗人，无党派，1977年参加工作，高中学历。

1977年7月至1984年，高埗镇横滘头建筑工程队经理；1992年，创办东莞市振兴纸品有限公司，任董事、总经理；1995年，东莞市民间企业商会副会长；1997年，东莞市工商联（总商会）第七届会长；2001年，广东省私营企业商会副会长；2002年，东莞市工商联（总商会）第八届会长、省工商联（总商会）副会长；2007年，东莞市工商联（总商会）第九届会长；2008年5月至2010年1月，东莞市工商联（总商会）主席；2010年1月至2011年12月，东莞市政协副主席、市工商联（总商会）主席；2011年12月起，东莞市政协副主席。

莫布兴　男，汉族，1954年9月出生，东莞桥头人，1975年11月加入中国共产党，1972年12月参加工作，大专学历。

1972年12月至1979年3月，工程兵建筑第204团9连战士、给养员、司务长；1979年3月至1981年5月，工程兵建筑第204团后勤处军需股助理、副连级助理；1981年5月至1986年1月，乌鲁木齐军区后勤部第30分部军需处正连、副营级助理（其间：1983年9月至1985年10月在解放军高级后勤学校学习，中专毕业）；1986年1月至1986年4月，东莞市纪委干事；1986年4月至1988年7月，东莞市纪委纪检科副科长；1988年7月至1990年12月，东莞市纪委办公室副主任（其间：1987年9月至1989年7月脱产在华南师范大学政治专业学习，大专毕业）；1990年12月至1992年6月，东莞市纪委办公室副主任、正科级纪检员；1992年6月至1994年10月，东莞市纪委办公室主任、副处级纪检员；1994年10月至1998年10月，东莞市纪委常委兼办公室主任；1998年10月至1999年4月，东莞市纪委副书记兼办公室主任；1999年4月至2003年11月，东莞市纪委副书记；2003年11月至2011年1月，东莞市纪委副书记、市监察局局长（其间：2007年1月至2011年1月任市监察学会会长）；2011年1月至2011年3月，东莞市政协副主席，市纪委副书记、市监察局局长；2011年3月至2011年4月，东莞市政协副主席、党组成员，市监察局局长（其间：2002年11月至2011年4月任市纪委、市监察局党总支书记）；2011年4月起，东莞市政协副主席、党组成员。

逝世人物

林　若　1924年生，广东潮安人。1956—1966年任中共东莞县委第一书记、县委书记。历任南方日报社党委副书记、广州市委书记、湛江地委书记，后任中共中央委员、广东省委书记、省人大常委会主任。2012年10月7日，林若因病医治无效，在广州逝世，享年89岁。

1952—1966年，从中华人民共和国成立初期到“文化大革命”前，林若在东莞工作15年，从区工委书记、县委宣传部部长、县委副书记到主持全面工作的县委书记，是东莞的“领路人”。亲历和见证东莞从新民主主义到社会主义变革中的重大历史事件：完成土地改革，实现农业集体化、手工业和私营工商业改造，巩固政权、兴修水利、振兴教育，造福一方民众。（1958年重修人民公园，林若亲笔题写“东莞人民公园”六个大字。）

厚德务实是林若鲜明的领导品格。他在“大跃进”中做了一个“第一”，不过他这个“第一”不是放“卫星”第一，而是广东省第一名承认“报大数”的县委书记。1958年开始的“大跃进”，全国各地“农业卫星”纷纷升空，基层干部说假话报大数习以为常。东莞县也因为放了粮食高产的“卫星”，在省委召开的表彰大会上获奖一辆吉普车。林若查实县里放的“卫星”有假，毅然把嘉奖锦旗退给省委，还交上一份书面检讨。在那个荒谬严酷的年代，他用勤勉与正气保持人格的独立，并因此影响整整一代干部。

2009年9月庆祝国庆60周年之际，东莞市委、市政府把“60年东莞时代人物”的特别致敬奖颁发给这位“老东莞”，誉之为“东莞60年来厚德务实、勤奋严谨第一人”。

2012年高级专业技术资格人员名单

（共1136人：其中正高级140人、副高级996人）

一、正高级（共140人）

（一）卫生系列（111人）：

王衍洪 吴 昊 刘小明 莫浩勋 杨少强 梁毅夫
熊劲光 黄淑华 周桑玉 杨来宝 阮永队 何金木
王文辉 张 帆 刘建新 黎小秀 黄小玲 张素芬
吴卫红 廖伟强 聂红莲 麦春华 金新安 邹玉坚
杨沛钦 梁丽珍 梁绍诚 张 浩 程海兵 郭 强
利 民 欧阳红飞 林志强 吴泽建 杨 波 伍岗泉
张炽棠 陈学华 赵可文 刘佩瑜 郭洁斐 黄 平
伞翠平 谢 宇 关 涛 郭 莉 甘嫦勋 李 苗
吴少芸 宋 娟 黄剑仪 何玉华 成显黔 苏仁芳
王淑和 张建荣 陈瑞香 周 柯 李珍珍 林爱玲
吴清时 唐艳琴 黄秋群 杨培文 胡浩荣 曹建国
杨铭华 夏卫中 李 红 卢柏春 邓文彬 植绍权
杨延莉 魏九金 袁伟杰 张雪敏 区冰玲 侯玉香
秦 荣 黄润全 周永立 霍志成 刘小珍 熊素春
彭玉龙 蔡良真 肖超烈 黎俊红 谢嘉禧 刘青林
付文金 黎四平 刘永青 程喜红 聂水生 姚汉刚
王 虎 廖志峰 郑哲明 李红辉 张卫星 刘 坡
田学武 张丽娅 陈 剑 钟桂红 曹自华 冯贤强
李波泉 周 艳 黄 航（2011）

（二）高等学校教师系列（23人）：

康 丽 兰善红 肖慧娟 吕有云 左远志 孙成访
康 丽 兰善红 肖慧娟 吕有云 左远志
刘 健（2011） 杨敏林（2011） 周润书（2011）
陈庆祝（2011） 秦贯丰（2011） 胡天明（2011）
朱志德（2011） 严前海（2011） 侯家利（2011）
卢贵主（2011） 余 意（2011） 王善进（2011）

（三）高等职业技术学校教师系列（2人）：

胡选子（2011） 冯天祥（2011）

（四）党校教师系列（1人）：

刘建中（2012）

（五）档案系列（1人）：

郑玲玲（2011）

（六）图书资料系列（人）：

黄文镝（2012）

（七）艺术系列（1人）：

黄泽森

二、副高级（共996人）

（一）卫生系列（353人）：

胡运苑 袁梅寿 邝 华 香富辉 钟逸菲 王梦芝
李傍娣 丁嘉顺 何志奇 何瑞荣 陈 莉 余德礼
李伟雄 王功顺 梁福贵 蔡志强 王沛就 刘志辉
李燕红 王和强 刘广倩 蓝桂彬 叶立昌 胡丽琴
刘小琼 梁婉红 李荣需 刘 峰 王化峰 许福荣
郭德康 希 里 韦 凤 卢敏君 谢宏发 庞亚统
方座华 杨 峻 甘小海 陈红兵 唐鸿云 骆剑华
李远安 王宏新 张云生 廖爱毛 田树龙 包华东
叶锡银 陈朝宇 周建新 严 林 夏根玉 卢国龙
刘明华 张万宇 朱成昆 龚家权 杨纯国 覃熙虎
宋海良 尹锡洲 谢 健 袁崇德 彭治龙 曾志江
康锡宏 叶锦华 刘思谦 赖罗生 梁绍钦 邹秋平
付 群 陈国永 夏何伟 修俊刚 黄 雄 陈志平
陈国华 陈 静 刘华俭 董宏坤 梅江盛 周 平
廖星明 袁雨生 胡文军 庾汉华 谢再汉 邓章基
贺新朱 吴劲松 邹海勇 罗仲尧 祝华强 革 波
王 敏 江 萍 龙顺姬 郭峻柳 蔡礼丽 李玉兰
郭 群 王兴和 林洋洋 游柳婵 林善群 卢运萍
邓敏芝 杨 华 乐 燕 颜立新 邹莲英 王碧云
郭义红 黎村开 温兰妹 周丽霞 冯 炜 齐洪伟
叶凤如 彭海燕 李翠芬 李春英 梅艳娟 陈苑红
王 黎 文海燕 黄 芳 周倩珺 杞昱梅 徐婉妍
卢笑梅 李锦娟 王彩芳 巴 静 王煜明 姜丰山
吴健放 谭志斌 刘亮洪 吴向强 黎启福 蔡燕文
余日成 李 真 蔡昌龙 谭光羡 陈 平 陈 婷
吴肖仙 张光辉 辛青松 龙小英 刘婷芝 谭 跃
林 召 陈 波 肖雪云 贾 建 高志华 王立军
陈秀琼 许艳茹 邓任堂 叶俊琴 孙玉华 张莉萍
徐淑暖 赵 军 邓国权 黄崇友 乔 君 刘伟信
赵伟华 黎润超 高文波 欧 兵 黄系勤 何道辉
苏小玲 邓方跃 陈卫民 杨耿华 梁 海 文 红
高元妹 余坚文 周国新 郁兆存 罗杰鑫 刘志刚
陈光彪 周灿轩 周世新 卢广明 尹敬光 胡志忠
叶树根 吴正国 张 文 周 伟 陈清顺 麦 敏
刘衬莲 孙澎彬 蒋明华 华 鹏 王翠娟 方向阳
邓立记 梁景强 陈立群 莫松柳 张天晓 徐远明
李瑞金 汪绪伦 蔡榴辉 叶子思 陈学清 任正康
孙立伟 邓旭康 刘 尚 叶泽辉 游俊廷 曾衍亮
黄 宁 骆仕华 官志君 莫剑良 周 琼 彭 全
桂见军 李 波 付伦姣 陈月富 李润雄 唐杏明
刘正刚 阳建会 江 堤 程树红 刘 东 吕洪雪
朱遵平 廖深福 林小茂 丁燕晶 李延辉 谢锦玲
吴 勇 周春柳 黄彩燕 周丽萍 章帮秀 黄雪玉
劳进娟 李国洪 万 娜 颜素琴 冯彩燕 李丽娟
邵偶云 曾红如 黄 勤 邹凤娥 黎玉冰 黄东虹
杨西萍 雷伶俐 苏伟平 肖 梅 江小莹 缪传南
曾丽姣 高 明 甘海鹰 石碧珍 戈小梅 王庆芳
黄素萍 吴丽琴 袁衬香 陈敬欢 陈爱娣 刘天瑜
杨秀莲 尹 敏 李柳翠 雷罗娇 张国花 尹玉华
杨冬梅 覃 莉 林兰香 杨彩霞 陈萍英 张菊芬
赖春晖 罗学琴 杨莉明 唐春妮 周峥益 何希华
游昱芳 黄菊珍 邓应峰 陈肖玲 李解生 毕 林
钟月明 谭丽嫦 张莲芳 彭 林 伍虹云 赖素芳
梁容容 陈玉琼 周声汉 蓝晓文 黄德辉 郑玉玲
刘厚东 谭彩姬 王卫红 覃玉娥 杨淑群 陈晓琳
江雪琴 刘小黎 廖梅芳 陈庆章 袁肖娟 赖小惠
陈瑞萍 钟慕贤 袁海姬 谢雪玲 黄海璋 朱岸清
曾秋萍 唐爱当 卢小焕 陈燕萍 冯彩玲 刘凤英
于海燕 杨银广（2011） 林家东（2011）
梁汉昌（2011） 陈丽江（2011）

（二）医药系列（5人）：

张映娜　蓝明雄　妮　娜　陈小新　陈木洲

（三）中学教师系列（9人）：
姚亮光（2011）　刘永才（2011）　凌声红（2011）
李少娟（2011）　孙海金（2011）　吴修青（2011）
简兴春（2011）　雷艳惊（2011）　邬爱民（2011）

（四）中专教师系列（9人）：
张屹峰（2011）　武文奎（2011）　覃爱军（2011）
黄　富（2011）　覃伟霞（2011）　袁淑丽（2011）
陈汝平（2011）　雷　明（2011）　林文炉（2011）

（五）高等学校教师系列（55人）：
曾　熙　胡　胜　张前锋　方妙英　张　梅　彭　敏
孟　颖　龙海燕　祝　庚　武秀文　言小明　尹小勇
梁宝忠　黄　琼　钟占荣　郑　愚（2011）
鲁　硕（2011）　王亚迅（2011）　刘　斌（2011）
崔学海（2011）　江　文（2011）　王敬华（2011）
魏亚东（2011）　卢盛林（2011）　谭　伟（2011）
龚志周（2011）　刘　川（2011）　王红成（2011）
彭晓波（2011）　陈　进（2011）　蔡传里（2011）
邹水洋（2011）　银　锋（2011）　漆志平（2011）
曾庆伟（2011）　潘荣新（2011）　李　明（2011）
刘勇生（2011）　陶晓静（2011）　祝福冬（2011）
程万友（2011）　刘敏霞（2011）　魏文红（2011）
景春兰（2011）　郑阿平（2011）　胡钦华（2011）
陈　琼（2011）　徐平如（2011）　王晓春（2011）
张科平（2011）　陈　勇（2011）　凌晓蕾（2011）
邱永福（2011）　宋美娴（2011）　朱晓红（2011）

（六）高等职业技术学校教师系列（7人）：
陈　搏（2011）　胡小善（2011）　刘晓玲（2011）
肖庆丰（2011）　刘大勇（2011）　陈俞强（2011）
邹利华（2011）

（七）党校教师系列（2人）：
袁敦卫　杨家宁

（八）技工学校教师系列（10人）：
郭中华　黄明林　周昌永　成　茜　熊忠良　吴文良
蔡海燕　叶贵强　王志波　袁学军

（九）中学高级教师系列（336人）：
阳海华　彭毓梅　方荣春　潘红平　张　玲　张小红
高壁龙　郑湘玲　王秀国　江　英　徐　燕　梁耀欣
胡志荣　周凤金　杨宏耀　卢飞英　钟凤观　罗树成
朱少迪　徐柱荣　彭　盛　黄淦培　易湘荣　肖　雄
孙燕玲　刘月明　朱活莲　林　浩　郭　辉　郭九生
蒋方桢　翟建群　蔡　路　康定军　宋志可　刘德仲
雷付生　胡海英　杨广豪　何灿标　王　乐　黄小锋
杨　凝　廖剑英　陈银华　吴青燕　李永光　李志中
肖小亮　李妙清　王继凤　钟红权　刘光华　姚起兵
黄俊华　张志峰　杨静华　莫灿誉　曹向阳　徐和培
曹光荣　梁雪芳　邹红芳　廖凉月　卢　霞　刘小宁
雷赠东　许英裕　严优光　廖伟新　王　伟　王进文
赵春林　王民生　龚建兵　王焕元　王靖嫦　周彩莲
李元珍　柴　锐　王　嫦　覃开运　朱青梅　黄健民
李桥养　欧彩红　陈　莉　曾玉生　陈名树　刘义江
田国华　綦春江　谢振宇　杨　勇　郭金龙　刘晓云
潘创平　李文彬　周益瓶　陈春明　陈志松　刘雪峰
吴美强　程　勇　彭有武　赖润胜　尹应容　黄　辉
邹洪来　张建新　冯　德　翁福泉　李远华　黄德光
黄永飞　翟巧清　方炯华　熊琳萍　尹　红　陈水娣
刘茂田　梁树钦　龚厚枚　陈昌玉　黄满全　梁照成
吴韶刚　部自平　莫庆军　孙军棵　龙旭民　罗海权
牛显伟　李建霞　姜　冰　侯兆军　李立辉　冼罗机
罗　赟　江　洁　曾小文　张锡治　黄振增　谢志君
郑广林　刘　涛　武　萍　王　石　肖康锋　林细龙
李文利　陈向阳　龚晓华　麦志媚　陈炳锋　柯新娥
李　芳　孟爱丽　崔清宇　钟建科　梁创辉　王鹏飞
吴仁培　唐晓娟　管佩鸿　温景波　丁越华　叶瑞芳
陈　习　彭家胜　黄银娇　肖顺英　茹丽萍　杨　静
张　健　谢平秀　陈燕文　刘伟英　卢爱武、梁海美
陆苏江　周秋伶　袁树明　夏　烈　刘迎春　戴　美
黄小权　黄永梅　贾继红　张丽茹　白深亮　王淑媛
赖红英　宋顺荣　张仲昆　王淑怡　曾宪波　涂仁泉
丁丽如　林木兰　何新震　袁洪发　邱俊标　朱丽娟
钱鸣霞　刘东子　尹文香　赵元生　徐兴鸿　尹金华
肖好芬　谢丽好　古春梅　杨海涛　有婷婷　吴蓉蓉
谭雪群　张伟春　陈助旺　龙北渠　吴朝霞　李　彤
李石松　刘成兵　林绿野　陈凤玲　段桂先　刘志杰
李志珍　李玉英　黄海珍　王若虹　欧阳伟　熊伟世
彭小艾　罗群笑　王丽娜　黄绍波　彭　艳　朱元清
卢　芳　彭文秀　汪　媛　朱爱军　谢秋蓉　吴雪梅
李燕萍　袁秀葵　莫建喜　方焕璋　姚衬多　徐容芳
白国雄　陈　馨　杨文芳　冯继海　高尚权　黄立霞
温　茹　陈秀婷　江世胜　曾春燕　张丽华　雷金婷
黄益林　杨　宁　冷　宁　刘家志　罗能秀　张　兰
左晓春　陶运先　肖　东　罗海青　麦志广　陈艳春
梅小芸　刘长春　周　慈　何　源　李红日　彭汉泉
梁雪蓉　孙姣英　黄为民　梁　彬　占　澜　沈丽芳
雷　雨　戴春桃　陈　玲　罗顺笑　李国琴　许春梅
岑易勤　王玉亮　陈丽珍　李菊开　王君霞　全　忠
陈永富　黄标德　林　彬　简玉贤　黄小芳　张翠萍
李国荣　翟顺妹　杨　洪　谢少环　方珍英　罗永浩
李柳霞　肖　靖　叶东山　谢燕秋　李小平　李旭红
袁莉红　陈冬青　吕　军　周重明　张建宏　冯仙儒
冯春柳　徐　丰　肖跃进　廖志中　唐　原　陈美虹
王俏荣　段珑玉　黄革勋　李　渝　陈美平　黄　杏

（十）小学高级教师系列（10人）：
黄小颂　唐维伦　詹纭轩　张玉焕　杨碧辉　黄沛玉
王成邦　刘海华　黄华文　卢慧兰

（十一）建筑工程系列（96人）：
宋　虎（2011）　陆永芳（2011）　陈　慧（2011）
刘文念（2011）　杨晓立（2011）　杨再勇（2011）
何润枝（2011）　陈志凌（2011）　杨志新（2011）
谭名成（2011）　李　香（2011）　王鲁峰（2011）
周厚高（2011）　李训吾（2011）　李秀萍（2011）
钟婵清（2011）　李　垣（2011）　吕丽云（2011）
陈小平（2011）　莫伯志（2011）　周伟林（2011）
李英达（2011）　王硕鹏（2011）　蔡满堂（2011）
李国栋（2011）　西　岳（2011）　何卫宁（2011）
宋晓莱（2011）　林慕坚（2011）　叶绍林（2011）
张燕姝（2011）　单锦贤（2011）　陆树才（2011）

苏红雨（2011） 叶伟忠（2011） 郑金龙（2011）
白贵平（2011） 李万百（2011） 郑大叶（2011）
李克仁（2011） 王兴学（2011） 刘永璞（2011）
龚志宏（2011） 莫广熙（2011） 成 盾（2011）
周丽琴（2011） 郭景秋（2011） 陈世标（2011）
方广钟（2011） 肖志兰（2011） 梁志鹏（2011）
蔡志维（2011） 褚知明（2011） 宋孝强（2011）
陈志辉（2011） 袁 源（2011） 王惠江（2011）
陈 翔（2011） 郭 华（2011） 袁志军（2011）
陈伟驰（2011） 徐光军（2011） 万焯球（2011）
梁汝祝（2011） 罗向斌（2011） 高世彬（2011）
王金松（2011） 邓光军（2011） 夏治会（2011）
赖家良（2011） 钟美芳（2011） 冯 志（2011）
杨柳苑（2011） 李朝霞（2011） 刘玉斌（2011）
张华标（2011） 唐国明（2011） 尹扳实（2011）
周少雄（2011） 罗磊坚（2011） 王宏丽（2011）
王桥兵（2011） 曹群英（2011） 黄 彪（2011）
童胜华（2011） 许 琳（2011） 熊 瑶（2011）
郑建林（2011） 董仁玉（2011） 冯杵兴（2011）
何锦标（2011） 邓泽楠（2011） 叶庆筹（2011）
张理帆（2011） 梁师树（2011） 钟小北（2011）

（十二）环境保护工程系列（6人）：
巢 猛 陈贻球 陈丽华（2011） 舒振华（2011）
许 欢（2011） 黄奂彦（2011）

（十三）机电工程系列（4人）：
杨明生（2011） 徐地华（2011） 罗冬初（2011）
梅领亮（2011）

（十四）电子工程系列（7人）：
许祥滨 袁富胜 吕红刚 李宏彦（2011）
朱树明（2011） 陈琦宇（2011） 李永广（2011）

（十五）水利工程系列（4人）：
何宁彬（2011） 郑先曹（2011） 林 斌（2011）
刘付星（2011）

（十六）路桥、航运工程系列（8人）：
谭炳超（2011） 姚永健（2011） 何荣勤（2011）
陈冠一（2011） 方清华（2011） 何颖文（2011）
叶卓棋（2011） 胡勤华（2011）

（十七）标准、计量工程系列（1人）：
施连杰（2011）

（十八）农业技术系列（6人）：
喻孟君（2011） 刘文清（2011） 张险朋（2011）
梁卫驱（2011） 曹春祥（2011） 李洪波（2011）

（十九）农业科学研究系列（1人）：
郑芝波

（二十）林业工程系列（7人）：
李浩宇 陈桂才 廖秋成 徐庆华 李 莉（2011）
杨 琴（2011） 蔡楚雄（2011）

（二十一）海洋与渔业系列（4人）：
贺玉林（2011） 路宁宁（2011） 李希国（2011）
张汉霞（2011）

（二十二）食品工程系列（2人）：
李红良（2011） 刘秉杰（2011）

（二十三）广播电视工程系列（2人）：
巫国能（2011） 丘 剑（2011）

（二十四）体育教练系列（1人）：
李春江（2011）

（二十五）会计系列（18人）：
胡颖华 伍锦莲 陈妙莲 徐文妮 林 静 魏厚寨
陈素珍 李永湖 王书明 郑敬枝（2011）
马舒艳（2011） 陈毓锋（2011） 袁桂英（2011）
郑佳霓（2011） 沈宏平（2011） 赖 萍（2011）
郭裕洲（2011） 石湘莹（2011）

（二十六）经济系列（7人）：
肖健明 陈春红 陈文杰 栾林学 黄文斌（2011）
欧丽娟（2011） 郑佳霓（2011）

（二十七）统计系列（1人）：
张惠娟（2012）

（二十八）图书资料系列（5人）：
王 根 张蔓莉 黎 军（2011） 周 安（2011）
陈立刚（2011）

（二十九）新闻系列（4人）：
田飞跃 张郁珑（2011） 蓝立新（2011） 张 健（2011）

（三十）电力工程系列（3人）：
张 志 麦瑞坤 胡雨姣

（三十一）轻工工程系列(2人):
万军鹏 陈元平

（三十二）自然科学研究系列（2人）：
刘南柳 孙傲冰

（三十三）化工工程系列（2人）：
杨大昆 苏晓声

（三十四）文学创作系列（3人）：
汪 晟 林汉筠 侯平章

（三十五）文物博物系列（1人）：
张建雄

（三十六）群众文化系列（1人）：
袁焕华

（三十七）安全工程系列（1人）：
李克靖

（三十八）艺术设计系列（1人）：
江功南

经济社会统计资料 ECONOMIC AND SOCIAL STATISTICS

2012年东莞市国民经济和社会发展统计公报

2012年，全市人民在市委、市政府的坚强领导下，从容应对复杂严峻的发展形势，以科学发展观为指导，围绕“加快转型升级、建设幸福东莞、实现高水平崛起”的战略目标，组织实施“三重”建设、水乡地区统筹发展、科技金融产业融合发展、农村综合改革、法治化国际化营商环境营造等系列政策措施，经济增长稳步回升，社会和谐稳定，为顺利实施高水平崛起奠定了坚实基础。

一、综合

初步核算，2012年东莞生产总值（GDP）5010.14亿元，比上年增长6.1%。分产业看，第一产业增加值19.19亿元，增长1.2%；第二产业增加值2351.78亿元，增长5.6%；第三产业增加值2639.17亿元，增长6.7%。三大产业比例为0.4：46.9：52.7。人均地区生产总值60556元，增长5.7%。

在现代产业中，规模以上先进制造业增加值739.87亿元，增长8.5%；现代服务业增加值1543.91亿元，增长8.0%。

在第三产业中，交通运输、仓储和邮政业增长15.2%，批发和零售业增长2.7%，住宿和餐饮业增长1.5%，金融业增长14.1%，房地产业增长4.8%，其他服务业增长7.8%。

全年居民消费价格总水平上涨2.9%。其中居住类上涨1.5%，娱乐教育文化用品及服务类上涨1.8%，衣着类上涨1.0%，食品类上涨6.1%，医疗保健和个人用品类上涨4.8%，烟酒类上涨1.4%，交通和通信类下降1.2%，家庭设备用品及维修服务类上涨1.4%。此外，全年商品零售价格上涨2.4%。工业生产者出厂价格下降0.2%。

全年来源于东莞的财政收入845.62亿元，增长0.8%。市公共财政预算收入356.32亿元，增长13.8%。市公共财政预算支出385.58亿元，增长9.6%。其中，一般公共服务支出36.20亿元，公共安全支出49.43亿元，教育支出92.80亿元，社

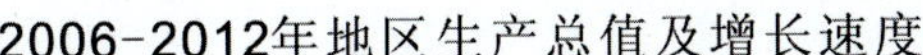

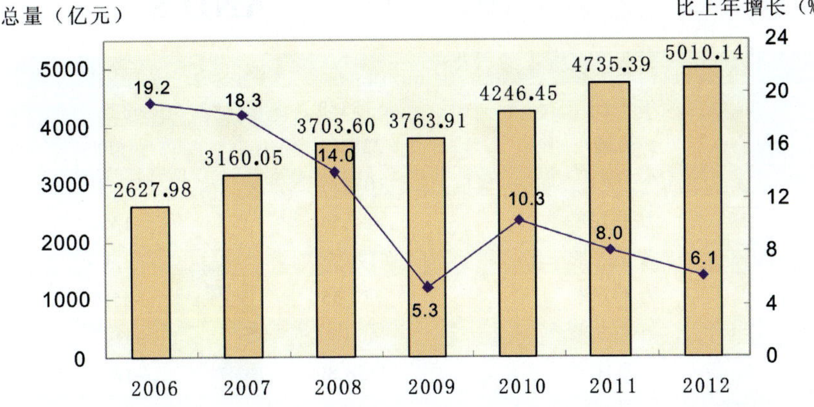

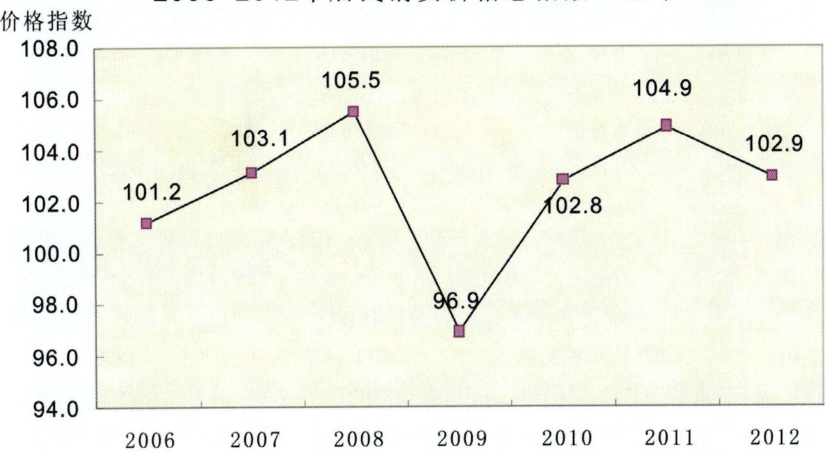

2012年价格变动情况

类　别	价格指数（上年=100）	比上年升降幅度（%）
居民消费价格指数	102.9	2.9
食品	106.1	6.1
其中：粮食	103.7	3.7
肉禽及其制品	102.6	2.6
油脂	105.0	5.0
蛋	101.1	1.1
菜	124.5	24.5
水产品	108.3	8.3
烟酒	101.4	1.4
衣着	101.0	1.0
家庭设备用品及维修服务	101.4	1.4
医疗保健和个人用品	104.8	4.8
交通和通信	98.8	-1.2
娱乐教育文化用品及服务	101.8	1.8
居住	101.5	1.5
商品零售价格指数	102.4	2.4
工业生产者出厂价格指数	99.8	-0.2

会保障和就业支出24.19亿元。全年全市税收总额939.11亿元，增长11.3%。

年末城镇实有登记失业人数1.22万人，全年失业人员安置就业人数1.02万人，城镇登记失业率为2.3%。

经济社会发展中存在的主要问题：资源环境瓶颈约束加剧，自主创新能力不强，转型升级和提质增效任务艰巨，企业生产经营仍面临着不少困难；“三重”项目的推进力度和区域统筹发展力度仍需加大；治安管理、教育公平、医疗改革等公共服务推进步伐有待加快等。

二、农业

全年全市完成农林牧渔业总产值32.01亿元，（按可比价计算，下同）增长0.6%。其中农业产值16.93亿元，下降2.2%，占农林牧渔业总产值的52.9%；林业产值0.17亿元，同比下降22.7%，占0.5%；牧业产值6.32亿元，增长3.3%，占19.7%；渔业产值7.64亿元，增长5.2%，占23.9%。全年农作物播种面积37.25万亩、水果种植面积17.87万亩。全年粮食产量1.25万吨；水产品产量7.70万吨；蔬菜产量39.11万吨，增长0.6%；生猪出栏28.63万头，增长2.6%；家禽出栏784.70万只，增长7.2%。

全年新增8家农民专业合作社、1家国家级龙头企业、4个名牌产品，目前全市共有农民专业合作社46家（入社农户1000多户）、农业龙头企业19家（省级以上8家，其中国家级3家）、省级农业类名牌产品40个。

三、工业和建筑业

全年全市规模以上工业实现增加值1733.12亿元，增长5.6%。在规模以上工业中，重工业增加值948.73亿元，增长8.3%，占54.7%；轻工业增加值784.39亿元，增长2.4%，占45.3%。

全年全市规模以上五大支柱产业完成增加值1173.41亿元，增长7.8%；四个特色产业完成增加值199.56亿元，增长1.3%。

全年高技术制造业增加值增长13.1%，其中,医药制造业增长16.4%，电子及通信设备制造业增长17.0%，电子计算机及办公设备制造业增长8.0%，医疗设备及仪器仪表制造业下降26.8%。

全年先进制造业增加值增长8.5%，其中,装备制造业增长9.5%，钢铁冶炼及加工业下降8.7%，石油及化学行业下降3.4%。装备制造业中，汽车制造业增长

2012年规模以上工业主要产品产量

产品名称	计量单位	产量	增长（%）
啤酒	千升	575383	3.5
果汁和蔬果类饮料类	万吨	228.79	-6.0
服装	万件	108932	-3.8
轻革	万平方米	485.54	-15.4
人造板	万立方米	17.25	8.3
人造板表面装饰板	万平方米	777.55	-45.8
复合木地板	万平方米	66.09	-16.7
家具	万件	4758.80	-18.1
纸浆（原生浆及废纸浆）	万吨	58.36	0.4
机制纸及纸板（外购原纸加工除外）	万吨	1200.74	6.4
塑料制品	万吨	154.30	-4.4
水泥	万吨	249.16	-0.6
瓷质砖	万平方米	1975.81	-11.5
平板玻璃	万重量箱	3286.83	-5.5
卫生陶瓷制品	万件	166.72	-12.5
金属集装箱	万立方米	946.09	13.9
数码照相机	万台	31.37	-36.1
模具	万套	25.39	-22.7
电力电容器	万千乏	455.33	
太阳能热水器	万平方米	11.44	18.4
灯具及照明装置	万套（万台、万个）	22097.87	15.5
电子计算机整机	万台	99.73	28.4
打印机	万台	113.06	6.1
电话单机	万部	3883.18	-5.1
移动通信手持机（手机）	万台	6728.96	27.8
数字激光音、视盘机	万台	1471.54	-27.2
电视接收机顶盒	万台	208.52	19.5
集成电路	万块	6340	105.2
电子元件	亿只	11166	3.3
印制电路板	万平方米	1335.12	-37.4
汽车仪器仪表	万台	49.03	-24.2
光学仪器	万台（万个）	117.48	14.0
眼镜成镜	万副	4692.21	1.4
自来水生产量	万立方米	173413	-2.7

11.7%，船舶制造业、环境污染防治专用设备制造业分别下降12.9%和38.5%；钢铁冶炼及加工业中，炼铁业下降3.7%，钢压延加工下降8.9%；石油及化学行业中，石油加工、炼焦及核燃料加工业下降22.0%，化学原料及化学制品制造业下降2.4%，橡胶制品业下降11.8%。

全年优势传统产业增加值下降0.6%，其中,纺织服装业增长1.5%，食品饮料业增长2.4%，家具制造业下降5.2%，建筑材料下降6.5%，金属制品业增长1.3%，家用电力器具制造业下降9.1%。

规模以上工业综合经济效益指数为129.47，实现利润总额248.90亿元，资产负债率为57.3%。

全年全市建筑业实现增加值78.12亿元，下降1.5%。建筑企业完成总产值142.2亿元，增长9.5%；施工面积705.13万平方米，下降6.7%；竣工面积345.56万平方米，下降14.5%。建筑企业按施工产值计算的全员劳动生产率人均27.4万元，增长20.7%。

四、固定资产投资

全年固定资产投资1180.35亿元，增长9.4%。按登记注册类型分，国有经济投资114.10亿元，下降9.7%，占固定资产投资总额的9.7%；集体经济投资

2006—2012年固定资产投资总额及其增长速度

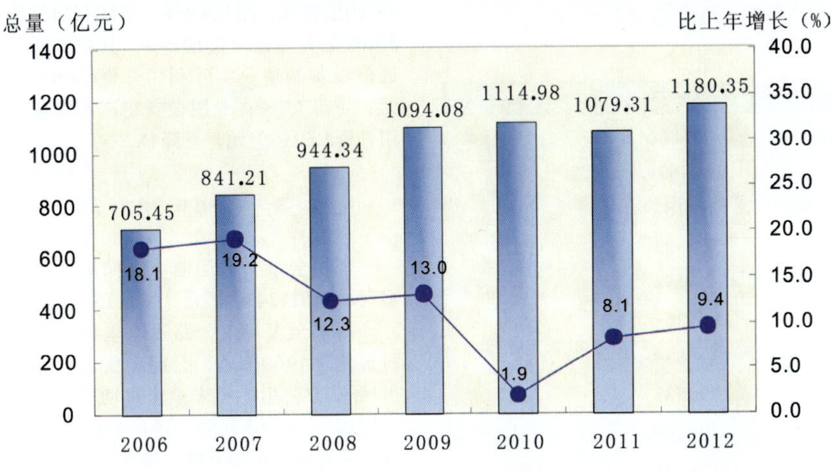

2012年分行业固定资产投资额情况

行　业	投资额（万元）	增长（%）
总计	11803493	9.4
农、林、牧、渔业	19710	228.8
制造业	3826025	26.6
电力、燃气及水的生产和供应业	320667	-34.3
建筑业	2193	49.4
交通运输、仓储和邮政业	1279006	17.0
信息传输、计算机服务和软件业	218614	9.7
批发和零售业	195376	-26.0
住宿和餐饮业	101943	121.1
金融业	25898	33.5
房地产业	4419691	9.5
租赁和商务服务业	25679	-65.6
科学研究、技术服务和地质勘查业	99097	27.8
水利、环境和公共设施管理业	852023	-16.9
居民服务和其他服务业	8015	-53.2
教育	245393	4.4
卫生、社会保障和社会福利业	55031	-25.3
文化、体育和娱乐业	66813	-4.8
公共管理和社会组织	42319	-0.5

2006—2012年社会消费品零售总额及其增长速度

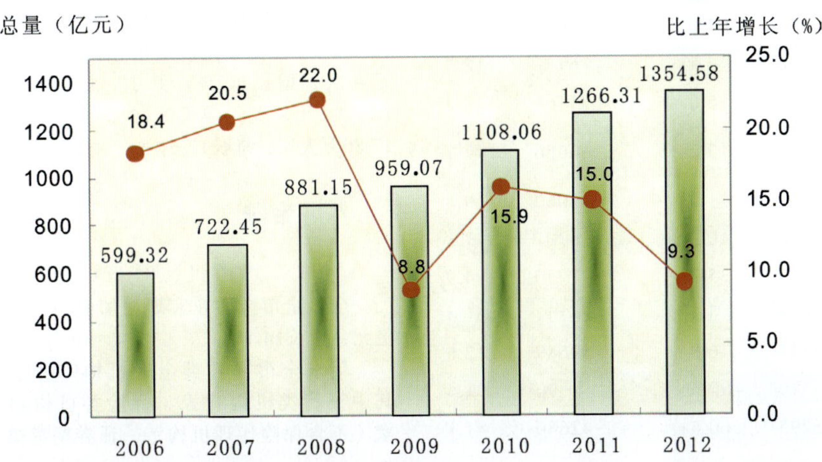

124.13亿元，增长4.0%，占10.5%；民营经济投资669.24亿元，增长2.4%，占56.7%；外商及港澳台商投资294.21亿元，增长33.2%，占24.9%。

从产业投向看,投资集中在第二、三产业。第二产业投资414.89亿元,其中制造业投资382.60亿元；第三产业投资763.49亿元。全年完成投资5000万元以上项目338个，共完成投资582.56亿元。

全年完成房地产开发投资377.32亿元，增长1.1%。商品房施工面积2453.93万平方米，增长2.5%；竣工面积362.47万平方米，增长49.6%；销售面积639.12万平方米，增长7.3%，其中商品住宅销售面积583.38万平方米，增长7.9%。全年商品房销售额542.38亿元，增长18.0%，其中商品住宅销售额472.52亿元，增长14.3%。

五、国内贸易

全年全市批发和零售业实现增加值486.88亿元，增长2.7%；住宿和餐饮业实现增加值180.22亿元，增长1.5%。

全年全市社会消费品零售总额1354.58亿元，增长9.3%，扣除物价因素影响，实际增长6.7%。分行业看，批发零售贸易业零售额1234.09亿元，增长9.5%；住宿餐饮业零售额120.49亿元，增长6.7%。

在限额以上批发和零售业中，食品、饮料、烟酒类零售额增长12.8%；服装鞋帽、针、纺织品类增长11.9%；日用品类增长8.2%；汽车类增长10.0%。

六、对外经济

全年全市进出口总额1444.16亿美元，增长6.8%。其中进口593.50亿美元，增长4.2%；出口850.66亿美元，增长8.6%。

按贸易方式分，一般贸易出口169.23亿美元，增长26.2%；加工贸易出口661.51亿美元，增长4.2%；其他出口19.92亿美元，增长38.4%。

按出口的地区分，对亚洲出口445.11亿美元，增长8.9%；对北美洲出口221.89亿美元，增长11.1%；对欧洲出口138.72亿美元，增长2.1%；对拉丁美洲出口27.48亿美元，增长12.7%；对大洋洲出口10.49亿美元，增长8.7%。

全年机电产品出口607.69亿美元，增长10.3%，占出口总额的71.4%；高新技术产品出口297.39亿美元，增长8.9%，占35.0%。

按新口径统计，全年全市新签外

2012年主要商品出口情况

商品名称	金额（万美元）	增长（%）
机电产品（包括本目录已具体列名的机电产品）	6076866	10.3
高新技术产品	2973879	8.9
自动数据处理设备及其部件	614184	0.3
服装及衣着附件	565121	22.5
静止式变流器	359454	-4.4
自动数据处理设备的零件	375361	8.1
家具及其零件	395838	16.4
鞋类	298888	-2.7
有线电话机（包括无绳电话机）	192299	-0.2
旅行用品及箱包	198731	9.4
电线和电缆	212470	23.2
玩具	186212	8.2
纺织纱线、织物及制品	167082	1.8
录、放像机	77044	-52.4
通断保护电路装置及零件	196629	21.6
电视、收音机及无线电讯设备的零附件	133727	-7.2
手持或车载无线电话机	138665	0.2
数字式相机	70123	-45.6
塑料制品	142073	11.8
游戏机	115326	63.2
电视机（包括整套散件）	92070	-4.2

2012年分行业利用外资情况

行业名称	合同外资金额（万美元）	增长（%）	实际利用外资（万美元）	增长（%）
总计	381031	5.9	336938	11.3
农、林、牧、渔业	369	-59.7	297	-24.8
制造业	293911	0.03	251960	-3.0
纺织业	4676	-63.6	8496	-49.0
纺织服装、鞋、帽制造业	7918	-31.0	7667	-32.9
家具制造业	2746	13.6	2088	-47.5
通用设备制造业	4190	-27.9	5015	-43.1
专用设备制造业	33696	144.1	16186	-18.7
电气机械及器材制造业	23932	-36.0	31165	12.3
通信设备、计算机及其他电子设备制造业	75113	-10.2	60606	-7.7
金属制品业	15291	-11.0	12060	9.1
塑料制品业	26460	-10.2	16901	-7.8
文教体育用品制造业	7837	-35.3	7930	4.9
造纸及纸制品业	17908	4.5	24157	54.4
其他制造业	74144	46.8	59689	12.6
信息传输、计算机服务和软件业	19	-90.5	90	-91.4
批发和零售业	45295	60.4	42680	81.1

商直接投资项目690宗，合同外资金额38.10亿美元，增长8.6%。实际利用外资33.69亿美元，增长10.5%。其中电子及通信设备制造业实际利用外资6.06亿美元，下降7.7%；专用设备制造业实际利用外资1.62亿美元，下降18.8%。

七、交通、邮电和旅游

全年全市交通运输、仓储和邮政业实现增加值124.87亿元，增长15.2%。

年末全市境内公路通车里程（含乡村道路）4969公里，公路密度201.98公里/百平方公里。年末全市机动车保有量（民用）148.68万辆，增长4.9%。其中汽车保有量120.70万辆，增长13.7%。

全年公路货物运输量8421万吨，货物周转量54.36亿吨公里；水路货物运输量2770万吨，货物周转量242.35亿吨公里。全年公路运输完成客运量7.97亿人次，旅客周转量156.67亿人公里；水路运输完成客运量32.00万人次，旅客周转量2106万人公里。全年港口旅客吞吐量32.30万人次，货物吞吐量9228万吨。

全年完成邮电业务收入169.96亿元，增长3.1%。邮政发送信函5065万件，特快专递148万件，邮政汇款汇出金额196.36亿元。年末全市固定电话用户（含小灵通）325.11万户，比上年增加5.56万户；移动电话用户1754.10万户，增加76.33万户。全年长途电话通话时长215.19亿分钟，年末互联网用户209.59万户，比上年增加18.88万户；宽带接入用户204.72万户，增加20.29万户。

年末全市有星级酒店89家，其中五星级酒店20家。全市有旅行社61家，全年接待国际及港澳台游客414.92万人次，增长16.1%。其中接待外国游客134.81万人次，增长11.0%；接待港澳台游客280.11万人次，增长18.7%。国际旅游外汇收入12.69亿美元，增长39.5%。全年接待国内游客2328.92万人次，增长3.1%。国内旅游总收入306.35亿元，增长22.9%。全年东莞组团外出旅游185.34万人次，增长1.2%。其中，国内旅游167.54万人次，增长0.1%；出境旅游17.80万人次，增长12.6%。

八、金融

全年全市金融业实现增加值213.51亿元，增长14.1%。

年末全市有各类金融机构97家，其中银行类机构31家，保险类机构41家（不含保险代理机构），证券期货类

2012年客（货）运量、周转量

指 标	单 位	数 值	增长（%）
客运量	万人	79739	-0.7
#公路	万人	79707	-0.7
旅客周转量	亿人公里	156.88	7.5
#公路	亿人公里	156.67	7.5
货运量	万吨	11191	10.1
#公路	万吨	8421	2.6
货物周转量	亿吨公里	296.71	58.3
#公路	亿吨公里	54.36	2.3

2006—2012年年末电话用户数

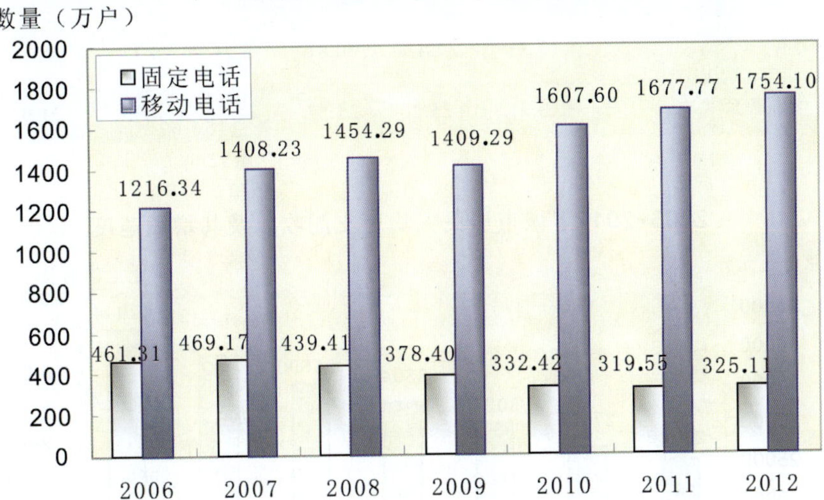

2006—2012年城乡居民储蓄存款余额及其增长速度

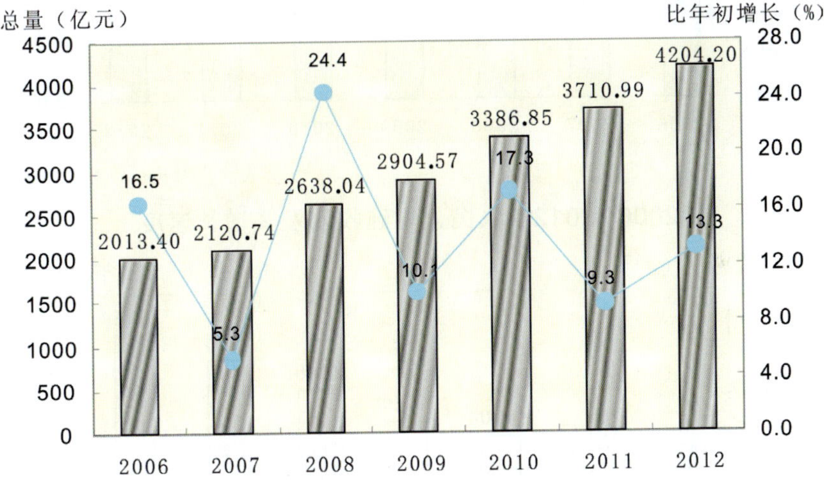

机构25家。年末全市金融机构各项人民币存款余额7430.46亿元，比年初增长12.4%。其中城乡居民储蓄存款余额4204.20亿元，增长13.3%。各项人民币贷款余额4195.61亿元，增长12.9%。在个人消费贷款余额中，个人住房按揭贷款余额833.28亿元，增长8.5%；个人汽车消费贷款余额9.21亿元，下降43.3%。全市金融机构不良贷款率比年初下降0.08个百分点。

年末全市各类证券公司共开户95.41万户，比上年增加5.93万户。全年股票总成交额6100.59亿元，下降25.7%。年末保证金余额78.37亿元，增长12.3%。

全年全市各类保险保费收入177.66亿元，增长8.6%。其中财产险保费收入61.05亿元，增长10.8%；人寿险保费收入116.61亿元，增长7.4%。全年保险赔款与给付金额32.87亿元，综合赔付率为53.8%。

九、科技和教育

全年新增国家高新技术企业150家，总数达537家。全市专利申请量29199件，增长19.4%，其中发明专利5568件，占专利申请量比例为19.1%；专利授权量20900件，增长8.0%，其中发明专利授权量1381件，增长82.2%。

全年新增3家省级企业工程中心和2家省级企业重点实验室；新增2个国家专利优秀奖，99项科研成果获得市科技奖；新增5个广东省创新科研团队，目前团队总数达14家。

全市有幼儿园791所，比上年增加42所。3-6周岁在园（班）幼儿25.57万人，入园（班）率为97.0%。全市有小学322所,在校学生60.81万人；本市户籍学龄儿童入学率达100%，小学毕业生升学率达100%。全市有初中163所，在校学生19.21万人，初中入学率为100%。全市高中阶段学校有64所，在校学生12.59万人，其中普通高中（含完中）40所，在校学生7.59万人，中职学校24所（含技工学校1所），在校学生5.01万人。全市有普通高等院校6所，在校学生5.24万人。全年普通高等院校共招收本科、专科学生2.05万人，毕业生1.26万人。

十、文化、卫生和体育

年末全市有群众艺术馆1个，文化站33个，公共图书馆649个，博物馆31个，艺术表演场所12个，电影放映单位59个，网吧1042间。全市有公共广播节目52套，公共电视节目21套。全年共发行报纸8912.96万份，其中《东莞日报》4481.5万份；各类杂志138.54万册，电影放映29.1万场次，观众537.1万人次。

年末全市有医疗机构2218个，其中门诊、诊所、医务室、卫生站、社区卫生服务机构等基层医疗机构2142个。全市卫生技术人员4.06万人，医疗机构病床2.46万张。全市建成并投入使用的社区卫生服务中心（站）387个。全年诊疗总人数上升18.2%。

全年全市运动员共获得137枚金牌、105枚银牌、99枚铜牌。其中夺得全国赛金牌10枚；广东省赛金牌127枚、银牌95枚、铜牌92枚。全年举办市级综合和单项比赛12次，参加人数0.37万人次。全市有体育彩票发行网点1016个，销售总额10.71亿元，体彩公益金7522万元。

十一、人民生活、社会保障和安全生产

全年城市居民人均可支配收入42944元，农村居民人均纯收入24944元，分别增长8.7%和9.2%。

全年城市居民人均消费性支出31369元，增长14.1%，城市居民人均住房建筑面积58.44平方米。全年农民生活消费现金支出16103元，增长14.6%，农村居民人均住房建筑面积50.33平方米。

全市五大险种参保总人次为2553.93万人次，增长3.7%。基本医疗保险616.86万人，失业保险312.78万人，工伤保险494.14万人。全年社会保险基金总收入207.92亿元，保险基金总支出86.7亿元，年末保险基金累计余额591.59亿元。全年累计征缴各项保险（不含机关养老保险）基金187.17亿元，增长19.0%。

年末全市有收养类福利事业单位34个，其中社会福利院1个，社会福利中心1个，敬老院31个，敬老院供养老人709人。社会福利事业单位收养2269人，全年社会救济2.47万人。全市居民最低生活保障支出8906.6万元，社会救济福利事业费用2.93亿元，自然灾害生活救助支出274.2万元，慈善基金结余2.07亿元。全市纳入“五保户”对象有1015人，“五保户”费用支出1702.9万元。

全年共发生各类伤亡事故4341宗，下降4.1%；死亡534人，受伤4835人，分别下降1.1%和3.6%；直接经济损失5325.39万元，增长704.1%。其中，道路交通事故4299宗，下降4.3%；造成死亡490人，受伤4831人，分别下降1.0%和3.4%。亿元地区生产总值生产安全事故死亡率为0.106，道路交通事故万车死亡率为3.31。

十二、人口、资源和环境

年末全市户籍人口187.02万人。全年出生人口2.47万人，出生率为13.3‰；死亡人口9684人，死亡率为5.2‰；人口自然增长率为8.1‰。年末全市常住人口829.23万人，其中城镇常住人口735.28万人。人口城镇化率为88.67%。

全年雨日天数205天，日照时数1708.7小时，平均气温22.6摄氏度，相对湿度78%，降水量1838.6毫米。

年末全市有森林公园18个，林业用

教育情况

指　标	招生（万人）	增　长（%）	在校生（万人）	增　长（%）	毕业生（万人）	增　长（%）
普通本专科	2.05	21.8	5.24	16.2	1.26	33.4
成人本专科	0.60	-5.5	1.88	-8.5	0.63	-9.5
各类中等职业技术教育（不含技工学校）	1.70	2.0	4.73	4.5	1.31	-6.0
普通高中	2.58	0.4	7.59	3.0	2.34	5.9
初中	7.06	1.6	19.21	1.4	5.61	2.4
小学	12.33	7.4	60.81	5.2	8.77	9.0
学前教育	10.71	25.2	25.57	12.3	8.33	21.9

2006-2012年城市居民人均可支配收入及其增长速度

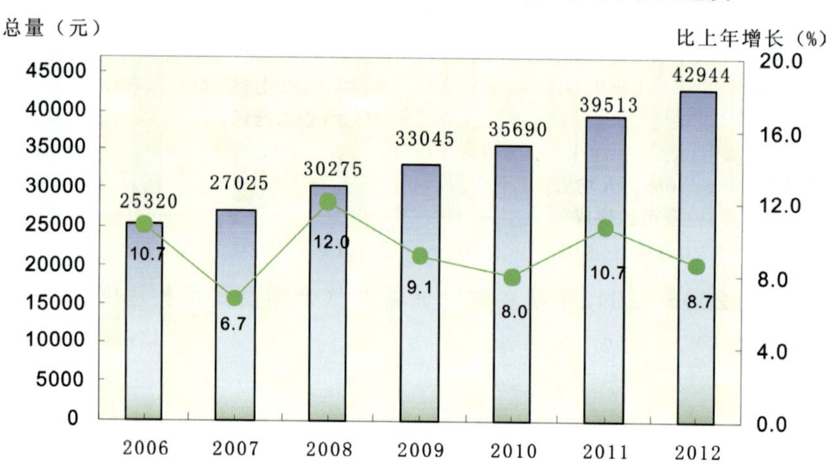

2006-2012年农民人均纯收入及其增长速度

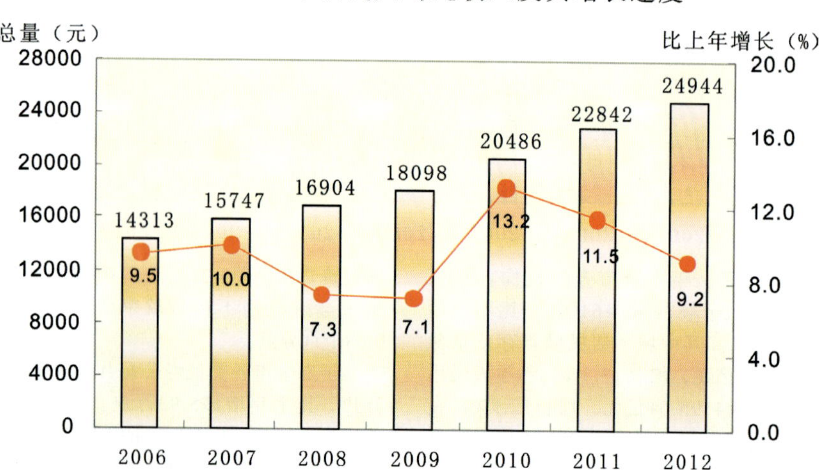

2012年城市居民收支情况

指　标	金额（元）	增长（%）
城市居民人均可支配收入	42944	8.7
#工资性收入	30518	11.9
财产性收入	9099	21.6
转移性收入	3484	-20.3
城市居民人均消费性支出	31369	14.1
食品	11103	16.7
衣着	2121	17.4
居住	2852	34.0
家庭设备用品及服务	2173	14.3
医疗保健	1521	21.6
交通和通信	6108	1.2
教育文化娱乐服务	4348	11.9
其他商品和服务	1143	17.4

地面积90.29万亩，生态公益林32.96万亩，林木积蓄量291.03万立方米，林木总生长量14.61万立方米。

年末全市建成区土地面积888.39平方公里，公共管理与公共服务用地面积59.71平方公里。林业用地面积90.29万亩，森林覆盖率为37.1%，林地绿化率为97.0%；城市建成区绿地率为42.4%，绿化覆盖率为45.0%，人均公园绿地面积16.53平方米；全市已建成公园广场1057个，面积1.21万公顷。

注：

1、本公报数为初步统计数，最后统计数据以《东莞统计年鉴—2013》为准。

2、地区生产总值、各行业增加值、农业总产值绝对数按当年价格计算，增长速度按可比价格计算。

3、自2012年起，“地方一般预算收入”和“地方一般预算支出”统一更名为“地方公共财政预算收入”和“地方公共财政预算支出”。

4、五大支柱产业：电子信息制造业(即通信设备、计算机及其他电子设备制造业)、

电气机械及设备制造业（包括电气机械及器材制造业，仪器仪表及文化、办公用机械制造业，通用设备制造业，专用设备制造业以及交通运输设备制造业）、纺织服装鞋帽制造业（包括纺织业，纺织服装、鞋、帽制造业以及皮革、毛皮、羽绒及其制品业）、食品饮料加工制造业（包括食品制造业,饮料制造业,农副产品加工业）、造纸及纸制品业。

四个特色产业：玩具及文体用品制造业（即文教体育用品制造业）、家具制造业、化工制品制造业（包括化学原料及化学制品制造业，橡胶制品业，石油加工、炼焦业及核燃业）、包装印刷业（即印刷业、记录媒介的复制）。

5、农村居民人均纯收入采用农村住户抽样调查口径。

6、阅读本公报时，请注意统计指标的时间、口径和计算方法等。

文献选录 SELECTION OF DOCUMENTS

清溪镇夜景

编辑：刘 丹

东莞市委文件选录

序号	文号	文件名
1	东委发〔2012〕1号	关于学习贯彻省委十届十一次全会精神的意见
2	东委发〔2012〕2号	中共东莞市委、东莞市人民政府关于表彰2011年度全市先进单位和先进个人的决定
3	东委发〔2012〕3号	关于学习贯彻省委书记汪洋在省十一届人大五次会议东莞代表团重要讲话精神的意见
4	东委发〔2012〕4号	中共东莞市委关于加强市直单位领导班子建设的实施意见
5	东委发〔2012〕5号	中共东莞市委关于加强镇街领导班子建设的实施意见
6	东委发〔2012〕6号	中共东莞市委关于加强村（社区）“两委”领导班子建设的实施意见
7	东委发〔2012〕7号	中共东莞市委常委会2012年工作要点
8	东委发〔2012〕8号	中共东莞市委常委会议议事规则
9	东委发〔2012〕9号	中共东莞市委、东莞市人民政府关于推进教育改革发展加快实现教育现代化的决定
10	东委发〔2012〕10号	中共东莞市委、东莞市人民政府关于进一步加强精神文明建设争创全国文明城市“三连冠”的工作意见
11	东委发〔2012〕11号	中共东莞市委、东莞市人民政府关于进一步加强和改进新形势下未成年人思想道德建设的意见
12	东委发〔2012〕12号	关于印发《东莞市2012年依法治市工作要点》的通知
13	东委发〔2012〕13号	中共东莞市委、东莞市人民政府关于加强重大项目招商引资工作的意见
14	东委发〔2012〕14号	中共东莞市委、东莞市人民政府关于加强社会建设的意见

续上表

序号	文号	文件名
15	东委发〔2012〕15号	中共东莞市委、东莞市人民政府关于建设“六个东莞”营造法治化国际化营商环境的意见
16	东委发〔2012〕16号	中共东莞市委、东莞市人民政府关于调整完善“科技东莞”工程专项资金政策的意见
17	东委发〔2012〕17号	关于学习贯彻朱小丹省长来莞调研重要讲话精神的意见
18	东委发〔2012〕18号	关于学习贯彻省委书记汪洋来莞调研重要讲话精神的意见
19	东委发〔2012〕19号	中共东莞市委、东莞市人民政府关于促进科技、金融与产业融合的意见
20	东委发〔2012〕21号	印发《东莞市镇街领导班子落实科学发展观年度工作考核方案》、《东莞市市直单位落实科学发展观年度工作考核方案（试行）》的通知
21	东委发〔2012〕23号	中共东莞市委、东莞市人民政府关于进一步推动加工贸易转型升级的意见
22	东委发〔2012〕24号	中共东莞市委、东莞市人民政府关于推动镇村集体经济转型升级加快发展的若干意见
23	东委发〔2012〕25号	中共东莞市委、东莞市人民政府关于进一步加强镇村集体经济管理的若干意见
24	东委发〔2012〕26号	中共东莞市委、东莞市人民政府关于进一步深化农村管理体制改革的若干意见
25	东委发〔2012〕27号	中共东莞市委、东莞市人民政府关于深化农村综合改革推进城乡统筹发展的意见
26	东委发〔2012〕28号	关于推进廉洁城市建设的决定
27	东委发〔2012〕29号	中共东莞市委关于加强“两新”组织党组织领导班子建设的实施意见
28	东委发〔2012〕30号	中共东莞市委、东莞市人民政府关于全面加强我市计生工作促进人口长期均衡发展的实施意见
29	东委发〔2012〕31号	中共东莞市委关于成立市十五届人大二次会议临时党组织的决定
30	东委发〔2012〕33号	转发中共广东省委关于认真学习宣传贯彻党的十八大精神的通知
31	东委发〔2012〕34号	中共东莞市委、东莞市人民政府关于全面建设平安东莞的意见
32	东委发〔2012〕35号	中共东莞市委、东莞市人民政府关于表彰2012年度全市先进单位的决定
33	东委办发〔2012〕1号	关于认真学习贯彻市第十三次党代会精神的通知
34	东委办发〔2012〕2号	关于印发《东莞市领导干部外出请示报告制度》的通知
35	东委办发〔2012〕3号	中共东莞市委办公室、东莞市人民政府办公室关于表彰2011年度全市办公室系统先进单位和先进工作者的通报
36	东委办发〔2012〕4号	关于加强镇村集体经济管理问题的通知
37	东委办发〔2012〕5号	关于印发《市委2012年决策督查考评工作方案》的通知
38	东委办发〔2012〕6号	中共东莞市委办公室、东莞市人民政府办公室印发《关于加快推进社会体制改革建设服务型政府的实施意见》等七个加强社会建设文件的通知
39	东委办发〔2012〕7号	中共东莞市委办公室、东莞市人民政府办公室关于深入开展治理收送“红包”问题工作的意见
40	东委办发〔2012〕8号	关于印发《东莞市统筹水乡地区发展实施方案》的通知
41	东委办发〔2012〕9号	关于印发《东莞市党政主要领导同志督办政协重点提案工作实施细则》的通知
42	东委办发〔2012〕10号	关于印发《东莞市加快转变政府职能深化行政审批制度改革实施方案》的通知
43	东委办发〔2012〕11号	印发《关于进一步完善东莞市非公有制经济组织和社会组织党建工作经费保障机制的意见》的通知
44	东委办发〔2012〕12号	印发《关于加强我市廉政风险防控工作的意见》的通知
45	东委办发〔2012〕13号	中共东莞市委办公室、东莞市人民政府办公室印发《关于建设“平安东莞”营造安全和谐社会环境的行动计划》等建设“六个东莞”行动计划的通知
46	东委办发〔2012〕14号	关于印发《东莞市贯彻〈广东省加强村级基层组织建设五年行动计划〉实施细则》的通知
47	东委办发〔2012〕15号	关于印发《东莞市人民政府驻北京办事机构管理办法》的通知
48	东委办发〔2012〕16号	关于印发《镇（街道）领导到市信访局担任市信访督查专员工作制度》的通知
49	东委办发〔2012〕17号	关于印发《东莞市党政领导班子和领导干部安全生产责任制考核办法》的通知

东莞市人大常委会文件选录

序号	文号	文件名
1	东常〔2012〕4号	东莞市人民代表大会常委员会关于进一步加强法制宣传教育的决议
2	东常〔2012〕7号	东莞市人民代表大会常委员会关于接受严继宗同志辞去市人大常委会委员职务请求的决定
3	东常〔2012〕14号	东莞市人民代表大会常委员关于补选一名市人民代表大会代表的决定
4	东常〔2012〕15号	东莞市人民代表大会常委员会关于接受梁佳沂同志辞去市人大常委会委员职务请求的决定
5	东常〔2012〕25号	关于市人大常委会视察市属“四个园区”的情况报告
6	东常〔2012〕28号	东莞市人民代表大会常委员会关于召开东莞市第十五届人民代表大会第二次会议的决定
7	东常〔2012〕29号	东莞市人民代表大会常委员会关于同意东莞市人民政府《关于提请审议将东财公司回购信托受益权资金纳入市财政预算安排的议案》的决定
8	东常〔2012〕32号	关于市人大常委会视察全市公安基层警务运行机制改革试点工作的报告
9	东常〔2012〕33号	关于选举刘志庚等18人为广东省第十二届人民代表大会代表的报告
10	东常〔2012〕35号	东莞市人民代表大会常委员会关于召开东莞市第十五届人民代表大会第三次会议的决定
11	东常〔2012〕36号	东莞市第十届人民代表大会常务委员会关于表彰优秀代表议案、建议和先进承办单位的决定

东莞市人民政府文件选录

序号	文号	文件名
1	东府〔2012〕2号	关于表彰2011年度东莞市“优秀新莞人”的通报
2	东府〔2012〕3号	关于认定东莞市第五批上市后备企业的通知
3	东府〔2012〕9号	关于印发《东莞市财政投资建设项目支出预算管理暂行办法》的通知
4	东府〔2012〕11号	关于印发《东莞市经济适用住房管理办法》的通知
5	东府〔2012〕20号	关于印发东莞市餐厨垃圾管理暂行办法的通知
6	东府〔2012〕28号	关于落实东莞市国民经济和社会发展第十二个五年规划纲要主要目标和任务工作分工的通知
7	东府〔2012〕29号	关于表彰东莞市劳动关系和谐企业的决定
8	东府〔2012〕41号	关于印发《东莞市农业农村发展“十二五”规划》的通知
9	东府〔2012〕43号	关于印发《东莞市2012年国民经济和社会发展计划》的通知
10	东府〔2012〕47号	关于表彰2011年度市住房公积金扩面工作先进单位和表扬单位的决定
11	东府〔2012〕49号	关于认定东莞市科普标兵社区、东莞市科普标兵学校、东莞市科普教育基地的通报
12	东府〔2012〕52号	关于颁发2011年东莞市专利奖的通知
13	东府〔2012〕64号	关于表彰东莞市2011年度食品安全工作先进单位的通报
14	东府〔2012〕66号	关于印发《东莞市火灾隐患举报奖励暂行办法》的通知
15	东府〔2012〕67号	关于印发《东莞市新莞人子女接受义务教育实施办法》的通知
16	东府〔2012〕72号	关于印发《东莞市困难家庭临时救助暂行办法》的通知
17	东府〔2012〕80号	关于印发《东莞市消防安全责任制规定》和《东莞市消防安全责任制考核办法》的通知
18	东府〔2012〕93号	关于印发《东莞市住房保障制度改革创新实施方案》的通知
19	东府〔2012〕95号	关于印发《东莞市“杰出莞商”评选暂行办法》的通知
20	东府〔2012〕97号	关于印发《东莞市促进中小微企业发展实施办法》的通知
21	东府〔2012〕98号	关于印发《东莞市生活垃圾处理厂运营监督管理暂行办法》的通知
22	东府〔2012〕105号	关于认定东莞市第六批上市后备企业的通知
23	东府〔2012〕113号	关于印发《东莞市妇女发展规划（2011－2020年）》和《东莞市儿童发展规划（2011－2020年）》的通知
24	东府〔2012〕157号	关于印发《东莞市公立医院改革试点实施意见》的通知
25	东府〔2012〕165号	东莞市人民政府关于加强和改进消防工作的实施意见
26	东府〔2012〕183号	关于印发《东莞市举报违法犯罪奖励办法》的通知

续上表

序号	文号	文件名
27	东府〔2012〕184号	关于印发《关于进一步深化商事登记制度改革完善市场监管体系的若干规定》的通知
28	市政府令文件第122号	《东莞市突发气象灾害防御规定》
29	市政府令文件第123号	《东莞市重大危险源安全监督管理办法》
30	市政府令文件第124号	《东莞市农村（社区）集体资产管理实施办法》
31	市政府令文件第125号	《东莞市地下管线管理办法》
32	市政府令文件第126号	《关于保留、废止、宣告失效、修订部分市政府规范性文件的决定》
33	市政府令文件第127号	《东莞市古树名木保护管理办法》
34	东府办〔2012〕1号	关于贯彻落实《广东省实施珠江三角洲地区改革发展规划纲要保障条例》的通知
35	东府办〔2012〕2号	关于印发《东莞市优秀民营企业家评选暂行办法》的通知
36	东府办〔2012〕8号	关于印发《东莞市战略性新兴产业发展“十二五”规划》的通知
37	东府办〔2012〕9号	关于印发《东莞市2012年政府集中采购目录及政府采购限额标准》的通知
38	东府办〔2012〕12号	关于印发《东莞市进一步加强淘汰落后产能工作实施方案》的通知
39	东府办〔2012〕14号	关于印发东莞市实施《珠江三角洲环境保护一体化规划（2009－2020年）》规划指标表规划主要工作任务表规划重点工程表和2011－2012年工作计划的通知
40	东府办〔2012〕15号	关于表彰2011年度全市民政工作先进单位和先进个人的通报
41	东府办〔2012〕18号	关于进一步加强我市医疗机构安全保卫工作的实施意见
42	东府办〔2012〕19号	关于印发全市增创对外开放新优势的工作意见的通知
43	东府办〔2012〕21号	关于认真做好2012年人大代表建议和政协提案办理工作的通知
44	东府办〔2012〕22号	22号关于印发《东莞市加工贸易转型升级示范企业认定管理暂行办法》的通知
45	东府办〔2012〕24号	关于印发《2012年东莞市镇村组清产核资工作实施方案》的通知
46	东府办〔2012〕27号	关于印发《东莞市镇街依法行政工作考核方案》的通知
47	东府办〔2012〕28号	关于在全市公共服务行业开展民主评议政风行风工作的通知
48	东府办〔2012〕32号	关于印发《东莞市工业企业贷款支持计划操作规程》和《东莞市区域集优直接债务融资支持计划操作规程》的通知
49	东府办〔2012〕33号	关于印发《东莞市持续改进国家环境保护模范城市工作实施方案》的通知
50	东府办〔2012〕34号	关于印发《东莞市“十二五”主要污染物总量减排工作方案》的通知
51	东府办〔2012〕35号	关于印发《东莞市生态景观林带建设实施方案》的通知
52	东府办〔2012〕36号	关于进一步做好已建房屋补办房地产权手续后续有关工作的通知
53	东府办〔2012〕37号	关于印发《东莞市服务业发展“十二五”规划》的通知
54	东府办〔2012〕45号	关于印发《东莞市2011年度收费综合年审工作方案》的通知
55	东府办〔2012〕47号	关于印发《东莞市市区交通拥堵点整治工作实施方案》的通知
56	东府办〔2012〕49号	关于印发《东莞市城市化发展“十二五”规划》的通知
57	东府办〔2012〕52号	关于表彰2011年度我市获得名牌称号企业的通报
58	东府办〔2012〕53号	关于印发《东莞市创建公共文化服务体系示范镇（街）、示范村（社区）、示范企业工作方案》的通知
59	东府办〔2012〕59号	关于印发《东莞市打击非法行医行为规范医疗市场专项整治行动方案》的通知
60	东府办〔2012〕61号	关于印发《东莞市重大项目招商引资奖励办法（试行）》的通知
61	东府办〔2012〕62号	关于印发《东莞市招商引资队伍建设管理办法（试行）》的通知
62	东府办〔2012〕63号	关于印发《东莞市重大项目招商引资“一站通”工作机制（试行）》的通知
63	东府办〔2012〕64号	关于印发《东莞市招商引资重大项目认定管理办法（试行）》的通知
64	东府办〔2012〕66号	关于印发《东莞市商事登记制度改革试点工作实施方案》的通知
65	东府办〔2012〕71号	关于印发《2012年东莞市义务教育阶段新莞人子女积分制入学积分方案》的通知
66	东府办〔2012〕72号	关于印发《2012年东莞市“提升公共文化服务水平”工程实施方案》的通知
67	东府办〔2012〕82号	关于印发《穗莞战略合作机制》的通知
68	东府办〔2012〕88号	关于印发《东莞市社会保障事业“十二五”规划》的通知
69	东府办〔2012〕90号	关于印发《东莞市水利防灾减灾“十二五”规划》的通知
70	东府办〔2012〕92号	关于印发《东莞市推广应用LED照明产品工作方案》的通知
71	东府办〔2012〕95号	关于印发《东莞市黄标车淘汰更新实施方案》的通知
72	东府办〔2012〕98号	关于印发《东莞市产业升级转型及创业投资引导基金管理暂行办法》的通知
73	东府办〔2012〕99号	关于印发《东莞市促进股权投资基金业务发展的若干意见》的通知

续上表

序号	文号	文件名
74	东府办〔2012〕100号	关于印发《东莞市金融创新奖评选暂行办法》的通知
75	东府办〔2012〕101号	关于印发《东莞市金融招商奖励办法（试行）》的通知
76	东府办〔2012〕104号	关于印发《东莞市职业技术教育改革发展“十二五”规划》的通知
77	东府办〔2012〕106号	关于开展质量强镇工作的通知
78	东府办〔2012〕109号	关于印发《东莞市人民政府关于把松山湖高新区建设成为国家创新型科技园区的若干意见》的通知
79	东府办〔2012〕110号	关于印发《东莞市优秀技能人才评选奖励暂行办法》的通知
80	东府办〔2012〕114号	关于印发加快推进“三旧”改造促进产业转型升级若干意见的通知
81	东府办〔2012〕118号	关于印发东莞市加工贸易企业创建品牌扶持办法的通知
82	东府办〔2012〕119号	关于印发东莞市加工贸易企业拓展内销市场扶持办法的通知
83	东府办〔2012〕120号	关于印发东莞市推动外贸结构优化实施办法的通知
84	东府办〔2012〕121号	关于印发东莞市加工贸易企业自主创新扶持办法的通知
85	东府办〔2012〕122号	关于印发东莞市优化加工贸易发展载体若干政策的通知
86	东府办〔2012〕123号	关于印发东莞市基层加快“腾笼换鸟”扶持办法的通知
87	东府办〔2012〕124号	关于印发东莞市加工贸易转型升级专项资金管理办法的通知
88	东府办〔2012〕128号	关于印发《东莞市农村（社区）集体经济统筹管理实施办法》的通知
89	东府办〔2012〕133号	关于印发《东莞市生活垃圾处理费征收使用方案》的通知
90	东府办〔2012〕135号	关于印发《东莞市重大信息基础设施“十二五”规划》的通知
91	东府办〔2012〕145号	关于印发《东莞市政府质量奖评审管理办法》的通知
92	东府办〔2012〕151号	关于印发《东莞市文化精品专项资金管理暂行办法》的通知
93	东府办〔2012〕157号	关于印发《关于加快文化产业发展的若干意见》和《东莞市文化产业发展专项资金管理暂行办法》的通知
100	东府办〔2012〕160号	关于印发《东莞市清理在建违法建筑专项行动方案》的通知
101	东府办〔2012〕164号	转发进一步推进口岸便利通关优化口岸通关环境的意见的通知
102	东府办〔2012〕165号	关于印发《东莞市统筹水乡地区发展实施方案工作任务分解表》的通知
103	东府办〔2012〕168号	关于印发《东莞市创建名镇工作实施方案》的通知

中央新闻媒体有关东莞市报道要目

时间	报刊名称	报道题目
2012.2.20	人民日报	广东东莞百辆自行车组成“消防队”
2012.2.20	中国文化报	做基层公共文化服务的引领者——广东省东莞群众艺术馆发展纪实
2012.2.23	人民日报	CBA季后赛首轮“常规赛前三名均获胜，东莞马可波罗胜新疆”
2012.2.27	人民日报	谁来消除工人的不安全感
2012.2.27	经济日报	东莞加快推进由“轻”向“重”转型
2012.5.20	人民日报	广东东莞群众“听审团”评议案件
2012.7.9	光明日报	从“小口岸”看“大变化”
2012.7.13	人民日报	东莞村级公益告别草莽时代
2012.7.17	经济日报	东莞：流动人口统称“新莞人”
2012.7.31	中国文化报	“一会带三展”促进产业对接
2012.8.3	经济日报	加工贸易需更上层楼
2012.8.6	人民日报	本地人外来人 都是一家人——苏州与东莞促进流动人口社会融合的对话
2012.8.21	中国文化报	东莞公共文化服务增添新生力量
2012.8.26	经济日报	千方百计稳定外需 努力实现稳增长目标
2012.9.7	中国文化报	东莞公共文化建设突破“最后1公里”
2012.9.18	人民日报	首届加工贸易博览会举办

索　引

INDEX

说　明

1. 本索引采用主题分析法编制，主题词按汉语拼音字母顺序排列。
2. 类目未作索引，分目采用黑体字，条目采用宋体字，表格采用楷体字。
3. 主题词后的数字表示内容所在页码，数字后的a、b、c分别表示该页码的左、中、右栏。

A

B

C

D

E

F

2013
东莞
年鉴
DONGGUAN YEARBOOK

T

2013
东莞
年鉴
DONGGUAN YEARBOOK

Y

Z

东莞市对外贸

2012年9月16日，中共中央政治局委员、省委书记汪洋（前）出席在东莞市举办的2012中国加工贸易产品博览会并宣布开幕。

2012年9月16日，商务部部长陈德铭（前）在2012中国加工贸易产品博览会开幕式上致辞。

2012年8月30日，中共中央政治局委员、省委书记汪洋（前排右二），省委副书记、省长朱小丹（前排右一）等出席全省加工贸易转型升级工作现场会，并向东莞大麦客商贸有限公司了解企业情况。（郑琳东　摄）

2012年9月16日，中共中央政治局委员、省委书记汪洋（前排左二）与商务部部长陈德铭（前排左一）在2012中国加工贸易产品博览会上向参展企业了解情况。